# DROIT ET GOUVERNANCE : ENTRE ENRACINEMENT ET OUVERTURE

## Mélanges en l'honneur d'Alioune Badara FALL

### TOME 1 : Droit constitutionnel

LABORATOIRE COLLECTIVITÉS PUBLIQUES
Université Gaston Berger de Saint-Louis

Sous la direction de
**Mouhamadou Moustapha AÏDARA**

# DROIT ET GOUVERNANCE : ENTRE ENRACINEMENT ET OUVERTURE

## Mélanges en l'honneur d'Alioune Badara FALL

## TOME 1 : Droit constitutionnel

L'Harmattan Sénégal

**10 VDN, Sicap Amitié 3, Lotissement Cité Police, DAKAR**

senharmattan@gmail.com
senlibrairie@gmail.com

ISBN : 978-2-336-56286-5
EAN : 9782336562865

# COMITÉ D'HONNEUR

**Ndèye Madjiguéne DIAGNE**, Agrégée de Droit public, Université Cheikh Anta DIOP de Dakar ;

**Babacar GUEYE**, Professeur, Université Cheikh Anta DIOP de Dakar ;

**Demba SY**, Professeur, Université Cheikh Anta DIOP de Dakar ;

**Elhadj MBODJ**, Professeur, Université Cheikh Anta DIOP de Dakar ;

**Alioune SALL**, Professeur à l'Université Cheikh Anta DIOP de Dakar, Vice-Président de la Commission du Droit international (CDI) de l'ONU ;

**Saïdou Nourou TALL**, Professeur à l' Université Cheikh Anta DIOP de Dakar,
**Ndiaw DIOUF,** Professeur à l'Université Cheikh Anta DIOP de Dakar

**Babaly Sall**, Professeur à l'Université Gaston Berger de Saint-Louis ;

## Comité scientifique

Coordonnateur :

**Mouhamadou Moustapha AÏDARA,** Professeur titulaire à l'Université Gaston Berger de Saint-Louis, Directeur du Laboratoire Collectivités publiques

Membres :

**Jean-Marie BRETON**, Professeur émérite, *Université des Antilles et de la Guyane* (Guadeloupe) ;

**André Cabanis,** Professeur l'Université de Toulouse I Capitole ;

**Stéphane BOLLE**, Professeur de droit public à l'Université de Montpellier Paul-Valéry ;

**Urbain NGAMPIO-OBÉLÉ-BÉLÉ**, Maître de conférences HDR en droit public, Aix-Marseille Université, Centre de recherches administratives, EA 893, Aix-en-Provence, France ;

**Oumarou NAREY**, Professeur titulaire à l'Université ABDOU MOUMOUNI de Niamey

**David AMBROSSETTI**, , Directeur du LAM, l'Université Montesquieu-Bordeaux IV ;

**Jean Paul MARKUS,** Professeur de droit public à l'Université Paris-Saclay ;

**Eloi DIARRA**, Professeur émérite à l'Université de Rouen Normandie ;

**Séni Mahamadou OUEDRAOGO**, Professeur titulaire de droit public, Université Thomas SANKARA ;

**Salif YONOBA,** Professeur titulaire à l'Université de Ouaga 2 **;**

**Wakber de MOURA AGRA,** Professeur à l'Université de Récife, Avocat, Brésil.

## Comité d'organisation

**Président :**

**Maurice Soudieck DIONE**, Agrégé de Science politique, Université Gaston Berger de Saint-Louis

**Membres :**

**Yamar SAMB**, Agrégé des Facultés de droit, Université Gaston Berger de Saint-Louis ;

**Landry AMOUSOU**, Enseignant-chercheur à l'Université Péléforo Gon de Korhogo ;

**Boubacar Bâ**, Agrégé de droit public, Vice-doyen de la Faculté des Sciences Juridiques et Politiques de l'UCAD ;

**Stéphane BOLLE,** Professeur à l'Université Paul-Valéry Montpellier, Directeur de la Revue Droit et Politique en Afrique ;

**Urbain NGAMPIO-OBÉLÉ-BÉLÉ**, Maître de conférences HDR en droit public, Aix-Marseille Université, Centre de recherches administratives, EA 893, Aix-en-Provence, France ;

**Djibrina OUÉDRAOGUO**, Professeur titulaire de droit public, Responsable du Groupe de recherche sur l'Administration, les Institutions et le Fonctionnement de l'État (GRAIFE), Laboratoire de droit et de science politique, Université Thomas Sankara (Burkina Faso) ;

**Ousmane KHOUMA**, Maître de Conférences en droit public, Université Cheikh Anta Diop de Dakar ;

**Abdou Khadre DIOP**, Agrégé de droit public, Université numérique Cheikh Hamidou KANE ;

**Babacar FAYE**, Maître de Conférences à l' Université Assane Seck de Ziguinchor ;

**Alioune Badara DIOP**, Agrégé en Science politique, Université Cheikh Anta DIOP de Dakar ;

**El Hadj Omar DIOP,** Maître de Conférences à la Faculté des Sciences Juridiques et Politiques à l'Université Cheikh Anta Diop de Dakar ;

**Séni Mahamadou OUÉDRAOGUO,** Professeur titulaire de droit public, Université Thomas SANKARA **(Burkina Faso) ;**

**Matthieu FAU NOUGARET,** Maître de Conférences HDR en Droit Public à l'Université de Bordeaux (*en détachement*) ;

**Cédric Milhat** Enseignant-chercheur à l'Institut Catholique de Vendée – École universitaire de La Roche-sur-Yon.

## Secrétariat scientifique

**Yaya NIANG**, Docteur en droit public, Enseignant-chercheur à l'Université Gaston Berger de Saint-Louis ;

**Papa Fodé KANTE**, Docteur en droit public, Enseignant-chercheur à l'Université Gaston Berger de Saint-Louis ;

**Moussa DIOP**, Docteur en droit public, Enseignant-chercheur à l'Université Gaston Berger de Saint-Louis ;

**Serigne Moustapha Bassirou NIANG**, Docteur en droit public, Enseignant-chercheur à l'Université Gaston Berger de Saint-Louis ;

**Tapsirou Bocar BA**, Docteur en droit public, Enseignant-chercheur à l'Université Gaston Berger de Saint-Louis ;

**Mamadou Salif SANE**, Docteur en droit public, Enseignant-chercheur à l'Université Gaston Berger de Saint-Louis ;

**Ousmane KAMARA**, Enseignant-chercheur à l'Université Gaston Berger de Saint-Louis ;

**Julien Mamadou FAYE**, Doctorant en Droit public à l'Université Gaston Berger de Saint-Louis ;

**Ameth NDIAYE**, Maître de Conférences, chef du Département de Droit public, Faculté des Sciences Juridiques et Politiques, Université Cheikh Anta Diop de Dakar ;

**El Hadj Omar DIOP**, Docteur en droit de l'Université Montesquieu de Bordeaux, Enseignant-chercheur à la faculté des Sciences Juridiques et Politiques à l'Université Cheikh Anta Diop de Dakar ;

**Omar DIA**, Docteur en Droit public, Enseignant-Chercheur à l'Université Gaston Berger de Saint-Louis ;

**Abdourahamane MAHAMAN**, Docteur en droit public, Enseignant-chercheur vacataire à l'Université Abdou Moumouni de Niamey (Niger)

# REMERCIEMENTS

Le comité d'organisation tient à remercier vivement tous ceux qui ont apporté une contribution financière pour la réalisation de ce projet :

- Abdourahmane Diouf, Ministre de l'Enseignement Supérieur de la Recherche et de l'Innovation du Sénégal ;
- Magattte Ndiaye, Recteur de l'Université Gaston Berger de Saint-Louis ;
- David Ambrosseti, Directeur du Laboratoire du LAM (Les Afriques dans le Monde) de Sciences PO de l'Université -Bordeaux IV ;
- Babacar Guèye, Professeur à l'Université Cheikh Anta Diop ;
- Madjiguène Diagne, Professeur à l'Université Cheikh Anta Diop
- Aly Fall, Bâtonnier de l'Ordre des Avocats du Sénégal ;
- Cheikhou Sylla, Enseignant-Chercheur à la retraite, Université Cheikh Anta Diop ;
- Yaya Niang, Maître de Conférences à l'UFR des Sciences Juridiques et Politiques, Université Gaston Berger de Saint-Louis ;
- Alioune Badara Diack, Entrepreneur à Dakar
- Alioune Badara Owens Ndiaye, Directeur commercial aux États-Unis
- Jean-François Diouf, diplômé de l'ENA, ancien inspecteur des Impôts
- Ibrahima Aidara, ancien Directeur de l'OSIWA à Dakar

## Sommaire

# PRÉFACE

L'initiative prise par le Laboratoire Collectivités Publiques de l'Université Gaston Berger de Saint-Louis, de lancer un appel à contribution pour célébrer le Professeur Alioune Badara Fall, n'allait pas de soi. Il a fallu d'abord du temps et d'amicales pressions pour le convaincre d'accepter que des Mélanges lui soient consacrés. Mais le comité d'organisation n'a pas douté du succès que connaîtrait ce projet, tant il était prévisible que seraient nombreuses les participations et les contributions.

L'attente n'a pas été déçue, comme en porte témoignage cet ouvrage, contenant pas moins de trois tomes. L'adhésion des amis et collègues africains, européens, américains, est la marque, si besoin en était signe, du prestige et du rayonnement intellectuels et académiques d'Alioune Badara Fall.

Si le temps des Mélanges est assimilé à celui du regard sur le parcours et les voies empruntées, Alioune Badara Fall est avant tout un universitaire qui a le mérite d'avoir contribué à la formation de plusieurs générations d'étudiants, dont certains sont devenus des enseignants-chercheurs, des magistrats, des avocats, de hauts cadres. Il a enrichi le monde universitaire d'une œuvre importante, faite de cours dispensés, d'ouvrages savants, d'articles faisant autorité, et de nombreuses conférences prononcées tant en Afrique, en Europe, en Amérique ainsi qu'en Asie, sur des thèmes divers touchant le droit public, les questions institutionnelles et politiques en Afrique, les problèmes liés à l'évolution du constitutionnalisme sur le continent africain.

Ancien Directeur du CERDRADI (Centre d'études et de recherches sur les droits africains et sur le développement institutionnel des pays en développement) de l'Université Montesquieu-Bordeaux, membre fondateur de la revue (en ligne) *Afrilex*, il a œuvré à son rayonnement. Alioune Badara Fall est un chercheur dont les conseils sont recherchés et l'avis est prisé par les jeunes collègues qui veulent en savoir plus sur l'actualité, sur tel ou tel sujet scientifique, sur la pertinence de telle ou telle question suscitant la réflexion. Il se veut à leur écoute, afin de les aider à découvrir, à comprendre, et à avoir confiance dans leurs potentialités. Ce faisant, il invite et incite chacun, par une relation « transférentielle », à confirmer sa propre lucidité dans une démarche d'investigation.

Le rôle de l'universitaire ne se limite pas, selon Alioune Badara Fall, à la production scientifique ni à l'enseignement ; mais, enraciné dans son expérience de la profession, dans ses activités sociales et publiques, dans ses interventions quotidiennes, il s'étend à un champ aussi vaste que passionnant, déterminant pour le devenir de nos sociétés. Il estime, à juste titre, que l'universitaire doit intervenir pour éveiller la population et les autorités publiques, les aider à chercher la juste attitude à adopter vis-à-vis des difficultés et des crises auxquelles est confronté le monde du XXIè siècle, sur le continent africain en particulier et en priorité. C'est cette attitude, cette dynamique, qui peuvent, selon lui, contribuer à éviter des impasses et prévenir des crises.

Par son hospitalité légendaire, sa générosité, son sens de l'autre, son écoute et sa disponibilité, son exquise courtoisie, cette figure emblématique est une référence sûre pour les étudiants africains venus poursuivre leurs études en France, ainsi que tous les collègues et amis séjournant en Europe pour des motifs professionnels ou personnels.

C'est au regard de toute son œuvre de brillant universitaire et du rôle crucial qu' il a joué dans le développement de l'enseignement et de la recherche en Afrique et dans le monde, mais aussi eu égard à la qualité des relations humaines qu'il a tissées, au fil du temps, plusieurs décennies durant, avec ses collègues, ses amis, ses anciens doctorants évoluant aujourd'hui dans plusieurs universités, y compris dans le Laboratoire Collectivités Publiques de l'Université Gaston Berger de Saint-Louis, que ceux-ci ont tenu à lui offrir des Mélanges dont la richesse et la variété n'ont d'égal que le respect qu'ils lui témoignent et l'estime qu'ils lui portent.

**Mouhamadou Moustapha AÏDARA**

# BIBLIOGRAPHIE DU PROFESSEUR ALIOUNE BADARA FALL

**Titres universitaires :**

- Docteur d'État en droit public
- Agrégé des Facultés de droit en droit public
- Professeur des Universités

**Grade :**

Professeur émérite, agrégé des Universités à l'Université Montesquieu Bordeaux IV et précédemment à l'Université Robert Schuman de Strasbourg

Professeur Associé à l'Institut Catholique de Vendée (France) depuis 2022

## I- LABORATOIRE D'APPARTENANCE

Membre du Conseil de Laboratoire du LAM (Les Afriques dans le Monde), Science Po Bordeaux.

Ancien Directeur du CERDRADI (Centre d'études et de recherches sur les droits africains et sur le développement institutionnel des pays en développement) équipe d'accueil du GRECCAP (Groupement de recherches comparatives en droit constitutionnel, administratif et politique), Université Montesquieu - Bordeaux IV avenue Léon Duguit 33608 Pessac Cedex

## II- PRINCIPALES PUBLICATIONS

*La responsabilité extra-contractuelle de la puissance publique au Sénégal : essai de transposition des règles de droit administratif français dans un pays d'Afrique noire francophone*, Thèse de Doctorat d'État, Bordeaux 1994 – Mention Très Honorable avec félicitations du jury. Proposition de publication et proposition pour le prix de thèse de l'École doctorale ;

« Retrait des actes administratifs et manœuvres frauduleuses », note sous Conseil d'État (30 mai 1994, Préfet de la Haute-Savoie c/Mme Diallo épouse Kamanga, req. n° 145604 ; et Conseil d'État 7 octobre 1994, Joly, req. n° 90344 et 102049 ; A.J.D.A. 1994.912, chr. L. Touvet et J.H. Stahl.), publiée à la revue *Les Petites Affiches*, n° 102, 25 août 1995, p. 12.

« Le juge, le public et les pouvoirs publics : pour une appréciation concrète de la place du juge dans les systèmes politiques en Afrique », in *Les Défis des Droits Fondamentaux*, Actes des Deuxièmes journées scientifiques du Réseau Droits Fondamentaux de l'Agence Universitaire de la Francophonie (AUF), tenues à

Québec du 29 septembre au 2 octobre 1999, Aupelf-Uref, éd. Bruylant/AUF, 2000, pp. 309-346 ; voir également revue électronique www.afrilex.u-bordeaux4.fr n° 3 ;

« La démocratie sénégalaise à l'épreuve de l'alternance », in *Droit constitutionnel et Droit pénal,* revue *Politéia,* Cahiers de l'Association Française des Auditeurs de l'Académie Internationale de Droit Constitutionnel, n° 5, printemps 2004, pp.35-82 ; voir également www.afrilex.u-bordeaux4.fr.

« Universalité des Droits de l'Homme et pluralité juridique en Afrique : analyse d'un paradoxe», *in Mélanges Dimitry Georges Lavroff. La Constitution et les valeurs*, Dalloz, 2005 ;

« Les juridictions administratives dans les pays de l'Est», *in Mélanges S. Milacic, Démocratie et Liberté : tension, dialogue, confrontation,* Bruylant, 2007, pp.445-464 ;

« Les menaces internes à l'indépendance de la justice », in *L'indépendance de la justice*, Actes du deuxième congrès de l'Association des Hautes juridictions de cassation des pays ayant en partage l'usage du français (AHJUCAF), Dakar,7-8 novembre 2007, pp.47-75 ;

« Échec du constitutionnalisme français en Afrique et autonomie du droit constitutionnel africain», *in La Costituzione francese*, Attidelconvegno biennale dell'Associazione di Diritto pubblico comparato eu europeo, Bari, Università degli Studi, 22- 23 maggio 2008, pp. 406-436 ;

« La Charte africaine des Droits de l'homme et des peuples : entre universalisme et régionalisme », in *Revue Pouvoirs*, éd. Seuil, n° 129, 2009, 77-100 ;

« L'Afrique et le devoir d'oubli »,*in Mélanges en l'honneur de Babacar Kanté. Actualités du droit public et de la science politique en Afrique*, L'Harmattan-Sénégal, 2017, pp. 897-914 ;

« Le processus de démocratisation en Afrique francophone : le juge de l'élection dans l'impasse ? (Essai de prospective), *in Démocratie et élections dans l'espace francophone*, éd. Bruylant, 2010, chapitre XIV ;

« Le juge constitutionnel, artisan de la démocratie en Afrique ? *», The African Union after Decade: Putting African Unity First Means Putting Humanity First,* Colloque international, Pretoria (Afrique du Sud), les 13 et 17 mai 2012 ;

*Mélanges en l'honneur de Jean-Marie Breton, Itinéraires du droit et terres des hommes*, Études réunies par Alioune Badara FALL, éd. Mare et Martin, décembre 2017, pp. 63-82 ;

« Le juge constitutionnel béninois : avant-garde du constitutionnalisme en Afrique », in La *Constitution béninoise du 11 décembre 1990. Un modèle pour l'Afrique, Mélanges en l'honneur de Maurice Ahanhanzo-Glélé, L'Harmattan*, 2014, pp. 717-728 ;

« Le Code des obligations de l'administration au Sénégal ou la transposition des règles de droit administratif en Afrique par la codification », *in Mélanges en l'honneur de Jean du Bois de Gaudusson, « Espaces du service public »,* Presses universitaires de Bordeaux, Pessac, décembre 2013, pp. 225-254 ;

« Droit administratif : convergence ou concurrence des disciplines juridiques », in *Mélanges en l'honneur de Demba Sy,* éd. Presse de l'Université de Toulouse I Capitole, décembre 2020, pp. 33-56 ;

« Réflexion sur une typologie des régimes politiques dans les Etats francophone d'Afrique », in Oumarou Narey (dir.) *Le régime semi-présidentiel au Niger,* Actes du séminaire, Niamey, 26, 27 et 28 octobre 2016, L'Harmattan-Sénégal, 2017, pp. 175-202 ;

« Entre deux eaux. La Charte africaine des droits de l'homme et des peuples, in *Le partage de l'universel, revue Esprit*, numéro janvier-février 2020, n° 461, pp. 93-102 ;

« La décentralisation en Afrique…En attendant Godot *», Mélanges en l'honneur de Robert Dossou, L'Amphithéâtre et le prétoire*. Au service des droits, éd. L'Harmattan, 2020, pp. 575- 595 ;

« Le juge administratif face aux enjeux de la démocratisation des systèmes politiques en Afrique », Actes du Colloque *Cinquante de droit administratif en Afrique*, organisé par le CERDRADI de l'université de Bordeaux IV et le LEJPO de l'université Cheikh Anta DIOP de Dakar, 18, 19, 20 mai 2015, Dakar (Sénégal), voir. *«Cinquante ans de droit en Afrique » ;* (Direct. Alioune Badara FALL et Demba SY), Presses de l'Université de Toulouse I Capitole, 2016, 203 pages ;

« Les relations entre les juridictions constitutionnelles et des Etats membres de l'Union européenne et les juridictions communautaires », in *Le Conseil constitutionnel sénégalais dans un contexte d'intégration régionale : passé, présent, devenir,* 7 et 8 décembre 2020, éd. L'Harmattan, 2020, pp. 169-182 ;

« La réinvention d'une tradition : les *Gagaca* au Rwanda post génocide, impasse et contradiction » ; *in Mélanges en l'honneur de Nicaise Médé, Variations autour de la performance dans l'État,* sous la direction de Gérard Martin Pekassa Ndam, éd. L'Harmattan, 2024 ;

« Synthèse du séminaire de l'Association Nigérienne de Droit constitutionnel sue le thème : *Droit, pouvoir et politique*, 20-22 octobre 2021, Niamey, éd. L'Harmattan, 2022, pp. 559-581

*« Les mutations du droit administratif en Afrique* », in *Les transformations du droit public en Afrique*, Colloque organisé par les universités Cheikh Anta Diop de Dakar (UCAD) Gaston Berger de Saint-Louis (UGB) et l'université Paris Nanterre, les 18 et 19 mai 2022

« Brefs propos sur la constitution face au temps dans les Etats d'Afrique noire francophone », in *les Actes du colloque international l'Administration politique tchadienne et le temps,* N'Djamena, 17-18 juillet 2023, Allah-Adoumbèye Djimadoumnghar, éd. Afrédit, 2024, Yaoundé, pp. 27-50 ;

« Phénomène migratoire : un naufrage humanitaire » ; *in Mélanges en l'honneur du professeur El Hadj MBODJ, « Théories et contentieux constitutionnels »,* I. FALL (Direct), éd. L'Harmattan, 2022 ;

« L'opinion publique », in « *Il fallait en dire un mot... Essai* », P.G. POUGOUE, éd. Les impliqués, 2023, pp. 235-247.

## III- PREFACES

Préface de l'ouvrage de Omar DIOP, *La justice constitutionnelle au Sénégal. Essai sur l'évolution, les enjeux et les réformes d'un contre-pouvoir juridictionnel*, éd. CREDILA, octobre 2013, pp. 5-13 ;

Préface des Mélanges en l'honneur de Jean-Marie, *Itinéraires du droit et terres des hommes*, Études réunies par Alioune Badara FALL, éd. Mare et Martin, décembre 2017, pp.

## IV- ORGANISATION OU PARTICIPATION AUX COLLOQUES, CONFERENCES OU JOURNEES D'ETUDE

### A– Co-organisateur des Journées de Dakar sur le droit administratif en Afrique

« *Cinquante ans de droit administratif en Afrique* » (Dir. Alioune Badara FALL et Demba SY), éd. Presses de l'Université de Toulouse 1 Capitole, 2016.

« *La justice administrative en Afrique* », (Dir. Alioune Badara FALL et Demba SY), éd. Presses de l'Université de Toulouse 1 Capitole, 2017

« *Les nouvelles tendances du droit administratif en Afrique* », (Dir. Alioune Badara FALL et Demba SY), éd. Presses de l'Université de Toulouse 1 Capitole, 2018

« *Le juge administratif, le juge civil et le juge communautaire, dans la protection des droits et libertés fondamentaux en Afrique* », (Dir. Alioune Badara FALL et Demba SY),éd. Presses de l'Université de Toulouse 1 Capitole, 2018.

« *Droit administratif: concurrence ou convergence avec les disciplines juridiques ?* » (Dir. Alioune Badara FALL et Demba SY) juillet 2019, éd. Presses de l'Université de Toulouse 1 Capitole, 2020)

**B– Organisation et participation à d'autres rencontres scientifiques**

«L'identité du juge constitutionnel africain», communication au Colloque sur : «L'établissement de la justice constitutionnelle, locomotive de la démocratie ou gouvernement des juges ?, organisé les 24 et 26 octobre 2014, Giessen, Allemagne (en voie de publication), www.uni-giessen.de ;

« Comment fabrique-t-on le droit en Afrique ? », Symposium juridique régional organisé conjointement par le CERDRADI-GRECCAP, l'Institut français à Libreville et la Fondation Raponda Walker, les 24, 25 et 26 novembre 2013 à Libreville (Gabon), Revue de la Fondation Raponda-Walter, n° 6-2013, 2014 ;

« Le transformazioni costituzionali del secondo millennio : scenari e prospettive d'all Europa All' Africa », rencontre organisée les 8 et 9 juillet 2013 à l'université Aldo Moro de Bari (Italie) par le CERDRADI-GRECCAP en collaboration avec l'Université de Bari, (présentation, sous notre direction, des contributions de doctorants du CERDRADI-GRECCAP et ceux de l'*Associazione dottorandi et dottori di ricerca italiana (universita Degli studi di Bari Aldo Moro)* ; publié en 2016 ;

« L'Architecture de Paix et de sécurité en Afrique : à la croisée des chemins», colloque organisé les 24 et 25 juin 2013 par le CERDRADI-GRECCAP et l'université de Ouagadougou (Burkina-Faso) (colloque faisant suite à celui organisé par le CERDRADI-GRECCAP à Bordeaux le 30 novembre 2012), L'Harmattan, Paris, 2014 ;

« Les composantes sous régionales de la crise au Mali », intervention lors du colloque sur « La crise au Mali et la gouvernance sécuritaire », organisée à Bamako par la Fondation allemande Für Die Freiheit les 1er et 2 juin 2013 ;

« Le défi de la démocratisation et le rôle des Cours constitutionnelles. La justice constitutionnelle en Afrique », intervention lors du colloque organisé les24-25 mai 2013, Justius Liebig university – Glessen (Allemagne) ; www.uni-giessen.de ;

Intervention au 2ème Congrès de la Conférence des juridictions constitutionnelles africaines sur le thème « La justice constitutionnelle en Afrique : état de la situation et perspectives », 9-11 mai 2013, Cotonou, Bénin ;

Conférence du professeur Albert Bourgi de l'Université de Reims sur : «Délitement de l'État en Afrique : exemple du Mali », organisée par le CERDRADI le 7 mars 2013, université Montesquieu Bordeaux IV;

Colloque sur « L'Architecture de paix et de sécurité en Afrique (APSA) : dix ans après le protocole de Durban », organisé par Matthieu Fau-Nougaret - CERDRADI-GRECCAP le 30 novembre 2012, université Montesquieu Bordeaux IV ;

Intervention au colloque international de Cotonou sur le thème « La Constitution béninoise du 11 décembre 1990. Un modèle pour l'Afrique ? », les 8, 9 et 10 août

2012 ; Mélanges en l'honneur de Maurice Ahanhandzo-Glèglé, l'Harmattan, 2014, 708 pages ;

« Réflexion sur quelques procédés non juridictionnels de règlement des litiges administratifs en Afrique », Colloque sur « La création du Droit en Afrique », organisé par le C.E.A.N. et le C.E.R.D.R.A.D.I., le 27 et le 28 octobre 1995 à la Faculté de Droit de Bordeaux IV in *Création du droit en Afrique*, éd. Kartala, 1997, pp. 421 – 441 ;

« Le contrôle de légalité des actes des collectivités locales décentralisées », Colloque sur « Approche comparée de la régionalisation en France et au Sénégal », organisé par la Faculté des Sciences Juridiques et Politiques de Dakar (CERDEC) en collaboration avec l'U.E.R. de Saint-Louis (Sénégal), le CERDRADI (Université Montesquieu-Bordeaux IV), et l'Institut d'Études Politiques de Toulouse, les 1, 2, et 3 juillet 1996 à Dakar (Sénégal) in *La Régionalisation : approche sénégalaise et expérience française*, éditions du CREDILA, Université Cheikh Anta Diop, Dakar, 1998, pp. 279-289 ;

« L'accessibilité de la justice en Afrique », in *Justice et droits de l'homme*, XXVIII Congrès de l'Institut International de Droit d'Expression et d'Inspiration Françaises (IDEF), 2003, pp. 323-340 ;

« Laïcité, confréries et pouvoirs publics au Sénégal », Colloque sur Religions et violences politiques en Afrique, organisé par l'Académie Alioune Blondin BEYE Pour la Paix (ABBAP) en juillet 2004 à Cotonou (Bénin) ;

« Le Droit africain a-t-il sa place dans le droit comparé ? », Rencontre sur « Le développement du Droit comparé en France », Journées d'Études du 23 juin 2004, Institut de France (Paris), Groupement de Droit comparé, GDR 1199, Paris; éd. Presse universitaire d'Aix-en-Provence, 2005, pp. 162-184. Traduit en portugais dans la revue brésilienne d'Études constitutionnelles, *Revista brasileira de Estudos constitucionais (REBEC), ano1- n° 4, outubro/dezembro 2007, p. 103.* Publié également dans la revue italienne *Costituzionalismo Difficili, Circulo Constitucional Euro Americano*, Università di Lecce (Italie) n° 20, mars 2007 ;

« Réflexions sur les relations ambigües entre les Etats de la Ligue arabe et ceux de l'Union africaine », Colloque sur « La concurrence des organisations régionales en Afrique », Bordeaux les 28 et 29 septembre 2009, pp. 117-131, l'Harmattan, 2012 ;

« Les Etats de l'Union africaine et la Charte africaine des Droits de l'Homme et des Peuples », communication lors de la journée organisée par le Centre de Recherche sur les droits de l'homme (CRDH) de l'Université de Paris II, centre Panthéon (10 février 2012) ; A transférer dans la rubrique « Communications » ;

« Articulation des enseignements des disciplines de droit public en France et en Afrique francophone», Colloque organisé conjointement par le CERDRADI-GRECCAP, le Centre toulousain d'histoire du droit et des idées politiques de l'université de Toulouse I Capitole et la Faculté des Sciences Juridiques et Politiques de l'université Cheikh Anta Diop de Dakar sur *« L'enseignement du Droit »*, les 6 et 7 mars 2014 à Dakar (SENEGAL) ;

« Le Brexit et les Etats ACP », Colloque du Havre sur « La désunion dans l'Union européenne : quels problèmes et quelles solutions ? Colloque organisé à l'université du Havre les 24 et 25 juin 2021 ;

« Crise du constitutionnalisme et crise de l'État en Afrique », Colloque organisé par les universités Gaston Berger de Saint-Louis (UGB) et l'université Paris Nanterre, les 18 et 19 mai 2022 ;

« L'introuvable ordre institutionnel, politique et sécuritaire en Afrique », Colloque sur le thème « Ordre et (dés) ordres, internationaux », organisé par l'Institut Catholique de Vendée (ICES), 10 et 11 avril 2025 ;

« La clause générale de compétence et décentralisation en Afrique », leçon inaugurale, Colloque scientifique international sur le thème « Transferts de compétence et développement local : bilan et perspectives », 22-24 novembre 2022, Niamey (Niger) ;

« Juge constitutionnel, démocratie et crises politiques en Afrique : l'exemple de la crise électorale sénégalaise de février-mars 2024 », Colloque sur le thème « Les démocraties africaines, entre résistance et résilience », organisé par le département de Science politique de l'université Gaston Berger de Saint-Louis, 27-28 décembre 2024 ;

Contribution à la journée d'étude organisée par le Centre de Recherche sur les droits de l'homme (CRDH) de l'Université de Paris II, centre Panthéon (10 février 2012) ;

« Quelques propos sur la démocratie et les droits de l'homme en Afrique à travers la Charte des droits de l'homme et des Peuples et la Charte africaine de la démocratie, des élections et de la gouvernance », Journées d'études en hommage au professeur Gerti Hesseling, colloque international les 15 et 16 décembre 2011, organisé par le CERDRADI-GRECCAP et l'université Gaston Berger de Saint-Louis (Sénégal), Actes publiés en 2013 ;

Colloque sur les « Tabous du constitutionnalisme en Afrique », organisé par le CERDRADI-GRECCAP et le Centre de Droit public de l'université de Lomé, du 16 au 19 juin 2011 au Togo ;

Colloque sur « L'Afrique et l'internationalisation du constitutionnalisme : actrice ou spectatrice ? », organisé par Matthieu Fau-Nougaret - CERDRADI-GRECCAP - et Dodzi Kokoroko - Centre de Droit public de l'université de Lomé - les 16 et 17 juin 2010, Lomé, Togo ;

Colloque sur « La concurrence des organisations régionales en Afrique », organisé par Matthieu Fau-Nougaret - CERDRADI-GRECCAP - les 28 et 29 septembre 2009, université Montesquieu Bordeaux IV ;

Conférence sur « L'avenir des cours constitutionnelles en Afrique », 29 septembre 2008 dans le cadre de la Semaine de droit comparé à l'Université Montesquieu - Bordeaux IV ;

Séminaire-débat sur les « Systèmes juridiques et Francophonie : la notion de droit francophone a-t-elle un sens ? », 17 septembre 2007 dans le cadre de la Semaine de droit comparé à l'Université Montesquieu-Bordeaux IV.

Colloque sur « L'Harmonisation des droits sur les continents africain et européen », tenu les 20 et 21 septembre 2005, CERDRADI-GRECCAP et le CRDE ;

Participation de l'équipe au VI° Congrès Français de Droit Constitutionnel (Atelier n°7 : « *Le Constitutionnalisme : un produit d'exportation ?* »), Montpellier (9, 10 et 11 juin 2005) ;

« Terrorisme et Droits de l'Homme », in *Le terrorisme et les Droits de l'Homme*, 17-18 mars 2005, Parlement Européen (Strasbourg), Colloque organisé par le Centre d'Études de Défense et de Stratégie (Université Robert Schuman) au Parlement européen à Strasbourg ;

Participation à la Journée d'Études du 23 juin 2004 sur « Le devenir de Droit comparé en France », Institut de France, Presses Universitaires d'Aix-Marseille, 2005

Table ronde « Le droit en question(s) » animée par le CERDRADI-GRECCAP dans le cadre de la « Semaine des Universités, Coopération et Solidarité Internationales - Dynamiques des Afriques », 19 au 23 novembre 2001 Bordeaux ;

Journées d'études sur « Le statut du Chef de l'État en Afrique », 11 et 12 mai 2000 Perpignan, organisées par le CERDRADI-GRECCAP et le CERJEMAF, avec la participation des doctorants. Les Actes ont été publiés aux *Cahiers du CERJEMAF*, 2001, n°9 (Presses Universitaires de Perpignan) ;

Chef de projet et coordonnateur des travaux pour les journées d'études sur « Le statut du juge en Afrique », 30 septembre au 2 octobre 1999, Université Laval, Québec, avec la participation des groupes de recherche des universités de Dakar (Sénégal), de Tschang (Cameroun) et de Moncton (Canada), sous la direction du CERDRADI-GRECCAP dans le cadre du Réseau Droits Fondamentaux de l'AUF. Les Actes ont été publiés sous le titre *Les défis des droits fondamentaux*, Bruylant - AUF, Bruxelles, 2000 ;

Atelier : « Les modèles et transferts institutionnels » animé par le CERDRADI dans le cadre du colloque international organisé par le CEAN et l'Université de Boston (États-Unis), 22 et 24 mai 1997 à Bordeaux ;

Leçon inaugurale sur « La fonction publique en Afrique », lors de la Conférence nationale sur le système de rémunération des agents publics de l'État », 12-14 juin 2018, à Ouagadougou.

Colloque sur « L'approche comparée de la régionalisation en France et au Sénégal », organisé à Dakar les 1er et 2 juillet 1996 par le CERDRADI, en collaboration avec la Faculté des sciences juridiques et politiques de Dakar, l'UER de sciences juridiques de Saint-Louis, l'Association des Maires du Sénégal et le Ministère de la décentralisation. Les Actes du Colloque ont été publiés sous le titre *La régionalisation - Approche sénégalaise et expérience française*, Editions du CREDILA, 1998 ;

Colloque sur « La création du droit en Afrique », 27 et 28 octobre 1995, organisé par le CERDRADI en collaboration avec le CEAN, Université Montesquieu-Bordeaux IV, Les Actes publiés sous le titre *La création du droit en Afrique*, Paris, Karthala, 1997.

Colloque organisé par les universités Cheikh Anta Diop de Dakar (UCAD) Gaston Berger de Saint-Louis (UGB) et l'université Paris Nanterre, les 18 et 19 mai 2022 (actes an voie de publication) ;

Colloque organisé par les universités Gaston Berger de Saint-Louis (UGB) et l'université Paris Nanterre, les 18 et 19 mai 2022

« La difficile quête de souveraineté politique, économique et sécuritaire en Afrique », atelier : « La souveraineté de l'État africain face aux défis sécuritaires, politiques, économiques, environnementaux et humanitaires », Colloque scientifique sur « La souveraineté de l'État africain face aux défis sécuritaires, politiques et économiques », organisé par Département de Droit public de l'Unité de Formation et de Recherche en Sciences Juridiques et politiques de l'Université Thomas Sankara, 1er et 2juin 2023

« Contraintes et enjeux de la souveraineté des Etats en Afrique », Colloque international des « 10 ans » du Centre des Hautes Études et de Sécurité (CHEDS) sur le thème « enjeux et défis pour une sécurité collective en Afrique de l'Ouest : quelles solutions ? », Atelier « Sécurité collective en Afrique de l'Ouest : entre enjeux géostratégiques et volonté de souveraineté », 6-7 juillet 2023 ;

Participation au « Forum international de Dakar » sur le thème : « l'Afrique des potentiels et des solutions face aux défis sécuritaires et à l'instabilité institutionnelle », 27-28 novembre à Dakar

Responsable et modérateur de l'atelier : « Contrats d'investissement : la préservation des intérêts nationaux dans un contexte de transition politique et énergétique », Colloque organisé par le Centre des Hautes Études et de Sécurité (CHEDS) sur le thème : « Souveraineté et sécurité en Afrique de l'Ouest et au Sahel : pour des solutions durables », 26-27 novembre 2024

**C- Autres communications :**

« W.E.B Du Bois and the return of *Pan-Africanism* », Session I, « WEB Du Bois and Struggle for justice », Colloque W.E.B. Du Bois, Scholar, Activist and Passeur beetween America, Europe and Africa. Fondations, Circulations and legacies, October 17-18-19, University of Chicago ;

« La sélection des candidats à l'élection présidentielle au Sénégal », Colloque sur « Les primaires ou la sélection des candidats présidentiels», organisé par l'Association Française de Sciences Politiques à Paris les 27, 28 et 29 Avril 1994 » ;

« Contraintes socio-anthropologiques de la décentralisation en Afrique noire », communication au Colloque sur « Les contraintes coutumières et financières de la décentralisation en Afrique noire », organisé par l'Association des Diplômés de l'Institut International d'Administration Publique de Paris (I.I.A.P.), du 20 au 22 novembre 1996, Yaoundé (Cameroun) ;

« Enjeux et risques de la réappropriation sénégalaise du modèle français de la décentralisation», in colloque sur « l'Afrique, les Etats-Unis et la France », organisé par le CEAN et le CERDRADI, les 22 et 24 mai 1997 au CEAN IEP, Université Montesquieu Bordeaux IV.

« Inertie ou occidentalisation de la pensée juridique africaine ? », *Les tabous du constitutionnalisme en Afrique*, Colloque les 14 et 15 juin 2011, Lomé – Togo ;

« Quelques propos sur la démocratie et les droits de l'homme en Afrique à travers la Charte des droits de l'homme et des Peuples et la Charte africaine de la démocratie, des élections et de la gouvernance », *Journées d'études en hommage au professeur Gerti Hesseling*, colloque international les 15 et 16 décembre 2011, Université Gaston Berger de Saint-Louis (Sénégal);

« Le système électoral en France », *4° Congresso Regional Escoles Judiciarias Eleitorais*, 29-30 mars 2012, Salvador de Bahia (Brésil)

« Le contrôle des actes des collectivités décentralisées par l'État en France »,Communication présentée à China University of Poltical science and Law (CUPL) à Pékin (Chine), 8-14 mai 2012 ;

« Les défis de la Cour pénale internationale et de l'Union africaine dans le processus de démocratisation des systèmes politiques africains », journée organisée par l'Union africaine dans le cadre de ses « *vendredis de la Commission de l'Union africaine* » sur le thème « Dialogue pour un consensus entre l'Union européenne et l'Union africaine : le cas de la Cour Pénale Internationale », Addis-Abeba (Ethiopie), le 28 février 2014 ;

« Stratégies et faiblesses de l'État africain face au terrorisme religieux », Atelier portant sur le thème « Les démocraties africaines désarmées face au terrorisme », 3èmes Rencontres des Etudes africaines en France, « L'Afrique des réseaux/en réseaux », organisé par le CNRS, l'IEP et l'Université de Bordeaux, les 30 juin, 1et 2 juillet 2014 ;

« La doctrine africaine, source de droit ? », Symposium juridique régional sur le thème « *Comment fabrique-t-on le droit en Afrique ?*», participation du CERDRADI-GRECCAP, organisé l'Institut français à Libreville et la Fondation Raponda Walker (Responsable : Guy Rossatanga-Rignault), les 24, 25 et 26 novembre 2013 à Libreville (Gabon) ;

Communication au Colloque sur Religions et violences politiques en Afrique, organisé par l'Académie Alioune Blondin BEYE Pour la Paix (ABBAP) en juillet 2004 à Cotonou (Bénin) ;

## V- ENSEIGNEMENTS

Administration Publique ; Évolution du cadre juridique et institutionnel des pays en développement ; Droit Administratif ; Droit Constitutionnel ; Décentralisation ; Droit de la Santé ; Contentieux ; Création du droit en Afrique ; Droit des entreprises publiques et privées ; Droit international public, Relations internationales et Intégration régionale en Afrique ; Droit Public Économique ; Justice ; Élections, démocratie, Libertés publiques et Droits de l'Homme.

### A- Enseignements (Université Robert Schuman de Strasbourg et Université Montesquieu Bordeaux IV)

- Droit constitutionnel et institutions politiques (L1)
- Institutions Économiques Internationales (AES, L2)
- Relations Internationales (L1)
- Sciences Politiques (L2).
- Droit Administratif (L2 Droit et Préparation aux concours à l'IPAG)
- Droit International Public (L3)
- Droits et Libertés fondamentaux (L3, Master I et L2 Sciences Politiques à l'Institut d'Études Politiques de Strasbourg).
- Institutions Européennes (L3, Licence d'Administration Publique à l'IPAG)
- Droit de la responsabilité de la puissance publique, (Master 2 professionnel Assurances, 2003-2006).
- Systèmes politiques africains, Master I, Sciences politiques (2008-2011)
- Règlements pacifiques des différends en droit international public, Master 2, Dynamiques africaines (MIDAF).
- OHADA : Aspects de droit public, cours en DU « Droit OHADA » depuis 2018.

### B- Enseignement dans les universités françaises

· Droit international public, 4ème année, UFR des Sciences de la Terre et de la Mer – UB 926, Université Bordeaux I, depuis 2000-2004
· Développement durable, Université Michel de Montaigne Bordeaux II, 2003
· Procédures contentieuses administratives et judiciaires, (Master 2 Droit processuel), Université des Antilles et de la Guyane (Guadeloupe) 2003-2015 ;
· Droit administratif, IUT Tremblay en France, Université Paris 8 ;
· Initiation au Droit international, UFR Sciences des territoires et communication, Mention Géographie Aménagement Environnement Développement – Master 1 Études interdisciplinaires des dynamiques africaines (MIDAF) ; Développement durable, Université Bordeaux Montaigne (depuis 2017) ;
- Organisations internationales et sécurité ; Droit, démocratie et crises en Afrique, Master I ; Droit administratif L2, Intégration régionale en Afrique (L1) à Institut Catholique de Vendée – ICES, depuis 2022…

### C- Enseignement dans les universités africaines, européennes, asiatiques et américaines

· Cours et séminaires de Droit administratif et Droit constitutionnel, Droits et libertés fondamentaux, DEA, Université Cheikh Anta Diop de Dakar (Sénégal) depuis 1998 ;

· Cours annuel depuis 2015 sur les « Mécanismes de prévention des conflits en Afrique», Master 2 « Défense, Sécurité et Paix », Centre des hautes Etudes de Défense et de Sécurité (CHEDS) et Faculté des Sciences Juridiques et Politiques de l'université Cheikh Anta Diop de Dakar – SENEGAL ;

· Droit public (Libertés publiques, Contentieux administratif, Droit administratif), Université Gamal Abdel Nasser, Conakry (Guinée) 2004-2005 ;

· Cours, Conférences et séminaires sur « Droits et Libertés fondamentaux » dans les universités suivantes, Université de Florence (Italie) 2008 ;

· Universités de Natal, avril 2008 et Sao Paulo, Rio de Janeiro, Récife, Salbador de Bahia et Curuaru, 2008, 2010 et 2012 (Brésil) ;

· Cours de droit international public, Master Recherche Droit international et organisations internationales, Université d'Abomey-Calavi, Cotonou (Bénin), février 2014 ;

·Cours et conférences à l'Ecole Nationale d'Administration et en Master 2 de l'université de Ouagadougou au Burkina-Faso ;

·Cours annuel depuis 2015 sur les « Mécanismes de prévention des conflits en Afrique », Master 2 « Défense, Sécurité et Paix », Centre des hautes Etudes de Défense et de Sécurité (CHEDS) et Faculté des Sciences Juridiques et Politiques de l'université Cheikh Anta Diop de Dakar (Sénégal) ;

· Communication sur le contrôle des actes des collectivités décentralisées par l'État en France », Cours dispensés à China University of Poltical science and Law (CUPL) à Pékin (Chine), 8- 14 mai 2012.

## VI- AUTRES ACTIVITES PEDAGOGIQUES

### A- Direction de thèses et participation aux jurys de thèses en France et à l'étranger

DOCTORAL

Florian Gaillard, *Les entités religieuses dans les systèmes juridiques anglais, espagnol et français* : *contribution à l'étude des relations entre les religions et l'État*, thèse soutenue en 2022 à Bordeaux en co-direction avec Alioune Badara Fall et Marta Franchi Saguerde l'université autonome de Barcelone ;

Beugré Wilfridz Gnonka, *La stabilité des institutions démocratiques dans les pays francophones d'Afrique* noire sous la co-direction de Alioune Badara Fall de l'université de Bordeaux et deDiedjiroMéldje de l'université Houphouët Boigny d'Abidjan.

Saïkou Oumar Baldé, *Les Organes de gestion des élections en Afrique de l'Ouest*: *approche comparative entre le Mali et la Guinée*, thèse soutenue en 2021 sous la direction de Alioune Badara Fall ;

Daouda Ouedraogo, *Démocratisation des Etats et garantie internationale des droits démocratiques* : *essai sur une contribution des organisations internationales*, thèse soutenue en 2019 à Bordeaux sous la co-direction de Matthieu Fau-Nougaret et Alioune Badara Fall ;

Bablésson Mardochée Désiré Koula, *Le développement durable dans les traités régionaux africains d'investissement* : *cas de la CEDEAO et de la SADC.*, thèse soutenue en 2018 à Bordeaux sous la direction de Alioune Badara Fall ;

Khadim Thiam, *Le contrôle de l'exécutif dans la création de l'État de droit en Afrique francophone*, thèse soutenue en 2018 à Bordeaux en co-directionavec Alioune Badara Fall

Yaya Niang, *Le contrôle juridictionnel du processus électoral en Afrique noire francophone* : *les exemples du Sénégal et du Bénin*, thèse soutenue en 2018 à Bordeaux en co-direction avec Alioune Badara Fall et BabalySall

Vigny Landry Amoussou, *L'ordre public sanitaire en Afrique francophone*, thèse soutenue en 2017 à Bordeaux sous la direction de Alioune Badara Fall et Ibrahim David Salami ;

Abraham Hervé Diompy, *Le paradoxe de l'internationalisation du droit constitutionnel en Afrique : réflexions sur les interactions normatives, institutionnelles et politiques dans l'espace CEDEAO*, thèse soutenue en 2017 à Bordeaux en co-direction avec Alioune Badara Fall et Ismaïla MadiorFall ;

Hynd Saidi Azbeg, *Processus de démocratisation et monarchie constitutionnelle au Maroc*, thèse soutenue en 2014 à Bordeaux, sous la direction Alioune Badara Fall ;

Ouro-GnaouOuro-Bodi, *Les Etats et la protection internationale de l'environnement : la question du changement climatique.*, thèse soutenue en 2014 à Bordeaux en co-direction avec Alioune Badara Fall et Adama Kpodar ;

Idrissa Sow, *La protection de l'ordre juridique sous-régional par les Cours de justice : contribution à l'étude de la fonction judiciaire dans les organisations ouest-africaines d'intégration*, thèse soutenue en 2013 à Bordeaux 4 sous la co-direction de Alioune Badara Fall et Alioune Sall

Kaline Santos Ferreira, *Le contentieux administratif en dehors du juge : étude comparée des Droits Français et Brésilien*, thèse soutenue en 2013 à l'université Montesquieu Bordeaux 4, sous la direction de Alioune Badara Fall ;

Riyad Dookhy, *Le contrôle de la loi par le juge anglais : le contrôle des législations primaires par la commonlaw*, thèse soutenue en 2012 à l'université Robert Schumann de Strasbourg, sous la direction de Alioune Badara Fall ;

NorddinHennani, *La protection de la constitution par le conseil constitutionnel au Maroc*, thèse soutenue en 2009 à Strasbourg, sous la direction de Alioune Badara Fall ;

Aboubacry Kebe, *Les transformations du droit des services publics en Afrique francophone : l'exemple du Sénégal*, thèse soutenue en 2020 à l'université Paris-Saclay, sous la co-direction de François Colly de l'université de Paris-Sarclayet Alioune Badara FALL de l'Université de Bordeaux ;

YawoKakaty Logo, L'opposition dans les nouveaux régimes africains, thèse soutenue à l'université de Lomé, sous la co-direction de Alioune Badara Fall de l'université Montesquieu Bordeaux IV Bordeaux et de Adama Kpodar de l'université Lomé

**B- Président de jury**

Aline Maria Da Rocha Lemos, *L'accès aux médicaments comme garantie du droit à la santé : étude comparative des systèmes brésilien et français*, thèse soutenue en 2024 à Bordeaux sous la direction de Arnaud Martin présidée par Alioune Badara Fall

Anna N'da, *La protection juridique du patient en France et en Côte d'ivoire*, thèse soutenue en 2024 à La Rochelle sous la co-direction de Anne Cathelineau-Roulaud et Koffi Étienne Alla présidée par Alioune Badara Fall ;

Mohamed Awidan, *Le cadre constitutionnel des droits et libertés en période de transition : étude comparative des cas tunisien et égyptien*, thèse soutenue en 2022 à Bordeaux sous la direction de Arnaud Martin, présidée par Alioune Badara Fall ;

Valentin Lesfauries, *L'usage du droit dans les processus de démocratisation en Afrique francophone : étude comparative des cas béninois, burkinabé et ivoirien*, thèse soutenue en 2022 à Bordeaux sous la direction de Arnaud Martin, présidée Alioune Badara Fall ;

Angélique Baepar, *Question prioritaire de constitutionnalité (QPC) et personnes publiques*, thèse soutenue en 2019 à l'université de Nantes sous la direction de Bertrand Faure présidée par Alioune Badara Fall,

Cheikh Lo Fall, *La protection juridique des investissements directs étrangers dans les pays en développement : l'exemple de l'Afrique de l'ouest.*, thèse soutenue en 2018 à Bordeaux sous la direction de Leila Lankarani El-Zein présidée par Alioune Badara Fall ;

Daouda Diallo, *L'adaptation des dispositifs fiscaux dans le processus de communautarisation en Afrique : le cas de l'Union Economique et Monétaire Ouest Africaine (UEMOA)*, thèse soutenue en 2018 à Bordeaux sous la co-direction de Jean-Pierre Duprat et Séni Mahamadou Ouedraogo présidée par Alioune Badara Fall ;

Tapsirou Bocar Ba, *Les problèmes de coordination entre actions internationales et politiques nationales contre les fléaux sanitaires : le cas du Sénégal*, thèse soutenue en 2018 à Bordeaux sous la direction de Jean-Pierre Duprat et Mamadou Badji présidée par Alioune Badara Fall ;

Arquimedes João F. Varimelo, *La décentralisation en Angola et au Mozambique : Du discours à la consécration juridique*, thèse soutenue en 2017 à Bordeaux sous la direction de Jean de Gaudusson présidée par Alioune Badara Fall ;

Ahmad Abdulkareem, *L'influence de la religion sur les systèmes constitutionnels des pays arabes à travers les exemples de l'Egypte et du Koweït*, thèse soutenue en 2016 à La Rochelle sous la direction de WagdiSabeteGhobrial présidée par Alioune Badara Fall ;

Mamadou Hady Deme, *L'armée dans la démocratisation tardive en Guinée Conakry*, thèse soutenue en 2016 à Science Po Bordeaux, sous la direction de Comi-MolevoToulabor présidée avec Alioune Badara Fall ;

Marcel Kagambega, *Le rôle des États du Sud dans l'encadrement juridiques des migrations Sud-Nord et Sud-sud: l'exemple des États de l'Afrique de l'ouest*, thèse soutenue en 2016 sous la direction de Isabelle Daugareilhprésidée Alioune Badara Fall ;

Ghislain Akpo, *Le juge de l'élection présidentielle et crises électorales en Afrique noire francophone : étude sur les mutations de l'office du juge électoral*, thèse soutenue en 2015 à Bordeaux sous la direction de Fabrice Hourquebie, présidée avec Alioune Badara Fall ;

Seynabou Samb, *Le droit de la commande publique en Afrique noire francophone : contribution à l'étude des mutations du droit des contrats administratifs au Sénégal, au Burkina Faso, en Côte d'Ivoire et au Cameroun*, thèse soutenue en 2015 à l'université de Bordeaux sous la direction de Jean de Gaudusson et Babacar Kanté, présidée par Alioune Badara Fall ;

Sylvain Ouedraogo, *Les compétences nationales en matière fiscale et la communautarisation des règles dans l'espace ouest-africain*, thèse soutenue en 2015 à l'université de Bordeaux sous la direction de Jean-Pierre Duprat, présidée par Alioune Badara Fall ;

Ghislain Benhessa, *La pensée juridique de l'exception aux Etats-Unis après le 11 septembre 2001*, thèse soutenue en 2014 à Strasbourg sous la direction de Éric Maulin présidée par Alioune Badara Fall(et rapporteur) ;

Djibrihina Ouedraogo, *L'autonomisation des juridictions financières dans l'espace UEMOA: étude sur l'évolution des Cours des comptes*, thèse soutenue en 2013 à l'université de Bordeaux, sous la co-direction de Jean de Gaudusson et SalifYonaba, présidée par Alioune Badara Fall ;

Séni Mahamadou Ouedraogo, *La lutte contre la fraude à la constitution en Afrique Noire francophone*, thèse soutenue en 2011 à Bordeaux 4 sous la co-direction de Jean de Gaudusson et Augustin Loadaprésidée Alioune Badara Fall ;

**C- Rapporteur**

Damaraou Hassane Souley, *Problématique du droit de la commande publique dans l'espace UEMOA : contribution à l'étude du droit des marchés publics au Niger*, thèse soutenue en 2024 à Perpignan sous la direction de Mathieu Doat et Oumarou Narey, Alioune Badara Fall (Rapp.) ;

Mahamadou Maifada Magoudani, *Construire et mettre en œuvre un droit des données personnelles dans l'espace UEMOA : étude comparée à partir des cas du Burkina Faso, de la Côte d'Ivoire, du Niger et du Sénégal*, thèse soutenue en 2023 à Paris 12 sous la direction de Noé Wagener et Patrick Cegielski, Alioune Badara Fall (Rapp.),

Mahamat Youssouf Youssouf, *L'administration électronique et la modernisation de l'État en Afrique subsaharienne francophone*, thèse soutenue en 2023 à Normandie sous la direction de Catherine Blaizot-Hazard, Alioune Badara Fall (Rapp.) ;

Elhadj Mamadou Cellou Diallo, *Les champs respectifs du pouvoir réglementaire et du pouvoir législatif en République de Guinée au vu du système français*, thèse soutenue en 2021 à université Paris-Saclay sous la direction de Jean-Paul Markus présidée, Alioune Badara Fall (Rapp ;

Nigelle Fourn, *Protection de l'environnement et marchés publics en zone CEMAC* : *les cas du Cameroun, du Congo et du Gabon*, thèse soutenue en 2021 à Université Paris Cité sous la direction de Michel Degoffe, Alioune Badara Fall (Rapp ;

Moussa Aguibou Ouattara, *La rationnalisation de la justice administrative au Mali*, thèse soutenue en 2021 sous la direction de Grégory Marchesini, Alioune Badara Fall (Rapp.)

Anima Patrice Ezoa, *La place de la justice constitutionnelle dans les institutions en Afrique noire francophone* : *les exemples du Bénin et de la Côte d'Ivoire*, thèse soutenue en 2020 à Rennes 1 sous la direction de Jean-Eric Gicquel et Francisco Djedjro, Alioune Badara Fall (Rapp.) ;

Kalil Aissata Keita, *L'influence du droit administratif français sur le droit administratif guinéen*, thèse soutenue en 2020 sous la co-direction de Arnaud Haquet et Pierre-Xavier Boyer, Alioune Badara Fall (Rapp.) ;

Seda Emtawbel, *La justice transitionnelle dans le monde arabe Algérie, Egypte, Libye, Maroc*, thèse soutenue en 2020 sous la direction de Isabelle Hannequart, Alioune Badara Fall (Rapp.)

Souleymane Camara, *La révision constitutionnelle en France et au Sénégal (étude comparée)*, thèse soutenue en 2019 à Normandie sous la direction de Pierre Albertini, Alioune Badara Fall (Rapp.)

Oumar Berte, *La CEDEAO face aux changements anticonstitutionnels de pouvoir en Afrique de l'Ouest.*, thèse soutenue en 2019 à Normandie sous la direction de Eloi Diarra, Alioune Badara Fall (Rapp.)

Adama Sadio, *Conditionnalité politique de l'aide publique au développement des partenaires occidentaux à l'Afrique* : *analyse des actions françaises en Afrique subsaharienne*, thèse soutenue en 2019 en Normandie sous la co-direction de Philippe Lagrange et Babacar Gueye, Alioune Badara Fall (Rapp.) ;

Osama Kalifa, *La protection des enfants pendant les conflits armés* : *Étude comparative entre le droit international et le droit Libyen*, thèse soutenue en 2018 à Toulon sous la direction de Caterina Severino, Alioune Badara Fall (Rapp.), Céline Lageot et Marie-France Verdier

Ami Collé Seck, *Intégration et Souveraineté étatique, approche comparative entre l'Europe et l'Afrique à travers l'UE, l'UEMOA et l'OHADA*, thèse soutenue en 2018 à Normandie sous la co-direction de Michel Bruno et Alioune Sall, Alioune Badara Fall (Rapp.) ;

Aminata Somda, *Les droits de l'auteur burkinabé sur son œuvre*, thèse soutenue en 2018 sous la direction de Catherine Blaizot-Hazard, Alioune Badara Fall (Rapp.) ;

NodjioutengarEvaristeDjimasde, *Réflexions sur la contribution de la Francophonie dans la mise en oeuvre du statut de la Cour pénale internationale*, thèse soutenue en 2017 à Lyon sous la direction de Élisabeth Joly-Sibuet et Guy Lavorel : Alioune Badara Fall (Rapp.) ;

Diane Mandeng, *La procédure contentieuse en matière électorale* : *recherches sur le contentieux des élections au Cameroun*, thèse soutenue en 2017 à l'université de Poitiers sous la co-direction de Alain Ondoua et Léopold DonfackSokeng Alioune Badara Fall (Rapp.) ;

Côme Damien Georges Awoumou, *Le Cameroun, État membre de l'OHADA. La souveraineté de l'État à l'épreuve de l'entreprise de construction supranationale*, thèse soutenue en 2016 à Poitiers sous la direction de Alain Ondoua, Alioune Badara Fall (Rapp.) ;

Serge B. Batonon, *Les systèmes financiers publics des Etats de l'UEMOA à l'épreuve de la nouvelle gouvernance financière publique*, thèse soutenue en 2016 à l'université Paris 1, sous la direction de AmaviKouévi, Alioune Badara Fall (Rapp.)

Tarek El Gamli, *La protection pénale des minorités religieuses en droit comparé*, thèse soutenue en 2015 à Toulon sous la direction de Maryse Baudrez présidée par Max Gounelle, membres du jury : Alioune Badara Fall (Rapp.) ;

Moustapha Sène, *Les nouveaux militantismes politiques dans les ONG de droits de l'Homme du Sénégal* : *Études comparatives des trajectoires de l'engagement et de la reconversion*, thèse soutenue en 2015 à Rennes 1 sous la direction de Philippe Portier et Moussa Diaw, Alioune Badara Fall (Rapp.)

Pathé Marame Niang, *Les processus participatifs dans la gestion des écosystèmes en Afrique de l'Ouest* : *une contribution à la démocratie environnementale*, thèse soutenue en 2015 à l'université de la Rochelle sous la direction de Agnès Michelot ; Alioune Badara Fall (Rapp.) ;

Fousseyni Doumbia, *L'alternance démocratique au sommet de l'État au Mali et au Sénégal depuis l'indépendance*, thèse soutenue en 2015 à Rouen sous la direction de Eloi Diarra et Babacar Gueye, Alioune Badara Fall (rapp.)

AbdusalamMuftah, *La protection des droits de l'homme en libye : garanties législatives et juridictionnelles (1969-2011)*, thèse soutenue en 2014 à Toulon sous la direction de Maryse Baudrez, Alioune Badara Fall (Rapp.) ;

Mohamed Eltashani, *La protection de l'enfant en droit Libyen : constats et perspectives*, thèse soutenue en 2014 à Toulon sous la direction de Maryse Baudrez, Alioune Badara Fall (Rapp.) ;

El Hadji Malick Sanghare, *La réception du droit international des droits de l'homme au Sénégal*, thèse soutenue en 2014 à Grenoble sous la direction de Xavier Dupré de Boulois présidée Alioune Badara Fall (Rapp.) ;

Oumou Salamata Barry, *Le traitement médiatique de la crise guinéenne de 2007*, thèse soutenue en 2014 à Bordeaux 3 Montaigne, sous la direction de Alain Kiyindou, Alioune Badara Fall (Rapp.), Jean-Chrétien EkamboDuasenge (Rapp.)

Malala Randranto, *La pertinence du nouveau système de droit foncier de Madagascar : (la réforme foncière de 2005)*, thèse soutenue en 2014 à l'université Paris 1 sous la direction de Alain Rochegude, Alioune Badara Fall (Rapp.) ;

NdjahaNgabo, *Etude du désarmement dans le contexte de recomposition du paysage international*, thèse soutenue en 2013 à l'université de Lyon 3, sous la direction de Mireille Couston, Alioune Badara Fall (Rapp.)

Wend-Lamanegda Diane Nathalie Ouedraogo, *Prévention et lutte contre le terrorisme en Afrique*, thèse soutenue en 2013 à l'université de Rouen sous la direction de Eloi Diarra, Alioune Badara Fall (rapporteur)

Mohamed Mahmoud Ahmed Hussein, *Médiations numériques et enseignement des sciences sociales dans le contexte éducatif égyptien*, thèse soutenue en 2012 à l'université de Bordeaux 3 sous la direction de Lise Vieira, Alioune Badara Fall (Rapp.) ;

Yaram Ndiaye, *L'obligation de coopération dans le statut de Rome : analyse critique du respect des engagements internationaux devant la cour pénale internationale.*, thèse soutenue en 2012 à Lyon 3 sous la direction de Élisabeth Joly-Sibuet, Alioune Badara Fall (Rapp.) ;

Augustin Tchameni, *Les évolutions contemporaines du régionalisme africain : essai sur la rationalisation de l'intégration africaine au regard du droit international public*, thèse soutenue en 2011 à Lyon 3 sous la direction de Mireille Couston, Alioune Badara Fall (Rapp.) ;

Joël Tchuinte, *L'Application effective du droit communautaire en Afrique centrale*, thèse soutenue en 2011 à Cergy Pontoise sous la direction de Pierre-Henri Prélot, Alioune Badara Fall (Rapp.) ;

Hervé Ingueza, *Dynamiques des champs politiques locaux au Gabon*, thèse soutenue en 2008 à Bordeaux 4 sous la direction de Dominique Darbon

Anne-Marie Fone, *Étude comparée de l'intégration juridique par l'OHADA et l'UE*, thèse soutenue en 2007 à l'université de Bordeaux 4 sous la direction de Jean de Gaudusson, présidée par Alioune Badara Fall ;

Christophe Beti Etoa, *Droit de l'urbanisme et domaine public,* thèse soutenue en 2007 l'université de à Bordeaux 4 sous la direction de Jean de Gaudusson

El Hadji Omar Diop, *Les partis politiques dans le processus de transition démocratique des États d'Afrique noire francophone*, thèse soutenue en 2005 à Bordeaux 4 sous la direction de Jean de Gaudusson, présidée par Alioune Badara Fall ;

Joseph Pierre Effa, *La responsabilité pénale des ministres sous la Vème République*, thèse soutenue en 2005 à l'université de Bordeaux 4 sous la direction de Dmitri Georges Lavroff, présidée par Alioune Badara Fall ;

Boubacar Issa Abdourhamane, *Les cours constitutionnelles dans le processus de démocratisation en Afrique*, thèse soutenue en 2002 à l'université de Bordeaux 4 sous la direction de Jean de Gaudusson présidée par Alioune Badara Fall ;

Aliou Diallo, Droit positif rt droit traditionnel. Étude de leurs rapports au Sénégal, thèse soutenue à l'Université de Paris Cité le 9 décembre 2024, sous la direction de Dominique Maillard-Desgrées du Lou, Alioune Badara Fall (rapp.)

**D- Membre du jury**

Bagnon César Zouho, *La libre circulation des personnes dans l'espace CADEAO-UEMOA*, thèse soutenue en 2024 à Strasbourg sous la direction de Jean-Philippe Kovar et Francisco DjedjroMeledje ;

Singoro Toure, *Les déterminants politiques et institutionnels de la crise de 2012 au Mali*, thèse soutenue en 2023 à Normandie sous la direction de Eloi Diarra ;

Harouna GarbaHamani, *Analyse historique et positive du système judiciaire nigérien* : *contribution à l'étude de la problématique de l'effectivité de l'indépendance du pouvoir judiciaire dans un État de l'Afrique francophone*, thèse soutenue en 2022 à Amiens sous la direction de Mouloud Boumghar et Mamadou Dagra ;

Mohamed Saleh Abeih, *L'influence du droit français sur le régime politique en Mauritanie*, thèse soutenue en 2018 à l'université de Limoges sous la direction de Jean-Louis Clergerie,

Moussa Fanta Kourouma, *Le procédé de passerelle entre la conciliation et la sauvegarde - Approche comparative droit français/droit OHADA*, thèse soutenue en 2018 à Toulon sous la direction de Anne-Marie Romani, Alioune Badara Fall (rapp.)

Bachirou Amadou Adamou, *Le constitutionnalisme à l'épreuve de l'intégration dans l'espace CEDEAO: contribution à l'étude de la protection des droits fondamentaux depuis l'ouverture démocratique en Afrique*, thèse soutenue en 2018 sous la co-direction de Caterina Severino et Mamadou Dagra ;

Abdoul Kader Bitié, *L'approche contemporaine de la prévention des conflits en Afrique*, thèse soutenue en 2016 à Bordeaux sous la direction de Anne-Marie Tournepiche ;

Hicham Allou, *La kafala en France ou quand l'adoption devient impossible*, thèse soutenue en 2015 à Toulon sous la direction de Janick Roche-Dahan et Maryse Baudrez, membres du Alioune Badara Fall (rapporteur)

Ilyas SaidWais, *L'ambivalente libéralisation du droit du travail en République de Djibouti*, thèse soutenue en 2015 à Bordeaux sous la direction de Philippe Auvergnon,

AlaaAbdalhasen Jaber, *L'apport de l'expérience irakienne en matière de lutte contre le terrorisme* : *Étude basée sur la réalité des droits de l'homme en Irak*, thèse soutenue en 2015 à Toulon sous la direction de Massimo Cavino, Alioune Badara Fall (rapporteur)

Beyon Luc Adolphe Tiao, *Régulation des médias d'Afrique francophone* : *cas du Burkina Faso*, thèse soutenue en 2015 à Bordeaux 3 sous la direction de Alain Kiyindou ;

Maurice Soudieck Dione, *Le processus d'institutionnalisation de la démocratie au Sénégal*, thèse soutenue en 2010, à l'Institut d'Études Politiques de Bordeaux, sous la direction de Dominique Darbon, Alioune Badara Fall (président du jury)

Mamadou Demba M'Baye, *Le juge administratif et la Constitution*, thèse soutenue en 2010 à Bordeaux 4 sous la direction de Jean de Gaudusson

Sylvie Lorthois-Louembet, *Le droit du micro-désarmement et l'Afrique*, thèse soutenue en 2009 à Bordeaux 4 sous la direction de Jean de Gaudusson

Waleka Kitoko, *Les aspects constitutionnels de la transition démocratique manquée dans l'ex-Zaïre*, thèse soutenue en 2002 à Bordeaux 4 sous la direction de Jean de Gaudusson

Célestin Monteiro, *L'impact des programmes d'ajustement structurel sur le droit financier béninois*, thèse soutenue en 2001 à Bordeaux 4 sous la direction de Jean de Gaudusson

Michel Sogbossi, *Chefferie traditionnelle et institutions du pouvoir d'État au Bénin*, thèse soutenue en 2001 à Bordeaux 4 sous la direction de Jean de Gaudusson

Samuel Ndigo Nzié, *Le système camerounais de prévention et de règlement des litiges de l'administration*, thèse soutenue en 1997 à Bordeaux 4 sous la direction de Jean de Gaudusson

Okon Wesley Latte, *La fonction législative en Côte d'Ivoire,* thèse soutenue en 1996 à Bordeaux 4 sous la direction de Jean de Gaudusson, Alioune Badara Fall (rapporteur)

Oubé Melone Diane Gandonou, Le village ou le quartier, démembrement administratif exclusif de la commune au Bénin, thèse soutenue à l'université Paris I Panthéon-Sorbonne, 2010, sous la co-direction de Alain Rochegude de l'université de Paris I et de Théodore Holo de l'université du Bénin, Alioune Badara Fall (rapp)

Abdou Aziz Daba Kébé, La répartition des compétences entre la loi et le règlement en droit fiscal sénégalais », à l'université Cheikh Anta DIOP de Dakar (Sénégal) 2012, sous la direction de Ismaïla MadiorFall;

Mamady Sissoko, Les stratégies politiques et constitutionnelles de conservation du pouvoir présidentiel en Afrique », thèse soutenue en 2014 à l'université Cheikh Anta DIOP, Dakar, sous la direction de Elhadj Mbodj, Alioune Badara Fall (rapp.)

Cheikh Baye Niasse, Le processus de libéralisation de la vie politique au Sénégal. Recherches sur les conséquences juridiques et politiques du retour au pluralisme politique intégral, thèse soutenue en 2010, à l'université Paul Cézanne-Aix-Marseille III, 2010, sous la co-direction de Patrick Gaïa et de Seydou Nourou Tall de l'université Cheikh Anta Diop de Dakar, Alioune Badara Fall (rapp) ;

Claude Justafort, De *la crise de la démocratie à la menace contre la paix et la sécurité régionale de la Caraïbe, thèse soutenue en 2011* à Strasbourg sous la direction Yves Jeanclos

Anne-Marie Fone, *Etude comparée de l'intégration juridique par l'OHADA et l'Union européenne (Contribution à l'étude de l'élaboration et l'application des normes d'intégration),* Université Montesquieu Bordeaux IV, 2007, sous la direction de Jean de Gaudusson, Alioune Badara Fall (président du jury)

Khadim Sylla, *Mouridisme et intégration Khadim*, thèse soutenue à l'INALCO Paris, 1999, sous la direction de Guy Nicolas, Alioune Badara Fall (rapp) ;

Aboudou Ibrahim Salami, *La protection de l'État de droit par les Cours constitutionnelles africaines. Analyse comparative des cas béninois, ivoirien, sénégalais et togolais*, sous la direction de Jean Rosseto de l'Université de Tours, 2003, Alioune Badara Fall (rapporteur et préident du jury)

Mamadou Makalou, Recherche institutionnelle et juridique sur le concept de gouvernance et son application au Sénégal, Université de Perpignan, 2006, sous la direction de François Feral, Alioune Badara Fall (rapp.)

Maya Akaro, *Les mouvements indépendantistes armés et la sécurité de l'Union européenne : Spécialement l'IRA, l'ETA et le FLNC*, Université de Strasbourg, 2007, sous la direction de Yves Jeanclos, Alioune Badara Fall, rapporteur ;

Mohamed Mahmoud Ahmed Hussein, *Médiations numériques et enseignements des sciences sociales dans le contexte éducatif égyptien*, Université de Bordeaux Montaigne, sous la direction de Lise Vieira, 2012

ErvéDabone, *Droits de l'homme et lutte contre la pauvreté au Burkina Faso*, thèse soutenue en 2007 à l'université de Nantes, sous la direction de Augustin Emane, Alioune Badara Falla (rapp.)

Mohamadou Mbengue, L'identité noire dans le jazz et sa perception par les intellectuels français : la critique de jazz du Bebop au free (1945 1970) Mohamadou MBENGUE, Université Montaigne Bordeaux 3, 1997, sous la direction de Jean-Claude Barat, Alioune Badara Fall (rapp)

Hervé Herpin, *L'itinéraire juridique de l'objet africain : ambivalence de l'artefact et inadéquation des dispositifs législatifs et conventionnels*, Paris 1er Panthéon-Sorbonne, 2008, sous la direction de Alain Rochegude, Alioune Badara Fall (rapp) ;

NdjahaNgabo, *Etude du désarmement dans le contexte de recomposition du paysage International*, thèse soutenue en 2013 à l'Université de Lyon, sous la direction de Mireille Couston, Alioune Badara Fall (rapp.)

Jean-François Rivalin, *Perspectives et scenarii de l'adhésion de l'Ukraine et de la Biélorussie à l'Union européenne : 1991-2006* thèse soutenue en 2009 à l'université Robert Schuman de Strasbourg, sous la direction de Yves Jeanclos, Alioune Badara Fall (rapp.)

Ousmane Khouma, *La légitimité du pouvoir de l'État en Afrique subsaharienne. Essai sur la relation entre la reconnaissance internationale et la légitimité démocratique,* thèse soutenue à l'université de Toulouse en 2009, sous la direction des professeurs Jean-Arnaud Mazères de l'Université de Toulouse I et Babacar Guèye de l'Université Cheikh Anta Diop, Alioune Badara Falla (rapp.)

Mame Penda Ba *L'islamisme au Sénégal (1978-2007*), thèse soutenue en 2007, Science Politique de l'université de Rennes I, 2007, sous la direction du Professeur Philippe Portier, Alioune Badara Fall (rapp) ;

Benjamin Jean-Jacques Bengobéyi, *La politique africaine de l'Afrique du Sud : analyse des médiations en République Démocratique du Congo, au Burundi et Côte-d'Ivoire*, thèse soutenue sous à l'Université de Reims Champagne –Ardenne, Rennes 2009, sous la direction de Albert Bourgi, Alioune Badara Fall (rapp)

Fidèle NGinza *La spécificité de la question des minorités et le pouvoir politique en Afrique noire : Lecture centrée d'un cas particulier : le Sud-Soudan,* thèse soutenue à l'Université de Strasbourg, 2003, sous la direction de Florence-Benoit Rohmer, Alioune Badara Fall (rapp.)

Pascal Agnama Eboumi, *La décentralisation territoriale et le développement local au Gabon*, thèse soutenue à l'Université de Toulouse 1, 2004, sous la direction de Marie-Hélène Bernard-Douchez, Alioune Badara Fall, (rapp.) ;

Sory Balde, *La convergence des modèles constitutionnels. Études de cas en Afrique subsaharienne*, thèse soutenue en 2009, sous la direction de Jean du Bois de Gaudusson de l'Université Montesquieu Bordeaux IV;

Demba Fall, *Société civile et démocratie au Sénégal*, thèse soutenue à l'université de Perpignan, 2007, sous la direction de Monsieur Gérard Camilleri, Université de perpignan, 2007 ;

Mbaye Ndiaye, *Logique de performance et cadre harmonisé des finances publiques de l'UEMOA : étude du nouveau droit budgétaire et de la comptabilité publique au Sénégal,* thèse soutenue à l'université Cheikh Anta Diop Dakar en 2025, sous la direction du Professeur Ismaïla Madior FALL, Alioune Badara Fall (Rapp.)

Papa Fara Diallo, *Recherche sur les notions de dialogue et de consensus dans le processus de consolidation démocratique au Sénégal*, thèse soutenue à l'université Gaston Berger de Saint-Louis en 2026, sous la direction de Babaly SALL de l'université Gaston Berger de Saint-Louis du Sénégal et Alioune SALL de l'université Cheikh Anta Diop de Dakar, Alioune Badara Fall (Rapp.)

Cheikh Mbacké Ndiaye, *La protection juridictionnelle de l'ordre constitutionnel au Sénégal*, thèse soutenue en 2026 de l'université Cheikh Anta Diop de Dakar, sous la direction du professeur El Hadj Mbodj, Alioune Badara Fall (Rapp.) ;

Mamadou Sène, *La juridictionnalisation des élections nationales en Afrique noire francophone : les exemples du Bénin, de la Côte d'Ivoire et du Sénégal. Analyse politico-juridique*, thèse soutenue à l'université de Toulouse 1, sous la direction de Pierre Esplugas-Labatut de l'université de Toulouse I Capitole et de El Hadj Mdodj de l'université Cheikh Anta Diop de Dakar (Sénégal), 2017, Alioune Badara Fall (rapp.) ;

Amsata Diouf, *La régulation juridictionnelle des pouvoirs publics dans les Etats africains francophones : les exemples du Bénin, du Burkina Faso et du Sénégal*, thèse soutenue en 2022 à l'université Cheikh Anta Diop de Dakar, sous la direction du Professeur El Hadj Mbodj, Alioune Badara Fall (rapp.) ;

Abdoulaye Ndiaye, Les marchés publics au Sénégal, thèse soutenue à l'université Cheikh Anta Diop de Daka en 2023, sous la direction de Abdoulaye Sakho, Alioune Badara Fall (rapp.)

Nalla Ndiaye, *Les mécanismes de lutte contre la criminalité transfrontalière dans l'espace CEDEAO*, thèse soutenue le 9 décembre 2023 à l'université Cheikh Anta Diop de Dakar, sous la direction de Alioune Badara Diop ;

Garba Lompo, *Coopération internationale et droits de l'homme : cas de l'Union monétaire Ouest Africaine et des Etats membres (le Bénin, le Burkina Faso, la Côte d'Ivoire, la Guinée-Bissau, le Mali, le Niger, le Sénégal et le Togo),* thèse soutenue à l'université de Nantes en 2012, sous la direction de Eric Mondieli, Alioune Badara Fall, (rapp).

Ahmed Salim Halaby, *La protection des droits fondamentaux devant la Cour suprême guinéenne statuant en matière administrative,* thèse soutenue à l'université de Nantes en 2009, sous la direction de Eric Mondieli, Alioune Badara Fall (rapp).

Khalifa Ababacar Kane, *Aspects juridiques de la gestion et de l'exploitation portuaires au Sénégal»*, thèse soutenue à l'université de Nantes en sous la direction des professeurs Martin NDENDE de l'Université de Nantes et de Isaac Yankhoba Ndiaye de l'Université Cheikh Anta DIOP de Dakar, Alioune Badara Fall (rapp) ;

Martial Jeugue Doungue, *L'intégration des conventions internationales relatives aux droits de l'homme dans les Etats africains francophones*, thèse soutenue en 2013 à l'université de Nantes en sous la direction du professeur Eric Mondielli, Alioune Badara Fall (rapp) ;

Papa Moussa Saliou Guèye, *Les organisations internationales africaines et la gestion des conflits localisés,* thèse soutenue en 2018 à l'université Cheikh Anta Diop de Dakar, sous la direction de Mactar Kamara, Alioune Badara Fall (rapp.)

Guislain Benhessa, *La pensée juridique de l'exception aux Etats-Unis après le 11 septembre 2001*, thèse soutenue le 12 décembre 2014à l'université Robert Schumann de Strasbourg, sous la direction de Eric Maulin, Alioune Fall (rapp.)

### E- Rapporteur et/ou membre de jurys de soutenance d'Habilitation à Diriger des Recherches (HDR)

Soutenance de l'HDR par Mademoiselle Florence Galletti en Droit public sous la direction du professeur François Féral (Perpignan, 2007) ; rapporteur

Soutenance de l'HDR par Monsieur Stéphane Bolle en Droit public sous la direction du professeur Dominique Rousseau de l'université de Montpellier (Montpellier I 2007) ; rapporteur

Soutenance d'HDR par Monsieur Alain Kyindou en Sciences de l'information sous la direction du professeur Michel Mathien, (Strasbourg 2006) ; rapporteur et président du jury

Soutenance de l'HDR par Monsieur Sylvain Sorel KuateTameghe (université Bordeaux IV, 2006) ; rapporteur ;

Soutenance de l'HDR par Madame Odile Riondel sous la direction du professeur Michel Mathien, (Strasbourg, 2006) ; rapporteur et président du jury ;

Soutenance de l'HDR par Monsieur Arnaud Martin sous la direction du professeur Dmitri-Georges Lavroff (Bordeaux, 2003) ; rapporteur et président du jury ;

Soutenance de l'HDR par Madame Catherine Mamontoss, sous la direction du professeur François Féral, (Perpignan, 2003) ; rapporteur

## E- Direction de thèses

Bérété Mohamed, *Décentralisation et pouvoir politique en Guinée*, thèse soutenue à l'université de Strasbourg, 2005 ;

Fatou Camara, *"La sanction des atteintes à la biodiversité au Sénégal"*, thèse soutenue le 13 décembre 2024 à l'Université Alioune Diop de Bambey (Sénégal), sous la codirection de Alioune Badara Fall de l'Université de Bordeaux et de Samba Thiam de l'Université Cheikh Anta Diop de Dakar" ;

Hennani Norddin, *La protection de la Constitution par le Conseil Constitutionnel au Maroc*, université Robert Schuman de Strasbourg, 2009 ;

Dooky Riad, *Le contrôle de légalité des actes en Grande Bretagne*, Université de Strasbourg, 2011 ;

Boris Logo « L'opposition dans les systèmes politiques africains », Codirecteur, Monsieur Adama KPODAR, professeur agrégé de droit public, université de Lomé (Togo), thèse soutenue à l'Université de Lomé, 2012 ;

Kaline Davi, *Le contentieux administratif en dehors du juge. Étude comparée entre les systèmes brésilien et français*, université de Salvador De Bahia- « Brésil » Bordeaux, 2013 ;

Idrissa Sow, *La protection de l'ordre juridique sous-régional par les Cours de justice : contribution à l'étude de la fonction judiciaire dans les organisations ouest-africaines d'intégration*, Université de Bordeaux 2013 (Codirecteur, Monsieur Alioune SALL professeur agrégé de droit public, Faculté des Sciences juridiques et politiques de l'Université Cheikh Anta Diop de Dakar, Sénégal).

Ouro-Bodi Ouro Gnaou, *Les États et la protection internationale de l'environnement : la question du changement climatique*, université de Bordeaux, 2014 (Codirecteur, Monsieur Adama KPODAR, professeur agrégé de droit public, université de Lomé (Togo)

Madame Hynd Saidi Azbeg, *Processus de démocratisation et monarchie constitutionnelle au Maroc*, université de Bordeaux 2014 ;

Abraham Hervé Diompy, *Le paradoxe de l'internationalisation du droit constitutionnel en Afrique : réflexions sur les interactions normatives, institutionnelles et politiques dans l'espace CEDEAO*, Université de Bordeaux, 2017, (co-directeur Monsieur Ismaïla Madior FALL, université Cheikh Anta DIOP de Dakar).

Amoussou Landry, *L'ordre public sanitaire en Afrique francophone*, université de Bordeaux, 2017, (codirecteur : Monsieur Salami Ibrahim David, professeur agrégé de droit public, université Calavy, Cotonou (Bénin) ;

Khadim Thiam, *Le contrôle de l'exécutif et la création de l'État de droit en Afrique*, université de Bordeaux, 2018 ;

Yaya Niang, *Le contrôle juridictionnel du processus électoral en Afrique Noire francophone : les exemples du Sénégal et du Bénin*, Thèse en cotutelle avec l'université Gaston Berger de Saint-Louis du Sénégal (co-directeur : Babaly Sall, professeur de Droit public et de Sciences politiques), 2018 ;

Saïkou Oumar Baldé, *Les Organes de gestion des élections en Afrique de l'Ouest: approche comparative entre le Mali et la Guinée*, thèse soutenue en 2021à l'université de Bordeaux, sous la direction de Alioune Badara Fall ;

Florian Gaillard, *Les entités religieuses dans les systèmes juridiques anglais, espagnol et français* : *contribution à l'étude des relations entre les religions et l'État*, thèse soutenue en 2022 à l'université de Bordeaux en co-direction avec Alioune Badara Fall et Marta Franchi Saguer, université autonome de Barcelone, Espagne ;

Beugré Wilfridz Gnonka, *La stabilité des institutions démocratiques dans les pays francophones d'Afrique* noire, thèse soutenue en 2023 à l'Université de Bordeaux, sous la co-direction de Alioune Badara Fall de l'université de Bordeaux et de Diedjiro Méldje de l'université Houphouët Boigny d'Abidjan ;

Bablésson Mardochée Désiré Koula, *Le développement durable dans les traités régionaux africains d'investissement* : *cas de la CEDEAO et de la SADC.*, thèse soutenue en 2018 à Bordeaux sous la direction de Alioune Badara Fall et Yawo Kakaty Logo, *L'opposition dans les nouveaux régimes africains,* thèse soutenue à l'université de Lomé, sous la co-direction de Alioune Badara Fall de l'université Montesquieu Bordeaux IV Bordeaux et de Adama Kpodar de l'université Lomé.

## V- OUVRAGES

Alioune Badara Fall et Demba Sy (dir.), *Le juge administratif, le juge constitutionnel et le juge communautaire dans la protection des droits et libertés fondamentaux: quatrièmes Rencontres de Dakar, [9-11 juillet 2018]*, GN impr. et Presses de l'Université de Toulouse 1 Capitole, 2019, 327 p.

Alioune Badara Fall et Demba Sy (dir.), *Les nouvelles tendances du droit administratif en Afrique*, Presses de l'Université de Toulouse 1 Capitole et GN impr., 2018, 233 p.

Alioune Badara Fall et Demba Sy (dir.), *Itinéraires du droit et terres des hommes: mélanges en l'honneur de Jean-Marie Breton*, Mare & Martin, 2017, 1218 p.

Alioune Badara Fall et Demba Sy (dir.), *La justice administrative en Afrique: deuxième rencontre de Dakar*, Presses de l'Université Toulouse 1 Capitole, 2017, 245 p.

Alioune Badara Fall et Demba Sy (dir.), *Cinquante ans de droit administratif en Afrique*, Presses de l'Université Toulouse 1 Capitole, 2016, 203 p.

Alioune Badara Fall, Jean-Marie Auby, Jean-Claude Gautron, Michel Rousset *[et alii]*, *La responsabilité extra-contractuelle de la puissance publique au Sénégal: essai de transposition des règles de droit administratif français dans un pays d'Afrique noire francophone*, 1994, 796 p.

Alioune Badara Fall, Jean du Bois de Gaudusson et François Feral (dir.), *Le statut du Chef de l'État en Afrique*, Presses Universitaires de Perpignan, Cahiers du CERJEMAF, n° 9, 2001

## VI- MEMBRE DE COMITES

Membre du comité pour les Mélanges réunis en l'honneur de Jean du Bois De Gaudusson, *Espaces du service public*, contributions réunies par Ferdinand Mélin Soucraamanien, Presses universitaires de Bordeaux, 01/01/ 2013

Mélanges en l'honneur de Jean-Marie Breton, *Itinéraires du droit et terres des hommes*, Études réunies par Alioune Badara FALL, éd. Mare et Martin, décembre 2017;

Membre du comité pour les Mélanges en l'honneur de Diarra Eloi et Yonaba Salifou, contributions réunies par Nicaise Médé et Marc Debène, l'Harmattan, 25/08/2021

## VII- AUTRES INTERVENTIONS

Intervenant à l'École Internationale de Bordeaux, dans le cadre d'un séminaire sur le « Processus législatif », (6-27 septembre 1995), organisé à l'intention de fonctionnaires et agents des assemblées parlementaires des pays membres de l'A.C.C.T. (Agence de Coopération Culturelle et Technique)

Intervenant à l'École Nationale de Magistrature de Paris sur « Les modes alternatifs de règlement des conflits » dans le cadre d'un séminaire sur « l'élaboration de la décision de justice », organisé à l'attention de magistrats africains (7 novembre 1997).

Intervenant au district de Bamako du 3 au 11 novembre 2001, et à Bordeaux en mars 2003, dans le cadre de la formation des secrétaires généraux de mairie, sur les aspects théoriques et pratiques de la décentralisation en France et au Sénégal.

Expert détaché auprès du bureau juridique de la FAO (Nations Unies) à Rome de Janvier à Septembre 2002 et d'août à septembre 2010.

Missions des Nations Unies (FAO) depuis 2003 dans plusieurs pays. Dernière mission en date : Haïti du 18 février au 2 mars 2017 et Février 2019.

Participations régulières à des journées scientifiques et à des conférences en France et à l'étranger.

Consultant juriste international responsable et coordonnateur de l'atelier international organisé par la FAO*("Food and Agriculture Organization"),*sur l'examen technique, la mise en forme et l'harmonisation des textes règlementaires semenciers en zone CEMAC, du 21 avril au 1er mai 2010 à Douala (Cameroun).

Consultant juriste international, responsable et coordonnateur de la rencontre internationale organisée par la FAO*("Food and Agriculture Organization"),* institution des Nations Unies sur la « La gouvernance des régimes fonciers en Afrique francophone : Enjeux et opportunités » du 04 au 06 décembre 2012 à Yaoundé (Cameroun). Présentation et analyse des « *Directives Volontaires* » pour une gouvernance responsable des régimes fonciers applicables aux terres, aux pêches et aux forêts dans le contexte de la *sécurité alimentaire* nationale et les Directives de l'Union Africaine ».

Participation aux « Assises sur l'Agenda national de Transformation de l'Enseignement supérieur, de la Recherche et de l'Innovation -2050 », 17 juillet 2025, Dakar.

## VIII- ACTIVITES UNIVERSITAIRES ET ADMINISTRATIVES

Doyen de l'École de formation pour la « Bonne gouvernance, la démocratie et le leadership en Afrique » depuis 2024*FixPollitics – School of Politics Policy and Governance* (SPPG) : https://senegal.thesppg.org/admission-requirements/

Membre du groupe d'avocats et d'experts constitutionnalistes boliviens et brésiliens, chargé de la défense de la candidature à l'élection présidentielle bolivienne du 17 août 2025 de l'ex-Président Evo Morales suite à la décision de la Cour constitutionnelle confirmant son inéligibilité.

Membre du Conseil de Laboratoire du LAM (Les Afriques dans le Monde – LAM), Science Pô Bordeaux.

Ancien Directeur du Centre d'Etudes et de Recherches sur les Droits Africains et sur le Développement Institutionnel des Pays en Voie de Développement (C.E.R.D.R.A.D.I), Université Montesquieu Bordeaux IV.

Responsable de projet et Rédacteur en Chef de la revue électronique « Afrilex » :

Ancien Responsable des Master1 et Master 2 Recherche/Professionnel « Dynamiques africaines », Université de Bordeaux

Membre du Conseil des Études et de la Vie Universitaire (CEVU) jusqu'en 2014

Membre de l'Association française de Droit constitutionnel

Membre du Réseau des constitutionnalistes africains (Afrique du Sud)

Membre de l'Institut International de Droit d'Expression et d'Inspiration Françaises (IDEF)

Membre de la Société Française du Droit de l'Environnement (SFDE)

Membre du Centre d'Études Juridiques sur l'Environnement et le Tourisme (CREJETA), Université des Antilles et de la Guyane, Pointe-à-Pitre, Guadeloupe

Chargé de mission de l'Université Robert Schuman de Strasbourg pour l'exécution de la convention de partenariat entre elle et l'Université Gamal Abdel Nasser et à SONFONIA de Conakry (Guinée), 2003 ;

Responsable et intervenant au Master de Droit pour la « Formation des formateurs » à l'Université Gamal Abdel Nasser de Conakry (Guinée)

Intervenant aux sessions de préparation aux concours d'agrégation interafricains CAMES (Conseil Africain et Malgache pour l'Enseignement Supérieur) organisés annuellement à l'Université Montesquieu Bordeaux IV par l'Agence Universitaire de la Francophonie (AUF) et l'Institut pour le Développement de l'Enseignement Supérieur Francophone (IDESUF) ;

Intervenant aux sessions de préparation aux concours d'agrégation interafricains CAMES (Conseil Africain et Malgache pour l'Enseignement Supérieur à l'Université Cheikh Anta Diop de Dakar (Sénégal) ;

Chargé de mission de l'Université Robert Schuman auprès du « Bureau Vie Étudiante » (2004) ;

Membre de droit à titre de personnalité qualifiée du Fonds de Solidarité et de Développement des Initiatives Étudiantes (FSDIE) de l'Université Robert Schuman de Strasbourg ;

Membre du Conseil d'Administration de l'Institut de Préparation à l'Administration Générale (IPAG) à l'Institut d'Études Politiques (IEP), Université Robert Schuman de Strasbourg depuis 2005 ;

Directeur des Études de la Licence d'Administration Publique (LAP) et de la Maîtrise d'Administration Publique (MAP) de l'IPAG, Science Po, Université Robert Schuman de Strasbourg (2005-2007) ;

Membre suppléant nommé de la Commission de spécialistes de Droit public de la Faculté de Droit de l'Université de Perpignan ;

Membre suppléant de la commission de spécialistes d'Histoire des Institutions de l'Université Robert Schuman de Strasbourg ;

Membre du jury du concours d'entrée (2005) à l'École Nationale d'Administration (ENA) à Strasbourg;

Membre du Comité de réflexion pour la mise en place d'une École doctorale à la Faculté des Sciences Juridiques et Politiques de l'Université Cheikh Anta DIOP de Dakar, associant les enseignants de la Faculté de Droit de l'Université Montesquieu-Bordeaux IV ;

Expert auprès de l'Organisation de Nations Unies pour l'Alimentation et l'Agriculture (FAO), Rome (Italie) depuis 2002 ;

Collaborateur du PNUD (Nations Unies) dans le cadre du programme « Transfer Of Knowledge Through Expatriate Nationals » - TOKTEN - (Transfert des connaissances par l'intermédiaire des nationaux expatriés), depuis 2004 ;

Membre associé au Conseil Scientifique de l'Université de Bari (Italie) ;

Expert constitutionnalisme auprès de la CEDEAO en 2018, chargé de la réforme de la Constitution du Togo ;

Président du jury international de prix de thèse en Afrique *Maurice Ahanhanzo-Glélé* nommé par la Cour constitutionnelle du Bénin, janvier-juin 2022 ;

Membre du jury de prix de thèse de l'École doctorale de l'Université de Bordeaux depuis en 2022 ;

Membre de l'Association sénégalaise de droit constitutionnel(ASDC) ;

Évaluation d'articles pour la Revue Québécoise de Droit international(RQDI) ;

Membre du comité de lecture de la revue *Politéa,* université de Bordeaux,

Membre du comité scientifique de la revue Annales Africaines, université de Dakar ;

Superviseur national des Assises Nationales des Étudiants Sénégalais en France (ANASEF) par la Fédération des Étudiants et Stagiaires sénégalais en France (FESSEF), le 5 octobre 2025, Université de la Sorbonne Nord, Paris

## IX- INTERVENTION DANS LES MÉDIAS

Le Professeur Alioune Badara FALL a été invité par des médias français et étrangers (radio et presse écrite) pour traiter des questions institutionnelles et politiques en Afrique, et tout particulièrement des questions liées à l'évolution du constitutionnalisme sur ce continent.

Radio France Internationale (RFI) le 4 octobre 2018 : « La Constitution française n'a pas été le modèle que l'on croit » ;

Radio France Internationale (RFI), le 25 octobre 2016, « Constitution ivoirienne : « On ne sait pas comment ce cocktail va fonctionner », http://www.rfi.fr/afrique/20161018-constitution-ivoirienne-ouattara-referendum-aliounebadara-fall-constitutionnaliste

France culture, le 11 décembre 2018 : « Une histoire des déclarations des droits de l'homme en Afrique », https://www.franceculture.fr/emissions/la-fabrique-de-lhistoire/une-histoire-des-declarationsdes-droits-de-lhomme-24-les-declarations-africaines-du-kurukan-fuga-a

Sénégal net et Sud Quotidien Dakar, 10 février 2024, *Mémorandum* adressé au Conseil constitutionnel pour l'annulation du report de l'élection présidentielle de février 2024, https://senegaalnet.com/les-pr-serigne-diop-kader-boye-babacar-gueye-alioune-badara-fall-et-alioune-salk-ecrivent-au-conseil-constitutionnel/

Sud Quotidien : Trouble autour de l'article 27 de la constitution sénégalaise sur le mandat présidentiel ou le mal démocratique sénégalais, https://www.sudquotidien.sn/trouble-autour-de-larticle-27-de-la-constitution-senegalaise-sur-le-mandat-presidentiel-ou-le-mal-democratique-senegalais/?amp=1

Le Soleil du 26 mai 2025, Le Sénégal vers un régime parlementaire assumé? https://lesoleil.sn/opinions/point-de-vue/le-senegal-vers-un-parlementarisme-assume/

Les nouvelles de l'UEOMA 008 du mois de novembre 2022 : Cours constitutionnelles en Afrique. Analyses et diagnostics,

https://webmel.u-bordeaux.fr/service/home/~/?auth=co&loc=fr&id=100424&part=2

## X- SOCIETES SAVANTES

- Membre de la Société Française pour le Droit de l'Environnement (SFDE) ;
- Membre de l'Association des Constitutionnalistes Africains
- Membre de l'Association Française de Droit constitutionnel

## XI- DÉCORATIONS ET TITRES HONORIFIQUES

- Chevalier dans l'Ordre des palmes académiques.(France)
- Médaille de l'Ordre national du 27 juin (Djibouti)
- Chevalier de l'Ordre de l'Etalon (Burkina Faso).

# TÉMOIGNAGES

# Témoignage pour l'universitaire et l'ami

*Ndèye Madjiguène Diagne,*

*Agrégée de droit public, Université Cheikh Anta Diop de Dakar*

La tâche semble aisée mais il peut être relativement difficile de rédiger un témoignage sur le professeur Alioune Badara FALL, tant en raison de la richesse de son parcours et de ses productions scientifiques, que de ses qualités humaines. J'ai d'abord rencontré l'universitaire lors de mes voyages d'études en France et des sessions de préparation au concours d'agrégation du CAMES organisées à l'Université de Bordeaux, avant de connaître l'ami sincère qu'il est devenu. La disponibilité d'Alioune Badara FALL, sa générosité intellectuelle, son ouverture d'esprit et son sens de l'écoute font de lui un universitaire apprécié de ses collègues et amis qui, en lui dédiant ces mélanges, lui rendent un hommage mérité.

Après ses études à l'Université de Dakar, Alioune Badara FALL a été recruté, en 1981, par l'Université de Bordeaux en qualité d'assistant associé. C'est dans cette université qu'il a brillamment soutenu, en 1994, une thèse de doctorat d'État sous la direction du professeur Jean-Marie AUBY, l'une des plus grandes figures du droit public français. Sa qualification par le CNU lui permit de devenir maître de Conférences à l'Université Montesquieu Bordeaux IV. Il a cependant dû quitter l'Université de Bordeaux pour un poste de professeur à l'Université Robert Schuman de Strasbourg, après le concours d'agrégation de droit public en 2002. C'est en 2007 qu'il a pu revenir à l'Université de Bordeaux, à la suite de sa nomination au poste de professeur de droit public par la voie de la mutation. Après son admission à la retraite, l'Université de Bordeaux lui a décerné le titre de professeur émérite.

Enseignant infatigable, le professeur FALL a exercé ses activités pédagogiques dans différentes universités françaises mais, également, dans des universités européennes, africaines, asiatiques et sud-américaines. La pluridisciplinarité à laquelle le prédisposait la formation qu'il a reçue explique qu'il soit à l'aise aussi bien dans l'enseignement des disciplines du droit public interne que dans celui du droit international public et de la science politique.

Si le professeur FALL dispose de toutes les qualités d'un bon enseignant, sa riche production scientifique témoigne aussi de son intérêt permanent pour la recherche. Le constitutionnalisme, la démocratie, la justice (administrative et constitutionnelle), les droits de l'homme et des peuples, le droit international public, la création du droit, le droit comparé, l'administration publique, sont autant de thèmes qui illustrent la diversité de la production scientifique qu'Alioune Badara FALL met généreusement à la disposition des chercheurs.

Co-directeur, puis directeur, du Centre d'études et de recherches sur les droits africains (CERDRADI), le professeur FALL a souvent évoqué « les liens très forts qui existent entre l'Université de Bordeaux et l'Afrique ». C'est ainsi qu'il a organisé à Bordeaux, avec des universités africaines partenaires, plusieurs rencontres scientifiques sur des thèmes relatifs aux droits et aux régimes politiques africains. Dans ses travaux sur les mutations des systèmes juridiques africains, le professeur FALL nous explique que « les droits africains postcoloniaux ne sont pas les clones des droits des anciennes puissances coloniales, mais qu'ils s'inscrivent dans une trajectoire et un contexte qui leur sont propres et expriment un certain particularisme », même s'ils n'échappent pas à la « globalisation juridique du monde ». Dans son article intitulé « échec du constitutionnalisme français en Afrique et autonomie du droit constitutionnel africain »[1], il développe une idée qu'il a souvent défendue lors de ses interventions. Il considère en effet que l'influence de la Constitution française de 1958 sur les constitutions des pays africains francophones est à nuancer. Le modèle français avait, certes, inspiré les hommes politiques africains au lendemain des indépendances mais, les constituants ont, par la suite, marqué leur différence par rapport à la Constitution française. Ils ont procédé à la réécriture des textes constitutionnels en les adaptant à « leurs propres préoccupations, souvent en nette opposition avec l'esprit et la lettre du modèle constitutionnel originel ».

La problématique de la transposition des règles du droit français en Afrique est une question que le professeur FALL avait déjà étudiée dans sa thèse de doctorat intitulée « **La responsabilité extracontractuelle de la puissance publique au Sénégal : essai de transposition des règles de droit administratif français dans un pays d'Afrique noire francophone** ». Proposée à la publication par le jury, cette thèse est devenue une étude de référence sur la responsabilité des personnes publiques en Afrique. Le professeur FALL est d'ailleurs revenu sur le thème de la transposition des

---

[1] In *La Constituzione francese, Atti del convegno biennale dell' Associazione di Dirrito pubblico comparato eu eoropeo, Bari, Universita degli Studi, 22-23 maggio 2008, pp 406-436*

règles du droit administratif français en 2013[2]. L'on peut retenir de la thèse d'Alioune Badara FALL quelques idées qui sont toujours d'actualité. Il en est ainsi de la réflexion sur la faute de service comme condition principale d'engagement de la responsabilité publique et sur les hypothèses de responsabilité sans faute au Sénégal. Le droit de la responsabilité a cependant évolué pour dissiper le regret du professeur FALL qui critiquait ce qu'il considérait comme une irresponsabilité des personnes publiques dans certains domaines.

La générosité intellectuelle du professeur FALL s'est également manifestée dans l'encadrement des travaux de recherche de plusieurs doctorants dont il a dirigé ou codirigé la thèse, en France et à l'étranger. Il a été, et est encore, souvent sollicité pour siéger dans des jurys de thèse en qualité de président, membre ou rapporteur. Il n'hésite jamais à recevoir les jeunes enseignants - chercheurs et à leur prodiguer des conseils à l'Université de Dakar et ailleurs.

Ayant le privilège de faire partie des amis d'Alioune Badara FALL depuis plus de trente ans, je peux témoigner de sa remarquable sociabilité, son humilité et sa grande humanité. A Bordeaux, il laisse toujours sa porte ouverte. Ses concitoyens qui lui vouent un grand respect et une profonde affection lui ont rendu hommage à plusieurs reprises. C'est ainsi que, l'Association bordelaise des étudiants sénégalais lui a récemment décerné un certificat de reconnaissance pour son aide et ses conseils d'ordre pédagogique. Défenseur convaincu de l'œcuménisme et du dialogue interreligieux, il est actuellement le parrain de l'Association des catholiques sénégalais de Bordeaux et de la Gironde. Et ce n'est pas seulement à Bordeaux que les associations d'étudiants font appel au professeur FALL. L'Association nationale des étudiants sénégalais de France (ANASEF) et la Fédération des étudiants et stagiaires sénégalais en France (FASSEG) l'ont désigné, à l'unanimité, superviseur chargé de restituer les travaux de leurs « assises » organisées en octobre 2024 à l'Université Sorbonne -Nouvelle (Paris III), devant des autorités politiques sénégalaises et des autorités de l'université parisienne présentes à la rencontre.

---

[2] « Le Code des obligations de l'administration au Sénégal ou la transposition des règles de droit administratif français en Afrique par la codification », in Mélanges en l'honneur de Jean du Bois de Gaudusson, *Espaces du service public,* Presses universitaires de Bordeaux, Pessac, décembre 2013, pp 225-254.

Les témoignages et contributions des collègues, amis et anciens doctorants du professeur FALL nous révèleront certainement d'autres facettes de la personnalité du dédicataire de ces Mélanges.

# Bâtir le droit : l'ère des pionniers

***Jean-Marie BRETON,***

*Professeur émérite à l'Université des Antilles (Guadeloupe), Membre de l'Académie des Sciences d'Outre Mer (Paris)*

Lorsque j'ai été sollicité pour contribuer à la rédaction de *Mélanges* destinés à mon collègue, ami et « frère », le Professeur émérite Alioune Badara FALL, afin de célébrer sa longue et brillante carrière universitaire, j'ai su que le moment, attendu de longue date, était venu de lui rendre un hommage qui me tenait particulièrement à cœur eu égard à ce que avions partagé des décennies durant et que, je l'espère, nous continuerons à partager longtemps encore.

Quitte à paraître quelque peu « iconoclaste » au regard des canons traditionnels de cet exercice (qui veulent que l'on offre au récipiendaire un panel d'études savantes - réflexion, doctrine, jurisprudence, etc. - dans le(s) domaine(s) d'excellence qui ont été le fil conducteur et ont constitué le noyau scientifique de sa carrière), il m'a semblé plus chaleureux et pertinent de revenir sur des souvenirs qui, selon un parcours aussi inattendu que paradoxal, ont conduit un jeune Français, tout récent docteur en droit, à quitter sa région et sa terre natales pour découvrir, pour quelques mois qui se transformeront finalement en décennies, un continent dont il avait jusqu'alors presque tout ignoré, et qui allait impacter sa carrière et marquer sa vie, plus d'un demi-siècle durant.

Je suis et resterai indéfiniment redevable à l'Afrique de m'avoir offert le privilège d'y mener une carrière aussi passionnante que gratifiante, et d'y avoir rencontré des gens et tissé des liens exceptionnels, qui perdurent bien au-delà de mon accès à la retraite, il y a de cela plus d'un dizaine d'années. Ma rencontre avec Alioune B. Fall, « Badou » pour ses intimes, en aura été et en restera à de nombreux égards l'un des moments les plus forts, de ceux qui vous marquent en profondeur et éclairent votre existence.

Mon propos n'en reflète pas moins mes sentiments profonds, à l'aune de la vérité et de la sincérité d'une amitié qui, alors que rien a priori ne le laissait prévoir, s'est tissée et ancrée au fil du temps. J'ai la faiblesse de penser que l'on m'en pardonnera l'enthousiasme.

Pour ce faire, je retracerai succinctement ce que je n'ai pas scrupule aujourd'hui, après avoir mené une carrière d'enseignant-chercheur dans sept universités sur trois continents (sans préjudice de mes diverses pérégrinations à travers le monde en qualité de « professeur-visiteur »), à appeler mon cheminement, depuis le jour où j'ai pour la première fois[1] foulé le sol africain, jusqu'à ma rencontre (et au-delà) avec un jeune Sénégalais en voie d'intégration au sein de l'Université française.

Peut-être ce récit mémoriel des parcours croisés de juristes que l'Afrique a rapprochés ne sera-t-il pas non plus indifférent à tous ceux de nos anciens étudiants, et désormais collègues qui, deux ou même trois générations plus tard, dans une formule aussi belle qu'émouvante, ont qualifié ceux qui les ont précédés dans l'émergence et la construction d'un droit africain nouveau, authentique et décomplexé, « les pères de nos pères » !

Le doctorat en droit public (acquis à l'université de Poitiers) fraichement en poche, j'ai, un soir pluvieux et froid de novembre 1968, pris l'avion à l'aéroport du Bourget, au nord de Paris (bien avant l'ouverture, en 1974, de Roissy CDG), pour m'envoler à destination d'une Afrique lointaine, *terra incognita* pour moi, afin d'y occuper un poste de Chargé de cours à la Faculté de droit de l'Université de Yaoundé (la seule existant alors au Cameroun), pour la durée d'un service « en coopération », comme on disait alors, soit deux ans[2], dont les 18 premiers mois à titre « militaire ».

Quelques heures plus tard, mes yeux allaient s'ouvrir, alors que, l'aube venue, le Boeing 707 amorçait se descente vers Lagos, sur des horizons et des paysages qui n'avaient jusque là existé que dans mon imagination et mes lectures. Sous les ailes se déroulait le panorama immense de la forêt équatoriale, entrecoupé par les balafres erratiques de cours d'eau d'un brun profond.

Encore quelques minutes, et nous nous posâmes à Lagos, près des bâtiments de l'ancien aéroport d'une (déjà) mégapole plongée dans le conflit sanglant du Biafra, avant que l'on nous parquât *manu militari*, kalachnikovs à l'appui, dans des hangars proches, avant de nous réembarquer, après une escale aussi longue que spartiate, en direction de Douala, où nous arrivâmes à la nuit tombée.

Nous y fument transférés dans un appareil de plus petite capacité, un antique DC4 en l'occurrence, pour rejoindre Yaoundé, qui ne possédait pas à l'époque d'aéroport international doté d'une piste pouvant recevoir de gros porteurs. J'y fus accueilli par mon épouse, qui m'y avait précédé de

---

[1] Je n'avais jusqu'alors effectué qu'un bref voyage touristique au Maroc

[2] J'y resterai finalement en poste durant 27 ans, et continue à côtoyer le droit africain depuis 55 ans !

quelques semaines pour occuper à la rentrée un poste d'enseignante en lycée technique.

Le lendemain, à peine levé, celle-ci me conduisit jusqu'au marché, pour y découvrir la ville et avoir un premier aperçu de l'environnement qui serait désormais durablement le mien, sachant que nous ne rentrerions en France que de longs mois plus tard, durant l'été, puisque nous ne pouvions alors y revenir qu'une fois par an. Cinquante-cinq ans plus tard, presque jour pour jour, je me souviens encore du choc et de l'émerveillement qui furent les miens : dépaysement radical, révélation d'un nouveau monde, accumulation d'images, festival de couleurs et de bruits, bouquet d'odeurs et de cris, agitation vibrionnante d'une foule enjouée, etc., comme si, à l'instar d'Alice, j'étais d'un coup passé de l'autre côté du miroir.

Je me rendis sans tarder à l'Université, dont le futur Recteur, de 1970 à 1973, sera Jean Imbert, historien du Droit de renom[3], afin d'y rencontrer à la Faculté de Droit le Doyen Pierre Vergnaud. La coïncidence voulut qu'il soit comme moi originaire de Limoges, et qu'il ait appris ma venue par sa mère, qui lui avait envoyé un entrefilet du « Populaire du Centre » (je résidais alors dans ma famille à Limoges) faisant état de ce que, après la soutenance de ma thèse, je venais d'être nommé dans son établissement.

Le campus, de petite dimension, était agréable, abritant des bâtiments modernes, disséminés dans la verdure, bénéficiant, grâce à la science architecturale de l'époque, d'une « climatisation » naturelle parfaitement conçue. Yaoundé, située à plus de 700 m d'altitude, au pied et sur les pentes du Mont Fébé (qui culmine à plus de 1 000 m), jouit d'un climat particulièrement agréable, loin de la température humide et de la moiteur de sauna de Douala, la capitale économique située sur la côte atlantique.

L'Université accueillait alors quelques centaines d'étudiants à peine, toutes disciplines confondues. La 1re année de Licence en droit, pour sa part, en comptait à peine 70 environ ! Bon nombre d'étudiants, issus pour la plupart de milieux aisés, avec lesquels je me suis immédiatement excellemment entendu, malgré mon expérience encore rudimentaire de l'enseignement, y étaient plus âgés que moi, ce qui n'a en rien affecté la qualité de nos relations. Les enseignants étaient, eux, tout aussi peu nombreux et ne comptaient que peu de professeurs, tous expatriés, car, quelques années à peine après les indépendances des Etats d'Afrique Noire, la « relève » était

[3] Qui avait quelques années auparavant été détaché auprès du ministère des Affaires étrangères, afin d'exercer les fonctions de Doyen de la Faculté de droit de Phnom Penh, au Cambodge

encore loin d'être assurée. Il nous revenait alors la tache exaltante, en même temps que la lourde responsabilité, de la former progressivement, pour ceux tout au moins des étudiants, les plus nombreux, restés « au pays », car très peu avaient la possibilité et les moyens de poursuivre des études supérieures à l'étranger, en France principalement.

Au fil des six années durant lesquelles je vécus au Cameroun, j'eus la joie de voir émerger et s'imposer des enseignants locaux de grande qualité, qui n'eurent bientôt rien à envier à leurs homologues français. Je n'entends pas les citer ici, de crainte que ma mémoire en oublie certains. Mais nous avons eu alors l'insigne privilège de voir consacrer parmi eux le premier Agrégé (« français »)[4] d'Afrique Noire francophone, en la personne de notre collègue économiste Joseph Tchundjang Pouemi (qui succèdera quelques années plus tard au Doyen Vergnaud).

A leur tour, plusieurs autres collègues camerounais, publicistes et privatistes de haut niveau accèderont à ce « graal », à partir des années 70-80, et effectueront pour la plupart de brillantes carrières, pionniers et acteurs de la montée en puissance et de la consécration de cette première université[5]. Ce sera également le cas, on ne peut que s'en réjouir, dans la quasi totalité des autres Etats d'Afrique Noire francophone. Je me félicite d'avoir eu l'opportunité de contribuer à ces années de transmission et de mise en place, à tous les niveaux, des enseignements et des responsabilités universitaires qui y sont attachées. Elles ont totalement modifié la situation que j'ai connue durant mes années de jeune enseignant en coopération, en permettant d'inscrire l'enseignement et la recherche universitaire juridiques dans des logiques nationales et/ou panafricaines, sans pour autant interrompre les échanges scientifiques avec les autres régions du monde. Ceci vaut aujourd'hui à certains d'entre nous l'honneur d' être invités à des colloques conçus et gérés par certains de nos anciens étudiants, qui nous témoignent ce faisant une émouvante fidélité.

Mes souvenirs personnels, à juste titre, n'intéresseront pas grand monde. Mais, parce qu'ils ont alors été intimement liés au déroulement de ma vie professionnelle, ils m'imposent de suivre fidèlement ce fil d'Ariane, ténu et

---

[4] Si le CAMES (Conseil Africain et Malgache pour l'Enseignement Supérieur) a été créé en 1968 (il compte ac-tuellement 19 pays membres, d'Afrique de l'Ouest, d'Afrique Centrale, de la Région des Grands Lacs, et de l' Océan Indien), le Concours d'agrégation des sciences juridiques, politiques, économiques et de gestion n'y est mis een œuvre que depuis 1983

[5] Le Cameroun en compte aujourd'hui plus d'une dizaine, dont plusieurs anglophones, réparties à travers tout le pays

improbable, qui me mènera, bien des années plus tard, jusqu'à Alioune, jusqu'au « Professeur Fall » pour ses étudiants révérencieux et ses collègues élogieux. Notre rencontre actera et ancrera alors définitivement, avec la complicité involontaire de ma future compagne, mes « épousailles » avec l'Afrique.

Sur mes années passées au Cameroun (suivies, en 1974, de celles vécues en Centrafrique, puis, dix ans durant, jusqu'en 1990, au Congo Brazzaville), je ne m'étendrai pas outre mesure, malgré les moments et les expériences sans égales que j'y ai vécus. Je m'y suis plongé à corps perdu dans la recherche, concrétisée par de nombreuses publications, passionné par la découverte, l'étude, l'approfondissement et l'évolution d'un droit qui allait progressivement constituer le socle et le cadre des sociétés et des nouveaux Etats africains en devenir. A cette démarche exaltante, j'avais le sentiment d'apporter une contribution certes modeste mais, à l'instar de tous ceux appelés à répondre à un tel défi, aussi incontournable que nécessaire.

J'avais à peine plus de 24 ans quand je suis arrivé au Cameroun, et mes deux enfants y sont nés[6]. Nous habitions alors une petite villa au-dessus de la gare ferroviaire, à Mvogada, d'où nous pouvions contempler le panorama de l'ensemble de la capitale, d'une extension encore raisonnable[7], lovée entre ses sept collines emblématiques.

J'y ai découvert un pays dont la variété et la beauté des paysages, du Nord au Sud et d'Est en Ouest (de la *Ring road* aux plages de Kribi, des cases obus des bords du Logone aux forêts du Djoum, de la plaine des Mbo aux rives de l'Adamaoua, du pays Bamiléké aux villages perchés Kirdi[8], des savanes du Parc de Waza aux forêts profondes frontalières du Congo), sont un enchantement permanent, et offrent un microcosme exceptionnel de tous les plus beaux sites du continent africain. J'ai eu le bonheur, durant ces six années, d'y parcourir des milliers de kilomètres en voiture, et plusieurs centaines à pied, à la rencontre d'un monde qui un demi-siècle plus tard n'existe quasi plus.

Je pourrais remplir un volume d'anecdotes sinon d'aventures surprenantes ou insolites : nuit de Noël dans la chefferie de Bamenda, sur un précieux lit de bois sculpté aux reliefs pour le moins inconfortables ; fantasia des cavaliers en l'honneur du Sultan Seidou Njimouluh Njoya, roi des

---

[6] Et ont même parlé *Ewondo* à la maternelle !

[7] Elle abrite actuellement plus de 4,5 millions d'habitants, pour à peine 150 000 en 1968

[8] Sans oublier les fameux Komas péteurs des monts Alantika, aux confins du Cameroun et du Nigeria

Bamouns[9] ; traversées dominicales sur le bac rudimentaire du Mbam (affluent de la Sanaga), pour aller débusquer francolins et pintades sauvages dans les plantations d'arachides et de manioc ; longues marches en forêt profonde, des jours durant, et nuits sous des huttes de feuilles, en compagnie de guides-chasseurs pygmées, tantôt plongés jusqu'à la poitrine dans des marais répulsifs et boueux, tantôt bataillant à coups de machettes avec une végétation luxuriante et hostile abritant tout ce qui pouvait exister sur terre d'insectes piquants, suçant et urticants ; séjours dans les campements de la région de la Bénoué[10].

Je garde de ces derniers le souvenir de couchers de soleil féériques, sur les monts de l'Ada-maoua, lorsque, après des heures de marche en savane sous un soleil accablant, tout se fige soudain en un miraculeux silence, et que l'horizon se couronne, le temps d'un fugitif crépuscule, d'un luxuriant diadème de rouges et d'indigos, d'oranges et d'incarnats phosphorescents, pour s'éteindre dans un camaïeu évanescent de mauves, de pourpres et d'ors.

Ces pérégrinations touristiques, ou cynégétiques, empreintes de nostalgie, n'ont toutefois jamais interféré avec des enseignements et des recherches auxquelles j'ai toujours accordé la priorité. La découverte des populations et des hommes, de leurs modes de vie et de leurs cultures, de leurs traditions et de leur histoire, ainsi les échanges auxquels elle a donné lieu, m' ont au contraire exceptionnellement enrichi. Aujourd'hui, ce sont nos collègues camerounais qui sillonnent le pays à travers le tissu des universités et instituts qui l'émaillent, au profit de ses quelque 350 000 étudiants (dont 80 % dans les universités d'État)[11].

Je n'en rapporterai qu'une seule anecdote, parce que survenue peu après mon arrivée au Cameroun, directement liée à ma prise de fonctions, péripétie aujourd'hui aussi insolite que rocambolesque. Le Doyen Vergnaud m'avait en effet demandé d'aller superviser les épreuves des examens de Capacité de fin de premier trimestre, à Bertoua, à 350 km à l'est de Yaoundé, qui abritait à l'époque une antenne délocalisée de la Faculté. Il mit à ma disposition à cet effet une… Citroën DS 23 - que l'on

---

[9] Dont Amadou Ndam Njoya, fils d'Arouna Njoya, cousin maternal du roi Seidou Njimoluh Njoya, sera l'un de nos collègues à la Faculté, avant d'être nommé ministre par le Président Amadou Ahidjo

[10] Buffle Noir, Bel Elan, Grand Capitaine, Boubandjida

[11] En 2023, 70 000 provenaient du Tchad (pour environ 60 000 dans les universités tchadiennes). La France accueillait pour sa part près de 10 000 étudiants camerounais.

sait bien évidemment parfaitement adaptée aux pistes défoncées et boueuses[12] des forêts entre tropiques et Equateur ! - avec chauffeur. Nous voici partis, de nuit, pour un périple rien moins qu'aventureux, et ce qui devait arriver arriva : à mi-chemin, vers minuit, nous butâmes sur un grumier enlisé jusqu'aux moyeux dans une boue gluante, sans aucun espace pour pouvoir le contourner, les fossés étant plus profonds encore et les arbres bordant la piste ne laissant aucun espoir d'aller plus avant. Il y fallut des heures et des heures d'efforts incessants et épuisants avant que le camion puisse enfin repartir, et nous à sa suite, alors que le soleil était déjà haut. Homérique baptême du feu, resté durablement gravé dans ma mémoire !

Pour en revenir à l'Université, j'y arrivai peu de temps avant le Professeur Alain Bockel, depuis lors ami de longue date, tout juste issu avec succès du concours d'agrégation, également affecté à Yaoundé. Je pus travailler avec lui deux ans durant (remplacé à son tour par Henri Jacquot, futur spécialiste reconnu de droit de l'urbanisme), avant qu'il rejoigne Dakar pour y occuper les fonctions de Doyen de la Faculté de droit et d'économie. Il y rédigea, avec le brio que l'on sait, des articles et ouvrages de droit public qui marqueront des générations d' étudiants dans toute l'Afrique francophone.

Je me souviens entre autres, outre notre fructueuse collaboration à l'Université, de nos entrainements de judo, lors d'affrontements amicaux sur les tatamis. Je me souviens également avoir rencontré chez lui, à Dakar, à l'automne 1973, à l'occasion d'une mission, celui qui était alors M^e^ Abdoulaye Wade, chargé d'enseignement en économie à la Faculté, qui quelques années plus tard, en 2000, devait succéder au Président Abdou Diouf à la tête du pays.

Pour me cantonner au domaine universitaire, il convient de souligner que nous, jeunes ou plus vieux enseignants en poste dans les Etats africains depuis peu indépendants, avons eu le privilège et la chance insignes d'arriver dans le contexte d'un « terrain » quasi vierge, nonobstant à la fois la salutaire rémanence d'un droit traditionnel très prégnant (droit privé essentiellement), et la nécessaire continuité de l'État et des pouvoirs publics à la suite du processus d'émancipation politique.

Dans ce contexte, tout ou presque restait à bâtir, faisant de nous, avec progressivement l'aide précieuse de collègues africains de plus en plus nombreux, compétents et désireux de contribuer significativement à

[12] Le goudron n'existait quasi pas à cette époque à l'intérieur du pays

l'édification d'un nouvel ordre juridique, des « pionniers » d' un droit à penser, construire, consolider et pérenniser. Nous nous jetâmes avec enthousiasme dans cette démarche passionnante, forts de l'expérience peu à peu acquise *in situ*, faisant fi des digressions théoriques et autres schémas conceptuels a priori trop largement déconnectés du contexte local et des réalités africaines[13].

Je serai à cet égard fortement marqué par l'affirmation, ô combien pertinente, du Professeur Eugène Schaeffer[14], lors d'un colloque tenu à Alger dans les années 80, selon qui « si la continuité a été le prix de l'indépendance, l'émancipation (était) le fruit de la maturité » : tout était dit !

En septembre 1974, je rejoignis Bangui, pour y occuper les fonctions de Doyen de la Faculté des sciences juridiques et économiques, pour un nouveau séjour de six ans. Durant celui-ci, j'eus l'opportunité de créer, aux côtés de la Faculté, un Institut d'Économie et de Gestion, dont je confiai peu après la direction à l'un de mes collègues français.

Il n'y avait pas alors, en effet, d'enseignants centrafricains, et les coopérants en poste provenaient, outre la France, de divers pays : le Doyen de la Faculté des Sciences était russe[15] ; le directeur de l'Institut de Technologie et des Mines, roumain ; le Secrétaire général de l'Université, guinéen. Le Recteur de l'Université, arrivé de Yaoundé (où il avait également été affecté après son agrégation) en même temps que moi, était Jean-Louis Mouralis, éminent civiliste avec lequel j'entretiendrai une collaboration aussi amicale que fertile.

Il faut dire que diriger une Faculté de *Droit*, au sein de l'Université Jean-Bedel Bokassa, général-président puis « Empereur », assez folklorique mais de sinistre mémoire, était pour le moins périlleux : comment enseigner le droit dans un pays de « non-droit », en étant exposé aux facéties et aux foucades du maître du pays, sous la menace quasi permanente, pour un mot

---

[13] « Modèles » pourtant allègrement importés et artificiellement décalqués dans certains pays, jusqu'à l'aube du XXI^e^ siècle, par quelques « pèlerins constitutionnels », comme on les qualifiera alors, à juste titre, ironiquement

[14] Qui avait enseigné à Dakar entre 1961 et 1965, et que je retrouverai quelques années plus tard à l'Université de Paris Cité (Malakoff), où il me demandera d'assurer un cours de Droit public africain comparé

[15] J'avais également dans ma Faculté un collègue russe, avec qui j'eus quelques échanges assez vifs, ayant eu à ses yeux la scandaleuse impudence de consacrer un chapitre de mon cours de Droit constitutionnel aux deux *impérialismes* américain et russe » !

de trop, soit, a minima, d'être remis dans l'avion sous 24 h, soit, au pire, d'être embastillé *sine die* ?

Il s'agissait là d'un exercice de haute voltige, dont je pense ne pas m'être trop mal tiré, puisque je n'ai pas eu à faire l'expérience de geôles inhospitalières, sans à aucun moment avoir bridé ma parole d'enseignant (ni être, à l'inverse tombé dans la moindre provocation). J'étais en effet conscient de ce qu'attendaient de nous nos étudiants, pour qui nous portions (à tort ou à raison) l'image du pays de la liberté et des droits de l'Homme. Ils auraient été déçus, sinon choqués, si nous ne leur avions pas apporté la parole non censurée et transmis le discours de confiance et d'ouverture d'esprit que la plupart d'entre eux attendaient de nous.

Il fallait bien composer avec la carence initiale de collègues locaux, jusqu'à ce que la relève soit dument assurée. Si les affectations de coopérants ont été, pour certains, des décennies durant, des « colonies de vacances » à juste titre dénoncées, cela n'a heureusement pas toujours été le cas, de loin s'en faut. Il convient d'en savoir gré à ceux de nos collègues qui ont eu à cœur de donner à cette occasion, sans qu'ils en tirent la moindre « gloire » ni le moindre avantage de carrière, le meilleur d'eux-mêmes.

J'eus au cours de cette période le plaisir d'y rencontrer, ou d'y inviter, des collègues et amis de grand renom, que Bangui n'était pas accoutumée à accueillir. Ainsi de Mireille Delmas-Marty, professeure à l'Université Panthéon-Sorbonne, que son remarquable talent conduira au Collège de France et à l'Académie des sciences morales et politiques ; de Catherine Coquery-Vidrovitch, professeure à l'Université Paris Diderot, célèbre historienne de l'Afrique ; de Robert Savy, professeur puis doyen de la Faculté de droit de Limoges, Conseiller d'État, puis député, Président de la région Limousin durant 18 ans ; de Paul-Marie Gaudemet, professeur à l'Université Panthéon-Assas, grand spécialiste de finances et de fiscalité, qui, lors d'un déplacement pour l'Alliance française, déjà âgé, me demandera de le conduire (dans les chaos et les nuages de latérite d'une piste défoncée) aux chutes de Boali, à 95 km de Bangui, pour y retrouver, à 50 ans de distance, le souvenir d'André Gide[16], et qui, pour m'en remercier, me fit l'amitié de rédiger la préface[17] d'un livre que je publiai peu après, en

---

[16] Qui s'y était arrêté lors de sa traversée de l'Oubangui-Chari, en 1925, épisode relaté par son compagnon Marc Allégret, futur cinéaste, dans son célèbre *Voyage au Congo*

[17] La seule qui, à ma connaissance, dans un ouvrage consacré aux contrôles administratifs et financiers, ait jamais évoqué la chasse à l'éléphant ! Pierre-François Gonidec, éminent

1978, sur *Le contrôle d'État sur le continent africain*) ; ainsi que d'Alain Bockel, qui, après avoir quitté Dakar, avait rejoint l'Université d'Orléans, non sans être entre-temps passé successivement, en qualité de professeur ou de diplomate, par l'Afrique du Sud, le Vietnam, la Palestine et la Turquie[18].

Autre souvenir marquant, avant de partir pour le Congo. Alors que je présidais aux destinées de la Faculté de droit et des sciences économiques de Bangui, le Colonel Mouammar Kadhafi, chef d'État de la Libye, effectuant une visite d'État en Centrafrique, à l'invitation de J. B. Bokassa. Au cours de celle-ci fut organisée une rencontre à l'Université[19]. Je me retrouvai ainsi, durant quelques minutes, face au « légendaire » leader[20]. J'aurais alors pu lui demander de me dédicacer son « Petit livre vert », qui théorisait les paramètres de la révolution islamique dont il se voulait le chantre. Mais j'avais trop d'inimitié pour le personnage pour m'y risquer, perdrais-je alors l'opportunité d'obtenir sans nul doute un exceptionnel *collector* !

Pour la petite histoire, le président Bokassa qui, en lui étant ainsi agréable, en espérait probablement une contrepartie substantielle en espèces sonnantes et trébuchantes, profita du passage de Kadhafi pour se « convertir » à l'islam, troquant dans la foulée son prénom de Jean-Bedel (qui fleurait trop la foi catholique[21]), pour celui de Salah Ahmed Amin Bokassa[22]. Cet épisode ne dura guère, en réalité, Bokassa ayant éprouvé quelque difficulté à se plier à la sobriété drastique qu'exigerait le Coran ! J'ai néanmoins conservé un arrêté me concernant, au bas duquel la signature de ce dernier est précédée de son prénom arabe : une pièce rare, dument archivée.

J'arrivai à Brazzaville à l'automne 1981, quatre ans après l'assassinat de Marien Ngouabi, dans un pays encore fidèle, pour un temps, à son

---

africaniste, qui l'accueillit dans sa collection, à la LGDJ, en rédigea pour sa part les avant-propos

[18] Détaché depuis Orléans, auprès de l'Université turque francophone de Galatasaray, créée en 1992 par les chefs d'État français et turc (sise sur la rive nord-européenne d'Istanbul)

[19] Sans qu'il soit accompagné de ses célèbres amazones !

[20] Alors suspecté de ne pas être étranger à l'attentat qui avait fait exploser en vol, au-dessus du Tchad, un DC10 de la compagnie UTA parti de Bangui à destination de Paris

[21] Dû sans doute une mauvaise lecture, ou à un raccourci original, lors de sa naissance, du nom de Saint-Jean-Baptiste-de-la-Salle emprunté au calendrier

[22] Le président Bongo, au Gabon, avait fait de même, quelques années plus tôt, passant sans coup férir d'Albert Bernard à Omar

allégeance marxiste-léniniste, comme en portaient témoignage les multiples panneaux, banderoles et autres oriflammes qui décoraient abondamment, dès la sortie de l'aéroport, les lieux les plus emblématiques de la capitale de l'ex-Afrique Équatoriale Française et de la France libre[23], en arborant fièrement, en sus de slogans enflammés, les portraits accolés de Lénine, Marx, Engels et Marien Ngouabi.

En face de Brazzaville, à l'entrée du *Pool*[24], au- delà du *Beach* d'où de multiples embarcations faisaient l'aller-retour entre les deux rives du fleuve, se dresse, impressionnante et immense, repérable à ses quelques gratte-ciels barrant le ciel, la ville de Kinshasa[25], capitale de ce qui était alors le Zaïre du président Mobutou Sese Seko (Kuku Ngbendu wa Za Banga). Celui-ci avait pour sa part banni les tenues occidentales masculines au profit de l'*abacost* (inutile de traduire), et substitué le titre de *Citoyen* à celui de *Monsieur*. Camarade sur une rive, citoyen sur l'autre, il suffisait d'un bras d'eau pour changer de siècle et de révolution : ainsi va l'Histoire…

Après 10 ans d'enseignement en qualité de Maître de Conférences, et près d'un quart de siècle sur le sol africain[26], je décidai de regagner la France, en quête, une fois nommé professeur, de nouveaux horizons et d'une nouvelle expérience professionnelle. J'étais alors très tenté par la Caraïbe, que je ne connaissais pas, entre autres parce que mon fils venait de se marier aux Etats-Unis et d'y d'établir son domicile, à Minneapolis, dans le Minnesota, ce qui me rapprocherait de sa famille. Par ailleurs, j'avais commencé à développer une collaboration, dans les secteurs du tourisme et de l'environnement, avec des chercheurs de différents États des Antilles et des Amériques[27] : Cuba, Canada (Québec), Mexique, Costa Rica, Colombie, Brésil et Chili en particulier.

Un souvenir marquant, parmi d'autres. Je fus conduit à y diriger le mémoire de Master d'un étudiant tchadien dont j'ignorais alors qu'il était promis à

---

[23] La résidence de l'Ambassadeur de France y est restée la « Case de Gaulle »

[24] Le *Pool Malebo*, imposant lac formé sur le cours inférieur du Congo, à l'entrée de Kinshasa, s'étend sur 35 km de long et 23 km de large, pour une superficie d'un peu moins de 500 km$^2$

[25] Qui abrite aujourd'hui plus de 16 millions d'habitants (pour à peine 2 millions en 1980)

[26] J'effectuerai durant ces années de nombreuses missions d'enseignement, de recherches, et d'expertises internationales (dans le secteur des airs protégées, en particulier), en Éthiopie, au Liban, en Égypte, ainsi que dans la quasi totalité des États d'Afrique Noire francophone et à Madagascar

[27] Ainsi que dans divers pays d'Europe, au Viet Nam et en Chine

une brillante destinée. Moussa Faki Mahamat, successivement Premier ministre, puis ministre des affaires du Tchad, préside en effet, depuis 2017, la Commission de l'Union africaine. Nous nous sommes retrouvés il y a peu à Paris, où il m'a témoigné, avec la chaleur et la simplicité qui sont les siennes, toute l' amitié qu'à plus de trente ans de distance il avait conservée pour moi.

Alors que j'avais été nommé dans un premier temps à l'Université de Pau, dans les Pyrénées, puis muté deux ans après, à ma demande, auprès de celle de La Rochelle, au bord de l'Atlantique, le destin devait une nouvelle fois se manifester, puisque c'est dans le cadre de cette dernière que j'eus l'occasion et la chance d'y rencontrer Alioune Fall, dans les circonstances que je vais dire. Tout ce chemin, en fin de compte, pour que la conjonction des astres permette à nos parcours de s'y croiser, et, peu après, de se rapprocher avec assez de force pour qu'en naisse une amitié aussi profonde que durable.

Il est temps, en effet, de revenir maintenant vers Alioune, après l'évocation - beaucoup trop longue j'en conviens - de souvenirs professionnels et personnels qui me sont chers car ils expliquent l'improbable cheminement et la bonne étoile qui, à travers l'Afrique, m'ont conduit jusqu'à lui.

J'étais alors membre, outre celle de La Rochelle, de la Commission de spécialistes de droit public de Bordeaux, chargée d'évaluer les dossiers de candidature des futurs Maîtres de Conférences et d'émettre un avis sur leur recrutement. Alioune Fall avait, selon la procédure habituelle, candidaté sur plusieurs postes vacants, dans diverses universités, celle de La Rochelle en particulier. En concurrence avec d'autres candidats, brillants pour la plupart, il n'était pas certain que le dossier de ce jeune docteur sénégalais, jusque-là inconnu au-delà du cercle de son directeur et des membres de son jury de thèse, puisse aisément monter en première ligne, face à des candidats bénéficiant de plus larges appuis. Il avait soutenu à Bordeaux I, en 1994, une thèse dirigée par le défunt Professeur Jean-Marie Auby, qui fut l'un des représentants les plus marquants de la doctrine publiciste du siècle dernier[28].

Cette thèse portait sur « *La responsabilité extra-contractuelle de la puissance publique au Sénégal : essai de transposition des règles de droit administratif français dans un pays d'Afrique noire francophone* ». Elle

---

[28] Dans l'esprit et la continuité de la fameuse « École du service public » à laquelle est indissociablement lié le nom du prestigieux Léon Duguit

avait été couronnée par un jury peu suspecté de « complaisance » envers un chercheur africain, et saluée pour sa qualité et son apport à la connaissance autant qu'à l'avancée du droit africain, du droit administratif sénégalais en l'occurrence. Elle analysait et démontrait la spécificité de ce dernier au sein du *corpus* du droit public « français », face à un « modèle » juridique dont il lui revenait de s'inspirer tout en élaborant et en ancrant ses propres principes et valeurs au regard du contexte et des caractères d' une société en forte et rapide mutation.

Exercice difficile s'il en était, que la rédaction d'une telle thèse. Je n'eus toutefois pas de peine, en ma qualité de rapporteur du dossier d'Alioune Fall devant la Commission de spécialistes, à me rendre rapidement compte que l'intéressé l'avait parfaitement maîtrisé, tout en témoignant d'une pensée aussi forte qu'originale. Celle-ci révélait des qualités intellectuelles et méthodologiques qui laissaient augurer une belle carrière universitaire ; et présager, au cours de celle-ci, un apport doctrinal de premier plan à la construction logique et nécessaire, et à l'ancrage légitime et authentique, d'un droit africain en émergence, en voie de reconnaissance et de consolidation. Cette thèse est effectivement devenue depuis lors un travail de référence abondamment cité et utilisé.

Il me revenait alors de défendre ce dossier et cette candidature, avec toute ma conviction, devant la Commission, d'autant plus qu'Alioune Fall, au cours de son audition devant celle-ci, et des débats qui l'animèrent, ne fit que confirmer les incontestables qualités révélées à travers la rédaction de sa thèse. Ce n'est pas trahir le secret des délibérations (le serait-ce, il y aurait largement prescription, depuis maintenant plus de 25 ans) que de dire qu'il se heurtait cependant à un candidat non moins brillant - Alioune et lui sortaient largement du lot -, qui bénéficiait à distance du soutien officieux de l'un des « patrons », à l'époque, du droit public au sein de l'Université de Toulouse.

Alioune fut finalement classé second, par un jury acquis à la valeur de son travail, sans obtenir de ce fait le seul poste mis en concours (ce qui n'affectera en rien, au demeurant, son rapide recrutement à Bordeaux, peu de temps après, en 1995). Mais je pense qu'il avait été conscient de mon appui non dissimulé et chaleureux à sa candidature, que je n'avais pas hésité à mettre fermement en avant, arguments solides à l'appui, lors de son audition.

Je ne sais si cela était inattendu ou un peu surprenant pour lui, Africain incontestablement brillant mais quelque peu « isolé » face à un panel de candidats métropolitains de haut niveau. Toujours est-il - je ne l'ai su que bien après - qu'il m'en a voué une reconnaissance et une gratitude que je n'aurais alors pas soupçonnées, mais qui m'ont infiniment touché (je n'avais fait que mon « devoir » de rapporteur, en toute objectivité), lorsque, quelques années plus tard, après que nous nous soyons retrouvés au gré de nos carrières respectives, il me l'ait amicalement confié.

Je n'avais plus a priori de raisons de recroiser le chemin de ce candidat, qui ne savait pas encore dans quelle université il pourrait être finalement recruté. Notre première rencontre s'est donc réduite à quelques minutes d'entretien devant la Commission, avant que chacun de nous deux retourne à ses obligations et préoccupations.

Je n'appris par la suite l'accès d'Alioune à la maîtrise de conférences au sein de l'Université de Bordeaux IV, ce qui ne pouvait que me réjouir. Il y fit rapidement sa place, dans le cadre du CERDRADI[29] en particulier, qui était alors dirigé par le Professeur Jean du Bois de Gaudusson, auquel il succèdera dans ces fonctions lorsque ce dernier sera admis à la retraite. Il y animera conjointement, avec talent et efficacité, la revue (en ligne) AFRILEX, en double qualité de Directeur et de Rédacteur en chef. Il deviendra ainsi l'une des « têtes de pont » de la recherche et des études africanistes en France, qui convergeront vers Bordeaux, où il attirera de plus en plus d'étudiants africains venus y poursuivre des études de droit, notamment un cursus de doctorat. Bon nombre de ceux qui liront ces lignes en auront fait partie.

Brillamment reçu à l'agrégation de droit public, en 2002, il sera affecté dans un premier temps, en qualité de professeur titulaire, à l'Université de Strasbourg, ce qui lui imposera d' incessants aller-retour depuis son domicile bordelais (son épouse y ayant conservé son poste au Consulat du Sénégal), avant de rejoindre celle de Bordeaux à partir de 2007. Il y restera jusqu'à son accès à la retraite et à l'éméritat, en 2021.

Nos centres d'intérêt communs portant, principalement, sur le droit public - constitutionnel et administratif - africain (qui avait à l'époque mobilisé mes enseignements et mes recherches depuis près de 30 ans), il était inévitable que nous nous retrouvions, lors de colloques dédiés, de jurys de thèse ou de publications sur des thèmes y afférents. Nous sympathisâmes rapidement, sans savoir pour autant que nos liens personnels allaient se

[29] Centre d'Études et de Recherches sur les Droits Africains et le Développement Institutionnel

resserrer significativement, outre notre convergence d'esprit et nos engagements scientifiques, pour une raison d'un tout autre ordre, qui ne fut pas moins déterminante.

Ma compagne, agrégée d'histoire, rencontrée en Guadeloupe à la fin des années 90, lorsque j'y fus moi-même affecté, était très attachée et liée au Sénégal où elle avait longtemps vécu, ayant enseigné durant 10 ans à l'Université Cheikh Anta Diop, avant d'y poursuivre sa carrière en qualité de chargée de la direction des programmes de la CONFEMEN[30].

Elle y avait contracté (ainsi que dans d'autres pays africains où elle avait effectué des missions ou des séjours professionnels) de profondes et durables relations avec de nombreux collègues et amis[31], dans le monde universitaire notamment. Lorsque j'ai eu l'occasion de la présenter à Alioune, elle et lui se découvrirent immédiatement de nombreuses attaches et intérêts communs. Depuis lors, leur expérience et leur connaissance approfondies de la situation et de la géopolitique de ce pays et de cette partie de l'Afrique n'ont cessé d'animer entre eux des échanges et des discussions passionnés, qui ont contribué à resserrer plus encore mes liens avec Alioune et son épouse, et à en faire un membre à part entière de notre « famille ».

Ces liens auraient pu se distendre, au fil du temps, du fait de mon éloignement durable outre Atlantique, où je séjournai jusqu'à la fin de ma carrière, durant plus de 24 ans. Mais je connaissais et avais apprécié en maintes circonstances la rigueur des propos d'Alioune et la richesse de ses enseignements, autant que ses aptitudes pédagogiques et ses qualités humaines. Je décidai alors de l'inviter régulièrement à Pointe-à-Pitre pour l'y associer au *Master de Doit processuel et pratique des contentieux* que j'y avais créé[32]. Il devait s'acquitter de ces missions avec bonheur et succès, jusqu'à mon admission à la retraite, en 2012, à la très grande satisfaction de nos étudiants. De son côté, Alioune m'a sollicité à de nombreuses reprises (et continue aujourd'hui encore à le faire, ce dont je tire une grande fierté),

---

[30] Conférence des ministres de l'éducation nationale (des États francophones, Québec y compris) Elle occupera successivement, par la suite, les fonctions de Conseiller culturel au Burkina Faso, sous la présidence de Thomas Sankara, et de Directrice des études à l'ENS de Libreville, au Gabon, avant de retrouver la CONFEMEN, puis de diriger le Bureau régional de l'AUPELF-UREF (aujourd'hui AUF) pour la Caraïbe et, enfin, de diriger le Bureau des Relations Internationales de l'Université des Antilles (et de la Guyane)

[31] Des hauts responsables actuels, notamment, ont été ses étudiants à Dakar

[32] Ainsi qu'à mon centre de recherches, le CREJETA (Centre de recherches et d'études juridiques sur l'aménagement, le tourisme et l'environnement)

en particulier à participer à divers jurys de thèses africanistes dont il a assuré ou assure la direction.

Il m'a également fait l'insigne honneur de diriger la rédaction de mes propres *Mélanges* ; et a eu récemment l'amitié de me demander de collaborer à l'ouvrage de *Droit constitutionnel* africain dont il coordonne actuellement la rédaction. De mon côté, je me félicite de ce qu'il ait participé et continue de participer à diverses publications auxquelles je l'ai fréquemment associé.

Le prologue du présent ouvrage rendra je pense suffisamment hommage au Professeur Alioune B. Fall, pour que je n'aie pas à revenir en détails sur son long et remarquable parcours professionnel, ses enseignements et ses publications, ses missions et ses expertises[33]. D'autres le feront infiniment mieux que moi. En témoignent les appels incessants auxquels il doit répondre, émanant de personnalités et d'auditoires, sinon d'instances internationales et de journalistes, au fait de sa renommée de juriste autant que de la justesse de ses analyses et de l' objectivité comme de la clarté de ses propos. Son appétence pour le droit et son amour de l'Afrique en font à cet égard un modèle autant qu'un guide, passant indifféremment, avec brio, du droit constitutionnel au droit administratif, du droit international au droit financier, de la science politique aux libertés publiques.

Défenseur convaincu et inlassable de la primauté du droit et de la prévalence de l'État de droit, il est présent, observateur autant qu'acteur, expert autant que conseiller, dans tous les grands forums et débats que suscitent aujourd'hui la géopolitique et le devenir du continent, n'hésitant pas à expliciter et affirmer des convictions qui, bien qu'elles ne lui valent pas que des amitiés, sont à porter au crédit de ses compétences et à mettre à son honneur de juriste. Je n'en veux d'autre preuve que l'adoption, en 2018, par la Commission de la CEDEAO[34], de son rapport, établi à la demande de celle-ci, et à raison salué par les observateurs, sur l'avant-projet de réformes constitutionnelles portant modification (des articles 59, 60 et 100) de la Constitution togolaise.

Il ne sied pas que je prolonge outre mesure ces propos, un peu désordonnés, qui n'ont d' autre objet que de montrer comment et pourquoi se sont tissés et ont perduré, entre Alioune et moi, des liens personnels sans égal. J'y

[33] Pour le compte notamment de la FAO (*Food and Agriculture Organisation*, organisation spécialisée des Na-ions Unies dont le siège est à Rome), à plusieurs reprises

[34] Communauté Économique des États d'Afrique de l'Ouest

attache un prix particulier, car ils ont profondément marqué, à différents titres, ma carrière universitaire, ainsi que ma vie personnelle. Ils se poursuivent depuis lors avec le plus grand bonheur, au moment où lui et moi avons accédé à une retraite de part et d'autre encore très active, surtout pour Alioune, qui, à juste titre très sollicité, n'a cessé et ne cesse de se déplacer pour des missions universitaires, et de continuer à porter une parole avisée et respectée, qui fait autorité, au gré des enseignements et des colloques, des jurys et des expertises, en Europe comme en Afrique, et bien plus loin encore.

Champion et pilier infatigable d'un droit fréquemment attaqué, trop souvent méconnu, parfois délibérément violé, il aura mérité la reconnaissance de plusieurs générations de juristes africains, mais aussi, au-delà du continent, de tous ceux qui ont eu et ont encore la chance et privilège de travailler avec lui.

Nous n'hésitons pas, aujourd'hui, lui et moi, à revendiquer et à afficher notre « fraternité », à la mode africaine, qui, si elle n'est pas de sang, l'est plus encore d'esprit et de cœur. Nous la nourrissons régulièrement de nos rencontres toujours aussi riches et fructueuses, que ce soit à Bordeaux, à Dakar[35], ou chez moi en Périgord où je suis désormais installé. Les soutenances de thèses, dans la belle cité bordelaise, notamment, sont chaque fois, pour ma compagne comme pour moi, l'occasion d'y retrouver la délicieuse Cathy, la fille d'Alioune, ainsi que Madeleine, dont l'hospitalité[36] et la gentillesse nous ravissent.

Ces quelques évocations et souvenirs, on l'aura compris, ne se veulent en rien un panégyrique, mais le très simple et sincère témoignage d'une amitié profonde envers le Professeur Alioune B. Fall, que je sais partagée, et de l'infini respect que j'ai pour sa personne comme pour sa carrière.

Je ne doute pas que ses collègues et ses amis, qui ont tenu à le gratifier de leurs contributions savantes au présent ouvrage, se joignent à moi pour faire nôtre à son profit la devise gravée sur le socle du buste de Molière, dans le foyer de la Comédie-Française, à Paris, selon laquelle si « *Rien ne manque à sa gloire, il manquait à la nôtre* » !

---

[35] Où il y a quelques années nous avons contribué - bien modestement quant moi - à la création des « Journées de Dakar », qui ont pour objet de réunir périodiquement des spécialistes du droit administratif africain de tous horizons. Elles donnent lieu à la publication d'Actes, avec le soutien de l'Université de Toulouse I Capitole, et la précieuse contribution du Professeur émérite André Cabanis, lui aussi ancien professeur-visiteur à Dakar

[36] Son thièboudienne est une merveille !

# Du droit au thiep…

***Cédric Milhat,***

*Institut catholique d'enseignement supérieur*

*La Roche-sur-Yon – France*

« *Venez, Monsieur Milhat, nous faire danser sur le service public* ». Le professeur jouait alors plaisamment sur l'homophonie entre mon patronyme d'origine pétrocorienne et un tube à succès du moment émanant du groupe marseillais, *IAM*. Cette invite humoristique résonne encore en nous, trente ans après. M. Fall, comme il était révérencieusement coutume, pour tout étudiant, de l'appeler, était notre chargé de TD en droit administratif. Nous nous devons de relever que ses enseignements si chantant – j'appréciais beaucoup de l'entendre claironner les vertus inoxydables des fameuses « prérogatives de puissance publique » –, conjugués à la lecture compulsive et quasi journalière du volumineux traité éponyme de René Chapus, ont structuré le spécialiste qui a éclot par la suite. Très tôt, il perçut notre sensibilité « souverainiste ». C'est un fait que nous nous sentions, en effet, plus proche, de l'esprit de la jurisprudence dites « des semoules » que des audaces des arrêts *Jacques Vabre* et *Nicolo*. Homme de dialogue, extraordinairement ouvert aux *disputatio* les plus délicates, sinon les plus polémiques, dépourvu d'esprit de système, acceptant d'être convaincu par son contradicteur, s'enthousiasmant même pour des thèses aux antipodes des siennes, Fall pratiquait la maïeutique au plus noble sens du mot. Plus tard, tandis que nous nous échevelions à nous dépêtrer de l'inextricable maquis broussailleux et obscur de nos difficultueuses recherches de thèses, est-ce par la grâce et la quotidienne fréquence de nos discussions, d'où émaillaient souvent l'angoisse et parfois le découragement, que nous comprîmes si bien le sens de cette antique maïeutique. Nous revenions alors fébrilement vers cet inestimable maître et complice, l'esprit joyeusement encombré de « révélations » que nous tenions, bien sûr, pour autant d'éclairs de génie. Le thésard est parfois guetté par cet *hubris* démiurgique qui lui fait naïvement croire que son travail va révolutionner le monde… Il partait d'un grand éclat de rire et nous exhortait avec longanimité à remettre prudemment ces fulgurantes « révélations » sur le métier. Et il avait raison, ô combien ! Il ne sait pas que nous lui devons, comme l'on dit familièrement, une fière chandelle. A cette époque, nous souscrivions humblement tous deux au statut néophyte de l'impétrant : l'agrégation de droit public, pour l'un, le doctorat, pour l'autre. Si notre amitié naquit, alors qu'il achevait sa thèse, elle se cimenta à jamais, quelques années plus tard, sur la préparation de son agrégation, tandis, qu'à notre tour, nous entrions au sein de cet ordre religieux profane, proprement universitaire, qui s'appelle la préparation de la thèse de doctorat. A lui, bientôt, la toge et l'épitoge herminée, à nous, pour l'heure, la tonsure du novice. Mais, bien que monacal et solitaire, le chemin s'avéra moins ennuyeux et rébarbatif que nous l'aurions imaginé. A peine étions-nous inscrits en thèse, qu'Alioune – qu'à l'instar de beaucoup d'intimes et de familiers, nous appelions, dorénavant Badou – nous avait enrôlé au sein de ce qui était encore, naguère, le CERDRADI, centre de recherche sur les droits africains, dont il était le directeur adjoint. Nous fûmes de longs mois distraits de nos arides travaux de thèse qui nous apparaissaient, soudain, bien moins passionnants que l'anthropologie juridique ou la politique africaines. Colloques, rencontres, travaux administratifs et scientifiques, site Internet, mille tâches nous accaparaient, qui comblaient et réjouissaient nos cœurs et nos jours. Arrivé le soir, nous poursuivions chez Badou et sa délicieuse épouse, Madeleine, incomparable cuisinière, la gentillesse personnifiée, la sœur, la mère, l'amie, que nous étions impatients de retrouver dans la chaleur joviale et illuminée de leur foyer. Il nous souvient – et le cœur nous serre à l'évocation de leur mémoire – de débats sans fins avec Maestro, l'ami trop tôt disparu, avec lequel nous repeignions le triste monde des couleurs d'improbables révolutions, avec Pap, le frère jazzy et philosophe, Momar le diplomate, Gilles, Alain, Danielle et d'autres que la mélancolie nous éprouve de tous citer ici. *In petto*, nous songions souvent à l'incroyable destinée qui nous avait mené des bancs d'une austère salle de TD à l'accueillante maison toujours emplie des rires de la grande famille à laquelle nous nous trouvions incorporé. Nous avions dû, toutefois, satisfaire préalablement à un rite de passage, une sorte de baptême dont la symbolique n'échappe qu'à ceux qui ne l'ont pas vécue. Mon calumet totémique fut le « thiep » et, plus précisément, le « thiep bou djen ». Nombre de contributeurs de ces *Mélanges* sauront précisément de quoi nous parlons. Par notre addiction accrue à ce met national sénégalais – qui nous aurait fait engloutir le « bol » entier si mes commensaux n'y avaient pris garde – y avons gagné l'estime de nos convives – bien qu'elle nous fût acquise d'emblée, par le seul don désintéressé d'une authentique et inconditionnelle affection – mais encore et surtout un nouveau nom, dont nous ne sommes pas peu fier : *Beugue Thiep*. Cela vaut tous les doctorats et autres quolifichets dont les importants et les fats aiment à se parer, tels de prétentieux paons, ici-bas. Ce thiep fut notre potion magique et, tel Astérix, nous nous en revenions, nuitamment, en notre studio de labeur, le cœur et l'esprit galvanisés – et l'estomac bien rempli ! –, prêts à coucher sur le papier de nouvelles « révélations » que, dès le lendemain, nous soumettrions victorieusement à la sagacité de notre maître. A la manière du trappeur Old Shatterhand frère de sang fictionnel de Winnetou, chef, non moins fictif, des Apaches de la tribu des Mescaleros, personnages de western inventés pas Karl May – qui berça notre enfance –, nous étions advenus à cette inestimable fraternité qui ne gommait, pas tout à fait, cependant – du moins était-ce encore prématuré –, la relation maître-disciple, dont nous ne tarderions pas à nous émanciper, une fois les lauriers doctoraux décernés. Badou et son épouse et l'ensemble de la communauté sénégalaise de Bordeaux, nous firent même un triomphe quasi romain lorsque nous obtinrent l'ultime grade universitaire accompagné de tous les satisfecit corrélatifs. Une grande et mémorable fête nous fut réservée dans les locaux, rapidement exigus, du CERDRADI. Ils étaient là et leur présence à nos côtés, en ce jour solennel, fut pour nous un incommensurable présent. Nous ne l'oublierons jamais. La vie a suivi son cours et nos chemins se sont séparés, géographiquement, du moins. Et un jour, il nous a semblé naturel, comme allant de soi, comme une limpide évidence, comme si c'était écrit depuis toujours dans les étoiles, que Badou fût notre témoin de mariage. Devant Dieu et devant les hommes, nos destins étaient rigoureusement scellés. De Périgueux, à Bordeaux, jusqu'à Perpignan, Dakar et Abbeville, en baie de Somme, nos liens, chaque fois, se consolidèrent. Pour tout cela, ma gratitude immense et infinie.

Merci Badou, mon frère.

# Alioune Badara FALL pourfendeur du mimétisme juridique africain

***Jean-Paul Markus,***

*Professeur agrégé de droit public, Université Paris-Saclay*

« *Les Africains n'ont pas attendu le colonisateur pour assurer la protection des individus contre la violation de leurs droits* »[1]. Une phrase qui parmi tant d'autres pourrait, sinon résumer, au moins éclairer la pensée d'Alioune Badara Fall concernant le mimétisme juridique en Afrique francophone. Les peuples africains ont un passé juridique précolonial très riche quand bien même il en resterait peu de traces matérielles. Ce passé fut bousculé et parfois anéanti par la colonisation mais aussi par l'islamisation. Sur quels résultats ont débouché ces strates successives, auxquelles s'ajoutent l'influence postcoloniale et le fameux mimétisme parfois réfuté, souvent dénoncé ? Sur une incontestable richesse d'ordres juridiques pluriels, où coexistent les influences cartésiennes du droit continental, un droit coutumier remis à l'honneur, une imprégnation religieuse tempérée par le pragmatisme, et des sources internationales qui se sont multipliées depuis les années 1990.

L'influence du droit français est sans aucun doute réelle et documentée sur le plan social : les élites issues des indépendances des années 1960 ont été formées en France, et au moment de passer à la pratique, elles n'avaient que le modèle français à disposition. Ce phénomène perdure dans une large mesure, au point qu'alors même qu'un dispositif juridique d'un pays africain tendrait à s'écarter du modèle français, ce dernier apparaît en filigrane, inconsciemment.

Un seul exemple : la Constitution tchadienne de 1996, article 147, régit le pouvoir judiciaire et est ainsi rédigé : « *Il est institué* ***un seul ordre***[2] *de juridiction dont la Cour Suprême est l'instance la plus haute en matière judiciaire, administrative, constitutionnelle et de contrôle des comptes* ». Pourquoi préciser « *un seul* » ? L'article III de la Constitution des Etats-Unis, qui ne connaît pas non plus le dualisme juridictionnel, dispose plus simplement : « *Le pouvoir judiciaire des États-Unis sera confié à une Cour suprême et à telles cours inférieures dont le Congrès pourra*

[1] A. Badara Fall, *Entre deux eaux, La Charte africaine des droits de l'homme et des peuples, Revue Esprit, 2020/1, p. 93, spéc. p. 98*

[2] *Nous soulignons.*

*périodiquement ordonner l'institution* ». Cette expression « *un seul* » ne peut s'expliquer que par opposition aux systèmes où il n'y a pas « *un seul* » mais deux ou plusieurs ordres juridictionnels. On devine dans l'esprit de celui qui a rédigé l'article 147 un modèle dont il a entendu s'écarter, et cela transparaît de manière aussi inconsciente que flagrante. On sait l'expliquer : c'est notamment la formation en France de nombreux juristes africains, et le concours CAMES, qui contribuent à perpétuer le modèle juridique français.

Toutefois, si l'imprégnation du droit français dans les esprits et dans les textes est incontestable, il ne faut pas en exagérer la portée réelle. Il y a loin du droit à la pratique, comme l'a d'ailleurs démontré Alioune Badara Fall. Lors des indépendances, le mimétisme a pu être le reflet d'une réelle aspiration à la création d'institutions modernes et prétendues plus efficaces que celles résultant du droit précolonial, d'autant que, y compris dans les pays africains anglophones, les institutions coutumières avaient été récupérées et utilisées par le pouvoir colonial. Dans les anciennes colonies africaines françaises, quand les institutions coutumières n'avaient pas été purement et simplement remplacées par celles de la puissance coloniale, elles étaient également soumises pour nombre d'entre elles, et donc compromises aux yeux de la population lors de l'accession à l'indépendance. On ne saurait pour ces raisons douter de la sincérité d'un juriste formé en France, qui tente d'importer dans son pays un modèle dont il constate l'efficience… en France. Mais ce mimétisme s'est très tôt heurté à des réalités qui l'ont cantonné aux seules procédures, une façade d'État de droit.

Lorsque dans les années 1990 les bailleurs de fond internationaux ont commencé à introduire une conditionnalité liée à l'intégration dans les droits africains d'instruments juridiques en plein essor dans les pays du Nord, ce mimétisme imposé a donné lieu à plus de frictions encore. Cela s'explique par de multiples facteurs dont le plus important, peut-être, tient dans la substance des textes imposés qui ne tenaient plus à des procédures, mais à des droits humains fondamentaux dont certains ne correspondent pas nécessairement aux valeurs ou aux modes de pensée locaux.

Il faut en tirer, modestement, deux conclusions. Le phénomène du mimétisme doit être relativisé (I), et ce qui a émergé depuis les années 2000 est en réalité bien plus riche qu'un simple calque du modèle français (II).

### I. Relativisation du phénomène : un mimétisme de façade

Jean Foyer, ministre français de la coopération juste après les indépendances, estimait que « *pendant fort longtemps les Etats africains conserveront un héritage important provenu du droit français* (…) *Même dans le droit nouveau qui sera élaboré par les autorités compétentes des nouveaux Etats l'influence du droit français restera encore* »[3]. Cette prédiction n'est pas contestable, et d'ailleurs bien des juristes publicistes camerounais s'y étaient ralliés. Ainsi Joseph Binyoum a-t-il pu déplorer une « *jurisprudence administrative camerounaise à l'instar de celle d'autres pays africains francophones manque d'originalité* »[4], avant toutefois de démontrer le contraire avec Ngole Philip Ngwese, en 2010[5]. Remarquons d'abord que ce mimétisme concerne principalement le droit public, en particulier constitutionnel, administratif, et financier. Loin d'être fidèle et sincère, a parfois servi d'alibi…

**Un droit français acclimaté au mieux…** « *Acclimatation tropicale* », affirmait H. Jacquot[6], « *mimétisme tempéré* » selon A. Cabanis qui étudiait les constitutions des pays du Maghreb[7], l'idée répandue était que lorsqu'il s'agit de faire rentrer un cube dans un trou pas tout à fait carré, on rabotait un peu ce qui dépassait, et on procédait à quelques rapiéçages pour combler les creux. Une vision d'un bricolage en somme, assez peu flatteuse, à laquelle nous préférons l'image d'une « *réception critique* »[8] de J.M. Breton. La fabrication du droit, qu'elle résulte d'une création originale ou d'une inspiration externe, résulte dans les deux cas d'un processus politique et social dans lequel la capacité adaptative des peuples ne saurait être ignorée.

Ainsi peut-on citer J.M. Bipoun-Woum qui après avoir dénoncé un « *juge non enclin à l'originalité* » et inapte à « *un authentique travail de création*

---

[3] J. FOYER, « Les destinées du droit français en Afrique », *Penant*, 1962, p. 3.

[4] J. BINYOUM, *Le contentieux de la légalité en droit administratif camerounais*, Thèse Toulouse, 1979, p. 15.

[5] J. BINYOUM et NGOLE PHILIP NGWESE, *Éléments de contentieux administratif camerounais*, L'Harmattan, 2010, préface M. KAMTO.

[6] H. JACQUOT « Le contentieux administratif au Cameroun », Revue camerounaise de droit, n° 8, juillet-décembre 1975, p. 15.

[7] A. CABANIS, « Les constitutions maghrébines francophones, un mimétisme tempéré », in J. DU BOIS DE GAUDUSSON et D. DARBON (dir.), La création du droit en Afrique, Paris, Karthala, 1997, p. 317.

[8] J.-M. BRETON, « Trente ans de constitutionalisme d'importation dans les pays d'Afrique noire francophone, entre mimétisme et réception critique : cohérences et incohérences (1960-1990) », communication présentée à l'Université de Bayreuth, 10/2002.

*judiciaire, seul capable de soutenir la perspective d'un droit administratif adapté aux réalités culturelles, économiques et sociales des jeunes États* »[9], constate toutefois que la réception législative du droit administratif par les États africains nouvellement indépendants a aussi revêtu un caractère sélectif, et ne consistait pas en un simple recopiage des textes français[10]. Plus précisément, « *les différences -parfois importantes- entre un texte français et un texte africain peuvent traduire en fait une conception propre aux autorités africaines* »[11]. Il faut donc distinguer le droit hérité du temps colonial et très souvent maintenu pour des raisons purement pratiques, du droit importé après les indépendances, passé au tamis des législateurs africains[12].

Ce que nous baptiserons *mimétisme radical* tient en réalité à quelques juristes africains, essentiellement universitaires et formés voire agrégés en France, qui ont pu prôner une application à la lettre d'un système juridique français qu'ils avaient eux-mêmes ingéré et idéalisé, comme leurs homologues français. Ce mimétisme-là n'a pas résisté longtemps aux réalités sociales africaines, et s'est vite nuancé. Reste que cette réception-adaptation du droit français puis du droit plus généralement occidental n'a pas toujours donné les résultats escomptés.

**… Un droit français alibi au pire.** Le mimétisme tempéré, surtout en matière constitutionnelle, s'est parfois avéré être un simple mimétisme de procédure voire de façade. Ainsi la Constitution française a-t-elle connu de nombreuses « petites sœurs » en Afrique noire francophone, mais avec des effets concrets bien loin des réalités françaises. Un cas topique est celui de la Guinée Conakry sous la Constitution du 7 mai 2010 (article 72) : E.-M. Cellou Diallo a ainsi prouvé qu'à l'existence formelle d'une répartition des compétences entre pouvoir législatif et pouvoir exécutif en tous points conforme à celle qu'on retrouve aux articles 34 et 37 de la Constitution française, répondait en pratique une maîtrise totale de l'activité normative

---

[9] J.M. BIPOUN-WOUM, Recherches sur les aspects actuels de la réception du droit administratif dans les états d'Afrique noire d'expression française : Le cas du Cameroun, Revue juridique et politique : indépendance et coopération, 1972, vol. 26, p. 360.
[10] Ibid., p. 365.
[11] Ibid., p. 365. De manière générale, sur cette polémique, cf. la thèse de R. EYONG, *Le juge administratif et la création du droit, essai sur l'élaboration jurisprudentielle du droit administratif camerounais,* Yaoundé 2, 2014, p. 83 et suiv.
[12] M. ONDOA, *Le droit de la responsabilité publique dans les États en développement. Contribution à l'étude de l'originalité des droits africains postcoloniaux*, Paris, L'Harmattan, 2010 p. 45.

par l'exécutif[13]. Fleur Dargent démontre de la même manière une « *pratique constitutionnelle instrumentalisée* »[14], ce que Gérard Conac, à propos du contrôle de constitutionnalité des lois, avait qualité de « *pseudo contrôle à usage présidentiel* »[15], et ce que A. Badara Fall n'hésite pas à qualifier de « *détournement* »[16]. Les auteurs ayant dénoncé ce mimétisme de façade sont nombreux[17].

On peut en dire autant de l'importation massive des lois organiques relatives aux lois de finances, sur le modèle de la « LOLF » française du 1er août 2001 et la prétendue performance budgétaire dont ce modèle devait être porteur ?[18] En France, les résultats cette réforme présentée comme une révolution n'a pas donné les résultats escomptés en termes de gestion des deniers publics, les déficits publics s'étant même fortement aggravés depuis 2001. Dans les pays d'Afrique où cette réforme a sévi, les déficits n'ont pas fléchi, notamment, comme le constate Errol Toni, au sein de l'UEMOA : *« Quand on sait (...) que l'ancienne directive de l'UEMOA relative aux lois de finances (1997) était fortement inspirée de l'ordonnance française du 2 janvier 1959 relative aux lois de finances, il est légitime de s'interroger : la directive de l'UEMOA portant loi de finances de 2009 ne serait-elle pas une simple mise à jour pour coller à l'évolution du droit financier en France ? »*[19].

Enfin, la conditionnalité des aides provenant des bailleurs internationaux à partir des années 1990 a conduit nombre de pays africains à adopter des déclarations des droits en préambule des leurs constitutions respectives, calquées sur les déclarations occidentales. Reste qu'une Constitution ne se substitue pas à la société, elle n'en est que le reflet. Toute règle de droit importée par la contrainte (financière en l'espèce) s'apparente à une sorte

---

[13] Cf. à ce sujet ELHADJ MAMADOU CELLOU DIALLO, *Les champs respectifs du pouvoir réglementaire et du pouvoir législatif en République de Guinée au vu du système français*, Thèse Paris-Saclay, 2021, dir. J.-P. MARKUS.

[14] F. DARGENT, *Les échecs du mimétisme constitutionnel en Afrique noire francophone*, RDP 2017 n° 5, p. 1347.

[15] G. CONAC, « Le juge et la construction de l'État de droit », in Mélanges en l'honneur de Guy Braibant, Paris, Dalloz, 1996, p. 105.

[16] Intervention sur RFI, 4 oct. 2008, https://www.rfi.fr/fr/afrique/20181004-afrique-constitution-francaise-pas-ete-le-modele-on-croit

[17] Par ex. I. M. FALL, *Le pouvoir exécutif dans le constitutionnalisme des États d'Afrique*, Paris, L'Harmattan, 2008.

[18] Sur ce constat, S. YONABA, « *Les contraintes de l'harmonisation d'un droit budgétaire rénové dans la zone UEMOA* », Revue française de finances publiques, n° 98, 2007, p. 78.

[19] Errol TONI, *Existe-t-il un droit public financier ouest-africain ?,* Revue Africaine de finances publiques, n° 7, sept. 2020, p. 105.

d'évangélisation (la troisième après l'évangélisation par l'Islam puis par le Christianisme), en particulier lorsqu'elle concerne les mœurs sociales.

M. Tshiyembe[20] a montré combien le droit importé pouvait se révéler ineffectif tant il ne correspondait pas aux sociétés africaines : en droit constitutionnel en particulier, l'État nation des sociétés du Nord ne saurait fructifier sur un terreau ou chaque clan fait son droit, et où tous ces droits coexistaient bien avant le droit étatique. D'où d'ailleurs les tentatives parfois de faire revivre juridiquement ces « *souverainetés locales* »[21], sans paradoxalement remettre en cause l'État souverain car le découpage artificiel des frontières nécessite la consolidation de l'État-nation…

Alioune Badara Fall – encore lui – salue pour les mêmes raisons la Charte africaine des droits de l'homme et des peuples, qui « *conceptualise les droits de l'homme à partir des circonstances et données propres aux sociétés africaines* »[22], tout en redoutant d'une part « *l'utilisation que les gouvernants font de ces notions* » malgré tout importées d'occident[23], et d'autre part l'usage qui peut être fait de la longue litanie de « *devoirs* » du citoyen envers le collectif[24]. Il remarque par ailleurs que ce texte, qui date de 1981, n'a pas permis de mettre fin à certaines pratiques comme l'excision ou le travail des enfants[25]. Mais cet échec tient-il aux traditions ou au niveau de vie ?

Pour toutes des raisons, le constat qui prédomine actuellement est celui d'un échec du droit importé. Pour autant, cet échec n'aura pas été infructueux.

## II. Du mimétisme aux sources plurielles de droit

"*L'Afrique n'avait rien à envier au reste du monde*" s'écriait Yann Mens[26] lorsque le président Sarkozy affirmait que l'homme africain n'était jamais entré dans l'Histoire. Les pays africains s'appliquent depuis les années 2000 à reconquérir leur histoire. Or, dans certains grands pays comme le

---

[20] M. TSHIYEMBE, « L'Etat en Afrique, crise du modèle importé et retour aux réalités. Essai sur la théorie de l'Etat multinational », *in Mélanges en l'honneur de François BORELLA*, Nancy, Presses Univ. Nancy, 1999, p. 505.

[21] Léonard MATALA-TALA, L'ineffectivité du droit positif en Afrique subsaharienne, Civitas Europa 2013/2 (N° 31), p. 239.

[22] A. BADARA FALL, *Entre deux eaux, La Charte africaine des droits de l'homme et des peuples*, Rev. Esprit 2020/1-2 (Janvier-Février), p. 94.

[23] Ibid, p. 96.

[24] Ibid, p. 97.

[25] Ibid, p. 100.

[26] Yann MENS, "*L'Afrique n'avait rien à envier au reste du monde*", Rev. Alternatives internationales, 2007/12, n° 17, p. 20.

Cameroun, les historiens du droit se comptent sur les doigts d'une main. Trop préoccupés par le présent, les instances scientifiques, peu aidées par l'État ou les organisations internationales[27], accordent peu d'importance à l'histoire, dont elles privent de fait les élèves et étudiants. Autrement dit l'indéniable « *inculture constitutionnelle* » des peuples africains n'est en rien une inculture juridique[28]. Si la greffe de droit français n'a pas ou peu pris, cela ne signifie pas qu'il en résulte un vide.

**Une appropriation des sources externes.** On n'adapte pas une société aux textes, mais les textes à la société. Ce qui semble aller de soi se heurte pourtant à une sorte de juridico-centrisme, à une sacralisation des textes juridiques, comme si de ces textes – le plus souvent imposés - allait émaner une société nouvelle, alors que le droit restera toujours, dans son essence même, une émanation *de* cette société. « *Plaquer dans un milieu social un système juridique étranger conduit inévitablement au fâcheux inconvénient d'hypothéquer lourdement l'efficience de ce système* »[29]. En d'autres termes, « *Le droit n'est pas en effet un corps de règles désincarnées, transposables en tout temps et en tout lieu. Nécessairement contextualisé, il procède d'un milieu et reflète une conception des relations sociales propres à ce dernier* »[30].

À cet égard, le droit français n'est que rarement rejeté parce que français, mais lorsque les solutions auxquelles il aboutit sont « *inopérantes dans le contexte africain* »[31]. C'est ainsi que le droit administratif de certains pays africains, qui reposait sur la jurisprudence administrative française antérieure aux indépendances, s'est progressivement détaché de son modèle[32]. Ce qui est vrai en droit administratif l'est aussi en droit

---

[27] J.E. YAYI LIPEM, *Pour un droit à l'histoire des citoyens dans les États africains*, Revue interdisciplinaire d'études juridiques 2022/2 (Volume 89), p. 57.

[28] H.M. RAFSANDJANI, *La culture constitutionnelle dans les États d'Afrique francophone : le paradoxe du peuple constituant*, RFDC 2020/3 n° 123, p. 613.

[29] R. DEGNI-SEGUI, « *Codification et uniformisation du droit* », in *L'État et le droit. Encyclopédie juridique de l'Afrique*, Abidjan-Dakar-Lomé, Nouvelles Éditions africaines, 1982, t. I, p. 460.

[30] M. ONDOA, « *Le droit administratif français en Afrique francophone : contribution à l'étude de la réception des droits étrangers en droit interne* », RJPIC, vol. 56, n° 3, 2002, p. 307.

[31] G.T. FOUMENA, *Le droit administratif camerounais « postcolonial » en rupture avec le modèle français inspirateur*, Les Annales de droit, 2020 vol. 14, p. 79.

[32] G.T. FOUMENA, préc., p. 80.

constitutionnel[33]. Comme toute greffe, le droit importé dans un ordre juridique doit prendre, sinon il y a rejet[34].

**Une réappropriation de la source interne.** La source interne de droit est revenue en grâce en droit privé en particulier. L'instauration du droit colonial et sa perpétuation après les indépendances n'a pas pour autant « *provoqué l'élimination des coutumes, malgré leur marginalisation* »[35]. Les codes de la famille et du travail qui ont suivi les indépendances furent des copies conformes des lois françaises, et cette influence perdure malgré le hiatus entre la source française et le contexte local marqué par des traditions très différentes. Or ces traditions jouaient et continuent à jouer un rôle de régulation sociale[36]. D'où la promotion d'un pluralisme juridique, mêlant droit moderne et droit traditionnel, ce qui suppose une revalorisation d'un droit traditionnel souvent dénigré[37].

Le droit traditionnel ne saurait en effet être analysé uniquement à l'aune de ses excès. L'attachement aux traditions ne traduit que rarement volonté de retour en arrière : il marque plutôt une crainte face aux transitions ressenties comme nécessaires mais abordées avec une certaine peur du vide[38]. Dans ces conditions, l'attachement aux traditions permet au contraire une transition plus douce, à supposer qu'une transition soit nécessaire. Ce pluralisme juridique mêlant droit moderne et coutumes existe au demeurant aussi en France[39].

**Une diversification des sources.** Tout juriste cherchant une réponse qu'il ne trouve pas dans son propre ordre juridique peut être tenté d'aller la trouver ailleurs. La France le fait couramment, adoptant et adaptant des

---

[33] É.M. NGANGO YOUMBI, B. CISSE, *Deux absurdités de la justice constitutionnelle en Afrique noire francophone*, Revue Afrique contemporaine, 2022/2 n° 274, p. 229, à propos de l'importation du modèle du Conseil constitutionnel français dans certains pays d'Afrique noire francophone.

[34] Image empruntée à Y. MENY (dir.), *Les politiques du mimétisme institutionnel. La greffe et le rejet*, Paris, L'Harmattan, 1993.

[35] E. GASPARINI, Quelques réflexions sur le sort du droit privé français dans l'Afrique subsaharienne francophone, in R. Barreau et S. Soleil (dir.), Que faire du droit privé étranger dans un territoire libéré ? Presses univ. Rennes, 2022, p. 341.

[36] E. GASPARINI, préc, p. 351.

[37] M. THIOYE, « *Part respective de la tradition et de la modernité dans les droits de la famille des pays d'Afrique noire francophone* », *Revue internationale de droit comparé*, 2005, p. 376.

[38] E. LE ROY, « *Pourquoi, en Afrique, "le droit" refuse-t-il toujours le pluralisme que le communautarisme induit* ? », Anthropologie et sociétés, 2006, p. 25 et s.

[39] N. ROULAND, *Aux confins du droit*, Odile Jacob, 1991, p. 159 et s.

règles déjà éprouvées dans d'autres pays européens et même ailleurs, lorsque le droit national ne fournit pas de solution satisfaisante. En droit constitutionnel, de nouvelles modalités de contrôle de constitutionnalité se développent en Afrique[40], éloignées du modèle initial français qui lui-même a évolué depuis 1958. C'est ce qu'Alioune Badara Fall qualifie à raison de « *pragmatisme* »[41].

Ainsi ne faudrait-il pas – ou plus - parler de mimétisme, mais de d'inspirations matérielles du droit national, ce qui par la même occasion permet d'éliminer l'autre travers du mimétisme : la référence constante au droit français dans les travaux académiques et scientifiques. Cette référence trouve ses explications sociologiques déjà mentionnées, mais elle tient aussi à l'omniprésence d'experts français dont le seul fond de commerce tient dans les codes de son pays.

Il convient donc d'en finir avec les thèses de droit comparé entre le droit français et un droit africain. Ces thèses perdent toute légitimité dans un contexte de sources plurielles du droit. Le modèle français, si tant est qu'il soit légitime, est en concurrence. La réponse à une problématique d'un pays africain peut d'abord trouver réponse dans le système juridique d'un pays voisin au contexte semblable, mais aussi partout ailleurs à condition de procéder à l'adaptation nécessaire. Le droit n'est pas une fin en soi : au risque de décevoir les adeptes du juridico-centrisme, le droit n'est qu'un instrument qui accompagne une nation et lui permet de mettre en œuvre ses idéaux. Peu importe d'où il vient.

---

[40] Y. S. LATH, *Les nouvelles tendances du contrôle de constitutionnalité des lois dans les États d'Afrique francophone : la fin du mimétisme postcolonial,* RFDC 2022/4, n° 132, p. 1067.

[41] RFI, 4 oct. 2018 (https://www.rfi.fr/fr/afrique/20181004-afrique-constitution-francaise-pas-ete-le-modele-on-croit)

# DROIT CONSTITUTIONNEL

# Le droit à la différence à l'épreuve des droits africains

***Janvier FERMOSE,***

*Maître-assistant CAMES/Chargé de cours, Université de Ngaoundéré (Cameroun)*

***Julie BASAANE GNEBA,***

*Enseignante-chercheuse, Docteur/Ph.D en Droit public, Université de Ngaoundéré (Cameroun)*

***Deguia CHECK IBRAHIM,***

*Assistant, Docteur/Ph.D en Droit public, Université d'Ébolowa (Cameroun)*

**********

## INTRODUCTION

Le droit à la différence mais quel droit pour quelle différence ? La question est légitimement posée, ce d'autant que la notion de droit à la différence oscille entre l'universalisme et le régionalisme en matière des droits de l'homme[1]. Le sujet demeure aujourd'hui au cœur d'un grand débat tant dans les médias que les rencontres internationales. Mais le débat n'est pas nouveau, car il est très discuté en doctrine[2] suivant les spécificités culturelles des aires juridiques (Afrique, Europe, Asie, Amérique). L'ensemble des droits de l'homme, c'est-à-dire des droits inhérents à la personne humaine sont protégés par des instruments juridiques de portée universelle (DUDH de 1948, Pactes de 1966), régionale (CEDH de 1953, CADHP de 1981) ou nationale (Constitutions, lois). Ancré par essence sur les droits de l'homme dont la vocation est universelle[3] et reconnue à chaque homme en tant qu'être humain[4], le droit à la différence est par conséquent un « droit greffé ». Au sujet des droits de l'homme en général, selon les justes propos de Kéba MBAYE, « *les droits de l'homme concernent tout*

---

[1] A. BADARA FALL, « La Charte africaine des droits de l'homme et des peuples : entre universalisme et régionalisme », *Pouvoirs* 2009/2, n°129, p. 86.

[2] J. P. MACHELON, *Le droit à la différence en droit public français*, Thèse de doctorat en Droit, Université Paris 5, 2003, p. 3 ; A. MINKOA SHE, « La Constitution camerounaise du 18 janvier 1996 et la garantie du droit à la différence », *in Démocratie et sociétés plurielles,* Organisation internationale de la francophonie, Yaoundé, 2000, p. 13.

[3] A. BADARA FALL, « Universalité des droits de l'homme et pluralité juridique en Afrique. Analyse d'un paradoxe », *Mélanges Dmitri Georges Lavroff*, pp. 359-380.

[4] J-F. FLAUSS, « Droits de l'homme et relations extérieures de l'Union européenne », *in L'Union européenne et les droits de l'homme*, Bruxelles, Bruylant, 1999, p. 165.

*homme et tous les hommes à la fois* »[5]. Il n'y a donc pas un droit de l'homme pour l'africain, l'européen, l'asiatique, l'américain ; il y a que des droits de l'homme tout court[6].

Ce faisant, les droits de l'homme restent indivisibles et invariables dans leur contenu comme dans leur portée, quel que soit le tributaire, pourvu qu'il ait le statut d'homme. Mais, en raison de certaines particularités observées entre les êtres humains, des statuts spécifiques ont élaboré au plan universel, régional, sous-régional et national dans le but de protéger certains individus ou catégories des personnes bénéficiant d'un droit à la différence[7]. Ce dernier, en vertu de son aménagement dans un ensemble juridique et social, définit l'être humain par sa position déterminée dans une échelle de statuts séparés et indépendants. Ainsi, le droit à la différence apparaît à la fois comme un droit de la spécificité et de la contradiction, tantôt exalté, réclamé et célébré par les uns ; tantôt décrié, contesté et vilipendé par les autres. D'une part, droit de la spécificité, puisqu'il s'agit de reconnaître des statuts juridiques particuliers à certains individus, groupes d'individus ou communautés en raison de leurs spécificités religieuses, culturelles, sociales ou sexuelles. D'autre part, droit de la contradiction, parce que le droit à la différence s'oppose à son pendant inverse, le droit à l'indifférence, en raison des particularités culturelles (autochtones), socio-religieuses (minorités), sexualité (hétérosexualité, homosexualité-LGBT$_+$), etc.

Conceptuellement, il convient de définir successivement les expressions « droit à la différence » et « droits africains ». La première expression invite à une définition séparée des notions de « droit » et « différence », avant de proposer une définition résumée.

Au sens juridique, le droit, du latin « *directum* » ou « *directus* », est généralement appréhendé suivant deux sens. Au sens objectif, il désigne l'« *ensemble de règles de conduite socialement édictées et sanctionnées, qui s'imposent aux membres de la société* »[8]. Au sens subjectif, le droit est « *une prérogative individuelle consacrée par le Droit objectif, permettant à*

---

[5] Voir P.-G. POUGOUE, « Lecture de la Charte africaine des droits de l'homme et des peuples », *in* Paul-Gérard POUGOUE (*dir.*), *Droits de l'homme en Afrique centrale*, Karthala, 1996, p. 37.

[6] A. BADARA FALL, « La charte africaine des droits de l'homme et des peuples : entre universalisme et régionalisme », *op.cit.*, p. 87.

[7] A. MINKOA SHE, « La Constitution camerounaise du 18 janvier 1996 et la garantie du droit à la différence », *op.cit*, p. 14.

[8] G. CORNU (dir.), *Vocabulaire juridique*, Paris, PUF, collection Quadrige, 13e édition, 2020, p. 370.

*son titulaire d'obtenir quelque chose d'autrui* »[9]. Absent des lexiques et vocabulaires juridiques, le terme « différence », du latin « *differentia* », s'entend au sens usuel comme le « *caractère (une différence) ou l'ensemble de caractères (la différence) qui distingue une chose d'une autre, un être d'un autre* »[10]. En rapport avec les droits de l'homme, ceux-ci sont « *droits de l'homme en tant que tel, inhérent à l'être humain (homme ou femme)* » ou « *ensemble de facultés et prérogatives considérées comme appartenant naturellement à tout être humain [...]* »[11]. En s'intéressant plutôt à la doctrine, le droit à la différence se définit comme « *le droit reconnu aux individus ou à une communauté d'individus de jouir d'une identité spécifique, et éventuellement de bénéficier, du fait de cette identité propre, d'un statut juridique spécifique* »[12].

Par « droits africains », il faut indiquer qu'il n'existe pas une définition univoque. La doctrine y va du sien[13]. Néanmoins, à partir de la doctrine majoritaire, il convient de proposer une double définition. *Stricto sensu*, les droits africains s'entendent comme les droits applicables dans les différents États résultant de leurs ordres juridiques internes (Constitutions, lois, règlements, coutume). *Lato sensu*, les droits africains supposent non seulement les droits internes des États africains mais aussi les règles de droit sur lesquelles se fondent ou édictent les organisations régionales (UA), sous-régionales (CEMAC[14], CEDEAO[15], SADC[16], COMESA[17], etc), ainsi que les règles pertinentes nées des traités et accords internationaux conventionnellement constitutionnalisés ou dûment signés et ratifiés par ces

---

[9] S. GUINCHARD, Th. DEBARD (dir.), *Lexique des termes juridiques*, Paris, Dalloz, 29e éd, 2021-2022, p. 394.

[10] *Dictionnaire Le Robert illustré*, 2020, p. 567.

[11] G. CORNU (dir.), *Vocabulaire juridique*, *op.cit.*, p. 373.

[12] J. P. MACHELON, *Le droit à la différence en droit public français*, *op.cit.*, p. 4.

[13] M. GLÉLÉ AHANHANZO, «Théorie et pratique des droits de l'homme dans l'Afrique contemporaine », *Annales africaines*, Dakar, Université de Dakar, 1986-1987-1988, p. 132 ; V. KANGULUMBA MBAMBI, « Les droits originellement africains dans les récents mouvements de codification : le cas des pays d'Afrique francophone subsaharienne », *Les Cahiers du Droit*, vol. 46, n°1-2, 2005, p. 315 ; R. SÉROUSSI, « Éléments de droits africains », *in Introduction au droit comparé*, 2009, p. 186.

[14] Voir le traité du 16 mars 1994 signé à N'djaména instituant la CEMAC.

[15] Voir l'article 1er du Traité de Lagos du 28 mai 1975, révisé.

[16] Voir le traité créant la Communauté de développement d'Afrique australe (CDAA) – ou *Southern African Developpment Community* (SADC), signé le 11 août 1992 à Windhoek.

[17] Voir le traité instituant le Marché commun pour l'Afrique orientale et australe – ou *Common Market for Eastern and Southern Africa* (COMESA), signé en 1993.

États. Les deux sens de la définition seront mis en évidence en fonction de l'analyse.

Sous cette notule définitionnelle, notion au contenu plastique, élastique et parfois incertain, le droit à la différence sera entendue dans la présente étude comme le droit reconnu à certains individus, groupes ou communautés d'individus de bénéficier d'une identité juridique et spécifique en raison de leurs identités culturelles, sociales, politiques, religieuses et sexuelles particulières et qui leurs sont propres. Au bénéfice de cette définition au sens large, ce droit à la différence sera mis en corrélation avec les droits applicables dans les États africains tant dans leur diversité que leur spécificité.

À l'origine, le droit à la différence a évolué suivant trois grandes séquences en fonction du niveau et du degré d'aménagement des instruments juridiques internationaux, régionaux et nationaux en matière des droits de l'homme.

*Primo*, la première séquence peut être située de 1945 à 1980 : elle concerne davantage la consécration des droits de l'homme à portée universelle selon que les instruments juridiques sont contraignants ou peu contraignants. Parmi ces instruments figurent la Charte des Nations-Unies de 1945[18], la Déclaration universelle des droits de l'homme de 1948[19], la Convention de sauvegarde des droits de l'homme et libertés fondamentales entrée en vigueur le 3 septembre 1953, le Pacte international relatif aux droits économiques, sociaux et culturels de 1966[20] et d'autres conventions de portée universelle[21].

*Secundo*, la deuxième séquence qui se situe de 1980 à 2000 se rapporte à la consécration de certains droits spécifiques mais aussi des droits de l'homme à portée régionale, sous-régionale ou nationale. Rentrent dans cette catégorie, la Convention contre la torture et autres peines et traitements cruels, inhumains ou dégradants du 10 décembre 1984, la Convention

---

[18] Voir l'article 1 alinéa 2 de la Charte des Nations-Unies. Cette Charte institue le droit des peuples à disposer d'eux-mêmes qui n'est pas moins un droit spécifique reconnu à un peuple pour son auto-détermination.

[19] Cette déclaration a été proclamée le 10 décembre 1948 à Paris au Palais Chaillot.

[20] Ce pacte pour donner force à la DUDH de 1948 a été adopté par l'Assemblée Générale de l'ONU le 16 décembre 1966 au côté du Pacte relatif aux droits civils et politiques adopté à la même occasion.

[21] On peut citer, entre autres : la Convention pour l'élimination de la discrimination raciale du 21 décembre 1965, la Convention pour l'élimination de la discrimination à l'égard des femmes du 18 décembre 1979.

internationale des droits de l'enfant du 26 janvier 1990, le Statut de Rome du 17 juillet 1998 instituant la Cour pénale internationale et la Charte africaine des droits de l'homme et des peuples adoptée le 28 juin 1981[22], en Afrique notamment. À cela, s'ajoute la constitutionnalisation des droits de l'homme[23] et des droits spécifiques à certains individus ou communautés[24] dans les ordres juridiques internes des États.

*Tercio*, la troisième séquence se situant des années 2000 à nos jours marque un aménagement plus accru du droit à la différence à travers la Déclaration des Nations Unies sur les droits des peuples autochtones[25], la consécration des droits à certaines catégories sociales (enfants, femmes)[26] et la reconnaissance dans certains ordres juridiques comparés du droit à la différence sexuelle caractérisée par le droit à l'identité sexuelle (changement de sexe, mariage entre personnes de même sexe, etc)[27]. Toute chose qui pose le problème de la perception du droit à la différence, entre « différence de la majorité » et « différence des minorités ».

Sous cet ancrage conceptuel et historique, la réflexion sur le droit à la différence à l'épreuve des droits africains revêt un double intérêt : d'une part, l'intérêt heuristique marque un attrait particulier en rapport avec les droits de l'homme et la position discutée de la doctrine sur la question du droit à la différence ; d'autre part, l'intérêt pratique ambitionne mettre en

---

22 Lire utilement : M. GLÉLÉ AHANHANZO, « Introduction à la Charte africaine des droits de l'homme et des peuples», *Mélanges Claude-Albert COLLIARD*, Pédone, 1984, p. 516 ; P.-F. GONIDEC, « Un espoir pour l'homme et les peuples africains ? La Charte africaine des droits de l'homme et des peuples », *Le Mois en Afrique*, juin-juillet 1983, p. 23.

23 S. DJONMO LANKREO, « La constitutionnalisation du droit communautaire : réflexions sur un outil de construction de l'internormativité en matière de garantie des droits de l'homme », *RADSP*, n°18, 2020, p. 232.

24 R. NGANDO SANDJE, « Le droit des minorités et des peuples autochtones au Cameroun : une lecture actuelle et éventuelle », *Revue Internationale Interdisciplinaire,* n° 66, 2013, p. 117.

25 Résolution de l'Assemblée Générale de l'ONU du 13 septembre 2007.

26 C'est le cas du protocole relatif aux droits des femmes adopté le 11 juillet 2003, entré en vigueur le 25 novembre 2005 et de la Charte africaine des droits et du bien-être de l'enfant adoptée le 11 juillet 1990 et entrée en vigueur le 29 novembre 1999.

27 Sur le changement de sexe ou de genre (à l'état civil), peuvent être cités certains États tels que les États-Unis, l'Espagne, l'Argentine, l'Uruguay, la Colombie, le Brésil, le Pérou, la Bolivie, le Canada, etc. Relativement au mariage des personnes de même sexe, il est prévu dans plusieurs législations, notamment dans certains États : Pays-bas (2001), Belgique (2003), Espagne (2005), Suède (2009), Norvège (2009), Portugal et Islande (2010), Danemark (2012), France (2013), Grande-Bretagne (2014), Luxembourg (2015), Irlande (2015) etc.

évidence la conception et la réception du droit à la différence dans le contexte juridique des États africains.

À la lueur de ce double intérêt, la question centrale de la présente réflexion peut être formulée de la manière suivante : quelle est l'appréhension du droit à la différence au regard des droits africains ? Suivant une méthode juridique axée sur l'étude des textes, la jurisprudence et le droit comparé, on peut avancer l'hypothèse selon laquelle le droit à la différence est universellement consacré mais diversement apprécié dans les États africains. Pour ce faire, l'appréhension du droit à la différence dans le contexte juridique africain repose avant tout sur le socle de l'universalité (I). Mais cette universalité exaltée ne saurait méconnaître la diversité et la spécificité juridiques propres aux États africains qui tendent à faire du droit à la différence un droit subjectivé (II).

## I. Un droit universalisé

Le droit à la différence est un droit aménagé par des instruments juridiques de portée universelle, régionale ou nationale, ce d'autant plus qu'il concerne des individus, groupes ou communautés reconnus comme tels en tant qu'être humain. Ce droit est présent dans les instruments juridiques africains[28] et reconnus aux bénéficiaires de ce droit. C'est la raison pour laquelle des textes (déclarations, proclamations) universels ont instauré ce droit à la différence au profit de certaines catégories (A), en même temps qu'un système de sanctions organisé est mis en place dans l'hypothèse où il serait violé (B).

### A. Un droit universellement consacré

L'égalité entre les hommes est une donnée principielle et idéologique. En pratique, il est souvent institué entre les hommes non seulement une égalité juridique mais aussi une égalité catégorielle[29]. Compte tenu du caractère déclaratif et universel du nombre des proclamations relatives aux libertés et droits fondamentaux, il n'est pas étonnant que l'ordre juridique international s'y soit intéressé. Une telle reconnaissance, à ce niveau, constitue une garantie contre les changements et revirements conjoncturels dépendant des contextes nationaux. Ainsi, la proclamation des droits de l'homme en général et du droit à la différence en particulier, peut avoir lieu

[28] M. GLÉLÉ AHANHANZO, « Introduction à la Charte africaine des droits de l'homme et des peuples», *op.cit.*, p. 516.
[29] AMADOU BOUBA, « L'égalité des citoyens dans la Constitution camerounaise », *RRJP*, n°1, septembre-octobre 2022, p.123.

dans le cadre des organisations à vocation internationale ou régionale (1) et dans l'ordre juridique des États (2).

### 1. La consécration supranationale

Le respect des droits humains, et en particulier des droits à caractère socioculturel en l'occurrence le droit à la pratique des langues, des croyances culturelles ainsi que du mode de vie spécifique à un individu ou un groupe humain, fait désormais partie de ce qu'on pourrait appeler les normes internationales de conquête de la paix. Cet aménagement constitue un élément du « *patrimoine constitutionnel commun des sociétés politiques* »[30]. Cette perception des droits de l'homme a poussé la communauté internationale des États dans son ensemble à élaborer des normes reconnaissant et encadrant la différence entre les humains et les communautés. Étant universelles et régionales, ces normes témoignent, en outre, d'une tendance croissante à aborder les droits d'une manière moins abstraite, en prenant en compte la diversité des sujets et des mesures de protections qu'ils exigent : d'où la superposition de la consécration générale ou catégorielle des droits de l'homme. Cette consécration est à la fois universelle et régionale.

Premièrement, au plan universel, plusieurs instruments juridiques ont consacré le droit à la différence et plus généralement des droits spécifiques reconnus aux individus et aux communautés, instruments juridiques ayant peu ou prou fait l'objet d'une insertion constitutionnelle ou législative au sein des États africains[31]. Ces instruments juridiques viennent renforcer l'idée selon laquelle, l'égalité de principe entre les individus ne suffit toujours pas à effacer l'infériorité de certaines situations. Ainsi, il est parfois prévu des mesures correctrices en faveur des catégories jugées défavorisées, afin de vaincre les pesanteurs sociales en rétablissant l'équilibre à leur profit. À la lecture de la Déclaration universelle des droits de l'homme, il est aménagé un certain nombre de points affirmant la

---

[30] L. SINDJOUN, *La formation du patrimoine constitutionnel commun des sociétés politiques : éléments pour une théorie de la civilisation politique internationale,* Dakar, Codesria, Série des monographies, 2/97, p. 9.

[31] Cette affirmation épouse l'idée du Professeur Adolphe MINKOA SHE selon laquelle, à travers le caractère inviolable et impératif des normes constitutionnelles, il convient d'admettre que les droits fondamentaux qu'elles intègrent dans leur corpus ont vocation à représenter le substrat minimal de toute collectivité qui, au-delà de ses clivages et de ses particularismes, aspire à se pérenniser en tant que communauté viable. Voir A. MINKOA SHE, « La Constitution camerounaise du 18 janvier 1996 et la garantie du droit à la différence », *op.cit.*, p. 137.

reconnaissance du droit à la différence. Parmi lesquels, le droit à la pratique des langues, des croyances culturelles ainsi que du mode de vie spécifique à un groupe humain[32]. Ce texte de portée universelle consacre la garantie du respect des droits fondamentaux des citoyens ou des populations culturellement marginalisées.

Bien plus, en vertu des obligations internationales, les États peuvent se voir opposer l'obligation de défense des droits spécifiques des groupes humains particuliers en s'appuyant sur l'argument de la spécificité culturelle[33]. Cette consécration universelle du droit à la différence s'identifie également dans la Charte des Nations-Unies et le Pacte international relatif aux droits économiques, sociaux et culturels de 1966 à travers l'institutionnalisation du « droit des peuples à disposer d'eux-mêmes »[34].

Par ailleurs, d'autres instruments juridiques internationaux consacrent séparément des droits particuliers au profit des enfants. Ainsi, le 20 novembre 1959, l'Assemblée Générale de l'ONU a adopté la Déclaration des droits de l'enfant consolidée par le Pacte de 1966. Ce dernier prescrit que « *des mesures spéciales de protection et d'assistance doivent être prises en faveur de tous les enfants et adolescents, sans discrimination aucune pour des raisons de filiation ou autres* »[35]. Cette protection des droits des enfants va être renforcée par la Convention internationale des droits de l'enfant du 26 janvier 1990. Il en est de même de la proclamation des droits des peuples autochtones contenus dans la Déclaration des Nations Unies

---

[32] Voir l'article 22 de la Déclaration universelle des droits de l'homme du 10 décembre 1948 à travers la consécration des droits sociaux et culturels. Voir également l'article 27 de cette Déclaration qui dispose : « *Toute personne a le droit de prendre part librement à la vie culturelle de la communauté, de jouir des arts et de participer au progrès scientifique et aux bienfaits qui en résultent* ».

[33] S.-P. ZOGO NKADA, « Le nouveau constitutionnalisme africain et la garantie des droits socioculturels des citoyens : le cas du Cameroun et du Sénégal », *RFDC*, 2012/4 N°92, p.7.

[34] Voir l'article 1 alinéa 2 de la Charte des Nations Unies. Voir aussi l'article 1er du Pacte international relatif aux droits économiques, sociaux et culturels de 1966 qui dispose que : « *Tous les peuples ont le droit de disposer d'eux-mêmes. En vertu de ce droit, ils déterminent librement leur statut politique et assurent librement leur développement économique, social et culturel* ».

[35] Voir l'article 10 du Pacte international relatif aux droits économiques, sociaux et culturels de 1966.

sur le droit des peuples autochtones issue de la Résolution adoptée par l'Assemblée Générale le 13 septembre 2007[36].

Secondement, au plan régional, si en Asie les diversités politiques et culturelles se sont jusqu'à présent opposées à l'adoption d'une proclamation à portée générale, les autres espaces juridiques régionaux ont vu dans ce procédé un moyen de marquer l'existence d'une communauté de valeurs, facteur d'unité. En Afrique, plus particulièrement la Charte africaine des droits de l'homme et des peuples (CADHL)[37] témoigne notamment de l'importance attachée par les États membres de l'institution régionale de l'Unité Africaine (UA)[38] à la notion de groupe et à la discrimination positive permettant à certains individus et couches sociales de bénéficier d'un statut juridique particulier. Cette Charte, selon les mots du Professeur Kéba MBAYE a le mérite de chercher le plus possible à insérer l'homme africain dans le bouillonnement universel des droits de l'homme[39]. Cette Charte africaine proclame solennellement son attachement et sa reconnaissance des déclarations et proclamations universelles des droits de l'homme en général et celles relatives au droit à la différence en particulier, tout en insistant dans ses dispositions sur les éléments propres aux sociétés africaines[40]. À cet effet, elle dispose que : « *Tous les peuples ont droit à leur développement économique, social et culturel, dans le respect strict de leur liberté et de leur identité, et à la jouissance égale du patrimoine commun de l'humanité* »[41].

Outre la Charte africaine sus-visée, il faut souligner que d'autres textes particuliers ont été tout aussi adoptés. C'est le cas du protocole relatif aux droits des femmes adopté le 11 juillet 2003 et entré en vigueur le 25 novembre 2005, de la Charte africaine des droits et du bien-être de l'enfant adoptée le 11 juillet 1990 et entrée en vigueur le 29 novembre 1999. Tous

---

[36] En annexe de cette déclaration, il ressort ce qui suit : « *Affirmant que les peuples autochtones sont égaux à tous les autres peuples, tout en reconnaissant le droit de tous les peuples d'être différent, de s'estimer différent et d'être respectés en tant que tels* ».

[37] Cette Charte est adoptée à Nairobi le 26 juin 1981.

[38] Cette organisation est instituée en 2002 en remplacement de l'ancienne Organisation de l'Unité Africaine (OUA).

[39] Voir, A. BADARA FALL, « La Charte africaine des droits de l'homme et des peuples : entre universalisme et régionalisme », *op.cit.*, p.85.

[40] Cette affirmation est basée sur des considérations idéologiques, traditionnelles et culturelles propres aux peuples africains. C'est la raison pour laquelle dans cette Charte, il est beaucoup plus fait mention des droits des peuples, des communautés et moins aux droits des individus car, cette Charte a inséré l'individu dans la communauté.

[41] Voir l'article 22 (1) de la Charte africaine des droits de l'homme et des peuples.

ces textes constituent la base juridique universelle ou régionale de la reconnaissance et de la garantie du droit à la différence. Ils ont également fait l'objet d'une insertion dans l'ordre juridique interne des États africains qui les consacre principalement dans leurs constitutions respectives.

### 2. La consécration nationale

Les droits de l'homme en général et le droit à la différence ne peuvent être aujourd'hui appréhendés en dehors de la Constitution. La place de la Constitution au sommet de la hiérarchie des normes juridiques[42] conditionne bien cette exigence de protection des droits fondamentaux en général, et subsidiairement du droit à la différence. Dans la tradition constitutionnelle, les droits de l'homme sont, cependant, assez rarement proclamés dans le corps de la Constitution elle-même, c'est-à-dire la Constitution politique, mais sont généralement aménagés dans la constitution sociale, notamment au niveau du « préambule ».

En effet, la consécration du droit à la différence dans un environnement institutionnel où la complexité sociologique se présente comme un facteur d'aggravation des fractures sociopolitiques[43], se pose avec pertinence dans le contexte des États africains ayant adopté des Constitutions avec l'avènement du libéralisme politique des années 1990[44]. Pour éviter ces différentes fractures sociopolitiques[45] et préserver l'identité de chaque communauté ou couches sociales, le Professeur Maurice KAMTO avait suggéré la solution selon laquelle, « *il faut élaborer des textes constitutionnels détaillés, et les plus précis possibles afin d'éviter les*

---

[42] La construction de cette hiérarchie des normes est l'œuvre du célèbre Maître de l'École de Viennes Hans KELSEN dans son appellation originelle sur la « Pyramide des normes ». Voir, H. KELSEN, *Théorie pure du droit,* 1962, traduction Ch. EISENMANN, LGDJ, 1999, 496p.

[43] S.-P. ZOGO NKADA, « Le nouveau constitutionnalisme africain et la garantie des droits socioculturels des citoyen : le cas du Cameroun et du Sénégal », *op.cit.*, p.3.

[44] *Idem.*

[45] Ces fractures sociopolitiques au sens du Professeur Jean NJOYA, constituent un danger pour la souveraineté et l'intégrité territoriale des États africains. Voir J. NJOYA, « La constitutionnalisation des droits des minorités au Cameroun : usages politiques du droit et phobie du séparatisme », *Law and Politics in Africa, Asia and Latin America,* 2001, p. 44. Le Professeur Alioune BADARA FALL a également relevé ces risques de fractures en présentant les événements survenus au Rwanda (génocide), au Liberia, en Côte-d'Ivoire et au Kenya (guerres civiles), ainsi que les déplacements massifs des populations (Darfour, Congo) qui nous renseignent sur les risques de conflits dans certaines zones du continent où l'ethnicité reste encore une question bien sensible. Voir A. BADARA FALL, « La Charte africaine des droits de l'homme et des peuples : entre universalisme et régionalisme », *op.cit.*, p.89.

*flottements et arbitraires dus aux lacunes et les incertitudes liées à l'interprétation d'un texte général ou trop vague* »[46]. La lecture des Constitutions africaines permet de constater que les droits particuliers et le droit à la différence sont aménagés dans les textes fondamentaux nationaux. À ce titre, les textes constitutionnels camerounais du 18 janvier 1996[47], sénégalais du 22 janvier 2001[48], burkinabé du 02 juin 1991[49], béninois du 11 décembre 1990[50], burundais du 18 mars 2005[51] ne dérogent pas à cette mouvance de la consécration du droit à la différence. Il ressort, dans l'ensemble, un aménagement du droit à la différence dans son aspect de protection des particularismes culturels et des droits sociaux qui en découlent.

En outre, figurent en bonne place dans les préambules de ces textes constitutionnels les droits à caractère socioculturel qui marquent la préoccupation des États africains à garantir la protection des droits fondamentaux des citoyens. Cette propension à intégrer explicitement dans leur corpus des préoccupations d'ordre social et culturel peut amener à penser que la nouvelle vague des Constitutions africaines a été conçue et élaborée sur des bases sociales[52]. À titre illustratif, cette affirmation se lie aisément dans la Constitution camerounaise du 18 janvier 1996 qui, au préalable, affirme son attachement aux libertés fondamentales inscrites dans la Déclaration universelle des droits de l'homme, la Charte des Nations-Unies, la Charte africaine des droits de l'homme et des peuples et toutes les conventions internationales y relatives et dûment ratifiées. Il ressort du préambule de la Constitution camerounaise sus-énoncée que : « *L'État assure la protection des minorités et préserve les droits des populations autochtones conformément à la loi* »[53]. En général, dans bien des Constitutions africaines, il est fait obligation à l'État d'accorder un

[46] M. KAMTO, « Dynamique constitutionnelle du Cameroun indépendant », *Revue Juridique Africaine*, n°1, 1995, p. 2.

[47] Voir la loi n°96/006 du 18 janvier 1996 portant révision de la Constitution du 2 juin 1972.

[48] Voir, Constitution de la République du Sénégal du 22 janvier 2001.

[49] Cf. Constitution burkinabé du 02 juin 1991 révisée par la loi n° 033- 2012/AN du 11 juin 2012.

[50] Cf. Constitution de la République du Bénin du 11 décembre 1990.

[51] Loi n°1/ 010 du 18 mars 2005 portant promulgation de la Constitution de la République du Burundi.

[52] S.-P. ZOGO NKADA, « Le nouveau constitutionnalisme africain et la garantie des droits socioculturels des citoyens : le cas du Cameroun et du Sénégal », *op.cit.*, p.3.

[53] Voir préambule de la loi n°96/006 du 18 janvier 1996 portant révision de la Constitution du 2 juin 1972. Voir également R. NGANDO SANDJE, « Le droit des minorités et des peuples autochtones au Cameroun : une lecture actuelle et éventuelle », *op.cit.*, p. 117.

traitement différencié des citoyens en donnant un statut particulier aux peuples autochtones et aux minorités. Cette discrimination positive va dans le sens d'instaurer une meilleure cohésion sociale et la stabilité dans la gestion des politiques publiques. Cette disposition de la loi fondamentale est renforcée en matière électorale à travers « *l'exigence de la prise en compte de la composition sociologique de la circonscription électorale dans la constitution des listes de candidats aux élections*»[54]. De même, les Constitutions africaines consacrent également le droit du citoyen d'origine dans les conditions d'éligibilité à l'élection présidentielle[55] ou législative (sénatoriale)[56].

Par ailleurs, les États africains ont également consacré dans leur corpus juridique le droit à la liberté d'expression de la langue nationale et le droit à la différence culturelle. Dans ce sens, la Constitution béninoise prévoit que : *« Toutes les communautés composant la Nation béninoise jouissent de la liberté d'utiliser leurs langues parlées et écrites et de développer leur propre culture tout en respectant celles des autres »*[57]. Cette disposition est salutaire dans la mesure où elle fait la promotion des langues et des valeurs culturelles des peuples. Elle épouse le contexte africain emmaillé par le multiculturalisme et le multilinguisme. Par conséquent, ce droit à la différence consacré par les textes supranationaux et nationaux ne peuvent valablement être exprimés par les bénéficiaires que lorsqu'il est établi un système de protection tant au niveau international que dans l'ordre juridique interne des États.

---

[54] J. MOUANGUE KOBILA, « Droit de la participation politique des minorités et des populations autochtones. L'application de l'exigence constitutionnelle de la prise en compte des composantes sociologiques de la circonscription dans la constitution des listes de candidats aux élections au Cameroun». *Revue Française de Droit Constitutionnel* 2008/3, n°75, p.630.

[55] Voir Article 6 (5) de la Constitution camerounaise. Aussi, le constituant ivoirien a adopté cette formule en disposant : *« Le Président de la République doit être ivoirien d'origine, né de père et de mère eux-mêmes d'origine ».* Cette façon de voir les choses a amené Rodrigue NGANDO SANDJE à penser que le fait de disposer ainsi à la défaveur des citoyens naturalisés, le Constituant fait « ombrage aux performances de la démocratie mondialisée. Voir, R. NGANDO SANDJE, « Le droit des minorités et des peuples autochtones au Cameroun, une lecture actuelle et éventuelle », *op.cit.,* p.176.

[56] Voir article 220 (1) de la loi n° 2012/001 du 19 avril 2012 portant code électoral au Cameroun.

[57] Voir article 11 de la Constitution de la République du Bénin du 11 décembre 1990.

### B. Un droit universellement protégé

Les droits de l'homme en général et le droit à la différence en particulier seraient plus formels qu'effectifs si des mécanismes juridiques de protection n'étaient pas aménagés dans les ordres juridiques international et interne. La protection des droits de l'homme demeure un souci majeur dont l'humanité accorde une attention particulière. Il existe plusieurs mécanismes au plan universel, régional et étatique de protection de ces droits y compris le droit à la différence. Il s'agit d'une part de la protection juridictionnelle (1) et d'autre part de la protection non juridictionnelle (2).

#### 1. La protection juridictionnelle

La protection juridictionnelle des droits de l'homme en général et du droit à la différence en particulier est l'œuvre du juge quel que soit l'ordre juridique considéré. Appréhendé comme le *« bouclier des autres droits fondamentaux »*[58], le droit au juge constitue la pierre angulaire de l'édifice des droits fondamentaux. Parce que sans son affirmation les droits et libertés courent le risque de se retrouver orphelin de toute protection[59], le juge devient le premier gardien des droits fondamentaux dont l'effectivité doit être à son tour assurée[60]. Bien que les droits de l'homme aspirent à une vocation universelle, il n'existe pas de juridiction internationale spéciale pour assurer leur protection. Celle-ci n'est par conséquent ni uniforme ni géographiquement située dans le temps. Elle dépend des régimes politiques, du contexte sécuritaire, et surtout des dispositifs existant dans les espaces juridiques régionaux[61]. Ainsi, la protection du droit à la différence obéit aux mécanismes généraux de protection des droits de l'homme. Cette protection est assurée tantôt par les juridictions supranationales, tantôt par les juridictions nationales.

En ce qui concerne les juridictions supranationales en Afrique et en droit comparé, la protection juridictionnelle des droits de l'homme et du droit à la différence plus spécifiquement, se déroule dans le cadre des juridictions régionales à l'instar des Cours permanentes régionales telles que la Cour

---

[58] T.S. RENOUX, « Le droit au recours juridictionnel », *J.C.P.G.,* 1993, I, 3675.

[59] D. LOHRER, *La protection non juridictionnelle des droits fondamentaux en droit constitutionnel comparé : l'exemple de l'ombudsman spécialisé portugais, espagnol et français*, Thèse de doctorat, Université de Pau, 2013, p.68.

[60] L. CORBION, « Devoir juridictionnel et droit à la protection juridictionnelle », *Jurisclasseur*, 2007, p.4.

[61] Voir « Comment les droits de l'homme sont-ils protégés au niveau international ? », cf. http/vie-publique.fr. Consulté le 28 décembre 2023.

africaine des droits de l'homme et des peuples[62], la Cour européenne des droits de l'homme[63], la Cour interaméricaine des droits de l'homme[64], etc. Au niveau communautaire, cette protection se déroule également dans le cadre des juridictions sous-régionales notamment la Cour de justice de la CEMAC[65] et la Cour de justice de la CEDEAO[66]. Ces juridictions supranationales sont dotées des compétences plus ou moins exclusives consacrées à la protection des droits de l'homme. Ce foisonnement des juridictions supranationales de protection des droits de l'homme renforce le droit international des droits de l'homme. Toutefois, ce foisonnement peut entraîner diverses interrogations relatives à la conciliation des droits de l'homme avec la souveraineté des États, à la fonction et à la légitimité du juge supranational pour trancher des questions de société, à l'émiettement et à la cohérence globale de la protection juridictionnelle de ces droits[67]. À cela, s'ajoutent la question de l'internormativité des règles en matière de protection des droits de l'homme et plus spécifiquement du droit à la différence dans ces espaces juridiques[68], laquelle nécessite un dialogue des juges[69].

S'agissant des juridictions d'ordre interne, l'on note une évolution juridictionnelle dans la mise en œuvre des principes relatifs aux droits fondamentaux des personnes et au droit à la différence tels qu'édictés par la Déclaration universelle des droits de l'homme, la Charte des Nations-Unies et la Charte africaine des droits de l'homme et des peuples, ainsi que les textes spécifiques sur les droits des autochtones et des minorités, etc. Cette évolution peut s'observer au travers des diverses juridictions (constitutionnelles, administratives, judiciaires) créées pour permettre à l'État de veiller au respect des libertés et droits individuels ou collectifs tels que consacrés par les dispositions constitutionnelles. Aussi, les juridictions nationales assurent aux citoyens des garanties réelles de recours contre

---

[62] Cette juridiction est créée en 2004 et basée à Arusha en Tanzanie.

[63] Cette juridiction est créée en 1959 et basée à Strasbourg en France.

[64] Créée en 1979, cette juridiction est basée à San José au Costa Rica.

[65] Article 10 du traité instituant la CEMAC précité.

[66] Article II du traité révisé de la CEDEAO, précisé par l'article 9(4) du Protocole de la CEDEAO, tel qu'amendé par le Protocole additionnel.

[67] J. ANDRIANTSIMBAZOVINA, S. BURGORGUE-LARSEN, L. TOUZE, *La protection des droits de l'homme par les Cours supranationales*, Acte du colloque des 8 et 9 octobre 2015, Paris, édition A. PEDONE, p. 8.

[68] S. DJONMO LANKREO, « La constitutionnalisation du droit communautaire : réflexions sur un outil de construction de l'internormativité en matière de garantie des droits de l'homme », *op.cit.*, p. 233.

[69] *Idem.*

certains actes des autorités étatiques contraires aux dispositions constitutionnelles ou législatives, marquant ainsi une rupture avec l'État de police antérieur à la constitutionnalisation des droits humains[70]. Ce recours est fait devant un juge qui a un rôle important à jouer dans la protection des droits de l'homme, et par ricochet, celle du droit à la différence telle qu'amenégée dans l'ordre juridique interne des États. Cette protection du droit à la différence est aujourd'hui garantie autant par le juge judiciaire, gardien traditionnel de la liberté et de la propriété[71], mais aussi le juge constitutionnel, désormais gardien des libertés fondamentales[72].

Plus concrètement, cette mission de protection juridictionnelle conduit à statuer sur les litiges nés de la violation du droit à la différence sur le fondement des instruments juridiques internationaux, régionaux ou nationaux, opposant soit les particuliers entre eux-mêmes, soit les particuliers à l'administration[73]. Ainsi, les juges constitutionnel et administratif interviennent, quant à eux et beaucoup plus, dans le cadre des contentieux liés aux droits constitutionnels, aux biens et sites culturels, aux identités spécifiques, aux propriétés communautaires, en protégeant les droits des populations autochtones, des minorités et des citoyens d'origine. Par exemple, en matière de protection du droit d'origine, le juge administratif camerounais a eu l'occasion de statuer sur la question[74], notamment dans les espèces EPALE Roger Delore[75] et NGEYONG Moussa[76]. Pour illustration, dans la première affaire, le requérant a sollicité du juge administratif l'annulation des élections remportées par la liste du Social Démocratique Front (SDF) dans la commune rurale de Bare-Moungo, au motif que la liste contestée violait la protection et la représentation des minorités et des autochtones, car la liste était composée de 25 conseillers comportant « vingt-quatre allogènes et un seul autochtone » ; et par conséquent, elle méconnaîtrait le respect de la composante sociologique.

---

70 S.-P. ZOGO NKADA, « Le nouveau constitutionnalisme africain et la garantie des droits socioculturels des citoyens : le cas du Cameroun et du Sénégal », *op.cit.*, p.10.

71 F. FINES, « L'autorité judiciaire, gardienne de la liberté individuelle dans la jurisprudence constitutionnelle », *RFDA,* 1994, p. 594.

72 Z. P. DIME LI NLEP, *La garantie des droits fondamentaux au Cameroun*, Mémoire de DEA en droit international des droits de l'homme, Université Abomey-Calavi, Bénin, 2004, p.76.

73 C'est le cas par exemple de l'emprise et de la voie de fait administrative.

74 Voir loi n°2012/001 du 19 avril 2012 portant code électoral au Cameroun.

75 Jugement n°59/CS-CA du 18 juillet 1996.

76 Jugement n°60/CS-CA du 18 juillet 1996.

Par ailleurs, la question de l'identité d'origine s'est souvent posée devant le juge, au nom de la protection du droit à la différence, et plus globalement des droits civils et politiques. À cet effet, le droit des citoyens d'origine a également fait l'objet d'une protection devant le juge constitutionnel camerounais lors des élections sénatoriales de 2013 en écartant les citoyens non d'origine sur les listes électorales dans la circonscription de l'Extrême-Nord. Dans les espèces Faysal MOURAD[77] et MAIMOUNA épouse OUMAR[78], les dossiers de candidature avaient été rejetés du fait de leur nationalité camerounaise naturalisée. À l'observation, l'on se rend compte que les citoyens camerounais, ayant acquis la nationalité par voie de naturalisation, ne peuvent être éligibles aux fonctions de Président de la République, en tout cas pas en l'état actuel du droit positif. À l'analyse, l'on est tenté de se demander s'il ne s'agit pas là d'une discrimination, car la Constitution pose bien la règle d'égalité des citoyens devant la loi[79]. À titre comparé, en rapport avec le principe de non-discrimination, la CEDH a eu à débouté un moyen fondé sur la discrimination soulevé par un couple homosexuel CHAPIN et CHARPENTIER au motif que l'annulation par les juridictions françaises du « mariage de Bègles » célébré en 2004 en violation de la loi française, constituait une violation du droit au mariage homosexuel. La Cour avait d'alors confirmé à l'unanimité, dans cette espèce, qu'il n'existait pas un droit au mariage homosexuel[80].

Tout compte fait, la protection juridictionnelle sus-évoquée est multidimensionnelle. Elle fait appel non seulement aux institutions juridictionnelles internationales et régionales, mais aussi aux juridictions étatiques. Cette pluralité des instituions de protection s'observe également dans le cadre de la protection non juridictionnelle.

### 2. La protection non juridictionnelle

La protection des droits de l'homme et plus spécifiquement du droit à la différence n'est pas que l'apanage des juges ; elle fait intervenir d'autres institutions ou organes à caractère non juridictionnel. La question des droits est inhérente à l'évolution des sociétés humaines dont l'humanité toute

[77] CC, Décision n°13/ES du 28 mars 2013, affaire *RDPC c/ Elections Cameroun (ELECAM).*

[78] Voir Décision n°11/ES du 28 mars 2013 rendue par la Cour suprême en qualité du Conseil constitutionnel camerounais : *Affaire Maïmouna épse Oumar (candidate de l'UNDP) Région de l'Extrême-Nord c/ Elections Cameroon (ELECAM).*

[79] AMADOU BOUBA, « L'égalité des citoyens dans la Constitution camerounaise », *op.cit.*, p.128.

[80] CEDH, 9 juin 2016, *affaire Chapin et Charpentier c/France*, n°40183/07.

entière est garante et en assure la protection[81]. À ce titre, elle constitue l'une des grandes préoccupations de la Communauté internationale dans son ensemble, mais aussi des citoyens dans leurs divers cadres d'expression. La protection de ces droits reste un enjeu majeur et universel pour l'humanité toute entière, car les droits de l'homme demeurent une quête permanente qui requiert la plus grande vigilance afin de punir les contrevenants à ces droits universellement protégés[82]. Non loin des prétoires, la protection non juridictionnelle des droits de l'homme en général et celle du droit à la différence en particulier, interpelle plusieurs modes de protection. Cette protection non juridiction du droit à la différence et des droits de l'homme en général est assurée aux niveaux international et régional, ainsi qu'au niveau national.

En premier lieu, plusieurs organes ont été institutionnalisés aux niveaux international et régional dont l'objectif est peu ou prou de protéger le droit à la différence et plus globalement les droits de l'homme.

Au niveau international, les institutions ou mécanismes de protection du droit à la différence et des droits de l'homme en général sont aménagés par le système des Nations Unies. Il s'agit, entre autres, du Comité des droits de l'homme[83] qui peut être saisi à raison des violations des droits de l'homme par les victimes des États parties au système des Nations-Unies. En fait, c'est un organe intergouvernemental des Nations Unies consacré à la promotion et à la protection des droits de l'homme dans le monde. Cet organe pourrait, le cas échéant, constituer l'amorce de la création d'une juridiction à vocation universelle et internationale en matière des droits de l'homme. En pratique, il rend des décisions importantes, mais seulement sous forme de constatations adressées aux États.

Au niveau régional africain, des organes comme la Commission africaine des droits de l'homme et des peuples ont été créés. Cette Commission est la principale institution régionale chargée de la promotion et de la protection en Afrique des droits humains y compris le droit à la différence. Elle a été

[81] S. MILACIC, « De la "redécouverte" des droits fondamentaux sous la Ve République. À chaque époque ses fondamentaux ?», *in Bertrand Mathieu (dir.), Cinquantième anniversaire de la Constitution française*, Dalloz, 2008, p. 553.

[82] R. ABOMO AKONO ADAM, « La protection non juridictionnelle des droits de l'homme et des libertés au Cameroun », 30 novembre 2020 *in* https://www.village-juriste.com/articles/formation-recrutement-dans-les-grandes-ecoles-cameroun-reflexion-partir-secteur.35690.html. Consulté le 28 décembre 2023.

[83] Il est composé de 18 experts indépendants élus pour 4 ans par les États et est prévu depuis par le pacte relatif aux droits civils et politiques dans le cadre de l'ONU.

créée en 1987 par l'Organisation de l'Unité Africaine (OUA). Il s'agit d'un organe indépendant reconnu comme tel par en vertu de la Charte africaine des droits de l'homme et des peuples[84]. La Commission a pour mission de promouvoir les droits de l'homme et des peuples et notamment : rassembler de la documentation ; faire des études et des recherches sur les problèmes africains dans le domaine des droits de l'homme et des peuples ; encourager les organismes nationaux et locaux s'occupant des droits de l'homme et des peuples et, le cas échéant, donner des avis ou faire des recommandations aux gouvernements ; formuler et élaborer en vue de servir de base à l'adoption des textes législatifs par les gouvernements africains, des principes et règles qui permettent de résoudre les problèmes juridiques relatifs à la jouissance des droits de l'homme, des peuples et des libertés fondamentales. Pour ce faire, cette Commission coopère avec les autres organisations africaines ou internationales qui s'intéressent à la promotion et à la protection des droits de l'homme et des peuples[85].

En second lieu, le droit à la différence, tout comme les droits de l'homme dans leur ensemble, sont protégés au sein des États par plusieurs institutions et organes à caractère non juridictionnel. Il s'agit de la protection par les organes administratifs, notamment l'administration elle-même à travers le respect de la légalité[86], les organes politiques (partis politiques), les autorités administratives indépendantes en l'occurrence les Commissions nationales en charge des questions des droits et des libertés[87]. Au côté de ces organismes étatiques, plusieurs organismes de la société civile (associations, ONG) concourent à la protection des droits de l'homme de manière générale. Ils s'impliquent en tant que défenseurs des droits des

[84] P.-G. POUGOUÉ, «Lecture de la Charte africaine des droits de l'homme et des peuples », *op.cit.*, p. 38.

[85] Voir l'article 45 de la Charte africaine des droits de l'homme et des peuples.

[86] J. OWONA, « L'institutionnalisation de la légalité d'exception dans le droit public camerounais », *Revue Juridique et Politique : Indépendance et Coopération*, vol. 29, n° 1, 1974, p. 9.

[87] Voir le décret n°90/1459 du 8 novembre 1990 portant création du Comité national des droits de l'homme et des libertés, reformé par la loi n°2019/014 du 19 juillet 2019 portant création, organisation et fonctionnement de la Commission des droits de l'homme (Cameroun) ; loi n°031/PR/94 du 9 septembre portant création de la Commission des droits de l'homme (Tchad) ; loi n°97-04 du 10 mars 1997 portant création du Comité sénégalais des droits de l'homme (Sénégal) ; loi n°2014-388 du 20 juin 2014 relative à la promotion et à la protection des défenseurs des droits de l'homme (Côte d'Ivoire), etc.

communautés locales et autochtones et contribuent à la mise en œuvre effective de l'ensemble de ces droits[88].

De ce qui précède, il ressort que le droit à la différence est un droit universalisé tant dans sa consécration que dans sa protection. Sur le premier plan, le droit à la différence en tant qu'un des droits essentiels de l'homme, est aménagé par les instruments juridiques de portée universelle, régionale et nationale. Sur le second plan, le droit à la différence autant que les droits de l'homme dans leur ensemble, sont protégées aussi bien par les organes à caractère juridictionnel et non juridictionnel au niveau supranational que dans les ordres juridiques internes des États africains. Toutefois, au-delà de la dimension universelle du droit à la différence, ce dernier, en raison des spécificités juridiques, culturelles, sociales et sexuelles, doit être appréhendé comme un droit subjectivé.

## II. Un droit subjectivé

Le caractère subjectif du droit à la différence renvoie à la reconnaissance et à la protection des particularités individuelles ou collectives au sein des États[89]. Il s'agit d'une approche qui valorise la diversité et reconnaît que chaque individu ou groupe peut avoir des caractéristiques, des croyances, des pratiques ou des identités différentes[90]. Ce caractère subjectif du droit à la différence implique une reconnaissance de la subjectivité inhérente à chaque individu ou groupe. Cela signifie que les normes et les pratiques juridiques doivent tenir compte des diversités culturelles, sociales, religieuses, sexuelles, entre autres. Il convient, à cet effet, de relever qu'il s'agit non seulement d'un droit spécifié (A) mais aussi d'un droit relativisé (B).

### A. Un droit spécifié

La spécificité du droit à la différence tient de la particularité du statut reconnu à certains individus, groupes ou communautés mais aussi de la singularité des droits y relatifs. Qu'il s'agisse des droits individuels ou collectifs, la spécificité du droit à la différence doit prendre en compte les personnes bénéficiaires et la singularité de leur statut juridique. Ainsi, cette

---

88 R. NGANDO SANDJE, « Le droit des minorités et des peuples autochtones au Cameroun : une lecture actuelle et éventuelle », *op.cit.*, p. 117.

89 M. GLÉLÉ AHANHANZO, «Théorie et pratique des droits de l'homme dans l'Afrique contemporaine », *Annales africaines*, *op.cit.*, p. 133.

90 A. MINKOA SHE, « La Constitution camerounaise du 18 janvier 1996 et la garantie du droit à la différence», *op.cit.*, p. 137.

spécificité concerne deux aspects : la spécificité-personne (1) et la spécificité juridique (2).

### 1. La spécificité-personne

Le droit à la différence constitue un droit spécifique, ce d'autant plus qu'il concerne une catégorie particulière des créanciers ou bénéficiaires de ce droit[91]. À la vérité, c'est bien là que se trouve l'opposition entre le respect de la « différence de la majorité » et le respect de la « différence de la minorité », ainsi que de la contradiction entre la « volonté de la majorité » et la « volonté ou le désir de la minorité ». Dans tous les cas, le droit à la différence repose sur la reconnaissance et la protection des particularités individuelles et collectives en raison des caractéristiques personnelles des individus, groupes ou communautés bénéficiaires.

*Primo,* concernant les droits reconnus aux individus, le droit à la différence tire son essence et son existence le plus souvent des principes essentiels des droits de l'homme garantissent à chaque individu certains droits, notamment les droits à la vie, à la liberté, à la sûreté personnelle, à la non-discrimination, à la liberté de pensée, de conscience et de religion, ainsi qu'à d'autres droits fondamentaux[92]. Dès lors, bénéficient du droit à la différence, les individus, groupes ou communautés relevant des catégories particulières telles que les minorités ethniques, sociales, religieuses, sexuelles ou les peuples autochtones, etc. En principe, les droits qui leur sont reconnus doivent être protégés indépendamment des différences liées à la race, à l'ethnie, à la religion, au genre, à l'orientation sexuelle[93], au handicap, sous réserves des valeurs protégées dans chaque État. Cette protection inclut aussi la protection des expressions culturelles et identitaires. Ainsi, les individus ont le droit de préserver et de pratiquer leur culture, leur langue, leurs coutumes et préserver leur identité sans subir de discrimination.

Bien plus, le droit à la différence protège les individus, groupes ou communautés au nom du principe fondamental de la non-discrimination, aspect crucial de l'expression du droit à la différence. Les lois visent à garantir que les individus ne soient pas traités de manière inéquitable en

---

[91] J. P. MACHELON, *Le droit à la différence en droit public français*, *op.cit.*, p. 3.

[92] A. MINKOA SHE, « La Constitution camerounaise du 18 janvier 1996 et la garantie du droit à la différence », *op.cit.*, p. 13.

[93] A. JAUNAIT, « Genèses du droit de l'identité de genre. Approche des configurations sociojuridiques », *Droit et Société*, n°15, 2020, 2, p. 430 ; V. CALAIS, « Choisir son sexe, un droit de l'homme ? », *La revue lacanienne*, n°4, 2007/4, p. 134.

raison des caractéristiques telles que la race, le genre, l'orientation sexuelle, la religion, le handicap. Par conséquent, le droit à la différence promeut, entre autres et dans certains domaines bien précis (éducation, santé, employabilité), l'égalité des chances (égalité d'accès aux emplois publics, égalité d'accès aux services sociaux de base, égalité de traitement, etc) et vise à créer un environnement où chaque individu a la possibilité de réaliser son potentiel, quelles que soient ses différences, et où les obstacles discriminatoires sont éliminés.

*Secundo*, pour ce qui est des droits reconnus aux collectivités, ils sont souvent aménagés dans le cadre du droit international des droits de l'homme[94] et peuvent être incorporés dans les Constitutions, les lois et les politiques publiques des États visant à promouvoir l'inclusion, la diversité et le respect des identités collectives. Par exemple, James CRAWFORD, dans une logique de spécification, constate l'existence de huit droits distincts dont les peuples seraient titulaires : le droit à l'autodétermination, le droit à la protection de son existence physique, le droit à la différence, le droit des minorités, le droit à la paix et à la sécurité internationale, le droit à la souveraineté permanente sur les ressources naturelles, le droit au développement et le droit à un environnement sain[95].

En outre, le droit à la différence reconnu à une communauté ou collectivité prend souvent en compte la protection des droits des minorités, qu'elles soient religieuses, ethniques, linguistiques ou autres. Les minorités ont le droit de maintenir leur identité distincte[96] sans être soumises à des discriminations ou à des tentatives d'assimilation forcée. Les collectivités ont le droit de participer librement à la vie politique, économique, sociale et culturelle de leur État d'appartenance ou de la région dans laquelle elles vivent. Il s'agit, plus globalement, du droit à l'auto-détermination[97]dans lequel peut s'exprimer le droit à la différence. Cela peut inclure la représentation politique équitable et la prise de décisions qui affectent directement la communauté. Dans certains cas, ces collectivités peuvent bénéficier d'une autonomie locale, leur permettant de prendre des décisions

[94] C. LEFORT, « Droit international, droits de l'homme et politique », *Poésie*, n°112-113, 2005/2-3, p. 184.

[95] J. CRAWFORD, « The rights of peoples: "Peoples" or "Governments" ? », *in: The rights of peoples* / ed. par James CRAWFORD. Clarendon Press. Oxford. 1988, p. 57.

[96] J. D. N. ATEMENGUE, « La protection des minorités et la préservation des droits des populations autochtones au Cameroun. Une analyse prospective », *Revue de Droit international et de Droit Comparé*, 2003, pp. 5-42.

[97] Articles 1ers, § 1ers, des deux Pactes internationaux de 1966.

importantes sur leurs affaires internes, conformément aux lois nationales[98]. Certains groupes autochtones revendiquent en outre des droits territoriaux liés à leurs terres ancestrales. Ces droits visent à préserver le lien historique, culturel et spirituel entre la communauté et ses terres[99]. Il faut reconnaître que la réalisation de tous ces droits n'est pas chose aisée. C'est pour cette raison que discutant de la nouvelle orientation fondamentale à donner à la Convention révisée de l'OIT relative à la protection des collectivités, les experts réunis à cette fin à Genève (Suisse) du 1er au 10 septembre 1986 avaient convenu que celle-ci devait « combiner les garanties d'égalité de traitement avec la reconnaissance du droit à la différence »[100].

En somme, la spécificité du droit à la différence, s'agissant des personnes bénéficiaires, se manifeste à travers la reconnaissance des droits individuels et collectifs à ces derniers tant pour les individus que pour les groupes et communautés. La garantie de ces droits vise à créer des sociétés inclusives où chaque entité peut vivre pleinement et librement, en dépit de ses différences. À côté de cette spécificité-personne, le droit à la différence repose avant tout sur une spécificité juridique.

### 2. La spécificité juridique

Les titulaires du droit à la différence ont le droit à un statut juridique qui reconnaît et protège leurs particularités. L'aménagement de leur statut dépend des textes qui le consacrent et le protègent vis-à-vis de l'État lui-même et des particuliers. Ce statut est généralement établi à travers des instruments juridiques internationaux et nationaux qui visent à garantir la protection des droits fondamentaux des individus et des groupes qui revendiquent leur droit à la différence. Ainsi, il convient de mettre en évidence la spécificité juridique des instruments juridiques internationaux et celle des instruments résultant des ordres juridiques internes des États

D'abord, sur le plan international, la spécificité juridique des instruments tient non seulement à leur caractère universel, contraignant et solennel. Il s'agit d'un côté, des instruments de portée universelle et solennels tels que Déclaration universelle des droits de l'homme de 1948, la Convention de

[98] A. MINKOA SHE, « La Constitution camerounaise du 18 janvier 1996 et la garantie du droit à la différence», *op.cit.,* p. 137.

[99] R. NGANDO SANDJE, « Le droit des minorités et des peuples autochtones au Cameroun : une lecture actuelle et éventuelle », *op.cit.*, p. 118.

[100] Bureau international du Travail, Conseil d'administration, cinquième question à l'ordre du jour. Rapport de la réunion d'experts sur la révision de la Convention (n°107) relative aux populations aborigènes et tribales, 1957 (Genève, 1er - 10 septembre 1986). GB.234/5/4. 234ème session. Genève, 17 - 21 novembre 1986. § 49.

l'OIT[101] ; et de l'autre côté, les instruments juridiques contraignants (Pacte international relatif aux droits économiques, sociaux et culturels de 1966). Il s'agit aussi des instruments régionalisés tels que la Charte africaine des droits de l'homme et des peuples de 1981 ou spécifiques à l'instar de la Déclaration des Nations-Unies sur les peuples autochtones de 2007. Dans l'un ou l'autre, tous ces instruments juridiques reconnaissent tantôt les droits fondamentaux à tous les individus, indépendamment de leurs différences, tantôt des droits spécifiques à certaines catégories de personnes. S'agissant du droit à la différence, les textes qui relatifs énoncent des principes de non-discrimination[102] et d'égalité[103], garantissant ainsi un statut juridique à leurs titulaires ou créanciers. De manière plus spécifique, la Charte africaine des droits de l'homme et des peuples, qui est spécifique à la région, reconnaît et garantit un large éventail de droits et principes fondamentaux, y compris la liberté d'expression, la liberté de religion, la non-discrimination, et d'autres droits liés à la diversité culturelle et ethnique[104]. Elle marque par ailleurs une préoccupation particulière en ce qui concerne la reconnaissance du droit à la différence des communautés humaines constituant un État[105].

Ensuite, au plan national, de nombreux États ont adopté des lois spécifiques pour garantir les droits des individus et des groupes spécifiques. Ces lois peuvent traiter de questions diverses comme celles du statut des minorités[106] ou des peuples autochtones[107]. À cet effet, la Constitution

---

[101] Article 2, § 1 et § 2, alinéa b) ; article 4, § 1er ; article 5, alinéa a) et b) de la Convention précitée.

[102] La Charte des Nations-Unies marque déjà cette préoccupation dans son préambule et affirmée au paragraphe 3 de l'article 1er de ladite Charte. Parmi les buts des Nations-Unies, au sens de cette disposition, figure la réalisation de la « *coopération internationale en résolvant les problèmes internationaux d'ordre économique, social, intellectuel ou humanitaire, en encourageant le respect des droits de l'homme et des libertés fondamentales pour tous, sans distinction de race, de sexe, de langue, ou de religion* ».

[103] Alinéas 3 et 4 du préambule et article 2 du projet de Déclaration des Nations Unies sur les droits des peuples autochtones ; alinéa 4 du préambule, article 2, § 2, alinéa a), et article 3, § 1er, de la Convention n°169 de l'OIT.

[104] A. BADARA FALL, « Universalité des droits de l'homme et pluralité juridique en Afrique. Analyse d'un paradoxe », *op.cit.*, p. 360.

[105] J. BASAANE GNEBA, « La justiciabilité des droits de la troisième génération devant la Cour africaine des droits de l'homme et des peuples », *in Revue Africaine de Droit Public*, Vol XI, n° 27, juillet-décembre 2022, pp. 434-464.

[106] J. MOUANGUE KOBILA, *La Protection des minorités et des peuples autochtones au Cameroun*, Paris, Dianoïa, 2009, p. 17.

[107] Ph. KARPE, *Les collectivités autochtones*, Thèse de Doctorat, Université de Paris X Nanterre, 2002, p. 137.

sénégalaise du 22 janvier 2001 dispose dès son préambule que le peuple sénégalais *« proclame le principe intangible de l'intégrité du territoire national et de l'unité nationale dans le respect des spécificités culturelles de toutes les composantes de la Nation »*[108]. Aussi, certaines législations plus ciblées reconnaissent l'identité spécifique des peuples tout en garantissant des droits particuliers pour préserver leur culture, leur langue et d'autres aspects de leur identité. Ce qui implique le droit à l'auto-détermination, à la terre et aux ressources naturelles, ainsi qu'à la préservation de leur identité culturelle.

Par ailleurs, certains États mettent également en œuvre des politiques d'inclusion qui visent à reconnaître et à soutenir la diversité au sein de l'État. Ces politiques peuvent être destinées à promouvoir l'égalité des chances, à éliminer la discrimination, et à favoriser la participation active de tous les citoyens et des composantes sociologiques[109]. Il en va ainsi des législations proscrivant toutes formes de discrimination basées sur les tribus, les origines, les groupes linguistiques ou les confessions religieuses[110]. Toutefois, malgré ces protections juridiques, la mise en œuvre effective du droit à la différence se heurte à des réalités juridiques, culturelles, sociales, religieuses et politiques : d'où le droit à la différence doit être considéré comme un droit relativisé.

### B. Un droit relativisé

Le droit à la différence est un droit relativisé en raison sa contextualisation et de son appréhension diverse suivant les ordres juridiques des États. La question de savoir si le droit à la différence dans les États africains est relativisé dépend de divers facteurs, notamment les contextes culturels, juridiques, politiques et sociaux propres à chaque État. Cette relativité peut s'apprécier au regard des éléments formels (1) ou encore substantiels (2).

---

[108] Préambule de la Constitution sénégalaise du 22 janvier 2001.

[109] A. D. OLINGA, « L'exigence de la prise en compte des "composantes sociologiques de la circonscription" en droit électoral camerounais », *Juridis périodique*, n° 28, octobre-novembre-décembre 1996, p. 70.

[110] Au Cameroun, par exemple, si ces principes sont réitérés dans le code électoral camerounais (loi n°2012/001 du 19 avril 2012), l'article 9 de la loi n° 90-56 du 19 décembre 1990 relative aux partis politiques interdit toute forme de discrimination. Cette disposition énonce ce qui suit : *« Tout parti politique qui porte atteinte à [...] l'unité nationale [...] et à l'intégrité nationale par toutes sortes de discriminations basées sur les tribus, les provinces, les groupes linguistiques ou les confessions religieuses [ou qui] favorise la belligérance entre les composantes de la nation ».*

### 1. La relativité formelle

La relativité formelle du droit à la différence souligne que l'exercice de ce droit peut varier en fonction des contextes juridiques, sociaux, culturels et politiques spécifiques à chaque État. En d'autres termes, la manière dont le droit à la différence est reconnu et protégé peut différer en fonction des cadres légaux et des normes sociales propres à chaque État ou système juridique[111]. De manière concrète, il s'agit d'un droit circonscrit par des valeurs républicaines d'une part, et limité par certaines prérogatives de puissance publique d'autre part.

En rapport avec les valeurs républicaines, il convient de retenir que l'influence de celles-ci sur le droit à la différence dans les États africains peut être complexe et parfois sujette à des tensions. Bien que les valeurs républicaines en théorie, soutiennent le droit à la différence, il arrive que des limitations ou des conflits surgissent, souvent en raison de divers facteurs, notamment culturels, historiques et politiques. Les communautés africaines par essence multi-ethniques expriment à suffisance cette diversité socioculturelle dont les dérives identitaires constituent l'une des manifestations les plus éloquentes dans les nouveaux États démocratiques[112]. Dans certaines sociétés africaines, des principes de laïcité ont été intégrés dans le cadre des valeurs républicaines. Cependant, cela peut parfois créer des tensions avec la diversité religieuse présente sur le continent. Des restrictions à la liberté religieuse peuvent émerger dans des sociétés où la laïcité est interprétée de manière stricte. Les tensions entre groupes ethniques peuvent entraîner des difficultés dans la reconnaissance des droits culturels et linguistiques, et par conséquent, limiter le droit à la différence. C'est ainsi qu'en raison de leur culture et de leurs traditions séculaires, les Casamançais au Sénégal sont naturellement réfractaires à l'autorité de l'État sénégalais, évoluant ainsi depuis plus de deux décennies dans un esprit d'autonomie et d'indépendance vis-à-vis du pouvoir politique central[113]. L'on observe que malgré la volonté des pouvoirs

---

[111] J. MOUANGUE KOBILA, *La Protection des minorités et des peuples autochtones au Cameroun*, *op.cit.*, p. 17.

[112] C'est le cas du Cameroun qui dispose d'un double héritage culturel anglophone et francophone et qui se greffe à la diversité socio-ethnique. Les revendications identitaires des populations anglophones minoritairement représenté (soit 30%) a finalement donné lieu à une crise identitaire communément appelée « crise anglophone ».

[113] S.-P. ZOGO NKADA, « Le nouveau constitutionnalisme africain et la garantie des droits socioculturels des citoyens : cas du Cameroun et du Sénégal », *op.cit.*, p. 14.

publics[114] de mettre fin à la crise, celle-ci perdure toujours comme c'est le cas au Cameroun avec la crise dite « anglophone »[115].

Pareillement, il est important de reconnaître que chaque État africain a son propre contexte unique, et les interactions entre les valeurs républicaines et le droit à la différence peuvent varier considérablement. En fait, alors que certaines États peuvent être plus ouverts à la diversité, d'autres, en revanche, peuvent rencontrer des obstacles plus importants en raison des facteurs historiques, politiques et culturels spécifiques à leur contexte.

Relativement aux prérogatives de puissance publique, les pouvoirs publics peuvent limiter l'exercice effectif du droit à la différence de plusieurs manières : par le biais des législations restrictives ou de politiques discriminatoires. Par exemple, les Constitutions camerounaise et sénégalaise éludent sans détour l'idée de « droit des peuples à disposer d'eux-mêmes » en référence aux principes posés par le droit international auxquels ils ont adhéré. Pourtant, de l'avis de la doctrine[116] et *a contrario*, les mêmes Constitutions consacrent dans leurs dispositions, « l'unité nationale », « le principe intangible de l'intégrité du territoire national » et « la nécessité impérieuse de parfaire son unité » (Constitution sénégalaise de 2001). Ce qui apparaît assez paradoxale et participe énormément de la difficulté des États africains à faire respecter le droit à la différence. Cette observation est également valablement sur l'écart souvent observé entre les droits garantis au profit des populations autochtones et la protection effective desdits droits tant par le juge que l'administration[117].

---

[114] Le premier accord de cessez-le-feu entre le Gouvernement du Sénégal et le Mouvement des forces démocratiques de Casamance (MFDC) est intervenu le 31 mai 1991. Après une série d'attaques du mouvement indépendantiste casamançais consécutives à cet accord, et qui alimentent le conflit entre les deux parties jusqu'en 1996, s'ouvre le 8 janvier 1996 des pourparlers de paix entre les indépendantistes et les représentants de la Commission nationale pour la paix. Cela aboutira à la signature des protocoles d'accords de paix du 30 décembre 2004 entre le Président Abdoulaye WADE et le représentant du MFDC, Senghor DIA-MACOUNE, scellant ainsi depuis 2006 la réconciliation entre les deux parties.

[115] R. NGANDO SANDJE, « Le statut des régions anglophones du Cameroun : chronique d'une exigence de l'Assemblée Générale des Nations-Unies », *Civitas, Europa*, numéro 44, 2021 p. 182.

[116] S.-P. ZOGO NKADA, « Le nouveau constitutionnalisme africain et la garantie des droits socioculturels des citoyens : cas du Cameroun et du Sénégal », *op.cit.*, p. 16.

[117] *Idem.*

En outre, les pouvoirs publics peuvent imposer des restrictions à la liberté d'expression, notamment en censurant des discours ou des opinions qui expriment des différences culturelles, religieuses, ou politiques[118]. Cela peut être fait au moyen de lois sur la diffamation, les délits de presse, ou d'autres formes de contrôle de l'information. Dans le même sillage, les institutions publiques peuvent adopter des politiques et des pratiques discriminatoires qui limitent l'accès équitable aux services, aux emplois, à l'éducation, ou à d'autres opportunités en fonction des caractéristiques spécifiques, telles que l'origine ethnique, la religion, le genre ou l'orientation sexuelle[119]. S'agissant particulièrement de ce dernier droit, il importe d'observer une relativité certaine en ce qui concerne son exercice en Afrique. Dans nombreux d'États, les lois criminalisent ou pénalisent encore l'homosexualité. L'application des législations en vigueur limite les actions de certains groupes sociaux à orientation sexuelle variée, notamment la communauté LGBT+[120]. Cette restriction se justifie au regard des valeurs et de la culture africaine dont les questions liées au changement de genre ou de sexe, de mariage entre personnes de même sexe sont, pour l'heure, contraires aux mœurs et coutumes africaines. En droit comparé, la CEDH a eu d'ailleurs à soutenir qu'il n'existe pas une obligation pour les États d'ouvrir le mariage aux couples homosexuels[121]. Si certains États africains ont dépénalisé l'homosexualité et le lesbianisme tels que l'Afrique du

---

[118] C'est le cas par exemple des dispositions de l'article 241 de la loi du 12 juillet portant code pénal camerounais relatif aux discours de haine et aussi de la loi du 21 décembre 2010 relative à la cybercriminalité.

[119] Ch. BROQUA, « L'émergence des minorités sexuelles dans l'espace public en Afrique », *in Politique Africaine*, n° 126, 2012, pp. 5-23.

[120] LGBT+ désigne ici les personnes Lesbiennes, Gays, Bisexuel (les), Transsexuel(les) et autres (queer, intersexes, asexuels, cisgenses, dyadiques, pansexuels).

[121] Les articles 8 (sur le respect de la vie privée), 14 (sur le principe de non-discrimination) de la Convention européenne des droits de l'homme, et l'article 12 ainsi que le Pacte relatif aux droits civils et politiques, n'imposent aucune obligation aux États d'ouvrir un mariage aux couples homosexuels. Voir, CEDH, 9 juin 2016, arrêt *Chapin et Charpentier c/France*, n°40183/07 ; arrêt *Hämäläinen c/Finlande,* n°37359/09 ; arrêt *Oliari et autres C/Italie*, n°18766/11 ; arrêt *Gas et Dubois C/France*, n°25951/07 ; arrêt *Schalk et Kopf C/Autriche*, n°30141/04, entre autres.

Sud[122], le Bénin[123] et le Gabon[124], la tendance générale dans les autres États est celle de la limitation de l'exercice de cette forme de droit à la différence. À la relativité formelle du droit à la différence, s'ajoute une relativité substantielle.

### 2. La relativité substantielle

L'effectivité du droit à la différence dans ses diverses formes d'expression reste bien limitée dans bon nombre d'États africains. En fonction de l'évolution des sociétés africaines et de la formation des États, on peut constater, qu'au-delà d'une uniformité de façade du droit à la différence, le traitement réservé aux individus ou communautés varie selon les catégories auxquelles ils appartiennent. Par conséquent, pour la définition de ses droits et libertés, l'être humain pourrait être considéré, à divers titres et par exemple, en fonction de ses origines, de son sexe, de son âge, de sa religion et de son orientation sexuelle, etc. Ainsi, le droit à la différence doit substantiellement être relativisé d'un côté par l'existence des réalités africaines et de l'autre côté, par la présence des mécanismes de répression.

D'une part, l'exercice du droit à la différence se heurte aux réalités culturelles, sociales et religieuses africaines. En effet, *« L'Afrique reste encore très marquée par ses traditions et son histoire»*[125]. Face à ces derniers facteurs, le respect et la protection du droit à la différence des citoyens se pose avec pertinence dans le contexte des États africains. Dans ce sens, l'originalité africaine du droit à la différence réside dans la diversité

---

[122] Cette loi a été signée le 30 novembre 2006 par la vice-présidente de l'Assemblée nationale Madame PHUMZILE MLAMBO-NGCUKA. Voir aussi la Décision de la Cour Constitutionnelle : CCT 10/99 du 2 décembre 1999, « Coalition nationale pour l'égalité des homosexuels et des lesbiennes contre Ministère des affaires intérieurs ». À ce sujet, lire S. JEAN-JACQUES, *L'Afrique du Sud et la dépénalisation universelle de l'homosexualité, échec d'un acteur phare des droits de l'homme,* Mémoire de Master, Enseignement supérieur en relations internationales, 2014, p. 149.

[123] Selon le Code pénal béninois révisé en 2018, l'homosexualité n'est plus considérée comme un crime. Tout récemment, un communiqué radio du Président de l'Assemblée nationale béninois daté du 27 novembre 2023 a invité les honorables députés à prendre part à la séance plénière du 30 novembre 2023. Parmi les points à l'ordre du jour, figurait l'examen de la question d'actualité relative à l'instauration de l'homosexualité dans le système éducatif béninois.

[124] En fait, le texte est adopté le 29 juin 2020 au Sénat et promulgué le 7 juillet 2020 par le Président de la République gabonaise.

[125] A. BADARA FALL, « La Charte africaine des droits de l'homme et des peuples : entre universalisme et régionalisme », *op.cit.*, p. 9.

culturelle ou coutumière[126], ethnique, linguistique et religieuse de ce vaste espace juridique. Cette diversité est le reflet de milliers d'années d'histoire, de migrations, d'échanges culturels et de cohabitation entre des peuples aux identités variées. Quelques aspects permettent d'illustrer cette originalité du droit négro-africain[127]. Il s'agit en l'occurrence de la pluralité culturelle[128], de la diversité linguistique[129] et religieuse[130], de l'héritage historique, ancestral[131] et communautaire[132]. Quoiqu'il en soit, il faut noter que l'originalité africaine du droit à la différence n'est pas monolithique dans une société plurale[133], car chaque État ou chaque communauté peut avoir ses propres interprétations, pratiques spécifiques et valeurs protégées. La reconnaissance de cette diversité contribue à la formulation des politiques et des lois qui respectent et protègent le droit à la différence de manière adaptée à chaque contexte.

---

[126] C. SIETCHOUA DJUITCHOKO, « Aspects de l'évolution des coutumes ancestrales dans le droit public des chefferies traditionnelles au Cameroun », *Revue Générale de Droit*, vol. 32, numéro 2, 2002, p. 359.

[127] M. ONDOA, *Introduction historique au droit camerounais : la formation initiale. Élément pour une théorie de l'autonomie des droits africains*, Éditions le Kilimandjaro, Yaoundé, 2013, 319p ; G. CONAC, « Introduction », *in* G. CONAC (dir.), *Dynamiques et finalités des droits africains*, Paris, Economica, 1980, p. 10.

[128] L'Afrique est caractérisée par une extraordinaire pluralité culturelle, avec des centaines de groupes ethniques et linguistiques. Le droit à la différence en Afrique reconnaît et valorise cette richesse culturelle, permettant à chaque groupe de préserver et de promouvoir ses coutumes, traditions, et modes de vie spécifiques.

[129] L'Afrique abrite une diversité linguistique exceptionnelle, avec des centaines de langues parlées à travers le continent. Le droit à la différence reconnaît le rôle central de la langue dans l'expression de l'identité culturelle et cherche à protéger le droit des communautés linguistiques à préserver et à promouvoir leurs langues.

[130] L'Afrique est le berceau de diverses traditions religieuses, comprenant des pratiques animistes, des religions traditionnelles, l'islam, le christianisme et d'autres croyances. Le droit à la différence en Afrique inclut la protection du libre exercice de la religion et le respect des diverses croyances présentes sur le continent.

[131] De nombreux peuples africains ont des liens forts avec leurs racines historiques et ancestrales. Le droit à la différence reconnaît la valeur de cet héritage, y compris les liens avec la terre, les traditions orales, les coutumes cérémonielles, et d'autres éléments qui contribuent à la construction de l'identité.

[132] Dans plusieurs sociétés africaines, le communautarisme est une valeur importante. Le droit à la différence peut être compris dans ce contexte en reconnaissant et en respectant les droits des communautés, en plus des droits individuels.

[133] L. SINDJOUN, « La Démocratie est-elle soluble dans le pluralisme culturel ? Éléments pour une discussion politiste de la démocratie dans les sociétés plurales », *in Démocratie et Sociétés plurielles,* séminaire conjoint Francophonie-Commonwealth, Yaoundé (Cameroun), 24-26 janvier 2000.

D'autre part, dans les systèmes plus répressifs, les pouvoirs publics ou les populations recourent à la force pour réprimer les individus ou les groupes qui revendiquent leurs droits à la différence, notamment ceux liés à l'orientation sexuelle. Cela peut inclure l'utilisation de la violence physique, les arrestations ou d'autres formes d'intimidation[134]. Dans un tel contexte, l'administration peut utiliser des actions de surveillance pour intimider les individus ou les groupes qui s'expriment ou agissent en faveur du droit à la différence. Cela peut décourager la participation active et la défense de certains de ces droits. Il est important de noter que de telles limitations sont susceptibles de violer les normes internationales des droits de l'homme et les principes fondamentaux de la démocratie. Les actions des pouvoirs publics doivent être évaluées à l'aune du respect des droits fondamentaux et des principes d'égalité, de non-discrimination et de liberté. Les organisations de la société civile, les défenseurs des droits de l'homme et les mécanismes de surveillance internationaux jouent souvent un rôle crucial dans la dénonciation des cas de violations des droits de l'homme et la protection du droit à la différence.

## CONCLUSION

En définitive, l'étude du droit à la différence à l'épreuve des droits africains a permis de constater que ce droit est certes universalisé mais il reste surtout subjectivé.

L'universalité du droit à la différence réside à la fois dans sa consécration que dans sa protection. À la vérité, le droit à la différence est consacré par un certain nombre d'instruments juridiques de portée universelle, régionale, sous-régionale et nationale. Parmi les plus importants, se trouvent la Déclaration universelle des droits de l'homme, le Pacte international relatif aux droits économiques, sociaux et culturels, la Convention sur les droits de l'enfant, la Convention européenne des droits de l'Homme, la Charte africaine des droits de l'homme et des peuples, les Constitutions des États, entres autres. Il s'agit, dans l'un ou l'autre cas, de la consécration du droit à la différence liée à la religion, à la culture, au sexe, au mode de vie, etc. Cela se traduit à travers l'aménagement du droit des peuples à disposer d'eux-mêmes, du droit des minorités, du droit à l'identité sexuelle, etc.

Au-delà de la consécration, le droit à la différence demeure protégé tant par les juridictions internationales, régionales, sous-régionales et nationales que par les organes ou institutions à caractère non juridictionnel. Dans le

134 C. LEFORT, « Droit international, droits de l'homme et politique », *op.cit.*, p. 184.

premier cas, il s'agit des organes institutionnalisés dont l'objectif est peu ou prou la protection des droits, notamment le Comité des droits de l'homme du système des Nations Unies, la Commission africaine des droits de l'homme et des peuples, ainsi que les Commissions nationales des différents États en charge des questions des droits de l'homme et des libertés, les organisations de la société civile (ONG, associations), etc.

La subjectivité du droit à la différence tient à la spécificité mais surtout à la relativité de ce droit. Ce faisant, le droit à la différence est un droit spécifié et reconnu à certains individus, à une communauté ou ensemble d'individus en vertu d'un statut juridique particulier qui protège cette identité propre. Ainsi, plusieurs États africains ont adopté des lois spécifiques pour garantir les droits des individus et des groupes particuliers. Toutefois, le droit à la différence reste un droit relativisé compte tenu de l'identité ou de la spécificité inhérente à chaque individu, groupe ou communauté. Cela signifie que les normes et les pratiques juridiques doivent tenir compte des diversités culturelles, sociales, religieuses ou sexuelles.

En sus, l'exercice de droit à la différence reste limité par la protection des valeurs républicaines propres à chaque État et la mise en œuvre des prérogatives de puissance publique dont est dotée l'administration. C'est dire qu'il n'y a pas un modèle unique ou standard du droit à la différence applicable à tous les États. L'originalité africaine du droit à la différence réside dans la diversité culturelle, ethnique, linguistique et religieuse qui caractérise cet espace juridique. Dans un contexte d'universalité des droits de l'homme[135], il faut donc parier qu'au-delà du caractère universel du droit à la différence que sa compréhension et son application prennent en compte les valeurs culturelles propres et chères à chaque communauté, peuple ou système juridique. C'est dans ce sens que le droit à la différence doit être compris à la fois comme le respect de la différence des uns mais aussi le respect des droits des autres.

[135] A. BADARA FALL, « Universalité des droits de l'homme et pluralité juridique en Afrique. Analyse d'un paradoxe », p. 359.

# Kelsen au Congo ou de quelques bizarreries sur l'application du principe de la hiérarchie des normes

***Placide MOUDOUDOU,***

*Agrégé des Facultés de Droit,*
*Professeur de droit public à l'Université Marien N'gouabi de Brazzaville,*
*Juge à la Cour constitutionnelle du Congo*

Ce titre, rappelant celui de la série de bande dessinée écrite par le belge Hergé, *Tintin au Congo*[1], a été choisi pour rendre hommage au Professeur Alioune Badara Fall qui a consacré une large partie de ses travaux à étudier comment les Etats africains, notamment, ont transposé, transposent, ou encore peuvent transposer dans leur ordre juridique des règles de droit venues d'ailleurs. Il est donc un partisan du dialogue entre les peuples, entre les cultures comme il l'a d'ailleurs énoncé lui-même : « étant d'origine africaine, nous nous intéressons au patrimoine du continent africain (…), en même temps que nous sommes animés par une forte envie (voir un devoir) de partager l'amour que nous avons pour ce patrimoine (…) avec d'autres populations, notamment occidentales et tout particulièrement avec les citoyens français avec qui les africains ont vécu quelques pans d'histoire »[2].

Une constance : le mot « *transposition* » se retrouve dans plusieurs titres de ses travaux[3] ; il est, selon Magloire Ondoa, parmi « les juristes d'origine africaine (fascinés) par le droit français » qui ont « adressés au juge africain » de « virulentes critiques »[4] du fait que son œuvre abouti à une « privatisation du droit administratif »[5]. Et comme il le dit lui-même,

---

[1] Hergé, *Tintin au Congo*, Anvers, éd. Casterman, 1946.

[2] A.B. Fall, « L'Afrique et le devoir d'oubli », *in Mélanges en l'honneur de Babacar Kanté, Actualités du droit public et de la science politique en Afrique,* Paris, L'Harmattan, 2017, p.897.

[3] Cette problématique commence par sa thèse de doctorat en droit, *La responsabilité extra-contractuelle de la puissance publique au Sénégal : essai de transposition des règles de droit administratif français dans un pays d'Afrique noire francophone,* Université de Bordeaux 1, 1994 ; voir aussi, entre autres, A.B. Fall, « Le Code des obligations de l'administration au Sénégal ou la transposition de règles de droit administratif français en Afrique par la codification », *in Mélanges en l'honneur de Jean du Bois de Gaudusson, Espaces du service public,* Presses universitaires de Bordeaux, 2013, T.I., p.225.

[44] M. Ondoa, « Le droit administratif français en Afrique francophone : Contribution à l'étude de la réception des droits étrangers en droit interne », *RJPIC* 2002, p.323.

[5] A.B. Fall, Thèse précitée, p. 275.

« la perspective d'une remise des Mélanges (est) un moment toujours sérieux et solennel pour celui qui le reçoit ».[6]

Dans cette perspective, on a donc choisi d'étudier comment le principe de la hiérarchie des normes[7], théorisé par le Maître de l'Ecole de Vienne, Hans Kelsen[8], est et a été transposé puis appliqué au Congo-Brazzaville. Comme le relève J.-L. Quermonne, « partout présent » et faisant figure de « principe fondamental »[9], ce principe est devenu universel et contribue au renforcement de l'État de droit[10], aussi bien dans sa conception française qu'allemande[11].

Sans revenir sur l'ensemble de la pensée de Kelsen relative à la hiérarchie des normes, « conception la plus élaborée et la plus répandue »[12], on dira que celle-ci repose sur deux idées directrices comme le résume bien Paul Ameselek. En premier lieu, les normes juridiques ne se donnent pas comme des normes relevant d'une même catégorie en raison des traits caractéristiques communs qui s'attacheraient individuellement à elles. Elles se présentent comme un tout, comme un « système », un « ordre » et ne sont identifiables que par leur appartenance à cet ordre[13].

---

[6] A.B. Fall, *Préface aux Mélanges en l'honneur de Jean-Marie Breton, Itinéraires du droit et terres des hommes*, éd. Mare & Martin, 2017, p.53.

[7] C'est l'expression qui est retenue dans le cadre de cette étude ; celles de « hiérarchie des actes juridiques » ou de « hiérarchie des textes » étant considérées comme synonymes. On ne discutera pas non plus sur le contenu exact de cette expression comme l'avaient fait Michel Troper (*La philosophie du droit*, Paris, PUF, pp.77-78) ou Pierre Brunet (« *Les principes généraux du droit et la hiérarchie des normes », in Mélanges Michel Troper, L'architecture du droit*, Paris, Economica, 2006, pp. 217-221).

[8] Voir, entre autres, H. Kelsen, *Théorie pure du droit*, trad. C. Eisenmann, 2ème éd., Paris, Dalloz, 1962 ; « La garantie juridictionnelle de la Constitution », *RDP* 1928 ; *Théorie générale des normes*, Paris, PUF, 1996 trad. Olivier Beaud.

[9] J.-L. Quermonne, *L'évolution de la hiérarchie des actes juridiques en droit public français*, thèse, Caen, 1952, p.268.

[10] L. Donfack Sokeng, « L'Etat de droit en Afrique », *Afrique Juridique et Politique, La Revue du CERDIP*, Vol. 1, n°2, décembre 2002, pp. 87-125.

[11] J. Chevallier, *L'Etat de droit*, Paris, Montchrestien, 1994 ; *Mélanges Guy Braibant, L'Etat de droit*, Paris, Dalloz, 1996 ; O. Jouanjan, *dir., Figures de l'Etat de droit. Le Rechtsstaat dans l'histoire constitutionnelle et intellectuelle de l'Allemagne*, Presses universitaires de Strasbourg, 2001, p.6-52.

[12] P. Amselek, « Une fausse idée claire : la hiérarchie des normes juridiques », *in Mélanges Louis Favoreu, Renouveau du droit constitutionnel,* Paris, Dalloz, 2007, p.984.

[13] H. Kelsen, *Théorie pure du droit*, 1ère éd., trad. Henri Thévenaz, La Baconnière, 1953, p.113.

En second lieu, selon Kelsen, l'ordre auquel appartiennent les normes juridiques présente nécessairement, comme tout ordre normatif, la caractéristique essentielle d'avoir une « structure hiérarchique »[14]. Ainsi, « l'ordre juridique (est) un édifice à plusieurs étages superposés, une pyramide ou hiérarchie formée d'un certain nombre d'étages ou couches de normes juridiques »[15] que sont, par importance : la constitution, les traités, la loi, les ordonnances, les principes généraux du droit, les règlements de toute nature et les normes juridictionnelles.

Même si la théorie de la « norme fondamentale » est sans doute le maillon faible de la conception kelsénienne[16], « cette présentation trouve une application particulièrement utile pour le constitutionnalisme »[17], y compris en Afrique ; c'est pourquoi le Congo-Brazzaville a adhéré à cette théorie dès la proclamation de la République, le 28 novembre 1958. Et, ses différents textes constitutionnels intègrent le respect du sacro-saint principe de la hiérarchie des normes qui tient au fait que le droit organise et règle sa propre création ; les normes entretenant entre elles un rapport de création/application : une norme est créée selon une procédure elle-même déterminée par une autre norme de sorte que la première norme sert de fondement de validité à une seconde norme[18].

L'histoire constitutionnelle congolaise en la matière est néanmoins marquée par « quelques dérives juridiques »[19] que nous entendons relever : pendant des années et en dépit de sa suprématie formelle, la Constitution a été supplantée par les statuts du Parti unique, les traités ont parfois été placés au même rang que les lois, des avis à la modification de lois par des décrets avaient été émis, des ordonnances et les Actes de la Conférence nationale souveraine de 1991 n'ont pas de valeur juridique bien déterminée, etc. S'agissant de la Constitution, elle a souvent navigué entre reconnaissance

---

[14] *Ibid.*, p.113.

[15] H. Kelsen, *Théorie pure du droit*, 2ème éd., trad. Charles Eisenmann, précité, p.299.

[16] Voir la controverse entre P. Amselek et M. Troper, *RDP* 1978, p.5 et 1523.

[17] G. Drago, *Contentieux constitutionnel*, Paris, PUF, 2006, 2ème éd., p.61.

[18] P. Brunet, « Introduction : la hiérarchie des normes, fétiche ou nécessité ? », cité par E. S. Mvaebeme, « Regard récent sur les tendances du constitutionnalisme africain. Le cas des Etats d'Afrique noire francophone », *in Mélanges en l'honneur du professeur Koffi Ahadzi-Nonou, L'Etat inachevé*, Presses universitaires juridiques de Poitiers, 2021, pp. 743-771.

[19] P. Pactet, « Complexité et contradictions de l'ordre constitutionnel sous la Vème République », *in Mélanges Benoît Jeanneau, Les mutations contemporaines du droit public*, Paris, Dalloz, 2002, p. 427.

et contestation de sa suprématie (I) ; quant aux autres textes, on observe de constantes infidélités dans leurs rapports hiérarchiques respectifs (II).

## I- DE LA SUPREMATIE DE LA CONSTITUTION A LA CONTESTATION DE LA CONSTITUTION

Dans l'histoire du Congo-Brazzaville, la suprématie de la constitution n'a toujours pas été la règle ; la constitution nationale a été supplantée soit par celle de la métropole dans le cadre de la Communauté française (1958-1960) soit par les statuts du Parti unique, le Mouvement National de la Révolution (M.N.R.) puis le Parti Congolais du Travail (1964-1990), avant de s'affirmer de nouveau comme un « Lazare » (P. Avril).

### A) De la suprématie de la Constitution à la supériorité des statuts du Parti

Le Congo a successivement expérimenté le constitutionnalisme libéral et le constitutionnalisme soviétique.

#### *1- La croyance aux idées libérales issues de la Révolution française*

De 1958 à 1963, le Congo a connu trois constitutions : la Constitution provisoire à tendance présidentialiste du 28 novembre 1958, la Constitution du 20 février 1959 constituée de douze lois qui « se présentent sous la forme de lois constitutionnelles, à l'instar de la Constitution française de 1875 »[20], la constitution du 2 mars 1961 qui « reprend, pérennise et confirme le régime présidentialiste né sous la brève période de l'autonomie interne »[21].

Du point de vue idéologique, toutes sont d'inspiration libérale ; idéologie qui « assure le règne du droit »[22]. Le dédicataire des *Mélanges* note à juste titre que « La Déclaration des droits de l'homme et du citoyen de 1789 a eu la prétention d'être universaliste (...) Dans leur grande majorité, (les Etats africains) ont intégré dans leurs systèmes, à travers leurs constitutions ou autres textes juridiques, les grands principes des Déclarations de 1789 et de 1948. Ils affichent ainsi leur volonté d'adhérer aux standards des grandes

---

[20] M. Mabounda, « *De l'autonomie interne au 15 août 1963* », *in* J.M. Breton, *Droit public congolais*, Paris, Economica, 1987, p.21.

[21] *Ibid.*, p.29.

[22] G. Conac, « Le juge et la construction de l'Etat de droit en Afrique francophone », *in Mélanges Guy Braibant*, précité, p. 105.

démocraties »[23]. Cette Déclaration est un « texte emblématique de l'idéologie libérale et d'influence mondiale »[24]. En effet, « les modalités d'accession à l'indépendance ont produit cette conséquence qu'au moment où les africains devenaient théoriquement maîtres de leur destin, ils héritaient, en règle générale du constitutionnalisme classique tel qu'il était entendu en Europe (...) Le paradoxe est que les artisans de la décolonisation (...) ne pouvaient s'empêcher d'admirer la culture occidentale dont ils étaient ''imprégnés'' »[25].

Si pendant longtemps la hiérarchie des normes en droit français n'était « nulle part exprimée »[26], au Congo, la constitution du 2 mars 1961 est la première à affirmer clairement sa suprématie (art. 56) et son préambule rappelle que « le Congo proclame solennellement son attachement aux droit fondamentaux définis par la Déclaration des droits de l'homme et du citoyen de 1789, et par la Déclaration universelle des droits de l'homme du 10 décembre 1948 ».

Avec ses deux premières constitutions présentées sous forme de lois constitutionnelles (celle de 1958 et celle de 1959), le Congo met en application la pensée de Kelsen pour qui le terme « Constitution » désigne les règles organisant la création des normes juridiques générales et notamment de la législation : « A travers les multiples transformations qu'elle a subies, la notion de constitution a conservé un noyau permanent : l'idée de principe suprême déterminant l'ordre étatique tout entier et l'essence de la communauté constituée par cet ordre (...) C'est le fondement de l'État (...) C'est la norme qui règle l'élaboration des lois, des normes générales en exécution desquelles s'exerce l'activité des organes

---

[23] A.B. Fall, « Universalité des droits de l'homme et pluralité juridique en Afrique. Analyse d'un paradoxe », *in Mélanges Dmitri Georges Lavroff, La constitution et ses valeurs*, Paris, Dalloz, 2005, p.359.

[24] P. Leroy, *Les régimes politiques du monde contemporain, Le régime politique et l'organisation administrative de la France*, Presses Universitaires de Grenoble, 1994, T IV, p.119.

[25] P.-F. Gonidec, « Constitutionnalismes africains », *RJPIC* 1996, n°1, p.35.

[26] J.-L. Quermonne, *L'évolution de la hiérarchie des actes juridiques en droit public français*, précité, p.268. C'est le Conseil constitutionnel qui la reconnait officiellement (CC. 9 JUIN 1992, n°309 DC, *Résolution modifiant l'article 47 bis du Règlement du Sénat, RJCI*, 502).

étatiques »[27]. Ces règles ou « lois constitutionnelles » forment ce qu'il appelle la « Constitution matérielle »[28].

On constate donc que tandis qu'en Occident l'idée de « survivance » de la constitution est évoquée dans les années 1950[29], dans les anciennes colonies françaises en général et au Congo en particulier, à la même période, l'organisation de la vie politique par une constitution est considérée comme signe de modernité. Ainsi, après la chute du président Youlou en août 1963, l'ordonnance du 11 septembre 1963, texte constitutionnel provisoire de 14 articles réaffirme l'attachement du peuple congolais aux Déclarations française de 1789 et universelle de 1948.

La Constitution du 8 décembre 1963, tout en réaffirmant la suprématie de la Constitution, n'a plus fait référence au texte français de 1789 ; « ceci tenant vraisemblablement au fait que le nouveau régime entretenait à ses débuts des relations peu chaleureuses avec la France »[30]. En effet, le nouveau régime à la tête duquel est placé Alphonse Massambat-Débat par les militaires et les syndicalistes, tenait à se démarquer du précédent considéré comme néocolonial[31].

En réalité la démarcation n'est qu'apparente, puisque le constituant instaure un régime parlementaire rationalisé dans lequel le chef de l'État est élu par un collège électoral restreint[32]. Ce régime était « proche du régime originel prévu par la constitution française du 4 octobre 1958 avant la réforme de 1962 instaurant l'élection du Président de la République au suffrage universel. Sur ce régime (…) viendra se greffer au cours de l'année 1964 un parti unique qui en modifiera dès lors la nature »[33].

---

[27] H. Kelsen, *La garantie juridictionnelle de la Constitution (La justice constitutionnelle)*, Paris, Girard, 1928, § 2.

[28] P. Brunet, « Remarques critiques sur le constitutionnalisme contemporain », *in Etudes en l'honneur de Michel Bazex, Droit et économie. Interférences et interactions*, Paris, Litec, 2009, p.52.

[29] G. Burdeau, *Une survivance, la notion de constitution*, Sirey, 1956, p.53.

[30] N. Mayétéla, « La deuxième République : essai d'établissement d'un régime parlementaire rationalisé », *in* J.M. Breton, *dir., Droit public congolais*, précité, p.34.

[31] M. N'gouabi, *Vers la construction d'une société socialiste en Afrique*, Paris, Présence Africaine, 1975, p.45.

[32] Constitué des députés, des membres des Conseils préfectoraux, sous-préfectoraux et municipaux (art. 84 de la Constitution de 1963).

[33] N. Mayétéla, « La deuxième République : essai d'établissement d'un régime parlementaire rationalisé », précité, p.35.

*2- La croyance au constitutionnalisme soviétique : la survivance de la constitution*

Le choix du constitutionnalisme soviétique constitue la marque première des deux partis uniques que le Congo-Brazzaville a connu : le Mouvement National de la Révolution (MNR) et le Parti Congolais du Travail (PCT).

*Sous le MNR (1964-1968),* quand la Révolution congolaise des 13, 14 et 15 août 1963 empota le régime du président Youlou, les nouveaux dirigeants rejettent l'idéologie libérale et instituent le communisme comme idéologie officielle d'État. La loi n°25-64 du 20 juillet 1964 supprime le multipartisme et institue un parti unique, le Mouvement National de la Révolution et dispose que « le Parti unique est l'expression de la volonté du peuple congolais » et qu'il « garantie l'unité nationale et la pérennité de la Révolution des 13, 14 et 15 août 1963 » (art. 1er). Le 31 décembre 1965, le MNR adopte la Charte du Parti « qui revêt un caractère supra-constitutionnel »[34]. Ses statuts font du MNR un « Parti-Etat »[35].

« Cette formule politico-juridique met la Charte au-dessus de l'État et de la Constitution »[36]. Il faut ajouter qu'alors que la constitution du 8 décembre 1963 avait été adoptée par référendum, la Charte du Parti, « qui vient coiffer tout l'édifice institutionnel congolais, ne l'avait pas été »[37]. Dans cette atmosphère, le président Massamba-Débat « faisait de la constitution du 8 décembre 1963 un chiffon bon pour le panier à ordure»[38].

*Sous l'ère du second parti unique* (1969- 1990), le principe était maintenu : les statuts du Parti Congolais du Travail étaient au-dessus des constitutions successives (celles du 30 décembre 1969 puis du 24 juin 1973 ; l'Acte Fondamental du 5 avril 1977 et enfin la constitution du 8 juillet 1979). L'article 4 des statuts disposait que « dans tous les organes de l'État, les représentants du peuple sont responsables devant les organes du Parti ». Le Parti détenait le pouvoir constituant originel ; c'est lui qui adopte la Constitution de 1969 et qui lui réserve aux articles 63 et 64 le pouvoir constituant dérivé.

---

[34] Ibid., p.35.

[35] Voir, J. Owona, « L'influence du constitutionnalisme soviétique en Afrique noire », *RJPIC* 1983, p.740.

[36] N. Mayétéla, « La deuxième République : essai d'établissement d'un régime parlementaire rationalisé », précité., p.39.

[37] *Ibid.*

[38] M. N'gouabi, *Vers la construction d'une société socialiste en Afrique*, précité, p.418.

Aux termes de l'article 2 des constitutions successives de l'ère PCT « La souveraineté réside dans le peuple et du peuple émane tous les pouvoirs publics à travers un parti unique, le Parti Congolais du Travail, forme suprême de l'organisation politique et sociale du peuple (...) Son rôle est d'inspirer et de diriger la politique de l'État et l'action des organes du pouvoir d'État ». Comme le souligne M. Makoundzi-Wolo, « formulé depuis la constitution du 30 décembre 1969, le principe de la suprématie du Parti Congolais du Travail s'est imposé (...) le vecteur constitutionnel de l'exercice de la souveraineté populaire est le parti unique (dont) l'intervention se réalise à tous les niveaux de l'appareil étatique »[39].

C'est le « constitutionnalisme rédhibitoire »[40] qui désigne la situation où « certaines dispositions d'une loi fondamentale réduisent à néant d'autres dispositions explicitement ou implicitement »[41]. D'où la question posée par M. Gonidec en 1988 : « A quoi servent les constitutions africaines ? »[42], puisque formellement « l'État (ne) continue d'être régi par une constitution (que) pour se donner une bonne image sur la scène internationale, ou par fétichisme »[43]. Mais comme « la constitution (ne devient) qu'une façade derrière laquelle se cache un régime politique peu soucieux de constitutionnalisme en tant que technique de limitation du pouvoir »[44], le peuple congolais a fini par apporter une réponse à cette question lors de la Conférence nationale souveraine de 1991.

### B) De la suprématie des statuts du Parti au choix de la démocratie constitutionnelle

Au Congo-Brazzaville comme les autres Etats africains, le passage du constitutionnalisme rédhibitoire au constitutionnalisme libéral confirme le changement de philosophie par le choix de la démocratie constitutionnelle[45]. Cette perversion ne pouvait manquer de susciter un

---

[39] N. Makoundzi-Wolo, « Les institutions actuelles : la constitution du 8 juillet 1979 », *in* J.M. Breton, *dir., Droit public congolais*, précité, p.76.

[40] J. Owona, « La nouvelle constitution de la République Populaire du Congo : un présidentialisme monopartisan d'Assemblée », *RJPIC* 1980, pp.440-452.

[41] J. Owona, « L'essor du constitutionnalisme rédhibitoire en Afrique noire : Etude de quelques ''Constitutions Janus'' », *in Mélanges offerts à P .-F. Gonidec, L'Etat moderne : Horizon 2000. Aspects internes et externes,* Paris, LGDJ, 1985, p.235.

[42] P.-F Gonidec, « A quoi servent les constitutions africaines ? Réflexions sur le constitutionnalisme africain », *RJPIC* 1988, n°4, p.849.

[43] P.-F Gonidec, « Constitutionnalismes africains », *RJPIC* 1996, n°1, p.37.

[44] Ibid.

[45] A. Cabanis, M.L. Martin, *Le constitutionnalisme de la troisième vague en Afrique francophone*, Bruylant-Academia, Louvain-La-Neuve, 2010, 216 p.

retour au constitutionnalisme classique en tant qu'idéologie politique favorable à la fois à l'exercice du pouvoir par le peuple et aux libertés individuelles. Les éléments les plus saillants de cette transformation sont la revitalisation de la loi fondamentale et la sanctuarisation de sa protection[46].

### *1- La résurrection d'un Lazare*

Le constituant congolais du renouveau démocratique a bien compris cette expression de Pierre Avril reprise aussi par le professeur Fall dans un de ses articles[47]. Cette résurrection a mis un terme au principe de la suprématie du Parti sur l'État. Et, l'article 246 de la constitution du 25 octobre 2015 dispose que « la présente loi (…) sera exécutée comme Constitution de la République du Congo ». Le constituant congolais affirme ainsi la suprématie de la constitution à travers le principe de la hiérarchie des normes d'une part et la définition d'un ensemble de droits et libertés visant à protéger les citoyens contre l'arbitraire des gouvernants d'autre part[48].

La constitution est donc « devenue un enjeu central du processus de démocratisation »[49] ; désormais, « le pouvoir trouve son fondement dans les textes de droit, notamment la Constitution »[50]. Ainsi, depuis la Conférence nationale souveraine de 1991, après avoir consacré l'État de droit, le constituant congolais a proclamé son adhésion à la seule forme d'organisation politique qui favorise la réalisation des idéaux de liberté : la démocratie pluraliste.

Aujourd'hui, la constitution « c'est l'arche sainte de l'État »[51] ; et les différentes constitutions congolaises de 1991, 1992, 1997, 2002 et 2015 proclament leur attachement aux valeurs qui sont caractéristiques du constitutionnalisme libéral, porteur du projet d' « État de droit

---

[46] C. Monembou, « Du constitutionnalisme rédhibitoire au constitutionnalisme libéral. Réflexions sur le renouveau constitutionnel en Afrique noire francophone », *in Mélanges en l'honneur de Joseph Owona*, Paris, L'Harmattan, 2021, p. 107.
[47] A.B. Fall, « Le juge constitutionnel, artisan de la démocratie en Afrique ? », *in Mélanges en l'honneur de Jean-Marie Breton*, précité, p.64.
[48] P. Moudoudou, « *Deux décennies de renouveau constitutionnel en Afrique noire francophone : l'exemple de la République du Congo (1990-2010) : bilan et perspectives », in Mélanges en l'honneur de Maurice Ahanhanzo-Glélé, La constitution béninoise du 11 décembre 1990 : un modèle pour l'Afrique ?,* Paris, L'Harmattan, 2014, p.189.
[49] OIF, *Rapport sur l'état des pratiques de la démocratie, des droits et libertés dans l'espace francophone, Bamako, Dix ans après ( 2000-2010),* Paris, 2010, p.16.
[50] A.B. Fall, « Le juge constitutionnel, artisan de la démocratie en Afrique ? », précité, p.64.
[51] T. Holo, « Constitution et nouvel ordre politique au Bénin », *Rev. béninoise des sciences juridiques et administratives*, 1989, n°13, p.2.

démocratique »[52]. Assurément, un « Gouvernement de la Constitution (…) se substitue à la partitocratie d'antan. De sorte que la Constitution cesse d'être un élément de décor, un alibi »[53].

Pour renforcer la protection de la constitution, le constituant congolais du renouveau démocratique des années 1990 a fait le choix du modèle Kelsenien de la justice constitutionnelle[54]. En effet, depuis cette période, toutes les constitutions congolaises ont pris soin d'instituer, à côté du « pouvoir judiciaire », soit un Conseil constitutionnel[55] soit une Cour constitutionnelle[56]. Car, « le passage d'un constitutionnalisme de figuration, lui-même marqué par un présidentialisme autoritaire et une absence de contrôle de constitutionnalité de lois, vers un constitutionnalisme de confirmation ne pouvait prospérer qu'à la faveur des interventions du juge constitutionnel »[57] qui, « entre droit et politique »[58], est donc devenu « la clef de voûte de tout le système politico-juridique »[59].

Cependant, la justice constitutionnelle congolaise n'a pas encore connu « l'effet Becket »[60] ; elle n'est pas comptée parmi celles qui ont déjà rendue des « Grandes décisions » en la matière[61]. En dépit de quelques décisions

---

[52] J. Chevallier, « L'Etat de droit », *RDP* 1988, p.365.

[53] J. Gicquel, « Réflexions sur la régulation juridictionnelle en Afrique francophone », *in Mélanges Jean Rossetto*, Paris, 2016, p.58.

[54] Par opposition à l'autre modèle de justice constitutionnel bien connu qu'est le modèle américain.

[55] Titre VIII de la Constitution du 15 mars 1992.

[56] Titre VII de la constitution du 20 janvier 2002 ; titre VIII de celle du 25 octobre 2015.

[57] M. Nguélé Abada, « L'indépendance des juridictions constitutionnelles dans le constitutionnalisme des Etats francophones d'Afrique noire post-guerre froide : l'exemple du Conseil constitutionnel camerounais », *Palabres actuelles n°4, Revue de la Fondation Raonda-Walker*, 2010, p.23.

[58] C. Wiener, « La justice constitutionnelle : entre droit et politique », *in Mélanges en l'honneur de Jacques Chevallier, Penser la science administrative dans la post-modernité*, Paris, LGDJ, 2013, p. 273.

[59] M. Glèlè-Ahanhanzo, « Le renouveau constitutionnel du Bénin : une énigme ? », *in Mélanges Michel Alliot*, Paris, Publications de la Sorbonne, 2000, p. 328.

[60] La formule évoque le destin emblématique de Thomas Becket (1118-1170) en Grande-Bretagne qui, intime du roi Henri II et chancelier du royaume, s'opposa de front, à partir du moment où il fut nommé archevêque de Canterbury (1162), à la politique religieuse du roi, allant jusqu'à l'excommunier, ce qui lui vaudra d'être assassiné à l'instigation de celui-ci (Voir, J. Chevallier, « Le juge constitutionnel et l'effet Becket », *in Mélanges en l'honneur de Louis Favoreu,* précité, p.83).

[61] L. Sindjoun, *Les grandes décisions de la justice constitutionnelle africaine*, Bruxelles, Bruylant, 2009, 598 p.

dans lesquelles elle a déclaré inconstitutionnelles certaines lois[62], sa jurisprudence demeure très pauvre ; elle n'a pas encore transformé la constitution en une « charte jurisprudentielle des droits et libertés des citoyens »[63]. Le juge constitutionnel apparaît comme « l'appendice de l'exécutif »[64], contrairement aux idées, conclusions et Actes pris lors de la Conférence nationale souveraine (CNS) de 1991.

### *2- La perturbation apportée par les Actes de la Conférence nationale souveraine*

Tout ou presque a été dit sur l'originalité et les particularités des Conférences nationales, souveraines ou non, que plusieurs Etats africains ont connues au début des années 1990. La Conférence nationale se présente comme une sanction de l'illégitimité, avant d'être une stratégie de quête d'une nouvelle légitimité ; « elle dénie toute légitimité au Gouvernement en place et lui substitue sa propre légitimité »[65]. Sa « ruse de la palabre masque en réalité un coup d'État » (L. Sindjoun). C'est en cela que la principale victime de ce forum au Congo, le président Denis Sassou-N'guesso, parle de « véritable coup de force »[66].

Au plan strictement juridique, plusieurs questions se posent : quel est la valeur juridique des Actes de la CNS (plus de 300) ? Ont-ils tous la même valeur juridique ? En cas de réponse négative, comment procéder à leur hiérarchisation ? Quel en serait le critère ? Qui a compétence pour les modifier voir même de les abroger ? En d'autres termes, à quel rang de la hiérarchie des normes faut-il placer les nombreux Actes de la CNS ? Sont-ils supraconstitutionnels, constitutionnels ou autres, compte tenu de leur mode atypique de création ?

L'arrêt *Hani Farhat* du 19 novembre 1993 de la Cour suprême, semble apporter un début de réponse à ces multiples questions : « le droit de la Conférence nationale souveraine est un arsenal complexe dont les

---

[62] Voir, P. Moudoudou, « Les garanties constitutionnelles du droit de propriété au Congo », *in Mélanges en l'honneur de Robert Dossou, L'amphithéâtre et le prétoire*, Paris, L'Harmattan, 2020, pp. 828-857.

[63] D. Rousseau, *Droit du contentieux constitutionnel*, 9ème éd., Paris, Montchrestien, 2010.

[64] S.N. Tall, « Les ordonnances en Afrique noire francophone », *in* Doudou N'doye, *dir.*, *Mélanges africains*, *Constitutions et institutions publiques africaines*, Etudes doctrinales, Dakar, EDJA, 2008,p.252.

[65] M. Kamto, « Les conférences nationales africaines ou la création révolutionnaire des constitutions », *in* D. Darbon, J. du B. de Gaudusson, *dir.*, *La création du droit en Afrique*, Paris, Karthala, 1997, pp. 177-191.

[66] D. Sassou-N'guesso, *Le manguier, le fleuve et la souris*, Paris, JC Lattès, 1997, p.72.

honorables conférenciers n'ont pas perçu l'enchevêtrement sinon ils auraient hiérarchisé leurs délibérations au lieu de les appeler confusément actes au grand malheur des praticiens ; Que ce qu'il faut retenir est que le droit conférentiel est tantôt constitutionnel, tantôt législatif, tantôt règlementaire ou juridictionnel ; Qu'il s'ensuit que devant un acte de la Conférence nationale souveraine, il importe de déterminer la nature véritable afin de le classer dans le système classique qui sous-tend son élaboration ; que sa valeur juridique dépend de cette classification laquelle constitue une question de droit dont la Cour suprême a compétence pour contrôler la solution »[67].

Mais la Haute Juridiction ne dit pas quels sont les Actes qui ont valeur constitutionnelle et quels sont ceux qui n'en n'ont pas. Il semble aujourd'hui, dans l'esprit des gouvernants et d'une très large partie des gouvernés, que ces Actes soient insusceptibles ni de modification ni d'abrogation. On pourrait donc parler de l'existence au Congo d'un « ordre public constitutionnel »[68], certifiant qu'en droit constitutionnel congolais il y a « une primauté de certains principes constitutionnels sur d'autres »[69].

Cette lecture des Actes de la CNS a ultérieurement été confirmée : dans une espèce *Niamankessi, Makoumbou et autres*, par exemple, la Cour suprême a jugé que l'Acte n°33-91 du 18 juin 1991 de cette instance *ad'hoc* ordonnant la reconstitution des carrières et la réintégration dans les services actifs de leurs corps d'origine des militaires radiés du fait de ''l'intolérance politique'' depuis la chute du régime du président Fulbert Youlou en 1963 était de nature administrative[70]. Il semble même que certaines dispositions de cet Acte n°33-91 soient de nature législative ; en effet, son article 4 exclut l'application d'un principe général du droit qui est celui de la réparation intégrale des préjudices aux militaires radiés bénéficiaires.

Or, comme on le sait, une loi peut modifier, déroger ou supprimer un principe général du droit, qu'on se situe du côté des auteurs qui attribuent au principe général du droit une valeur infra-législative et supra-décrétale[71]

---

[67] C.S. Ch. Adm., 19 mars 1993, *Sieur Hani Farhat.*

[68] G. Drago, « Le contentieux constitutionnel des lois, contentieux d'ordre public par nature », *in Mélanges en hommage à Roland Drago, L'unité du droit*, Paris, Economica, 1996, p.9.

[69] G. Drago, *Contentieux constitutionnel français*, Paris, PUF, 2006, 2ème éd., p.294.

[70] C.S. Ch. Adm., 15 septembre 2000, *Niamankessi, Makoumbou et autres.*

[71] R. Chapus, *Droit administratif général*, Paris, Montchrestien, 2001, T.I., 15ème éd., pp.79 et 95 ; du même auteur, *L'administration et son juge*, Paris, PUF, 1999, pp.93 et 112.

ou de ceux qui lui reconnaissent carrément une valeur législative[72]. Cette interprétation est d'ailleurs confortée par l'arrêt *Okana et autres* dans lequel la Cour suprême qualifie l'Acte n°32-91 du 18 juin 1991 ordonnant aussi la reconstitution de carrières de certains militaires radiés d'Acte « ayant valeur de loi »[73]. Mais en jugeant « que le droit conférentiel est tantôt constitutionnel », la Cour suprême est bien consciente qu'elle a élargie le bloc de constitutionnalité, comme l'avait fait en son temps le Conseil constitutionnel français à propos du préambule de la Constitution de 1958[74].

Ainsi donc, au préambule et au corps de la constitution congolaise du 25 octobre 2015, il faut ajouter les Actes de la CNS ayant valeur constitutionnelle. C'est cet ensemble, et non pas seulement le corps de la Constitution, qui a valeur constitutionnelle et dont le juge constitutionnel impose le respect au législateur en s'en servant comme textes de référence pour apprécier et contrôler la constitutionnalité d'une loi. « Il dispose ainsi de sources de contrôle très importantes par leur nombre (...) et quasi inépuisable par leur potentialités, qui lui permettent sans peine de couvrir l'ensemble des activités possibles du législateur »[75]. Cette interprétation introduit donc « une définition large des normes de référence (en constituant) un corpus de normes constitutionnelles »[76], confirmant le constat fait par J.M. Blanquer : le bloc de constitutionnalité a toujours recouvert « une pluralité d'éléments dissemblables »[77].

## II- DES INFIDELITES REPETEES DANS LES RAPPORTS ENTRE TRAITES, LOIS ET REGLEMENTS

Elles sont constatées par Paul Amselek lorsqu'il dit qu' « il est possible, selon les points de vue où l'on se place, de faire paraître diverses ''supériorités'' ou de '' prééminence'' entres des normes juridiques »[78].

---

[72] G. Vedel, *Cours de droit administratif*, Paris, 1951-1952, p.167 ; B. Jeanneau, *Les principes généraux du droit dans la jurisprudence administrative*, Paris, LGDJ, 1954, pp. 240 et s. ; A.-S. Mescheriakoff, « *La notion de principes généraux du droit dans la jurisprudence récente* », *AJDA* 1976, pp.596-606.

[73] C.S. Ch. Adm., 13 septembre 2000, *Okana et autres.*

[74] C.C., 16 juillet 1971, *Liberté d'association, in* Favoreu (L.), Philip (L.) et autres, *Les grandes décisions du Conseil constitutionnel,* Paris, Dalloz, 15ème éd., n°13.

[75] D. Rousseau, *Droit du contentieux constitutionnel*, Paris, Montchrestien, 1993, 3ème éd., p.96.

[76] G. Drago, *Contentieux constitutionnel*, Paris, PUF, Coll. « Thémis », 1998, 2ème éd, n°292.

[77] J.M. Blanquer, « Bloc de constitutionnalité ou ordre constitutionnel ? », *in Mélanges Jacques Robert, Libertés,* Paris, Montchrestien, 1998, p.227.

[78] P. Amselek, « Une fausse idée claire : la hiérarchie des normes juridiques », précité, p.999.

### A) **La primauté parfois contestée du droit international**

La logique kelsenienne qui consiste à faire prévaloir la norme internationale sur l'ordre juridique interne « n'est pas acceptée sans limites (car) le traité est soumis à la Constitution »[79]. Ainsi, l'article 223 de la constitution congolaise du 25 octobre 2025 dispose que « Les traités ou les accords, régulièrement ratifiés ou approuvés, ont dès leur publication, une autorité supérieure à celle des lois, sous réserve, pour chaque accord ou traité de son application par l'autre Partie ». Et, le constituant a soumis les engagements internationaux au contrôle de conformité à la Constitution par la Cour constitutionnelle[80]. D'un autre côté, si on voit souvent le juge congolais faire prévaloir un traité sur un acte administratif[81], cette primauté n'a toujours pas été évidente ; elle a parfois même été contestée.

#### *1- La résistance du constituant*

Le constat fait en 1987 par le doyen Narcisse Mayétéla sur la place réservée au droit international dans l'ordre juridique congolais mérite d'être rappelé : « ce droit, dit-il en effet, s'est tantôt situé au-dessus des normes constitutionnelles, tantôt entre les dispositions constitutionnelles et les normes législatives, et, enfin, a parfois été placé sur un pied d'égalité avec ces dernières »[82].

Certes, la supériorité des traités sur les lois est devenue « une tradition constitutionnelle »[83], mais il faut néanmoins signaler la maladresse de rédaction de l'article 121 de la Constitution du 8 juillet 1979 et de l'article 81 de l'Acte fondamental du 24 octobre 1997 qui disposaient que « Les traités ou accords régulièrement ratifiés ont dès leur publication force de loi, sous réserve pour chaque accord ou traité de son application par l'autre partie ».

Ces deux textes fondamentaux avaient repris la maladresse de rédaction du constituant français de la IV^ème^ République : « les traités diplomatiques

---

[79] D. Breillat, « La Constitution, un catalogue de traités ? », *in Mélanges Benoît Jeanneau*, précité, p.307. Ainsi, l'article 223 de la constitution congolaise du 25 octobre 2025 dispose que « Les traités ou les accords, régulièrement ratifiés ou approuvés, ont dès leur publication, une autorité supérieure à celle des lois, sous réserve, pour chaque accord ou traité de son application par l'autre Partie ».

[80] Art.175 al.2 de la Constitution de 2015.

[81] Voir, par exemple, C.S. Ch. Adm., 19 décembre 2013, *Okandzé Didier.*

[82] N. Mayétéla, « Le Congo et la reconnaissance du droit international », *in* J.M. Breton, *dir.*, *Droit public congolais*, précité, p.636.

[83] Ibid, p.640.

régulièrement ratifiés et publiés ont force de loi dans les cas même où ils seraient contraires à des lois françaises, sans qu'il soit besoin pour en assurer l'application d'autres dispositions législatives que celles qui auraient été nécessaires pour assurer leur ratification »[84]. Or justement, dire que le traité et la loi ont la même valeur juridique signifie que le Parlement peut modifier un traité ou que le Président de la République pourrait le faire par voie d'ordonnances.

La situation était encore plus ubuesque sous l'Acte fondamental du 24 octobre 1997 qui n'avait prévu aucune disposition sur la procédure de sa révision. L'application de son article 81 aurait abouti à une situation de blocage, si une loi avait été déclarée définitivement inconstitutionnelle. Un cas de figure a failli se présenter : la Cour suprême dans sa fonction de juge de la constitutionnalité des lois et des traités avait jugé le traité relatif à l'Harmonisation du droit des affaires en Afrique (Traité OHADA) du 17 octobre 1993 contraire à la Constitution[85]. Heureusement que les nouvelles autorités qui avaient gagné la guerre civile opposant les milices de Denis Sassou-N'guesso aux forces gouvernementales (juin à octobre 1997) avaient ''découvert'' que depuis 1997, le régime du président Lissouba l'avait déjà ratifié[86] et avait déposé les instruments de ratification auprès de la République du Sénégal.

### *2- Les résistances sans suite du juge suprême*

Deux affaires sont à retenir : celle portant sur la constitutionnalité du traité OHADA précédemment évoquée et celle concernant le contrôle de conventionalité d'un projet de loi relative à la Cour des Comptes et de Discipline Budgétaire (CCDB) à une directive de la Communauté Economique et Monétaire d'Afrique Centrale (CEMAC).

#### *a- La résistance de la Cour suprême dans sa fonction de juge constitutionnel*

Dans l'avis *Traité OHADA*, précité, la Cour suprême avait jugé qu'en transférant une partie des compétences juridictionnelles nationales à la Cour Commune de Justice et d'Arbitrage[87], cette convention encoure le grief de

[84] Art. 26 de la Constitution du 27 octobre 1946.

[85] C.S. Avis, 1er octobre 1998, *Traité OHADA*, note P. Moudoudou, *Penant* 2002, p.116.

[86] Loi n°17/97 du 28 mai 1997.

[87] L'article 14 du Traité OHADA dispose en effet que « La Cour Commune de Justice d'Arbitrage assure l'interprétation et l'application communes du Traité ainsi que des règlements pris pour son application, des actes uniformes et des décisions (...) Saisie par la voie du recours en cassation, la Cour se prononce sur les décisions rendues par les juridictions

ne pas être conforme à la Constitution car « la fonction de juger, qu'elle soit exercée par les juridictions de première instance ou d'appel ou par la Cour suprême, est une fonction constitutionnelle en même temps qu'elle est l'expression de la souveraineté et de l'indépendance nationales ». Ainsi donc, « le pouvoir de rendre exécutoire sur le territoire national une décision juridictionnelle rendue par une juridiction étrangère ou une sentence arbitrale (leur) appartient et procède également de la souveraineté et de l'indépendance nationales »[88].

Une telle analyse est évidemment contestable comme le démontre Abdoulaye Soma, à propos de la même question posée en droit constitutionnel béninois : « un abandon partiel de souveraineté dans le cadre d'un traité (comme celui de l'OHADA) ne saurait constituer une violation de la Constitution, non seulement parce que la loi fondamentale prévoit que le Président de la République négocie et ratifie les traités et accords internationaux mais également parce que le traité OHADA participe à la réalisation de l'intégration régionale et sous régionale affirmée par la Constitution elle-même »[89]. Sur cette question, la Cour suprême congolaise était la seule juridiction des Etats membres de l'OHADA à avoir jugé ainsi[90].

La Cour suprême congolaise n'a pas une jurisprudence cohérente sur la question. En effet, alors qu'elle avait jugé auparavant que le traité additif à la CEMAC du 5 juillet 1996, qui transférait respectivement certaines compétences législatives nationales et juridictionnelles au Parlement communautaire et à la Cour de justice de la CEMAC, était conforme au même Acte Fondamental du 24 octobre 1997[91], elle a jugé le contraire pour le traité OHADA. Or, on ne peut pas nier que, dans les deux affaires, ces

d'Appel des Etats Parties dans toutes les affaires soulevant des questions relatives à l'application des actes uniformes et des règlements prévus au présent Traité à l'exception des décisions appliquant des sanctions pénales ».

[88] C.S. Avis, 1er octobre 1998, *Traité OHADA*.

[89] A. Soma, note sous C.C. du Bénin, Décision DCC 19-94 du 30 juin 1994, *Traité OHADA, Annuaire béninois de justice constitutionnelle*, Cotonou, Presses universitaires du Bénin, 2013, p.154.

[90] Pour le Sénégal, voir Cons. Const., 16 décembre 1993, *Penant* 1997, note A. Sall, p.231 ; pour le Bénin, voir Décision DCC 19-94 du 30 juin 1994, *Traité OHADA,* précité.

[91] C.S. Avis, n°31 du 15 septembre 1998.

matières appartiennent et procèdent également de la souveraineté et de l'indépendance nationales[92].

Comme on pouvait s'y attendre, ce nationalisme juridique n'a point prospéré. Après un signe annonciateur[93], la Cour suprême a fini par accorder au droit OHADA toute sa place tirée de l'article 223 de la constitution ; dans plusieurs arrêts, elle affirme clairement, faisant irrésistiblement penser à l'arrêt *Nicolo* du Conseil d'État français du 20 octobre 1989, qu'« en vertu du principe de primauté (du droit international), toutes les lois internes contraires qu'elles soient antérieures ou postérieures s'effacent devant les Actes Uniformes » de l'OHADA[94].

b- *La résistance de la Cour suprême dans sa fonction consultative*

La Cour suprême, saisie pour avis par le Premier ministre, devait procéder au contrôle de conventionalité du projet de loi organique déterminant les attributions, l'organisation, la composition et le fonctionnement de la Cour des Comptes et de Discipline Budgétaire (CCDB) ainsi que la procédure à suivre à la directive CEMAC n°01/11-UEAC-190-CM-22 du 19 décembre 2011 relative aux lois de finances. L'article 72 de cette directive prévoit que « Le contrôle juridictionnel des opérations budgétaires et comptables des administrations publiques est assurée par une Cour des Comptes qui doit être créée dans chaque Etat-Membre. Cette Cour des Comptes est une juridiction et ses membres ont le statut de magistrat. Elle est indépendante par rapport au Gouvernement et au Parlement et autonome par rapport à toute autre juridiction. Elle décide seule de la publication de ses avis, décisions et rapports. Elle est l'institution supérieure de contrôle de chaque État ».

Curieusement et de façon incompréhensible, la Haute Juridiction, Conseiller du Gouvernement, estime que « les Etats-Parties au traité de la

---

92 Sur tous ces aspects, voir, E. Mibangouayila-Boukaka, *L'uniformisation du droit en Afrique noire francophone,* thèse droit, Université Marien N'gouabi, Brazzaville, 2021, 587 p.

93 C.S. Ch. Adm., 13 novembre 2014, *Société Vuclair Optique* : la Cour suprême affirme pour la première fois qu'elle « est incompétente pour connaitre tant de l'interprétation que de l'application des Actes Uniformes de l'OHADA » conformément à l'article 14 du Traité OHADA.

94 Jurisprudence constante et bien établie : C.S. Ch. Adm., 9 juin 2016, *Société Bourbon OFFSHORE SURF* C.S. Ch. Adm., 9 mars 2017, *Société Boscongo ;* C.S. Ch. Adm., 14 février 2019, *Société SAIPEM Congo.*

CEMAC ne sont pas obligés de transposer dans leur dispositif interne, mot pour mot, (ses) directives (…) ; ils peuvent apporter à ces directives les aménagements rédactionnels qu'ils jugent appropriés sans toutefois, et c'est la seule chose qui compte, vider la directive de son contenu ». Par conséquent, « en tant que juridiction financière chargée du jugement des comptes des comptables publics et de la discipline budgétaire, la CCDB n'est plus l'apanage des seuls magistrats en ce qui concerne aussi bien sa présidence, la présidence des chambres, que la direction de son parquet ; cette observation sous-entend qu'un magistrat de haut rang peut en être le Président ou le Procureur Général comme un haut fonctionnaire des finances, reconnu pour ses compétences en matière comptable et financière, peut en être aussi Président ou Procureur Général ; ce qui compte c'est le destin de la Cour (…) son animation par des Hommes qui présentent les meilleurs atouts pour assurer un fonctionnement satisfaisant de la haute juridiction financière nationale ». Et donc, « la doctrine de la CEMAC se trompe (…) ; c'est donc ici l'occasion de dire que (cette) directive (…) ne peut pas être transposée telle quelle, pour ce qui concerne l'État congolais »[95].

Drôle de compréhension des principes régissant une construction communautaire ainsi que de la place des directives communautaires dans le droit des Etats-Membres de la CEMAC ! Parmi les principes qui constituent une des « poutres maîtresses »[96] du droit communautaire figure la primauté du droit communautaire sur le droit national des Etats membres[97]. La Cour de Justice de la CEMAC (CJCEMAC), reprenant la formule devenue quasiment rituelle de l'arrêt *Costa contre ENEL* de la CJCE[98], l'a d'ailleurs rappelée : « le principe de primauté permet de faire prévaloir la norme communautaire sur la norme nationale, d'écarter l'application de la norme nationale contraire au droit communautaire (…) la primauté évoquée est une condition existentielle du droit communautaire qui, en raison de sa nature spécifique originale, ne peut se voir opposer un texte interne quel qu'il soit, sans perdre son caractère communautaire et

---

[95] C.S., Avis n°013 du 31 janvier 2020, *Projet de loi organique déterminant les attributions, l'organisation et le fonctionnement de la CCDB ainsi que la procédure à suivre.*

[96] J.L. Bergel, *Dictionnaire de l'Union européenne*, Bruxelles, Larcier, 2011, 4ème éd.,p.225.

[97] Voir, J. Mouangué Kobila, *La jurisprudence de la Cour de Justice de la CEMAC*, Bruxelles, Bruylant, 2021, p.142.

[98] CJCE, 15 juillet 1964, *Costa c/ ENEL*, Aff. 6/64, *Rec.* 1141.

sans que soit mis en cause la base juridique de la Communauté elle-même »[99].

Heureusement qu'il ne s'agissait que d'un avis consultatif et que le Gouvernement ne l'avait pas suivi. Sinon, sur le fondement de quel principe un État membre d'une Communauté peut-il transposer une directive en la ''modifiant'' ou en la ''déformant'' ? Dans ce cas, ce ne serait plus une transposition mais la création par les organes d'un État membre d'une norme dans son propre ordre juridique. Comment une juridiction nationale peut-elle opposer le droit national au droit communautaire ?[100]

Ce type d'imbroglio existe aussi entre la loi et le règlement.

### B- Des tergiversations constantes dans la détermination des domaines de la loi et du règlement

Il a toujours existé des matières réservées à la loi à cause de leur importance. Il existe aussi des matières réservées au règlement. Logiquement, « selon la hiérarchie des normes juridiques, la loi revêt une valeur supérieure aux règlements »[101]. Dans cet esprit, le doyen Hauriou parle même d'un « domaine naturel d'application »[102] des lois et règlements. Dans l'actuelle constitution congolaise la compétence législative est prévue par au moins 69 articles de la Constitution[103].

Les tergiversations évoquées sont soit du fait soit du constituant soit de l'exécutif et du parlement soit, de nouveau, du fait de la même Cour suprême.

#### *1- La négation de la délimitation*

Elle est tantôt l'œuvre du constituant tantôt celle des pouvoirs constitués. *Dans le premier cas*, l'Acte fondamental le 24 octobre 1997

[99] CJCEMAC, arrêt n°12/2011 du 31 mars 2011, *Banque africaine du Cameroun (Autorité monétaire du Cameroun/Amity Bank Cameroon PLC/ messieurs Sielinou Christophe et autres)*.

[100] En droit de l'UE, voir, CJCE, 5 février 1963, *Van Gend & Loos,* aff. 26/62, D.1962, p.623, note Bréban.

[101] T.A. de Brazzaville, 22 juillet 2020, *Poaty Moïse ;* C.S., Avis n°009/18 du 24 mai 2018, *Projet de loi portant dissolution de l'Office National de l'Emploi et de la Main d'œuvre,* note P. Moudoudou, *in Mélanges Grégoire Bakandéja wa Pungu, Du droit à l'économie et de l'économie au droit,* Bruxelles, Bruylant, 2019, p.423.

[102] M. Hauriou, *Précis de droit administratif et de droit public*, Sirey, 1933, 12ème éd. (revue et mise à jour par André Hauriou), rééd. Dalloz, 2002, p.566.

[103] C.S., Avis n°009/18 du 24 mai 2018, *Avant-projet de loi portant dissolution de l'Office National de l'Emploi et de la Main d'œuvre,* précité, p.423.

‘’suspendant’’ la constitution du 15 mars 1992 avait institué un mécanisme de législation déléguée au profit du Président de la République, sans intervention du législateur. En effet, le constituant avant de déterminer les domaines respectifs de la loi et du règlement[104], avait disposé à l’article 44 que le Président de la République peut, pour l’exécution de son programme, prendre des ordonnances en matière de défense et de sécurité ainsi que dans le domaine économique et social.

Quand on se rappelle que la fin de la guerre civile et l’adoption de cet Acte fondamental marque le retour des militaires au pouvoir et la fin d’un régime civil, on comprend mieux l’intérêt du mécanisme atypique institué ; car « l’accoutumance des militaires à une discipline corporative et leur penchant pour la soumission à une hiérarchie prétorienne commandent de résorber tout vide juridique par le canal des ordonnances »[105].

Ces ordonnances (43 au total)[106], qui sont toujours en vigueur, « continuent de rythmer la vie politique et constitutionnelle »[107] du Congo. Comme le dit S.N. Tall, cette « pratique des ordonnances (…) traduit l’absence d’étanchéité entre les domaines de la loi et du règlement du fait que la séparation des pouvoirs subit des tempéraments relatifs à la non exclusivité parlementaire dans l’exercice de la fonction législative »[108].

Si la volonté du constituant de 1997 avait été d’accorder valeur législative à ces ordonnances, au plan strictement juridique, ces 43 ordonnances demeurent en réalité des actes administratifs susceptibles de recours pour excès de pouvoir devant le juge administratif tant qu’elles ne sont pas ratifiées par une loi[109]. Comme toutes décisions administratives également, ces ordonnances, qui « ne permettent pas de dissiper l’autoritarisme fréquemment attaché à ces textes »[110], peuvent être contestées dans leur légalité par le biais de l’exception d’illégalité.

*Dans le second cas*, la négation est l’œuvre des pouvoirs publics constitués. Ainsi par exemple, sous le même Acte fondamental de 1997,

---

[104] Articles 104 et 107 de l’Acte fondamental.
[105] S.N. Tall, « Les ordonnances en Afrique noire francophone », précité, p.222.
[106] Plusieurs d’entre elles portent sur la création d’établissements publics industriels et commerciaux, dans le cadre de la restructuration du secteur public. D’autres concernent la restructuration des forces de défense et de sécurité.
[107] S.N. Tall, « Les ordonnances en Afrique noire francophone », précité, p.209.
[108] Ibid., p.213.
[109] Par analogie, C.E., Ass. 19 octobre 1962, *Canal, Robin et Godot, GAJA,* 20ème éd., n°77 ; C.C., 8 août 1985, *Evolution de la Nouvelle-Calédonie, D.*1986, p. 45, note F. Luchaire.
[110] S.N. Tall, « Les ordonnances en Afrique noire francophone », précité, p.222.

l'amnistie et le régime des élections politiques n'étaient pas mentionnés comme des matières relevant de la loi. Mais, le Président de la République avait fait accorder l'amnistie à des ''ex-combattants'' ayant participé aux guerres civiles de la fin des années 1990[111] et fait voter la loi électorale[112] alors que ces deux matières relevaient du règlement.

Les autorités politiques congolaises ont donc la même lecture que l'ancien premier ministre français, Michel Debré, en la matière : « il faut bien considérer que la Constitution de 1958, après avoir défini le domaine de la loi, a implicitement reconnu au Parlement le droit de statuer en dehors de son domaine. Le Gouvernement peut même faire appel à la loi pour statuer en un domaine réglementaire »[113]. Et, le Conseil constitutionnel français avait jugé qu'une loi contenant des dispositions règlementaires n'est pas pour autant inconstitutionnelle[114].

Autre illustration : lors de la crise sanitaire liée à la pandémie du Coronavirus COVID 19 que le Congo a connue, le gouvernement avait sollicité et obtenu le vote de la loi n°20-2020 du 8 mai 2020 l'habilitant à édicter, par ordonnance, des mesures relevant du domaine de la loi, dans le cadre de la lutte contre cette pandémie. Or force est de constater que pendant deux ans, aucune ordonnance n'a été ni édictée ni même initiée. Il s'agit, semble-t-il, d'un cas inédit dans le constitutionnalisme africain. Curieusement, le gouvernement a trouvé mieux d'édicter un simple arrêté en lieu et place des ordonnances attendues !

En effet, le ministre de l'Intérieur a édicté l'arrêté n°5610/MID du 18 mai 2020 qui restreignait les libertés individuelles en rendant « obligatoire le port du masque et le respect des autres mesures barrières sur l'ensemble du territoire national »[115]. L'article 7 de cet arrêté est consacré aux sanctions qui sont : l'amende (de 5000 à 20000 francs CFA selon les cas) et, éventuellement, la privation temporaire de liberté dans un commissariat de police ou de gendarmerie.

Or depuis les célèbres conclusions du Commissaire du gouvernement Romieu dans l'arrêt *Babin* du Conseil d'État français du 4 mai 1906, « on

---

[111] Loi n°21-99 du 20 décembre 1999 portant amnistie des faits de guerre.

[112] Loi n°09-2001 du 10 décembre 2001 portant loi électorale.

[113] J.O. Assemblée nationale, Débats, 2 juin 1972, p.2916.

[114] C.C. 20 juin 1982, *Blocage des prix et revenus, RDP* 1983, p.350, note L. Favoreu ; C.C. 20 juillet 1983, *Démocratisation du secteur public, Rev. adm.* 1983, p.472, note M. de Villiers.

[115] Articles 1er et 3.

peut identifier plusieurs domaines majeurs d'intervention exclusive du législateur : régime des libertés publiques, état des personnes, détermination des infractions pénales, détermination des impôts »[116]. Il fut suivi par le Conseil d'État : « est et doit être du domaine de la loi toute condition nouvelle imposée à l'exercice d'une liberté et toute organisation de l'État importante pour la garantie d'une liberté »[117].

*2- L'analyse perturbatrice de la Cour suprême*

A la question de savoir, qui a le pouvoir de dissoudre les établissements publics en droit congolais étant entendu que la constitution dispose simplement que « Sont du domaine de la loi (….) ; la création des établissements publics », la Cour suprême avait répondu que cette compétence relève du Parlement. Mais on retrouve des avis où elle a estimé que cette attribution appartient à l'exécutif.

*Sous l'empire de la Constitution du 20 janvier 2002* qui contenait la même disposition, la Cour suprême avait jugé que « selon l'article 111 de la Constitution, la création des établissements publics est du domaine de la loi ; le Complexe Agro-industriel d'État de Mantsoumba étant une entreprise d'État créée par ordonnance n°06/88 du 1er août 1988, sa dissolution par la loi est donc régulière »[118].

*Sous la constitution de 2015*, la Cour suprême, interprétant l'article 125 de cette constitution qui a pourtant simplement reproduit l'article 111 de celle de 2002, a jugé que ce texte « ne range pas dans le domaine de la loi, la dissolution des établissements publics (…) ; mis à part la dissolution par voie judiciaire (elle) tombe dans le domaine réglementaire. Raisonner autrement c'est refuser d'appliquer les dispositions claires des articles 125 et 126 de la Constitution »[119]. La même année, elle réitère son point de vue, à propos du Centre national de gestion (CENAGES), établissement public administratif : « en vertu des développements ci-dessus, (sa) dissolution

[116] B. Stirn, *Les sources constitutionnelles du droit administratif. Introduction au droit public*, Paris, LGDJ, 2014, p.68 ; G. Drago, « Le domaine de la loi : brève histoire d'une dérive constitutionnelle », *in Mélanges en l'honneur de Didier Truchet, L'intérêt général*, Paris, Dalloz, 2015, p.172.

[117] C.E., 4 mai 1906, *Babin, Rec.* 565, Concl. Romieu.

[118] C.S., Avis n°033/13 du 29 novembre 2013, *Projet de loi portant dissolution du Complexe Agro-industriel d'Etat de Mantsoumba.*

[119] C.S., Avis n°03/16 du 24 janvier 2017, *Projet de loi portant dissolution de la Caisse de stabilisation des produits agricoles et forestiers.*

(…) ne pouvant être prononcée par la loi relève donc du règlement en l'occurrence, un décret en Conseil des ministres »[120].

Ce point de vue est contestable. Contrairement à ce que dit la Cour suprême dans l'avis *Centre national de gestion (CENAGES)*, aucun texte ne prévoit que la dissolution des établissements publics relève de la compétence du Président de la République par décret en Conseil des ministres ; c'est une pure invention de sa part. Sur le fondement de quelle disposition constitutionnelle impose-t-elle un tel instrument juridique au Chef de l'État ? Un décret simple, un arrêté voire même une « décision » de celui-ci seraient-il inconstitutionnels ? Logiquement et du point de vue de la théorie du droit, le règlement ne peut défaire ce que la loi a édictée.

Avec un peu de gêne, elle a fini par reconnaitre qu' « en vertu de l'article 125-11ème tiret de la Constitution, la création des établissements publics, de toute catégorie, est du domaine de la loi ; la lecture soutenue de cette disposition de la Constitution a amené la Cour à se convaincre de ce que la détermination de dispositions-cadre auxquelles le gouvernement doit se conformer au cas où il projette dans le cadre de la mise en œuvre de la politique économique et sociale de la Nation de créer un établissement public, de dissoudre un établissement public existant et de prononcer sa liquidation est également du domaine de la loi »[121].

********

Certes « tout système juridique comporte des inconvénients et des failles »[122], mais le nombre élevé des bizarreries constaté en la matière démontre nettement que le Congo-Brazzaville ressemble encore à cette « case vide » dont parle Lus Sindjoun[123]. Des réformes importantes s'imposent donc afin de renforcer la sécurité juridique des personnes et des biens, par l'harmonisation des textes ; pour que, dans ce pays d'Afrique équatoriale, le principe de la hiérarchie des normes deviennent effectivement « une idée claire »[124]. Celles-ci participeront, par ricochet, à

---

[120] C.S., Avis n°33/17 du 1er septembre 2017, *Projet de loi portant dissolution du Centre national de gestion.* Voir également, C.S., Avis n°2/18 du 8 janvier 2018, *Société Nationale d'Electricité et la Société Nationale de Distribution d'Eau.*

[121] C.S., Avis n°23 du 14 juin 2019, *Projet de loi régissant les établissements publics à caractère administratif au Congo.*

[122] F. Luchaire, « Douze bizarreries constitutionnelles bien françaises », *in Mélanges en l'honneur de Gérard Conac, Le nouveau constitutionnalisme,* Paris, 2001, p. 165.

[123] L. Sindjoun, *L'Etat ailleurs. Entre noyau dur et case vide*, Paris, Economica, 2002.

[124] P. Amselek, « Une fausse idée claire : la hiérarchie des normes juridiques », *in Mélanges Louis Favoreu*, précité, p.983.

l'amélioration du climat des affaires et à l'attrait des investissements étrangers ; car, comme le déclarait F. Mitterrand à Hanoi le 10 février 1993, « le développement est l'inséparable compagnon de la démocratie ».

# Défaillance des États et prolifération des groupes armés dans les conflits en Afrique

***Dr Abdoulaye GUISSÉ,***

*Enseignant-chercheur en droit public, Université Assane Seck de Ziguinchor /Département de Sciences juridiques*

## INTRODUCTION

Les crises en République centrafricaine, en Libye ou encore au Mali mettent à jour le débat sur la défaillance des États dans le contexte des conflits africains. En effet, depuis quelques décennies, le continent africain est confronté à une recrudescence des conflits armés qui affectent plusieurs États. Ces conflits se caractérisent par la prolifération des groupes armés qui rivalisent avec ces derniers, révélant ainsi leur défaillance.

Il faut rappeler qu'on parle de conflit armé lorsqu'qu'il y a un recours à la force armée entre États ou un conflit prolongé entre les autorités gouvernementales et des groupes armés organisés ou entre de tels groupes au sein d'un État[1]. Cette définition reprend la distinction conventionnelle entre conflits armés internationaux et conflits armés non internationaux conformément aux Conventions de Genève et à leurs protocoles additionnels[2]. En effet, les Conventions de Genève de 1949 définissent les conflits de façon catégorielle en distinguant deux types.

En ce sens, elles s'appliquent, d'une part, en vertu de leur article 2 (1) commun, « en cas de guerre déclarée ou de tout autre conflit armé surgissant entre deux ou plusieurs des Hautes Parties contractantes, même si l'état de guerre n'est pas reconnu par l'une d'elles ». Il s'agit ici de conflits armés internationaux, qui mettent en confrontation deux ou plusieurs États.

---

[1] Cette définition est apparue pour la première fois dans l'affaire *Tadic*, décision du 2 octobre 1995 (para. 70).

[2] Il s'agit des quatre Conventions de Genève adoptées du 12 août 1949 à savoir : la Convention de Genève pour l'amélioration du sort des blessés et des malades dans les armées en campagne ; la Convention de Genève pour l'amélioration du sort des blessés, des malades et des naufragés des forces armées sur mer ; la Convention de Genève relative au traitement des prisonniers de guerre ; et la Convention de Genève relative à la protection des personnes civiles en temps de guerre. Ces conventions sont complétées par deux Protocoles additionnels adoptés le 10 juin 1977 dont le premier est relatif à la protection des victimes des conflits armés internationaux (Protocole I) et le second concerne la protection des victimes des conflits armés non internationaux (Protocole II).

D'autre part, elles couvrent, à la lumière de l'article 3 commun aux Conventions de Genève de 1949 et du Protocole additionnel II de 1977, les conflits armés non internationaux, se rapportant à des situations de « conflit armé ne présentant pas un caractère international et surgissant sur le territoire de l'une des Hautes Parties contractantes ». Il s'agit là de conflits dans lesquels au moins l'une des parties impliquées est non gouvernementale.

Ils peuvent avoir lieu entre les forces armées gouvernementales et un groupe armé civil organisé, à l'intérieur des frontières de l'État. L'utilisation de la force armée peut aussi s'opérer entre deux groupes organisés[3], aucun d'entre eux n'étant le gouvernement de l'État. Il en découle que les groupes armés renvoient aux acteurs non gouvernementaux qui sont en confrontation armée avec les États et/ou les uns avec les autres. Cette notion couvre ainsi une diversité d'acteurs, désignés par plusieurs appellations : mouvements rebelles, groupes d'autodéfense, insurgés, terroristes, milices privées, guérillas…

Ainsi, on constate que les conflits africains de ces dernières décennies sont, pour la plupart, des conflits non internationaux. Il s'agit des conflits internes ou de guerres civiles. Ce sont des conflits qui opposent, au sein des États, les forces armées gouvernementales à des groupes armés, ou des groupes armés entre eux. On peut citer l'exemple des conflits au Mali, en Côte d'Ivoire, en Libye, en République démocratique du Congo (RDC), en République centrafricaine (RCA), etc.

L'État peut être défini comme une communauté d'hommes fixés sur un territoire propre et possédant une organisation d'où résulte, pour le groupe envisagé dans ses rapports avec ses membres, une puissance suprême d'action, de commandement et de coercition[4]. C'est une entité souveraine. Cette souveraineté fait de lui le principal sujet de droit international. Il

---

[3] Les groupes armés doivent avoir un certain niveau d'organisation tel que précisé par la jurisprudence. C'est un critère important dans l'identification du groupe armés et la qualification de conflit. Il implique, par exemple, l'existence d'un organigramme exprimant une structure de commandement, le pouvoir de lancer des opérations coordonnant différentes unités, la capacité de recruter et de former de nouveaux combattants ou l'existence d'un règlement interne. Voir TPIY, *Affaire Tadic*, Jugement du 7 mai 1997, para. 561-568, notamment le para. 562. Voir aussi TPIY, *Affaire Limaj*, Jugement du 30 novembre 2005, para. 84 ; *Affaire Boskoski*, Jugement du 10 juillet 2008, para. 175.

[4] Voir MALBERG, Carré de, *Contributions à la théorie générale de l'État*, t. I (1ère éd. 1920) et II (1ère éd. 1922), Paris, Dalloz, 2003, t. I, pp. 7 et 68.

dispose de l'armée, qu'il emploie pour rétablir l'ordre, assurer la sécurité et défendre l'intégrité territoriale.

Cependant, la plupart des conflits africains révèlent la fragilité de l'État face à des groupes armés qui se multiplient, devenant de plus en plus les maîtres de la guerre ; remettant ainsi en cause le monopole de la violence légitime dont il est réputé être le détenteur. On parle, ainsi, des États défaillants, fragiles, faillis, en faillite ou en déliquescence. Ces termes sont utilisés par la doctrine pour désigner, de manière générale, l'incapacité de l'État à remplir ses missions principales telles que la sécurité, la justice, la défense, le respect des engagements extérieurs, l'éducation, la santé, etc.[5], en raison de la désintégration de ses structures. L'État perd, ou ne conserve qu'un contrôle limité sur la population et le territoire, n'ayant plus véritablement le monopole de l'usage de la force, avec une armée fragilisée et impuissante. Selon Gérard CAHIN, « la défaillance de l'État sanctionne la dégradation de la souveraineté interne à travers l'affaiblissement de l'exclusivisme de la souveraineté territoriale. Question de fait par définition, l'identification de l'État défaillant est donc aussi une affaire d'effectivité, ou plus exactement d'ineffectivité de l'autorité politique »[6].

L'incapacité des États à assurer l'ordre et la sécurité sur l'ensemble de leurs territoires laisse place aux groupes armés qui y prolifèrent. Un tel constat justifie la nécessité d'une réflexion sur le lien entre la défaillance de l'État et l'émergence d'acteurs non étatiques remettant en cause son autorité.

Dès lors, dans le contexte des conflits armés en Afrique, la prolifération des groupes armés est-elle la conséquence de la défaillance de l'État, ou bien cette prolifération contribue-t-elle à fragiliser les États ? Autrement dit, quels facteurs expliquent la fragilisation des États et la multiplication des groupes armés concurrents ?

La réponse à une telle interrogation permet d'envisager l'existence d'un double lien dialectique entre la défaillance des États et la prolifération des groupes armés, avec comme facteur d'aggravation le conflit armé. D'une part, la prolifération des groupes armés peut être considérée comme une

[5] Pour plus de développements sur le concept d'État défaillant ou en faillite, voir O. ILLY, « L'État en faillite » en droit international, *Revue Québécoise de droit international*, volume 28-2, 2015 ; pp. 53-80.

[6] G. CAHIN, « L'État défaillant en droit international : quel régime pour quelle notion ? », S. SALMON, *Droit du pouvoir, pouvoir du droit* : mélanges offerts à Jean Salmon, Bruxelles, Bruylant, 2007, p. 58.

conséquence de la défaillance des États. D'autre part, elle peut être analysée comme un facteur de leur fragilisation.

Ainsi, quelques États, ayant connu des conflits au cours des dernières décennies, tels que la Libye, la Côte d'Ivoire, le Mali, la RCA ou encore la RDC, nous serviront d'exemples pour cette analyse.

Le choix de ces États se justifie, d'une part, par la volonté d'assurer une représentativité géographique - en couvrant l'Afrique du Nord, de l'Ouest et du Centre - et, d'autre part, par le fait que les conflits qui y sévissent illustrent la complexité des conflits armés contemporaines : la multiplication des groupes armés y révèle la défaillance des États.

L'objectif principal est d'établir le lien entre la défaillance des États et la prolifération des groupes armés dans les conflits africains. Il s'agira, globalement, de vérifier l'existence d'une corrélation entre l'incapacité de certains États à assurer correctement leurs fonctions, en matière de développement, de maintien de l'ordre et de la sécurité, et l'émergence d'acteurs non étatiques qui rivalisent avec eux. Il s'agira, plus spécifiquement, d'identifier les causes de la défaillance de ces États ainsi que les facteurs expliquant la prolifération des groupes armés dans les conflits.

Dans cette perspective, la prolifération des groupes armés sera analysée non seulement comme une conséquence de la défaillance des États (I) mais également comme un facteur de fragilisation des États (II).

## I. UNE DÉFAILLANCE DE L'ÉTAT, SOURCE DE LA PROLIFÉRATION DES GROUPES ARMÉS

La prolifération des groupes armés dans les conflits africains est une conséquence de la défaillance des États. Ces derniers se caractérisent par leur incapacité manifeste à répondre adéquatement aux besoins de la population et à assurer l'ordre et la sécurité. Cette défaillance des États dans le contexte des conflits armés africains est liée à plusieurs facteurs convergents qu'il importe de rappeler (A) avant de s'intéresser à l'émergence des groupes armés qui en découle (B)

### A. La convergence de facteurs multiples

Plusieurs facteurs contribuent à la fragilisation des États africains, dont la faiblesse se manifeste particulièrement lors des conflits. Ces facteurs sont liés notamment au sous-développement, qui constitue une source d'insatisfaction et de frustration, souvent exacerbée par des revendications identitaires (1). Ils peuvent également être liés à un déficit démocratique (2), source de contestation et de révolte.

### 1. Des facteurs liés au sous-développement et aux revendications identitaires

Le sous-développement se manifeste par un cortège de maux parmi lesquels un chômage explosif, un système sanitaire catastrophique marqué par des endémies comme le paludisme, des épidémies telles que la maladie à virus Ébola, ou encore des pandémies comme le SIDA et la Covid-19. S'y ajoutent un faible niveau d'éducation, une scolarisation insuffisante, la rareté des ressources face à une forte croissance démographique, la détérioration des échanges commerciaux, la flambée des prix, une répartition inéquitable des richesses, ainsi que l'exacerbation de la corruption[7].

Il maintient ainsi les populations dans la pauvreté, provoque l'insatisfaction et attise les frustrations. Il limite les capacités économiques et militaires de certains États africains, souvent caractérisés par une faiblesse structurelle qui les place dans une situation de fragilité, les rendant incapables d'assurer l'ordre, la sécurité et l'intégrité de leurs territoires.

De surcroît, les gouvernants aggravent la situation en multipliant les promesses flatteuses, dont l'unique but est de conserver leur électorat, de courtiser de nouvelles voix pour les prochaines échéances électorales et d'adoucir les velléités de contestation ou de manifestations tous azimuts. Ils se retrouvent rapidement dans l'incapacité de tenir leurs engagements en matière d'emplois, d'augmentation des salaires, d'amélioration des services publics, de baisse des prix des denrées de première nécessité et d'amélioration des conditions de vie

Dès lors, une partie de la population, particulièrement les jeunes, désespérée, se révolte et est encline à user de la force pour un éventuel changement de situation. Dans certains pays, ces jeunes sont souvent recrutés par des chefs de guerre ou de mouvements rebelles, comme en République centrafricaine, lors de la rébellion dirigée par le général BOZIZÉ en 2003, ou encore par la coalition Séléka en 2012, ce qui a conduit le pays à une guerre civile.

---

[7] Sur le sous-développement, voir B. ZABANGIRE, *Théories explicatives du sous-développement de la république démocratique du Congo*, *Revue Palais de la découverte*, Paris, 12 février 2024. Disponible sur https://hal.science/hal-04453841/document, consulté le 22 mai 2025.

Il en va de même au Congo, dans les quartiers populaires de Brazzaville, où l'on a assisté, en 1997, à des combats meurtriers entre les « Cobras » du Parti congolais du Travail de Denis Sassou Nguesso, les « Ninjas » du Mouvement congolais pour la démocratie et le développement intégral de Bernard Kolélas, et les « Coyotes » de l'Union panafricaine pour une démocratie sociale de Pascal Lissouba. C'est aussi le cas du conflit survenu en 2025.

Il en va de même au Congo, dans les quartiers populaires de Brazzaville, où l'on a assisté, en 1997, aux combats meurtriers entre « Cobras » du Parti congolais du Travail de Denis Sassou NGUESSO, « Ninjas » du Mouvement Congolais pour la Démocratie et le Développement Intégral de Bernard KOLELAS et « Coyotes » de l'Union Panafricaine pour une Démocratie Sociale de Pascal LISSOUBA[8]. C'est aussi le cas du conflit survenu en 2025, qui oppose le M23 et ses alliés au gouvernement congolais, ayant abouti à la prise de contrôle de Goma (Nord-Kivu) et de Bukavu (Sud-Kivu)[9].

En plus du sous-développement, les revendications identitaires et les rivalités ethniques sont des facteurs de déclenchement et d'aggravation des conflits qui affaiblissent l'État. En effet, l'Afrique est composée d'États multinationaux[10], masquant difficilement la nature plurinationale des sociétés africaines. L'éparpillement d'un même peuple ou de peuples relevant d'une même ethnie sur plusieurs territoires renforce les difficultés d'articulation entre les États et leurs populations, et complique l'édification d'une véritable cohésion nationale.

Une telle situation entraîne des conflits identitaires fréquents, liés à la faillite de certains États dans la construction d'une identité nationale fondée sur le « vivre-ensemble » ou le « commun vouloir de vivre ensemble ». On ne serait pas surpris de constater qu'en Côte d'Ivoire, certains rebelles affirment se battre pour réparer l'injustice subie par les habitants du Nord, dont ils sont majoritairement originaires et qui se sentent exclus et spoliés

---

[8]Voir P. YENGO. « Chacun aura sa part » : les fondements historiques de la (re)production de la « guerre » à Brazzaville, *Cahiers d'études africaines*, vol. 38, n°150-152, 1998, p. 471-503.

[9] Voir A. KALONGA, « Sous emprise : Pourquoi les jeunes rejoignent des groupes armés au Sud-Kivu – RDC », mars 2019, https://www.international-alert.org/app/uploads/2021/09/RDC-Sous-Emprise-FR-2019.pdf, consulté le 23 mai 2025.

[10] Voir à ce propos, M. TSHIYEMBE, « L'Afrique face au défi de l'État multinational », *Le monde diplomatique*, Septembre 2000, p. 14-15.

de leurs droits[11]. On peut également se référer au cas du Mali, avec les revendications des Touaregs dans le Nord[12].

De même, la guerre du Biafra au Nigeria ne révèle-t-elle pas les rivalités entre les Ibos à l'Est, les Haoussas et les Yoroubas au Nord et à l'Ouest, qui constituent les trois ethnies majoritaires[13] ? Cette situation entraîne souvent l'implication des pays voisins dans les conflits, leur conférant une dimension régionale[14]. C'est à juste titre que soutient ATCHE Bessou Raymond, « chaque mouvement dans tous les pays africains en guerre est

[11] Les habitants du Nord ont été confondus avec les étrangers, par Henry Konan BEDIÉ et ses partisans, regroupés sous un terme générique, les Dioulas en référence à la langue parlée par les ethnies du Nord essentiellement musulmanes et certaines populations des pays voisins à savoir le Mali, le Burkina Faso et la Guinée. Le concept d'« ivoirité », matérialisé par la mise en place en 1994, un an avant l'élection présidentielle, d'un nouveau code électoral, établissant des critères d'éligibilité très restrictifs, vise la personne d'Alassane Ouattara. Ce dernier est personnalisé par les populations du Sud comme le symbole du Dioula à l'origine ambivalente.

[12] Voir R. ATALLAH, « La révolte des Touaregs et le coup d'État au Mali », *ASPJ Afrique & Francophonie* - 1er trimestre 2013. Lien : https://www.airuniversity.af.edu/Portals/10/ASPJ_French/journals_F/Volume-04_Issue-1/atallah_f.pdf, consulté le 26 août 2020. Voir aussi : D. B. AG KHAMMADINE, « Genèse et évolution du « problème touareg » », consulté sur : tombouctoumanuscripts.org/images/uploads/Genèse_et_évolution_du_problème_touareg.pdf, le 26 août 2020.

[13] En janvier 1962, un coup d'État porte au pouvoir le Général Johnson AGUIYI-IRONSI, de l'ethnie ibo. L'arrivée au pouvoir d'un Ibo, provoque des troubles à travers le pays. Les Haoussas craignent une mainmise des Ibos sur tous les postes importants du pays. Des officiers haoussas se réunissent et proposent un coup d'État exécuté en juillet 1966. Les Haoussas place à la tête du pays le général Yakubu GOWON, un chrétien. Très vite, il entreprend des manœuvres dont l'objectif est de minimiser le « pouvoir ibo ». Les régions administratives passent du nombre de quatre à douze. La région de l'Est, à forte population ibo, est divisée en trois régions. Les Ibos réagissent. Le 30 mai 1967, le lieutenant-colonel Odumegwu Emeka OJUKWU fait sécession, et ce, malgré de longues négociations. Il donne à la nouvelle région le nom de Biafra et lui attribue une capitale, Enugu. Une nouvelle nation est née. Le leader ibo souhaite que le Biafra soit reconnu comme un État indépendant et souverain.

[14] On peut citer le cas de la République démocratique du Congo. Par exemple, la guerre civile qui débute le 2 août 1998 et a vu l'intervention plusieurs États à savoir Rwanda, l'Ouganda, le Burundi, l'Angola, la Namibie, le Zimbabwe et le Tchad. Tandis que le Rwanda, l'Ouganda et le Burundi soutiennent les rebelles congolais, l'Angola, la Namibie, le Zimbabwe (et le Tchad qui se retire rapidement des combats) s'allient à Kabila, soutenu par des soldats des ex-Forces armées rwandaises toujours réfugiés en RDC et d'autres milices congolaises telles les Maï-Maï.

fortement lié à une région spécifique »[15]. Aussi, poursuit-il, « dès que les affrontements entre ces groupes se transforment en guerre civile, on se replie tôt ou tard sur sa propre région d'où la guerre civile devient une espèce de guerre de position »[16].

Outre le sous-développement et les revendications identitaires, d'autres facteurs liés à l'absence de démocratie contribuent à la fragilisation des États à travers de multiples crises qui les secouent.

### 2. Des facteurs liés au déficit démocratique

La démocratie se démarque, en tant que forme étatique, de la monarchie, de l'aristocratie et de la dictature. Elle représente « un idéal universellement reconnu et un objectif fondé sur des valeurs communes à tous les peuples qui composent la communauté mondiale, indépendamment des différences culturelles, politiques, sociales et économiques »[17].

Elle se caractérise par la primauté du droit, la séparation des pouvoirs et la protection des droits de l'homme. Elle permet de garantir que « les processus d'accession au pouvoir et d'exercice et d'alternance du pouvoir permettent une libre concurrence politique et émanent d'une participation populaire ouverte, libre et non discriminatoire, exercée en accord avec la règle de droit, tant dans son esprit que dans sa lettre »[18].

Cependant, la question de la démocratie demeure sans conteste un défi majeur pour les États africains. Elle fait défaut dans de nombreux États. Le déficit démocratique se manifeste, par exemple, à travers des pratiques visant à maintenir le pouvoir coûte que coûte, ainsi que par la récurrence des coups d'État.

On a l'impression que certains chefs d'État ont toujours cherché à rester éternellement au pouvoir, notamment par des manœuvres destinées à prolonger la durée de leur mandat ou à en augmenter le nombre ; et même s'il arrive qu'ils doivent quitter le pouvoir, ils orchestrent alors une

---

[15] B. R. ATCHE, *Les conflits armés internes en Afrique et le droit international*, Thèse soutenue le 21 novembre 2008 sous la direction de M. Madjid BENCHIKH, Professeur émérite de l'Université de Cergy-Pontoise, p.19.

[16] *Ibid.*

[17] Voir Déclaration universelle sur la démocratie adoptée par le Conseil interparlementaire lors de sa 161e session (Le Caire, 16 septembre 1997), point 1.

[18] *Idem*, point 5.

dévolution monarchique visant à transmettre la couronne à leurs fils[19]. C'est une situation de monarchie héréditaire que Maurice KAMTO considère « comme une insoutenable régression dans le processus de modernisation étatique [...] qui accentuerait (en Afrique) les fissures voire les failles qui traversent déjà certains de nos États »[20]. C'est le cas, par exemple, au Togo où les quarante années de magistère du président Eyadéma aboutissent, en 2005, à une transmission du pouvoir à son fils, Faure GNASSIMBÉ, contestée par de violentes manifestations réprimées par l'armée[21].

Dans le premier cas, on peut citer l'exemple de la Côte d'Ivoire. En effet, la révision constitutionnelle de 1998, initiée par le Président Henri Konan BEDIÉ, visait à faire passer le mandat du Président de la République de cinq à sept ans. [22]. Elle lui permettait, en même temps, de le prolonger, « en cas de force majeure, des évènements ou des circonstance graves rendant impossible la tenue de l'élection présidentielle ou la proclamation des résultats de celui-ci »[23], afin d'assurer la continuité de l'État et de garantir la stabilité des institutions ; des situations qui ne sont pas, pour autant, clairement définies.

En outre, les élections sont, souvent, l'occasion de fraudes et de contestations conduisant à des situations conflictuelles. Il en est ainsi, en Côte d'Ivoire, de l'élection de Laurent GBAGBO en 2000 et de Alassane OUATTARA en 2010 ; au Nigéria, du Président Olusegun OBASANJO, puis de son successeur, Umaru YAR'ADUA, en 2007, faisant au moins deux cents morts ; du Président kenyan Mwai KIBAKI, à l'occasion de sa réélection la même année faisant mille morts...

Il faut retenir que les contestations des résultats électorales[24], découlant des fraudes présumées, sont devenues une récurrence et concernent la majorité

[19] À ce propos, voir J. NJOYA, « Parenté et politique en imbrication : La construction politico-juridique de la succession héréditaire », *Polis/R.C.S.P./C.P.S.R*, Vol. 16, Numéros 1 & 2, 2009,p.41-66.

[20] M. KAMTO, « Crise de l'État, réinvention de l'État en Afrique », M. KAMTO, (Dir.), *L'Afrique dans un monde en mutation. Dynamiques internes ; marginalisation internationale* ? Paris, éd. Afrédit, 2010, p. 78.

[21] A. AYISSI ; C. MAIA, « La gestion des crises constitutionnelles en Afrique : mandat et défis de la médiation internationale, *Annuaire français de relations internationales*, vol. XIII – 2012, p.180.

[22] Loi n° 98-387 du 2 juillet 1998 portant révision de la Constitution, article 9.

[23] *Idem*, article 10.

[24] Groupe des Sages de l'Union africaine, « Les conflits et la violence politique résultant des élections. Consolider le rôle de l'Union africaine dans la prévention, la gestion et le règlement

des élections tenues ces dernières années. En tout état de cause, ces comportements regrettables sont sources de blocage, d'instabilité et de violence de toute forme.

En ce qui concerne les coups d'État, ils sont devenus le moyen privilégié de changement de régime par le renversement du pouvoir en place. On se retrouve, dès lors, avec des États dirigés par des militaires, en marge de tout ordre constitutionnel, avec des gouvernements de transition fragiles cherchant à asseoir leur légitimité et qui, parfois, peinent à organiser de nouvelles élections pour un retour à l'ordre constitutionnel. Ils se révèlent également être un simple coup de marteau à la démocratie, constituant une voie d'accès au pouvoir par la force. C'est pourquoi ils sont prohibés, notamment dans le cadre des organisations régionales. En ce sens, l'article 30 de l'Acte constitutif de l'Union africaine prévoit que « les gouvernements qui accèdent au pouvoir par des moyens anticonstitutionnels ne sont pas admis à participer aux activités de l'Union »[25]. Dans la même logique, la Charte africaine de la démocratie, des élections et de la gouvernance condamne les changements anticonstitutionnels[26]. Au niveau sous-régional, c'est le Protocole sur la Démocratie et la Bonne Gouvernance de la CEDEAO qui interdit les coups d'États. Aux termes de son article premier, alinéa (b), « toute accession au pouvoir doit se faire à travers des élections libres, honnêtes et transparentes ».[27] En conséquence, tout changement anticonstitutionnel est interdit de même que tout mode non démocratique d'adhésion ou de maintien au pouvoir[28].

Il faut souligner, néanmoins, que le continent africain a enregistré entre 80 et 85 coups d'État « réussis » au cours des cinq dernières décennies, sans compter les centaines de tentatives recensées[29]. Dans ce concert de coups

---

des conflits », *Rapport*, La collection Union africaine, New York : *International Peace Institute*, décembre 2012, 101 p.

[25] Acte constitutif de l'Union africaine adopté le 11 juillet 2000, article 30.

[26] Charte africaine de la démocratie, des élections et de la gouvernance, adopté le janvier 30, 2007, articles 23-26.

[27] Protocole sur la Démocratie et la Bonne Gouvernance (A/SP1/12/01) additionnel au protocole relatif au mécanisme de prévention, de gestion, de règlement des conflits, de maintien de la paix et de la sécurité qui interdits les coups d'États.

[28] *Idem,* alinéa c)

[29] À propos des coups d'États voir, par exemple, A. KITIO, « L'Afrique et les coups d'état ou l'illusion de la putsch-thérapie », 2019, consulté le 27 août 2022 sur : https://www.researchgate.net/publication/332060887_Titre_L'Afrique_et_les_coups_d'etat_ou_l'illusion_de_la_putsch-therapie, consulté le 27 août 2022.

d'État, quelques États s'illustrent en vedettes. Ainsi, le Nigéria, l'État le plus peuplé d'Afrique, a connu, entre 1966 et 1999, huit coups d'État. Le Ghana, a enregistré quant à lui cinq coups d'État en l'espace de quinze ans (le dernier datant de 1981) autant que les Comores et le Burundi. Le Burkina Faso se retrouve aussi avec 5 coups d'États entre 1966 et 1987 dont 4 en sept ans (entre 1980 et 1987).

Au cours de ces quinze dernières années, plusieurs coups d'États ont été menés (en Mauritanie[30], en Guinée[31], au Niger[32], en Guinée-Bissau[33], au Mali[34] et en Centrafrique[35], au Burkina Faso[36]... On peut, ainsi, dire sans risque de se tromper que l'Afrique détient, indubitablement, le record du continent ayant connu le plus grand nombre de coups d'État au cours des cinquante dernières années.

Tous ces facteurs fragilisent l'État, le plongeant dans une situation de vulnérabilité notoire, propice à l'émergence de groupes armés divers, qui rivalisent avec lui pour le contrôle du territoire, notamment à l'occasion des conflits armés.

---

L'auteur précise que : « Depuis 1950 l'Afrique aura été le théâtre d'un total de 204 putschs, dont 104 échoués, 100 réussis, et 139 complots en vue de coup d'État. »

[30] Le coup d'État du 6 août 2008 mené par le chef de la garde présidentielle, le général Mohamed Ould Abdel AZIZ qui a renversé le Président Sidi Mohamed Ould Cheikh ABDALLAHI.

[31] Le coup d'État de décembre 2008, à la suite de la mort du président Lansana CONTÉ qui a permis la reprise du pouvoir par la junte militaire dirigée par Moussa Dadis CAMARA et le coup d'État du 5 septembre 2021 mené par le Groupement des Forces spéciales, dirigé par Mamady DOUMBOUYA qui a abouti au renversement du président Alpha CONTÉ.

[32] Le coup d'État effectué par le commandant Salou DJIBO en février 2010 qui a renversé le président Mamadou TANDJA.

[33] Le coup d'État a été mené par l'armée, le 12 avril 2012, commandée par le général Mamadu Ture KURUMA, vice-chef de l'état-major, faisant suite au premier tour d'une élection présidentielle contestée, remporté par Carlos GOMES JUNIOR.

[34] Le coup d'État du 21 mars 2012 dirigé par le capitaine Amadou Haya SANOGO contre le président Amadou Toumani TOURÉ ; le coup d'État perpétré par les forces armées maliennes le 18 août 2020 qui a abouti au renversement du président de la République Ibrahim Boubacar KEÏTA, au pouvoir depuis 2013 et le coup d'État mené par le colonel Assimi GOÏTA, le 24 mai 2021, mettant fin à la présidence d'Ibrahim Boubacar KEÏTA.

[35] Le coup d'État du 24 mars 2013 dirigé par Michel DJOTODIA et qui a chassé le président BOZIZÉ du pouvoir.

[36] Le coup d'État 16 septembre 2015 perpétré par le général DIENDERÉ qui a mis fin au gouvernement de transition mis en place après la chute de l'ancien président Blaise COMPAORÉ ; le coup d'État du 24 janvier 2022 mené par le Lieutenant-colonel Paul-Henri Sandaogo DAMIBA qui renverse le président Roch Marc Christian KABORÉ et celui de septembre mené par le capitaine Ibrahim TRAORÉ mettant fin au pouvoir de KABORÉ.

### B. L'émergence de groupes armés aux profils variés

La défaillance de l'État se manifeste par son incapacité à assurer l'ordre et la sécurité sur l'ensemble de son territoire, ce qui favorise l'émergence de groupes armés qui contestent son autorité et se disputent le contrôle territorial. Dans les conflits africains, on observe une prolifération de groupes armés, que l'on peut classer selon leur ancrage, en groupes nationaux (1) et transnationaux (2).

#### 1. La multiplication des groupes armés nationaux

Les groupes armés nationaux renvoient à tous les groupes armés relevant des États sur les territoires desquels ils se déploient. Il s'agit, essentiellement, des groupes rebelles ou insurgés et des milices d'autodéfense. Les rebelles et les insurgés renvoient aux acteurs non étatiques qui s'opposent ouvertement, et par l'usage de la force, à une autorité ou un gouvernement légitime. Si la rébellion[37] désigne un groupe armé refusant de se soumettre et d'obéir à un gouvernement ou à une autorité étatique légitimement établie, l'insurrection fait généralement référence à un mouvement collectif violent, initié par une tranche importante des habitants d'un territoire, qui se rebelle, par les armes, contre le gouvernement en place[38]. Autrement dit, la rébellion, qui vise à contester l'autorité d'un gouvernement, est plus localisée et moins structurée qu'une insurrection, laquelle consiste en un soulèvement populaire tendant à renverser le pouvoir établi.

L'Afrique a toujours connu des problèmes de rébellion et de coups d'État. La fragilité des États, la mauvaise gestion ou la mauvaise répartition des ressources, le déficit démocratique, ainsi que les revendications identitaires font souvent émerger des groupes rebelles dans plusieurs États, tels que le Mali, la RDC, la Centrafrique, etc. Ces groupes constituent les acteurs qui affrontent les États dans les conflits armés actuels. Certains se battent pour la conquête du pouvoir ou pour le changement d'un régime cherchant ainsi à renverser le pouvoir en place pour des raisons, soit socio-économiques, soit politiques ou simplement démocratiques. C'est le cas, par exemple, en RDC, en République centrafricaine, en Libye… D'autres se forment ou se

---

[37] La rébellion s'identifie à un conflit armé non international lorsqu'elle correspond aux caractéristiques fixées pour l'existence de ce type de conflit. Si ce niveau n 'est pas atteint, on parlera alors plutôt d'émeute. Voir P. VERRI, *Dictionnaire du droit international des conflits armés,* Traduit de l 'italien par Inès MOTTIER et adapté par Antoine A. BOUVIER, Comité international de la Croix-Rouge, Genève, 1988, p.67.

[38] *Ibid.*

renforcent suite à une contestation des résultats électoraux par l'opposition et s'affrontent avec des groupes armés fidèles au pouvoir comme en Côte d'Ivoire. D'autres encore sont des groupes indépendantistes organisés qui entrent en conflit avec l'armée nationale en vue de revendiquer une partie du territoire. C'est le cas au Mali avec le Mouvement national de libération de l'*Azawad* (MNLA), qui lutte pour l'autodétermination et l'indépendance de l'*Azawad*[39].

Ces groupes rebelles reçoivent souvent des soutiens extérieurs, ce qui leur permet de se maintenir, prolongeant ainsi la durée des conflits face à la faiblesse des armées gouvernementales. De plus, cette incapacité des États à gérer la situation s'accompagne de l'émergence de mouvements d'autodéfense[40]. Ces mouvements se créent spontanément, essentiellement par des groupes de civils, en réaction à des exactions dont ils font l'objet ou en appui à l'armée régulière. Ils sont présents dans presque tous les conflits.

Il va sans dire que la prolifération des groupes armés caractérise la plupart des conflits. En République centrafricaine, par exemple, depuis le conflit de 2013 qui oppose, essentiellement, les milices de la Séléka[41], à majorité musulmane et fidèles au président Am-Nondokro Michel DJOTODIA, à des groupes d'autodéfense chrétiens dits « anti-balaka[42] », soutenus par d'anciens militaires des Forces armées centrafricaines fidèles à l'ancien Président François BOZIZÉ, on note une prolifération de groupes armés sur le territoire. Une prolifération par scissiparité, comme le souligne Thierry VIRCOULON[43] : « ils s'auto-génèrent ». Il en est ainsi de la coalition rebelle de Séléka, dirigée par Michel DJOTODIA, qui s'est décomposée dès 2014, donnant naissance à plusieurs groupes armés qui dominent une

---

[39] Azawad correspond aux trois régions maliennes de Kidal, Tombouctou et Gao.

[40] Voir M. PELLERIN, « Les groupes d'autodéfense, pompiers pyromanes du Sahel », *Notes de l'Ifri*, Ifri, décembre 2022, 25 p. ; Z. SORÉ, M. COTE, B. ZONGO, « Politiser le « vide sécuritaire » : à propos des groupes d'autodéfense koglweogo au Burkina Faso », *Politique africaine*, 3 (n°163), Éditions Karthala, 2021, p.127- 144.

[41] Une coalition rebelle formée par des membres de la Convention des patriotes pour le salut du Kodro (CPSK), de la Convention des Patriotes pour la Justice et la Paix (CPJP), de l''Union des forces démocratiques pour le rassemblement (UFDR) et du Front démocratique du peuple centrafricain (FDPC).

[42] Anti-machette.

[43] T. VIRCOULON, « Écosystème des groupes armés en Centrafrique », *Note de l'Ifri*, Ifri, avril 2020.

grande partie du territoire. Ainsi, on comptait au total dix groupes armés en 2015 et quatorze en 2017 et dix-sept en 2018[44].

La situation est encore plus complexe en RDC avec une prolifération préoccupante des groupes armés[45] qui favorise une criminalité organisée et une instabilité permanente, notamment à l'Est du pays. Selon le Groupe d'étude sur le Congo, il y a environ 120 groupes armés dans l'Est de la RDC[46]. Pour le Baromètre sécuritaire du Kivu (KST), on en compte 122 en 2020 ; un nombre qui est en baisse par rapport à l'année 2019, où il se situe autour de 130 groupes armés[47]. Aujourd'hui encore, en 2025, il y a plus de 100 groupes armés actifs en RDC, notamment dans l'est du pays même si le conflit actuel oppose principalement les Forces armées de la République démocratique du Congo (FARDC) aux rebelles du Mouvement du 23 mars (M23).

Dans certains conflits, on retrouve une forte présence d'acteurs transnationaux, qui viennent s'ajouter aux groupes armés nationaux.

### 2. La montée en puissance des groupes armés transnationaux

Les conflits armés actuels en Afrique s'inscrivent également dans un contexte mondial marqué par l'émergence du terrorisme transnational. Comme le rappelle Kamal BAYRAMZADEH, « […] dans le nouveau contexte international, nous assistons au développement du terrorisme dépourvu d'attaches étatiques. Celui-ci se manifeste par des activités menées par des organisations à caractère transnational, à l'image d'Al-Qaïda qui ne relève d'aucun attachement national… »[48]

La fragilité de certains États, incapables d'assurer le contrôle de leur territoire, crée les conditions propices à l'émergence de groupes terroristes,

---

[44] *Idem,* p. 7 et suivantes. Il s'agit de : FPRC, RPRC, UPC, MLJC, UFRF, UFR, Révolution et Justice, Séléka rénové, FDPC, MPC,3 R, la faction Mokom des anti-balaka et la Coordination des anti-balaka…

[45] Voir G. BERGHEZAN, « Groupes armés actifs en R. D. Congo – Situation dans le « Grand Kivu » au 2ème semestre 2013 », Groupe de recherche et d'information sur la paix et la sécurité (GRIP), *Rapport*, 2 décembre 2013, 36 p.

[46] Groupe d'étude sur le Congo et NYU/CIC (*Center on International Cooperation), The Landscape of Armed Groups in Eastern DRC, Kivu Security Tracker,* février 2021, reports/39/2021%20KST%20report%20EN.pdf.

[47] Baromètre sécuritaire du Kivu (KST, « La cartographie des groupes armés dans l'Est du Congo », *Rapport,* préparé par Christoph VOGEL, Giovanni SALVAGGIO, Pierre BOISSELET et Jason STEARNS, 28 février 2021, 46 p.

[48] K. BAYRAMZADEH, « Les États faillis et le terrorisme transnational, *Revue de la Faculté de droit de l'Université de Liège*, 2015, p.100.

notamment islamistes, qui ne relèvent d'aucun État spécifié. Ceux-ci agissent souvent sous la direction d'organisations transnationales à l'instar d'Al-Qaïda ou de l'État islamique[49], dont ils constituent les différentes branches.

Ces groupes islamistes se fondent sur une interprétation extrémiste de l'islam et visent la conquête du pouvoir pour un changement de l'ordre politique en vue d'établir la *charia* (loi islamique). Le rapport de la présidente de la Commission de l'Union africaine sur le terrorisme et l'extrémisme violent en Afrique, souligne l'aggravation de la menace terroriste, au cours de la dernière décennie, en Afrique qui « s'est propagée de l'Afrique du Nord et de l'Est vers l'Afrique de l'Ouest et l'Afrique centrale, couvrant le Sahel, qui s'étend de l'Océan Atlantique à la Mer Rouge et à l'Océan Indien », impliquant plusieurs organisations. Selon le rapport :

> « La menace terroriste en Afrique se manifeste à travers des activités au Nord, à l'Ouest, à l'Est et au Centre du continent, principalement dirigées par les organisations terroristes suivantes : Al-Qaïda au Maghreb islamique (AQMI) et le Mouvement pour l'Unicité et le Jihad en Afrique de l'Ouest (MUJAO) en Afrique du Nord et de l'Ouest, *Boko Haram* et Ansaru au Nigéria et au Cameroun, Al-Shabaab en Afrique de l'Est, et la LRA en Afrique centrale. Il convient de mentionner l'apparition récente du groupe Ansar Al-Charia dans certains pays de la région Nord »[50].

Ce rapport donne, ainsi, un aperçu de la situation dans les différentes régions du continent. En effet, en Afrique de l'Ouest, et plus particulièrement au Nord du Mali, plusieurs groupes armés terroristes interviennent dans le conflit, parmi lesquels le principal est *Al-Qaïda* au Maghreb islamique (AQMI). Ce mouvement est issu du Groupe salafiste pour la prédication et le combat (GSPC) algérien, avant de s'affilier officiellement à Al-Qaïda en 2007. Né du démantèlement du Groupe

---

[49] L'État islamique, également nommé Daesh, est une organisation terroriste, militaire et politique, d'idéologie salafiste djihadiste, qui a proclamé le 29 juin 2014 l'instauration d'un califat sur les territoires qu'il contrôle en Irak et en Syrie et dans plusieurs autres territoires. Sur l'État islamique voir O. MOOS, *L'État islamique*, *Cahiers de l'Institut Religioscope*, n° 13, août 2015 ; J. HOKAYEM, « L'État islamique : état des lieux », *Tribune*, n° 597, 13 janvier 2015.

[50] Conseil de Paix et de Sécurité, *Rapport de la présidente de la commission sur le terrorisme et l'extrémisme violent en Afrique*, 455ème réunion, au niveau des chefs d'État et de gouvernement, Nairobi, Kenya, 2 septembre 2014, p. 2.

islamique armé (GIA) algérien, le GSPC est arrivé dans la bande saharo-sahélienne en 1994 pour s'approvisionner en armes[51]. Il s'est implanté au Mali en 2003[52].

À côté d'AQMI, on retrouve, d'une part, le Mouvement pour l'unicité et le jihad en Afrique de l'Ouest (MUJAO), un groupe islamiste issu d'une scission d'AQMI, constitué de combattants sahariens plutôt qu'algériens[53] et, d'autre part, des militants du mouvement terroriste nigérian *Boko Haram*, avec lequel AQMI a entretenu des liens avérés[54].

En Afrique centrale, la LRA (Armée de résistance du Seigneur) « continue de semer la terreur contre les populations civiles dans des villages isolés en République démocratique du Congo (RDC), au Soudan du Sud et en République centrafricaine (RCA). En juin 2014, la résurgence de la LRA en RDC aurait contraint 1300 civils congolais à chercher refuge au Soudan du Sud ».

À l'évidence, les groupes terroristes sont devenus des acteurs actifs dans les conflits actuels. Le cas du Mali demeure particulièrement illustratif. L'insurrection malienne de 2012, qui oppose à l'origine le Mouvement national de libération de l'*Azawad* (MNLA) à l'État malien, s'est vite transformée en un conflit complexe auquel se sont joints plusieurs groupes islamistes. Le MNLA, groupe rebelle indépendantiste, essentiellement touareg, revendiquant l'autodétermination de l'Azawad, s'est renforcé en s'alliant avec des groupes islamistes opérant au Nord Mali depuis quelques années, dont les principaux sont *Al-Qaïda* au Maghreb islamique (AQMI), *Ançar Dine* (Défenseurs de l'Islam), le Mouvement pour l'unicité et le jihad en Afrique de l'Ouest (MUJAO) et *Boko Haram*.

Il en va de même pour le cas de la Libye, où l'on assiste à l'implication, dans le conflit, de divers groupes terroristes[55], parmi lesquels on peut citer

---

[51] *Rapport sur la paix et la sécurité dans l'espace CEDEAO*, Numéro 2, avril 2013, p. 1.

[52] Son installation est effectuée suite à l'enlèvement de 32 touristes occidentaux dans le Sud algérien. Leur libération a été attribuée au Mali, grâce notamment à la médiation d'Iyad Ag GHALI. Les preneurs d'otages ont obtenu une immunité relative sur le sol malien (dans la région de Tombouctou puis, à partir de 2007, dans les montagnes de Timétrine) 28 en échange de la libération des Occidentaux. Voir Crisis Group, « Mali : éviter l'escalade », *Rapport Afrique*, n°189, 18 juillet 2012, p.5.

[53] Cf. *Rapport sur la paix et la sécurité dans l'espace CEDEAO*, *op. cit*, p. 17 ; Sur l'origine de la scission voir note 126.

[54] *Idem.* Voir, note 125.

[55] Voir L.-A., AMMOUR, « Libye 2011-2013 : les reconfigurations de l'islamisme radical », *Politique étrangère*, 4/2013, p. 145-157 ; M. ELJARH, *Étude sur la situation*

le Groupe islamique combattant en Libye (GICL)[56], l'État islamique (EI ou ISIS), Al-Qaïda au Maghreb islamique (AQMI) et Ansar al-Charia[57].

Ces groupes s'illustrent par des actes terroristes, des prises d'otages, des attentats-suicides, etc. Ils exploitent la faiblesse de l'État et profitent des tensions communautaires. Aussi, comme le montre Laurence-Aïda AMMOUR, « les attaques djihadistes et les besoins de protection des communautés qui en résultent ont conduit à la prolifération de milices d'auto-défense à base « ethnique » (Peuls, Bambaras, Dogons, Mossi) avec parfois des rayons d'action limités aux villages »[58].

En somme, il convient de retenir qu'une combinaison de plusieurs facteurs limite la capacité des États africains à assurer leurs fonctions principales, ce qui conduit à des crises profondes et à des conflits dans lesquels se battent des groupes armés qui se multiplient sur le territoire. Cette prolifération des groupes armés contribue à fragiliser davantage les États.

## II. UNE PROLIFÉRATION DES GROUPES ARMÉS À L'ORIGINE DE LA DÉFAILLANCE DES ÉTATS

Si la prolifération des groupes armés dans les conflits africains résulte de la défaillance des États, elle peut aussi être à l'origine de leur déstabilisation. En effet, la profusion de groupes armés rend les conflits complexes (A) en raison de leur fragmentation, de l'ampleur de leur violence et de leur persistance. Cette situation menace l'existence même de l'État, provoquant sa déstabilisation (B). L'effondrement de ses structures le rend incapable d'assurer normalement ses fonctions et de gérer efficacement les conséquences socio-économiques des conflits. Il en résulte une aggravation de la pauvreté et de l'insécurité.

---

*sécuritaire en Lybie*, 2016, https://library.fes.de/pdf-files/bueros/tunesien/16517.pdf, 22 p, Consulté le 29 mai 2025 ; Centre de documentation de l'École militaire, « Libye : entre rivalités internes et ingérences étrangères (2011-2021) », *Document de synthèse*, mars 2022, https://www.defense.gouv.fr/sites/default/files/dems/Libye.entre_.rivalites.internes.et_.ingerences.etrangeres.pdf, *idem.*

[56] Le Groupe islamique combattant libyen, affilié à Al-Qaida, a été créé en 1995 par des Libyens qui avaient combattu en Afghanistan.

[57] Ansar al-Charia est créée en 2011 en Libye, dissoute le 27 mai 2017, puis activé lors de la deuxième guerre civile libyenne.

[58] L.-A. AMMOUR, « Comment les groupes extrémistes violents exploitent les conflits intercommunautaires au Sahel », CESA, 14 janvier 2020, p.2. Voir https://africacenter.org/fr/spotlight/comment-les-groupes-extremistes-violents-exploitent-les-conflits-intercommunautaires-au-sahel/, consulté le 27août 2020.

### A. La complexification des conflits

La présence d'une multitude d'acteurs avec une profusion de groupes armés, qui se battent en dehors de tout respect des droits humains, dont les civils sont les principales victimes, complexifie les conflits. Ces derniers se déploient sous une nouvelle forme, marquée par des violences intenses et complexes, ayant des conséquences humanitaires désastreuses. Ils se caractérisent par leur fragmentation et leur multiplication (1), ainsi que par l'exacerbation d'une violence exercée en violation des droits humains (2).

#### 1. La fragmentation et la multiplication des conflits

La prolifération des groupes armés contribue à la fragmentation des conflits, les rendant de plus en plus complexes. On assiste, d'une part, à la multiplication des conflits et, d'autre part, à la transformation de leur nature. S'agissant de la multiplication des conflits, il faut noter que d'un seul conflit peuvent émerger plusieurs autres, se déroulant sur le même territoire et impliquant plusieurs parties.

Au Mali, par exemple, le conflit qui a éclaté en 2012 entre les groupes armés indépendantistes touaregs, le MNLA qui revendique l'indépendance d'*Azawad* s'est complexifié avec l'implication des groupes armés islamistes dont *Ançar Dine*, *Al-Qaida* au Maghreb islamique (AQMI), Mouvement pour l'unicité et le Jihad en Afrique de l'Ouest (MUJAO) et *Boko Haram*. On assiste, ainsi, à l'apparition de plusieurs conflits sur le territoire malien. L'armée malienne se bat non seulement contre les rebelles touaregs du MNLA, mais aussi contre les groupes islamistes.

Par ailleurs, on observe un conflit entre les rebelles du MNLA et les groupes islamistes, qui se disputent le contrôle des territoires conquis, délogeant la rébellion touarègue de son quartier général à Gao, le 27 juin 2012, et devenant maîtres de la ville ainsi que de toute la région. À cela s'ajoute le coup d'État du 22 mars 2012, mené par un groupe de militaires putschistes, dirigé par le capitaine SANOGO qui renverse le Président Amadou Toumani TOURÉ. Cette situation contribue à accentuer la fragilisation de l'État malien et à favoriser l'accélération des évènements.

Une situation similaire est observée en RDC ou encore en RCA. La prolifération des groupes armés favorise la multiplication des conflits et leur persistance, en fonction des intérêts et des motivations des parties impliquées. Cette multiplication s'accompagne de la transformation de leur nature. Cette transformation peut résulter, par exemple, d'une mobilisation identitaire, ethnique ou religieuse.

Au Mali, d'une rébellion dirigée par des groupes indépendantistes, on en arrive à un conflit complexe et multiforme, présentant des dimensions ethniques et religieuses. Il convient toutefois de souligner que les rébellions qu'a connues le Mali sont essentiellement fondées sur des divisions ethniques.

Les Touaregs, lors de la rébellion de 2012, revendiquaient leur droit sur le désert situé au Nord du fleuve Niger, dans le but de créer l'État indépendant de l'*Azawad.* Ce faisant, ils opéraient une séparation entre les Touaregs du Nord et les Africains noirs du Sud du Mali[59].

L'implication des groupes islamistes a conféré une dimension religieuse au conflit, dans la mesure où ces groupes menaient une lutte dont l'objectif était l'instauration d'une République islamique appliquant la *charia.*

L'implication des groupes islamistes donne un aspect religieux au conflit dans la mesure où ils menaient une lutte religieuse dont le but demeure l'instauration d'une République islamique avec l'application de la *charia.* La fragilisation de l'État malien par les conflits, malgré le soutien de la communauté internationale, accentue les tensions ethniques, avec la prolifération de milices d'autodéfense à base ethnique[60].

En République centrafricaine également, partant d'une rébellion de la coalition Séléka, dirigée par Michel DJOTODIA, contre le pouvoir du président François BOZIZÉ, on est passé, en 2013, à une situation complexe, marquée par un conflit intercommunautaire, voire religieux. Ce conflit oppose notamment les milices de la Séléka aux groupes d'autodéfense « anti-balaka ».

En République démocratique du Congo, que ce soit lors du premier conflit déclenché en 1996 ou du second, qui a éclaté le 2 août 1998 à l'Est du pays, il s'agissait à l'origine d'une rébellion contre le pouvoir en place, qui s'est progressivement transformée en un conflit de dimension régionale, avec l'implication de plusieurs acteurs nationaux et étrangers.

Dans le premier conflit, des forces étrangères relevant des six pays voisins à savoir, le Rwanda, l'Ouganda, le Burundi, le Zimbabwe, la Namibie et l'Angola s'y sont impliquées.

---

[59] La rébellion précédente des Touaregs (2007 à 2009) a eu lieu aussi bien au Mali qu'au Niger. Parmi les demandes des Touaregs du Niger figuraient la décentralisation et aussi que le l'armée nigérienne soit dominée par des Touaregs plutôt que par les Africains noirs.

[60] Voir FIDH/AMDH, « Dans le centre du Mali, les populations prises au piège du terrorisme et du contre-terrorisme », *Rapport d'enquête*, N° 727f, Novembre 2018, 97 p.

Il en est de même pour le deuxième conflit, marqué par la présence de neuf armées[61], à laquelle s'ajoutait l'intervention de diverses milices, notamment les Interahamwe, les Maï-Maï, les ex-FAR, le Front pour la défense de la démocratie (FDD) et l'Armée de résistance du Seigneur (LRA). Cette configuration a créé un environnement particulièrement instable, marqué par de graves violations des droits humains.

En plus de leur fragmentation, les conflits se caractérisent par une exacerbation de la violence, souvent exercée en violation des droits humains

### 2. L'exacerbation de la violence au mépris des droits humains

La multiplicité des groupes armés dans les conflits africains contribue à l'exacerbation de la violence et à l'aggravation des violations des droits humains. Que ce soit au Mali, en Côte d'Ivoire, en RDC ou en RCA, les conflits impliquent une multitude d'acteurs qui s'affrontent sur le terrain. Les parties s'opposent dans des affrontements asymétriques. Ces conflits n'opposent pas uniquement des forces étatiques, mais voient également s'affronter divers groupes armés non étatiques entre eux et/ou contre des États.

La prolifération des groupes armés dans les conflits est à l'origine de nombreuses difficultés. En effet, ces groupes sont souvent mal organisés, leurs combattants étant peu, voire pas du tout entraînés, et souvent indisciplinés. Ils se livrent à des actes atroces constitutifs de crimes de guerre et de crimes contre l'humanité. Ils utilisent divers moyens et méthodes en violation des lois et coutumes de la guerre, tels que le viol, les massacres systématiques de civils à l'aide de machettes ou de couteaux, la terreur, etc.

Ainsi, en RDC, la guerre a essentiellement été le fait de factions mal organisées. Elles se battent en dehors de tout respect du droit international humanitaire et sont à l'origine de nombreux crimes de guerre et crimes contre l'humanité[62]. En effet, le viol a été utilisé comme arme de guerre, à

[61] Rassemblement congolais pour la démocratie (RCD) qui est à l'origine du conflit armé éclaté le 2 août 1998, à l'Est de la République démocratique du Congo, bénéficie de l'appui des armées du Rwanda, de l'Ouganda et du Burundi. De son côté, le gouvernement de Kabila bénéficie du soutien des forces armées de cinq autres pays : Zimbabwe, Tchad, Soudan, Angola et Namibie, en vertu de l'Article 51 de la Charte des Nations Unies concernant le droit naturel de légitime défense individuelle ou collective rappelé par le Conseil de sécurité dans sa résolution 1234 (1999) en date du 9 avril 1999.

[62] Cf. Rapport du Projet Mapping, *op. cit.*

des fins de terreur et de domination. Le nombre de morts résultant de la deuxième guerre du Congo (1998-2002) est estimé à plus de trois millions de personnes jusqu'en 2002.[63]

De plus, le conflit qui oppose, depuis février 2025, le groupe armé M23 aux forces armées du gouvernement congolais aggrave la situation dans les provinces du Nord-Kivu et du Sud-Kivu, où les exactions contre les civils se multiplient. Ce conflit a fait plus de 7 000 morts et a entraîné un nombre record de 7,8 millions de personnes déplacées à l'intérieur de la RDC, ainsi que 103 000 personnes cherchant refuge dans les pays voisins (notamment le Burundi et l'Ouganda).[64].

Aussi, les groupes d'autodéfense sont-ils des groupes qui naissent de façon spontanée pour se défendre, sans avoir le temps de s'organiser efficacement. C'est le cas au Mali, où ces groupes se sont constitués en vue de soutenir l'armée malienne dans sa lutte contre les exactions commises par les groupes islamistes, comme le souligne le rapport sur les crimes de guerre au Nord du Mali :

> « Plusieurs milices ou groupes armés d'autodéfense locale se sont constituées et auraient perpétré des crimes, des attaques contre des populations civiles, des exécutions sommaires d'hommes en armes. Les milices d'autodéfense Songhoï se seraient particulièrement illustrées dans de telles attaques »[65].

C'est également le cas en RCA, où se forme une multitude de groupes armés irréguliers. La plupart d'entre eux n'a aucune connaissance ni respect des droits humains, et se livre à des actes de barbarie. Certains groupes armés ne portent pas ouvertement d'armes ni de tenues de combat, et ne respectent pas les lois et coutumes de la guerre.

L'absence de signes distinctifs et le non-port de l'uniforme militaire rendent difficile la distinction entre civils et combattants. Les groupes rebelles en profitent pour infliger des revers à l'armée régulière, se dissimulant parfois au sein de la population civile. Dès lors, ils commettent de graves violations

---

[63] Voir M. GALY, « Polémique sur les massacres », *Le Monde diplomatique*, janvier 2014, disponible sur https://www.monde-diplomatique.fr/2014/01/GALY/50015 ; consulté le 29 août 2020. Voir aussi http://www.ladocumentationfrancaise.fr/dossiers/conflit-grands-lacs/sept-pays-guerre-congo.shtml.

[64] WFP, *Rapport Flash : Crise dans l'est de RDC*, mars 2025, https://reliefweb.int/report/democratic-republic-congo/rapport-flash-crise-dans-lest-de-rdc-mars-2025, consulté le 29 mai 2025.

[65] M. MARIKO ; F. GEEL, *Crimes de guerre au Nord-Mali, Rapport*, FIDH (Éd. française), 2012, p. 6.

du droit international humanitaire, notamment des assassinats et des attaques contre les civils, y compris des viols. Autrement dit, le conflit se caractérise par de nombreuses exactions contre les civils, qu'ils soient musulmans ou chrétiens. Un grand nombre d'entre eux fuit les villages pour se réfugier dans la brousse. La situation débouche sur une crise humanitaire dramatique, aggravée par le chaos sécuritaire[66].

C'est dire que la prolifération des groupes armés dans les conflits en Afrique entraîne une augmentation considérable du nombre de victimes civiles, soumises à toutes sortes de violences. Ainsi, les civils deviennent les cibles d'attaques délibérées. La destruction d'infrastructures et de biens indispensables à leur survie est massive, et les déplacements forcés de population sont portés à leur paroxysme. Aussi, les civils sont-ils fréquemment utilisés comme boucliers humains, exposés à des massacres collectifs, à des actes de torture, à des traitements cruels, à des viols de masse et à d'autres formes de violences sexuelles.

Au demeurant, la multiplication des conflits, l'ampleur de leur violence et leurs conséquences catastrophiques plongent les États dans un chaos profond, contribuant fortement à leur déstabilisation.

### B. La déstabilisation des États

La déstabilisation des États résulte des conflits et de la présence de multiples groupes armés qui se disputent le contrôle des territoires. Elle s'accompagne de l'effondrement des structures étatiques (1), entraînant des conséquences socioéconomiques (2) graves.

#### 1. L'effondrement des structures étatiques

La fragmentation et la multiplication des conflits, ainsi que l'exacerbation de leur violence liée à la prolifération des groupes armés, entraînent des conséquences graves pour les États. L'une des conséquences majeures est l'effondrement des structures étatiques. En effet, la persistance et la durée des conflits épuisent l'État, qui se désintègre, perdant le contrôle partiel ou total de son territoire au profit des groupes armés. On assiste alors à son effondrement, c'est-à-dire à la désintégration des institutions politiques, qui sont les manifestations objectives de l'État sous forme d'autorité, d'ordre et de légitimité.

---

66 Bureau du Procureur de la CPI, « Deuxième situation en République centrafricaine », *Rapport établi au titre de l'article 53-1 du Statut,* 24 septembre 2014.

L'État devient, alors, incapable de maintenir l'ordre public et d'assurer la sécurité sur l'ensemble du territoire, se caractérisant « par l'implosion des structures de son pouvoir et de la destruction de sa structure institutionnelle, par l'effondrement de son ordre juridique et légal et l'absence d'une véritable autorité politique dotée de la capacité juridique et même factuelle de représenter l'État au niveau international »[67]. On est, ainsi, comme le décrit William ZARTMAN dans « une situation dans laquelle la structure, la loi des autorités (le pouvoir légitime), et l'ordre politique se sont effondrés. Cela implique l'échec non seulement de la superstructure gouvernementale mais aussi celui de l'infrastructure sociétale »[68]. Ce qui fait que les États sont déstabilisés et se constituent en proie à de nombreuses crises. À ce propos, Christophe REVEILLARD, précise :

> « Les raisons principales de cette déstabilisation étatique s'expliquent essentiellement par la faiblesse intrinsèque de l'État et de son administration, notamment dans sa capacité à assumer ses missions régaliennes pour le contrôle du territoire et empêcher les coups d'État ou les mutineries, un sous-développement chronique handicapant malgré de nombreux motifs d'espérance, et l'ethnicisation des oppositions laquelle a connu des pics de violence inégalés et de grande ampleur intégrant cannibalisme, viol systématique et massacres comme en Sierra Léone, au Libéria, et plus récemment en 2003 les massacres et actes de cannibalisme des troupes du MLC de J.-P. Bemba sur les Pygmées d'Ituri, et les pratiques génocidaires aux Rwanda, Burundi et au Soudan. »[69]

En outre, certains États se caractérisent par la faiblesse de leurs armées, parfois divisées, mal organisées, ou placées sous l'autorité de multiples commandements, et dépourvues des moyens nécessaires pour assurer une sécurité qui échappe à leur contrôle. Le cas malien, où l'armée nationale s'est révélée incapable d'empêcher l'occupation du Nord et la progression

---

[67] G. CAHIN, « L'État défaillant en droit international : quel régime pour quelle notion ? », *Pouvoir du droit, droit du pouvoir, Mélanges offerts à Jean Salmon,* Bruxelles, Bruylant 2007, *p. 184.*

[68] Voir W. ZARTMAN (ed), 1995, *Collapsed States : The Disintegration and Restoration of Legitimate*
*Authority*. London : Lynne Rienner., p.4. Voir aussi M. JALLOH, *Effondrement et reconstruction de l'État : les continuités de la formation de l'État sierra léonais*, Thèse de doctorat, soutenue le 8 Avril 2011, Sous la direction de M. DARBON, Science politique, Université Montesquieu - Bordeaux IV, 2011, 541 p.

[69] REVEILLARD, Christophe, « Les conflits de type infra-étatique en Afrique », *Géostratégiques*, n° 25, octobre 2009, p. 193-194.

des rebelles en 2012, mieux armés, ainsi que le cas centrafricain, où l'armée a été très tôt dépassée par les violences qui ont accablé le pays en 2013, peuvent servir d'exemples.

Par conséquent, l'État perd la capacité d'exercer les fonctions normales de gouvernement. Le gouvernement n'est plus capable d'assurer un contrôle effectif sur l'ensemble de son territoire, dans la mesure où celui-ci se fragmente en plusieurs factions en conflit. Il perd ainsi le contrôle effectif de vastes zones au profit des groupes armés. Au Mali, par exemple, les groupes armés ont pris le contrôle du Nord du pays, notamment des trois régions de Kidal, Tombouctou et Gao.

En République centrafricaine, le conflit a plongé l'État dans une confusion totale, avec la défaillance des institutions et de l'autorité étatique. Plus de 80 % du territoire est passé sous le contrôle ou l'influence de milices armées. On peut également citer l'exemple de la Libye, qui a basculé dans le chaos après le conflit armé de 2011 et l'intervention militaire de l'OTAN. À la fin de l'année 2015, le pays se retrouve avec « deux parlements et deux gouvernements qui se disputaient la légitimité du pouvoir, sans qu'aucun n'ait un contrôle effectif sur l'ensemble du territoire national, dont certaines parties sont, par ailleurs, occupées par des milices locales et des groupes terroristes faisant la loi »[70].

Cette situation chaotique, caractérisée par l'effondrement des structures étatiques et l'absence d'une autorité effective à la tête de l'État, s'accompagne de l'effondrement de l'économie et contribue à l'aggravation de la pauvreté, dans la mesure où l'État devient incapable d'assurer ses fonctions principales et de répondre aux besoins essentiels de la population.

### 2. Les conséquences socioéconomiques

Le foisonnement de groupes armés alimente et fait perdurer les conflits, dont l'une des conséquences majeures est de freiner le développement économique des États et d'aggraver la pauvreté. En effet, les conflits en Afrique s'accompagnent de pillages et de destructions de biens indispensables à la survie de la population.

Au Mali, les groupes armés se sont livrés systématiquement à des destructions et à des pillages des bâtiments publics, des symboles de l'État, des écoles, des domiciles de fonctionnaires, des biens de certains opérateurs

---

[70] O. ILLY, « L'État en faillite » en droit international », 28.2, *Revue québécoise de droit international,* 2015, p. 60.

économiques, des lieux de culte chrétiens, des entrepôts du PAM, des magasins, des marchés, etc.

Aux termes du rapport sur les crimes de guerre au Nord-Mali[71], à Gao, le MNLA, par exemple, a opéré, pendant plusieurs jours des pillages. On peut ainsi lire :

> « Dès les premières journées d'occupation de la ville, les hommes armés circulant dans les véhicules portant le drapeau du MNLA ont pillé toutes les pharmacies de la ville y compris celles de l'hôpital et des cliniques privées. À l'hôpital de Gao, ils ont emporté les médicaments et le matériel médical, le mobilier et les motos appartenant au personnel. Ils ont arraché les tubes d'oxygène d'un malade pour lui prendre son matelas. »[72]

En somme, « les banques, les écoles, les églises, les bureaux des organisations humanitaires ont été pillés et saccagés par le MNLA ainsi que les prisonniers qui ont été libérés par le MNLA et qui ont amplifié les pillages »[73].

Il en va de même en RDC. Les violences s'accompagnent de pillage systématique. Le Rapport Mapping en a fait état. Par exemple, on peut lire :

> « Au cours de cette période, les violences au Nord-Kivu ont également donné lieu à un grand nombre de pillages. Les bâtiments destinés à l'enseignement, les hôpitaux et les dispensaires ont été régulièrement ciblés, en particulier dans le territoire du Masisi. Cette guerre n'a pas épargné le bétail, l'une des principales richesses de la province. En trois ans, 80 % du cheptel aurait été pillé, principalement par les ex-FAR/Interahamwe et les éléments armés hutus issus de la MAGRIVI, en collaboration avec certaines unités des FAZ. »[74]

Ces actes de pillage et de destruction de biens indispensables à la survie de la population sont récurrents et s'opèrent de façon systématique à l'occasion des conflits, faisant de nombreuses victimes et s'aggravant par des actes constitutifs de meurtre, de torture et d'autres traitements cruels.

---

[71] M. MARIKO ; F. GEEL, *Crimes de guerre au Nord-Mali*, *Op.cit.*

[72] *Idem*, p. 16.

[73] *Ibid.*

[74] Rapport Mapping, *op. cit.* pp. 66-67.

Ainsi, en plus du lourd bilan humain et des violations massives des droits de l'homme perpétrées par les factions contre la population civile, les conflits perturbent les activités économiques, notamment dans l'agriculture et l'industrie. Ils entraînent aussi des déplacements de population et provoquent la détérioration des infrastructures matérielles. C'est ce qu'on a observé en RDC, où les conflits ont porté un coup dur à l'économie. Cette situation est décrite par la Commission économique pour l'Afrique :

> « Les conflits ont aggravé l'instabilité macroéconomique et l'incertitude liée à l'investissement, et détérioré les finances publiques aussi bien en termes d'équilibres budgétaires que d'efficacité de la gestion des finances publiques. Les effets risquent de se faire sentir pour longtemps car les conflits ont eu un impact sur les principaux moteurs de la croissance économique, notamment l'industrie, le secteur manufacturier, l'agriculture et le capital humain. Ils ont renforcé la dépendance structurelle de l'économie aux ressources naturelles en fragilisant la diversification économique. Ils ont aussi augmenté la dépendance au financement extérieur en compromettant la mobilisation des revenus internes, surtout l'imposition dans le secteur des ressources naturelles. »[75]

En République centrafricaine, la destruction des structures économiques, le départ des entrepreneurs, le pillage systématique des richesses nationales, entre autres facteurs, ont plongé l'État dans une situation d'extrême pauvreté. Comme le souligne Didier NIEWIADOWSKI, « avec l'effondrement de l'État, la déstructuration de la société et l'insécurité grandissante sur tout le territoire, la proportion de Centrafricains vivant dans la pauvreté ne cessait de s'accroître. Le taux de l'extrême pauvreté est ainsi devenu l'un des plus élevé au monde »[76].

Il convient de retenir, finalement, que la prolifération des groupes armés contribue à la déstabilisation des États. Elle rend les conflits de plus en plus complexes et leurs conséquences de plus en plus catastrophiques sur le plan humanitaire, sécuritaire, social et économique, ce qui fragilise davantage les États.

---

[75] Nations Unies, Commission économique pour l'Afrique, *Conflits en République Démocratique du Congo : Causes, impact et implications pour la région des Grands Lacs*, septembre 2015, p. VIII.

[76] D. NIEWIADOWSKI, « La République centrafricaine : le naufrage d'un État, l'agonie d'une Nation », janvier 2014, p. 39, consulté le 30 août 2020 sur : http://afrilex.u-bordeaux4.fr/sites/afrilex/IMG/pdf/La_Republique_centrafricaine.pdf.

## CONCLUSION

En définitive, la prolifération des groupes armés est une caractéristique commune à presque tous les conflits armés en Afrique. Elle résulte généralement de la défaillance des États, qui s'explique par une combinaison de plusieurs facteurs liés notamment au sous-développement, aux revendications identitaires et à un déficit démocratique. Cette prolifération de groupes armés est, par la même occasion, un facteur de fragilisation des États dans la mesure où elle contribue à la fragmentation et à la multiplication des conflits ainsi qu'à leur persistance. Ce qui permet d'établir un lien dialectique entre ces deux phénomènes par l'entremise des conflits. L'extrême violence qui les caractérise « engendre la pauvreté, l'exclusion et l'absence d'institutions, qui elles-mêmes nourrissent les conflits »[77].

Aussi, convient-il de relever que, par le rapport entre la prolifération des groupes armés dans les conflits africains et la défaillance des États, ces derniers se retrouvent dans un cercle vicieux dont il serait difficile de sortir. C'est pourquoi la plupart des missions de maintien de la paix peinent à atteindre les objectifs visés. Il en est ainsi au Mali, en RCA, en Libye, en RDC, etc. Ce qui amène les décideurs politiques, les pays hôtes et les experts à dire que le maintien de la paix est en crise[78].

Ainsi, la résolution des conflits doit nécessairement prendre en compte l'ensemble des facteurs qui concourent à la défaillance des États.

Par ailleurs, le problème de la défaillance de l'État, lié à la prolifération des groupes armés et à l'intervention étrangère à l'occasion des conflits, invite à s'interroger sur sa souveraineté, qui se vide de son contenu.

---

[77] P. HUGON, « Conflits armés, insécurité et trappes à pauvreté en Afrique », *Afrique contemporaine*, vol. 2, n° 218, Éditions De Boeck Supérieur, 2006, p. 36.

[78] P.-S. HANDY ; F. DJILO, « Le maintien de la paix de l'ONU en Afrique doit répondre à des paramètres plus stricts », Institut d'Études de Sécurité, En ligne, https://issafrica.org/fr/iss-today/le-maintien-de-la-paix-de-lonu-en-afrique-doit-repondre-a-des-parametres-plus-stricts, consulté le 20 septembre 2023. Voir aussi A. NOVOSSELOFF, « Engagement de l'ONU en Afrique : un état des lieux », *Revue Défense Nationale*, vol. 7, N° 792, 2016, p. 105-109 ; C. LE BRECH, « L'impuissance de l'ONU face aux guerres africaines », publié le 10/10/2017, En ligne : https://www.francetvinfo.fr/monde/afrique/politique-africaine/l-impuissance-de-l-onu-face-aux-guerres-africaines_3058705.html, consulté le 20 septembre 2023.

- **BIBLIOGRAPHIE**
- AYISSI (A.) ; MAIA (C.), « La gestion des crises constitutionnelles en Afrique : mandat et défis de la médiation internationale », *Annuaire français de relations internationales*, vol. XIII, 2012, p.173-198 ;
- BALANCIE, (J.-M.), *Les nouveaux mondes rebelles. Conflits, terrorisme et contestations,* Michalon, 2005, 503 p. ;
- BARRY, (A.M.), *Guerre et trafic d'armes en Afrique, approche géostratégique*, Paris, L'Harmattan, 2006, 408 ; p. ;
- BAYART, (J. F.), *L'État en Afrique. La Politique du ventre*, Paris, Fayard, 2006, 439 p. ;
- BAYRAMZADEH, (K.), « Les États faillis et le terrorisme transnational », *Revue de la Faculté de droit de l'Université de Liège*, Paris, Larcier, n° 1, 2015, pp. 99-121 ;
- BISSUE BI-NZE (A.), « L'État défaillant : histoire, droit, géopolitique et géostratégie d'une mosaïque d'États », *R.I.D.S.P*, Vol. 2, N°9, Septembre 2022, p. 293-315.
- CAHIN (G.), « L'État défaillant en droit international : quel régime pour quelle notion ? », Jean Salmon, *Droit du pouvoir, pouvoir du droit* : mélanges offerts à Jean Salmon, Bruxelles, Bruylant, 2007, *p.* 177-209 ;
- CARTAPANIS, (A.), « L'État défaillant », Lorenzi (J.-H.), *Qui capture l'État* ? Presses Universitaires de France, 2012, pp. 19-22 ;
- CETTINA, (N.), *Terrorisme, l'histoire de sa mondialisation*, Paris, L'Harmattan, 2001, 352 p. ;
- CHATAIGNIER, (J.-M.) ; MAGRO, (H.), (dir.), *États et sociétés fragiles : entre conflits, reconstruction et développement*, Paris, Karthala, 2007, 560 p. ;
- COURMON, (B.) ; RIBNIKAR, (D.), *Les guerres asymétriques*, IRIS/PUF, Paris, 2002, 284 p. ;
- DERRIENNIC, (J.-P.), *Les guerres civiles,* Paris, Presse de Sciences Po, 2001, 282 p. ;
- DIAMINT, (R.), « Conflits armés et États défaillants », *Revue ASPECTS*, n° 4, 2010, p.71-87 ;
- FONTAINE (J.) ; LAHOUARI (A.) ; HENNI (A), « Crise malienne : quelques clefs pour comprendre, *Confluences Méditerranée*, 2013 /2, n° 85, L'Harmattan, pp. 191-207 ;
- GAZIBO (M.), *Introduction à la politique africaine*, Montréal, Presses de l'Université de Montréal, 2010, 292 p. ;
- GONDJE-DJANAYANG (G.-L.), « La crise centrafricaine face au tournant du conflit intercommunautaire », ANDRIANTSIMBAZOVINA (J.) et KABOU (P.) (dir.), *Laïcité et défense de l'état de droit*, Toulouse, Presses de l'Université Toulouse Capitole, 2020, p. 103-111 ;
- HUGON (P.), « Conflits armés, insécurité et trappes à pauvreté en Afrique », *Afrique contemporaine*, vol. 2, n° 218, Éditions De Boeck Supérieur, 2006, pages 33 à 47 ;

- ILLY, (O.), « L'État en faillite » en droit international, *Revue Québécoise de droit international,* volume 28-2, 2015 ; pp. 53-80 ;
- KAMTO (M.), « Crise d'État et réinvention de l'État en Afrique », KAMTO Maurice (dir.), *L'Afrique dans un monde en mutation : dynamiques internes ; marginalisation internationale*, AfricEdit, 2010, p. 78. ;
- KHAZRI, (A.), « Le développement durable et les conflits armés », *Télescope*, vol. 17, n° 2, 2011, p. 114-130
- MARC, (A. P.), *Les conflits identitaires en Afrique francophone*, L'Harmattan, 2011, 214 p. ;
- NWATCHOCK A BIREMA (O.), « Le problème est-il ailleurs ? Repenser la faillite de l'État africain au prisme de la théorie du système-monde néolibéral », *L'État face à ses transformations*, Apr, Mons, Belgique, 2017, p, 1-22 ;
- REVEILLARD, (C.), « Les conflits de type infra-étatique en Afrique », *Géostratégiques*, n° 25, octobre 2009, pp.193-194 ;
- RUDOLPH, (A.), « La révolte des Touaregs et le coup d'État au Mali », *ASPJ Afrique & Francophonie* - 1er trimestre 2013, pp. 66-79 ;
- SERMET, (L.), « La notion de "conflit armé interne" : Problématique autour de l'objet et des sujets », *Revue ASPECTS*, n° 4, 2010, pp. 51-68 ;
- SUR, (S.), « Sur les États défaillants », *Commentaire*, n°112, hiver 2005, pp. 891-899 ;
- VIRCOULON, (T.), « Écosystème des groupes armés en Centrafrique », *Note de l'Ifri*, Ifri, avril 2020, p. 31 ;

# Coups d'État militaires et justice para-constitutionnelle en Afrique : recherche sur les nouvelles tendances du droit constitutionnel africain

***El Hadji Omar DIOP***

*Docteur en droit de l'Université Montesquieu de Bordeaux, Enseignant-chercheur à la faculté des sciences juridiques et politiques à l'Université Cheikh Anta Diop de Dakar*

*Parmi les africains qui ont vécu à Bordeaux, Monsieur le Professeur Alioune Badara Fall fait partie de ceux qui ont le plus œuvré à rehausser l'image de l'Afrique et des Africains de par son humanisme, sa disponibilité et sa générosité. A plusieurs reprises, nous avons été témoins de l'arrivée de jeunes sénégalais fraîchement débarqués à Bordeaux et ne sachant où aller. Ils étaient accueillis chez Monsieur Fall, rassurés, aidés dans leurs démarches administratives et universitaires. C'est ainsi que la maison du professeur était devenue le lieu de rencontre de la communauté africaine en général et sénégalaise en particulier.*

*Un jour un ami béninois m'avait dit que : « ce que le professeur Alioune Badara Fall fait pour les sénégalais à Bordeaux, si tous les africains le faisaient pour leurs ressortissants, l'Africain n'aurait plus de problème en France ». C'est dire à quel point l'humanisme qui traverse la pensée du professeur Fall est un vécu quotidien chez lui. C'est en hommage à une partie de son œuvre consacrée aux droits de l'homme, à la défense de la démocratie et à l'État de droit que cette réflexion est dédiée. Ce sujet n'est que la suite logique de nos dernières discussions sur la viabilité des systèmes constitutionnels africains, 30 ans après les transitions démocratiques.*

*Le Professeur Fall est l'universitaire avec qui nous avons beaucoup partagé. Les discussions jusqu'à des heures tardives le soir, les doutes sur certaines problématiques, les corrections et lectures d'articles, les communications de colloques, le partage de réflexions sur certaines aspects de nos travaux, etc. Bref, c'est un Professeur adorable auprès de qui nous avons beaucoup appris.*

***

Le coup d'État n'est pas un phénomène nouveau en droit constitutionnel. Mais la récurrence du phénomène ces derniers temps, dans un contexte de construction ou de consolidation de la démocratie en Afrique, justifie amplement la nécessité de projeter un regard sur ce sujet. Toutefois, la présente réflexion ambitionne de s'arrêter un moment sur les interventions des juridictions constitutionnelles africaines à l'occasion de ces phénomènes majeurs qui rythment la vie politique du continent.

En droit constitutionnel classique, le coup d'État était présenté comme un phénomène exceptionnel. Un pouvoir de fait se substitue à un régime démocratique en employant des procédés violent de prise du pouvoir politique. Selon Carré de Malberg, « *les mouvements révolutionaires et les coups d'État offrent ceci de commun que les uns et les autres constituent des actes de violence et s'opèrent par conséquent, en dehors du droit établi par la Constitution en vigueur. Dès lors, [...] il n'y a plus ni principes juridiques, ni règles constitutionnelles : on ne se trouve plus ici sur le terrain du droit, mais en présence de la force. Le pouvoir constituant tombera aux mains du plus fort* [...] »[1]. En conséquence, « *il n'y a point de place dans la science du droit public pour un chapitre consacré à une théorie juridique des coups d'État* »[2].

La récurrence des coups d'État en Afrique pose avec acuité la question de la viabilité des systèmes juridiques africains[3]. Plus globalement, elle induit une réversibilité des démocraties émergentes[4].

Dans ce contexte, la doctrine africaine a tenté de cerner la notion de coup d'État. A cet égard, *«[...] le coup d'État est, en substance, un procédé anticonstitutionnel d'accession au pouvoir d'État. Autrement dit, il s'agit de renverser l'ordre constitutionnel en évinçant du pouvoir le chef de l'État issu d'élection, lui faisant perdre toute autorité étatique. Ce procédé peut s'accompagner ou non de violence, entrepris ou non par les forces de l'ordre public – notamment les militaires – à leur profit ou au bénéfice d'un tiers [...]*»[5].

Les différents dictionnaires de droit constitutionnel apportent chacun leur perception du coup d'État. Ainsi on peut considérer avec certains auteurs que le coup d'État apparaît comme « *toute tentative pour prendre le pouvoir, ou s'y maintenir, en dehors des procédures constitutionnelles* »[6]. Pour d'autres doctrinaires, « *le coup d'État s'analyse en un changement de gouvernement opéré, hors des procédures constitutionnelles, par une action entreprise au sein même de l'État au niveau de ses dirigeants ou de*

---

[1] Carré de Malberg, *Contribution à la théorie générale de l'Etat*, Paris, réédition Dalloz, 2004, p. 496.
[2] *Idem.*
[3] N. N'Gbesso, *Recherche sur la notion de coup d'État en droit public. Le cas des États francophones africains*, *Thèse de droit*, Université de Bordeaux, 2017, p. 26.
[4] A. Diaby, « Variations saisonnières du constitutionnalisme au Mali et en Guinée : impasse ou métis de la démocratie ? », *Annales de l'Université de Parakou, Série « Droit et Sciences politiques »*, Volume 5 /2, 2022, Tome 1, pp. 695-722.
[5] Mel Agnero Privat, « Y-a-t-il coup d'Etat à Madagascar ? », in laconstitutionenafrique.org (consulté le 5 mars 2022), p. 2.
[6] A. Le Divellec et M. De Villiers, *Dictionnaire de droit constitutionnel*, Paris, Sirey, 2017, p.97.

*ses agents. Cette action, le terme ''coup'' le suggère, est soudaine et sollicite généralement la force* »[7]. Dans la même veine, le coup d'État est présenté comme « *une action de force contre les pouvoirs publics, exécutée par une partie des gouvernants ou par des agents subordonnés, notamment les militaires (dans ce dernier cas on parle aussi de putsch ou de pronunciamiento) et qui vise à renverser le régime établi (exceptionnellement à le défendre)* »[8].

A la lumière de ces acceptions, les coups d'État apparaissent comme des moments de rupture de l'ordre constitutionnel. Ils se présentent comme un coup de force contre les institutions politiques. Il peut s'agir d'un renversement d'un système de gouvernement dont les autorités sont issues d'élections démocratiques. Il peut s'agir aussi d'une insurrection civile comme d'une manifestation qui aboutit à un renversement du gouvernement d'un régime politique. L'utilisation de la force armée demeure, à l'époque contemporaine, un instrument d'identification du coup d'Etat surtout lorsqu'il est perpétré par les militaires[9].

Aujourd'hui, la répétition des coups d'État qui met un terme aux expériences démocratiques en cours dans le continent africain soulève de réels problèmes d'ancrage de la démocratie dans le continent africain[10]. Il arrive souvent que des dirigeants démocratiquement élus déconstruisent les acquis démocratiques au point que les coups d'État qui les renversent sont accueillis avec satisfaction par des démocrates convaincus. On parle ainsi de « *coup d'État salvateur* », de « *coup d'État démocratique* »[11].

---

[7] O. Duhamel et Y. Mény, *Dictionnaire de droit constitutionnel*, Paris, PUF, 1992, p. 240.

[8] *Lexique des termes juridiques*, Paris, Dalloz, 2020-2021, p. 302.

[9] Les régimes militaires ont fait l'objet d'une littérature abondante : T. Holo, *Étude d'un régime militaire, le cas du Dahomey (Bénin)*, thèse de doctorat en droit public de l'université Paris- I-Panthéon-Sorbonne, 1979 ; A.-N. Koffi, *Essai de réflexion sur les régimes de fait : le cas du Togo*, thèse de doctorat en droit public de l'université de Poitiers, 1985 ; N. S. Abdoulaye, *Crise des autoritarismes militaires et renouveau politique en Afrique de l'Ouest. Étude comparative, Bénin, Mali, Niger, Togo*, thèse de doctorat de l'université Bordeaux-I, 1992. A. Niandou Souley, « Le capital de confiance initiale des régimes militaires africains », *Afrique et Développement*, 1995, vol. 20, n° 2, p. 42

[10] F. Hourquebie, « Le constitutionnalisme, les crises et la démocratie (dis) continue. Quelques observations empruntées à l'espace africain francophone *», in Mélanges en l'honneur du Professeur Dominique Rousseau, Constitution, justice, démocratie*, Paris, LGDJ, 2020, pp. 878-879.

[11] *« A incontestablement la qualification de coup d'Etat le procédé s'assimilant à une révolution initiée par le peuple ou une fraction de celui-ci dès lors qu'il renverse l'ordre constitutionnel. Il s'agira par exemple de changement de gouvernement en dehors des règles prévues à cet effet par le texte constitutionnel. En définitive, l'on retiendra que le coup d'Etat*

Il demeure constant qu'un coup d'Etat, quel que soit les justifications avancées ou les mobiles qui animent leurs auteurs sont toujours le résultat d'un échec. La mise en veilleuse des expériences démocratiques un peu partout dans le continent montre un recul de l'idée démocratique et l'irruption brutale des militaires sur la scène publique ne saurait être un palliatif. Dans la même veine, l'expression « *coup d'État constitutionnel* » renvoie aux modifications intempestives de la Constitution qui, le plus souvent, affectent les dispositions relatives à la mandature présidentielle. Plus politique que juridique, l'expression est employée par certains journalistes ou par certains hommes politiques soit pour dénoncer la prorogation du mandat présidentiel soit pour stigmatiser une troisième mandature d'un chef de l'État dont le second et dernier mandat arrive à expiration, l'empêchant ainsi de se représenter du fait de la limitation du nombre de mandats présidentiels[12].

Par ailleurs, les interventions des juridictions constitutionnelles lors des coups d'État et la période de transition post-coup d'État ne manqueront pas de poser des questions surtout au plan juridique. Durant la période de transition, tous les artifices sont nécessaires pour assurer un contrôle juridictionnel efficace. La juridiction constitutionnelle de transition s'évertue ainsi à justifier sa compétence. De même, « [...] dans l'exercice de ses fonctions, [elle] contribue à la protection de l'État de droit en veillant au respect de l'ordonnancement juridique interne, donc à la hiérarchie des normes ainsi qu'à la sauvegarde de l'intérêt supérieur de la nation ; [...] dès lors qu'en tant que de besoin, par respect des principes généraux de droit et des principes ayant valeur constitutionnelle tel que le principe de continuité de l'État, la constatation d'irrégularités formelles relatives au contenu ou aux caractéristiques des requêtes ne s'oppose pas à ce que la Haute Juridiction procède à l'examen des questions fondamentales dans un contexte exceptionnel pouvant mener à un apaisement de la vie sociale et à un retour à l'ordre constitutionnel [...]»[13].

Contraire à l'ordre Constitutionnel, les coups d'Etats apparaissent comme une atteinte manifeste à la souveraineté populaire exprimée dans les

*est une action illégale, renversant l'ordre établi* », Mel Agnero Privat, « Y-a-t-il coup d'Etat à Madagascar ? », in laconstitutionenafrique.org (consulté le 5 mars 2022), p. 2.

[12] J-I. Senou, « Le nouvel avatar démocratique en Afrique : l'obsession du second mandat », *RFDC*, 2016/3 N° 107, pp.633-652.

[13] Madagascar. HCCT. Décision n° 03-HCC/D2 du 23 avril 2009 concernant des requêtes relatives à la situation de transition.

urnes[14]. Cette remise en cause de la légitimité des gouvernants démocratiquement élus est interdite en Afrique tant par les Constitutions que par l'ordre juridique régional. Au plan interne, au Congo, la Constitution de 2015 « *condamne le coup d'État, l'exercice tyrannique du pouvoir et l'usage de la violence politique, sous toutes ses formes, comme moyens d'accession au pouvoir ou de sa conservation* ». En République Démocratique du Congo, la Constitution de 2006 dispose que : « *Tout Congolais a le devoir de faire échec à tout individu ou groupe d'individus qui prend le pouvoir par la force ou qui l'exerce en violation des dispositions de la présente Constitution. Toute tentative de renversement du régime constitutionnel constitue une infraction imprescriptible contre la nation et l'État. Elle est punie conformément à la loi* »[15].

Au niveau continental, c'est d'abord la Déclaration de Syrte de 1999 et la Déclaration sur les principes régissant les élections libres et périodiques ainsi que la Déclaration sur la gouvernance démocratique, politique, économique et des entreprises[16] qui interdisent le coup d'État. Ensuite, l'Acte constitutif de l'UA énonce parmi ces principes le rejet et la condamnation des changements anticonstitutionnels de gouvernement. Aux termes de l'article 30 de l'Acte constitutif, « les gouvernements qui accèdent au pouvoir par des moyens anticonstitutionnels ne sont pas admis à participer aux activités de l'Union ».

Aux termes de l'article 23 de la Charte africaine de la démocratie, des élections et de la gouvernance (CADEG), il faut entendre par changement anticonstitutionnel de gouvernement, le putsch, le coup d'État, l'intervention des mercenaires ou encore le refus de la part d'un gouvernement sortant de reconnaître le vainqueur des élections. Cette liste n'est pas exhaustive[17]. Dès lors, la reconnaissance des gouvernements anticonstitutionnels est prohibée dans le droit de l'UA[18].

---

[14] C. Boutin et F. Rouvillois, *Le Coup d'État, recours à la force ou dernier mot politique ?*, éd. François-Xavier de Guibert, 2007.

[15] Article 64.

[16] Addis-Abeba, Union Africain, 2002, AHG/235 (XXXVIII) Annexe I.

[17] H. Tirgoudja, « La Charte africaine de la démocratie des élections et de la gouvernance », *in L'Union Africaine : cadre juridique et institutionnel. Manuel sur l'Organisation panafricaine*, Paris, éditions Pedone, 2013, pp. 253-254.

[18] A. J. Adeloui, « L'Union africaine et la reconnaissance des gouvernements anticonstitutionnels, *Revue béninoise des sciences juridiques et administratives*, n°29, 2013, p. 5.

La Charte africaine de la démocratie, des élections et de la gouvernance « […] vise également la restauration d'un gouvernement légitime victime d'un coup de force anticonstitutionnel, partant du principe qu'un changement anticonstitutionnel de gouvernement représente la menace la plus élevée de l'ordre public. L'adoption de la Charte africaine de la démocratie, des élections et de la gouvernance a contribué à clarifier davantage les normes sur la démocratie, la gouvernance et les changements anticonstitutionnels de gouvernement […]»[19]. De l'analyse de ces instruments, il résulte une contribution effective de l'Union africaine à la restauration de l'ordre constitutionnel[20].

Dans la même trajectoire, d'autres organisations sous régionales comme la CEDEAO avait déjà dès 2001 adopté à Dakar le Protocole sur la démocratie, les élections et la gouvernance. Ce texte qui promeut les principes de convergence constitutionnelle comme ceux de l'UA interdit aussi les changements anticonstitutionnels de gouvernement.

Considéré comme la clé de lecture des systèmes politiques durant la période du parti unique, le coup d'État militaire a survécu au processus de démocratisation des années 1990 en Afrique[21]. En effet, la transition démocratique, avec le retour du multipartisme, des élections concurrentielles, de la séparation des pouvoirs, de l'indépendance de la justice, de la constitutionnalisation de l'opposition, de la limitation du nombre de mandats présidentiels, faisait des pays africains des démocraties « *nouvelles ou émergentes* [22]». Dès lors, la résurgence du coup d'État dans un contexte démocratique soulève la question du « *reflux du constitutionnalisme* »[23].

En outre, l'expression « *droit constitutionnel africain*» soulève des controverses. C'est la raison pour laquelle elle mérite certains

[19] M. Ndulo, « L'interdiction des changements anticonstitutionnels de gouvernement », *in L'Union Africaine : cadre juridique et institutionnel. Manuel sur l'Organisation panafricaine*, Paris, éditions Pedone, 2013, p. 236.

[20] C. Makita Kongo, « La contribution de l'Union africaine à la restauration de l'ordre constitutionnel des Etat en crise », https://tel.archives-ouvertes.fr/AO-SCIENCEPOLITIQUE/hal-03100844v1 (consulter le 24/01 /2023).

[21] E. M. Ngango Yombi et B. Cissé, « Chronique de trente-deux ans de coups d'Etat militaires en Afrique (1990-2022)», *RFDC* 2023, 1 n°33, pp.25-52.

[22] Voir. Déclaration de Cotonou adoptée le 6 décembre 2000 à l'issue de la IVème Conférence internationale des
démocraties nouvelles ou rétablies.

[23] R. Dossou, « Flux et reflux dans le constitutionnalisme africain », *Revue du Conseil constitutionnel* (Algérie), n°4, 2014, p. 328.

éclaircissements. Le droit constitutionnel tel qu'il est perçu dans le monde occidental connaît de multiples lectures sous d'autres cieux. Centré autour de la notion de Constitution avec ses principes, ses valeurs et ses mécanismes, le droit constitutionnel tel qu'il est enseigné nécessite des adaptations, des relectures et des innovations propres à chaque société[24]. Mais l'idée de base demeure partout la même : celle d'un texte suprême qui organise les conditions d'accès et de transmission du pouvoir politique ainsi que l'existence de mécanismes de contrôle assurant la suprématie de la Constitution. Garantissant une protection plus élevée des droits fondamentaux qu'elle énonce, la Constitution est devenue le « *miroir de la société* [25]» qui l'a enfanté.

Les Etats africains sont dotés de Constitutions comme dans toutes les parties du monde. L'application de la loi fondamentale pose des problèmes dans le continent. Les multiples révisions[26], suspension[27] ou abrogation[28] affectent son effectivité[29]. Mais ce fait ne saurait nullement justifier la négation de l'existence d'un « *droit constitutionnel en Afrique* », ou d'un « *droit constitutionnel africain* ». Le comparatisme montre la richesse des Constitutions de différentes aires géographiques. Les études croisées de ces textes constitutionnels permettent de déceler l'existence de principes universels, de techniques et d'emprunts multiples. Ce qui donne tout son sens au(x) droit(s) constitutionnel(s)[30] ou même dans une large mesure au

---

[24] L. Sindjoun et E. Ngango Youmbi, « Les transformations contemporaines et pouvoir constituant », *RDP*, mars 2024. (Version électronique).

[25] B. Mathieu, « La Constitution cadre et miroir des mutations de la société », *RFDC* 2014/ 4, n°100, pp. 1011-1019.

[26] E. Boshab, *Entre la révision de la Constitution et l'inanition de la nation*, Bruxelles, Larcier, 2013, p. 115 ; F. M. Djedjro, « La révision des constitutions dans les États africains francophones. Esquisse d'un bilan », *RDP*, 1992, p. 113 ; I-M. Fall, *La réforme constitutionnelle du 20 mars 2016 au Sénégal, une réforme consolidante record*, Dakar, L'Harmattan, Sénégal, 2017, 200 p.

[27] J.P.B. Bidais à Bassa, « La suspension de la Constitution dans les Etats africains en crise », *RADSP*, Vol. 3 n°6, juillet-décembre 2015, pp. 87-115 ; Turkam-Tachum, « La normativité des actes de suspension de la Constitution dans les Etats d'Afrique francophone : Cas de la Tunisie, du Burkina Faso, de la Côte d'Ivoire et de la Centrafrique », RDP, 2018, p. 574.

[28] Arnaud Le Pillouer, « « De la révision à l'abrogation de la constitution » : les termes du débat », in *Autour de la notion de Constitution, Jus politicum* n°3, *2009*, pp. 1-12 (version électronique).

[29] B. Cissé, « L'ineffectivité de la Constitution au regard des accords politiques dans les pays d'Afrique noire francophone », *RDP*, 2020, p. 1639.

[30] M-C. Ponthoreau, «La globalisation du droit constitutionnel en question(s) », *in Espaces du services public, Mélanges en l'honneur de Jean du Bois de Gaudusson*, Presses Universitaires de Bordeaux, pp. 549-566, 2013.

droit constitutionnel global[31] ou encore au droit constitutionnel transnational.

L'examen de la jurisprudence constitutionnelle montre un juge plus ingénieux, plus dynamique. Ce droit constitutionnel transitoire fait d'accords politiques, de petites constitutions, de chartes constitutionnelles de transition, ou encore d'ordonnances portant organisation et fonctionnement des pouvoirs publics pendant la période transitoire, avec un juge constitutionnel qui interprète, régule et dynamise la transition. Dès lors, on ne peut nier l'existence d'un droit constitutionnel africain. Si le droit constitutionnel régit l'organisation, le fonctionnement et la transmission du pouvoir politique, le tout fondé sur un texte de référence dont la violation est sanctionnée, donc il existe bien un droit constitutionnel africain. Le comparatisme constitutionnel ne repose-t-il pas sur l'étude des Constitutions de plusieurs États.

La justice para-constitutionnelle renvoie à cette sorte de justice ou de juridiction créée pour régir les situations d'exception ou de crise constitutionnelle apparue à la suite d'une rupture de l'ordre constitutionnel. Cette interruption du fonctionnement régulier des institutions peut résulter d'un coup d'État, d'une révolution ou d'une insurrection populaire qui a pour conséquence de mettre un coup d'arrêt à l'expérience démocratique[32]. Il se crée ainsi un droit constitutionnel transitoire destiné à régir la période de transition[33]. Parmi ces institutions transitoires figure la juridiction para-constitutionnelle créée spécialement pour connaître du contentieux des actes constitutionnels de transition, de valider les résultats du référendum, de trancher de manière transparente les élections transitoires et de réguler le fonctionnement des institutions.

Cette juridiction para-constitutionnelle peut revêtir plusieurs formes. Elle peut être une reconduction de l'ancienne institution juridictionnelle ressuscitée pour les besoins d'une légitimation de la transition comme elle peut aussi, résulter d'une création expresse par les Chartes de transitions et charger de réguler le fonctionnement de la transition. Créée par la transition ou revitaliser la juridiction para constitutionnelle soulève des questions liées

[31] Voir aussi du même auteur, « La métaphore géographique. Les frontières de la globalisation », *Revue internationale de droit comparé*, Vol. 68 N°3,2016. pp. 611-628.
[32] E. H. O. Diop, « Le rétablissement de l'ordre constitutionnel dans les Etats africains en crise », *Revue RRC*, n° 024 / Août 2022, p. 19-65.
[33] L. Sermet, « Droit constitutionnel transitoire », internet (consulté le 13 mars 2023).

à son indépendance vis-à-vis des autorités de transition et de sa crédibilité en tant que contrepouvoir.

Dès lors, « *on s'accorde à dire que l'émergence de cette forme de justice, participe à l'affirmation du constitutionnalisme de crise dans les Etats africains connaissant un constitutionnalisme de crise [...] En d'autres termes, la justice constitutionnelle sui generis qui émerge est signe clinique qui atteste de ce que le droit constitutionnel africain est un droit vivant.*

*La justice para-constitutionnelle peut donc enthousiasmer car elle montre la plasticité du juge face aux situations de crises, mais elle peut aussi susciter les plus expresses réserves tant elle s'éloigne du pacte constitutionnel. Elle situe nécessairement l'analyse sur le terrain de la transgression du droit constitutionnel* »[34]. En clair, « [...] *la para-constitutionnalité revêtant progressivement les habits de la normalité* [35]» constitutionnelle.

Ce droit constitutionnel atypique[36] qui se développe de plus en plus en Afrique a besoin, pour être crédible, d'un juge constitutionnel de transition. Cette justice qui émerge dans un contexte de transition est appelée à accompagner le processus de sortie de la crise constitutionnelle. Elle ressemble sur certains aspects à la juridiction constitutionnelle classique. Mais le caractère éphémère de son existence comme d'ailleurs de toutes les institutions de la transition, l'autorité relative de certaines de ces décisions (soumises à la volonté des autorités de fait ou des circonstances volatiles) particularisent la juridiction para-constitutionnelle. De même, la nomination des membres monopolisée par l'exécutif de transition, limite considérablement l'indépendance de la juridiction para-constitutionnelle.

Dans ces circonstances, c'est l'avenir de la démocratie sur le continent qui est en jeu[37]. L'interruption brutale des expériences démocratiques avec la suppression des contre-pouvoirs institutionnels[38] prouvent aussi la

[34] S-F. Sobzé, « Emergence de la justice para-constitutionnelle en Afrique noire », *Annales africaines. Nouvelle Série*, Vol. 2, numéro 17, Décembre 2022, pp. 221-222.
[35] M-B Ekelle Ngondi, « Le droit constitutionnel en dehors du droit constitutionnel », *Revue Africaine de Droit Public (RADP),* vol.2, numéro 14, septembre 2018, p. 233.
[36] D. Sy, « Demba SY, « De quelques dispositions atypiques dans les constitutions africaines *»*, in *La Constitution béninoise du 11 décembre 1990 : un modèle pour l'Afrique ? Mélanges en l'honneur de Maurice Ahanhanzo Glélé*, Paris, L'Harmattan, p. 273.
[37] *De la démocratie en Afrique*, Revue internationale et stratégique n°126, 2022.
[38] S. Mougnol A Mougnol, « A la recherche de contre-pouvoirs à la fonction présidentielle dans le constitutionnalisme des Etats d'Afrique subsaharienne », *Annales africaines. Nouvelles Série*. Numéro Spécial vol. 1, janvier 2023, pp. 271-316.

réversibilité des expériences démocratiques en cours dans le continent. Dans un contexte sécuritaire lourd où plusieurs Etats sont exposés à la violence des mouvements djihadistes qui sèment la terreur sur les populations civiles, ces Etats sont plus préoccupés par leur survie et leur condition existentielle.

Ensuite, l'étude permet, au plan pratique, d'appréhender la justice constitutionnelle sur un nouveau terrain, celui des conflits et des crises politiques[39]. Dans ce sens, les juridictions constitutionnelles africaines jouent leur partition dans le dénouement de la transition post coup d'État. La doctrine se demande si le droit constitutionnel de crise est du droit constitutionnel[40]. La transition est marquée par des règles précaires. Ce caractère insaisissable ne rend-t-il pas complexe le rôle des juridictions constitutionnelles africaines dans la gestion de la crise politique résultant du coup d'État ? Ce constitutionnalisme de crise entraine un renouvellement de la théorie constitutionnelle[41]. Entre *para l'égalité constitutionnelle*[42], *justice para-constitutionnelle*[43] et *identité constitutionnelle africaine*[44], le constitutionnalisme de crise ne donne-t-il pas naissance un nouveau droit constitutionnel qui est « *en dehors du droit constitutionnel* »[45] ? Au même moment, le droit constitutionnel est tiraillé entre *compromis constitutionnel*[46], *mésententes constitutionnelles*[47], *malédiction*[48] et

[39] ACCPUF, Colloque, *Les Constitutions et les crises*.
[40] X. Philippe, « Le rôle du constitutionnalisme dans la construction des nouveaux Etats de droit », *in Mel. Loïc Philip, Constitution et Finances publiques*, Contributions réunies par Louis Favoreu, Robert Hertzog et André Roux, Paris, Economica, pp. 190-191.
[41] G. N. Tchougli, « Le juge constitutionnel face aux conflits politiques en Afrique noire francophone », *RJPEF*, 2012, p. 239.
[42] A. F. Ondoua, « La nécessité en droit constitutionnel. Etudes à partir de quelques expériences africaines », *in, L'exception en droit public, Mélanges en l'honneur de Joseph Owana*, Paris, L'Harmattan, 2021, p. 67.
[43] S-F. Sobzé, « Emergence de la justice para-constitutionnelle en Afrique subsaharienne », *Annales africaines, Nouvelles Série*, Vol.2, décembre 2022, n°17, pp. 191-238.
[44] E. M. Ngango Youmbi et R. Ngango Sandjé, « Existe-t-il une identité constitutionnelle africaines ? », *RDP* n°5, 2021, pp. 1316-1350.
[45] M. B. Ekelle Ngondi, « Le droit constitutionnel en dehors du droit constitutionnel : réflexion sur le constitutionnalisme en Afrique noire », *Revue Africaine de Droit Public*, vol.2 n°14, 2018, pp. 229-250.
[46] J-L. Engoutou, « Le compromis constitutionnel dans les Etats d'Afrique noire francophone », *RFDC*, 2020/1 N° 121 | pages 141 à 165.
[47] Y. K. Logo, « Les mésententes politiques et le droit constitutionnel en Afrique noire francophone », *Afrilex*, décembre 2018, p. 12.
[48] I. S. Boina, « La malédiction constitutionnelle en Afrique : la révision », *RFDC* 4/ n°128, 2021, pp. 21-46.

*ambiguïtés des décisions juridictionnelles*[49] *ou absurdités*[50] de choix statutaires. Le tout dans un mélange e*ntre droit et politique*[51]. La question revêt tout sens au regard de la multiplication des accords politiques, des Chartes constitutionnelles de transition ou encore des petites constitutions[52]. Dans un contexte de crise politique aiguë mettant en cause l'intangibilité des Constitutions africaines[53], l'intervention des juridictions africaines durant la transition éclaire sur les ombres et lumières du droit constitutionnel contemporain[54]. L'échec du mimétisme post colonial[55] proclamé s'accompagne indubitablement de l'affirmation et de la valorisation de l'identité constitutionnelle africaine[56]. Cette évolution du constitutionnalisme africain donne tout son sens à la para-constitutionnalité[57].

Le coup d'État produit comme première conséquence : la suppression de la Constitution ou à tout le moins la suspension de l'ordre constitutionnel. Un régime de fait se substitue à un régime constitutionnel démocratiquement choisi.

Mais très souvent, les auteurs du coup d'Etat se rendent compte de la nécessité de recourir au droit pour donner un minimum de légalité à leur action. Dès lors, des ordonnances portant organisation et fonctionnement

[49] M. Diakhaté, « Les ambiguïtés de la juridiction constitutionnelle dans les États de l'Afrique noire francophone » *RDP* 2015 n°3, p. 785.
[50] E. M. Ngango Yombi et B. Cissé, « Deux absurdités de justice constitutionnelle en Afrique noire francophone », *Afrique contemporaine* n°274, 2022, pp. 229-246.
[51] P. Massina, « Le juge constitutionnel africain francophone : entre politique et droit », *RFDC* n°3, 2017, p. 641.
[52] P. Mambo, « Les rapports entre la Constitution et les accords politiques dans les pays africains : réflexion sur la légalité constitutionnelle en période de crise », *Revue de droit Mc Gill*, 2012, pp. 929-949.
[53] E. H. O. Diop, « L'intangibilité dans les Constitutions africaines », *Annales africaines. Nouvelle Série*, Numéro Spécial, janvier 2023, pp. 51-118.
[54] F. Délpéré, « Les rayons et les ombres du droit constitution », *RFDC*, 2015 /3 n°103, pp.581-590.
[55] S. Y. Lath, « Les nouvelles tendances du contrôle de constitutionnalité des lois des Etats d'Afrique francophone : la fin du mimétisme colonial », *RFDC*, n°132/2022, pp. 25-48 ; F. Dargent, « Les échecs du mimétisme constitutionnel en Afrique noire francophone », *RDP*, n°5, 2017, p.1347.
[56] E. M. Ngango Yombi et R. Ngando Sandjé, « Existe-t-il une identité constitutionnelle africaine ? », *RDP* n°5, 221, pp. 1315-1350.
[57] L. Sindjoun, « Les pratiques sociales dans les régimes politiques africains en voie de démocratisation : hypothèses théoriques et pratiques sur la paraconstitutionnalité », *Revue canadienne de sciences politiques*, juin 2007 n°40-2, pp. 465-485.

des pouvoirs publics sont adoptées[58]. Il peut arriver que les autorités de fait adoptent une Constitution transitoire chargée de régir une période de transition pour le retour à la vie civile et à une normalisation du fonctionnement des institutions.

La réflexion porte sur plusieurs Etats comme le Mali, le Burkina Faso, la Côte d'Ivoire, le Madagascar, la Mauritanie, le Centrafrique, la Guinée Conakry et la RDC. Ils ont tous la particularité d'avoir connu des régimes de fait résultant d'une prise du pouvoir politique par les militaires. Le déclenchement d'une période de transition en vue du rétablissement de l'ordre constitutionnel est accompagné du maintien ou de la mise en place d'une juridiction constitutionnelle.

La présente étude s'interroge sur l'encadrement juridictionnel de la période du coup d'Etat et de ses conséquences. Dans ce contexte, comment les juridictions para constitutionnelles ont pu gérer la période du coup d'Etat afin de favoriser le retour à une vie constitutionnelle normale ? On constate très souvent que les juridictions para constitutionnelles sont sollicitées soit pour réceptionner le serment des auteurs du coup d'Etat soit pour encadrer l'action des institutions de transition. Elles peuvent aussi canaliser les réformes indispensables au retour de l'ordre constitutionnel. Par leurs offices, dans le cadre de la survenance du coup d'Etat, les juridictions constitutionnelles ne sont-elles pas complices de « blanchissement [59]» des coups de force ? Au-delà du coup d'Etat, il faudra s'interroger sur la fonction de gardien de la Constitution[60] durant la transition initiée pour la restauration d'un ordre constitutionnel légitime. Il lui revient de déterminer le sens des dispositions constitutionnelles[61]. Ainsi quelle signification donner à l'intervention des juridictions constitutionnelles ?

La réponse à ces questions exige un examen approfondi des interventions des juridictions constitutionnelles dans l'avènement du coup d'Etat. Précisément, il faudra étudier l'encadrement para-juridictionnel du coup

---

[58] S. N. Tall, *Droit constitutionnel et ordonnances dans les Etats d'Afrique noire francophone…*, Dakar, L'Harmattan-Sénégal, 2021, pp. 79-94.

[59] Expression utilisée par le Doyen Alassane Kanté, « Préface », *in La candidature à l'élection présidentielle en Afrique*, Dakar, OVIPA-CREDILA, 2022, p. 11.

[60] C. Momo, « Le gardien de la Constitution en Afrique subsaharienne francophone », *RJJ*, 2017-1, pp. 371-420.

[61] F. Hourquebie, « Le sens d'une Constitution vue d'Afrique », *Les Nouveaux Cahiers du Conseil constitutionnel*, n°1, 2018, pp. 34-43.

d'Etat d'une part (I) et, d'autre part, le contrôle para-juridictionnel de la transition post coup d'Etat (II).

## I) Un office para-juridictionnel ambivalent

A travers l'office du juge para-constitutionnel transparaît la vulnérabilité de la norme constitutionnelle[62]. Mais en réalité, c'est l'adaptabilité de la Constitution aux circonstances particulières notamment aux crises constitutionnelles qui se pose. En effet, confrontée à des situations inédites qui sont susceptibles de faire dérailler la bonne marche de la transition, la juridiction para-constitutionnelle adopte une solution qui défie toute logique normativiste. Ce qui importe est d'assurer, par-dessus tout, la couverture juridique favorisant la marche des institutions de transition.

Les interventions des juridictions para-constitutionnelles face au coup d'Etat sont ambivalentes. Tantôt elles apportent leur caution aux autorités de fait, légitimant ainsi le coup de force (A) tantôt elles s'évertuent à garantir la primauté de l'ordre constitutionnel (B).

### A) La légitimation para-juridictionnelle du coup d'Etat

Dans des circonstances exceptionnelles résultant de la prise du pouvoir par la force, les juridictions constitutionnelles sont pointées du doigt. Désarmées devant la suspension de la Constitution[63], elles essaient souvent de rendre des décisions prenant en compte la situation concrète fondant ainsi leurs décisions sur la continuité de l'Etat[64], le principe de réalité[65], les circonstances exceptionnelles[66], etc. L'intervention du juge constitutionnel ne cesse d'interpeller les analystes soucieux du respect de l'ordre constitutionnel. L'office du juge constitutionnel dans le cadre du coup d'Etat sera appréhendé à travers ses interventions dans la constatation de la

---

[62] M-B. Ekelle Ngondi, « Le droit constitutionnel en dehors du droit constitutionnel », *Revue Africaine de Droit Public (RADP),* vol.2, numéro 14, septembre 2018, pp. 229-250.

[63] J.P.B. Bidais à Bassa, « La suspension de la Constitution dans les Etats africains en crise », *RADSP*, Vol. 3 n°6, juillet-décembre 2015, pp. 87-115.

[64] W. Mounoum Mbong, « La continuité de l'Etat dans le nouveau constitutionnalisme des Etats d'Afrique subsaharienne francophone », *RADP*, Vol. X N°24, 2021, 343-376.

[65] *Le réalisme du Conseil constitutionnel*, Dossier, *Les Cahiers du Conseil constitutionnel* n°22, 2007, pp.132-140.

[66] M. Troper, « L'exception n'a rien d'exceptionnel », in Le *Droit et la nécessité*, Paris, PUF, coll. Léviathan, 2011, p. 100 ; A. Ayissi, « La gestion des crises constitutionnelles en Afrique : mandat et défis de la médiation internationale », *communication au colloque L'Afrique et l'internationalisation du constitutionnalisme : actrice ou spectatrice*, organisé à Lomé les 16-17 juin 2010, inédit.

vacance du pouvoir suprême (1) et de la réception du serment du Président autoproclamé (2).

### *1) La constatation de la vacance du pouvoir*

La vacance du pouvoir politique s'analyse en une période au cours de laquelle le titulaire de la charge suprême de l'Etat est dans l'impossibilité d'exercer la fonction présidentielle. Il peut s'agir d'une vacance temporelle ou définitive. Dans les deux cas les Constitutions africaines prévoient un mécanisme de succession temporaire ou définitive. La vacance peut résulter soit d'une maladie, d'un accident ou d'un décès soit d'un coup d'État. Dans tous les cas il revient à la juridiction suprême saisie de constater la vacance du pouvoir politique[67]. En cas de survenance d'un coup d'Etat, force est de reconnaître que la juridiction constitutionnelle est mise devant le fait accompli. Il s'agit pour elle de relever que les circonstances ou les faits qui ont conduit à la prise du pouvoir par la force ont entraîné un vide constitutionnel. Ainsi afin d'assurer la continuité de l'État[68], il faut organiser une période de transition. En clair, la constatation de la vacance du pouvoir suprême a pour principal effet l'entrée en fonction des autorités de fait. Dès lors, l'intervention des juridictions constitutionnelles ouvre droit à un processus de légalisation du coup d'État.

Dans ces circonstances, le coup d'Etat militaire est-il un mode normal d'accession au pouvoir ? Cette question posée au juge constitutionnel du Burkina Faso en pleine procès des assassins de l'ancien Président Thomas Sankara a eu pour première conséquence la suspension dudit procès. En effet, le Conseil constitutionnel a été saisi en exception d'inconstitutionnalité au moment où le Président Marc Christian Kaboré venait d'être renversé. Le 27 février 2022, le Lieutenant-Colonel Paul Henri Sandawogo Damiba prête serment devant le Conseil constitutionnel qui reçoit le serment et l'investit comme Président de la République. Dès le lendemain, le procès reprend son cours et les avocats de la défense estiment qu'en recevant le serment du Lieutenant-Colonel Damiba, le Conseil constitutionnel a en même temps légitimé le coup d'Etat comme mode d'accession au pouvoir.

Cette question repose la problématique de l'intervention des juridictions constitutionnelles africaines dans le cadre des coups d'Etat militaires comme civils/constitutionnels qui bouleversent l'ordre politique et

---

[67] « La vacance de la Présidence de la République en droit constitutionnel », *in Afrilex*.

[68] W. Mounoum Mbong, « La continuité de l'Etat dans le nouveau constitutionnalisme des Etats d'Afrique subsaharienne francophone », *RADP*, Vol. X N°24, 2021, 343-376.

juridique. Le juge constitutionnel, en acceptant de recevoir le serment des auteurs de coups d'Etat n'est-il pas entrain, de cautionner une prise du pouvoir par des voies antidémocratiques ? Fidèle à la plupart des Constitutions africaines, la Constitution Burkinabé de 2015 fait du Peuple la seule source du pouvoir politique. Dès lors, la réponse à la question posée est sans ambiguïtés, le coup d'Etat n'est manifestement pas un mode d'accession au pouvoir dans le cadre d'une démocratie.

Il y a lieu de rappeler que ce n'est pas la première fois que le juge constitutionnel soit confronté à la question coup d'Etat dans ce pays. A la suite du soulèvement populaire qui a renversé le Président Blaise Campaoré en 2014, les militaires dirigés par le lieutenant-Colonel Yacouba Isaac Zida s'empare du pouvoir. Dans ce cadre, le Conseil constitutionnel a notamment statué sur la constatation de la vacance de pouvoir suite à la démission du président Compaoré[69], sur les modalités de désignation du Président du Faso de Transition dans[70] et pour la validation de la désignation du président Kafando comme chef de l'État de la Transition[71].

L'attitude des juridictions constitutionnelles qui reçoivent le serment des auteurs de coup d'Etat pourrait s'expliquer par la volonté de débloquer une situation politique inextricable. En effet, lorsque le chef d'Etat renversé refuse de démissionner à la demande des auteurs du coup de force, les institutions risquent d'être bloquées et la stabilité du pays mise à rude épreuve. Face à la pression de la communauté internationale, il faudra toujours trouver des artifices juridiques pour éviter que la situation déjà tendue ne dégénère. C'est ainsi qu'en Mauritanie, le Conseil constitutionnel a été saisi par le Premier ministre pour constater la vacance du pouvoir à la suite du coup d'Etat en 2009. En effet, par une lettre en date du 15 Avril, le Premier Ministre du Gouvernement nommé par le Haut Conseil d'Etat[72] demande au Conseil Constitutionnel de « *bien vouloir s'assurer de l'existence des éléments d'un cas de vacance du poste de Président de la République, tout en déclarant le cas d'urgence ». Le Conseil constitutionnel a constaté « la vacance* ». Il relève que : « [...] *les conditions générales du pays depuis le 6 Août ont un caractère exceptionnel qui exigent qu'elles soient traitées avec une grande sagesse, et responsabilité...* ». Le juge Constitutionnel continue son raisonnement en ajoutant que la responsabilité et la sagesse passent par « *l'application de la règle appelant à faire*

[69] Décision 2014-01/CC/Transition.

[70] Décision 2014-02/CC/Transition du 16 nov. 2014.

[71] Décision 2014-02/CC/Transition 17 nov. 2014.

[72] Instance créée par les auteurs du putsch et qui fait office de pouvoir exécutif.

*prévaloir les avantages et à éviter les méfaits, règle très connue dans la Chariaa islamique qui est notre unique source de loi, selon le Préambule de la Constitution surtout s'il s'agit de l'apport d'un avantage et de l'éloignement d'un méfait à caractère public* ».

Dans cette même trajectoire, le juge constitutionnel du Mali a été exposé à une situation similaire. La junte militaire regroupée, dans le Comité National de redressement de la Démocratie et de Restauration de l'État, dirigé par le Général Amadou Aya Sanago dépose le Président démocratiquement élu, Amadou Toumani Touré à quelque mois de la fin de son mandat. Un accord-cadre signé sous l'égide de la Communauté économique des États de l'Afrique de l'Ouest (CEDEAO) prévoit une période de transition et l'application de la Constitution du 25 février 1992 notamment l'article 36 relatif à la vacance du pouvoir. Conformément à l'accord-cadre, le Président renversé démissionne le 8 avril 2012. La Cour constitutionnelle constate la vacance du pouvoir. Selon le juge constitutionnel « *...Vu la Lettre de démission de Monsieur Amadou Toumani Touré, président de la République en date du 8 avril 2012... Considérant que le président en exercice Monsieur Amadou Toumani Touré a présenté sa démission par lettre n° 0122/PRM du 8 avril 2012 ;... Considérant que suite à cette démission, il y a lieu de constater la vacance de la Présidence de la République par la Cour constitutionnelle ; ... Article 1er : constate la vacance de la Présidence de la République suite à la démission de Monsieur Amadou Toumani Touré, président de la République* »[73].

Toujours au Mali, un nouveau coup de force a été opéré en pleine transition résultant du coup d'Etat de 2020. En effet, le Président de transition Mba Ndah a, par lettre présenté sa démission à la Cour constitutionnelle[74]. Le Vice-Président de la transition le Colonel Assimi Goïta succède au Président déchu.

Dans sa décision, la Cour Constitutionnelle vise la Constitution et la Charte de transition. Ensuite, la première interrogation est relative à l'auteur de la saisine de la Cour constitutionnelle. Le Ministre Directeur de Cabinet du Vice-président de la Transition est-il juridiquement habilité à saisir la juridiction constitutionnelle aux fins de la constatation de la vacance du pouvoir ? La réponse à la question est négative. Mais, la Cour

---

[73] Arrêt 2012/001/CC/ Vacance du 10 avril 2012.

[74] Voir Lettre de démission de Monsieur Bah N'DAW, Président de la Transition en date du 24 mai 2021.

constitutionnelle va recevoir la requête et la justifier. Elle rappelle les dispositions relatives à la succession constitutionnelle prévues dans la Constitution de 1992 et observe qu'elles sont inapplicables en l'espèce. Aux termes des dispositions de l'article 36 alinéa 2 de la Constitution du 25 février 1992 : « En cas de vacance de la Présidence de la République pour quelque cause que ce soit ou d'empêchement absolu ou définitif constaté par la Cour Constitutionnelle saisie par le Président de l'Assemblée Nationale et le Premier ministre, les fonctions du Président de la République sont exercées par le Président de l'Assemblée Nationale».

A la suite de ce constat, on s'attendait à un raisonnement par analogie. Mais, la juridiction constitutionnelle prend soin de souligner qu' « [...] en l'espèce, il s'agit de la vacance de la Présidence de la Transition et non de la vacance de la Présidence de la République d'une part ; que le Gouvernement est dissout suivant décret n°0355/P-T du 24 mai 2021, d'autre part ; Que dès lors les dispositions de l'article 36 de la Constitution ne sont applicables qu'à la vacance de la présidence pour quelque cause que ce soit ou d'empêchement absolu ou définitif ; [...] qu'aux termes du titre I de la Charte de la Transition du 1er octobre 2020 « la Charte de la Transition ...complète la Constitution du 25 février 1992 et dont le présent préambule est partie intégrante » [75]». De plus, la Charte de Transition « [...] ne prévoit ni la procédure de constatation de la vacance de la Présidence de la Transition, ni les autorités chargées de saisir la Cour à cet effet, encore moins le mode de saisine ».

En outre, la Cour constate que « [...] ce vide juridique ne saurait bloquer le fonctionnement des organes de la Transition et l'activité des Pouvoirs Publics ». La Cour constitutionnelle en conclut qu'en conséquence : « [...] il y a lieu de déclarer recevable la lettre n°000145 du 27 mai 2021 du Ministre Directeur de Cabinet du Vice-président de la Transition tendant à la constatation de la vacance de la Présidence de la Transition »[76].

Ces décisions démontrent les situations dans lesquelles les juridictions constitutionnelles sont appelées à résoudre des questions difficiles. Sur le plan normatif, ces décisions donnent valeur juridique pleine et entière au préambule dans le cadre du Mali et de la Mauritanie. Dans ce dernier cas, l'attitude du juge constitutionnel ne cesse d'étonner. Pour résoudre un problème juridique, il fait appel à la Charia : « tout comme l'attitude du juge constitutionnel qui consiste à résoudre des problèmes de droit « positif » par

[75] CC. Mali, Arrêt n°2021, 02/CC/VACANCE du 28 mai 2021.
[76] CC. Mali, Arrêt n°2021, 02/CC/VACANCE du 28 mai 2021.

appel à des notions et principes du droit musulman, mettant fin à l' « étanchéité » et à l'autonomie des deux systèmes normatifs, ce qui n'est pas sans soulever des interrogations sur l'identification des principes de droit musulman en cause, leur hiérarchisation- et la conciliation des deux catégories de normes »[77].

Dans la même veine, le juge constitutionnel a adopté une position contradictoire dans la même décision. Tantôt il rejette le coup d'Etat comme mode de prise du pouvoir dans une démocratie et en même temps il valide le coup de force (Burkina Faso). Ainsi, « *[...] la justice qui en découle est qualifié de justice para-constitutionnelle puisque bien que s'inspirant de la Constitution, elle lui fait dire ce qu'elle n'a pas dit, à savoir la légitimation constitutionnelle des coups d'Etat* »[78].

Ces interventions des juridictions constitutionnelles dans les périodes de crise politique se complexifient par la réception du serment du Président autoproclamé.

### *2) La réception du serment du Président autoproclamé*

Dans la plupart des cas, les auteurs du coup d'Etat tentent de donner une assise juridique à leur prise du pouvoir par la force. A cet égard, ils parviennent à organiser des cérémonies de prestation de serment[79]. Ces serments constitutionnels prêtés devant le juge de la constitutionnalité n'en soulèvent pas moins des interrogations au plan juridique.

La décision rendue par le Conseil constitutionnel du Burkina à la suite de la réception du serment du Colonel Henri Sandagao Damiba, chef du MPSR et auteur du coup d'Etat du 20 janvier 2022 soulève des questions juridiques en constitue une véritable illustration[80]. En effet, pour les requérants, par sa Décision n°02022-005/CC du 08 février 2022, le Conseil

---

[77] A. S. Ould Boubout, « Le juge constitutionnel Mauritanien et le coup d'Etat du 6 août 2008 : chronique jurisprudentielle d'une année de crise de l'Etat de droit », *in Démocratie, Droit de l'homme et Etat de droit, Mélanges offerts au Professeur Paul Tavernier*, Bruxelles, Bruylant, p. 878.

[78] S-F. Sobzé, Emergence de la justice para-constitutionnelle en Afrique noire », *op.cit,* p. 210.

[79] O. Narey, « Le serment en droit constitutionnel », *in Démocratie en questions, Mélanges en l'honneur du Professeur Théodore Holo*, PUT, 2017, pp. 341-379.

[80] Décision n°02022-005/CC sur les requêtes de Messieurs Aldiouma Jean Pierre Palm, Tibo Ouédraogo et Traoré Bassobé en exception d'inconstitutionnalité des articles 313-1 et 313-2 du Code pénal.

a dévolu les fonctions de Président du Faso au Président du MPSR, Monsieur Paul Henri Sandaogo Damiba, Lieutenant-Colonel des Forces armées nationales, pour compter du 24 janvier 2022. Le coup d'Etat constitue une infraction d'attentat à la sûreté de l'Etat, consistant en un changement par la violence d'un régime légal, prévue et punie par les articles 313-1 et suivants du Code pénal. Cette décision du Conseil constitutionnel consacre la prise de pouvoir par la force comme moyen constitutionnel de dévolution du pouvoir. Elle rend par conséquent les articles 313-1 et 313-2 contraires à la Constitution et l'infraction désormais inexistante.

La motivation du juge constitutionnel laisse perplexe. Il détermine l'objet et le régime juridique des actes de l'organe de transition. Son raisonnement mérite d'être reproduit *express verbis* : Pour la juridiction constitutionnelle, « *[...] ces actes du MPSR sont constitués principalement de communiqués, ont régi la vie de la nation entre le 24 et le 29 janvier ; qu'ils ont eu pour effet d'impacter le fonctionnement régulier des institutions du Burkina Faso avec la démission du chef de l'Etat, Monsieur Rock Christian Marc Kaboré, la suspension de la Constitution, la dissolution du gouvernement et de l'Assemblée nationale [...] que l'Acte fondamental MPSR du 29 janvier 2022 prenant effet à compter à partir du 24 janvier 2022 et signé de son Président, Monsieur Paul Henri Sandaogo Damiba, le MPSR a émis un acte d'ordre juridique qui a été voulu de valeur constitutionnelle ; que cet acte a défini un acte normatif provisoire, destiné à assurer la continuité de l'Etat au plan national et international ; qu'aux termes des dispositions de l'article 35 alinéa 1, de l'Acte fondamental, avant l'adoption d'une Charte de la transition, les dispositions de l'Acte fondamental fondent les pouvoirs du MPSR ; que l'alinéa 2, du même article dispose que dès sa signature, l'Acte fondamental lève la suspension de la Constitution du 02 juin 1991 qui s'applique à l'exception de ses dispositions incompatibles avec l'Acte fondamental ; [...] qu'en levant la mesure de suspension de la Constitution du 2 juin 1991, l'Acte fondamental est apparue comme une norme juridique provisoire à valeur constitutionnelle ; que réhabilité dans ses attributions, le Conseil constitutionnel a pu constater la vacance des fonctions de Président du Faso par sa Décision n°2022-03/CC du 08 février 2022[...]* ».

A la suite de ce rappel, la juridiction constitutionnelle de transition relève les contradictions entre les dispositions constitutionnelles et celles de la Charte de transition. Elle en déduit que : « *[...] dans ces circonstances, les conditions de la dévolution des fonctions de Président du Faso telles que prévues à l'article 43 de la Constitution, en ce qu'elles sont contraires aux dispositions de l'Acte fondamental, ne pouvaient pas recevoir application ; qu'il est à constater que le Titre III de la Constitution relatif au Président du Faso n'était pas compatible avec le Titre 4 de l'Acte fondamental qui traite du Mouvement Patriotique pour la Sauvegarde et la Restauration [...] que l'article 28 de l'Acte fondamental a consacré l'effectivité de l'exercice des fonctions de Président du Faso par le Président du MPSR, le Lieutenant-Colonel Henri Sandaogo DAMIBA et sa prestation de serment devant le Conseil constitutionnel ; qu'en rétablissant la Constitution dans la perspective d'un retour progressif à la légalité constitutionnelle, l'Acte fondamental s'est posé en norme de référence en complément de la Constitution [...] qu'en prenant en compte les limites temporelles de l'Acte fondamental du 29 janvier 2022 comme norme juridique transitoire, le Conseil constitutionnel n'a fait que constater que les dispositions de l'article 28 de l'Acte fondamental ont conféré les fonctions de Président du Faso et prescrit sa prestation de serment devant lui ; que le Conseil constitutionnel a tiré la conséquence de la dévolution effective des fonctions de Président du Faso au Président du MPSR, le Lieutenant-Colonel Henri Sandaogo DAMIBA, par sa Décision n°2022-04/CC du 08 février 2022 [...] que le Conseil constitutionnel s'est inscrit par cette décision dans ses missions de régulation du fonctionnement des institutions de l'Etat, mais aussi d'application et d'interprétation de la Constitution dans la lettre et dans son esprit, dans un contexte où le Burkina Faso n'a pas la maîtrise de ses limites territoriales ni la fixité de sa population ; que la Décision n°2022-04/CC du 08 février 2022 ne saurait par conséquent être légitimement assimilée à un mode constitutionnel d'accès à la Président du Faso [...] que c'est à tort que les requérants soutiennent que la Décision n°2022-04/CC du 08 février 2022 sur la dévolution des fonctions de Président du Faso est une reconnaissance par le Conseil constitutionnel du coup d'Etat comme mode d'accès au pouvoir; Considérant qu'il résulte de ce qui précède que les articles 313-1 et 313-2 du Code pénal ne sont pas contraires à la Constitution [...]»*[81].

Lors du coup d'Etat de 2015, le Conseil constitutionnel saisi avait constaté la vacance du pouvoir par la démission du Président de la République et avait décidé que : « *[...] suite aux manifestations populaires des 30 et 31 octobre 2014, Monsieur Blaise COMPAORE, Président du Faso a, par*

[81] CC. Burkina Faso, Décision n°02022-005/CC du 08 février 2022, le Conseil a dévolu les fonctions de Président du Faso au Président du MPSR, Monsieur Paul Henry Sandogo Damiba, Lieutenant-Colonel des Forces armées nationales, pour compter du 24 janvier 2022.

*déclaration en date du 31 octobre 2014, dissout le gouvernement et rendu sa démission de ses fonctions ; Considérant que le Conseil constitutionnel, rétabli dans ses fonctions constitutionnelles suite à la levée de la suspension de la Constitution le 15 novembre 2014, s'est auto- saisi pour statuer sur la dévolution à titre transitoire des fonctions de Président du Faso ; Considérant que les conditions de dévolution des fonctions de Président du Faso telles que prévues à l'article 43 de la Constitution ne sont pas réunies ; qu'il y a donc lieu d'inviter les Forces Vives de la Nation, y compris les Forces Armées, à se concerter pour désigner une personnalité civile consensuelle pour exercer à titre transitoire les fonctions de Président du Faso* »[82].

La démarche de la juridiction constitutionnelle interpelle au plan juridique. Elle commence d'abord par identifier les actes pris par le MPRS. Après l'énoncé de tous les communiqués, le Conseil constitutionnel en conclut que ce sont des actes juridiques créant un nouvel ordre constitutionnel. Dans ce contexte, le juge constitutionnel en déduit que la restauration de la Constitution avec la réactivation du Conseil constitutionnel ne remettent pas en cause le caractère antidémocratique de la prise du pouvoir politique. Mais du fait des circonstances caractéristiques des risques de paralysie des institutions, la prise du pouvoir par la force rentre dans la normalité.

Ce raisonnement de la juridiction constitutionnelle n'emporte pas notre satisfaction. Le rétablissement de l'ordre constitutionnel[83] devrait permettre au Conseil constitutionnel de statuer sur la base du bloc de constitutionnalité qui a toujours été là référence à ses décisions.

Les communiqués du MPRS font-ils parties du bloc de constitutionnalité ? En visant lesdits communiqués et en se référant à leur objet et contenu notamment le transfert du pouvoir, la juridiction constitutionnelle les a intégrés dans les normes de référence desquelles s'inspire le juge pour fonder ses décisions.

Cette extension du bloc de constitutionnalité n'est pas sans conséquence. Dans le cadre du régime d'exception, elle permet au juge constitutionnel d'élargir son champ de compétence.

[82] CC. Burkina Faso. Décision n° 2014-002/CC/Transition portant dévolution à titre transitoire de Président du Faso.

[83] E. H. O. Diop, « Le rétablissement de l'ordre constitutionnel dans les Etats africains en crise », *Revue RRC*, n° 024 / Août 2022, p. 19-65.

Le juge constitutionnel devient ainsi le juge de la conformité des actes juridiques adoptés par les autorités de fait. Ici, la norme de référence renvoie soit à la Constitution soit à l'ordre juridique résultant des actes pris par les autorités de fait et portant suspension de la Constitution, dissolution des institutions, gestion des affaires courantes, rétablissement de la Constitution.

En réalité, le juge constitutionnel s'abrite derrière le caractère exceptionnel de la prise du pouvoir et les dysfonctionnements de nature à mettre en péril l'Etat pour statuer dans le sens des actes qui sont pris en dehors de la Constitution et qui sont le résultat d'un pouvoir de fait.

L'autre question soulevée par la décision du Conseil constitutionnel Burkinabé est relativement au « blanchissement » du coup d'État. En accueillant le serment des auteurs du coup de force, le juge constitutionnel n'a-t-il pas constitutionnalisé la prise du pouvoir par la force ? Le Conseil constitutionnel répond négativement. Son intervention serait justifiée par le rétablissement de la Constitution et la restauration du Conseil constitutionnel dans ses compétences.

Cette justification prête à discussion. Le retour de l'ordre constitutionnel et des institutions suspendues notamment, le Conseil constitutionnel ne saurait servir de bases juridiques pour rendre conforme à la Constitution les actes pris par le MPRS. La position du juge constitutionnel est en contradiction manifeste avec son intervention en vue d'accueillir le serment des auteurs du coup d'État. Si le juge ne pouvait pas se dédire dans un laps de temps aussi court, il faut concéder que le dernier argument du juge est beaucoup plus admissible. En effet, le Conseil constitutionnel se fonde sur sa fonction de régulation des institutions pour justifier sa décision. Le caractère vague de la notion de régulation et la volonté de l'utiliser par les juridictions constitutionnelles africaines pour trancher tout contentieux constitutionnel dans lequel leur décision est capitale pour la continuité de l'État ou la survie des institutions et de la nation permet au Conseil constitutionnel de sortir d'une situation difficile sans convaincre. On perçoit ici la situation délicate dans laquelle le juge constitutionnel de transition se trouve. Le rejet du serment des autorités de fait est susceptible d'engendrer une nouvelle crise. Ainsi elle tente de sauver la paix civile et en se couvrant du manteau de la légalité. Au demeurant, « *la justice para-constitutionnelle remet en cause l'orthodoxie juridictionnelle et certaines théories développées par les tenants du positivisme classique. En effet, il est difficile de croire que les dirigeants dans un Etat qui se veut de droit, puissent statuer en dehors d'un minimum, de valeurs-références contextuelles, c'est-*

*à-dire à des considérations extraconstitutionnelles. Mais la justice para-constitutionnelle contribue à bouleverser des certitudes et semble devenir une source de ''relativisme constitutionnel'' »*[84].

A l'évidence, le coup d'Etat met en veilleuse l'ordre constitutionnel. C'est la raison pour laquelle l'analyse de la garantie para juridictionnelle de la Constitution s'impose pour mesurer la nature de son intervention.

### B) La garantie para-juridictionnelle de la primauté de la Constitution de transition

Après avoir renversé l'ordre constitutionnel démocratique, comment un régime de fait peut s'inscrire dans une dynamique de rétablissement de l'ordre constitutionnel encore plus pour garantir la primauté de la Constitution ? Cette situation paradoxale est souvent observée en Afrique où la justice para-constitutionnelle s'évertue à garantir la primauté de la Constitution transitoire en vue de la restauration d'un ordre constitutionnel stable et des autorités légitimes. Ainsi seront mises en lumière successivement la défense de la primauté de la Constitution (1) et la survivance de la Constitution (2).

#### *1) La défense de la primauté de la Constitution de transition*

Une jurisprudence constitutionnelle foisonnante montre les efforts du juge para-constitutionnel à assurer la primauté de la Constitutionnel de transition. Ainsi, dans sa décision relative à la répartition des compétences entre les organes de la transition et les mécanismes constitutionnels de la vacance du pouvoir politique, la juridiction constitutionnelle de Madagascar a défendu la suprématie de la Constitution par rapport aux autres normes juridiques. Elle a considéré qu' : « [...] *il est admis que la suprématie constitutionnelle se justifie par le fait que la Constitution étant la nome juridique suprême dans l'ordre juridique interne, les règles constitutionnelles doivent l'emporter sur toutes les autres règles juridiques de droit interne ; Considérant en outre que le contrôle de constitutionnalité est alors la conséquence logique de la hiérarchie des normes dans l'ordre juridique ; Considérant que la saisine de la Haute Cour Constitutionnelle par le Président de la transition pour contrôle de conformité de loi adoptée par le Parlement de la transition rentre dans le respect de la suprématie constitutionnelle et contribue par là-même à la nécessité, même en période*

[84] S-F. Sobzé, Emergence de la justice para-constitutionnelle en Afrique noire », *Annales africaines. Nouvelle Série*, Vol. 2, numéro 17, Décembre 2022, p. 208.

*de transition, de l'établissement d'une hiérarchie entre les normes, c'est-à-dire d'un ordonnancement juridique incontournable* [...] »[85].

Dans ces conditions, la juridiction constitutionnelle affirme la nécessaire conformité de la loi ordinaire aux lois organiques, respectant ainsi la hiérarchie des normes juridique. Pour la Haute Cour constitutionnelle : « *[...] dès l'abord qu'il est communément admis qu'au plan formel, la loi s'entend de tout acte pris par l'organe législatif suivant la procédure législative ; [...] qu'en période de transition, la Feuille de route qui figure désormais comme faisant partie des normes juridiques régissant la transition, n'a pas défini une procédure législative spécifique pour l'adoption des lois et s'est limitée à énoncer en son paragraphe 9 que le Parlement de transition sera chargé de la ratification des ordonnances adoptées pendant la transition en particulier celles qui concernent le processus électoral ainsi que de la proposition et de l'adoption de la législation pertinente ; [...] qu'il en résulte, d'une part, que la procédure devant être retenue pour l'adoption des lois reste celle prescrite par la Constitution et, d'autre part, que la notion de législation pertinente s'entend comme celle de loi au sens matériel, de tout acte juridique contenant des règles impersonnelles, de portée générale, à caractère impératif ; [...] qu'en tout état de cause, au plan de la hiérarchie des normes, quel que soit le contexte, en période normale ou en période de transition politique, les lois ordinaires demeurent une source du droit, tout en étant toujours subordonnées respectivement à la Constitution, aux lois organiques et aux traités internationaux ; [...] que la pluralité des normes qui régissent la transition, notamment les dispositions transitoires de la Constitution du 11 décembre 2010 et la Feuille de route qui est insérée comme loi de l'Etat, ne permet pas de déroger à la hiérarchie des normes, donc à l'ordonnancement juridique en période de transition ; [...] que dans ses décisions successives, la Haute Cour Constitutionnelle a pris en considération tant la pluralité des normes juridiques que leur complémentarité pour tendre à la fois au respect de la constitutionnalité et*

---

[85] Madagascar, HCC. Décision n° 04-HCC/D3 du 17 juillet 2013 concernant la loi n°2013-004 régissant la vacance de la présidence de la transition.

*au renforcement du processus de la sortie de crise par le moyen du droit [...] »*[86].

Dès la prise du pouvoir, l'une des premières décisions que les autorités de fait vont prendre est celle de la suspension de la norme fondamentale. Il s'ensuit une dissolution des institutions. C'est le cas au Mali, au Niger, au Burkina Faso, en Côte d'Ivoire, à Madagascar, en Mauritanie, etc. Dès lors, l'on procède à l'adoption d'un acte constitutionnel transitoire chargé de réagir la transition.

Ce texte soulève de réels problèmes d'ordre juridique. Il procède à une déconstitutionnalisation de plusieurs matières. De même, très souvent l'on assiste à une survivance partielle de l'ordre juridique ancien. Certaines lois fondamentales vont jusqu'à survivre et on relève une cohabitation entre deux textes juridiques : l'ancienne constitution et la charte de transition. Selon les cas il y a une supériorité affirmée de la Constitution ancienne. Dès lors, on assiste à une ingénieure constitutionnelle originale. Très souvent, cette situation fait du juge constitutionnel un organe central chargé d'interpréter et de veiller à la cohérence du système normatif mis en place. Le cas de la Côte d'Ivoire est caractéristique de ces contradictions. A la Constitution du 2 août 2000 sont ajoutés les accords politiques de Marcoussis, d'Accra, de Ouagadougou, de Johannesburg... sans compter les résolutions du Conseil de sécurité des Nations unies. La Constitution du 2 août 2000 fait du Président de la République le détenteur exclusif du pouvoir exécutif alors que les Accords de Marcoussis lui imposent un Premier ministre de transition aux pouvoirs élargis avec une feuille de route précise. Face à ces contrariétés constitutionnelles, il revient au juge de la constitutionnalité de démêler les situations inextricables. Mais le juge peut dans le cadre de son office ajouter à la confusion. C'est le cas lorsqu'il contrôle la constitutionnalité des résolutions du Conseil de sécurité de l'ONU[87].

Selon le Maître de Strasbourg : « *Dans tous ces circonstances, ce qu'il a de certain, c'est que la Constitution nouvelle ne sera point confectionnée selon la procédure, le mode constituant et les formes, qui avaient été prévus et prescrits par sa devancière. Celle-ci ayant été radicalement détruite par l'effet même du coup d'Etat ou de la révolution, il ne reste plus rien d'elle*

---

[86] Madagascar, HCC. Décision n° 04-HCC/D3 du 17 juillet 2013 *concernant la loi n°2013-004 régissant la vacance de la présidence de la transition.*

[87] *Cf supra.*

*[...] et par suite, elle ne peut fournir d'organes pour la confection de la Constitution future. Le peuple n'a plus de « représentants » réguliers. Ainsi entre la Constitution ancienne, dont il a été fait table rase, et la Constitution nouvelle, qui reste à faire de toutes pièces, il n'existe pas de lien juridique ; mais il y a, au contraire, entre elles une solution de continuité, un interrègne constitutionnel, un intervalle de crise, durant lequel la puissance constituante de la nation n'aura d'autres organes que les personnages ou corps, qui, à la faveur des circonstances seront parvenus à mettre la main sur elle »*[88].

Par ailleurs, la primauté de la Constitution sur toute norme juridique nationale ou internationale est de rigueur. A cet effet, les accords paix en vue de la résolution de la crise politique et constitutionnelle sous l'égide de la communauté internationale, une fois inséré dans l'ordre juridique interne, sont soumis à une obligation de conformité à la Constitution. A cet égard, la juridiction constitutionnelle de transition est compétente pour apprécier la transposition desdits accords politiques dans le droit interne.

Le juge constitutionnel a défendu que : *« [...] l'insertion dans l'ordonnancement juridique interne de la Feuille de Route s'impose pour qu'elle acquière valeur de loi et ait effet obligatoire à l'égard de tous ; [...] qu'aux termes des articles premier et 2 de la loi soumise au contrôle de constitutionnalité, tant la Feuille de Route que la note explicative annexée à la loi sont insérées dans l'ordonnancement juridique interne et que la Feuille de route régit les Institutions et organes de la Transition et prend effet jusqu'à la mise en place des Institutions et organes de la IVème République tel que prévu par les dispositions transitoires et diverses de la Constitution ; [...] qu'en son article 4, la loi précise qu'elle sera exécutée comme loi de l'Etat ».*

En outre, concernant l'ordonnancement juridique interne, la juridiction constitutionnelle poursuit : *« [...] d'emblée qu'il est admis que l'ordonnancement juridique s'entend de l'établissement et de l'existence effective d'une hiérarchie entre la pluralité des normes et que la vision de l'ordre juridique implique l'existence d'une norme suprême à laquelle sont subordonnées d'autres normes ; [...] qu'en soumettant la présente loi au contrôle de conformité à la Constitution, les autorités de transition reconnaissent la suprématie de la Constitution et qu'en conséquence, les règles constitutionnelles doivent l'emporter sur toutes les autres règles juridiques de droit interne ; Qu'il en découle qu'en premier lieu, la*

---

[88] Carré de Malberg, *Contribution à la théorie générale de l'Etat*, *op.cit*, pp. 496-497.

*Constitution ne saurait être que celle adoptée par voie de référendum le 17 novembre 2010 et promulguée le 11 décembre 2010 et qu'en second lieu, le contrôle de constitutionnalité effectué par la juridiction constitutionnelle demeure la conséquence logique de la hiérarchie des normes; [...] que la Constitution prévoit deux formes de contrôle de constitutionnalité, à savoir celle qui est exercée avant la promulgation de la loi tel que prévu en l'article 117 et celle concernant les textes à valeur législative et réglementaire par le moyen d'exception d'inconstitutionnalité tel que prévu par l'article 118 de la Constitution [...] ».*

Par contre, le juge constitutionnel peut se trouver dans des situations complexes de nature à déstabiliser l'ordre constitutionnel. En Mauritanie, à la suite du coup d'Etat de 2009, le Haut Conseil d'Etat s'est réuni le lundi 11 août 2008 sous la présidence du général Mohamed ould Abdel Aziz, Président du Haut Conseil d'Etat, chef de l'Etat. Le Communiqué de cette rencontre précise que : « Sans porter atteinte outre mesure que nécessaire aux dispositions de la Constitution du 20 juillet 1991, modifiée, la présente ordonnance constitutionnelle a pour objet de définir les pouvoirs provisoires du Haut Conseil d'Etat. « Les Forces armées et de sécurité exercent, par l'intermédiaire du Haut Conseil d'Etat, les pouvoirs nécessaires à la réorganisation et à la conduite de l'Etat et des affaires publiques pendant la période nécessaire à l'organisation d'élections présidentielles, conformément aux dispositions de la présente ordonnance constitutionnelle » »[89].

Il est mis fin aux pouvoirs du président de la République investi le 19 avril 2007. Les pouvoirs dévolus au président de la République en vertu des dispositions de la Constitution du 20 juillet 1991, modifiée, sont exercés, en la forme collégiale, par le Haut Conseil d'Etat[90]. Le Haut Conseil d'Etat désigne son président dans les formes prévues par le règlement intérieur du Conseil. Le Président est responsable devant le Haut Conseil d'Etat. Les membres du Haut Conseil sont nommés par ordonnance du Haut Conseil d'Etat[91].

Le juge constitutionnel a admis la constitutionnalité de cet ordre juridique particulier caractérisé par la survivance de l'ancienne Constitution dans une période de coup d'Etat. A la suite ce communiqué, le problème de la survivance de l'ancienne Constitution s'est posée. « *La première des*

[89] Article 1er.
[90] Article 2.
[91] Article 3.

*conséquences de la décision du Conseil Constitutionnel est d'installer l'incohérence au sommet de la hiérarchie des normes. On pensait avoir une Constitution mais on apprend qu'il en existe en fait deux : celle approuvée par le peuple et celle constituée par les ordonnances du Haut Conseil d'Etat sans que le Conseil Constitutionnel ne fournisse la raison juridique de cette dualité constitutionnelle ni la logique de l'articulation de ses normes. Mieux, au fil du raisonnement suivi, on découvre que la deuxième Constitution éclipse partiellement la première, qui se trouve instrumentalisée par elle. Est-ce un bienfait ou un méfait, un avantage ou un inconvénient ? La deuxième conséquence est le risque d'instabilité institutionnelle chronique inhérent à la constitutionnalisation de tout coup d'Etat. En effet, le message que tout auteur potentiel de putsch, percevra à travers la décision du 15 avril est à peu près le suivant : Réussissez votre coup d'Etat, vos actes se verront élevés à la dignité constitutionnelle et se substitueront même aux règles de la Constitution. De ce point de vue, cette décision ne rend aux autorités actuelles qu'un service provisoire puisqu'elle contient en germes la reconnaissance de la constitutionnalité de celles qui réussiraient éventuellement à les évincer et de celles qui viendraient après celles-ci, etc.* »[92].

En dépit de la coexistence des deux textes, le système mis en place a permis de mener la transition à son terme. « Dans les faits, il faut reconnaître que ce système hybride qui unit les contraires a tant bien que mal fonctionné, au moins à travers l'existence et l'interaction de deux pôles institutionnels majeurs : un exécutif collégial prétorien issu du pouvoir militaire, le H.C.E., et le Parlement démocratiquement issu de l'ordre politique antérieur. Ce décor surréaliste s'est trouvé complété par le maintien, presque anachronique, d'un juge constitutionnel qui a conservé presque l'ensemble de ses compétences »[93].

Par ailleurs, le débat sur la survenance ou non d'un coup d'Etat à Madagascar a fait couler beaucoup d'encres. La réaction des organes de l'Union africaine éclaire davantage la position de la Communauté internationale qui n'a pas hésité à condamner ce qu'elle considère comme un coup d'Etat. Analysant les actes posés, le Conseil de Paix et de Sécurité (CPS) de l'Union Africaine qui *« constate qu'à la suite de la démission du*

---

[92] Mohamed Mahmoud Ould Mohamed Saleh, « Les deux Constitutions (A propos de la Décision du Conseil Constitutionnel du 15 avril Sur la Vacance du poste de Président de la République) », *Le Calame* n°684, du mardi 21 avril 2009.

[93] A. S. Ould Boubout, « Le juge constitutionnel Mauritanien et le coup d'Etat du 6 août 2008 : chronique jurisprudentielle d'une année de crise de l'Etat de droit », *op.cit*, p. 870.

*Président Marc Ravalomanana, sous la pression de l'opposition civile et de l'armée, le transfert du pouvoir a été fait en violation flagrante des dispositions pertinentes de la Constitution malgache, et que les décisions subséquentes de conférer les fonctions de Président de la République à M. Andry Rajoelina constituent un changement anticonstitutionnel de Gouvernement »*[94] et de la SADC qui évoque des *« actes anticonstitutionnels qui ont entraîné l'éviction illégale du pouvoir du gouvernement démocratiquement élu de ce pays »*[95] concluant à la survenance d'un coup d'Etat à Madagascar.

Dans ce contexte, la Haute Cour Constitutionnelle de Madagascar, confrontée à l'appréciation de la nature juridique de l'ordonnance relative à la démission forcée du Président Marc Ravalomanana a estimé à bon droit d'une part que « [...] l'ordonnance n° 2009-001 du 17 mars 2009 conférant les pleins pouvoirs à un Directoire militaire « ne répond ni aux conditions et formes fixées par la Constitution » et d'autre part, que ladite ordonnance est « une manifestation unilatérale de la volonté du Président de la République »[96].

En premier lieu, la juridiction constitutionnelle fait l'impasse sur le *modus operandi* de la dévolution du pouvoir. L'argument avancé pour justifier la démission forcée du chef de l'Etat n'a pas été retenu par la Haute Cour. Or, le successeur intérimaire du président démissionnaire est clairement désigné par la Constitution malgache elle-même en la personne du président du Sénat[97].

En second lieu, le juge constitutionnel ne tire pas les conséquences de l'inconstitutionnalité de cette ordonnance transférant les pleins pouvoirs à un Directoire militaire chargé de prendre toutes les mesures nécessaires pour l'instauration d'un ordre public stable. Selon la Cour constitutionnelle « [...] il échet de prendre acte du motif de la décision prise dans cette ordonnance comme étant le constat de circonstances qui prévalaient et la nécessité de préserver le principe de la continuité de l'État ». Face à cette mansuétude du juge constitutionnel, le Directoire militaire prend une autre ordonnance conférant les pleins pouvoirs à Monsieur Andry Nirina Rajoelina pour « exercer les fonctions de Président de la République conformément à la Constitution pour une période de vingt-quatre mois au

---

[94] Voir décision du 20 mars 2009 sus-citée.
[95] Lire communiqué du 30 mars 2009 sus-rappelé.
[96] Décision n° 36HCC/D2 du 23 avril 2009.
[97] Article 52 al. 3 de la Constitution de Madagascar.

maximum … » et est déclaré « Président de la Haute Autorité de Transition »[98].

La Cour constitutionnelle valide cette situation en recourant à la formule suivante « l'ordonnance n° 2009-001du 17 mars 2009 a provoqué une rupture de l'ordre constitutionnel par la déconstitutionnalisation de fait de l'organisation de l'État et particulièrement du pouvoir exécutif ».

L'imprévu dans les Constitutions africaines soulève des difficultés particulières[99]. Dans la gestion de ces circonstances, les juridictions constitutionnelles recourent à des artifices juridiques pour sauvegarder le minimum d'ordre indispensable au fonctionnement de la transition. Ainsi elles sont sollicitées lorsqu'il s'agit d'assurer la survivance de l'ordre constitutionnel.

### *2) La survivance de l'ordre constitutionnel*

« *La tâche du juge est cependant rendue difficile du fait de la confusion entretenue, souvent volontairement, entre les régimes d'exception créées par les coups d'Etat qui provoquent des ruptures de l'ordre constitutionnel et ce que devrait être une véritable transition. Il apparaît en effet que, pour des raisons liées à des calculs électoraux, la classe politique tend, dans tous les pays concernés, à considérer les régimes issus de coups d'Etat comme des régimes de transition.*

*Le juge se trouve ainsi, malgré lui, enfermé dans une situation où il gère la sortie de ces régimes d'exception caractérisés par l'urgence et l'improvisation. Pendant cette période, les lois votées sont en effet généralement relatives aux élections de sortie de crise et, par suite, sont souvent de circonstance ou de complaisance. La préoccupation du juge est alors de veiller, dans la mesure du possible, au respect du principe de légalité tout en permettant l'organisation des élections générales dans des délais fixés par les autorités dites de la transition, dans le calme* »[100].

---

[98] Voir l'analyse de L. Sindjoun, « Les dynamiques de la justice constitutionnelle en Afrique », in *De l'esprit du droit africain, Mél. En l'honneur de Paul Gérard Pougoué*, Wolters Kluwer, p. >676-678.

[99] A. Eyanga Mewolo, « L'aménagement de l'imprévu dans les Constitutions d'Afrique francophone : le cas de la force majeure », *RADP*, vol. X n°24, 2021, pp. 377-415.

[100] B. Kanté, « Le juge constitutionnel dans les processus de sortie de crise et de transition en Afrique noire francophone », Communication, Colloque international sur « *Le rôle des juridictions constitutionnelles dans la consolidation de l'Etat de droit* », Bamako, Mardi 26 et Mercredi 27 Avril 2017, *inédit*, p. 4.

De ce constat, il résulte que le premier défi auquel sont confrontées les autorités de transition réside dans la mise en place de nouvelles institutions. La particularité des régimes d'exception résultant de coups d'Etat réside d'abord dans la recherche active de la concentration du pouvoir entre les autorités exécutives de l'Etat. Dès la prise du pouvoir est mis en place un organe de direction au cœur de l'exécutif[101].

Cet organe a la particularité d'être transitoire. Il est mis en place pour préparer les institutions transitoires et la gestion de la période de vacance du pouvoir. Ainsi, au Mali, la 1ère Déclaration des auteurs du coup d'Etat de 2012 dirigé par le Colonel Amadou Aya Sanogo énonce : « Le Comité national pour le redressement de la démocratie et la restauration de l'Etat se réclamant des Forces armées de défense et de sécurité du Mali, dans l'ensemble de leurs composantes, a décidé de prendre ses responsabilités en mettant fin au régime incompétent et désavoué de Monsieur Amadou Toumani Touré.

En conséquence, les dispositions suivantes sont prises à compter de ce jour 22 mars 2012, la Constitution est suspendue jusqu'à nouvel ordre, toutes les Institutions de la République sont dissoutes jusqu'à nouvel ordre… »[102].

A Madagascar, l'ordonnance N° 2009/003 instituant le régime de la Transition vers la IVème République dispose en son a**rticle premier** qu'« il est créé une Haute Autorité pour la Transition vers la Quatrième République. Elle est garante du fonctionnement régulier des institutions et de la démocratie durant la période transitoire qui ne peut excéder vingt-quatre mois. En conséquence, les activités des institutions suivantes sont suspendues par la présente ordonnance : le Sénat, et l'Assemblée Nationale. Les attributions de ces institutions sont exercées par la Haute Autorité pour la Transition, le Conseil pour le Redressement Economique et Social ou le Gouvernement dans les consistions fixées par la présente ordonnance ».

Appelée à examiner la dissolution du Sénat et de l'Assemblée nationale par les autorités de transition, la juridiction constitutionnelle a fixé les limites

---

[101] Très souvent appelé Comité de Salut Public, Mouvement Patriotique pour la Sauvegarde et la Restauration de la démocratie (MPSR), Burkina Faso, Comité national pour le redressement de la démocratie et la restauration de l'Etat (CNRDRE), Mali, Mouvement de Libération du Peuple, **Création du Conseil National de la Transition (CNT), Guinée Conakry,** etc.

[102] Déclaration n°1 du Comité national pour le redressement de la démocratie et la restauration de l'Etat (CNRDRE).

de sa compétence et le contenu de son office en période exceptionnelle. Elle a saisi l'occasion pour préciser la nécessité de rétablir l'ordre constitutionnel et le fonctionnement normal des institutions. Elle déclare que : « *[...] la Haute Cour Constitutionnelle, dans l'exercice de ses fonctions, contribue à la protection de l'Etat de droit en veillant au respect de l'ordonnancement juridique interne, donc à la hiérarchie des normes ainsi qu'à la sauvegarde de l'intérêt supérieur de la nation ; [...] dès lors qu'en tant que de besoin, par respect des principes généraux de droit et des principes ayant valeur constitutionnelle tel que le principe de continuité de l'Etat, la constatation d'irrégularités formelles relatives au contenu ou aux caractéristiques des requêtes ne s'oppose pas à ce que la Haute Juridiction procède à l'examen des questions fondamentales dans un contexte exceptionnel pouvant mener à un apaisement de la vie sociale et à un retour à l'ordre constitutionnel ; [...] les différentes requêtes sont toutes relatives à la situation de transition ; qu'il y a lieu de les joindre pour être statué par une seule et même décision* »[103].

L'intervention des juridictions constitutionnelles dans le processus de reconstitutionnalisation à la suite du coup d'Etat ne se fait pas sans la volonté de sauvegarder l'intangibilité des principes fondamentaux qui régissent l'ordre constitutionnel et qui donne toute vigueur à la République. Dans ce cadre, le juge constitutionnel de transition s'évertue à protéger le minimum de principes pouvant donner lieu à un semblant de légalité constitutionnelle à la phase transitoire. A ce propos, après avoir constaté qu' « *aucune disposition constitutionnelle ne prévoit l'existence de Directoire Militaire...* » *et « que le 21 mars 2009, la Haute Cour Constitutionnelle a procédé à l'installation du Président de la Haute Autorité de Transition exerçant les fonctions et attributions du Président de la République ; Que cette structure n'est pas non plus prévue par la Constitution* », la juridiction constitutionnelle justifie son intervention par les circonstances politiques : « *Considérant que le contexte politique exceptionnel et la prise des différentes ordonnances sus évoquées ont amené la Haute Cour Constitutionnelle à prendre en compte les réalités suivantes :- le transfert unilatéral par le Président de la République de l'exercice des pouvoirs qui lui sont dévolus par la Constitution, situation qui engendre de fait la vacance de la Présidence de la République [...]-*

[103] Madagascar, HCC, Décision n° 03-HCC/D2 du 23 avril 2009 concernant des requêtes relatives à la situation de transition.

*dans des circonstances normales, au sens de l'article 52, alinéa 1er, de la Constitution, en cas de vacance de la Présidence de la République et avant de procéder à l'élection d'un nouveau Président de la République, les fonctions de Chef de l'Etat sont provisoirement exercées par le Président du Sénat ou à défaut par le Gouvernement collégialement aux termes de l'article 52, alinéa 3, de la Constitution ; - cependant, le Président de la République ayant transféré les pleins pouvoirs à un Directoire Militaire contrairement aux dispositions constitutionnelles, les mesures prévues à l'article 52, alinéa 3, sus évoquées ne peuvent plus être mises en œuvre ; - le transfert des pleins pouvoirs du Président de la République à un organe non prévu par la Constitution s'oppose à l'application stricte des dispositions constitutionnelles et implique de fait l'entrée dans une période transitoire pour la gestion des affaires nationales ; - la nécessité de la continuité de l'Etat, en vue de remédier dans l'immédiat à un vide institutionnel, appelle la mise en place de structures étatiques provisoires ; - toujours est-il que l'entrée dans une période de transition comporte comme effet le changement organique et formel de l'organisation de l'Etat. Néanmoins demeurent intangibles les principes fondamentaux de la République tel que celui de la séparation des pouvoirs ainsi que l'intégrité du territoire national, la forme républicaine de l'Etat et les valeurs culturelles propres à la nation* »[104].

Il résulte de ces développements que l'office de la justice para constitutionnelle tend à garantir la primauté de la Constitution et plus généralement du droit constitutionnel transitoire. Par l'interprétation constitutionnelle, le juge parvient à dénouer des situations complexes mais aussi il s'évertue à assurer aux institutions de transition un fonctionnement harmonieux dans le but d'éviter une nouvelle crise constitutionnelle comme au Mali.

Tout bien considéré, l'intervention des juridictions constitutionnelles dans la période transition montre d'une part une caution des autorités de fait, justifiant la réception du serment des auteurs du coup d'Etat. Dans le même temps, cet acte solennel peut s'expliquer par la nécessité d'assurer la continuité de l'Etat en dépit du désordre institutionnel. D'autre part, la garantie de la primauté de la Constitution exprime la volonté des acteurs politiques de même celle du juge constitutionnel de contribuer à la survivance de la Constitution. Dans ce contexte, le contrôle para

[104] Madagascar, HCC, Décision n° 03-HCC/D2 du 23 avril 2009 concernant des requêtes relatives à la situation de transition.

juridictionnel du fonctionnement de la transition permet de donner plus de vigueur à la fonction de régulation des juridictions constitutionnelles.

## II) Le contrôle para-juridictionnel de la transition post coup d'Etat

Le juge para-constitutionnel se présente ici comme le juge de la transition constitutionnelle. La rupture de l'ordre constitutionnel consécutive à un coup d'Etat entraine très souvent l'ouverture d'une période de transition[105]. Dans ce cadre, les juridictions constitutionnelles sont mobilisées pour canaliser les réformes indispensables au rétablissement de l'ordre constitutionnel. Ainsi sont-elles activées pour réguler la transition. A cet effet, leurs décisions permettent aux organes de la transition de fonctionner normalement. De plus, elles interviennent aussi bien dans le cadre de la régulation institutionnelle (A) que dans celui de la régulation électorale (B).

### A) La régulation institutionnelle

La fonction régulatrice des juridictions constitutionnelles africaines se développe de plus en plus[106]. Elle participe de l'assurance de la garantie de la suprématie de la Constitution[107]. Durant la transition, la régulation exercée par la juridiction para-constitutionnelle concerne aussi bien les institutions que les normes (1) dans le cadre de l'arbitrage des conflits de compétence (2).

---

[105] P. Soglohoun, « Le rétablissement de l'ordre constitutionnel en Afrique », *Revue de droit burkinabé*, n°52, 1er semestre, 2017, pp. 207-244.

[106] La régulation a intéressé plusieurs auteurs : R. Dossou, « La fonction régulatrice des juridictions constitutionnelles africaines : cas du Bénin », in F-J. Aïvo (dir), *La Constitution du 11 décembre 1990 : Un modèle pour l'Afrique ? Mélanges en l'honneur de Maurice Glélé*, Paris, L'Harmattan, 2014, p. 730 ; O. Narey, « La régulation du fonctionnement des institutions par le juge constitutionnel », in, (sous la direction de) Magloire Ondoa et Patrick E. Abane Engolo, *Les transformations du droit public en Afrique*, Paris, L'Harmattan, 2018, p. 6 ; A. Diouf, *La régulation juridictionnelle des pouvoirs publics dans les Etats africains francophones : les exemples du Sénégal, du Bénin et du Burkina Faso*, Thèse de droit, Université Cheikh Anta Diop de Dakar, 2021, 471 p. P. Soglohoum, *Le rôle du juge constitutionnel dans le processus de démocratisation en Afrique. Les cas du Bénin, du Mali, du Sénégal et du Togo, Thèse de doctorat en droit*, Université de Abomey Calavi, 2011, 462 p ; Grégory Chauzal, *Les règles de l'exception : la régulation (du) politique au Mali et au Niger*. Thèse pour le doctorat en Science politique. Institut d'études politiques de Bordeaux, 2011, 588 p.

[107] C. Momo, « La garantie de la Constitution en Afrique subsaharienne francophone », *RJJ*, 2017-1, pp.371-420.

### 1) *La normalisation des institutions*

La régulation des institutions se donne pour objectif de veiller au bon fonctionnement des institutions de la transition. Dans ce cadre, le juge constitutionnel de transition est souvent amené à trancher les conflits entre les différents organes ou institutions de l'Etat. En tant qu'organe régulateur du fonctionnement des pouvoirs publics constitutionnels, la juridiction constitutionnelle veille à éviter tout acte de nature à altérer la bonne marche des institutions. Ainsi, à Madagascar, la juridiction constitutionnelle a sanctionné l'inconstitutionnalité des dispositions relatives à la loi organique n° 003-2015/CNT du 23 janvier 2015 sur la Commission Vérité réconciliation nationale. La Haute Cour constitutionnelle a fait remarquer que l'instruction de toute affaire de crime de sang et de crime économique relève de la compétence du pouvoir judiciaire. En disposant ainsi qu'il l'a fait, l'article 4 deuxième tiret de la loi organique n° 003-2015/CNT du 23 janvier 2015 viole les dispositions des articles 4 et 124 à 126 de la Constitution.

De plus, l'article 2 de la loi organique dispose « qu'en cas de conflit entre les dispositions de la présente loi organique et celles d'une autre loi de même nature, les dispositions de la présente loi organiques priment pendant la durée du mandat de la commission ». Cependant que tout conflit entre deux lois fussent-elles de même nature doit être réglée par une juridiction compétente indépendante et impartiale. En conséquence, la juridiction constitutionnelle a décidé que la loi organique n° 003-2015/CNT du 23 janvier 2015 portant attributions, composition, organisation et fonctionnement de la Commission de la réconciliation nationale et des réformes est conforme à la constitution du 11 juin 1991 et à la Charte de la Transition du 16 novembre 2014 à l'exception de ses articles 4 deuxième tiret et 35[108].

Au Mali, après avoir réceptionné la lettre de démission du Président de la transition[109], elle déclare éviter : « [...] la paralysie et le dysfonctionnement

---

[108] Burkina Faso, CC. Décision n° 2015-010/CC/Transition *sur le contrôle de conformité à la constitution et à la Charte de la Transition, de la loi organique n° 003-2015/CNT du 23 janvier 2015 portant attributions, composition, organisation et fonctionnement de la Commission de la réconciliation nationale et des réformes.*

[109] Voir lettre du 24 mai 2021, par laquelle Monsieur Bah N'DAW, Président de la Transition présentait sa démission en ces termes «... je voudrais en ce moment précis tout en remerciant le peuple malien pour son accompagnement le long de ces derniers mois, la chaleur de son affection, vous dire ma décision de quitter mes fonctions, toutes mes fonctions à partir de ce

des organes de la Transition suite à la démission du Président de la Transition et la dissolution du Gouvernement ; Qu'en conséquence, il y a lieu de pourvoir à la vacance de la Présidence de la Transition ; Considérant que le Vice-président de la Transition, Colonel Assimi GOITA, et le Président démissionnaire de la Transition, Monsieur Bah N'DAW, ont été désignés dans leurs fonctions respectives dans les mêmes formes et conditions et ont prêté la même formule de serment devant la Cour suprême ; Considérant qu'aux termes de l'article 7 de la Charte de la Transition, le Vice-président seconde le Président de la Transition ;

Qu'en raison de la vacance de la Présidence de la Transition, il y a lieu de dire que le Vice-président de la Transition assume les prérogatives, attributs et fonctions de Président de la Transition, Chef de l'Etat »[110].

Cette décision de la Cour constitutionnelle appelle certaines remarques objectives. « Tordre le coup au droit pour satisfaire des prétentions politiques » serait la première réaction à la lecture de la décision juridictionnelle. En effet, la Cour constitutionnelle s'est évertuée à constater la vacance du pouvoir dans un contexte transitoire, à reprendre les termes de la lettre de démission et à constater le vide juridique. Dans ce cadre, s'appuyant sur son pouvoir régulateur, la juridiction constitutionnelle remodèle le processus de succession à la tête de l'Etat. Le Président de l'Assemblée transitoire n'est pas encore désigné car, l'institution n'est pas encore fonctionnelle, le juge constitutionnel se limite à une interprétation littérale des dispositions de la Charte de transition.

Dans ce contexte, la Constitution qui est dessus de la hiérarchie des normes n'est qu'en réalité qu'un texte d'appoint participant au décorum institutionnel afin de légitimer certaines interprétations hardies du juge constitutionnel.

Toujours au Mali, la modification du règlement intérieur du Haut Conseil des collectivités locales a été soumise à l'appréciation de la Cour constitutionnelle. Le Président du Haut Conseil des Collectivités, se référant aux dispositions de l'article 90 du règlement intérieur du 6 décembre 2016, a saisi la Cour Constitutionnelle aux fins de contrôle de conformité des modifications apportées audit règlement.

---

moment, et avec toutes les conséquences de droit… ». CC. Mali, Arrêt n°2021, 02/CC/Vacance du 28 mai 2021.

[110] CC. Mali, Arrêt n°2021, 02/CC/Vacance du 28 mai 2021.

La juridiction constitutionnelle rejette pour irrégularité de la procédure d'adoption des propositions de modification du règlement intérieur du 6 décembre 2016 du Haut Conseil des Collectivités. En effet, aux termes de l'article 14 du règlement intérieur du Haut Conseil des Collectivités du 6 décembre 2016, alinéa 3 « La présence des Conseillers Nationaux aux séances du Haut Conseil des Collectivités est obligatoire » et alinéa 4 « Elle est constatée au début de la séance, par appel nominal, à la fin, par l'émargement de chaque membre du Haut Conseil des Collectivités. Une comptabilité nominative des absences doit être tenue ».

La Cour constitutionnelle considère cependant, qu'il ressort de l'analyse des pièces versées au dossier que la liste fournie n'est signée par aucun Conseiller présent à la séance de délibération du 7 mai 2021, pouvant attester de l'effectivité de la présence de tous les membres requis à l'article 90 du règlement intérieur adopté le 6 décembre 2016. Une liste d'émargement s'entend d'un document indiquant l'identité des membres présents et comportant leurs signatures. Dès lors, il convient de considérer que les modifications proposées au règlement intérieur en date du 7 mai 2021 n'ont pas été adoptées dans les conditions exigées aux articles 14, 62 et 90 du règlement intérieur. De ce qui précède, il y a lieu de déclarer irrégulière la procédure d'adoption des propositions de modification[111].

De la lecture de ces décisions, il résulte que les juridictions constitutionnelles exercent un contrôle permettant d'assurer le fonctionnement normal des institutions durant les régimes de fait. L'office du juge constitutionnel participe à la crédibilisation de la transition. Elle favorise le respect de la Constitution de transition. Dans ce cadre, les institutions de transition jouent leur rôle sous le regard de la juridiction constitutionnelle de transition qui n'hésite pas le cas échéant à sanctionner les potentielles violations du droit constitutionnel transitoire.

Dans le même ordre d'idées, la juridiction constitutionnelle a rendu une décision judicieuse en matière de fonctionnement régulier des institutions. En RDC, l'irresponsabilité des animateurs des institutions de la transition était consacrée par la Constitution de transition reprenant ainsi l'Accord global et inclusif de Sun City. Mais cette exigence liée à la répartition des responsabilités entre les Composantes et les Entités signataires desdits accords sera mise à rude épreuve. En effet, M. Olivier Kamitatu, Président de l'Assemblée nationale, exclu du Mouvement de libération du Congo (MLC), voulut s'appuyer sur l'article 197 de la Constitution de la transition

---

[111] CC. Mali, Arrêt 2021-03/CC/2021 du 23 juillet 2021.

reprenant in extenso les stipulations pertinentes du point III. 2. qui étaient contraires au point B. 2. de l'Annexe I de l'Accord global et inclusif.

Saisie d'un recours en interprétation de la Constitution par le Président de la République suite à l'exclusion du Président de l'Assemblée nationale M. Olivier Kamitatu de la composante MLC de laquelle il tenait son mandat de Président de l'Assemblée nationale, la Cour suprême de justice devait circonscrire minutieusement l'étendue et les limites du principe de l'irresponsabilité des principaux animateurs de la transition. Siégeant, toutes sections réunies, le 24 février 2006, elle considère qu'un député ou un sénateur qui n'appartient plus à une composante ou à une entité mentionnée dans l'annexe IB de l'Accord global et inclusif ou un membre du bureau de l'une ou de l'autre chambre du Parlement qui n'appartient plus à une composante ou à une entité mentionnée dans la même annexe, ne peut continuer à siéger comme député ou sénateur et à exercer ses fonctions. Le fait pour lui de ne plus appartenir à une composante ou une entité étant la preuve qu'il a perdu son mandat et ses fonctions. Ce faisant, le juge privilégiant les impératifs de stabilité, d'équilibre et d'équité, faisait prévaloir l'Annexe sur les stipulations de l'Accord et de la Constitution de la transition contraignant ainsi M. Kamitatu à céder son perchoir à un autre membre du MLC[112].

Ailleurs, l'ambiguïté de la jurisprudence constitutionnelle[113] s'observe également lors des coups d'Etat. La juridiction constitutionnelle de transition amenée à apprécier la conformité à la Constitution les décrets du chef de l'Etat de transition s'inscrit dans une logique de défense de l'exécutif. Il considère que « [...] d'une part, l'ordonnance n°2009-001 du 17 mars 2009 ne répond pas aux conditions et forme fixées par la Constitution ; que d'autre part, son objet ne relève pas du domaine de la loi mais de celui de la Constitution ; qu'enfin, elle n'a pas été soumise au contrôle de constitutionnalité avant sa promulgation ; [...] dès lors que l'ordonnance sus citée constitue une manifestation unilatérale de volonté du Président de la République qui ne saurait être conforme aux dispositions constitutionnelles ; [...] toutefois qu'il échet de prendre acte du motif de la décision prise dans cette ordonnance comme étant le constat de circonstances qui prévalaient et la nécessité de sauvegarder le principe de la continuité de l'Etat ; [...] que par l'ordonnance sus évoquée, le Président

112 E. H. Mbodj, « La Constitution de transition et la résolution des conflits en Afrique. L'exemple de la République démocratique du Congo », p. 27.

113 M. Diakhaté, « Les ambiguïtés de la juridiction constitutionnelle dans les États de l'Afrique noire francophone », *op.cit*, p. 785.

de la République a donné les pleins pouvoirs à un Directoire Militaire qui exerce cumulativement les fonctions du Président de la République et du Premier Ministre et qui est habilité à prendre toutes mesures nécessaires pour l'instauration d'un ordre public stable »[114].

Au surplus, la Cour constitutionnelle de transition centrafricaine est intervenue dans le processus de succession constitutionnelle du Président de la transition. A la suite de la démission du chef de l'Etat de transition et de la Décision du Sommet extraordinaire des chefs d'Etat et de gouvernement de la Communauté économique des Etats d'Afrique centrale (CEEAC) du 9 au 19 décembre 2014, la Cour constitutionnelle de transition a constaté la vacance du pouvoir du chef de l'Etat et a ordonné au Conseil national de transition d'élire un Président de transition dans un délai de 15 jours[115]. C'est ainsi que Madame Catherine Samba-Panza a été désigné président de la transition en vertu de l'article 23-2 de la Charte de transition[116].

Toujours au titre de la régulation institutionnelle, le juge constitutionnel de transition a arbitré la querelle de préséance opposant le Premier ministre de transition en Centrafrique et le Président de l'Assemblée, le Conseil national de transition. S'appuyant sur son pouvoir régulateur, la Cour constitutionnelle de transition accorde la préséance au Président du CNT. Elle se justifie par le fait que le Parlement représente le peuple souverain, que, traditionnellement, son président est la deuxième personnalité de l'Etat et assure l'intérim du chef de l'Etat[117].

Ces solutions jurisprudentielles présentent incontestablement une originalité. Elle permet au juge de la para-constitutionnalité d'éviter une perduration de la crise institutionnelle. Une éventuelle décision de rejet entraînerait certainement une remise en cause profonde des institutions transitoires en gestation et une atteinte à la stabilité politique. C'est la raison pour laquelle, le juge constitutionnel Mauritanien a invoqué, en s'appuyant sur la religion islamique, les bienfaits d'une telle décision confrontée au danger qui guette le pays. Cette situation illustre le fait que « *l'émergence d'une justice para-constitutionnelle illustre l'incapacité de la justice classique ou orthodoxe à maintenir le fonctionnement régulier et*

[114] Madagascar, HCC, Décision n° 03-HCC/D2 du 23 avril 2009 concernant des requêtes relatives à la situation de transition.

[115] Centrafrique. CCT, Décision 0014/CCT/ du 12 janvier 2014.

[116] D-E-E Adouki, « L'office du juge constitutionnel en période de transition », *Annales de l'Université Toulouse 1* Capitole/Tome LXIL, 2020-2, p. 38.

[117] Centrafrique. CCT. Décision n°003/CCT/14 du 10 février 2014.

*harmonieux des institutions de l'Etat. Elle augure le retour à un ordre constitutionnel nouveau même si elle prend beaucoup de libertés avec la normativité constitutionnelle ou est susceptible de donner naissance à un ordre a-constitutionnel où instabilités sociopolitiques et incertitudes constitutionnelles font très bon ménages* »[118].

Outre la normalisation des institutions de transition, les juridictions para constitutionnelles de arbitrent aussi les conflits de compétence.

### *2) L'arbitrage des conflits de compétence*

C'est l'occasion pour la juridiction constitutionnelle de trancher des contentieux de répartition des compétences, de sanctionner l'incompétence négative ou positive des organes de transition. L'objectif est d'éviter que les organes de transition se grippent. Car, tout blocage des institutions est susceptible de porter atteinte à tous les efforts accomplis et de mettre un terme au processus de sortie de crise constitutionnelle[119].

A Madagascar, saisie d'une requête relative au contrôle de conformité à la Constitution de l'ordonnance prise par les autorités de transition de dissoudre l'Assemblée nationale et le Sénat, la juridiction constitutionnelle s'est déclarée incompétente alors qu'elle avait auparavant entériné l'ordonnance par laquelle les autorités militaires avait contraint le chef de l'Etat démocratiquement élu, de céder la Présidence et de la République et de transférer le pouvoir au Directoire militaire.

Pour fonder sa décision, la Cour constitutionnelle de transition considère que l'ordonnance n°2009-001 du 17 mars 2009 a provoqué une rupture de l'ordre constitutionnel par la déconstitutionnalisation de fait de l'organisation de l'Etat, et particulièrement du pouvoir exécutif. Par ailleurs l'ordonnance n°2009-003 du 19 mars 2009 invoquée par les requérants n'a pas été soumise au contrôle préalable de la Haute Cour Constitutionnelle et, en tout cas, datée antérieurement à la mise en place de la Présidence de la Haute Autorité de Transition. Donc, la Cour n'a pas à apprécier la constitutionnalité de ladite ordonnance. La Haute Cour Constitutionnelle, ne disposant pas de la compétence ni de gouverner ni de légiférer et ne disposant pas non plus, en l'état actuel de la situation, d'autre base juridique que les dispositions constitutionnelles pour asseoir son contrôle sur le

---

118 Serge François Sobzé, « Emergence de la justice para-constitutionnelle en Afrique noire », *Annales africaines. Nouvelle Série*, Vol. 2, numéro 17, Décembre 2022, p. 222.

119 B. Mara, *Les crises constitutionnelles en Guinée : déroulement, résolution et approches prospectives, Thèse de doctorat en droit*, Université d'Avignon et des pays de Vaucluse, 2017, 546 p.

fonctionnement des institutions, ne peut pas se prononcer à bon droit sur le maintien ou non du Parlement prévu par l'ordre constitutionnel initial. Le principe républicain de la séparation des pouvoirs demeure et doit être respecté. La fonction législative est régie par les dispositions des articles 67 et suivants de la Constitution, à moins d'une modification éventuelle desdites dispositions, compte tenu de la période transitoire.

En tout état de cause, la garantie de la sécurisation de la gestion de la transition requiert une large concertation dans un cadre participatif et inclusif réunissant toutes les forces vives de la nation. Par ailleurs, tout processus visant une vie politique apaisée requiert la recherche de principes et de mesures communément admis[120].

Dans la même veine, en plus de la régulation des institutions, la régulation normative constitue une autre dimension de l'intervention juridictionnelle. Elle permet aux juridictions constitutionnelles de donner le sens d'une règle constitutionnelle, de trancher des litiges relatifs au contenu des normes nécessaires au fonctionnement de la transition.

En premier lieu, à la suite des accords d'Alger en vue de la résolution de la crise malienne, le législateur a voté une loi modifiant la loi relative à la décentralisation. Le juge constitutionnel est sollicité pour apprécier la conformité de ladite loi instaurant des conseillers intérimaires à la place des collectivités locales à la Constitution du 5 février 1992. Ce texte viole la libre administration des collectivités locales.

La Cour constitutionnelle rappelle sa jurisprudence constante en matière de conflits de compétence entre les institutions de la République. Selon elle, « [...] en cas de conflit d'attribution entre les Institutions de la République, la saisine de la Cour constitutionnelle ne peut se faire que par les Institutions concernées et sous la plume de leurs chefs car ce sont ces Institutions qui ont intérêt et la qualité pour agir »[121]. Ainsi, elle dénie toute qualité pour agir aux saisissants, pour tout député à l'Assemblée nationale.

En ce qui concerne la substitution d'organes nommés aux Conseils élus, la Cour constitutionnelle défend qu'au regard des dispositions constitutionnelles, la libre administration des collectivités locales suppose nécessairement que celles-ci soient habilitées par la loi à disposer d'une réelle capacité, qui leur permettent de gérer leurs propres affaires.

---

[120] Madagascar, HCC, Décision n° 03-HCC/D2 du 23 avril 2009 concernant des requêtes relatives à la situation de transition.

[121] Mali. CC. Arrêt n°01-123 du 30 mars 2001 et n°01-126 du 02 octobre 2001.

Au surplus, la loi querellée participe de la mise en œuvre des accords d'Alger pour la paix et la réconciliation au Mali issu du processus d'Alger d'une part, et, d'autre part, opère une substitution aux organes actuels de gestion des collectivités territoriales, des autorités intérimaires dont la composition, les attributions et la durée du mandat sont définis par la loi, ne compromet nullement l'effectivité du principe de la libre administration des collectivités territoriales. Dès lors, ce grief n'est pas fondé[122].

En second lieu, la juridiction constitutionnelle a admis la constitutionnalité de la loi de révision de la Constitution du 25 février 1992. Elle ne remet en cause ni la forme républicaine ni la laïcité de l'Etat ni le multipartisme. Selon elle, l'intégrité territoriale, au sens du droit international s'entend, du droit et du devoir inaliénable d'un Etat souverain à préserver ses frontières de toute influence extérieure. En l'état, celle du Mali n'est pas compromise par l'occupation d'une quelconque puissance étrangère. Ainsi, l'Etat, à travers ses représentants, les organes élus et les autorités intérimaires exercent la plénitude de ses missions régaliennes sur le territoire national. Dès lors, une insécurité résiduelle, à elle seule, ne saurait, remettre en cause la régularité d'un référendum. En conséquence, la loi est conforme des alinéas 3 et 4 de l'article 118 de la Constitution[123].

Au demeurant, la régulation normative consiste à préciser le sens d'une norme dont l'application soulève des difficultés de compréhension. A cet égard, la Cour constitutionnelle de transition en Centrafrique a expliqué les contours de l'interdiction faite aux animateurs des organes de transition de participer aux élections politiques instaurant les autorités légitimes. Pour la juridiction constitutionnelle Centrafricaine, appelée à préciser le contenu des inéligibilités frappant les autorités de la transition a saisi l'occasion pour apporter des clarifications sur le caractère irrévocable des inéligibilités. Elle a considéré que : « *[...] le pouvoir constituant a institué un verrou constitutionnel prohibant toute velléité de révision de la Charte en ce qui concerne les inéligibilités et exprimant ainsi clairement sa volonté de voir scrupuleusement ces inéligibilités être respectées par les autorités de la Transition et par toutes les personnes ayant exercé les fonction faisant l'objet desdites inéligibilités ; Qu'en outre, le législateur a tenu à insérer ces inéligibilités dans la loi n°13.003 du 13 novembre 2013 portant Code Electoral de la République Centrafricaine en ses articles 110 en ce qui concerne les candidatures à l'élection présidentielle et 151 en ce qui*

[122] Mali. CC. Arrêt n°2016-05/CC du 5 mai 2016.
[123] Mali. CC. Avis n°2017-01/CCM/Ref. 06juin 2017.

*concerne les candidatures aux élections législatives organisées à l'issue de la Transition ; Que de ce fait, le Constituant, dans le cadre spécifique de la période de Transition, a expressément dérogé au principe d'égalité de tous les citoyens à pouvoir se porter aux élections présidentielle et législatives organisées à l'issue de la Transition en ce qui concerne les personnalités ayant occupé et occupant les fonctions visées à l'article 106 de la Charte […]* »[124].

Ensuite la juridiction constitutionnelle de Transition Centrafricaine a distingué entre les inéligibilités et la durée d'exercice des fonctions par les différentes personnalités. A ce sujet, elle a rappelé le régime de la cessation des fonctions des autorités transitoires. Elle a conclu que : « *[…] les fonctions de ces personnalités, désignées pour la durée de la Transition, peuvent être interrompues en cours de Transition, la Charte ayant prévu également les modalités de leur remplacement ;*

*Que par contre, les inéligibilités telles que fixées par l'article 106 sont énoncées de façon définitive, irrévocable et pour toute la durée de la Transition par le Constituant concernent les fonctions expressément listées et par voie de conséquence, les personnalités ayant exercée ces fonctions pendant la période de Transition telle que déterminée plus haut ; Considérant que l'interprétation faite par le juge constitutionnel, gardien de la Charte, ne peut aboutir à une violation de la Charte Constitutionnelle de Transition ; Que toute interprétation de l'article 106 de la Charte Constitutionnelle de Transition tendant à supprimer les inéligibilités pour les personnalités ayant cessé d'exercer les fonctions avant la fin de la Transition conduirait inexorablement à une négation de ces mêmes inéligibilités, les personnalités et encore en fonction pouvant alors démissionner au moment du déclenchement du processus électoral pour pouvoir briguer les mandats présidentiel ou législatifs qui leur sont interdits ; Qu'une telle compréhension conduirait de fait à la suppression du verrou constitutionnel institué et donc à une violation de la Charte Constitutionnelle de Transition et serait contraire à la volonté du Constituant ; Que cette interprétation doit donc être écartée ; Qu'il en résulte que toute personnalité ayant porté le titre et exercé les fonctions*

[124] Centrafrique. Cour constitutionnelle de Transition, décision n°010/15/CCT du 28 août 2015 sur la demande du Chef de l'Etat de la Transition relative à l'interprétation de l'article 106 de la Charte Constitutionnelle de Transition.

*visées pendant la période de Transition est frappée par les inéligibilités […]*»[125].

De manière critique, l'intervention des juridictions constitutionnelles dans le cadre de l'installation des autorités de fait interpelle à plus d'un titre. Les juridictions constitutionnelles sont inhérentes à des régimes démocratiques fondées sur la légitimité des autorités politiques. A cet égard, elles veillent à la défense de la Constitution et des principes fondamentaux de la République. Dès lors, elles apparaissent comme des instruments indispensables à l'enracinement de la démocratie.

Cependant, leur création ou leur maintien dans les régimes de fait pose le problème de leur utilité et de leur instrumentalisation. Elles apparaissent ainsi comme des outils destinés à parfaire l'image du régime basé sur la force. La sérénité et la solennité qui caractérisent toute activité judiciaire risquent d'être profondément affectées. L'on imagine une décision rendue par la juridiction constitutionnelle d'un régime d'exception contraire aux volontés des auteurs de coups d'Etat.

Ce qui est plus dramatique est le maintien d'une même juridiction constitutionnelle qui a officié dans un régime démocratique et qui accepte d'être le faire-valoir d'un pouvoir de fait.

La défense de la paix, la contribution à la restauration de l'ordre constitutionnel ou la nécessité de pacifier l'espace politique en créant les conditions de la normalisation des institutions sont souvent avancées comme justification de la présence des juridictions constitutionnelles dans les régimes de fait.

Il demeure constant que leur présence fait désordre au regard de la théorie constitutionnelle. Les démocraties constitutionnelles en construction dans les pays africains montrent que la juridiction constitutionnelle s'accommode difficilement avec les régimes de fait. L'image de la juridiction ne sort pas indemne de ces périodes troubles de l'histoire de certains pays. Autant le droit constitutionnel transitoire est contingent autant ces juridictions constitutionnelles à l'existence éphémère sèment la confusion si elles ne contribuent pas à décrédibiliser l'essence même de l'institution de la justice constitutionnelle.

[125] Centrafrique. Cour constitutionnelle de Transition, décision n°010/15/CCT du 28 août 2015 sur la demande du Chef de l'Etat de la Transition relative à l'interprétation de l'article 106 de la Charte Constitutionnelle de Transition.

Par ailleurs, l'intervention des juridictions constitutionnelles dans les périodes de transition est parfois révélatrice des "*bizarreries constitutionnelles*[126]" observées dans certains pays africains. L'exemple du juge constitutionnel ivoirien en est une illustration saisissante. Il n'a pas hésité à contrôler la constitutionnalité de la résolution 1721 (2006) du Conseil de Sécurité de l'ONU prise sous le fondement du Chapitre VII de la Charte des Nations Unies. Pour établir sa compétence, le Conseil constitutionnel s'est fondé sur son pouvoir régulateur du fonctionnement des pouvoirs publics.

Le juge constitutionnel est arrivé à la conclusion que résolution 1721 est contraire à la Constitution de la République de Côte d'Ivoire[127].

La motivation du juge constitutionnel met en évidence les considérations souverainistes pour faire échec à la résolution.

Pourtant, le juge constitutionnel n'est pas animé par ce même nationalisme quand il s'est agi de s'appuyer sur les Déclarations et résolutions du Conseil de Paix et de sécurité de l'Union Africaine et de Conférence des chefs d'État et de gouvernement pour trouver une solution politique à la crise lancinante de l'élection présidentielle de 2010-2011 en Côte d'Ivoire[128].

Sur sa compétence, le Conseil constitutionnel estime que la Résolution 1721 comporte des dispositions tendant à modifier la répartition des compétences entre les institutions de la République de Côte d'Ivoire. De même, l'application de ladite résolution est de nature à porter atteinte au fonctionnement régulier des pouvoirs publics.

Dans l'orthodoxie juridique, les résolutions du Conseil de Sécurité des Nations Unies prises sur la base du Chapitre 7 ont une force obligatoire pour les États membres. Ceux-ci sont dans l'obligation de les appliquer et de leur donner plein effet. Ce caractère obligatoire résulte de l'article 45 de la Charte des Nations Unies.

Dans ces conditions, il est à la fois surprenant et malaisé pour le juge constitutionnel ivoirien d'exercer un quelconque contrôle de

[126] F. De Paul. Tetang, « Quelques bizarreries constitutionnelles relatives à la primauté du droit international dans l'ordre juridique internes : la Côte d'Ivoire et l'affaire de l'élection présidentielle », *RFDC* 2012/3 n°91, pp. 45-66.

[127] L. Sindjoun, *Les grandes décisions de la justice constitutionnelle africaine…*, Bruxelles, Bruylant, 2009, p. 298-299.

[128] G. P. Tchivounda, « Le Conseil constitutionnel de Côte d'Ivoire et l'internationalisation de l'élection présidentielle des 31 octobre et 28 novembre 2010 : variation autour d'un plaidoyer », *Mélanges dédiés au Doyen Francis W. Wodié*, PUT, 2016, pp. 431-438.

constitutionnalité d'une résolution du Conseil de Sécurité qui, à l'évidence, prime sur le droit constitutionnel ivoirien. La Constitution ne peut pas être invoquée pour la simple raison que la Côte d'Ivoire connaît une crise politique profonde entraînant la partition du pays et une mise en cause de son intégrité territoriale ainsi qu'une déstabilisation de ses institutions politiques. Dans ce cadre, la situation menace la paix et la sécurité du continent, justifiant ainsi le déploiement d'une force internationale et un Représentant Spécial de l'ONU. Ainsi le juge constitutionnel n'est pas fondé à invoquer le droit constitutionnel national pour mettre en échec une résolution du Conseil de Sécurité de l'ONU.

On observe dans les périodes de transition que « le juge est pris dans le tourbillon et le cycle infernal des processus de sorties de crise. Dans ces cas, qui sont fréquents sur le continent, il est enfermé dans la recherche d'une stratégie de sortie de ce que l'on appelle à tort une transition, qui ne finit d'ailleurs pas. Une des difficultés pour le juge constitutionnel consiste alors à tenter de maîtriser les effets pervers de ces régimes d'exception. Ensuite, avec le retour de la légalité constitutionnelle, le juge est appeler à accompagner cette fois la vraie transition, qui prendra nécessairement du temps, vers une société qualitativement supérieure, sous le contrôle de l'opposition, de la société civile et de la communauté internationale »[129].

Il résulte de ces développements que le juge constitutionnel constitue « un acteur majeur du déroulement sans heurts de la transition…Artisan de la démocratie, le juge constitutionnel de transition est un juge sous tension dont l'office est finalisé car tourné vers un but ultime à savoir sortir l'Etat du chaos dans lequel il se trouve et rétablir l'ordre. Il doit, par conséquent, non seulement établir la paix judiciaire mais aussi contribuer à la paix sociale »[130]. Dans ces conditions, son office devient beaucoup délicat dans le contrôle des élections de transition.

### B) Le contrôle para-juridictionnel des élections de transition

Les juridictions para-constitutionnelles sont fortement sollicitées pendant la transition afin de déterminer les limites du cadre juridique de l'action des autorités de fait. L'office du juge constitutionnel de transition est beaucoup plus attendu lorsqu'il s'agit du traitement du contentieux des élections de

---

[129] B. Kanté, « La justice constitutionnelle face à l'épreuve de la transition », in, Oumarou Narey, (sous la direction de), *La justice constitutionnelle en Afrique*, Actes du colloque international de l'ANSD, Paris, L'Harmmattan, 2016, p. 25.

[130] D-E-E Adouki, « L'office du juge constitutionnel en période de transition », *op.cit, p. 20.*

transition[131]. Dans la régulation du fonctionnement des organes de gestion des élections comme dans l'organisation matérielle des élections et le traitement du contentieux des résultats, les interventions juridictionnelles semblent dépasser le cadre strict du droit car les enjeux sont énormes pour l'avenir des pays en situation de sortie de crise politique.

Pour rendre compte de la dynamique de l'intervention des juridictions para-constitutionnelles dans la période de sortie du coup d'Etat, il faudra examiner successivement l'office du juge constitutionnel-électoral dans la sélection des candidatures (1) et dans la validation des résultats (2).

### *1) La sélection des candidatures*

L'intervention des juridictions para-constitutionnelles se complexifie lorsque le cadre juridique n'offre par des règles claires et évitant des interprétations litigieuses. A cet égard, on relève « des lois *policides*, qui tendent à exclure des opposants ou à favoriser des partisans, qui éloignent les citoyens de la politique, sont votées par des majorités mécaniques du Parlement »[132]. Le juge constitutionnel est ainsi sollicité pour donner concrètement une signification à des dispositions qui sont loin de faire l'unanimité. On compte sur le juge constitutionnel de transition pour trancher des situations qui cachent de véritables combats politiques[133].

A la suite du coup d'Etat au Burkina Faso résultant du soulèvement populaire des 30 et 31 octobre 2014, le code électoral avait été modifié afin d'exclure certains candidats aux élections présidentielle et législatives. Les partisans du Président déchu, Blaise Campaoré sont écartés des élections politiques. La Cour de justice de la CEDEAO, saisie par les candidats qui s'estiment léser dans l'exercice de droit d'éligibilité estime que la législation électorale méconnaît le principe d'égalité des candidats. Cette discrimination ne se justifie pas. La motivation principale de cette décision mérite d'être rapportée *expressis verbis* : « *Pour la Cour, il ne fait aucun doute que l'exclusion d'un certain nombre de formations politiques et de*

---

[131] L. Sindjoun, « De la problématique de l'existence des constitutionnalismes populistes en Afrique », *RDP* numéro 4, décembre 2024, p. 67.

[132] B. Kanté, « La justice constitutionnelle face à l'épreuve de la transition », in, Oumarou Narey, (sous la direction de), *La justice constitutionnelle en Afrique*, Actes du colloque international de l'ANSD, Paris, L'Harmmattan, 2016, p. 27.

[133] B. Guèye et M. P. Tine, « La légitimité et la légitimation de la transition constitutionnelle par les élections en Afrique », M. Bléou, « Les acteurs de la transition constitutionnelle », sous la direction scientifique de X. Philippe et N. Danelciuc-Colodrovschi, *Transitions constitutionnelles et constitutions transitionnelles : quelles solutions pour une meilleure gestion des fins de conflits ?*, Institut Universitaires Varenne, 2014, p. 197-210.

*citoyens de la compétition électorale qui se prépare relève d'une discrimination difficilement justifiable en droit. Il peut certes arriver que dans des conjonctures particulières, la législation d'un pays institue des impossibilités d'accéder à des fonctions électives à l'encontre de certains citoyens ou de certaines organisations. Mais la restriction de ce droit d'accès à des charges publiques doit alors être justifiée, notamment, par la commission d'infractions particulièrement graves. Il ne s'agit donc pas de nier que les autorités actuelles du Burkina Faso aient, en principe, le droit de restreindre l'accès au suffrage, mais c'est le caractère ambigu des critères de l'exclusion, et l'application expéditive et massive qui en est faite, que la Cour juge contraire aux textes. Interdire de candidature toute organisation ou personne ayant été politiquement proche du régime défait mais n'ayant commis aucune infraction particulière, revient, pour la Cour, à instituer une sorte de délit d'opinion qui est évidemment inacceptable. Il convient donc de donner au droit de restreindre l'accès à la compétition électorale sa portée exacte. Un tel droit ne doit pas être utilisé comme un moyen de discrimination des minorités politiques »*[134].

Pour rejeter le caractère de l'inéligibilité, la Cour devra apprécier l'illégalité des changements anticonstitutionnels. Elle apporte des clarifications à cet égard : « *[...] l'argument de l'illégalité des changements anti constitutionnels de gouvernement, que l'on pourrait, sur la base du nouveau code électoral opposer aux requérants, ne tient pas. Sans entrer dans une discussion sur la qualification même des conditions dans lesquelles le précédent régime a voulu modifier la Constitution, la Cour rappelle simplement que la sanction du changement anticonstitutionnel de gouvernement vise des régimes, des Etats, éventuellement leurs dirigeants, mais ne saurait concerner les droits des citoyens ordinaires. Ni l'esprit des sanctions des changements anti constitutionnels de gouvernement, ni l'évolution générale du droit international tendant à faire des « droits de l'homme » un sanctuaire soustrait aux logiques des Etats et des régimes, n'autorise une application brutale et indiscriminée des mesures coercitives que l'on pourrait à cet égard concevoir.*

33. *Enfin, la thèse avancée par l'Etat défendeur, suivant laquelle la mesure litigieuse ne serait pas discriminatoire eu égard au fait que des acteurs de la Transition eux-mêmes seraient concernés par cette restriction du droit de participer aux élections, ne saurait évidemment être acceptée par la*

[134] CJ CEDEAO. Congrès pour la Démocratie et le Progrès (CDP) & Autres, CE 13 JUILLET 2015. Affaire N°ECW/CCJ/APP/19/15 Jugement N° ECW/CCJ/JUG/16/15. Point 29 et 30 de l'arrêt précité.

*Cour. Il va de soi, en effet, que les raisons de la restriction ne sont pas les mêmes pour les uns et pour les autres. Alors qu'il s'agit d'éviter que les acteurs de la Transition méconnaissent le principe d'égalité des candidats en usant de leur présence et de leur position dans l'Etat pour « prendre l'avantage » sur leurs concurrents, il est question, s'agissant des proches du régime défait, de sanctionner leurs prises de position passées. Dans leur cas précis, la restriction revêt un caractère quelque peu stigmatisant, infâmant, qui n'existe évidemment pas pour les acteurs de la Transition. La défense de l'Etat du Burkina Faso, sur ce point, ne peut donc être acceptée »*[135].

Enfin, la Cour est d'avis que l'exclusion en cause dans la présente affaire n'est ni légale ni nécessaire à la stabilisation de l'ordre démocratique, contrairement aux allégations du défendeur. La restriction opérée par le Code électoral n'a au demeurant pas pour seul effet d'empêcher les requérants à se porter candidats, elle limite également de façon importante le choix offert au corps électoral, et altère donc le caractère compétitif de l'élection.

A la lumière de ces précisions, la Cour en conclut que : *« Pour l'ensemble de ces raisons, et sans qu'il soit besoin de statuer sur le caractère « consensuel » ou non du changement de la loi électorale intervenu avant les élections, la Cour estime que les formations politiques et les citoyens burkinabé qui ne peuvent se présenter aux élections du fait de la modification de la loi électorale [...] doivent être rétablis dans leur droits. Elle précise en outre que les instruments internationaux invoqués au soutien de la requête lient bien l'Etat du Burkina Faso »*[136].

Les justifications avancées par les autorités de transition pour apporter des limitations à la libre participation politique ont été rejetées par la CJ CEDEAO. Au demeurant, le Conseil constitutionnel du Burkina Faso n'a pas réceptionné la décision de la juridiction communautaire. Elle s'est retranchée derrière l'inaction des autorités nationales qui n'ont pas transposé la décision de la Cour de justice de la CEDEAO. En effet, saisi d'un recours de Monsieur DABIRE Ambaterdomon Angelin aux fins de déclarer inéligibles les candidats aux élections législatives du 11 octobre 2015, les membres du dernier gouvernement du Premier Ministre Luc Adolphe TIAO, les ex-députés des groupes parlementaires CDP, ADF/RDA, CFR, TIAO, les responsables des partis politiques et

[135] Cour de Justice de la CEDEAO, *décision précitée.* Point 30 de l'arrêt.
[136] Point 37 de l'arrêt.

formations politiques et les associations ayant soutenu la tentative de révision constitutionnelle de l'article 37 qui a conduit à l'insurrection populaire des 30 et 31 octobre 2014.

La juridiction para-constitutionnelle considère d'abord que l'Etat du Burkina Faso n'a pas mis en œuvre la décision du 13 juillet 2015 de la Cour de Justice de la CEDEAO. Par conséquent l'article 166[137] du code électoral est une disposition qui reste en vigueur. Pour exclure les responsables de l'ancienne équipe gouvernementale de la compétition électorale, le juge procède de manière spécieuse. Selon lui : *« [...] tous les membres du dernier gouvernement du régime de Monsieur Blaise COMPAORE ont en cette qualité participé à l'adoption du projet de loi tendant à modifier l'article 37 de la Constitution qui limite le nombre de mandats présidentiels à deux ; qu'ils tombent sous le coup de l'article 166 du code électoral »*[138]. Le juge constitutionnel reproche à d'autres candidats, leur soutien au projet de révision constitutionnelle. Il déclare ainsi que les : *« anciens députés ayant soutenu publiquement la modification de l'article 37, notamment le 23 octobre 2014, date à laquelle le Secrétariat exécutif national de leur parti a décidé à l'unanimité d'appeler les députés du groupe parlementaire de l'ADF/RDA à soutenir le compromis trouvé au sein de la majorité et le 25 octobre au stade du 04 août au cours d'une réunion du bureau politique national de l'ADF/RDA, l'appel au soutien en vue de la modification de l'article 37 a été renouvelé, [...] que ces candidats qui ont activement soutenu le projet de modification de l'article 37 doivent être déclarés inéligibles en application des dispositions de l'article 166 du code électorale [...] Considérant qu'aux termes de l'article 184, al 2 du code électoral, en cas d'inéligibilité de candidats, entre la date limite de dépôt des listes et la veille du scrutin à zéro heure, le mandataire de la liste fait sans délai, déclaration complémentaire au président de la Commission électorale nationale indépendante qui la reçoit s'il y a lieu ; il la publie par voie de presse et en assure la diffusion par affichage dans tous les bureaux de vote concernés, il en informe sans délai le Conseil constitutionnel ».*

---

[137] L'article 166, 3ème tiret du code électorale dispose : *« ... sont en outre inéligibles : toutes les personnes ayant soutenu un changement anticonstitutionnel qui porte atteinte au principe de l'alternance démocratique, notamment au principe de la limitation du nombre de mandats présidentiels ayant conduit à une insurrection ou à toute autre forme de soulèvement »*

[138] Décision n° 2015-001/CC/EL du 25 août 2015 sur les recours de Monsieur DABIRE Ambaterdomon Angelin aux fins de déclarer inéligibles des candidats aux élections législatives du 11 octobre 2015.

Cette position du juge constitutionnel est surprenante. En effet, le droit communautaire prime sur l'ordre juridique national. Donc, en vertu du principe de primauté, le juge national, à quelque niveau qu'il se situe, devra assurer la suprématie de l'ordre juridique communautaire et donner plein effet aux décisions des juridictions communautaires.

Aujourd'hui, il est constaté en Afrique, une récurrence des résistances nationales à l'exécution des décisions supranationales. Sur des questions politiquement sensibles, les autorités nationales refusent d'exécuter les décisions de la Cour CEDEAO (affaire Karim Wade au Sénégal, affaire Khalifa Sall au Sénégal, affaire Mamadou Tanja au Niger, etc ). Cette attitude de défiance à l'égard des juridictions supranationales fragilise l'ordre juridique communautaire[139]. Elle ralentit et hypothèque même l'idée d'intégration. Ce qui est plus choquant, cette résistance n'est pas uniquement le fait des autorités transitoires ou des régimes de fait mais des pouvoirs légitimement élus s'évertuent à refuser d'appliquer les décisions des juridictions communautaires. Ce qui renseigne sur la relation entre les autorités politiques africaines et droit constitutionnel sensé régir le fonctionnement de la société.

Au demeurant, autant les dirigeants de transition ne sont pas autorisées à participer à la compétition électorale autant les anciennes autorités qui ont dirigé l'Etat et qui sont déchus par le changement anticonstitutionnel de gouvernement. L'interdiction des autorités de transition se justifie par la volonté de garantir l'égalité des candidats et de renforcer les gages de transparence du processus électoral. C'est dans le but d'éviter que les autorités de transition ne profitent de leur position pour fausser le jeu électoral et pérenniser leur pouvoir. Cette forme de purge est qualifiée de « lustration constitutionnelle ». Elle consiste à exclure les autorités de transition et les responsables du régime déchus de toute responsabilité politique au sommet de l'Etat[140].

Dans la même mouvance, la seconde interdiction qui touche les autorités déchus s'analyse comme une sanction de la mal gouvernance, de la corruption et de gabegies qui ont conduit au renversement du régime en place. Si ces autorités démocratiquement élues sont auteurs de révision de la Constitution afin de fausser le jeu de l'alternance démocratique,

---

[139] Moustapha Fall, *Les juridictions supranationales africaines et l'intégration*, Dakar, L'Harmattan Sénégal, 2021, 514p.

[140] D-E.A. Emmanuel, « La lustration dans le constitutionnalisme contemporain », *RFDC* 2022/1 n°129, pp. 1-17.

l'interdiction de participer aux élections apparaît comme une sanction pour non-respect de la limitation du mandat présidentiel prévue par la Constitution. Cette interdiction, si elle est compréhensible au plan politique est difficilement justifiable au plan juridique. Les restrictions à la liberté de candidature ne s'auraient être tributaires de circonstances politiques de nature à exclure des citoyens, violant ainsi la libre participation politique. Qu'elle soit momentanée ou définitive, la liberté de candidature ne peut être limitée par des considérations subjectives qui pourraient être interprétées de manière contingente.

En plus de la lustration constitutionnelle, le juge constitutionnel de transition peut s'ériger en faiseur de paix. Comme artisan de la paix la juridiction constitutionnelle a accepté des candidatures de citoyens écartés du fait de leur absence prolongée du territoire national. Au demeurant, la justification de cette décision traduit sa contribution dans la pacification de l'espace politique avant la tenue des élections. Ainsi elle considère qu'elle : « *[...] est soucieuse du principe de liberté de tout citoyen de se porter candidat à toutes les élections, afin de permettre à tout un chacun de choisir librement celui ou celle qui dirigera leur destinée, pour instaurer un climat d'apaisement permettant de tenir des élections justes, crédibles et acceptées par tous. Considérant que les candidats suscités justifient de leur droit en tant que citoyens malgaches libres, d'être éligibles tout comme leur droit d'être électeurs résultant de leur inscription sur la liste électorale, conformément aux dispositions de la Convention Internationale des Droits de l'Homme et des Pactes Internationaux relatifs aux droits sociaux, politiques et culturels que la Constitution de Madagascar a fait siennes* [...] »[141].

Cependant, si cette décision juridictionnelle est salutaire, l'attitude du juge constitutionnel électoral de transition n'est pas toujours univoque. Elle a dans le même temps admis des candidats absents du territoire[142], rectifié des erreurs matérielles[143], validé une candidature tardive et recalé 19 postulants sur 50 candidatures déjà validées[144]. Enfin, elle confirme 31 qui

---

[141] Haute Cour constitutionnelle de Madagascar, Décision 3 mai 2013.

[142] Madagascar. Cour électorale Spéciale. Décision n°01-CES/D du 3 mai 2013.

[143] Madagascar. Cour électorale Spéciale. Décision rectificative d'erreur matérielle du 15 mai 2013.

[144] Madagascar. Cour électorale Spéciale. Décision n°08-CES/D du 17 août 2013.

seront validées. Ce feuilleton judiciaire a été qualifié de « revirement jurisprudentiel hors norme »[145].

Conscient de l'ambiguïté créée par sa décision, le juge constitutionnel de transition s'évertue à apporter des clarifications lumineuses mais celles-ci demeurent peu convaincantes. Dans un communiqué du 13 mai 2013, la juridiction para-constitutionnelle rappelle qu'elle a été créée à titre exceptionnel dans un contexte de crise lancinante. Elle est instituée afin de permettre l'organisation d'élections, la sortie de la crise politique et le retour à l'ordre constitutionnel. Enfin, elle considère que la voie tracée est « l'unique solution et le seul chemin, reconnu par tous, y compris la communauté internationale, pour sortir de la crise dans un climat d'apaisement ».

La lecture de ces décisions montre que le rôle du juge constitutionnel en période de transition est indéniable dans l'entreprise de soumission du pouvoir politique au droit. Dans ce cadre, il a été admis que : « [...] *seul le juge constitutionnel peut transformer sa portée en soumettant les autorités politiques au respect strict de la Constitution. En outre, le juge constitutionnel est capable de transformer la constitution en organisme vivant car il est souvent appelé à créer le droit, sans le vouloir, à interpréter la Constitution au fur et à mesure des cas qui lui sont soumis avec le souci d'assurer un fonctionnement régulier des institutions de la République et une protection des droits et libertés consacrés par la Constitution elle-même et les instruments juridiques internationaux et régionaux signés et ratifiés par l'Etat* »[146].

La difficulté des juridictions para-constitutionnelles résultent de la nature du droit applicable. Les Constitutions de transition comme les accords politiques sont caractérisées par leurs imprécisions. La difficulté est décuplée au regard du contexte politique et du jeu des acteurs politiques. Aussi, « le principe même de recourir à un tel accord pour régler des questions relatives à l'alternance politique alors que la Constitution a tout prévu à cet effet démontre que la violation ou le détournement des normes constitutionnelles ne sont plus tabous en Afrique »[147]. Dans cette même

---

[145] D-E-E Adouki, « L'office du juge constitutionnel en période de transition », *op.cit,* p. 34.

[146] O. Narey, « La suprématie de la Constitution en période de crise », F-J. Aïvo, J. Du Bois de Gaudusson, C. Dessouches et J. Maïla, *L'amphithéâtre et le prétoire. Au service des droits de l'homme et de la démocratie, Mélanges en l'honneur du Président Robert Dossou*, Paris, L'Harmattan, 2020, pp. 865-866.

[147] I.Moumouni, « Les accords de paix en Afrique : de l'illégalité juridique à la para-légalité plurielle », RDN n°1-2018, *op.cit*, p. 242

perspective, « ces accords deviennent ainsi des palliatifs au refus délibéré des gouvernants de se soumettre à la contrainte et aux exigences du droit positif.

A défaut de se soumettre aux règles établies par la Constitution, la pression des contre-pouvoirs institutionnels et non institutionnels en Afrique contraints les gouvernants à se soumettre à des compromis juridico-politiques peu ou prou conformes à la Constitution »[148].

Le contentieux des candidatures constitue le premier indice permettant de donner un aperçu sur l'office du juge constitutionnel dans la phase de transition post-coup d'Etat. Il s'avère indispensable d'insister sur les interventions juridictionnelles dans la validation des résultats électoraux pour compléter l'analyse.

### *2) La validation des résultats électoraux*

Les élections de transition revêtent un véritable enjeu : il s'agit de doter à l'Etat en crise des autorités légitimes, condition normale de fonctionnement des institutions solides et durables. Dans ce cadre, le rôle des juridictions constitutionnelles est capital dans l'organisation des élections et dans le traitement du contentieux électoral. Elles s'évertuent à assurer la légitimation de la transition constitutionnelle[149].

En premier lieu, les juridictions constitutionnelles sont interpellées dans la détermination et le respect de l'agenda républicain. Dans ce cadre, l'expiration du mandat présidentiel soulève des controverses quant à la nécessité du maintien du chef de l'Etat de transition ou de l'ouverture d'une nouvelle transition ou encore de sa destitution. Ainsi, en Côte d'Ivoire, à l'expiration du mandat du Président Gbagbo en 2005, c'est le juge constitutionnel qui, en vertu de la Constitution, lui a offert un blanc-seing pour rester au pouvoir. Il s'est fondé sur la continuité de l'Etat et l'exercice d'une fonction fondamentale, la Présidence de la République et l'a maintenu au pouvoir[150].

---

148 *Idem,* p. 245.

149 R. Décaux, « La légitimation des transitions constitutionnelles », *in*, sous la direction scientifique de X. Philippe et N. Danelciuc-Colodrovschi, *Transitions constitutionnelles et constitutions transitionnelles : quelles solutions pour une meilleure gestion des fins de conflits ?*, Institut Universitaires Varenne, 2014, p. 65.

150 Côte d'Ivoire. CC. Côte d'Ivoire, Avis n°003 du 17 décembre 2003. *Recueil des décisions et avis du Conseil constitutionnel, 1980-2012,* novembre 2012, p. 860. Voir aussi l'analyse de S. Y. Lath, « L'évolution des modalités du contrôle de constitutionnalité des lois dans les

En Guinée Conakry, l'instabilité observée à la tête de la Commission électorale a failli emporter tout le processus électoral et porter un coup d'arrêt à la transition. Les contestations lancinantes et les rejets de toute personnalité indépendante pour assurer la direction de l'organe de régulation des élections de transition ont révélé de profondes divergentes au sein de la classe politique. La solution trouvée fût de recourir à un expert international, Monsieur Siaka Sangharé venu, pour le compte de l'Organisation internationale de la Francophonie, superviser le processus électoral pour diriger la CENI le temps d'une élection présidentielle.

L'organisation des élections transitoires est devenue une véritable chape de plomb. Les acteurs politiques restent convaincus que l'élection se gagne d'abord par le contrôle de l'organe de régulation des élections transitoires[151]. Dans ce contexte, l'intervention des juridictions para-constitutionnelles est décisive pour la sélection des candidatures et pour la validation des résultats électoraux. Il peut arriver ainsi que les interventions du juge constitutionnel engendrent une nouvelle crise ou exacerbe la crise en cours.

L'exemple de la Guinée Conakry en est une illustration saisissante. La publication des résultats électoraux dans un contexte de violences extrêmes et de déplacement de populations aurait pu faire basculer le pays. L'opposant Alpha Condé est arrivé premier au second tour du scrutin alors qu'au premier tour il était largement distancé par le leader l'UFDG, Seydou Dallein Diallo. Malgré le soutien des candidats arrivés deuxième et troisième au premier tour au candidat de l'UFDG, l'opposant Alpha Condé remporte la présidentielle dans des conditions douteuses quant à la transparence et régularité du processus électoral. Tous les éléments contextuels (violence ethnique, déplacement de population, fraudes réelles ou supposées) n'ont pas empêché au juge constitutionnel de transition de valider les résultats du second tour de la présidentielle.

En Côte d'Ivoire, l'organisation des élections de sortie de crise s'est révélé un véritable casse-tête. La contestation de la candidature de Monsieur

Etats d'Afrique francophone », in O. Narey, (dir), *La Justice constitutionnelle*, Actes du colloque international de l'ANSD, L'Harmattan, 2016, p. 166.

151 M. Bléou, « Les acteurs de la transition constitutionnelle », sous la direction scientifique de X. Philippe et N. Danelciuc-Colodrovschi, *Transitions constitutionnelles et constitutions transitionnelles : quelles solutions pour une meilleure gestion des fins de conflits ?* », Institut Universitaires Varenne, 2014, p. 81.

Alassane Ouattara et son exclusion de la scène politique ont produit comme conséquence une guerre de dix ans et une partition du pays.

Les résultats des élections présidentielles de 2010 rendus par la juridiction constitutionnelle électorale lors du second tour de la présidentielle ont entrainé une guerre entre pro-Gbagbo et pro-Ouattara. Dans ces circonstances, la décision du juge constitutionnel était attendue. Il a d'abord déclaré Laurent Gbagbo vainqueur après avoir annulé plusieurs suffrages du Nord du pays favorables au candidat Ouattara[152].

Après la confrontation armée qui a fait plus de 3000 morts, la médiation internationale a indiqué la voie à suivre. Ainsi, le Conseil constitutionnel ivoirien rend une seconde décision déclarant cette fois-ci Monsieur Alassane Ouattara, Président de la République, démocratiquement élu[153].

Ce revirement jurisprudentiel si compréhensible dans le contexte de la crise politique a ruiné la crédibilité du juge constitutionnel de transition. L'image de justice constitutionnelle en a pris un sacré coup. Manifestement, le juge constitutionnel de transition a cédé face aux pressions internationales et a trouvé une solution à une question de légitimité inextricable afin de sortir de la crise politique. La crise d'effectivité et d'autorité qui frappe ces décisions ne participent pas à l'enracinement de la justice constitutionnelle en Afrique[154].

Cette nouvelle orientation de la justice constitutionnelle met en évidence la recherche de la paix dans laquelle le juge devra axer son office dès lors que les acteurs politiques mobilisent le droit pour conforter leurs positions. Ainsi, « *la justice para-constitutionnelle parce qu'elle s'écarte des normes constitutionnelles, demeure une justice en quête de légitimité. Elle contribue à justifier que la Constitution ne peut-être plus à elle seule suffisante pour fonder la décision du juge et qu'il faudrait recourir aux instruments complémentaires, autonomes et extérieurs à la Constitution*

---

152 Côte d'Ivoire. CC. Décision N° CI 2010/EP032 du 6 novembre 2010.

153 Côte d'Ivoire. CC. Décision n° CI-2011-EP-036/04-05/CC/SG du 04 mai 2011 portant proclamation de Monsieur Alassane OUATTARA en qualité de Président de la République de Côte d'Ivoire.

154 F-J. Aïvo, « Crise d'effectivité et d'autorité des Constitutions africaines », Communication au colloque sur *« La problématique des remises en cause de l'ordre constitutionnel : Quels risques pour la démocratie,* Ouagadougou, les 10 et 11 août 2010, pp. 1-26.

*pour restaurer la paix constitutionnelle déstabilisée et sauvegarder les droits acquis* »[155].

Au demeurant, on assiste à une réelle transformation du rôle des juridictions constitutionnelles. Dès lors, « on se rend compte que dans les régimes d'exception, le juge est pris en tenaille entre, d'un côté, la volonté des acteurs politiques « d'aller rapidement aux élections » pour en finir avec la transition et, de l'autre, le souci des partenaires au développement ou de la communauté internationale de soutenir un processus de sortie de crise transparent et inclusif. Il s'agit d'un objectif à court terme largement partagé par les différents acteurs de gestion des situations d'exception en Afrique. Il s'exprime souvent dans un langage codé, à travers des expressions consacrées qui tendent à enfermer le juge dans le règlement des combats de frontières entre partis politiques ; ce qui ne constitue pas en réalité sa finalité, ni même la part la plus substantielle de sa mission [...] »[156].

*Tout compte fait*, cette étude a montré que les juridictions para-constitutionnelles africaines interviennent dans l'encadrement juridictionnel du coup d'Etat. A cet égard, l'office du juge constitutionnel de transition vise d'une part à réceptionner le serment des autorités de transition, apportant ainsi sa caution à la mise à rude épreuve des institutions légitimes. D'autre part, le juge joue un rôle important dans la garantie de la primauté de la Constitution. De même, son apport est indéniable dans la régulation de la transition. Dans ce cadre, il veille à la normalisation des rapports entre les institutions. Aussi, en matière de régulation électorale, le juge constitutionnel de transition s'assure de la régularité des candidatures et du traitement des résultats électoraux. Dans ces conditions, il participe à la construction de la légitimité des autorités et des institutions de transition[157].

L'office du juge constitutionnel de transition n'est pas une chose aisée. Pris en étau par des acteurs politiques prêts à l'affrontement, sa décision est perçue comme une caution juridique de la position d'un camp sur un autre. Le tout se déroule dans un moment où les esprits sont surchauffés et les

---

[155] S. F. Sobzé, « Emergence de la justice para-constitutionnelle en Afrique noire », *Annales africaines. Nouvelle Série*, Vol. 2, numéro 17, Décembre 2022, p. 223-224.

[156] B. Kanté, « La justice constitutionnelle face à l'épreuve de la transition », in, O. Narey, (sous la direction de), *La justice constitutionnelle en Afrique*, Actes du colloque international de l'ANSD, Paris, L'Harmmattan, 2016, pp. 30-31.

[157] B. Guèye et M. P. Tine, « La légitimité et la légitimation de la transition constitutionnelle par les élections en Afrique », M. Bléou, « Les acteurs de la transition constitutionnelle », *op.cit*, p. 199

protagonistes sont surarmés. Il suffit alors d'une étincelle pour que tout s'embrase. C'est dire que la décision du juge constitutionnel de transition revêt un impact décisif pour la stabilité politique d'un pays ou la survie de la nation[158]. Dans ces conditions, « le recours fréquent à ce nouveau mode d'organisation juridique et politique des sociétés africaines laisse penser que le modèle libéral de l'Etat de droit peine à s'enraciner dans le paysage politique et juridique africains dès lors qu'il procède d'une imposition »[159].

Contrairement au point de vue développé par Carré de Malberg selon lequel le coup d'État est la négation du droit constitutionnel[160], cette étude a montré qu'il faut dépasser cette perception initiale. L'expérience a révélé que le coup d'État est à la fois *négation* du droit constitutionnel et *recréation* d'un droit constitutionnel particulier qui est le droit constitutionnel de crise[161]. En effet, pour sortir de la crise constitutionnelle engendrée par le renversement des autorités légitimes, il se développe en Afrique un droit constitutionnel de transition[162], un droit constitutionnel conventionnel reposant sur des accords politiques[163]. Ce droit a la particularité de présenter des aspects inédits comparativement au droit constitutionnel classique[164] : mise en place de comité de suivi, de gouvernement d'union nationale, de commission vérité, justice et réconciliation, d'institutions d'appui à la démocratie... Dans ce cadre, le juge constitutionnel de transition s'impose comme une exigence institutionnelle indispensable à la normalisation des institutions et à la régulation du processus électoral devant mener à l'installation d'autorités légitimes. Dès lors, le juge constitutionnel de transition est attendu. Son rôle le place comme une institution centrale dans

---

158 M. Palouki, « Le juge constitutionnel africain francophone : entre politique et droit », *RFDC n*°111, 2017, pp. 641-669.

159 I. Moumouni, « Les accords de paix en Afrique : de l'illégalité juridique à la para-légalité plurielle », *op.cit*, p. 247.

160 Carré de Malberg, *Contribution à la théorie générale de l'Etat*, *op.cit*, p. 496.

161 F-J. Aïvo, « Le droit de sortie de crise : Règles et procédures applicables aux ruptures de légalité constitutionnelle », *Communication au colloque international sur «* La Constitution et les crises en Afrique *»*
Cotonou, les 7 et 8 décembre 2015 n°1, 2012, pp. 1-27.

162 L. Sermet, « Réflexions sur la notion de droit constitutionnel transitionnel à la lumière de la jurisprudence constitutionnelle des Comores et de Madagascar », internet, (consulté le 5 février 2023).

163 S. Y. Lath, « La production constitutionnelle dans les périodes de crise dans les Etats d'Afrique : crise du constitutionnalisme ou constitutionnalisme de crise », *in Mélanges dédiés au Doyen Francis Wangha Wodié*, PUT, 2016, p. 354.

164 I. Moumouni, « Les accords de paix en Afrique : de l'illégalité juridique à la para légalité plurielle », *RDP*, 2018, n° 1, p. 233.

le processus de sortie de crise. Parfois la mission confiée aux juridictions constitutionnelles est sans commune mesure lorsqu'elle est confrontée aux attentes, au jeu des acteurs et au contexte de la transition[165]. Tantôt il doit être un équilibriste, tantôt un sage, tantôt un redresseur de torts[166]. Ainsi la réussite où l'insuccès de la transition post-coup d'Etat lui est largement imputable. Et c'est dommage. Car, les juridictions constitutionnelles africaines sont à la fois vénérées et en disgrâce[167] alors qu'elles ne sont pas les seuls acteurs impliqués dans la transition constitutionnelle devant mener à la sortie en douceur de la crise politique.

De plus, les nouvelles tendances du contrôle de constitutionnalité[168] montrent que l'office du juge constitutionnel se déploie difficilement aussi bien en période de fonctionnement normal des institutions qu'en situations exceptionnelles. Dans ce second cas, l'usage du contrôle de constitutionnalité diffère. Tantôt il apparaît comme un moyen d'assurer une supériorité du droit constitutionnel transitoire tantôt il se présente comme un moyen de légitimation et de renforcement du pouvoir exercé par les autorités de fait. Dès lors, l'analyse substantielle des décisions montre davantage une mobilisation du contrôle par voie d'action ainsi qu'un recours en interprétation des dispositions de la Constitution de transition. Dans ce cas, le juge para-constitutionnel est plus dynamique. Il s'évertue à donner la caution juridique aux autorités de fait, évitant ainsi d'entraver leurs actions. Dans un second temps, le contrôle juridictionnel permet aux juges constitutionnels de transition de faire preuve d'originalité (réception du serment de l'auteur du coup d'Etat, l'autolimitation du juge constitutionnel de transition en refusant de contrôler l'ordonnance portant dissolution des institutions, justification du coup d'Etat par la nécessité d'assurer la survie de la nation et la continuité de l'État). Le contrôle de constitutionnalité dans les périodes de coup d'État oscille entre régression, dynamique de consolidation et originalité.

Mais il se pose toujours la question de suprématie de la Constitution. Aux termes de ces développements, la suprématie de la Constitution ne relève-

[165] M. Bléou, « Les acteurs de la transition constitutionnelle », *op.cit*, p. 88-89.
[166] L. Sindjoun, « De la problématique de l'existence des constitutionnalismes populistes en Afrique », *RDP* numéro 4, décembre 2024, p. 67.
[167] M. Dagra, « Les Cours constitutionnelles africaines : des gardiens de la Constitution vénérés ou décriés », O. Narey (sous la direction de), *La justice constitutionnelle*, Acte du Colloque international de l'ANDC, *op.cit*, pp. 413-419.
[168] S. Y. Lath, « Les nouvelles tendances du contrôle de constitutionnalité des lois des Etats d'Afrique francophone : la fin du mimétisme colonial », *op*.cit, p. 25.

t-elle pas d'un mythe. En effet, une des sources du problème étudié est justement l'absence de suprématie de la Constitution ou son ineffectivité, à partir du moment où ses gardiens la traitent comme un livre dans lequel on peut écrire ce que l'on veut, effacer, réécrire, puis interpréter comme on veut ce qui a été écrit… au gré des intérêts des tenants du pouvoir. En fait, c'est du formalisme, -solennité - dans lequel chacun doit tenir son rôle ou faire semblant.

Dans ces circonstances, un véritable défi attend le juge constitutionnel de transition. L'acceptation populaire des décisions juridictionnelles renforce la légitimité du juge constitutionnel. Ainsi que le souligne le Doyen Babacar Kanté : « La tendance consiste à mettre à la charge du juge constitutionnel le règlement de tout le contentieux pouvant découler de l'organisation et de la proclamation des résultats des élections. Il était très courant d'entendre dire en République centrafricaine, même et surtout après la proclamation des résultats provisoires des élections de sortie de crise, que le dernier mot appartenait à la Cour constitutionnelle de Transition »[169].

[169] B. Kanté, « Le juge constitutionnel dans les processus de sortie de crise et de transition en Afrique noire francophone », *Communication op.cit,* p. 15.

# Écrire la Constitution à l'ombre des pères fondateurs. De quelques leçons d'hier pour le constituant d'aujourd'hui

***Mamadou BADJI***

*Professeur titulaire, Université Cheikh- Anta- Diop de Dakar*

La carrière du professeur Alioune Badara Fall se caractérise par la richesse et la variété des thèmes de recherche qu'il a explorés.

Agrégé de Droit public, enseignant reconnu par ses pairs, il a toujours eu le souci de la transmission, d'une part en formant ses étudiants et en accompagnant ses doctorants, d'autre part en mettant ses compétences au service de la société.

Ses thèmes de recherche, au cœur des confluences du droit constitutionnel et du droit administratif, mais aussi du droit international public et des sciences politiques, ont porté sur divers sujets d'intérêt majeur, les « classiques » (Intégration régionale africaine, Elections, Etat de droit et démocratie, le constitutionnalisme en Afrique, Justice et Libertés) étant marqués par des renouvellements, grâce à une approche incisive, hors des sentiers battus.

Par ses analyses de juriste rigoureux, par son regard dénué de parti pris systématique, le professeur Fall est aussi reconnu pour avoir investi des questions d'une brûlante actualité, comme celles portant sur les nouvelles tendances du droit administratif ou celles relatives aux techniques d'interprétation des normes, qu'il enrichit de ses lumières.

Nos conversations amicales sur le pluralisme juridique et sa richesse normative, complétées par la lecture de ses travaux, ont très souvent éclairé mes propres recherches sur l'histoire africaine des institutions comme souhaitent en témoigner les lignes qui suivent.

Pour tous ceux qui s'intéressent à l'analyse des institutions, constitutionnalistes, politistes et historiens du droit, la Constitution est la clé de voûte de l'édifice normatif. La polysémie du terme, maintes fois soulignée, illustre à leurs yeux la diversité des actions humaines juridiquement sanctionnées par le recours à son autorité.

L'expérience des Pères fondateurs lors de l'accession des pays africains à la pleine souveraineté mérite, à cet égard, intérêt.

Poussés par la volonté de doter les nouveaux Etats de mécanismes régulateurs de la société, ils font appel au droit - le droit constitutionnel - comme « une réponse à une exigence de justice fondant les règles ou normes ». Aussi, enferment-ils, la « construction » de l'ordre politique et de ses formes institutionnelles, dans le cadre d'une Constitution, « conçue comme une norme fondamentale et constatable, et pas seulement logiquement nécessaire »[1].

En vérité, « il est bien évident que lorsqu'une société parvient à un certain stade de son développement, lorsqu'aux structures fondées sur la parenté se substitue une organisation politique et territoriale, alors un code écrit devient nécessaire pour que tous participent à la connaissance de la loi »[2]. Pour aller dans ce sens, le choix le plus audacieux aurait été de puiser dans la « mythologie » historique des « grands ancêtres », les ressorts qui peuvent, à l'instar de l'Angleterre du 17e siècle et des Etats-Unis du 20e, servir de matrice à la construction de l'ordre politique. Au lieu de cela, une constante se dévoile : la référence aux idées dominantes au moment de la marche aux indépendances, ce qui laisse entendre que les nouveaux Etats se sont mis à l'école du constitutionnalisme occidental, en tentant de la sorte de « concilier le mimétisme avec le particularisme »[3]. Nous verrons plus loin pourquoi il en a été ainsi. Pour l'heure, entendons-nous sur le mot Constitution.

Entendue au sens d'une norme supérieure aux autres, écrite, élaborée dans un certain esprit et selon des modalités particulières, pour déterminer l'accession au pouvoir, l'organisation des pouvoirs et les principes que doit respecter l'Etat, la Constitution réfère à un pouvoir réglé, à des règles juridiques du jeu politique, à la Loi fondamentale de (et dans) l'Etat.

Cette définition est acceptable partout et en tout temps. Au-delà, les formes peuvent être diverses. Pour autant, elles ont en commun deux éléments : la conception selon laquelle c'est une norme supérieure aux autres normes et, partant, une norme qui constitue l'Etat en même temps que le pouvoir politique, qui leur donne forme, qui les singularise et les conserve.

---

[1] **F. BORELLA**, Eléments de droit constitutionnel, Paris, Sciences Po, Les Presses, 2008, p.48-88.

[2] **C. MOSSE**, « Comment s'élabore un mythe politique : Solon, « père fondateur » de la démocratie athénienne », in **C. MOSSE**, D'Homère à Plutarque. Itinéraires historiques. Recueil d'articles de Claude Mossé, Pessac, Ausonius Editions, 2007, p.265-277.

[3] **J. GICQUEL**, Droit constitutionnel et institutions politiques, Paris, LGDJ, coll. Précis Domat droit public, 36e édition, 2022, p.495.

Plusieurs critères sont donc à retenir.

Le premier concerne l'origine de la norme. Elle n'est pas un donné - donné par Dieu, la tradition- mais un construit : c'est au pouvoir constituant qu'il revient de fabriquer la norme (en s'appuyant sur l'expérience passée, les exemples étrangers, la doctrine des juristes, etc.), de la ratifier, de la réviser. Le deuxième critère touche à la valeur de la norme. Elle doit être supérieure à toutes les autres règles juridiques (traités, lois, décrets, etc.). Aussi est-elle inscrite dans un texte qui a, en quelque sorte, une valeur sacrée ; elle ne peut être révisée que suivant une procédure difficile et solennelle ; les textes juridiques jugés contraires à elle ne peuvent être promulgués. Un troisième critère, découlant du premier, est à retenir. La Constitution doit être inscrite dans un texte ; la Constitution anglaise étant essentiellement orale, représente aux yeux des constitutionnalistes une exception.

Enfin une Constitution ne mérite son nom que si elle contient au moins trois sortes de règles : les principes fondamentaux (droits fondamentaux de la personne, libertés publiques, etc.), les règles relatives à la dévolution et à la perte du pouvoir, le statut et les pouvoirs respectifs de chaque organe constitué (roi, président, ministres, assemblée (s), juges, conseils, etc.). C'est dire que le label « Constitution » est réservé à l'institution qui, dans les structures relevant du droit public, répond aux conditions d'origine, de valeur, de forme, de contenu et d'encadrement de la vie politique par le droit.

C'est à ce registre que les Etats africains, au lendemain de la marche aux indépendances, ont largement puisé.

## I – L'origine de la norme

Le pouvoir constituant est celui qui détient le droit d'établir la Constitution parce qu'il est souverain. Selon les époques et les régimes, la nature de ce pouvoir diffère : Tantôt une personne (le Roi), tantôt une assemblée restreinte (plus ou moins représentative selon les cas considérés)), tantôt le peuple en son entier par la voie du suffrage direct de ses représentants. Pendant des siècles, dans les divers Etats du monde, en Afrique au sud du Sahara comme en Europe occidentale, les Constitutions étaient coutumières : les structures et les règles étaient considérées comme remontant à un passé lointain, voire immémorial. Cette ancienneté était ressentie comme l'expression de l'identité, de la pérennité du groupe politique à travers les âges.

Historiquement, l'élaboration des premières Constitutions écrites, à la fin du 18e siècle (Etats-Unis en 1787 ; France en 1791), a été la conséquence de la volonté des libéraux de limiter le pouvoir discrétionnaire de l'autorité royale. Pour s'en tenir à la France, il n'est pas vain de rappeler que « sous l'Ancien Régime, l'exercice du pouvoir royal n'était dépourvu ni de règles ni de limites[4] ». Il s'exerçait selon certaines procédures. En vérité, le roi est dans « l'heureuse impuissance » de toucher à ces règles, parce qu'il n'en est pas à l'origine, plus exactement parce que, lorsqu'il a contribué à les dégager en son Conseil, entouré de hauts dignitaires et de légistes, elles lui échappent pour enrichir le statut de la Couronne, lequel est protégé par Dieu. Il en va de même avec les lois fondamentales d'Ancien Régime. Cependant, on les considère « à la fois comme un construit -règne après règne, en fonction des crises, rois et juristes les font connaître et les précisent- et comme un donné : c'est, dit-on, une coutume qui est instituée par Dieu, qui s'est formée indépendamment et qui est aussi vieille que la lignée de Clovis[5] ».

De même, pendant longtemps, le droit constitutionnel islamique a revêtu une forme essentiellement coutumière reposant sur les premières interprétations que les Califes avaient faites des enseignements du Prophète. Les premières codifications doctrinales interviennent à partir du 10e siècle. Parmi les juristes célèbres, on mentionnera les noms d'Al Mawerdi (9741085) et, un peu plus tard, d'Ibn Khaldoun (1332-1406).

Dans la société négro-africaine, l'homme et la société sont régis par une « Constitution de l'Univers » qui fut hier et qui sera demain : « elle est supérieure à toutes les constructions humaines et donc aussi aux Constitutions établies par les hommes. Une certaine hiérarchie politique est indispensable dès lors qu'existent des groupements supra-parentaux » (Bruyas). Mais l'autorité n'avait en principe aucun rôle à jouer, ni dans les relations familiales, ni dans la mise en valeur des terres, ni dans le statut des croyances et le rituel des cultes. Pour ces raisons, une Constitution africaine peut être comprise et admise dans toute la mesure où elle organise le fonctionnement des institutions politiques. Pour autant, les Constitutions écrites constituent la forme la plus courante.

Les règles relatives à la fabrique et à la révision de la norme constitutionnelle méritent intérêt et attention.

---

[4] Pour aller dans le même sens, v. **S. SOLEIL**, *Introduction historique aux institutions IVe–XVIIIe siècle*, Paris, Champs Université, Flammarion, 2002, p. 197-226.

[5] *Id.*

### A – L'élaboration de la Constitution

Deux modes d'élaboration de la Constitution sont retenus : le pouvoir constituant originaire ; le pouvoir constituant dérivé ou institué. On dit que le pouvoir constituant est originaire lorsqu'il s'applique à l'établissement d'une Constitution destinée alors à combler un « vide juridique ». Il est dérivé ou institué lorsqu'il ne concerne que la révision de la Constitution existante. Dans cette seconde hypothèse, sa détermination pose en principe moins de problème puisque ce pouvoir institué par la Constitution s'exerce selon les dispositions relatives à la révision constitutionnelle prévue dans le texte.

On examinera dans le détail les modes d'établissement des Constitutions, non sans respecter deux séquences historiques : le temps de la Constitution octroyée au moment de l'accession des nouveaux Etats à la pleine souveraineté, et celui de la Constitution élaborée par le nouvel Etat.

#### 1 - La Constitution octroyée

Au moment de l'accession de nouveaux Etats à la pleine souveraineté, il est arrivé assez souvent que la Constitution ait été élaborée au préalable, c'est-à-dire sous le contrôle de l'Etat colonisateur. C'est l'exemple le plus fréquent dans les Etats anglophones. Certes le Royaume-Uni n'avait pas de Constitution écrite, organisant les structures supérieures de l'Etat. Mais, il apparut nécessaire, au moment de transmettre le pouvoir aux nouveaux Etats, de leur octroyer une Constitution basée sur les règles du système britannique et, exprimées par écrit, pour des raisons de clarté et de précision : « la métropole y a veillé en vue de doter progressivement les territoires, puis les Etats nouveaux, d'un ordre juridique et politique considéré comme le meilleur, voire même comme le seul qui soit de nature à garantir la survie de cet Etat. Au temps de la suprématie anglaise, l'organisation des territoires aurait pu être établie par le Parlement lui-même, comme il le fit pour les grands Dominions [6]».

En fait, en Afrique au sud du Sahara, elle fut l'œuvre de la Couronne, c'est-à-dire de l'exécutif. La procédure était la suivante : un *order in council* créait un Conseil législatif définissant ses pouvoirs et ceux du gouverneur et instituait des tribunaux ; ce texte pouvait être complété pour les détails par des documents moins solennels appelés « lettres patentes » ; une décision du gouvernement nommait le gouverneur ; des instructions étaient

[6] **J. BRUYAS**, Les institutions de l'Afrique noire moderne, Paris, L'Harmattan, coll. Etudes africaines, 2008, 202 p.

prises pour encadrer ses fonctions exécutives locales. Cette procédure évolua dans la dernière période pour permettre à des représentants des populations locales de faire entendre leur voix. Toutefois, le gouvernement britannique se réservait l'ultime décision.

Pour les Etats anciennement rattachés à la Belgique, les procédures varièrent. Ainsi l'ex-Congo-Léopoldville[7], avait été régi pendant un demi-siècle par une « charte coloniale », c'est-dire une loi belge de 1908. Une table ronde s'ouvrit à Bruxelles le 20 janvier 1960, par suite de quoi, une « loi fondamentale » du 19 mai 1960, votée en 259 articles par le Parlement belge, institua les nouvelles structures constitutionnelles du nouvel Etat par une transposition du système belge. Dans les procédures où les partis congolais n'avaient pu se mettre d'accord, le Parlement de Bruxelles joua un rôle d'arbitrage. Le Burundi avait une première Constitution, rédigée avant l'indépendance, la Constitution monarchique votée par l'Assemblée nationale le 26 novembre 1961. Sanctionnée par le roi (Mwami) le 28 novembre, elle s'inspirait largement de la Constitution belge. Quant au Rwanda, après la chute du roi Kigeri V (octobre 1960) en raison de la grande victoire électorale du parti hutu (70,4 % des sièges), il se vit reconnaître l'autonomie interne et sa Constitution fut établie sous le contrôle des autorités belges. La commission de tutelle de l'ONU accepta le 26 juin 1962 d'abroger le régime de tutelle, qui liait ces deux derniers territoires à la Belgique. Ils obtinrent séparément leur indépendance le 1er juillet et leurs deux Constitutions entrèrent pleinement en vigueur.

En ce qui concerne le Cameroun et le Togo -territoires dépendant précédemment de la France- ils furent dotés de leur statut constitutionnel par la France avant la fin du régime de tutelle, et leur accession à l'indépendance (les 1er janvier et 27 avril 1960). Leurs premières Constitutions résultèrent de décrets et d'ordonnances du gouvernement français.

A la suite de ces territoires, un très grand nombre d'Etats de l'espace francophone, accèdent à l'indépendance. Il en résulte un mouvement constitutionnaliste, qui dans ses phases initiales, a subi l'influence de l'ancienne puissance coloniale. L'adoption de la Constitution du 4 octobre 1958 qui a érigé les territoires d'Outre-mer en Etats membres de la Communauté (à la seule exception de la Guinée), eut une double conséquence : « d'une part, les principes de l'organisation constitutionnelle

---

[7] Devenu Congo-Kinshasa et, puis Zaïre, aujourd'hui République Démocratique du Congo (RDC).

du pouvoir politique étaient imposés aux nouveaux Etats (...) d'autre part, la forme des Constitutions qui devaient être adoptées par les Etats membres de la Communauté était largement prédéterminée[8] ».

Beaucoup de facteurs justifient la prévalence de ce modèle juridique dans les premières Constitutions des nouveaux Etats indépendants (1960). La lecture qu'on fait de la réception en Afrique au sud du Sahara de cette Constitution est simple : « Elle était récente et elle était donc censée s'être attachée à la solution des problèmes que l'époque avait à résoudre. Elle organisait une autorité centrale robuste et stable, point qui était ressenti comme d'importance majeure par de nouveaux Etats, créés souvent dans d'anciens découpages administratifs, et qui avaient encore à cimenter les unités nationales » (Bruyas). Il n'est donc pas surprenant que cette norme résiste au temps et, mieux, irrigue, « mais de façon de plus en plus lâche » les textes ultérieurs[9]. D'autres choisirent selon des procédures établies de rédiger leur propre Constitution.

2 – La Constitution élaborée par le nouvel Etat

Les modes d'établissement de la Constitution par les autorités constituantes des nouveaux Etats, varient selon les modèles de référence.

Dans les Etats anglophones, marqués par l'absence de tradition d'élaboration constitutionnelle, les procédures utilisées sont très variables d'un Etat à l'autre. L'établissement d'une assemblée spéciale de nature constituante ne paraît pas en général indispensable, encore que ce procédé ait parfois été utilisé.

Au Ghana, sous la Constitution de 1957, promulguée par la reine, un projet de loi *(bill)* fut publié à Accra par le gouvernement, le 20 janvier 1960, prévoyant l'élaboration d'une Constitution républicaine. Celui-ci fut adopté par l'Assemblée nationale, puis approuvé par référendum en avril. La Constitution entra en vigueur le 1er juillet 1960. Kwame N'Nkrumah, devenu président de la République, exerça une autorité sans partage.

Au Nigeria, plusieurs conférences constitutionnelles tenues à partir de 1953, organisèrent progressivement un système d'autonomie interne, fondé sur des structures fédératives et l'indépendance du pays fut proclamée le 1er octobre 1960 dans le cadre du Commonwealth. S'appuyant sur la procédure de révision de la Constitution qui prévoit un vote des deux assemblées

---

[8] **D.-G. LAVROFF**, Les systèmes constitutionnels en Afrique noire : les Etats francophones, Paris, Pedone, 1976, 15.

[9] **P.-F. GONIDEC**, Les droits africains, Paris, LGDJ, 1976, p. 77 et s.

(Chambre des représentants et Sénat représentant les régions) à la majorité qualifiée, le pays se dota en suivant cette procédure d'une Constitution républicaine le 1er octobre 1963. Le 15 janvier 1966, un coup d'Etat eut lieu établissant un gouvernement militaire. Depuis lors, à travers plusieurs coups d'Etat militaires (26 juillet 1966, 29 août 1975, 12 février 1976), le problème est demeuré ouvert de savoir comment rétablir un régime civil conformément à l'intention déclarée du régime militaire. Le 4 octobre 1975, le gouvernement a nommé une commission de 50 membres, chargée de rédiger une Constitution. Cette « Commission des 50 » a terminé ses travaux en août 1976 et a soumis un projet au gouvernement en septembre. Le 31 août 1977 ont été élus 203 membres de l'Assemblée constituante, 29 autres étant désignés par le gouvernement. Cette Assemblée qui aura à approuver le projet l'entérinera sans doute pour l'essentiel. Ce projet apparaît très directement inspiré par le régime présidentiel. Il prévoit deux assemblées, dont un Sénat représentant les 19 Etats fédérés qui auront chacun 5 élus.

Au Kenya, au lendemain de l'accession du territoire à l'autonomie interne, on procéda à l'installation d'une commission constitutionnelle ; celle-ci élabora en septembre-octobre 1963, une Constitution transformant le pays en un dominion de l'Angleterre, avec un Parlement responsable devant deux assemblées ; un gouverneur général représentait la reine. Postérieurement à l'indépendance, acquise le 12 décembre 1963, il voulut se doter d'un régime républicain. Il le fit en appliquant la disposition de la Constitution en vigueur relative à la révision, qui prévoyait un vote séparé à une majorité renforcée de chacune des deux Chambres. Le texte nouveau (24 novembre 1964) créa un président et un vice-président, et supprima la plupart des prérogatives des autorités locales. Jomo Kenyatta, premier ministre, devint *ipso facto* chef d'Etat.

La Constitution du Tanganyika fut mise au point en juillet 1960 en tant que dominion de la couronne britannique avec régime parlementaire et premier ministre. L'indépendance fut proclamée après levée de la tutelle des Nations unies (13 octobre 1961) à la date du 9 décembre 1961. Un an après (9 décembre 1962), l'Etat devenait une République selon la procédure de révision prévue dans la Constitution précédente, soit à une majorité des 2/3 à l'Assemblée, et Julius Nyerere devint chef de l'Etat. Le 27 avril 1964, la fusion fut opérée avec Zanzibar pour former la République Unie de Tanzanie. Une Constitution provisoire a été adoptée par le Parlement de la République Unie le 10 juillet 1965.

Quant aux Etats de succession française, ils se dotèrent de Constitutions calquées sur le modèle de référence, le régime constitutionnel établi en France en 1958, visant à concilier la liberté avec le souci de stabilité et d'efficacité. En vérité, l'attrait de la Constitution du 4 octobre 1958 réside dans les conditions de son entrée en vigueur : la soumission de l'Etat au pouvoir incontrôlé du Parlement, rendu lui-même impuissant par une instabilité ministérielle chronique, l'absence de majorité de gouvernement, le dérèglement des mécanismes de rationalisation parlementaire, la multiplicité et la versatilité des partis politiques, l'inefficacité des pouvoirs publics devant les crises (le conflit algérien, la situation insurrectionnelle à Alger, la gestion de la décolonisation, etc.), avait sous les Troisième et Quatrième Républiques, privé l'Etat de toute continuité de vue et de toute autorité réelle ; la nouvelle Constitution eut donc pour but principal de remédier à ces tares.

L'esprit d'un tel régime, intermédiaire entre le parlementarisme classique et le régime présidentiel[10], a été de doter les organes exécutif et législatif d'une réelle autorité dans leur domaine, et de permettre que chacun puisse exercer un certain contrôle sur l'autre pour le maintenir dans son domaine propre.

Le chef d'Etat, élu pour sept ans par le peuple, a des pouvoirs politiques étendus. Il nomme le premier ministre qui conduit sous son autorité la politique de la nation. Le Parlement vote la loi, mais la Constitution définit les domaines de la loi, hors desquels le Parlement est incompétent pour délibérer (c'est ce qu'on appelle le parlementarisme rationalisé). Le Parlement, élu pour cinq ans, peut (ce qui distingue ce régime du régime présidentiel à l'américaine) renverser le gouvernement par le vote d'une motion de censure. Inversement, le chef de l'Etat peut dissoudre le Parlement, ce qui conduit à de nouvelles élections qui permettent au peuple d'arbitrer. Ces préoccupations de fond semblaient tout à fait répondre au besoin d'Etats nouveaux soucieux de liberté, mais encore fragiles.

Quant à la procédure, l'affirmation de la souveraineté nationale aurait dû conduire les nouveaux Etats d'Afrique au sud du Sahara à l'élection d'Assemblées constituantes qui auraient élaboré un texte, qui aurait pu éventuellement être soumis à référendum populaire. En fait, les Assemblées territoriales qui avaient été élues en 1957 au suffrage universel, se proclamèrent souvent constituantes (ainsi l'Assemblée territoriale du Sénégal par délibération du 2 novembre 1958). Parfois cependant,

---

[10] Certains constitutionnalistes parlent à son propos de régime *semi-présidentiel*.

l'Assemblée territoriale fut dissoute et une Assemblée, déclarée constituante et législative fut élue (ainsi au Niger le 14 décembre 1958). A Madagascar, ce furent les assemblées de province et non le peuple qui élirent une Assemblée constituante et législative (en application de la loi constitutionnelle n° 1).

En pratique, les gouvernements en place exercèrent une influence importante sur la procédure. Certains se firent reconnaître le droit d'initiative, c'est-à-dire celui d'établir un projet de Constitution. Ils confièrent le travail technique à un organisme consultatif qui rassemblait des juristes et des hommes politiques, mais toujours ils se réservèrent le droit de fixer définitivement le texte.

Dans divers pays, existait déjà un parti dominant ou même unique, et le chef du gouvernement, puisait alors, en sa qualité de chef de ce parti, une influence décisive (ainsi, par exemple, F. Houphouët-Boigny en Côte d'Ivoire). Mais le plus souvent, le texte fut adopté sans grande discussion et à l'unanimité (Côte d'Ivoire, Dahomey, Haute-Volta, Mauritanie, Gabon) ou à la quasi-unanimité (Niger, Sénégal). En ce qui concerne la procédure de référendum, une seule Constitution, celle de Haute-Volta, la rendit obligatoire. Ailleurs, elle n'était pas prévue, ou seulement prévue, dans le cas où l'Assemblée constituante ne voterait pas le projet à une majorité qualifiée (2/3 au Sénégal, 3/4 en Mauritanie, 3/5 à Madagascar). Cette majorité fut partout atteinte, et il n'y eut pas de référendum.

Au Congo-Léopoldville, la loi fondamentale du 19 mai 1960, qui avait un caractère provisoire, prévoyait une procédure particulière d'élaboration constitutionnelle (art. 98 et suivants.) : vote à la majorité des 2/3 par chacune des deux assemblées parlementaires, et approbation par les assemblées provinciales. En fait, de 1960 à 1963, ce vaste pays, sous la présidence de Joseph Kasavubu et sous les gouvernements Lumumba, Iléo, Adoula, eut de grandes difficultés à trouver ses nouvelles assises parmi les rivalités des ethnies et des factions. Cela retarda d'autant l'établissement d'une Constitution à caractère définitif. Le problème ne fut abordé qu'en novembre 1963, et la procédure ne fut pas celle qui avait été prévue en 1960. La Constitution du 30 juin 1964 dite de Luluabourg, fut élaborée par le pouvoir exécutif et adoptée par voie de référendum (5 au 10 juillet 1964). Cette Constitution reprit pour l'essentiel (en ses art. 175 et 176) la procédure de révision prévue en 1960. Après plus d'un an de gouvernement Tschombé, la mésentente entre celui-ci et le président Kasavubu conduisit à une impasse. Le 25 novembre 1965, un coup d'Etat eut lieu et le colonel Mobutu se fait confier par l'armée la responsabilité du pouvoir. Une nouvelle Constitution fut élaborée et mise en vigueur le 24 juin 1967. Elle fut, elle aussi, préparée par l'exécutif et adoptée par référendum populaire. Lorsque le Rwanda devint indépendant le 1er juillet 1962, une Assemblée constituante fut réunie. Elle élabora une Constitution qui fut promulguée le 24 novembre 1962 et s'appliqua jusqu'en 1973. Le 5 juillet 1973, un coup d'Etat militaire a suspendu *sine die* un certain nombre d'articles de la Constitution. Le président Kayibanda a été remplacé par le général Juvénal Habyarimana, l'Assemblée législative dissoute et ses pouvoirs transférés au président et le gouvernement remplacé par un comité pour la paix. Tous les partis politiques ont été dissous. Au Burundi, indépendant depuis le 1er juillet 1962, la Constitution monarchique fut en vigueur jusqu'en juillet 1966. Le roi, le « Mwami », la suspendit alors et nomma premier ministre le capitaine Micombero. Celui-ci réussit, le 28 novembre 1966, un coup d'Etat qui renversa la monarchie et il proclama la République. En tant que nouveau chef d'Etat, il organisa par un décret-loi du 19 décembre 1966, les pouvoirs législatif et réglementaire. Un autre décret-loi constitua par la suite (20 octobre 1971) un Conseil suprême de la République.

Une Constitution fut élaborée par une commission constitutionnelle placée sous les ordres du président de la République. Elle fut approuvée par le Conseil suprême de la République et promulguée le 11 juillet 1974. Elle reposait sur le parti unique UPRONA. Il n'y a pas d'assemblée législative. Le 27 novembre 1974, le général Micombero fut élu pour un mandat de sept ans. Mais il fut renversé le 1er novembre 1976 par un coup d'Etat militaire. Un Conseil suprême révolutionnaire a été établi avec à sa tête le colonel Jean-Baptiste Bagaza (né en 1946) qui est devenu chef d'Etat le 9 novembre. Ce dernier exerce le pouvoir législatif par décret-loi. Le parti UPRONA a été réorganisé.

Ajoutons qu'à partir de la Constitution originaire, quelques novations furent apportées au mode d'établissement des Constitutions. On peut les ranger en deux grands types : ou bien elles ont été la conséquence d'un coup d'Etat réussi. En ce cas, les auteurs de ce coup d'Etat ont adopté des dispositions d'urgence, en général très brèves, suspendant ou abrogeant la Constitution précédemment en vigueur et organisant un régime autoritaire. Un organe exécutif est créé dont le nom est assez variable et qui se voit investi des pleins pouvoirs exécutifs et législatifs. Son chef organise l'Etat par ordonnances ou par décrets, en attendant l'élaboration plus ou moins lointaine d'une future Constitution ; ou bien elles ont résulté de la mise en œuvre de la procédure de révision prévue par la Constitution en vigueur.

## B - La révision de la Constitution

La révision de la Constitution consiste à corriger le texte constitutionnel par suppression, adjonction ou modification. Il y a deux façons de procéder à la révision des Constitutions : l'une s'effectue dans les formes constitutionnelles prévues, l'autre s'effectue en dehors ou en violation des formes constitutionnelles sous l'effet d'une révolution ou d'un coup d'Etat.

Ces deux aspects méritent attention.

Tout d'abord fixons notre regard sur la révision en la forme constitutionnelle. Règle suprême de (et dans) l'Etat, la Constitution se verra le plus souvent protégée contre l'instabilité par l'existence de procédures spéciales de révision, qui seront plus solennelles et plus difficiles à mettre en œuvre que de simples procédures législatives.

Dans les Etats francophones, les Constitutions originaires appartiennent au type des « Constitutions rigides ». On entend par là, celles qui ne peuvent être modifiées, révisées ou changées complètement qu'au moyen d'une procédure spéciale, différente de la procédure législative ordinaire et normalement plus compliquée et plus difficile à mettre en œuvre. Quant à l'*initiative* même, un système fréquent, est de conférer la compétence concurrente égale à l'exécutif et au législatif, ou bien à égalité entre l'exécutif et chaque député[11], ou bien avec une restriction au détriment du législatif, en exigeant la signature d'un nombre minimum de députés, ce qui fut fréquent dans les plus anciennes Constitutions. La majorité exigée est des 2/3 au Cameroun, au Togo, au Dahomey, en Tunisie. Elle est des 3/5 (c'est-à-dire un peu moins forte : 36/60 au lieu de 40/60) au Gabon ou des 3/4 (c'est-à-dire un peu plus forte : 45/60) à Madagascar[12][13].

Le chef d'Etat, lorsqu'il veut prendre l'initiative d'une révision constitutionnelle, est le plus souvent tenu de consulter le gouvernement ;

---

[11] Constitution du Mali 1960, art. 49 : « L'initiative de la révision appartient concurremment au président de la République et aux députés ». Consulter aussi C. Côte d'Ivoire 1960 modifiée en 1963, art. 71 ; C. Guinée 1958 modifiée en 1963, art. 49. La Constitution du Sénégal du 7 mars 1963, modifiée le 20 juin 1967, art. 89, précise : « au président de la République, sur proposition du premier ministre et aux députés ». Celle du Gabon (25 avril 1975, art. 69) : « au président de la République, le Conseil des ministres entendus, et aux députés ».

[12] Cameroun, C. 1961, art. 47 ; Togo, C. 1961, art. 39, exigence qui a disparu de la C. du 11 mai 1963 ; Dahomey, C. 1959, art.

[13] ; Madagascar, C. 1975, art. 46.

soit en vertu du texte constitutionnel[14], soit parce que le Conseil des ministres est obligatoirement saisi de tous les projets de loi. En pratique, partout où existe un parti unique, c'est le parti et son chef, maître du pouvoir exécutif et qui est normalement chef de l'Etat, qui jouera le rôle décisif.

Quant à la *décision* même de la révision constitutionnelle, on rencontre deux principales variantes, celle des compétences successives de l'organe législatif et du peuple, et celle de la compétence réservée à l'organe législatif.

Pour la première, certaines Constitutions ont prévu deux étapes successives : vote de l'Assemblée, puis approbation du projet par le peuple consulté par référendum. Cette procédure peut être obligatoire dans tous les cas comme au Tchad[15]. Elle peut aussi n'intervenir que dans certaines circonstances ou moyennant certaines conditions : soit décision contraire du chef d'Etat (Sénégal[16]) ; soit lorsque l'Assemblée n'a pas approuvé de projet à la majorité renforcée prévue (Côte d'Ivoire, Haute-Volta[17]) ; soit lorsque l'Assemblée elle-même décide de recourir au corps électoral (Guinée[18]) ; soit lorsque le chef de l'exécutif décide expressément de soumettre le projet à référendum.

Cette compétence peut être assortie de certaines conditions : ainsi par exemple que l'Assemblée élue n'ait donné qu'une majorité insuffisante au projet (Mauritanie[19]) ou encore à condition qu'il soit procédé à des consultations (Togo[20]).

---

[14] Gabon, C. 1961, art. 69 et C. 1975, art. 69, voir aussi Maroc C. 1961, art. 105.

[15] C. du Tchad, 31 mars 1959, art. 56.

[16] C. du Sénégal, 7 mars 1963, art. 89 : le projet de révision adopté par l'Assemblée nationale doit être approuvé par référendum à moins que le président de la République ne décide de le soumettre à la seule Assemblée nationale. En ce cas, celle-ci doit se prononcer à la majorité des 3/5.

[17] C. Côte d'Ivoire 1960-1963, art. 72 et C. Haute-Volta 29 juin 1970, art. 105.

[18] C. Guinée du 10 novembre 1958, modifiée le 31 octobre 1963, art. 49 : l'Assemblée à la majorité des 2/3 peut adopter un projet de révision ou le soumettre à référendum.

[19] C. du 20 mai 1961, art. 54 : si un projet de révision a été approuvé par l'Assemblée mais avec une majorité inférieure aux 2/3, le président de la République peut décider de recourir à un référendum.

[20] C. du 11 mai 1963 : si le président de la République l'estime indispensable, il peut soumettre le projet de Constitution à un référendum populaire. En ce cas, il est seulement tenu de consulter l'Assemblée nationale et de prendre l'avis de la Cour suprême.

Mais la compétence de la révision constitutionnelle peut être réservée à l'organe législatif. On rencontre en ce cas deux variantes principales quant à la majorité exigée : la majorité simple ou la majorité renforcée.

La première est illustrée par la Constitution fédérale du Cameroun, art. 47, qui prévoyait la majorité simple des membres composant l'Assemblée fédérale [...], à condition toutefois que cette majorité comporte la majorité des représentants à l'Assemblée fédérale de chacun des deux Etats fédérés. D'autres Constitutions prévoient en revanche une majorité renforcée des 2/3 (Guinée[21]), des 3/4 (Madagascar) ou des 4/5 (Rwanda, Côte d'Ivoire, Mali, Haute-Volta[22]). A Madagascar, la Constitution du 29 avril 1959 qui organisait deux Assemblées, prévoyait (art.

66) une double majorité : 2/3 à l'Assemblée et 3/5 au Sénat.

Telle est la théorie constitutionnelle.

L'expérience révèle au demeurant une réalité assez différente pour diverses raisons, dont deux semblent prédominantes.

D'une part, l'existence d'un parti dominant ou unique de fait donne souvent aux procédures prévues un caractère purement formel : dès lors que le parti et son chef ont décidé qu'il fallait une révision, celle-ci trouve toujours, pour l'approuver, une très large majorité, voire une quasi-unanimité de l'Assemblée et du peuple lui-même.

D'autre part, un grand nombre de coups d'Etats ont eu lieu qui ont abrogé ou modifié les Constitutions sans respecter, voire sans prendre aucunement en compte, les procédures prévues par la Constitution antérieurement en vigueur. Mais cela est vrai aussi des changements d'orientation purement civils comme au Sénégal. Dans ce pays, après la crise politique de décembre 1962, le Parlement se dessaisit de son pouvoir constituant en recourant à un artifice : il modifia la Constitution de 1960 pour transférer les pouvoirs constituants au chef d'Etat, sous la seule réserve de procéder à des consultations. Le corps électoral populaire approuva le projet du chef d'Etat à la quasi-unanimité.

Des observations faites plus haut, il se déduit que, tout en concevant le droit comme un ensemble juxtaposé, pas forcément hiérarchisé, de règles

---

[21] C. de Guinée du 10 novembre 1958, art. 49 : l'Assemblée nationale peut à la majorité des 2/3 adopter le projet ou le soumettre au référendum.

[22] C. du Rwanda du 24 novembre 1962 modifiée le 5 juillet 1973, art. 107 ; C. de Côte d'Ivoire du 3 novembre 1960 modifiée le 11 janvier 1963, art. 72 : si le texte n'a obtenu que les 3 /4 des voix, il devra être en outre soumis à référendum.

d'origines diverses, il convient d'accorder une importance particulière à la valeur de la norme.

## II – La valeur de la norme

La Constitution apparaît finalement comme la règle fondamentale de l'Etat. Cette idée repose, chez les juristes, sur la double conciliation de la suprématie de la Constitution, et de son corollaire, le contrôle de constitutionnalité comme moyen de prévenir les règles jugées contraires à la norme.

### A – La suprématie de la Constitution

Le principe de la *suprématie de la Constitution* signifie que toute autorité aussi bien que tout citoyen sera soumis dans sa conduite aux règles inscrites dans ce texte qui constitue la charte supérieure de l'Etat. Il est la pointe de la pyramide en ce sens que, lui seul garantit, pour l'avenir, le maintien d'autres conceptions. Pour qu'elles survivent, les juristes considèrent qu'il faut et qu'il doit suffire qu'elles soient inscrites dans la Constitution et que cette dernière soit reconnue, respectée et appliqué par tous.

Selon la théorie constitutionnelle classique, la Constitution devra être élaborée, ou approuvée, par les représentants élus du peuple, à moins que le peuple lui-même ne soit consulté par référendum. Le principe que la Constitution est le cadre de l'ordre politique et juridique national, est très largement adopté par les Etats modernes, libéraux comme ceux dits du « bloc de l'Est ».

Certaines Constitutions africaines ont fait une référence explicite au principe de suprématie. C'est ainsi que la Constitution est « la loi suprême de l'Ouganda », « la loi fondamentale régulatrice des droits et des devoirs des citoyens » de la République Centrafricaine, « la base de l'ordre juridique et social de la Nation » en Somalie[23].

Sans doute n'est-il pas très rare qu'une Constitution soit suspendue ou abrogée en violation de l'ordre juridique en vigueur comme conséquence d'un coup d'Etat. Mais les régimes issus de coups d'Etat affirment bien souvent qu'ils ont été conduits, pour assurer le salut du pays, à mettre un terme à la vacance du pouvoir ou à l'incapacité des gouvernements, et qu'ils n'exerceront présentement le pouvoir qu'en attendant que puisse être mises en place de nouvelles institutions, c'est-à-dire un nouvel ordre

[23] Ouganda C. 9 octobre 1962, art. 1 ; Rép. Centrafricaine C. 16 février 1959, puis 25 novembre 1960, fin du préambule ; Somalie C. 1960.

constitutionnel. Ainsi, au Togo, la nouvelle autorité « assumera provisoirement les pouvoirs de la République, jusqu'à ce que la nation ait été dotée de nouvelles institutions »[24]. L'autorité de fait, rend ainsi formellement hommage à la théorie de la suprématie de la Constitution. Celle-ci s'impose à tout particulier ressortissant de l'Etat (citoyen) ou se trouvant sur son territoire, et à tout gouvernant, c'est-à-dire individu détenant une parcelle de la puissance publique.

La soumission de l'autorité exécutive à la Constitution découle, dans la plupart des Constitutions écrites des Etats d'Afrique francophone, de la formule selon laquelle le chef d'Etat veille au respect de la Constitution[25] ou en est le gardien[26]. Il est donc tenu, non seulement de protéger la Constitution, mais de l'appliquer…, ce qui suppose *a priori* qu'il la respecte lui-même.

Dans la pratique, deux problèmes principaux se trouvent soulevés et qu'il convient d'examiner.

Quelles sont les règles qui ont valeur constitutionnelle ?

Quels sont les actes soumis à la suprématie de la Constitution ?

Il convient de les aborder l'un après l'autre.

1 - Quelles sont *les règles qui ont valeur constitutionnelle* ?

D'abord et avant tout le préambule. Certes, les juges et les juristes sont divisés sur le sujet. Mais, ce qui prévaut consiste en une démarche « prudente, casuistique qui, à la lumière d'une certaine grille d'analyse -le standard de norme juridique ou de norme juridique applicable/justiciable- « pèse » la normativité de chaque énoncée du préambule et même de chaque article du corps du texte[27] ». La question de la portée juridique des préambules « illustre ainsi à merveille la théorie générale du droit chère à François Ost qui défend depuis longtemps le caractère gradualiste de la force normative des règles de droit. Les préambules peuvent se situer à tous les degrés de la force normative des normes constitutionnelles, depuis le

[24] Ordonnance n° 1 du 14 janvier 1967 du gouvernement militaire.

[25] Cameroun, C. 2 juin 1972, art. 5.

[26] Sénégal, C. 26 février 1970, art. 36.

[27] **L. HEUSCHLING**, « La Constitution formelle », in *Traité international de droit constitutionnel,* sous la direction de **M. TROPER**, **D. CHAGNOLLAUD**, Paris, Dalloz, 2012, t. 1, p. 286.

sommet de celles-ci jusqu'à leurs zones les plus marginales[28] ». C'est dire que « tout dépend du texte de la Constitution qui suit le préambule selon qu'il s'y réfère ou non, et surtout des usages que la jurisprudence décide d'en faire ou non et si oui, de manière plus ou moins expresse ou tacite[29] ». Le préambule de la Constitution des États-Unis est rarement cité et encore plus rarement discuté par la Cour suprême[30]. Dans une décision *Jacobson v. Massachusetts* rendue en 1905, la Cour énonce que quand bien même le préambule indique les objectifs généraux sous-jacents aux normes constitutionnelles, il n'a jamais été considéré comme la source d'un quelconque pouvoir substantiel attribué à l'État ou à l'une de ses composantes[31]. Le premier attorney général Edmund Randolph écrit en 1791 que le préambule se soucie d'exposer les conceptions des membres de la Convention, mais qu'il faut présumer que celles-ci sont bien traduites dans les dispositions attributives des pouvoirs constitués[32]. Dans certains cas, la Cour suprême se réfère au préambule, mais seulement pour supporter une interprétation, jamais de façon déterminante. Mais par sa seule existence, le préambule « offre en permanence aux organes d'application du droit une ressource herméneutique potentiellement mobilisable. Au minimum, il permet de renforcer une interprétation, à la manière du cherry on-the-cake[33] ».

Dans les Constitutions africaines, il est arrivé assez souvent que le texte lui-même tranche clairement le débat. Selon la Constitution du Tchad du 16 avril 1962 (abrogée par le coup d'Etat du 13 avril 1975) dernier alinéa du préambule : « Les dispositions qui précèdent font partie intégrante de la présente Constitution ». Il est arrivé que le texte ne soit pas explicite, mais que l'Autorité constituante ait précisé son intention. Ainsi, en Côte d'Ivoire, M. Philipe Yace, président de l'Assemblée nationale, a pu déclarer au sujet de la Constitution du 3 novembre 1960 alors en vigueur : « Le préambule a

[28] **H. DUMONT**, « A quoi sert un préambule constitutionnel », in *Le droit malgré tout, Hommage à François Ost,* Presses de l'université Saint-Louis - Bruxelles, 2018, p. 785-825. Sur la notion de force normative, Cf. **I. HACHEZ** et **C. THIBIERGE** (sous la direction de), *Les sources du droit revisitées*, Bruxelles, Anthémis – Université Saint-Louis – Bruxelles, 2012, vol. 4, p. 427- 499.

[29] **H. DUMONT**, « A quoi sert un préambule constitutionnel », *op. cit.*

[30] **S. LEVINSON**, « Do Constitutions have a Point ? Reflections on « Parchment Barriers » and Preambles », *Social Philosophy and Policy*, vol. 28/1 (2011), p. 157.

[31] Voir le texte, les références et les commentaires dans *Ibidem*, p. 158.

[32] Cf. les références dans **S. LEVINSON**, « Do Constitutions have a Point ? Reflections on « Parchment Barriers » and Preambles », *op. cit.*, p. 158.

[33] **H. DUMONT**, « A quoi sert un préambule constitutionnel », *op. cit.*

la même valeur que la Constitution [...]. Il est source de droit positif à l'égard des pouvoirs publics et de juridiction ».

2 - Quels sont *les actes qui se trouvent soumis à la suprématie de la Constitution* ?

Il résulte de la suprématie de la Constitution qu'aucun des actes juridiques pris dans le cadre institutionnel de l'Etat ne peut en principe lui être contraire. Il en est ainsi d'abord de tous les citoyens. Il se peut que la Constitution contienne des dispositions qui leur sont directement applicables, qu'il s'agisse de droits qui leur sont reconnus ou d'obligations qui leur incombent. Dans leurs rapports réciproques, les citoyens peuvent toujours recourir aux tribunaux pour obtenir l'application des dispositions constitutionnelles aussi bien que les lois ordinaires. La suprématie de la Constitution s'impose aussi aux actes des autorités exécutives dans les décrets de portée individuelle ou de portée générale (règlements) et dans les arrêtés pris par les ministres ou les autorités administratives (préfets, maires...).

Dans la tradition juridique française, les actes administratifs peuvent être déférés aux tribunaux compétents dans l'ordre administratif, qui auront à apprécier si ces actes sont conformes à la Constitution et aux lois. A défaut, ils pourront être annulés par ces tribunaux par la procédure dite du « recours pour excès de pouvoir ». Ainsi la Constitution du Sénégal du 26 février 1970, art. 82, dispose : « La Cour suprême [...] est juge de l'excès de pouvoir des autorités exécutives ». La Constitution du Cameroun du 2 juin 1972, art. 32 : « La Cour suprême est chargée de statuer souverainement [...] 3° sur les recours en indemnité ou en excès de pouvoir dirigée contre les actes administratifs ». Dans les Etats anglophones où n'existent pas de juridictions distinctes pour juger l'administration, ce sont les tribunaux ordinaires qui sont compétents pour sanctionner les illégalités de l'administration.

La suprématie de la Constitution s'impose aussi en principe à l'égard des lois. On pouvait lire dans la Constitution de la Mauritanie du 20 mai 1961 (modifiée) art. 41 : « Le président de la République [qui promulgue les lois] peut [...] saisir la Cour suprême pour inconstitutionnalité ». Une formule analogue figure dans d'autres Constitutions d'Etats de tradition juridique française. Il est intéressant de noter que, dans les Etats anglophones, les Constitutions emploient le terme de *Law*, qui dans son sens large veut dire « droit », mais dans son sens étroit signifie « loi ».

La suprématie de la Constitution s'applique aux lois votées par le Parlement mais aussi, bien entendu, aux actes qui seraient pris par l'exécutif avec valeur de loi. La possibilité pour l'exécutif de prendre, par délégation du Parlement, des mesures ayant la même force juridique que des lois, et pouvant modifier ou abroger les lois en vigueur, a été fréquemment prévue par les textes dans les Constitutions demeurées fidèles au système représentatif. Dans les Constitutions des Etats francophones, on emploie à ce sujet le mot d'« ordonnances », dans les Constitutions des Etats anglophones, de « delegated legislation ». En ce qui concerne la matière de ces ordonnances, la pratique française admet que ce sont des actes administratifs tant que le Parlement ne les a pas ratifiés ; ensuite ces décisions prennent valeur de loi.

Cette distinction n'a guère d'intérêt dans les Etats anglophones, puisque le contrôle du juge s'y étend à tous les actes émanant du législatif ou de l'exécutif. La Constitution elle-même peut prévoir le droit pour l'exécutif de prendre des actes ayant valeur de loi. La plupart des Constitutions originaires des Etats francophones[34] se sont directement inspirées de l'art. 16 de la Constitution française de 1958, qui permet au chef de l'Etat, dans des circonstances exceptionnelles, de prendre au moyen d'ordonnances « les mesures exigées par ces circonstances ». On trouve notamment de tels textes dans les Constitutions de la Côte d'Ivoire, du Gabon, de la Haute-Volta, du Mali, de la Mauritanie, du Sénégal[35].

Le Conseil d'Etat français a eu l'occasion de se prononcer sur la nature de telles décisions. Il a notamment distingué, parmi ces mesures, celles qui sont de caractère législatif parce qu'elles interviennent dans les matières réservées au Parlement par la Constitution, et celles qui, *a contrario,* ont un caractère administratif réglementaire. Le Conseil d'Etat a ainsi repoussé l'idée que de telles décisions auraient la qualité d'actes dits « de gouvernement », c'est-à-dire soustraits à tout contrôle juridictionnel. Dans le cadre d'un Etat fédéral constitué de plusieurs Etats fédérés, la suprématie de la Constitution fédérale s'appliquera aussi aux Constitutions des Etats fédérés. Ainsi la Constitution du Nigeria du 1er octobre 1963 (art. 1er), après avoir stipulé que la Constitution fédérale « a force de loi dans tout le Nigeria », ajoutait : « sous réserve des dispositions de l'art. 4 ci-après [relatives à la procédure de révision]. Au cas où tout autre texte législatif, y compris la

[34] Par exemple, la Constitution du Gabon de 1961, art. 19 ; du Tchad 1960, art. 15.

[35] **M. DIAKHATE**, La constitution du Sénégal – La lettre, le politique et le juge, Dakar, L'Harmattan-Sénégal, 2023, p.86-87.

Constitution d'une région, serait incompatible avec la présente Constitution, cette dernière prévaudrait [...] ».

Quels sont les moyens permettant d'assurer la suprématie de la Constitution ?

### B – Le recours au contrôle constitutionnel

Conséquence de la suprématie de la Constitution, le contrôle de la constitutionnalité des lois se définit comme un ensemble de moyens mis en œuvre pour assurer la conformité des lois à la Constitution. Le principe est que la Constitution devrait toujours être respectée par toutes les autorités, c'est-à-dire notamment par le chef de l'Etat et le gouvernement d'une part, par le Parlement d'autre part. Mais, si l'on admet avec Montesquieu que « tout homme qui a du pouvoir est porté à en abuser », il faudrait donc que l'autorité soit contrôlée efficacement par un organe réellement indépendant, qu'il soit politique ou juridictionnel.

Envisageons tout d'abord le contrôle par l'organe juridictionnel. L'exemple le plus souvent cité est celui de la Cour suprême des Etats-Unis. Le contrôle exercé par ladite Cour a suscité de vives réserves, car on a reproché à la Cour de pouvoir imposer une certaine philosophie politique qui risque d'être différente de celles des autorités élues. Le professeur Edouard Lambert a pu parler du « Gouvernement des juges ». Le problème est que l'instrument de contrôle est un organe constitué par un homme ou des hommes. Si cet organe est indépendant de tout autre pouvoir et s'il peut contrôler les autres, notamment le gouvernement et le Parlement, c'est lui qui exercera la réalité du pouvoir suprême. Il sera à son tour tenté d'en abuser. Il faudrait donc qu'il soit lui-même contrôlé et ainsi de suite...

En France, le contrôle de constitutionnalité n'a été introduit que tardivement en droit français. Alors que le Sénat était un garant (peu efficace) de la Constitution depuis la Révolution, la Constitution de 1958 a créé, dans une ambiance d'hostilité politique, une institution spécialisée : le Conseil constitutionnel destiné à protéger la supériorité du texte constitutionnel et les nombreux principes qu'il renferme afin d'éviter l'entrée en vigueur de lois inconstitutionnelles[36]. Son évolution a été marquée par trois temps : de sa création à 1971 ; de 1971 à 2008 ; depuis 2008. Seuls les deux premiers retiennent notre attention :

---

[36] Pour aller plus loin, v. **H. ROUSSILLON, P. ESPLUGAS**, Le conseil constitutionnel, Paris, Dalloz, 2015.

- De la date de sa création jusqu'à 1971, le Conseil constitutionnel a été une institution quasi effacée, une sorte de « chien de garde » épaulant le pouvoir en place et une arme contre la déviation du régime parlementaire et le scrupuleux gardien du temple de la rationalisation parlementaire, voire selon la célèbre expression de Charles Eisenman, « un simple canon braqué sur le Parlement ». Dès lors, dans les Etats qui suivent la tradition juridique française, un constat s'impose à l'analyste : un simple citoyen n'est pas admis à saisir l'organe spécial chargé du contrôle de constitutionnalité des lois. On invoque à ce sujet des raisons d'ordre technique. Le contrôle de la constitutionnalité d'une loi intervient lorsque celle-ci a été votée par le Parlement, mais n'est pas encore rendue obligatoire à l'égard de tous, c'est-à-dire promulguée par le chef d'Etat. On ne peut encore l'appliquer aux citoyens : ceux-ci n'ont donc pas un intérêt actuel à la critique ; et selon l'adage « pas d'intérêt, pas d'action », ils ne peuvent former aucun recours. Le résultat est que l'organe de contrôle constitutionnel ne pourra être saisi que par les autorités normalement chargées de veiller aux intérêts de l'Etat, le chef d'Etat, le premier ministre, les présidents des assemblées.

Mais qu'arrivera-t-il si ces autorités ont justement été à l'origine des mesures prises ? Il n'y a lors aucune chance que ces autorités les mettent en cause. Il peut arriver aussi que le chef de l'Etat promulgue par inadvertance, sans s'apercevoir de l'anti-constitutionnalité des dispositions d'une loi. Or aucun contrôle n'est plus possible après la promulgation de la loi. Ce système risque donc d'être très peu protecteur. Il faut souligner cependant que, dans la tradition française, ces remarques ne valent plus lorsque c'est un acte administratif qui est en cause. Le contrôle est alors *a posteriori* : tout intéressé peut alors saisir la juridiction compétente et le citoyen bénéficie d'une protection réelle.

- A partir de la célèbre décision fondatrice « Liberté d'association de 1971 » dans laquelle il opère un contrôle de constitutionnalité de la Constitution mais par rapport à un ensemble de principes appelés « bloc de constitutionnalité », le Conseil constitutionnel français prendra ses ailes pour s'affirmer dans l'arène politique et institutionnelle en transformant le statut du juge « qui ne sera plus seulement le régulateur des pouvoirs publics...mais le défenseur des droits et libertés fondamentaux ».

En ce qui concerne les mécanismes de contrôle constitutionnel dans les Etats d'Afrique au sud du Sahara, il convient de s'interroger d'abord sur les organes compétents pour exercer le contrôle constitutionnel, puis de voir qui peut saisir l'organe de contrôle constitutionnel. Nombreux sont les Etats africains dans lesquels n'existait aucun organe de contrôle constitutionnel.

C'est notamment la situation courante dans les pays où, par suite d'un coup d'Etat, le chef du pouvoir exécutif détient les pleins pouvoirs, soit qu'il n'existe aucun autre organe ayant part à l'exercice de l'autorité, soit qu'un tel organe (qu'il soit appelé gouvernement, Comité exécutif, Conseil supérieur militaire, Conseil de la Révolution ou autre) soit entièrement sous l'autorité du chef de l'exécutif, en sa qualité soit de chef d'Etat, soit de Secrétaire général du parti unique.

Lorsqu'il a existé ou existe un organe constitutionnel, quelle est sa nature ? Les Constitutions d'Afrique francophone ont prévu parfois un organe proprement juridictionnel, parfois un organe partiellement ou entièrement politique. Un organe juridictionnel proprement dit, lorsqu'il a été prévu, a été parfois qualifié de Cour constitutionnelle[37], mais le plus souvent de Cour suprême. Il ne faut cependant pas s'arrêter à ce mot. En général, de telles Cours comportent plusieurs formations (sections ou chambres) qui sont, chacune compétente pour certaines sortes d'affaires. En général, le contrôle de constitutionnalité est exercé par une Chambre ou Section constitutionnelle. Sa nature exacte dépend alors de sa composition, selon que ses membres sont des juges ou des hommes politiques. Il faut donc examiner cette composition pour apprécier la réalité.

Comme exemple d'organe proprement juridictionnel, on peut citer au Sénégal, la Constitution de 1960, art. 2, qui a créé la Cour suprême et dont une loi organique a déterminé les compétences et les règles d'organisation et de fonctionnement ; les affaires constitutionnelles ont été soumises aux deux sections réunies de la Cour suprême composées uniquement de juges : le président, les deux présidents de section, et quatre conseillers, tous magistrats de carrière et inamovibles. « C'est une solution pleine d'audace, car il ne peut être théoriquement exclu que la Cour entre en conflit avec une décision du gouvernement. Selon la Constitution du 7 mars 1963, art. 82, la Cour suprême composée de juges connaît de la constitutionnalité des lois et des engagements internationaux, ainsi que des conflits de compétences entre l'exécutif et le législatif » (Bruyas).

Dans un certain nombre d'Etats d'Afrique francophone, la section de la Cour suprême déclarée compétente pour le contrôle constitutionnel, réservait ou réserve une place à l'élément politique. La composition de l'organe présente le plus souvent alors un souci d'équilibre entre l'influence du gouvernement et celle du Parlement.

[37] C. du Congo-Léopoldville du 24 juin, art. 70 et suivants ; C. du Rwanda du 2 novembre 1962, art. 103.

En Côte d'Ivoire, selon la Constitution du 3 novembre 1960, modifiée le 11 janvier 1963, art. 57 : la Cour suprême comprend quatre chambres : constitutionnelle, judiciaire, administrative et des comptes. La loi a prévu pour la chambre constitutionnelle une composition très particulière : président de la Cour suprême, nommé pour cinq ans par le chef de l'Etat sur avis du président de l'Assemblée nationale, ce qui, bien qu'il doive avoir des compétences reconnues en matière juridique et administrative, en fait un personnage politique.

Auprès de lui on trouve les anciens présidents de la République (encore inexistants) ; les trois vice-présidents de la Cour suprême (magistrats professionnels) ; deux personnalités nommées pour cinq ans par le chef d'Etat et deux autres par le président de l'Assemblée nationale. Dans un tel système, les éléments politiques sont majoritaires, mais en cas d'opposition de points de vue entre les politiques du chef d'Etat et de l'Assemblée nationale, on ne peut prévoir d'avance qui l'emporterait.

Au Congo-Léopoldville, la Constitution du 24 juin 1967 (art. 70 et suivants) avait prévu une Cour constitutionnelle composée dans un esprit assez analogue, où prédominait l'élément politique mais avec un équilibre entre l'exécutif et le législatif. Les neufs conseillers étaient nommés pour neuf ans par le chef d'Etat[38] ; un tiers sur proposition de l'Assemblée nationale ; un tiers sur proposition du Conseil supérieur de la magistrature. De même, au Togo, sous la Constitution du 14 avril 1961, la Cour suprême, constituée par un juge unique, président, était composée en matière constitutionnelle par deux personnalités désignées pour un an, l'une par le chef de l'Etat, l'autre par le président de l'Assemblée nationale. Ces deux derniers Etats ont été, entre temps, soumis à une discipline militaire avec prédominance d'un parti unique. Les juges sont indépendants en principe dans l'exercice de leur mission, mais leur statut se trouve dépendre de la loi, c'est-à-dire de l'autorité du parti unique et de son chef qui est le chef d'Etat. Enfin, certaines Constitutions prévoient un organe proprement politique de contrôle de la constitutionnalité. C'est la solution adoptée en R.C.A. par la Constitution du 26 novembre 1964. Ses membres, désignés pour la durée du mandat parlementaire, étaient en majorité dépendants du gouvernement. En faisaient partie, le président, le ministre de la justice ; deux membres, dont un magistrat, désignés par le chef d'Etat ; deux membres désignés par le bureau de l'Assemblée nationale. Dans le même esprit, la Constitution

---

[38] Selon la Constitution précédente du 1er août 1964, ils étaient nommés par la conférence des gouverneurs.

malgache du 2 juillet 1960 (art. 46 à 64) instaurait un Conseil supérieur des institutions. Les cinq membres nommés pour sept ans étaient désignés par le chef d'Etat (2), par le président de l'Assemblée nationale (2), par le président du Sénat (1). En outre, faisaient partie de droit du Conseil, les anciens présidents de la République. L'organe était donc moins soumis à l'exécutif.

Dans les Etats anglophones, la tradition consiste à confier aux tribunaux ordinaires le droit d'examiner si une disposition publique qu'on veut appliquer aux particuliers n'est pas contraire aux principes constitutionnels[39]. Cette solution est très protectrice pour les individus, mais à une condition ; que les juges soient vraiment indépendants comme ils le sont en Angleterre et n'aient pas motif à trembler devant le pouvoir. Ce n'est pas nécessairement le cas.

Au Ghana, en janvier 1964, le président N'Nkrumah avait obtenu par référendum le droit constitutionnel de révoquer à tout moment les juges « pour des raisons qui lui paraissent suffisantes ». Le 2 mars 1964, il révoquait trois juges pour les punir d'avoir prononcé des acquittements dans un procès où étaient impliqués des membres de l'opposition.

En Gambie, la Constitution originaire de 1965 a attribué à toute juridiction le pouvoir d'interpréter la Constitution. Elle a disposé que la question peut être renvoyée à la Cour suprême et doit l'être si une partie le demande. Un appel était encore possible ensuite au comité judiciaire du Conseil privé siégeant à Londres, car la reine est demeurée jusqu'à 1970 chef d'Etat. Les tribunaux devaient ensuite se conformer à l'interprétation ainsi donnée.

Au Nigeria, selon la Constitution fédérative du 1er octobre 1963 remplacée depuis 1966 par des régimes militaires successifs, la Cour suprême n'avait une compétence exclusive que pour les différends entre la Fédération et une région, ou bien certains différends entre les régions. Tous les autres litiges, notamment concernant l'interprétation d'une disposition de la Constitution fédérale ou d'une des Constitutions régionales faisaient l'objet de dispositions procédurales très protectrices, mais fort complexes. Ces litiges pouvaient être soulevés devant n'importe quel tribunal. Ce tribunal pouvait renvoyer l'affaire devant la Haute cour de région (*Hight Court),* et il était tenu de le faire si une partie le demandait. Si l'affaire soulevait un problème de principe (*a substantial question of France),* la Haute cour pouvait la renvoyer à la Cour suprême, et elle devait le faire si une partie le demandait.

---

[39] Les Cours suprêmes, composées de magistrats professionnels, sont compétentes pour exercer le contrôle de constitutionalité, mais elles n'ont pas le monopole de cette compétence.

La décision de la Cour suprême s'imposait ensuite à la Haute cour. Si le problème ne soulevait pas de question de principe, la Haute cour tranchait, sous réserve d'un recours en appel toujours possible devant la Cour suprême. La Haute cour retournait ensuite l'affaire au tribunal qui l'avait saisie, en lui donnant des instructions sur la manière de régler le problème. Une procédure d'une telle lourdeur risquait fort de permettre à un plaideur animé d'un esprit de chicane ou dont la cause était mauvaise, de prolonger un procès pendant des années... Cette Constitution du Nigeria précisait que lorsqu'un acte était contraire à la Constitution, celle-ci prévalait : dans la mesure où un acte législatif ou exécutif apparaissait incompatible avec elle, il devait être considéré comme nul. Ajoutons que la plupart des Constitutions originaires des Etats anglophones, excluaient expressément de la compétence des juges, certaines questions considérées comme ayant un caractère trop politique pour que l'intervention des tribunaux soit souhaitable. Ainsi, selon la Constitution du Nigeria du 1er octobre 1963, lorsque le président de la République devait solliciter certains avis ou même était tenu de s'y conformer (art. 93), les tribunaux n'étaient pas compétents pour examiner si cette procédure avait été ou non respectée.

Un autre aspect du contrôle, très important en théorie comme en pratique, est celui des *personnes habilitées à saisir l'organe de contrôle constitutionnel.* Si toute personne peut prendre l'initiative, le système peut être très protecteur et efficace. En sens inverse, si l'initiative est strictement réservée aux autorités de l'Etat, elles peuvent, en s'abstenant, rendre le système inefficace. La première solution, la plus libérale, est le système normal dans les Etats anglophones demeurés fidèles au système britannique, puisque les tribunaux ordinaires sont compétents et que tout plaideur peut les saisir d'une mesure législative, d'une décision administrative ou individuelle qu'on veut lui appliquer et qu'il estime inconstitutionnelle. Si le juge décide en ce sens, il fera prévaloir la règle supérieure, c'est-à-dire la Constitution. On peut observer que le Congo-Léopoldville avait très sagement adopté une solution mixte dans sa Constitution du 24 juin 1967 (art. 72). En principe, la Cour constitutionnelle ne pouvait être saisie que par les autorités publiques (chef d'Etat ou bureau de l'Assemblée nationale) mais les personnes privées pouvaient aussi à l'occasion d'un procès invoquer devant la Cour suprême de justice le caractère inconstitutionnel d'une disposition : c'est ce qu'on appelle l'exception d'inconstitutionnalité ». La Cour suprême avait dans ce cas qualité pour saisir la Cour constitutionnelle.

Quelles sont alors *les conséquences du contrôle de constitutionnalité* ?

Dans les Etats africains de tradition anglaise, il a été dit que la compétence est généralement reconnue libéralement à tous les tribunaux de contrôler la constitutionnalité des lois et des actes de l'exécutif, mais ce contrôle ne leur confère nullement le droit d'annuler les actes contraires à la Constitution. Lorsque le tribunal fait prévaloir une disposition constitutionnelle sur toute autre disposition jugée par lui incompatible, la conséquence sera que cette dernière, même si c'est une loi, se trouvera paralysée dans le cas d'espèce. Elle continuera officiellement à être en vigueur, mais en fait, en raison de ce qu'on appelle en Angleterre la règle du précédent (*Rule of precedent*), ce tribunal ne l'appliquera plus.

On comprend mieux la pertinence du système en se fondant sur l'exemple de la Constitution du Nigeria du 1er octobre 1963, art. 120 : l'affaire jugée par un tribunal ordinaire ou par une Haute cour régionale pourra se trouver portée devant la Cour suprême, dans les conditions que nous avons déjà précisées. Lorsque celle-ci se prononce, ses décisions sont souveraines et elles s'imposent à tous les tribunaux inférieurs à elle (*idem,* art. 115 3° et art. 121). Or la Cour suprême applique elle-même en principe la règle du précédent (*Rule of precedent* ou *star decisis*). Le texte considéré inconstitutionnel ne se trouvera donc plus appliqué par la suite et deviendra en fait lettre morte. Le système est donc en théorie efficace, à la condition que les juges soient réellement indépendants des autorités législatives et exécutives ; sinon, ils refuseront sans doute de déclarer inconstitutionnelles leurs décisions.

Dans les Etats de tradition française, le problème de la constitutionnalité des lois est posé en termes différents, puisque lorsque le contrôle intervient, la loi n'est pas encore exécutoire à l'égard des citoyens. Il s'agit, dans le cas où une loi serait inconstitutionnelle, d'éviter qu'elle soit promulguée. L'intervention du corps de contrôle va avoir plusieurs effets successifs : 1/ - Du fait même qu'il est saisi, le délai de promulgation de la loi se trouve suspendu ;

2/ - Lorsqu'il se prononce, s'il déclare la loi conforme à la Constitution, cette suspension du délai prend fin. S'il déclare la loi inconstitutionnelle, le décret qui la promulguerait serait illégal. On admet cependant en France que, si la disposition jugée inconstitutionnelle n'est pas inséparable du texte, le Chef d'Etat pourra promulguer les autres dispositions de la loi ;

3/ - La décision d'inconstitutionnalité aura pour effet, de provoquer une nouvelle délibération du Parlement, destinée à mettre la loi en harmonie avec la Constitution.

Les décisions prises par l'organe du contrôle constitutionnel ont un caractère obligatoire. Elles ne peuvent faire l'objet d'aucun recours. Ici encore, le système est théoriquement efficace, mais à la condition que l'organe de contrôle soit effectivement saisi par les autorités publiques, seules compétentes pour le faire. D'où l'importance que revêt l'élargissement à soixante députés ou soixante sénateurs du droit de saisir le Conseil constitutionnel. S'il s'agit de l'inconstitutionnalité non plus d'une loi, mais d'une décision administrative, les citoyens sont beaucoup plus sérieusement protégés. Tout intéressé peut former devant le tribunal administratif compétent un recours pour excès de pouvoir. Si le recours est reconnu fondé, l'acte se trouvera annulé, réduit à néant à l'égard de tous, *erga omnes.* On peut citer comme exemple d'application l'arrêt de la Cour suprême malgache du 4 juin 1965. Au Zaïre, la Constitution du 24 juin 1967, avait reconnu à la Cour constitutionnelle, un pouvoir d'appréciation souverain et sans recours en stipulant : « Tout acte déclaré non conforme à la présente Constitution est abrogé de plein droit », soit en totalité, soit en partie.

Deux questions subsistent : de quelle forme les Constitutions africaines sont revêtues ? Quelle est le contenu de la norme ? Elles trouvent réponse dans les lignes qui suivent.

## III – La forme et le contenu de la norme

L'analyse des textes a conduit nombre de chercheurs à faire appel directement aux théories constitutionnelles occidentales. Cela tient, selon les analystes, au fait que les premières Constitutions, ainsi que les textes ultérieurs « mais de manière plus ou moins lâche », puisent leurs conceptions dans la théorie libérale classique ou marxiste-léniniste et lui empruntent leur vocabulaire. On peut également l'expliquer par la référence au phénomène colonial comme « inducteur, toujours actif, d'expériences historiques et de pratiques sociales spécifiques et fort complexes », puisqu'ici aussi, se révèlent des intentions, qu'explique la forte influence qu'a exercée antérieurement le pays colonisateur, à travers ses pratiques institutionnelles et son enseignement universitaire. Cependant, il reste encore à prouver que ces intentions étaient conciliables avec la réalité vécue.

Pour la clarté de l'analyse, il conviendra de présenter d'abord, pour l'essentiel, la forme de la norme, puis de compléter l'étude de la pratique politique réelle en considérant le contenu de la norme.

### A – La forme de la norme

Elle se caractérise par des emprunts à la terminologie utilisée dans les systèmes politico constitutionnels de type libéral ou marxiste-léniniste. Le vocabulaire pour désigner la nature des régimes politiques est à cet égard très éloquent. Si l'on songe aux Etats qui se réclament de la théorie libérale classique, ces aspects se rattachent -régimes militaires mis à part- à deux types majeurs : le régime parlementaire et le régime présidentiel.

Le régime parlementaire, très couramment pratiqué par les Etats d'Europe occidentale à l'exception de la France, ne se rencontre actuellement en Afrique au sud du Sahara que dans quelques Etats de tradition britannique. Dans ce régime, apparu coutumièrement en Angleterre au 18$^{e}$ siècle, le pouvoir exécutif est exercé par un gouvernement composé de membres du Parlement solidaires entre eux, un « cabinet » qui recueille la confiance de l'Assemblée législative élue, et qui se maintient tant que les voix de l'Assemblée lui conservent cette confiance. Dans le cas où la confiance viendrait à lui être refusée, le chef d'Etat pourra soit rechercher une autre personnalité susceptible d'obtenir la confiance de l'Assemblée, soit dissoudre celle-ci, faisant ainsi du peuple lui-même l'arbitre de la situation.

Compte tenu de son attachement traditionnel à ce système, le Royaume-Uni a tenté de l'implanter tel quel avec quelques aménagements dans un certain nombre des Etats africains marqués par sa tradition. Il s'est avéré éphémère dans des pays où s'est imposé un régime militaire -Nigeria, Ouganda- ou à dominante présidentielle -Kenya, Sierra-Leone- et il ne fonctionne désormais que dans peu de pays : Gambie, Ile Maurice. La grande majorité des Etats d'Afrique au sud du Sahara, s'ils ne sont pas placés sous un régime militaire, ont des institutions qui assurent une forte prééminence du président de la République, chef d'Etat. Les droits constitutionnels modernes en connaissent deux variantes principales : le régime présidentiel et le régime « présidentialiste ».

Dans le régime présidentiel, l'Etat est gouverné par un président élu par le peuple, qui nomme les ministres en dehors du Parlement et met fin à leurs fonctions. Un vice-président peut remplacer le président en cas d'empêchement. L'Assemblée élue exerce le pouvoir législatif en principe de façon très indépendante du président, et sans avoir la possibilité de mettre en cause la responsabilité des ministres nommés par lui. Le prototype de ce régime fut la Constitution des Etats-Unis de 1787 (président élu pour quatre ans, rééligible). Pour assurer sur ces bases l'unité de l'Etat, la Constitution est inévitablement conduite à organiser une certaine interaction entre les deux pouvoirs. Ainsi, aux Etats-Unis, le président peut opposer son veto à une loi qui doit alors être votée à la majorité exceptionnelle des deux tiers ; le Parlement -ou plutôt, aux Etats-Unis, le Sénat, c'est-à-dire la Chambre haute, qui représente de manière égale les Etats fédérés- doit approuver les traités internationaux à la majorité des deux tiers. Ces dispositions ont été intégralement reprises dans la Constitution de 1847 du Liberia, alors en vigueur.

Le régime « présidentialiste » est un avatar du régime établi en France en 1958 ; il a influencé un nombre important de Constitutions africaines. A cet égard, il n'est pas vain de rappeler qu'en élaborant la Constitution française de 1958, les auteurs avaient à l'esprit le souci de corriger les tares des régimes politiques précédents -la Troisième République (1875-1940) et la Quatrième (1946-1958) - qui, en assurant la toute-puissance politique des assemblées élues, avaient conduit à l'irresponsabilité et à l'impuissance des gouvernements en 1940 comme en 1958. Ils veillèrent donc à assurer une très réelle autorité du président de la République, chef d'Etat.

Ajoutons une courte note : l'emprunt au vocabulaire inhérent au développement du constitutionnalisme occidental s'accompagne de la tendance des autorités constituantes africaines à faire appel à des constructions doctrinales ayant chacune leur processus propre de cristallisation. De la sorte, le recours constitutionnel « n'est qu'une *technique gouvernementale*, non pas établie dans le but de reconnaître la mise du pouvoir au service de la collectivité ou des diverses fictions juridiques ou intellectuelles qui renvoient à celle-ci (la nation, le pays, la patrie, le bien commun, l'intérêt général...), *mais exercée en vue de la fixation des rôles politiques, de la localisation définitive des acteurs à la relation »*. Il est alors facile d'avancer que « la Constitution détermine la position de ceux qui détiennent le pouvoir et de ceux qui ne sont là que pour le subir ; elle assure la distinction entre ceux qui disent la norme générale s'imposant au corps social, et ceux qui sont écartés de tout processus décisionnel » (Y.-A. Fauré).

Concrètement, cela pose un problème : les contours en demeurent flous, ce qui s'avère risqué en temps de crise. Aussi assiste-t-on à partir des années 1970, à une nouvelle donne : les experts et les « pèlerins constitutionnels » *découvrent* de nouveaux textes grâce auxquels ils espèrent orienter ou brider l'activité des responsables politiques africains. Ils cherchent à en étendre le contenu.

### B – Le contenu de la norme

On distingue plusieurs sortes de dispositions à l'intérieur des Constitutions africaines. Une place de choix est toutefois accordée à la déclaration et à la proclamation des droits et libertés fondamentaux, à des règles relatives aux organismes constitués (règles précisant la désignation et le statut des gouvernants ; règles précisant les relations entre les pouvoirs).

#### 1 – Les déclarations de droits

Les droits et libertés consignés dans les Constitutions africaines sont tributaires de la philosophie libérale qui repose sur un humus de droits et libertés des citoyens remontant au 19e siècle. Le contenu des déclarations de droits ainsi que la conception des rapports entre l'homme et la société ont connu une évolution, scandée par la prestation des moyens juridiques et matériels pour permettre leur exercice effectif et leur protection par le juge. L'accent est ainsi mis sur les libertés publiques opposables à la puissance publique telles que la liberté d'opinion, d'association et de manifestation, la liberté d'aller et de venir, l'égalité devant la loi, la sûreté, l'inviolabilité du domicile, le secret des correspondances, la liberté d'enseignement, la protection de la propriété privée, la liberté d'entreprendre, la liberté syndicale, le droit de grève, le droit de suffrage…

A cette conception classique des déclarations des droits, vient se greffer une conception moderne des déclarations qui, de la sorte, opère une tendance à la « socialisation » des déclarations, scandée par le souci de passer de l'homme abstrait à l'homme situé. Les droits énoncés couvrent un spectre assez large : droit à la vie, droit à la dignité, droit de tout individu de fonder une famille, droit à la santé, droit à l'éducation, droit à la protection sociale, droit à l'emploi, droit au logement, droit à la détermination collective des conditions de travail et à la gestion de l'entreprise…

Toutefois, il convient de distinguer entre deux variétés de règles de droit. Certaines sont précises et claires. On ne voit pas pourquoi elles ne seraient pas immédiatement applicables : liberté d'opinion, liberté d'association, de réunion, etc. D'autres sont abstraites, « opératoires » et, de la sorte, constituent plutôt des objectifs que les gouvernements en place s'efforcent d'atteindre tels que le droit au travail, le droit à la santé, au logement, à l'environnement sain… D'autres droits sont proclamés : les droits et libertés fondamentaux.

### 2 – La proclamation des droits et libertés fondamentaux

On range sous le vocable de « droits fondamentaux » des droits ayant une portée plus large que les « libertés publiques ».

D'inspiration allemande, cette notion renvoie à des droits qui se caractérisent par quelques traits distinctifs :

- Ce sont des droits et libertés qui sont proclamés par la Constitution c'est-à-dire dans la norme supérieure de l'Etat.
- Ce sont des droits qui ne peuvent faire l'objet de révision constitutionnelle (ou bien leur modification nécessite une procédure particulière difficile à mettre en œuvre comme c'est le cas de la Constitution espagnole de 1978), ils jouissent le plus souvent d'un statut supraconstitutionnel.
- Ce sont des droits placés sous le contrôle et la surveillance du juge.
- Enfin, ce sont des droits qui sont liés à trois normes essentielles : dignité, liberté et égalité. Tous les droits et libertés ne sont pas forcément des droits fondamentaux. Soit, il appartient à la Constitution de délimiter le champ des droits fondamentaux par rapport aux autres droits et libertés consignés dans la Constitution, comme c'est le cas par exemple de la Constitution espagnole de 1978 qui annonce les droits fondamentaux dans les articles 14 à 30 ; soit il appartient au juge d'apprécier si tel ou tel droit est de la catégorie des droits et libertés fondamentaux ou non.

Mais outre les déclarations et proclamations de droits, les Constitutions contiennent des règles relatives aux organismes constitués.

### 3 – Les règles relatives aux organismes constitués

Elles concernent tout d'abord le président de la République et le gouvernement.

Deux grandes conceptions règnent quant au rôle du chef d'Etat. En France et aux Etats-Unis, il dirige effectivement l'Etat et détermine au niveau suprême les grandes orientations et options. Dans la tradition du France qui se fixa au temps du ministère Robert Walpole (17211742), et qui fut reprise par les membres du Commonwealth, comme d'ailleurs dans les pays d'Europe nordique et occidentale autres que la France, le chef d'Etat (roi ou président), est un personnage honorifique, symbole de l'Etat, mais qui ne joue qu'un rôle politique effacé. Dans les Etats africains de succession française, assumant en cela l'héritage de la Constitution de 1958, « il détermine et conduit la politique de la nation »[40], ou il la « détermine »[41], ou il la « conduit »[42], ou il la « définit »[43]. Ici, le président de la République exerce par ailleurs très couramment, comme dans la plupart des Etats du monde, un certain nombre de fonctions traditionnelles : chef des administrations et des armées, il en nomme les plus hauts dignitaires ; il accrédite les ambassadeurs auprès des Etats étrangers et les ambassadeurs de ceux-ci sont accrédités auprès de lui ; il confère les décorations nationales ; il négocie et ratifie les traités ; il exerce le droit de grâce ; il déclare l'état de siège.

Le président de la République est presque toujours élu au suffrage universel direct. La durée des fonctions a souvent été inégale d'un pays à un autre. Elle fut de sept ans au Gabon, en Guinée, en Haute-Volta, à Madagascar[44] ; de six ans aux Comores[45] ; de cinq ans au Cameroun, en Côte d'Ivoire, au Mali, en Mauritanie, au Sénégal, au Zaïre[46]. Dans certains pays le chef d'Etat était de droit le chef du parti unique : à Madagascar (président du Conseil supérieur de la Révolution, art. 58), au Zaïre (président du Mouvement populaire de la Révolution, art. 30). Au Congo, toutefois, ce fut au contraire le président du Parti congolais du travail, élu par le congrès du parti pour cinq ans qui devenait président de la République[47].

Le chef d'Etat nomme pour l'assister dans sa tâche le premier ministre et, sur sa proposition, les autres membres du gouvernement, et c'est sous sa haute autorité que le gouvernement détermine et conduit la politique de la nation. Certaines Constitutions seulement ont institué un premier ministre : Congo, Gabon, Haute-Volta, Madagascar, Sénégal, Zaïre[48]. Au Cameroun, la désignation d'un premier ministre par le chef d'Etat fut facultative pour ce dernier[47]. Ailleurs (par exemple au Mali[49]) chaque ministre nommé par le chef d'Etat relève directement de lui. Certaines Constitutions sont

[40] Côte d'Ivoire, C. 1960-1963, art. 21; Gabon, C. 1975, art. 6; Zaïre, C. 1974, art. 39.

[41] Sénégal, C. 1963, art. 36.

[42] Madagascar, C. 1975, art. 53.

[43] Cameroun, C. 1975, art. 5.

[44] Gabon, Constitution de 1975, art. 6 ; Guinée, Constitution de 1958, art. 22 ; Haute-Volta, Constitution de 1977, art. 13 ; Madagascar, C. 1975, art. 47.

[45] C. 1er octobre 1978.

[46] Cameroun, C. 1972, art. 7; Côte d'Ivoire, C. 1960-1963, art. 9; Mali, C. 1974, art. 21; Mauritanie, C. 1961, art. 13; Sénégal, C. 1970-1976, art. 22; Zaïre, C. 1974, art. 30.

[47] Constitution, 1973, art. 36.

[48] Congo, C. 1973, art. 38 ; Gabon, D. 1975, art. 20 ; Haute-Volta, C. 1977, art. 22, 50 ; Madagascar, C. 1975, art. 61 ; Sénégal, C. 1970-1976, art. 20. [47] C. 1972, art. 5.

[49] C. 1979, art. 38.

particulièrement explicites. Ainsi, la Constitution de 1960 de la Côte d'Ivoire, article 12 : « Le président de la République est détenteur exclusif du pouvoir exécutif. Il nomme les membres du gouvernement et détermine leurs attributions. Les membres du gouvernement sont responsables devant lui. Il met fin à leurs fonctions ».

En ce qui concerne le remplacement du président en cas d'empêchement provisoire (suppléance) ou définitif (vacance), on sait que la Constitution américaine, reprise par celle du Liberia institue un dignitaire spécial, le vice-président, pour y pourvoir. Ce n'est pas le cas en France où les fonctions sont provisoirement exercées par le président du Sénat (elles le furent en 1969 et 1974 par Alain Poher) en attendant la nouvelle élection. En Afrique francophone le remplacement est prévu par des personnes diverses selon les pays : notamment par le Premier ministre (ainsi au Sénégal[50]) ou par un ministre (au Zaïre[5152]), ou par le président de l'Assemblée nationale[51] ou par un collège spécial (Gabon[53]).

Parmi les organes constitués figure en second lieu le Parlement. La plupart des Etats africains à régime civil n'ont qu'une Assemblée nationale unique (monocaméralisme) et non pas deux assemblées comme on en trouve dans les Etats d'Europe occidentale, notamment en France et au France, et aux Etats-Unis (bicaméralisme) : « ce dernier système plus lourd, plus exigeant en hommes et plus coûteux, n'a pas semblé être indispensable dans de jeunes Etats aux ressources parfois très limitées et souvent de faible population. Très rares sont donc les pays comme le Liberia et la Zambie où coexistent deux assemblées ».

L'Assemblée nationale est presque toujours élue pour cinq ans[54]. Par exception, l'Assemblée fut élue pour quatre ans au Mali[55] et pour sept ans au Gabon[56]. L'Assemblée exerce en principe le pouvoir législatif, le pouvoir de voter les lois financières et le pouvoir de s'informer. En revanche, le pouvoir de renverser le gouvernement ne lui est théoriquement reconnu que dans quelques Etats.

---

[50] Constitution de 1970-1973, art. 33.

[51] Constitution de 1974, art. 33 : le commissaire politique le plus âgé.

[52] Côte d'Ivoire, C. 1960-1963, art. 11 ; Mali, C. 1974 : 25.

[53] Constitution de 1975, art. 3.

[54] Cameroun, C. 1972, art. 12 ; Congo, C. 1973, art. 48 ; Côte d'Ivoire, C. 1960-1963, art. 29 ; Guinée, C. 1958-1963, art. 4; Haute-Volta, C. 1977, art. 34 ; Madagascar, C. 1975, art. 65 ; Sénégal, C. 1970-1076, art. 49 ; Zaïre, C. 1974, art. 53.

[55] C. 1975, art. 41.

[56] C. 1975, art. 26 ; même durée que le président.

Selon la conception prédominante dans les Etats libéraux, le parlementaire, une fois élu, doit voter en son âme et conscience. Il doit évidemment s'inspirer des conceptions qu'il a défendues auprès de ses électeurs, mais il statue compte tenu des circonstances, en s'inspirant de ce qu'il estime être les intérêts supérieurs de la nation. C'est celle-ci qu'il représente et non une circonscription électorale. A cette conception s'oppose une autre, qui veut fonder les institutions sur le principe de la souveraineté personnelle de chaque citoyen. Selon celle-ci, le parlementaire n'est que le mandataire de ses électeurs. Ceux-ci peuvent toujours lui imposer une solution sur un problème et doivent pouvoir le révoquer s'ils ne sont pas contents de lui. C'est la théorie du « mandat impératif ».

Ces thèses se sont affrontées en France à partir de 1789, et toute une série de textes constitutionnels ont prononcé l'interdiction du mandat impératif, interdiction reprise par la Constitution de 1958, art. 27 : « Tout mandat impératif est nul. Le droit de vote des membres du Parlement est personnel ». Les électeurs sont censés, après avoir choisi le candidat le plus capable, lui faire entièrement confiance. Cette conception, avec interdiction du mandat impératif est souvent reprise dans les Constitutions africaines[57], mais la solution inverse a été adoptée expressément par la Constitution de 1973 du Congo, art. 52 : « Le député à l'Assemblée nationale populaire a un mandat impératif. Il peut cesser ses activités sur demande de ses électeurs selon la procédure établie par la loi ». Le pouvoir pour le Parlement de voter les lois de finances et notamment le budget annuel, la création et le régime des impôts, voire le régime d'émission de la monnaie, est inscrit dans de nombreuses Constitutions africaines[58].

Plusieurs Constitutions prévoient en outre explicitement que l'Assemblée nationale règle (après exécution des lois budgétaires) les comptes de la Nation[59].

Quant au droit de s'informer sur les problèmes d'intérêt politique, les procédés d'information -questions orales, écrites, interpellations, audition en commission, commission d'enquête- font souvent l'objet de dispositions

[57] Ainsi la Côte d'Ivoire, C. de 1960-1963, art. 35 ; Mali, C. 1974, art. 43 ; Sénégal, C. 1970-1976, art. 53.

[58] Cameroun, C. 1972, art. 20, 4 ; Congo, C. 1973, art. 54 ; Côte d'Ivoire, C. 1960-1963, art. 28 et 50-52 ; Gabon, C. 1975, art. 26 et 38 ; Guinée, C. 1958-1963, art. 16 ; Haute-Volta, C. 1977, art. 66 ; Madagascar, C. 1975, art. 75 ; Mali, C. 1974, art. 49 et 59 ; Sénégal, C. 1970-1976, art. 57.

[59] Ainsi celles de Côte d'Ivoire, art. 52 ; de Guinée, art. 18 ; de Haute-Volta, art. 67.

explicites[60]. Quant à la possibilité pour l'Assemblée nationale de renverser le gouvernement par un vote majoritaire, elle était généralement prévue dans les Constitutions des nouveaux Etats. Depuis lors, elle n'a été maintenue en Afrique au sud du Sahara (en dehors des régimes proprement parlementaires) que par très peu de Constitutions. Les Constitution, présidentialistes à l'origine, sont devenues ouvertement présidentielles. La procédure de refus de la confiance par l'Assemblée est évidemment exclue lorsque la Constitution prévoit que le président nomme lui-même et révoque les divers ministres, puisque le gouvernement n'existe alors pas, en tant que « corps » distinct de la présidence de la République.

Certaines Constitutions des nouveaux Etats, parmi celles établissant un premier ministre, prévoient la possibilité de renverser le gouvernement par refus de confiance ou vote d'une motion de censure, l'instar de celle de Haute-Volta (C. 1977, art. 78). Une motion de censure peut être déposée ; elle doit être votée à la majorité des deux tiers au scrutin public (art. 77). Le premier ministre peut engager devant l'Assemblée nationale la responsabilité du gouvernement ; la confiance est refusée si le texte ne recueille pas la majorité absolue des voix des membres de l'Assemblée. Le premier ministre peut, à l'occasion de modifications fondamentales qu'il souhaiterait apporter à son programme général d'action, poser la question de confiance. S'il est mis en minorité par les deux tiers des membres, il remet sa démission au président de la République.

L'Assemblée nationale peut proposer une motion de censure revêtue de la signature du quart de ses membres ; la motion doit être votée à la majorité absolue des membres de l'Assemblée nationale ; si c'est le cas, le premier ministre remet au président de la République la démission collective du gouvernement.

Dans ces divers cas, cependant, le comportement du parti prédominant ou unique donne le plus souvent à ces dispositions un caractère largement théorique puisque le président de la République, les membres du gouvernement et une très large majorité, voire la totalité des parlementaires, appartiennent au même parti. Les problèmes les plus importants ou les plus délicats pourront être réglés par le président ou par le Parti sans aucun vote de l'Assemblée nationale, ou placés complètement à l'abri des discussions, voire des investigations de celle-ci. A l'inverse, les moyens qu'a le pouvoir exécutif d'influer sur l'évolution législative sont considérables et, en fait,

[60] Cameroun, C. 1972, art. 28 ; Congo, C. 1973, art. 56 ; Guinée, C. 1958-1963, art. 19 ; Haute-Volta, C. 1977, art. 75 ; Madagascar, C. 1975, art. 79 ; Sénégal, C. 1970-1076, art. 74.

déterminants. Cette influence est très importante dans les Etats africains francophones dotés d'une Constitution. L'initiative législative est reconnue au pouvoir exécutif, et il en fait en pratique un usage prédominant[61]. Elle fut aussi reconnue au Zaïre[62] ; ce fut le président du MPR (Mouvement populaire de la Révolution), qui fut de droit président de la République. Il « exerce le pouvoir de légiférer avec le concours du Conseil législatif »[63], ce qui signifie que c'est à l'inverse le domaine de ses propres décisions normatives qui est illimité. La Constitution organise une délimitation stricte des domaines d'action du Parlement. Les domaines de la loi sont définis limitativement : la compétence pour établir des règles en dehors de ce domaine appartient au gouvernement[64]. Les propositions ou amendements formulés par les membres du Parlement sont irrecevables, s'ils entraînent une diminution des ressources publiques ou un accroissement des charges[65].

La loi ne peut entrer en vigueur sans une promulgation. Cette promulgation est de la compétence du chef d'Etat[66]. Le chef d'Etat peut dans le délai fixé pour la promulgation, demander à l'Assemblée nationale, une deuxième lecture[67].

C'est dire que le pouvoir exécutif dispose de compétences législatives parallèles à celle de l'Assemblée nationale. Le gouvernement peut demander au Parlement l'autorisation de prendre par ordonnance, pendant un délai limité, des mesures qui sont normalement du domaine de la loi et

[61] Cameroun, C. 1972, art. 9, 24 ; Congo, C. 1973, art. 57 ; Côte d'Ivoire, C. 1960-1963, art. 13 ; Gabon, C. 1975, art. 43 ; Guinée, C. 1958-1963, art. 14 ; Haute-Volta, C. 1977 ; Madagascar, C. 1975, art. 74 ; Mali, C. 1974, art. 29 ; Sénégal, C. 19701976, art. 56.
[62] C. 1964, art. 59.
[63] C. 1974, art. 37.
[64] Cameroun, C. 1972, art. 22 ; Congo, C. 1973, art. 55 ; Côte d'Ivoire, C. 1960-1963, art. 44 ; Gabon, C. 1975, art. 41 ; Haute-Volta, C. 1977, art. 70 ; Madagascar, C. 1975, art. 73 ; Sénégal, C. 1970-1976, art. 65 ; Mali, C. 1974, art. 52.
[65] Cameroun, C. 1972, art. 27 ; Congo, C. 1973, art. 5 ; Côte d'Ivoire, C. 1960-1963, art. 47 ; Gabon, C. 1975, art. 45 ; Guinée, C. 1958-1963, art. 17 ; Haute-Volta, C. 1977, art. 84 ; Madagascar, C. 1975, art. 74 ; Mali, C. 1974, art. 56 ; Sénégal, C. 19701976, art. 65 ; Mali, C. 1974, art. 52.
[66] Cameroun, C. 1972, art. 29 ; Congo, C. 1973, art. 62 ; Côte d'Ivoire, C. 1960-1963, art. 13 ; Gabon, C. 1975, art. 11 ; Guinée, C. 1958-1963, art. 25 ; Haute-Volta, C. 1977, art. 21 ; Madagascar, C. 1975, art. 54 ; Mali, C. 1974, art. 34 ; Sénégal C. 19601976, art. 61 et 64. Au Zaïre aussi, c'est au président qu'il revient de promulguer les lois (C. 1974, art. 37).
[67] Cameroun, C. 1972, art. 29 ; Côte d'Ivoire, C. 1960-1963, art. 13 ; Gabon, C. 1975, art. 11 ; Haute-Volta, C. 1977, art. 21 ; Madagascar, C. 1975, art. 54 ; Mali, C. 1974, art. 35 ; Sénégal, C. 1970-1976, art. 62.

qui auront même valeur que les lois[68]. Le chef d'Etat peut recourir au référendum populaire et faire ainsi adopter des lois par le peuple sans recourir aux voix de l'Assemblée nationale[69]. Le chef d'Etat peut, s'il survient une crise grave et que le fonctionnement régulier des pouvoirs publics est interrompu, prendre des mesures exceptionnelles, y compris les dispositions modifiant ou abrogeant les lois en vigueur[69]. Au Sénégal cependant, l'Assemblée nationale qui se réunit alors de plein droit, doit être saisie, pour ratification dans les quinze jours de leur promulgation -sous peine de caducité- des mesures de nature législative mises en vigueur par le président.

Un certain nombre de Constitutions n'ont pas prévu qu'il puisse y avoir dissolution de l'Assemblée nationale. Ce qui fut notamment le cas pour celles du Cameroun, de la Côte d'Ivoire, de la Mauritanie (C. 1961 suspendue en 1978), du Zaïre. En revanche, la Constitution reconnaît au Chef d'Etat le pouvoir de procéder à la dissolution de l'Assemblée nationale au Gabon, en Haute-Volta, à Madagascar, au Mali et au Sénégal[70]. Il est le plus souvent prévu comme dans la Constitution française de 1958- que la dissolution de l'Assemblée nationale est exclue pendant l'exercice des pouvoirs exceptionnels[71].

Observons, en dernière analyse, que malgré les vices des systèmes politico-constitutionnels africains, la régulation sociale est assurée[72]. Parallèlement – c'est une donnée générale- il est fait appel à une organisation politico-juridique de la Société, recherchant d'une part, sa propre rationalité et, d'autre part, la participation accrue des citoyens au pouvoir.

---

[68] Cameroun, C. 1972, art. 21 ; Côte d'Ivoire, C. 1960-1963, art. 45 ; Gabon, C. 1975, art. 42 ; Haute-Volta, C. 1977, art. 69 ; Madagascar, C. 1975 ; Sénégal, C. 1970-1976, art. 66.

[69] Cameroun, C. 1972, art. 30 ; Côte d'Ivoire, C. 1960-1963, art. 14 ; Gabon, C. 1975, art. 15 ; Guinée, C. 1958-1963, art. 2 ; Haute-Volta, C. 1977, art. 30 ; Madagascar, C. 1975, art. 4, 56 ; Mali, C. 1974, art. 37 ; Sénégal, C. 1970-1976, art. 46. [69] Cameroun, C. 1972, art. 11 ; Congo, C. 1973, art. 45 et 46 ; Côte d'Ivoire, C. 1960-1963, art. 19 ; Gabon, C. 1975, art. 18 ; Haute-Volta, C. 1977, art. 30 ; Madagascar, C. 1975, art. 56 ; Mali, C. 1974, art. 32 ; Sénégal, C. 1970-1976, art. 47.

[70] Gabon, C. 1975, art. 16 ; Haute-Volta, C. 1977, art. 80 ; Madagascar, C. 1975, art. 56 et 78 ; Mali, C. 1974, art. 32 ; Sénégal, C. 1970-1976, art. 75 bis.

[71] Gabon, C. 1975, art. 33; Haute-Volta, C. 1977, art. 30; Mali, C. 1974, art. 32; Sénégal, C. 1970-1976, art. 47. [72] Par ailleurs, il convient de garder à l'esprit un fait : Dans nombre de Textes, il est prévu d'autres dispositions diverses, mais que nous n'avons pas le temps de vérifier.

## IV – L'invention d'une vie politique encadrée par le droit

Deux bouleversements accompagnent les changements qui secouent la vie politique des nouveaux Etats[72] : l'attraction des modèles occidentaux ; l'aménagement de règles gouvernant les rapports entre les responsables politiques et la société.

### A – La séduction du modèle démocratique

En 1960, les pays africains recouvrent une souveraineté qui retrouve sa pleine dimension. L'heure est alors à l'affleurement d'idées nouvelles, exaltant la participation des citoyens à l'exercice du pouvoir. On sait qu'en Occident, de telles idées sont admises depuis le développement des doctrines démocratiques. Historiquement, depuis la fin des régimes théocratiques en Europe, assignant au pouvoir un fondement divin, la démocratie place le fondement du pouvoir -la souveraineté- dans le peuple. A l'inverse des régimes autoritaires où la participation du peuple au choix des gouvernants est faible sinon inexistante, les régimes démocratiques sont des régimes dans lesquels les citoyens interviennent librement dans le choix de leurs gouvernants au moyen d'élection et où l'exercice du pouvoir ne repose pas sur une seule personne mais est réparti entre différentes autorités. Ils reposent sur des fondements dont se réclament nombre d'Etats africains : le pluralisme, la primauté de l'individu, l'Etat de droit, etc. Ainsi, non seulement toutes les opinions doivent pouvoir s'exprimer, mais les différences sont admises, étant à préciser qu'elles sont le moteur de la société. Dans les faits, il y a un décalage entre l'affirmation de tels principes, et la place réservée à l'action des institutions à vocation représentative notamment les partis politiques.

#### *1 - Les fondements de la démocratie libérale*

Si l'adhésion à la démocratie pluraliste s'accompagne, chez la plupart des auteurs, de l'idée que les régimes démocratiques reposent sur plusieurs fondements -notamment le pluralisme, l'expression plurielle des opinions, l'Etat de droit-, très peu, en Afrique au sud du Sahara, sont les Etats qui, avant la deuxième « vague du constitutionnalisme », en font une des bases constitutionnelles du système politique. Il est vrai que l'inscription de ces principes dans le marbre du droit est un fait, comme en témoignent les premières Constitutions des nouveaux Etats, notamment celles de l'ex-

[72] Pour aller plus loin, v. **J. BRUYAS**, *Les institutions de l'Afrique noire moderne*. Coll. « Etudes africaines », Paris, L'Harmattan, 2008.

Afrique française, mais il y a loin de la théorie au respect des prescriptions textuelles.

a – Le pluralisme démocratique

Il renvoie à l'idée que non seulement toutes les opinions doivent pouvoir fleurir, mais que le suffrage doit être universel sans restriction, le scrutin sincère et sans manipulation. Le « principe de majorité » qui caractérise les régimes démocratiques est issu du pluralisme. Les décisions sont prises à la majorité ; la minorité doit s'y plier ; elle ne peut -sauf à violer le principe majoritaire- remettre en cause les décisions ainsi prises que par les procédures démocratiques régulières.

b – La primauté de l'individu

La démocratie libérale promeut l'individu qu'elle met au centre de la société ; en outre elle met de l'avant l'inviolabilité de la personne humaine dont la reconnaissance sacrée est affirmée. La primauté de l'individu suppose que chaque être dispose d'une identité, irréductible à celle des autres qui doit être reconnue et protégée contre toutes les formes de contraintes, y compris celle du pouvoir politique, d'où l'importance d'un cadre juridique qui le préserve de l'arbitraire et garantit le respect de son autonomie.

c - L'Etat de droit

L'*État de droit* est un concept d'origine allemande (Rechtsstaat) ; il est aussi différent de la version anglaise de l'Etat de droit, le *Rule of Law* – qui est le fruit historique de plusieurs chartes et corpus limitant le pouvoir royal et qui signifie que tous les actes pris par l'exécutif doivent se fonder sur l'autorité du Parlement- que de la version française de « l'État légal » supposant la subordination de l'administration aux lois.

L'Etat de droit implique qu'aussi bien les administrés que l'Etat lui-même sont soumis au respect des règles juridiques et le respect de la hiérarchie des normes par le biais d'un contrôle de constitutionnalité efficient[73]. L'un des traits essentiels de la démocratie pluraliste réside dans le respect des règles juridiques régissant l'Etat. Chaque citoyen a droit au juge, y compris contre l'Etat.

C'est dire que l'Etat de droit « implique la soumission de l'ensemble des institutions à la loi, la séparation des pouvoirs, le libre exercice des droits

---

[73] Pour aller plus loin, v. **D. SY**, Droit administratif, Dakar, Ed. L'Harmattan, 2e édition, 2015, p. 57-59.

de l'Homme et des libertés fondamentales, ainsi que l'égalité devant la loi des citoyens, femmes et hommes[74] ». Certes, dans beaucoup de pays africains, transparaissent des pratiques attentatoires au respect de l'Etat de droit. Mais ce thème s'étant « mondialisé, voire étant pris en compte par le droit international à travers une consécration explicite dans une série de textes et de documents internationaux », que tout régime politique s'en réclamant « est tenu de s'y conformer[75] » : il doit respecter non seulement les droits inscrits dans la Constitution ou ses propres lois nationales, mais également les droits énoncés par les instruments internationaux. Il est alors facile d'avancer que le contraire de l'État de droit, c'est un État qui, entre autres, ne reconnaît pas certains droits tant aux personnes physiques que morales et se pose comme raison absolue. Dans un tel État, les droits des citoyens existent peu ou n'existent pas du tout. Lorsqu'ils existent, ils sont facilement violables par les autorités gouvernementales et sont difficilement justiciables ; il n'y a presque pas de garantie exercée par les tribunaux contre de telles violations.

On apprécie également l'État de droit selon la manière dont son pouvoir est organisé, plus précisément selon l'existence ou non d'une *séparation des pouvoirs.* La séparation des pouvoirs est d'abord une théorie. On la doit surtout à John Locke, mais elle sera systématisée au 18e siècle, par « l'inclassable » Montesquieu, dont un des ouvrages, *De l'esprit des lois,* constitue l'axe majeur de la réflexion sur cette question. Montesquieu, comme Locke, vise une chose en élaborant sa théorie de *séparation des pouvoirs* : mettre fin à la concentration des pouvoirs entre les seules mains d'un monarque, d'un roi dont la monarchie est d'ailleurs qualifiée d'« absolue ». Partant du principe que tout homme qui a trop de pouvoir risque d'en abuser, Montesquieu estime qu'il faut *diviser* le pouvoir pour éviter la dictature, autrement dit *séparer* ce pouvoir et donc spécialiser les fonctions législative, exécutive et judiciaire (d'où l'appellation de théorie de la séparation des pouvoirs). Il distingue alors trois pouvoirs dans l'État :

- Le pouvoir d'élaborer et de voter les lois : *pouvoir législatif.*
- Le pouvoir d'exécuter ces lois, à travers l'« administration » notamment : *pouvoir exécutif.*

---

[74] Cf. Note adoptée par le Conseil Permanent de la Francophonie en septembre 2001, fixant les modalités pratiques de mise en œuvre des procédures du chapitre 5 de la Déclaration de Bamako.

[75] **J. CHEVALLIER**, L'Etat de droit, Paris, Montchrestien, 2003 (4è éd.).

- Le pouvoir d'interpréter et d'appliquer ces lois, lors des procès entre citoyens : *pouvoir judiciaire*.

La séparation des pouvoirs signifie concrètement que les pouvoirs sont indépendants entre eux, qu'aucun n'est subordonné à l'autre ou aux autres. Il ne signifie cependant pas que chacun des trois pouvoirs cités travaille de manière solitaire ou isolée. Au contraire, pour que l'État marche bien, il faut que ces pouvoirs collaborent. Comme exemples de collaboration, on peut citer :

- Le fait que lorsque le gouvernement (pouvoir exécutif) a négocié un traité international avec d'autres États ou organisations internationales, il a besoin d'une autorisation des députés (pouvoir législatif) pour engager définitivement l'État.

- Le fait qu'après le vote de la loi par le Parlement (pouvoir législatif), la juridiction suprême du pays (pouvoir judiciaire) peut intervenir pour voir si la loi est conforme à la Constitution, avant que le président de la République (pouvoir exécutif) ne prenne un décret de promulgation de la loi (décret qui constate l'existence d'une loi et qui la déclare exécutoire, avant sa publication au *bulletin officiel* du pays).

Ce processus, qui peut être plus ou moins long, est une claire illustration de la collaboration des pouvoirs : tous les trois organes interviennent en effet dans le processus de gestion de l'État. En vérité, presque tous les États ont adopté le principe de la séparation des pouvoirs. Celui-ci est en effet devenu un des signes caractérisant l'État de droit, ou même l'État démocratique tout court. Mais la démocratie n'est pas seulement un ensemble de principes et de fondements, elle est, comme l'a affirmé à juste titre G. Burdeau, « une philosophie, une manière de vivre et presque accessoirement une forme de gouvernement ».

Cette philosophie postule la participation des citoyens au pouvoir. Elle soulève un double problème de souveraineté. Il s'agit d'abord de savoir qui est le titulaire de la souveraineté c'està-dire qui commande et en vertu de quels principes ? Il s'agit ensuite de savoir comment la souveraineté est exercée c'est-à-dire quels sont les procédés de choix des gouvernants ?

Les textes adoptés par les pays africains tentent d'y répondre, par leur référence à la souveraineté démocratique.

### B – La référence à la souveraineté démocratique

Le mot « souveraineté » apparaît au 13e siècle pour qualifier le pouvoir d'un homme sur une communauté. Il vient du latin *superanus* ou *supremus* qui expriment la supériorité. Ils sont à l'origine des mots *susserain* (le suzerain qui domine la hiérarchie féodo-vassalique) et *suverain*

(le souverain qui a l'autorité suprême au sein de la communauté politique). Selon les théories admises jusqu'ici, le pouvoir est d'origine divine – « toute autorité, affirmait saint Paul, vient de Dieu » (Rom, XIII, 1 -7). « Mais au 13e siècle, les glossateurs découvrent dans les *Compilations* de Justinien une définition de l'origine du pouvoir qui ne doit rien à Dieu[76] ». Depuis, les théories théocratiques de la souveraineté ne présentent plus ou moins qu'un intérêt historique. « Dans le *Digeste*, un fragment d'Ulpien affirme que, suivant la *lex regia* (loi royale), le pouvoir, qui vient du peuple, a été entièrement transféré à l'empereur (Dig., 1, 14, 1).

Cette idée fait son chemin parmi les civilistes qui entrent au service de l'empereur germanique ou des rois d'Europe occidentale. Comme « le roi de France est empereur en son royaume », on peut dire que le peuple a entièrement transféré le pouvoir au roi (du moins son corps mystique). Il revient aux théologiens d'imbriquer les deux théories : le pouvoir vient de Dieu par l'intermédiaire du peuple[77] ». Cette notion de peuple, donc de souveraineté démocratique, entraîne des conséquences différentes du point de vue de la représentation. Deux théories s'opposent à cet égard : la souveraineté nationale et la souveraineté populaire.

#### 1 – **La conception de la souveraineté nationale**

Elle voit le jour sous la Révolution française et repose sur deux affirmations :

- La souveraineté appartient non au peuple, ensemble d'individus, mais à la nation, entité abstraite et collective (groupe humain constituant une collectivité politique sur un territoire déterminé) ;

- La nation est une personne juridique distincte de celle des individus qui la composent. La conception de la souveraineté nationale a engendré, au 19e siècle, la généralisation du droit de suffrage dans les Etats occidentaux : les fonctions publiques établies par la Constitution pour promouvoir les

[76] **S. SOLEIL**, *Introduction historique aux institutions IVe– XVIIIe siècle*, Paris, Champs Université, Flammarion, 2002, p. 129130.
[77] *Ibid.*

destinées de la Nation sont assumées par des hommes désignés par le vote des citoyens, c'est-à-dire par un acte de volonté émis personnellement par chacun de ceux-ci. Le droit de vote, d'abord réservé à une minorité influente, fut étendu à l'ensemble des hommes adultes au 19e siècle, puis aux femmes au 20e siècle. Le fonctionnement du suffrage se rattache à quelques mécanismes fondamentaux : - Le suffrage peut être soit direct, soit indirect. Le suffrage direct consiste en la désignation par chaque électeur lui-même de celui ou de ceux qui assumeront les fonctions publiques. Le suffrage indirect ou à deux ou plusieurs degrés consiste en la désignation par les électeurs de personnes qui auront-elles-mêmes à désigner soit d'autres personnes qui procéderont à l'élection, soit le titulaire lui-même de la fonction.

- Le scrutin peut être soit uninominal, soit plurinominal ou « de liste ».

Le scrutin uninominal est celui dans lequel chaque électeur est appelé à voter pour un seul candidat. La pratique en reconnaît deux variantes majeures : le scrutin uninominal à un tour et le scrutin uninominal à deux tours. Le scrutin uninominal à un tour est le système pratiqué en Grande-Bretagne et dans un grand nombre de pays de tradition britannique. C'est aussi le cas pour les élections au niveau national aux Etats-Unis. Il conduit à proclamer élu le candidat qui a obtenu plus de voix que chacun des autres. Comme à la course, il s'agit pour être vainqueur de dépasser tous les autres, fût-ce d'une très courte distance. Par exemple, si sur 10 000 électeurs, 2 000 s'abstiennent et si les candidats A, B, C, D obtiennent respectivement 1 000 voix, 3 000 voix, 1 500 voix, 2 500 voix, c'est B qui est élu, ayant obtenu 3/10 des voix.

Le système tend à favoriser un regroupement des citoyens en deux partis comme le montrent l'histoire anglaise et l'histoire américaine et à éviter une poussière de partis qui conduiraient à former des gouvernements de coalition à l'existence précaire. Mais l'élu ne représente le plus souvent qu'une minorité, voire une faible minorité : dans notre exemple, 30 %. Il est arrivé plus d'une fois à l'échelon global que celui des deux grands partis qui avait recueilli le plus de voix n'obtienne qu'une minorité de sièges, et doive laisser le pouvoir à son concurrent minoritaire en voix (ainsi en 1951 au détriment du Parti travailliste).

Tout ceci apparaît si contraire aux principes de l'élection « à la majorité » que ce système est écarté en France. C'est en effet le scrutin uninominal à deux tours qui est pratiqué en France depuis 1958 pour l'élection du chef de l'Etat. Pour l'élection des députés, il fut introduit en France à partir de

1814 (Louis XVIII) et fut de règle sous le Second Empire (1852-1870) : il fut repris sous la Troisième République de 1889 à 1939 (sauf en 1919-1924). On l'a souvent appelé « scrutin d'arrondissement », du nom de la principale division administrative du département qui servit longtemps de cadre territorial pour l'exercice du suffrage. Est proclamé au premier tour, qui a lieu un dimanche, le candidat qui a obtenu la majorité absolue. La loi française prévoit cependant que le nombre des suffrages doit être égal au moins au quart du nombre des électeurs inscrits, pour éviter qu'en cas de fortes abstentions, l'élu ne soit trop peu représentatif. A défaut de résultat, un second tour se déroule -le dimanche en huit pour les députés, le dimanche en quinze pour le chef de l'Etat- dans lequel la majorité relative peut suffire : sera élu celui des candidats qui a obtenu le plus de voix. Il peut être prévu, pour renforcer le caractère représentatif de l'élu, que ne pourront se présenter au deuxième tour que deux candidats : ainsi en France, pour l'élection du chef de l'Etat : « Seuls peuvent s'y présenter les deux candidats qui, le cas échéant, après retrait de candidats plus favorisés, se trouvent avoir accueilli le plus grand nombre de suffrages au premier tour »[78].

En ce qui concerne l'élection au Parlement, les frais de campagne dissuadent le plus souvent les candidats à se maintenir au deuxième tour si les résultats du premier ne leur laissent aucune chance : ainsi la compétition se limitera-t-elle très souvent en fait à deux candidats (« duels »). Cette pratique française entraîne diverses conséquences : Le vote du second tour consiste à arbitrer entre les deux (ou trois candidats qui peuvent avoir leur chance. L'essentiel n'est plus tellement alors d'assurer le succès de tel candidat ou de telle tendance, mais d'écarter tel ou tel autre : au premier tour on choisit ; au second, on élimine. L'élu du second tour rassemble normalement une forte proportion des suffrages exprimés et, en dehors des cas où il y aurait une proportion exceptionnellement massive d'abstentions, il est donc vraiment représentatif.

Le scrutin uninominal est celui qui rapproche le plus l'élu des électeurs. Ils le connaissent souvent personnellement et il est particulièrement au courant de leurs préoccupations, ce que beaucoup considèrent comme plus démocratique.

Mais ces avantages ne vont pas sans contrepartie. Les problèmes « de clocher », propres à la petite circonscription électorale, risque de prendre le pas sur les grandes options nationales. On a pu parler à ce sujet de « miroir

[78] C. 1958, art. 7 selon la rédaction du 6 novembre 1962.

brisé » (Gambetta) et aussi, compte tenu de la plus grande facilité de corruption dans un milieu géographique très étroit, de « miroir sale » (Jean Jaurès) : l'Angleterre a longtemps connu les « bourgs pourris ». On a fait grief aussi au scrutin uninominal de « lâcher sauvagement les hommes les uns contre les autres » (Joseph Barthélémy) et d'être ainsi un « scrutin de gladiateurs » (Edouard Herriot), trop peu soucieux d'opposer entre eux des idées et des programmes. Enfin, on a pu regretter fréquemment sous les Troisième et Quatrième Républiques -c'est-à-dire dans les temps où le Parlement détenait l'essentiel du pouvoir politique- le fait que le député, au moment de mettre son bulletin dans l'urne, pensait moins évident à l'intérêt national qu'à l'impression que produirait son vote sur ses électeurs… présents ou futurs ! Bien des attitudes surprenantes des Etats-Unis d'Amérique dans la conduite des affaires internationales s'expliquent par l'attitude de Représentants soucieux de ne pas déplaire à leurs électeurs du Dakota ou de l'Oklahoma… enfouis au centre d'un continent et peu ouverts au souffle du grand large.

« En fait, on s'aperçoit aujourd'hui que de tels inconvénients résultaient moins du scrutin uninominal comme tel que de l'ensemble institutionnel (omnipotence parlementaire) dans lequel il se situait en France. Sous la V$^{e}$ République, quelles que soient les critiques qu'on peut toujours élever contre un régime politique, il n'est pas évident que le scrutin uninominal engendre ces sortes d'inconvénients. Ce sont bien, pour l'essentiel, des partis, et donc des programmes, qui s'affrontent et le souci d'un député de ne pas désobéir au parti auquel le lie sa carrière et sans l'appui duquel elle sera brisée, vient largement contrecarrer, lors de son vote au Parlement, la crainte qu'il peut avoir de déplaire aux électeurs de sa circonscription » (Bruyas). - L'élection au scrutin de liste peut se faire soit au vote majoritaire, soit à la représentation proportionnelle. Lorsque l'élection a lieu au scrutin de liste, on rencontre en effet deux grands procédés pour l'attribution des sièges, le système majoritaire et celui de la représentation proportionnelle :

Au scrutin de liste majoritaire, sera élu celui des groupements de noms qui aura obtenu le plus grand nombre de voix ; selon le système de la représentation proportionnelle, chaque groupement d'opinions obtiendra un nombre de sièges proportionnel au nombre des voix recueillies par lui. Chacun des deux systèmes est susceptible d'un certain nombre de variantes et il est arrivé (notamment en France, en vertu de la loi électorale de 1919 ou de celle de 1951) que les deux systèmes soient combinés entre eux.

En ce qui concerne le scrutin de liste majoritaire, on peut concevoir en théorie que chaque électeur compose lui-même sa liste et que les candidats qui auront ainsi recueilli le plus grand nombre de voix soient élus. En pratique, dans un but de simplification et de clarté et pour éviter des problèmes de déchiffrement des écritures, les bulletins sont imprimés à l'avance et correspondent à des listes de noms appartenant à chacune des tendances politiques concurrentes. Les adversaires du scrutin uninominal firent appliquer le scrutin de liste majoritaire en France sous la Deuxième République en 1848 et 1849 (un tour), de 1871 à 1875 et sous la Troisième République de 1885 à 1889, mais il ne s'implanta pas durablement. En revanche, le scrutin majoritaire de liste a été très couramment utilisé en France pour les élections municipales.

A l'échelle nationale, le scrutin de liste s'est révélé être un « scrutin d'écrasement » : des minorités importantes dans le pays, mais peu nombreuses à l'échelle de chaque département, se voient privées de toute représentation. Ceci explique que ce système soit très couramment adopté par les régimes politiques qui se donnent comme objectif majeur d'assurer la cohésion, voire la suprématie de l'Etat : régimes autoritaires (Italie fasciste, Etats d'Amérique latine) ou régimes totalitaires, c'est-à-dire affirmant la toute-puissance de l'Etat, non pas seulement comme les régimes autoritaires dans l'ordre politique qui est son domaine consacré, mais bien en tous les domaines de la vie sociale, et notamment économique (régime de production et de répartition des richesses), et dans le domaine éthique (domaines relevant traditionnellement de la religion et de la morale). Le scrutin majoritaire de liste était ainsi en principe appliqué en URSS et dans les démocraties populaires : en fait, en raison de la toute-puissance du parti unique ou prédominant, une seule liste y était très couramment offerte au « choix » des électeurs.

La représentation proportionnelle, quant à elle, se recommande d'une idée apparemment simple et frappante d'équité fondamentale. « Cinq enfants, appartenant à la même famille, se trouvent réunis autour d'une tarte. Trois d'entre eux, habillés de bleu, déclarent aux autres, habillés de rouge : « Nous sommes trois, vous n'êtes que deux. Nous avons la majorité. Donc nous allons manger toute la tarte et vous n'aurez rien. – Pas du tout, ripostent les deux enfants rouges. Nous sommes cinq, nous allons faire cinq parts et chacun aura la sienne » (Joseph Barthélémy).

Le système « proportionnaliste » fut inauguré au Danemark pour la Chambre haute en 1855, puis en Belgique en 1899. Il devint par la suite d'application courante en Europe continentale. Adopté en France en 1945, il servit alors à l'élection des deux Assemblées constituantes : scrutin de liste dans le cadre du département, sans panachage. Une loi de 1946 autorisa le vote préférentiel, mais celui-ci ne comptait que si les bulletins modifiés n'étaient pas inférieurs à la moitié : cette disposition demeura donc théorique. La loi du 9 mai 1951, appliquée jusqu'à 1958, maintint en principe la représentation proportionnelle, mais la combina avec le système majoritaire. Les listes pouvaient se déclarer « apparentées » : si l'ensemble des listes apparentées obtenait la majorité des voix, il recevait tous les sièges, chacune des listes victorieuses se répartissant ensuite les sièges à la représentation proportionnelle. Si aucune liste isolée ou aucun apparentement n'obtenait la majorité absolue, la représentation proportionnelle s'appliquait entre les diverses listes.

Au premier abord, la représentation proportionnelle semble présenter divers mérites décisifs :

- L'équité, car chaque tendance même minoritaire (politique, sociale, religieuse et, le cas échéant, ethnique) peut espérer être représentée, exprimer ses aspirations, défendre ses intérêts ; - l'honnêteté, car le scrutin de liste en évitant le deuxième tour écarte les marchandages auxquels il donne lieu à l'occasion des désistements au profit des candidats poursuivant la compétition ;
- L'authentique démocratie, car la volonté de la majorité des élus coïncidera avec celle de la majorité des électeurs ;
- La hauteur de vue, puisqu'au lieu de voter pour des individus qu'il ne connaît bien souvent que par leurs discours, l'électeur vote pour des idées et pour un programme qu'il estime meilleur que les autres.

Pourtant, s'agissant d'élections nationales, la pratique a révélé que la représentation proportionnelle présente plusieurs inconvénients majeurs. Quant à l'honnêteté, le système repose sur des listes et celles-ci sont confectionnées par les cadres permanents des partis. C'est de ces derniers que dépendra très largement la carrière des candidats, selon qu'ils obtiendront ou non d'être placés « têtes de liste » et c'est à ce stade que des marchandages s'établiront. Quant à la démocratie, le système tend à distendre au maximum les liens entre les électeurs et des élus que souvent ils ne connaissent pas du tout. Quant aux résultats, la représentation proportionnelle a pour effet de renforcer les oppositions entre mouvements de pensée. En cristallisant les tendances diverses, notamment dans les pays de tradition latine, elle accentue la fragmentation de l'opinion.

Comme le montrent la pratique de la Quatrième République en France et la pratique de la Belgique, comme d'ailleurs celle des Pays-Bas, la représentation proportionnelle qui tend à favoriser la discipline, le « monolithisme » des grands partis, n'élimine pas les petits partis.

« L'appoint de voix de ces derniers sera souvent indispensable à tel grand parti pour accéder au pouvoir. Il se forme alors des gouvernements de coalition, que les programmes contradictoires des partis qui les composent (par exemple libéraux laïcs et socialistes chrétiens) condamnent à l'immobilisme et très vite à l'éclatement, en attendant une nouvelle combinaison non moins éphémère. La Quatrième République connut vingt ministères en douze ans, soit une moyenne de sept mois par gouvernement. Lorsqu'on se résout, pour en sortir, à la dissolution de l'Assemblée, la représentation proportionnelle poursuit son œuvre : l'élection, en photographiant fidèlement les tendances, conduit à retrouver à peu de choses près les mêmes hommes : ainsi en Italie comme en Belgique. La prolongation du système permet tout au plus de se dire que la situation du pays n'en est pas encore venue au point où risquent d'éclater soit le régime politique ou social, soit l'Etat lui-même » (Bruyas).

En 1958, quand la France en fut venue à une paralysie complète des gouvernements qui entraîna la chute de la Quatrième République, l'aversion pour ce système conduisit, pour l'élection de l'Assemblée nationale, à la suppression de la représentation proportionnelle et au retour au scrutin majoritaire : scrutin uninominal pour les élections nationales, scrutin de liste pour les élections locales.

Deux conséquences se dégagent du principe de la souveraineté nationale :

- L'électorat, c'est-à-dire le fait de voter et de désigner des représentants est considéré non comme un droit personnel titulaire d'une part de souveraineté mais comme une fonction. Être électeur, c'est exercer une compétence au nom de la nation souveraine. Cette fonction peut être exercée par l'ensemble des citoyens ; dans ce cas il y a suffrage universel, mais on peut aussi décider qu'elle sera exercée par une partie des citoyens c'est-à-dire que le suffrage peut ne pas être universel. De la sorte, on pourra limiter le droit de vote et ne l'accorder qu'à ceux que l'on juge dignes de parler au nom de la nation : Suffrage censitaire (ne votent que ceux paient un cens, un minimum d'impôts) ou capacitaire (ne votent que ceux qui ont une certaine instruction).

- Le mandat représentatif : c'est la nation qui doit être représentée, non les électeurs qui ne font que s'exprimer en son nom. L'élu est censé représenter directement la Nation elle-même et non ses électeurs. Il ne peut par conséquent recevoir de mandat précis ni être directement contrôlé ou révoqué par ces derniers.

### 2 – La théorie de la souveraineté populaire

Elle a, quant à elle, été avancée par Jean-Jacques Rousseau au 18e siècle. Le postulat de base est le suivant : la souveraineté appartient au peuple entendu comme la somme des citoyens. Chaque citoyen est titulaire d'une parcelle de souveraineté (théorie de la souveraineté fractionnée). Cette souveraineté est inaliénable, elle ne se délègue pas, le peuple doit l'exercer lui-même directement.

Deux conséquences se dégagent de la théorie de la souveraineté populaire :

- L'électorat : à l'inverse du cas précédent, on admet que chaque citoyen est titulaire d'une part de souveraineté et possède un droit imprescriptible de participer à l'élection. Le suffrage universel est donc indispensable.
- Le mandat impératif : l'élu est lié à ses électeurs par un mandat strict qu'il doit respecter. S'il ne respecte pas ses engagements vis-à-vis des électeurs, il pourra être révoqué par ses électeurs.

Certes ces théories imprègnent bel et bien les systèmes politiques africains d'après indépendance, mais il semble résulter de l'insuffisance de la réflexion, politique par essence, sur leurs conséquences du point de vue de la représentation, un hiatus entre les mots du droit et les choses du vécu. C'est qu'en vérité, la réalisation de l'idéal démocratique, se heurte dans la plupart des pays africains à l'irrégularité des temps, voire des périodes. Comment favoriser, dans un tel contexte, l'expression de la souveraineté ?

# L'autosaisine des juridictions constitutionnelles en Afrique noire francophone[1]

*Saidou Nourou TALL*[2]

Peut-on être à la fois juge et partie ? La saisine spontanée est-elle parfois aménagée, nécessaire, efficiente et pertinente ? Quels en sont les dividendes et les risques ?

Cette série de questionnements invite assurément à supputer sur une modalité peu fréquente de saisine des juridictionnelles, modalité dont la mise en œuvre peut être, soit, explicitement prévue par le Constituant ou le législateur organique, soit déduite ou tolérée implicitement dans certaines pratiques jurisprudentielles.

Sur ce terrain, l'auto-saisine est l'expression d'un pouvoir d'initiative, obligatoire ou discrétionnaire, fondé sur un texte ou résultant d'un pouvoir de régulation et d'interprétation du *corpus juris*. Il est légèrement différent de la saisine d'office à laquelle la parenté est plus qu'évidente, puisque cette dernière se justifie dans les situations où ,étant saisi de la conformité à la Constitution d'une disposition d'une loi, la juridiction s'autorise opportunément à examiner d'office[3], tous les articles du texte législatif pour débusquer la non-conformité qui peut s'y nicher, usant ainsi quelquefois de « considérant balai »[4]. Il en est même des situations où les prétentions de la partie demanderesse tombant sous le coup de l'irrecevabilité ou le plaideur s'étant désisté, le juge statue d'office sur des dispositions non visées par la requête mais dont l'inconstitutionnalité peut

[1] Ce texte est une version plus longue d'une communication au Colloque de l'Association Africaine des Hautes Juridictions Francophones (AA-HJF), tenu à Porto-Novo du 24 au 26 juillet 2023.

[2] Professeur Titulaire de classe exceptionnelle (FSJP/UCAD), ancien Vice-Président du Conseil constitutionnel du Sénégal. L'auteur tient, par cette breve contribution sans grande prétention, à rendre un vibrant hommage à un collègue, un aine au brillant parcours et qui a beaucoup aidé les jeunes esprits universitaires à trouver leur voie dans la science du droit.

[3] Thierry DI MANNO, Le Conseil constitutionnel et les moyens soulevés d'office, Paris, Economica,1994, p.171.

[4] A cet effet, la clause de style, , que le Conseil constitutionnel sénégalais emploie à cet effet, est un considérant balai : « *Considérant qu'il n'y a lieu, pour le Conseil constitutionnel, de soulever d'office aucune autre question de conformité à la Constitution* ».

lui paraitre flagrante. Quoiqu'il en soit, la présente communication porte l'attention aussi bien sur l'auto-saisine directe que sur celle indirecte[5].

En réalité, on constate le peu de fréquence du recours à l'auto-saisine, les modes les plus privilégiés de saisine restant le recours par voie d'action (contrôle préventif, obligatoire ou facultatif) et le recours par voie d'exception (généralement après la promulgation de la loi), cantonnant ainsi l'auto-saisine dans un no man's land ou en ignorant superbement la praticabilité.

Aussi, est-il nécessaire, au préalable, de faire un rapide survol des modes de saisine des juridictions constitutionnelles (I) avant de s'appesantir sur l'auto-saisine (II).

## I. PANORAMA DES MODES DE SAISINE

La saisine est le fait de saisir .C'est l'acte de procédure qui permet l'ouverture d'une instance juridictionnelle, que ce soit dans le cadre contentieux ou dans le cadre consultatif, par voie de recours direct ou indirect, que la saisine soit obligatoire ou facultative. Il en ressort que l'activité juridictionnelle des cours et conseils constitutionnels est plus souvent orientée vers les modes de saisine par voie d'action(A) et par voie d'exception(B).

### A) La saisine par voie d'action

Ce type de saisine, qui se traduit par le contrôle[6], dit préventif, reste le dénominateur commun des attributions des juridictions constitutionnelles, en ce qu'il s'opère dans le délai de promulgation, c'est-à-dire avant que le texte voté n'ait pu avoir un quelconque effet juridique sur la vie des citoyens et sur les Institutions.

---

[5] MEDE, *Les grandes décisions de la Cour constitutionnelle du Bénin*, Dakar, L'Harmattan,2017 ; Julien THERON, « La constitutionnalité de la faculté de se saisir d'office soumise à condition », Gazette du Palais, 9 mars 2013, n° 122d5.

[6] Il est prévu dans la plupart des Constitutions, notamment au Sénégal où il est gouverné par l'art.92 de la Constitution de 2001 ainsi que par diverses dispositions de la loi organique sur le Conseil constitutionnel. Selon l'art.92§1 de la Constitution : *« Le Conseil constitutionnel connaît de la constitutionnalité des lois, du règlement intérieur de l'Assemblée nationale et des engagements internationaux, des conflits de compétence entre l'exécutif et le législatif ainsi que des exceptions d'inconstitutionnalité soulevées devant la Cour d'appel ou la Cour suprême »* ; voir, El Hadj Omar DIOP, La justice constitutionnelle au Sénégal, Dakar, CREDILA/OVIPA,op.cit, p.164 et s.

En sus des procédures contradictoires ou non contradictoires [7]et à la faveur de contrôles pouvant être qualifiés de minimum, maximum ou de proportionnalité, le pouvoir d'interprétation du juge, dans l'examen de conformité de la loi ou des engagements internationaux, s'exerce en rapport à un bloc de constitutionnalité donnant aussi prééminence au respect de principes et règles de valeur constitutionnelle[8].

Au terme de la procédure contentieuse, la décision rendue par la juridiction a l'avantage d'être revêtue de l'autorité de la chose jugée (*res judicata pro veritate habetur*)[9] et de s'imposer à toutes les autorités exécutives, civiles, militaires, parlementaires et juridictionnelles[10].

### B) La saisine par voie d'exception

Toutes proportions gardées, l'institution de plus en plus répandue du contrôle par voie d'exception, maintes fois débattue en France avant son adoption en 2008 sous le nom de la question de constitutionnalité[11], a

---

[7]Selon le principe *audiatur altera pars (Que soit aussi entendue l'autre partie)*, chaque partie à l'instance est en mesure de connaitre et de contester les arguments de l'autre partie quand la procédure est contradictoire avec les plaidoiries des conseils des parties ;voir Markus BOCKENFORDE, Babacar KANTE et *alii*, Les juridictions constitutionnelles en Afrique de l'ouest. Analyse comparée, Institut International pour la Démocratie et l'Assistance Electorale (IDEA) et Fondation Hanns Seidel, 2016, 196p...., op.cit.

[8]Ces principes constitutionnels ou principes à ou de valeur constitutionnelle qui ne sont ni une adaptation constitutionnelle des PGD ni une extension irraisonnée du bloc de constitutionnalité sont des normes non écrites dégagées à la suite d'une interprétation du juge des textes fondamentaux(Préambule, Constitution, DDHC) qui fondent la philosophie générale et la colonne vertébrale d'un régime politique et s'imposent aux textes supra « décrétaux » et infra législatifs, lire à ce propos, Éric NGANGO YOUMBI, « Les normes non écrites dans la jurisprudence des juridictions constitutionnelles négro-africaines »,RAMRES/SJP,2019,www.publication.lecames.org (consulté en avril 2020).

[9]Art.50 de la Constitution du Cameroun, art.88 de la Constitution de la Guinée révisée en 2020, art.92 de la Constitution du Sénégal, art.159 de la Constitution du Burkina ;lire à ce propos, Delphine Emmanuel ADOUKI, « Contribution ) l'étude de l'autorité des décisions du juge constitutionnel en Afrique »,RFDC 2013/3 (n° 95), pp. 611- 638 ; Brusil Miranda METOU, « Existe-t-il une hiérarchie entre les normes constitutionnelles ? », Afrilex, 32p.

[10] Aussi, l'art.134 de la Constitution du Niger de 2010 énonce-t-il de façon péremptoire *« Les arrêts de la Cour constitutionnelle ne sont susceptibles d'aucun recours. Ils lient les pouvoirs publics et les autorités administratives, civiles, militaires et juridictionnelles. Tout jet de discrédit sur les arrêts de la Cour est sanctionné conformément aux lois en vigueur »*.

[11] La QPC a été introduite par la loi constitutionnelle n°2008-724 du 23 juillet 2008 et précisée par la loi organique du 10 décembre 2009 (voir site de Légifrance). La loi de 2008 de modernisation des institutions de la Ve République, a donné naissance à l'article 61-1 de la Constitution de 1958 et a modifié par conséquent l'article 62 de la Constitution française. Ainsi, l'article 61-1 dispose : « *Lorsque, à l'occasion d'une*

permis ,depuis longtemps en Afrique francophone, et pour certains de ces Etats au sortir de conférences nationales souveraines des années 1990[12], à la faveur des transitions démocratiques, de répondre aux besoins pressants des populations en termes de droits consacrés et protégés, d'accès au juge et de sécurité juridique[13].

Le principe est connu. S'analysant comme une procédure incidente qui se greffe à un recours principal, l'exception d'inconstitutionnalité est une voie de droit par laquelle une partie à un litige soulève au cours d'un procès devant une juridiction la non-conformité à la Constitution d'une loi et demande son inapplicabilité en l'espèce[14]. Si certaines conditions, très

---

*instance en cours devant une juridiction, il est soutenu qu'une disposition législative porte atteinte aux droits et libertés que la Constitution garantit, le Conseil constitutionnel peut être saisi de cette question sur le renvoi du Conseil d'État ou de la Cour de cassation qui se prononce dans un délai déterminé. Une loi organique détermine les conditions d'application du présent article. ».* Quant à l''article 62 al.2, de la Constitution de la Ve République, il est ainsi libellé *: « Une disposition déclarée inconstitutionnelle sur le fondement de l'article 61-1 est abrogée à compter de la publication de la décision du Conseil constitutionnel ou d'une date ultérieure fixée par cette décision. Le Conseil constitutionnel détermine les conditions et limites dans lesquelles les effets que la disposition a produits sont susceptibles d'être remis en cause. »*, (JORF n°171 du 24 juillet 2008). Sur la question prioritaire de constitutionnalité, Marc GUILLAUME, « La question prioritaire de constitutionnalité » *in* « *Justice et cassation* », Revue annuelle des avocats au Conseil d'État et à la Cour de cassation », 2010 /Cahiers du Conseil Constitutionnel, 29.11.2017, 27p ; Bertrand MATHIEU et Dominique ROUSSEAU, Les grandes décisions de la question prioritaire de constitutionnalité, Paris, LGDJ,Lextenso,2013 ;Jean-François AKANDJI-KOMBE, « *Le juge (du fond), les parties et la question prioritaire de constitutionnalité. Stratégies contentieuses entre question de constitutionnalité et contrôle de conventionalité* », Dalloz, n° 17, 2010, pp. 1725-1732 ; Henri LABAYLE, « Question prioritaire de constitutionnalité et question préjudicielle : ordonner le dialogue des juges ? », RFDA, n° 4, 2010, pp. 659-678; Hélène APCHAIN, « La QPC et le contrôle de conventionalité : complémentarité ou antagonisme ? », juin 2012, 18 p., (www.credho.org).

[12]Consulter à ce propos, Maurice KAMTO, « Les Conférences nationales africaines ou la création révolutionnaire des Constitutions », *in* Dominique DARBON et Jean du Bois de GAUDUSSON (dir.), La création du droit en Afrique, Paris, Karthala, 1997, p. 177.

[13] Elle est ainsi définie par le Conseil d'Etat français dans son rapport public 2006 : « *Le principe de sécurité juridique implique que les citoyens soient, sans que cela appelle de leur part des efforts insurmontables, en mesure de déterminer ce qui est permis et ce qui est défendu par le droit applicable. Pour parvenir a ce résultat, les normes édictées doivent être claires et intelligibles, et ne pas être soumises, dans le temps, a des variations trop fréquentes, ni surtout imprévisibles* ».

[14] La juridiction constitutionnelle du Togo, au regard de l'art.104,alinéa 8 de la Constitution, en fournit la définition suivante « *l'exception d'inconstitutionnalité est donc la possibilité*

variables selon les Constitutions[15], sont réunies, la juridiction sursoit à statuer, renvoie l'ensemble des pièces du dossier à la juridiction constitutionnelle qui devra se prononcer sur la constitutionnalité ou non de la loi querellée ou de l'engagement international concerné[16] et renvoyer sa décision à la juridiction de fond.

Sur le caractère obligatoire ou facultatif, pour la juridiction devant laquelle a été soulevée l'exception d'inconstitutionnalité, de surseoir à statuer et de saisir la juridiction constitutionnelle[17], des approches contrastées sont offertes par les Cours et Conseils africains. Au Sénégal, la saisine du CCS, dans ce domaine, est subordonnée à la satisfaction de conditions, à savoir que le sursis à statuer de la juridiction de fond doit être précédé par

*qu'a un justiciable, à l'occasion d'un procès devant les cours et tribunaux, d'invoquer qu'une disposition légale est non conforme à la Constitution et d'obliger cette juridiction à saisir la Cour constitutionnelle* » (Cour constitutionnelle, *Décision n° C-005/20 du 25 novembre 2020, exception d'inconstitutionnalité : Ministère public et BIA Togo c/Monsieur Koezi, magistrat à la Cour d'appel*).

[15] Par exemple, au Sénégal, le contrôle par voie d'exception est prévu à l'article 92 de la Constitution de 2001 et aux articles 1er et 20 de la loi organique n° 2016-23 du 14 juillet 2016 relative au Conseil constitutionnel. Le recours en : exception d'inconstitutionnalité permet à tout requérant d'exciper de l'inconstitutionnalité d'une loi ou d'un engagement international, après la promulgation du texte et à titre préjudiciel lors d'un procès, naguère, devant l'une des hautes juridictions (Conseil d'Etat ou Cour de cassation) et actuellement devant la Cour d'appel ou la Cour Suprême, *voir supra*.

[16]Conseil constitutionnel du Sénégal, *Affaire n°4/C/2000 du 8 février 2001*, recours en exception d'inconstitutionnalité dirigé contre l'article 6 de l'Accord de siège entre le Gouvernement de la République du Sénégal et la BCEAO, voir *infra*.

[17] Voir Haute Cour constitutionnelle de Madagascar, *Décision n°01-HCC/D2 du 11 avril 2018 concernant des requêtes en inconstitutionnalité, dans laquelle,* la HCC estime : « *(...)Considérant ainsi que, selon la Constitution, le juge constitutionnel ne peut être saisi directement par voie d'action individuelle ; qu'en conséquence, la requête de Maître Christian F. RAOELINA, n'est pas recevable en la forme ;Considérant qu'aux termes de l'article 118 alinéa 2 de la Constitution : « Si, devant une juridiction, une partie soulève une exception d'inconstitutionnalité, cette juridiction sursoit à statuer et saisit la Haute Cour Constitutionnelle qui statue dans le délai d'un mois » ;* que selon l'article 28 de l'ordonnance n°2001-003 sus visée, « *La Haute Cour Constitutionnelle connaît également des exceptions d'inconstitutionnalités soulevées par les parties devant les juridictions de tous ordres* » ; *que l'obligation de renvoyer la question de constitutionnalité au juge constitutionnel constitue une question préjudicielle ;Considérant que, de ce qui précède, l'exception d'inconstitutionnalité doit être soulevée devant la juridiction saisie de la procédure mise en cause ; que cette juridiction, après avoir rendu une décision de sursis à statuer, doit saisir elle-même la Haute Cour Constitutionnelle ; qu'ainsi, la requête, introduite directement devant la Cour de céans par Maître Ferdinand RAKOTOARISOA RANARY, doit être déclarée irrecevable en la forme...* »

l'examen de la recevabilité de la requête pour que le Conseil puisse fonder sa compétence[18].

Le principe ainsi décrit admet d'autres variantes sous les cieux africains[19].

Par ailleurs, certaines juridictions constitutionnelles peuvent se voir attribuer des compétentes en matière de protection des droits fondamentaux par le biais de recours directs de particuliers.

Relativement à l'auto-saisine, en se parant de ses états et éclats, elle peut être aménagée textuellement ou accueillie tacitement, empruntée indirectement ou récusée.

## II. L'AUTO-SAISINE DANS TOUS SES ECLATS

Selon la doctrine, on ne peut ignorer que dans certains pays, « *les juridictions chargées de la justice constitutionnelle ont la possibilité de s'autosaisir de certaines questions, même en l'absence d'un recours introduit par un requérant* »[20].

Cette assertion est fondée sur le constat de la consécration de l'auto -saisine (B), hypothèse moins fréquente que celles où l'auto-saisine est soit totalement absente des textes et de la pratique constitutionnelle de certains pays, soit l'auto-saisine résulte indirecte ment d'une posture dite audacieuse du juge ou découlant d'un raisonnement à contrario (A).

### A) L'entre deux de la non consécration formelle de l'auto-saisine

La non consécration formelle de l'auto-saisine s'est traduite, dans certains Etats par sa récusation de l'ordre constitutionnel ou, à tout le moins, par un usage parcimonieux et prudent de cette modalité de saisine.

*L'auto-saisine écartée*

En plus des emprunts relevant de la communauté d'inspiration avec la source constitutionnelle française de 1958 et son modèle de justice constitutionnelle[21], les juridictions constitutionnelles francophones

---

[18] Conseil constitutionnel du Sénégal, *Décision 2/C/95 du 13 février 1995*, voir plus loin.

[19] Voir art.122 de la Constitution du Bénin, art.135 de la Constitution ivoirienne de 2016.

[20] Cf., Markus BOCKENFORDE, Babacar KANTE, Yuhnowo NGENGE et H. Kwasi PREMPEH, Les juridictions constitutionnelles en Afrique de l'ouest. Analyse comparée, Institut International pour la Démocratie et l'Assistance Electorale (IDEA) et Fondation Hanns Seidel, 2016, p.133.

[21]Guy CARCASSONNE, La Constitution, 8e édition, Paris, Le Seuil, 2007, 453 p ; Francis HAMON, Michel TROPER, Droit constitutionnel, Paris, L.G.D.J., 2013, 744 p ; Marie-

africaines y ont adjoint une coloration propre, tant au plan formel qu'au plan matériel, la décalcomanie n'étant pas absolue[22].

Cependant, il faut se résoudre au constat, qu'à quelques exceptions près, la majorité des Etats d'Afrique noire francophone ont porté leur choix sur le modèle européen de justice constitutionnelle[23] tel que promu par Hans Kelsen[24], préférence assortie dans certains Etats de l'aménagement du recours en exception d'inconstitutionnalité[25].Ce modèle, qui a inspiré la France et les pays de succession française, semble laisser peu de place à l'auto-saisine.

Dans la logique de la séparation des pouvoirs et du droit de saisine des justiciables, une partie de la doctrine a même pu soutenir que « *L'auto-saisine d'un organe juridictionnel est, en principe, impossible car contraire*

---

Claire PONTHOREAU, Droit(s) constitutionnel(s) comparé(s), Paris, Economica, Coll. «Corpus », Paris, 2010, 410 p.

[22] Voir par exemple au Gabon, Télesphore ONDO, « L'annulation par la Cour constitutionnelle gabonaise de l'ordonnance n°15/PR/2015 du 11 août 2015 portant organisation et fonctionnement de la justice : essai d'analyse d'une décision controversée »,9p, (www .la-constitution –en- afrique –over- blog.com).

[23] Relativement à la justice constitutionnelle, elle constitue la manifestation de l'œuvre de Cours et de Conseils constitutionnels aux attributions très diversifiées. Plusieurs acceptions de la justice constitutionnelles peuvent être relevées. Pour Louis Favoreu, c'est « l'ensemble des institutions et techniques grâce auxquelles est assurée sans restrictions la suprématie de la Constitution » (Louis FAVOREU et *alii*, Droit constitutionnel, Paris, Dalloz, 1999, p.185) ; pour Charles Eisenmann, c'est la juridiction portant sur les lois constitutionnelles en vue de garantir le respect de la répartition des compétences (Ch. EISENMANN, La justice constitutionnelle et la Haute Cour Constitutionnelle d'Autriche, Paris, LGDJ, 1928, Economica, PUAM, 1986) ; pour Théodore Holo, « La justice constitutionnelle s'entend de toute fonction juridictionnelle ayant pour but d'assurer la suprématie et le respect des règles constitutionnelles essentiellement mais non exclusivement par les pouvoirs publics », (Théodore HOLO « Emergence de la justice constitutionnelle », Revue Pouvoirs 129, 2009, pp. 101-114); voir aussi, Abraham Hervé DIOMPY, « Les dynamiques de la justice constitutionnelle en Afrique francophone », Afrilex, février 2014, 30 p., consultable sur www.afrilex.u-bordeaux4.fr ; Papa Mamour SY, Le développement de la justice constitutionnelle en Afrique noire francophone : les exemples du Bénin, du Gabon et du Sénégal, Thèse de doctorat, UCAD, 1998, 414 p. ; El Hadj Omar DIOP, La justice constitutionnelle au Sénégal, Dakar, CREDILA/OVIPA, 2013, 333 p.

[24] Voir Hans KELSEN, « La garantie juridictionnelle de la Constitution », RDP, 1928, pp.198-257; Saidou Nourou TALL, « La justice constitutionnelle sénégalaise et le Droit international Public », *in* Oumarou Narey, « La justice constitutionnelle … », op.cit.

[25]Cf., Markus BOCKENFORDE, Babacar KANTE, Yuhnowo NGENGE et H. Kwasi PREMPEH, Les juridictions constitutionnelles en Afrique de l'ouest. Analyse comparée, Institut International pour la Démocratie et l'Assistance Electorale (IDEA) et Fondation Hanns Seidel, 2016, 196p.

*à la logique de sa fonction qui est d'intervenir pour résoudre un litige sur la base du droit et à la demande de l'une ou l'autre des parties* »[26].

Cette position doctrinale est le miroir de l'évolution de l'histoire constitutionnelle française.

Pourtant, en 1974, sous la présidence de Valery Giscard d'Estaing, un projet de révision constitutionnelle visant à permettre l'auto-saisine des lois relatives aux libertés publiques, avait été déposé puis vite abandonné devant la réticence du Parlement réuni en Congrès sans doute avec comme crainte le spectre « du gouvernement des juges » selon la formule d'Edouard Lambert ou de probables interventions intempestives de la juridiction.

Il en appert que même si la tentation de l'auto-saisine est forte, ne serait-ce que pour renforcer la protection des droits fondamentaux, le Conseil constitutionnel ne s'y résout pas facilement. Ainsi, dans sa décision n° 2013-352 QPC du 15 novembre 2013, *Société Mara Télécom et autre (Saisine d'office du tribunal pour l'ouverture de la procédure de redressement ou de liquidation judiciaire en Polynésie française)*, il a jugé « *qu'aux termes de l'article 16 de la Déclaration de 1789 : « Toute société dans laquelle la garantie des droits n'est pas assurée, ni la séparation des pouvoirs déterminée, n'a point de Constitution » ; que le principe d'impartialité est indissociable de l'exercice de fonctions juridictionnelles ; qu'il en résulte qu'en principe une juridiction ne saurait disposer de la faculté d'introduire spontanément une instance au terme de laquelle elle prononce une décision revêtue de l'autorité de chose jugée que, si la Constitution ne confère pas à cette interdiction un caractère général et absolu...* » .

Toutefois, les termes utilisés laissent penser qu'à contrario, ce mode de saisine peut être d'usage et laisser ouverte la possibilité de dérogations dans des cas restrictivement prévues par le législateur pourvu que ces dérogations n'entrainent une atteinte excessive au principe d'impartialité.

*L'auto-saisine indirecte ou partielle*

Si la plupart des juridictions constitutionnelles ne dispose d'un pouvoir d 'auto-saisine directe expressément prévu soit dans la Constitution soit dans la loi organique qui régit leur fonctionnement, certaines formes

[26]Henry Roussillon, « La saisine du Conseil constitutionnel. Contribution à un débat », Revue internationale de droit comparé. Vol. 54 N°2, Avril-juin 2002. pp. 487-511.

particulières d'auto-saisine peuvent être envisagées de manière partielle ou indirecte.

En effet, du fait de leur rôle déterminant dans l'émergence de la démocratie et la protection des droits fondamentaux, certains constituants des États d'Afrique francophone ont reconnu aux juridictions constitutionnelles un pouvoir d'auto-saisine totale ou partielle.

Le pouvoir d'auto-saisine du juge constitutionnel est, cependant, encadré afin d'éviter des dérives qui pourraient aboutir, selon la formule d'Edouard Lambert, à un « gouvernement des juges ». Le champ d'application de cette forme de saisine est donc limité.

Au Sénégal, ce pouvoir s'exerce en matière électorale et en matière constitutionnelle. En effet, il existe des dispositions constitutionnelles qui peuvent servir de fondement au pouvoir d'auto-saisine du Conseil constitutionnel. En matière électorale, le constituant fait obligation au Conseil constitutionnel de veiller à la régularité des élections nationales[27].

D'ailleurs, après la transmission des résultats provisoires par le Commission nationale de Recensement des Votes (CNRV), lorsque le Conseil constitutionnel n'est pas saisi de contestations dans les délais prévus par les textes, *il procède à la rectification et au redressement d'office des erreurs qu'il a lui-même constatées* et proclame les résultats définitifs. Il l'a fait lors de l'élection présidentielle de 2019 et lors du second tour de l'élection présidentielle de 2012.

De même, l'article 34 de la Constitution de 2001 attribue compétence au Conseil constitutionnel pour constater d'office le décès, l'empêchement définitif ou le retrait d'un des deux candidats arrivés en tête selon les résultats provisoires du deuxième tour, et avant la proclamation des résultats définitifs du deuxième tour.

De l'avis du Professeur Loïc PHILIP, le pouvoir d'auto-saisine en matière électorale est indispensable « *...étant donné les limites dans lesquelles se trouve enfermé le droit de contestation des électeurs* »[28].

En France, on peut considérer que le Conseil s'était auto-saisi, à deux occasions relatives à l'élection présidentielle, dans le cadre de ce que l'on désignera, faute de mieux, « ses fonctions administratives ». En effet, lors

[27] Articles 35 et 92 de la Constitution sénégalaise du 22 janvier 2001.

[28] Loïc PHILIP, « Les attributions et rôle du Conseil constitutionnel en matière d'élections et de référendums », *R.D.P*, N°1, 1962, p. 55.

de la démission du Général de Gaulle en 1969, et du décès de Georges Pompidou en 1974, le Conseil constitutionnel français prononça la « *vacance » de la Présidence de la République alors qu'aucun texte ne prévoyait cette intervention. Ce genre d'intervention est « spontanée »*[29].

*En matière constitutionnelle*, il existe au Sénégal, aussi, une forme d'auto-saisine, certes, partielle et indirecte en matière de contrôle de constitutionnalité des lois et des traités[30]. En effet, une fois saisi, le Conseil constitutionnel peut vérifier la conformité des dispositions de la loi déférée à la Constitution en application de l'article 17 de la loi n° 2016-23 du 14 juillet 2016 relative au Conseil constitutionnel qui dispose que *« si le Conseil constitutionnel relève dans la loi contestée ou dans l'engagement international soumis à son examen une violation de la Constitution, qui n'a pas été invoquée, il doit la soulever d'office »*. Une fois saisie, contrairement au juge ordinaire, la juridiction constitutionnelle sénégalaise n'est, donc pas, soumise au principe dispositif *(les limites de la saisine).*

Le Conseil constitutionnel l'a fait dans sa décision n° 2 /C/2021 du 20 juillet 2021 relative au contrôle de conformité à la Constitution du Code pénal et du Code de Procédure pénale.

Ainsi, la saisine d'office peut être indirecte dans le cas où, n'étant pas prévue par un texte, elle est entreprise par la juridiction constitutionnelle, qui sans s'arrêter à l'irrecevabilité de la requête ou au désistement du demandeur, elle statue au fond.

Dans une telle occurrence, reproche lui a été fait de statuer ultra ***petita*** en portant son contrôle sur les autres dispositions de la loi déférée. Par exemple, la Cour constitutionnelle de la République Centrafricaine, dans sa *décision n°004/008/2008* a procédé, d'autorité, à la requalification d'une demandé d'avis en une demande de contrôle de conformité à la Constitution relative à une loi portant réforme de la loi organique sur le Conseil supérieur de la magistrature qui visait à un renforcement du contrôle sur cette institution judiciaire, sa décision aboutissant ainsi à une invalidation partielle de la loi examinée.

[29] Voir Henry ROUSSILLON, « La saisine du conseil constitutionnel. Contribution a un débat », *RIDC*, Volume 54, n °2, avril-juin 2002, p. 495.
[30] H. ROUSSILLON, op.cit., p. 495-496.

## B) L'auto-saisine consacrée

*La justification de la consécration*

Les facteurs explicatifs de l'institutionnalisation du pouvoir d'auto saisine des juridictions constitutionnelles d'Afrique francophone sont de deux ordres : l'influence du facteurs politique qui neutralise la saisine institutionnelle et le souci de protection des droits fondamentaux.

L'attribution de ce pouvoir, à certains égards, est justifiée par des facteurs politiques, mais aussi par le souci de protéger les droits fondamentaux des citoyens. Toutefois, en constitutionnalisant ce pouvoir, ces constituants ont opté pour la prudence en l'assortissant de garanties, de limites qui permettent de fixer son champ d'application.

L'influence du facteur politique sur la saisine du juge constitutionnel peut, *mutatis mutandis*, détourner la juridiction constitutionnelle de son rôle de véritable contre-pouvoir[31]. La concordance des majorités présidentielle et parlementaire et la faible représentation parlementaire de l'opposition transforment la juridiction constitutionnelle en spectateur et non en acteur de la vie institutionnelle. Dans cette perspective, l'octroi du pouvoir d'auto-saisine au juge constitutionnel est consacré par certaines Constitutions.

A ce propose, Jean du Bois de Gaudusson écrit ,à juste raison, à propos de l'octroi du pouvoir d'auto-saisine du juge constitutionnel que les textes « *ont fait sauter les verrous qui permettaient à des gouvernants autoritaires d'exercer légalement leur pouvoir* »[32]. Cette remarque se rapproche de celle de René Dégni- Ségni dans son analyse comparative des juridictions constitutionnelles, qui met en exergue la particularité du pouvoir de la juridiction constitutionnelle béninoise notamment son pouvoir d'auto-saisine[33].

*L'auto-saine dans tous ses états*

L'auto-saisine directe n'est pas absente du paysage constitutionnel africain. Ainsi, dans certains pays comme le Libéria, sans qu'un requérant n'ait exercé un recours préalable, la Cour suprême peut s'adonner à une saisine

[31] Léo HAMON, *Les juges de la loi. Naissance d'un contre-pouvoir : le Conseil constitutionnel,* Paris, Fayard 1987, 300 p.

[32] Jean du Bois de GAUDUSSON, « Trente ans d'institutions constitutionnelles et politiques. Point de repères et d'interrogations », *in Trente ans, Afrique contemporaine,* N° spécial, 4e trimestre, 1992, pp. 50-58, p. 57.

[33] René DEGNI-SEGUI, Les *droits en Afrique francophone (Théories et réalités),* Abidjan, 1998, p. 77.

si une loi porte atteinte à l'indépendance de la justice, ce qui peut la conduire à décider la non-conformité de la loi par rapport à la Constitution dans le dessein de protéger le pouvoir judiciaire.

De même, une interprétation large de la section 4(8) de la Constitution nigériane peut également aboutir à l'existence d'une saisine d'office des juridictions compétentes.

Par ailleurs, en limitant l'analyse aux seuls cas des pays francophones de l'Afrique de l'ouest, le Burkina Faso et le Bénin constituent les illustrations les plus marquantes de l'auto-saisine dans le cadre de leurs juridictions constitutionnelles.

*Au Burkina Faso*[34], dans une perspective plus large, dépassant le strict domaine des libertés fondamentales, l'article 157 al. 3 de la Constitution du Burkina, l'article 157 al. 3 de la Constitution du Burkina Faso du 2 juin 1991 révisée en 2012[35]. En effet, en vertu de cet article, le Conseil constitutionnel est également autorisé à «*se saisir de toutes questions relevant de sa compétence s'il le juge nécessaire* ».

Aussi, ce pouvoir d'auto-saisine a été à diverses reprises, utilisé par le Conseil constitutionnel du Burkina dans des affaires subséquentes. Dans sa *décision n°2014-002/CC/Transition du 16 novembre 2014 portant dévolution à titre transitoire des fonctions du Président du Faso*, se fondant sur les dispositions constitutionnelles, après avoir noté le rétablissement du Conseil dans ses fonctions à la suite du coup d'état, il s'est déclaré auto-saisi pour statuer sur la dévolution et décide dans le dispositif de son jugement d'inviter « *les Forces Vives de se concerter pour désigner une personnalité civile consensuelle pour exercer à titre transitoire les fonctions de Président du Faso* » ;

Dans sa *décision n°2014-003 du 17 novembre 2014 portant validation de la désignation du Président de la Transition*, faisant toujours usage du pouvoir découlant de l'article 157 alinéa 3 de la Constitution, il prend « *acte de la désignation de Michel Kafando en qualité de Président de la*

[34] Séni Mahamadou OUEDRAOGO, « L'extension de la compétence du juge constitutionnel africain par le biais du droit d'auto-saisine », *Politeia*, la revue de l'AFAAIDC, n°23, juin 2013, pp. 387- 412

[35] Ce pouvoir conféré au Conseil constitutionnel résulte de la loi constitutionnelle N° 033-2012/AN du 11 juin 2012 qui permet au Conseil de se saisir de toutes questions relevant de sa compétence s'il le juge nécessaire. Voir *JOR-002éà& 'BF* spécial (N° 7) du 25 juillet 2012, p. 12.

*Transition et dit qu'il y a lieu de valider et de procéder à la prestation de serment...* ».

Plus récemment, après avoir constaté la vacance de la présidence du Faso par la décision n°2022-003/CC du 8 février 2022, à la suite du coup d'état de Paul-Henry Sandaogo Damiba, par sa *décision n°2022-004/CC du 8 février 2022 sur la dévolution des fonctions du Président du Faso*, il s'auto-saisit pour déclarer que ce dernier est « *désormais Président du Faso, Chef suprême des Forces armées nationales, Chef de l'Etat* ».

S'il est vrai que la révision constitutionnelle introduisant cette disposition a été opéré en 2012, la doctrine justifie le recours à l'auto-saisine par l'existence de circonstances particulières telles que le changement anticonstitutionnel de gouvernement ,le vide juridique avec la vacance, puis la levée de suspension de la Constitution et la nécessité pour le Conseil d'adopter une approche pragmatique en tirant les conséquences d'un coup d'état consommé[36].

Les situations de vacance amènent souvent une juridiction à interpréter davantage la Constitution pour fixer l'étendue et les limites de sa compétence.

*Au Bénin* .Certaines Constitutions des États d'Afrique francophone ont reconnu un tel pouvoir à la juridiction constitutionnelle. L'exemple béninois est illustratif. Le constituant béninois reconnaît au juge constitutionnel un pouvoir d'auto-saisine en matière de garantie des droits de l'Homme contre les lois liberticides[37].

Le fondement de la compétence de la Cour constitutionnelle réside, ici, dans l'article 121 alinéa 2 de la Constitution du 11 décembre 1990, qui dispose qu'elle « *se prononce d'office sur la constitutionnalité de tout texte de lois et tout texte réglementaire censés porter atteinte aux droits fondamentaux de la personne humaine et aux libertés publiques* ». L'article 22 du règlement intérieur de l'institution lui permet également de se saisir

---

[36] Voir, Lorraine DUMONT, « L'auto-saisine du juge constitutionnel : retour sur le cas du Burkina-Faso », Revue Internationale de Droit comparé,4-2022, pp.843-854.

[37] Article 121 al 2 de la Constitution béninoise du 11 décembre 1990. Voir dans ce sens Hilaire AKEREKORO, « L'évolution constitutionnelle et législative des juridictions béninoises », *in Droit et Lois,* Trimestre d'informations juridiques et judiciaires, N° 028, 2012, p. 47.

d'office d'une affaire pour rectifier toute erreur matérielle dans l'une de ses décisions[38].

La doctrine soutient, à cet égard, que parmi les attributions de la Cour, on peut compter à la fois, la saisine d'office et l'auto-saisine. Selon un auteur, « *Au Bénin, la saisine d'office et l'auto-saisine permettent au juge de remplir sa mission de gardien de la Constitution. En effet, ces deux possibilités révèlent une importance fondamentale(...), pour remédier à la non-saisine, la Cour s'autosaisit. Dans une telle hypothèse, elle vient sauver une éventuelle situation qui aurait mérité d'être portée devant elle* »[39].

C'est dans cet esprit de protection notamment des droits fondamentaux qu'il faut inscrire la décision DCC 09 -006 du 5 février 2009,dans laquelle la Cour, prenant acte du désistement, en vertu de l'article 121 alinéa 2 de la Constitution, a statué au motif qu'il y avait l'existence d'une atteinte aux droits de la personne humaine[40].

En guise de conclusion, l'auto-saisine directe spontanée ou suscitée à l'occasion d'un recours pendant, traduit une sorte d'audace du juge dans le but de protection des droits fondamentaux, pour consolider l'intégrité des compétences attribuées aux institutionnelles, parfaire l'œuvre du législateur ou rectifier les erreurs matérielles dans ses propres décisions et veiller davantage à la régularité de la compétition électorale.

Dakar, décembre 2023

---

[38] Nicaise MEDE, Les grandes décisions de la Cour constitutionnelle du Bénin, op.cit.

[39]Pour la saisine d'office, article 121 al. 2 de la Constitution béninoise repris par l'article 33 al. 4 de la loi organique de la Cour et pour l'auto-saisine, Article 25 du Règlement intérieur de la Cour constitutionnelle du Bénin ; voir, Maria -Nadège SAMBA- VOUKA, « La saisine des juridictions constitutionnelles dans le nouveau constitutionnalisme en Afrique : les cas du Bénin et du Congo », Annales de la Faculté des Sciences juridiques et politiques de l'Université Marien Ngouabi, 2015-2017, n° 16 (1) : pp.54-71.

[40] Voir les décisions citées par SAMBA-VOUKA, , DCC 05-19 du 03 mars 2005, DCC 05-020 du 03 mars 2005 ; DCC 05-043 du 26 mai 2005.

# Une page de l'histoire constitutionnelle sénégalaise à revisiter : l'intérim du Président de la République en cas d'absence du territoire national, selon la Constitution du 7 mars 1963

*M. Jacques Mariel Nzouankeu*

*Professeur Titulaire de droit public et Sciences politiques*

*Ancien Professeur à la Faculté des Sciences juridiques et politiques de l'Université Cheikh Anta Diop de Dakar*

## Introduction

Par décret 84-1154 du 9 octobre 1984 modifiant le décret 83-461 du 1er mai 1983 portant nomination des ministres et secrétaires d'État (JO n° 5029 du 13 octobre 1984, p. 666), le Président de la République a procédé au remaniement du gouvernement qui avait été constitué le 1er mai 1983. Sur le plan juridique, ce qui retient l'attention, c'est le réaménagement des règles relatives à l'intérim qui s'analyse comme l'une des modalités du remplacement du Président de la République, objet du décret n° 84-1165 du 10 octobre 1984 organisant l'intérim du Président de la République (JO n° 5029 du 13 octobre 1984, p. 667).

Malgré les apparences, ce dernier décret constitue une pièce maîtresse dans le système politique sénégalais : en effet, outre qu'il comble les lacunes que comportait jusque là l'institution de l'intérim du Président de la République, il s'inscrit dans un effort continu, que l'on observe depuis 1981 de rationalisation du statut du Président de la République, significativement orientée vers le renforcement de ses pouvoirs.

Encore faut-il situer l'intérim par rapport aux autres modalités de remplacement du Président de la République.

En droit sénégalais, on peut considérer qu'il existe deux séries d'hypothèses de remplacement du Président de la République.

D'abord en cas *d'interruption du mandat*. Il y a interruption du mandat lorsque le Président *ne veut plus ou ne peut plus* exercer ses fonctions. La Constitution prévoit trois modalités d'interruption du mandat. *La démission* : le Président ne veut plus exercer ses fonctions ; *le décès* : le Président ne peut plus exercer ses fonctions ; *l'empêchement* • ou bien le Président ne peut plus exercer ses fonctions (il est malade, il s'est exilé, il a été pris en otage sur le territoire national ou à l'étranger); ou bien le Président ne veut plus exercer ses fonctions (il est moralement paralysé par un scandale qui le frappe ou qui frappe sa famille, il a perdu son autorité du fait qu'il est traduit devant la Faute-Cour de Justice pour haute trahison ou du fait qu'il est impliqué dans des crimes de droit commun, etc....). Dans tous ces cas, en droit sénégalais, il y a *vacance* de la Présidence de la République et ce sont les règles relatives à *la suppléance* fixées par les articles 33 à 35 de la Constitution qui s'appliquent : le Président de l'Assemblée Nationale ; ou, s'il était lui-même empêché, l'un des vice-présidents de l'Assemblée dans l'ordre de préséance, remplace le Président de la République ; l'élection du nouveau Président a lieu au plus tard dans les 60 jours francs de le vacance (sur l'ensemble de la question, se reporter à notre élude : *La révision constitutionnelle du 1er mai 1983 et la restauration du régime présidentiel, RIPAS n° 8, 1983, pages 619 à 651).*

Ensuite, *l'interruption dans l'exercice des fonctions de Président de la République sur le territoire national.* Dans cette hypothèse, le Président de la République continue d'exercer ses fonctions, *mais hors du territoire national* : il est en mission, en visite officielle à l'étranger, en visite de travail, ou encore en visite privée de travail.

IL faut assimiler à cette hypothèse les cas dans lesquels le Président de la République aurait pris des vacances hors du territoire, bien qu'apparemment les textes n'organisent pas pour sa fonction un régime de congés, ce qui constitue une lacune regrettable. Dans ce cas en effet sa situation est assimilable à celle d'un agent public bénéficiant d'un congé, et l'on sait que le congé du fonctionnaire est une position assimilable à l'activité.

En droit sénégalais, lorsque le Président de la République interrompt ainsi l'exercice de ses fonctions sur le territoire national, tout en continuant de les exercer ailleurs, on dit qu'il y a. *absence et ce sont les règles de l'intérim qui s'appliquent*.

Cette conception de l'absence peut paraître restrictive et l'on pourrait soutenir qu'il y a absence, non seulement lorsque le Président de la République se trouve hors du territoire national, mais aussi lorsqu'il se trouve en dehors du siège des institutions, "dans les régions" selon une terminologie courante dans l'Administration. Il y aurait alors absence et application des règles de l'intérim lorsque le Président de la République effectue par exemple une visite officielle de quelques jours "*dans les régions*". Sous réserve des usages et des pratiques que l'investigation purement juridique ne permet pas de connaître, on peut penser que cette conception de l'absence doit être écartée. En effet, le régime de la suppléance et de l'intérim du chef de l'État en droit sénégalais s'inspire des principes de droit administratif. Or, selon ceux-ci, ['intérim n'est ouvert que lorsque le titulaire de la fonction (si l'on raisonne à partir de l'exemple des chefs des unités administratives) est momentanément absent de sa circonscription. territorial. Or, étant donné que le Président de la République. exerce sa compétences sur toute l'étendue du territoire national, on ne devrait parler d'absence- en ce qui le concerne, que lorsqu'il se trouve à l'étranger.

Si l'on a précisé, depuis le début que les principaux termes utilisés, notamment ceux de suppléance et d'intérim. Étaient spécifiques au droit sénégalais, c'est qu'il n'est pas certain qu'ils ont la même signification en droit comparé. Ainsi, en droit français actuel, en cas *d'absence momentanée* du Président de la République, le Premier Ministre assure sa *suppléance* ; en revanche, en cas de *vacance* (par décès ou démission) ou *d'empêchement définitif* du Président de la République, le Président du Sénat assure son *intérim*. Ainsi, dans son principe, et sous réserve des détails d'application, la suppléance en droit constitutionnel sénégalais est l'équivalent de l'intérim en droit constitutionnel français, et l'intérim au Sénégal est l'équivalent de la suppléance en France.

Le réaménagement récent du régime de l'intérim du Président de la République au Sénégal porte aussi bien sur le statut de l'intérimaire (I) que sur ses attributions (Il).

## I- Le statut de l'intérimaire.

Si le recrutement de l'intérimaire a été règlementé (A), en revanche les règles relatives à son entrée et sa cessation des fonctions ne peuvent se déterminer qu'au regard des principes généraux du droit (B).

### A. Le recrutement de l'intérimaire.

Le recrutement de l'intérimaire peut se faire selon deux modalités : ou bien l'intérimaire fait l'objet d'une désignation expresse ; ou bien il est choisi ès-qualités, l'acte portant sa désignation ne mentionnant que sa fonction, et dans ce cas, l'intérim se rapproche davantage de la suppléance.

Après avoir hésité entre les deux formules, le Sénégal semble maintenant marquer sa préférence pour la seconde.

***1 Jusqu'en 1984,*** los deux formules précitées sont essayées : tantôt, l'intérimaire fait, ou peut faire l'objet d'une désignation expresse ; tantôt, il est choisi ès-qualités. L'histoire constitutionnelle fait apparaître dans ce domaine une sorte de mouvement pendulaire : désignation expresse au départ, ensuite, désignation ès-qualités, et à nouveau désignation expresse.

*a) La désignation expresse* apparaît chronologiquement la première.

Le premier décret dans ce domaine est en effet le décret n° 63-300 du 16 mai 1963 *concernant l'intérim de la Présidence de la République_(JO n° 3605 du 8 juin 1963, p. 750).* Son article 1er désigne Mr Doudou THIAM, ministre des Affaires Étrangères comice chargé de la coordination de l'action du Gouvernement et précise ses attributions. L'article 2 du même décret prévoit qu'en cas d'absence du ministre des Affaires Étrangères, Mr André GUILLABER1, Garde des Sceaux, ministre de la Justice assurera l'intérim dans les mêmes conditions. Cet article 2 dudit décret est révélateur des difficultés que soulève ce mode de désignation de l'intérimaire. En effet, dès lors que l'intérimaire fait l'objet d'une désignation expresse, il faut prévoir l'hypothèse où il serait lui-même absent et désigner nommément la personne qui assurerait alors l'intérim. Dès lors que l'on s'engage dans cette voie, rien n'empêche d'aller plus loin en prévoyant le cas d'absence de la seconde personne chargée de l'intérim, et ainsi de suite.

Bien que le gouvernement se soit aperçu de ces difficultés, il devait persister, pendant quelque temps encore dans la même voie. Ainsi, le décret n° 63-464 du 12 juillet 1963 concernant l'intérim de la Présidence de la République (JO n° 3619 du 3 août 1963, p. 1041) confirme Mr Doudou Thiam, Ministre des Affaires Étrangères, comme chargé de la coordination de l'action du gouvernement pendant l'absence du Président de la République ; ses attributions en tant qu'intérimaire sont en outre complétées par le décret nu 63-564 du 2 août 1963 qui donnant *délégation spéciale* (JO n' 3622 du 2' aoP 1963, p. 1157). En revanche, l'article 2 du décret n° 63-464 du 12 juillet 1963 innove par rapport au décret° **63-300 du 16 mai 1963** précité : ce n'est plus Mr André GUILLABERT, nommément désigné qui est chargé de l'intérim du Président de la République, mais un ministre désigné par décret. Ce décret annoncé intervient le même jour ; c'est le décret n° 63-465 du 12 juillet 1963, *désignant le ministre chargé de l'intérim du Président de la République (JO n° 3619 du 3 août 1963, p. 1041).* Son article 1er est ainsi conçu *: "En l'absence du ministre des Affaires Étrangères et jusqu'au retour de celui-ci, Mr Abdoulaye FOFANA, ministre de* *l'Intérieur est désigné pour assurer l'intérim de la Présidence 'de ta République dans les conditions déterminées par l'article 1er du décret n° 63-464 du 12 juillet 1963".* Comme on le constate, il s'agit d'un texte de circonstance, destiné à régler un problème ponctuel au moment où il intervient : celui de l'intérim du Président de la République, du fait que Mr Doudou THIAM est absent à ce moment-là, et jusqu'à son retour.

L'hypothèse de l'absence simultanée du Président de la République et de son intérimaire devait ensuite apparaître non plus comme exceptionnelle, mais pour ainsi dire normale. Il ne fallait plus attendre une absence déterminée de Mr Doudou THIAM pour prendre un décret nommant le nouvel intérimaire, mais désigner expressément le ministre qui assurerait l'intérim du Président de la République toutes les fois que Mr Doudou THIAM Serait absent. C'est l'objet du décret n° 63-565 du 2 août 1963, *désignant le ministre chargé de l'intérim de la Présidence de la République en l'absence du ministre des Affaires Étrangères (J0 n° 3622 du 24 août 1963, p. 1158).* C'est encore Mr Abdoulaye FOFANA, ministre de l'Intérieur qui est désigné comme intérimaire.

Comme on l'a souligné plus haut, la formule de la désignation expresse qui présente des avantages incontestables, notamment en ce qu'il permet de connaître la personne qui peut être amenée à exercer certaines attributions du Président de la République, comporte ce principal inconvénient que la ou !es personnes nommément désignées peuvent, par un concours de circonstances, se trouver simultanément absentes, et c'est peut-être ce qui a amené le gouvernement à essayer la formule de la désignation ès-qualités de l'intérimaire.

*b) La désignation ès-qualités de l'intérimaire* est consacrée par deux textes :

- *D'abord,* le décret n° 64-009 du 9 janvier 1984 *relatif à l'intérim du Président de la République (JO n° 3657 du 25 janvier 1964, pp 107108).* Selon ce texte, en cas d'absence du Président de la République, le ministre chargé de son intérim est nommé par décret. C'est donc pour ainsi dire au coup par coup que le problème de l'intérim est résolu : lorsque le Président de la République envisage de s'absenter, il désigne son intérimaire. SI rien ne l'empêche de désigner successivement le même ministre pour assurer cette fonction, théoriquement, on pourrait aussi concevoir qu'il désigne, chaque fois qu'il s'absente, un intérimaire différent.

- *Ensuite,* le décret n° 73-571 du 16 juin 1073 *relatif à l'Intérim du Président de la République (JO n° 4302 du 30 juin 1973, p.* 1325), modifié par !e décret n" 77-702 du 10 août 1977, qui institue en fait deux Intérimaires. En principe, selon ce texte, c'est le Premier Ministre qui assure l'intérim du Président de la République en cas d'absence ; toutefois, précise l'article 2 du décret, *« en cas d'urgence ou de grave nécessité, »* le Premier ministre ou le ministre chargé de l'Intérieur pourra prendre certaines mesures énumérées dans le texte. Ce texte, quelque peu ambigu, ne précise pas si le ministre chargé de l'Intérieur intervient au cas où le Premier ministre serait lui-même empêché ou absent, ou si ces deux autorités peuvent, parce qu'il y a urgence ou grave nécessité, intervenir concurremment.

c*) Le retour à la désignation expresse,* en 1983 s'explique sans doute par cette ambiguïté, mais surtout par la suppression du poste de Premier ministre qui par lui-même rend caduc ledit décret n° 73-571 du 16 juin 1973. C'est dans ces conditions qu'intervient un nouveau texte, *le décret n° 83-462 du 1er mai 1983 organisant l'intérim du Président de la République (JO n°4946 du 1er mai 1983, pp 367-368).* Ce texte confère expressément les fonctions d'intérim du Président de la République à Mr Moustapha NIASSE, ministre d'État, chargé des Affaires Étrangères. Cependant, contrairement aux précéderait-textes portant désignation expresse de l'intérimaire, il ne prévoit pas la possibilité de désigner un autre intérimaire, au cas où Mr Moustapha NIASSE lui même serait absent. Or, l'on sait qu'en fait, pendant qu'il faisait partie du gouvernement, il accompagnait fréquemment le Président de la République lors de ses missions à l'étranger ; il n'a donc en réalité exercé que rarement ses fonctions d'intérimaire, et le pouvoir suprême est resté bien souvent *politiquement* sans titulaire actuel, bien que la continuité de l'État, au plan administratif, soit constamment assurée par le Secrétariat Général de la Présidence de la République.

2 *La réforme en 1984* du statut de l'intérimaire du Président de la République semblait donc s'Imposer et aurait dû intervenir, même en l'absence du remaniement ministériel qui en a été l'occasion. Le nouveau texte, *le décret n° 84-1165 du 10 octobre 1984 organisant l'intérim du Président de la République (JO n° 5029 du 13 octobre 1984, p. 667)* réalise un compromis et un équilibre entre des exigences qui jusque-là pouvaient paraître contradictoires.

En effet, les tâtonnements antérieurs s'expliquent, en grande partie, par le souci de concilier deux types de préoccupations. *D'une part,* le choix de l'intérimaire doit rester à la discrétion du Président de la République, contrairement au suppléant, que la Constitution elle-même désigne. L'article 44 de la Constitution sur le fondement duquel est nommé l'intérimaire ne fait aucune obligation au Président de la République d'en désigner un. L'on pourrait donc concevoir que le Président n'organise pas son intérim ; du coup, il paraît normal qu'au cas où il décide de le faire, toute latitude lui soit laissée pour recruter le candidat de son choix. *D'autre part*, dès lors que le principe d'un tel recrutement est décidé, la continuité du pouvoir exige un minimum d'institutionnalisation du poste d'intérimaire, au moins pour une raison juridique fondamentale : l'acte accordant la délégation des pouvoirs à un agent n'est opposable aux tiers que s'il est publié. Dès lors, si le Président de la République décidait de ne nommer son intérimaire qu'à l'occasion de chacune de ses absences, il ne pourrait pas, dans lé cas d'un déplacement qui n'avait pas été prévu suffisamment à l'avance faire publier le décret nommant son intérimaire, avant l'entrée en fonctions de celui-ci. Et au cas où il ne pourrait pas le faire, les décisions prises par l'intérimaire seraient annulables.

Le décret précité n° 84-1165 du 10 octobre 1984 semble concilier ces préoccupations. Il prévoit en effet que *"pendant l'absence du Président de la République, le premier des ministres présents sur le territoire du Sénégal dans l'ordre du décret portant nomination des ministres et secrétaires d'État est chargé de la coordination de l'action des ministres et secrétaires d'État".* Il apparaît ainsi que, d'un côté le choix de l'intérimaire est bien laissé à la discrétion du Président de la République qui décide seul de l'ordre dans lequel les ministres et secrétaires d'État figurent surie décret de leur nomination, et de l'autre côté, le poste d'intérimaire est institutionnalisé, du fait de l'existence même de la liste des membres du gouvernement.

### B. *L'entrée et la cessation de fonctions de l'intérimaire*

Alors que le recrutement de l'intérimaire semble minutieusement règlementé, comme on vient de le constater c'est en se référant aux principes généraux du droit que l'on peut déterminer les conditions d'entrée et de cessation de fonctions de l'intérimaire.

*1 En principe,* l'intérimaire entre en fonction dès que le Président de la République quitte effectivement le territoire national. La pratique fait d'ailleurs apparaître que l'intérimaire est le dernier ministre qui salue le Président de la République au moment de son départ. Les fonctions de l'intérimaire cessent automatiquement, dès que le Président de la République rejoint le territoire national, sans : qu'il soit besoin de prendre un texte exprès mur le constater.

La durée de l'absence du Président de la République n'entraîne aucune conséquence juridique sur le statut de l'intérimaire : le mécanisme de l'intérim se déclenche, dès que le Président de la République quitte le territoire national, même s'il s'agit d'une absence de quelques heures, comme cela est fréquent, consacrées à une visite de travail dans un pays voisin.

*2 Cette interprétation* est implicitement confirmée par certains textes organisant l'intérim du Président de la République.

Ainsi, le décret ri° 63-465 du 12 juillet 1963 cité plus haut était ainsi conçu : *« En l'absence du ministre des Affaires Étrangers et jusqu'au retour de celui-ci, Mr Abdoulaye FOFANA_...»* L'intérimaire ne pouvait donc exercer ses fonctions que tant que le ministre des Affaires Étrangères se trouvait à l'étranger. De même, l'article 1er du décret n° 84-1165 du 10 octobre 1984 dispose : *"**Pendant** l'absence du Président de la République le premier des ministres **présents** sur le territoire* du Sénégal….."_. L'intérim n'est donc ouvert que lorsque le Président de la République n'est pas présent sur le territoire du Sénégal. En outre, pendant la même absence du Président, plusieurs ministres peuvent être amenés à exercer son intérim. Par exemple, le ministre n° 3 commence l'intérim, les deux premiers de liste étant absents. Ensuite, entre temps, le ministre n° 2 rejoint le territoire national ; il faut alors admettre que l'intérim du ministre n° 3 prend automatiquement fin, et que c'est le ministre n° 2 qui devient le nouvel intérimaire. Il en serait de même si entre temps le ministre n° 1 rejoignait le territoire national ; c'est lui qui deviendrait alors automatiquement le nouvel intérimaire. Le mécanisme inverse est d'ailleurs concevable : le ministre n° 1 commence l'intérim, et s'il s'absente le ministre n° 2 continue l'intérim, et ainsi de suite jusqu'au retour du Président sur le territoire national.

Il faut donc interpréter le décret précité n° 84-1165 du 10 octobre 1984 comme signifiant que l'intérim est exercé par le premier des ministres présents sur le territoire au *moment où le Président quitte le territoire* ou, le cas échéant, par le premier des ministres présents sur le territoire, *tant que le Président n'a pas regagné le territoire national.* Ce mécanisme peut présenter des difficultés lorsqu'au moment de quitter le territoire, le Président de la République a donné des instructions précises au premier des ministres présents au moment de son départ ; au cas où ce ministre devrait à son tour s'absenter, il devrait transmettre lesdites instructions au nouvel intérimaire.

## II- Les attributions de l'intérimaire.

Lorsqu'on examine les textes organisant l'intérim depuis 1963, l'impression qui prévaut, c'est l'embarras dans lequel se trouve le Président de la République pour déterminer les attributions de son intérimaire. Ainsi, quelles que soient les solutions finalement retenues, il apparait une ces attributions sont juridiquement limitées (A) et politiquement imprécises (B).

### *A. Des attributions juridiquement limitées*

Le principe de la limitation des compétences de l'intérimaire s'inscrit dans la logique même de son statut : ses compétences sont déléguées par le Président de la République sur le fondement de l'article 44 de la Constitution. Or, cet article limite déjà le champ d'application des délégations des pouvoirs que le Président peut consentir.

Les activités rentrant ou non dans les attributions de l'intérimaire se trouvent donc limitées au double plan constitutionnel et réglementaire.

1 *Les activités exclues des attributions de l'intérimaire.*

a) *Les limitations constitutionnelles.*

L'article 44 de la constitution exclut toute possibilité pour le Président de la République de déléguer celles de ses compétences relatives à l'exercice du droit de grâce (article 41) au recours ou référendum (article 46), ainsi qu'à la révision de la constitution (article 89). Ces matières sont donc exclues des attributions de l'intérimaire, et c'est ce que constate le décret précité n° 84-1165 du 10 octobre 1984, reprenant sur ce point les dispositions de l'article 1er alinéa 3 du décret n° 83462 du 1er mai 1983 précité.

Cette énumération de l'article 44 est récente puisqu'elle résulte de la révision constitutionnelle du ter mai 1983. Jusque-là en effet, l'article 44 de la Constitution n'imposait au Président de la République aucune restriction quant à celles de ses attributions qu'il pouvait ou non déléguer aux ministres et secrétaires d'État.

b) *Les limitations régimentaires.*

Le décret organisant l'intérim peut légalement exclure des attributions de l'intérimaire certaines matières que le Président de la République considère comme ressortissant de son domaine réservé. Ainsi le décret n° 84-1165 du 10 octobre 1984 précité exclut des attributions de l'intérimaire la promulgation des lois et la signature des ordonnances et décrets. La même limitation avait déjà été imposée à l'intérimaire expressément désigné par le décret précité n° 83-462 du 1er mai 1983, ainsi que les décrets n° 63-300 du 16 mai 1963 et 63-464 du 12 juillet 1963.

Le décret n° 63-300 du 16 mai 1963 précité est le texte qui semble être allé le plus loin dans l'énumération des matières exclues des compétences de l'intérimaire ; outre la promulgation des lois et !a signature des ordonnances et décrets, il exclut de ses compétences la réunion du Conseil des ministres et précise que ces trois types d'activités relèvent de la "compétence exclusive du chef de l'exécutif. Cette dernière formule a disparu des décrets ultérieurs organisant l'intérim, probablement parce qu'on s'est aperçu qu'aucune disposition constitutionnelle n'interdisait au Président de la République de déléguer ces compétences.

*2 Les activités rentrant dans les attributions de l'intérimaire.*

En énumérant les activités exclues des attributions de l'intérimaire. Les décrets organisant l'intérim devraient être interprétés comme signifiant que toutes les autres compétences du Président de la République peuvent être exercées par l'intérimaire. En réalité, il n'en est pas tout à fait ainsi. En effet, ces décrets limitent positivement cette fois-ci les attributions de l'Intérimaire, cette technique peut, dans de nombreux cas, comporter des lacunes, ou en tout cas des zones d'ombre.

Il faut ici faire deux distinctions.

**a)** *La coordination de l'action des ministres et secrétaires d'État.*

C'est l'activité principale de l'intérimaire fixée par l'article 1er du décret précité n° 84-: 1165 du 10 octobre 1984. Elle consiste à veiller en sorte que les décisions des différents ministres et secrétaires d'État restent cohérentes et s'inscrivent dans la ligne politique prescrite par le Chef de l'État. Elle consiste aussi pour l'intérimaire, à exercer les arbitrages, qui doivent être nombreux, entre les différentes exigences des ministères, et, comme le texte ne l'interdit pas rien ne s'oppose à ce qu'il convoque le conseil des ministres.

On peut considérer qu'en principe, l'intérimaire assure une telle coordination, même si le texte ne le prévoit pas. Du reste, de tous les décrets organisant ['intérim, seul le décret n° 73-571 du 16 juin 1973 ne prévoit pas expressément que l'intérimaire assure la coordination de l'action des ministres et secrétaires d'État. Apparemment l'explication tient au fait que l'intérim était alors exercé par le Premier ministre dont l'une des attributions était de coordonner la plupart des activités ministérielles et aussi d'exercer les arbitrages, en sorte qu'il a pu sembler superflu de lui attribuer à nouveau la fonction de coordination ; mais on peut admettre que cette fonction de coordination était présumée.

Selon le décret précité n° 84-1165 du 10 octobre 1984, l'intérimaire ne peut assurer que la coordination de l'action des ministres et secrétaires d'État, à l'exclusion de "la coordination de l'action des services de l'État" qui relève de la compétence exclusive du Secrétaire Général de la Présidence de la République, conformément à l'article 10 du décret n° 83-463 du 1er mai 1983 relatif à l'organisation de la Présidence de la République (JO n° 4946 du 1er mai 1983, pp 368-371 ; RIPAS n° 6-7, 1983, p. 379).

Dans l'exercice de ces compétences, le décret n° 84-1165 du 10 octobre 1984 prévoit, comme la plupart des autres décrets organisant l'intérim du Président de la République, que l'intérimaire dispose du Secrétariat Général de la Présidence de la République. Contrairement aux apparences, cette disposition renforce l'autorité du Président de la République et réduit celle de l'intérimaire : c'est en effet le Secrétariat Général de la Présidence qui indiquera à l'intérimaire, en accord avec le Président, quelles sont les affaires qui nécessitent une coordination.

**b)** *Les affaires courantes et urgentes.*

Le troisième alinéa de l'article 1er du décret n° 84-1165 du 10 octobre 1984 autorise **l'intérimaire à prendre, « à charge d'en rendre compte,** toutes décisions dans le cadre des affaires courantes et urgentes, à l'exclusion de la promulgation des lois et de la signature des ordonnances et des décrets ». Les pouvoirs de l'intérimaire **connaissent ici une double limite.**

D'abord, il peut s'agir *d'affaires courantes.* L'intérimaire ne pourra s'occuper que des affaires déjà initiées pur le Président do la République. Ses pouvoirs sont comparables à ceux d'un gouvernement démissionnaire chargé de l'expédition des affaires courantes ; à cet effet, il ne pourra prendre aucun acte faisant grief.

*Ensuite,* il peut s'agir *d'affaires urgentes.* Ici, l'intérimaire pourra prendre des actes autres que les ordonnances et les décrets : arrêtés, décisions ou circulaires. Le rôle du Secrétariat Général sera, une fois de plus, prépondérant : c'est lui en effet qui informera l'intérimaire des affaires urgentes ; l'on s'aperçoit ainsi qu'en accroissant les pouvoirs du Secrétariat Général c'est sa propre autorité que le Président de la République renforce.

Bien que le décret n° 84-1165 du 10 octobre 1984 ne le précise pas, et contrairement à ce que nous avons écrit (*RIPAS n° 8, 1983, notamment page*

*630*) l'intérimaire peut mettre en œuvre les mécanismes de l'article 47 de la Constitution. Lorsque les conditions prévues par cet article sont réunies, l'intérimaire peut au moins adresser un message à la Nation et prendre des mesures d'ordre pratique, par exemple en donnant telles instructions aux forces armées. Bien entendu, comme il ne peut signer ni les ordonnances, ni les décrets, son intervention restera très limitée, et aura pour but de parer dans les faits au plus pressé, en attendant le retour du, Président de la République. Mais précisément, la menace sur les institutions peut consister en ce qu'une subversion empêche le Président de la République de rejoindre le territoire national. Si cette situation devait persister, c'est la procédure de la suppléance qui devrait être mise en œuvre.

D'autres décrets organisant l'intérim avaient pressenti ces difficultés et étendu les pouvoirs de l'Intérimaire pour lui permettre, le cas échéant,' de faire face à une situation de grave nécessité.

Ainsi, le décret n° 63-564 du 2 août 1963 donne une délégation spéciale à Mr Doudou THIAM chargé de l'intérim du Président de la République ; selon ce texte, il était *"habilité à prendre toutes mesures nécessaires à la sûreté intérieure et extérieure de l'État, et notamment à convoquer, le cas échéant, l'Assemblée Nationale en session extraordinaire"*. De même, le décret précité n° 64-009 du 9 janvier 1964 prévoyait qu'outre sa fonction normale de coordination des travaux des ministères et des administrations, l'intérimaire pourrait, *"en cas d'urgence ou de grave nécessité, et sous réserve d'en rendre compte sans délai au Président de la République, prendre les mesures suivantes :*

- *signature de tous décrets, règlementaires ou individuels ;*
- *convocation du conseil de cabinet, du conseil supérieur de la défense, du conseil supérieur de la magistrature ou du conseil économique et social ;*
- *convocation de l'Assemblée Nationale en session extraordinaire ;*
- *dépôt de projets de lois ou d'amendements ; demande de nouvelle délibération ; promulgation des lois"*.
- Le décret précité n° 73-571 du 16 juin 1973 reconnaît à l'intérimaire les mêmes attributions *"en cas d'urgence ou de grave nécessité"* et le décret n° 77-702 du i0 août 1977 qui le modifie, ajoute la faculté pour l'intérimaire, dans ces circonstances-là, de saisir la Cour Suprême on vue de la déclaration de la conformité à la Constitution, des lois organiques.

Il apparaît ainsi que les pouvoirs de l'intérimaire, étaient bien plus étendus avant la révision constitutionnelle du 1er mai 1983 C'est depuis cette date que l'on constate un rétrécissement notable de ses compétences, corrélativement à un renforcement manifeste des pouvoirs du Président de la République.

### *B. Des attributions politiquement imprécises*

On n'insiste pas suffisamment sur l'ambivalence des fonctions du Président de la République ; il est certes le Président de la République, c'est-à-dire l'autorité suprême chargée de déterminer la *politique* de la Nation et de la conduire. A ce titre, il agit nécessairement en tant *qu'autorité politique.* Mais il est aussi *le chef de l'État,* c'est-à-dire le responsable suprême de l'Administration et des services publics.

On peut soutenir qu'il s'agit là d'une vue de l'esprit, dans la mesure où la distinction entre autorité politique et chef de l'Administration parait artificielle. En fait une telle distinction peut décrire deux styles de gouvernement. Si le magistrat suprême se considère principalement comme Chef de l'État, sa préoccupation sera de *tenir l'État,* d'abord, et en toute priorité, persuadé que, qui tient l'État, tient la Nation. Si au contraire, il veut apparaître et agir principalement comme un *"politique"* c'est sa fonction de Président de la République qui sera mise en relief. Le choix entre les deux styles de gouvernement aura même des conséquences sur la structure du gouvernement. L'intérimaire doit, pendant l'exercice de ses fonctions se positionner à la fois en tant que Président de la République et Chef de l'État.

Le rôle de l'intérimaire en tant qu'il remplace le chef de l'État est quasi nul, puisque l'instrument de la coordination de l'État c'est le Secrétariat général de la Présidence de la République ; c'est donc lui qui assure le véritable intérim du Chef de l'État. L'intérimaire ne peut donc jouer un rôle qu'en tant qu'il remplace le Président de la République (les textes précisent d'ailleurs qu'il s'agit de l'intérim, non du Chef de l'État, mais du Président de la République). Or, sur le terrain *purement politique*, il peut être doublement limité : la nature des activités politiques qu'il peut exercer n'est presque jamais précisée ; et en outre, lorsque la philosophie politique du magistrat suprême consiste à privilégier l'État au détriment du *"politique",* l'intérimaire perd toute autorité, en sorte qu'on peut même s'interroger sur l'opportunité du maintien de l'institution de l'intérim

**Conclusion** : Pour une *réactivation de l'institution de l'intérim du Président de la République dans la Constitution actuelle du 22 janvier 2001*

La Constitution actuelle du Sénégal du 22 janvier 2001 a supprimé l'institution de l'intérim. Il est souhaitable de la réactiver en l'intégrant aussi harmonieusement que possible, dans le système des règles relatives au remplacement du Président de la République. On constate en effet des lacunes dans la règlementation de l'empêchement du Président de la République que l'on peut combler en étendant le domaine d'application de l'intérim, si l'on veut valoriser cette institution.

1_*Ces lacunes* apparaissent lorsqu'on compare d'une part les articles 39 et 41 et d'autre part l'article 34 de la Constitution actuelle. Selon l'article 39, l'empêchement du Président de la République est l'un des cas dans lesquels sa suppléance est ouverte ; l'article 41 prévoit alors que c'est la Cour Suprême qui constate ledit *empêchement.* Dans les deux articles, il est fait état de l'empêchement, sans autre précision. En revanche l'article 34, relatif au déroulement du scrutin pour l'élection du Président de la République, vise le cas de *l'empêchement définitif,* suggérant donc implicitement que l'empêchement pourrait être provisoire. Or, le régime de l'empêchement provisoire n'est fixé nulle part dans la Constitution. L'empêchement, qu'il soit provisoire ou définitif, dès lors qu'il est constaté par la Cour Suprême, déclenche le mécanisme de la suppléance de l'article 39, mais aucune date n'est prévue, pour l'élection du nouveau Président de la République, en cas d'empêchement provisoire. Il importe donc d'harmoniser l'article 34 avec les articles 39 et 41 de la Constitution actuelle du 22 Janvier 2001.

2 *Cette harmonisation* peut se faire de différentes manières.

*Ou bien* l'on décide qu'en droit sénégalais, il n'y a pas lieu de distinguer entre l'empêchement définitif et l'empêchement provisoire. Dans ce cas, on remplace à l'article 34 de la Constitution l'expression *"empêchement définitif"* par *"empêchement".* Cette solution présente cependant un inconvénient. Tout empêchement du Président de la République n'est pas nécessairement définitif ; il peut être empêché par une maladie pendant quelque temps, et puis ensuite se rétablir ; s'il est pris en otage sur le territoire national ou à l'étranger, il peut ensuite être libéré.

Il se passe donc un certain temps, plus ou moins long selon les circonstances, avant qu'il soit possible de dire si un empêchement qu'on pouvait croire provisoire est devenu définitif. Comme au regard des règles constitutionnelles actuelles tout empêchement, dès lors qu'il est constaté comme tel, déclenche le mécanisme de la suppléance, et sauf crise grave opposant le Président de la République au Président de l'Assemblée Nationale, celui-ci, suppléant ès-qualités, se gardera bien d'engager la procédure de la constatation de l'empêchement par la Cour Suprême, avant d'être certain que ledit empêchement est devenu définitif. Il s'écoulera donc une période d'incertitude, qui peut durer quelques mois, pendant laquelle l'intérimaire, dont les pouvoirs sont très limités, remplacera le Président de la République, si l'empêchement est survenu alors qu'il se trouvait à l'étranger (car alors il y aurait coïncidence entre absence et empêchement). Mais si cet empêchement dont on ne sait pas encore s'il restera provisoire ou s'il deviendra définitif se produit alors que le Président do la République se trouve sur le territoire national (ce serait le cas où il serait par exemple hospitalisé et incapable depuis son lit d'hôpital de signer les décrets et autres décisions), le pouvoir serait vacant : en effet, le suppléant ne pourrait pas entrer en fonctions, et il n'y aurait. pas lieu de déclencher le mécanisme de l'intérim.

*Ou bien*, l'on réintroduit la notion *d'empêchement provisoire* dans la Constitution ; dans ce cas, il faudrait alors déterminer les conditions auxquelles la Cour suprême constaterait sa fin. En outre, deux solutions seraient envisageables. La première consisterait à soumettre l'empêchement provisoire au même régime juridique que celui de l'empêchement définitif ; le mécanisme de la suppléance s'appliquerait alors dans tous les cas d'empêchement. La deuxième solution consisterait à étendre les compétences de l'intérimaire aux cas d'empêchement provisoire du Président de la République. Le décret de nomination de l'intérimaire disposerait alors qu'il intervient *« pendant l'absence, ou en cas d'empêchement provisoire du Président de la République »,* étant en outre entendu que les textes pourraient étendre les pouvoirs de l'intérimaire lorsqu'il remplace le Président de la République provisoirement empêché, en lui attribuant par exemple la compétence pour signer certains actes et pour convoquer l'Assemblée Nationale ou certains organismes consultatifs.

Outre qu'un tel réaménagement constitutionnel comblerait un vide juridique, il permettrait, au cas où la seconde solution ci-dessus évoquée était retenue, de revaloriser l'institution de l'intérim du Président de la République.

Dakar, 25 septembre 2023

# REFERENCES

## ANNEXES

1. Décret n° 63-300 du 16 mai 1963, *concernant l'intérim de la Présidence de la République* (JORS n° 3605 du 8 juin 1963, p. 750).

2. Décret n° 63-464 du 12 juillet 1963, *concernant l'intérim de la Présidence de la République* (JORS n° 3619 du 3 août 1963,p. 1041).

3. . Décret n° 63-465 du 12 juillet 1963, *désignant le ministre chargé de l'intérim du Président de la République* (JORS n' 3519 du 3 août 1963, p. 1041).

4. Décret n° 63-564 du 2 août 1963, *donnant délégation spéciale à Mr Doudou THIAM, ministre des Affaires Étrangères* (JORS n° 3622 du 24 août 1963, p. 1157).

5. Décret n' 63-565 du 2 août 1963, *désignant le ministre chargé de l'intérim de la Présidence de la République en l'absence du ministre des Affaires Étrangères* (JORS n° 3622 du 24 août 1963, p.. 1158).

6. Décret : n' 64-009 du 9 janvier 1964, *relatif à l'intérim du Président de la République* (JORS n° 3657 du 25 janvier 1964, pp 107-108

7. Décret n° 73-571 du 16 juin 1973, *relatif à l'Intérim du Président de la République de la République* (JORS n° 4302 du 30 juin 1973 p, 1325).

8. Décret n° 83-462 du 1er mai 1983, *organisant l'intérim du Président de la République* (JORS n' 4946 du 1er mai. 1983; pp 367-268).

9. Décret n' 84-1155 du 10 octobre 1984, *organisant l'intérim du Président de la République* (JORS n° 5029 du 13 octobre 1984 ; p. 667).

# « Le « conséquentialisme » dans la gestion du contentieux électoral en Afrique de l'ouest francophone subsaharienne ».

*Mamadou Salif SANÉ,*

*Enseignant-chercheur à l'Université Gaston Berger de Saint-Louis (Sénégal).*

## Introduction

En Afrique francophone, le contentieux électoral se situe à l'épicentre de la justice constitutionnelle[1]. Plusieurs démocraties africaines se sont tournées vers le contentieux constitutionnel de l'expression du suffrage en matière d'élection du président de la République, des parlementaires[2] et du contentieux des hauts conseils des collectivités territoriales[3].

Le dédicataire de ces mélanges, le Professeur Alioune Badara FALL, est l'un de ces illustres auteurs qui ont mis en exergue la place du juge constitutionnel africain dans la prévention ou la résolution des crises électorales à travers la gestion du contentieux[4]. Il a mis en exergue l'impasse dans laquelle se trouve le juge constitutionnel africain dont le rôle salvateur a souvent été occulté[5]. Son humanisme et sa générosité intellectuelle sont légendaires. Alors que nous venons fraîchement de nous inscrire en thèse et ayant, comme des centaines de chercheurs africains, des difficultés d'accès à la documentation, le Professeur FALL nous offrira l'opportunité de séjourner au CERDRADI de Bordeaux (Centre d'Etudes et de Recherche sur les Droits Africains et le Développement Institutionnel des pays en voie de développement). Ce séjour de recherche a été un déclic pour la rédaction de notre thèse portant sur « *le Contentieux des élections*

---

[1] M. S. SANE, *Le contentieux des élections nationales dans les Etats d'Afrique noire francophone subsaharienne : les exemples du Sénégal et du Bénin*, Thèse de doctorat unique, UCAD 2019, p. 38.

[2] G. BADET, « Le contentieux des élections nationales en Afrique », *in* Mélanges M. AHANHANZO-GLELE, *op.cit.,* p. 420.

[3] Aux termes de l'article 66 de la Constitution Sénégalaise, *« le Haut Conseil des Collectivités territoriales est une Assemblée consultative. Il donne un avis motivé sur les politiques de décentralisation et d'aménagement de territoire ».*

[4] A.B. FALL, « Le processus de démocratisation en Afrique francophone : le juge de l'élection dans l'impasse ? » (Essai de prospective), *in Démocratie et élections dans l`espace francophone*, Bruxelles, Bruylant, 2010, p. 572.

[5] A.B. FALL, « Le processus de démocratisation en Afrique francophone : le juge de l'élection dans l'impasse ? » (Essai de prospective), *Op.cit*, p. 572

*nationales dans les Etats d'Afrique Noire francophone : les exemples du Sénégal et du Bénin* ». Ces quelques lignes qui suivent sont une marque de reconnaissance à un ancien professeur de droit administratif (Master II Droit public Général/UCAD) grâce à qui nous avons pu soutenir à temps notre thèse.

Qualifié de *« petit contentieux »*[6]en France, le contentieux électoral est consubstantiel à la tenue d'élections nationales sur le continent africain[7] faisant de ce contentieux un sujet récurrent. Il est l'apurement juridictionnel de l'ensemble des litiges nés du processus électoral ayant pour objet la légalité des actes préparatoires, la sincérité du scrutin ou encore la répression des infractions commises lors de ce processus. Son objet est alors de vérifier la régularité des actes et la validité des résultats des élections[8]. La qualification de juge électoral n'exprime pas une catégorie de juridiction elle est juste rattachée à l'objet du contentieux qui est électoral. En Afrique et dans plusieurs Etats européens, le contentieux des élections nationales est confié à la juridiction constitutionnelle qui, à l'exception du Bénin, est juge partiel des actes préparatoires à l'élection et de la gestion du contentieux des résultats.

L'exercice est nécessaire, car aujourd'hui encore, plus qu'hier, la justice constitutionnelle est sujette à de vives critiques même dans les démocraties les plus avancées[9]. Son étude relève une certaine pathologie[10] qui se manifeste tantôt par des succès ponctuels aboutissant à des alternances et par des échecs permanents prolongeant une certaine dictature maquillée.

---

6 Ph. ARDANT, « Le contentieux électoral devant le Conseil constitutionnel et le Conseil d'État », *in Conseil constitutionnel et Conseil d'État,* colloque Sénat 21 et 22 janv. 1988, Montchrestien, p. 55.

7 S. H. F. KAKAI, « La contestation électorale au Bénin », *in* K. AHADZI-NONOU, D. KOKOROKO, A. KPODAR, F. J. AIVO (dir.), *op.cit.*, p. 294.

8 D. F. MELEDJE, « Le contentieux électoral en Afrique », *in Pouvoirs,* n° 129, 2009, pp. 139-155.

9 F. ROSENFED, « Bush contre Gore : trois mauvais coups portés à la Constitution, à la Cour et à la démocratie. », in *Cahiers du Conseil constitutionnel*, 2013, n° 3. C'est l'image d'ailleurs que nous renvoie le juge STEVEN à la suite de l'élection présidentielle américaine de 2000 en affirmant *: « nous ne saurions sans jamais avec certitude l'identité du vainqueur de l'élection présidentielle de cette année. Mais l'identité du perdant ne fait aucun doute. Il s'agit de la confiance portée par notre nation au juge en tant que gardien impartial de l'Etat de droit».*

10 B. KANTE, « La justice constitutionnelle face à l'épreuve de la transition démocratique en Afrique. », *in Actes du colloque international de l'ANDC,* L'Harmattan, 2016, p. 24.

Ces *« avancées et reculs »*[11] donnent un sens à ce sujet. La dernière élection présidentielle sénégalaise du 24 mars 2024 est un baromètre saisissant de cette double facette de la gestion du contentieux électoral sur le continent. En effet, après avoir injustement recalé un des plus farouche opposant du Président Macky Sall pour une condamnation pour diffamation intervenue après le dépôt des candidatures, le Conseil constitutionnel sénégalais s'est opposé à la volonté de l'Exécutif de repousser l'élection sur des fondements juridiques inexistants[12].

Certes en Europe, des recherches ont été menées dans ce domaine mais, en Afrique, il existe peu de production sur la théorie du conséquentialisme en rapport avec le contentieux électoral. Cette théorie inspirée des juges du *common low* permet la prise en compte par le juge des conséquences éventuelles de sa décision dans le choix d'une solution au litige dont il est saisi[13]. L'analyse conséquentialiste, qui vise à une balance optimale des intérêts en présence, permet de mesurer les effets d'une décision sur la stabilité politique et la paix sociale[14]. Le juge évalue les conséquences possibles de la décision à la lumière du standard de l'acceptable et du raisonnable dans une société démocratique afin de privilégier une solution plutôt qu'une autre[15].

Dès lors, se posent les questions suivantes : quels sont les fondements de la décision du juge électoral Ouest-africain ? Beaucoup de décisions prises en matière électorale ne s'adossent-t-elles pas sur un argument conséquentialiste souvent non avoué ?

Face à la fragilité des expériences démocratiques dans les Etats d'Afrique noire francophone subsaharienne, le juge électoral est appelé à jouer un rôle catalyseur, c'est-à-dire à faire œuvre utile au risque d'être pyromane. En assurant cette fonction de régulation, le juge électoral africain ne fait que veiller à la préservation de la stabilité politique, une des raisons de son existence[16]. Autrement dit, si le juge sanctionne d'une part, les irrégularités,

---

[11] D. SY, « Sur la renaissance du droit constitutionnel en Afrique, question de méthode ?, *in Politea*, n° 6, 2006, p. 456.

[12] Voir les décisions n° 1/C/2024 du 15 février 2024 et n°05/E/ du 06 mars 2024

[13] S. SALLES, *Le conséquentialisme dans la jurisprudence du Conseil constitutionnel*, Paris, LGDJ, « Bibliothèque constitutionnelle et de science politique », 2016, pp. 37-38.

[14] CH. PERELMAN, *Le champ de l'argumentation*, Paris, PUB, 1970, p. 100.

[15] F. HOURQUEBIE, « L'emploi de l'argument conséquentialiste par le juge de common law », *op.cit.*

[16] B. KANTE, « La justice constitutionnelle face à l'épreuve de la transition démocratique en Afrique », *op.cit.,* p. 33.

d'autre part, il modère souvent son immixtion afin de ne pas trop compromettre le processus démocratique et installer une crise politique. C'est dans cette logique que dans beaucoup de ses décisions, le juge électoral sénégalais n'hésite pas à mettre en veilleuse les textes constitutionnels et législatifs pour ouvrir la compétition électorale à l'Opposition et ainsi préserver l'ordre public et donner d'une démocratie vivante. Parfois, ce qui signifie nullement la légitimation de la violation de la Constitution ou de la loi, la mise en veilleuse de celle-ci vaut mieux que la disparition d'un Etat, car le respect de la Constitution peut emporter le régime politique, le juge et la Constitution avec[17]. Ce style made *in common law* appelé « *conséquentialisme* » donne un rôle éminemment politique au juge qui doit en faire bon usage[18].

Le juge électoral africain utilise l'argument conséquentialiste sans toutefois l'admettre véritablement. Il est perceptible aussi bien dans le contentieux des candidatures que dans celui des résultats ainsi que dans le contentieux des actes préparatoires à l'élection. Il le pratique de manière officieuse. C'est donc bien l'ampleur de l'office du juge et la conscience qu'il a de son rôle qui l'autorise à entreprendre une démarche de motivation basée sur des références juridiques et extra-juridiques. L'utilisation de cette théorie conséquentialiste est plus marquée dans les régimes de sortie de crise (II) que dans les régimes stables (I).

## I- Une application perceptible dans les régimes stables

Dans les régimes stables, le juge électoral doit privilégier la protection de l'Etat de droit en vérifiant si les dossiers de candidatures sont conformes aux règles posées l'ordre juridique électoral. Ainsi, le juge électoral africain n'a pas hésité à rejeter les candidatures qui violent le droit positif. Après le scrutin, le juge, en fonction de la gravité des manquements aux normes électorales et des conséquences de sa décision, annule ou valide les opérations électorales.

Toutefois, ayant une fonction sociale, le juge doit tâter le poul du peuple pour adapter sa décision à la situation politique du pays au risque de plonger l'Etat dans une crise profonde et mettre fin à son propre existence. A cet effet, afin d'éviter une crise politique sans précédent, le juge africain est

---

[17] E. H. MBODJ, « Le juge : un déterminant du processus électoral en Afrique ? », *op.cit.*, p. 434.

[18] Le terme est emprunté à F. LAFAILLE, Note sur la n° 35/2017 (Italicum, loi électorale n° 52 de 2015, *in R.D.P*, 2018, n° 1, p. 266.

amené souvent à accepter des candidatures inconstitutionnelles (A) ou encore à valider des scrutins émaillés d'irrégularités manifestes. Il joue alors une mission préventive des crises (B).

### A- Un juge flexible dans l'appréciation des conditions d'éligibilité des candidats (sur la candidature de B D FAYE)

La gestion des processus d'accession au pouvoir, d'exercice et d'alternance au pouvoir Le défi est de taille pour le juge électoral africain appelé à se prononcer sur les candidatures[19] dans un continent où le pouvoir constituant et le législateur multiplient les conditions de fond et de forme taillées sur mesure d'accès à la compétition électorale. Dans les régimes qui connaissent une certaine stabilité politique, le juge constitutionnel chargé de la gestion s'est souvent comporté comme un défenseur de l'Etat de droit démocratique en déjouant le projet de délinquance normative du pouvoir en place enclin à adopter des normes d'exclusion candidats favoris. Pour des raisons liées à la trajectoire politique de chaque Etat, la pression est légitimement très forte sur le juge électoral pour apporter une réponse aux litiges dont il est saisi[20]. Il est appelé à créer des solutions de manière à faire accepter ses décisions par les acteurs politiques et les citoyens[21]. Aussi, par des jurisprudences constructives, certains juges électoraux sur le continent ont assuré aux citoyens leurs droits d'être candidats à l'élection présidentielle et aux élections législatives malgré l'existence d'obstacles juridiques ou la volonté manifeste du pouvoir de faire barrage à des candidatures sérieuses.

En Afrique, la fonction d'apaisement est l'une des principales fonctions que doit remplir le juge électoral[22]. Ainsi, par une interprétation libérale de la législation électorale, le juge électoral africain garantit une pacification du processus électoral qui est beaucoup plus pressante dans les régimes de sortie de crise ou de transition. A son corps défendant, la justice

---

[19] Article 30 Constitution du Sénégal du 22 janvier 2001 et art.2 de la loi n° 92-23 du 30 mai 1992 relative au Conseil constitutionnel modifié par la loi n° 99-71 du 19 février 1999. Au Sénégal, En effet, il appartient au Conseil constitutionnel d'arrêter et de publier la liste des candidats à l'élection présidentielle vingt-neuf jours francs avant le premier tour du scrutin et aux élections législatives.

[20] B. KANTE, « Les juridictions constitutionnelles et la régulation des systèmes politiques en Afrique. », *op.cit.*, p. 266.

[21] J. DU BOIS DE GAUDUSSON, « Jurisprudences constitutionnelles et transitions politiques en Afrique », *op.cit.*, p. 97.

[22] « Crise du juge et contentieux constitutionnel en droit français », *in* J. LENOBLE (dir.), *La crise du juge*, L.G.D.J, Bruylant, 1996, p. 72.

constitutionnelle africaine joue un rôle de régulation politique en assurant la stabilité des régimes politiques africains par une garantie du fonctionnement normal des institutions[23]en allant au-delà de l'exégèse des textes. Beaucoup de juges électoraux se sont comporter en législateur[24] en acceptant les dossiers d'enrôlement des candidats aux élections politiques fortement contestés par le pouvoir.

A plusieurs reprises, les juges électoraux ont assuré le respect des principes universels de la démocratie et de l'Etat de droit reconnus expressément par les instruments internationaux et continentaux, plus particulièrement ceux relatifs aux droits civils et politiques[25]. En 2024, le juge constitutionnel sénégalais s'est encore illustré de fort belle manière en acceptant de contrôler une loi constitutionnelle et d'un décret de convocation des électeurs mais aussi en acceptant la candidature d'un candidat en détention.

Le Conseil n'a pas aussi manqué de donner des injonctions à l'Administration électorale pour sauver le processus électoral interrompu arbitrairement par le pouvoir. Sur l'inconstitutionnalité de la loi constitutionnelle adoptée pour reporter la date du scrutin et conséquemment la durée du mandat du Président de la République, le Conseil a soutenu que « *la juridiction constitutionnelle a déjà décidé, d'une part, que la durée du mandat du Président de la République ne peut être réduite ou allongée au gré des circonstances politiques, quel que soit l'objectif poursuivi ; que le mandat du président de la République ne peut être prorogé en vertu des dispositions de l'article 103 précité ; que la date de l'élection ne peut être reportée au-delà de la durée du mandat ; que d'autre part, la loi attaquée introduit dans la constitution des dispositions dont le caractère temporaire et personnel est incompatible avec le caractère permanent et général d'une disposition constitutionnelle* »[26]. Pour la haute juridiction, « *en décalant la date de l'élection du président de la République au 15 décembre 2024 et en décidant que le Président en exercice poursuit ses fonctions jusqu'à l'installation de son successeur, la loi attaquée proroge la durée du mandat du Président de la République au-delà des 5 ans* »[27]. Ainsi, elle est contraire

---

[23] B. KANTE, « La justice constitutionnelle face à l'épreuve de la transition démocratique en Afrique. », *op.cit.,* p. 21.

[24] Voir « Dossier : le pouvoir normatif du juge constitutionnel », *in Cahiers du Conseil constitutionnel*, n° 24, juillet 2008.

[25] J. DU BOIS DE GAUDUSSON, « Jurisprudences constitutionnelles et transitions démocratiques en Afrique », *op.cit.,* p. 97.

[26] Considérant 14 de la décision n°1/C/2024 du 15 février 2024.

[27] Considérant 16 de la décision n°1/C/2024 du 15 février 2024.

aux dispositions des articles 27 et 103 de la Constitution et au principe à valeur constitutionnelle de sécurité juridique et de stabilité des institutions. Il faut dire que c'est la première fois que le juge constitutionnel sénégalais procède au contrôle de constitutionnalité d'une loi constitutionnelle d'origine parlementaire. Cependant, il avait donné les signes d'une telle possibilité. En effet, depuis sa jurisprudence n°3/C/2005 du 18 janvier 2006, le Conseil constitutionnel du Sénégal a soutenu avec force sa compétence pour contrôler une loi constitutionnelle touchant des dispositions intangibles et toute révision constitutionnelle intervenue en période de crise. Pour le juge constitutionnel sénégalais, « *le pouvoir constituant est souverain ; que sous réserve, d'une part, des limitations qui résultent des articles 39, 40 et 52 du texte constitutionnel touchant aux périodes au cours desquelles une révision de la Constitution ne peut être engagée ou poursuivie et, d'autre part, du respect des prescriptions de l'alinéa 7 de l'article 103 en vertu desquelles la forme républicaine de l'État ne peut faire l'objet d'une révision, il peut abroger, modifier ou compléter des dispositions de valeur constitutionnelle dans la forme qu'il estime appropriée et introduire explicitement ou implicitement dans le texte de la Constitution des dispositions nouvelles qui, dans le cas qu'elles visent, dérogent à des règles ou principes de valeur constitutionnelle, que cette dérogation soit transitoire ou définitive »*[28].

Sur la base de l'inconstitutionnalité de cette loi constitutionnelle, le Conseil a annulé le décret n°2024-106 du 03 février 2024 portant abrogation le décret 2023-2283 du 29 novembre 2023 portant convocation du corps électoral à l'élection présidentielle du 25 février 2024[29]. Utilisant son pouvoir régulateur, de protection de l'ordre public, de la paix, de la stabilité des institutions et du principe de la continuité de leur fonctionnement, le Conseil a instruit les autorités administratives de tenir l'élection dans les meilleurs délais[30], c'est-à-dire une date pouvant permettre la tenue de l'élection avant la fin du mandat[31]. Le délai raisonnable renvoie à un intervalle de temps (quantifiable et qualifiable), à l'écoulement de celui-ci et qui tel un sablier devrait conduire la personne publique visée à s'activer et ne point dépasser le délai imparti sous peine de tomber en déraison[32]. Il

---

[28] Considérant 3

[29] Article 2 de la décision n°1/C/2024 du 15 février 2024

[30] Considérant 19 de la décision n°1/C/2024 du 15 février 2024

[31] Décision n°5/E/2024 du 06 février 2024

[32] C. OTERO, « Responsabilité de l'État et délai raisonnable », *AJ Collectivités Territoriales*, 2025, p.93.

s'agit en somme d'une obligation de faire, d'agir, de diligence dont la méconnaissance est constitutive d'une carence fautive laquelle sera, et c'est là une constante, appréciée souverainement par le juge (telle une statue du Commandeur)[33]. Elle est une norme de mesure, de contrôle et de raison à l'instar de l'intérêt général. Le délai raisonnable est une arme de commandement susceptible d'engager la responsabilité de l'État. Le juge astreint le comportement de l'Administration, c'est-à-dire en exigeant des autorités administratives électorales qu'elles prennent les mesures de droit et de fait nécessaires à la tenue du scrutin.

Le Conseil a même privé sa décision de l'autorité de chose décidée prévue par l'article 92 de la Constitution[34] pour éviter une crise politique. En effet, alors qu'il avait constaté « *qu'il ressort de l'article L.63 du Code électoral que la date du scrutin est fixée par décret ; que toutefois, les dispositions et délais prévus par la Constitution et le Code électoral, notamment l'article LO.137, s'applique au schéma d'un déroulement normal du processus électoral en vue de l'élection d'un Président de la République avant la fin du mandat en cours ; que ces textes et délais perdent leur finalité dès lors que des facteurs non conformes à la réalité institutionnelle, juridique et factuelle ont affecté le processus initialement mis en place* »[35] et décidé de la tenue de l'élection présidentielle le 31 mars 2024,[36] le Conseil s'est rétracté en s'alignant, par un communiqué, à la date du 24 mars retenue par le Président de la République[37].

Au paravent, le Conseil a accepté la candidature de l'opposant Bassirou D. D. FAYE pourtant en détention pour outrage à magistrat dans l'exercice de ses fonctions, actes de nature à compromettre à sécurité publique et à créer des troubles politiques graves ainsi que d'association de malfaiteurs en lien avec une entreprise terroriste. Cette acceptation a fait l'objet de contestation par le candidat du pouvoir. En effet, Monsieur Amadou BA, ancien Premier ministre, candidat de la majorité présidentielle, reproche à monsieur Bassirou Diomaye D. FAYE d'appartenir à une entité politique dissoute et, eu égard à son statut de personne en détention provisoire, ne peut déposer sa déclaration de candidature que par le truchement de l'administration pénitentiaire. Il reproche enfin à la coalition « DIOMAYE PRESIDENT »

---

[33] CE 13 juill. 2016, CZABAJ AJDA 2016. 1479

[34]Les décisions du Conseil constitutionnel s'imposent à l'ensemble des autorités administratives et juridictionnelles.

[35] Considérant 5 de la décision n°5/E/2024 du 6 mars 2024

[36] Considérant 13 de la décision n°5/E/2024 du 6 mars 2024

[37] Voir communiqué du 07 mars 2024 signé par le Président du Conseil constitutionnel.

d'utiliser les couleurs du parti PASTEF dissous. Pour la haute juridiction sénégalaise « *Considérant d'une part, que les dispositions de l'article 821 du Code des Obligations civiles et commerciales ne sont pas applicables aux membres des partis politiques dissous et ne sauraient en conséquence être une entrave à l'exercice de leurs droits ; que d'autre part, sauf à établir une violation du décret n°2001-362 du 4 mai 2001 relatif aux procédures d'exécution et d'aménagement des sanctions pénales, le statut de détenu provisoire n'est pas une entrave à l'exercice des droits civils et politiques ; qu'en outre, par décret n°2023-1407 du 31 juillet 2023, le parti PASTEF ayant été dissous, on ne saurait lui attribuer la propriété de symboles ou de couleurs quelconques; qu'enfin, l'investiture d'un candidat à l'élection présidentielle, même portée par un parti ou une coalition de partis politiques, n'est pas assujettie à l'appartenance à ces entités ; que la requête est rejetée* »[38].

Son homologue du Bénin à lui aussi rendu des décisions s'inscrivant dans la ligne de l'application de la théorie *conséquentialiste*. Dans sa décision EL-P 06-004 du 27 janvier 2006, la Cour constitutionnelle a déclaré la candidature de Yayi BONI recevable alors même qu'il fut encore Président de la Banque Ouest Africaine de Développement (BOAD). Elle a ainsi sauvé le système politique béninois d'une éventuelle crise électorale qu'engendrait le refus de sa candidature[39]. Quelques années plus tôt, elle avait retenu la candidature d'un opposant rejeté par la Commission Nationale Electorale pour dossier incomplet en soutenant que « *pour des raisons indépendantes de sa volonté, le requérant s'est trouvé dans l'impossibilité de satisfaire aux exigences légales lui imposant d'avoir son dossier de candidature complet à la date du 22 octobre 1998* ». D'autres exemples intéressants existent sur le continent[40].

D'autres décisions aussi importantes dans lesquelles le juge électoral africain a fait preuve d'une grande mansuétude en privilégiant l'esprit de la loi au détriment de sa lettre peuvent être signalées. C'est ainsi que la Cour

[38] Considérant 79 de la décision n°2/E/2024 du 20 janvier 2024

[39] S. BOLLE, « Les vices et les vertus du contentieux des élections en Afrique », *op.cit.*, p. 536.

[40] C'est le cas au Gabon où la Cour constitutionnelle a retenu une candidature à l'élection présidentielle, rejetée par la Commission Nationale Electorale pour dossier incomplet, en considérant que « *pour des raisons indépendantes de sa volonté, le requérant s'était trouvé dans l'impossibilité de satisfaire aux exigences légales lui imposant d'avoir son dossier de candidature complet.* » Ces jurisprudences sont à multiplier en Afrique où souvent l'Administration de connivence avec le pouvoir cherche à écarter des candidats aux élections politiques nationales.

constitutionnelle du Togo a aussi annulé, en 1999, des décisions du ministre de l'Intérieur refusant trois candidatures aux élections législatives sur la base d'une interprétation déformée du délai de paiement du cautionnement électoral[41].

### B- Un juge prudent dans l'appréciation de la sincérité du scrutin

Avec prudence, les juridictions constitutionnelles électorales africaines ont essayé, à travers l'application le critère de « *l'influence déterminante* », à rétablir la vérité des urnes et surtout de sauvegarder la paix sociale. Le critère de « *l'influence déterminante* » signifie qu'une irrégularité n'entraine l'annulation de l'élection qu'à la double condition d'avoir gravement altéré la sincérité du scrutin et de se combiner avec un faible écart de voix séparant les concurrents.

Il s'agit de voir si les manœuvres frauduleuses sont suffisamment graves pour altérer le droit de vote de l'électeur. C'est parce que le droit de vote est un droit fondamental que le juge est extrêmement prudent pour procéder à l'annulation totale du scrutin même s'il confirme expressément que les irrégularités sont « regrettables », « critiquables », « condamnables », « répréhensibles » ou « appellent une particulière réprobation ».

Relativement au rejet des requêtes, le juge électoral sénégalais a écarté plusieurs demandes d'annulation d'élections afin de protéger le droit fondamental de vote des citoyens et préserver la paix sociale. Saisi d'une réclamation de AJ/PDS lui demandant l'annulation du scrutin dans le département de Bignona, le Conseil constitutionnel sénégalais a également jugé *« qu'il ne fait aucun doute que la décision mise en cause, en délocalisant 17 bureaux de vote la veille du scrutin, a désorienté sinon l'ensemble des électeurs de ces bureaux, du moins un certain nombre d'entre eux ; mais qu'il n'est pas prouvé que, sans la délocalisation, tous les inscrits des bureaux de vote délocalisés auraient participé au scrutin… »*[42]. En effet, malgré qu'il ait reconnu l'incompétence du préfet pour prendre un arrêté de délocalisation[43] et le fait que la délocalisation des bureaux de vote avait désorienté les électeurs, le Conseil a validé le scrutin

---

[41] Voir S. BOLLE, « Les vices et vertus du contentieux des élections en Afrique », *op.cit.*, p. 543.

[42] Considérant 26 de la décision sur les affaires n°12 à 29/E/1998 du 08 juin 1998 disponible sur http://conseilconstitutionnel.sn/decision-sur-les-affaires-n-12-a-29-e-98-du-8-juin-1998-affaires-n-12-a-29-e-98/, consulté le 16/06/2019.

[43] Cette compétence est dévolue au ministre chargé des élections ( Art. 67 du Code électoral).

pour ne pas frustrer ceux qui se sont exprimés[44]. Cette décision montre que le contentieux électoral est un contentieux pragmatique et réaliste[45], car le juge électoral n'est pas un juge de la légalité astreint à un étroit formalisme rigoureux[46].

Selon le sens de sa décision, le juge électoral cherche à trouver un équilibre entre les principes en cause et instaurer un climat social stable. En plus, peut-on rectifier une violation de l'ordre public électoral par un trouble à l'ordre public susceptible d'emporter l'Etat ? Le juge constitutionnel africain, juge du contentieux de l'élection a, dans bien des cas, rendu des décisions satisfaisantes en privilégiant la préservation de l'ordre social[47].

Conscients que l'annulation d'une élection présidentielle est une décision délicate en cela qu'elle peut remettre en cause la volonté du peuple souverain et donc une atteinte à la *« sublime vertu du suffrage universel »*[48], les juges électoraux africains sont prudents dans le dénouement du contentieux électoral en validant le scrutin en dépit de certaines irrégularités constatées.

C'est ainsi qu'en sa qualité de juge électoral, garant du fonctionnement régulier des institutions, après avoir, pourtant validé la candidature controversée du président sortant Abdoulaye WADE qui a déjà effectué deux mandats consécutifs, le Conseil constitutionnel sénégalais n'a pas hésité à rejeter sa requête[49] introduite à l'issu du premier tour de la présidentielle pour des irrégularités qui auraient étaient commises au Fauta[50].

C'est une logique pragmatique visant à protéger l'ordre social. Il ne s'agit donc pas pour le juge de verser dans le fétichisme juridique en annulant de manière systématique une élection présidentielle pour des irrégularités

---

[44] Cette jurisprudence sera infirmée car le Conseil constitutionnel a annulé l'élection dans la même zone et pour le même motif, la délocalisation de bureau de vote.

[45] R. GUASTINI, « Réalisme et anti-réalisme dans la théorie de l'interprétation », *in* Mélanges Paul AMSELEK, Bruyant, 2006, pp. 432-433.

[46] B. GENEVOIS, « Le nouveau rôle du juge de l'élection », *in Pouvoirs*, n° 70, 1994, p. 77.

[47] S. BOLLE, « Les vices et vertus du contentieux des élections en Afrique », *op.cit.*, p. 545.

[48] J. ROBERT, « Le Conseil constitutionnel a-t-il démérité ? *in* Mélanges en l'honneur de Pierre PACTET, *L'esprit des institutions, l'équilibre des pouvoirs,* Paris, Dalloz, 2003, p. 877.

[49] Voir les décisions n° 17/E/2012 et n° 18/E/2012 du 06 mars 2012.

[50] D. E. ADOUKI, « L'autorité des décisions du juge constitutionnel en Afrique », *in RFDC*, n° 95, juillet 2003, p. 618.

vénielles. L'inversion des résultats[51], une des hypothèses, est possible que lorsque le juge est en mesure de déterminer avec précision l'incidence d'une irrégularité sur les résultats du scrutin et ses conséquences sur la paix sociale[52]. Il procède comme le juge du contrat[53]. Il peut ainsi décider que le constat de l'irrégularité n'entraîne aucune conséquence sur le scrutin. Il se montre moins rigoureux et plus pragmatique du fait de la difficulté de remobiliser le corps électoral et du coup de l'organisation de nouvelles élections autant pour les électeurs que pour les candidats.

Le juge est plus que jamais soucieux de ne pas être un observateur vétilleux des règles électorales sans égard pour la stabilité politique et sociale. La « théorie de l'influence déterminante » ou de « l'effet utile » a été œuvre prétorienne du juge administratif. Elle est au contentieux électoral ce que celle des formalités substantielles est au contentieux de la légalité[54].

Relativement à la gravité des irrégularités, elle s'apprécie « *au regard de l'importance, de la diversité et de la multiplicité des irrégularités commises* »[55]. Concernant, la faiblesse de l'écart de voix entre les candidats, le juge de l'élection présidentielle doit vérifier si les voix contestées ne modifient pas le résultat d'ensemble du scrutin. Plus l'écart de voix, qui sépare le candidat malchanceux du candidat victorieux, est faible, plus le juge va faire un examen approfondi des griefs invoqués[56].

---

[51] S. BOLLE, « Les vices et vertus du contentieux des élections en Afrique », *op.cit.*, p. 548.

[52] C'est à cet exercice que s'était livré de façon malencontreuse le Conseil constitutionnel ivoirien en proclamant Roland GBAGBO président à la place de Alassane WATARA déclaré vainqueur de l'élection par la CENI.

[53] L. DE FONTENELLE, « La notion d'«influence» dans le recours pour excès de pouvoir », *in R.F.D.A,* 2018, n° 2, pp. 312-330.

[54] R. GHEVONTIAN, « Le Conseil constitutionnel, juge électoral et la liberté d'expression », *in Les Nouveaux cahiers du Conseil constitutionnel,* 2012/3, n° 36, p. 68.

[55] D. ROUSSEAU, *Droit du contentieux constitutionnel, op. cit.*, p. 391.

[56] La fraude fait intervenir plusieurs acteurs parfois. Les premiers acteurs de la corruption électorale sont les hommes politiques et certains militants et activistes généralement pressés de s'offrir une victoire à tout prix et surtout au prix de la fraude et de la corruption de l'électorat. Le second type d'acteurs sont ceux qui participent à entretenir cette pratique dans nos pays et qui sont souvent considérés comme en mission au sein des organes chargés de conduire les opérations électorales, ou de les superviser. Enfin, la troisième catégorie d'acteurs sont ceux des organisations partenaires techniques ou financiers, des structures d'observation nationale ou internationale ou parfois des associations ou groupes dits de pression qui se confondent dans un rôle de complicité *« souvent passive »* ou animés de mauvaise foi légitimant ainsi des pouvoirs frauduleusement acquis et installés. Dans ce cas, il est difficile pour le juge d'annuler une élection au motif qu'elle serait entachée de fraude.

Les juridictions constitutionnelles peuvent-elles procéder à une annulation totale du scrutin présidentiel ?

L'annulation d'une élection présidentielle apparait d'un effet si dévastateur. En effet, s'il est relativement facile d'invalider l'élection d'un député ou d'annuler l'ensemble de l'élection dans le cadre d'une circonscription, envisage-t-on vraiment de faire recommencer une élection présidentielle ? Une telle solution ne parait pas parfois très raisonnable au regard des risques d'instabilité. Certes une élection présidentielle peut parfois être entachée de graves irrégularités mais son enjeu est sans aucune commune mesure avec les autres types d'élections politiques. On constate que même dans les démocraties modèles, il est extrêmement difficile, même quand la fraude est patente, de remettre en cause une telle élection, sauf à prendre le risque de susciter un mouvement général de protestation.

Le juge électoral béninois considère que la seule violation de la loi n'entraîne pas nécessairement l'annulation de l'élection[57]. C'est également le cas pour les injures, les actes violents, la corruption des électeurs[58], la campagne prématurée[59], le transport d'électeurs sur les lieux du vote[60], ne sont pas pour regrettables qu'ils soient, systématiquement de nature à fausser la sincérité du scrutin. En revanche, il juge susceptible d'altérer la sincérité du scrutin la disparition de plusieurs milliers de cartes d'électeurs[61], l'établissement des listes électorales parallèles[62], la délivrance irrégulière de cartes d'électeur, ainsi que l'inscription sur les listes électorales dans des circonstances douteuses[63].

L'attitude de self restreint du juge électoral dans ce domaine se justifie par le fait que s'il annulait systématiquement dès qu'il décèle une irrégularité sa décision soit contredite par le recours aux urnes[64]. Ce réalisme du juge

---

[57] Proclamation des résultats définitifs de l'élection présidentielle du 13 mars 2011 (29 mars 2011), *in Cour constitutionnelle, Rec.*, 2011, p. 228.

[58] Décisions EL 99-143 du 21 juillet 1999 et EL-P 01-025 du 24 février 2001.

[59] Décision EL 99-149 du 10 août 1999.

[60] Décisions EL 00-014 des 30 juin et 30 août 2000.

[61] Décisions : EL-P-01-022 du 24 février 2001 à propos des allégations relatives à la disparition de 62.000 cartes et EL-P 96-008 du 27 février 1996 pour la disparition de 20.500 cartes, in *Cour constitutionnelle, Rec.*, 1996, p. 39.

[62] Décision EL-P-96-010 du 27 février 1996, *in Cour constitutionnelle, Rec.*, 1996, pp. 47 et s.

[63] Décision EL-P-96-011 du 27 février 1996, *in Cour constitutionnelle, Rec.*, 1996, pp. 51 et s.

[64] Pour lui, par opposition à ce que défend J. ROBERT se basant sur la morale en démocratie, l'autolimitation à laquelle s'astreint le juge constitutionnel en matière d'élection semble justifiable. Cette autolimitation montrerait bien que dans les rapports qui s'instaurent entre le

électoral doit s'accompagner parfois par une certaine audace pour protéger davantage l'expression de la volonté électorale. C'est pour quoi d'autres juges ont procédé à des annulations partielles de l'élection présidentielle à l'image du Conseil constitutionnel ivoirien. En effet, dans sa décision n° E/0005/95 du 27 octobre 1995, il a estimé que : « *Considérant que ces irrégularités sont suffisamment graves pour altérer la sincérité des votes ; qu'il échet de déclarer nuls les résultats de ces votes* »[65].

Le juge constitutionnel africain n'hésité, lorsque les circonstances l'exigent, de privilégier l'harmonie sociale en interprétant de manière souple les textes ou parfois même en allant à l'encontre du législateur et du constituant.

### II- Une application marquée dans les régimes de sortie de crise

La spécificité du contexte politique des pays en transition démocratique est marquée par des crises et des tensions politiques qui trouvent généralement leur origine dans le contentieux électoral. Pour arbitrer cette compétition électorale, notamment les élections législatives ou présidentielles qui interviennent souvent après une rupture de l'ordre constitutionnel et l'adoption d'accords politiques ou chartes de transition, les juges électoraux sont sollicités. Le juge se trouve ainsi, malgré lui, enfermé dans une situation extrêmement compliquée où il gère la sortie de ces régimes d'exception caractérisés par l'urgence et l'improvisation. Il se trouve pris en tenaille dans un environnement hostile où il doit gérer revendications souvent politiciennes et rarement politiques au sens noble du terme. Sa situation devient encore plus inconfortable lorsque des observateurs internationaux doivent certifier des résultats ou la menace d'une société civile africaine de plus en plus exigeante.

Ainsi, aussi bien dans le contentieux des actes préparatoires que dans le contentieux des résultats, le juge, avec une extrême prudence, rendra des décisions salvatrices qui permettent une certaine stabilité politique.

#### A-Un juge sensible à son rôle de garant de l'ordre public.

L'organisation d'élections disputées, le multipartisme, le droit et la possibilité pour tous les courants d'idées de s'exprimer et de concourir à l'expression des suffrages sont les traits distinctifs des démocraties pluralistes modernes. Le pluralisme politique est une exigence

---

Conseil constitutionnel et le peuple souverain dans un Etat de droit, c'est finalement toujours le peuple qui a le dernier mot.

[65] *Recueil des décisions et avis du Conseil constitutionnel*, 1980-2012, p. 175.

constitutionnelle. Il appartient au juge électoral d'assurer un accès libre et équitable à la compétition électorale. Dans les régimes de sortie de crise, les juges électoraux s'arrogent encore plus de pouvoirs que dans les régimes stables[66] afin d'ouvrir la compétition électorale aux différents protagonistes. Il est, en fait, normal que pour un atterrissage en douceur, qu'il puisse parfois s'affranchir des textes juridiques en vigueur mêmes constitutionnels et faire prévaloir les accords politiques appelés encore *« petites constitutions »*[67] ou *« constitutions de transitions »*[68]pour veiller au bon déroulement d'un processus électoral aléatoire. De ce fait, il dispose d'exorbitantes prérogatives dans la mise en dynamique des normes électorales.

Dans les Etats d'Afrique francophone, la pratique jurisprudentielle en matière électorale fait apparaitre sans équivoque une extension hors commun des prérogatives du juge des élections sur qui repose, de plus en plus, le destin de toute une Nation. Pour cela, le juge des élections va au-delà de l'application mécanique des textes pour s'assurer que tout le processus se déroule dans un climat de paix et de stabilité[69]. C'est tout le sens de la décision rendue par le juge constitutionnel ivoirien. Dans sa décision n° CI-2009-EP-026/28-10/CC/SG du 28 octobre 2009 arrêtant la liste des pièces exigibles pour les candidats à l'élection présidentielle, le juge électoral ivoirien a, sans habilitation textuelle, ajouté des règles non prévues par le constituant et se transforme ainsi en pouvoir constituant dérivé[70]. En effet, alors que la Constitution ivoirienne fixe un régime uniforme de présentation des candidatures à l'élection présidentielle, le juge électoral, se fondant sur l'Accord de Linas-Marcoussis, considère que les

---

[66] G. AKPO, *Le juge constitutionnel juge de l'élection présidentielle et les crises électorales en Afrique subsaharienne francophone. Etudes sur les mutations de l'office du juge électoral*, *op.cit.*, pp. 252-173.

[67] M. ZAKI, « Petites constitutions et droit transitoire en Afrique », *in R.D.P*, n° 6, 2012, p. 1667 ; CARTIER E., « Les petites constitutions : contribution à l'analyse du droit constitutionnel transitoire », *in RFDC*, n° 71, 2007, p. 529.

[68] E. H. MBODJ, « La Constitution de transition et la résolution des conflits en Afrique : l'exemple de la République démocratique du Congo », *in R.D.P,* 2010, n° 2, Mars-Avril, pp. 441-471.

[69] D. RIBES, « Le réalisme du Conseil constitutionnel », *in Cahiers du Conseil constitutionnel,* n°22, juillet 2007, disponible sur https://www.conseil-constitutionnel.fr /nouveaux-cahiers-du-conseil-constitutionnel/cahiers-du-conseil-constitutionnel-n-22-juin-2007, consulté le 12/06/2019.

[70] E. H. MBODJ, « Le juge : un déterminant du processus électoral en Afrique ? », *op.cit.,* p. 429.

textes en vigueur ont consacré deux catégories de candidats[71]. On a, d'une part, les signataires de l'Accord Linas-Marcoussis qui sont eux déclarés d'office éligibles et, d'autre part, les candidats non signataires de l'Accord et soumis aux normes en vigueur. Logiquement, il devrait se limiter à vérifier la régularité des candidatures au regard des conditions requises par la Constitution en vigueur et en tirer toutes les conséquences en validant ou en invalidant les candidatures soumises à son appréciation. Il a décidé délibérément de mettre en hibernation la charte fondamentale au profit du code électoral modifié qui donne une force légale aux stipulations des accords politiques. En réalité, l'application vigoureuse des règles constitutionnelles aurait amené le juge électoral à écarter les candidatures de Henry Konan BEDIE frappé par la limite d'âge (75 ans) et de Alassane D. OUATTARA dont l'ivoirité était contestée[72]. D'autres juges électoraux africains sont allés dans le même sens[73]. C'est sans doute cet objectif de stabilité politique qui a conduit le juge a accepté la candidature d'Alassane OUATTARA à l'élection présidentielle du 31 octobre 2020 qui est contestable sur le strict point du droit. En effet, en écartant la thèse de l'effet immédiat de la loi nouvelle et en acceptant la théorie de la non-rétroactivité de la réforme constitutionnelle de 2016 dans le décompte du mandat du président sortant, la décision du Conseil milite davantage en faveur de la

---

[71] J. DU BOIS DE GAUDUSSON, « L'accord de Marcoussis, entre droit et politique », *in Afrique contemporaine*, n° 206, 2003/2, p. 46.

[72] Le conseil constitutionnel ivoirien, en plus de ces conditions de recevabilité, a prescrit aux candidats de produire une pièce d'état-civil pour les candidats signataires de l'Accord de Linas-Marcoussis afin *« d'attester de la véracité des mentions relatives à la filiation contenue dans la déclaration de candidature »* et pour les autres candidats, le juge constitutionnel impose la production d'une attestation de régularité fiscale ou de toutes autres pièces justificatives. Voir J. DU BOIS de GAUDUSSON, « L'accord de Marcoussis, entre droit et politique », *Afrique contemporaine*, n° 206, 2003/2, p. 46.

[73] La Cour électorale spéciale de Madagascar rend un arrêt le 3 mai 2013, déclarant valides les candidatures des principaux acteurs du conflit politique ne remplissant pourtant pas exactement les dispositions du code électoral, en considérant notamment que « *la Cour est soucieuse du principe de la liberté de tout citoyen de se porter candidat à toutes les élections, afin de permettre à tout un chacun de choisir librement celui ou celle qui dirigera leur destinée, pour instaurer un climat d'apaisement permettant de tenir des élections justes crédibles et acceptées par tous* ». Par la suite, la crise politique et l'impasse juridique provoquées par l'acceptation des quarante-quatre candidatures pour l'élection présidentielle prévue initialement le 24 juillet 2013 a conduit à modifier la composition de cette Cour Electorale Spéciale. (G. AKPO, *Le juge constitutionnel, juge de l'élection présidentielle et les crises électorales en Afrique subsaharienne. Etude sur les mutations de l'office du juge électoral*, Thèse pour le doctorat en droit, Bordeaux, 2015, p. 304)

stabilité politique que de la consolidation de l'Etat de droit démocratique[74]. En estimant que les déclarations publiques faites par le président de la République ne sauraient nullement constituer une source de droit susceptible de lier le juge constitutionnel, le juge ivoirien fait sien du raisonnement déjà adopté en 2012 par le Conseil constitutionnel sénégalais à propos de la candidature du président WADE. Le juge électoral remet le contentieux entre mains des électeurs pour départager les différents protagonistes du processus. Cette recherche de paix et de stabilité doit encore guidée la démarche du juge électoral ivoirien pour la présidentielle du 25 octobre 2025 à laquelle, déjà, les principaux acteurs de l'opposition sont écartés.

Cette théorie conséquentialiste a également été utilisée par la Cour spéciale électorale malgache dans un arrêt du 3 mai 2013 *« pour instaurer un climat d'apaisement permettant de tenir des élections justes crédibles et acceptées par tous »*[75].

Ces décisions constructives soucieuses d'ouvrir la compétition électorale à l'Opposition et garantissant la stabilité politique sont à multiplier sur le continent. Cet effort pédagogique est constamment requis du juge électoral africain au nom de la démocratie et de la stabilité sociale. Cette démarche se prolonge dans le contentieux des résultats dans lequel le juge s'est, par moment, montré prudent.

**B- Un juge soucieux des conséquences d'une annulation brusque des résultats du scrutin**

Dans un régime démocratique, la préoccupation du juge est de veiller, dans la mesure du possible, au respect des normes établies, tout en permettant l'organisation dans la paix des élections nationales dans des délais fixés. Il est, en effet, appelé à prendre des décisions qui peuvent soit participer à la résolution des crises pouvant parfois dépasser le strict cadre électoral soit, en cas de maladresse, à les aggraver dans le sens d'un chao politique. Il est interpellé par ce besoin impérieux de pacifier l'espace politique et de stabiliser le régime politique dans sa globalité. Dans plusieurs régimes de crise, il a bien joué ce rôle dans le dénouement du contentieux des résultats

[74] Voir la décision n°CI-2020EP-009/14-09/CC/SG du 14 septembre 2020 portant proclamation de la liste définitive des candidats à l'élection du Président de la République du 31 octobre 2020.

[75] La Cour Electorale Spéciale dans sa décision en date du 3 mai 2013 portant validation des 44 candidats à l'élection présidentielle a validé onze (11) candidatures déposées avec des vices de formes.

des élections qui sont sous sa responsabilité. Dans de telles conditions, où la pression est très forte sur lui, le juge africain, à juste titre, est souvent tenté de privilégier, dans la motivation de ses décisions, des facteurs extra-juridiques au détriment du raisonnement juridique. Dans l'exercice de ces compétences, le juge électoral dispose d'une certaine souveraineté dans l'appréciation des faits soumis à son examen que le juge constitutionnel béninois qualifie en ces termes très clairs : *« en sa qualité de juge souverain de la validité des élections »*. Selon le Didier MAUS, *« Un juge électoral qui a pouvoirs limités n'est pas un juge démocratique »*[76].

Par la décision n° 004/16/CCT du 25 janvier 2016 relative à la proclamation définitive des résultats des élections législatives du 30 décembre 2015, la Cour constitutionnelle de transition centrafricaine a annulé les résultats provisoires des élections législatives sur l'ensemble du territoire national en raison du grand nombre d'irrégularités[77]. La Cour constitutionnelle de transition a sanctionné ici les trafics de cartes d'électeur à Bangui, les menaces et d'intimidation par des membres de groupes armés[78].

Si la Cour constitutionnelle de transition a estimé que les irrégularités relevées n'étaient pas de nature à modifier l'expression des électeurs à la présidentielle, localement ce n'est bien sûr pas le cas. Quelques centaines de voix perdues peuvent faire la différence dans les circonscriptions pour les législatives et la Cour a donc décidé de faire table rase de ce scrutin et de tout recommencer malgré la contrainte de temps et de financement d'une nouvelle élection. Il y allait de sa crédibilité mais aussi de la pacification du jeu politique dans le pays[79].

---

[76] D. MAUSS, « Le contrôle du processus électoral », cité par P. SOGLOHOUN, *Le rôle du juge constitutionnel dans le processus de démocratisation en Afrique. Les cas du Bénin, du mali, du Sénégal et du Togo*, Thèse en droit public, 2011, 477 p.

[77] Ces bulletins sont souvent arrivés très tardivement, voire pas du tout, dans certains bureaux de vote. Ainsi, des électeurs ont d'abord voté pour la présidentielle avant d'être appelés à revenir plus tard pour voter pour les législatives, le temps que les nouveaux bulletins arrivent. Ailleurs, certains électeurs avaient encore à disposition des bulletins non corrigés alors que d'autres, dans certains bureaux, n'en avaient même pas pour voter. En outre, chaque candidat porte un numéro et ce numéro n'était pas toujours le même que celui inscrit sur les feuilles de dépouillement.

[78] D. NIEWIADOWSKI, « Les élections centrafricaines : un nouveau mirage de la démocratie dans la CEEAC », pp. 1-27, disponible sur http://afrilex.ubordeaux4.fr/sites/afrilex/IMG/pdf/Les_elections_centrafricaines.pdf, consulté le 16/04/2019.

[79] B. KANTE, « Le juge constitutionnel dans le processus de sortie de crise et de transition en Afrique noire francophone », *in* Colloque international sur *le rôle des juridictions constitutionnelles dans la consolidation de l'Etat de droit*, *op.cit.*,

Cette audace certains juges africains se justifie par la mission sociale que se sont assignées aujourd'hui certaines juridictions électorales. C'est ce que fait remarquer d'ailleurs Stéphane BOLLE qui soutient que *«le juge de l'élection incline davantage à prendre de lourdes responsabilités, afin que soit rétablie la vérité d'un processus électoral et que cessent les troubles, voire les violences, causées par les fraudes et manipulations de toutes sortes»*[80]. Cet objet de pacification est plus pressant pour le contentieux électoral de l'élection présidentielle de crise.

De la prérogative que le juge électoral s'est arrogé afin « *de neutraliser, dans certaines circonstances, la volonté du Constituant en aiguillonnant les conditions de mise en œuvre de la norme constitutionnelle* »[81] électorale, ressorte l'exercice apparent de la théorie conséquentialiste. Ainsi, plutôt que d'être adossée à un juridisme excessif, la décision du juge électoral est parfois guidée par des nécessités politiques et sociales. Pour des raisons liées à la trajectoire politique des Etats africains, la décision du juge électoral doit apparaître alors comme gage de la paix sociale[82].

A cet effet, le juge peut être amené à modifier les conditions d'exercice d'une règle électorale constitutionnelle qui ne devrait pourtant souffrir d'aucune interprétation au vu de sa clarté et de sa précision. Une telle situation se rencontre habituellement dans les élections de sortie de crise, même si elle peut intervenir aussi au cours d'un processus électoral normal. Dans les élections de sortie de crise, le juge est sous la double pression de la communauté internationale et d'une partie des acteurs impliqués dans la compétition électorale. Confronté à une dichotomie normative et à des pressions internes et internationales, le juge privilégie le dénouement heureux du processus.

Selon le professeur El Hadj MBODJ, « *garant du bon déroulement des élections, le juge électoral est appelé à veiller à ce que les élections atterrissent en douceur »*[83]. Autrement dit, il doit faire en sorte que ces décisions n'installassent le chao. Ce fut le cas en République démocratique du Congo lors de la présidentielle du 30 aout 2006. Alors que l'Alliance

---

[80] S. BOLLE, « Les juridictions constitutionnelles africaines et les crises électorales », Communication au 5e Congrès de l'ACCPUF, Cotonou, 22-28 juin 2009

[81] E. H. MBODJ, « Le juge : un déterminant du processus électoral en Afrique ?, *op.cit.,* p. 437.

[82] M. B. MERCADAL, « La légitimité du juge », *Revue internationale de droit comparé.* Vol. 54 n° 2, Avril-juin 2002. pp. 277-291.

[83] E. H. MBODJ, « Le juge : un déterminant du processus électoral en Afrique ? », *op.cit.,* p. 437.

présidentielle exige le strict respect de la Constitution tout en ayant conscience de l'impossibilité matérielle pour la C.E.I d'organiser le second tour de l'élection présidentielle dans les quinze (15) jours suivant la proclamation des résultats définitifs par la Cour tel que stipulé par la constitution[84], la Cour suprême de justice autorise sur requête de la CEI, une prolongation de cinquante (50) jours pour l'organisation du second tour de la présidentielle[85]. Dans cette décision, le juge a recours à la *« force majeure »* alors que l'article 71 de la Constitution n'a pas envisagé un tel cas. A cet égard, le juge électoral sort du cadre de ses compétences exclusivement contentieuses pour réguler un processus électoral incertain[86].

Il se place ici dans la logique argumentaire du juge du *common law*, c'est-à-dire, la logique du conséquentialisme. Cette thèse conséquentialiste est plus manifeste dans les régimes de sortie de crise que dans les régimes stables dans lesquels cette thèse est cachée, à l'image du Sénégal et du Bénin. L'argument conséquentialiste qui débouche sur une solution socialement acceptable et juridiquement raisonnable a, notamment, pour effet de faire entrer le juge dans une stratégie de légitimation bien plus sociale que juridique puisque le juge a procédé à une appréciation des faits qui empêcheraient la tenue du second tour dans les 15jours[87]. En réalité, dans un pays avec une superficie de près de 2 345 000 km2 et une carence infrastructurelle criarde, il serait quasi impossible de doter plus de 50 000 bureaux de vote de matériels électoraux[88].

Le professeur DU BOIS DE GAUDUSSON qualifie ces facteurs de sources de *« complications inextricables »*[89]. Le juge fait appel à des considérations extra juridiques (qui ont pour effet de placer la démarche

---

[84] L'article 71 de la Constitution dispose que *« le Président de la République est élu à la majorité absolue des suffrages exprimés. Si celle-ci n'est pas obtenue au premier tour du scrutin, il est procédé, dans un délai de quinze jours, à un second tour »*.

[85] Arrêt R.Const.038/TSR du 15 septembre 2006 cité par E. H. MBODJ, « Le juge : un déterminant du processus électoral en Afrique ? », *op.cit.*, pp. 436-437.

[86] E. H. MBODJ, « Le juge : un déterminant du processus électoral en Afrique ? », *op.cit.*, p.437

[87] F. HOURQUEBIE, « L'emploi de l'argument conséquentialiste par le juge de common law », *in* F. HOURQUEBIE F. et M-C PONTHOREAU (dir.), *La motivation des décisions des Cours suprêmes et Cours constitutionnelles*, *op. cit.*, pp. 25-48.

[88] E. H. MBODJ, « Le juge : un déterminant du processus électoral en Afrique ? », *op.cit.*, p. 435.

[89] J. DU BOIS DE GAUDUSSON, « Les élections à l'épreuve de l'Afrique », *in Les nouveaux cahiers du Conseil constitutionnel,* n° 13/2002, p. 101.

conséquentialiste en dehors de tout positivisme) à l'aune desquelles il évalue l'impact, c'est-à-dire les conséquences d'une décision à prendre. En décidant ainsi, le juge a permis d'éviter ou d'aggraver la crise. Par conséquent, pour une issue heureuse d'un processus électoral souvent aléatoire, le juge électoral tend parfois à banaliser les normes supérieures existantes ou à même remettre en cause l'autorité de chose jugée attachée à sa décision.

A ce propos, pour un retour à la légalité constitutionnelle et à la restauration de la paix suite à une longue période de crise postélectorale, le juge électoral ivoirien n'a pas hésité à faire *« un revirement total de position »*[90]en se basant sur la supériorité des normes internationales sur les décisions juridictionnelles internes. En effet, pour déclarer Monsieur Alassane Dramane OUATTARA comme président de la République, le Conseil a estimé le 04 mai 2011 que *« Les normes et dispositions internationales acceptées par les organes nationaux compétents ont une autorité supérieure à celles des lois et des décisions juridictionnelles internes, sous réserve de leur application par l'autre partie »*[91]. Aussi, le juge électoral ivoirien déclare nulles et de nul effet, toutes les décisions contraires à la décision du 04 mai 2011, notamment la décision du 03 décembre 2010[92]. Quoique critiquable sur le fait que pour proclamer Alassane OUATTARA, le juge n'a fait référence aux résultats obtenus par chaque candidat, cette décision est salutaire en rétablissant la paix et la volonté des électeurs[93]. Mais, n'était-il pas lié par la situation de soulèvement populaire qui a fini par affaiblir le camp BAGBO ?

Il apparait alors que grâce à la théorie conséquentialiste, le juge électoral africain francophone sauve le processus électoral incertain. Le recours à

---

[90] F. HOURQUEBIE, « Les cours constitutionnelles et suprêmes étrangères et les élections présidentielles », *in Les Nouveaux Cahiers du Conseil Constitutionnel,* n° 34-2002, p. 158.
[91] Considérant n° 9.
[92] Décision n° CI-2010-EP-34/03-12/CC/SG du 3 décembre 2010 portant proclamation des résultats définitifs de l'élection présidentielle du 28 novembre 2010. Dans cette décision le Conseil constitutionnel avait déclaré Laurent Gbagbo comme président de la République de Côte-d'Ivoire.
[93] S. DUMBIA, « Le Conseil constitutionnel ivoirien, juge électoral entre contraintes politiques et exigences constitutionnelles : Essai d'analyse de la décision N° CI-2011-EP-036/04/CC/SG/ du 04 mai 2011 portant proclamation de Monsieur Alassane OUATTARA en qualité de Président de la Côte d'Ivoire », http://afrilex.u-bordeaux4.fr/sites/afrilex/IMG/pdf/Le_Conseil_constitutionnel_ivoirien_un_juge_electoral_entre_contraintes_politiques_et_exigences_constitutionnelles.pdf, consulté le 09/09/2018.

cette théorie est plus marqué dans les régimes de sortie de crise ou en crise que dans les régimes stables.

Les juges constitutionnels africains doivent, après chaque scrutin, faire des observations publiques sur le déroulement de l'élection présidentielle. En effet, il entre dans leur mission de suggérer toutes mesures propres à concourir au meilleur déroulement de l'élection[94].

Le juge africain ne plus être seulement l'auxiliaire du législateur ou du constituant. Il doit aussi en être le complément ou le prolongement. Si le juge électoral doit, dans tous les cas, interpréter les textes en fonction du droit en vigueur, il doit le faire en tenant compte de l'environnement politique du moment.

[94] B. GENEVOIS, « Le Conseil constitutionnel et l'élection présidentielle de 1988 », *RDP*, 1989, p. 28.

# « Le peuple, ce souverain méprisé dans les démocraties constitutionnelles des États membres de la CEMAC [1]»

***Vivien Romain MANANGOU***

*Maitre-Assistant CAMES*
*CEJEP-La Rochelle- Université Marien Ngouabi*

> *« Le propre de la démocratie est d'admettre comme fondement du pouvoir politique ces désirs, ces goûts, ou ces volontés qui existent dans le groupe social. Le gouvernement du peuple par le peuple suppose que le peuple est invité à exprimer ses vues sur la conduite des affaires publiques ».*
> Georges Burdeau[2]

Membre du Conseil de Laboratoire du LAM (Les Afriques dans le Monde) – à Science Po de Bordeaux, le Professeur Alioune Badara Fall incarne à la perfection la complexité de l'Afrique non seulement vue du monde, mais aussi vue des sciences juridiques. De Bordeaux, il contribuait à rendre le droit public Africain plus intelligible. De l'Afrique, il envoyait un message sur l'universalisme du droit public. On pourrait ainsi dire que le local et l'universalisme sont les deux facettes de l'immense œuvre scientifique de l'un des maîtres de Bordeaux. Par conséquent, lui rendre hommage en traitant de la place du peuple dans les régimes constitutionnels de la CEMAC, c'est prendre en compte cette double tension – universalité et identité – qui traverse le droit sur le continent noir.

S'il y a un invariant assumé par les gouvernants des Etats de la zone CEMAC, c'est celui de la place accessoire accordée au peuple dans le fonctionnement institutionnel : le peuple est un souverain méprisé. Pourtant, Abraham Lincoln enseignait que la *« démocratie c'est le gouvernement du peuple, par le peuple, pour le peuple* [3]», pointant par-là,

[1] Ce texte est une version améliorée de la communication présentée au XIe Congrès de droit constitutionnel Français à Toulon du 15 au 17 juin 2023 dans l'atelier n°6- les mutations de la démocratie, sous la co-présidence de Marthe Fatin-Rouge Stefanini, Anne-Marie Le Pourhiet et Jean-Jacques Pardini.

[2] Georges BURDEAU, « L'évolution des techniques d'expression de l'opinion publique dans la démocratie », in *L'opinion publique*, Paris, P.U.F., 1957, p.138.

[3] Abraham LINCOLN, *Le pouvoir des morts. Lettres et discour*s, trad. Bernard Vincent, Paris, L'Archipel, 2009, p.121.

la spécificité du régime démocratique qui réside dans le fait de faire du peuple l'origine et le réceptacle du pouvoir.

La doctrine a déjà souligné la périlleuse tentative de définition juridique du concept de peuple en droit international[4], mais aussi en droit constitutionnel, où le concept semble imposé une indétermination quant à son statut[5]. Cette difficulté définitionnelle est accrue dans le cadre des « *États africains* [qui] *ne reposent pas sur une nation homogène établie* [6]». Par conséquent, la prise en compte de cette singularité dans l'organisation institutionnelle africaine[7] permet de placer le peuple dans sa diversité au cœur du constitutionnalisme dans cette partie du monde[8]. Dans le cadre de cette étude, nous définirons le peuple comme l'ensemble des citoyens disposant d'une parcelle de souveraineté. Cette définition proche des idées de Rousseau dans le contrat social[9], nous permet d'établir le lien entre les concepts de peuple et de souveraineté.

De façon claire et précise, Jean Bodin définissait la souveraineté comme « *la puissance absolue et perpétuelle d'une République* [10]». Cette définition est proche de celle de Carré de Malberg pour qui, « *la souveraineté est le caractère suprême d'un pouvoir qui n'en admet aucun autre ni au-dessus de lui, ni en concurrence avec lui* [11]». Quant à Jean-Jacques Rousseau mais aussi d'une certaine façon Léon Duguit, ils mettent en avant le lien entre la

---

[4] Voir, Charles CHAUMONT, « Le droit des peuples à témoigner d'eux-mêmes », *Annuaire du Tiers-Monde*, 1976, p. 16.

[5] D'après Mathias REVON, le concept de peuple au sein d'une démocratie libérale, représente deux aspects : le peuple n'est ni souverain, ni limité. Il est potentiellement les deux, ce qui conduit à une indétermination. In., *L'indétermination du statut du peuple en droit constitutionnel. Réflexions à partir des tensions entre référendum et État de droit*, Thèse de Doctorat en droit en cotutelle, Université Laval Québec, et Aix-Marseille, 2022, p.1.

[6]Vlad CONSTANTINESCO, Stéphane PIERRE-CAPS, *Droit constitutionnel*, Paris, PUF, 4e éd., 2009, p. 347.

[7] Alain ONDOUA, « La population en droit constitutionnel Le cas des pays d'Afrique francophone », *Afrique contemporaine*, 2012/2 (n° 242), p.88.

[8] Godefroy MOYEN et J. BAHETA OUELEKE, « Le peuple dans le constitutionnalisme africain : réflexion sur les minorités et les peuples autochtones dans le cas du Congo et du Cameroun », *Annales de l'Université Marien Ngouabi,* Vol., 19, Num., 1, 2019, p.51.

[9] On lira utilement sur le sujet, Alban BOUVIER, « Peuple et nation dans le Contrat social de J.-J. Rousseau : une conception française de la nation ? », Dans *Les mots de la nation,* sous la direction de Sylvianne Rémi-Giraud et Pierre Retat, Presses universitaire de Lyon, 1996, pp.199-217.

[10] Jean BODIN, *Les Six Livres de la République*, Paris, Librairie générale française, 1993, p.11.

[11] Raymond Carré de MALBERG, *Contribution à la théorie générale de l'Etat*, Paris, Sirey, 1920, p.70.

souveraineté et le peuple souverain chargé de l'exercer. Ainsi, le premier affirme que « [dans ] *l'exercice de la volonté générale* (…) *le souverain qui n'est qu'être collectif, ne peut être représenté que par lui-même* [12]», subsumant que le peuple, – « *corps électoral*[13] » et donc souverain. Pour le second, «*la personne collective qui possède la souveraineté et les citoyens pris individuellement n'en ont pas la plus petite part*[14]», faisant ainsi une distinction entre la nation – personne collective possédant la souveraineté – et le peuple – ensemble des citoyens chargés de son exercice. On précisera cependant que les auteurs cités avaient une conception plutôt classique de la souveraineté[15]. De nos jours, nous assistons à une métamorphose de ladite souveraineté[16] dans la mesure où la division de celle-ci semble devenue la règle. Partant du constat de cette mutation, nous postulons dans le cadre de cette analyse, que la souveraineté désigne à la fois le pouvoir exercé au sein d'une société politique et l'organisation de ladite société tenant compte des encadrements internes – décentralisation par exemple -, et externe – participation à une communauté politique ou économique (CEMAC par exemple).

Toutefois, au-delà des stipulations érudites, la place du peuple comme souverain dans les régimes démocratiques, du moins textuellement, ne fait aucun doute. Il lui revient ainsi le droit d'exercer le pouvoir politique[17], soit directement, soit indirectement. Par conséquent, l'exercice du pouvoir politique est un élément central du régime démocratique : mais qu'est-ce que la démocratie finalement ? Le constat d'Hans Kelsen selon lequel, « *le mot d'ordre démocratie domine les esprits, aux XIX^e^ et XX^e^ siècles, d'une façon presque générale. Mais précisément pour cette raison, le mot, comme tout mot d'ordre, a perdu son sens précis. Par le fait que – pour obéir à la mode politique – on croit devoir l'utiliser à toutes les fins possibles et en toute occasion, cette notion, dont on a abusé plus que toute autre notion*

---

[12] Jean-Jacques Rousseau, *Du contrat social*, Livre II, chap. I, Paris, Nathan, coll. « Les intégrales de Philo », 1998, p.83.

[13] Selon l'approche de Stéphane PIERRE-CAPS, « Le peuple à l'interface du droit constitutionnel et du droit international », *Civitas Europa,* n°32, 2014, pages 5.

[14] Léon DUGUIT, *Traité de droit public*, Paris, Brocard, t.I, 1911, p.36.

[15] Bien que de façon prudente, Dénis BARANGER pense que « la souveraineté n'est pas telle que la décrivent ses théoriciens », in *Le Droit constitutionnel.*, Chap. II. « La souveraineté et l'Etat », Paris, PUF, 2017, p.34.

[16] Selon l'heureuse expression de Pauline MORTIER, *Les métamorphoses de la souveraineté*, Thèse de doctorat en droit, Université d'Angers, 2011.

[17] Claude. J. DELBOS, « Le peuple souverain dans la démocratie et la République », *Humanisme*, n°305, 2014, p.29.

*politique, prend les sens les plus divers*[18] », permet d'illustrer les obstacles d'ordre pratique et théorique entourant la définition du concept de démocratie aujourd'hui. D'ailleurs, on constatera avec Stéphane Pinon que l'exercice n'a pas été un champ fertile pour les maitres du droit constitutionnel en France[19].

La démocratie étymologiquement désigne deux choses : *Démos* (pouvoir) et *Cratos* (peuple). La démocratie n'est pas simplement le fonctionnement des pouvoirs ou la mise en œuvre du pouvoir qu'il soit exécutif, législatif ou juridictionnel (juge constitutionnel). La démocratie c'est d'abord et peut - être même plus encore, le régime du peuple actif. Un peuple capable de prendre sa destinée en mains et de réclamer la place qui lui revient de droit en tant que souverain primaire. Dans ce sens, la démocratie est une technique d'organisation du pouvoir qui désigne le titulaire et attribue l'exercice de ce pouvoir aux membres de la société politique[20]. Conçue ainsi, elle désigne principalement la capacité représentative des citoyens. Ils doivent en effet comme souverain, désigner leur représentants qui exerceront le pouvoir démocratique en leur nom. Cette démocratie électorale est parfaitement résumée par les Révolutionnaires français à travers l'article 6 de la DDHC qui affirme que : « *La loi est l'expression de la volonté générale. Tous les citoyens ont droit de concourir personnellement, ou par leurs représentants, à sa formation* (…) ». Cette conception de la démocratie représentative conduit à faire du détenteur du pouvoir de faire la loi – le pouvoir législatif – le centre névralgique du régime démocratique, d'où l'affirmation selon laquelle, le Parlement serait le cœur du régime démocratique.

De même, ladite conception de la démocratie représentative – partage de souveraineté entre le peuple et ses représentants-, est lumineusement consacrée à l'article 5 de la Constitution française de 1958, reprit un peu partout dans les textes fondamentaux des Etats de la CEMAC[21]. Toutefois, si cette conception de la démocratie est aujourd'hui éculée – « *la loi*

[18] H. KELSEN, La *Démocratie : sa nature, sa valeur*, Paris, Dalloz, 2004, p. IX-X.

[19] Stéphane PINON, « La notion de Démocratie dans la doctrine constitutionnelle française », *Politéia*, n° 10, pp. 408 et suivantes.

[20] Dans ce sens,. J.-M., DENQUIN, « Que veut-on dire par démocratie ? L'essence, la démocratie et la justice constitutionnelle », *Jus Politicum*, mars 2009, n° 2.

[21] Il en est ainsi de l'article 5 de la Constitution du Congo de 2015 ; il en est de même de l'article 2 de la Constitution du Cameroun de 2008, qui rajoute cependant le Président de la République comme un des titulaires par délégation de la souveraineté.

*n'exprimant la volonté générale que dans le respect de la Constitution* [22]» - s'est imposée la nécessité d'un contrôle de la volonté générale par un juge[23]. Partant, l'on a assisté à une transformation de la démocratie consistant en « *un encadrement juridique de la loi par une reconnaissance de droits individuels que même les représentants élus siégeant en qualité de législateur ne pourraient enfreindre* [24]» : la démocratie constitutionnelle.

La démocratie constitutionnelle[25] peut être définie comme la soumission d'une société politique au juge constitutionnel au moyen d'un contrôle de constitutionnalité assuré sur les actes normatifs de rang inférieur au texte fondamental. Il s'agit en réalité, d'assurer « *l'effectivité réelle des mécanismes constitutionnels et des rapports concrets qui existent entre les organes constitutionnels, en se fondant sur une conception dynamique et non simplement statique (et formelle) de l'ordonnancement constitutionnel* [26]». Dès lors, les Etats membres de la CEMAC, en adoptant un contrôle de la constitutionnalité des lois[27], souvent bien avant leur modèle français[28], ont adhéré à cette idée moderne impliquant l'encadrement juridique du pouvoir politique par un juge et délestant par conséquent la question lancinante de la légitimité de ce dernier[29].

Notre étude concerne les Etats situés dans la zone économique CEMAC[30], en Afrique centrale. Ladite zone est composée de six Etats (Cameroun, République du Congo, Centrafrique, Gabon, Tchad et Guinée Equatoriale). Deux raisons expliquent le choix scientifique de cette sous-région africaine.

---

[22] Décision du Conseil constitutionnel Français, 85-197 DC, 23 août 1985, *Loi sur l'évolution de la Nouvelle –Calédonie.*

[23] Pierre BRUNET, « Que reste-t-il de la volonté générale ? », *Pouvoirs*, n°114, 2005, pp.5-19.

[24] Luc KLEIN, « Démocratie constitutionnelle et constitutionnalisme démocratique : essai de classification des théories juridiques de la démocratie », *RFDC*, n°109, 2017, p.123.

[25] Carl FRIEDRICH, *La démocratie constitutionnelle*, Paris, PUF, 1958, 564 p.

[26] Silvio GAMBINO, « Démocratie constitutionnelle et Italicum », *Civitas Europa,* n°35, 2015, p.244.

[27] Voir par exemple les articles 161 de la Constitution du Tchad, version consolidée de 2018 et 94 de la Constitution de la Guinée-Equatoriale, version de 1995.

[28] Voir dans ce sens, Pasquale PASQUINO, « Le contrôle de constitutionnalité : généalogie et morphologie », *Cahier du Conseil constitutionnel,* n°28 ( Dossier : l'histoire du contrôle de constitutionnalité), juillet 2010.

[29] Certains s'interrogent encore sur la légitimité du juge constitutionnel lorsqu'il censure les décisions des autorités élus ; voir, Eric DESMONS, « démocratie constitutionnelle ou autocratie judiciaire ? », *Revue des deux mondes,* fév.- mars 2018, pp.72-83.

[30] Pour une connaissance approfondie de l'histoire et du fonctionnement de la CEMAC, nous renvoyons au site de la commission : https://www.cemac.int.

En premier lieu, l'homogénéité culturelle et linguistique des Etats composant la zone. En effet, à l'exception de la Guinée-Equatoriale, les cinq autres Etats sont francophones et sont tous héritiers d'une conception française du droit public, ce qui rend plus aisé une étude scientifique. En second lieu, contrairement à la zone CEDEAO, où les avancées démocratiques sont palpables, les Etats de la zone CEMAC, sur le plan démocratique, demeurent dans une situation désastreuse où s'entremêlent : succession filiale, autoritarisme, coup d'états et conflits armés de tous genre. Dès lors, il n'est pas sans intérêt de s'y pencher exclusivement pour voir quel rôle y joue les peuples.

L'intérêt de cette analyse de droit constitutionnel est double. Elle tend d'une première part, à combler modestement sur un plan théorique, le vide dans la doctrine africaine, sur la place du peuple comme véritable acteur de la démocratie. On pourra en effet aisément constater que la place du peuple dans les acquis du constitutionnalisme des années 1990 n'a pas véritablement fait l'objet de recherches scientifiques[31]. D'une seconde part, sur le plan pratique, si l'analyse des textes fondamentaux des Etats de cette zone révèle une coexistence entre deux systèmes démocratiques - ce constat étant aussi valable il est vrai ailleurs - : la démocratie électorale ou représentative et la démocratie constitutionnelle où juridictionnelle. Dans Les deux cas, la place du peuple demeure marginale, d'où l'intérêt de s'interroger sur les raisons de cette marginalité

On peut donc légitimement se poser la question de savoir comment le peuple se positionne-t-il dans les deux types de démocraties. Autrement dit, comment se déroule la cohabitation entre le peuple -titulaire du pouvoir originaire - et les pouvoirs institués dans les démocraties constitutionnelles des Etats de la zone CEMAC ?

Cette problématique se justifiait à partir du moment où nous avions opté pour une étude sur l'exercice du pouvoir par le peuple dans le cadre démocratique. Parce que le régime démocratique postule que le peuple est au centre du pouvoir, qu'on ne peut se limiter à une analyse formelle. Il convenait donc en effet de vérifier sur un plan pratique si effectivement le peuple exerçait le pouvoir avec l'appui d'un juge constitutionnel éventuellement.

---

[31] On soulignera les articles du Pr SOMA, « Le peuple comme contre-pouvoir en Afrique », *Revue du droit public*, n°4, 2014 ; ou encore celui du Pr ONDOUA ,« La population en droit constitutionnel Le cas des pays d'Afrique francophone », précité.,

Finalement, le passage d'une démocratie électorale à la démocratie constitutionnelle ne profite guère au peuple qui demeure cantonné au rôle de simple spectateur. La fiction du peuple-souverain se confirme dans le premier cas (I). l'euphorie de l'émergence d'un juge constitutionnel – défenseur du peuple -, dans le second cas, a vite laissé place au désespoir d'un peuple abandonné et d'une pratique constitutionnelle souvent en deçà des aspirations populaires (II).

## I.- Un peuple sans pouvoir

Il s'agit à ce niveau de mesurer la participation citoyenne à l'exercice du pouvoir politique au-delà des prescriptions constitutionnelles pour juger de son effectivité[32]. De cette façon, on constatera la frilosité des constituants à confier au peuple un pouvoir décisoire direct (A), et lorsque c'est le cas, son instrumentalisation (B).

### A- L'introuvable participation citoyenne

La souveraineté appartient d'abord au peuple qui dans les régimes politiques contemporains l'exerce ponctuellement. Dans ce sens, « *c'est une obligation de l'Etat et un devoir de la société de faciliter l'émergence des conditions les plus favorables pour sa pratique* ». Le peuple doit donc dans une forme de « *démocratie continue*[33]», contribuer à la prise de décision politique et ainsi exprimer sa souveraineté. Cette obligation d'une participation populaire à la décision publique est d'autant plus importante que la dynamique institutionnelle dans les Etats en étude est celle d'une dépendance du Parlement vis-à-vis du chef de l'Etat. Etant entendu que *« le peuple est le souverain dans l'Etat et ainsi le dernier mot l'appartient*[34]», il est donc logique de s'interroger sur la manière dont la souveraineté du peuple peut s'exprimer.

Fruit d'un long cheminement historique, la prise du pouvoir par le peuple se manifeste par les mécanismes de démocratie directe prévus au sein du texte fondamental. Ainsi, pour certains auteurs, la Suisse apparaît comme

---

[32] Pour une vision globale sur le sujet, voir, Jean-Pierre CHARBONNEAU, « De la démocratie sans le peuple à la démocratie avec le peuple », *Ethique publique*, Vol. 7, n° 2005.

[33]Dominique ROUSSEAU, *La démocratie continue* (dir.), Paris, LGDJ-Bruylant, 1995, 165 pages. Pour l'auteur « la démocratie continue se manifeste par l'introduction dans le champs politique de nouvelles formes organisées de représentation de l'opinion publique qui battent en brèche le monopole détenu jusqu'alors par la norme parlementaire

[34]Hilaire BRUN, Préface à la thèse de Patrick Taillon, *Le référendum expression directe de la souveraineté du peuple ? Essai critique sur la rationalisation de l'expression référendaire en droit comparé*, Dalloz, 2012, p. XIII.

la seule démocratie, car disent-ils, *« il existe une certaine corrélation entre la volonté du peuple et la politique réelle*[35]». Il faut en effet disposer d'un modèle constitutionnel de participation citoyenne[36] prévoyant au plus haut niveau normatif, des instruments de la démocratie directe et semi directe. Dans ce sens, la démocratie directe désigne l'exercice direct du pouvoir par le peuple[37]. On pourrait ainsi avancer que la démocratie directe c'est la réunion d'un peuple-législateur, légiférant sur des questions de son quotidien. Toutefois, cette hypothèse devenant difficilement réalisable dans les sociétés contemporaines, la démocratie directe est souvent substituée à la démocratie semi-directe – entendue comme « *l'ensemble des procédures où les citoyens sont appelés à répondre par oui ou par non à une question posée* (…) [38]» - il s'agit donc d'une évolution du régime représentatif dans le sens d'un contrôle plus important des citoyens[39].

L'analyse qui suit les dispositions des constitutions en étude laisse apparaître une absence d'instruments de démocratie semi-directe susceptibles de faire participer les peuples à l'exercice direct de la souveraineté. En effet, les constituants des Etats de la CEMAC n'ont pas entendu faire participer le peuple ponctuellement au fonctionnement des institutions. Le peuple demeure cantonné au choix des dirigeants. Cette volonté facilite l'érosion de la souveraineté populaire. De cette façon, l'influence accaparante de la fonction présidentielle conduit à une situation inédite dans laquelle le souverain devient non pas le peuple mais le Président de la République. On notera par exemple que l'article 2 de la Constitution du Cameroun, fait du Président de la République, l'une des autorités titulaires de la souveraineté. Ainsi, même en admettant avec A. Esmein que *« l'Etat, sujet et titulaire de la souveraineté, n'étant qu'une personne morale, une fiction juridique, il faut que la souveraineté soit exercée en son nom par des personnes physiques* (…)[40]». Au regard de l'ultra personnalisation de la fonction présidentielle dans les Etats de la

---

[35] Cité par Regina OGOREK, « La démocratie directe en Suisse », *Grief*, n°6/2, 2019, p.48.

[36] Nous nous permettons de renvoyer à notre article sur le sujet : « La fonction de participation du citoyen dans les constitutions des Etats francophones de l'Afrique *», Revue RAMReS/S.J.P*, n°1, janvier 2022, pp. 438-469.

[37] Marie-Anne COHENDET, *Droit constitutionnel*, Paris, L.G.D.J., coll. «Cours », 2013, p.93.

[38] Jean-Marie DENQUIN, « Démocratie participative et démocratie semi-directe », *Cahiers du Conseil constitutionnel.*, n°23 (Dossier : la citoyenneté), février 2008, p.14.

[39] Dans ce sens, Hugues PORTELLI, *Droit constitutionnel*, Paris, Dalloz, coll. « Hypercours », 10e éd., 2010, p.109.

[40] Adhémar ESMEIN, *Eléments de droit constitutionnel*, Sirey, Paris, 1921, p. 82.

CEMAC, reconnaitre l'exercice de la souveraineté au Président de la République, serait admettre qu'un seul individu s'attribua l'exercice de la souveraineté remettant ainsi en cause le caractère collectif d'une telle prérogative.

La vision de la souveraineté telle que découlant des constitutions en étude, fait du peuple « *un souverain captif*[41]», c'est-à-dire dépossédé de son pouvoir. Dans une telle configuration, l'exercice direct de la souveraineté par ce dernier est perçu comme relevant d'une « *aimable rêverie et au pire d'une dangereuse incongruité* [42]». Pourtant, un tel système ultra-représentatif devrait être complété avec des instruments de démocratie semi-directe qui seuls permettent de concilier représentativité et expression populaire directe. Au lieu de cela, c'est une conception totalement représentative de la souveraineté qui est choisie. Cette option faisant du chef de l'Etat « *le lieu de la cristallisation de l'unité nationale*[43]» et se faisant le seul véritable souverain, semble contraire à certaines dispositions prévues dans les textes fondamentaux, objet de cette analyse : c'est le cas de l'article 2 de la Constitution de la Guinée Equatoriale qui dispose qu' « *Aucune fraction du peuple ni individu ne peut s'attribuer l'exercice de la souveraineté nationale* ».

Force est toutefois de constater que les textes fondamentaux en étude prévoient une intervention référendaire, c'est-à-dire un mode d'expression directe de la volonté populaire. Cependant, cette procédure « *intimement liée à un idéal de souveraineté du peuple*[44]» est strictement encadrée.

### B- Le dévoiement référendaire

« *L'illusion d'une démocratie comme le pouvoir du peuple*[45]» prend corps dans les textes fondamentaux des Etats CEMAC par la consécration du referendum comme moyen d'expression du peuple. Défini par le dictionnaire juridique comme un « *procédé de démocratie directe de*

---

[41] Stéphane CAPORAL, « Le peuple : un souverain sous contrôle », Communication présentée lors du VIIe *Congrès de l'AFDC*, déjà cité., consulté en ligne, le 12 mars 2012 : www.droitconstitutionnel.org/congresParis/comC3/CaporalTXT.pdf

[42] Olivier BEAUD, « A la recherche de la légitimité de la Ve République », *L'architecture du droit. Mélanges en l'honneur de Michel Troper*, Economica, 2006, p.162. L'auteur le souligne en parlant de la vision gaullienne du Président de la République.

[43] *Ibid.*

[44] Patrick TAILLON, *Le référendum expression directe de la souveraineté du peuple ?*, Dalloz, 2012, p.4.

[45] Norbert LENOIR, « Peuple et démocratie », *La vie des idées*, janvier 2012, p.1.

*consultation populaire sur un texte ou sur une question* [46]». Le referendum désigne une technique constitutionnelle destinée à autoriser les citoyens à répondre positivement ou négativement à une proposition précise. Il s'agit donc d'un instrument de la démocratie directe qu'on retrouve un peu partout dans les constitutions étudiées. Dans ce sens, le referendum est consacré comme le principal moyen de la démocratie directe qui permet l'exercice de la souveraineté. Ainsi, l'article 5 de la Constitution du Congo 2015 prévoit que « *La souveraineté nationale appartient au peuple qui l'exerce au moyen du suffrage universel, par ses représentants élus ou par voie de référendum* ». On retrouve une sémantique proche à l'article 43 de la Constitution du Gabon[47]qui prévoit que : *« La souveraineté nationale appartient au peuple qui l'exerce directement, par le referendum ou par l'élection, selon le principe de la démocratie pluraliste, et indirectement par les institutions constitutionnelles* ». On peut aussi citer l'article 4 de la Constitution Centrafricaine qui dispose que : « *La souveraineté appartient au peuple. Tout pouvoir émane du peuple qui l'exerce directement par voie de référendum ou d'élections et indirectement par ses représentants* [48]*».*

Toutefois, au-delàs de cette consécration textuelle, on peut observer la volonté des constituants des Etats de la zone de réduire la souveraineté à l'exercice du suffrage universel, la participation directe du peuple à la conception de la législation n'étant qu'un procédé exceptionnel. Dans ces conditions, le référendum est prévu pour faciliter, au cas où il le souhaiterait, un dialogue entre le Président-Père de la nation et son peuple. Ainsi, l'outil par excellence de l'expression du peuple se trouve confiner entre les mains de la représentation. Cette hypothèse se confirme dans la mesure ou, le champs d'action du referendum demeure circonscrit. Cette confiscation de la souveraineté par les élus est clairement exprimée à travers l'article 2 de la Constitution de la Guinée-Equatoriale qui dispose que : *« la souveraineté appartient au peuple qui l'exerce par le suffrage universel. Les pouvoirs publics en émanent et s'exercent dans les conditions que la présente loi fondamentale et les autres lois déterminent. Aucune fraction du peuple ni individu ne peut s'attribuer l'exercice de la souveraineté nationale ».*

---

[46] Alain BENABENT et Yves GAUDEMET, *Dictionnaire juridique*, LGDJ, 2023, p.369.

[47] Adoptée par référendum, le 16 novembre 2024 à plus de 91% et promulguée par une loi référendaire du 19 décembre 2024.

[48] Constitution de la VIIe République centrafricaine promulguée le 30 août 2023.

De même, la typologie des referendums[49] prouve qu'il existe aujourd'hui une multitude de techniques référendaires permettant au peuple de se prononcer sur des sujets divers. Or, dans les Etats étudiés, aussi bien textuellement que dans la pratique, la consultation référendaire demeure cantonnée à la chose constitutionnelle. Les autres formes de referendums : local, révocatoire, consultatifs et autres ne sont pas prévus dans les textes constitutionnels. Cependant, on pourrait objecter et souligner qu'il existerait le referendum législatif[50] qui consiste à faire du peuple un législateur, adoptant lui-même directement des lois. Une telle possibilité existe et on la retrouve par exemple aux articles 36 de la Constitution du Cameroun[51] et 87 de la Constitution du Congo[52]. Toutefois, il s'agit plus d'une illusion que d'un véritable droit à légiférer accordé au peuple. En effet, la lecture des deux articles pris en exemple confirme le souci des constituants de faire du Président de la République le seul détenteur de ce

[49] Sur la typologie des referendums, voir, Massimo LUCIANI, Marthe FATIN-ROUGE STEFANINI, « Introduction : typologie des référendums », Annuaire international de justice constitutionnelle, 2017, pp. 589-603 ; Laurence MOREL, « Référendum et volonté populaire : la critique démocratique du référendum », *Participations*, vol. 20, no. 1, 2018, pp. 53-84 ; Hugues DUMONT, « Réflexions sur la légitimité du référendum constituant », in : *Variations sur l'éthique : Hommage à Jacques Dabin* [en ligne], Bruxelles, Presses de l'Université Saint-Louis, 1994, généré le 28 décembre 2022.

[50] On consultera utilement sur le sujet, le Rapport du Sénat français, « Le referendum », *Etude de législation comparée*, n°4, juin 2015.

[51] Article 36 de la Constitution du Cameroun dispose que : « *1. Le président de la République, après consultation du président du Conseil constitutionnel, du président de l'Assemblée nationale et du président du Sénat, peut soumettre au référendum tout projet de réforme qui, bien que relevant du domaine de la loi, serait susceptible d'avoir des répercussions profondes sur l'avenir de la nation et les institutions nationales.*
*Il en sera ainsi notamment :*
*1°- des projets de loi portant sur l'organisation des pouvoirs publics ou sur la révision de la constitution;*
*2°- des projets de loi tendant à la ratification des accords ou des traités internationaux présentant, par leurs conséquences, une importance particulière ;*
*3° - de certains projet de réforme portant sur le statut des personnes et le régime des biens, etc.*
*2. Le projet de loi est adopté à la majorité des suffrages exprimés.*
*3. La loi détermine les procédures du référendum* ».

[52] L'article 87 de la Constitution Congo prévoit que : « *Le Président de la République peut soumettre au référendum, après avis de conformité de la Cour constitutionnelle, tout projet de loi quand il le juge nécessaire.*
*En cas d'avis de non-conformité, il ne peut être procédé au référendum.*
*Lorsque le référendum a conclu à l'adoption du projet, la loi est promulguée dans les quinze (15) jours suivant la proclamation des résultats de celui-ci* ».

pouvoir. Ainsi, dans le cas du Congo, le chef de l'Etat est le seul à juger de l'opportunité et de l'utilité de convoquer un referendum législatif.

Au Cameroun, bien que la formulation constitutionnelle paraisse moins exclusive, il n'en demeure pas moins que le Président de la République reste la seule autorité habilitée à engager une telle procédure. Par conséquent, dans les deux cas, le président de la République demeure le maitre des horloges, confirmant au passage le souci d'une présidentialisation du référendum. Ce constat se confirme dans la pratique référendaire dans les Etats étudiés.

Nous savons avec Laurence Morel que « *selon le contexte de sa mise en œuvre, la manière dont la question est posée, la façon dont les politiques et les citoyens s'en saisissent, etc... le referendum peut produire des effets très différents* [53]». Il en est ainsi des referendums qui ont été organisés dans les Etats de la CEMAC. En effet, depuis le début des années 2000 jusqu'à nos jours, quatre référendums ont été organisés dans cette partie de l'Afrique[54]. L'exégèse desdits referendums donne à observer qu'à chaque fois, l'objet portait sur la Constitution, soit pour la reformer, soit pour la changer. Si ce constat confirme la présidentialisation de cette technique de démocratie directe, il met aussi en avant, principalement dans trois cas, le caractère illibéral des référendums ainsi organisés.

Classiquement en droit constitutionnel – même si ça semble être une spécificité française[55] - on distingue le referendum au plébiscite. Alors que le premier est l'expression directe de la souveraineté par le peuple ; le second, plus connoté, « *se différencie du referendum par son aspect ratification et par le fait qu'il porte sur un homme et non sur un problème donné* [56]». Par conséquent, le plébiscite joue un rôle de premier plan dans la consolidation du pouvoir[57]. Marcel Merle évoquant les referendums

[53] Laurence MOREL, *La question du referendum*, presses de Sciences Po, 2019.

[54] Référendum constitutionnel du 20 janvier 2002 et du 25 octobre 2015 au Congo-Brazzaville pour le changement de constitution, referendum constitutionnel du 13 novembre 2011 en Guinée –Equatoriale pour la révision de la Constitution et référendum constitutionnel du 13 décembre 2015 pour changer de Constitution en RCA.

[55] Dans ce sens, Jean-Luc PARODIS, *La Politique*, Hachette, Paris, 1971. Pour l'auteur, cette distinction serait : « Historiquement récente, géographiquement française et intellectuellement confuse ».

[56] Louise BROUILLET, « Le referendum comme instrument de démocratie semi-directe : un état de la question », *Bulletin d'histoire politique*, Vol.2, n° 1-2, Fall, 1993.

[57] *Ibid.*

organisés par les nations unies qu'il qualifia de plébiscite[58], justifia cette qualification de deux manières. En premier lieu, il jugea qu'il y a plébiscite dès lors qu'il existait une autre solution que celle soumise au peuple. En second lieu, il avança que l'on pouvait aussi parler de plébiscite lorsque les populations n'ont pu voter de façon libre et transparente.

Les différentes caractéristiques avancées par Parodis et par Merle se retrouvent dans trois referendums organisés en Guinée –Equatoriale en 2011, en République du Congo en 2015, et plus récemment en RCA. Dans le premier cas, il s'agissait d'un referendum pour renforcer les pouvoirs présidentiels et notamment la possibilité pour le Président Obiang Nguema de choisir personnellement son successeur et de conserver une influence politique. Dans le second cas en République du Congo, le referendum constitutionnel avait pour objectif de doter le pays d'une nouvelle constitution permettant au Président de la République sortant de briguer un troisième mandat[59]. Dans le troisième cas, le président Archange Touadera de la RCA avait organisé un référendum le 30 juillet 2023 pour faire adopter une nouvelle constitution lui permettant non seulement de briguer un nouveau mandat présidentiel, mais aussi et régler à sa convenance la composition de la Cour constitutionnelle qui avait jugé initialement l'initiative de changement du texte fondamental, non conforme à la constitution[60]. Conservation du pouvoir – possibilité de briguer un nouveau mandat ou d'étendre son pouvoir - ; personnalisation du processus – c'est en effet non pas une question qui était au cœur des débats, mais les personnalités des deux présidents – absence de transparence des votations- il y a eu des graves protestations dans les deux cas. Comme on peut le

[58] Marcel MERLE, « Les plébiscites organisés par les Nations unies », *Annuaire Français de Droit international*, 1961, pp.428-129.

[59] Sur le sujet, Vivien Romain MANANGOU, « La Constitution congolaise du 6 novembre 2015 : entre influences françaises et affirmation identitaire », *Les Annales de droit*, n°13, 2019, pp.121-159.

[60] Lire sur le sujet, Carole VALADE, « Centrafrique : Danièle Darlan, la juge qui a dit non au président Touadéra », *Le Monde*, Publié le 31 juillet 2023, consulté en ligne, le 25 septembre 2023, https://www.lemonde.fr/afrique/article/2023/07/31/centrafrique-daniele-darlan-la-juge-qui-a-dit-non-au-president-touadera_6183981_3212.html; Barbara DEBOUT, « En Centrafrique, un référendum pour asseoir le pouvoir de Touadéra », *Jeune Afrique*, le 25 juillet 2023, consulté en ligne, le 25 septembre 2023, en ligne : https://www.jeuneafrique.com/1467584/politique/en-centrafrique-un-referendum-pour-asseoir-le-pouvoir-de-touadera/

constater, le referendum est réduit à sa plus simple expression [61]: une instrumentalisation de la participation citoyenne.

Pour notre part, nous stipulons que les referendums organisés au Congo et en Guinée –Equatoriale et bientôt en RCA, sont des referendums illibéraux[62]. Le terme ici ne vise pas la définition apportée par Fareed Zakaria, soulignant l'atteinte potentielle portée par le peuple aux principes constitutifs de l'État de droit libéral[63]. Il s'agit plutôt, d'une instrumentalisation de l'expression directe du peuple par les gouvernants en vue de conserver les manettes du pouvoir.

Privé de pouvoir, la question de la place du peuple entant que souverain se pose. En effet, l'auto gouvernance populaire – pourtant à la base du régime démocratique – se révèle être le onzième mythe du droit public[64]. Plus grave ce peuple sans pouvoir se cherche encore un gardien.

## II.- Un peuple sans gardien

De façon paradoxale, l'adhésion à la démocratie constitutionnelle ne permet pas l'émergence d'un gardien pour le peuple : s'il existe un gardien, il est assurément pas celui du peuple (A), ce qui explique sa frilosité dans la défense des droits (B).

### A- Dans la participation politique

Le prestige de la justice constitutionnelle en Afrique s'explique avant tout par son rôle dans la dévolution du pouvoir. Juge des élections nationales dans l'essentiel des Etats de la CEMAC, le juge constitutionnel devrait, selon la formule de Dominique Rousseau, représenté « *ce en quoi et par quoi le peuple se pense et se reconnait souverain* [65]». Ce qui devrait se concrétiser par la protection de la participation politique du peuple,

---

[61] Julien BOUDON, *Manuel de droit constitutionnel*, Paris, PUF, 3e éd.,2021, p.317.

[62] Mathias REVON, *L'indétermination du statut du peuple en droit constitutionnel. Réflexions à partir des tensions entre référendum et État de droit, op.cit.,* p.26. Pour l'auteur, « le referendum illibérale vise un ensemble d'hypothèses dans lesquelles un scrutin provoquerait la levée de l'indétermination du statut du peuple ».

[63] Fareed ZAKARIA, « The Rise of Illiberal Democracy », *Foreign Affairs*, n° 76, 1997. Cet article a été traduit en français. F. ZAKARIA, « De la démocratie illibérale », *Le Débat*, 1998, n° 99, p. 17-26.

[64] Selon le livre de Mathieu TOUZEIL-DIVINA, *Dix mythes du droit public*, LGDJ, 2019, 420 pages.

[65] Dominique ROUSSEAU, « La jurisprudence constitutionnelle : quelle ''nécessité démocratique'' ? », in Molfessis et al. (dir.), *La légitimité de la jurisprudence du Conseil constitutionnel*, Paris, Economica, 1999, pp.367.

expression de la souveraineté. Au lieu de cela, on assiste à une inversion du rôle du juge constitutionnel. En effet, dans les Etats objet de cette étude, le juge constitutionnel brille par un souci constant de protection des intérêts politiques du chef de l'Etat, confirmant, le constat de sa dépendance vis-à-vis de ce dernier[66]. Cette protection des gouvernants face aux gouvernés se manifeste à travers une jurisprudence électorale foncièrement favorable aux premiers entrainant une conservation contestable du pouvoir.

De façon incontestable, la jurisprudence électorale des juridictions constitutionnelles des Etats de la CEMAC est ultra favorable aux partis politiques des gouvernants. A titre illustratif, au Gabon en 2018, ce n'est pas moins de 33 candidatures de l'opposition qui avaient été jugées non recevables. Par ailleurs, se fondant sur l'article 25 de la loi organique sur la Cour constitutionnelle modifiée par l'ordonnance n°00005/PR/2018 du 26 janvier 2018, elle avait institué une caution obligatoire de 5 millions de FCFA pour tout citoyen désirant déposer un recours pour contester une élection présidentielle et 500 000 FCFA pour les autres scrutins[67]. Qualifiée de « *caution de contestation électorale*[68]». Il s'agissait pour la Cour constitutionnelle, de limiter les recours fantaisistes qui l'a menaçait d'engorgement. En pratique, force est de constater qu'une telle mesure devrait particulièrement défavoriser les candidats de l'opposition qui ne disposent pas de moyens financiers suffisants pour faire un recours, alors qu'ils sont aussi les plus susceptibles de saisir la Cour. En République du Congo, lors des dernières élections législatives de 2022, sur plus d'une trentaine de recours adressés à la juridiction constitutionnelle, une seule a été jugée favorablement[69]. Déjà, lors des élections législatives de 2017 dans le même pays, 53 recours, soit l'ensemble des recours en annulation avait été soit rejeté, soit jugé non recevable[70]. Plus récemment au Cameroun, dans le cadre du contentieux pré-électoral, le 15 février 2023, lors d'une audience

---

[66] Sur le sujet, voir par exemple, M DIAKITE, « Les ambiguïtés de la juridiction constitutionnelle dans les Etats de l'Afrique noire francophone », *RDP*, 2015, n°3, pp. 779 et s…

[67] Cour constitutionnelle du Gabon, Décision n°040 bis/CC du 29 juin 2018.

[68]La formule appartient à *La Tribune d'Afrique*, 13 Sept 2018., en ligne : https://afrique.latribune.fr/politique/2018-09-13/gabon-la-cour-constitutionnelle-invente-la-caution-de-contestation-electorale-790244.html

[69] Décision n° 045/dcc/el/l/22 du 30 septembre 2022 sur le recours aux fins de reformation des résultats de l'élection législative dans la troisième circonscription électorale de l'arrondissement n°1-Makélékélé, département de Brazzaville, scrutins des 26 et 31 juillet 2022. Le candidat déclaré vainqueur par la Cour constitutionnelle au détriment de celui du parti au pouvoir, siège au sein du groupe majoritaire, il est donc un allié au pouvoir.

[70] Lors de l'audience publique du 29 septembre 2017.

publique concernant les élections sénatoriales, le Conseil constitutionnel a confirmé le rejet de 13 dossiers des partis pour l'essentiel proches de l'opposition.

Dans les trois cas, le juge met en avant souvent des éléments de forme pour rejeter les dossiers : donnant l'impression de s'acharner à trouver des manquements justifiants de tels rejets. Ainsi, les juges rejettent des requêtes pour absence de preuves ; or, en matière électorale il est plus simple pour la commission indépendante ou encore pour l'administration électorale d'apporter des preuves d'irrégularités que le candidat présumé victime. En exigeant systématiquement des preuves, le juge ferme définitivement la porte à l'ouverture d'enquêtes susceptibles d'établir la vérité. Ainsi, dans décision du 15 février 2023, le Conseil constitutionnel Camerounais avait-il rejeté le recours de l'Union des populations du Cameroun pour une absence de preuve de casier judiciaire ou encore de certificat de domicile des candidats. Dans la logique de favoriser le pluralisme, le Conseil, lors de la réception du dossier, ne pouvait-il pas signaler ce manquement aux candidats ? Il semble bien que la volonté manifeste de l'instance constitutionnelle fut de laisser les candidats se tromper sur la constitution de leur dossier afin de prononcer tranquillement le rejet ultérieurement.

Mais il arrive aussi que les candidats apportent suffisamment des preuves pour obtenir une reformation des résultats, escomptant ainsi une décision favorable. Toutefois, même dans ce cas, le juge constitutionnel trouve d'autres artifices pour éviter d'annuler ou de reformer les résultats électoraux souvent favorables au parti du chef de l'Etat. Ainsi, lors des élections législatives de 2022 en République du Congo, un candidat aux législatives qui avait produit 38 formulaires de transcription des résultats de vote[71] prouvant que les résultats annoncés par le Ministre en charge des élections était erronés, s'est vu rejeter sa demande parce que n'ayant pas fourni la liste officielle des délégués qu'il avait désigné pour le représenter dans les bureaux de vote[72]. Dans un cas similaire, le juge constitutionnel Congolais avait opposé le même argument[73]. Un tel véhicule argumentatif

[71] L'article 99 nouveau issu de la loi n°1-2016 du 23 janvier 2016 prévoit que lesdits formulaires des résultats du scrutin dûment signé de toutes les parties sont remis aux représentants des candidats.

[72] Décision n° 016/dcc/el/l/22 du 14 août 2022 sur le recours aux fins de reformation des résultats de l'élection législative dans la deuxième circonscription électorale de l'arrondissement n° 2 Bacongo, département de Brazzaville.

[73] Décision n° 018/dcc/el/l/22 du 14 août 2022 sur le recours aux fins de reformation des résultats de l'élection législative dans la première circonscription électorale de l'arrondissement n° 3 tie-tie, département de Pointe-Noire, scrutins des 4 et 10 juillet 2022.

ne peut valablement résister à une confrontation avec la réalité et ce pour au moins deux raisons. En premier lieu, la liste dite officielle des délégués est soumise à la commission locale indépendante, il est donc possible pour la Cour d'en solliciter la délivrance avant le délibéré, soit auprès du requérant, soit auprès de la commission locale indépendante. En second lieu, aucune disposition de la loi électorale ne prévoit l'existence d'une liste officielle des représentants des candidats pouvant attester la pertinence des formulaires de transcription des résultats. Au contraire, l'article 99 nouveau de la loi électorale semble revêtir lesdits formulaires d'une force probatoire dès lors qu'ils sont signés par l'ensemble des parties composantes du bureau vote.

Au demeurant, le juge constitutionnel pouvait facilement résoudre l'énigme des délégués en accédant à la demande du requérant d'organiser une enquête comme le prévoit l'article 67 de la loi organique sur la Cour constitutionnelle. En arguant que la charge de la preuve incombait exclusivement au requérant, la Cour confirme les propos de Louis Favoreu et Loïc Philip selon qui « *la jurisprudence en matière électorale a toujours été dominée par le principe de l'influence déterminante : le juge ne prononce l'annulation d'une élection que si les faits invoqués par les requérants ont eu une influence suffisante pour fausser le résultat du scrutin*[74]». Or, avec la décision n° 016/dcc/el/l/22 du 14 août 2022, en République du Congo, le juge va plus loin que la simple exigence des preuves : il balaie d'un revers de mains des preuves pourtant irréfutables. Cette prise de position qui fragilise le droit de contestation et *in fine* bloque la participation du peuple, ne peut se justifier que par la crainte des juges constitutionnels de mécontenter le pouvoir politique, devenant ainsi une courroie indispensable pour la conservation du pouvoir.

Finalement, si le juge constitutionnel est incontestablement le juge de la transmission du pouvoir, il est aussi dans les Etats de la zone étudiée, celui de la conservation du pouvoir. Il y a quelques année en effet, Jacques Robert[75] s'interrogeait sur le fait de savoir si les juges constitutionnels « *n'étaient pas devenu des contre-pouvoirs, susceptibles d'empêcher les autres pouvoirs d'exercer leur prérogatives : jugent-ils en droit, ou mènent-ils une stratégie pour s'opposer à la souveraineté populaire et au gouvernement* ?[76]» . Dans les Etats de la CEMAC, les juges ne sont pas des

---

[74] *Les grandes décisions du Conseil constitutionnel*, Paris, Dalloz, 1995, p.27.

[75] Ancien membre du Conseil constitutionnel Français.

[76] « Le juge constitutionnel est-il un contre-pouvoir ? – petit tour d'horizon de la situation en Europe et aux Etats-Unis », in *La lettre juridique* n°405 du 29 juillet 2010 : institutions., Présentée Par Yann Le Foll, *Lexbase Hebdo*, 14 janvier 2011.

contre-pouvoirs face à la démocratie représentative, au contraire, ils sont les instruments d'une stratégie globale de conservation du pouvoir. Trop souvent, ils jugent en tenant compte des intérêts politiques des gouvernants : deux exemples pour l'illustrer.

Dans le premier cas, alors qu'il paraissait inconstitutionnel de recourir à l'article 110 alinéa 3 de la Constitution de la République du Congo de 2002[77] pour organiser un référendum entrainant un changement de constitution. Dans un avis du 17 septembre 2015[78], en réponse à une demande d'interprétation de la Constitution formulée par le Président de la République. Elle jugea que « *le président de la République était, sur le fondement de l'article 110, alinéa 3, de la Constitution, en droit de consulter le peuple, par voie de référendum, sur l'évolution des institutions de la République* [79]». Cet avis, rendu à l'unanimité des juges, avait reçu un accueil mitigé auprès des juristes, de la classe politique et des observateurs de la vie politique congolaise. En effet, pour valider ce recours au référendum, le juge constitutionnel s'était appuyé sur l'article 110, alinéa 3, de la Constitution du 20 janvier 2002, qui disposait que : « *Le Parlement a l'initiative des référendums, concurremment avec le Président de la République* ». Elle en tira dès lors les conséquences pratiques, en considérant que ce dernier partageait donc le pouvoir de recourir au référendum avec le Parlement, et qu'ainsi, l'usage de l'article 110, alinéa 3, pour organiser un référendum était conforme au texte constitutionnel. Toutefois, une telle argumentation était balayée par une certaine doctrine[80] pour qui, si la Cour était à bon droit de reconnaître que l'article en question posait le principe d'une initiative partagée en matière de référendum, pour autant, elle ne pouvait s'empêcher de rappeler à ce dernier, que c'était l'article 86[81] qui posait le régime du

---

[77] La Constitution du 20 janvier 2002 a été remplacée par celle du 25 octobre 2015.

[78] CC., Avis n°002-CC-SVC/15 17 septembre 2015.

[79] Ibid.,

[80] Dans ce sens, lire notre commentaire, « Sur le fondement juridique de l'initiative du référendum en vue de l'évolution des institutions de la République du Congo », *Reicht in africa- Law in africa-droit en Afrique*, n°18, 2015, p.143.

[81] L'article 86 de la Constitution Congolaise de 2002 disposait que : *« Le président de la République peut, après consultation du président des deux chambres du Parlement, soumettre au référendum tout projet de loi portant sur l'organisation des pouvoirs publics, les garanties des droits et libertés fondamentaux, l'action économique et sociale de l'État ou tendant à autoriser la ratification d'un traité.*

*Avant de soumettre le projet au référendum, le président de la République recueille l'avis de la Cour constitutionnelle sur sa conformité à la Constitution. En cas de non-conformité à la Constitution, il ne peut être procédé au référendum.*

référendum constituant. D'ailleurs, c'est ce même article 86, alinéa 2, qui prévoyait la saisine de la Cour constitutionnelle pour contrôler la conformité à la Constitution du référendum. Il semblerait donc, que se rendant compte que les modalités de mise en œuvre de l'article 86 étant inatteignables, le Président de la République, avec la « complicité passive » de la Cour constitutionnelle, décida de recourir au référendum pour changer la Constitution. Une façon selon l'expression de Pierre Marcilhacy, de « *faire souffrir le droit pour servir le pouvoir* [82]».

Dans le second cas, c'est le juge constitutionnel Gabonais qui s'était illustré lors de la décision du 14 novembre 2018[83], modifiant la Constitution en raison, d'après elle, d'une absence de disposition constitutionnelle prévoyant l'indisponibilité temporaire. Il s'agissait alors de trouver un moyen pour palier à l'absence du Président de la République Gabonaise pour des raisons de santé. Pour ce faire, la Cour devait interpréter les dispositions des articles 13 et 16 de la constitution au regard de la situation d'indisponibilité dite temporaire du Président de la République. Dans un considérant historique, le juge constitutionnel rajouta à l'article 13 un alinéa qui disposait qu' : « *En cas d'indisponibilité temporaire du Président de la République pour quelque cause que ce soit, certaines fonctions dévolues à ce dernier, à l'exception de celles prévues aux articles 18, 19, et 109, alinéa 1er, peuvent être exercées, selon le cas, soit par le Vice-Président de la République, soit par le Premier ministre, sur autorisation spéciale de la cour constitutionnelle saisie par le premier ministre ou un dixième des membres du gouvernement, chaque fois nécessaire* ». Ainsi, pour la Cour constitutionnelle, il n'y avait donc pas de vacance de pouvoir. L'introduction de la notion d'*"indisponibilité temporaire"*, dans la Constitution permettait alors au vice-président *"à convoquer et à présider un Conseil des ministres"*. Une prérogative qui n'appartenait jusqu'ici qu'au seul président. De cette façon, point n'était besoin de constater la vacance de pouvoir et sa conséquence qui était la désignation d'un président par intérim et l'organisation d'une élection au bout de quatre-vingt jours.

---

*La Cour constitutionnelle veille à la régularité des opérations de référendum. Lorsque le référendum a conclu à l'adoption du projet, la loi est promulguée dans les conditions prévues à l'article 83 alinéa* 2.

[82] Dans une interview réalisée au quotidien le Figaro, 12 février 1960.

[83] Décision 219/Cc du 14 novembre 2018.

L'exercice de ce pouvoir constituant par la Cour[84] a été diversement interprété, mais la société civile et l'opposition considéraient qu'il s'agissait pour la Cour de conserver le pouvoir au profit du Président temporairement indisponible. Deux critiques aux moins étaient formulées à l'égard de la décision de la Cour. D'abord, sur un plan sémantique, l'article 13 prévoyait bien l'indisponibilité puisque d'après certains auteurs, « *le terme empêchement voulant aussi dire indisponibilité, la vacance renvo[yait] donc également à une indisponibilité elle aussi temporaire ou définitive* [85]». En second lieu, la critique portait sur la compétence de la Cour constitutionnelle, pouvait-elle modifier la Constitution ? Pour l'opposition, une telle démarche était simplement un acte de haute trahison.

Pour notre part, nous considérons que dans le cadre de l'interprétation de la constitution, le juge constitutionnel doit « *écrire d'une main tremblante* [86]», ceci s'explique par le fait qu'il dispose de pouvoirs plus considérables que le législateur et doit donc pouvoir s'autolimiter[87]. Cette réalité est encore plus vivace dans le contexte africain, où chaque décision peut être une poudrière. La question est alors de savoir ce qu'est une interprétation constitutionnelle ? Pour Michel Troper, il s'agit de « *la recherche de l'intention du constituant*[88]». Quant à Francis Delpérée, il avance que pendant l'opération d'interprétation, le juge « *(...) précise le sens des mots. Il dévoile l'esprit de la règle. Il cherche l'intention des auteurs de la Constitution. Il fait appel à toutes les virtualités du raisonnement, de l'analyse ou de la synthèse. Il dégage ainsi le sens correct qui peut être*

---

[84] Une telle possibilité a déjà été signalée par certains auteurs, c'est le cas de Séverin ANDZOKA ATSIMOU, « La participation des juridictions constitutionnelles au pouvoir constituant en Afrique », *Revue française de droit constitutionnel*, 2017/2 (N° 110), pp. 279-316 ;

[85] BRISKA, « Sur l'indisponibilité temporaire dans la constitution gabonaise », *Critica,* Publié le 25 novembre 2018., en ligne : http://briska.unblog.fr/2018/11/25/critique-de-la-decision-219cc/.

[86] Montesquieu, « Lettres persanes, (1721) »., Texte établi par André Lefèvre, A. Lemerre, 1873 (p. 174-176).

[87] Michel AMELLER, «Principes d'interprétation constitutionnelle et autolimitation du juge constitutionnel »., Exposé présenté par Michel AMELLER à l'occasion d'une rencontre organisée à Istanbul en mai 1998 par l'OCDE, consulté, le 15 janvier 2023, en ligne : https://www.conseil-constitutionnel.fr/les-membres/principes-d-interpretation-constitutionnelle-et-autolimitation-du-juge-constitutionnel.

[88] *Pour une théorie juridique de l'Etat*, Paris, PUF, 1994, p.263.

*procuré à une disposition* [89]». Pour nous, l'interprétation est une explication d'un texte constitutionnel dont l'objectif serait de rendre intelligibles les dispositions les plus obscures et les plus susceptibles d'entrainer une multiplication d'interprétations conflictogènes. Ainsi, si tous les citoyens ont le droit d'interpréter la Constitution, cependant seule l'interprétation officielle compte. « *l'interprétation officielle, encore appelée interprétation par voie d'autorité (...) C'est l'interprétation que l'auteur de la règle constitutionnelle peut procurer de ses dispositions* [90]». Or, en vertu de l'article 88 de la Constitution du Gabon qui dispose qu' : *« En dehors des autres compétences prévues par la Constitution, la Cour Constitutionnelle dispose du pouvoir d'interpréter la Constitution, et les autres textes à valeur constitutionnelle, en cas de doute ou de lacune, à la demande du Président de la République, du Premier Ministre, du Président du Sénat, du Président de l'Assemblée Nationale, du dixième des députés ou des sénateurs* [91]». Par conséquent, il revenait incontestablement à la Cour, d'apporter une interprétation officielle aux dispositions en cause. Toutefois, la question qui se pose est celle de savoir si la Cour constitutionnelle pouvait lors de l'opération d'interprétation rajouter un alinéa à la Constitution ? Notons avec Alexandre Viala que « *l'interprétation est le moyen détourné mais naturel par lequel le juge complète l'œuvre du Constituant ou du législateur* ». En réalité, « (…) *par leur pouvoir d'interprétation, les organes d'application posent eux-mêmes les normes constitutionnelle* [92]», la seule condition étant que ce pouvoir d'interprétation soit prévu par la Constitution, comme c'est le cas de l'article 88. Il nous semble donc qu'il n'y avait pas matière à condamner la Cour constitutionnelle sur ce fait[93].

Les deux décisions constitutionnelles ont été interprétées par l'opinion comme les preuves d'une coalition formée entre le juge constitutionnel et les gouvernants dans l'objectif de conserver le pouvoir. Le juge constitutionnel est dans ce cas pointé pour son « *activisme politique et*

---

[89] Francis DELPEREE, « La Constitution et son interprétation », *in L'interprétation en droit, Michel Van de Kerchove* (dir.), Presses de l'Université Saint-Louis, 1978, p.188.

[90] *Idem.*, p.189.

[91] Article issu de la loi constitutionnelle *n°1/97 du 22 avril 1997.*

[92] Michel TROPER, *Pour une théorie juridique de l'Etat, op.cit.*, p.305.

[93] Telle était aussi la position de Télesphore Ondo, voir Albertine ONDO, «critiques de l'opposition sur la décision de la Cour constitutionnelle », *Quotidien Libreville,* 16 novembre 2018, consulté en ligne, le 22 mai 2023., Sur le site:https://lalibreville.com/gabon-reponse-de-marie-madeleine-mborantsuo-aux-critiques-de-lopposition-decision-de-cour-constitutionnelle/

*militant*[94] », confirmant le constat du Pr Conac sur la fragilité et la vulnérabilité de la justice constitutionnelle[95]. Ce constat est aussi valable dans le domaine de la protection des libertés individuelles.

### B- Par un conséquentialisme rédhibitoire

Les Etats de la CEMAC en étude ont tous adopté le modèle kelsénien de justice constitutionnelle. Ledit modèle – bien qu'une certaine doctrine appelle à une modélisation alternative[96] -, se distingue du modèle américain sur au moins deux aspects : « (…)*l'existence d'un contentieux constitutionnel distinct des autres contentieux et le monopole du jugement de ce contentieux au profit d'une seule juridiction*[97]». Dans cette configuration, le juge constitutionnel est le garant de la suprématie de la Constitution dans l'ordre juridique. Ainsi, il lui revient de vérifier que les normes inferieures sont conformes à la norme supérieure qu'est la Constitution. Dans ce sens, Kelsen affirmait, « *Une constitution à laquelle la garantie de l'annulabilité des actes inconstitutionnels fait défaut, n'est pas pleinement obligatoire, au sens technique (...)*[98] ». Dans ce modèle, le rôle du juge constitutionnel se résumerait à la confrontation de la norme inferieure à la norme supérieure sans tenir compte des faits. Or, ainsi que le constatait Sylvie Salles dans le cas français, « *la relecture de la jurisprudence révèle que l'examen de constitutionnalité ne peut rester « pur » de toute considération extra-juridique (...) il existe un écart entre la représentation théorique du contrôle et son exercice réel* (…)[99]». Dans la pratique, particulièrement dans les Etats en étude, le juge constitutionnel ne se contente pas de confronter les normes inferieures à la Constitution : il tient

---

[94] Voir dans ce sens, Fabrice HOURQUEBIE et Wanda MASTOR, « Les cours constitutionnelles suprêmes étrangères et les élections présidentielles », Les nouveaux cahiers du conseil constitutionnel, Cahier n°34, janvier 2012, pp. 421-453.

[95] Gérard CONAC, (dir.), « Le juge constitutionnel en Afrique. Censeur ou pédagogue ? », *in G. Conac, (dir.), Les cours suprêmes en Afrique, Tome II, La jurisprudence*, Paris, Economica, 1989, p. VII.

[96] Mathieu CARPENTIER, « Une modélisation alternative des systèmes de justice constitutionnelle : enjeux et difficultés », *Revue française de droit constitutionnel*, 2019/4 (N° 120), pp. 843-864.

[97] Louis FAVOREU, « Modèle européen et modèle américain de justice constitutionnelle », In: *Annuaire international de justice constitutionnelle*, 4-1988, 1990. Les juges constitutionnels. pp. 57.

[98] Hans KELSEN, « La garantie juridictionnelle de la Constitution », *Revue du droit public*, 1928, p.250.

[99] SALLES Sylvie, « Le conséquentialisme dans la jurisprudence du Conseil constitutionnel », *Nouveaux Cahiers du Conseil constitutionnel,* n° 53 - Octobre 2016. **????? Référence incomplète. P ?.**

compte de plusieurs éléments extra juridiques, anticipant de fait les conséquences que pourraient avoir une décision sur la société : c'est ce que l'on désigne par le conséquentialisme.

Pour Stéphanie Douteaud, le conséquentialisme est « *entendu comme le phénomène conscient par lequel le juge anticipe les conséquences générées, par l'arrêt qu'il s'apprête à rendre, au moment de définir le ou les motifs ainsi que le dispositifs de la décision* [100]». Il s'agit donc pour Samy Benzina d'une « *prise en compte par le juge des conséquences éventuelles de sa décision dans le choix d'une solution au litige dont il est saisi* [101]». En clair, le juge au lieu de se contenter de la vérification de la compatibilité de la loi à la Constitution, va aussi imaginer les effets d'une telle décision dans la société. Une telle approche accroit considérablement le rôle des juges constitutionnels qui, à en croire Guillaume Tusseau, ne « *se limitent plus à trancher des litiges techniques faits d'arguties juridiques*[102]», mais au contraire à impacter la société toute entière, en anticipant les conséquences multiples de leurs décisions. En effet, si le juge constitutionnel peut décider en anticipant les conséquences de ses décisions, cette anticipation peut ou ne pas être positive. Ainsi, pourrait—il - même en présence d'une inconstitutionnalité flagrante-, refuser de le déclarer pour éviter par exemple la chute d'un régime, ou encore, des conséquences économiques néfastes pour l'Etat. Est-ce le rôle du juge constitutionnel ? Ce conséquentialisme dont l'objectif n'est pas de « *rendre une décision acceptable, c'est-à-dire compréhensible et extériorisable par le public*[103] », nous le qualifions : de conséquentialisme rédhibitoire.

Le conséquentialisme rédhibitoire désigne donc un versant du conséquentialisme qui consiste pour les juges constitutionnels, à rendre des décisions dont les effets ne seront pas de nature à ébranler l'édifice juridique et institutionnel en place. L'objectif assigné à ce conséquentialisme est la conservation du pouvoir ou plus globalement, la conservation de la réalité juridique ou institutionnelle du moment. En somme, au moment de délibérer, le juge s'interroge sur le bienfondé d'une telle délibération non pas

---

[100] Stéphanie DOUTEAUD, « Le conséquentialisme économique dans les décisions du Conseil d'Etat », *RDP*, n°3, 2020, 596/597.

[101] Samy BENZINA, « Sylvie SALLES, Le conséquentialisme dans la jurisprudence du Conseil constitutionnel, Paris, LGDJ, 2016 », *Jus Politicum* 19 – Janvier 2018 - Constitutionnalisme global, p.248.

[102] Guillaume TUSSEAU, *Contentieux constitutionnel comparé*, « Introduction », L.G.D.J, 2021, p.27.

[103] Fabrice HOURQUEBIE, « L'argument conséquentialiste dans les décisions de justice », *Les Cahiers de justice*, 2014, n°2, p.217.

sur l'évolution du droit ou encore sur celle de la société, mais sur la conservation du pouvoir ou sur le maintien du paysage juridique en l'état. Nous tombons dès lors dans un conservatisme constitutionnel qui sera caractérisé par une automaticité des décisions rendues[104]. Dans cette configuration, tel un défenseur des valeurs constitutionnelles traditionnelles, le juge constitutionnel prône la préservation d'une situation politique (majorité politique), ou juridique ( une liberté individuelle), excluant toute possibilité de progrès. S'inscrivant dans cette logique conservatrice[105], le juge constitutionnel rebute le progrès, n'accordant aucune chance à une hypothétique amélioration de la société grâce à une interprétation constitutionnelle, une sorte de réalisme juridique[106].On nous permettra de donner quelques exemples jurisprudentiels pour illustrer notre hypothèse scientifique.

Dans une affaire qui concernait le droit de propriété en 2018[107], le juge constitutionnel en République du Congo avait considéré que l'article contesté, en ne prenant pas en compte l'exigence constitutionnelle d'une juste et préalable indemnité, portait atteinte à la garantie constitutionnelle du droit de propriété tel que consacré par la Constitution en son article 23. Il s'agissait en l'occurrence d'une disposition législative qui pour la constitution d'une réserve foncière publique rétrocédait 10% de la superficie des terre ou terrain appartenant à de privés à l'Etat sans indemnité préalable. Cette décision fût unanimement saluée par la doctrine comme une prouesse jurisprudentielle[108]. Si en effet, elle permet la concrétisation du droit constitutionnel de propriété au Congo[109].Toutefois, à y voir de plus près, elle

[104] Voir pour le cas de la justice globalement, Christian VIGOUROUX, « Du conservatisme, de la contestation et de la complexité en Justice », *Après-demain*, 2014/2 (N ° 30, NF), p. 7-8.

[105] Pour une vision globale du conservatisme dans le cadre judiciaire, voir, Krishna SWAMY DARA, « Castes, tribunaux et droit. Approches critiques du conservatisme judiciaire », *Droit et cultures*, n°67, 2014-1.

[106] Sur le réalisme juridique, voir, Jean-Pierre, SCHOUPPE, «Le réalisme juridique », *Revue interdisciplinaire d'études juridiques*, 1987, p. 192.

[107] Décision n° 002/dcc/SCA/18 du 13 septembre 2018 sur le recours en inconstitutionnalité de l'article 16 de la loi n° 21-2018 du 13 juin 2018 fixant les règles d'occupation et d'acquisition des terres et terrains.

[108] C'est le cas de Placide MOUDOUDOU, « Les garanties constitutionnelles du droit Congolais de propriété », i, Joël Aivo, Jean du Bois de Gaudusson, Christine Dessouches, Joseph Maîla (dirs.), *Mélanges en l'honneur du Président Robert Dossou*, L'Harmattan, 2020, p.832 et s.

[109] Dans ce sens, notre article, « Quelques observations sur la jurisprudences récentes de la Cour constitutionnelle du Congo en matière fiscale », *in Horizons du droit*, n°38, 2022, pp.46-85.

permet aussi au juge de rendre une « *décision ronde* [110]», comme il les aime bien. Cependant, la rondeur de cette décision où son caractère conséquentialiste se manifeste à travers un autre considérant. En effet, profitant de l'article 47 de la loi organique sur la Cour[111] permettant la modulation dans le temps des effets de ses décisions ; elle imposa la non-rétroactivité de sa décision, en précisant qu'elle ne devait s'appliquer qu'aux situations en cours et non définitivement acquises à compter de sa date. Une telle précision en apparence anodine a deux conséquences importantes. D'une part, elle permet à la Cour de s'imposer dans l'opinion comme la gardienne du droit de propriété. D'autre part, et sans doute le plus important, elle protège l'Etat contre le flot incessant des possibles plaintes et conséquences financières incalculables en raison de nombreuses expropriations sauvages en cours dans le pays[112]. Finalement, si en apparence le juge constitutionnel protège le droit de propriété, il protège surtout l'Etat contre les conséquences financières des violations antérieures.

Autre exemple tiré de la jurisprudence constitutionnelle Centrafricaine. Il s'agit cette fois du projet d'abrogation de la Constitution par les gouvernants en RCA. Dans une décision de 2022, ayant eu à se prononcer sur la constitutionnalité d'un décret mettant en place un comité chargé de rédiger une nouvelle constitution, le juge considéra comme inconstitutionnelle une telle démarche. La lecture du considérant principal éclaire parfaitement sur les motivations du juge constitutionnel.

*«Considérant que la Constitution du 30 mars 2016 n'a pas prévu son abrogation mais une procédure de révision afin d'adapter les dispositions constitutionnelles dans le but de l'amélioration du fonctionnement des Institutions et de l'État ;*

*Que dans ces conditions, avoir recours à l'abrogation de la Constitution est contraire à l'ordre constitutionnel et constitue un changement anticonstitutionnel ;*

---

[110] Selon la formule de Dominique Rousseau''La doctrine aime les décision carrées ; elle a raison et il en faut parfois. Mais le juge ne sait et ne peut prendre, le plus souvent, que des décisions rondes […] '., in « Le Conseil constitutionnel, maître des horloges », *Nouveaux Cahiers du Conseil constitutionnel*, n° 54 (dossier : la constitution et le temps) - janvier 2017. Consulté en ligne, le 15 mars 2021, sur le site : https://www.conseil-constitutionnel.fr/nouveaux-cahiers-du-conseil-constitutionnel/le-conseil-constitutionnel-maitre-des-horloges

[111] Au terme de l'article 47 de la loi organique n° 28-2018 du 7 août 2018 portant organisation et fonctionnement de la Cour constitutionnelle : « La Cour constitutionnelle peut moduler, dans le temps, les effets de ses décisions d'inconstitutionnalité ».

[112] Voir dans ce sens le Rapport du Médiateur de la République au Chef de l'Etat pour l'année 2012, pp.62 et 63.

*considérant en outre que le décret mettant en place un Comité de rédaction de la Constitution est intitulé « Décret 22.348 portant création du Comité Chargé de rédiger le projet de Constitution de la République Centrafricaine ;*

*Que ce décret vise la Constitution du 30 mars et son décret de promulgation ceci en contradiction avec l'intitulé dudit décret ;*

*Qu'en effet, il n'y a pas lieu de rédiger le projet de Constitution de la République Centrafricaine car cette Constitution existe déjà et est actuellement en vigueur (...) ».*

Une décision historique[113] qui sonnait le glas du régime en place puisque l'abrogation de la Constitution avait pour objectif non avoué, la levée du verrou à un troisième mandat pour le président en place. Finalement, dans une nouvelle décision en janvier 2023[114], la Cour jugea recevable, le projet de loi fixant les procédures du référendum en République centrafricaine. Donnant ainsi l'autorisation au Président de la République de promulguer la loi organique sur le référendum : ouvrant ainsi la porte à une possible abrogation de la Constitution. Comment peut-on expliquer ce virement jurisprudentiel sans arguments conséquentialistes ?

On voit par cet exemple, la manifestation du conséquentialisme dans le revirement jurisprudentiel à l'œuvre. En réalité, le remplacement de la présidente de la Cour constitutionnelle ayant rendu la première décision de rejet avait pour seul objectif installer un partisan de la conservation du pouvoir à la tête de la Cour, rendant ainsi possible l'abrogation de la Constitution[115].

On me permettra de donner un troisième exemple, peut-être plus illustratif sur la manifestation du conséquentialisme rédhibitoire dans la jurisprudence constitutionnelle dans les Etats de la zone CEMAC. Le gouvernement du Gabon avait décidé de prendre par Arrêté de nouvelles mesures de prévention, de lutte et de riposte contre la propagation de la Covid -19[116].

---

[113] Jean-François AKANDJI KOMBE, « Constitutionnalisme et 3e mandat –la décision historique de la Cour constitutionnelle de RCA », *Le Blog Akandji K*, octobre 2022., consulté en ligne en janvier 2023, sur le site : https://jfaki.blog/archives/13484

[114] Décision du vendredi 20 janvier 2023, relatif au contrôle de la constitutionnalité du Projet de loi fixant les procédures du référendum en République centrafricaine.

[115] Dans ce sens, Rédaction, « Centrafrique : Danielle Darlan évincée de la Cour constitutionnelle », *Africanews*, Bangui le 18 janvier 2021 - Consulté en ligne, le 11 juin 2023, sur le site:https://fr.africanews.com/2023/01/04/centrafrique-danielle-darlan-evincee-de-la-cour-constitutionnelle//

[116] Arrêté N¨559/PM du 25 novembre 2021 fixant l'entrée en vigueur des nouvelles mesures gouvernementales de prévention, de lutte et de riposte contre la propagation de la Covid-19.

Parmi les mesures prises, deux suscitaient particulièrement l'ire d'une partie de la société gabonaise : la fin de la gratuité des Test PCR et la vaccination obligatoire. Des organisations de la société civile avaient alors saisi la Cour pour contester la constitutionnalité desdites mesures. Les requérants arguaient notamment la violation du principe de l'égalité des citoyens devant la loi, consécutive à l'instauration d'une « *double citoyenneté, entre ceux qui sont vaccinés et ceux qui ne seront vaccinés* ». Sans s'appesantir sur l'argumentaire des organisations de la société civile, la Cour annula le 24 décembre 2021 ledit Arrêté n°559/PM au motif de l'absence d'information du Parlement[117]. Le choix d'un tel motif de rejet est étonnant dans la mesure où, alors que l'inconstitutionnalité de cet Arrêté sur le plan de la rupture d'égalité semblait manifeste, le juge fait le choix d'un grief de forme, donc susceptible d'être rapidement corrigé par le gouvernement : la tendance conséquentialiste est déjà présente.

Convaincu, qu'il suffisait simplement d'informer le Parlement pour rendre l'Arrêté conforme à la constitution, quelques heures seulement après la décision de la Cour, le Gouvernement annonça la publication d'un nouvel Arrêté fixant les nouvelles mesures de lutte contre la Covid-19[118]. Pour l'essentiel, sans doute induit en erreur implicitement par la Cour, le gouvernement reprit des mesures contenues dans l'Arrêté annulé et notamment sur la fin de la gratuité et la vaccination obligatoire. Piqué à vif, les organisations de la société civile saisirent de nouveau la Cour pour contester la constitutionnalité du nouvel Arrêté[119]. Bien que le Gouvernement avait pris soin d'informer le Parlement, l'Arrêté fut annulé pour deux motifs. En premier lieu, que l'Arrêté violait la hiérarchie des normes, en rendant payant les Test PCR, alors qu'un décret le rendait gratuit. En second lieu, en reprenant les termes du premier Arrêté annulé par la Cour, le Gouvernement violait l'article 92 de la Constitution sur l'autorité absolue de la chose jugée par la Cour constitutionnelle.

Toutefois, si la société civile avait réussi une seconde fois à faire censurer les mesures gouvernementales, la Cour dans une logique conséquentialiste,

---

[117]Décision de la Cour Constitutionnelle n°043/CC du 24 décembre 2021.

[118] **Arrêté n°0685/PM du 24 décembre 2021** fixant les nouvelles mesures gouvernementales de prévention, de lutte et de riposte contre la propagation de la Covid-19.

[119] Décision n°045/CC du 31 décembre 2021 relative à la requête présentée par Monsieur Geoffroy FOUMBOULA LIBEKA MAKOSSO et Madame Justine Judith LEKOGO, tendant à voir déclarer inconstitutionnel l'Arrêté **24 décembre l'Arrêté n°0685/PM** fixant les nouvelles mesures gouvernementales de prévention, de lutte et de riposte contre la propagation de la Covid-19

a laissé des marges de manœuvre à l'exécutif pour repartir sur des textes globalement similaire. En effet, bien que les dispositions censurées durent déclarées inséparables de l'ensemble de l'Arrêté, néanmoins, il était loisible pour le Gouvernement d'adopter rapidement un nouveau texte tenant compte des observations de la Cour qui globalement n'étaient pas inatteignables. La censure de la Cour remplissait une double fonction, elle répondait favorablement à une demande de la société gabonaise majoritairement hostile aux mesures imposées. En même temps, elle laissait au Gouvernement la possibilité de toujours adopter des mesures en ne censurant pas sur des motifs insurmontables ( par exemple la rupture d'égalité). D'ailleurs, le Gouvernement compris parfaitement le message, puisqu'un décret fut publié au journal officiel[120] seulement quelques jours après la censure de la Cour constitutionnelle reprenant pour l'essentiel les mesures contestées dans les deux arrêtés censurés.

Sous cet angle, l'on comprend mieux pourquoi la motivation des décisions de justice est une condition essentielle de la légitimité du juge. Le juge constitutionnel est devenu un juge stratège, anticipant les effets de ses décisions sur non seulement la société qu'il est censé réguler, mais aussi sur sa propre survie. De ce point de vue, si le conséquentialisme permet de confirmer le constat du doyen Favoreu, selon qui, « *il semble aujourd'hui qu'il ne puisse plus y avoir de Constitution réellement démocratique sans l'existence d'une justice constitutionnelle assurant le règne de l'Etat de droit*[121] ». Il l'infirme aussi, car dans certains ordres juridiques, comme dans celui de la CEMAC, il est un instrument au service de la paix sociale et de la conservation du pouvoir.

[120] Décret N°0002 portant modification et suppression de certaines mesures de prévention, de lutte et de riposte contre la propagation de la Covid-19, paru dans le journal officiel du 7 janvier 2022.

[121] Louis FAVOREU, « Annexe. La modernité des vues de Charles EISENMANN sur la justice constitutionnelle », in Eisenmann., *La justice constitutionnelle et la Haute Cour constitutionnelle d'Autriche*, Paris, Economica, Aix-Provence, PUAM, coll. »Droit public positif », [1928], 1986, p.374.

# Le scrutin présidentiel sénégalais de 2024 : le règlement juridictionnel d'un dérèglement électoral

*Yaya NIANG*

*Enseignant-chercheur en Droit public*
*Université Gaston Berger de Saint-Louis (Sénégal)*

L'élection présidentielle du Sénégal du 24 mars 2024 a marqué les esprits. Sa signification juridique et démocratique a suscité un intérêt particulier. Elle a servi de tribune aux auteurs autorisés, y compris celui qui est dédicataire de ces mélanges, le Professeur Alioune Badara FALL. Fortement attaché aux principes fondateurs de la République, le maître que je célèbre à travers ces lignes n'a ménagé ni son courage ni sa peine, lorsqu'il a décidé de porter son manteau d'universitaire pour livrer une mémorable contribution contre toute idée de troisième mandat. Une contribution déterminante intervenue dans un contexte où le Président sortant avait entretenu le flou sur sa volonté de se soumettre au suffrage des Sénégalais[1].

Cette même détermination a été notée chez l'ancien Directeur de CERDRADI de Bordeaux, avec la même intensité, lorsqu'il s'était agi de démontrer la justiciabilité de la loi constitutionnelle[2] dont l'objet portait sur le report de l'élection présidentielle de février à décembre 2024. Les prises de position de l'auteur révèlent une conviction, celle de la croyance aux principes de la démocratie, dont celui de l'organisation d'élections libres et transparentes garantes de la liberté du peuple à choisir souverainement ses gouvernants.

Gérard Conac est d'avis, qu'à nos jours, un régime démocratique se mesure à son recours à l'élection populaire pour choisir soit directement, soit

[1] A.B FALL, « Trouble autour de l'article 27 de la Constitution sénégalaise sur le mandat présidentiel ou le mal démocratique sénégalais », article de presse du journal Sud Quotidien, paru le 14 mars 2023, consulté la même date, disponible en ligne, https://www.sudquotidien.sn/trouble-autour-de-larticle-27-de-la-constitution-senegalaise-sur-le-mandat-presidentiel-ou-le-mal-democratique-senegalais/?amp=1.

[2] A.-E K. BOYE, S. DIOP, B. GUEYE, A. SALL, A. B. FALL, « La justiciabilité incontestable de la loi constitutionnelle n° 04/2024 devant le conseil constitutionnel », CERACLE [en ligne], disponible à partir de ce lien, https://ceracle.com/la-justiciabilite-incontestable-de-la-loi-constitutionnelle-n-04-2024-devant-le-conseil-constitutionnel/, consulté le 14 février 2024.

indirectement les gouvernants[3]. Il ne fait l'objet d'aucun doute que toute dévolution démocratique du pouvoir politique passe par des élections libres et régulières, tenues à des intervalles prévus et sans fraudes … »[4]. C'est ce qu'expriment fermement les instruments à portée régionale[5], continentale[6] et même universelle[7].

L'élection présidentielle de 2024 a servi de baromètre d'appréciation de la capacité des institutions à mettre en œuvre les principes posés par les instruments précités. L'examen du processus a révélé un intense règlement juridictionnel d'un dérèglement électoral. A titre de rappel, le Sénégal, depuis son indépendance, a organisé douze (12) élections présidentielles[8], mais celle de mars 2024 n'est pas comme toutes les autres. Elle se distingue de celles-ci par des faits inédits[9] dont le plus marquant a été la subite

---

[3] G. CONAC, « Démocratie et élection », cité par A. D. NTOLO NZEKO, « Les solutions aux contestations des élections politiques nationales dans les États d'Afrique noire francophone », *RFDC* n°124, 2020, p. 965.

[4] A. D. NTOLO NZEKO, « Les solutions aux contestations des élections politiques nationales dans les États d'Afrique noire francophone », in *RFDC*, n°124, 2020, p. 966.

[5] Le Protocole A/SP1/12/01 sur la démocratie et la bonne gouvernance additionnel au protocole relatif au mécanisme de prévention, de gestion, de règlement des conflits, de maintien de la paix et de la sécurité du 21 décembre 2001 prévoit en son article 2, tiret 3, que « Les Etats membres prendront les mesures appropriées pour que les femmes aient, comme les hommes, le droit de voter et d'être élues lors des élections, de participer à la formulation et à la mise en œuvre des politiques gouvernementales et d'occuper et de remplir des fonctions publiques à tous les niveaux de l'Etat ».

[6] L'article 13, tiret 1, de la Charte africaine des Droits de l'homme et des Peuples dispose que « Tous les citoyens ont le droit de participer librement à la direction des affaires publiques de leur pays, soit directement, soit par l'intermédiaire de représentants librement choisis, ce, conformément aux règles édictées par la loi. » ; la Charte africaine de la démocratie, des élections et de la gouvernance (CADEG) du 30 janvier 2007.

[7] L'article 21 de la Déclaration universelle des droits de l'homme de 1948 qui dispose que « toute personne a le droit de prendre part à la direction des affaires publiques de son pays, soit directement, soit par l'intermédiaire de représentants librement choisis » ; l'article 25 du Pacte international relatif aux droits civils et politiques de de 1966.

[8] Voir I.M. FALL, *Les élections présidentielles au Sénégal de 1963 à 2012*, Dakar, L'Harmattan, 2017.

[9] Au chapitre de ces faits, l'on peut relever : une élection présidentielle à laquelle le président sortant n'a pas participé ; une élection présidentielle avec trois dates : le 25 février 2024, la date initiale, le 24 mars 2024 qui a été finalement par le Président après l'annulation de la loi report, la date du 31 mars 2024 qui avait été fixée par décision du 6 mars 2024 avant qu'il s'aligne à la date retenue par le Président de la République ; la compression de la durée de la campagne électorale par décret n°2024-704 du 7 mars 2024 fixant la durée de la campagne électorale ; l'adoption de la loi n°4/2024 portant dérogation aux dispositions de l'article 31 de la Constitution *jugée inconstitutionnelle par le juge constitutionnel dans sa décision du 15 février 2024 ;* un candidat en détention préventive depuis le 14 Avril 2023 libéré en pleine

interruption du processus par décision présidentielle, ainsi que l'adoption d'une loi de révision décalant la date du scrutin.

En réalité, nous avons assisté à un véritable dérèglement électoral. Un processus électoral agité, malmené, riche en rebondissements avant de connaître un dénouement heureux par le truchement d'un règlement juridictionnel. Une élection présidentielle de cette nature revêt, sans aucun doute, un intérêt particulier qui suscite la curiosité du chercheur.

Il est confortable de penser que chaque élection s'accompagne de son lot d'apprentissages[10]. L'élection présidentielle de 2024 ne fait pas exception à cette règle. Elle a été un apprentissage sur chaque pan du processus électoral. Son caractère historique mérite que ses temps forts soient restitués dans une étude en guise de mémoire pour la postérité. Point n'est besoin de rappeler que cette expérience électorale, éprouvante pour la démocratie sénégalaise, a laissé des enseignements marquants.

L'option a été prise de ne mettre l'accent que sur un moment du processus où la surchauffe électorale a entraîné une frénétique sollicitation des institutions politiques et juridictionnelles. C'est ce moment de pic électoral qui a offert un terrain privilégié d'une frontale confrontation entre les pouvoirs publics. Ceux-ci peuvent renvoyer, selon une interprétation large prônée par Gérard DRUESNE[11], à l'Assemblée parlementaire, à l'exécutif et à l'autorité juridictionnelle. L'auteur indique s'être inspiré de la célèbre formule de Montesquieu qui martelait qu'« il y a dans chaque Etat trois sortes de pouvoirs : la puissance législative, la puissance exécutrice de celles qui dépendent du droit des gens, et la puissance exécutrice de celles qui dépendent du droit civil ».[12]

Chaque pouvoir étant doté de fonctions spécifiques dont l'usage, à chaque fois que de besoin, favorise une auto-régulation. Il apparait clairement que c'est le pouvoir exécutif « qui a toujours pris en charge les fonctions suprêmes. Pour certains, c'est le pouvoir le plus important de la cité »[13].

---

campagne électorale après l'adoption de la loi d'amnistie ; l'élection d'un candidat de l'opposition dès le premier tour avec 54% des voix.

[10] P. JACQUEMOT, « Trente ans d'élections en Afrique : bilan et défis nouveaux », in *Pouvoirs* n°175. 2020, p.144.

[11] G. DRUESNE, « Réflexions sur la notion de pouvoirs publics en droit français », *R.D.P.*, 1976, pp.1180 et s.

[12] Passage extrait dans le Livre XI, chap. VI, « De la Constitution d'Angleterre », de l'œuvre de Montesquieu, *De l'esprit des lois*, 1768.

[13] I. M. FALL, *le pouvoir exécutif dans le constitutionnalisme des Etats en Afrique*, L'Harmattan, 2008, p.12.

Mieux, il incarne « le premier pouvoir de l'Etat »[14]. Plus qu'« une clé de voûte de l'Etat », [15]il est plutôt une « clé de voûte de l'organisation sociale » pour reprendre Séverin ADJOVI[16]. Ce pouvoir exécutif, souvent dualiste [17]dans les Etats de l'Afrique noire francophone, comprend un Gouvernement et un Président de la République. Celui-ci assure la fonction de Chef de l'Etat[18]. Plus spécifiquement au Sénégal, le Président de la République est, en vertu de l'article 42 de la constitution, le garant du fonctionnement régulier des institutions.

En s'appuyant sur cette qualité, le Président de la République a interrompu subitement le processus électoral le 03 février 2024 par une décision qui abroge le décret portant convocation du corps électoral.[19] Cette décision est intervenue à quelques heures de l'ouverture de la campagne électorale pour l'élection présidentielle, initialement prévue le 25 février 2024. Dans son adresse à la nation, le Président de la République, après avoir porté à la connaissance du public sa décision précitée, a tenté curieusement de soutenir que la base légale de celle-ci est tirée de la loi de révision annoncée, à l'initiative des députés de l'Assemblée nationale. Celle-ci a pris donc le relai pour parachever le projet de report de l'élection présidentielle.

Il est utile de rappeler que l'Assemblée nationale incarne le pouvoir législatif. Doté de la légitimité du suffrage universel[20], le pouvoir législatif

[14] M. HAURIOU, *Précis de droit constitutionnel,* 2ème édition, Sirey, p.388.
[15] M. DEBRE, « Discours de présentation de l'avant-projet de Constitution devant le Conseil d'Etat le 27 août 1958 », In « La Constitution du 4 octobre 1958 » *Documents d'Etudes, Droit constitutionnel et institutions politiques*, n°1.04, La *Documentation Française*, 2003, p.18.
[16] Cité par F.-J AIVO, in F.-J AIVO, Le juge constitutionnel et l'Etat de droit en Afrique, l'exemple du modèle béninois, L'Harmattan, 2006, p. 60.
[17] C. F. MOMO et Éric-A. T. GATSI « L'exécutif dualiste dans les régimes politiques des États d'Afrique noire francophone », Les Annales de droit, 14 | 2020, 123-166, disponible à partir de ce lien : https://journals.openedition.org/add/1898; consulté le 19 septembre 2022.
[18] Sur le portrait du Chef de l'Etat en Afrique, S. ADJOVI, *Election d'un Chef d'Etat en Afrique*, L'Harmattan, 2003, pp. 15 et s., ; G. CONAC, « Le portrait du Chef d'Etat », in *Pouvoirs* n°25, Les pouvoirs africains,1983, pp. 121-130.
[19] Le Président de la République a pris le décret n° 2024-106 du 03 février 2024 portant abrogation du décret n° 2023-2283 du 29 novembre 2023 portant convocation du corps électoral pour l'élection présidentielle du 25 février 2024.
[20]I.M. FALL, *Evolution constitutionnelle du Sénégal, de la veille de l'indépendance aux élections de 2007*, CREDILA, KARTHALA, CREPOS, 2009, p. 24.

est exercé par des députés ayant un statut[21] qui leur confère une immunité[22]. Habituellement, les fonctions principales du pouvoir législatif consistent à contrôler l'action de l'exécutif, évaluer les politiques publiques et voter les lois[23], y compris celles portant révision de la constitution. C'est sur le fondement de ce pouvoir que l'Assemblée nationale du Sénégal a adopté le 05 février 2024, une proposition de loi constitutionnelle[24] qui dispose en son article premier, « que par dérogation à l'article 31 de la constitution, le scrutin pour l'élection présidentielle du 25 février 2024 est décalé au 15 décembre 2024 ». C'est à ce moment que l'on note une intervention de haute intensité de l'autorité juridictionnelle évoquée plus haut lorsque la loi de révision, ainsi que le décret précité, sont contestées devant le juge constitutionnel. C'est un règlement juridictionnel du chamboulement électoral. Saisi de deux recours des candidats et de certains députés de l'opposition sollicitant l'annulation des deux actes précités, le Conseil constitutionnel a rendu une décision le 15 février 2024[25]. Il a jugé inconstitutionnelle la loi soumise à son examen. Il annule également le décret du 03 février 2024 par lequel le Président de la République avait abrogé le décret portant convocation du corps électoral.

Jugée historique[26] et insurrectionnelle[27], cette décision inaugure deux chefs de compétences tirés de la nature des actes sur lesquels s'est porté le contrôle. C'est l'affirmation d'une compétence de la Haute juridiction à

---

[21]Sur le statut des députés, voir S. N. TALL, « Le statut du des députés au Sénégal, *ADJA*, n°57, avril-mai-juin 2003, pp. 51-75 ; M. DUVERGER, *Le statut des députés*, Paris, Economica, Collection, « Connaissance de l'Assemblée, 1989.

[22] H. ISAR, « Immunités parlementaires ou impunité parlementaire », *RFDC*, n°20, 1994, pp. 675-711.

[23] L'article 59 de la Constitution du Sénégal dispose ce qui suit : « l'Assemblée représentative de la République du Sénégal porte le nom de l'Assemblée nationale. Elle exerce le pouvoir législatif. Elle vote, seule, la loi, contrôle l'action du Gouvernement et évalue les politiques publiques. ».

[24] C'est la loi n°4/2024 adoptée par l'Assemblée nationale en sa séance du 5 février 2024 portant dérogation aux dispositions de l'article 31 de la Constitution portant dérogation aux dispositions de l'article 31 de la Constitution.

[25] Conseil constitutionnel, Décisions n° 1/C/24 du 15 février 2024.

[26] E. BOTTINI et A. CORRE-BASSET, « Chronique de droit constitutionnel comparé (janvier 2024 à juin 2024 », novembre 2024, [en ligne], https://www.conseil-constitutionnel.fr/publications/titre-vii/chronique-de-droit-constitutionnel-compare-janvier-2024-a-juin-2024, consulté le 15 décembre 2024 «

[27] Abdoulaye SOMA, « Insurrection juridictionnelle au Sénégal », février 2024, [en ligne], https://afrilex.u-bordeaux.fr/wp-content/uploads/2024/02/afrilex_prsoma_insurrectionjuridictionnelle-au-senegal.pdf, consulté le 20 octobre 2024.

connaître les lois constitutionnelles chaque fois qu'elles pénètrent la sphère des dispositions intangibles. Celles-ci sont posées par l'article 103, alinéa 7, de la constitution. Le Conseil constitutionnel s'attribue également un nouveau chef de compétence, celui de contrôler des actes réglementaires lorsque ceux-ci « participent directement à la régularité d'une élection nationale. »[28]. En procédant comme il l'a fait, le juge constitutionnel « s'est mué en juge de l'excès de pouvoir »[29]. Il ouvre donc son prétoire aux actes réglementaires bien qu'il reconnaisse, au profit du juge administratif, la plénitude de compétence en matière d'appréciation de la légalité administrative. [30]Juge de la régularité des scrutins nationaux, le Conseil constitutionnel exerce sa plénitude de juridiction sur tous les actes administratifs non détachables de la régularité de ces scrutins, à l'exception des actes relevant du contentieux des inscriptions sur les listes électorales. Ce contentieux est confié au Président du Tribunal d'Instance dont l'intervention a été tout aussi déterminante au tout début du processus électoral. Il en est ainsi lorsque le Président du Tribunal d'Instance de Ziguinchor a rendu une retentissante ordonnance [31]annulant la mesure de radiation de M. Ousmane SONKO sur les listes électorales.

Saisie en pourvoi dirigé contre cette ordonnance, la Cour suprême casse et renvoie[32] l'affaire au Tribunal d'Instance Hors Classe de Dakar. Statuant sur l'affaire le 14 décembre 2023, le juge de Dakar confirme son homologue de Ziguinchor avec la même teneur[33]. Il confirme l'annulation de la radiation et ordonne la réinscription du requérant sur les listes électorales. Toutes ces notables décisions du Conseil constitutionnel et des juges d'Instance ont anéanti deux catégories d'actes : une loi de révision constitutionnelle et des actes administratifs. La première catégorie d'actes est l'œuvre du pouvoir législatif, et la seconde est une production normative du pouvoir exécutif. Les deux ont en commun d'avoir comme auteurs des

[28] Considérant 7 de la Décision du 15 février 2024.

[29] M. MBODJ, « La portée de la décision du Conseil constitutionnel sénégalais n° 1/C/2024 du 15 février 2024 à l'aune du regard de l'administrativiste », [en ligne] disponible à l'adresse : https://ceracle.com/la-portee-de-la-decision-du-conseil-constitutionnel-senegalais-n-1-c-2024-du-15-fevrier-2024-a-laune-du-regard-de-ladministrativiste-par-mouhamadou-mbodj/, consulté le 15 mars 2024.

[30]L'article 1er de la loi organique n° 2017-09 du 17 janvier 2017 abrogeant et remplaçant la loi organique n° 2008-35 du 08 août 2008 sur la Cour suprême sur la Cour suprême qui dispose que « la Cour suprême est juge, en premier et dernier ressort, de l'excès de pouvoir des autorités administratives ».

[31] Ordonnance n°01/2023 du 12 octobre 2023.

[32] CS, arrêt n°72 du 17 novembre 2023.

[33] TPI Hors classe de Dakar, ordonnance n°01 du 14 décembre 2023.

pouvoirs politiques, c'est-à-dire, des pouvoirs qui tirent leur légitimité du suffrage universel. Ces deux pouvoirs ont été défiés par le pouvoir juridictionnel.

En mettant en avant sa figure d'avant-gardiste[34], le juge, fort de son pouvoir juridictionnel, a apporté une réponse aux actions des pouvoirs politiques. C'est tout l'enseignement qu'il faut tirer de l'élection présidentielle. Elle a été un moment d'expérimentation de l'équilibre des pouvoirs. Un équilibre ayant favorisé une auto-régulation ou un règlement juridictionnel des contentieux politiques. L'auto-régulation consiste à une activation des ressorts institutionnels propres au système démocratique pour aboutir à un résultat, celui de la régulation. Celle-ci suggère aux organes ayant reçu qualification de régulateurs, « de veiller à ce que le fonctionnement des institutions et des activités des pouvoirs publics continue, se perpétue, ne s'arrête point »[35]. Ce moment fort de notre démocratie mérite une attention particulière. Les historiens l'inscriront précieusement dans les archives, les citoyens et acteurs politiques se souviendront d'une élection au cours de laquelle la séparation des pouvoirs a prévalu sur l'alignement. L'interaction marquante des institutions politiques et juridictionnelles appelle une analyse des juristes. Ils doivent la commenter, mais au-delà, ils doivent la consigner dans une étude. La présente s'assigne cette tâche de restitution analytique d'un règlement juridictionnel qui a mis fin à un dérèglement électoral. Le règlement juridictionnel est l'œuvre du pouvoir juridictionnel. Le dérèglement électoral est induit par des décisions prises par les pouvoirs politiques. L'interaction entre ces deux catégories de pouvoirs révèle une offense des pouvoirs politiques (I) neutralisée par une contre-offensive du pouvoir juridictionnel (II).

## I- L'offensive des pouvoirs politiques

Les pouvoirs politiques, composés du pouvoir législatif et du pouvoir exécutif, ont fait usage des moyens juridiques dont ils sont respectivement dotés. Ces moyens recouvrent l'acte législatif et l'acte réglementaire. Ceux-ci ont été déployés dans deux directions. D'une part, l'on a recensé les actes ayant compromis le scrutin présidentiel et, d'autre part, ceux ayant entravé

[34] A. B. FALL, « Le juge constitutionnel béninois avant-garde du constitutionnalisme africain ? », in La Constitution béninoise du 11 décembre 1990. Un modèle pour l'Afrique ? Mélanges en l'honneur de Maurice AHANHANZO-GLELE, pp. 647-660.

[35] A. SALL, *Singularités juridiques africaines, ce que l'Afrique apporte au droit,* Dakar, L'Harmattan, 2023, p.67.

la liberté de candidature. Il s'agit, par conséquent, d'une offense contre la liberté de candidature (A) et celle contre le scrutin (B).

### A- L'offense contre la liberté de candidature

L'offense contre la liberté de candidature est déduite de certains agissements du pouvoir exécutif. Certains actes administratifs répertoriés, pris à l'encontre de M. Ousmane SONKO, édifient sur une volonté affichée de disqualifier un candidat à l'élection présidentielle de 2024.

L'on peut relever la mesure controversée de radiation sur les listes électorales (1) et les actes subséquents, notamment les décisions de refus de délivrance des documents composant le dossier de candidatures (2).

#### 1. La mesure controversée de radiation

Tout est parti du jugement par contumace de M. Ousmane SONKO le 1er juin 2023[36]. Il est reconnu coupable d'un délit d'attentat aux mœurs par corruption de la jeunesse[37]. Sur le fondement de ce jugement, la Direction d'Automatisation du Fichier (DAF)[38], ayant conclu à son statut de contumax, a procédé à sa radiation d'office pour perte de capacité électorale. C'est une mesure prise en application des articles L.29, alinéa 4, [39] et L.40, alinéa 3[40], du Code électoral. Jusque-là, rien ne peut être reproché à l'administration électorale qui n'a fait que tirer les conséquences juridiques d'une condamnation pénale. L'acquisition du statut de contumax emporte la déchéance du droit de vote et justifie, par conséquent, le retrait de la personne concernée des listes électorales. Seulement, le 28 juillet 2023, survient un fait nouveau.

Le contumax est interpelé et placé sous mandat de dépôt, pour entre autres, appel à l'insurrection. Or, l'article 307 du Code de procédure pénale dispose, en substance, que lorsqu'un contumax vient à être arrêté avant les délais de prescription, le jugement de la Chambre criminelle qui l'a

---

[36]Tribunal de Grande Instance hors classe de Dakar, Chambre criminelle, jugement n°67 du 1er juin 2023.

[37]Le juge, après avoir disqualifié des faits de viol en corruption de la jeunesse, déclare M. Ousmane SONKO coupable de ce délit prévu par l'article 324, alinéa 2, du Code pénal et me condamne à deux ans ferme et à une mande de 600. 000 FCFA.

[38]Un service rattaché au Ministère de l'intérieur qui est chargé de la gestion et de la mise à jour du fichier électoral.

[39] Article L. 29, alinéa 4, dispose que : ne peuvent pas s'inscrire sur la liste électorale, les individus qui sont en état de contumace.

[40]L'article L. 40, alinéa 3, prévoit que la Commission administrative peut procéder à une radiation en cas d'incapacité juridique de l'électeur.

condamné se trouve anéanti de plein droit, sauf acquiescement du jugement dans un délai de dix jours, à compter de la date de l'arrestation.

Les Conseils de M. SONKO ont soutenu, qu'en application de cette disposition, l'arrestation de leur client l'exclut d'office du champ de contumax.

L'administration n'a pas fait tienne cette interprétation. Elle a entendu faire valoir que l'article 307 invoqué n'a pas vocation à s'appliquer au cas d'espèce, puisque le contumax n'a pas été arrêté dans le cadre de l'exécution de la sentence criminelle ; qu'il a été arrêté pour une cause autre que celle pour laquelle il a été condamné. De ces deux prétentions se posait une question juridique, celle de savoir si l'arrestation d'un condamné par contumace, pour une cause autre que celle pour laquelle il a été condamné, emporte l'anéantissement de son statut de contumax. Cette question a été tranchée en faveur du requérant par une notable décision du Tribunal d'Instance Hors Classe de Dakar, comme on le verra dans d'autres développements.

Malgré cela, l'administration ne s'exécute pas. Elle maintient la décision de radiation et a prétendu en tirer les conséquences en refusant de délivrer au candidat les fiches de parrainages et l'attestation de paiement de la caution. Deux nouvelles décisions qui compromettent davantage la candidature de M. Ousmane SONKO.

### 2. Les décisions de refus de délivrance de pièces du dossier de candidature

Il s'agit de deux pièces : les fiches de collecte de parrainages et l'attestation de paiement de la caution. En effet, la Direction générale des Elections (DGE) a refusé de délivrer des fiches de collecte de parrainages, pour défaut de qualité d'électeur de M. SONKO. Selon la DGE, le demandeur qui n'est ni électeur et, donc inéligible, ne peut plus prétendre disposer des fiches de parrainages pour se porter candidat. L'invocation d'une inéligibilité d'un candidat à ce stade du processus électoral par une autorité administrative nous avait semblé non seulement prématurée, mais également elle s'inscrivait dans l'entreprise du dérèglement électoral. C'est une substitution de l'autorité administrative au juge électoral. Il paraissait évident qu'il n'appartient pas à l'autorité administrative de juger de l'inaptitude légale d'un candidat. Cette prérogative revient au juge constitutionnel, seul habilité à statuer sur l'inéligibilité des candidats à l'élection présidentielle. L'éligibilité, un corollaire de la liberté de candidature, est fortement protégée contre les atteintes dont elle pourrait faire l'objet[41].

Etant une des libertés politiques les plus sensibles[42], elle garantit la libre de participation des citoyens à la gestion des affaires publiques[43]. C'est une liberté fondamentale protégée contre le législateur, et à plus forte raison, le pouvoir réglementaire.

Il apparait ainsi que le refus de délivrer des fiches de parrainages est une atteinte à la liberté évoquée. Consciente de cela, la CENA[44], après saisine, a pris une décision le 30 octobre 2023,[45] invitant la DGE à faire tenir à la disposition de M. SONKO, les fiches de parrainages dans les meilleurs délais. Cette invitation n'est pas suivie d'effets. Elle sera même vue comme une défiance puisque tous les membres de la CENA seront renouvelés par décret présidentiel pris le 03 novembre 2023[46], soit 72h après l'invitation sus-rappelée. C'est une curieuse coïncidence entre l'invitation et la décision de renouvellement[47]. Après la DGE, M. Ousmane SONKO se heurtera à un autre refus, celui du Directeur de la Caisse de Dépôt et Consignations. Celui-ci refuse, à son tour, de signer l'attestation de paiement de la caution, motif pris de ce que le candidat n'est ni électeur, ni éligible. Ces comportements de l'administration, bras séculier du pouvoir exécutif, ont entravé la liberté de candidature de M. Ousmane SONKO. La fiche de collecte de parrainages et l'attestation de paiement de caution font partie des pièces constitutives de la déclaration de candidature prévue à l'article L.121 du Code électoral[48].

---

[41] Y. NIANG, « La liberté de candidature devant le juge supranational africain et le juge constitutionnel : concordances ou discordances », in Sidy Alpha NDIAYE (dir.), *Dynamiques des systèmes judiciaires en Afrique : Concurrence, Coopération et harmonisation, Dakar, l'Harmattan, 2024, p.160.*

[42] Y. OUEDRAOGO, « Retour sur une décision controversée : l'arrêt de la Cour de justice de la CEDEAO du 13 juillet 2015, CDP et autres, c. Etat du Burkina », *les Annales de droit* [en ligne], 10/2016, p. 201, consulté le 14 juin 2024.

[43] M. ZONGO, « l'office du juge régional africain dans la consolidation démocratique au sein des Etats, GSI Working Paper Phd LAW, 2021/02, p.11.

[44]La Commission électorale nationale autonome créée par la loi n°2005-07 du 11 mai 2005.

[45]Décision n°0368 /CENA/AG/PDT/SG/CD du 30 octobre 2023.

[46]Décret n° 2023 - 2152 du 03 novembre 2023 portant nomination des membres de la Commission électorale nationale autonome (CENA)

[47]Il faut préciser que les mandats des membres de la CENA avaient expiré depuis plusieurs années.

[48]L'article L. 121 du Code électoral dispose que la déclaration de candidature doit être accompagnée, entre autres, de la liste des électeurs ou des élus (députés, présidents de conseil

Le recueil de parrainages est une condition de recevabilité des candidatures posée aussi bien par la constitution[49] que par le Code électoral[50]. C'est valable pour la quittance confirmée par une attestation signée par le Directeur général de la Caisse de Dépôt et de Consignations attestant du dépôt du cautionnement prévu à l'article L. 122 du même Code. L'absence de ces pièces, malgré la diligence de l'intéressé, a rendu son dossier incomplet. C'est ce qu'a jugé le Conseil constitutionnel dans sa décision du 12 janvier 2024[51]. En jugeant irrecevable la candidature de M. Ousmane SONKO, pour incomplétude, le juge constitutionnel a écarté les pièces tenant lieu de preuve des diligences faites par le candidat pour obtenir les documents nécessaires à la Constitution de son dossier. L'intéressé avait pourtant établi, par actes d'huissier, que l'incomplétude de son dossier ne lui est pas imputable. Malgré la présentation de toutes les preuves, le Conseil a passé outre en énonçant dans le considérant 19 de cette décision que le dossier est incomplet. Ce raisonnement sera contesté par M. SONKO qui introduit une réclamation pour faire valoir son droit d'être candidat. En réplique, le Conseil constitutionnel s'est déjugé sur ce point en admettant dans sa décision du 20 janvier 2024[52] que l'incomplétude n'est pas imputable au requérant. Il anéantit lui-même le seul motif qu'il avait invoqué pour rejeter la candidature.

Il maintient cependant l'irrecevabilité de celle-ci, pour un autre motif, celui résultant de l'arrêt rendu par la Cour suprême le 04 janvier 2024[53] condamnant définitivement M. SONKO, pour diffamation, dans l'affaire l'opposant à M. Mame Mbaye NIANG. Seulement, le Conseil constitutionnel semble oublier que cet arrêt est rendu par la Cour suprême depuis le 04 janvier 2024, soit une semaine avant sa décision du

départemental et maires= ayant parrainé le candidat et une quittance confirmée par une attestation signée par le Directeur général de la Caisse des Dépôts et Consignations.

[49] Article 29, alinéa 5, de la Constitution.

[50]En application de l'article L.120 alinéa 2 du Code électoral, la recevabilité d'une candidature était assujettie à la collecte de parrains représentant au minimum 0,6% et, au maximum, O, 8 du fichier général des électeurs, soit 44 231 parrains validés par le Conseil constitutionnel Pour l'élection présidentielle de 2024.

[51]Conseil constitutionnel, Décision n°1/2024 rendue le 12 janvier 2024.

[52]Conseil constitutionnel, décision n°2/E/2024 du 20 janvier 2024 portant publication définitive de la liste des candidats à l'élection présidentielle de 2024.

[53]Cour suprême, arrêt n°1 du 4 janvier 2024 par lequel la Cour a rejeté le pourvoi de Monsieur Ousmane SONKO dirigé contre l'arrêt n°137 du 6 mai 2023 rendu par la Cour d'appel de Dakar, dans l'affaire qui l'opposait à M. Mame Mbaye NIANG.

12 janvier 2024. Pourquoi le juge électoral n'avait pas tiré toutes les conséquences de cet arrêt lorsqu'il rendait sa décision du 12 janvier 2024 ?

En attendant la réponse, il est établi qu'on a du mal à suivre la politique jurisprudentielle du Conseil constitutionnel sur la date de référence à partir de laquelle il apprécie la validité des candidatures. L'examen de la décision du 20 janvier précitée révèle une contrariété dans la démonstration du juge pour invalider les candidatures de MM. Ousmane SONKO et Karim WADE. Pour ce dernier, le Conseil constitutionnel a soutenu que le décret du Président français, daté du 16 janvier 2024, qui le déchoit de sa nationalité française, ne lui permet pas de remplir la condition de nationalité exclusivement sénégalaise, à partir du moment où cette décision est intervenue après le dépôt de son dossier de candidature le 22 décembre 2023. Autrement dit, ce décret de déchéance de nationalité ne rétroagit pas pour couvrir une carence relevée dans son dossier déposé antérieurement.

Cependant, pour Ousmane SONKO, l'arrêt rendu par la Cour suprême le 04 janvier 2024, soit une semaine après le dépôt de son dossier de candidature, peut valablement être invoqué par le juge constitutionnel pour invalider sa candidature. L'on peut donc faire remarquer que dans une même décision, celle du 20 janvier 2024, ce qui n'est pas valable pour M. Karim WADE, l'est pour M. Ousmane SONKO. En effet, dans l'invalidation de la candidature de M. Karim WADE, le Conseil a fait prévaloir sa situation juridique de ce dernier à la date de dépôt de sa candidature, le 22 décembre 2023, et non celle à la date de la prise de décision, le 20 janvier 2024.

Cependant, pour invalider la candidature de M. Ousmane SONKO, le Conseil constitutionnel est d'avis que la recevabilité de la candidature s'apprécie à la lumière de sa situation juridique qui prévaut à la date de prise décision (date du délibéré), soit le 20 janvier 2024, et non au moment du dépôt du dossier de candidature, comme il l'avait défendu pour M. WADE. En procédant ainsi, le Conseil constitutionnel ne s'est-il pas déjugé dans une même décision en aboutissant à une conclusion identique pour deux situations juridiques opposées. En tout état de cause, ces deux décisions du Conseil constitutionnel apparaissent comme une caution juridictionnelle aux actes du pouvoir exécutif qui mettent en cause la liberté de candidature. Le juge constitutionnel s'est écarté de sa fonction de garant de cette liberté. C'est dire que l'offense politique contre la liberté de candidature a prospéré.

Cependant la candidature de M. Bassirou Diomaye SONKO n'a pas connu le même sort bien qu'elle ait été contestée[54].

Le candidat Amadou Ba avait fait valoir que la dissolution du Parti PASTEF, structure politique à laquelle appartient M. FAYE, devrait emporter la perte des droits attachés à la qualité de membre d'un parti politique. Il ajoute que M. Bassirou Diomaye Diakhar FAYE, eu égard à son statut de personne en détention préventive, ne peut déposer sa candidature que par le truchement de l'administration pénitentiaire. En réplique, le juge constitutionnel a considéré que la dissolution d'un parti politique n'est pas de nature à entraver l'exercice des droits politiques. Il s'y ajoute, selon le juge, le statut de détenu provisoire n'emporte pas la déchéance de ces droits. Par conséquent, le Conseil constitutionnel a jugé recevable la candidature de M. Bassirou Diomaye Diakhar FAYE. Le juge constitutionnel présente une figure mitigée lorsqu'il fait preuve de timidité pour la candidature de M. SONKO et de témérité pour celle de M. FAYE.

Une figure qui contraste avec celle qu'il a présentée lorsque l'offense des pouvoirs politiques a eu comme cible le scrutin.

## A. L'offense contre le scrutin de 2024

L'élection présidentielle de 2024 a été marquée par certains actes des pouvoirs politiques qui ont compromis la tenue du scrutin. Deux actes répertoriés feront l'objet de développements. Il s'agit du décret abrogeant le décret portant convocation du corps électoral (1) et la loi constitutionnelle reportant l'élection présidentielle de février à décembre 2024 (2).

### 1. La subite interruption du processus électoral par décret

L'élection présidentielle est la seule élection dont la date est fixée par la constitution. Celle-ci dispose en son 31 que « le scrutin pour l'élection du Président de la République a lieu quarante-cinq (45) jours francs au plus et trente (30) jours francs au moins avant la date de l'expiration du mandat du Président de la République en fonction. Le mandat du Président de la République devait expirer le 02 avril 2024. En application de la disposition précitée, le scrutin devrait être tenu, au plus tôt, le 18 janvier 2024 et, au plus tard, le 02 mars 2024. Il appartenait au Président de la République, en vertu de l'article L.63 du Code électoral[55], de prendre un décret qui fixe la

[54] Voir Considérants 77, 78, 79 et 80 de la Décision du Conseil constitutionnel n°2/E/2024 du 20 janvier 2024 portant publication de la liste des candidats à l'élection présidentielle du 25 février 2024.

[55] L'article L. 63, alinéa 1er, dispose qu'« un décret fixe la date du scrutin ».

date de l'élection dans cet intervalle. Le décret portant convocation du corps électoral doit intervenir, comme l'énonce l'article LO.137 du Code électoral, au plus tard à quatre-vingts (80) jours de la date du scrutin.

C'est sur cette base que le Président de la République avait pris le décret du 29 novembre 2023 portant convocation du corps électoral[56]. C'est ce décret qui fera l'objet d'une abrogation par le décret du 03 février 2024. Cette abrogation qui suspend le processus électoral brutalement appelle deux observations sur son fondement légal et sur ses effets.

Sur le premier point, l'on pourrait lire dans le rapport de présentation du décret que le Gouvernement « a pris connaissance de la proposition de loi constitutionnelle dont le Président de la République est saisi, pour avis ». Aucune autre référence textuelle n'est convoquée au soutien de cette décision. Celle-ci n'évoque qu'une proposition de loi. Il semble évident qu'une loi, à l'étape de proposition ou de projet, même adoptée, n'intègre pas encore l'ordonnancement juridique. Par conséquent, elle ne saurait servir de base légale à un décret d'abrogation. En procédant comme il l'a fait, le Président de la République dérègle le calendrier électoral et chamboule l'ordonnancement juridique. C'est le déroulement général du processus électoral qui est gravement perturbé, une offense au scrutin.

La qualification d'offense n'est pas de trop si l'on sait que l'acte pris ne peut être rattaché à aucune compétence du Président de la République. C'est une violation des textes précités et des prescriptions communautaires, notamment le protocole sur la démocratie et la bonne gouvernance[57] qui stipule en son article 2, alinéa 2, que « les élections à tous les niveaux doivent avoir lieu aux dates ou périodes fixées par la Constitution ou les lois électorales ».

Comme tout acte juridique de cette nature, il produit des effets qui ne rentrent pas dans les catégories juridiques préalablement définies. C'est cette difficulté qu'a posé le décret litigieux pour évaluer ses effets juridiques. Il était clair que le Président de la République n'avait pas de ressources légales pour convoquer le corps électoral dans un délai autre que

---

[56] C'est le décret n° 2023-2283 du 29 novembre 2023 portant convocation du corps électoral pour l'élection présidentielle du 25 février 2024.

[57]Protocole A/SP1/12/01 sur la démocratie et la bonne gouvernance additionnel au Protocole relatif au mécanisme de prévention, de gestion, de règlement des conflits, de maintien de la paix et de la sécurité de la Communauté Économique des États de l'Afrique de l'Ouest (CEDEAO).

celui fixé par l'article 31 de la Constitution et l'article 137 du Code électoral susmentionnés.

La deuxième difficulté tient de l'objet de la décision qui porte sur l'abrogation. Celle-ci, selon Ibrahim David SALAMI, est une « opération consistant à mettre fin à la vie d'un acte administratif sans porter atteinte à ses effets antérieurs ». [58]Elle met fin à l'existence juridique d'un acte administratif « sans pour autant faire disparaitre pour l'avenir les effets produits lors de son application »[59]. Définie ainsi, l'abrogation parait poser moins de difficultés juridiques que le retrait à partir du moment où elle ne vaut que pour l'avenir. C'est tout le contraire du retrait qui est rétroactif d'où son encadrement strict[60]. Cette technique consistant à rapporter une décision administrative est enfermée dans le délai contentieux comme c'est le cas au Sénégal et au Burkina FASO[61]. Cependant, l'abrogation ne bénéficie pas du même traitement en termes d'encadrement. Il n'existe pas au Sénégal un texte encore moins une jurisprudence qui interdit l'abrogation d'un décret au-delà d'un certain délai. Cette carence est due certainement au fait que l'abrogation n'entend pas remettre en cause les droits acquis. Le propre de ceux-ci, c'est de rester intangibles. Cependant, le décret d'abrogation, objet de notre analyse, présente une particularité. Il suspend indubitablement le processus électoral et soulève inéluctablement la question des droits tirés des actes réalisés antérieurement, y compris ceux d'ordre juridictionnel. Il en est ainsi de la décision du Conseil constitutionnel du 20 janvier 2024 précitée portant publication de la liste des candidats. Cette décision confère des droits aux candidats. C'est pour cette raison d'ailleurs que la Constitution ne prévoit le report de l'élection qu'en cas de décès d'un candidat suivant les cas prévus aux articles 29 et 34. Et même dans l'hypothèse d'un report, cette prérogative revient au Conseil constitutionnel. Le Président de la République est dessaisi dès qu'il convoque le corps électoral dans le délai imparti. Il ne lui appartenait pas donc de prendre une décision d'abrogation sans base légale bien qu'il ait

---

[58] I. D. SALAMI, *Droit administratif,* 2ème édition refondue et enrichie, *CeDAT*, 2021, p. 129.

[59] CS, arrêt n° 31 du 11 août 2011, bulletin des arrêts de la Cour suprême n ° 2 et 3, décembre 2012, p.253.

[60] Dans son arrêt n°51 du 26 septembre 2013, la Cour suprême du Sénégal a rappelé qu'un acte administratif individuel ne peut faire l'objet d'un retrait qu'à la double condition qu'il soit illégal et que ce retrait intervienne dans le délai du recours contentieux.

[61] Voir Salif YONOBA, *Droit administratif, Collection précis de droit administratif burkinabé,* 2ème édition, Ouagadougou, *Les Presses Africaines,* 2013, p. 113.

tenté laborieusement de la rattacher à la proposition de loi de révision constitutionnelle.

### 2. La surprenante adoption d'une loi constitutionnelle reportant le scrutin

Cette loi constitutionnelle est le deuxième acte posé par les pouvoirs politiques, plus précisément le pouvoir législatif. Cette une offense de l'Assemblée nationale contre le scrutin, après celle posée par le Président de la République.

Les pouvoirs publics africains, nous renseigne Meissa DIAKHATE, « nourrissent la forte propension à user parfois et abuser souvent des révisions constitutionnelles »[62]. L'auteur a dénombré vingt-une (21) révisions de la Constitution du 22 janvier 2001, entre 2001 et 2021.

La loi constitutionnelle n° 04/2024 reportant l'élection présidentielle de février à décembre 2024 allonge la liste. Elle a été cependant un peu singulière vu la tempête politique ayant précédé son adoption le 05 février 2024.

Il est significatif de rappeler que l'adoption de cette loi fait suite à une grave accusation portée par M. Karim WADE contre certains membres du Conseil constitutionnel. Sa candidature jugée irrecevable par décision du Conseil constitutionnel du 20 janvier 2024[63], le candidat du Parti Démocratique Sénégalais (PDS) accuse M. Amadou BA, non moins Premier Ministre et candidat de la majorité présidentielle, d'avoir corrompu les juges constitutionnels. Dès le 21 janvier 2024, le Groupe parlementaire du PDS[64] exige une mise en place d'une Commission d'enquête parlementaire qui doit faire la lumière sur « les conditions d'élimination des candidats à l'élection présidentielle et, en particulier, celle de M. Karim WADE ».

Curieusement, cette initiative sera soutenue par la majorité parlementaire dont le candidat est pourtant accusé d'être corrupteur. C'est le même soutien qu'obtiendra ce groupe parlementaire, minoritaire à l'Assemblée nationale, faut-il le rappeler, lorsqu'il s'était agi d'adopter la loi de révision constitutionnelle repoussant l'élection présidentielle à décembre 2024. Les parlementaires ayant pris l'initiative ont soutenu que cette proposition de

---

[62]M. DIAKHATE, [en ligne] https://ceracle.com/le-droit-a-t-il-dit-son-dernier-mot-sur-le-report-de-lelection-presidentielle-par-pr-meissa-diakhate/ consulté en ligne le 15 mai 2024.
[63] Conseil constitutionnel, Décision n°2/E/2024 du 20 janvier 2024.
[64] Groupe parlementaire Liberté, Démocratie et Changement.

loi découle de la résolution de l'Assemblée nationale visant à mettre en place une Commission d'enquête parlementaire pour élucider les allégations de corruption. Ils soutiennent également que la plainte de l'un des membres du Conseil constitutionnel, en réaction à l'accusation, a installé une crise institutionnelle.

Dans ces conditions, l'élection ne peut plus se tenir à date échue. A en croire les initiateurs, ces faits motivent suffisamment un report. Il faut admettre que bien que ces motifs ne soient pas convaincants, il ne fait aucun doute que l'initiative de la révision constitutionnelle appartient aux parlementaires et au Président de la République[65]. Individuellement ou collectivement, « les représentants du peuple peuvent déposer une proposition de loi tendant à la modification de la Constitution »[66]. Une initiative de révision de la Constitution est une mise en œuvre du pouvoir constituant dérivé. C'est une démarche qui ne sort pas des canaux démocratiques bien que l'objet de la loi ne soit pas sans conséquences sur la durée du mandat élevée au rang des dispositions intangibles. C'est fort de cela que d'autres parlementaires ont fait usage d'une voie de droit prévue par l'article 74 de la Constitution pour déférer la loi devant le Conseil constitutionnel. Celui-ci était donc interpelé en tant que pouvoir juridictionnel. La réponse apportée par le juge sonne comme une contre-offensive juridictionnelle.

## II-La contre-offensive du pouvoir juridictionnel

Les actes des pouvoirs politiques évoqués plus haut ont été contestés devant le juge. Celui-ci est déterminé suivant l'acte en cause. La mesure de radiation qui relève du contentieux des inscriptions sur les listes électorales a été portée à l'examen du juge du Tribunal d'Instance (TI) et la loi constitutionnelle est contestée devant le Conseil constitutionnel (CC). Les réponses apportées par ces deux juges ont paru comme une contre-offensive. Celle-ci a été inaugurée par l'annulation de la mesure de radiation de M. Ousmane SONKO par le juge d'Instance (A) et parachevée par la décision d'annulation de la loi de révision par le juge constitutionnel (B).

---

[65] L'article 103 de la Constitution du Sénégal dispose que « l'initiative de la révision de la Constitution appartient concurremment de la République et aux députés. »

[66] I. M. FALL, « La révision de la Constitution au Sénégal », [en ligne], p. 10, disponible sur ce lien file:///C:/Users/HP/Documents/Clef%202023%20BON/DOSSIER%20CAMES%2024/commment%20DC%20CC/I%20M%20FALL%20La_rev., consulté le 10 février 2025.

### A. Une contre-offensive inaugurée par le juge d'instance

L'élection présidentielle de 2024 a été marquée par une guérilla juridictionnelle. Celle-ci a été inaugurée par deux ordonnances rendues par le Président du Tribunal d'Instance de Ziguinchor et celui du Tribunal d'Instance Hors Classe de Dakar. Ces deux juges ont eu le mérite d'apporter des précisions sur des questions délicates. La première a porté sur certaines conditions de recevabilité du recours (1) et la seconde sur les droits politiques d'un contumax interpelé (2).

#### 1. Les conditions de recevabilité délicatement tranchées

Par une requête en date du 02 octobre 2023, le sieur Ousmane SONKO, par le biais de ses avocats, avait saisi le Tribunal d'instance de Ziguinchor, en vertu de l'article L. 41, alinéa 2, du Code électoral[67], aux fins « de déclarer nulle et de nul effet toute mesure de radiation et d'ordonner aux services centraux du Ministère de l'Intérieur sa réintégration sur la liste électorale ». Avant de trancher les questions de fond, le Président du Tribunal d'Instance était invité à répondre à plusieurs exceptions d'irrecevabilité, dont celles tirées de son incompétence territoriale et de la forclusion du requérant.

Sur l'exception tirée de l'incompétence territoriale, l'Agent judiciaire de l'Etat avait soutenu que c'est le Tribunal d'Instance Hors Classe de Dakar qui devrait être compétent pour connaître le recours en contestation de la mesure de radiation querellée. Il invoque, à l'appui de cette thèse, l'article L.41 du Code électoral[68], qui indique que la personne qui fait l'objet d'une radiation reçoit la notification à sa dernière résidence connue. Le deuxième alinéa de ce texte rajoute que la personne radiée peut intenter un recours devant le Tribunal d'Instance. Or, il est indiscutable que la dernière résidence connue de M. Ousmane SONKO est la villa, sise à Dakar.

Il est tout aussi vrai que la mention dans cette disposition à la fois du Tribunal d'Instance et la notification à la dernière résidence connue, peut prêter à confusion. Le juge de Ziguinchor a mis fin à cette confusion, en

[67] L'article L. 41, alinéa 2, dispose qu'un électeur ayant reçu notification d'une radiation d'office, « peut, dans les cinq (05) jours qui suivent, intenter un recours devant le Président du Tribunal d'Instance ».

[68] L'article L. 41 dispose que « dans les conditions fixées par décret, l'électeur qui fait l'objet d'une radiation d'office, pour d'autres causes que le décès, conformément aux dispositions de l'article L.40, alinéa 4, reçoit de la part de l'autorité administrative compétente, notification écrite des motifs de la procédure intentée contre inscription à sa dernière résidence connue. Il peut dans les cinq jours qui suivent, intenter un recours devant le Président du Tribunal d'Instance.

indiquant qu'en matière électorale, la résidence « s'entend comme le lieu d'habitation effective et durable dans la commune ». Il s'ensuit que ce critère de rattachement est rempli dès lors qu'il n'est pas contesté que M. SONKO est le maire de Ziguinchor. Il s'en infère, conclut le juge, que le critère de compétence en matière électorale est le lieu d'inscription sur les listes électorales.

Le requérant qui se trouve être le maire de Ziguinchor ne peut être inscrit que sur la liste électorale de la commune éponyme à partir du moment où l'on ne s'inscrit qu'une seule fois sur une liste électorale de la commune[69]. Le juge confirme une jurisprudence établie depuis 2018 par la Cour suprême dans l'affaire Karim WADE[70].

La deuxième condition de recevabilité discutée se rapportait à l'exception tirée de la forclusion. Cette condition a donné lieu à un vif débat juridique. Un débat qui s'est porté sur la date à partir de laquelle M. Ousmane SONKO a eu connaissance de la mesure de radiation. A titre de rappel, l'article L. 41 du Code électoral dispose que l'électeur faisant l'objet d'une radiation doit introduire son recours dans un délai de cinq (05) jours suivant la date de la notification. Le délai de recours commence donc à courir à partir de cette date. Les deux parties ne se sont pas entendues sur cette date si déterminante pour la computation des délais de recours.

D'une part, l'Agent judiciaire de l'Etat a entendu faire valoir que la notification de la radiation est faite par acte d'huissier depuis le 19 septembre 2023. Il soutient qu'il est tout moins présumé, qu'à cette date, le requérant avait eu connaissance de la décision. Il est incontestable que l'Etat a tenté de notifier la radiation au domicile de l'intéressé. Il se trouve qu'à cette date, le Président du parti PASTEF était en détention. Il ressort des pièces du dossier que les personnes trouvées à son domicile n'ont pas pris cette notification. De même, la tentative de lui remettre la notification à la Maison d'Arrêt de Correction (MAC) de Sébikotane est restée vaine. L'huissier l'a donc déposée à la Sous-préfecture comme le prévoit la réglementation. Il envoie ensuite une lettre recommandée avec accusé de réception au domicile de M. Ousmane SONKO.

D'autre part, les avocats de ce dernier ont défendu que l'exploit du 19 Septembre 2023 ne vaut pas notification, car l'acte n'est pas reçu par le requérant en personne. Ils soutiennent avoir eu connaissance de la radiation

---

[69] Selon les articles L. 32 et L.33, on ne s'inscrit qu'une seule fois sur une liste électorale de la commune.

[70] CS, arrêt n°49 du 30 Août 2018, non publié.

qu'à « la lecture du quotidien « Yoor -Yoor Bi » dès samedi 30 Septembre et Dimanche 1er Octobre 2023. C'est dans cette parution qu'« il a pu voir de ses propres yeux en fac simile, la lettre du Sous-Préfet des Almadies et l'exploit de signification ».

Le juge de Ziguinchor, pour trancher cette question, a procédé à l'analyse de l'article 823 du Code de procédure civile qui dispose en son article premier que dans le cas où la copie de l'exploit a été remise en marie ou au chef d'arrondissement, l'huissier est tenu, au plus tard le jour ouvrable suivant la date de remise, d'aviser par lettre recommandée avec accusé réception la partie intéressée.

L'examen de cette disposition l'a conduit à distinguer l'exploit de la lettre recommandée avec accusé de réception. Selon le juge, si l'exploit peut être servi à domicile, en mairie ou au chef d'arrondissement, il en est tout autre de la lettre recommandée pour avis. Celle-ci doit obligatoirement être destinée à la partie intéressée, en l'occurrence, M. Ousmane SONKO.

Par conséquent, la lettre recommandée envoyée à son domicile et non au lieu où il se trouve effectivement, c'est-à-dire, en prison, ne saurait avoir une valeur de signification régulière. Il en résulte que le délai de cinq jours doit commencer à courir à partir de la date où le requérant a eu connaissance de sa radiation, soit le 30 septembre 2023, date de publication des actes de notification par le journal « Yoor Yoor ». De ce fait, la requête introduite le 04 septembre 2023 est déposée dans les délais. Il en conclut que le recours est recevable. Ce stade de recevabilité franchi, le juge devrait statuer à présent sur les questions de fond, non moins délicates. Elles se rapportent aux droits politiques d'un contumax interpelé.

### 2. Les droits politiques d'un contumax interpelé précieusement préservés

Après avoir vidé les exceptions d'irrecevabilité, le Président du Tribunal d'Instance devrait trancher les questions de fond, essentiellement tirées des articles 312 et 307 du Code de procédure pénale. Le débat juridique de fond entre les parties était circonscrit sur l'interprétation des articles précités. En effet, par jugement n°67 du 1er juin 2023, la Chambre criminelle du Tribunal de Grande Instance Hors Classe de Dakar, statuant par contumace contre Ousmane SONKO, a déclaré ce dernier coupable de corruption de la jeunesse et le condamne à une peine de deux (02) ans d'emprisonnement ferme. La radiation faisait suite à cette condamnation par contumace. Une décision qui peut trouver son fondement dans le Code électoral, mais également dans le Code de procédure civile. C'est sur cette base que l'Agent judiciaire de l'Etat a invoqué ce dernier code qui énonce en son article 312 qu'« à partir de l'accomplissement des mesures de publicité le condamné est frappé de toutes les déchéances ».

Etant entendu qu'en droit, la déchéance est « la perte d'un droit, d'une fonction, d'une qualité ou d'un bénéfice, encourue à titre de sanction pour cause d'indignité, d'incapacité, de fraude, d'incurie... ». Appliquée en matière électorale, toute personne frappée de déchéance perd de plein droit sa qualité d'être électeur et éligible.

Le requérant quant à lui, invoque au soutien de sa défense, l'article 307 du même code qui dispose que lorsque le contumax se constitue prisonnier ou arrive à être arrêté, l'arrêt de condamnation est anéanti de plein droit à moins que le contumax déclare expressément, dans un délai de dix (10) jours, acquiescer à la condamnation. Etat en détention, donc arrêté, M. SONKO considère que le jugement le condamnant par contumace est anéanti. Il en résulte, selon lui, que la mesure de radiation n'a plus de support.

A l'examen de ces prétentions, il était attendu du juge de Ziguinchor de répondre à deux questions juridiques tirées des deux articles sur la base desquels les parties ont construit leur défense. Sur l'article 312 qui soulevait la question de la déchéance du requérant à partir de l'accomplissement des formalités de publicité, le juge invoque l'article 311, au titre de complément. Le juge considère, qu'en vertu de cet article, la publicité s'entend de l'insertion de l'extrait du jugement de condamnation dans l'un des journaux de la République et de son affichage à la porte du domicile du condamné, à la mairie de sa commune ou à la porte des bureaux de l'arrondissement où l'infraction a été commise. Il fait remarquer qu'aucune preuve de ces formalités qui permettent d'appliquer la déchéance n'a été apportée. Dès lors, conclut-il, en l'absence de ces formalités, aucune déchéance ne peut frapper le requérant. Sur le fondement de cette conclusion, il annule la mesure de radiation et ordonne la réinscription du requérant sur les listes électorales. Cette décision du juge de Ziguinchor, bien que spectaculaire, n'emporte pas notre conviction. Elle appelle quelques observations.

La première, c'est que la motivation est précaire. Toutes les sources textuelles, comme celles tirées du Code électoral, n'ont pas été suffisamment exploitées. En se basant exclusivement sur le Code de procédure civile, le juge méconnait une disposition essentielle du Code électoral, plus précisément, l'article L. 29, alinéa 4, qui interdit l'inscription sur les listes électorales à ceux qui sont en état de contumace. Il apparait ainsi que l'argument juridique dominant c'est moins l'observation des règles de publicité que le statut de contumax du requérant. L'absence de preuves de l'accomplissement des formalités de publicité ne peut, à elle seule, suffire pour conduire à une annulation.

La deuxième observation, c'est que la question de fond c'est moins la déchéance qui résulte de la publicité du jugement que le statut de contumax du requérant. Aucun effet ne peut être attaché à une formalité de publicité, même observée, lorsque le contumax n'a cessé de l'être du fait de son arrestation pour une cause autre que celle pour laquelle il a été condamné. Il en résulte donc que la question préalable est celle de savoir si l'interpellation du requérant fait cesser ou pas son statut de contumax ? Telle la question de droit qui peut justifier ou non sa radiation ou son inscription sur les listes électorales. Aucune réponse n'a été servie par le juge de Ziguinchor à cette question pourtant posée par l'article 307 précité. Il faudra attendre l'ordonnance du juge de Dakar pour trouver une réponse judiciaire à cette question délicate.

En dernière analyse, le Président du Tribunal d'Instance de Ziguinchor, qui rend son ordonnance contre laquelle un pourvoi pourrait être dirigé, n'a pas suffisamment sécurisé sa décision. C'est probablement ce qui a justifié sa cassation par l'arrêt de la Cour suprême rendu le 17 novembre 2023[71]. La juridiction suprême a indiqué qu'il n'appartient pas au juge d'instance de distinguer où la loi ne distingue pas. Cette distinction portait entre l'exploit qui peut être servi au domicile et la lettre recommandée avec accusé de réception qui doit être envoyée là où se trouve effective la partie intéressée. Après avoir cassé l'ordonnance, la Cour n'a pas évoqué l'affaire. Elle la renvoie au Tribunal d'Instance Hors Classe de Dakar.

Ce renvoi a été source de controverses. C'est une posture qui rompt avec la jurisprudence Yaya NIANG contre Etat du Sénégal[72] dans laquelle la Cour suprême avait soutenu, avec force, « qu'en matière électorale, il n'y a pas lieu de renvoi ». De même, un recensement des arrêts de la Cour suprême met en évidence sa forte conviction[73], celle de ne pas renvoyer en matière

---

[71] Cs, arrêt n°72 du 17 novembre 2023.

[72] Cs, arrêt n°50 du 30 août 2018 Yaya NIANG c/ l'Etat du Sénégal, bulletin d'arrêts de la Cour suprême, n°s 15-16, année judiciaire 2018

[73] A l'exception notable de l'arrêt n°22 de la Cour suprême du 27 novembre 2008 par laquelle la Cour avait renvoyé au Tribunal d'Instance de Louga (Tribunal départemental, à l'époque) après avoir cassé l'ordonnance qui avait été rendue par le Président du Tribunal départemental de Louga.

électorale. C'est ce que révèle l'analyse du répertoire de ses arrêts rendus dans des affaires relevant de la matière électorale[74].

En tout état de cause, dans ce cas d'espèce, la Cour suprême a renvoyé l'affaire devant le Tribunal d'Instance Hors Classe de Dakar. En statuant sur celle-ci le 14 décembre 2023[75], le juge de Dakar confirme non seulement son homologue de Ziguinchor sur la distinction à faire entre l'exploit et la lettre recommandée, mais il a surtout traité la question de fond sur le statut de contumax du requérant. Il a dit et jugé que l'arrestation de M. Ousmane SONKO met fin à son statut de contumax « sans autre formalité d'aucune sorte que son arrestation ». Le juge de Dakar a soutenu, qu'en application de l'article 307 du Code de procédure pénal, M. SONKO recouvre tous ses droits, dès son arrestation, sans qu'il soit besoin d'observer une quelconque formalité. Le jugement qui servait de support à la radiation étant anéanti, sa réinscription sur la liste électorale est de droit. Sur le fondement de ces considérations, le Président du Tribunal d'Instance Hors Classe de Dakar annule la mesure de radiation et ordonne la réinscription du requérant sur les listes électorales. Ces décisions notables des Tribunaux d'Instance de Ziguinchor et de Dakar sont allées dans le sens de préserver les droits politiques de M. Ousmane SONKO. Cependant, elles n'ont pas été exécutées par les services du Ministère de l'intérieur malgré la clarté de L.47, alinéa 3, qui indique que « les décisions de justice rendues et transmises au service de gestion du fichier, seront immédiatement prises en compte et traitées dans le sens prescrit ». L'administration ne s'est pas exécutée motif pris de ce qu'un pourvoi est dirigé contre l'ordonnance du Tribunal d'Instance Hors Classe de Dakar. Or, il est incontestable que ce pourvoi n'est pas suspensif. Ce refus d'exécution ressuscite le débat sur l'autorité des décisions de justice. Une autorité souvent entachée, avec une exception notable de celle qui s'attache aux décisions du Conseil constitutionnel. Les décisions de la juridiction constitutionnelle s'imposent aux pouvoirs publics conformément aux prescriptions de la constitution. Comme c'était le cas lorsque le Conseil constitutionnel a rendu une spectaculaire décision d'annulation de la loi de révision constitutionnelle

[74] Comme en témoignent les arrêts suivants : arrêt n° 34 du 24 juin 2014 (mamadou diallo c/ ministre de l'intérieure) ; arrêt n° 51 du 25 septembre 2014 (Aïssata tall sall et mamoudou wone c/ coalition and liggeyal Podor ministre de l'intérieur et état du Sénégal) ; arrêt n° 02 du 8 janvier 2015 (Mbenda Ndiaye, Sokhna Seynabou Mbacké et Ndèye Lobé Lam c/ Conseil municipal de kaolack et ministère chargé des élections).

[75] Ordonnance n°1 du 14 décembre 2023.

portant report de l'élection présidentielle de 2024. Cette décision parachève la contre-offensive du pouvoir juridictionnel.

### B. Une contre-offensive parachevée par le juge constitutionnel

La contre-offensive juridictionnelle est parachevée par des décisions inédites[76] du Conseil constitutionnel. Trois décisions ont été répertoriées. L'on peut relever celle prise le 06 mars 2024[77], un peu singulière par son dispositif qui fixe l'élection présidentielle au 31 mars 2024 [78]face à « l'inertie des autorités compétentes ». Elle faisait suite à celle prise le 05 mars 2024[79]en réponse à la demande d'avis du Président de la République sur les conclusions issues du dialogue national. Enfin, la plus remarquable de ces décisions est celle rendue 15 février 2024[80] par laquelle le juge constitutionnel annule une loi constitutionnelle et un acte administratif. Ces remarquables décisions du conseil constitutionnel rappellent les limites à l'exercice du pouvoir constituant dérivé (1) et marquent l'extension conditionnée du contrôle du juge constitutionnel aux actes administratifs (2).

#### 1. La restriction du pouvoir constituant dérivé

En faisant recours à sa fonction de régularité, le juge constitutionnel a pu annuler la loi n°4/2024 portant dérogation aux dispositions de l'article 31 de la Constitution. Ces deux actes ont été annulés par la décision du 15 février 2024 sus-indiquée.

La juridiction constitutionnelle était saisie de deux recours. D'un côté, les candidats à l'élection présidentielle soumettaient à l'annulation du juge des élections le décret ayant interrompu le processus électoral. De l'autre, certains députés de l'opposition[81] sollicitaient du Haut conseil que la loi constitutionnelle litigieuse soit déclarée inconstitutionnelle.

---

[76] A. K. DIOP et F. D. FAYE, « Le Conseil constitutionnel et le report de l'élection présidentielle au Sénégal : quelques réserves techniques sur une décision inédite », *Revue Sénégalaise de Droit,* n°40, janvier 2025, pp. 305-329.

[77] Conseil constitutionnel, Décision n°5/E/2°24 du 06 mars 2024.

[78] Avant que le Conseil constitutionnel ne se rétracte par un communiqué pour informer qu'il s'aligne à la date du 24 mars 2024 fixée par le Président de la République.

[79] Conseil constitutionnel, Décision n° 60/E/2024 du 05 mars 2024.

[80] Conseil constitutionnel, Décision n°1/C/24 du 15 février 2024.

[81]Le 8 février 2024, plus de 38 députés, ont saisi le Conseil constitutionnel d'un recours aux fins de faire « déclarer contraire à la Constitution la loi n°4/2024 portant dérogation aux dispositions de l'article 31 de la Constitution », d'ordonner la poursuite du processus électoral et « d'ajuster, si besoin, la date de l'élection présidentielle pour tenir compte des jours de campagne perdus ».

En réponse à ces recours, le Conseil constitutionnel a jugé inconstitutionnelle la loi soumise à son examen et annulé également le décret par lequel le Président de la République avait abrogé le décret portant convocation du corps électoral.

L'annulation de la loi constitutionnelle, bien qu'il soit inapproprié de parler de revirement- contrairement à ce que semblent croire certains- inaugure, tout au moins, un mouvement enrichissant de l'office du juge constitutionnel sénégalais. Elle a donné l'occasion au juge de mettre en application des limites à l'exercice du pouvoir constituant dérivé posées par la Constitution et rappelées dans les précédentes décisions du juge constitutionnel. Dès 1998[82], saisi pour la première fois sur le contrôle de constitutionnalité des lois constitutionnelles, le Conseil constitutionnel a posé un considérant de principe d'incompétence qu'il affinera en 2003 en ces termes : **« il ne tient de ces textes ni d'aucune autre disposition de la Constitution et de la loi organique, le pouvoir de statuer sur une révision constitutionnelle ». A partir de 2006[83], le juge sénégalais reconduit la déclinaison d'incompétence tout en l'assortissant, cette fois-ci, de réserves. Il admet que « le pouvoir constituant est souverain, qu'il** peut abroger, modifier ou compléter des dispositions de valeur constitutionnelle sous réserve des limites posées par la constitution ». Celles-ci sont temporelles, c'est dire les périodes au cours desquelles une révision de la Constitution ne peut être engagée ou poursuivie[84]. Elles sont également matérielles. Celles-ci sont prescrites par le septième alinéa de l'article 103[85] de la Constitution.

La sphère des limites matérielles est élargie, depuis la réforme constitutionnelle de 2016[86]. Elle recouvre, depuis cette date, la forme républicaine de l'Etat, le mode d'élection, la durée et le nombre de mandats consécutifs du Président de la République. La loi de révision qui

[82] Conseil constitutionnel, Décision n°9 du 09 octobre 1998.

[83] Conseil constitutionnel, Décision n°3/C/ 2005 du 18 janvier 2006.

[84] Le Président de la République ne peut, en vertu des pouvoirs exceptionnels prévus à l'article 52 de la constitution, procéder à une révision de la constitution lorsqu'il les met en œuvre ; c'est valable pour le Président de l'Assemblée nationale qui ne peut pas initier une révision constitutionnelle lorsqu'il assure la suppléance en cas de vacance du pouvoir du Président de la République (art. 40 de la constitution).

[85] Elles sont énumérées à l'article 103, alinéa 7 de la Constitution et portent sur la forme républicaine de l'Etat, le mode d'élection, la durée et le nombre de mandats consécutifs du Président de la République.

[86] Loi constitutionnelle n°2016-10 du 05 avril 2016.

reprogramme l'élection présidentielle n'était pas sans rapport avec la durée du mandat. Elle prolonge, à titre incident, la durée du mandat présidentiel.

Une loi de cet objet, Comme l'avaient souligné les doyens[87] dans une mémorable contribution, « prend donc ses distances avec la nature des réformes constitutionnelles traditionnellement promues par le pouvoir constituant originaire ou dérivé ». « À d'autres époques, d'autres mœurs », concluaient les maîtres. Il en résulte que le verdict du Conseil constitutionnel était attendu dès lors que la loi soumise à son examen touche aux réserves qu'il avait lui-même rappelées dans ses précédentes décisions. La Haute juridiction constitutionnelle ne s'est pas dérobée. Elle a été à la hauteur des attentes[88] en annulant, pour la première fois, une loi de révision constitutionnelle. Au soutien de sa démonstration, le juge constitutionnel a considéré que la loi querellée reportant l'élection présidentielle au 15 décembre 2024, proroge de ce fait, la durée du mandat présidentiel qui est insusceptible de révision selon l'article 103, alinéa 7, de la Constitution. Le Conseil constitutionnel a tenu à rappeler, comme il l'avait indiqué dans sa décision du 16 février 2016[89], que « la durée du mandat ne peut être réduite ou allongée au gré des circonstances politiques, quel que soit l'objectif poursuivi ». Au surplus, le juge invoque un argument supplémentaire dans le considérant 14. Il indique que la mention à l'article 2 de la loi déférée que « le Président de la République en exercice poursuit ses fonctions jusqu'à l'installation de son successeur », dénote un caractère temporaire et personnel incompatible avec le caractère permanent et général d'une disposition constitutionnelle. Cette incompatibilité est « contraire aux principes à valeur constitutionnelle de sécurité juridique et de stabilité des institutions ». En admettant de censurer le pouvoir constituant, le Conseil constitutionnel rejoint le cercle des juges constitutionnels qui contrôlent les lois de révision constitutionnelle, comme c'est déjà le cas au Mali[90], au

---

[87] **A.-E K.BOYE, S. DIOP, B. GUEYE, A. SALL, A. B. FALL, « La justiciabilité incontestable de la loi constitutionnelle n° 04/2024 devant le conseil constitutionnel », CERACLE [en ligne], disponible à partir de ce lien,** https://ceracle.com/la-justiciabilite-incontestable-de-la-loi-constitutionnelle-n-04-2024-devant-le-conseil-constitutionnel/, **consulté le 14 février 2024.**

[8888] A. S. ADOUA-MBONGO, « La décision n°1/C/2024 du 15 février 2024 : manifestation d'une posture conséquentialiste du juge constitutionnel sénégalais », 2024, p. 1, [en ligne], disponible sur ce lien file:///C:/Users/HP/Documents/Clef%202023%20BON/DOSSIER%20CAMES%2024/commment%20DC%20CC/le-juge-constitutionnel-se; consulté le 18 février 2025.

[89] Conseil constitutionnel, Décision ° 1/C/2016 du 12 février 2016.

[90] Cour constitutionnelle du Mali, décision du 12 décembre 2001.

Bénin[91] au Congo[92] et au Gabon, dont la décision la plus récente, pour ce dernier cas, est celle rendue en 2023[93].

L'admission d'un contrôle d'une loi constitutionnelle étoffe l'office du juge constitutionnel. Ce contrôle s'inscrit dans le cadre de la fonction de régularité du Conseil constitutionnel. Cette fonction se distingue de celle de la régulation[94].

La fonction de régularité consiste à opérer un contrôle de conformité d'un fait et d'une norme par rapport à une règle préétablie. C'est un contrôle qui s'insère dans un corps de règles et qui ne sort pas de ce cadre contrairement à la fonction de régulation que le juge constitutionnel met en œuvre à la seule évocation de son statut de régulateur. Le juge constitutionnel a fait donc recours à la fonction de régularité lorsqu'il annule la loi de révision et le décret suspendant le processus électoral.

Quant à la fonction de régulation, le juge en fait usage lorsqu'une question qui lui est posée ne trouve pas de réponse dans les ressources textuelles. Elle consiste pour le juge constitutionnel, au nom de la paix et de la sécurité, à apporter des réponses à des situations inédites qui ne trouvent pas de solutions dans les ressources normatives. Le juge n'agit plus dans le corps des textes, mais « il vogue dans l'esprit » de ceux-ci. En déployant cette fonction, le juge constitutionnel met en œuvre des pouvoirs exorbitants comme l'injonction, la substitution et le dessaisissement. L'on peut constater que dans sa décision du 15 janvier 2024 précitée, le Conseil constitutionnel en a fait recours, à partir du considérant 19. C'était le seul moyen pour apporter une réponse à l'une des demandes des requérants sollicitant « la poursuite du processus électoral et d'ajuster, si besoin, la date de l'élection … ». La délicate question posée commande que le juge fasse recours à une fonction de régulation pour sauvegarder un processus électoral agité. En réponse à cette demande, le Conseil constitutionnel a tenu à invoquer son statut de régulateur qu'il tire de l'esprit et de la lettre de la Constitution pour « remplir ses missions au nom de l'intérêt général, de l'ordre public, de la paix, de la stabilité, des institutions, et du principe de la

[91] Cour constitutionnelle du Bénin, décision DCC 06-074 du 8 juillet 2006.

[92] Cour constitutionnelle du Congo, décision 001/CENI/BUR/15 du 12 février 2015 portant publication des élections présidentielle et législatives.

[93] Cour constitutionnelle du Gabon, Décision n°082/CC du 13 avril 2023, publiée au JO n°207 Bis du 17 avril 2023.

[94] Voir Y. NIANG, *Le contrôle juridictionnel du processus électoral en Afrique noire francophone : les exemples du Sénégal et du Bénin.* Droit. Université de Bordeaux, 2018. pp. 269 et s.

nécessaire continuité de leur fonctionnement ». En arborant son statut de régulateur, le Haut conseil a constaté l'impossibilité de l'organisation de l'élection présidentielle à la date du 25 février 2024.

Cependant, le Conseil a fait preuve de retenue en renvoyant le pouvoir de fixation d'une nouvelle date aux autorités compétentes tout en précisant que cette date doit intervenir dans les meilleurs délais qui ne sauraient dépasser le 02 avril 2024, date d'expiration du mandat présidentiel. L'on peut regretter que le Conseil ne soit pas allé au bout de fonction de régulation en ne fixant par lui-même la date de l'élection présidentielle. C'est ce qu'il fera dans une décision prise le 06 mars 2024[95], un peu singulière par son dispositif qui fixe l'élection présidentielle au 31 mars 2024[96]. Une décision de substitution du Conseil constitutionnel au Président de la République. Elle fait suite à une convocation d'un dialogue national[97] par le Chef de l'Etat au lieu de fixer une nouvelle date dans les meilleurs délais, comme l'y avait invité le juge constitutionnel dans sa décision du 15 février 2024. Face à « l'inertie des autorités compétentes » et sur demande des candidats, le Conseil constitutionnel, par cette décision du 06 mars 2024, fixe la date de l'élection présidentielle au 31 mars 2024. Cependant, quelques heures plus tard, le Président du Conseil constitutionnel neutralise cette décision de la juridiction qu'il préside. Il informe par un communiqué sommaire que la juridiction constitutionnelle se conforme à la date du 24 mars 2024, celle finalement fixée par un décret du 06 mars 2024 du Président de la République[98]. En procédant ainsi, sans une délibération préalable de la juridiction, le Président met en cause l'autorité qui s'attache aux décisions du Conseil constitutionnel en violation de l'article 92 de la constitution.

En définitive, en faisant recours à sa fonction de régularité et celle de régulation, le Conseil constitutionnel a tenu en échec les actes qui ont failli compromettre la tenue de l'élection présidentielle. L'annulation de la loi de révision constitutionnelle traduit une volonté du juge d'assumer sa fonction

---

[95] Conseil constitutionnel, Décision n°5/E/2°24 du 06 mars 2024.

[96] Avant que le Conseil constitutionnel ne se rétracte par un communiqué pour informer qu'il s'aligne à la date du 24 mars 2024 fixée par le Président de la République.

[97] Conseil constitutionnel, Décision n° 60/E/2024 du 05 mars 2024. Une décision prise en réponse de la demande d'avis du Président de la République sur les conclusions du dialogue national. Dans sa réponse, le Conseil constitutionnel n'a donné aucune conclusion et il rappelle au Président que la date de l'élection présidentielle doit être tenue au plus tard, avant l'expiration de son mandat, soit le 02 avril 2024.

[98] Décret n°2024-690 du 6 mars 2024 fixant la date de l'élection présidentielle.

de surveillance de la majorité politique. Une surveillance que le juge a décidé d'élargir aux actes réglementaires.

### 2. L'extension du contrôle au pouvoir réglementaire

Le contrôle des actes administratifs par le juge constitutionnel[99]est un trait marquant du constitutionnalisme africain[100]. C'est une véritable rupture au mimétisme[101] du droit français.

Les constitutions de plusieurs Etats africains ont reconnu cette compétence au juge constitutionnel. Il en est ainsi en République Démocratique du Congo[102], au Bénin[103], au Madagascar[104]au Gabon[105], bien que pour ce

---

[99] J. KISUMENE KITENGE et N. MAMBUKU TSUMBU « Le contrôle des actes administratifs unilatéraux par le juge constitutionnel sous la constitution du 18 février 2oo6 telle que révisée en RD Congo » par MES-RIDS, nO132, vol. 2., Janvier - Février 2024, pp.2313-220, [en ligne], disponible sur ce lien https://mesrids.org/wp-content/uploads/2024/02/24.-Article-Kitenge-et-alii.pdf., consulté le 17 février 2025.

[100] I. DIALLO, « A la recherche d'un modèle africain de justice constitutionnelle », *Annuaire internationale de justice constitutionnelle,* 20-2004, 2005, p. 110.

[101] J.D.B. DE GAUDUSSON, « Le mimétisme postcolonial, et après ? », *Pouvoirs*, n° 129, 2009/2, pp. 45-55.

[102] L'article 162 al.2 et 3 de la Constitution de la RDC dispose que « toute personne peut saisir la Cour constitutionnelle pour inconstitutionnalité de tout acte législatif ou réglementaire ».

[103] La Constitution béninoise de 1990, dispose à son l'article 3 que « tout citoyen a le droit de se pourvoir devant la Cour constitutionnelle contre les lois, textes et actes présumés inconstitutionnels » ; l'article 117 alinéa 3 ajoute que la Cour constitutionnelle statue obligatoirement sur « la constitutionnalité (...) des actes règlementaires censés porter atteinte aux droits fondamentaux de la personne humaine et aux libertés publiques et, en général, sur la violation des droits de la personne humaine. L'on peut relever à L'article 121, alinéa 2, du texte constitutionnel que la Cour constitutionnelle « se prononce d'office sur la constitutionnalité (...) de tout texte règlementaire censé porter atteinte aux droits fondamentaux de la personne humaine et aux libertés publiques.

[104] Article 116 paragraphes 1 et 3 de la Constitution malgache du 11 décembre 2010 reconnait à la Haute Cour constitutionnelle compétence à statuer sur la conformité à la Constitution [...] des règlements autonomes [...] sur la conformité à la Constitution [...] des délibérations et des actes réglementaires adoptés par les collectivités territoriales décentralisées.

[105] Les articles 84 et 85 de constitution gabonaise du 26 mars 1991 révisée par la loi constitutionnelle n° 47/2010 du 12 janvier 2011 consacraient le contrôle de constitutionnalité des actes réglementaires censés porter atteinte aux droits fondamentaux de la personne humaine et aux libertés publiques.

dernier, un renouveau soit noté depuis 2018[106] et 2024[107]. Si ces Etats ont pris l'option d'habiliter constitutionnellement le juge constitutionnel à connaitre la constitutionnalité des actes administratifs, nombreux autres Etats, comme le Sénégal, n'ont pas fait ce choix. Cependant, le juge constitutionnel sénégalais vient d'admettre sa compétence à statuer sur certains actes administratifs, ceux qui sont en rapport avec la régularité d'une élection nationale. C'est l'un des enseignements de la décision du 15 février 2024. Elle marque l'extension de contrôle du juge constitutionnel à une catégorie d'actes administratifs.

C'est une innovation non négligeable du contrôle du juge constitutionnel sénégalais, « car la justice constitutionnelle n'est pas, par principe, chargée de contrôler la constitutionnalité des actes de l'administration »[108]. Il n'est pas sans intérêt de revenir sur la démarche du juge ayant conduit à ce résultat. En effet, à la suite de la suspension du processus électoral par décision[109]du Président de la République le 03 février 2024, les candidats à l'élection présidentielle ont saisi le Conseil constitutionnel aux fins de contester la légalité du décret susmentionné. La réponse apportée à ce recours est originale à plusieurs titres.

La première originalité réside dans la démonstration de la recevabilité. Il est incontestable que les cas de saine du Conseil constitutionnel par les candidats, ainsi que les moments, sont limitativement énumérés par la Constitution et le Code électoral. Le premier cas de saisine est le droit de réclamation ouvert à tout candidat après la publication de la première liste des candidats par le Conseil constitutionnel. Il est prévu à l'article L.127, alinéa premier, du Code électoral. Le deuxième cas de figure est celui de la contestation des résultats par les candidats. Il est prévu à l'article 35, alinéa

---

[106] Voir à ce propos Steve SEKOULA, « Le renouveau du contrôle juridictionnel des actes réglementaires au Gabon », [en ligne], disponible sur ce lien, https://ceracle.com/le-renouveau-du-controle-juridictionnel-des-actes-reglementaires-au-gabon/, consulté le 20 septembre 2024.

[107] L'article 119 alinéa 3, de la loi référendaire n°002-R/2024 du 19 décembre 2024 portant de la République gabonaise est reformulée comme suit « La Cour constitutionnelle se prononce d'office sur la constitutionnalité des lois et des ordonnances censées porter atteinte aux droits fondamentaux de la personne humaine et aux libertés publiques ». L'on constate que l'on ne fasse plus référence aux actes réglementaires, mais plutôt aux ordonnances. Mais, en tout état de cause, c'est un contrôle du juge constitutionnel sur le pouvoir réglementaire.

[108] J. KISUMENE KITENGE et N. MAMBUKU TSUMBU, op.cit., p. 214.

[109] Le décret n° 2024-106 du 03 février 2024 portant abrogation du décret n° 2023-2283 du 29 novembre 2023 portant convocation du corps électoral pour l'élection présidentielle du 25 février 2024.

2, de la Constitution. En dehors de ces cas, aucune autre voie de recours n'est ouverte aux candidats, concernant spécifiquement une élection présidentielle. Il en résulte qu'un recours, comme celui des candidats qui ne se retrouve dans aucun de ces cas, devrait être jugé irrecevable. Le Conseil en a jugé autrement en invoquant pour la première fois un intérêt légitime des requérants qui ont acquis leur qualité de candidats par la décision du 20 janvier 2024[110]. Le Haut Conseil évoque sommairement dans le considérant 10 que « les requérants étant tous des candidats à l'élection présidentielle du 25 février 2024, justifient en conséquence un intérêt légitime ». C'est dire que la seule qualité de candidat justifie à juger recevable un recours, peu importe le moment. Ce qui rend plus inédite cette décision, c'est la réponse au fond.

Le juge constitutionnel a annulé le décret contesté pour défaut de base légale. Il considère que le décret attaqué qui avait été pris sur le fondement de la proposition de loi constitutionnelle jugée contraire à la Constitution, encourt une annulation pour manque de base légale.

La démonstration du juge n'emporte pas notre conviction. Elle laisse entendre qu'il est acceptable que le décret mis en cause puisse faire référence à une loi qui n'était qu'à l'étape d'une annonce médiatique. Le décret querellé a été pris le 03 février 2024.

La proposition de loi visée dans le rapport de présentation de ce décret n'a été adoptée que le 05 février 2024, soit quarante-huit (48) heures après que le décret est pris. Il en résulte qu'au moment de la signature du décret, la loi à laquelle il a fait référence n'était même pas adoptée, encore moins promulguée. Il faut en conclure que l'absence de base légale résulterait moins de l'annulation de cette proposition de loi que de l'impossibilité d'un décret de viser une loi qui n'existait pas au moment de la signature dudit décret. Un acte administratif ne saurait trouver sa base légale dans un texte intervenu postérieurement. Tel devrait être le raisonnement du Conseil constitutionnel. En tout de cause, l'on peut retenir l'annulation d'un acte administratif par le Conseil constitutionnel sénégalais. C'est une première. Pour justifier sa compétence, le juge constitutionnel invoque sa plénitude de juridiction en matière électorale qu'il tire de l'article 92 de la constitution[111]. Cette plénitude, selon le Conseil, lui confère compétence

---

[110] Conseil constitutionnel, Décision n°2/E/2024 du 20 janvier 2024 portant publication définitive des candidats.

[111] Article 92, alinéa 3, « le Conseil constitutionnel juge de la régularité des élections nationales et des consultations référendaires et en proclame les résultats.

« à connaître de la contestation des actes administratifs participant directement à la régularité d'une élection nationale, lorsque ces actes sont propres à ce scrutin ». En procédant comme il l'a fait, le Conseil constitutionnel élargit son périmètre de compétences à la légalité administrative tout en indiquant qu'elle s'exerce sans préjudice de la compétence de la Cour suprême qui reste exclusivement compétente pour les actes, autres que ceux qui concourent à la régularité de l'élection nationale.

La délimitation de compétences est clairement établie entre les deux juridictions comme l'illustre l'alignement de la Cour suprême à la décision du Conseil constitutionnel par son ordonnance rendue le 15 mars 2024. Elle était saisie d'une requête en urgence par Karim Meissa WADE et autres sollicitant la suspension du décret n°2024-690 du 06 mars 2024 fixant l'élection présidentielle au 24 mars 2024. Ils évoquent la violation de l'article LO.137 du Code électoral, en ce que le décret attaqué pris le 06 mars 2024 convoque le corps électoral le 24 mars de la même année, soit 15 jours avant le premier tour du scrutin, alors que le texte visé impose quatre-vingt (80) jours au moins entre la date du décret de convocation et celle du scrutin.

En réponse, le juge des référés a considéré qu'il s'insère de la décision n° 1/C/2024 du 15 février 2024, « qu'il appartient au Conseil constitutionnel, en vertu de ses missions de contrôle de la régularité des élections nationales, de connaitre la contestation portée contre les actes administratifs préparatoires à l'élection du Président de la République ; que ces actes, y compris le décret dont la suspension est demandée, ne sauraient être contestés en annulation devant le juge de l'excès de pouvoir ». Cet alignement de la Cour suprême à la décision du Conseil constitutionnel met fin au dérèglement électoral. Il lève tout doute sur la tenue de l'élection présidentielle le 24 mars 2024. La campagne électorale peut enfin démarrer, bien qu'elle soit compressée par décret[112]. Le dernier acte de remise à l'ordre du processus électoral a été la libération de Bassirou Diomaye Diakhar FAYE et M. Ousmane SONKO. Une libération[113] qui fait suite à l'adoption de la loi d'amnistie. Cela a favorisé la tenue de l'élection présidentielle dans la sérénité. Les résultats qui en sont issus ont traduit une authentique volonté populaire exprimée en faveur du candidat Bassirou Diomaye Diakhar FAYE, élu dès le premier avec 54, 28% des suffrages

---

[112]Décret n°2024-704 du 7 mars 2024.

[113] Une libération intervenue le 15 Mars 2024 alors que l'élection présidentielle est prévue le 24 mars 2024.

valablement exprimés[114]. C'est une autre singularité de cette élection, un candidat de l'opposition élu dès le premier. C'est une première au Sénégal. Aucune contestation dirigée contre les résultats n'a été enregistrée, malgré les perturbations ayant entouré tout le processus électoral. Le Président nouvellement élu a été installé dans ses fonctions de Président de la République, le 02 avril 2024, le jour de l'expiration du mandat du Président sortant.

En définitive, l'élection présidentielle de 2024 a offert un terrain sémillant et inédit d'analyse d'une mise en situation de confrontation des pouvoirs publics. D'un côté, des pouvoirs politiques et, de l'autre, le pouvoir juridictionnel. La vision formaliste et angélique[115] de cette la séparation des pouvoirs, souvent dénoncée dans nos Etats, a montré une autre image où le juge a assuré son rôle tant attendu de contrepoids. Hardi et offensif, le juge constitutionnel a réparé l'entorse portée à l'intangibilité de certaines dispositions constitutionnelles. La nomenclature des clauses d'éternité a été préservée. L'on peut cependant regretter son attitude timorée lorsque la liberté de candidature a été mise en cause. En tout état de cause, le juge constitutionnel a trouvé une réhabilitation chez l'opinion en faisant preuve de fermeté pour sauver le scrutin et préserver « l'exception démocratique sénégalaise ». C'est un dénouement heureux d'un dérèglement électoral. Le Président de la République sortant a transmis le pouvoir pacifiquement dans les conditions prévues par les dispositions constitutionnelles. La réception du Président nouvellement élu au Palais par le Président sortant, avant même la proclamation des résultats définitifs, rend compte de l'état de la démocratie sénégalaise. Cette image est une illustration des merveilles du droit constitutionnel. Ce droit qui aménage la rotation dans l'exercice du pouvoir. Le Président nouvellement élu est passé, en quinze jours, d'un statut, de détenu provisoire[116] à celui de Chef de l'Etat. Seule la démocratie peut réaliser une telle prouesse. Nous sommes fondés à penser que les merveilles de notre démocratie se prolongeront dans les rapports entre gouvernants et gouvernés à travers une justice constitutionnelle garante du respect des droits inscrits dans la Constitution. La démocratie ne peut plus être réduite à un vote du dimanche. Elle est plus

[114] Conseil constitutionnel, Décision n°7/E/2024 du 29 mars 2024 portant proclamation des résultats définitifs de l'élection présidentielle du 24 mars 2024.

[115] F. J. AIVO, « Les constitutionnalistes et le pouvoir politique en Afrique », in *Revue Française de Droit constitutionnel*, vol n°4, n°104, 2015, pp. 783-784.

[116] Son arrestation est intervenue le 14 Avril 2023 avant de bénéficier d'une liberté le 15 Mars 2024, soit moins de dix jours avant la date du scrutin, prévue le 24 mars 2024.

exigeante que cela. Elle doit être un vécu de tous les jours où les droits les plus essentiels des citoyens sont promus et rehaussés.

# La notion de haute trahison à l'épreuve de la limitation des mandats présidentiels en Afrique. En hommage au Professeur Alioune Badara FALL

***Aboubacry KEBE***

*Docteur en droit public de l'Université Paris Saclay*

*Enseignant-chercheur contractuel à l'Université de La Rochelle*

Il est dans la vie du jeune chercheur des moments mémorables. C'est d'autant plus singulier lorsqu'il se manifeste par la satisfaction d'une curiosité intellectuelle emphatique sous plusieurs aspects. L'apport d'un ancien doctorant dans les mélanges offerts à son directeur de recherche constitue l'une de ces aubaines les plus précieuses, dont le docteur perçoit une reconnaissance de son devenir. Rendre hommage au Professeur Alioune Badara Fall me semble à la fois un sacerdoce, mais aussi un impératif scientifique. Ces témoignages ne peuvent être saisis sans un rappel des circonstances de notre rencontre inexorable, désormais consolidée par des liens affectueux eu égard aux liens particuliers qu'il entretient avec ses docteurs.

En préparant mon mémoire de recherche[1], dans le cadre du Master 2 droits africains de l'école de la Sorbonne, ma rencontre herméneutique avec le Professeur Fall devenait inéluctable. Si l'origine de mes recherches était amplement inspirée par sa remarquable thèse[2], la recommandation de ma directrice de recherche[3] a permis de favoriser la rencontre nécessaire avec le dédicataire. J'avais promptement saisi cette mise en relation tant souhaitée. Elle avait au demeurant une double destinée : rencontrer l'inspirateur de mon mémoire, mais au-delà, mon futur co-directeur de thèse. À cette époque-là, je réfléchissais parallèlement sur mon projet de

[1] *L'effectivité du contentieux de la puissance publique en Afrique francophone : Étude comparative entre le Sénégal et la Côte d'Ivoire,* soutenu en 2016 à l'Université Paris I Panthéon Sorbonne, Centre Mahler.

[2] A-B. FALL, *La responsabilité extracontractuelle de la puissance publique au Sénégal : essai de transposition des règles de droit administratif français dans un pays d'Afrique noire francophone*, Université de Bordeaux IV, 1994, 2 t. 873 p.

[3] Madame Alix Toublanc, Maître de conférences en Droit public à l'Université Paris I Panthéon Sorbonne.

doctorat relatif à *la codification de la notion de service public au Sénégal*[4]. Une lecture approfondie des travaux du Professeur Fall m'avait déjà éclairé sur les contours de la codification du droit administratif illustrée par le Code des obligations de l'Administration[5] et particulièrement la conception du service public qui en constitue son *leitmotiv*[6].

Tout au plus, notre première entrevue à la Gironde[7], certes improvisée par mes soins, aura contribué à illuminer le projet tant sur le plan conceptuel que matériel[8]. Les échanges prolifiques sur mon sujet de thèse avaient beaucoup contribué à son avancement, comme l'avaient remarqué les membres de mon comité de suivi lors de la réunion annuelle doctorale. C'est ainsi que ce comité m'avait recommandé de lui proposer la codirection de mes travaux de recherche. Dans la foulée, je revenais à Bordeaux pour formaliser cette codirection acceptée généreusement par le dédicataire qui venait de m'en faire l'immense honneur. Cette formalisation marquait le début d'un cheminement doctoral prometteur, encadré avec une bienveillance exceptionnelle. Je retiens essentiellement au cours de ces quelques années passées sous sa direction, sa grande disponibilité à éclairer son doctorant dans les moments de doute et sa rigueur scientifique remarquable en droit public[9] qu'il transmet à l'occasion des discussions sur la thèse, la recherche universitaire, mais encore et surtout sa perception et

---

[4] Nous citons notre thèse, *Les transformations du droit des services publics en Afrique francophone : l'exemple du Sénégal*, soutenue à l'Université Paris Saclay le 16 septembre 2020, 669 p.

[5] A.-B. FALL, « Le Code des obligations de l'administration au Sénégal ou la transposition des règles de droit
administratif français en Afrique par la codification », in *Espaces du Service public*, mélanges en l'honneur de
Jean DUBOIS DE GAUDUSSON 2013, Tome I, p. 225.

[6] A.-B. FALL, *La responsabilité extracontractuelle de la puissance publique : essai de transposition du droit administratif français dans un pays d'Afrique noire*, thèse *précit.*, 873 p.

[7] Qu'il me soit permis à travers cette étude, de m'excuser solennellement de n'avoir pas demandé un rendez-au dédicataire ce jour-là. J'avais en effet débarqué de façon inopinée à la Faculté de droit de l'Université de Bordeaux, que je souhaitais tant découvrir eu égard à la renommée du CERDRADI. Mais, croyez-moi je n'ai pas eu la moindre difficulté d'être reçu par le dédicataire, tellement qu'il est connu dans cette Faculté et si disponible à recevoir tout étudiant et de surcroît, un chercheur originaire d'Afrique. En tout état de cause, ce voyage à Bordeaux en valait bien la peine et s'est révélé singulièrement fructueux.

[8] En quittant Paris pour aller à Bordeaux, j'étais parti avec « les mains vides » mais je suis rentré avec une valise remplie de documentation précieuse utile à ma thèse, traduisant la générosité estimable du Professeur Fall.

[9] J.-B AUBY, « L'argument scientifique en droit public », *RDP* n°012/2023, p. 395.

sa doctrine remarquable sur les droits africains, dont il n'a cessé de promouvoir en France et ailleurs[10].

En tant que disciple du dédicataire, je ne saurais dissimuler mon admiration à l'égard de mon maître. Cet aspect est d'autant plus vrai que le choix du sujet destiné à le rendre hommage m'apparait comme une gageure[11] au regard de la diversité de ses champs d'investigation. Du reste, en choisissant le sujet en guise d'hommage, nous avions une diversité d'alternatives au vu du champ disciplinaire d'investigation extrêmement riche du dédicataire. En effet, ses réflexions remarquables sur divers aspects du droit[12] ouvrent la voie à l'examen de plusieurs questions.

Nous avions pensé que le dédicataire de ces *Mélanges* aurait souhaité notamment que son ancien doctorant en droit du service public lui fasse un état des lieux de ce pan du droit administratif peu exploré en Afrique, mais nous sommes persuadés que le traitement d'un autre sujet et de surcroit en droit constitutionnel[13] permettrait de lui rendre hommage mérité[14]. Nous avons opté pour cette perspective étant donné que le Professeur Fall est un fervent passionné du droit constitutionnel, tout en étant un professeur dynamique de cette matière. Il a une lecture critique des institutions et au premier plan l'institution présidentielle[15], dont-il s'interroge avec une certaine réserve sur la pratique du pouvoir par le Président de la République en tant que gardien de la Constitution. La pratique de la fonction présidentielle influence bien souvent le sort de la démocratie en Afrique[16].

---

[10] A.-B. FALL, « Le droit africain a-t-il sa place dans le droit comparé ? », in *Le devenir du droit comparé en France*, sous la direction de Jean DUBOIS DE GAUDUSSON, Journée d'études à l'institut de France, 23 juin 2004, PUAM, 2005, pp. 162-184.

[11] A.-R TROIZIER, « Michel Verpeaux, directeur de thèses », in *Mélanges en l'honneur de Michel Verpeaux,* Dalloz, 2020, pp. 3-8.

[12] (Constitutionnalisme, démocratie, État de droit, justice constitutionnelle, les droits de l'homme, le contentieux administratif ainsi que la décentralisation...)

[13] qu'il a enseigné pendant plusieurs années en France et en Afrique.

[14] Quand bien même, nous avions l'idée de rendre hommage à ses qualités de directeur de thèses. Le Professeur Fall est à cet égard rigoureux, empathique et soucieux de l'avancement de ses doctorants. Il a l'art d'allier sa présence dans le déroulement du doctorat avec la liberté du thésard.

[15] F.-J. AÏVO, « Le statut constitutionnel du président élu », in *Mélanges en l'honneur du Président Robert Dossou, l'Amphithéâtre et le prétoire au service des droits de l'homme et de la démocratie,* L'Harmattan, 2020, p. 111.

[16] J.-F. BAYART, « La problématique de la démocratie en Afrique noire », *Politique africaine*, n° 43, p. 5-20, cité par F. HOURQUEBIE, « Quel statut constitutionnel pour le chef de l'État africain ? », Entre principes théoriques et pratiques du pouvoir », *Afrique contemporaine* 2012/2 n°242, pp. 73-86.

Imbu des valeurs démocratiques, le directeur de publication et chef du projet de la *revue Afrilex*[17] pense que le chef de l'État doit, en toutes circonstances, se conformer à la Constitution en tant que norme fondamentale suprême de l'État. Il a l'obligation de se dévouer à la souveraineté populaire qui lui a investi. Il est responsable devant le peuple. C'est cette exigence de responsabilité qui nous a conduit à nous interroger sur le jugement du Président de la République en Afrique en cas de violation de la Constitution d'autant plus que ce manquement est susceptible de constituer un cas de haute trahison.

Toutefois, cette question ne doit pas être traitée avec une certaine témérité. En effet, le régime de la responsabilité du Président de la République semble à première vue s'opposer à son procès pour méconnaissance des dispositions constitutionnelles eu égard à son statut qui lui confère des pouvoirs prédominants sur toutes les institutions dans des régimes poli tiques présidentialistes[18]. Ce constat est d'autant plus vrai que ce régime n'est pas rigoureusement encadré dans de nombreux États de tradition francophone où il demeure utopique et insuffisamment déterminé[19]. En dépit de la cadence des révisions constitutionnelles[20] ainsi que l'avènement du « nouveau constitutionnalisme africain »[21], la question du jugement du président en exercice reste ambiguë, voire spéculative.

---

[17] *Revue d'étude et de recherche sur le droit et l'administration dans les pays d'Afrique.* Merci au dédicataire d'avoir contribué à la promotion de la doctrine africaine à travers cette revue qui offre une base documentaire précieuse.

[18] V.-R. MANANGOU, « Le néo-présidentialisme africain : entre paternalisme et superposition », *RFDC*, 2015/3 (N° 103), pp. 26-53.

[19] F.-J. AÏVO, « La responsabilité pénale des gouvernants dans les régimes politiques africains d'influence française », *Revue Afrilex,* 2010, consulté le 30 juin 2023, p. 3.

[20] I.-M. FALL, *Les révisions constitutionnelles au Sénégal. Révisions consolidantes et révisions déconsolidantes de la démocratie sénégalaise*, Dakar, CREDILA, 2012. Du même auteur, « La révision de la Constitution au Sénégal », *Revue Afrilex*, 2014, 46 p.

[21] R.-N SANDJÈ, « Le droit de la révision constitutionnelle dans le nouveau constitutionnalisme africain », *Revue du droit public* – juillet 2016 - n° 4 - page 1209. Sur le renouvellement du système des normes constitutionnelles, cf. E.N.M YOUMBI, « Coups de force et droit constitutionnel en Afrique : brèves réflexions théoriques Étude en l'honneur du Professeur Michel Durupty (1937-2020) », *Revue du droit public*, mars 2023, p. 531.

Cette considération doit être appréhendée à l'aune du régime traditionnel de l'irresponsabilité[22] du chef de l'État[23] hérité des *« temps magico-religieux »*[24]. En effet, bien que dans les États de tradition française, le Président détermine la politique nationale, il appert que sa responsabilité politique ne peut être ordinairement mise en cause. Eu égard à son investiture populaire pour un mandat déterminé, il est protégé au cours de l'exercice de ses fonctions contre toute procédure visant à engager sa responsabilité. Le mandat électoral lui confère un régime d'irresponsabilité assimilable à un privilège de juridiction. Ce régime inspiré de la Constitution de la Ve République apparait contestable au vu du *« déséquilibre entre la prépondérance des pouvoirs et la responsabilité présidentielle »* traduisant ce que le Doyen Vedel avait qualifié de *« paradoxe »*[25] du régime de la responsabilité coexistant avec l'irresponsabilité du chef de l'État. Au surplus, l'irresponsabilité politique du Président de la République[26] induit, comme le souligne Louis Favoreu

---

[22] Il importe de rappeler que l'irresponsabilité politique découle de la tradition parlementaire britannique en vertu de laquelle *« le Roi ne peut mal faire »,* qui est la traduction anglaise de *« the King can do no wrong ».* Cet adage anglais a d'ailleurs inspiré de nombreux régimes politiques et notamment les Constitutions françaises post révolutionnaires notamment la Constitution de 1791 qui proclame l'inviolabilité et la sacralité de la personne du roi. Cf. Jacques GODECHOT, *Les Constitutions de la France depuis 1789*, Paris, Garnier-Flammarion, 1979, p. 44.

[23] Philippe ARDANT, Bertrand MATHIEU, *Droit constitutionnel et institutions politiques*, LGDJ 31e éd., 2019-2020 (à jour, 34e édition), p. 458. L'irresponsabilité étant une caractéristique majeure de nombreux régimes politiques contemporains : Claude Emeri, « De l'irresponsabilité présidentielle », *Pouvoirs*, n°41, 1987, pp. 133 et suiv. ; Pierre-Henry Prélot, « Le perdreau mort. L'irresponsabilité du président de la République : inviolabilité personnelle, immunité fonctionnelle, privilège de juridiction ? », Dalloz, chron., n°12, 2001, pp. 949 et suiv. ; Olivier Beaud, « La contribution de l'irresponsabilité présidentielle au développement de l'irresponsabilité politique sous la Ve République », op. cit., pp. 52 et suiv. ; Olivier Beaud et Jean-Michel Blanquer, « Le principe irresponsabilité. La crise de la responsabilité politique sous la Ve République », Le Débat, n° 108, Janvier-Février 2001, pp. 33 et suiv. ; B. KIEFFER, *L'irresponsabilité politique du Président sous la Ve République*, op. cit., 227 p. cité par : T. ONDO, *La responsabilité introuvable du Chef d'État africain : analyse comparée de la contestation du pouvoir présidentiel en Afrique noire francophone (les exemples camerounais, gabonais, tchadien et togolais),* p. 55.

[24] C. BIDÉGARAY, « Le principe de responsabilité fondement de la démocratie. Petite promenade dans les allées du « jardin des délices démocratiques », *Pouvoirs*, n° 92, 2000, p. 5.

[25] Cité par J. GICQUEL, *Droit constitutionnel et institutions politiques*, op. cit., p. 646 ; Y. MADOU, *La démocratie et la fonction présidentielle en Afrique francophone : les cas du Bénin, de la Côte d'Ivoire, du Mali et du Togo*, 2016, Poitiers, p. 171.

[26] B. BRANCHET, *Contribution à l'étude de la Constitution de 1958. Le contreseing et le régime politique de la Ve République*, LGDJ, 1996, 342. 4, pp. 215-227.

*« l'absence de toute procédure constitutionnelle susceptible de le contraindre à démissionner pour des motifs politiques »*[27].

Élu du peuple, le Président de la République est paradoxalement protégé contre celui-ci en raison du verrou de son régime favorisant son irresponsabilité politique. Il est en effet protégé en cours de mandat pour les actes accomplis dans l'exercice de ses fonctions, dont il bénéficie d'une immunité pénale[28]. Ainsi, le Président de la République ne peut être jugé que pour les actes accomplis en dehors de l'exercice de ses fonctions. Mais la question de sa justiciabilité demeure un sujet complexe[29]. Certains auteurs étaient favorables à la protection de la fonction présidentielle, mais le Conseil constitutionnel français trancha en faveur de l'immunité présidentielle[30]. Il est possible d'en déduire que si le Président de la République est irresponsable des actes accomplis dans l'exercice de ses fonctions hormis le cas de haute trahison, il peut être poursuivi au plan pénal pour les actes commis avant ou pendant l'exercice de son mandat, seulement en cas de mise en accusation par les assemblées. En conséquence, il ne peut pas être poursuivi devant les juridictions de droit commun pendant l'exercice de son mandat même si le dogme marquant cette irresponsabilité[31] demeure variable au regard de la pratique dans certains États.

En dépit de ces imperfections, c'est ce régime lacunaire que plusieurs États d'Afrique d'expression française ont repris en laissant subsister quelques paradoxes dans la détermination de la responsabilité du chef de l'État. Le principe de l'irresponsabilité apparait en effet primordial et bien souvent inhérent au caractère présidentialiste de certains régimes politiques africains[32]. Dans ces régimes, la responsabilité pénale du chef de l'État

---

[27] L. FAVOREU et alii, *Droit constitutionnel*, 26e éd., Paris, Dalloz, 2024, p. 816.

[28] C. BIDÉGARAY, « Le principe de responsabilité fondement de la démocratie. Petite promenade dans les allées du « jardin des délices démocratiques », art. cit., p. 12.

[29] Elle avait notamment suscité un vif débat en France lorsqu'il s'agissait d'engager la responsabilité du Président de la République Jacques Chirac pour des actes commis avant son entrée en fonction. Si la ministre de la justice estimait que le Président de la République pouvait être traduit devant les tribunaux ordinaires, certains membres de la doctrine considéraient qu'il jouissait d'une immunité totale devant les tribunaux Guy Carcassonne, Louis Favoreu, George Vedel, ibid, p. 714.

[30] Conseil constitutionnel, Décision n° 98-408 DC du 22 janvier 1999 Traité portant statut de la Cour pénale internationale, cons. 16.

[31] F. DELPERÉE, « La responsabilité du chef de l'État. Brèves observations comparatives », *RFDC* 2001/1, n°49, p. 37.

[32] V. notamment : F.-J AÏVO, *Le Président de la République en Afrique noire francophone. Genèse et avenir de la fonction*, Paris, L'Harmattan, 2007 pp. 128-134, cité par A.-R.

demeure encore une *« fiction juridique »*[33], voire *« une noix creuse »*[34] alors que l'irresponsabilité politique s'avère intangible même sous l'empire des nouvelles Constitutions et révisions constitutionnelles[35]. L'irresponsabilité présidentielle adoptée par ces régimes politiques est justifiée par la prépondérance des pouvoirs présidentiels plaçant le chef de l'État au sommet des institutions de la République en sa qualité de gardien de la Constitution, qui lui confère des pouvoirs suprêmes. En Afrique, le *« monarque républicain »*[36] jouit en effet de nombreuses prérogatives concourant à son omnipotence dans l'appareil d'État. Si cette prééminence a relativement évolué, elle se manifestait par une hypertrophie des pouvoirs, favorisée par un système de « monopartisme » dans lequel le chef de l'État cumulait les attributs de Président de la République[37], chef de parti, de chef du Gouvernement le mettant au fait d'incarner de façon absolue la magistrature suprême. Tout laisserait croire que les Constitutions visent à favoriser la puissance présidentielle[38].

Dans les systèmes constitutionnels contemporains d'inspiration française à l'instar du Sénégal, le Président de la République *« incarne l'unité nationale »*, assure la garantie du fonctionnement régulier des institutions, de l'indépendance nationale et de l'intégrité du territoire. Il détermine la politique de la nation conduite par le gouvernement et préside le conseil des ministres[39]. Au surplus plus, le Président de la République semble ne pas

---

MBANG EDINGUE, « L'irresponsabilité du Président de La République à l'épreuve de la protection du mandat présidentiel dans les États d'Afrique noire Francophone », Vol. 7 Issue 9, September – 2022, consulté le 02/07/2023.

[33] O.-G. OURO-BODI, « La responsabilité des titulaires du pouvoir politique dans les pays d'Afrique noire francophone », *Revue Afrilex*, novembre 2018, p. 5, consulté le 02/07/2023.

[34] T. ONDO, *La responsabilité introuvable du Chef d'État africain : analyse comparée de la contestation du pouvoir présidentiel en Afrique noire francophone (les exemples camerounais, gabonais, tchadien et togolais)*, Thèse de doctorat en Droit Public, Université de Poitiers, 2005, p. 49, p. 5.

[35] H. ROUSSILLON (dir.), *Les nouvelles Constitutions africaines : La transition démocratique*, Toulouse, Presses de l'IEP, 1995. André Cabanis et Michel Louis Martin, *Les Constitutions d'Afrique francophone. Évolutions récentes*, Paris, Karthala, 1999, ibid., p. 53.

[36] J.-M. DENQUIN, « Le président de la République : monarque républicain ? », *La France en récits* (2020), pp. 705-714.

[37] F.-J AÏVO, *Le président de la République en Afrique noire francophone - Genèse, mutations et avenir de la fonction, précit.*, pp. 128-134 ; I.-M. FALL, *Le pouvoir exécutif dans le constitutionnalisme des États d'Afrique*, L'harmattan 2008, 310 p.

[38] A. DUHAMEL, « Le monarque républicain », in *Le Point*, n°1179 du 22 avril 1995, p. 35.

[39] Article 42 (Constitution de la République du Sénégal du 22 janvier 2001).

être contrarié par l'existence de réels contre-pouvoirs[40] susceptibles de mettre en cause sa responsabilité politique et pénale.

En application de cette irresponsabilité, le Président de la République qui n'est pas tenu de rendre comptes aux assemblées parlementaires, ne peut être renversé par celles-ci. La Constitution ne prévoit aucune procédure destinée à engager sa responsabilité devant le Parlement, tandis que le Premier ministre, qui n'est pas pour autant le véritable chef du Gouvernement en fait, lui sert de bouclier à cet égard. Le Président de la République demeure politiquement irresponsable au regard des responsabilités constitutionnelles et politiques qui lui sont dévolues. Dans cette optique, il se place au-dessus des partis et se met à l'abri des autres pouvoirs. Il s'agit de garantir le principe de la séparation des pouvoirs à l'égard du chef de l'État tout en concourant à sa prédominance.

Cependant, le principe de l'irresponsabilité présidentielle semble être dévoyé dans certains États de tradition francophone inspirés par la Constitution de la V^e^ République. En effet, si la contrepartie originelle de l'irresponsabilité est l'effacement du Président de la République, il s'avère que celui-ci est omniprésent dans ces régimes bâtis historiquement sur la culture de l'autorité du chef de l'État[41]. À cet égard, la tradition anglaise ne semble pas s'accommoder avec la pratique présidentielle des régimes africains d'inspiration française. Ces régimes reposent sur la primauté absolue du Président, garant des institutions de la République.

Ce mimétisme français limite la détermination du régime de la responsabilité du Président de la République eu égard à l'absence de définition de son statut pénal. Il ne garantit pas la mise en œuvre de la responsabilité des gouvernants[42] et de prime abord celle du Président de la République en tant que chef suprême de la nation. Les règles entourant le régime de responsabilité présidentielle semblent favoriser l'injusticiabilité du chef de l'État malgré la possibilité constitutionnelle d'engager sa responsabilité principalement en cas de haute trahison[43]. En effet, de

[40] F. HOURQUEBIE, *Sur l'émergence du contre-pouvoir juridictionnel sous la Ve République,* LGDJ, 2005, 693 p.

[41] T. ONDO, *La responsabilité introuvable du Chef d'État africain : analyse comparée de la contestation du pouvoir présidentiel en Afrique noire francophone (les exemples camerounais, gabonais, tchadien et togolais)*, p. 59.

[42] O.-G. OURO-BODI, « La responsabilité des titulaires du pouvoir politique dans les pays d'Afrique noire francophone », *Revue Afrilex*, art. cit., p. 8.

[43] F.-J. AÏVO, « La responsabilité pénale des gouvernants dans les régimes politiques africains d'influence française », *Revue Afrilex*, art. précit., p. 3.

nombreuses Constitutions africaines d'inspiration française[44] envisagent la responsabilité pénale du Président de la République seulement dans cette hypothèse sans définir ses contours[45]. Dans cette optique, la conception de la haute trahison qui nous parait la plus convenable serait celle que préconisait notamment Pierre Cot qui proposait de définir la haute trahison comme le *« refus d'appliquer la Constitution »*[46], en conférant un important pouvoir de qualification souveraine des faits par la Haute cour de justice.

À cet égard, l'influence des Constitutions françaises sur celles des États d'Afrique francophone peut se révéler négative. Il apparaît comme une influence inconsciente illustrée par l'absence de définition constitutionnelle de la notion de haute trahison[47]. Au surplus, l'ambiguïté de cette notion *« évasive » « fourre-tout »* coexiste avec l'absence de sanction pénale précise en cas de manquement susceptible d'être qualifié de haute trahison. Mais en dépit de ces remarques, les constituants semblent avoir exporter une notion sans lui conférer une consistance. La notion de haute trahison y est en effet conçue de façon vague *« sans doute pour des considérations politiques »*[48]. C'est le cas des Constitutions sénégalaises adoptées depuis l'indépendance[49] et de nombreuses Constitutions africaines, notamment

---

[44] L'article 68 du texte originel de la Constitution du 4 octobre 1958 prévoyait que : *« Le Président de la République n'est responsable des actes accomplis dans l'exercice de ses fonctions qu'en cas de haute trahison.* Il ne peut être mis en accusation que par les deux assemblées statuant par un vote identique au scrutin public et à la majorité absolue des membres les composant ; il est jugé par la Haute Cour de Justice [...]».

[45] En France, la notion de haute trahison était déjà consacrée par la Constitution de la IIe République qui prévoyait déjà la possibilité d'engager la responsabilité pénale du Président de la République pour haute trahison devant la haute Cour de justice en tant que juridiction spéciale. La haute trahison était assimilée à tout obstacle du Président de la République à l'égard du pouvoir législatif. V. A. MOREAU, « La haute trahison du Président de la République sous la Ve République », *RDP* 1987, pp. 1573-1581. Cette notion a été remplacée en France par le *« manquement à ses devoirs manifestement incompatibles avec l'exercice de son mandat »* à la suite de la révision constitutionnelle du 23 février 2007 résultant des travaux de la commission présidée par Pierre Avril.

[46] Il rappelle notamment les oppositions sur le concept de haute trahison lors des travaux préparatoires de la Constitution de la Ve République : Le doyen Vedel s'opposait notamment à l'absence d'autonomie du concept de haute trahison mais favorable à une conception différente des infractions retenues par le Code, art. précit., p. 1569.

[47] J. BOSSAN, « La responsabilité pénale du Président de la République », *HAL*, septembre 2022, p. 2 (consulté le 30 juin, p. 22.

[48] A. MOREAU, « La haute trahison du Président de la République sous la Ve République », *art. précit.*, p. 1568.

[49] Article 65 de la Constitution du 26 août 1960 : *« Le Président de la République n'est responsable des actes accomplis dans l'exercice de ses fonctions qu'en cas de haute trahison. Il ne peut être mis en accusation que par l'Assemblée nationale, statuant par un*

celle de la Côte d'Ivoire[50] et du Bénin[51]. Il importe de préciser que certaines Constitutions ont tenté d'une manière inachevée de conférer une certaine consistance à la notion de haute trahison, en essayant sans doute de tempérer le mimétisme constitutionnel. La Constitution béninoise par exemple considère comme haute trahison la violation du serment par le Président de la République, sa reconnaissance comme *« auteur, co-auteur ou complice de violations graves et caractérisées des Droits de l'Homme, de cession d'une partie du territoire national ou d'acte attentatoire au maintien d'un environnement sain, satisfaisant, durable et favorable au développement »*[52]. Cette tentative de définition quoique lacunaire parait utile pour envisager la responsabilité du Président de la République pour des faits assimilables à la haute trahison. Quand bien même que cette énumération ne soit pas exhaustive, il est toutefois possible de déduire de cette disposition une conception plus ou moins extensive de la haute trahison qui résulterait de la violation du serment constitutionnel, dès lors que tout manquement à la Constitution conduirait à méconnaître ce jurement à bien des égards solennels reposant sur le respect de la norme suprême. Sous ce rapport, les serments généralement prononcés par les chefs d'État accordent une importance particulière à la défense de la Constitution. Il reste néanmoins que les procédures prévues ainsi que les institutions compétentes ne garantissent pas suffisamment l'effectivité de la sanction de la haute trahison, eu égard à ce que le régime de l'irresponsabilité favorise la protection du mandat présidentiel.

Cette remarque est d'autant plus justifiée que cette protection peut être étendue à des faits antérieurs à l'attribution du mandat présidentiel, mais également postérieurs à celui-ci. Il s'agit de garantir l'accomplissement de la fonction présidentielle conformément aux prérogatives qui lui sont

---

*vote au scrutin secret, à la majorité des deux tiers des membres la composant ; il est jugé par la Haute Cour de Justice »* ; Article 87 de la Constitution du 7 mars 1963 : *« Le Président de la République n'est responsable des actes accomplis dans l'exercice de ses fonctions qu'en cas de haute trahison. Il ne peut être mis en accusation par les deux Assemblées, statuant par un vote identique au scrutin secret, à la majorité des trois cinquièmes des membres les composant ; il est jugé par la Haute Cour de Justice ».* Article 101 de la Constitution du 22 janvier 2001, modifié en 2016 puis en 2019 par la loi constitutionnelle n° 2019-10 du 14 mai 2019 ; *in Textes fondamentaux de la République du Sénégal*, sous la direction de A.-A. KEBE, S.-A. NDIAYE et B. BA, Dakar, L'Harmattan, 2001, 500 p.

[50] Article 109 de la Constitution ivoirienne du 01er août 2001 : *« Le Président de la République n'est responsable des actes accomplis dans l'exercice de ses fonctions et traduit devant la Haute Cour de Justice qu'en cas de haute trahison »*, consulté le 04/07/2023.

[51] Article 73 de la Constitution de la République du Bénin du 11 décembre 1990.

[52] Article 74, *ibid.*,

dévolues par son statut. Cependant, ces garde-fous attribués au chef de l'État pour accomplir ses missions pourraient occasionner des risques d'abus, de dérives constitutionnelles si le Président de la République en cours de mandat, soutenu par une majorité parlementaire mécanique manifeste des tentatives de manipulation ou de violation du pacte constitutionnel. Cette hypothèse pourrait notamment être envisagée lorsque le Président de la République tente de briguer un troisième mandat alors que la Constitution limite le nombre de mandats à deux[53]. Une révision de la Constitution approuvée par le Parlement majoritaire, ou dans certains cas par voie référendaire pourrait favoriser ces manœuvres de façon plus commode.

En outre, la limitation du nombre de mandats en Afrique apparait comme une gageure dès lors que les Constitutions africaines visaient à renforcer les pouvoirs du chef de l'État à l'instar de la Constitution de la V^e^ République, bâtie sur l'autorité de l'exécutif[54] et qui n'envisageait pas la limitation du nombre de mandats à deux. En Afrique, cette limitation serait a priori contraire à l'esprit des Constitutions qui prévalait ou aux objectifs poursuivis par les nouveaux États post coloniaux. Il en résulte que la clause limitative était introuvable dans de nombreuses Constitutions, hormis quelques-unes qui l'ont consacré[55], tandis que certains États à l'instar du Sénégal ont procédé à la limitation à deux des mandats du chef d'État élu, quelques années après les indépendances en 1970[56] et le Mali en 1974.

Bien que souhaitable dans les démocraties contemporaines, la clause limitative des mandats a été adoptée en Afrique avec quelques controverses[57] comme en France[58]. Il apparait en effet que dans certains

---

[53] A. LOADA, « La limitation du nombre de mandats présidentiels en Afrique », *Revue électronique Afrilex*, n°03/2003.
[54] I.-M. FALL, *Le pouvoir exécutif dans le constitutionnalisme des États d'Afrique*, Dakar, L'harmattan 2008, 310 p.
[55] notamment la Constitution de la République togolaise du 5 mai 1963 (article 22).
[56] V. I.-M. FALL, « La réforme constitutionnelle du 26 février 1970 au Sénégal », *Penant* n°731, janvier-mars, p. 91 ; art. précit., p. 91. Cette clause fût supprimée en 1976, réintroduite en 1992, supprimée de nouveau en 1998 et restaurée en 2001 ; du même auteur, « L'appropriation de l'élection présidentielle par les sénégalais (1963-2019), in *L'amphithéâtre et le prétoire Au service des droits de l'homme et de la démocratie, Mélanges en l'honneur du Président Robert Dossou*, sous la direction de F.-J. AÏVO, J. DU BOIS DE GAUDUSSON, C. DESOUCHES et J. MAÏLA, Paris, L'Harmattan, 2020, p. 607, note 28.
[57] Sur les controverses relatives à la clause limitative des mandats. V. A. LOADA, « La limitation du nombre de mandats présidentiels en Afrique », *art. précit.*, pp. 144-147.
[58] J.-M. DENQUIN, « Réflexions sur la durée du mandat présidentiel », in *RDP* 1975, p. 1359 et s.

États, ces clauses ont été acceptées par des Présidents pour se conformer à la volonté constituante, mais en Afrique, l'adhésion à ces clauses s'est faite quasiment à la faveur des transitions démocratiques (Niger, Bénin[59]). Cependant, il reste que certains États comme le Madagascar permettent l'exercice de trois mandats en ce sens que le Président de la République peut être réélu deux fois.

En outre, il importe de relever que les fondements de la limitation des mandats présidentiels divisent. Si pour certains, elle limite l'expression de la souveraineté populaire[60], pour d'autres, elle est *« vectrice d'alternance démocratique, de renouvellement des élus et de bonne gouvernance publique »*[61]. Cette argumentation parait pour le moins plus conforme à l'orthodoxie et aux aspirations démocratiques. Il reste néanmoins que la clause limitative des mandats même s'il existe dans nos contrées en Afrique connaît une mise en œuvre improbable dans la mesure où certains présidents sortants ont tenté de contourner la limitation par des manipulations orchestrées par des « ingénieurs politico-constitutionnels » ou en invoquant le principe de la non rétroactivité des lois[62] pour s'opposer à l'effet immédiat d'une réforme constitutionnelle. Dans un élan plus

---

[59] L'article 42 de la Constitution béninoise est significatif à cet effet, en précisant qu'*« en aucun cas, nul ne peut, de sa vie, exercer plus de deux mandats de Président de la République »*. La précision de cette locution adverbiale permet de lever les ambiguïtés sur l'éventuelle tentative de briguer un troisième mandat. Une telle clarification pourrait inspirer certains États où la question du troisième mandat a soulevé des controverses comme au Sénégal.

[60] La question revêt une importance actuelle même dans des États à « démocratie avancée » tels que la France où une polémique était née à la suite de propositions soutenant un troisième mandat probable du Président de la République en cours de fonction soutenues par Jean jacques Urvoas et Richard Ferrand. L'ancien Président de l'Assemblée nationale française regrettait *« tout ce qui bride la libre expression de la souveraineté populaire »* en déplorant la limitation du mandat présidentiel qui corsète la vie publique avant de clarifier ses propos controversés. Si cette position politique a été vivement critiquée, il importe de remarquer que la limitation des mandats est aussi une question doctrinale. Ainsi, le Professeur Jean-Philippe Derosier s'oppose notamment à la limitation dans le temps du mandat présidentiel, alors qu'en Afrique, il peut être important de se référer au Professeur Babacar Gueye qui présente le mandat unique comme une alternative. V. B. GUEYE, « Le mandat unique : un mandat pour le Président de la République en Afrique, in *Actualités du droit public et de la science politique en Afrique, Mélanges en l'honneur de Babacar Kanté*, (dir.) A. SALL et I.-M FALL, Harmattan Sénégal, novembre 2017, p. 205.

[61] A. LOADA, « La limitation du nombre de mandats présidentiels en Afrique » *art. précit.*, p. 144.

[62] Au Burkina Faso, le Président Compaoré avait invoqué ce principe pour se soustraire de la nouvelle clause limitative des mandats rétablie en 2000, cité par A. LOADA, ibid., p. 158.

réfractaire à la limitation, certains Présidents l'ont supprimé[63] de la Constitution de façon plus ou moins sournoise pour tenter de remettre *« les compteurs à zéro »* afin de pouvoir exercer plus de deux mandats en violation de la Constitution. À la lumière de ce qui précède, le sujet traité révèle de véritables enjeux. Il apparait non seulement que la mise en œuvre de la limitation des mandats est incertaine, alors que l'engagement de la responsabilité du Président de la République demeure aléatoire. Tout se passe comme s'il n'est pas justiciable[64] pendant son mandat.

Dans ces conditions, la question peut se poser de savoir à partir de quand la responsabilité du Président de la République est-elle susceptible d'être engagée alors qu'il est investi d'un mandat constitutionnel lui conférant une protection particulière ? Autrement dit, le Président de la République en cours de fonction peut-il être poursuivi pour haute trahison en cas de violation de la clause de limitation du nombre de mandats ?

Si l'on est en droit de soulever une telle question, c'est parce que les récentes velléités manifestées par certains Présidents de la République en Afrique, à l'égard de l'interdiction d'exercer plus de deux mandats *« semblent remettre au goût du jour »*[65] l'opportunité de s'interroger sur la haute trahison probable du chef de l'État qui aurait manqué à son devoir constitutionnel de se conformer à la clause limitative des mandats. Or, la question de sa destitution, c'est-à-dire la possibilité d'évincer le Président de la République de son mandat avant l'expiration de son mandat électif[66] est quasiment rare pour des faits assimilables à la haute trahison. Dès lors, l'étude de ce sujet présente plusieurs intérêts.

Au premier abord, si quelques études doctrinales ont déjà traité la protection du mandat sous l'angle de la responsabilité du Président de la République[67], il est remarquable de noter que la question n'a pas été suffisamment analysée à l'aune de la notion de haute trahison, qui semble être délaissée à

---

[63] Cette clause a été notamment supprimée au Sénégal en 1998 remettant ainsi en cause un acquis démocratique avant d'être restaurée en 2001 sous l'empire de la nouvelle Constitution postérieure à l'alternance.

[64] C. KOULEU, *Peut-on juger les Chefs d'État africains ?* Essai Scientifique, GRIN Verlag, 2005, 91 p.

[65] B. BA, « La destitution des chefs d'État : fortunes et infortunes d'une pratique aléatoire », in *Actualités du droit public et de la science politique en Afrique*, Mélanges en l'honneur du Professeur Babacar Kanté, p. 186

[66] ibid., p. 186.

[67] A.-R. MBANG EDINGUE, « L'irresponsabilité du Président de la République à l'épreuve de la protection du mandat présidentiel dans les États d'Afrique noire Francophone », Vol. 7 Issue 9, September – 2022, consulté le 02/07/2023.

la manipulation des pouvoirs politiques, à tort ou à raison, bien souvent sans aucune considération objective.

En outre, les évolutions récentes constatées dans certains États d'Afrique[68], où les présidents en exercice cherchent à violer la restriction des deux mandats imposés par la Constitution, exigent une étude de la question sous un prisme plus scientifique et neutre. Un exemple assez récent[69] est le cas du Président de la République sénégalais Macky SALL, qui après avoir manifesté son intention de limiter le nombre de mandats à deux et fait réviser la Constitution en 2016[70], choisira de laisser planer le doute sur une probable tentative de briguer un troisième mandat avant de décider qu'il ne sera pas candidat en 2024[71]. Il est important de rappeler que dans l'attente de cette déclaration, l'opposition ainsi que la société civile dénonçaient *en amont* la haute trahison du chef de l'État s'il présente une troisième candidature non conforme à la Constitution.

Si la question a pu être résolue par la décision *« mûrement réfléchie »* du Président de ne pas présenter sa candidature, il importe de relever que cette question qui n'est pas clairement résolue par le texte constitutionnel pourrait survenir[72] invitant ainsi les constitutionnalistes à réfléchir davantage sur l'engagement probable de la responsabilité du Président de la République pour haute trahison en cas de méconnaissance de la clause limitative du nombre de mandats présidentiels.

Contrairement au Président sénégalais qui a décidé de ne pas présenter sa candidature à un troisième mandat, d'autres chefs d'États en cours de fonction avaient, à la faveur d'une révision constitutionnelle, tenté de briguer un mandat *« de plus ou de trop »* allant à l'encontre de ce des clauses

---

68 Notamment en République Centre-Africaine, Côte d'Ivoire, Burkina Faso et Guinée Conakry.

69 Pendant la rédaction de cette étude au cours de l'été 2023.

70 Loi constitutionnelle n° 2016-10 du 05 avril 2016 portant révision de la Constitution ; JORS ; I-.M FALL, *La réforme constitutionnelle du 20 mars 2016, La révision consolidante record*, L'Harmattan Sénégal, Dakar, 2017, 200 p.

71 Message à la Nation du 03 juillet 2023 (Présidence du Sénégal) ; Contrairement à son homologue centre africain TOUADERA.

72 Alors que la clause de la limitation à deux des mandats semble être verrouillée par la révision constitutionnelle de 2016, il appert néanmoins que les précédents antérieurs sous les présidences d'Abdou Diouf, d'Abdoulaye Wade et l'absence de jugement du chef de l'État pour haute trahison pourraient ouvrir la voie à des tentatives de violation de cette clause eu égard à leur impunité de fait.

prévues par la norme suprême. C'est le cas de la Guinée[73], du Burkina Faso[74] et de la Centre Afrique[75]. Cependant, tous ces États présentent une particularité commune de ne pas prévoir expressément dans leurs Constitutions la possibilité de juger le Président de la République pour haute trahison en cas d'atteinte à la clause limitative des mandats à deux. Dans certaines Républiques comme le Bénin, même si le Président de la République en cours d'exercice a manifesté son intention de ne pas briguer un troisième mandat, il est toujours possible que cela soulève des doutes au regard des contournements probables de cette clause par le procédé révisionnel ainsi que l'absence de la violation de la limitation des mandats parmi les cas assimilables à la haute trahison. Du reste, la haute trahison ne peut qu'être implicitement rattachée à la violation du serment constitutionnel constitutive d'une trans gression condamnable du texte suprême. Cependant, ce rattachement n'est pas de nature à garantir l'invocabilité, encore moins la mise en œuvre de la responsabilité d'un Président de la République qui aurait violé le serment d'une Constitution limitant le nombre de mandats. C'est dans cette dynamique de réflexion, qu'il nous semble essentiel de postuler que si la haute trahison est invocable en cas de violation de la clause limitative des mandats présidentiels (I), la défaillance des normes constitutionnelles limite l'opérabilité de l'engagement de la responsabilité du Président de la République (II).

## I. L'invocation apparente de la haute trahison

À première vue, l'on pourrait croire que la notion de haute trahison revêt une grande consistance dans les Constitutions africaines. Pour autant, cette apparente formulation constitutionnelle ne permet pas de présager sa probable invocation. La haute trahison est en effet l'une des illustrations *« d'incompétence constitutionnelle »*[76] du constituant africain.

[73] Référendum constitutionnel du 22 mars 2020 permettant à l'ancien Président de la République Alpha Condé de remettre à Zéro les limites du nombre de mandats présidentiels pour briguer un troisième mandat.

[74] En 2014, le Président Compaoré fera réviser la Constitution pour briguer un cinquième mandat.

[75] Réforme constitutionnelle du 30 juillet 2023 supprimant la limitation des mandats présidentiels permettant ainsi au Président en exercice de se représenter pour un troisième mandat.

[76] Si les manquements du législateur dans l'élaboration des lois sont susceptibles d'entrainer son incompétence négative, l'on pourrait assimiler les manquements du constituant d'incompétence constitutionnelle. Ce manquement apparaissant plus délicat lorsque le constituant est allé en deçà de ses compétences dans la détermination des principes et devoirs

L'indétermination de ses contours coexiste avec l'absence de prise en considération de nombreux pans mettant en jeu la responsabilité du chef de l'État. Il en est ainsi de la violation de la clause de limitation des mandats présidentiels que les Constitutions ne considèrent pas comme un manquement susceptible de constituer une haute trahison (A) alors qu'elle induit manifestement une violation de la Constitution (B).

### A. L'exclusion affligeante de la violation de la clause limitative des mandats

Bien que les débats soient souvent agités en cas de violation de la clause de limitation des mandats présidentiels, il appert que les Constitutions africaines n'ont pas fixé avec hauteur un cadre constitutionnel oppressif destiné à prévenir et à dissuader des tentatives de fraude à la Constitution contraires à l'esprit du constituant. La pratique constitutionnelle[77] illustre que cet aspect n'est pas suffisamment traité avec toute sa vigueur constitutionnelle. Certains constituants manquent de rigueur en ne considérant pas non seulement que le non-respect des clauses limitatives des mandats à deux constitue une haute trahison, mais également en ne prévoyant pas des sanctions constitutionnelles indérogeables. Mais la violation de la clause constitutionnelle limitative n'étant pas qualifiée de haute trahison, les constituants qui n'ont pas reconnu la compétence de la haute cour de justice semblent conférer implicitement la faculté de cette qualification au juge constitutionnel en tant que gardien de la Constitution et interprète de la norme suprême.

À ce titre, la consécration de la notion de haute trahison doit être corrélée avec la problématique de son indétermination. Ainsi, s'il est vrai que de nombreuses Constitutions africaines prévoient l'engagement de la responsabilité du Président de la République pour haute trahison, elles ne précisent pas pour autant les actes ou éléments constitutifs de la haute trahison.

---

constitutionnels incombant les gouvernants et au premier chef le Président de la République. Au sujet de l'incompétence négative, V. Jonathan Garcia, *Les incompétences négatives dans la jurisprudence du Conseil constitutionnel,* thèse, Université de Montpellier, 2015. Pour une approche plus globale : V. Patricia Rrapi, *L'accessibilité et l'intelligibilité de la loi en droit constitutionnel : étude du discours sur la "qualité de la loi,* Université Aix Marseille, 2012.

[77] K. DOSSO, « Les pratiques constitutionnelles dans les pays d'Afrique noire francophone : cohérences et incohérences », *RFDC*, n°90, 2012, p. 57. Ces pratiques limitent la normativité du texte constitutionnel : V. F. Hourquebie, « Le sens d'une Constitution vu de l'Afrique », Titre VII n°1 septembre 2018.

Toutefois, malgré une pratique malmenée de la Constitution marquée par une mise en œuvre incertaine, la responsabilité du Président de la République est bien prévue par les Constitutions africaines. Il ressort pour la plupart de ces Constitutions que le Président de la République peut être poursuivi en cas de haute trahison. Tel est le cas de la Constitution béninoise qui prévoit l'engagement de *« la responsabilité personnelle du Président de la République en cas de haute trahison, d'outrage à l'Assemblée, ou d'atteinte à l'honneur et à la probité »* (article 73). Le Président de la République pouvant être poursuivi de haute trahison s'il *« est reconnu coupable auteur, co-auteur ou complice de violations graves et caractérisées des droits de l'homme, de cession d'une partie du territoire national ou d'acte attentatoire au maintien d'un environnement sain, satisfaisant, durable et favorable au développement ».* En revanche, si le constituant béninois n'envisage pas expressément la violation de la clause limitative des mandats comme un cas de haute trahison, il nous semble que cette cause pourrait être déduite notamment de la violation du serment.

La Constitution centre africaine du 14 décembre 2015 (modifiée le 30 mars 2016) considère également en son article 124 que le Président de la République n'est responsable des actes accomplis dans l'exercice de ses fonctions qu'en cas de haute trahison lorsqu'il commet l'un de ses crimes de *: - la violation du serment ; d'homicides politiques ; d'affairisme ; la constitution ou l'entretien de milice ; le refus de doter les forces de défense et de sécurité de moyens nécessaires à l'accomplissement de leur mission - la non mise en place des institutions de la République dans le délai constitutionnel ; la violation de l' article 23 ci-dessus ; toute action contraire aux intérêts supérieurs de la Nation*[78].

Si le constituant centre-africain énumère au moins un ensemble d'actes constitutifs de haute trahison, ces derniers n'incluent pas expressément la violation de la clause de limitation des mandats présidentiels à deux, encore moins la méconnaissance de la Constitution. Mais, cette hypothèse pourrait là encore être déduite de la violation du serment ainsi que l'établissement de toute action susceptible de porter atteinte aux intérêts supérieurs de la Nation. Il restera néanmoins à déterminer le niveau de transgression du serment et la consistance des actes attentatoires aux intérêts supérieurs de la nation. Mais l'on pourrait envisager de mettre dans cette catégorie les atteintes aux institutions de la République, la défense nationale, la trahison

---

[78] Voir Constitution centre africaine du 30 mars 2016, consulté le 28/08/2023 ; antérieurement cité par S. BOLLE, « Des Constitutions made in Afrique », AFDC, consulté le 28/08/2023.

et l'espionnage. Il s'agit ainsi de toute infraction susceptible d'être imputée au Président de la République portant atteinte aux intérêts de l'État. Il peut être souligné à cet égard que la violation de la règle limitant le nombre de mandats peut avoir des incidences sur le respect du calendrier républicain. Il apparait qu'un Président refusant de se conformer au nombre de mandats fixé par la Constitution chamboule le calendrier électoral en empêchant la tenue de l'élection présidentielle à la date d'expiration de son mandat. Dans certains cas en effet, le Président de la République tente de proroger son mandat en cours[79].

Dans d'autres cas, l'élection est certes organisée, mais le Président de la République reste en fonction eu égard à la levée de l'obstacle de la clause de limitation des mandats présidentiels. Or, l'intérêt républicain commande la tenue régulière d'élections libres et transparentes conformément aux principes fondamentaux de la démocratie[80]. De ce point de vue, le Président de la République qui manque à cette obligation est susceptible de commettre une haute trahison attentatoire aux intérêts de la République.

Par ailleurs, si le non-respect de la clause limitative des mandats est susceptible d'être rattachée à la violation des intérêts supérieurs de la nation, il reste que cela ne suffit pas à permettre une action en responsabilité pour haute trahison contre un Président réfractaire qui tenterait par une certaine habilité, à instrumentaliser la Constitution dans le but de prolonger son mandat en cours ou de tenter de *« briguer un mandat de trop »*[81]. C'est d'ailleurs ce qu'a tenté de faire récemment le Président centre-africain Faustin Archange TOUADERA, qui a supprimé par un référendum constitutionnel la limitation du nombre de mandats présidentiels et prorogé leur durée de cinq à sept ans. Cette suppression a pour effet de lui permettre

---

[79] Au Niger par exemple, en raison de son inéligibilité pour un troisième mandat conformément à la Constitution qui limitait le nombre de mandats à deux, le Président de la République Mamadou Tandja avait tenté de modifier la clause de limitation des mandats à deux reprises aux fins d'accéder à un troisième mandat. Il avait à cet effet convoqué le corps électoral par décret. Il importe de rappeler, à ce titre, l'audace du juge constitutionnel nigérien qui avait émis un avis défavorable à deux reprises contre cette tentative : Cour constitutionnelle du Niger, *Décisions du 25 mai 2009 et du 12 juin 2009*. La Cour avait retenu une initiative de la révision contraire à la Constitution, tant du point de vue formel que matériel. Cité par : K. DOSSO, « Les pratiques constitutionnelles dans les pays d'Afrique noire francophone : cohérences et incohérences », *RFDC*, n°90, 2012, art. cit., p. 64.

[80] B. GUEYE, « La démocratie en Afrique : succès et résistances », *Pouvoirs* 2009/2 (n° 129), p. 14.

[81] I.-M. FALL, « L'appropriation de l'élection présidentielle par les sénégalais (1963-2019) », *art. cit.*, p. 600.

de briguer un troisième mandat. Ainsi, le Président centre africain devrait pouvoir participer à l'élection présidentielle de 2025 alors qu'en application de la Constitution de 2015 modifiée, il était élu pour un mandat de cinq ans renouvelable une seule fois. De ce point de vue, l'exemple centre africain traduit une certaine tendance permanente des dirigeants africains atteints de *« boulimie du pouvoir »,*[82] à modifier la Constitution pour s'éterniser à la magistrature suprême. Cette solution extrêmement radicale neutralise la clause de la limitation du nombre de mandats à deux dès lors qu'elle est supprimée par le constituant contrairement aux présidents africains qui invoquent le principe de non rétroactivité en cas d'adoption d'une nouvelle Constitution leur empêchant de briguer un troisième mandat[83].

Par ailleurs, l'exclusion apparente de l'atteinte à la clause limitative des mandats des actes qualifiables de haute trahison ne permet pas d'engager la responsabilité pénale du Président de la République. Elle limite l'effectivité de l'engagement de la responsabilité du chef de l'État. Toutefois, même si la Constitution ne l'a pas clairement consacré, il est possible d'imaginer cette éventualité de traduire le Président de la République devant la juridiction compétente pour des faits susceptibles de constituer de haute

---

[82] E.-N. KALALA, « Effectivité du constitutionnalisme comme impératif fondement de la protection des droits humains en Afrique subsaharienne. Quel bilan pour la République démocratique du Congo ? », *Mouvements et Enjeux Sociaux - Revue Internationale des Dynamiques Sociales,* p. 40.

[83] En adoptant cette option, le Président centre-africain exclut toute possibilité de débat sur sa possible candidature à l'élection présidentielle de 2025 alors qu'il était élu sous l'empire d'une Constitution prévoyant une limitation des mandats à deux pour une durée de cinq et à laquelle il s'était engagé à se conformer. En tout état de cause, le Président TOUADERA, accusé par l'opposition de tenter une « présidence à vie » n'a pas tiré des enseignements des controverses relatives à la limitation du nombre de mandats et son applicabilité ayant opposé le Président Patassé et les partis d'opposition à la suite de la révision constitutionnelle de décembre 1994. À ce sujet, il importe ainsi de se demander si le Président centre africain pourrait être poursuivi pour haute trahison eu égard à sa réforme supprimant la clause de limitation des mandats à deux et jugé, alors que sa légitimé électorale a été confortée par une légitimité référendaire ?
Si la question peut faire l'objet de spéculations, la réponse n'est pas aisée à trancher. En effet, à l'instar de nombreuses Constitutions africaines, la Constitution de la Centre Afrique ne prévoit pas que la violation de la clause de limitation des mandats constitue un acte de haute trahison. Si au sens de l'article 124 de la Constitution, le Président de la République est responsable des actes accomplis dans l'exercice de ses fonctions en cas de haute trahison, celle-ci ne concerne pas expressément la méconnaissance de la clause de limitation des mandats. En revanche, elle vise notamment la violation du serment.

trahison même s'il y a quelques limites[84]. Il en résulte que la question du jugement du chef de l'État pour haute trahison ne semble pas être totalement résolue[85].

Dans cette optique, si les Constitutions excluent pour la plupart la violation de la clause limitative des mandats des cas constitutifs de haute trahison, certaines d'entre elles prévoient notamment que la violation du serment constitutionnel est constitutive de haute trahison. L'on pourrait donc envisager l'engagement de la responsabilité du Président de la République pour méconnaissance du serment constitutionnel, entrainant de façon vraisemblable la violation de la Constitution.

### B. L'assimilation imperceptible de la haute trahison à la violation du serment constitutionnel

En postulant que toute violation de la clause limitative à deux des mandats présidentiels constitue une atteinte à la Constitution, nous pouvons également soutenir qu'elle engendre une méconnaissance du serment constitutionnel, au point de mettre en cause la responsabilité du Président de la République pour haute trahison. En effet, la plupart des Constitutions africaines prévoit l'obligation constitutionnelle du Président de la République élu de prêter serment conformément à la Constitution[86].

Ainsi, le respect du serment constitutionnel apparait comme un impératif qui lie le Président de la République nouvellement élu[87] et pendant toute la durée de l'accomplissement de ses fonctions de chef d'État. En conséquence, la violation du serment se traduit vraisemblablement par la méconnaissance de la Constitution. Or, la violation de la Constitution par le chef suprême de la nation devrait aboutir à sa destitution quel qu'en soit le

[84] Pour le cas centre africain, il y a deux séries de limites : l'indétermination constitutionnelle de la violation de la clause limitative des mandats et l'obstacle de la majorité parlementaire (signature de cinquante pour cent des députés pour la demande de la mise en accusation et deux tiers des Députés pour le vote au scrutin ; art. 124 de la Constitution).

[85] Dans la même optique, il est possible de se demander si le Président Abdoulaye Wade pouvait être traduit devant la haute Cour de justice pour avoir tenté de briguer un troisième mandat alors que la Constitution dont-il avait initié la révision limitait le nombre de mandats à deux ?

[86] C'est à ce titre que l'article 37 de la Constitution sénégalaise du 22 janvier 2001 prévoit que *« le Président de la République prend ses fonctions après avoir prêté serment devant le Conseil constitutionnel et juré d'observer comme de faire observer scrupuleusement les dispositions de la Constitution et des lois, de consacrer toutes ses forces à défendre les institutions constitutionnelles [...] »*.

[87] F.-J. AÏVO, « Le statut constitutionnel du « président élu » en Afrique noire francophone », *Revue Afrilex*, 39 p.

motif. Sous ce rapport, l'on pourrait se référer à la Haute Cour constitutionnelle sud-africaine qui a destitué le Président Zafi, accusé d'avoir violé la Constitution[88].

Cependant, en raison de la faible portée du serment constitutionnel en Afrique, sa violation apparait bien souvent fréquente quand bien même les chefs d'États nouvellement élus jurent non seulement de se conformer à la Constitution, mais aussi de la défendre[89]. Il en découle qu'une place primordiale est accordée à l'impératif du respect de la Constitution.

Le serment doit être considéré comme une prescription à l'égard du chef de l'État qui est lié par le devoir constitutionnel d'assurer l'effectivité de la norme constitutionnelle. Le Président se voit donc tenu par une obligation d'exemplarité à l'égard de ses concitoyens qui lui ont délégué le suffrage. Ainsi, s'il transgresse la Constitution, il trahit son peuple car il méconnaît non seulement la souveraineté constituante du peuple, mais également les institutions constitutionnelles de la République. Or, le Président est le garant du respect de ces institutions. Il serait donc inadmissible au regard de ce statut qui lui est hautement conféré, qu'il manque à ses obligations constitutionnelles et particulièrement les règles relatives aux conditions de son élection et d'expiration de son mandat.

Toutefois en Afrique, la valeur constitutionnelle du serment contraste malencontreusement avec la réalité de la pratique du pouvoir surtout lorsqu'il est question de se conformer à la clause de limitation des mandats. Combien de fois des chefs d'État africains se sont montrés récemment réfractaires aux prescriptions de leur Constitution relative à la durée et au nombre de mandats ?

---

[88] La Cour considère en effet *« que la non promulgation des lois constitue une violation de la Constitution au sens de l'article 50 ; »* Décision n°17-HCC/D3 (Empêchement) Empêchement du Président de la République Juridiction constitutionnelle : compétence (contentieux répressif), 04/09/1996 | MADAGASCAR | N°17-HCC/D3, juricaf.org, consulté le 25/08/2023. Cf. également : B. BA, « La destitution des chefs d'État : fortunes et infortunes d'une pratique aléatoire », *art. cit.,* p. 194.

[89] Article 50 de la Constitution du Niger : Avant son entrée en fonction, le Président de la République prête serment sur le Livre Saint de sa confession devant la Cour constitutionnelle, en présence des membres de l'Assemblée nationale, en ces termes : *« Devant Dieu et devant le Peuple nigérien souverain, Nous, Président de la République élu conformément aux lois, jurons solennellement sur le Livre-Saint : - de respecter et faire respecter la Constitution que le Peuple s'est librement donnée ; ».* Il en est ainsi : « En vertu de l'article 53 de la Constitution du Bénin, le Président de la République jure de « de respecter et de défendre la Constitution que le Peuple béninois s'est librement donnée ; ».

En Guinée par exemple, le Président Alpha Condé était élu sous l'empire de la Constitution du 7 mai 2010 pour un mandat de cinq ans renouvelable une seule fois. Toutefois, la révision constitutionnelle de 2020 modifie la durée du mandat qui passe à six ans. Malgré cela, le Président Condé n'avait pas droit à un troisième mandat au vu de la Constitution de 2010. Toutefois, en prétendant avoir réinitialisé les compteurs grâce à la nouvelle réforme constitutionnelle, il a mis en avant la rétroactivité pour esquiver l'obstacle de la restriction des mandats à deux, imposée par la Constitution modifiée. S'il faut dédramatiser[90] les réformes constitutionnelles, il n'en demeure pas moins qu'une révision « machiavélique » visant à permettre au Président qui n'en avait pas le droit, de briguer un troisième mandat, conduirait manifestement à une violation de la Constitution. En se présentant ainsi à un troisième mandat, l'ex-Président guinéen méconnaissait par là le serment constitutionnel qu'il avait prononcé lors de son installation à la fonction présidentielle[91].

Au regard de cette transgression, il devient légitime de se demander si ce dernier ne pouvait pas être poursuivi pour haute trahison ? la question est d'autant plus que justifiée à la lumière de la Constitution guinéenne qui considère expressément que le Président de la République commet une haute trahison s'il viole son serment et qu'il peut être jugé à ce titre par la Haute Cour de justice[92]. Or, ce serment lui impose de se soumettre à la Constitution. Pourtant, l'ancien Président Condé ne fût pas jugé pour haute trahison comme l'exigeait légitimement l'opposition qui dénonçait la violation du serment constitutionnel. En effet, il n'était pas possible de le traduire devant une instance prévue par la Constitution, mais qui n'a jamais été établie durant sa présidence. La Haute Cour de justice n'était pas en place et sa présence ne garantit pas non plus une condamnation du Président de la République pour haute trahison. Malgré l'absence de cette instance,

---

[90] I.-M. FALL, « Dédramatiser les réformes constitutionnelles », communication au colloque international de l'Université Paris Est Créteil, *Les réformes constitutionnelles dans le monde contemporain : entre révision et changement de Constitution*, 23 janvier 2025.

[91] Car, faut-il le rappeler, il avait juré « devant le Peuple de Guinée et sur son honneur « de respecter et de faire respecter scrupuleusement les dispositions de la Constitution, des lois et des décisions de justice, de défendre les Institutions constitutionnelles, l'intégrité du territoire et l'indépendance nationale ». (Conformément à l'article 35 de la Constitution guinéenne du 7 mai 2010 (repris par l'article 48 de la Constitution de 2020). Or, cette Constitution lui imposait une durée de mandat de cinq ans renouvelable une seule fois. En conséquence, le Président Condé avait manifestement enfreint son serment constitutionnel et désobéit au peuple guinéen.

[92] Articles 118 et 119 de la Constitution guinéenne de 2010, repris par les articles 121 et 122 de la Constitution de 2020.

l'ex-chef d'État guinéen fût destitué par un coup d'État, contribuant ainsi au changement anticonstitutionnel de son propre gouvernement, reflétant ce que l'on pourrait qualifier d'*« infortunes d'une pratique aléatoire de la destitution des chefs d'État en Afrique »*[93].

Par ailleurs, le fait que le chef de l'État ne soit pas jugé pour haute trahison soulève des questions sur la portée du serment constitutionnel en Afrique. Ce cadre est-il assez rigoureux pour imposer des obligations au Président de la République ? Les infractions récurrentes à la Constitution par les dirigeants et les défaillances dans le contrôle de l'exécutif illustrent les limites du serment. L'interrogation sur l'utilité du serment est d'autant plus que d'actualité à l'ère actuelle marquée par des instabilités constitutionnelles dans certains États d'Afrique. La valeur du serment est ainsi remise en cause par des changements anticonstitutionnels ainsi que des révisions constitutionnelles. Bien que le juge constitutionnel participe à rappeler l'exigence constitutionnelle du serment, il est indéniable que l'absence de son intervention, dans certains pays, en cas de violation relativise son importance. Il est important de noter le paradoxe qui existe entre l'installation du Président de la République par la juridiction constitutionnelle après son serment[94], alors que la Constitution ne lui accorde pas le pouvoir de le juger en cas de haute trahison. Quand bien même elle peut être habilitée à constater son empêchement définitif sans que celui-ci soit lié à une violation de la Constitution. Ceci est notamment dû à la Constitution sénégalaise qui attribue au Conseil constitutionnel des pouvoirs particuliers pour déterminer l'incapacité du président, tandis que son jugement en cas de haute trahison est dévolu à la Haute Cour de justice. Pour autant, le Conseil constitutionnel est habilité à recevoir le serment du Président de la République élu[95]. Or, la Constitution ne prévoit pas expressément que la violation du serment constitue un motif de haute trahison. Par conséquent, le serment prêté devant les sages ne peut avoir qu'une importance mineure, voire une portée purement symbolique sans aucune normativité.

---

[93] B. BA, « La destitution des chefs d'État : fortunes et infortunes d'une pratique aléatoire », art. précit., p. 186

[94] G. MOYEN, S. BRIGUEL OMBOULA, « le juge constitutionnel africain et la prestation de serment du Président de la République élu », *Revue des réflexions constitutionnelles*, (RRC), n° 001 – Septembre 2019, p. 21.

[95] Art. 37 de la Constitution ; Niger (art. 50 de la Constitution) ; Bénin (art. 53 alinéa 2 de la Constitution) ; Côte d'Ivoire (art. 58 de la Constitution de 2016) (art. 44 de la constitution de 1997) ; Centrafrique (art. 38 de la constitution de 2016) ; Guinée (art. 48 de la constitution de 2020).

Néanmoins, la méconnaissance du serment, au-delà de toute considération constitutionnelle, traduit l'ignorance de l'une de ces valeurs ancrées dans la tradition africaine, en l'occurrence le respect de la parole donnée, auquel le dédicataire de ces mélanges est vivement attaché[96], et de surcroit lorsque cette parole émane du magistrat suprême de la République, porteur de confiance et d'espoir de tout un peuple. Mais il est affligeant de relever que cette parole même constitutionnalisée à travers le serment ne lie pas absolument le Président de la République, bien qu'il s'agisse *« d'une formalité obligatoire et importante, à laquelle il ne saurait déroger »*[97]. Ainsi, la faiblesse du serment présidentiel en Afrique reflète les limites du juge constitutionnel dans la défense de la Constitution[98], quand bien même un contrôle limité exercé sur le respect de l'intégrité du serment prêté, pratiqué par certaines juridictionnelles telles la Cour constitutionnelle du Bénin[99] ainsi que le contrôle de la qualité de l'auteur du serment[100]. En

[96] Lorsque le débat était agité au Sénégal, en raison des doutes que laissait planer le Président de la République Macky Sall sur sa candidature à un troisième mandat, le Professeur Alioune Badara Fall rappelait avec sagesse, *« que la parole donnée est l'une des valeurs les plus ancrées dans nos cultures et traditions »* faisant allusion à l'engagement pris par le Président de la République de respecter la limitation des mandats présidentiels à deux. Le dédicataire soutenait par ailleurs qu'une telle parole devrait revêtir un caractère juridique et contraignant, nécessitant une consécration constitutionnelle. Les questions que nous abordons dans cette présente étude, nous illustrent sur la lumière qu'apporte le Professeur Fall à des questions d'actualité constitutionnelle. Car, nous sommes d'avis que le « *Kaddu* » (parole) du Président de la République doit être envisagé comme *« un engagement juridique contraignant »* qui pourrait renforcer son serment constitutionnel (cf. A.-B. Fall, « Trouble autour de l'article 27 de la constitution sénégalaise sur le mandat présidentiel ou le mal démocratique sénégalais », opinion publiée le 14 mars 2023 par une bonne partie de la presse sénégalaise. (*Sud Quotidien, Xalima.sn*). Il reste que cet avis n'est pas encore retenu par le juge constitutionnel sénégalais qui a déjà considéré que la déclaration du Président de la République n'avait pas de valeur juridique. Cf. Conseil constitutionnel, *Décision sur les affaires n° 3 à 10/E/12 et 12 à 14/E/12 du 29 janvier 2012*, (considérants 19 à 21).

[97] I. FALL, « Le droit constitutionnel au secours de l'authenticité et de la négritude. Le serment du Président de la République, acculturation ou retour aux sources ? », in *Annales africaines*, 1973, p. 214. Cité par G. MOYEN, S. Briguel OMBOULA, « le juge constitutionnel africain et la prestation de serment du Président de la République élu », *Revue des réflexions constitutionnelles*, (*RRC*), n° 001 – Septembre 2019, p. 18.

[98] S.-J. POATY, « le serment du Président de la République dans les Constitutions noires de succession française : un serment prostitue ? », *Annales de l'Université Marien Ngouabi*, Volume 18, numéro 2, année 2018, p. 80.

[99] Cour constitutionnelle (Bénin), Décision DCC 96-017 du 5 avril 1996 ; Décision DCC 16-088 du 16 juin 2016, consulté le 15/09/2023.

[100] Conseil constitutionnel (Côte d'Ivoire), Avis n°CI-2010-A-035/22-12/CC/SG du 22 décembre 2010 relatif à la prestation de serment par écrit de Monsieur Alassane OUATTARA […] ; consulté le 15/09/2023.

réalité, tout ce contrôle est exercé en amont mais pas en aval du prononcé du serment, c'est-à-dire son exécution par l'élu du peuple au cours de son mandat. Le juge constitutionnel semble donc être mis à l'écart après l'installation du Président de la République. En attribuant paradoxalement à la Haute Cour de justice la compétence de le juger pour haute trahison, le Constituant obstrue parallèlement l'engagement de sa responsabilité.

## II. Le dénouement implausible de la procédure

Garant de la Constitution, le Président de la République semble être protégé même en cas de violation de celle-ci quand bien même une telle forfaiture serait susceptible de mettre en cause sa responsabilité pour haute trahison. Cela est en effet favorisé par la politisation de la procédure de mise en cause de sa responsabilité marquée par une prépondérance des parlementaires au stade de la mise en accusation (A) et l'impuissance des magistrats professionnels dans le jugement (B).

### A. La prépondérance des parlementaires dans la mise en accusation

Il résulte de certaines Constitutions africaines[101] qu'un rôle primordial est accordé aux parlementaires dans la mise en œuvre de la procédure d'engagement de la responsabilité du Président de la République pour haute trahison. Ainsi, en vertu de l'article 101 de la Constitution sénégalaise, le Président de la République ne peut être mis en accusation que par l'Assemblée nationale, statuant par un vote au scrutin secret, à la majorité des trois cinquièmes (3/5$^{e}$) des membres la composant. Ce vote est nécessaire pour qu'il puisse être jugé par la Haute Cour de justice[102]. En Côte d'ivoire, *« la mise en accusation du Président de la République, [...] est votée au scrutin secret par le Parlement, à la majorité des deux tiers pour le Président de la République et à la majorité absolue pour le vice-Président de la République et les membres du Gouvernement »*. Cette majorité est plus contraignante pour le Président de la République.

---

[101] En Centre Afrique, *« la demande de mise en accusation, n'est recevable que si elle recueille la signature de cinquante pour cent des députés qui composent l'Assemblée nationale. Le Président de la République ne peut être mis en accusation que par l'Assemblée nationale si le vote au scrutin secret recueille les deux tiers des Députés »*. (article 125).

[102] Il en est ainsi de la Constitution guinéenne qui prévoit que *« la mise en accusation ne peut intervenir que par un vote de l'Assemblée nationale au scrutin secret et à la majorité des 3/5e qui la composent »* (art. 123). La prépondérance parlementaire est d'autant plus marquée que l'Assemblée nationale peut décider si son Président exerce la suppléance jusqu'à ce que la Haute Cour rende son arrêt. (Ibid., alinéa 2).

L'analyse de ces dispositions constitutionnelles met en relief la puissance des parlementaires dans le déclenchement de l'action publique à l'encontre des chefs d'États. Ces élus bénéficient du monopole de compétence pour mettre en mouvement la poursuite du Président de la République. Ce choix s'inscrit dans la tradition des Constitutions antérieures inspirées pour la plupart de la Constitution de la V$^{e}$ République[103], qui a aussi servi de « cadre d'adaptation ». Si cette option semble insinuer une valorisation de la fonction parlementaire et une consolidation de la logique de séparation des pouvoirs, le fonctionnement ainsi que les rapports des parlements africains avec le chef de l'État, détenteur suprême du pouvoir exécutif ne favorisent pas le déclenchement de sa mise en accusation devant une juridiction. Cela est d'autant plus corroboré par la composition mixte de la Haute Cour de représentants du peuple et des juges, dont l'indépendance et l'impartialité sont bien souvent remises en question[104]. Cette mixité de la composition de la Haute Cour ne garantit pas non plus l'indépendance de l'organe de jugement eu égard aux relations politiques entre le Président de la République et certains membres parlementaires et dans une certaine mesure avec les juges titulaires composant l'instance de jugement, quand bien même ces derniers ne participent ni aux débats, ni au vote sur la mise en accusation au sens de la loi organique[105].

Au Sénégal, la prépondérance parlementaire se manifeste en amont dans la désignation des membres composant la Haute Cour de justice. Il résulte en effet de l'article 2 de la loi organique de 2002[106] que l'Assemblée nationale élit huit juges titulaires et huit juges suppléants en son sein dans le mois qui suit sa première réunion à la majorité absolue de ses membres et procède

---

[103] B. BA, « L'évolution constitutionnelle des pays africains de succession française », *Annales Africaines*, Nouvelle Série, Volume 2, Décembre 2020, N° 13, p. 3.

[104] Comme l'a souligné à juste titre le dédicataire, « Le juge africain est d'abord décrié parce qu'il ne manifeste, à l'égard de l'appareil politique, aucune réelle indépendance qui garantirait son impartialité » ; A.B. FALL, « Le juge, le justiciable et les pouvoirs publics : pour une appréciation concrète de la place du juge dans les systèmes politiques en Afrique », in Jacques-Yvan Morin et Ghislain Otis (dir.), *Les défis des droits fondamentaux*, Bruxelles, Bruylant/AUF, 2000, p. 45. Cela est d'autant plus vrai que certains juges reconnaissent les limites de leur indépendance. Voir notamment : S. TELIKO, « L'indépendance de la justice au Sénégal », *Les Cahiers de la Justice* 2019/3 (N° 3), pp. 483-495, chroniques, *La justice dans le débat démocratique*.

[105] Comme le prévoit aussi la loi organique sur la Haute Cour de justice du Bénin (articles 16-1 à 16-6).

[106] Loi n°2002-10 du 22 février 2002 portant loi organique sur la Haute Cour de justice, modifiée par la loi organique n°2008-39 du 20 août 2008 relative à la Haute Cour de justice et la loi n°2012-26 du 28 décembre 2012 portant loi organique sur la Haute Cour de justice.

au remplacement des juges titulaires ou suppléants. Pour mesurer la portée de leur engagement et symboliser leur vertu[107], ces nouveaux juges élus doivent prêter serment devant leur collègue en jurant et promettant de *« bien et fidèlement remplir leurs fonctions, de garder le secret des délibérations et des votes et de se conduire en tout comme de dignes et loyaux magistrats »*[108]. Ce serment prononcé devant les élus du peuple traduit la prééminence de l'intervention en amont et en aval de l'Assemblée nationale dans la désignation des juges composant la Haute Cour de justice. La politisation de l'institution et les enjeux de partisanerie qui caractérisent l'élection des juges parlementaires de la Haute Cour, imprégnés bien souvent d'agissements politiques *tous azimuts* sont de nature à brouiller et à retarder leur élection. À ce titre, il convient de souligner que le texte suprême de même que la loi organique sur la Haute Cour de justice n'ont pas été dûment mises en œuvre récemment au Sénégal à la suite des élections législatives du 31 juillet 2022. L'opposition avait dénoncé le retard pris par le Bureau pour la convocation des parlementaires nécessaires à la désignation des huit juges titulaires et suppléants de l'assemblée nationale composant la Haute Cour de justice. Ce retard est manifestement contraire aux dispositions de la loi organique en vertu desquels les juges doivent être élus un mois après le renouvellement de l'Assemblée, donc au 31 août 2022. Cependant, il est déplorable de constater que la Haute Cour de justice n'ait jamais été installée sous la quatorzième législature[109], en méconnaissance de la Constitution. En conséquence, aucune procédure de mise en accusation ne pouvait être intentée à l'égard des autorités susceptibles d'être jugées par la Haute Cour, y compris le chef de l'État, qui était présumé coupable de haute trahison par une partie de l'opposition en raison de la violation de la Constitution.

Ainsi, l'on pourrait se demander dans ce contexte si le Président de la République en fin de mandat (S. E Macky Sall) pouvait être traduit devant cette même juridiction de nature politique s'il s'obstinait dans sa volonté

---

[107] Sur l'impact du serment chez les professionnels du droit : V. J.-L. DEBRÉ, « L'importance du serment, de sa solennité et l'importance de l'éthique dans le droit », Séance de serment des experts-comptables, Lyon, 22 septembre 2009.

[108] Article 3, alinéa 2.

[109] Cette quatorzième législature a connu une courte durée en raison de sa dissolution par le nouveau Président de la République Bassirou Diomaye Faye, le 12 septembre 2024, pour demander au peuple souverain les moyens de transformer le pays. Les élections législatives anticipées du 17 novembre ont conféré une majorité écrasante au parti au pouvoir (PASTEF) qui a remporté les 130 sur 165 sièges (cf. Conseil constitutionnel, Décision n°20E/2024 portant proclamation des résultats).

présumée de briguer un troisième mandat. À notre humble avis, cette procédure allait connaître quelques limites. En effet, outre le vote incertain de la mise en accusation[110] par la majorité qui composait la XIV^e^ législature[111], cette éventuelle initiative ne pouvait pas, dans tous les cas, aboutir sans l'installation de la Haute Cour de justice.

Cependant, cette épineuse question a connu de nouveaux rebonds après l'installation de la Haute Cour de justice, suite à l'élection de l'Assemblée de la quinzième législature. En effet, contrairement aux manœuvres dilatoires constatées dans la législature précédente, la nouvelle Assemblée, installée le 2 décembre 2024 a, conformément à la Constitution, procédé à la mise en place de la Haute Cour de justice dès le 28 décembre, dans le délai d'un mois. S'il faut saluer cette volonté de rupture, il convient toutefois de relever le risque de politisation de la réactivation de celle-ci pouvant se traduire par une « chasse aux sorcières », sans faire abstraction de la délicatesse tenant à la traduction de l'ancien Président de la République pour haute trahison devant la Haute Cour.

Dans l'optique de notre analyse, il apparait que celui-ci ne peut plus être poursuivi pour violation de la clause limitative des mandats à deux dès lors qu'il a renoncé expressément à un troisième mandat. Cependant, en retardant l'organisation de l'élection présidentielle eu égard à la tentative manifeste de la reporter[112], cette défaillance ne pourrait-il pas conduire à sa mise en accusation pour haute trahison motivée par la violation du serment constitutionnel dès lors qu'il avait juré de respecter et de faire respecter le texte suprême, qui pose la limitation des mandats. Si l'l'hypothèse du non-

[110] Le Président de la République ne peut être mis en accusation qu'à la majorité des trois cinquièmes des membres composant l'Assemblée nationale (article 101 de la Constitution).
[111] Avec une majorité relative de 83 députés, la majorité présidentielle pouvait garantir au chef de l'État sortant un rejet de la résolution visant sa mise en accusation dès lors qu'il fallait compter sur 99 députés pour aboutir à ce vote, alors que l'opposition réunie comptait 82 députés. Il apparaissait illusoire de compter sur 17 députés de la mouvance présidentielle pour déclencher la mise en accusation du Président de la République pour haute trahison, d'autant plus que cette majorité est composée d'élus qui se revendiquent comme députés du Président de la République.
[112] Une proposition loi votée par l'Assemblée nationale le 5 février 2024 envisageait de reporter l'élection présidentielle de dix mois plongeant le Sénégal dans une grave crise. Saisi par l'opposition parlementaire, le Conseil constitutionnel a annulé cette loi en demandant aux autorités compétentes de la tenir dans de meilleurs délais eu égard à l'impossibilité de l'organiser à la date initialement prévue. Cf. Décision n°1C du 15 février 2024. Or, il apparait que le Président sortant avait contribué, par ces manœuvres dilatoires, au retardement de la tenue de cette élection en abrogeant le décret initial convoquant les électeurs le 25 février.

lieu à statuer s'avère à coup sûr probable, la mise en œuvre de cette procédure aurait le mérite de constituer un cas inédit par rapport à la question de l'encadrement de la durée des mandats présidentiels. La reconnaissance plausible d'une telle haute trahison sanctionnerait la tentative du Président de la République de vouloir briguer un troisième mandat en tenant compte des effets collatéraux d'une telle volonté. Mais il faut saluer la décision « historique[113] » du Conseil constitutionnel sénégalais qui a assumé pleinement son rôle de garant de la Constitution en empêchant non seulement ce report, mais aussi en évitant l'embrasement du pays et une éventuelle poursuite du Président de la République pour haute trahison. Dans le contexte actuel, si la procédure contre le Président était enclenchée, le parti majoritaire au pouvoir (PASTEF[114]) aurait sans doute les voies nécessaires (majorité des trois cinquièmes des membres composant l'Assemblée nationale) pour faire voter la mise en accusation, mais tout l'enjeu sera de déterminer au préalable le champ de la haute trahison. Il appartiendra aux membres de la Haute Cour de justice de procéder à cette définition qui pourrait provenir d'autres considérations factuelles.

Par ailleurs, il importe de remarquer qu'au vu d'une analyse comparative, certaines Constitutions africaines[115] ne précisent pas suffisamment les conditions de mise en accusation du Président de la République mise à part les conditions tenant à la majorité requise. À cet égard, l'article 100 de la Constitution sénégalaise renvoie explicitement à une loi organique pour déterminer l'organisation et la procédure à suivre devant la Haute Cour de justice. Or, cette résolution apparait limitative au regard de la loi organique. Celle-ci vise seulement les phases de mise en accusation, de l'instruction et la clôture de la procédure par un jugement à la suite des débats.

Ainsi, en vertu de l'article 17 de la loi organique, la résolution doit contenir les prénoms, noms et fonctions des accusés, l'énoncé sommaire des faits

[113] Décision n°1/C du 15 février 2024. N.-S. DIOP NDIONE, « La décision n°1/C/2024 du 15 février 2024 : une jurisprudence à l'aune du juridique », CERACLE. J.-L. CORREA et A.- Kh. DIOP, « La décision 1/C/2024 du Conseil constitutionnel sénégalais : analyse furtive d'une décision attendue », Réseau africain de droit constitutionnel.

[114] Patriotes africains du Sénégal pour le travail, l'éthique et la fraternité. Vainqueur de l'élection présidentielle grâce à une coalition dirigée par l'actuel Président de la République Bassirou Diomaye Faye, le PASTEF, désormais principal acteur de la scène politique sénégalaise a remporté plus de la majorité des sièges à l'Assemblée nationale lors des élections législatives anticipées de novembre 2024.

[115] C'est le cas des Constitutions du Bénin (art.50) ; de la Côte d'Ivoire (art.161) ; de la Centre Afrique (art. 125) et de la Guinée (art. 120).

qui leur sont reprochés ainsi que le visa des dispositions législatives sur lesquelles se fonde la poursuite[116]. En vue de garantir l'indépendance et l'impartialité des membres de l'Assemblée nationale composant la Haute Cour de justice, ces derniers ne participent pas ni aux débats, ni au vote sur la mise en accusation. Enfin, la résolution votée doit être transmise par le Président de l'Assemblée nationale au Procureur général (art. 19). Au Bénin, la résolution visant la saisine de l'Assemblée aux fins de poursuite peut être déposée par le dixième au moins des députés composant l'Assemblée nationale.

Toutefois, l'existence de cette procédure ne suffit pas à garantir le jugement du Président de la République pour haute trahison. En effet, l'indétermination de ce crime constitutionnel semble favoriser son irresponsabilité. Si l'opposition parlementaire a la faculté d'initier la mise en accusation, le vote de la résolution demeure improbable au vu de la composition de l'Assemblée nationale, avant même d'envisager son éventuelle transmission au Procureur général près de la Cour suprême en vue d'une instruction et un jugement qui, au demeurant apparaît incertain. Il faudrait probablement envisager qu'à ce stade que le Président de la République soit suspendu de ses fonctions[117] dès le vote de la mise en accusation, comme le prévoit la Constitution guinéenne[118]. Cette suspension permettrait d'assouvir le climat politico-social du pays en permettant à la Haute Cour de justice d'accomplir ses missions de jugement en toute indépendance et impartialité et à l'abri de toutes pressions pouvant provenir de l'extérieur. Mais au demeurant, il apparait en outre que l'omnipotence parlementaire caractérisant la procédure favorise l'irresponsabilité présidentielle eu égard aux restrictions des magistrats professionnels dans le processus de jugement.

---

[116] Voir aussi article 19 de la loi organique l/91/009/91 du 23 décembre 1991 portant attribution, organisation et fonctionnement de la Haute Cour de Justice et fixation de la procédure suivie devant elle.

[117] Cette précision est d'autant plus remarquée que la Constitution sénégalaise ne précise pas la suspension du Président de la République s'il est mis en accusation pour haute trahison. Cette lacune constitutionnelle pourrait être favorable au chef de l'État poursuivi s'il décide d'user toutes les garanties inhérentes à la présomption d'innocence ainsi que les exigences du procès équitable.

[118] Aux termes de l'article 120 de la Constitution Guinéenne, la mise en accusation entraîne une suspension des fonctions et la condamnation une déchéance des fonctions.

### B. L'impuissance des magistrats professionnels dans le jugement

Au-delà de leur infériorité numérique par rapport aux juges élus[119], il convient de remarquer que les magistrats professionnels apparaissent impuissants vis-à-vis de ces derniers eu égard à ce que leur intervention demeure subordonnée à l'initiative parlementaire nécessitant le vote de la mise en accusation. Ainsi, les juges professionnels ne peuvent agir qu'au cours de l'instruction et du jugement.

À la lumière de la législation sénégalaise sur la haute Cour de justice, l'instruction est menée par une commission spécialisée[120]. La loi organique ne donne pas plus de précisions par rapport à sa composition, quand bien même elle peut se faire assister d'un ou plusieurs magistrats en vue de l'instruction des affaires[121].

Nonobstant, le rôle des magistrats apparait déterminant dans cette phase. En effet, il appartient au Procureur de la République de notifier la mise en accusation au Président de la Haute Cour et au Président de la Commission d'instruction. Cette notification permet la convocation de la Commission d'instruction sans délai sur ordre de son Président qui invite les inculpés à se prévaloir de leurs droits à la défense à défaut de désigner un défenseur d'office parmi les avocats inscrits. Le Président de la commission y accomplit un travail préalable qui lui permet d'accomplir tous les actes d'information utiles à la manifestation de la vérité et décerner un mandat d'arrêt contre les accusés. L'assistance des magistrats se fait également remarquer par leur désignation suivant une commission rogatoire. En tout état de cause, les actes de la commission ne sont susceptibles d'aucune voie de recours.

Toutefois, le procureur général est tenu de saisir le président de l'Assemblée nationale si l'instruction révèle de nouveaux faits non retenus par la

---

[119] Par exemple, en vertu de la loi organique de 2002 modifiée sur la Haute Cour de justice du Sénégal, celle-ci est composée du Premier président de la Cour suprême, qui préside la Cour et de huit juges titulaires ; un Président suppléant, le Président de la Chambre pénale de la Cour suprême et huit juges suppléants.

[120] Une telle commission d'instruction est également prévue par la loi organique sur la Haute Cour de Justice en Guinée (art. 13 Loi organique L/91/009/91 du 23 décembre 1991) contrairement en Centre Afrique où l'instruction est menée par deux juges d'instruction de l'ordre judiciaire nommés par Décret (Loi n°09.010 du 03 août 2009 portant Organisation et Fonctionnement de la Haute Cour de Justice).

[121] Cette instruction est menée au Bénin par la chambre d'accusation de la Cour d'appel qui tient sa juridiction sur le lieu du siège de l'Assemblée nationale.

résolution de mise en accusation. Cette reprise de la procédure par l'Assemblée lui permet d'adopter une motion destinée à étendre la mise en accusation dans un délai de dix jours. En cas d'inaction de l'assemblée nationale dans ce délai déterminé, la commission reprend l'information afin de corriger les derniers errements de la procédure. Enfin, si la commission estime que la procédure est complète, elle pourra ordonner, s'il y a lieu, le renvoi de l'affaire devant la Haute Cour. Ainsi, ce n'est qu'à partir de ce moment que la Haute Cour pourra réellement intervenir pour juger le Président de la République *« poursuivi pour haute trahison »,* après accomplissement des formalités préalables de fixation d'ouverture des débats et notification de l'ordonnance de renvoi aux accusés dans un délai de huit jours avant leur comparution ainsi que la convocation des juges titulaires et suppléants.

En principe, l'audience devant la Haute Cour de justice est publique mais pourrait se tenir en huis clos sur décision de la Haute Cour. Ces audiences permettent à la juridiction compétente de tenir des débats avec les accusés (PR) avant que le Président ne prononce leur clôture. Celle-ci a pour effet de permettre à la Haute juridiction de se prononcer sur la culpabilité des accusés[122]. Elle statue par vote séparé sur les chefs d'accusation notamment en tenant compte d'éventuelles circonstances atténuantes avant que les membres de la Haute Cour procèdent à un vote secret à la majorité absolue sur la culpabilité du prévenu. Si celui-ci est reconnu coupable, un vote se déroulera dans les mêmes conditions sur la peine à lui appliquer. Ce vote se tiendra immédiatement après reconnaissance de sa culpabilité[123]. Il est important de remarquer que cette exigence de majorité ne permet pas d'envisager une quelconque voix prépondérante du Président de la Haute Cour, en l'occurrence le Premier Président de la Cour suprême, en tant que juge professionnel mais qui n'en dispose pas au sens de la loi organique.

De l'analyse de cette procédure, nous retenons particulièrement cette subordination du jugement de la Haute Cour non seulement au vote de la résolution de l'Assemblée nationale, mais encore l'impuissance des magistrats professionnels dans le jugement. Il apparait en effet que la composition de la Haute Cour favorise les juges parlementaires (élus) dans le prononcé de la culpabilité et de la peine même si on appliquerait la majorité absolue des voix au vu de sa formation dominée par les huit juges

122 Nous soulignons dans le cadre de cette étude le Président de la République.

123 Mais en cas de double vote négatif sur une peine qui n'a pas obtenu la majorité des voix, la Haute Cour écartera la peine la plus sévère proposée jusqu'à ce qu'une peine soit retenue par la majorité absolue des votants.

titulaires et suppléants élus par l'Assemblée nationale et seulement de deux juges professionnels (premier président de la Cour Suprême et le président de la chambre pénale de la Cour suprême). En conséquence, le sort du Président de la République accusé de haute trahison dépendra largement de la majorité des élus car l'atteinte de cette majorité suppose en fin de compte la réunion de cinq voix pour déterminer la culpabilité de l'accusé et la peine applicable en cas de sa condamnation. Il en résulte qu'elle nécessitera impérativement le vote minimum de quatre juges élus.

Tout au plus, l'emprise politique est manifeste dans le jugement du Président de la République qui non seulement semble être favorisé par sa majorité parlementaire pour sa traduction devant la Haute Cour et que le vote de la mise en accusation apparaît improbable. De surcroît, son jugement est redevable à cette majorité, qui est appelée à se prononcer sur son éventuelle culpabilité, quand bien même il devrait bénéficier des garanties liées à la présomption d'innocence. Ce desiderata est d'autant plus qu'équivoque du fait de l'absence de voix prépondérante du Président de la Haute Cour tant sur le vote de la culpabilité que sur le prononcé de la peine. Il apparait dès lors nécessaire de réformer la composition de la Haute Cour de justice en y intégrant davantage de juges professionnels majoritaires[124] et en modifiant la procédure de jugement des personnes susceptibles d'être poursuivies devant sa juridiction, en particulier le Président de la République. En l'état actuel, cette procédure ne garantit aucunement sa justiciabilité, qui demeure utopique. Dès lors, pour contribuer aux réponses à une question débattue sur la possibilité de juger le Président de la République en Afrique[125], nous pouvons répondre négativement à la lumière de cette analyse procédurale[126], quoique non exhaustive. Mais en cas de spéculation sur la haute trahison née de la violation de la clause limitative des deux mandats, le Président de la République ne frôle aucun procès.

En considérant qu'il n'encoure pas réellement de poursuites, le chef de l'État qui aura transgressé cette clause de limitation sera conforté par une

---

[124] À défaut d'augmenter le nombre de magistrats professionnels, il serait plus convenable d'élargir sa composition au Conseil constitutionnel, comme au Bénin où *« la Cour Constitutionnelle fait de droit partie de la Haute Cour de justice à l'exception de son président »*. (Art. 117 de la Constitution béninoise).

[125] C. KOULEU, *Peut-on juger les Chefs d'État africains ?* Essai Scientifique, précit., 91 p.

[126] Le jugement par la CPI semble beaucoup plus probable dans certains cas que celui des juridictions internes V. notamment, A. SALL, *L'émotion et la raison. L'Afrique et la justice internationale*, Harmattan Sénégal, 2020, 288 p.

telle procédure qui ne présente pas de garantie d'aboutir à un quelconque jugement. Cette situation pourrait encourager une transgression se manifestant par une tentative ou plutôt l'exercice d'un mandat excessif, en contradiction avec la Constitution, malgré la possibilité de bénéficier du soutien de la majorité électorale. Il demeure néanmoins envisageable qu'il soit jugé pour haute trahison à la fin de son mandat[127], puisqu'il peut être inculpé pour ce crime constitutionnel qui n'est pas inclus dans les actes réalisés durant l'exercice de ses fonctions protégés par l'immunité et l'inviolabilité, même après la fin de ces fonctions. Bien que des cas récents en Afrique démontrent le manque de poursuites contre d'anciens Présidents[128]. Toutes ces considérations pourraient laisser croire qu'un chef de l'État africain serait quasiment impunissable en cas de violation de la Constitution. En tout état de cause, le verdict du Président de la République pour haute trahison exigera une analyse conceptuelle plus approfondie et une limitation de l'influence politique dans la procédure.

[127] Jean-M. OLAKA, « Le statut judiciaire de l'ancien président de la République en Afrique noire francophone entre frein ou consolidation de l'État de droit », *Revue internationale des francophonies* [En ligne], 10 | 2022, mis en ligne le 26 avril 2022, consulté le 30 novembre 2023.

[128] De ce point de vue, il serait également naïf de penser qu'il sera poursuivi au regard des faiblesses entourant l'ambiguïté des statuts qui leurs sont applicables.

# Les droits économiques et sociaux dans la jurisprudence constitutionnelle en Afrique

***Abdou Khadre DIOP,***

*Professeur assimilé, Agrégé en droit public,*

*Université Numérique Cheikh Hamidou Kane (UNCHK)*

Une tendance jurisprudentielle africaine se dessine à contre-courant d'une longue tradition doctrinale niant toute juridicité aux droits économiques et sociaux. Ce mouvement dans le contentieux mérite une attention particulière, en ce qu'il traduit un glissement paradigmatique du constitutionnalisme africain, qui n'est plus seulement « un droit constitutionnel de crise politico institutionnel »[1], mais également « un droit constitutionnel social » intégrant la prise en compte du besoin et l'amélioration des conditions de vie des populations dans le champ normatif[2].

Toutefois, cette tendance favorable à une prise au sérieux des droits économiques et sociaux dans le constitutionnalisme africain ne va pas de soi. Le sort que la doctrine leur a réservé, de longue date, pousse à n'y voir aucun intérêt pratique, et que toute analyse à leur égard ne serait en fin de compte, qu'un simple exercice de l'esprit, inutilisable en dehors de son éprouvette théorique. Mais un tel constat n'est pas le propre des droits économiques et sociaux. Les droits civils et politiques ont également connu le débat sur leur positivité, du moins dans l'histoire constitutionnelle de la France. Le dogme de l'infaillibilité du législateur de Rousseau a longtemps inhibé la positivité des droits inscrits dans la Déclaration des Droits de l'Homme et du Citoyen de 1789[3]. Aujourd'hui, nier leur juridicité expose à l'opprobre de l'opinion publique, ou du moins du cénacle des juristes. Peut-

---

[1] B. Kanté, "Leçon inaugurale ; la justice constitutionnelle face à l'épreuve de la transition démocratique", in Oumarou Narey (dir.), La justice constitutionnelle, Actes du colloque de l'ANDC, 2015, l'Harmattan, p. 23.

[2] Abraham Gadji, « L'économie dans les nouvelles constitutions des États d'Afrique francophone », in F. J. Aivo (dir.), La constitution béninoise du 11 décembre 1990, un modèle pour l'Afrique ? Mélanges en l'honneur de Maurice Ahanhanzo-Glele, *L'Harmattan*, Paris, 2014, p. 759.

[3] Jean Rivero, « La fin de l'absolutisme », *Revue Pouvoirs*, n. 13, 1980, pp. 5-16 ; Georges Vedel, « la place de la DDHC de 1789 dans le bloc de constitutionnalité » *in Conseil constitutionnel, la DDHC et la jurisprudence,* PUF, 1989, p. 36.

on en dire autant des droits économiques et sociaux ? Des voix s'élèvent encore, aujourd'hui, pour nier leur juridicité, voire leur justiciabilité[4].

Les droits économiques et sociaux peuvent être définis comme des droits garantis par des textes constitutionnels afin de réduire les inégalités d'ordre économique et dans une perspective de justice sociale. Ils se veulent des instruments de transformation sociale par les correctifs qu'ils apportent au libéralisme économique et l'objectif de solidarité qui les guide[5]. Autrement dit, ce sont les droits fondamentaux concernant les conditions sociales et économiques essentielles à une vie digne et libre et qui sont liés au travail, à l'éducation, à la santé, à l'alimentation, à l'eau, au logement, à la propriété. Caractérisés de droits de la deuxième génération[6], de droit au pain[7] ou de droits rouges[8], ils sont compris comme des droits-créances, faisant naître de la part de l'État des obligations positives, par opposition aux droits-liberté ou droit civils et politiques qui requièrent des obligations négatives. Cette distinction a conduit une bonne partie de la doctrine classique[9], mais également des juges[10], à considérer les droits civils et politiques comme de « vrais droits » et les droits économiques et sociaux comme des droits programmatoires, des mandats constitutionnels ou mieux de simples énoncés normatifs.

Ce sont de tels droits qui seront analysés sous le prisme de la jurisprudence constitutionnelle en Afrique, en adoptant un échantillonnage permettant de

---

[4] S. A. NDIAYE, « Libre propos sur la notion de droits de l'homme en Afrique », *RGDIP*, 2022-1, pp. 1-31.

[5] Diane Roman, « La justiciabilité des droits sociaux et les enjeux de l'édification d'un État de droit social », *Revue des Droits de l'Homme*, 2012, n. 1, p. 4.

[6] Voir Karel Vasak, « La réalité juridique des droits de l'homme », *in* Karel Vasak (dir.), *Les dimensions internationales des droits de l'homme (manuel destiné à l'enseignement des droits de l'homme dans les universités)*, *UNESCO*,1978, pp.1-10.

[7] Nelson Mandela affirmait dans son allocution d'ouverture à l'occasion d'une conférence sur le projet de déclaration des droits de l'ANC que nous ne voulons pas de liberté sans pain, pas plus que nous ne voulons de pain sans liberté" en faisant référence aux droits de première génération(liberté) et de deuxième génération (pain). Voir N. Mandela, « Address: On the occasion of the ANC's Bill of Rights conference » in A Bill of Rights for a Democratic South Africa: Papers and Report of a Conference convened by the ANC Constitutional Committee, May 1991 (9-14) p. 12.

[8] Kader Asmal, homme politique sud-africain distinguait les droits bleus (première génération), les droits rouges (deuxième génération) et les droits verts (troisième génération). Voir Albie Sachs, *L'étrange alchimie d'une vie et de la loi* (traduit en français par Christine Schurmans), *Pretoria University Law Press*, 2021, p. 110.

[9] Voir par exemple Jean Rivero, *Les libertés publiques*, t. 1, Paris, *Presses universitaires de France*, 1995, p. 97.

[10] Voir par exemple, en France : Conseil d'État français, 10 décembre 1962, *Rec.* p. 676.

couvrir à la fois des pays de tradition civiliste et de la *Common Law*. Ainsi, l'étude visera des pays francophones qui ont directement constitutionnalisé les droits économiques et sociaux. Il s'agira principalement du Sénégal et du Bénin. La jurisprudence de pays anglophones qui ont également opéré cette consécration directe des droits économiques et sociaux dans leur constitution, assortie d'une caution de justiciabilité, sera étudiée. Il s'agit principalement de l'Afrique du Sud et du Kenya. Un tel échantillonnage se justifie dans la mesure où tous ces États ont directement constitutionnalisé les droits économiques et sociaux. Comparativement, d'autres États africains ne les considèrent pas comme des droits mais plutôt comme des directives de gouvernance sans aucune force exécutoire[11]. Il existe aussi une autre catégorie d'États dans lesquels le constituant a intégré certains droits économiques et sociaux dans le chapitre des droits contraignants (justiciables) et d'autres dans le chapitre relatif aux principes directeurs devant guider les politiques publiques, donc non justiciables[12]. L'étude sera donc limitée à des exemples d'États ayant directement consacré les droits économiques et sociaux dans leur *Bill of Rights* (ou Déclaration des droits).

Il y a une constitutionnalisation des questions économiques et sociales sous le prisme de la protection des droits économiques et sociaux en Afrique, ce qui permet au juge d'en fonder la justiciabilité. La question qui se pose, dès lors, est comment le juge constitutionnel en Afrique construit la justiciabilité des droits économiques et sociaux ? Autrement dit, quels sont les ressorts conceptuels, techniques et méthodologiques sur lesquels s'appuient le juge pour consacrer et garantir cette justiciabilité ? Fondamentalement, y a-t-il un mouvement d'ensemble dans cette construction ou plutôt des solutions divergentes ?

L'exploitation de la jurisprudence constitutionnelle permet de détecter un double mouvement. Dans un premier temps, elle permet de relever une convergence dans la reconnaissance d'une justiciabilité des droits économiques et sociaux. En effet, la première opération intellectuelle à laquelle fait face le juge en face de cette catégorie de droits, est de fonder un raisonnement sur leur justiciabilité. Dans un second temps, le juge déploie des techniques de contrôle permettant de garantir le respect de ces

[11] C'est le cas du Nigéria, Zambie, Botswana, Comores, Djibouti, Lesotho, Libéria, Mauritanie, Île Maurice, Sierra Leone, et Soudan

[12] C'est le cas du Ghana, Éthiopie, Malawi, Érythrée, Namibie, Swaziland, Tanzanie et Ouganda

droits. Par contre, à ce niveau, les démarches jurisprudentielles sont variables, faisant ainsi ressortir des solutions divergentes.

Ainsi, il s'agira d'analyser d'une part, une convergence dans la reconnaissance de la justiciabilité (I), avant de s'intéresser, d'autre part, à une divergence des démarches jurisprudentielles dans la garantie de ces droits (II).

## I. Une convergence dans la reconnaissance de la justiciabilité

Perçue comme « la capacité des tribunaux de connaître de l'allégation de la violation de droits de la part des victimes »[13], la justiciabilité des droits économiques et sociaux livre une lecture généralement contingente dans la doctrine africaine. Selon une approche, qui pourrait être qualifiée de *réaliste*, fonder une quelconque justiciabilité des droits économiques et sociaux en Afrique serait purement illusoire. De tels droits, impliquant un rapport débiteur/créancier, ne peuvent se réaliser que dans la forme finie de l'État. Or, l'État africain, en raison de son accession récente à l'indépendance, est encore en construction et en faire un débiteur solvable des fractures sociales serait un vœu pieux, une ambition surréaliste[14]. A l'inverse, une approche *utilitariste* est soutenue par d'autres auteurs qui considèrent que la justiciabilité des droits économiques et sociaux est un besoin structurel du constitutionnalisme africain[15]. Quelle que soit la valeur des arguments développés ici et là, l'analyse jurisprudentielle permet de voir une tendance convergente dans la construction d'un raisonnement confortant la justiciabilité de tels droits en se fondant, d'une part, sur leurs caractères (A) et d'autre part sur leurs fonctions (B) dans le constitutionnalisme africain.

### A. Une justiciabilité fondée sur les caractères des droits

La justiciabilité des droits économiques et sociaux se fonde sur leurs caractères. Consacrés dans les constitutions comme partie intégrante des droits fondamentaux, les juges en déduisent que ce sont « des droits comme

---

[13] Carole Nivard, *La justiciabilité des droits sociaux. Étude de droit conventionnel européen*, Bruxelles, *Bruylant*, 2012, p. 21.

[14] Voir Sidy Alpha Ndiaye, « Libres propos sur la notion de droits de l'homme en Afrique », *op.cit*, p. 10.

[15] Voir Kéba Mbaye, « Concept de l'universalité des droits de l'homme », exposé présenté à l'Académie du Royaume du Maroc, Rabat, 28-29 et 30 septembre 1994, in El Hadji Oumar Diop, *Le juge Kéba Mbaye, une vie au service des droits de l'homme*, *CREDILA/OVIPA*, p. 95.

les autres » adhérant ainsi à la théorie de l'indivisibilité des droits de l'homme (1), mais également « des droits à part entière », reconnaissant leur applicabilité directe (2).

### 1. « Des droits comme les autres » : l'adhésion à la théorie de l'indivisibilité des droits de l'homme

L'histoire de la proclamation des droits est souvent racontée sur un mode chronologique, celui de génération des droits. De cette approche générationnelle prônée par Karel Vasak[16], il en résulte une différenciation des droits selon leur nature. Les droits de la première génération, droits civils et politiques, seraient ainsi présentés comme de « vrais droits », nécessitant pour leur satisfaction une abstention de l'État. Par opposition, les droits de la deuxième génération, droits économiques et sociaux, seraient des droits programmatoires, des droits-créances, qui nécessitent une obligation positive des pouvoirs publics sous forme de régulation, de prestation ou de services publics. Cette approche taxinomique se traduit au plan contentieux par un traitement différentié des deux catégories de droits, les uns pouvant être connus du juge tandis que les autres seraient frappés d'une certaine injusticiabilité.

L'analyse de la jurisprudence constitutionnelle en Afrique démontre que cette lecture binaire classique tend à s'estomper. En effet, interprétant les droits économiques et sociaux consacrés par les textes constitutionnels, les juges en arrivent à fonder leur justiciabilité en mettant en avant une conception monolithique des droits fondamentaux, adhérant ainsi à la théorie de l'indivisibilité, développée par la Commission africaine des droits de l'homme et des peuples[17], réitérée par la Cour africaine[18]. Cette conception jurisprudentielle se décline en deux paramètres.

Le premier est que les droits économiques et sociaux ont la même valeur et la même dignité que les droits civils et politiques. Ils ne devraient ainsi pas être considérés comme des droits de seconde zone. Le juge constitutionnel sénégalais a souscrit à cette vision. Dans l'affaire *papa*

---

[16] Karel Vasak, « A 30-year struggle, the sustained efforts to give force of law to the Universal Declaration of Human Rights", *The Unesco courier*, novembre 1977, p. 29.

[17] Commission ADHP, 13-27 octobre 2001, *Social and Economic Rights Action Center, C enter for Economic and Social Rights c/ Nigeria*, n. 155/96, 30 e session ordinaire, 15e rapport d'activité (pp. 29-41)

[18] Cour ADHP, 23 juin 2022, Commission Africaine des droits de l'homme et des peuples c/ République de Kenya (Affaire des Ogieks : réparation), Aff. N. 006/2012.

*djigam Diop*[19], il accepte de se prononcer sur la constitutionnalité de l'interdiction faite au corps des douaniers de se constituer en syndicat. Le Conseil note que, « selon l'article 8 de la Constitution, tous les citoyens bénéficient des libertés individuelles fondamentales, des droits économiques et sociaux ainsi que des droits collectifs »[20]. Autrement dit, le constituant sénégalais, en consacrant, à la fois et en même temps, des droits civils et politiques et des droits économiques et sociaux en son article 8, n'a pas entendu faire de distinction qui aurait un impact sur l'analyse de leur justiciabilité. Tous les droits consacrés par le texte constitutionnel ont ainsi la même dignité et il n'y a donc pas lieu de distinguer là où le constituant ne l'a pas fait. C'est cette même logique qui a poussé le juge constitutionnel sud-africain à rejeter l'argument de la nature particulière des droits économiques et sociaux. En effet, avant même l'entrée en vigueur de la constitution sud-africaine de 1996, la Cour a, dans sa décision dite « certification »[21], remis en cause la pertinence de la distinction droit-liberté et droits-créances. D'une part, la Cour considère que les droits économiques et sociaux peuvent être considérés comme des droits exigeant autant une intervention qu'une abstention de l'État. D'autre part, la réalisation des droits-liberté peut avoir des implications financières, donc nécessitant également une intervention positive de l'État. Il apparait donc impossible de séparer les droits qui imposent une protection (abstention) de ceux qui exigent une distribution (intervention) : il n'existe qu'une catégorie unique rassemblant l'ensemble des droits fondamentaux au sein de laquelle chaque droit se voit reconnaitre une double signification, positive et négative. La Cour en déduit que les droits économiques et sociaux ont la même valeur normative que les droits civils et politiques, et vice versa[22]. Il n'y a donc place à aucune forme de hiérarchie, qu'elle soit formelle au sens kélsenien du terme ou matérielle au sens où l'entend Bruno Genevois[23]. Partant de cette construction, la Cour adhère à la théorie de l'indivisibilité des droits

[19] Conseil constitutionnel du Sénégal, 18 juillet 2013, *Papa Djiguam Diop*, décision n. 2-C-213.

[20] *Idem*, considérant 3.

[21] Cour constitutionnelle sud-africaine, *Certification of the Amended Text of the Constitution of the Republic of South Africa* 1997 (2) SA 97.

[22] *Ibidem.*

[23] Voir Georges Vedel, « la place de la DDHC de 1789 dans le bloc de constitutionnalité », *op. cit.*, p. 65.

fondamentaux pour justifier la justiciabilité des droits économiques et sociaux, rejoignant ainsi les standards au niveau régional[24] et universel[25].

Le second paramètre est, qu'en en plus d'avoir la même valeur, les droits économiques et sociaux et les droits civils et politiques sont interdépendants. Cette logique apparait assez clairement dans la jurisprudence de la Cour constitutionnelle sud-africaine, lorsque cette dernière affirme que : « Tous les droits de notre *Bill of Right* sont liés et se renforcent mutuellement. (…) Reconnaître des droits sociaux et économiques dans le chef de tout un chacun, permet donc à tous de jouir aussi des autres droits consacrés par le *Bill of Right* »[26]. L'interdépendance entre les deux catégories de droits est donc une donnée consubstantielle du constitutionnalisme sud-africain. La Cour suprême kenyane s'inscrit dans la même perspective, en mettant en exergue dans l'affaire *Satrose,* la fondamentalité du droit au logement dont la réalisation constitue une condition préalable à la jouissance d'autres droits civils et politiques[27].

Cette approche apparait également dans la jurisprudence de la Cour constitutionnelle du Benin, notamment dans l'*affaire des femmes usagers de l'Hôpital de Zone de Kowegbou*[28]. Le lien entre la liberté d'aller et de venir (droit civil et politique) et le droit d'accès aux soins de santé (droit socio-économique) est mise en évidence par la Cour. Dans cette affaire, des centres hospitaliers avaient mis en œuvre un mécanisme de contrôle des entrées et sorties dans les hôpitaux. Cette mesure avait été justifiée par l'objectif d'assurer un meilleur recouvrement des frais liés aux prestations de santé, dans la mesure où certains patients arrivent à s'échapper de l'hôpital sans payer les frais liés à leur prise en charge. En application de cette mesure, des femmes enceintes ou ayant accouché s'étaient vu refuser l'accès à l'hôpital pour défaut de paiement. Invoquant la Charte africaine, la Cour considère que la limitation de la liberté d'aller et de venir aurait, en l'espèce, un impact sur le droit d'accès aux soins de santé. Ainsi, « aucune

---

[24] Voir E. GUEMATCHA, « Section 2. La justiciabilité des droits sociaux en Afrique », *La Revue des droits de l'homme* [En ligne], 1 | 2012, mis en ligne le 30 juin 2012, consulté le 09 juillet 2022, disponible sur http:// journals.openedition.org/revdh/125.

[25] Voir Déclaration de Vienne issue de la Conférence Mondiale sur les Droits de l'Homme, 14-25 juin 1993, A/CONF.157/23.

[26] Cour constitutionnelle sud-africaine, *Certification of the Amended Text of the Constitution of the Republic of South Africa, op. cit.*

[27] Cour Suprême du Kenya, 17 février 2011, *Satrose Ayuma and Others v. Registered Trustees of the Kenya Railways Staff Retirement Benefit Scheme and Others,* Petition No. 65 of 2010, [2011] eKLR, para 70-73.

[28] Cour constitutionnelle du Benin, 28 janvier 2021, Décision DCC 21-058.

privation à la liberté d'aller et de venir ne saurait être imposée à un usager des services de santé, publics ou privés, en recouvrement des créances liées à des prestations de soins sans violer la constitution »[29]. Autrement dit, la violation du droit civil et politique entraine dans le cas d'espèce, une violation du droit économique et social.

Ainsi, à travers la théorie de l'indivisibilité des droits fondamentaux, les juges constitutionnels sont parvenus à fonder la justiciabilité des droits économiques et sociaux au même titre que les droits civils et politiques. En plus d'être « des droits comme les autres », l'analyse de la jurisprudence constitutionnelle permet d'avancer une autre idée en appui au discours sur la justiciabilité : ce sont « des droits à part entière ».

### 2. « Des droits à part entière » : la reconnaissance d'une applicabilité directe

L'applicabilité directe peut être entendue comme l'aptitude d'une règle à conférer par elle-même aux particuliers des droits dont ils puissent se prévaloir devant les autorités juridictionnelles, sans requérir d'autres mesures d'exécution[30], qu'elles soient législatives ou règlementaires. L'absence présumée d'une telle applicabilité directe a longtemps jugulé la justiciabilité pleine et entière des droits économiques et sociaux, au point où certains ont pu parler de « justiciabilité inaboutie »[31].

L'analyse de la jurisprudence constitutionnelle africaine remet en cause cette idée d'incomplétude des droits économiques et sociaux en reconnaissant leur applicabilité directe. En effet, selon une jurisprudence constante, la justiciabilité de tels droits se fonde sur leur seule consécration par la constitution. L'argument selon lequel, en l'absence de lois ordinaires pour en définir les modalités pratiques, ces droits ne seraient pas invocables dans un contentieux subjectif, est inopérant. C'est ce que confirme les juges constitutionnels sud-africains et kenyans dans le cadre de contentieux subjectifs. Selon ces derniers, la possibilité pour les individus d'invoquer les droits économiques et sociaux devant les juridictions résulte du seul fait de la consécration de tels droits dans la constitution (*the Bill of Right*) et la

[29] *Ibidem.*

[30] Joe Verhoeven, « La notion d'applicabilité directe en droit international », *RBDI*, 1980, vol. 15, n. 2, p. 243.

[31] Laurence Gay, « "Des droits à part (entière)" ? la justiciabilité inaboutie des droits sociaux en droit constitutionnel français », *op. cit.*

reconnaissance corrélative de leur justiciabilité par ledit texte[32]. En effet, la constitution sud-africaine de 1996 et la constitution kényane de 2010 consacrent une liste importante de droits économiques et sociaux[33] tout en précisant leur caractère justiciable. Par exemple, l'article 23 de la constitution kenyane garantit le droit pour tout justiciable de saisir les juridictions en cas de violation des droits de l'homme, y compris les droits économiques et sociaux. Cette base textuelle suffit largement pour fonder leur justiciabilité. En Afrique du Sud également, la Cour s'est largement fondée sur les dispositions de la constitution pour accepter leur justiciabilité, à la fois objective et subjective[34].

L'applicabilité directe des droits économiques et sociaux consacrés dans le corps de la constitution est aussi garanti dans les pays francophones. Dans l'affaire *Fidelia A. Apovo*, la Cour constitutionnelle du Benin reconnaît le caractère justiciable du droit à l'eau potable en avançant clairement que « le droit du citoyen à l'eau potable fait partie de ses droits fondamentaux, (...) il s'agit d'un droit-créance opposable à l'État »[35]. Au Gabon, la Cour constitutionnelle se réfère au texte de la constitution pour reconnaître la justiciabilité des droits économiques et sociaux. C'est du moins ce qui ressort de la décision du 24 janvier 2001 relative au contrôle de constitutionnalité de la loi n°17/2000 fixant le régime particulier des pensions de retraite des membres du Gouvernement et des membres du Parlement[36]. Dans cette dernière, la Cour a considéré « qu'il ressort de l'article 1er, huitième de la Constitution, que le droit à une pension de retraite est un droit fondamental, garanti aux vieux travailleurs et à leurs ayants cause »[37]. La même approche a été utilisée par la Cour constitutionnelle du Togo pour fonder la justiciabilité du droit de jouir d'un

[32] Cour constitutionnelle sud-africaine, 4 octobre 2000, *Government of South Africa vs Grootboom*, CCT 11/00, para 20, p. 18 ; Cour Suprême du Kenya, 11 Janvier 2021, *Mitu-Bell Welfare Society v Kenya Airports Authority & 2 others*, Petition n. 3/218.

[33] Chapitre 2 de la constitution sud-africaine du 10 décembre 1996, chapitre 4 de la constitution kényane du 27 août 2010.

[34] Voir Cour constitutionnelle sud-africaine, 27 novembre 1997, *Soobramoney v. Minister of Health (KwaZulu-Natal)*, *[1998] 1 S. Afr. L.R.* 76.

[35] Cour constitutionnelle du Bénin, décision DCC 12-124 du 7 juin 2012.

[36] Cour constitutionnelle du Gabon, 24 janvier 2001, décision n°003/01/CC.

[37] Selon l'article 1er para 8 de la Constitution gabonaise, "L'État, selon ses possibilités, garantit à tous, notamment à l'enfant, à la mère, aux handicapés, aux vieux travailleurs et aux personnes âgées, la protection de la santé, la sécurité sociale, un environnement naturel préservé, le repos et les loisirs".

bon début de retraite[38], ou encore son homologue burkinabé pour fonder la justiciabilité du droit au travail[39].

Au-delà du texte de la constitution, l'applicabilité directe des droits économiques et sociaux consacrés dans les instruments internationaux mentionnés dans les préambules des constitutions est aussi garantie dans les pays francophones. En effet, l'intégration du préambule dans le bloc de constitutionnalité a comme conséquence la constitutionnalisation des droits contenus dans les instruments qui y sont mentionnées[40]. Ainsi, prenant l'exemple du Sénégal et du Benin, les droits économiques et sociaux consacrés par la Déclaration universelle des droits de l'homme et la Charte Africaine des droits de l'homme et des peuples, sont constitutionnalisés. Cette constitutionalisation opère la disqualification du débat sur leur applicabilité directe[41]. Sur la base de ces considérations, les juges constitutionnels béninois et sénégalais ont eu recours au préambule pour fonder la justiciabilité de droits économiques et sociaux. Dans sa décision DCC 14-143, le juge béninois se fonde sur l'incorporation dans le bloc de constitutionnalité de la Charte africaine des droits de l'homme et des peuples[42], qui consacre le droit au travail[43], pour en accepter sa justiciabilité dans un contentieux subjectif. Le Conseil constitutionnel du Sénégal a également, dans l'affaire *Pape Djigam Diop*, semblé inclure le Pacte international relatif aux droits économiques et sociaux dans son bloc de constitutionnalité[44], nonobstant l'absence de mention expresse de ce texte dans le préambule. Cela aurait comme signification que l'ensemble des droits du Pacte serait droits fondamentaux constitutionnalisés et donc

[38] Cour constitutionnelle du Togo, avis n° AV-002/22 du 26 janvier 2022.

[39] Cour constitutionnelle du Burkina Faso, 12 février 2019, Décision 2019-001-CC sur la requête en inconstitutionnalité de l'alinéa 1 de l'article 166 du statut général de la fonction publique : dans cette affaire la Cour reconnaît la justiciabilité du droit au travail protégé par l'article 19 de la Constitution.

[40] Voir Boubacar Ba, « Le préambule de la Constitution et le juge constitutionnel en Afrique », Afrilex

[41] Alioune Sall, « Instruments internationaux intégrés dans le préambule constitutionnel » *in* Abdou A. Kebe, Sidy A. Ndiaye et Boubacar Ba (dir.), *Textes fondamentaux de la République du Sénégal*, *L'Harmattan*, Sénégal, 2021, p.124.

[42] Cour constitutionnelle du Bénin, DCC 14-143 du 17 juillet 2014.

[43] Article 15 de la Charte.

[44] Alioune Sall, « La fragilité d'une orthodoxie : la norme internationale devant le juge constitutionnel sénégalais » in I. M Fall (dir.), *Théorie et contentieux constitutionnel en Afrique : Mélanges en l'honneur du Professeur El Hadji Mbobj*, *L'Harmattan*, Sénégal, 2022, p. 823.

d'application directe[45]. Toutefois, il serait difficile de parvenir à une telle conclusion, vu l'absence d'une ligne jurisprudentielle claire du Conseil constitutionnel sur l'utilisation des textes internationaux autrement que ceux mentionnés expressément dans le préambule. La juridiction administrative du Sénégal n'a pas, non plus, hésité à reconnaître la justiciabilité du droit d'accès aux études supérieures comme une composante du droit à l'éducation, en précisant qu'un tel droit trouve son fondement « dans la Déclaration universelle des droits de l'homme mentionnée dans le préambule de la constitution »[46]. Le recours à ces instruments internationaux constitutionnalisés permet au juge de fonder la justiciabilité des droits économiques et sociaux, qu'on soit dans un contentieux objectif ou subjectif, dépassant ainsi le débat sur leur applicabilité directe.

« Des droits comme les autres » à travers le recours à la théorie de l'indivisibilité des droits de l'homme, « des droits à part entière » à travers la reconnaissance de leur applicabilité directe, la justiciabilité des droits économiques et sociaux est donc un acquis jurisprudentiel. Certains juges vont même au-delà de l'analyse des caractères des droits pour s'intéresser à leurs fonctions dans le constitutionnalisme africain afin de conforter leur raisonnement sur la justiciabilité

### B. Une justiciabilité fondée sur la fonction des droits

La construction d'une théorie de la justiciabilité des droits économiques et sociaux dans la jurisprudence constitutionnelle africaine va au-delà de la simple analyse des caractères des droits. D'autres paramètres entrent en considération faisant jouer aux droits économiques et sociaux une fonction particulière dans le constitutionnalisme africain. À cet égard, la justiciabilité des droits économiques et sociaux est vu comme une réponse à un contexte particulier (1) et comme un outil au service d'un idéal constitutionnel (2).

#### 1. La justiciabilité, une réponse à un contexte particulier

Les conditions socio-économiques, le niveau de développement d'un pays, ainsi que le contexte idéologique dans lequel la norme constitutionnelle a été adoptée et est interprétée, constituent des facteurs qui influencent nécessairement l'interprète et la conception qu'il se fait de l'être humain, des

---

[45] Voir à ce propos Fatimata Diallo, "Direct constitutional protection of economic, social and cultural rights in francophone legal system : Sénégal", *op. cit.,* p. 417.
[46] CE du Sénégal, 31 août 1994, *Prosper Nguema Nitchen c/Université Cheikh Anta Diop.*

droits et de la justice.[47] C'est ainsi qu' une partie de la doctrine africaine se fonde sur le contexte de sous-développement et de pauvreté qui caractérise le continent pour justifier la pertinence de la justiciabilité des droits économiques et sociaux. Selon Kéba Mbaye, parmi les préoccupations de première nécessité qui hantent les pays en développement, le poids de la dette, les problèmes liés à l'émigration, la famine, les questions d'alphabétisation, les épidémies et les maladies endémiques, figurent en bonne[48]. De tels maux trouvent une expression juridique dans la consécration des droits économiques et sociaux (droit à la santé, droit au travail, droit à l'alimentation, etc.) et leur justiciabilité au même titre que les droits civils et politiques[49]. Ainsi, le contexte socio-économique dans lequel se trouvent les États africains serait un premier facteur explicatif d'une tendance jurisprudentielle favorable à la reconnaissance d'une justiciabilité des droits économiques et sociaux.

Le recours à l'analyse contextuelle trouve une fortune particulière devant les juridictions sud-africaines et kényanes. La Cour constitutionnelle sud-africaine a construit sa théorie de la justiciabilité, non seulement en se fondant sur la consécration textuelle des droits économiques et sociaux, mais aussi par une analyse du contexte historique et socio-économique caractérisant le pays. En effet, dans les affaires *Grootboom*[50] et *Treatment Action Campaign*[51], la Cour est allée au-delà du texte pour justifier la pertinence d'ériger les droits économiques et sociaux en objet de contentieux constitutionnel. Selon la Cour, l'inscription des droits économiques et sociaux dans la constitution traduit la volonté d'éliminer progressivement et raisonnablement la précarité et les inégalités caractéristiques de la société sud-africaine. Ainsi, leur justiciabilité se fonde aussi sur le contexte post-apartheid et la volonté de faire de la constitution un outil de changement social. C'est dans ce contexte, et compte tenu de l'insécurité matérielle et de l'extrême pauvreté dont est encore victime la

---

[47] David Robitaille, « L'influence du contexte économique et idéologique sur la conception de l'être humain par le droit et le juge constitutionnels : les cas canadiens, indiens et sud-africains », *Revue Canadienne Droit et Société*, 2011, Vol. 26, no. 1, p. 2.

[48] Kéba Mbaye, « Concept de l'universalité des droits de l'homme », exposé présenté à l'Académie du Royaume du Maroc, Rabat, 28-29 et 30 septembre 1994, *op. cit.*

[49] Kéba Mbaye, « Le facteur développement dans la conception des droits de la personne », *Annuaire canadien des droits de la personne*, 1984-1985, p. 281 et ss.

[50] Cour constitutionnelle sud-africaine, 4 octobre 2000, *Government of South Africa vs Grootboom*, CCT 11/00.

[51] Cour constitutionnelle sud-africaine, 5 juillet 2002, *Minister of Health and Others vs Treatment Action Campaign and Others*, No 2, CCT8/02.

majorité noire[52], ainsi que de l'urgence d'agir par la prise de mesures politiques immédiates, qu'il faut comprendre l'intervention de la Cour. Dans l'arrêt *Grootboom*, la stratégie publique en matière d'accès à un logement décent était conduite sans que des mesures soient prévues pour les sans-logis qui survivaient dans des bidonvilles. Dans l'affaire *Treatment Action Campaign*, le gouvernement limitait l'accès public à un médicament et qui était susceptible de sauver des vies en empêchant la transmission du VIH entre une mère et son enfant. Ainsi, puisque ces politiques publiques dans les deux affaires ne tenaient pas assez compte de la situation des plus défavorisés, le juge a accepté de les contrôler au regard des droits économiques et sociaux, respectivement le droit au logement et le droit à la santé.

La même logique argumentaire peut être retrouvée devant le juge Kenyan selon lequel « l'inclusion des droits économiques et sociaux dans la Constitution vise à répondre aux besoins socio-économiques de la population, y compris ceux qui sont pauvres, afin d'élever leur dignité humaine »[53]. Dans l'affaire *Mitu-Bell* du 11 janvier 2021[54], la Cour suprême du Kenya a été particulièrement sensible au contexte d'extrême pauvreté dans lequel vivaient les requérants menacés d'expulsion pour occupation illégale de terres appartenant au *Kenya Airports Authority*. Même si le droit en question, le droit au logement, est directement protégé par la Constitution[55], la Cour va au-delà, en invoquant des arguments extra-juridiques pour confirmer le caractère justiciable dudit droit. Selon la Cour, « la pauvreté, la privation de terres et l'absence d'intervention adéquate de l'État pour garantir un logement accessible et adéquat aux Kenyans, en particulier aux pauvres, n'enlèvent rien au fait que les individus et les familles ont besoin d'un toit pour assurer leur subsistance quotidienne »[56]. La Cour poursuit en avançant que « le fait que notre société soit incroyablement inégalitaire, la majorité de la population étant condamnée à une pauvreté extrême, le droit à un logement accessible et adéquat reste une

---

[52] Voir Marius Pieterse, « The Legitimizing / Insulating Effect of Socio-Economic Rights », *Canadian Journal of Law and Society*, 20007, n. 22, p. 4-5.

[53] High Court of Kenya, 16 Septembre 2011, *John Kabui Mwai and Others v. Kenya National Examination Council and Others* Petition No. 15 of 2011, [2011] eKLR.

[54] Cour Suprême du Kenya, 11 Janvier 2021, *Mitu-Bell Welfare Society v Kenya Airports Authority & 2 others*, Petition n. 3/218.

[55] Voir Article 43 de la Constitution kényane de 2010.

[56] *Idem,* para 150. Voir Victoria Miyandazi, "Setting the record straight in socio-economic rights adjudication: The Mitu-Bell Welfare Society Supreme Court of Kenya judgment", *Karabak Journal of Law and Ethics*, 2022, vol. 6, p. 51.

chimère pour beaucoup »[57]. De ce fait, l'intervention des juridictions pour donner corps et effet à ce droit est un besoin structurel du constitutionnalisme kényan. L'état d'extrême pauvreté est donc une donnée consubstantielle dans l'analyse des fondements de la justiciabilité des droits économiques et sociaux, ainsi que dans l'évaluation des obligations de l'État.

Fondamentalement, l'analyse du contexte socio-économique a été mobilisée par certains juges, notamment anglophones, pour conforter la justiciabilité des droits économiques et sociaux. Ainsi de tels droits auraient, entre autres comme fonction, d'apporter une réponse à un contexte de pauvreté et de précarité caractéristique des sociétés africaines. Dans le même sens, la construction jurisprudentielle autour de la justiciabilité fait des droits économiques et sociaux un outil au service d'un idéal constitutionnel.

### 2. La justiciabilité, un outil au service d'un idéal constitutionnel

L'analyse du discours juridictionnel sur la justiciabilité des droits économiques et sociaux laisse entrevoir une idée soutenue par une démarche. L'idée est que de tels droits constituent un outil incontournable au service d'un idéal constitutionnel caractérisé par des notions diverses mais renvoyant peu ou prou à la même réalité : constitutionnalisme social, État de droit social, État social, ou encore constitutionnalisme transformatif. La démarche qui en résulte est pour le juge de dépasser le formalisme et les méthodes positivistes classiques pour se tourner vers des techniques d'interprétation téléologique, vers un paradigme conséquentialiste ou une approche fonctionnelle.

En Afrique francophone, par exemple, le concept d'État social[58] qui n'est pas idéologiquement, politiquement et économiquement neutre[59], se retrouve quasiment dans toutes les constitutions post 1990. L'État social renvoie à tout État qui, entre autres, aide à prévenir l'indigence et la pauvreté et garantit un minimum vital respectueux de la dignité humaine ;

[57] *Idem*, para 149-150 (la traduction est de nous).

[58] Certaines Constitutions comme par exemple celles du Gabon, du Cameroun, du Sénégal, de Côte d'Ivoire, Guinée Conakry emploient l'expression de « République sociale » tandis que d'autres Constitutions comme celles de la République Démocratique du Congo, du Togo, du Congo Brazzaville préfèrent utiliser l'expression d'« État social ».

[59] Abraham Gadji, « l'économie dans les constitutions d'Afrique », *op. cit.*, p.769.

vise une égalité de droits et une égalité réelle par la suppression des disparités fondées sur la richesse et les relations de dépendance[60]. C'est aussi l'État social qui assure la protection sociale contre les différents risques de travail, accroît la richesse et veille à sa juste répartition[61]. C'est donc à bon droit que les juridictions constitutionnelles mobilisent la justiciabilité des droits économiques et sociaux à cette fin.

En Afrique du Sud et au Kenya, on retrouve l'idée d'une constitution, non plus seulement comme instrument de séparation des pouvoirs, mais comme outil de transformation sociale (*transformative constitutionalism*[62]). Selon Charles Fombad et Éric Kibet, la notion classique de constitutionnalisme est inadéquate pour répondre aux besoins particuliers des sociétés transitionnelles qui émergent d'un passé traumatisant caractérisé par la guerre, de profondes divisions ou la répression politique. Dans de telles sociétés, les constitutions et les lois doivent généralement faire plus, notamment en traitant les injustices et les crises du passé et en inspirant l'espoir d'un avenir meilleur[63]. C'est cette fonction de la constitution que traduit l'idée de « constitutionnalisme transformatif ».

Ce nouveau paradigme fait des droits économiques et sociaux un instrument incontournable au service d'un objectif constitutionnel, celui d'éliminer progressivement et raisonnablement la précarité et les inégalités caractéristiques des sociétés africaines. Ainsi, l'un des fondements de la justiciabilité des droits économiques et sociaux en Afrique du Sud et au Kenya est sa propension à faire jouer à la constitution son rôle de transformation sociale. C'est du moins cette idée qui apparait dans le raisonnement de la Cour constitutionnelle sud-africaine dans l'affaire *Soobramooney* lorsque cette dernière soutient que « l'engagement de faire face à ces problèmes (la réalisation des droits économiques et sociaux) et de transformer notre société en une entité respectueuse de la dignité humaine, de la liberté et de l'égalité se trouve précisément au cœur de notre nouvel ordre constitutionnel »[64]. La même Cour ajoute dans l'affaire *Grootboom* que « de la réalisation des droits économiques et sociaux

[60] Pierre Pactet et Ferdinand Mélin-Soucramanien, *Droit constitutionnel*, *Sirey*, 2022, 41e édition p.57.

[61] Lampert H., « État social et État providence » in *Lexique de l'économie sociale de marché, la politique économique de A à Z*, éd. Konrad Adenauer Stiftung, 2007. pp.236-237.

[62]Concept développé en premier par Karle Klare dans « Legal culture and transformative constitutionnalism », *South African Journal of Human Rights*, 1998, pp.146-188.

[63] Charles Fombad et Eric Kibet, "Transformative constitutionalism and the adjudication of constitutional rights in Africa", *African Human Rights Law Journal*, 2017, n. 17, p. 350.

[64] Affaire *Soobramoney*, traduction fournie par Albie Sachs, p. 124.

dépend également de la progression de l'égalité, des races et des genres ainsi que l'évolution d'une société dans laquelle les hommes et les femmes sont tous sur un pied d'égalité et capable de réaliser tout leur potentiel »[65]. De cette conception de la constitution, les droits économiques et sociaux apparaissent comme un instrument au service de cet idéal de société, ce qui rend leur justiciabilité un impératif fonctionnel.

La même idée se retrouve dans la jurisprudence constitutionnelle kényane. La constitution de 2010 a très tôt été définie par la Cour suprême comme « une charte transformative »[66] permettant au Kenya, « d'entrer dans la ligue des nations telles que l'Inde, l'Afrique du Sud, la Colombie et d'autres pays qui ont adopté le constitutionnalisme comme modèle de changement social et politique »[67]. Partant de cette prémisse conceptuelle, la Haute Cour fait de la justiciabilité des droits économiques et sociaux un leitmotiv. En effet, elle soutient clairement dans l'affaire *John Kabui Mwai* que « la protection des droits économiques et sociaux est une indication de la vocation transformative de la constitution. Il s'agit d'un engagement à transformer le Kenya d'une société fondée sur la privation socio-économique à une société fondée sur une distribution égale et équitable des ressources »[68]. Ainsi, poursuit la Cour, reconnaître la justiciabilité des droits économiques et sociaux « c'est donner corps à cet objectif constitutionnel de transformation sociale »[69].

Lorsque la Cour constitutionnelle sud-africaine ou la Cour suprême kényane fonde la justiciabilité des droits économiques et sociaux en invoquant l'idée de constitutionnalisme transformatif, le message véhiculé est clairement celui d'une rupture avec le postulat de l'homme isolé, à l'état de nature et hors des liens sociaux. Au contraire, l'accent est mis sur l'appartenance à la société. Le constitutionnalisme transformatif est ainsi le

[65] Affaire *Grootboom*, traduction fournie par Albie Sachs, p. 128.
[66] Cour Suprême du Kenya, 1er novembre 2013, *Speaker of the Senate & Another v AttorneyGeneral & Another & 3 Others*, 2013 para 51
[67]Cour Suprême du Kenya, 29 septembre 2014, *Communications Commission of Kenya & 5 Others v Royal Media Services Limited & 5 Others*, petition n. 14/2014, para 377.
[68] High Court of Kenya, 16 septembre 2011, *John Kabui Mwai, op. cit.*
[69] *Ibidem.*

fondement d'un redéploiement des fonctions sociales étatiques[70], faisant des droits économiques et sociaux un enjeu de la condition humaine[71].

Cette tendance jurisprudentielle met fin aux thèses anciennement admises quant à l'impossibilité d'une quelconque justiciabilité des droits économiques et sociaux. La justiciabilité apparaît, aujourd'hui, comme un acquis et le problème est donc ailleurs. Comme l'affirme le juge constitutionnel sud-africain, « la question n'est pas de savoir si les droits économiques et sociaux sont justiciables en vertu de la Constitution, mais comment les garantir dans un cas donné »[72], d'où la nécessité de développer des techniques permettant de sanctionner la violation des droits et de promouvoir leur réalisation.

## II. Une divergence dans les démarches jurisprudentielles

La reconnaissance d'une justiciabilité des droits économiques et sociaux ouvre automatiquement au juge le pouvoir d'en garantir le respect. En effet, elle entraîne une sorte de prolongation du temps juridictionnel, d'extension temporelle de l'office du juge. Ce dernier doit intervenir naturellement pour sanctionner les violations des droits économiques et sociaux, et éventuellement pour s'assurer de leur réalisation. À cet égard, il développe des techniques lui permettant de contrôler le respect de la part de l'État de ses obligations négatives (celles de ne pas violer les droits ou d'empêcher leur exercice), et de ses obligations positives (celles de les réaliser ou de favoriser leur exercice). Les démarches jurisprudentielles sont à ce niveau divergentes, aussi bien au stade de la sanction de la violation (A) qu'au stade de la réalisation des droits (B).

### A. Au stade de la sanction de la violation : des standards de contrôle divergents

Les droits économiques et sociaux ne requièrent pas uniquement l'accomplissement d'obligations positives. Ils exigent aussi de la part de l'État de s'abstenir de toute violation à leur égard. À cet effet, se développe un contentieux des obligations négatives de l'État. Les juges constitutionnels africains, dans cette perspective, ont recours à des

[70] Diane Roman, « l'universalité des droits sociaux à travers l'exemple de la protection sociale », *Cahiers de la recherche sur les droits fondamentaux*, n. 7, 2009, p. 123.
[71] Y. Saint-Jours, « Les droits sociaux, un enjeu de la condition humaine », *Droit ouvrier*, n° 678, 2005, p. 7.
[72] Cour constitutionnelle sud-africaine, *affaire Grootboom*, *op. cit.*, para 20, p. 18.

standards de contrôle divergents pour sanctionner le non-respect des obligations négatives. Alors que certains se suffisent d'un contrôle minimum, celui de l'erreur manifeste d'appréciation (1), d'autres développent un standard plus élevé de contrôle maximum, le test de proportionnalité (2).

### 1. Un contrôle réduit à l'erreur manifeste d'appréciation

Dans les pays francophones, l'essentiel du contentieux des droits économiques et sociaux est relatif aux obligations négatives de l'État. Il en est ainsi du Sénégal et du Bénin où le juge est souvent interpellé sur la violation de la part de l'État de ses obligations de ne pas enfreindre les droits économiques et sociaux. À ce propos, les juges sénégalais et béninois développent une technique de contrôle restreint héritée du droit administratif : le contrôle de l'erreur manifeste d'appréciation[73]. Définie comme une arme du juge pour censurer l'usage aberrant de la liberté d'appréciation de l'auteur de l'acte[74], une telle technique conforte en réalité le pouvoir d'appréciation discrétionnaire des autorités publiques, sauf si celui-ci s'avère manifestement erroné. Le recours à cette technique dans la sanction des violations des droits économiques et sociaux peut être illustrée à travers des exemples qui se rapportent au droit au travail, au droit de propriété et au droit au logement.

Le Conseil constitutionnel sénégalais a eu à se prononcer sur les obligations négatives de l'État en matière de droit au travail, notamment celle de ne pas porter atteinte à la liberté syndicale[75]. En l'espèce, le juge devait, par voie d'exception d'inconstitutionnalité, déterminer si l'interdiction faite au personnel des douanes d'exercer un droit syndical constitue une violation de la constitution. Le Conseil constitutionnel retiendra que «ni la liberté syndicale ni le droit de grève ne sont absolus » et qu'en disposant à l'article 25 de la Charte fondamentale que ceux-ci s'exercent dans le cadre prévu par la loi, « le constituant a entendu affirmer que le droit de grève ainsi que la liberté syndicale ont des limites résultant de la nécessaire conciliation entre la défense des intérêts professionnels et la préservation de l'intérêt

---

[73] D. Agasse, *L'erreur manifeste d'appréciation en droit administratif. Essai sur les limites du pouvoir discrétionnaire de l'administration, Bruylant*, Bruxelles, 1986 ; Demba Sy, *Droit administratif, L'Harmattan*, 3e édition, 2021, p. 532.

[74] Georges Vedel, « Excès de pouvoir législatif et excès de pouvoir administratif », *Cahiers du Conseil constitutionnel*, 1997, n. 2, p. 77.

[75] Conseil constitutionnel du Sénégal, 18 juillet 2013, *Papa Djiguam Diop*, décision n. 2-C-213, *op. cit.*

général »[76]. Sur ce fondement, le Conseil juge que l'interdiction de la liberté syndicale au personnel des douanes ne viole pas la constitution. Cette approche non absolutiste de la liberté syndicale défendue par le Conseil ne correspond pas selon le Comité de la liberté syndicale de l'OIT au droit international du travail[77]. L'analyse de cette affaire montre que la Cour a une vision restrictive de la liberté syndicale protégée à l'article 8 de la Constitution. Il se fonde sur la formulation de ce droit par le constituant qui renvoie au législateur pour définir ses conditions d'exercice. Le législateur ayant entendu limiter ce droit à certains corps de fonctionnaires, notamment le personnel des douanes, n'a donc pas commis une erreur d'appréciation au regard de la nature des fonctions exercées par ce personnel. L'approche est ici minimaliste, le juge constitutionnel ne cherche pas à aller plus loin pour évaluer la proportionnalité ou la nécessité d'une telle interdiction législative, notamment en mettant en balance la défense des intérêts professionnels et la préservation de l'intérêt général. Il se limite juste à rappeler le pouvoir discrétionnaire du législateur en la matière. Le juge béninois est aussi arrivé à la même conclusion, en utilisant la même démarche pour évaluer les obligations négatives de l'État à l'égard de la liberté syndicale et du droit de grève[78]. Le pouvoir discrétionnaire du législateur est donc préservé lorsque ce dernier limite ces composantes du droit au travail dans la fonction publique.

Ce même standard du contrôle minimum a aussi été utilisé pour apprécier l'éventuelle violation des obligations négatives en rapport avec le droit de propriété et le droit au logement. Le Conseil constitutionnel du Sénégal, saisi par voie d'exception d'inconstitutionnalité soulevée par des propriétaires d'immeuble sous la menace d'une ordonnance d'expulsion, a dû préciser les contours des obligations de l'État de ne pas porter atteinte au droit de propriété[79]. Les requérants soutenaient que les limitations législatives au régime de propriété étaient en violation du droit de propriété garanti par la Constitution. Le juge constitutionnel considèrera que « le

[76] Idem, considérant 9.

[77] Rapport n. 384, mars 2018, cas n. 3209 (Sénégal), para 521 "le comité observe qu'en l'espèce la décision no 2/C/2013 du 18 juillet 2013 du Conseil constitutionnel et la décision no 61 du 12 décembre 2013 de la Cour suprême semblent donner une portée plus large à la position du comité, indiquée ci-dessus, en ce qui concerne le droit syndical du personnel des douanes".

[78] Conseil constitutionnel du Bénin 30 septembre 2011, DCC 11-065.

[79] Décision DCC 96-21 du 03 juin 1996, Exception d'inconstitutionnalité de la loi 76-67 du 02 juillet 1976, in *Les décisions et avis du Conseil constitutionnel du Sénégal, op.cit.*, pp. 146-147.

législateur est souverain pour définir les contours et déterminer les limitations possibles à la propriété privée » et que c'est qu'en cas « d'une dénaturation manifeste du droit de propriété le vidant de son contenu (…) que le Conseil constitutionnel pourrait censurer le législateur »[80]. Le juge renforce ainsi le pouvoir discrétionnaire, voire « souverain » du législateur, limitant un droit économique et social. La seule hypothèse d'une censure juridictionnelle serait donc celle de l'erreur manifeste d'appréciation. Concernant le droit au logement[81], la protection des personnes victimes d'éviction forcée de la part des autorités publiques fait aussi l'objet d'un contrôle minimum de la part des juges sénégalais et béninois. En effet, l'obligation de ne pas porter atteinte au droit à un logement décent est souvent violée par des mesures d'éviction. À ce titre, la Cour suprême sénégalaise a recouru au standard du contrôle de l'erreur manifeste dans l'affaire *Alioune Badara Ndiaye et autres*[82]. Selon la Cour, « ne viole aucun droit la décision du gouverneur qui a sommé les requérants de quitter les lieux dans un délai déterminé en vue de la démolition des constructions que ceux-ci ont érigées sur la servitude aéroportuaire *sans droit ni titre »*[83]. Autrement dit, l'occupant sans droit ni titre ne saurait se prévaloir d'un quelconque droit en cas de déguerpissement. Et de manière générale, le juge n'exige de l'État que le respect d'une obligation procédurale en matière d'exécution de mesures de destruction et déguerpissement : l'autorisation judiciaire[84]. Cette vision minimaliste et formaliste se retrouve également devant le juge constitutionnel béninois qui va même plus loin en refusant de contrôler les mesures d'éviction qui ne sont pas faites dans le cadre d'une procédure d'expropriation pour utilité publique[85]. Cette position est du reste

---

[80] *Idem*, considérant 7.

[81] Voir Abdoulaye Traoré, *Le droit au logement dans les ordres juridiques des États d'Afrique de l'Ouest au regard des normes internationales de protection des droits de l'homme*, Thèse Université Paris 1 Panthéon Sorbonne, soutenue le 17 mars 2022, disponible sur https://theses.hal.science/tel-03895253/document, consulté le 22 décembre 2022.

[82] Cour Suprême du Sénégal, 23 février 2017, *Alioune Badara Ndiaye et 4 autres c/ État du Sénégal,* arrêt n. 14, *Bulletin des arrêts* n. 13-14, 2017, p.

[83] L'italique est de nous.

[84] Voir Cour Suprême du Sénégal, du 23 mai 2019, *Aliou Cissé c/ État du Sénégal*, arrêt N°17, Bulletin des arrêts de la Cour Suprême, 2019, p. 149-150 ; voir aussi, Cour suprême du Sénégal, 12 janvier 2017, *Cheikh Mbacké Thiam et Mar Diop c/ État du Sénégal,* arrêt n. 2, Bulletin des arrêts n ° 13-14, p. 205.

[85] Cour constitutionnelle du Benin, 19 mai 2022, Collectif *des acquéreurs de maison et habitants d'Adjagbo*, DCC22-191.

critiquable au regard des standards de contrôle développés en droit international[86] et en droit constitutionnel comparé[87].

L'analyse du contentieux des obligations négatives en rapport avec les droits économiques et sociaux dans les pays francophones a donc montré que le standard utilisé est celui du contrôle minimum, aménageant une liberté d'action plus large des autorités étatiques. Le standard de contrôle est, par contre, plus élevé, si on s'intéresse à ce même contentieux en Afrique du Sud et au Kenya.

### 2. Un contrôle élargi au test de proportionnalité

Les juridictions anglophones étudiées appliquent un standard plus élevé dans le contrôle des obligations négatives, celles de ne pas empêcher la jouissance des droits économiques et sociaux. Elles ont en effet recours au contrôle de proportionnalité, permettant d'apprécier l'opportunité des limitations à la jouissance des droits économiques et sociaux. Un tel standard a été utilisé, par exemple, dans le contrôle des obligations négatives relatives au droit au logement et au droit à la santé.

Concernant le droit au logement, l'affaire *Jaftha*[88] devant la Cour constitutionnelle sud-africaine fournit une illustration pertinente. Dans cette affaire, était en cause une loi qui permettait l'expulsion de personnes disposant de logements subventionnés par l'État, en exécution d'une décision judiciaire de condamnation pour dette. Une telle disposition est de nature à violer le droit au logement dans sa dimension négative. Ce texte

[86] Par exemple, selon le Comité européen des droits sociaux « les États Parties doivent s'assurer que les procédures d'expulsion soient d'une part justifiées, d'autre part exécutées dans des conditions respectant la dignité des personnes concernées, enfin assorties de solutions de relogement »; CEDS, 5 décembre 20007, *Feantsa c. France*, réclamation n° 39/2006, para 163. Voir aussi Commission africaine des Droits de l'Homme et des Peuples, Social Economic Rights Centre and Centre for Economic and Social Rights v. Nigeria, Communication No. 155/96 (2001), (2000) AHRLR 191 (1998).

[87] Voir *Port Elizabeth Municipality v. Various Occupiers* 2005 (1) SA 217 (CC); *President of the Republic of South Africa v. Modderklip Boerdery (Pty) Ltd*, 2005 (5) SA 3; *Occupiers of 51 Olivia Road, Berea Township and 197 Main Street, Johannesburg v. City of Johannesburg,* 2008 (3) SA 208 (CC). Dans ces affaires, la cour retient que l'absence de propriété sur la terre ne donne pas droit au gouvernement de déguerpir ceux qui s'y trouvent sans aucune option de réinstallation.

[88] Cour Constitutionnelle sud-africaine, 8 octobre 2004, *Jaftha v Schoeman and Others, Van Rooyen v Stoltz and Others* (CCT74/03) [2004] ZACC 25; 2005 (2) SA 140 (CC); 2005 (1) BCLR 78 (CC).

aboutissait en effet à priver d'effet un droit existant et non putatif. La Cour estima ici être en face des clauses de limitation des droits fondamentaux et donc n'entre pas en jeu une évaluation des ressources disponibles qui se fait selon une autre modalité de contrôle[89]. Et en face des clauses de limitation, le juge doit vérifier si elles sont proportionnelles par rapport à l'objectif direct et concret poursuivi. A cet égard, la Cour considère, qu'en l'espèce, la mesure législative est disproportionnée et ne protège pas suffisamment le droit au logement. De même au Kenya, dans l'affaire *Satrose*[90], la Cour Suprême a utilisé la technique de proportionnalité pour apprécier des mesures étatiques d'éviction et de démolition de bâtiments portant atteinte au droit au logement. Selon la Cour, et contrairement à la position de la Cour Suprême du Sénégal analysée précédemment, il ne suffit pas qu'il y ait une autorisation judiciaire pour que les mesures d'éviction bénéficient d'un « nil obstat ». Il faut en plus qu'un examen approprié soit fait par les tribunaux pour savoir si l'expulsion ou la démolition est juste et équitable à la lumière de toutes les circonstances pertinentes. Parmi les facteurs que le juge doit prendre en considération avant d'autoriser des expulsions ou des démolitions forcées figure l'impact sur les groupes vulnérables et défavorisés par rapport aux objectifs poursuivis par la mesure[91]. En l'espèce, l'objectif étant la construction d'un centre commercial par des promoteurs privés, la Cour a jugé que les mesures d'éviction violent le droit au logement.

Concernant le droit à la santé, la Haute Cour du Kenya a dans l'affaire *PAO and Others v. Attorney General and Another*[92] utilisé la technique de proportionnalité pour apprécier la violation des obligations négatives de l'État. Dans cette affaire, les requérants ont fait valoir que les dispositions de la loi anti-contrefaçon, qui définissent le terme « contrefaçon » d'une manière qui englobe les médicaments génériques, étaient contraire à la Constitution, car elles avaient pour effet de limiter fortement l'accès à des médicaments abordables et essentiels pour les personnes vivant avec le VIH. La Cour commence par rappeler que le droit à la santé ne comporte pas que l'obligation positive de s'assurer que tous les citoyens aient accès aux soins et médicaments. Il englobe aussi l'obligation négative de ne rien

[89] Voir notre analyse *supra*.

[90] Cour Suprême du Kenya, 17 février 2011, *Satrose Ayuma and Others v. Registered Trustees of the Kenya Railways Staff Retirement Benefit Scheme and Others, op. cit.*

[91] *Idem*, para 85.

[92] Haute Cour du Kenya, 20 avril 2012, *PAO and Others v. Attorney General and Another*, petition n 409/2009.

faire qui puisse affecter de quelque manière que ce soit l'accès aux soins et aux médicaments. Ainsi, toute législation qui rendrait le coût des médicaments essentiels inabordables pour les citoyens serait donc en violation des obligations de l'État en vertu de la Constitution[93]. Ainsi, la définition du terme « contrefaçon » par le législateur est allée au-delà de ce qui est nécessaire et a pour effet de priver des personnes vivant avec le VIH d'avoir accès à des médicaments essentiels à des coûts abordables. C'est la même démarche qui a conduit la Cour constitutionnelle sud-africaine, dans l'affaire *Treatment Action Campaign*[94] à juger disproportionnée la limitation de l'accès à la névirapine pour les femmes enceintes afin de prévenir la transmission du VIH/sida de la mère à l'enfant.

Alors que le recours au standard de l'erreur manifeste d'appréciation de la part des juges sénégalais et béninois permet de préserver une marge d'appréciation importante du législateur ou à tout le moins de l'administration, le recours au contrôle de proportionnalité par les juges sud-africains et kenyans produit un effet inverse. Le recours à la proportionnalité implique, en fait, une sorte de prépondérance d'une culture de la justification et corrélativement de l'atrophie du pouvoir discrétionnaire confronté aux modes de raisonnement de mise en balance des intérêts en présence. Cette divergence des méthodes traduit, à coup sûr, une conception différenciée de la fonction du juge, encore beaucoup plus perceptible dans l'analyse de la réalisation des droits économiques et sociaux.

### B. Au stade de la réalisation des droits : une conception divergente de l'office du juge

Lorsqu'il pèse sur l'État une obligation d'agir afin de permettre la réalisation d'un droit économique et social, la posture du juge dans ce domaine est diversement appréciée. Il se dégage une conception différenciée de la séparation des pouvoirs, et du coup, de l'office du juge. Alors que les juridictions francophones étudiées se contentent d'une vision rigide et formaliste de la séparation des pouvoirs, traduisant par une conception limitée de leur office (1), les juges anglophones développement une approche dynamique et progressiste de la séparation des pouvoirs débouchant sur une extension de leur office (2).

---

[93] *Ibidem.*

[94] Cour constitutionnelle sud-africaine, 5 juillet 2002, *Minister of Health and Others vs Treatment Action Campaign and Others, op.cit.*

### 1. Une conception limitée de l'office du juge francophone

L'argument est connu et ancien. Il est tout d'abord politique. Le juge n'a pas la légitimité pour trancher les questions d'ordre économique et social. Autrement, il épouserait la posture du « super législateur » et contreviendrait ainsi à la distinction entre le domaine du Politique et celui du Droit[95]. Seule l'élection confère la légitimité pour décider de l'affectation des finances publiques. L'argument est ensuite technique. Le juge ne peut se faire expert de l'économique et du social. Le raisonnement judiciaire serait incapable, par nature, de saisir des problèmes polycentriques, ces situations dans lesquelles les implications des décisions de justice ont des répercussions non seulement sur les parties, mais au-delà[96]. Dans les pays francophones étudiés, les juges ne refusent pas tout contrôle des obligations positives de l'État. Ils ne se déclarent pas *in abstracto* incompétents, la justiciabilité des droits économiques et sociaux étant déjà acquise. Toutefois, il convient de noter que cet argument politique et technique traduisant une vision formaliste de la séparation des pouvoirs pousse le juge à une certaine retenue dans l'appréciation de la satisfaction des obligations positives de l'État. Cette retenue est perceptible à chaque fois que l'État invoque l'argument de la disponibilité des ressources ou celui de la progressivité de la réalisation des droits économiques et sociaux.

Tout d'abord, l'argument de disponibilité des ressources, encore appelé « réserve du possible », est souvent mobilisé par certains juges constitutionnels pour juguler la protection effective des droits économiques et sociaux, malgré la reconnaissance *in abstracto* de leur justiciabilité. Il en est ainsi, par exemple, de la Cour constitutionnelle du Bénin selon qui « tant qu'il n'est pas établi que l'État dispose des ressources actuelles, nécessaires et proportionnelles pour rendre effective la jouissance des droits économiques, sociaux et culturels garantis par la Constitution, il n'y a pas violation de la Constitution »[97]. Autrement dit, la réalisation des obligations positives n'est une exigence constitutionnelle que dans l'hypothèse où il est apporté la preuve de la disponibilité des ressources. C'est en application de cette règle que la Cour a rejeté récemment la requête de M. Prosper Allagbe qui contestait le défaut de service de secrétariat dans les écoles primaires publiques pour les activités d'évaluation, ce qui crée, selon lui, une surcharge de travail pour les enseignants. Selon la Cour, la preuve de la

---

[95] Diane Roman, *La cause des droits*, *op. cit.*, p. 46.

[96] Diane Roman, « La justiciabilité des droits sociaux ou les enjeux de l'édification d'un État de droit social », *op. cit.*

[97] Cour constitutionnelle du Bénin, 21 décembre 2021, Décision DCC 21-343.

disponibilité des ressources n'étant pas apportée en l'espèce, il n'y a pas violation de la Constitution (droit à des conditions de travail satisfaisantes)[98]. Une telle conclusion hâtive a de quoi surprendre. On peut, en effet, légitimement se demander sur qui pèse la charge de cette preuve. Apparemment, c'est au requérant, tâche qui s'avère complexe car exigeant une analyse globale des politiques et ressources publiques. Ce qui serait plus logique, c'est que ce soit l'État qui apporte cette preuve et que le juge constitutionnel en contrôle le caractère raisonnable ou pertinent[99]. Mais, ce n'est manifestement pas la voie empruntée par la Cour constitutionnelle qui a réitérée la même démarche dans *l'affaire sur le défaut d'infirmerie dans les écoles primaires*[100].

Au Sénégal, le juge des référés de la Cour suprême a été saisi d'une requête en indication de mesures utiles par laquelle, une association de la société civile lui demandait d'enjoindre l'État de procéder à une opération de dépistage massif des populations en vue de contenir la propagation de la COVID-19 sur le fondement du droit constitutionnel à la santé. La demande formulée n'a pas été favorablement accueillie, le juge ayant estimé, entre autres, que d'un point de vue scientifique l'utilité de la mesure sollicitée n'était pas établie et que l'administration ne disposait pas forcément des moyens financiers, humains et matériels nécessaires pour entreprendre une telle campagne[101]. Là encore, le juge se limite à constater que la mise en œuvre du droit à la santé dans ce contexte nécessite des moyens que l'Administration n'a pas forcément à sa disposition.

Au final, le réalisme budgétaire semble être un horizon indépassable pour les juges en Afrique francophone. Mais, le fond de la question n'est pas de discuter de la pertinence de la prise en compte des ressources disponibles. C'est au contraire une donnée importante traduisant un certain réalisme dans l'analyse des droits économiques et sociaux. Par contre, ce que l'on constate, c'est que cet argument semble être l'une des difficultés névralgiques. Il suffit qu'il soit invoqué pour que le juge fasse preuve d'un

---

98 Cour constitutionnelle du Bénin, 28 juillet 2022, Décision DCC 22-264.

99 Le constituant kenyan a réglé cette question à l'article 20 (5) de la Constitution de 2010 en indiquant clairement que « c'est de la responsabilité de l'État de démontrer que les ressources ne sont pas disponibles » (la traduction est de nous).

100 Cour constitutionnelle du Bénin, 28 juillet 2022, Décision DCC 22-265.

101 Cour Suprême du Sénégal, 4 juin 2020, *Guy Marius Sagna et Mouvement FRAP c. État du Sénégal.* Voir aussi Idrissa Sow, "Lettre de la Justice administrative du Conseil d'État", n. 63, Printemps 2021, disponible sur https://www.conseil-etat.fr/actualites/lettre-de-la-justice-administrative/lettre-de-la-justice-administrative/lettre-de-la-justice-administrative-n-63 (consulté le 20 octobre 2022).

*self restrain*. Or, la disponibilité des ressources doit pouvoir être appréciée à l'aune des exigences de la protection des droits fondamentaux, en développant des techniques de contrôle adaptées, sans pour autant faire du juge un arbitre des choix budgétaires.

Ensuite, l'argument de progressivité est souvent revenu dans la jurisprudence de certaines juridictions constitutionnelles africaines comme une justification de la retenue du juge d'exiger de l'État la réalisation de certaines obligations positives. La Cour constitutionnelle béninoise offre une illustration parfaite de cette tendance lorsqu'elle déclare que « pour rendre effective la jouissance des droits économiques et sociaux garantis, les contraintes budgétaires peuvent amener l'État à étendre progressivement cette jouissance dans le temps et à des groupes désavantagés »[102]. Fidèle à cette ligne jurisprudentielle, dans l'affaire *Fidelia A. Apovo*, alors qu'elle est saisie sur le fondement d'une violation du droit à l'eau, la Cour note que « l'État ne peut couvrir l'intégralité d'un tel droit que dans la progressivité d'une politique donnée comprenant une contrepartie à supporter par tout bénéficiaire »[103]. Elle réitère la même position en matière de droit à l'éducation en jugeant qu'« il revient au Chef de l'État dans le cadre de la détermination et de la conduite de la politique de la nation de veiller à la mise en œuvre progressive de la gratuité de l'enseignement public »[104]. La Cour déduit de cet argument de progressivité que la réalisation des droits économiques et sociaux s'analyse comme une obligation de moyen et non de résultat[105].

Toutefois, l'argument de progressivité n'est pas toujours forcément en défaveur de la protection effective des droits économiques et sociaux. Il peut être un indicateur pertinent à prendre en compte dans l'évaluation du respect de tels droits. D'ailleurs on le retrouve dans le PIDESC ainsi que dans la jurisprudence du Comité des droits économiques sociaux et culturels des Nations unies, et de certaines cours constitutionnelles. Donc la question est moins l'invocation de cet argument que l'interprétation ou l'intensité du contrôle qu'en fait le juge. Et à ce niveau, les exemples relatés dans la jurisprudence constitutionnelle béninoise montrent que le juge se limite à invoquer la progressivité pour rejeter la demande des plaignants, sans trop pousser l'analyse. Par exemple, la Cour constitutionnelle du Bénin cherche tout simplement la volonté affichée du gouvernement pour garantir

---

[102] Cour constitutionnelle du Bénin, 21 juin 2011, décision DCC 11-042.

[103] Cour constitutionnelle du Bénin, décision DCC 12-124 du 7 juin 2012, *op. cit.*

[104] Cour constitutionnelle du Bénin, 24 janvier 2012, décision DCC 12-010.

[105] *Ibidem.*

progressivement les droits. Il suffit donc que l'État fasse mine d'essayer pour prouver sa bonne foi. Cette attitude témoigne une certaine retenue dans le contrôle des obligations positives en matière de droits économiques et sociaux.

En adoptant une telle approche, le message véhiculé par les juges francophones étudiés est qu'en appréciant l'opportunité des politiques publiques, en décidant des choix budgétaires ou de l'allocation de ressources, ils iraient en définitive, contre la démocratie et ses représentants. Donc leur retenue serait justifiée par la limitation de la fonction juridictionnelle. Cependant, les juges constitutionnels sud-africains et kenyans ont une autre conception de leur office.

### 2. Une conception étendue de l'office du juge anglophone

Les juges constitutionnels sud-africains et kenyans, contrairement à leur homologues sénégalais et béninois, ont souscrit à une vision progressiste, voire dynamique de la séparation des pouvoirs justifiant une extension de leur office à la fois dans le contrôle des obligations positives de l'État, mais aussi dans le suivi-exécution des décisions qu'ils rendent en matière de droits économiques et sociaux.

Concernant le contrôle des obligations positives de l'État, la Cour constitutionnelle sud-africaine a développé une technique de contrôle que beaucoup considèrent comme novatrice[106]. En effet, dans la célèbre affaire *Grootboom*, la Cour a considéré que, dans le contentieux des droits économiques et sociaux, la clé pour trouver un équilibre entre l'exercice de sa mission de protection des droits fondamentaux et l'obligation de ne pas empiéter sur le domaine de compétence des autres pouvoirs publics est le « test de raisonnabilité ». Ce standard, étant une modalité du contrôle de proportionnalité[107], permet au juge d'apprécier le caractère raisonnable des politiques publiques de réalisation positive des droits économiques et sociaux. La Cour précise, en effet, que « le tribunal qui examine le caractère raisonnable ne cherchera pas à savoir si d'autres mesures plus souhaitables ou plus favorables auraient pu être adoptées, ou si les deniers publics auraient pu être mieux utilisés »[108]. Il ne s'agit donc pas d'un pouvoir de

[106] Cass R. SUNSTEIN, « Social and Economic Rights? Lessons from South Africa », (2000-2001) 11 Forum constitutionnel 123.
[107] Xavier Phillipe, « Afrique du Sud » *in Annuaire international de justice constitutionnelle*, 25-2009, 2010. *Le juge constitutionnel et la proportionnalité - Juge constitutionnel et droit pénal*. pp. 87-114.
[108] *Ibid*, para 41.

substitution. La question qu'il convient de poser est plutôt de savoir « si les mesures qui ont été adoptées sont raisonnables ». Il incombe donc à l'État de démontrer que ses mesures sont raisonnables.

Ainsi, contrairement au juge constitutionnel béninois, la Cour constitutionnelle sud-africaine applique le test de raisonnabilité lorsque l'État invoque l'argument d'indisponibilité des ressources. Par exemple, dans l'affaire *Blue Moonlight*[109], la municipalité de Johannesburg affirmait ne pas avoir les ressources nécessaires disponibles pour reloger les personnes expulsées par le propriétaire privé des terres où elles étaient établies depuis longtemps. La Cour a jugé cet argument non raisonnable car la municipalité a mesuré ses obligations positives seulement au regard de la part du budget déjà allouée à la politique de logement et non pas au regard du budget de la municipalité dans sa globalité. En plus, ajoute la Cour, « il ne suffit pas que la ville déclare qu'elle n'a pas prévu de budget pour la réalisation d'un droit constitutionnel. Elle aurait dû le planifier dans le cadre de ses obligations positives »[110]. Et une telle attitude devient déraisonnable si l'autorité publique ne parvient pas à justifier un tel manquement. Lorsque l'État invoque l'argument de la progressivité, la Cour de Johannesburg considère un tel argument déraisonnable si l'État ne prouve pas avoir posé des actes concrets dans le sens de la réalisation du droit, et qu'il révise continuellement son programme pour s'adapter à l'évolution des besoins socio-économiques[111]. La Cour Suprême du Kenya dans l'affaire *Mitu Bell*[112] a également utilisé ce standard pour apprécier la notion de réalisation progressive des droits économiques et sociaux. Selon la Cour, « l'argument selon lequel les droits socio-économiques ne peuvent être revendiqués à ce stade, deux ans après la promulgation de la Constitution, ignore le fait qu'aucune disposition de la Constitution n'est destinée à attendre que l'État se sente prêt à remplir ses obligations constitutionnelles »[113]. À partir de ce postulat, la Cour a recours à la théorie des apparences pour apprécier le caractère raisonnable de la réalisation progressive des droits. L'État doit non seulement prendre des mesures mais doit aussi être perçu comme prenant

[109] Cour constitutionnelle sud-africaine, 1er décembre 2011, *City of Johannesburg Metropolitan Municipality v. Blue Moonlight Properties 39 Ltd. and Another*, 2012 (2) SA 104 (CC).
[110] *Idem,* para 74.
[111] Cour constitutionnelle sud-africaine, 8 octobre 2009, *Lindiwe Mazibuko & Others v City of Johannesburg & Others*, 2009 (3) SA 592 (SCA) (à propos du droit à l'eau).
[112] Cour Suprême du Kenya, 11 janvier 2021, *Mitu-Bell Welfare Society v. Kenya Airports Authority,* Petition No. 164 of 2011, [2012] eKLR.
[113] *Ibidem.*

des mesures de bonne foi. Il a en outre l'obligation de prouver à la Cour la rationalité et la cohérence des politiques publiques mises en place dans le sens de la réalisation progressive des droits économiques et sociaux.

Concernant le suivi-exécution des décisions de justice dans le domaine des droits économiques et sociaux, les juridictions sud-africaines et kenyanes ont une conception étendue de leur office. La Cour suprême du Kenya a, par exemple, dans l'affaire *Mitu Bell* admis la possibilité pour le juge de recourir à la technique des injonctions structurelles ou d'émettre des ordonnances de surveillance dans la réalisation des droits économiques et sociaux. En vertu de la technique de l'injonction structurelle, un juge peut ordonner à un organe de l'État de s'acquitter de ses obligations constitutionnelles et de rendre compte de ses progrès en la matière. Le juge peut également fixer un délai dans lequel l'ordre doit être respecté. Pour cette raison, les injonctions structurelles ont été considérées comme une approche importante dans la mise en œuvre judiciaire des droits socio-économiques, en particulier dans les cas impliquant « des personnes vulnérables qui peuvent ne pas avoir les ressources nécessaires pour intenter un autre procès en cas de non-conformité du défendeur »[114].

En Afrique du Sud également, la Cour constitutionnelle peut agir et intervenir pour faire cesser, ordonner, prendre des mesures conservatoires et « prendre des mesures justes et équitables dans les circonstances de l'espèce qui lui sont soumises ». Il est vrai que tout ceci peut paraître surréaliste à un esprit purement normativiste[115], mais cette attitude injonctive est un élément essentiel d'appréciation de la réalisation de droits impliquant des obligations positives. C'est ainsi que dans l'affaire *Occupiers of 51 Olivia Road*[116], la Cour constitutionnelle obligeait la municipalité à engager des négociations visant à trouver une solution de relogement avant que ne soit opérée l'opération d'éviction. En conséquence, la Cour ordonna, au regard de la situation rencontrée des mesures provisoires de consolidation de l'immeuble pour que les occupants puissent rester dans les lieux jusqu'à ce qu'une solution de relogement soit

---

[114] Victoria Miyandazi, "Setting the record straight in socio economic rights adjudication: the Mitu-Bell Welfare Society Supreme Court of Kenya judgement", *Karabak Journal of Law and Ethics*, 2022, vol. 6, p. 36.

[115] Xavier Phillipe, « Afrique du Sud », *In Annuaire international de justice constitutionnelle*, 31-2015, 2016. *Constitution et droits sociaux - Constitution et sécurité extérieure,* pp. 107-138.

[116] Cour constitutionnelle sud-africaine, 19 février 2008, *Occupiers of 51 Olivia Road, Berea Township and 197 Main Street Johannesburg v City of Johannesburg and Others*, (CCT24/07) [2008] ZACC 1; 2008 (3) SA 208 (CC); 2008 (5) BCLR 475 (CC).

trouvée. Plus récemment, avec la crise de COVID-19 entrainant une fermeture des classes, le programme *National School Nutrition Program*[117] a été suspendu privant des milliers d'élèves du repas quotidien qu'ils recevaient à l'école. La Haute Cour y verra une violation du droit à l'alimentation, et plus important, elle a ordonné que le programme de repas scolaires soit pleinement mis en œuvre sans délai. Elle a également rendu une ordonnance détaillée exigeant des rapports réguliers, afin de s'assurer que le programme soit effectivement mis en œuvre conformément à l'ordonnance de la Cour[118]. Enfin, dans l'affaire *Centre for Child law and others c/ Ministère de l'éducation*[119], la Haute Cour a considéré que l'exigence d'un certificat de naissance pour jouir du droit à l'éducation est une violation de la Constitution. La Cour ne s'arrête pas là et ordonne à l'Administration d'accepter d'autres preuves d'identification alternatives comme une déclaration sous serment d'un parent ou d'un tuteur[120]. Tous ces exemples montrent que pour rendre effectif les droits économiques et sociaux, le juge va au-delà de la simple constatation de violation des droits pour ordonner des mesures d'exécution allant dans le sens de la réalisation progressive ou immédiate de certains droits économiques et sociaux.

## Conclusion

L'analyse de la jurisprudence constitutionnelle en Afrique montre ainsi une convergence dans la reconnaissance de la justiciabilité des droits économiques et sociaux et une divergence dans les techniques mobilisées pour garantir le respect de ces droits. À travers des théories déjà construites par une certaine jurisprudence régionale (théorie de l'indivisibilité des droits de l'homme généreusement développée par la Commission africaine des droits de l'homme et des peuples et réitérée par la Cour africaine), ou par la doctrine (la théorie du constitutionnalisme transformatif), les juges sont parvenus à fonder un discours confortant la justiciabilité des droits économiques et sociaux dans le constitutionnalisme africain. Le recours à des techniques de contrôle divers et variés (contrôle de l'erreur manifeste, test de proportionnalité, test de raisonnabilité) et des outils conceptuels

---

[117] Il s'agit d'un programme de distribution de repas aux élèves dans le besoin.

[118] Haute Cour Sud-africaine, Gauteng (Pretoria), 17 juillet 2020, *Equal Education and Others v. Minister of Basic Education and Others*, 22588/2020.

[119] High Court of South Africa (Eastern Cape division), 12 décembre 2019, *Centre for Child law and others c/ Ministère de l'éducation,* case n. 2840/2017.

[120] *Idem*, para 135.

intelligibles (réserve du possible, réalisation progressive, injonction structurelle), une méthodologie de garantie des droits économiques et sociaux est savamment construite, et dont l'ampleur est diversement appréciable selon que l'on est devant les juges francophones ou anglophones. L'analyse croisée des différentes démarches jurisprudentielles serait ainsi un premier pas dans la compréhension mutuelle pouvant renforcer l'idée d'influences réciproques entre juges constitutionnels en Afrique appartenant à des traditions juridiques différentes.

Rien n'arrête une idée dont l'heure est venue, aurait écrit Victor Hugo. Ce mouvement en faveur de la reconnaissance des droits économiques et sociaux dans le constitutionnalisme africain et les efforts entrepris en faveur de sa réalisation serait donc une nouvelle étape dans une tendance de fond du droit constitutionnel africain. Cette nouvelle étape serait le dépassement de la dimension politico institutionnelle, pour épouser les contours d'un *jus gentium*, le droit d'une « société d'humains » au sens où l'entend Vitoria. Ce dépassement est déjà largement décrit par la doctrine avec le développement du contentieux des libertés classiques. Ce dépassement s'enrichit avec la prise en compte du besoin dans le champ normatif à travers la constitutionnalisation et la justiciabilité des droits économiques et sociaux. La Constitution a ainsi cette vocation à formuler les questions économiques et sociales dans le langage du droit, et plus particulièrement des droits fondamentaux. Elle donne ainsi à la citoyenneté sa triple dimension, comme le préconisait T. H. Marshall : « la citoyenneté civique, correspondant aux libertés fondamentales telles que la liberté d'expression et l'égalité devant la justice, la citoyenneté politique, naissant du suffrage universel, et la citoyenneté sociale résultant de l'instauration d'un système de protection sociale et de la reconnaissance de droits économiques et sociaux »[121].

[121] T. H. Marshall, "*Citizenship and social class and other essays*", Cambridge, *Cambridge University Press*, 1950, p. 1-85.

# L'articulation entre ordre public électoral et libertés fondamentales : la question de l'accès a l'internet

***Valentin LESFAURIES***

*Docteur en droit public, élève-avocat,*
*Université de Bordeaux, Centre d'études et de recherches comparatives sur les constitutions, les libertés et l'État (CERCCLE) EA 7436*

Résumé :

Les processus électoraux en Afrique sont de plus en plus marqués par des atteintes aux droits fondamentaux des électeurs, notamment par des coupures d'accès à l'internet. Ces interruptions, devenues courantes dans la région, sont internationalement reconnues comme des violations des droits de l'homme. En 2022, cinq pays africains ont subi des coupures de l'internet, principalement en Afrique de l'Ouest, et le Burkina Faso a enregistré le plus grand nombre de perturbations. Les gouvernements justifient souvent ces coupures au nom de la préservation de l'ordre public, mais cela soulève des questions sur l'équilibre entre l'ordre public et les libertés fondamentales dans les contextes autoritaires.

Les nouvelles technologies de communication, pourtant cruciales pour les droits de l'homme, sont rarement abordées dans les cadres constitutionnels, même si elles sont largement utilisées dans les mobilisations sociales et les contestations populaires. Les autorités publiques ont de plus en plus recours aux « *kill switches* », qui permettent une coupure généralisée de l'accès à l'internet, lors de conflits sociaux ou électoraux, allant à l'encontre des résolutions des Nations unies. Cette situation oppose la vision du pouvoir étatique, qui restreint l'accès à l'internet pour maintenir l'ordre public, à celle des mouvements citoyens et des défenseurs des droits humains, qui prônent un accès égalitaire à l'internet. Un modèle contractualiste, conciliant ordre public et exigences démocratiques, peine à s'imposer en Afrique et dans d'autres régions autoritaires. Malgré la reconnaissance émergente d'un droit fondamental d'accès à l'internet en Afrique, garantir l'expression citoyenne en ligne reste incertain.

Les processus électoraux en Afrique sont marqués depuis ces dernières années par une multiplication d'atteintes aux droits fondamentaux des électeurs. Les innovations technologiques ne font pas obstacle à ces manœuvres entachant le caractère paisible du scrutin.

En effet, une des dernières trouvailles des pouvoirs en place est la coupure intempestive de l'accès à l'internet, avant, pendant, ou après le déroulement des opérations électorales.

Elle illustre une banalisation, à l'échelle internationale, des blocages et coupures de l'accès à l'internet à des fins de contrôle du débat public. Par ailleurs, elle perpétue un phénomène endémique, considéré par plusieurs organes onusiens et juridictions internationales comme une violation du droit international des droits de l'homme.

Ainsi, pour la seule année 2022, cinq pays africains ont eu leur accès à l'internet coupé par le gouvernement. Trois de ces cinq pays se trouvent en Afrique de l'Ouest. Le Burkina Faso et la Sierra Leone ont connu cinq nouvelles perturbations cumulées. Le Burkina Faso a par ailleurs enregistré le plus grand nombre de perturbations, soit trois, dont deux coupures nationales de l'internet, ainsi qu'une restriction d'accès aux réseaux sociaux.

Plus récemment encore, en 2023, ainsi qu'en 2024 les gouvernements sénégalais et gabonais ont également coupé l'accès des citoyens à internet ou aux réseaux sociaux, dans des contextes de crise post-électorale, afin de brider les mobilisations populaires.

Ces coupures sont souvent justifiées pour des raisons de préservation de l'ordre public. Ainsi, le développement des nouvelles technologies remet au goût du jour la question de la mise en balance de la préservation de l'ordre public et des libertés fondamentales, dans un contexte autoritaire.

Cependant, les nouvelles techniques de communication, véritable support de ces droits de la première génération pour le grand public, sont rarement abordées par le constituant[1], alors même que celles-ci sont utilisées fréquemment dans les mobilisations sociales et dans les contestations populaires[2]. Ces dernières années, plusieurs observateurs relèvent une nette tendance au recours par les autorités publiques aux « *kill switches* », permettant une coupure généralisée de l'internet, privant les citoyens de leur accès aux réseaux sociaux, notamment dans les périodes de conflits

---

[1] Sur la place d'internet, voir A. CHÉNEAU-LOQUAY, « Formes et dynamiques des accès publics à internet en Afrique de l'Ouest : vers une mondialisation paradoxale », in Mondialisation et technologies de la communication en Afrique, Karthala, MSHA, 2004, p. 171-208.

[2] M. MANRIQUE, « Réseaux sociaux et médias d'information », Confluences Méditerranée, 79, 2011, p. 81-92.

sociaux ou électoraux[3], au mépris de la résolution adoptée en 2016 par les Nations Unies[4]. C'est le cas notamment des élections législatives de 2019 au Bénin, et dernièrement au Burkina Faso lors du coup d'État de 2022, au Gabon lors de l'élection de 2023, ou encore au Sénégal[5], toujours en 2023.

Se confrontent alors deux visions : celle du pouvoir étatique, d'une part, fondant son intervention sur l'accès à internet pour un motif d'ordre public, afin de limiter l'intervention de la société civile et des citoyens sur la scène publique, tant matérielle qu'immatérielle. D'autre part, la vision des mouvements activistes, citoyens et des défenseurs des droits humains, prône un modèle égalitariste dans l'accès à l'internet.

Une troisième est pourtant envisageable dans l'organisation du droit à l'information dans l'espace public numérique en période électorale en Afrique. Ce modèle contractualiste, mariant ordre public et exigences

---

[3] Il s'agit d'un phénomène prenant de l'ampleur assez récemment. La littérature est donc relativement éparse. *Dictateurs et restrictions : cinq dimensions des coupures d'Internet en Afrique*, Kampala, Ouganda, CIPESA (Collaboration on International ICT Policy for East and Southern Africa), 2019, p. 13, disponible sur https://cipesa.org/2019/03/dictateurs-et-restrictions-cinq-dimensions-des-coupures-dinternet-en-afrique/[Consulté le 20 janvier 2020] ; E. MARCHANT et N. STREAMLAU, « Africa's Internet Shutdowns : A report on the Johannesburg Workshop », University of Oxford, 2019, disponible sur https://pcmlp.socleg.ox.ac.uk/wp-content/uploads/2019/10/Internet-Shutdown-Workshop-Report-171019.pdf [consulté le 20 janvier 2022]. ; E. MARCHANT, « The Changing Landscape of Internet Shutdowns in Africa : Introduction », *International Journal of Communication*, 2020. ; E. SUTTERLIN, « Flipping the Kill-Switch : Why Governments Shut Down the Internet », Undergraduate Honor Thesis, 2020, disponible sur https://scholarworks.wm.edu/honorstheses/1493 [consulté le 20 novembre 2021] ; A. DIOUF, « La régulation des plateformes numériques et la liberté d'expression en Afrique de l'Ouest », Heinrich Böll Stiftung, 2021, [consulté le 13 octobre 2021]. Voir également V. NDIOR et M. UGUEN, « Coupures d'internet et blocages d'accès aux contenus à l'initiative de gouvernements africains », in Droit du numérique en Afrique. Enjeux internationaux, Bruylant, 2023.

[4] L'ONU condamne « les mesures qui visent à empêcher ou à perturber délibérément l'accès à l'information ou la diffusion d'informations en ligne, en violation du droit international des droits de l'homme, et invite tous les États à s'abstenir de telles pratiques et à les faire cesser ». Résolution portant sur la promotion, la protection et l'exercice des droits de l'homme sur internet, A/HCR/32/L.20, 27 mai 2016.

[5] « Coupure d'Internet au Sénégal » [en ligne], *Le Monde.fr*, 7 juin 2023, [consulté le 4 septembre 2023].

démocratiques[6], peine cependant à faire sa place, que ce soit sur le continent africain, ou dans d'autres aires où l'autoritarisme est prégnant.

Bien qu'émerge progressivement la reconnaissance d'un droit fondamental d'accès à l'internet sur le continent africain (I), il demeure cependant une garantie précaire de l'expression citoyenne sur internet (II).

## I — L'émergence progressive d'un droit d'accès à l'internet

Le droit d'accès à internet ne fait aucunement l'objet d'une consécration directe dans les instruments juridiques internationaux, régionaux, ou nationaux. Il s'agit plutôt d'une forme d'obligation faite aux États de ne pas empêcher les individus d'accéder à la toile, dérivée de la protection de la liberté d'information et du droit d'accès à l'information.

Cette œuvre, majoritairement jurisprudentielle, s'appuie d'une part sur la consécration à l'échelle du continent africain de la liberté d'expression (A). L'avancée majeure en la matière demeure l'arrêt de la Cour de justice de la CEDEAO *Amnesty International et autres c. Togo* du 25 juin 2020, élaborant ainsi un droit dérivé d'accès à internet (B).

### *A — La consécration de la liberté d'expression sur le continent africain*

La liberté d'expression est une des valeurs essentielles autour desquelles se sont construites progressivement les démocraties africaines à partir des années 1990. En effet, la liberté d'expression a été largement consacrée par les constitutions (1), ainsi que par les différents engagements continentaux (2) et internationaux (3) auxquels les États ont souscrit. Celle-ci revêt un caractère tout particulier en contexte numérique. En effet, la liberté d'expression n'étant pas un droit intangible, elle peut se voir opposer des limitations, s'adaptant à l'évolution des moyens technologiques[7].

#### *1 — L'existence de dispositions en droit interne*

Malgré une consécration formelle par les textes constitutionnels dès les indépendances, la liberté d'expression a été régulièrement malmenée[8],

---

[6] J. K. BIRA'MBOVOTE, « 4 - Droit d'accès à l'internet et ordre public électoral en Afrique : la crédibilisation institutionnelle au Congo-Kinshasa à l'épreuve de la surveillance e-citoyenne » [en ligne], *Afrique et développement*, 47, 2022., p. 61-83.

[7] H. KEMBO TAKAM GATSING et H. ENOTI FILS, « La liberté d'expression et la régulation des activités numériques en Afrique », in *Droit du numérique en Afrique. Enjeux internationaux*, Bruylant, 2023.

[8] Notamment dans le cadre des régimes à parti unique. Le Président tanzanien Julius Nyerere considérait ainsi que la liberté d'expression était plus importante dans la sphère de

notamment dans certains régimes autoritaires où elle est dépourvue d'opposabilité juridique. Ce fut notamment le cas au Ghana, lorsque la Cour suprême considéra comme conforme à la constitution une loi relative à la détention préventive. Celle-ci avait servi de motif d'arrestation de potentiels opposants politiques, au motif que la liberté d'expression, bien que mentionnée à l'article 13 de la constitution, n'avait pas de force obligatoire[9].

L'une des principales évolutions du constitutionnalisme africain des années 1990 a été de renforcer les droits et libertés dits de la première génération, notamment la liberté d'expression. Ce fut un des chevaux de bataille des « Conférences nationales » africaines que de permettre aux forces vives de la nation d'exprimer librement leurs revendications[10]. Cette évolution s'ancre dans les instruments classiques des droits et libertés fondamentaux, mais particulièrement dans la Charte africaine des droits de l'Homme et des peuples. Les constituants des années 1990 et suivantes ont affiché une volonté de garantir et de protéger la liberté d'expression. L'énoncé est généralement classique, et s'inspire des déclarations de la fin du XVIIIe siècle, et du début du XXe[11]. Toutes les constitutions d'Afrique francophone remplissent aujourd'hui les critères de la consécration

---

son parti unique, le TANU, où chacun peut exprimer librement sa position avant la recherche d'un consensus, contrairement à celle que l'on retrouve dans les bipartismes anglo-saxons ou américains, où la liberté d'expression est encadrée par la discipline de parti. Cet héritage marxiste se retrouve également dans le FLN algérien : au mois d'août 1962, M. Mohammed Lebjaoui précisait que la réussite du parti relevait de l'assurance de la démocratie à l'intérieur de celui-ci : « une vie démocratique intense à l'intérieur de ses rangs ; avec ce corollaire indispensable : une totale liberté d'expression et de critique dans toutes les réunions et à tous les échelons ». J. K. NYERERE, *Socialisme, démocratie et unité africaine*, Présence Africaine, 1970, p. 29-65 ; O. DEBBASCH, « La formation des partis uniques africains », *Revue des mondes musulmans et de la Méditerranée*, 2, 1966, p. 76.

[9] L'article 13 contient le serment que prête le chef de l'État lors de son investiture. La Cour suprême ghanéenne a estimé que l'engagement à ce que « personne ne soit privé de sa liberté d'expression » ne signifiait pas pour autant l'existence d'un droit opposable à la liberté d'expression. Voir Ghana, Cour suprême, 28 août 1961, *In Re Akoto and 7 Others*, GLR 523.

[10] M. KAMTO, « Les Conférences nationales africaines ou la création révolutionnaire des Constitutions », in *La création du droit en Afrique*, Karthala, 1997.

[11] Voir notamment Algérie, Const. 26 novembre 1996, art. 41 ; Bénin, const. 11 décembre 1990, art. 23, Burkina Faso, Const. 11 juin 1990, art. 8 ; Côte d'Ivoire, Const. 23 juillet 2000, article 9. Voir également Cap-Vert, Const., 25 septembre 1992, art. 45 ; Madagascar, Const, 11 décembre 1992, art. 10 ; Sénégal, Const. 22 janvier 2001, art. 8 ; Togo, Const. 14 octobre 1992, art. 25.

juridique de la liberté d'opinion, de la liberté d'expression et de la liberté de la presse[12].

La libre communication et le droit à l'information sont les moyens de réalisation de la diversité d'opinion caractéristique du pluralisme politique. Ces corollaires de la liberté d'expression sont directement concernés par les coupures gouvernementales d'accès à internet. En effet, sous le règne du parti unique, l'information et la communication et surtout leurs supports faisaient l'objet d'un monopole d'État[13]. Toute contestation de ce monopole de l'information ou toute expression contraire à la communication gouvernementale était alors sanctionnée en utilisant de façon très extensive la notion d'ordre public[14]. La fin du monopole ou du contrôle de l'État sur la presse et l'information s'accompagne par la libéralisation de la presse, la multiplication des médias écrits et audiovisuels, et donc par la libération des écrits et de la parole[15].

Bien que les textes constitutionnels érigent la liberté d'expression au rang de liberté fondamentale, celle-ci est tout de même encadrée par le législateur. Il en va ainsi pour la plupart des constitutions d'Afrique francophone : la liberté de la presse ou d'expression s'exerce « dans les conditions fixées par la loi[16]». Ce rattachement de la liberté de la presse et de la liberté d'expression au domaine de la loi implique cependant une forme de régulation juridique de son exercice, parfois expressément prévue

---

[12] Le constat s'étend à tous les États membres de la Francophonie. M. BESSE Magalie, M. GARCIA etL. SANCHEZ-PEREZ, *Délits de presse et démocratie*, Fondation Varenne, 2012, p. 53-54.

[13] P-.F. GONIDEC, *Les systèmes politiques africains*, LGDJ, 1978, p. 49.

[14] F. F. LISSOUCK, *Pluralisme politique et droit en Afrique noire francophone*, Thèse de doctorat en droit public, Université Jean Moulin Lyon 3, 2000, p. 107.

[15] M-S. FRÈRE, *Presse et démocratie en Afrique francophone*, Editions Karthala, 2000, p. 72-94.

[16] Préambule de la Constitution du Cameroun, Article 13 de la Constitution de Centrafrique, Article 19 de la Constitution du Congo, Article 15 de la Constitution de Djibouti, Article 7 de la Constitution du Mali, Articles 27 et 28 de la Constitution du Maroc, Article 124 de la Constitution du Niger, Article 34 de la Constitution du Rwanda, Article 27 de la Constitution du Tchad, Article 2 de la Constitution du Togo.

par les constitutions[17]. Il en va ainsi du Sénégal[18]. Cependant, en pratique, ces protections constitutionnelles nationales peuvent être insuffisantes, lorsque les textes législatifs sont trop vagues et laissent une marge de manœuvre beaucoup trop conséquente au gouvernement dans la limitation de la liberté d'expression sur internet, comme cela a pu être le cas en Ouganda, comme expliqué ci- après, ou bien encore au Bénin[19].

La liberté d'expression a également fait l'objet d'importantes décisions des juridictions constitutionnelles africaines[20]. La Cour constitutionnelle sud-africaine a ainsi rappelé que le respect de la liberté d'expression constitue le critère d'une démocratie constitutionnelle vivante[21] ». Plus spécifiquement, la Cour constitutionnelle ougandaise a censuré par sa

---

[17] Pour autant, les motifs de limitation indiqués dans les constitutions ne constituent pas une liste exhaustive, et leur terminologie imprécise les rendent que peu contraignantes. C'est donc le pouvoir législatif qui apprécie et précise la portée réelle de ces limites, et éventuellement, le juge constitutionnel en cas de contrôle de constitutionnalité des lois relatives à la liberté d'expression. M. BESSE, M. GARCIA et L. SANCHEZ-PEREZ, *Délits de presse et démocratie*, Fondation Varenne, 2012, p. 54-55.

[18] L'article 5 de la loi de 2008 portant loi d'orientation sur la Société de l'information, ainsi que la loi de 2011 portant code des Télécommunications, ont pu mettre en exergue les principaux aspects de la régulation des télécommunications, notamment la concurrence, l'interconnexion, l'accès au service universel, les ressources rares, et la tarification. Le code de la presse de 2017 ainsi que le code sur les communications électroniques de 2018 viennent également encadrer la liberté d'expression sur internet et le droit d'accès à internet.

[19] Bien que la République du Bénin soit le premier État d'Afrique de l'Ouest à avoir mis en place un véritable Code du numérique en 2017, réunissant l'ensemble des dispositions légales applicables à tous les aspects juridiques des activités numériques, ce texte n'est pas exempt de toute critique. En effet, l'article 550 al.1er du Code du Numérique béninois a permis l'arrestation de plus d'une dizaine de journalistes, activistes ou blogueurs depuis son adoption. K. ASANTE, « Muzzling the press: how Talon's regime is silencing the media and dissidents », sur *Media Foundation For West Africa* [en ligne], publié le 7 juin 2021, [consulté le 26 septembre 2023]. Voir également J. C. HOUNKPE, « Regards croisés sur le Code béninois du numérique », in *Droit du numérique en Afrique. Enjeux internationaux*, Bruylant, 2023.

[20] Voir notamment Gabon, C. const., 2 novembre 1993, *Décision portant sur l'ordonnance n°007/PR relative à la communication,* n°19/GCC ; Guinée, C. const., 21 septembre 2015, *Requête aux fins d'intediction de la diffusion d'une émission de la campagne officielle du 19 septembre 2015*, n°AE 02 ; Madagascar, Haute Cour const., 12 août 2016, *Décision relative à la loi n°2016-029 portant Code de la communication médiatisée*, n°30-HCC/D3. Pour les jurisprudences anglophones, voir notamment Ouganda, C. const., 10 février 2004, *Charles Onyango and another v. The Attorney General*, UGSC 1 ; Afrique du Sud, C. const., 19 janvier 2015, *Democratic Alliance v. African National Congress*, BCLR 298 (CC).

[21] Afrique du Sud, C. const. 31 juillet 2021, *Qwelane v. South African Human Rights Commission and Another*, SA, 579 (CC). Voir particulièrement les §67 à 77.

décision du 10 janvier 2023 la section 25 de la Loi sur l'usage abusif de l'informatique de 2011, qui servait régulièrement de motif pour les autorités étatiques de mettre sous silence d'éventuels opposants ou journalistes[22]. A été retenu pour censurer cette disposition le caractère vague de la section 25, qui employait des termes tels que « déranger la paix, la tranquillité et la vie privée sans un motif légitime de communication », sans pour autant définir ces éléments.

### *2 — La consécration régionale et internationale de la liberté d'expression en contexte numérique*

Au-delà des dispositions et jurisprudences de droit interne, les États africains ont fait le choix d'être liés par des obligations régionales et internationales en matière de droits de l'homme.

Ainsi, le Pacte international relatif aux droits civiques et politiques (PIDCP) dispose à son article 19[23] §2 que Toute personne a droit à la liberté d'expression ; ce droit comprend la liberté de rechercher, de recevoir et de répandre des informations et des idées de toute espèce, sans considération de frontières, sous une forme orale, écrite, imprimée ou artistique, ou par tout autre moyen de son choix », sous réserve de respecter certaines limites fixées expressément par la loi, nécessaires a) [a]u respect des droits ou de la réputation d'autrui ; b) [à] la sauvegarde de la sécurité nationale, de l'ordre public, de la santé ou de la moralité publique ». Par ailleurs, l'article 21 relatif au droit de réunion précise que l'exercice de ce droit ne peut faire l'objet que des seules restrictions imposées conformément à la loi et qui sont nécessaires dans une société démocratique, dans l'intérêt de la sécurité nationale, de la sûreté publique, de l'ordre public ou pour protéger la santé ou la moralité publiques, ou les droits et libertés d'autrui ».

Plus spécifiquement, en ce qui concerne la sphère numérique, le Conseil des droits de l'homme de l'ONU a également adopté plusieurs résolutions, notamment celle de 2016, relative à la promotion, la protection et l'exercice des droits de l'homme sur internet[24] ». Par ailleurs, le Conseil des droits de

[22] Ouganda, C. const., 10 janvier 2023, *Karamagi and Another v. Attorney General,* UGCC 2.
[23] Voir également ONU, Comité des droits de l'homme, *Observation générale n°34*, CCPR/C/GC/34, 12 septembre 2011.
[24] Cette résolution fait référence aux « résolutions pertinentes de la Commission des droits de l'homme et du Conseil des droits de l'homme sur le droit à la liberté d'opinion et d'expression : résolutions 20/08 et 26/13 datées respectivement du 5 juillet 2012 et du 16 juin 2014, du Conseil, sur la promotion, la protection et l'exercice des droits de l'homme sur internet, ainsi que les résolutions 12/16 du 2 octobre 2009, sur la liberté d'opinion et d'expression, 28/16 du 24 mars 2015, sur le droit à la vie privée à l'ère du numérique, et

l'homme prend ces questions très au sérieux, en témoigne le rapport du Haut-Commissariat des Nations Unies aux droits de l'Homme du 13 mai 2022, intitulé « Coupures de l'accès à internet : tendances, causes, implications juridiques et conséquences sur une série de droits de l'homme[25] ».

Les conventions régionales ou sous-régionales africaines consacrent également la liberté d'expression et ses corollaires. La Charte africaine des droits de l'homme et des peuples consacre respectivement en ses articles 9 et 11 le droit à l'information, la liberté d'expression et la liberté de réunion[26]. L'article 2, §10 de la Charte africaine de la démocratie, des élections et de la gouvernance précise par ailleurs l'objectif de « promouvoir la création des conditions nécessaires pour faciliter la participation des citoyens, la transparence, l'accès à l'information, la liberté de presse et l'obligation de rendre compte de la gestion des affaires publique ». Par ailleurs, la Commission africaine des droits de l'homme et des peuples, réunie en sa 59ème session ordinaire à Banjul, du 21 octobre au 4 novembre 2016, a adopté une résolution[27], s'inquiétant de la pratique

---

23/2 du 13 juin 2013, sur le rôle de la liberté d'opinion et d'expression dans l'émancipation des femmes, et rappelant également les résolutions 68/167, datée du 18 décembre 2013, et 69/166, du 18 décembre 2014 sur le droit à la vie privée à l'ère du numérique, 70/184, du 22 décembre 2015, sur les technologies de l'information et de la communication au service du développement, et 70/125 du 16 décembre 2015, contenant le document final de la réunion de haut niveau de l'Assemblée générale sur l'examen d'ensemble de la mise en œuvre des textes issus du Sommet mondial sur la société de l'information, de l'Assemblée générale ».

[25] Dans ce rapport, soumis comme suite à la résolution 47/16 du Conseil des droits de l'homme, le Haut-Commissariat des Nations Unies aux droits de l'homme donne une vue d'ensemble des tendances observées concernant les coupures de l'accès à Internet. Il y présente une analyse des causes de ces coupures, de leurs implications juridiques et de leurs conséquences sur les droits de l'homme, du rôle des entreprises et des mesures prises pour promouvoir la connectivité et apporter une aide au développement, ainsi que de l'utilité de ces mesures pour ce qui est de détecter les coupures, de les prévenir et d'y réagir. En outre, le Haut-Commissariat y recommande un ensemble de mesures visant à mettre fin aux coupures et à réduire autant que possible leurs conséquences.

[26] Charte africaine des droits de l'homme et des peuples, art. 9 « (1) Toute personne a droit à l'information. (2) Toute personne a le droit d'exprimer et de diffuser ses opinions dans le cadre des lois et règlements » ; art. 11 : « Toute personne a le droit de se réunir librement avec d'autres. Ce droit s'exerce sous la seule réserve des restrictions nécessaires édictées par les lois et règlements, notamment dans l'intérêt de la sécurité nationale, de la sûreté d'autrui, de la santé, de la morale ou des droits et libertés des personnes ».

[27] Commission africaine des droits de l'homme et des peuples, *Résolution sur le droit à la liberté d'information et d'expression sur Internet en Afrique*, CADHP/Rés.362(LIX)2016, 4 novembre 2016. La Commission dit par ailleurs prendre note de la Déclaration africaine

émergente des États parties consistant à interrompre ou limiter l'accès aux services de télécommunication comme l'internet, les médias sociaux et les services de messagerie, particulièrement en période électoral ». Enfin, l'article 66 du traité révisé de la CEDEAO prévoit que les États s'engagent à notamment assurer la liberté d'accès des professionnels de la communication aux sources d'information, à encourager la diffusion de l'information et à respecter la liberté des journalistes.

Différentes dispositions de *soft law* viennent dessiner les contours de la liberté d'expression. C'est notamment le cas des Déclarations de principes sur la liberté d'expression adoptées en 2002[28] et 2019 par la Commission africaine des droits de l'homme et des peuples. Cette dernière vise spécifiquement le contexte particulier de l'exercice de la liberté d'expression et du droit à l'information sur internet[29]. La déclaration africaine sur la gouvernance de l'internet, issue de la réunion des ministres africains en charge des Technologies de l'Information et de la Communication en 2017[30], signifie « l'engagement des États à œuvrer ensemble pour la mise en place d'un cadre global, transparent et inclusif de gouvernance de l'internet basé sur les principes d'ouverture, qui inclut la liberté d'expression ».

sur les droits et libertés de l'internet. Il s'agit d'un texte élaboré par une coalition d'organisations de la société civile africaine, adoptée lors du 9ème Forum sur la gouvernance de l'internet, tenu à Istanbul, en septembre 2014. Ce texte développe des principes nécessaires au respect des droits de l'homme et des peuples sur l'internet et la culture d'un environnement de l'internet pouvant répondre au mieux aux besoins et objectifs en matière de développement social et économique. Voir Déclaration africaine sur les droits et libertés de l'internet, 2014, disponible sur https://africaninternetrights.org/sites/default/files/African-Declaration- French-FINAL.pdf [consulté le 25 août 2023].

[28] Déclaration de principes sur la liberté d'expression en Afrique, adoptée lors de la 32e session ordinaire de la Commission africaine des droits de l'Homme et des peuples, des 17 au 23 octobre 2002 : « Convaincue que le respect de la liberté d'expression et du droit d'accès à l'information détenue par les organes et les sociétés publics mènera à une plus grande transparence et responsabilité publiques ainsi qu'à la bonne gouvernance et au renforcement de la démocratie ; […] Considérant le rôle crucial des médias et des autres moyens de communication pour garantir le respect total de la liberté d'expression, en favorisant la libre circulation des informations et des idées, en aidant les populations à prendre des décisions en connaissance de cause et en facilitant et renforçant la démocratie ».

[29] Déclaration de principe sur la liberté d'expression et l'accès à l'information, 30 avril 2019, précisément chapitre IV.

[30] Déclaration africaine sur la gouvernance de l'internet, Alger, 13 février 2017.

### B — L'élaboration jurisprudentielle d'un droit dérivé d'accès à internet

Grâce à ce cadre normatif large et varié, les juridictions régionales et sous-régionales ont pu consacrer la liberté d'expression au travers de leur jurisprudence, mais surtout en dessiner les contours (A). La Cour de justice de la CEDEAO a été amenée à se saisir particulièrement de la question de la liberté d'expression, faisant du droit d'accès à internet un droit dérivé de cette liberté (B).

#### *1 — La consécration jurisprudentielle de la liberté d'expression*

La Cour africaine des droits de l'homme et des peuples a été amenée à consacrer la liberté d'expression, notamment dans l'affaire burkinabè Norbert Zongo[31], dans laquelle elle protège plus précisément le droit à la liberté d'expression des journalistes, se fondant sur l'article 9 de la Charte africaine des droits de l'homme et des peuples, et l'article 66 §2 du Traité révisé de la CEDEAO. Dans cette affaire, la Cour relie la liberté d'expression au droit à ce qu'une cause soit entendue par les juridictions nationales compétentes[32]. Par la suite, dans l'affaire Issa Konaté, la Cour va juger que la suspension d'un périodique et l'emprisonnement de son rédacteur en chef sont considérés comme contraires à la liberté

[31] Le 13 décembre 1998, le journaliste burkinabè Norbert Zongo, directeur de publication de l'hebdomadaire d'investigation L'Indépendant, était assassiné alors qu'il enquêtait sur la mort, des suites de torture, du chauffeur de François Compaoré, jeune frère du Président de la République. J. OUÉDRAOGO, « Burkina-Faso. Autour de l'affaire Zongo », *Politique africaine*, N° 74, 1999 ; M-S. FRÈRE, « « Cadavres en sursis » : l'affaire Zongo et la difficile libération des médias au Burkina Faso », *Africultures*, 71, 2007.

[32] Cour africaine des droits de l'homme et des peuples, 29 mars 2014, *Ayants droits de feu Norbert Zongo c. Burkina Faso*, n°013/2011, spécifiquement §183-188.

d'expression[33]. Autre exemple, dans l'affaire Victoire Ingabire[34], la Cour a consacré la liberté d'expression dans un contexte délicat : celui d'une loi criminalisant le négationnisme du génocide rwandais. Ainsi, si la Cour admet que le législateur puisse légitimement restreindre la liberté d'expression, elle considère que la peine prononcée contre Victoire Ingabire était disproportionnée.

La Commission africaine des droits de l'homme et des peuples a également participé à la construction de la liberté d'expression sur le continent africain, et ce, dès 1999. Elle a pu considérer que l'interdiction de certains quotidiens nigérians avait porté atteinte à la fois au droit de diffuser des informations qu'au droit d'avoir accès à celles-ci, qualifiant la liberté d'expression de droit vital pour le développement personnel ainsi que pour le développement d'une conscience politique[35]. La Commission a été également amenée à se prononcer sur la censure de la presse[36], et sur

[33] En août 2012, le journaliste Lohé Issa Konaté a écrit deux articles pour le journal L'Ouragan, dans lesquels il a accusé le procureur général de corruption. En réponse, le procureur a porté plainte contre M. Konaté et un co- accusé pour diffamation, insulte publique et outrage au tribunal. Des plaintes ont aussi déposées au pénal contre les deux accusés et des dommages-intérêts ont été réclamés. En octobre 2012, M. Konaté a été reconnu coupable par la Cour suprême Ouagadougou et condamné à un an de prison, une amende de US $3000 et des dommages-intérêts au profit du procureur d'un montant de US $9000. De plus, la Cour a aussi ordonné la suspension du journal L'Ouragan ayant publié les articles pour une période de 6 mois. La décision a ensuite été confirmée en appel. En juin 2013, une requête a été déposée au nom de M. Konaté auprès de la Cour africaine des droits de l'homme et des peuples alléguant que les sanctions excessives imposées violaient ses droits de liberté d'expression tels que garantis par l'article 9 de la Charte africaine des droits de l'homme et des peuples, l'article 19 du PIDCP ainsi que l'article 66 §2 du Traité révisé de la CEDEAO. Cour africaine des droits de l'homme et des peuples, 3 juin 2016, *Lohé Issa Konaté c. Burkina Faso*, n°004/2013, §124.

[34] Victoire Ingabire, opposante rwandaise, était rentrée des Pays-Bas, où elle avait fait ses études, afin de participer à l'élection présidentielle de 2011 et avait été très rapidement arrêtée. Elle a été condamnée en appel, en 2013, à 15 ans de prison notamment pour « minimisation du génocide » et « conspiration contre les autorités par le terrorisme et la guerre ».

[35] « Freedom of expression is a basic human right, vital to an individual's personal development and political consciousness, and participation in the conduct of public affairs in his country. Under the African Charter, this right comprises the right to receive information and express opinion ». Commission africaine des droits de l'homme et des peuples, 5 novembre 1999, *Constitutionnal Rights Project, Civil Liberties Organisation and Media Rights Agenda v. Nigeria*, Nos. 140/94, 141/94, 145/95, voir §§35-44.

[36] Commission africaine des droits de l'homme et des peuples, 30 mai 2007, *Article 19 v. State of Eritrea*, n°275/2003, §107.

l'arrestation de militants des droits de l'homme[37] ou bien encore l'expulsion d'organisations non gouvernementales ou d'observateurs[38].

Les cours sous-régionales d'Afrique ont également été amenées à se prononcer en matière de liberté d'expression que ce soit la Cour de justice d'Afrique de l'Est[39] en ce qui concerne les restrictions abusives à la liberté d'information, ou encore l'obligation pour les journalistes de révéler leurs sources ; ou bien la Cour de justice de la CEDEAO[40].

L'ensemble de ces jurisprudences ont pu apporter des clarifications sur l'étendue de la liberté d'expression, ainsi que sur les limites aux restrictions pouvant y être apportées. L'instauration du droit d'accès à internet comme droit dérivé de la liberté d'expression par la décision *Amnesty International et autres contre Togo*[41] s'inscrit dans ce périmètre quant aux coupures d'accès à internet.

### *2 — Le droit d'accès à internet comme droit dérivé de la liberté d'expression*

Ainsi, la Cour de la CEDEAO a eu à connaître des questions relatives aux coupures gouvernementales de l'accès à internet au Togo. Lors de cette première saisine relative à cette question, elle a pu rattacher ces pratiques antidémocratiques à l'article 9 de la Charte africaine des droits de l'homme et des peuples, en créant un droit dérivé d'accès à internet. Ainsi, aux paragraphes 37 et 38 de sa décision, la Cour estime qu'il est impératif de déterminer en premier lieu si l'accès à l'internet entre dans le cadre de la violation du droit à la liberté d'expression. L'accès à internet n'est pas *stricto sensu* un droit fondamental de l'homme, mais puisque le service

---

[37] Commission africaine des droits de l'homme et des peuples, 10 mars 2015, *Monim Elgak, Osman Hummeida and Amir Suliman v. Sudan*, n°379/09, §§112-114.

[38] Commission africaine des droits de l'homme et des peuples, 3 avril 2009, *Zimbabwe Lawyers for Human Rights and Institute for Human Rights and Development in Africa (on behalf of Andrew Barclay Meldrum) v. Zimbabwe*, n°294/04, §§114-116 ; Commission africaine des droits de l'homme et des peuples, 5 mai 1999, *Amnesty International c. Zambie*, n°212/98, §49.

[39] Cour de justice d'Afrique de l'Est, 15 mai 2015, *Union burundaise des journalistes c. Procureur général*, n°1/2014 ; Cour de justice d'Afrique de l'Est, 28 mars 2019, *Media Council of Tanzania v. Attorney General*, n°2/2017.

[40] Cour de justice de la CEDEAO, 13 février 2018, *Federation of African Journalists and 4 others v. The Republic of The Gambia*, ECW/CCJ/JUD/04/18, §§30 et s. ; Cour de justice de la CEDEAO, 10 juillet 2020, *Incorporated trustees of laws and rights awareness initiatives applicant v. the Federal Republic of Nigeria*, ECW/CCJ/JUD/16/20, §§ 86 et s.

[41] Cour de justice de la CEDEAO, 25 juin 2020, *Amnesty International Togo et al. v. The Togolese Republic*, ECW/CCJ/JUD/09/20.

internet offre une plateforme permettant de développer l'exercice de la liberté d'expression, il devient alors un droit dérivé qu'il convient de protéger[42]. En qualifiant l'accès à internet de « véhicule » favorisant l'exercice du droit à la liberté d'expression, la Cour établit la nécessité de protéger le droit d'accès à internet au même titre que la liberté d'expression. Ainsi, toute violation de ce droit dérivé doit pouvoir être sanctionnée[43].

Il s'agit là d'une position claire[44], contribuant au débat de l'accès à internet en tant que droit de l'homme[45]. En effet, bien que de nombreux textes ou propositions tendent vers l'assimilation de l'accès à internet à un droit de l'homme en tant que tel, il n'existe cependant que très peu de bases juridiques, tant en droit interne qu'international, consacrant le droit d'accès à internet en tant que tel.

Ainsi, en battant en brèche, et en proposant une solution intermédiaire et logique, la Cour propose une solution particulièrement adaptée à la marge

---

[42] Cour de justice de la CEDEAO, *Amnesty International Togo et al. v. The Togolese Republic,* préc., §§37 et 38 : « (…) the Court finds it imperative to firstly determine whether access to internet is within the contemplation of violation to right to freedom of expression. Access to internet is not stricto senso a fundamental human right but since internet service provides a platform to enhance the exercise of freedom of expression, it then becomes a derivative right that it is a component to the exercise of the right to freedom of expression ».

[43] *Ibid*, § 38 : « It is a vehicle that provides a platform that will enhance the enjoyment of the right to freedom of expression. Right to internet access is closely linked to the right of freedom of speech which can be seen to encompass freedom of expression as well. Since access to internet is complementary to the enjoyment of the right to freedom of expression, it is necessary that access to internet and the right to freedom of expression be deemed to be an integral part of human right that requires protection by law and makes its violation actionable. In this regards, access to internet being a derivative right and at the same time component part of each other, should be jointly treated as an element of human right to which states are under obligation to provide protection for in accordance with the law just in the same way as the right to freedom of expression is protected ».

[44] A. TOUBLANC, « La décision de la Cour de justice de la CEDEAO Amnesty International et autres c. Togo : consécration d'un droit dérivé d'accès à internet aux contours imprécis », in *Droit du numérique en Afrique. Enjeux internationaux*, Bruylant, 2023, p. 446. L'auteur cite Vinton Cef, un des pionniers de l'internet, qui considère, dans sa tribune de 2012 au New York Times que « l'accès à internet n'est pas un droit de l'homme », internet étant « une simple technologie, dont l'accès ne saurait en lui-même être considéré comme un droit de l'homme ». V. G. CERF, « Opinion | Internet Access Is Not a Human Right » [en ligne], *The New York Times*, 5 janvier 2012, [consulté le 28 septembre 2023]. Pour autant, la même année, le Conseil des droits de l'homme de l'ONU, en adoptant la résolution A/HRC/20/L.13, lors des travaux de sa vingtième session à Genève.

[45] B. TAXIL, « Internet et l'exercice de droits fondamentaux », in *Internet et le droit international : colloque de Rouen*, Pedone, 2014, p. 124.

de manœuvre laissée par l'article 9 de la Charte africaine des droits de l'homme et des peuples. Sa rédaction, en des termes très généraux, énonce, sans pour autant les définir, trois branches de la liberté d'expression : le droit de l'individu à l'information, le droit d'exprimer ses opinions, et enfin de les diffuser. Cette absence de précision par rapport à d'autres instruments internationaux[46] ne pose cependant pas de problème lorsqu'il s'agit de créer un droit dérivé, celui-ci n'étant pas inscrit dans un texte. Le défaut de précision de l'article 9 s'avère donc un avantage : il permet une plus grande plasticité dans l'interprétation du texte[47].

Le rattachement du droit d'accès à internet à l'article 9 s'inscrit ainsi dans la logique des nombreuses décisions africaines précitées ayant considéré comme contraire à la Charte les atteintes à l'encontre des médias classiques, notamment la presse[48]. Elle prend place également dans un contexte doctrinal international favorable compte tenu des différents rapports et résolutions des Nations Unies ces dernières années[49].

---

[46] Malgré tout, l'article 9 est bien moins explicite que l'article 19 du Second pacte des Nations Unies, qui définit la liberté d'expression en détaillant celle-ci comme étant constituée des libertés de « *rechercher, de recevoir et de répandre des informations et des idées de toute espèce, sans considération de frontières, sous une forme orale, écrite, imprimée ou artistique, ou par tout autre moyen de son choix* ». F. OUGUERGOUZ, « Chapitre IV. Les droits de l'individu », in *La Charte africaine des droits de l'homme et des peuples : Une approche juridique des droits de l'homme entre tradition et modernité*, Graduate Institute Publications, 2015.

[47] A. TOUBLANC, *op. cit.*, p. 447. Sur l'interprétation des règles juridiques, voir M. VAN DE KERCHOVE (dir.), L'interprétation en droit : Approche pluridisciplinaire, Presses de l'Université Saint-Louis, 1978 ; C. J. DRIESEN, « L'interprétation juridique : surmonter une apparente complexité », Revue française de linguistique appliquée, 2016. Spécifiquement sur le contexte des droits de l'homme en Afrique et a liberté d'expression, voir Y. E. AYALEW, « Assessing the Limitations to Freedom of Expression on the Internet in Ethiopia Against the African Charter on Human and Peoples' Rights », *African Human Rights Law Journal*, 20, 2020. Voir également M. BASTIAN, « La fragmentation d'un droit préexistant ou la fondamentalité par analogie » [en ligne], *La Revue des droits de l'homme. Revue du Centre de recherches et d'études sur les droits fondamentaux*, Centre de recherches et d'études sur les droits fondamentaux (CREDOF), 2019, [consulté le 28 septembre 2023].

[48] Cour de justice de la CEDEAO, *Federation of African Journalists and 4 others v. The Republic of The Gambia*, préc. ; Cour africaine des droits de l'homme et des peuples, *Lohé Issa Konaté c. Burkina Faso*, préc. ; Commission africaine des droits de l'homme et des peuples, *Article 19 v. State of Eritrea*, préc.

[49] Pour rappel, dès 2011, le Rapporteur spécial des Nations unies sur la liberté d'expression considérait qu'internet était devenu un outil essentiel d'exercice de la liberté d'expression et de communication garantie par l'article 19 de la Déclaration universelle des droits de l'homme et l'article 19 du PIDCP. Cette position sera maintenue dans la résolution de 2016

Cette décision s'inscrit également dans un contexte continental[50] favorable, en témoigne la déclaration de principes sur la liberté d'expression et l'accès à l'information en Afrique précitée[51]. Les juridictions nationales africaines ne sont pas en reste non plus. Par exemple, le juge sud-africain a considéré que la mise en place d'un dispositif de brouillage des communications au sein du Parlement lors de débats concernant le Président était une violation du droit de participation du public au débat parlementaire, de la liberté d'expression et de communication[52]. La Haute cour constitutionnelle malgache a quant à elle estimé qu'en l'état actuel des moyens de

---

du Conseil des droits de l'homme, en ajoutant que les droits dont les personnes disposent hors ligne, dont la liberté d'expression, doivent aussi être protégés en ligne. Enfin, dans le contexte de la pandémie de coronavirus, le Rapporteur spécial du Conseil des droits de l'homme a souligné que les « coupures d'internet sont un affront à la liberté d'expression que le droit des droits de l'homme garantit à chaque individu ». Voir ONU, Conseil des droits de l'homme, Rapport du Rapporteur spécial sur la promotion de la liberté d'opinion et d'expression Franck La Rue, A/HRC/17/27, 16 mai 2011, spéc. §§ 20 et 67 ; ONU, Conseil des droits de l'homme, Promotion, protection et exercice des droits de l'homme sur internet, préc., §1 ; ONU, Conseil des droits de l'homme, *Pandémies et liberté d'opinion et d'expression – Rapport du Rapporteur spécial sur la promotion et la protection du droit à la liberté d'opinion et d'expression,* A/HRC/44/49, 23 avril 2020, spéc. §20.

[50] Hors du continent africain, le Conseil constitutionnel français s'était fondé sur l'article 11 de la Déclaration des droits de l'homme et du citoyen relatif à la libre communication des pensées et opinions pour justifier la liberté d'accéder à internet. Par ailleurs, la Cour européenne des droits de l'homme a rendu sa décision *Kharitanov*, deux jours avant la décision de la CEDEAO *Amnesty international Togo*, dans laquelle elle explique que eu « égard à son accessibilité et à sa capacité à stocker et diffuser une grande quantité d'information, internet est devenu un des principaux moyens par lesquels s'exerce le droit à la liberté d'expression et d'information ». Voir : France, Cons. Const., *Loi favorisant la diffusion et la protection de la création sur internet*, décision du 10 juin 2009, n°2009-580 DC, § 1 ; Cour européenne des droits de l'homme, 23 juin 2020, *Vladimir Kharitanov c. Russie*, n°10795/14, §33. Voir également la note de L. MARINO, « Le droit d'accès à internet, nouveau droit fondamental », Recueil Dalloz, 2009 ; et en contexte français I. FALQUE-PIERROTIN, « La Constitution et l'Internet » [en ligne], *Nouveaux cahiers du Conseil constitutionnel*, 2012, [consulté le 28 septembre 2023]. On peut également citer les décisions des cours indiennes et costaricaines en la matière. Inde, Supreme Court, 10 janvier 2020, *Anuradha Basin v. Union of India*, SC 1725 ; Costa Rica, Cour suprême de justice, 30 juillet 2010, *Andres Oviedo Guzman c. Ministerio de la Presidencia*, n°2010-12790.

[51] « 1. Les États favorisent la jouissance des droits à la liberté d'expression et à l'accès à l'information en ligne et les moyens nécessaires à l'exercice de ces droits. 2. Les États reconnaissent que l'accès universel, équitable, abordable et signifcatif à l'internet est nécessaire à la réalisation de al liberté d'expression et de l'accès à l'information et à l'exercice d'autres droits humains ». Déclaration de principe sur la liberté d'expression et l'accès à l'information en Afrique, préc., principe 37, §§ 1-2

[52] Afrique du Sud, Supreme court of Appeal, 29 septembre 2016, *Primedia Broadcasting and Others v. Speaker of the National Assembly and Others*, ZASCA 142, 29 §§ 21 et s.

communication et eu égard au développement généralisé des services de communication au public en ligne ainsi qu'à l'importance prise par ces services pour la participation à la vie démocratique et l'expression des idées et des opinions, la liberté d'expression et de communication, garantie par l'article 10 de la Constitution, implique la liberté d'accéder à internet[53]. De même, au Zimbabwe, le juge a, dans une procédure assimilable à un référé, déclaré illégal et suspendu la décision du gouvernement de couper l'accès à internet, dans un contexte de manifestations en raison de la hausse des prix du carburant[54].

En tout état de cause, les restrictions d'accès à l'internet peuvent également porter atteinte à la liberté d'expression, mais également à d'autres droits et libertés[55], ce que rappelle la Déclaration africaine des droits et libertés de l'internet[56]. En effet, dans la mesure où l'internet est un « espace et une ressource propices à la réalisation de tous les droits humain », il constitue donc un médium permettant l'accès et la réalisation de nombreux autres droits sociaux et économiques, dont l'accès à l'éducation, information et emploi ». Les juridictions nationales, régionales, mais également les organes internationaux se sont donc emparées de cette problématique, afin de consacrer un droit d'accès à l'internet comme un droit fondamental, dérivé de la liberté d'expression. Cependant, ce droit fondamental se heurte, comme beaucoup d'autres, à la question du maintien de l'ordre public.

## II — Le droit d'accès à internet, une garantie précaire face aux coupures gouvernementales

Les restrictions d'accès à l'internet dans les États africains, qu'elles soient temporaires ou non, au- delà des techniques utilisées (coupure de l'ensemble du réseau à l'échelle nationale, ou bien restrictions d'accès à certaines catégories de sites ou de contenus en ligne)[57], posent la question du fondement de celles-ci, lorsque les coupures sont d'origines gouvernementales. En effet, ce phénomène inquiétant d'atteintes aux droits et libertés et à l'État de droit semble s'être généralisé à la grande majorité

[53] Madagascar, Haute Cour constitutionnelle, *Décision relative à la loi n°2016-029 portant Code de la communication médiatisée*, § 14.

[54] Zimbabwe, Haute Cour, 22 janvier 2019, *Zimbabwe Lawyers for Human Rights v. Minister of State, National Security*, HC 261/19

[55] A. TOUBLANC, *op. cit.*, p. 450.

[56] Cf. note 27.

[57] V. NDIOR et M. UGUEN, *op. cit.*, p. 426-429.

du continent africain durant ces dernières années[58]. Ces violations des droits fondamentaux sont permises à la fois par la marge de manœuvre laissée aux gouvernements dans l'appréciation qui est faite du droit d'accès à l'internet (A), mais également en raison de l'applicabilité complexe de ce droit d'accès, reposant sur divers acteurs (B).

### A — La marge de manœuvre laissée par les instruments internationaux aux États

Malgré le fait que les restrictions gouvernementales d'accès à l'internet ne sont la plupart du temps aucunement justifiées, et qu'elles vont à l'encontre des règles internationales, continentales, voire nationales, les autorités décident souvent de fonder leur décision sur de divers motifs : préservation de la sécurité nationale, lutte contre le terrorisme, protection d'une figure politique, lutte contre la désinformation, et plus largement, maintien de l'ordre public[59], notamment en période électorale. Cependant, les restrictions des droits et libertés ne peuvent se faire qu'à l'aune d'un cadre légal ou réglementaire clair, et prévisible, répondant aux exigences des standards régionaux et internationaux. (1). En définitive, les gouvernements censurant l'accès à l'internet n'ont à justifier de la raison et de la proportionnalité de ces atteintes qu'*a posteriori*, lors de recours juridictionnels, généralement bien longtemps après l'application de la mesure (2).

#### *1 — La préservation de l'ordre public, fondement des limitations de l'accès à internet*

La pratique montre en effet que les blocages ou coupures d'accès à l'internet vont surtout être un moyen de bâillonner l'opinion, de décrédibiliser un mouvement populaire, de contribuer à la désorganisation d'un rassemblement, d'influencer le cours d'une campagne électorale ou de prévenir d'éventuelles réactions aux résultats[60].

---

[58] Sur la période 2017-2021, sur une cinquantaine d'États africains étudiés, seule une quinzaine n'a pas opéré de restrictions d'accès à l'internet. « Les États réfractaires à la pratique des blocages partagent toutefois le trait commun d'être des régimes parlementaires ou présisdentiels catégorisés, en raison de leur ordre constitutionnel, en tant que « républiques » (Afrique du Sud, Angola, etc). Les gouvernements respectueux du droit d'accès à internet apparaissent donc minoritaires ». *Ibid.*, p. 428.

[59] Ainsi, la coupure d'internet de janvier 2019 en République démocratique du Congo s'est fondée sur une volonté de préservation de l'ordre public en attendant les résultats de l'élection présidentielle. Voir https://reuters.com/article/idUSL8N1Z42Y1/

[60] V. NDIOR et M. UGUEN, *op. cit.*, p. 429. Pour plus de détails, voir D. KAYE, *Speech Police : The Global Struggle to Govern the Internet*, Columbia Global Reports, 2019.

Le but à peine masqué de ces pratiques liberticides et antidémocratiques consiste surtout à limiter la propagation de l'information en ligne, cette dernière échappant plus facilement au contrôle étatique, contrairement aux médias traditionnels.

Les différentes coupures d'accès à l'internet dans le contexte électoral prennent ainsi appui sur la volonté affichée de préserver l'ordre public dans des périodes par essence conflictuelles. Récemment, le blocage de l'accès à l'internet a été utilisé pour brider les mobilisations à Dakar le 1er juin 2023, suite à la condamnation de l'opposant Ousmane Sonko à deux ans de prison ferme, alors qu'il déclarait vouloir être candidat à la prochaine élection présidentielle. Le gouvernement sénégalais a totalement assumé de suspendre le réseau mobile ainsi que de bloquer les réseaux sociaux, par l'intermédiaire de son ministre de l'intérieur Antoine Diome, lors d'une conférence de presse tenue dans la nuit du 1er au 2 juin 2023[61]. Puis, un simple communiqué de presse a été adressé deux jours plus tard aux médias sénégalais, dans lequel le ministère de la Communication, des Télécommunications et de l'Économie numérique explique les motivations gouvernementales de cette coupure : « En raison de la diffusion de messages haineux et subversifs dans un contexte de trouble à l'ordre public dans certaines localités du territoire national, l'internet des données mobile est suspendu temporairement sur certaines plages horaires. Les Opérateurs de téléphonie sont tenus de se conformer aux réquisitions notifié ».

Ainsi, l'objectif de cette mesure était de fragiliser la mobilisation : en effet, les réseaux sociaux et les applications de messagerie instantanée sont les moyens de communication privilégiés sur le continent africain, et notamment dans le cadre des mobilisations sociales[62].

Cette dynamique se retrouve également dans le cas des coupures d'accès d'internet en Guinée[63], au Gabon[64]. Au-delà des coupures et restrictions

---

[61] Ironiquement, cette conférence était rediffusée sur le compte Twitter (désormais X) du ministère de l'intérieur, alors même que les citoyens ne pouvaient y accéder.

[62] Ce phénomène s'est propagé depuis les printemps arabes. A. SMIDI et S. SHAHIN, « Social Media and Social Mobilisation in the Middle East », *India Quarterly*, 73, Sage Publications, Ltd., 2017. Voir précisément sur le continent africain D. MANIRAKIZA, « « Les nouveaux espaces de la contestation ? », *Cahiers d'Études Africaines*, 60, EHESS, 2020 ; J. FISHER, E. GADJANOVA et J. HITCHEN, « WhatsApp and political communication in West Africa », *Party Politics*, SAGE Publications Ltd, 2023.

[63] AFP, « Coupures d'internet en Guinée », sur *VOA* [en ligne], publié le 7 juin 2023, [consulté le 28 septembre 2023].

[64] E. VINIACOURT, « Gabon », sur *Libération* [en ligne], [consulté le 28 septembre 2023].

d'accès à l'internet, le droit national du numérique peut permettre de limiter et porter atteinte à la liberté d'expression et de presse, comme le montre le Bénin[65].

La jurisprudence régionale pose pourtant une exigence essentielle en matière de restrictions à la liberté d'expression : les États doivent avoir édicté une réglementation nationale, en des termes suffisamment précis afin de permettre aux citoyens de déterminer quels sont les comportements susceptibles d'être considérés comme délictuels ou criminels.

La préservation de l'ordre public électoral est donc régulièrement avancée comme étant le fondement de mesures souvent dépourvues de base légale, qui deviennent dès lors difficilement contestables par le justiciable. En effet, les coupures d'accès à internet font rarement l'objet d'une formalisation juridique, en l'absence d'un cadre réglementaire sur lequel les gouvernants pourraient s'appuyer. S'ensuit donc une inégalité entre l'objectif de préservation de l'ordre public en période électorale, et les moyens mis en œuvre, souvent hors du droit.

En effet, ce déséquilibre entre liberté et ordre public est d'autant plus prononcé que le contrôle juridictionnel, national ou régional, de

[65] Le démocracide dont fait objet le Bénin se caractérise notamment par l'atteinte permise à la liberté de la presse et de la liberté d'expression, en raison de l'instauration du Code du numérique en 2018. Ce texte fait l'objet de vives critiques en raison de sa nature oppressive vis-à-vis des médias et de la presse. En effet, depuis son adoption, plus de dix-sept journalistes, blogueurs, et activistes en ont été victimes. Courant 2021, cinq journalistes ont été arrêtés, emprisonnés et condamnés sur la base de l'article 550 al.1er du Code du numérique. Ce texte prévoit en des termes généraux voire vagues porte sur le « harcèlement par le biais d'une communication électronique » et prévoit jusqu'à deux ans d'emprisonnement et/ou des amendes pouvant atteindre dix millions de francs CFA pour divers crimes. Toute personne qui, par exemple, « initie une communication électronique qui contraint, intimide, harcèle ou provoque une détresse émotionnelle » ou « initie ou relaie une fausse information contre une personne par le biais des réseaux sociaux » peut être inculpée. La loi représente ainsi une épée de Damoclès, instrumentalisable par le pouvoir en place, au dessus de la tête des journalistes béninois, du fait de ces entraves portées à la liberté d'expression et de la presse. Par exemple, en décembre 2019, le journaliste d'investigation Ignace Sossou a été arrêté, condamné et emprisonné pendant six mois en vertu du code du numérique suite à des publications sur les réseaux sociaux qui citaient le procureur béninois Mario Mètonou. Paradoxalement, Sossou a été emprisonné pour avoir cité Mètonou qui avait décrit le code du numérique comme « une arme » qui peut être utilisée contre la presse. Voir notamment K. ASANTE, *op.cit.* ; J. DUNHAM, « Benin authorities arrest journalist Ignace Sossou, question him about Facebook posts », sur *Committee to Protect Journalists* [en ligne], publié le 23 décembre 2019, [consulté le 15 décembre 2023].

proportionnalité qui peut être opéré est logiquement trop tardif, dans la mesure où il a nécessairement lieu *a posteriori*.

La décision de la cour de justice de la CEDEAO dans l'affaire *Amnesty International et autres c. Togo* précédemment évoquée illustre parfaitement le paradoxe intrinsèque de la liberté d'accès à l'internet, mais aussi l'imprécision de ce droit fondamental.

Sur la question du défaut de base légale servant de fondement aux coupures d'internet, le gouvernement togolais reconnaît leur absence devant la Cour, tout en apportant une justification à cette atteinte aux libertés. Pour ce faire, les autorités togolaises s'appuient sur le contexte de troubles politiques en 2017, et sur les risques pour la sécurité publique en résultant[66].

Sans pour autant se prononcer sur la question de l'absence de base légale, la Cour, en raisonnant *in abstracto*, va admettre l'argument de sécurité nationale comme recevable et internationalement reconnu[67].

Une telle approche revient à mobiliser et combiner la nécessité d'une réglementation nationale, prévue au succinct article 9 de la Charte, avec d'autres dispositions, qui viennent préciser quels objectifs autorisent des restrictions légitimes aux droits de l'homme. Peuvent ainsi être cités l'article 27 de la Charte, prévu au chapitre II consacré aux devoirs de l'homme, l'article 19 du Pacte international relatif aux droits civils et politiques. Cette lecture combinée, assez habituelle pour les instances africaines[68], offre une marge de manœuvre relativement large aux autorités étatiques, qui peuvent agir dans le cadre du droit de l'article 9 (2) de la Charte[69].

Cette marge de manœuvre laissée aux gouvernements nationaux est confirmée par la tolérance admise par les cours africaines quant aux motifs de limitations des droits et libertés admis comme étant légitimes : les décisions précitées permettent ainsi des restrictions destinées aux poursuites des minimisations du génocide rwandais, à éviter les atteintes à l'honneur

---

[66] Sont ainsi évoqués des pertes de vies humaines, des destructions de biens publics et privés, mais également un risque palpable de guerre civile. Cour de justice de la CEDEAO, *Amnesty International Togo et al. v. The Togolese Republic,* préc., § 16.

[67] *Ibid*, §45.

[68] Voir en ce sens : Cour de justice de la CEDEAO, *Incoporated trustees of laws and rights awareness initiatives applicant v. the Federal Republic of Nigeria*, préc., §§ 138-141 ; Cour africaine des droits de l'homme et des peuples, *Ingabire victoire Umuhoza c. État du Rwanda*, préc., §§ 130, 131 et 140 ; Cour africaine des droits de l'homme et des peuples, *Lohe Issa Konate c. Burkina Faso*, 5 décembre 2014, n°004/2013, §§ 135-136.

[69] Voir en ce sens Commission africaine des droits de l'homme et des peuples, 26 mai 2010, *Kenneth Good c. Botswana*, n°313/05, § 188.

des magistrats, ou bien encore, à pénaliser les appels à la haine et à la violence en ligne.

Concernant l'affaire *Amnesty International et autres contre Togo*, plusieurs lacunes sont cependant à relever dans le raisonnement opéré par la Cour, voire des ambiguïtés concernant l'appréciation de la question de la sécurité nationale. Outre le caractère très succinct de l'argumentaire de la Cour, notamment sur la question de l'absence de base légale togolaise, l'objectif de préservation de l'ordre public, notamment en période électorale, a une portée tout à fait singulière sur le continent africain, dont les États sont souvent en proie aux tentatives de déstabilisations interne[70] ou internationales.

Précisément dans l'affaire *Amnesty International et autres contre Togo,* il est surprenant que la Cour de justice de la CEDEAO préfère élargir les motifs d'intérêt public prévus aux articles 27, §2 de la Charte et 19, §3 du Pacte international. Ces derniers fixent les conditions dans lesquelles il est possible de déroger à la liberté d'expression. Or, en son § 45, la Cour explique que ces conditions « peuvent inclure, mais ne sont pas limitées à : l'intérêt public, la sécurité nationale, la santé publique, l'ordre public, etc ». Cette position est en rupture complète avec celle de la Commission africaine des droits de l'homme et des peuples[71], mais également celle de la Cour africaine des droits de l'homme et des peuples[72].

Cette approche montre justement toutes les limites d'un contrôle *a posteriori* de telles mesures, qui est nécessairement tardif, compte tenu de la nature même des coupures d'accès à internet, mais également du contexte de celles-ci.

[70] Sur ce point, les partis politiques d'opposition peuvent également alimenter la violence et rechercher des débordements, ce dont la Commission africaine des droits de l'homme et des peuples a parfaitement conscience. C'est pour cela qu'elle « prie instamment les citoyens africains d'exercer leur droit à la liberté d'information et d'expression de manière raisonnable ». Voir Commission africaine des droits de l'homme et des peuples, *Résolution sur le droit à la liberté d'information et d'expression sur internet en Afrique*, résolution 362(LIX), 4 novembre 2016.

[71] Commission africaine des droits de l'homme et des peuples, *Constitutionnal Rights Project, Civil Liberties Organisation and Media Rights Agenda v. Nigeria,* préc., § 41.

[72] Cour africaine des droits de l'homme et des peuples, *Lohe Issa Konate c. Burkina Faso*, préc., § 134.

### *2 — Un contrôle a posteriori de proportionnalité des atteintes à la liberté d'accès à l'internet.*

Une des principales limites à la construction jurisprudentielle d'un droit fondamental d'accès à l'internet, ainsi qu'à son encadrement, repose sur la nature même des mesures, souvent prises en l'absence de bases légales, mais également au contexte de ces mesures, de sorte que les juridictions nationales ou régionales n'ont que trop eu souvent la possibilité d'agir avec célérité, et statuent nécessairement *a posteriori*. En effet, la technique de ces coupures, intempestives et plutôt momentanées, ne permet pas matériellement de déposer un recours rapidement, et encore moins d'y répondre.

Un des biens trop rares exemples de célérité est la décision récente du juge des référés de la Cour suprême du Sénégal du 22 février 2024, répondant aux demandes de l'opérateur de téléphonie Orange, suite aux suspensions d'internet mobile ayant eu lieu les 7 et 8 février 2024, imposées par le gouvernement sénégalais, en pleine crise politique et électorale. Là encore, les coupures durent généralement moins de 48 heures, ce qui laisse extrêmement peu de temps aux justiciables pour réagir, de sorte qu'un tel contentieux, aussi important soit-il, demeure majoritairement insaisissable. Face aux enjeux financiers d'une telle coupure, c'est bien l'opérateur téléphonique qui est à l'origine du recours. Cette décision fut l'occasion pour le juge des référés de considérer qu'une telle suspension des données mobiles était contraire aux libertés fondamentales, notamment le droit à l'information et à la communication, et disproportionnée. À noter que des recours devant la Cour de la CEDEAO ont également été formulés.

Dans l'affaire *Amnesty International et autres contre Togo,* la Cour de la CEDEAO propose un argumentaire lacunaire, notamment sur les conditions de nécessité et de proportionnalité d'une telle mesure. En effet, si des limitations aux droits et libertés sont admises, elles doivent être les plus limitées possibles[73], afin de trouver un équilibre entre la protection des droits et libertés des individus et la protection de l'intérêt de la société dans son ensemble[74].

Un tel examen nécessite d'interroger la suffisance des raisons justifiant les coupures, la possibilité de solutions moins radicales, l'existence de

[73] Cour de justice de la CEDEAO, *Federation of African Journalists and 4 others v. The Republic of The Gambia*, préc., § 30.

[74] Cour de justice de la CEDEAO, *Incorporated trustees of laws and rights awareness initiatives applicant v. the Federal Republic of Nigeria,* préc., § 156.

garanties permettant d'éviter les abus, mais aussi, l'annihilation potentielle de l'essence même des droits garantis par la Charte[75].

Dans son contrôle de nécessité et de proportionnalité de la mesure, la Cour, dans le cadre de l'affaire togolaise, prend en compte le contexte des invectives dont faisait l'objet le président togolais. En effet, les mouvements de protestation sont nés face à la volonté du chef de l'État de briguer un mandat supplémentaire. D'autre, en ce qui concerne la condition que la mesure adoptée ne porte pas atteinte à l'essence même du droit garanti, celle-ci n'est pas remplie, dès lors que les coupures d'internet sont généralisées, ou encore, de grande ampleur, ce qui fut ici le cas.

Enfin, la Cour de la CEDEAO a pu se prononcer également sur les coupures d'accès à internet en Guinée[76] en mars 2020 et d'octobre à décembre 2020. Reprenant le même raisonnement, elle considère aux que les restrictions n'étaient pas nécessaire, ni proportionnées, ni mêmes justifiées, ce qui constitue une violation du droit des requérants à l'information, ainsi que du droit à la liberté d'expression. Cela s'explique notamment par l'absence de réponse du gouvernement guinéen, en raison du contexte interne, mais aussi de rejet des instances de la CEDEAO, au même titre que le Burkina Faso et le Mali.

Dès lors, le contentieux des restrictions de l'accès à l'internet est de ceux qui, comme de nombreux contentieux relatifs aux nouvelles technologies appliquées aux techniques de gouvernement et aux activités politiques, échappent souvent à l'office du juge, en raison de l'opacité des systèmes de vote électroniques par exemple[77].

---

[75] Commission africaine des droits de l'homme et des peuples, *Zimbabwe Lawyers for Human Rights and Institute for Human Rights and Development in Africa (on behalf of Andrew Barclay Meldrum) v. Zimbabwe,* préc., § 176.

[76] Cour de justice de la CEDEAO, *ABLOGUI, Association Villageoise, Ligue Guinéenne des droits de l'Homme et Centre africain de formation et d'information sur les droits humains et l'environnement c. État de Guinée*, n°ECW/CCJ/JUD/38/23, 31 octobre 2023.

[77] Il en va également du contentieux électoral concernant le vote par internet ou les machines à voter. Voir en ce sens C. ENGUEHARD, « Les dispositifs de vote électronique dits vérifiables », in G. GUGLIEMI et O. (éd.), *Le vote électronique*, Paris, Eyrolles, 2015, p. 183-203 ; B. MOREL, « Les enseignements des expériences européennes du vote électronique », *Revue française de droit constitutionnel*, N° 114, juin 2018, n° 2, p. 371-394 ; V. LESFAURIES et C. ENGUEHARD, « Le vote par chaîne de blocs permet-il de satisfaire l'exigence de sincérité du scrutin ? », in M. BARTOLUCCI, Y. NABAT et K. VAN DEN BERGH (éd.), *Les droits et libertés face aux transformations technologiques*, Bordeaux, Bayonne, Institut francophone pour la justice et la démocratie, 2023, p. 311-326.

Ainsi, bien qu'il y ait un effort de construction d'un droit d'accès à internet, celui-ci demeure difficilement applicable *in concreto*.

## B — L'applicabilité délicate du droit d'accès à internet

L'applicabilité du droit d'accès à internet se heurte à deux difficultés, inhérentes à la nature même de ce droit, et des atteintes qu'il peut connaître, mais également au contexte spécifique du continent africain. Les recours contentieux, nationaux ou régionaux, montrent l'ampleur de leurs limites dans la protection de ce droit fondamental récent (1). Par ailleurs, il y a un véritable problème de réceptivité des acteurs et structures privés dont dépend matériellement l'accès à l'internet et aux plateformes d'échanges et de communication en ligne (2).

### *1 — Les limites des recours nationaux et régionaux*

L'augmentation du nombre de recours effectués à la fois par des individus, des organisations de la société civile, mais également par des entreprises et acteurs privés du secteur des télécommunications et de l'internet devant les juridictions nationales montre l'importance des enjeux du droit d'accès à l'internet.

Les solutions retenues par les juridictions internes sont fonction du régime politique en place[78]. À ce titre, les mesures de blocages prises au Tchad (juillet 2019), en Zambie (octobre 2021), au Soudan (novembre 2021) et au Sénégal (février 2024) ont été condamnées par les juridictions internes, tandis que les coupures d'accès à l'internet au Cameroun en 2017 n'ont fait l'objet d'aucune condamnation, malgré la saisine du Conseil constitutionnel en janvier 2018[79]. Mais ces condamnations n'ont parfois aucune prise sur les gouvernements, dont les autorités ne rétablissent parfois pas l'accès à internet. Au surplus, comme précisé précédemment, ces décisions interviennent souvent *a posteriori*, en l'absence de saisine rapide, ou bien de décision matérielle s'appuyant sur une base légale. Il est délicat d'obtenir la suspension d'une mesure évanescente et intangible en référé devant le juge administratif.

---

[78] V. NDIOR et M. UGUEN, *op.cit.*, p. 432.

[79] ACCESS NOW et INTERNET SANS FRONTIÈRES, « Mémoire d'*amicus curiae* dans l'affaire *Réseau des défenseurs des droits humains en Afrique et al. v. the Ministry of Post and Telecomunications, Cameroon Telecommunications (Camtel) and the State of Cameroon* », 2018, [consulté le 20 décembre 2023]. https://www.accessnow.org/cms/assets/uploads/2018/01/AMICUS-BRIEF_final.docx

Face à cela, les organisations de la société civile se tournent plus facilement vers les juridictions régionales, plus enclines à condamner les États membres. En cela, il est indéniable qu'il y a un véritable travail de justiciabilité du droit d'accès à l'internet sur le continent africain. Cependant, ces timides avancées se heurtent dorénavant au retrait ou suspension des instances communautaires des États membres. Il en va ainsi notamment la Guinée, suspendue de la CEDEAO suite au coup d'État de 2021 (ayant fait l'objet d'une condamnation pour coupure d'accès à l'internet[80]), mais aussi du Burkina Faso, du Mali ou du Niger, qui quant à eux, ont fait part de leur volonté de se retirer de l'organisation le 28 janvier 2024[81]. Ces tensions[82] au sein des organisations rendent l'applicabilité des décisions juridictionnelles d'autant plus précaire.

### *2— Les difficultés quant à la recherche des responsabilités dans les coupures abusives d'accès à l'internet*

Un autre problème inhérent au droit d'accès à l'internet consiste dans les difficultés à définir un cadre juridique applicable aux opérateurs économiques privés ». En effet, certaines entreprises participent de près ou de loin aux coupures d'internet, ou, *a minima*, les facilitent.

Ces structures ne sont certes pas destinataires d'obligations consacrées au niveau régional ou international en matière de protection des droits de l'homme. Pourtant, elles peuvent avoir souscrit aux Principes directeurs des Nations Unies relatifs aux entreprises et aux droits de l'homme[83]. En effet,

[80] Cour de justice de la CEDEAO, *ABLOGUI, Association Villageoise, Ligue Guinéenne des droits de l'Homme et Centre africain de formation et d'information sur les droits humains et l'environnement c. État de Guinée*, préc.

[81] Le 28 janvier 2024, le Burkina Faso, le Mali et le Niger, ayant des juntes mulitaires à leur tête après des coups d'État, annoncent leur volonté se retirer de la CEDEAO et ce avec effet immédiat, sans toutefois en informer l'organisation par voie officielle. Si chaque État membre est libre de quitter l'organisation, ce départ ne peut s'effectuer avant l'expiration d'un délai d'un an stipulé par l'article 91-1 du traité révisé de la CEDEAO. Cependant, le Mali et le Burkina Faso annoncent ne pas vouloir respecter les engagements multilatéraux et tenter une sortie « sans délai ».

[82] Dans un communiqué publié le 25 février 2024, la CEDEAO a décidé de lever les sanctions à l'encontre du Niger, du Mali et de la Guinée. « La Cedeao lève des sanctions contre la Guinée et le Mali » [en ligne], *Le Monde.fr*, 25 février 2024, [consulté le 26 février 2024]. https://www.lemonde.fr/international/article/2024/02/25/la-cedeao- leve-des-sanctions-contre-la-guinee-et-le-mali_6218530_3210.html

[83] ONU/ HAUT-COMMISSARIAT AUX DROITS DE L'HOMME, « Principes directeurs des Nations Unies relatifs aux entreprises et aux droits de l'homme », New York, Genève, 2011, [consulté le 14 avril 2023].

les entreprises, en se prévalant du principe 11[84], peuvent se voir opposer, ou tout le moins, rappeler, la non-conformité de leurs comportements et actions aux engagements relatifs aux droits humains qu'elles ont souscrits.

Par ailleurs, la responsabilité peut également être partagée entre acteurs publics et privés. Valère NDIOR et Martin UGUEN mettent en avant trois difficultés, non spécifiques au continent africain, en la matière[85].

Tout d'abord, il y a un véritable déficit de transparence quant à l'origine des mesures de coupure ou de blocage de l'accès à l'internet. En effet, les gouvernements assument rarement[86] de telles mesures, ce qui rend délicate la matérialisation juridique de celles-ci, comme précisé précédemment. Mais la majeure partie de ces blocages ne sont découverts par les citoyens et internautes qu'au moment de l'exécution de la mesure, sans qu'il n'y ait eu d'explication préalable. Les explications ultérieures, quant à elles, sont plutôt rares et insuffisantes. Il en est ainsi des coupures d'accès à l'internet au Sénégal en juin 2023 n'ont fait l'objet que d'une confirmation laconique de la part du gouvernement, par voie de communiqué de presse[87]. Enfin, il semblerait que ces coupures font l'objet d'échanges exclusivement verbaux, voire informels, entre le gouvernement et les fournisseurs d'accès à l'internet[88], de sorte qu'il est quasi impossible d'attribuer une responsabilité à un acteur particulier lors des coupures d'accès à l'internet.

---

https://www.ohchr.org/sites/default/files/documents/publications/guidingprinciplesbusinesshr_fr.pdf

84 « Les entreprises devraient respecter les droits de l'homme. Cela signifie qu'elles devraient éviter de porter atteinte aux droits de l'homme d'autrui et remédier aux incidences négatives sur les droits de l'homme dans lesquelles elles ont une part ».

85 V. NDIOR et M. UGUEN, *op.cit.*, pp. 433-435

86 Il en va ainsi de la conférence de presse du chef du Service national de renseignement et sécurité soudanais, qui affirme la décision du gouvernement de procéder au blocage des réseaux sociaux et sites d'information en janvier 2019, ou bien encore du communiqué de presse du ministre de la communication, porte-parole du gouvernement burkinabè, affirmant la décision de bloquer l'accès aux réseaux sociaux et sites d'informations pour 96 heures en novembre 2021.

87 « Coupure d'Internet au Sénégal : « Suivre la voie de la censure numérique est préoccupant » » [en ligne], Le Monde.fr, 7 juin 2023, [consulté le 4 septembre 2023]. https://www.lemonde.fr/afrique/article/2023/06/07/coupure- d-internet-au-senegal-suivre-la-voie-de-la-censure-numerique-est-preoccupant_6176623_3212.html

88 SOUTHERN AFRICA LITIGATION CENTRE, « Navigating Litigation during internet Shutdowns in Southern Africa », [consulté le 11 octobre 2023]. https://www.southernafricalitigationcentre.org/wp-content/uploads/ 2019/08/SALC-Internet-Shutdown-Guide-FINAL.pdf

En découle une deuxième difficulté, concernant la répartition des responsabilités entre gouvernements et opérateurs économiques privés. Cette difficulté est d'autant plus importante lorsqu'il n'existe qu'un seul fournisseur d'accès à internet, placé sous contrôle des autorités publiques.

Enfin, les opérateurs économiques privés peuvent être soumis à des pressions légales, ou bien illégitimes, voire encore à des menaces de la part des autorités publiques. Ces structures doivent ainsi tenir compte de la sécurité de leurs personnels et de leurs sites s'ils décident de couper ou de maintenir l'accès à l'internet. L'engagement de la responsabilité de ces entreprises est en tout état de cause complexe lorsque les blocages sont effectués en conformité avec un acte ou une décision administrative.

La problématique de l'accès à internet en période électorale, ou bien en période de crise politique interroge sur la nécessité de rechercher un modèle d'équilibre entre ordre public (électoral), droits fondamentaux numériques, et économie. En effet, le futur de l'espace public à l'ère de la mondialisation et du développement des nouvelles technologies de la communication démontre les difficultés pour les États et les gouvernements à maîtriser l'information et les discours médiatiques, hors des canaux classiques. Cette perte de maîtrise peut entraîner la création de réseaux e-citoyens, qui peuvent connaître certaines dérives (appels à la violence, incitation à la haine, diffusions d'informations erronées/*fake news*), notamment en période électorale ou d'instabilité politique. Il y a donc un véritable besoin d'interroger l'e-citoyenneté, en ce qu'elle peut être tant un moyen de crédibilisation des processus électoraux, qu'un vecteur de soulèvement.

# L'application de la loi nouvelle dans le temps : la jurisprudence du Conseil constitutionnel du Sénégal

***Cheikh Mbacké NDIAYE***

*Docteur en droit public*

*Magistrat affecté au Conseil constitutionnel*

*Membre du Service d'Études et de Documentation (SED)*

Conçu comme un milieu infini, le temps est une notion aussi fondamentale que malaisée à appréhender pour le juge comme pour tout juriste qui porterait un regard sur cette appréhension[1]. Dans la jurisprudence du Conseil constitutionnel du Sénégal, l'influence du déterminant temps est perceptible aussi bien dans les règles de forme, notamment de saisine[2], que dans les règles de fond.

---

1 Cf. M. DISANT, « L'appréhension du temps dans la jurisprudence du Conseil constitutionnel. À propos du changement de circonstances », *Nouveaux Cahiers du Conseil constitutionnel,* 2017, N° 54, pp 19.

[2] En matière constitutionnelle, le Conseil a précisé la méthode de calcul du délai de six jours prévu par l'article 74 de la Constitution en « considérant qu'en raison de la nature et de l'objectif pour lequel il est institué, le délai de six jours francs imparti aux requérants en application de l'article 74 de la Constitution précité doit être calculé sans qu'il ait lieu de distinguer selon qu'il comporte ou non un samedi, un jour férié ou un dimanche ; considérant que lorsque le délai avant l'expiration duquel un acte ou une formalité doit être accompli est un délai franc, la computation doit s'effectuer à compter du lendemain du jour de l'évènement qui le fait courir, et la formalité peut être accomplie jusqu'au lendemain du dernier jour du délai, sauf s'il s'agit d'un dimanche ou d'un jour férié », *Recueil des décisions du Conseil constitutionnel janvier 1993-mars 2019,* Conseil constitutionnel, 2020, pp. 64-69. En application de cette jurisprudence, le Conseil constitutionnel a, dans sa décision n°2/C/2021 du 20 juillet 2021 déclaré irrecevable le recours tendant à faire contrôler la conformité à l'esprit général de la Constitution et aux principes généraux du droit l'ensemble des dispositions contenues dans la loi n° 65-60 du 21 juillet 1965 portant Code pénal ». En effet, le Conseil a considéré que « cette demande doit être déclarée irrecevable, le recours prévu par l'article 74 de la Constitution ne pouvant être dirigé que contre une loi qui n'est encore promulguée ». Voir O. NAREY, « La saisine du juge constitutionnel », *Théorie et contentieux constitutionnels en Afrique,* Mélanges en l'honneur du Professeur El Hadj MBODJ, Volume 2, *Contentieux constitutionnel,* Dakar, L'Harmattan, pp. 741 et s.
En matière électorale, notamment à propos du contentieux des listes de candidats, à peine de forclusion, le mandataire dispose d'un délai de vingt- quatre (24) heures après la publication ou la notification de la décision du Ministre chargé des Élections déclarant sa liste irrecevable pour saisir le Conseil (LO.184 du Code électoral). Décision N°8/E/98 du 16 avril 1998 ; Décision N°8/E/93 du 8 avril 1993. Le Conseil fait application de la théorie de la

Étant une règle de droit, la loi n'est pas perpétuelle, elle s'adapte aux besoins du groupe social auquel elle s'applique. Cela induit naturellement la succession de lois dans le temps. En effet, lorsqu'une loi nouvelle est adoptée, se pose inévitablement la question de son application dans le temps. Le rapport de la loi nouvelle avec les situations passées, les situations en cours, celles à venir, constitue une problématique inéluctablement liée à l'office du juge.

Une telle question peut se poser, lorsque l'application d'une loi nouvelle risque de remettre en cause les situations légalement acquises[3] en vertu des dispositions constitutionnelles et législatives dont le juge doit contrôler la conformité à l'ordre constitutionnel.

Il en est ainsi, lorsqu'intervient une nouvelle Constitution et que le constituant en vertu de ce texte semble vouloir remettre en cause des prérogatives protégées par les dispositions constitutionnelles antérieures. Le plus souvent, en pareilles hypothèses, le juge constitutionnel, garant des droits fondamentaux[4], fait œuvre prétorienne pour protéger les situations

---

connaissance acquise. En effet, dans la Décision N°6/E/2007 du 16 avril 2007, il a estimé que même si le refus de la réception de la liste de candidats n'a pas été notifié par le Ministre chargé des Élections au requérant, ce dernier en a acquis connaissance à travers l'acte dressé par l'huissier requis ; dès lors, le délai commence à courir à compter de la date de cet acte et est donc irrecevable, le recours ayant été introduit après l'expiration du délai légal de vingt-quatre heures prévu par les dispositions de l'article LO. 174 (devenu LO. 184) du Code électoral. En revanche, dans la Décision N°4/E/2017 du 03 juillet 2017, le Conseil a retenu que s'il résulte des pièces du dossier que la décision motivée du Ministère de l'Intérieur, par laquelle il déclare une liste de candidatures irrecevable, n'a pas été notifiée au mandataire, malgré la demande de communication des motifs de rejet adressé à lui par le conseil du mandataire, le délai d'exercice du recours ne commence pas à courir.

En ce qui concerne le contentieux du scrutin, tout candidat au scrutin dispose d'un délai de cinq (05) jours à compter de la proclamation des résultats provisoires par la Commission nationale de Recensement des Votes (CNRV) pour les contester devant le Conseil constitutionnel (article LO. 195 du Code électoral). Dans sa décision sur les affaires N°12 à 29/E/98 du 08 juin 1998, le Conseil a déclaré les requêtes introduites par Iba Der THIAM, Secrétaire général, Samir ABOURIZK, mandataire de la liste CDP-Garab-Gi, déposées au greffe du Conseil constitutionnel le 7 juin 1998, soit 7 jours après la proclamation des résultats provisoires par la CNRV, tardives, donc irrecevables.

[3] Voir P. O. SAKHO, « La protection des situations légalement acquises : l'apport du Conseil constitutionnel du Sénégal », Communication, 8ème congrès de l'ACCF, pp, 101-110.

[4]Cette nouvelle appellation résulte de la révision constitutionnelle de 2016. Voir I. M. FALL, « La réforme constitutionnelle de 2016. Un hommage à l'œuvre du Professeur KANTE », *in Mélanges en l'honneur de Babacar KANTE, Actualité du droit public et la science politique en Afrique,* (dir. A. SALL et I. M. FALL), 2017, p. 160.

légalement acquises ou en cours de constitution conformément à la Constitution, aux objectifs et principes de valeur constitutionnel.

Cette intervention du Conseil constitutionnel se fait soit dans le cadre d'une procédure contentieuse, soit dans le cadre d'une procédure gracieuse. Mais, en toutes hypothèses, le juge privilégie la seule dimension normative au regard des règles, objectifs et principes du droit constitutionnel sénégalais qui, faut-il le rappeler, ont pour objet d'encadrer les phénomènes socio-politiques se produisant au sein de la sphère étatique.

Au demeurant, même si dans la jurisprudence du Conseil constitutionnel, les permisses de l'application de la loi nouvelle dans le futur peuvent être décelées[5], l'analyse de celle-ci permet de se rendre compte que dans les rares occurrences où il est question de l'application de la loi nouvelle dans le temps, c'est le rapport entre la loi nouvelle et le passé ou le rapport entre la loi nouvelle et le présent qui est examiné. Le juge s'évertue, le plus souvent, à préserver la sécurité juridique dans certains cas **(I)**. Dans d'autres, il cherche à objectiver l'application de la loi nouvelle **(II)**.

## I- La préservation de la sécurité juridique

Le Conseil constitutionnel, s'agissant de l'application de la loi, cherche à préserver la sécurité juridique, afin d'assurer la garantie des droits judiciairement acquis **(A)** et de protéger les mandats politiques **(B)** pour éviter leur remise en cause.

### A- La protection des droits judiciairement acquis

Le Conseil constitutionnel du Sénégal dans une décision rendue le 23 juin 1993 a, en se référant à la garantie des droits, déclaré non conforme à la Constitution, la disposition d'une nouvelle loi organique qui conférait à celle-ci un caractère rétroactif[6].

Le contexte juridique de cette décision mérite d'être rappelé. En effet, le constituant sénégalais, avait, lors de la réforme ayant conduit à la

[5] Dans la décision n° 1/C/2020 du 24 février 2020, le Conseil constitutionnel considère que l'article 72 abroge la loi organique n° 2011-15 du 8 juillet 2011 relative aux lois de finances, modifiée par la loi organique n° 2016-34 du 23 décembre 2016 mais constate que l'article 73 diffère l'entrée en vigueur de la présente loi organique jusqu'au 1er avril 2020, à l'exception de ses articles 17 et 18 qui s'appliquent à compter de la loi de finances de l'année 2021.

[6] Cons. const., décision n°11/C/du 23 juin 1993, Rabat d'arrêt, *Recueil des décisions du Conseil constitutionnel janvier 1993-mars 2019,* précité, pp. 64-69.

suppression de la Cour suprême[7], opté pour la création de trois nouvelles hautes juridictions : le Conseil constitutionnel, le Conseil d'État et la Cour de cassation[8].

Cependant, l'une des lois visant à mettre en œuvre la réforme, la loi 92-25 du 30 mai 1992 relative à la Cour de cassation[9] tout comme la loi 92-24 relative au Conseil d'État[10], dans ses dispositions transitoires, avait créé une nouvelle procédure, le du rabat d'arrêt[11]. Également, Cette loi avait prévu le caractère rétroactif de la disposition relative au rabat d'arrêt en permettant aux justiciables de remettre en cause les décisions de l'ancienne Cour suprême en application de cette nouvelle procédure[12]. Il faut rappeler que ladite Cour « veille de 32 ans au moment de sa suppression avait un volume considérable d'arrêts qui pouvaient entrer dans le champ d'application de cet article 33 alinéa 2 »[13].

Un litige avait opposé la Compagnie *Air Afrique* à 5 de ses agents qui avaient été licenciés. Une décision revêtue de l'autorité de la chose jugée avait été rendue par la deuxième section de l'ancienne Cour suprême statuant en matière sociale le 11 avril 1990. L'exequatur avait été réalisé par ordonnance du Président du Tribunal de Grande Instance de Paris, le 13 avril 1992. Dans l'ordonnancement juridique sénégalais, il existe la procédure de rabat qui permettait en application des dispositions sus indiquées de remettre en cause les décisions de justice rendues en dernier ressort[14]. Une requête en rabat d'arrêt avait été introduite par le Procureur Général près la Cour de Cassation sur recours d'ordre du Garde des Sceaux et les conseils de l'une des parties, en l'occurrence la Compagnie Air

---

[7] Loi 92-22 du 30 mai 1992 portant révision de la Constitution, JORS n° spécial 5469, du 1er juin 1992, p. 238.

[8] Avec la loi 2008-35 du 08 août 2008, (JORS, Spécial du 08 août 2008, p. 755), la Cour suprême est restaurée suite à la suppression de la Cour de Cassation et du Conseil d'État. Cette loi a été abrogée par la loi 2017-09 du 17 janvier 2017 modifiée, mais la Cour est restée dans l'organisation judiciaire du Sénégal.

[9] Article 33 de ladite loi.

[10] Article 33 de ladite loi.

[11] Article 33 alinéa 2 de ladite loi.

[12] Voir P. O. SAKHO, « La protection des situations légalement acquises : l'apport du Conseil constitutionnel du Sénégal », précité p. 106.

[13] E. H. MBODJ, « Observations sur la décision du Conseil constitutionnel n°11/C/93 du 23 juin 1993 », *EDJA* N°20, 1993, p.101.

[14] Cf. E. H. MBODJ, « Observations sur la décision du Conseil constitutionnel n°11/C/93 du 23 juin 1993 », précité, p. 98.

Afrique contre la décision de l'ancienne Cour suprême rendue en matière sociale.

L'exception d'inconstitutionnalité, « une voie de droit nouvelle »[15] créée aussi par la réforme constitutionnelle de 1992 avait été soulevée contre cette disposition transitoire qui prévoyait le rabat d'arrêt avec un caractère rétroactif, ce qui avait obligé la Cour de cassation, en application de la législation en vigueur[16], de surseoir à statuer et de saisir le Conseil constitutionnel de l'exception d'inconstitutionnalité ainsi soulevée.

Le Conseil constitutionnel, dans sa décision précitée, avait commencé par indiquer qu'à la date de l'adoption de la loi de 1992 instituant la procédure du rabat d'arrêt, l'arrêt rendu par la Cour suprême et, attaqué au moyen de cette procédure, était devenu définitif du fait de l'épuisement des voies de recours et de l'expiration des délais de recours prévus par les textes en vigueur au moment où il a été rendu et qu'une telle décision était, dans ces conditions, irrévocable. Il a ensuite considéré que, la nouvelle loi de 1992, en créant cette nouvelle voie de recours et en la déclarant applicable à une telle décision de justice remet en cause les droits reconnus aux justiciables en les privant ainsi de garanties constitutionnelles. Il en concluait que la nouvelle disposition législative, permettant d'appliquer cette nouvelle voie de recours à une décision irrévocable, c'est-à-dire « ne pouvant plus faire l'objet de recours ni ordinaire, ni extraordinaire »[17], doit être déclarée non conforme à la Constitution.

La juridiction constitutionnelle considère que la loi nouvelle ne peut saisir le passé et s'appliquer à « des situations légalement acquises »[18], si la garantie constitutionnelle des droits reconnus aux justiciables, dans le cadre des procédures judicaires, risque d'être remise en cause.

Dans ladite décision, le Conseil précise « que les modifications, l'abrogation d'une loi comme la rétroactivité d'une loi nouvelle ne peuvent remettre en cause les situations existantes, que dans le respect des droits et libertés de valeur constitutionnelle ; qu'en effet, s'il appartient au législateur, sous réserve de l'application immédiate de la loi pénale plus

---

[15] S. DIOP, « Une voie de droit nouvelle au Sénégal : l'exception d'inconstitutionnalité », avril 1994, inédit.

[16] Article 92 de la Constitution.

[17] S. KANE, « Panorama de la jurisprudence de la chambre civile et commerciale », *Bulletin d'Information*, Cour suprême, Service de Documentation et d'Études, N°9 et 10, février 2017, p. 68.

[18] P. O. SAKHO, « La protection des situations légalement acquises : l'apport du Conseil constitutionnel du Sénégal », *op.cit.,* p. 107.

douce, de déterminer la date d'entrée en vigueur d'une loi, le pouvoir qui lui est ainsi conféré n'est pas sans limites »[19].

La juridiction constitutionnelle, en ajoutait que la procédure de rabat d'arrêt, prévue par l'article 33 alinéa 2 par la loi organique sur la Cour de cassation, entrainerait une inégalité non justifiée entre les justiciables, en ouvrant la nouvelle voie de recours à certaines d'entre eux et pas à d'autres, selon qu'il cherche à remettre en cause une sentence non entièrement exécutée ou une sentence exécutée. Le Conseil constitutionnel en concluait la violation du principe d'égalité devant la loi et devant la justice, consacré par l'article 6 de la Déclaration des Droits de l'Homme et du Citoyen de 1789, l'article 7 de la Déclaration universelle des Droits de l'Homme de 1948 et l'article 7 de la Constitution[20].

Comme l'écrit le Professeur El Hadj MBODJ, « l'inconstitutionnalité de l'article 33 alinéa 2 de la loi 92-25 du 30 mai 1992 relative à la Cour de cassation provient d'une rétroactivité ne tenant nullement compte des droits fondamentaux inscrits dans la Constitution et les Déclarations auxquelles elle renvoie et qui sont le respect de la chose jugée, l'indépendance du pouvoir judiciaire et l'égalité des citoyens devant la loi et la justice »[21].

Le juge a rappelé les garanties constitutionnelles qui constituent le socle du principe de l'indépendance du pouvoir judiciaire à l'égard du pouvoir législative. Le juge commence par démontrer qu'en voulant anéantir les arrêts de l'ancienne Cour suprême revêtus de l'autorité de la chose jugée par la procédure du rabat d'arrêt, qui vient s'ajouter aux voies de recours existantes, les dispositions de l'article article 33 alinéas 2 de ladite loi portent atteinte à l'autorité de la chose jugée.

Le principe de la non-rétroactivité connait donc une consécration constitutionnelle à la faveur du développement de la jurisprudence constitutionnelle qui l'a rigoureusement recadré[22] car la rétroactivité d'une

[19]*Recueil des décisions du Conseil constitutionnel janvier 1993-mars 2019, op.cit.,* p. 67.
[20]*Recueil des décisions du Conseil constitutionnel janvier 1993-mars 2019, op.cit.,* p. 68.
[21]E. H. MBODJ, « Observations sur la décision du Conseil constitutionnel n°11/C/93 du 23 juin 1993 », *op.cit.,* p. 106.
[22]Cons. const., 23 juin 1993, Rabat d'arrêt, in I. M. FALL (dir.), Les décisions et avis du Conseil constitutionnel du Sénégal, Rassemblés et commentés, Dakar, CREDILA, 2008, pp. 89 et s. Dans le même sens, voir la décision N° 1/C/2025 du 23 avril 2025 du Conseil constitutionnel.

loi nouvelle, ne peut remettre en cause des situations existantes légalement acquises et le principe de la séparation des pouvoirs[23].

**B- La protection des mandats constitutionnellement acquis**

Le Conseil constitutionnel, dans sa mission de protection de l'ordre constitutionnel et de juge de la régularité du processus électoral, a eu à trancher la question liée aux candidatures à la présidence de la République. Dans sa décision du 29 janvier 2012[24], la juridiction constitutionnelle a tranché la question de la constitutionnalité de la candidature du Président Abdoulaye WADE à l'élection présidentielle de 2012[25].

Les requérants faisaient valoir que la candidature de Maitre Abdoulaye WADE viole l'esprit et la lettre des articles 27 et 104 de la Constitution, en ce que ce dernier ferait en 2012 un troisième mandat et ne peut dès lors se présenter à l'élection présidentielle du 26 février 2012. Ils demandaient ainsi l'application du principe de l'effet immédiat de la loi nouvelle.

En réalité, ce qui était demandé au juge c'était de déterminer la période d'applicabilité de la Constitution de 2001 en ce qui concerne le nombre de mandats présidentiels, notamment l'article 27 qui prévoit la limitation de ces mandats à deux. Le Conseil constitutionnel devait décider si le mandat accompli par le Président Abdoulaye WADE de 2000 à 2007 devait être pris en compte dans le décompte des mandats en application de l'article 27 de la Constitution ou si le mandat ainsi accompli qui était acquis sous le régime de la Constitution 1963, abrogée par celle de 2001 était hors de portée de la nouvelle disposition constitutionnelle qui limitait le nombre de mandats à deux.

Il faut rappeler qu'il résultait des dispositions de la Constitution que « la Constitution adoptée entre en vigueur à compter de sa promulgation par le Président de la République. Cette promulgation doit intervenir dans les huit jours suivant la proclamation du résultat du référendum par le Conseil constitutionnel »[26] et que « le Président de la République en fonction poursuit son mandat jusqu'à son terme »[27].

---

[23] C. M. NDIAYE, *La protection juridictionnelle de l'ordre constitutionnel au Sénégal*, Thèse de doctorat en droit public, UCAD, 2016, pp. 174-175.

[24] *Recueil des décisions du Conseil constitutionnel janvier 1993-mars 2019, op.cit.,* p. 401.

[25]Voir les actes du séminaire du 21 Novembre 2011 sur la recevabilité de la candidature de Me Wade, Dakar, Panafrican Systems productions/ *Nouvel Horizon*, 2011, 51 p ; voir C. M. NDIAYE, *La protection juridictionnelle de l'ordre constitutionnel au Sénégal*, précité, p. 48.

[26] Article 108 de la Constitution, alinéa premier.

[27] Article 104 de la Constitution.

Dans sa motivation, le Conseil constitutionnel pose une règle bien connue en droit positif, celui de l'application immédiate de la loi nouvelle en « considérant que la Constitution de 2001 a vocation à recevoir une application immédiate conformément à alinéa 1er de l'article 108 qui dispose que la Constitution adoptée entre en vigueur à compter de sa promulgation par le Président de la République »[28], complétant ainsi la jurisprudence de l'ancienne Cour suprême qui avait déjà jugé que les dispositions de fond de la loi nouvelle ne peuvent rétroagir que si cette loi le prévoit expressément[29], s'il s'agit d'une loi interprétative, d'une loi de validation ou d'une loi pénale plus douce.

Cependant, le Conseil constitutionnel ajoute que le constituant peut en décider autrement, et cette volonté souveraine est traduite par l'article 104 de la Constitution qui dispose que « le Président en fonction poursuit son mandat jusqu'à son terme » et l'alinéa 2 qui précise davantage que « toutes les autres dispositions de la Constitution, (*celle de 2001 s'entend*) lui sont applicables ». Il en résultait, selon le juge, que les dispositions de l'article 27 qui consacrent un seul renouvellement du mandat du mandat du Président de la République ne peuvent s'appliquer au mandat accompli par le Président Wade de 2000 à 2007 et, que « l'article 104 a placé hors de son champ d'application en le faisant régir par la Constitution de 1963 »[30].

On peut le constater, l'impression d'une survivance[31] de la Constitution de 1963 jusqu'en 2007 en dépit de son abrogation par celle de 2001 se dessine à la lecture de la motivation du juge. Cette survivance est une sorte de

---

[28] *Recueil des décisions du Conseil constitutionnel janvier 1993-mars 2019, op.cit.*, p. 404

[29] CS, Arrêt n° 02 du 10 janvier 2013, Ordre des avocats du Sénégal c./ Samba THIAM.

[30] *Ibid.*

[31] Plus généralement, de l'avis de la doctrine, cette surveillance résulte en réalité de l'œuvre du pouvoir constituant ou plus exactement de sa façon de légiférer peu orthodoxe et qui se ressent à travers les Constitutions qui sont succédées de 1959 à 2001 au Sénégal malgré sa volonté de marquer une rupture du nouvel ordre constitutionnel avec l'ancien ordre constitutionnel. Voir E. H. MBODJ, « La Constitution du 24 janvier 1959 », in *les Textes fondamentaux de la République du Sénégal,* (sous la dir.) A. D. KEBE, S. A. NDIAYE et B. BA, Dakar, L'Harmattan, 2021, pp. 23-27.

volonté délibérée exprimée par le constituant à travers les dispositions transitoires[32] de la Constitution de 2001 notamment à son article 104[33].

Dans la tradition républicaine, l'adoption d'une nouvelle Constitution crée une nouvelle source de légitimation des institutions et implique, en ce qui concerne le Président de la République, l'organisation d'une élection présidentielle conformément aux règles fixées par la nouvelle Constitution[34].

Au Sénégal, l'article 105 de Constitution du 22 janvier 2001, à propos des élections politiques, avait prévu que le Président de la République peut organiser des élection anticipées[35]. Seulement, l'article 104 de la nouvelle Constitution autorisait le maintien du Président de la République élu sur la base de l'ancienne Constitution, celle de 1963, sans qu'il ne soit nécessaire de procéder à une élection présidentielle anticipée[36].

## II- L'objectivation de l'application de la loi nouvelle

Dans le rapport qu'entretient la loi nouvelle avec les situations en cours, le Conseil constitutionnel a adopté un ensemble cohérent de solutions à travers lesquelles on peut remarquer le souci de garantir l'objectivation de l'application de la loi nouvelle.

Dans la jurisprudence du Conseil constitutionnel il existe des cas dans lesquels, s'agissant de l'application de la loi nouvelle dans le temps, les situations juridiques en cours sont mises hors de portée de celle-ci dans le souci de les stabiliser **(A).** Dans d'autres affaires, pour assurer le fonctionnement régulier des institutions, il autorise la modulation de l'application de la loi nouvelle dans le temps **(B).**

### A- La stabilisation des situations juridiques en cours

Le rapport entre les situations en cours et la loi nouvelle en matière constitutionnelle a été fixé par le Conseil constitutionnel dans sa décision

---

[32] Voir M. ZAKI, « Petites Constitutions et droit transitoire en Afrique », *Nouvelles Annales africaines, Revue de la Faculté des Sciences juridiques et politiques,* Dakar, CREDILA, 2012, p. 10.

[33] Sur le rapport entre les deux Constitutions on peut lire I. M. FALL, « La Constitution de 1963 et la Constitution de 2001 : continuité ou rupture ? » *Revue de la faculté des sciences juridiques et politiques*, Dakar, N.E.A., novembre, 2005, pp 311-336.

[34] Ce fut le cas en France à la suite de l'adoption de la Constitution de 1958, qui a mis fin prématurément au mandat qu'exerçait le Président René COTY sous la IV République.

[35]Voir D. SY, « Présentation de la nouvelle Constitution du Sénégal », *Nouvelles Annales africaines*, N° 1, Dakar, CREDILA, 2007, p. 288.

[36] *Ibid*

n°1/C/2016 du 12 février 2016 relative à la demande d'avis à propos du projet de révision de la Constitution[37].

Dans cette affaire, le Président de la République, faisant usage des dispositions de l'article 51 alinéa premier de la Constitution[38], avait saisi le Conseil constitutionnel aux fins d'examiner, dans le cadre d'un contrôle préventif, la conformité du projet de révision constitutionnelle à l'esprit général de la Constitution et aux principes généraux du droit.

Le Conseil constitutionnel, en appréciant le fond du projet du projet de loi, a considéré que l'alinéa 2 inséré à l'article 27 qui règle une question de droit transitoire prévoit que la durée du mandat prévue dans le projet de texte de révision s'applique au mandat en cours ; cette règle qui fixe une situation dont les effets sont limités dans le temps est par essence temporaire et cesse, une fois le mandat terminé, de faire partie de l'ordonnancement juridique ce qui est incompatible avec le caractère permanant attaché à l'article 27 de la Constitution dont le pouvoir constituant entend rendre intangible en le rangeant dans les dispositions non susceptibles de révision.

Le juge ajoute que le principe de la sécurité et de la stabilité des institutions est un objectif de valeur constitutionnelle que toute révision de la Constitution doit prendre en considération pour être conforme à l'esprit de celle-ci ; et que le principe de prévisibilité signifie que le droit applicable à une situation doit être connu au moment où celle-ci prend naissance, ce qui renvoie aux règles constitutionnelles écrites mais aussi à la pratique qui les accompagne et aux précédents qui éclairent les pouvoirs publics sur la manière de les interpréter. Le Conseil précisait que s'agissant des modalités d'application dans le temps, des lois de révision ayant une incidence sur la durée du mandat en cours du Président de la République, les précédents se sont succédé de manière constante depuis vingt-cinq ans[39].

Le souci d'objectivisation de la durée du mandat du Président de la République, qui ne peut être réduite ou prolongée à l'occasion des changements de majorité à la faveur du jeu politique ou au gré des

---

[37] *Recueil des décisions du Conseil constitutionnel janvier 1993-mars 2019, op.cit.,* pp. 469-476.

[38]Cette disposition prévoit que « Président de la République peut, après avoir recueilli l'avis du Président de l'Assemblée nationale et du Conseil constitutionnel, soumettre tout projet de loi constitutionnelle au référendum ».

[39]En l'espèce, le Conseil constitutionnel faisait référence à la révision constitutionnelle opérée la loi constitutionnelle n° 91-46 du 06 octobre 1991 et consolidée par la Constitution de 2001 et celle opérée par la loi constitutionnelle n° 2008-66 du 21 octobre 2008 avec le soutien des dispositions transitoires destinées à différer l'application de la règle nouvelle.

circonstances, sans risque de remettre en cause la sécurité juridique et la stabilité des institutions, sont pris au soutien de cette motivation.

Dans le dispositif de la décision, à l'article 3, le Conseil décide *: « La disposition transitoire prévue à l'article 27 dans la rédaction que lui donne l'article 6 du projet et aux termes de laquelle, « Cette disposition s'applique au mandat en cours » doit être supprimée ; elle n'est pas conforme ni à l'esprit de la Constitution, ni à la pratique constitutionnelle, la loi nouvelle sur la durée du mandat du Président de la République ne pouvant s'appliquer au mandat en cours »*[40]. Le Conseil constitutionnel pose ainsi une règle qui a l'allure d'une portée générale, qui semble dérouter même les miniateurs de la réforme constitutionnelle de 2016, selon laquelle « s'agissant des lois de révision ayant une incidence sur la durée du mandat en cours du Président de la République, que les précédents se sont succédés de manière constante depuis vingt-cinq ans (...) que le mandat en cours au moment de l'entrée en vigueur de la loi de révision, par essence intangible, est hors de portée de la nouvelle loi »[41].

Le Professeur Ismaïla Madior FALL fait remarquer que « le Conseil est d'avis que le projet de révision de la Constitution est conforme à l'esprit général de la Constitution et aux principes généraux du droit, sous réserve de revoir la présentation du projet à la lumière des observations qu'il a formulées *et supprimer dudit projet la disposition transitoire modificative de l'article 27 qui prévoit l'application du quinquennat aux mandat »*[42]. En d'autres circonstances, commentant le dispositif, le même auteur écrit : « la terminologie volontairement contraignante du juge et le ton impératif, voire martiale du dispositif (verdict) en particulier avec, par exemple, l'utilisation expresse et itérative de la formule « la disposition transitoire appliquant au mandat en cours la réduction du mandat doit être retiré du texte »[43]. Enfin, après avoir rappelé les considérants pertinents et le dispositif de la décision, l'auteur réitère que « le Conseil est d'avis que le projet de révision de la Constitution est conforme à l'esprit général de la Constitution et aux principes généraux du droit, sous réserve de revoir la présentation du projet

---

[40]Recueil, p. 476.

[41]Recueil, p. 474.

[42]I. M. FALL, « La fonction consultative du Conseil constitutionnel », Actes du Colloque de Dakar, 7 et 8 décembre 2020, *Le Conseil constitutionnel sénégalais dans un contexte d'intégration régionale : Passé, Présent, Devenir*, Dakar, L'Harmattan, 2021, p. 127.

[43] I. M. FALL, « La réforme de Mars 2016. Un hommage à l'œuvre du Professeur KANTE », *Mélanges en l'honneur de Babacar KANTE. Actualité du Droit public et de la Science politique en Afrique,* sous la Direction de Alioune SALL et Ismaila Madior FALL, Dakar, L'Harmattan, 2017, p. 129.

à la lumière des observations qu'il a formulées et supprimer dudit projet la disposition transitoire modificative de l'article 27 qui prévoit l'application du quinquennat aux mandat »[44].

## B- La modulation de l'application de la loi nouvelle dans le temps

Par ailleurs, le Conseil constitutionnel dans sa décision n° 6/C/2016 du 20 décembre 2016, déclarait « qu'en insérant dans l'article 67 de la loi organique 2011-15 du 08 juillet 2011 un cinquième alinéa qui aménage une période transitoire pour tenir compte de l'inaptitude de certains acteurs budgétaires à assumer les fonctions liées à l'ordonnancement ; qu'il avait maintenu provisoirement à compter du 1er janvier 2017, le ministre chargé des Finances dans sa fonction d'ordonnateur principal des crédits toutes les fois que dans un ministère ou une institution constitutionnelle, les conditions techniques ne permettent pas d'assurer la fonction d'ordonnateur sans risque significatif, le législateur ne contrevient à aucune disposition constitutionnelle »[45].

On peut le constater, le juge constitutionnel accorde un brevet de constitutionnalité à la modulation de l'entrée en vigueur de certaines dispositions de la loi de finances qui dans leur finalité ne contreviennent pas aux dispositions constitutionnelles.

L'application de la loi nouvelle relative à la durée du mandat du Président de l'Assemblée nationale[46] a été, aussi, une occasion pour le Conseil

---

[44] I. M. FALL, « Le Conseil constitutionnel et la réforme constitutionnelle de 2016 », *Mélanges en l'honneur du Professeur El. Hadj MBODJ, Théorie et contentieux constitutionnel, Volume 2 Contentieux constitutionnel*, Dakar, L'Harmattan, p. 690.

[45] *Recueil des décisions du Conseil constitutionnel janvier 1993-mars 2019, op.cit.*, p. 515.

[46] Il faut rappeler que la durée de ce mandat n'a pas été toujours stable comme le remarque fort bien le président Papa Oumar SAKHO. En effet, le constituant sénégalais avait, par la loi n°84-34 du 24 mars 1984 (JORS n° spécial 4996 du 26 mars 1984 p. 187) abrogé et remplacé le 1° de l'article 51 de la Constitution pour fixer la durée du mandat du président de l'Assemblée nationale, qui était de 5 ans à l'origine à 1 an ; cette disposition avait été déclarée applicable au mandat en cours du président de l'Assemblée nationale. Ladite disposition de loi de révision constitutionnelle a été reprise par la loi n° 84-35 du 24 mars 1984 abrogeant et remplaçant la loi portant Règlement intérieur de l'Assemblée nationale (JORS n° spécial 4996 du 26 mars 1984 p. 188). De même par la loi constitutionnelle n° 2008-67 du 21 octobre 2008 (JORS n° spécial 6432 du 21 octobre 2008, p. 1040), dont les dispositions ont été déclarées immédiatement applicables, le constituant avait renvoyé, pour la détermination de la durée du mandat du président de l'Assemblée nationale au Règlement intérieur de l'Assemblée nationale ; or le législateur a modifié ce Règlement intérieur pour faire passer cette durée de 5 à 1 an (V. loi n° 2008-68 du 31 octobre 2008 modifiant le

constitutionnel de faire la distinction entre le mandat du Président de l'Assemblée nationale et celui des groupes constitués.

Dans la décision n°2/C/2015 du 26 août 2015 le juge, après avoir rappelé que les dispositions de l'alinéa 1er de l'article 15 de la loi 16/2015 qui prévoit que la durée du mandat du Président de l'Assemblée nationale s'applique à l'actuelle législature, a décidé que le nouvel *alinéa* 2 de l'article 2 de l'article 20 de ladite loi ne s'applique pas aux groupes constitués avant son entrée en vigueur[47].

Par la loi précitée, le législateur avait modifié les dispositions de la loi organique portant Règlement intérieur de l'Assemblée nationale. Lesdites modifications avaient pour objet de fixer la durée du mandat du Président de l'Assemblée nationale, de déterminer les conditions de constitution ainsi que les modalités de fonctionnement des groupes parlementaires, de mettre en conformité le Règlement intérieur de l'Assemblée nationale avec la Constitution dont certaines dispositions ont été révisées et de tenir compte de l'abrogation de la loi 2012-01 portant Code électoral par la loi 2014-18 du 15 avril 2014 et la nouvelle numérotation qui en résultait.

Le Conseil constitutionnel, après avoir constaté que ces modifications ont été adoptées par l'Assemblée nationale dans le cadre de ses compétences constitutionnelles fixées par l'article 62 de la Constitution, précise qu'il est loisible au législateur compte tenu de la nature et de l'objet du texte soumis à l'appréciation du Conseil constitutionnel, d'en déterminer les modalités d'application dans le temps.

Poursuivant son raisonnement, le Conseil s'appuie sur le pouvoir discrétionnaire du législateur qui, tant qu'il tient compte de la nature et de l'objet du texte soumis à son appréciation, constitue une zone de confort impénétrable par l'office du juge « qui ne dispose pas en ce domaine d'un pouvoir d'appréciation identique à celui du législateur »[48].

Pour dénouer le problème juridique, le Conseil constitutionnel en concluait donc que la disposition qui régit la durée du mandat du Président de

---

Règlement intérieur de l'Assemblée nationale JORS n° spécial 6434 du 31 octobre 2008). Voir P. O. SAKHO « « La protection des situations légalement acquises : l'apport du Conseil constitutionnel du Sénégal », *op.cit.*, p. 104.

[47] Ibid.

[48] Voir Cons. const., Décision n° 2/C/2021 rendue le 20 juillet 2021.

l'Assemblée nationale s'applique au mandat en cours du président de l'institution[49].

En revanche, s'agissant du mandat des groupes parlementaires constitués, le Conseil constitutionnel va adopter une autre position. En effet, dans la même décision n° 2/C/2015 du 26 août 2015, il a considéré que le nouvel alinéa 2 de l'article 20 de la loi 16/2015 ne s'applique pas aux groupes constitués avant son entrée en vigueur[50].

La discrimination ainsi opérée par le législateur entre le mandat du Président de l'Assemblée nationale et la durée du mandat des groupes parlementaires constitués échappe à la censure du juge constitutionnel, puisque ce dernier, s'appuyant sur le pouvoir discrétionnaire du législateur, a déclaré la loi conforme à la Constitution.

Au demeurant, faut-il le rappeler, le Conseil constitutionnel a eu à préciser que « s'il appartient au législateur, sous réserve de l'application immédiate de la loi pénale la plus douce, de déterminer la date d'entrée en vigueur d'une loi, le pouvoir qui lui est ainsi conféré n'est pas sans limites »[51] car, en effet, « la modification, l'abrogation d'une loi comme la rétroactivité d'une loi nouvelle, ne peuvent remettre en cause les situations existantes que dans le respect des droits et libertés de valeur constitutionnelle »[52].

On peut remarquer qu'« il y a ainsi une brèche qui est ouverte et qui permet de limiter les pouvoirs du législateur dans la modulation des règles d'application de la loi dans le temps »[53].

---

49 Ibid.

50 *Recueil des décisions du Conseil constitutionnel janvier 1993-mars 2019, op.cit.,* p. 468.

51 Cons. const., décision n°11/C/du 23 juin 1993, Rabat d'arrêt, *Recueil des décisions du Conseil constitutionnel janvier 1993-mars 2019, op.cit.,* p 67.

52 *Ibid.*

53 P. O. SAKHO « La protection des situations légalement acquises : l'apport du Conseil constitutionnel du Sénégal *», op.cit.,* p. 108.

# Retour sur le paradoxe de la perception du constitutionnalisme en Afrique sous administration coloniale française

**_Boubacar BA_**

*Maître de conférences*
*Agrégé de Droit public (CAMES)*
*Faculté des Sciences Juridiques et Politiques*
*Université Cheikh Anta Diop de Dakar, Sénégal*

Il est de ces destins dont l'attachement viscéral à l'Université n'a d'égal que l'exubérance de leur œuvre magistrale. Celui du Professeur Alioune Badara FALL est incontestablement l'un d'entre eux. Ardent défenseur de l'existence et la reconnaissance des systèmes de droits africains[1], le Professeur FALL a, depuis sa Thèse de Doctorat[2], en passant par ses publications, ainsi que le nombre incalculable de participations en qualité de membre à des Jurys de Thèses, brassé un éclectisme prononcé dans les méandres des savoirs juridiques et des causes constructivistes d'un Etat démocratique en Afrique. La redevabilité envers l'illustre Maître qu'il est, nous astreint à cette modeste contribution portant sur une question qui a souvent cristallisé son attention - le *constitutionnalisme*[3]-, au menu d'une (re)lecture des relations juridiques entre la métropole française et les territoires africains, alors sous domination coloniale.

*« L'Afrique est le continent qui a, dans l'Antiquité, été le plus visité par les explorateurs venus de la Méditerranée tant pour s'abreuver de la culture égyptienne que pour y trouver les produits dont avaient besoin les divers*

---

[1] « Le droit africain a-t-il sa place dans le droit comparé ? », *Rencontre sur le développement du droit comparé en France, journée d'études du 23 juin 2004*, Institut de France (Paris), Groupement du droit comparé, GDR, 1199, Paris, éd. Presses Universitaires d'Aix –en Provence, 2008, pp. 162-184 ; « Universalité des droits de l'homme et pluralité juridique en Afrique », *Mélanges Dmitri-Georges Lavroff, La Constitution et les valeurs*, Paris, Dalloz, 2005, pp. 359-380 ; « La Charte africaine des droits de l'homme et des peuples : entre universalisme et régionalisme », *Pouvoirs* N° 129, 2009/2, pp. 77-100.

[2] *La responsabilité extra-contractuelle de la puissance publique au Sénégal : essai de transposition des règles de droit administratif français dans un pays d'Afrique noire francophone*, Université de Bordeaux, 1994.

[3] « Echec du constitutionnalisme français en Afrique et autonomie du droit constitutionnel africain », in *La costituzione francese, Atti del convegno biennale dell associazone di diritto publico comparato en enopeo*, Bari, Università degli, studi, 22 -23 maggio, 2008, pp. 406-436.

*pays »*[4]. Ce tableau singulièrement chatoyant du Continent noir se démarque, bien entendu, de celui qui lui sera subséquent, qui laissera se développer tour à tour la traite négrière[5] et la colonisation[6]. Si l'entreprise de colonisation des territoires africains ne date que de la seconde moitié du XIX$^{ème}$ siècle, elle poussera les Anglais, Portugais, Espagnols, Allemands, et surtout les Français[7] à l'ériger en projet impérial majeur à partir des années 1870. Autant observer qu'à cette période, le fantasme de la *« conquête du monde »*[8] grisa profondément les puissances européennes, qui ne manquaient pas de se disputer[9] des territoires, dans différentes parties du monde.

---

[4] S. Nene Bi, *Les institutions coloniales de l'Afrique occidentale française*, Abidjan, Les éditions abc, 2015, p. 7.

[5] La loi sénégalaise N° 2010-10 du 5 mai 2010 déclare l'esclavage et la traite négrière, crimes contre l'Humanité. Article 1$^{er}$ : *« La République du Sénégal déclare solennellement que l'esclavage et la traite négrière, sous toutes leurs formes, constituent un crime contre l'humanité »* ; Article 2 : *« La présente déclaration solennelle sera commémorée chaque année sur toute l'étendue du territoire national, le 27 avril correspondant à la date de l'abolition de la traite négrière dans les colonies françaises, le 27 avril 1848, à l'initiative de Victor Schoelcher »* ; Article 3 : *« Les programmes scolaires devront, notamment dans les cours d'histoire, inclure cette question et lui réserver suffisamment de place pour que nos enfants comprennent bien ce qui s'est passé et les conséquences de la traite négrière sur l'évolution de l'Afrique »*.

[6] *« [ ...] La rencontre des sociétés négro-africaines avec l'Etat moderne européen s'est produite de façon si violente qu'elle a engendré un choc profond : la transformation structurelle des sociétés africaines, la modification de leurs institutions et de leurs modes de régulation. Cette rencontre est appelée colonisation »*. S. Nene Bi, *Les institutions coloniales de l'Afrique occidentale française*, Abidjan, Les éditions abc, 2015, p. 9.

[7] Léon Gambetta déclarait à Angers : *« Pour reprendre véritablement le rang qui lui appartient dans le monde, la France se doit de ne pas accepter le repliement sur elle-même. C'est par l'expansion, par le rayonnement dans la vie du dehors, par la place qu'on prend dans la vie générale de l'humanité que les nations persistent et qu'elles durent ; si cette vie s'arrêtait, c'en serait fait de la France »*. Voir A. Larané, « XIXème siècle : la colonisation de l'Afrique et ses détracteurs », https://www.herodote.net/La_colonisation_de_l_Afrique_et_ses_detracteurs-synthese-44.php. Consulté le 22 avril 2021.

[8] Les prémices du colonialisme en général se situent à la période de la Renaissance européenne aux XVème et XVIème siècles et certains historiens en fixent le véritable point de départ seulement en 1414 avec une implantation portugaise à Cebta en 1415. Voir M. Al-Ghazali, *Colonialisme*, Le Caire, Al Nahda, 1990, p. 56.

[9] Ainsi en est-il du Cameroun. *« Découvert entre 1471 et 1475 par des navigateurs portugais, le Cameroun connut ensuite des influences espagnole et anglaise avant son annexion en 1884 par les Allemands. Après trente années de colonisation germanique, le pays passa en 1916 sous le double contrôle franco-britannique »*. Voir A. T. Nguelieutou, *Le peuple dans la vie politique camerounaise post-coloniale*, Thèse pour le Doctorat en Science politique, Université de Yaoundé II, 2004, p. 24

Rétrospectivement, la cartographie de la politique coloniale française notamment est assez révélatrice de la ferme détermination des autorités de ce pays à se déployer dans des contrées qui leur étaient peu connues. Cette longue odyssée conquérante qui a conduit le projet colonialiste en Asie (Indochine), en Amérique (Antilles) et dans l'Océanie, (Polynésie, Nouvelle-Calédonie), devait certainement connaître son épilogue en Afrique noire.

Considérée à tort comme une *« terra nullius »*, l'Afrique noire cristallisa alors l'appétence des puissances européennes dopées par leur mission civilisatrice[10] fondée sur des arguments et clichés on ne peut plus saugrenus[11]. Elles parvinrent unilatéralement à s'accorder, à la Conférence de Berlin de 1885[12], sur le découpage de l'Afrique en différents territoires. L'ampleur de l'occupation coloniale amène à retenir qu'en *« 1880, plus de 90% du continent étaient encore dirigés par des Africains, 20 ans plus tard, en 1900, l'Afrique entière, à l'exception du Liberia et de l'Ethiopie, est sous la domination de l'Europe »*[13].

Si la *« parenthèse coloniale »*[14] a plus[15] ou moins duré un siècle (1880-1960), elle n'en restera pas moins historiquement spectaculaire dans la

---

[10] Le 28 juillet 1885, Jules Ferry ne déclarait-il pas : *« Il faut dire ouvertement que les races supérieures ont un droit vis-à-vis des races inférieures. Je répète qu'il y a pour les races supérieures un droit, parce qu'il y a un devoir pour elles. Elles ont le devoir de civiliser les races inférieures »*.

[11] Le cliché de *« mentalité primitive »* développé par Cl. Lévy-Bruhl en 1922 est encore prégnant. Le supposé retard de développement mental et social des Africains a été mis en vedette dans les Circulaires des Gouverneurs généraux Roume (25 avril 1905) et Merlin (20 octobre 1904). Voir P. Ngom, « Le juge indigène et la *charia*, au Sénégal, au début du XXème siècle », in *La trace et le sentier. Mélanges dédiés au Professeur Dominique Sarr*, Dakar, L'Harmattan, Tome 2, 2019, p. 539 ; J. Harmand écrit pour sa part : *« Il faut accepter comme principe, prendre comme point de départ qu'il y a une hiérarchie des races et des civilisations et que nous appartenons à la civilisation supérieure »*. Alors que J. Ferry laissait croire que *« Les races supérieures ont un droit vis-à-vis des races inférieures »*. Voir P-F. Gonidec, *Droit d'Outre-Mer*, Tome 1, Paris, Montchrestien, 1959-1960, pp. 71-72.

[12] J-J. Alcandre, « La Conférence de Berlin 15 novembre 1884 – 26 février 1885 », *Allemagne d'aujourd'hui*, N° 127, 2016, pp. 90-97.

[13] S. Nene Bi, *Les institutions coloniales de l'Afrique occidentale française*, Abidjan, Les éditions abc, 2015, p. 10.

[14] A. Larané, « Afrique : la parenthèse coloniale (1880-1960) », ressource disponible in https://www.herodote.net/La_parenthese_coloniale_1880_1960_-synthese-471.php, consulté le 22 mars 2021.

[15] Certains auteurs considèrent que la colonisation a duré plus d'un siècle. D'après M. Dièye, *« la reprise de la colonie sénégalaise de l'occupation anglaise par la France se fit en 1816. C'est dans le cadre de la nouvelle politique coloniale française que fut mis sur pied, dès*

détermination des traits ataviques qui caractérisent le patrimoine normatif africain. En effet, *« dans toutes les sociétés humaines, les institutions ne peuvent être parfaitement compréhensibles que si on les ramène aux logiques qui les produisent et les sous-tendent dans le temps et dans l'espace »*[16].

Aussi n'est-il pas sans intérêt de rappeler que sous l'appellation *« Empire colonial »*[17], se dissimulait l'ensemble des colonies, territoires sous mandat ou tutelle, protectorats, que la France administrait ou gouvernait entre le XVIème et le XXème siècle. Il s'agissait d'un redoutable système de domination, de répression, d'humiliation et d'injustice que le régime de l'*indigénat*[18] systématisait.

Il n'est pas contestable que la codification du *vécu* socio-politique des territoires africains a été davantage le fait d'auteurs occidentaux[19], cependant, derrière la passion des débats qui ressassent les tribulations relationnelles entre le colon et les colonisés, se dévoile pour les chercheurs une majestueuse entreprise de décryptage des normes qui scellaient leurs rapports. Dès lors, il apparaît avec force, que les données normatives[20] comme les éléments structurels pensés à partir de la logique européenne,

---

*1819, un Conseil de gouvernement et une administration du Sénégal, dont le rôle était plutôt consultatif »*. Voir « Relations entre l'autorité coloniale de l'Afrique occidentale française (AOF) et les Chefs religieux et coutumiers du Sénégal à la lumière des procès-verbaux des délibérations du Conseil privé », *Mélanges offerts au Professeur Saliou Mbaye, Itinéraire d'un militant de la mémoire africaine*, Dakar, Les Editions de l'EBAD, Presses Universitaires de Dakar, 2020, p. 258.

[16] J. John-Nambo, « Quelques héritages de la Justice coloniale en Afrique noire », *Droit et Société* n° 51/52-2002, p. 332.

[17] Celui-ci réunit l'ensemble des *colonies* (Antilles, Réunion), *protectorats* (Tunisie, Maroc), *territoires sous mandat* (Syrie, Liban) et *territoires ayant été sous tutelle*, gouvernés ou administrés. Pour B. Durand, *« La création des différents Gouvernements généraux des colonies à la fin du XIXe siècle coïncide avec la mise en place d'un véritable empire colonial regroupant d'immenses territoires »*. Voir, *« Les pouvoirs du Gouverneur général de l'AOF »*, in C. Becker, S. Mbaye, I. Thioub (dir.), *AOF : réalités et héritages Sociétés ouest-africaines et ordre colonial de 1895 – 1960*, Dakar, Direction des Archives du Sénégal Dakar, 1997, pp. 50 et s. ; Voir également O. Beaud, « L'Empire et l'empire colonial dans la doctrine publiciste française de la IIIème République », *Jus politicum*, juin 2015, pp. 1-77.

[18] I. Merle, « De la "légalisation" de la violence en contexte colonial. Le régime de l'indigénat en question », *Politix*, vol. 17, n° 66, Deuxième trimestre 2004, pp. 137-162.

[19] Pour ce qui est du Droit constitutionnel, d'éminents auteurs se sont distingués : P. Lampué, P-F. Gonidec, G. Conac, etc.

[20] Voir E. Leroy et M. Wane, « La formation des droits "non-étatiques" », *Encyclopédie juridique de l'Afrique, Tome 1er L'Etat et le droit*, Paris, NEA, 1982, pp. 353 et s.

auront largement configuré les destins socio-institutionnels des territoires africains devenus Etats.

Dans ces conditions, s'impose alors un détour dans les méandres de l'Histoire du droit et du Droit constitutionnel à l'effet d'explorer le quadrillage juridique supposé ou réel des territoires africains, alors sous domination coloniale française. En vérité, chaque fois que la discipline du *droit constitutionnel* sort du confort du positivisme ambiant pour se transposer dans l'univers du *vermoulu* des sources archivistiques et de l'Histoire, surgit fatalement l'objection de se le disputer avec l'*histoire du droit*. Il semble dans cette hypothèse, toujours délicat d'opérer le départ entre ce qui relève rigoureusement de la matière constitutionnelle et ce qui reste rattaché à l'histoire du droit, ou plus exactement du droit colonial[21] ou de sa *« matrice »*[22], sachant que les normes en question présentent un degré de cohésion et de complicité qui rend impossible toute tentative de dissection. Cette alchimie fusionnelle de ces disciplines autonomes contraint dès lors le chercheur à se résigner devant leur évidente confluence, tout en privilégiant autant que possible l'optique juridique, puisque *« tous les droits modernes, même ceux dont les tendances paraissent révolutionnaires, sont nés de la transformation des systèmes juridiques qui les ont précédés »*[23]. Ce constat légitime alors l'intérêt de se projeter sur le rétroviseur de l'histoire du constitutionnalisme des territoires sous administration française, non sans tenter au préalable l'exercice d'éclairage de quelques concepts.

Le terme *« paradoxe »* énonce l'idée de « contradiction » (*para* signifie en marge de, au-delà de et *doxa*, opinion, une manière de penser, de juger qui tient pour vraie[24]. Elle évoque donc, un « hiatus » qui « frappe » l'esprit, la logique, la rationalité, du fait de la notable conflictualité qu'il laisse entretenir face une situation objectivement rapportée.

---

[21] Le droit colonial est dans son essence multidisciplinaire : droit foncier, justice administrative, droit fiscal, droit constitutionnel …

[22] M. Badji, « La matrice du droit colonial. De quelques leçons apprises sur la projection coloniale dans ses dimensions juridiques en AOF (XIX$^{ème}$ –XX$^{ème}$ siècles) », in *L'enfant du droit entre pouvoir et société. Servir par la plume et les arpents de terre, Mélanges en l'honneur de Samba Traoré*, L'Harmattan-Mali, 2021, pp. 65 et s.

[23] C. Lovisi, *Introduction au droit*, 4$^{ème}$ éd., Paris, Dalloz, 2011, p. 3.

[24] A. H. Diompy, *Le paradoxe de l'internationalisation du droit constitutionnel en Afrique. Réflexions sur les interactions normatives, institutionnelles et politiques dans l'espace CEDEAO*, Thèse de doctorat de Droit public, Université de Bordeaux 4, 2017, p. 18.

*« L'administration coloniale »* met en selle l'appareil idéologique qui véhicule le projet hégémonique des officiels métropolitains. L'adjectif *« coloniale »* dérivant du verbe *« coloniser »,* est compris d'après le Dictionnaire de la lingue française, comme une *« doctrine qui vise à légitimer l'occupation d'un territoire ou d'un Etat, sa domination politique et son exploitation économique par un Etat étranger »*. Cette perception qui se rapproche de celle de la Biologie[25], est partagée par les juristes qui y voient une *« doctrine ou un système en vertu duquel un Etat pouvait étendre sa souveraineté à de nouveaux territoires non considérés comme relevant de " nations civilisées" »*[26] ou une *« politique d'expansion pratiquée par certains Etats à l'égard de peuples moins développés obligés d'accepter des liens plus ou moins étroits de dépendance »*[27].

Quant au concept de *« constitutionnalisme »*, il masque mal aujourd'hui l'infinie difficulté d'en établir une définition consensuelle. La fréquence de son usage n'a d'équivalent que l'inconfort polysémique qui l'étreint. Pour autant, le terme fascine et s'accommode d'un double prisme de proposition définitionnelle. *Stricto sensu*, le *constitutionnalisme* s'juste à la conception occidentale particulièrement prégnante qui en fait une technique de limitation du pouvoir. Pour B. Kanté, si le droit constitutionnel classique revêtait deux dimensions : une partie consacrée à la théorie générale et un aspect institutionnel, celui moderne *« qui correspond à la naissance du constitutionnalisme, ajoute deux nouvelles dimensions : les droits et libertés fondamentaux d'une part, la justice constitutionnelle d'autre part »*[28]. Cette conception du terme basée sur son contenu, croise celle

---

[25] En biologie cellulaire, une colonie de micro-organismes désigne un ensemble de bactéries réunies pour former un individu de niveau supérieur. Le terme *« coloniser »* renvoie alors à la multiplication et à l'installation de groupes de bactéries dans plusieurs parties du corps. Dans cette optique, la *« colonisation »* apparaît comme un phénomène naturel de dislocation et de prolifération des organismes vivants, exprimant le besoin de conservation et d'expansion uniformément partagé par toutes les espèces. Le besoin d'expansion se rencontre partout dans la nature. Voir A. Alhmri, *La responsabilité internationale de l'Etat pour fait colonial*, Thèse pour le doctorat en droit public, Université d'Auvergne Clermont 1, 2013, p. 12 (note de bas de page n° 4).

[26] J. Salmon (dir), *Dictionnaire de droit international public*, Bruxelles, Bruylant, 2001, p. 193.

[27] P-M. Dupuy, Y. Kerbat, *Droit international public*, 11ème éd, Paris, Dalloz, 2012, pp. 57 et s.

[28] B. Kanté, « La production d'un nouveau constitutionnalisme en Afrique : internationalisation et régionalisation du droit constitutionnel », in J. Abbink, M. de Bruijn (eds), *Land, law and politics in Africa. Mediatory conflict and reshopping the state, in memory of G. Hesseling*, 2011, p. 242.

développée par J-Fr. Aubert, suivant laquelle *« en résumé, le constitutionnalisme groupe au moins quatre idées : une constitution écrite; une constitution qui limite le pouvoir des autorités; une constitution qui vient des citoyens; une constitution supérieure aux lois ordinaires. A quoi il faut ajouter, pour la catégorie des Etats fédéraux : une constitution qui garantit la situation des Etats qui les composent »*[29].

Dans ces deux approches doctrinales, le renvoi à la Loi fondamentale reste plus que prégnant, si bien que *« la Constitution est à la fois symbole et l'instrument du constitutionnalisme »*[30]. Le constitutionnalisme rend ici la Constitution effective[31].

*Lato sensu*, le terme s'arrime à une acception suivant laquelle il traduirait un phénomène ancien variant *« selon le temps et l'espace »*[32] et qui ne saurait être méconnu par une quelconque cellule communautaire quel que rudimentaire soit son cadre organisationnel. Partant de cette conception, l'on vouera alors au *« constitutionnalisme »* une réalité inhérente à toute société ouverte à toute forme d'appréciation des comportements et des règles à l'aune d'un référentiel normatif accepté de tous. Une telle perception du constitutionnalisme traduit une adhésion (active ou feutrée) au texte constitutionnel ou à ce qui en tient lieu, c'est-à-dire les règles et codes consensuels, souvent non écrits, mais régissant des pans essentiels de la vie sociétale. Cette description, rappelant celle à laquelle se plie encore la Grande-Bretagne, exprime une conception plus complète du constitutionnalisme, tel qu'appréhendé sous la période coloniale en Afrique.

Oscillant entre la perception tentaculaire du constitutionnalisme et le *versant* historique[33] du droit constitutionnel, la spécificité de cette réflexion nous dicte ici une combinaison de ces deux prismes d'étude.

---

[29] J-F. Aubert, « La Constitution, son contenu, son usage », *RDS*, vol. 110, n° 11, 1991, p. 21.

[30] P-F. Gonidec, « Constitutionnalismes africains », *RADIC*, 1996, p. 24.

[31] Par conséquent, se passer de sa Constitution, c'est également rejeter toute idée de constitutionnalisme. A l'épreuve de l'apprentissage du pouvoir, certains Etats africains comme le Dahomey (de 1968 à 1977) ou le Togo (1967-1979) ont renoncé au constitutionnalisme en raison du rythme saccadé des coups d'Etat qui abrogeaient ou suspendaient la Constitution en vigueur.

[32] P-F. Gonidec, « Constitutionnalismes africains », *RADIC*, 1996, p. 12.

[33] S. Pierré-Caps, « Le droit constitutionnel et les nations sans Etat : le constitutionnalisme face à l'historicisme », *Civitas Europa*, 2017/1, n° 38, pp. 43-57

L'ambition de se projeter dans le passé colonial des territoires africains sous administration française peut se révéler quelque peu déconcertante pour le juriste constitutionnaliste[34], très attaché à la norme positive, littéralement posée. En effet, le risque de travestissement du cours des récits du passé est l'un des plus grands pièges de la discipline historique, davantage lorsqu'on s'intéresse à un objet d'étude moulé dans la tradition de l'oralité. Ce qui appelle à la prudence quant au crédit à devoir attacher à des récits monographiques ou à des restitutions croisées de certains évènements.

En s'engageant dans l'exploration de la substantialité normative de modèles d'organisation politico-sociales que les ethnologues et anthropologues[35] se sont, avec plus ou moins de réussite, évertués à pénétrer, le séquençage entre ce qui relève du *« médiéval »*, du *« précolonial »* et même du *« colonial »* peut se révéler si factice que tout projet de leur délimitation expose à des conclusions pour le moins superficielles. Cela n'est pas sans provoquer un certain malaise[36] pour le chercheur constitutionnaliste.

A la croisée de l'histoire de la France et celle de ses possessions territoriales africaines, le terrain colonial aura cristallisé une variété de normes juridiques[37] et de disciplines autonomes[38] susceptibles, chacune de déboucher assurément sur des productions scientifiques approfondies.

Ces précautions épistémologiques suscitées, (dès lors) il convient alors de se demander : *« Comment s'appréhende le constitutionnalisme sous la période coloniale » ? « Relève-t-il d'une fiction ou d'une certitude ? Est-il*

---

[34] O. Beaud observe qu'étant *« obsédés par la question de la valeur normative [de la Constitution] »,* les juristes (constitutionnalistes) en *« oublient complètement sa dimension temporelle, et donc le phénomène fondamental de la durée de la Constitution »*. Voir, « L'histoire du concept de Constitution en France. De la Constitution politique à la Constitution comme statut juridique de l'Etat », *Jus Politicum*, n° 3, 2009, p. 3.

[35] E. Le Roy, « Au carrefour de l'anthropologie, du droit et de l'histoire africaine, le dictionnaire d'anthropologie juridique », in *Les univers du droit. Mélanges en hommage à Claude Bontemps*, Paris, L'Harmattan, 2013, pp. 333-343.

[36] D'abord, le malaise face à un passé dont les contours restent diversement relatés par des auteurs aux matériaux aussi variés qu'il y a d'approches. La lecture thématique et analytique disparate suivant les sensibilités disciplinaires, expose fatalement le chercheur en droit à des pistes glissantes vers d'autres champs d'études. Ensuite, le malaise tient aussi à la profusion des groupes communautaires et donc de celle des normes les régissant, enjambant parfois les territoires aujourd'hui vus comme des Etats, ou au contraire se confinant dans des groupes infra-étatiques.

[37] L'on recense les sources écrites, telles que les Constitutions, lois, règlements décrets, arrêtés ainsi que de nombreuses sources infra-réglementaires (circulaires, notes), mais aussi celles non écrites (coutumes, jurisprudence).

[38] Droits administratif, financier, pénal, civil, des obligations …

*possible d'admettre l'existence d'un constitutionnalisme sans Constitution, durant la période coloniale ? ».*

Ces interrogations dévoilent deux centres d'intérêts au moins. D'une part, toute l'histoire de la colonisation est garnie de controverses portées à définir sous toutes les facettes imaginables la nature des rapports entre les territoires autochtones et les métropoles occidentales. Les lectures[39] et analyses en droit constitutionnel, ont surtout cherché à *« localiser »* le constitutionnalisme en période coloniale. Dans ce cadre, nombreuses sont les études qui, au moyen d'une simple déduction syllogistique[40], arrivent à la conclusion que le constitutionnalisme, tributaire d'une *« culture »*[41] constitutionnelle, donc lié à l'existence d'une Constitution, n'était pas connu des sociétés africaines. D'autres études se démarquent de ce *« raccourci intellectuel »* fondé sur un argument *« formaliste »*, pour aller puiser dans la réalité matérielle des règles, et admettre l'idée d'un constitutionnalisme effectivement mis en œuvre par les formes sociétales africaines[42].

---

[39] A propos de la position de la doctrine publiciste française durant la période coloniale, Voir O. Beaud, « L'Empire et l'empire colonial dans la doctrine publiciste française de la IIIème République », *Jus politicum*, juin 2015, 1-77.

[40] La Constitution ne se conçoit a priori que dans un Etat. Or, les territoires sous emprise coloniale n'en étaient guère, donc il ne peut y avoir de Constitution, pas plus qu'un code de conduite censé transcrire l'idée d'un *« constitutionnalisme »*. Il pouvait bien exister un ordre de valeurs (règles coutumières), mais pas de constitutionnalisme.

[41] J. Du Bois de Gaudusson, « Constitution sans culture constitutionnelle n'est que ruine du constitutionnalisme. Poursuite d'un dialogue après quinze années de "transition" en Afrique et en Europe », *Mélanges en l'honneur de Slobodan Milacic, Démocratie et libertés : tension, dialogue, confrontation,* Bruxelles, Bruylant, 2008, pp. 333-348. Toutefois, L. Sindjoun rétorquera qu' *« Il est donc présomptueux et sans doute imprudent d'affirmer péremptoirement* que « constitution sans culture constitutionnelle n'est que ruine du constitutionnalisme ». *La culture constitutionnelle ne préexiste pas toujours aux Constitutions ; ce sont les constitutions, qui alors, en tant qu'elles prescrivent les manières légitimes de faire et de penser la politique, sont au centre de la formation et du développement d'une culture constitutionnelle comme le montre parfaitement la construction du constitutionnalisme japonais après la deuxième guerre mondiale », in Les grandes décisions de la justice constitutionnelle africaine*, Bruxelles, Bruylant, 2009, pp. 8-9.

[42] C'est le cas de M. Glélé-Ahanhanzo pour qui : *« Prise dans son acception matérielle, la Constitution ou la loi fondamentale n'est pas une nouveauté ou un article d'importation en Afrique. En effet, des travaux d'anthropologues, d'historiens, politicologues spécialistes d'études africaines nous apprennent que les Etats et royaumes de l'Afrique précoloniale avaient, chacun, une constitution : loi fondamentale définissant les règles d'accession au pouvoir, d'exercice de l'autorité et même de contrôle du pouvoir. Il en fut ainsi des royaumes Mossi, de Daxomé, du Rwanda, du Burundi, de l'empire du Mali et d'Oyo etc* », *in*, « La

D'autre part, l'intérêt consiste à mettre en perspective de manière plus holistique, *« le pouvoir et le droit en Afrique »*[43], une question déjà lumineusement décryptée par la doctrine africaniste[44]. Il s'agit principalement de voir à travers le fait colonial un cadre d'expérimentation, un laboratoire juridique pour le droit comparé[45] où ont été appliquées maintes expériences juridiques. Réceptacle d'apports juridiques fécondants, le continent africain s'est construit un *« pluralisme juridique »*[46] volontairement assumé et accepté, même si *« les relations entre colonisateurs et colonisés en Afrique sont pour l'essentiel déterminées par l'histoire nationale des peuples, les spécificités locales et les modes d'organisation sociale et sociétale »*[47].

Sur fond de choc de cultures, l'examen du constitutionnalisme sous la période coloniale révèle une sorte de compromis[48] qui n'en enlève pas une perception pour le moins, paradoxale. Eu égard à la nature des relations

---

Constitution ou loi fondamentale », *Encyclopédie juridique de l'Afrique*, Abidjan-Dakar-Lomé, Tome 1, 1982, p. 22.

[43] M. Kamto, *Pouvoir et droit en Afrique noire. Essai sur les fondements du constitutionnalisme dans les Etats d'Afrique noire francophone*, Paris, LGDJ, 1987, p. 169, note de bas de page n° 73.

[44] Les auteurs africanistes les plus remarqués se sont réunis autour de projets importants comme la rédaction et la publication au début des années 1980, des différents Tomes de l'*Encyclopédie juridique de l'Afrique*.

[45] Ce descriptif semble poursuivre les textes constitutionnels ultérieurs comme en témoignent les spécialistes. J-M Breton écrit à ce propos : *« Par leur diversité, les Constitutions des États d'Afrique noire "française" offrent en effet un très vaste champ d'investigation scientifique, dans une perspective comparative », in*, « La construction du constitutionnalisme africain », *Présences françaises outre-mer (XVI ème – XXI ème siècles)*, Tome I, P. Bonnichon, P. Geny et J. Nemo (dir.), *Histoire : périodes et continents*, Paris, Karthala, 2012, p. 1007 ; Dans le même ordre d'idées, J. Du Bois de Gaudusson reconnaît que : *« Les Constitution d'Afrique offrent au comparatiste un vaste et riche champ d'investigation », in, Les Constitutions africaines publiées en langue française*, Paris, La documentation française, Tome 1, 1997, p. 9.

[46] A. Sow Sidibé, *Le pluralisme juridique en Afrique (l'exemple du droit successoral sénégalais)*, Paris, LGDJ, 1991, 383 p.

[47] M. Dièye, « Relations entre l'autorité coloniale de l'Afrique occidentale française (AOF) et les Chefs religieux et coutumiers du Sénégal à la lumière des procès-verbaux des délibérations du Conseil privé », *Mélanges offerts au Professeur Saliou Mbaye, op. cit*, p. 263.

[48] Selon Vincent Kangulumba Mbambi, *« La rencontre des cultures juridiques occidentale (étrangère et essentiellement basée sur l'écrit) et africaine (locale, fondamentalement structurée autour de l'oralité) a donné lieu à un système juridique de compromis »*. V. « Les droits originellement africains dans les récents mouvements de codification : le cas des pays d'Afrique francophone subsaharienne », *Les Cahiers de droit*, 46 (1-2), 2005, p. 317.

juridiques établies, il reste possible d'admettre une véritable illusion d'un constitutionnalisme propre aux colonies (I) quand bien même il faille faire état d'une certaine allusion à un constitutionnalisme propre à ces dernières (II).

## I- L'illusion d'un constitutionnalisme propre aux colonies

Dans son sens *« moderne »*, le constitutionnalisme se confond avec *« l'acceptation à la fois juridique et politique de la supériorité de la Constitution sur toute autre norme »*[49]. Partant de là, le constitutionnalisme renvoie l'image d'une notion qui *« a évolué et [qui] tend à se confondre avec celle de droit constitutionnel ou même de constitution formelle »*[50]. Il suggère donc l'existence d'une Constitution, ou en tout cas de ce qui en tient lieu. A cette conception, s'ajoute une autre qui voit dans le constitutionnalisme, une forme de limitation du pouvoir. Ces deux approches traduites dans l'univers des territoires sous domination coloniale, laissent entrevoir que la faculté de mettre en œuvre une quelconque politique normative de nature constitutionnelle était prohibée, d'où l'idée de déni de normativité constitutionnelle (A), pendant que la limitation du pouvoir politique se révélait précaire (B).

### A- Le déni de normativité constitutionnelle

L'idée de *« crise de la normativité constitutionnelle »*[51] n'est pas seulement contemporaine des systèmes politiques africains postérieurs à l'Indépendance. Le système colonial s'ajuste à une politique de privation de la faculté constitutionnelle de s'autodéterminer en raison d'une diffusion *« métropolitaine »* donc *« centrée »* de la normativité constitutionnelle. Au moyen de cette posture centripète, il a été ainsi question de proclamer formellement l'interdiction d'une normativité constitutionnelle (A), tout en vouant à l'ordre colonial une primauté sur les droits autochtones (B).

---

[49] O. Duhamel et Y. Meny (dir.), *Dictionnaire constitutionnel*, Paris, Dalloz, 2003, p. 212.

[50] Y. S. Lath, « Les évolutions du constitutionnalisme dans les Etats d'Afrique : vers une ingénierie constitutionnelle africaine », *Mélanges en l'honneur du Juge Kéba Mbaye. Administrer la justice. Transcender les frontières du droit*, Toulouse, Presses Universitaires de Toulouse, 2018, p. 335.

[51] F-J Aïvo, « La crise de la normativité de la Constitution en Afrique », *RDP* n° 1, 2012, pp.141 et s ; B. D. Coulibaley, « Des tendances contemporaines de la normativité constitutionnelle. Le cas de l'Afrique francophone », *Revue Juridique et Politique*, n° 4, 2009, pp. 710-783.

### 1- Une interdiction formellement proclamée

L'un des freins les plus étudiés des relations entre la métropole française et les territoires[52] sous domination coloniale, aura sans doute été cette forme de négation statutaire dépouillant les territoires de toute initiative normative d'autodétermination *« constitutionnelle »*. En effet, l'idée de constitutionnalisme, on le sait, suppose la latitude de générer de manière désintéressée la norme constitutionnelle ou équivalente. Or, une telle force créatrice était soustraite à la marge d'action des communautés sous domination coloniale. Prenant racine dans les toutes premières constitutions françaises, le dispositif d'interdiction a d'abord été dirigé vers d'autres territoires sous emprise française, avant d'être élargi aux colonies africaines, suivant une évolution singulière qui mérite d'être présentée. L'impuissance programmatique des territoires sous hégémonie coloniale devait ainsi être réitérée dans toutes les Constitutions françaises qui se succédèrent.

D'une part, il convient d'observer qu'après la Révolution de 1789, la première constitution des 5-14 septembre 1791 précisait en son article 8 que *« les colonies de possessions françaises, quoi qu'elles fassent partie de l'empire français ne sont pas comprises dans la présente Constitution »*. Cette formulation qui n'appelle aucune équivoque, sera autrement reformulée à l'article 91 de la Constitution du 22 frimaire an VIII du 12 décembre 1799, qui posa de manière lapidaire : *« Le régime des colonies françaises est déterminé par des lois spéciales »*. L'énoncé constitutionnel chargeait donc l'autorité législative du pouvoir normatif en matière coloniale[53], avant que cette compétence n'échut à l'autorité réglementaire, sous l'empire de la Charte constitutionnelle du 14 juin 1814, dont l'article 73 disposait que : *« les colonies seront régies par des lois et règlements particuliers »*. Cette extension au pouvoir réglementaire sera néanmoins éphémère puisque l'article 64 de la Charte constitutionnelle du 14 août 1830 revint à la précédente formulation : *« les colonies sont régies par des lois particulières »*. Si l'article 109 de la Constitution du 4 novembre 1848 reconnut que *« Le territoire de l'Algérie et des colonies est déclaré territoire français, et sera régi par des lois particulières jusqu'à ce qu'une loi spéciale*

[52] S. Kh. Coulbary, *La structure juridique de l'empire colonial française sous la III^ème République*, Thèse de Doctorat en Droit public, Université Sorbonne Paris Nord, 2023, 408 p.

[53] G. Conac admet *que « la culture juridique française privilégie la loi comme source créatrice du droit »*, *in* « Les politiques juridiques des Etats d'Afrique francophone aux lendemains des indépendances », *Mélanges en l'honneur de Gustave Peiser*, Grenoble, Presses Universitaires de Grenoble, 1995, p. 142.

*les place sous le régime de la présente Constitution »*, l'article 27 de la Constitution du 14 janvier 1852 innova pour mettre à la charge du Sénat le soin de régler par *« un sénatus-consulte » « la constitution des colonies et de l'Algérie »*. En application de cette indication, nous apprend S. Nene Bi, fut pris *« le sénatus-consulte du 3 mai 1854, base du régime législatif des colonies françaises »*[54].

Il s'infère de cela que le projet d'acculturation juridique des territoires sous domination coloniale se passait donc en marge de l'ordre constitutionnel métropolitain, au moyen de normes infra-constitutionnelles qui ont configuré et reconfiguré le destin juridique des colonies. Cette *« subjugation des systèmes juridiques africains par le droit occidental »*[55] s'imposait jusqu'à la veille de la moitié du XXème siècle. D'ailleurs, la doctrine de la Troisième République (fondée en 1889) était bâtie sur le slogan de l'*assimilation.* Celle-ci, d'après le Doyen M. Badji repose sur l'idée que *« le territoire de la colonie doit être soumis au même régime que celui de la métropole ou, à tout le moins, obéir à un régime constitutionnel, législatif, administratif et économique aussi voisin que possible, si la différence des lieux impose certaines adaptations »*[56]. Aussi, fallut-il attendre la Constitution de 1946 pour entrevoir un début de relâchement de ce corset normatif à travers la création d'une institution particulière, remplaçant l'Empire, à savoir l' *« Union française »*[57].

Il est clair, au vu de cette brève revue chronologique des dispositions constitutionnelles françaises, que le système colonial refusait aux territoires de se doter de leur propre Constitution. Cette centralisation reflétait précisément l'idée défendue par certains auteurs français pour qui *« l'unité*

---

[54] Ce texte distinguait deux catégories de colonies : les Antilles et la Réunion d'une part, et les autres colonies, d'autre part. Ces dernières, d'après son article 18, *« étaient régies par décret de l'empereur jusqu'à ce qu'il ait été statué à leur égard par un sénatus-consulte »*. Voir S. Nene Bi, *Les institutions coloniales de l'Afrique occidentale française*, Abidjan, Les éditions abc, 2015, p. 112.

[55] V. K. Mbambi, « Les droits originellement africains dans les récents mouvements de codification : le cas des pays d'Afrique francophone subsaharienne », *Les Cahiers de droit*, 46 (1-2), 2005, p. 318.

[56] M. Badji, « La matrice du droit colonial. De quelques leçons apprises sur la projection coloniale dans ses dimensions juridiques en AOF (XIXème –XXème siècles) », *op. cit.*, p. 74.

[57] L'Union française, aux termes de l'article 60, *« est formée, d'une part, de la République française qui comprend la France métropolitaine, les départements et territoires d'outre-mer, d'autre part, des territoires et Etats associés »*. Voir *Infra*, dernière sous-partie.

*du territoire et l'unité de l'Etat entraînent onc nécessairement l'unité de constitution »*[58].

En déconsidérant ainsi les dispositifs séculaires et syncrétiques des normes et valeurs africaines, au profit du droit occidental, on a vite fait d'oublier que *« le mérite de toute législation est essentiellement relatif. La meilleure loi est celle qui convient le mieux à l'état politique et social, aux besoins économiques, à la religion et aux mœurs du peuple dont elle doit régir les rapports juridiques »*[59].

Entre les deux univers, les schèmes de conceptualisation et de qualification des phénomènes socio-politiques ne coïncidaient pas toujours, d'où le risque de transposer des certitudes figées propres à l'Occident dans le contexte africain sous emprise coloniale. En effet, avertit M. Kamto : *« lorsqu'on aborde le droit africain, se pose le problème de ses sources et par voie de corollaire, celui de sa nature »*[60]*. Ici, la nature constitutionnelle de cette norme « venue d'ailleurs »*, semble peu importer, pour les communautés africaines. S'en référer à un texte « suprême » régissant la société en général ne semblait guère animer le désir commun des autochtones, dès lors que les normes socio-politiques essentielles sont naturellement acceptées et observées. Mieux, l'on a même assisté à des renonciations volontaires des compétences locales au profit d'un cadre juridique conventionnel, initié par l'Administration coloniale. Tel a été le cas du Traité germano-douala signé le 12 juillet 1884 entre deux firmes commerciales allemandes et les rois Ndumbé Lobé Bell et Akkwa Dika Mpondo de la côte camerounaise[61].

---

[58] P. Lampué et L. Rolland, *Précis de législation coloniale*, 3ème éd. 1940, p. 76.

[59] H. Solus, *Traité de la condition des indigènes en droit privé*, Paris, Sirey, 1927, n° 8 (à propos de l'ordonnance du 24 avril 1833), cité par M. Badji, « Le rôle du magistrat dans le processus de colonisation : le cas du Sénégal à la lumière de l'importation du Code civil français (1830-1972) », *in* H. Roussillon (dir.), *Conférence internationale des Facultés de droit ayant en commun l'usage du français, Existe-t-il une culture juridique francophone ?*, sous la direction de, Toulouse, Presses de l'Université des sciences sociales de Toulouse, 2007, p. 187.

[60] *Pouvoir et droit en Afrique noire. Essai sur les fondements du constitutionnalisme dans les Etats d'Afrique noire francophone, op. cit,* p. 167.

[61] Le contenu du document invite à en restituer ici les grandes lignes :

*« Nous soussignés, rois et chefs du territoire nommé Cameroun, situé le long du fleuve Cameroun, entre les fleuves Bimbia au nord et Kwakwa au sud, et jusqu'au 4° 10', degré de longitude nord, avons aujourd'hui au cours d'une assemblée tenue en la factorerie allemande sur le rivage du roi Akwa, volontairement décidé que : Nous abandonnons totalement aujourd'hui nos droits concernant la souveraineté, la législation et*

Outre la symbolique d'une renonciation aux privilèges dont tout Chef autochtone était dépositaire, l'on ne peut manquer de tenir compte de cette observation de B. Traoré suivant laquelle : *« en cherchant et en acceptant de conclure des traités, avec les régimes politiques locaux, l'autorité coloniale reconnaissait ainsi qu'elle avait affaire à des Etats souverains »*[62].

En tout état de cause, si la faculté de générer un texte constitutionnel a été exclusive à la métropole, l'affirmation de la primauté de l'ordre juridique colonial sur les systèmes de valeurs des territoires dominés, a été également largement entretenue.

### 2- Une primauté entretenue de l'ordre juridique colonial

*« La période coloniale efface naturellement tout ce qu'il y avait comme constitutions traditionnelles »*[63] en Afrique noire. L'effet dévastateur du projet colonial a eu comme corollaire d'imposer une domination exercée sur les structures socio-politiques africaines. En effet, *« s'il est vrai que l'apparition du constitutionnalisme est liée à l'idée de Constitution, fût-elle non écrite, dans le cadre colonial, la Constitution ne pouvait, dans un premier temps, que servir à justifier juridiquement la domination »*[64]. L'emprise coloniale se traduit par une méprise des règles autochtones. Il

---

*l'administration de notre territoire à MM. Edouard Schmidt, agissant pour le compte de la firme C. Woermann, et Johannes Voss, agissant pour le compte de la firme Jantzen et Thormählen, tous deux à Hambourg, et commerçant depuis des années dans ces fleuves.*

*Nous avons transféré nos droits de souveraineté, de législation et d'administration de notre territoire aux firmes sus-mentionnées avec les réserves suivantes :*

*-1. Le territoire ne peut être cédé à une tierce personne.*

*-2. Tous les traités d'amitié et de commerce qui ont été conclus avec d'autres Gouvernements étrangers doivent rester pleinement valables.*

*-3. Les terrains cultivés par nous, et les emplacements sur lesquels se trouvent des villages, doivent rester la propriété des possesseurs actuels et de leurs descendants.*

*-4. Les péages [impôt versé par les commerçants aux monarques locaux pour l'exploitation des terres] doivent être payés annuellement, comme par le passé, aux rois et aux chefs.*

*5. Pendant les premiers temps de l'établissement d'une administration ici, nos coutumes locales et nos usages doivent être respectés ».* A ce propos, voir R. Ngango Sandjè, « Le Traité germano-douala du 12 juillet 1884 : étude contemporaine sur la formation des contrats dans l'ordre juridique intemporel », *Revue québécoise de droit international*, 29.1, (2016), pp. 131-159.

[62] « La colonisation et le problème de la démocratie », *Présence africaine*, n° 97, 1976/1, pp. 56-57.

[63] I. Fall, « La signification du constitutionnalisme en Afrique noire », in J-L. Seurin et J. Béguin (dir.), *Le constitutionnalisme aujourd'hui*, Paris, Economica, 1984, pp. 231-232.

[64] P-F. Gonidec, « Constitutionnalismes africains », *RADIC*, 1996, p. 21.

apparaît évident que le projet colonial déployé par les autorités métropolitaines françaises a noyé toute velléité d'éclosion ou de consolidation d'un constitutionnalisme originaire, au sens contemporain du vocable. Les sociétés politiques destinataires en présence restaient en règle générale liées à une intense tradition d'oralité et de valeurs enveloppées sous le voile des *« non-dits »*, des *« demi-mots »* et des *« non vus »*. Bref, l'indicible y côtoyait l'invisible dans un mutisme concordataire. Au sein de telles formes d'organisations sociales africaines, la vision hiérarchisée des normes ne semblait pas être déterminante, *a fortiori*, s'il se serait agi de les opposer à quelque autre ordre normatif.

Il est clair que les velléités dominatrices du colonisateur ont vivement encouragé la diffusion de mesures aptes à préserver la *« primauté »* annoncée de l'ordre juridique français, en chargeant notamment les autorités législatives et réglementaires d'adopter les mesures applicables dans lesdits territoires. Le sénatus-consulte du 3 mai 1853 répondait sans ambages à cette finalité. Comme le rappelle G. Hesseling : *« les lois provenant du Parlement français et expressément déclarées applicables aux colonies constituaient les sources formelles de droit les plus élevées. Les décrets présidentiels rédigés par le ministre des colonies et signés par le président de la République française représentaient en fait la source de droit la plus élevée »*[65]. A titre illustratif, le décret du 28 décembre1895 visant le protectorat de Madagascar disposait que *« les lois françaises sont et demeurent promulguées dans l'Ile et ses dépendances »*[66].

Dans le sillage du constitutionnalisme, l'ordre juridique colonial[67] éprouvait surtout besoin d'un cadre administratif judicieusement structuré

[65] Puis venaient *« les décrets du Gouverneur général, suivis par les décrets et les arrêtés des gouverneurs locaux, du Conseil général et des conseils municipaux. Tout à fait en bas de l'échelle, se trouvait le droit coutumier : les lois et les coutumes de la population autochtone »*. Voir G. Hesseling, *Histoire politique du Sénégal*, Paris, Karthala, 1985, p. 138.
[66] B. Durand, « Positions Théoriques : l'élaboration législative », in *La justice et le droit : instruments d'une stratégie coloniale*, sous sa dir., Montpellier, CNRS, 2001, p. 142.
[67] L'*« ordre colonial reposait sur la distinction juridique entre citoyens et sujets indigènes. Aux seconds s'appliquait un système juridique particulier, caractérisé d'une part par une justice dite "coutumière", d'autre part par des mesures pénales spécifiques, généralement qualifiées de* Code de l'Indigénat ». Voir E. Blanchard et J. Glasman, « Le maintien de l'ordre dans l'empire français : une historiographie émergente », *in* J-P. Bat et N. Courtin (dir.), *Maintenir l'ordre colonial*, Rennes, Presses Universitaires de Rennes, 2012, p. 20. Constitué d'un ensemble de textes adoptés au fil de l'entreprise coloniale, le *« Code de l'indigénat »*, institutionnalisé d'abord en Algérie (1881) fut progressivement ensuite, étendu au Sénégal (1887), à Madagascar (1898), à tous les territoires de l'AOF (1904) et de l'AEF (1907), ainsi qu'au Togo et au Cameroun (1923-1924).

pour relayer le programme colonial sous le contrôle d'un appareil judiciaire, pour le moins complexe.

D'une part, dans tous les textes constitutionnels français, le besoin de régir, et donc d'administrer les territoires coloniaux se démarque comme une impérieuse finalité. Il s'agissait essentiellement de l'impératif de garantir la cohérence de l'action et de la décision publiques. A ce propos, tous les territoires n'ont pas initialement connu la même dynamique d'implantation des appareils administratif et judiciaire.

D'un point de vue stratégique, le déploiement des structures administratives coloniales s'est d'abord développé dans les Etats côtiers avant de gagner l'intérieur du continent. En effet, si la colonie sénégalaise a pu accueillir au XIX^ème^ siècle, l'expérience de la décentralisation à travers la création des quatre (4) communes[68], cette approche organisationnelle des territoires fut étendue en 1891, à l'initiative du gouvernement colonial. L'on assigna au Gouverneur Général de l'AOF[69] (Afrique Occidentale Française) la mission de créer des communes mixtes, de règlementer leur fonctionnement et d'assurer leur progrès à travers *« une évolution prudente les conduisant du statut de Commission municipale nommée à celui de Commission municipale élue au suffrage universel »*. Quant à la colonie de Haute Volta, elle fut créée le 1^er^ mars 1919 suite au démembrement du territoire du Haut-Sénégal-Niger, supprimée le 5 septembre 1932 et partagée entre la Côte d'Ivoire le Mali et le Niger[70]. *« Jusqu'à la*

---

[68] Ce fut d'abord le décret du 10 août 1872 qui créa les communes de Saint-Louis et de Gorée. Ensuite, la commune de Rufisque fut instituée en 1880 avant que celle de Dakar ne fusse créée en 1887. Il était conféré à ces communes le statut de plein exercice, c'est-à-dire un traitement analogue à celui des communes françaises à l'exception notable du régime financier. Les originaires de ces quatre Communes de plein exercice avaient reçu la citoyenneté française par la loi du 29 septembre 1916. Voir M. Diouf, « Assimilation coloniale et identités religieuses de la civilité des originaires des Quatre Communes du Sénégal », *in* C. Becker, S. Mbaye, I. Thioub (dir.), *AOF : réalités et héritages Sociétés ouest-africaines et ordre colonial de 1895 – 1960*, Tome 2, sous la dir., Dakar, Direction des Archives du Sénégal Dakar ·1997, pp. 837-850 ; Voir également F. Zuccarelli, *La vie politique dans les quatre communes du Sénégal de 1871 à 1914*, Thèse en Lettres, Paris I.

[69] A noter avec Ibrahima Traoré que *« L'Afrique Occidentale Française est créée par un décret du 16 juin 1895. Elle regroupe à son origine quatre colonie : le Sénégal, le Soudan, la Guinée et la Côte d'Ivoire »*. Voir, *L'Etat de droit dans les Républiques du Mali et du Sénégal*, Paris, L'Harmattan, 2017, p. 47.

[70] La raison officielle avancée pour justifier cette suppression c'était de détourner au profit de la colonie de Côte d'Ivoire, les courants commerciaux importants que la colonie de Haute Volta entretenait avec la Gold-Coast (Ghana), mais aussi de redresser la situation financière de la Fédération de l'Afrique occidentale française (AOF) en faisant l'économie d'un

*Conférence de Brazzaville, il y avait à la tête de la colonie de la Haute Volta, un lieutenant-gouverneur qui était basé à Ouagadougou. Ce lieutenant-gouverneur dépendait d'un gouverneur général de l'Afrique occidentale française dont le siège était à Dakar. Les autres institutions politiques étaient le conseil du gouvernement et les chefs des circonscriptions administratives. Le conseil du gouvernement était nommé par arrêté du lieutenant-gouverneur »*[71].

Pour sa part, la colonie de Côte d'Ivoire a été instituée par un décret du 10 mars 1893 et administrée par un gouverneur dépendant lui-même du gouverneur général de Dakar[72].

S'il reste vrai, comme le reconnaît G. Hesseling[73] que le décret adopté par le pouvoir colonial en date du 18 octobre 1904 *« servit de constitution à l'AOF »*, le *modus operandi* des administrateurs coloniaux est expliqué par certains spécialistes : *« Pour asseoir leur régime, les administrateurs coloniaux s'ingénièrent d'abord à détraquer la société "traditionnelle". Ils évincèrent ainsi les vrais "cadres" ou les vidèrent de toute autorité par de quotidiennes humiliations »*[74]. En tant que *« Chef de tous les services »*, le Gouverneur *« intervient dans le domaine du service judiciaire »* en veillant *« à l'administration de la justice »* et en se faisant *« rendre compte périodiquement de la marche des affaires, par le Chef de service judiciaire »*[75]. Cette même fonction omnipotente se retrouve dans les territoires d'Afrique centrale.

Ainsi, au Congo, *« le colonisateur se substitua totalement aux dirigeants autochtones. De ce fait, il lui revenait de remplir les trois missions fondamentales découlant de la souveraineté, à savoir légiférer, juger et administrer »*[76]. La fusion entre ces attributions entretenait la confusion dans la qualification des pouvoirs importants dont se réclamait le chef de l'ordre juridique colonial.

---

gouverneur et de son Etat-Major. Voir A. Loada, L-M. Ibriga, *Précis de de droit constitutionnel et institutions politiques*, 2007, p. 300.

[71] A. Loada, L-M. Ibriga, *Précis de de droit constitutionnel et institutions politiques*, 2007, p. 300.

[72] F. Meledje Djedjro, *Droit constitutionnel*, Abidjan, Les éditions abc, 2014, p. 261.

[73] G. Hesseling, *Histoire politique du Sénégal*, Paris, Karthala, 1985, p. 137.

[74] B. Boussoukou, « L'organisation de la chefferie indigène à Ntima et a Divenie Congo (1923-1941), *Présence africaine*, 1978/3 n° 107, p. 133.

[75] P. Lampué, L. Rolland, *Précis de législation coloniale*, 3ème éd. 1940, p. 76.

[76] L. Zoubabela, *Les Tribunaux de droit local au Congo et dans les autres pays d'Afrique Centrale*, Thèse d'Etat en Droit, Université Paris 2, 1972, p. 3.

Le pouvoir colonial, tout en mettant en place son propre dispositif administratif, mettait aussi en place l'appareil administratif local, subalterne au premier, composé d'autorités autochtones, organisées autour du commandant de cercle, du chef de cantons et des chefs de village.

D'autre part, le processus de mise en place de l'appareil judiciaire a également échappé aux communautés africaines. L'architecture juridictionnelle a été soigneusement sous emprise des autorités coloniales. Si bien qu' *« Au début de la colonisation, l'Administration Française s'est livrée à une tâche sérieuse consistant à instituer dans les colonies d'Afrique de l'Ouest, une justice adaptée au contexte indigène et conforme aux principes du droit et de la civilisation occidentale »*[77].

A la vérité, le système judiciaire en période coloniale offre l'image d'un édifice volontairement hétéroclite. En aménageant des régimes statutaires différents au sein du corps social (la nationalité française reconnue avec ou sans citoyenneté, le statut d'indigène[78], celui d'administrés togolais et camerounais, celui des ressortissants des autres Etats européens, ceux des autres territoires ...), nul doute alors que le pouvoir colonial s'exposait à une organisation complexe de leur *justiciabilité* devant les tribunaux. L'aménagement disparate explique la coexistence des ordres judiciaires, même si dans le fond, le pouvoir colonial *« sécrétait »* toutes règles propres à assurer sa judicieuse organisation. Cette mainmise traduisait pareillement une optique de domination.

Dans ce cadre, les juridictions coutumières qui ont pris la dénomination de *« tribunaux indigènes »*, puis *« tribunaux de droit local »* en 1954, ont donné lieu à un foisonnant substrat normatif constitué de décrets et arrêtés modifiés à maintes reprises[79]. A cet égard, il est possible de recenser les décrets des 11 mai 1892, 26 juillet 1894 et 16 décembre 1896, rédigés en termes identiques comme étant les textes précurseurs d'une justice coutumière en AOF, impliquant la Guinée, le Dahomey et à la Côte d'Ivoire. Leur article 27 énonçait : *« Sont maintenues les juridictions indigènes*

---

[77] D. Dione, « Réflexion sur la rédaction des coutumes dans les sociétés sénégalaises du 19ème au 20ème siècle », *Revue Africaine de Sciences Politique et Sociale*, N° 39, décembre 2022, p. 278.

[78] M. Ndiaye, « L'exclusion des indigènes originaires des quatre communes de plein exercice du Sénégal de la citoyenneté française », *RFDC* n° 117, 2019/1, pp. 97-118.

[79] G. Mangin, « Les institutions judiciaires de l'AOF », *in* C. Becker, S. Mbaye, I. Thioub (dir.), *AOF : réalités et héritages Sociétés ouest-africaines et ordre colonial de 1895 – 1960*, Direction des Archives du Sénégal Dakar ·1997, p. 142.

*actuellement existantes »*[80]. Ce qui revenait à dire que les pouvoirs juridictionnels initialement détenus par les chefs de village et des chefs de canton assistés des anciens ou des chefs de famille étaient ainsi conservés.

A côté, étaient érigés les tribunaux coutumiers, instaurés par le décret du 26 juillet 1944, les tribunaux de cercle, appelés tribunaux de second degré, le tribunal supérieur de droit local, des tribunaux musulmans ... Tout ce système judiciaire indigène, aux yeux de certains observateurs, *« n'était, à tout prendre, qu'une fiction juridique qui permettait à l'administration d'encercler la société locale pour mieux l'orienter vers les buts qu'elle s'était fixés »*[81].

Parallèlement à cet ordre judiciaire local, était aménagé un système judiciaire de droit français installé dans l'espace territorial des colonies. En AOF, l'ordonnance du 7 janvier 1822 et celle du 24 mai 1837 créèrent respectivement le tribunal de Gorée et la Cour d'appel de Saint-Louis qui furent les premiers du genre. Très rapidement cependant, fut mise en place une organisation hiérarchisée qui se déploya progressivement sur tous les territoires sous domination française. A cet égard, c'est un décret du 11 mai 1892 qui créa des justices de paix à compétence étendue à Conakry, Grand Bassam et Porto-Novo avec un Conseil d'appel à Conakry[82]. Il faut reconnaître que l'architecture judiciaire de la Métropole apparaîtra plus élaborée, et comprenant des Cours d'appel, des Cours d'assises, des tribunaux de première instance et les justices de paix, statuant sur différentes matières (commerciale, civile, pénale ...).

Il convient de retenir pour ce qui est de l'Afrique équatoriale française, que c'est au début du XXème siècle qu' *« une série de textes, parmi lesquels le très élaboré décret du 10 novembre 1903, inaugurent cette colonisation judiciaire très mouvementée »*[83]. Ce texte fut plusieurs fois amendé et adapté à chaque fois à la spécificité du territoire visé. Son article 1er disposait : *« Sur toute l'étendue du territoire relevant du Gouverneur général de l'A.E.F., la justice est administrée, à l'égard des indigènes tels qu'ils sont définis à l'article suivant, par les juridictions indigènes qui sont :*

---

[80] *Ibidem*, p. 142.

[81] M. Gueye, « Justice indigène et assimilation », in, *AOF : réalités et héritages Sociétés ouest-africaines et ordre colonial de 1895 – 1960, op. cit.* p. 169.

[82] G. Mangin, « Les institutions judiciaires de l'AOF », in, *AOF : réalités et héritages Sociétés ouest-africaines et ordre colonial de 1895 – 1960, op. cit,* p. 148.

[83] J. John-Nambo, « Quelques héritages de la Justice coloniale en Afrique noire », *Droit et Société* n° 51/52-2002, p. 338.

*des tribunaux de conciliation, des tribunaux du premier degré, des tribunaux du deuxième degré, une Chambre spéciale d'homologation »*[84].

Tout compte fait, l'installation de ces deux ordres juridictionnels opérait le départ entre les litiges soumis aux juridictions de type traditionnel et ceux portés devant les tribunaux de type occidental. L'on note à ce propos, que *« la distinction entre ces deux espaces juridictionnels dépendait en général du statut juridique des justiciables : les tribunaux coutumiers pour les indigènes, c'est-à-dire les personnes soumises au statut local et auxquelles on appliquait le droit coutumier ; la justice moderne pour les citoyens français auxquels on appliquait les codes civil et pénal ainsi que le droit public français »*[85].

La production d'un tel système judiciaire *« éclaté »* obéissait à une préoccupation basique : chercher à ménager les pratiques autochtones tout en leur imposant un autre ordre judiciaire qui les surplombe, les domine et les phagocyte peu à peu. L'organisation a également permis au colon de désarticuler les schémas et ressorts qui sous-tendaient jusque-là *le modus vivendi* des peuples autochtones.

En somme, en prenant appui sur l'appareil administratif comme sur celui judiciaire, il s'est agi à cette époque d'encourager *« un constitutionnalisme destiné à favoriser l'exploitation des territoires africains, sous l'effet de l'autorité contraignante des Etats coloniaux »*[86].

Si donc, sous les oripeaux de son acception moderne, le « constitutionnalisme » en vigueur durant la période coloniale semble s'éclipser dans le déni de normativité constitutionnelle, une autre donnée en rajoute au scepticisme, c'est la frêle limitation du pouvoir.

### B- La limitation précaire du pouvoir

*« L'idéal d'un constitutionnalisme »*, expliquent Y. Poirmeur et D. Rosenberg, se décline en *« une limitation de tout pouvoir par des principes*

---

[84] *Ibidem.*

[85] F. Meledje Djedjro, « Regard d'Afrique », in, H. Roussillon (dir.), *Existe-t-il une culture juridique africaine ?*, Toulouse, Presses de l'Université des sciences sociales de Toulouse, 2007, pp. 267-268.

[86] Y. S. Lath, « Les évolutions du constitutionnalisme dans les Etats d'Afrique : vers une ingénierie constitutionnelle africaine », *Mélanges en l'honneur du Juge Kéba Mbaye. Administrer la justice. Transcender les frontières du droit*, Toulouse, Presses Universitaires de Toulouse, 2018, p. 335.

*permanents de gouvernement »*[87]. Cet idéal de limitation, de cantonnement du dépositaire des prérogatives de puissance publique, judicieusement logé dans la théorie de la séparation des pouvoirs, semble difficilement correspondre aux différents types d'organisations socio-politiques africaines sous le régime colonial. Ici, le constitutionnalisme en tant que technique de limitation du pouvoir est difficilement saisissable, tant le cantonnement organique parait factice (A) rendant alors tout désir de contrôle aléatoire (B).

### 1- Un cantonnement organique factice

Pour le Doyen B. Kanté, *« si le constitutionnalisme se définit comme l'adhésion à un texte constitutionnel ou à ce qui en tient lieu, et à la garantie juridiquement organisée de sa suprématie, parler de constitutionnalisme en Afrique avant 1989, surtout à la lumière de l'évolution politique actuelle des Etats africains, peut relever du paradoxe ou de la provocation »*[88]. Cette réflexion qui pourtant n'est vieille que d'une trentaine d'années à peine, peut être projetée sous l'empire de la colonisation. Se convaincre d'un équilibre résultant de la confrontation des compétences reconnues aux organes (politiques et judiciaires) était chimérique. Aussi bien pour les structures coloniales que pour celles locales, il apparaissait hasardeux d'établir l'existence effective et efficace de freins portés à contenir les excès dont l'exercice du pouvoir donnait lieu. En dépit de la primauté de l'ordre colonial sur celui des pouvoirs autochtones, la polarisation des compétences entre les mains des Chefs locaux ne laissait pas en général place à des digues élaborées et durables, même s'il reste vrai que des circonstances particulières pouvaient ponctuellement donner l'impression de la réalité des *« checks and balances »*.

A partir du moment où la distribution du pouvoir attendu dans le cadre du schéma aujourd'hui très en vogue de la séparation des pouvoirs, n'était point effective, l'on mettrait en doute l'effectivité du constitutionnalisme. En la matière, différents facteurs, sans doute liés à la spécificité de la sphère de l'étude, sont à prendre en considération.

D'abord, l'on ne peut manquer de faire le constat d'une pluralité des centres de diffusion du pouvoir. La cohabitation entre les différentes chefferies locales et l'administration métropolitaine dans les territoires français

---

[87] Voir, « La doctrine constitutionnelle et le constitutionnalisme français », *Les usages sociaux du droit*, Paris, PUF, 1989, pp. 230-251.

[88] Voir, « Le constitutionnalisme à l'épreuve de la transition démocratique en Afrique », in C. Zoethout (ed.), *Constitutionalism in Africa*, Sander Institut, 1996, pp.17- 32.

renseignait à suffisance sur l'exercice concurrente des compétences décisionnelles. S'il reste vrai, comme rappelé *supra* que l'autorité coloniale prévalait sur celle des sphères locales, cela ne dépossédait cependant pas cette dernière de son rayon d'influence. Or, les deux niveaux de décision étaient mus par des visées tout à fait différentes. Alors que le Chef autochtone ambitionnait d'entretenir une influence réelle dans la manière de régir ses sujets, l'administrateur local restait aligné sur le mot d'ordre de sa hiérarchie métropolitaine déterminée à mettre en œuvre le projet colonial et de surcroît l'appropriation des ressources du territoire.

Ensuite, bien que souhaitée et même mise en œuvre, la répartition des compétences (telle que comprise dans la théorie de la séparation des pouvoirs) n'était point rigoureusement assurée. Dans l'univers des organisations socio-politiques occidentales comme africaines, le culte du chef unique répudie *a priori* toute velléité de délimitation matérielle. Cela fonde d'ailleurs cette interrogation légitime d'un spécialiste se demandant : *« comment enraciner profondément un principe aussi contraire à la tradition que celui de la séparation des pouvoirs, qu'elle soit souple ou rigide ? »*[89].

En réalité, convergeait sur la figure du Chef toutes les attributions sociales, y compris la fonction de rendre justice. L'éclat de la légitimité personnelle du Chef irradiait tout le microcosme social. A cet égard, citant l'exemple des peuples d'Afrique centrale, en particulier du territoire congolais, J. Maquet relève que *« les fonctions judiciaires ne sont pas toujours exercées par des juges distincts du chef et, même lorsqu'elles le sont, celui-ci conserve toujours un contrôle direct sur les sentences qu'il doit approuver quelquefois et peut toujours réformer »*[90]. Un tel diagnostic laisse songeur, quant à l'impératif de préserver les droits et libertés, eu égard au nombre incalculable de brimades, corrections et emprisonnement que le régime colonial faisait subir aux originaires.

En Afrique centrale, l'arrêté du 23 mai 1898 du Commissaire Général portant promulgation dans la colonie du décret en date du 21 septembre 1897 fut le premier texte contenant des indications relatives à la justice indigène. Ce texte laissait aux administrateurs, la liberté de réprimer les délits et les contraventions commis par les indigènes. Les crimes étaient déférés devant le Conseil d'Appel (juridiction pour métropolitains),

[89] P-F. Gonidec, « Constitutionnalismes africains », *RADIC*, 1996, p. 31.

[90] « Droit coutumier traditionnel et colonial en Afrique centrale », *Journal de la Société des Africanistes*, 1965, tome 35, fascicule 2. p. 414.

constitué en tribunal criminel[91]. Cette compétence répressive investie sur l'autorité administrative mettait en cause les autres pouvoirs (notamment juridictionnel), mais aussi s'opposait au sens originel du constitutionnalisme, celui d'une technique de délimitation des compétences. Or, comme le fait remarquer B. O. Nwabueze : *« il n'y a pas de doute que le cœur et l'élément essentiel du constitutionnalisme est la limitation du gouvernement par une garantie constitutionnelle des libertés civiles individuelles ... »*[92]. Une telle perception ne convenait absolument pas à la stratégie coloniale. Bien au contraire, ce trait du constitutionnalisme relevait plutôt d'un luxe dont ne pouvaient se prévaloir une partie importante des populations.

Il se dégage de tout cela que ce constitutionnalisme d'*en haut*, dicté par la métropole n'admettait guère dans les territoires africains, les vertus classiques (libertés politiques, droits individuels...) pourtant contenues dans les textes phares, en vigueur, en particulier la Déclaration des droits de l'Homme et du Citoyen de 1789[93]. L'impérialisme colonial porté par le *« constitutionnalisme » « avait pour but d'introduire en Afrique un nouvel ordre social, conforme aux intérêts de la métropole et de substituer, autant que possible un droit des institutions d'origine européenne au doit et aux institutions traditionnels. Mais la domination excluait que les autochtones puissent bénéficier des conséquences attachées au constitutionnalisme classique appliqué en métropole : liberté politiques et libertés individuelles »*[94].

En plus du cantonnement organique qui est inexistant, l'on se rend compte, dans le prolongement de cette idée qu'il n'y avait pas de contrôle efficace, ou à tout le moins, que le dispositif se révélait aléatoire.

### 2- Un dispositif de contrôle aléatoire

Selon le *Dictionnaire de la culture juridique*[95], parmi les différentes acceptions du *constitutionnalisme « ancien »*, on peut retenir celle qui

---

[91] L. Zoubabela, *Les Tribunaux de droit local au Congo et dans les autres pays d'Afrique Centrale*, Thèse d'Etat en Droit, *op. cit*, pp. 91-22

[92] *Constitutionalism in the Emergent States*, London, Cornwell University Press, 1973, p. 10.

[93] Pour J. Ferry, *« la Déclaration des Droits de l'Homme et du Citoyen n'avait pas été écrite pour les Noirs ! »*. Voir M. Debène, « La signification de la Déclaration des Droits de l'Homme et du Citoyen de 1789 dans les Constitutions des Etats d'Afrique francophone », *Revue Juridique Africaine*, n°1, 1990, p. 47.

[94] P-F. Gonidec, « Constitutionnalismes africains », *RADIC*, 1996, p. 22.

[95] D. Alland, S. Rials, (dir.), *Dictionnaire de la culture juridique*, Paris, Lamy PUF, 2003, p. 266.

institue des *« freins que les régimes de l'Antiquité mettaient à l'exercice du pouvoir politique afin de substituer le règne de la loi à celui des hommes ou d'assurer le règne de la "justice" »*. En d'autres termes, cette conception médiévale du constitutionnalisme promouvait un dispositif susceptible de tendre vers l'équilibre, au moyen de mécanismes de contrôles raffinés. Cette déclinaison s'attache ainsi à l'identification de *« contre-pouvoirs »* de nature à contenir les excès vers lesquels se déporte l'exercice du pouvoir. Autant le concéder, cet objectif était difficilement atteignable pendant la période coloniale en raison de l'omnipotence des Chefs. Une telle constatation appelle au moins deux précisions dans le contexte de la colonisation.

Une première précision concerne le pouvoir local dont le prestige du statut et de la fonction excusaient les débordements, ou compromettaient toute hypothèse de cantonnement. Les attributions, naturellement illimitées, faisaient naître un usage démesuré aux origines lointaines et acceptées à cette période de l'évolution des sociétés africaines. Pour B. Asso[96], *« la culture politique africaine traditionnelle était caractérisée schématiquement par trois principes :*

- *le principe monarchique selon lequel l'autorité procède d'un seul, porteur de la force vitale de l'ancêtre. En d'autres termes, le surnaturel justifiait l'existence du chef ;*
- *le principe d'unité visant d'une part à assurer l'unité dans l'espace, garantie par la technique de l'unanimité issue de la palabre, devait éviter la dislocation du groupe ; d'autre part, le même principe maintenait l'unité dans le temps, garantie par le respect de la généalogie mythique de l'ancêtre fondateur. Les rituels suivis par les faiseurs de « Rois » protégeaient la continuité historique, voire cosmogonique, du groupe ;*
- *enfin, le principe de personnalisation des rapports politiques garanti par l'absorption de l'individu dans la communauté charnelle que constitue le groupe clanique, tribal ou ethnique »*.

La conjonction de ces trois principes ne laisse place à aucune forme de contrôle de l'action du Chef local, aucun *contre-pouvoir*, même s'il faudrait le souligner, la capacité d'influence restait circonscrite dans les limites territoriales des espaces concernés. On le sait, et l'idée n'est point nouvelle,

[96] B. Asso, « La Présidence et l'institutionnalisation du pouvoir en Afrique noire », *Revue française d'histoire d'outre-mer*, tome 68, n° 250-253, Année 1981, p. 219.

*« les sociétés étatiques africaines sont presque toujours des sociétés monarchiques. Le roi apparaît toujours comme le pivot essentiel des institutions de la société qu'il symbolise »*[97]. Cet absolutisme rendait toute velléité de limitation de son pouvoir hypothétique. Cette idée est relayée par d'autres travaux établissant que : *« l'examen du système politique traditionnel de l'Afrique dans son ensemble, en fonction du peu qui nous est connu, ne fait pas suffisamment apparaitre une séparation des pouvoirs entre ceux qu'exerce l'Etat et ceux qui sont du ressort de la population dans les institutions de contre-pouvoir »*[98].

Pareil descriptif appelle cependant quelques nuances, en considération des mécanismes plus ou moins élaborés d'encadrement et de contrôle du titulaire du pouvoir. Dans certains types d'organisation sociale, le dispositif du contrôle s'assimilait plus à une forme de *« pression de l'entourage »* (parents, lignée directe ou indirecte, dignitaires, classe sociale), que d'un réel quadrillage *« objectif »* de contrôle assorti de sanction. L'entourage en question réagit ou anticipe avec tact et discrétion sur des décisions passées pour arbitraires, des abus de pouvoir, des conflits ouverts ou latents que certaines prises de position pourraient faire valoir au Chef. Il reste entendu que ce rôle de régulateur, effectif ou ineffectif suivant la volonté et la conscience du Chef, restait tout de même sous le couvert de l'aléa. Un Chef qui rechigne à l'initiative de médiation ou de conciliation n'aurait pas nécessairement contrarié les normes essentielles qui régissent la société qu'il régente.

Une seconde précision concerne le pouvoir colonial dont les dérives semblent allègrement escorter toute la politique coloniale. En se bornant au décret du 30 septembre 1887 qui attribuait aux administrateurs le pouvoir de *« punir les indigènes non citoyens »*, son application a connu une interprétation délibérément extensive[99]. Dans les faits en effet, tout ressortissant européen officiellement mandaté par la Métropole et exerçant un service d'intérêt général dans la colonie pour le compte de celle-ci, pouvait se prévaloir de la faculté de punir les sujets indigènes non citoyens

---

[97] S. Nene Bi, *Histoire du droit et des institutions méditerranéennes et africaines. Des origines à la fin du Moyen-âge européen*, 3ème éd. Abidjan, Les éditions abc, 2019, p. 50.

[98] K. S. Béséat, « Convaincre, contrôler ou contraindre », *Présence africaine*, n° 127-128, 1983/3, p. 89.

[99] Hamady H. Mbodji, *L'organisation de la justice pénale en Afrique occidentale française : le cas du Sénégal de 1887 à l'aube des indépendances (1887-1960)*, Thèse de Doctorat en Droit, Université de Côte d'Azur, 2017, p. 422.

français[100]. En admettant dans la chaîne de punition des individus autres que les attitrés (les administrateurs), le régime de l'indigénat renfermait de droit, toutes les défaillances qui rendaient sa mise en œuvre discriminatoire.

On le voit, le dépérissement des modalités de contrôle dans les territoires sous domination coloniale laisse profondément supposer que les mécanismes de contre-pouvoirs, pour peu qu'ils aient été aménagés, étaient frappés d'impotence, ou en tout cas, trop peu efficaces pour contenir les débordements imputés au chef.

Se fondant sur des normes passablement sanctionnées et très favorables à la personne du Chef (colonial comme local), une telle grille de présentation vide le constitutionnalisme de sa substantialité limitative et contraignante. La dualité des approches d'aménagement et la pluralité des normes susceptibles d'application, réduisaient le constitutionnalisme à un instrument dont l'autorité pouvait allègrement user, voire abuser. C'est pour cette raison, qu'à cette lecture illusoire du constitutionnalisme, fut chronologiquement supplantée un constitutionnalisme propre aux colonies.

### II- L'allusion à un constitutionnalisme propre aux colonies

*« La Constitution est l'âme et le corps d'un peuple. Elle est la traduction normative des préoccupations, des attentes et demandes de la société. Elle doit être tournée vers le peuple et non vers le pouvoir qu'elle est censée limiter. C'est la socialisation de la Constitution qui conduit à son appropriation populaire qui réconcilie les systèmes politiques africains avec la légalité constitutionnelle »*[101].

Une telle observation vaudrait tout aussi bien dans les territoires africains sous domination coloniale, quand bien même ceux-ci étaient alors dépouillés de toute reconnaissance statutaire étatique. Jadis, point de ralliement de nombreux adeptes européens en quête de savoirs[102], le Continent noir, à travers ses peuples, a su marier différentes traditions

[100] I. Thioub, « Sénégal : la prison à l'époque coloniale. Significations, évitement et évasions », in, F. Bernault (dir.), *Enfermement, prison et châtiments en Afrique du XIXe siècle à nos jours*, Paris, Karthala, 1999, pp. 285-303.

[101] El. H. Mbodj, « Lueurs et ombres des constitutions africaines face au défi de la stabilité politique », *Mélanges Dominique Sarr, op. cit*, p. 485.

[102] Homère dans son hommage à l'Afrique n'avait-il pas écrit : *« Zeus, du côté de l'Océan, chez les Ethiopiens irréprochables, est allé hier à un banquet et tous les dieux l'ont accompagné »*, *Iliade*, I, 412-450, traduction E. Lassere, Paris, 1965, p. 33. Référence citée par S. Nene Bi, *Les institutions coloniales de l'Afrique occidentale française*, Abidjan, Les éditions abc, 2015, p. 7.

séculaires génératrices de systèmes d'organisation sociale qui satisfaisaient à toutes les facettes du constitutionnalisme. Pour original qu'il puisse apparaître, ce constitutionnalisme reste d'essence endogène (A), même si l'on ne peut occulter la présence d'un constitutionnalisme exogène (B).

### A- L'essence d'un constitutionnalisme endogène

Partant de l'idée que *« le droit africain, c'est essentiellement le vieux socle coutumier poli et repoli par des apports de civilisations extérieures »*[103], l'on ne peut lui dénier toute pratique de nature à attester de l'effectivité d'un constitutionnalisme. Dans le contexte européen comme africain, le droit constitutionnel classique, est d'abord *« le droit du pouvoir politique »*[104]. Quelle qu'ait pu être l'évolution qui lui est prêtée, cette discipline ne s'est jamais abstenue d'ignorer ce pan de droit non-écrit en cohérence avec l'encadrement du pouvoir ou la limitation des autorités dirigeantes. Ce ferment axiologique semble lui résister en *« survivant »*[105] sans discontinuer. A cet égard, l'essence du constitutionnalisme endogène, latent, se déploie fondamentalement dans l'univers éclectique de l'oralité (1) quand bien même l'écrit (2) était par moment mis à contribution pour valoir ce que de droit.

#### 1- La part déterminante de l'oralité

Terre des droits *« des peuples sans écriture »*[106], l'Afrique n'en a pas pour autant connu des infrastructures juridiques de grande stabilité, inféodée à *« l'oralité juridique »*[107]. *« Tout groupement politique, si rudimentaire que soit son organisation, a une Constitution »* a écrit G. Burdeau[108], puisque *« Ubi societas, ibi jus »*. Cet aphorisme bien connu de tout initié en droit

---

103 K. Mbaye, « Sources et évolution du droit africain », *Mélanges offerts à Pierre-François Gonidec, L'Etat moderne. Horizon 2000. Aspects internes et externes*, Paris, LGDJ, 1985, p. 345.

104 S. Pierré-Caps, « La constitution comme ordre de valeurs », *Mélanges en l'honneur de Dmitri-Georges Lavroff, Constitution et valeurs*, Paris, Dalloz, 2005, p. 289.

105 P. Avril, « Une "survivance" : le droit constitutionnel non-écrit », *Mélanges Philippe Ardant, Droit et politique à la croisée des cultures*, Paris, LGDJ, 1999, pp. 1-13.

106 J. Gilissen, *Introduction historique au droit*, p. 33.

107 Vincent Kangulumba Mbambi considère que *« Les droits africains partagent un fondement commun : ils sont basés sur l'oralité juridique »*. V. « Les droits originellement africains dans les récents mouvements de codification : le cas des pays d'Afrique francophone subsaharienne », *op. cit,* p. 322.

108 *Traité de science politique*, 2ème éd. Tome IV, Paris, LGDJ, 1967, p. 45.

admet pour toute forme d'organisation sociétale[109], l'existence d'un noyau de règles juridiques fondamentales. Ce présupposé invite à considérer que ces règles connaissent un niveau de cohérence et de stratification qui valide un cadre normatif de référence, censé régir la communauté dans sa globalité. Pour M. Kamto, « *"Ubi societas, ibi jus"*. La réciproque de cette proposition équivaut à la proposition elle-même *: "Ubi jus, ibi societas"* »[110]. Et l'auteur de poursuivre que *« Nier la validité de cette proposition réciproque, c'est soit restreindre la définition de la société, soit rattacher son existence à celle d'une finalité pensée, en l'occurrence, l'idée de droit qui est elle-même incluse dans l'idée du "Bien commun" »*[111].

Il semble alors tout naturel, pour tout groupement social, si irréductible soit-il, d'engendrer son propre dispositif de régulation de la coexistence de ses membres. Ce réflexe qui appelle la sécrétion de normes réputées essentielles pour la communauté participe « de la construction d'une mémoire collective et d'un patrimoine oral sincère »[112]. Il véhicule en même temps un constitutionnalisme sous l'angle de l'*autodétermination interne*[113], prenant forme dans ce que M. Kamto dénomme les *« normes fondamentales transcendantes »*[114] correspondant au produit de l'activité normative des originaires, des ancêtres-fondateurs. Il appert que l'idée d'un *« constitutionnalisme sans Constitution »*[115] fait son chemin dans les

---

[109] Voir H. Aguessy, « Cadre théorique : les concepts de tribu, ethnie, clan, pays, peuple, nation, Etat…etc et les sociétés africaines », *Présences africaines*, n° 127-128, 1983/3, pp. 17 à 42.

[110] *Pouvoir et droit en Afrique noire. Essai sur les fondements du constitutionnalisme dans les Etats d'Afrique noire francophone*, *op. cit,* p. 28. La « norme fondamentale transcendante » est sacrée. Avant d'être une norme juridique posée, elle est le verbe, la parole sacrée des origines dont le fait qu'elle a été prononcée par les ancêtres lui donne toute l'autorité nécessaire pour s'imposer aussi bien au Chef qu'aux autres membres du groupe (p. 173). Les prescriptions ancestrales étaient ainsi érigées en un système de représentations, de croyances et de pratiques qui servent de point de repère, de points de référence aux actions du groupe et au comportement de ses membres (p. 174).

[111] *Ibidem*, p. 28.

[112] Ba (Amadou), *L'Afrique des grands empires 7è – 17è siècles*, EditionsAB, 2020, p. 39.

[113] Abordant le phénomène des nations sans Etat, S. Pierré-Caps considère que ces entités « ne peuvent ainsi se prévaloir de l'autodétermination externe que le droit international réserve à ces dernières situations, tout en étant susceptibles de bénéficier, sous diverses formes, de l'autodétermination interne garantie par le constitutionnalisme libéral ». Voir, « Le droit constitutionnel et les nations sans État : le constitutionnalisme face à l'historicisme », *Civitas Europa*, 2017/1 n° 38, pp. 43-44.

[114] *Pouvoir et droit en Afrique noire. Essai sur les fondements du constitutionnalisme dans les Etats d'Afrique noire francophone*, Paris, LGDJ, 1987, 545 p.

[115] Tel qu'il existait de manière très prononcée en Grande-Bretagne.

systèmes démocratiques contemporains, comme le démontre l'exemple britannique[116]. Cette idée consiste, en dehors de tout texte constitutionnel *formalisé*, à susciter une activité normative d'une dignité comparable à celle qui caractérise les Etats servant de référence. D'ailleurs, à la question de savoir : *« quel était le contenu du constitutionnalisme colonial ? »*, le Doyen I. Fall répond que celui-ci *« était principalement axé sur les règles de dévolution du pouvoir politique et de répartition de ce même pouvoir, mais il n'avait pas atteint la finesse et le détail du constitutionnalisme moderne… »*[117]. En prenant cet enseignement au pied de la lettre, l'on peut, dans une perspective analogique, rapprocher nombre de pratiques rituelles mises en œuvre durant la période coloniale et même avant, qui permettent d'attester de l'effectivité du constitutionnalisme. Deux principes essentiels du constitutionnalisme permettent de s'en assurer : le cérémonial de l'installation du Chef avec la prestation de serment et la déclinaison des droits et libertés dans l'organisation sociale.

Si l'accession au pouvoir obéit à une infinie variation de règles et us contingents, elle oblige le Chef nouvellement promu à sacrifier au rituel sacramental. Dans nombre de sociétés traditionnelles, la prestation du serment royal est décrite comme relevant d'une *« formalité substantielle »*[118], revêtant donc un caractère *« coercitif »*[119] dans le constitutionnalisme africain[120], comme en général.

En effet, le rituel qui accompagne aujourd'hui l'entrée en fonction des Chefs d'Etat, conduisant à déclamer la prestation du serment, présente tous les traits caractéristiques d'une pratique largement relayée dans les différentes structures organisationnelles des sociétés africaines. Ainsi, nous apprend le Doyen I. Fall[121], au Cayor (centre-ouest du Sénégal) où il était

---

[116] V. I. Nguyên-Duy, « La Constitution britannique : continuité et changement. Quelques réflexions sur la Constitution britannique et son évolution à l'occasion de la publication des Mélanges en l'honneur de Vernon Bogdanor », *RFDC* N° 99, 2014, pp. 581-606.

[117] Voir, « La signification du constitutionnalisme en Afrique noire », in J-L. Seurin et J. Beguin (dir.), *Le constitutionnalisme aujourd'hui*, Paris, Economica, 1984, pp. 231-232.

[118] I. Fall, « Le droit constitutionnel au secours de l'authenticité et de la négritude : le serment du Président de la République, acculturation ou retour aux sources », *Annales Africaines* 1973, p. 214.

[119] B. Boumakani, « Le serment constitutionnel du Chef de l'Etat en Afrique francophone », in *Démocratie en questions ? Mélanges en l'honneur du Professeur Théodore Holo*, Toulouse, Presses universitaires de Toulouse, 2017, p. 52.

[120] Voir, O. Narey, « Le serment en droit constitutionnel », *Démocratie en questions ? Mélanges en l'honneur du Professeur Théodore Holo, op. cit* pp. 341-378.

[121] I. Fall, « Le droit constitutionnel au secours de l'authenticité et de la négritude : le serment du Président de la République, acculturation ou retour aux sources », *op. cit*, p. 212.

intronisé par le *Diawrigne* de *Diamatil*, le nouveau *Dammel* (Roi) devait, après avoir reçu les insignes du pouvoir, prêter serment devant l'Assemblée extraordinaire spécialement réunie à cet effet. Dans le prononcé de la formule sacramentelle, il est attendu du souverain de *« s'engager à respecter les droits de ses sujets, à se conformer à la légalité traditionnelle et à œuvrer pour la prospérité de la communauté »*[122]. Cet engagement solennel dans la préservation de la *« légalité traditionnelle »*, entendue dans un jargon plus contemporain, comme la *« légalité constitutionnelle »*, *« la règle de droit »*, ou le *« constitutionnalisme »*, était pareillement promu dans un autre territoire étatique, le Walo (nord du Sénégal). En installant en effet le nouveau *Brak* (Roi), le préposé porte-parole (Mipp) ne manquait point l'occasion de de lui rappeler *« son devoir de défendre la légalité grâce à laquelle il avait accédé au trône »*[123]. Cette façon de perpétuer les règles juridiques essentielles, de s'en référer à des précédents fondamentaux était donc déjà un procédé récurrent avant la colonisation, ce qui fait dire à G. Mangin que *« lorsque les Européens s'établirent en Afrique, il n'y avait ni vide juridique ni vide judiciaire, mais le droit et l'organisation juridictionnelle existants étaient mal connus et en tout cas très différents des systèmes métropolitains »*[124].

Gardien proclamé de la légalité constitutionnelle, le souverain n'en restait pas moins soumis au respect des valeurs sociales qu'il devait incarner et diffuser. Faute d'observer scrupuleusement les termes de l'engagement du serment impérial, il pouvait s'exposer à des procédures susceptibles d'entraîner sa destitution. Un tel mécanisme du constitutionnalisme a, dans le Cayor, rattrapé le *Dammel Daw Demba*, démis par le collège électoral légitime (Kangames), après en avoir fait exécuter délibérément quelques-uns de ses membres. Cette forme de parjure qui violait littéralement l'engagement du serment constituait une transgression grave. Dans une autre contrée, au Walo, la sanction qui résultait de l'attentat à la vie perpétré par le monarque semblait plus souple, car reposant sur une réparation (indemnisation) des proches de la victime par le successeur du Roi coupable, avant toute prise en fonction. C'était un préalable posé par *la*

[122] P. Diagne, *Pouvoir politique traditionnel en Afrique occidentale : essai sur les institutions politiques précoloniales*, Paris, Présence africaine, 1967, p. 123.
[123] I. Fall, « Le droit constitutionnel au secours de l'authenticité et de la négritude : le serment du Président de la République, acculturation ou retour aux sources », *op. cit*, p. 212.
[124] « Les institutions judiciaires de l'AOF », in, *AOF : réalités et héritages Sociétés ouest-africaines et ordre colonial de 1895 – 1960, op. cit*, p. 142.

*coutume constitutionnelle*, auquel ne pouvait se soustraire le Roi nouvellement élu[125].

Par ailleurs, l'un des systèmes de valeurs les plus aboutis de l'histoire des peuples ouest-africains a été la Charte du Kurukan Fuga (1236) encore appelée *« charte du Mandé »* ou du *« Manden »*. N'ayant été consignée dans un texte écrit qu'en 1998, sa mise en forme n'a pas manqué de déchaîner le scepticisme de certains spécialistes sur son authenticité[126]. Il n'en reste pas moins qu'en tant que *référentiel oral* de la société *« Manding »*[127], elle aura des siècles durant, résisté à l'usure du temps grâce à son contenu tourné principalement vers l'organisation sociale, la distribution du pouvoir et la préservation des droits fondamentaux. Ces valeurs épousent rigoureusement les principales fonctions du constitutionnalisme. A son examen en effet, il semble se dégager plusieurs dispositions qui mettent en perspective le constitutionnalisme.

Du point de vue de l'organisation du pouvoir social, l'article 1er énonce : *« La société du grand mandé est divisée ainsi qu'il suit :*

- *Seize (16) « Ton ta djon » ou porteurs de carquois ;*
- *Quatre (4) Mansa si » ou tribus princières ;*
- *Cinq « Mori Kanda » ou classes de marabouts ;*
- *Quatre (4) « Nyamakala » ou classes de métiers.*

*Chacun de ces groupes a un rôle et une activité spécifiques ».*

Quant à l'article 8, il dispose que *« la famille KEITA est désignée famille régnante sur l'Empire ».*

---

125 *Idem*, p. 215.

126 J-L. Amselle en arrive à considérer que « la "redécouverte" de la Charte de KURUKAN FUGA, se solde donc par la mise au jour d'un certain nombre de principes ou de préoccupations éminemment contemporains comme les droits de l'homme, l'égalité entre les sexes, l'environnement, la diversité culturelle, l'unité africaine, etc, principes qui apparaissent ainsi, pour reprendre l'expression de Lévi-Strauss, comme autant de "faux archaïsmes" », in, « L'Afrique a-t-elle « inventé » les droits de l'homme ? », *Syllabus Review* 2 (3), 2011, pp. 446-463.

127 Djibril. T. Niane, *Sunjata ou l'épopée mandingue*, Paris, Présence africaine, 1960. D'autres penseurs voient en cette Charte une « une construction a posteriori d'intellectuels prêts à toutes les impostures pour se trouver des références valables dans leur propre histoire » (Boubacar B. Diop). Voir, Celtho, *La charte de Kurukan Fuga. Aux sources d'une pensée politique en Afrique*, Paris, L'Harmattan, 2008, pp. 89-93.

Du point de vue de la préservation des droits fondamentaux, l'article 5 en fournit une claire lecture en organisant le respect de la dignité humaine : *« chacun a droit à la vie et à la préservation de son intégrité physique. En conséquence, tout acte attentatoire à la vie d'autrui est puni de mort ».*

De tels comportements mettent en vedette la civilisation de l'oralité qui a vivement participé à stratifier un type de constitutionnalisme endogène, lequel pouvait par moment, faire place à l'écrit.

**2- La part fortuite de l'écrit**

En Afrique, la tradition de l'écrit n'ouvre que des horizons étroits[128]. L'*oralité* et l'*implicite* qui portent les ferments socio-politiques, déprécient le réflexe d'une transcription écrite. Pour autant, l'écrit n'est pas entièrement absent de l'univers colonial et même précolonial africain[129]. L'on reconnaît à des territoires du continent, à certaines séquences de leur évolution, d'avoir produit des documents écrits valant cadre d'organisation politique de la société, ce, bien avant la mise en œuvre de l'entreprise coloniale. Certaines ébauches des institutions coloniales trouvent un écho favorable dans les textes antérieurs. La trajectoire des certaines structures politico-sociales sénégalaises et malgaches peut servir de cas d'illustrations.

Sous le règne du 1er *Damel-Teigne*[130] Amary Ngoné Sobel au début du XVIème siècle, a été adoptée une Constitution régissant à la fois le Cayor et le Baol. L'opportunité d'un tel manuscrit était à la mesure de l'extension circonstancielle du territoire de règne du Roi. Le caractère *« écrit »* de ce texte fondamental ne fait l'objet d'aucune contestation[131]. Le texte tenait sur quelques sept articles qui dégageaient, grosso modo, les attributions du Roi, les fonctions de ce qui tenait lieu de collège électoral, l'aménagement

---

128 S. Nene Bi, *Histoire du droit et des institutions méditerranéennes et africaines. Des origines à la fin du Moyen-âge européen, op. cit,* p. 23.

129 *« Si l'on considère l'Etat* comme "peuple politiquement organisé ou une institution sociale destinée à maintenir à l'intérieur et à l'extérieur [l'organisation politique d'un peuple et munie des moyens nécessaires à cette fonction]", *il est difficile d'affirmer sans parti pris qu'il n'y avait pas d'Etats en Afrique avant la période coloniale ».* Voir, C. Huenu, « La question de l'Etat et de la nation en Afrique », *Présence africaine*, n° 127-128, 1983/3 p. 333.

130 Le Titre *« Dammel-Teigne »* réunit deux appellations conférées au Roi du Cayor (Dammel) et à celui du Baol (Teigne). Né de parents issus de lignages successoraux de ces deux Royaumes et satisfaisant aux conditions de désignation à la même période, Amary Ngoné Sobel fut le premier Roi à diriger ces deux territoires étatiques.

131 En ce sens qu'*« après élaboration et publication de cette Constitution, Amary Ngoné Sobel décide de changer de résidence... ».* Voir, Tanor L. S. Fall, A. Fall Gagneciry et A. Fall Mbengue, *Epopées des Dammel du Cayor (1549-1886)*, Dakar, L'Harmattan, 2019, p. 48.

du mécanisme d'imposition - *« le galak »* - ainsi que les couches sociales qui en étaient exemptées, la renonciation au statut de combattant, le régime de l'exploitation des terres…. En cela, il était prévu à l'article 1er que : *« Le Dammel est le grand maître qui est responsable des institutions du royaume. Il est le propriétaire des terres, des mers, des fleuves, des eaux en général et de toute la végétation. Il nomme ou révoque les Chefs de régions ou Kangam »*[132]. Ce despotisme dans l'organisation du pouvoir rappelle toute la préséance du souverain dans l'organigramme socio-politique.

De même, à Madagascar, le *Code des 305 articles*[133] promulgué le 29 mars 1881[134] contenait nombre de références relatives à un style de conduite général des citoyens. La codification de certains principes coutumiers qui lubrifient une paisible coexistence sociale participait d'une approche hautement stabilisatrice. Les dispositions, pour foisonnantes qu'elles furent, étaient plus portées sur des règles qui régissent le droit privé avec une notoire prohibition de d'infractions énumérées (vol, crimes, avortement, vente et location de terre, médicaments, …), mais également sur les fonctionnaires du Gouvernement…[135]. Aucun originaire ne pouvait se tenir pour affranchi des obligations qui scellaient une société politique si délibérément volontariste dans l'édiction des normes contenus dans ce *Code*.

Il apparaît évident que la tradition de l'écrit comme celle de l'oralité durant la période coloniale ont fécondé des normes gouvernant certaines facettes du constitutionnalisme. Celui-ci n'aura cependant pas manqué de tirer parti de la présence des dispositions et pratiques perpétuées par le droit métropolitain.

### B- La présence d'un constitutionnalisme exogène

Les effets d'une longue période de coexistence normative et sans doute d'influences réciproques, ont conduit à ce que les traits de caractères du constitutionnalisme occidental n'aient manqué d'infiltrer les initiatives fondatrices d'un ordre constitutionnel souverain. Autrement dit, les premiers textes constitutionnels africains n'ont pu se démarquer

[132] *Ibidem*, p. 47.

[133] Celui-ci fut le fait de la Princesse Ranavalona II (1829-1883).

[134] T. Razafindrabe, *De la gouvernance à Madagascar : états d'exception et déliquescence de l'État de droit*, Thèse de doctorat en sciences sociales de l'université Paris-Est Marne-la-Vallée, p. 21 (note de bas de page n° 19).

[135] E. Thébault, *Code des 305 articles*, Etudes malgaches, Centre de droit privé, Tananarive, 1960.

radicalement du droit occidental, qui, à son tour, n'a pas dérogé à prendre en compte plus sérieusement les colonies (A). Cette configuration dialogique emporta des répercussions singulières quant à l'examen de la (dis)continuité du droit d'emprunt dans le droit des Etats africains (B).

### 1- Une prise en compte réelle des colonies dans le droit métropolitain

Le constitutionnalisme métropolitain n'a pas durablement nourri une attitude de *« mépris »* vis-à-vis des territoires coloniaux. Les indices annonciateurs de cette *« réhabilitation »* des législations africaines se sont mis en place par *« petites touches »*, tant en Afrique noire qu'au Maghreb.

En Tunisie, le mouvement de la décolonisation enclenché depuis 1934 avec H. Bourguiba[136] n'aura connu son épilogue que bien des décennies après, lorsqu'en 1956 le pouvoir métropolitain daigna accorder à ce territoire *« le droit exclusif d'élaborer sa propre constitution sans aucune intervention extérieure »*[137]. En Afrique noire, au sortir de *« La conférence africaine française de Brazzaville »*, tenue le 8 février 1944, *« les libertés publiques furent généralisées à l'ensemble des territoires de l'Afrique francophone »*[138]. Ce souffle novateur du libéralisme politique était à conjuguer avec les recommandations de la conférence[139] et l'adoption de la loi-cadre[140]. Toujours est-il que les marqueurs les plus significatifs du droit constitutionnel sont décelables dans les deux dernières Constitutions

---

[136] Celui-ci avait créé le parti politique, Néo-Destour, pour conduire le mouvement de décolonisation tunisien. Ce parti devint à l'indépendance un parti unique.

[137] P-F. Gonidec, *Les Droits africains, évolution et sources*, Tome 1, 2ème éd., Paris, LGDJ, 1975, p. 32.

[138] Y. S. Lath, *Les évolutions des systèmes constitutionnels africains à l'ère de la démocratisation*, Thèse de Doctorat en Droit public, Université d'Abidjan-Cocody, 2008, p. 14.

[139] Il s'agissait de supprimer la justice indigène. Il ressortait clairement du Rapport de présentation du décret du 22 décembre 1945, que le régime de l'indigénat était ressenti comme un *« symbole d'un état désormais dépassé de notre politique coloniale retardant l'établissement d'un régime normal où l'intervention judiciaire doit être de règle »*. Voir Hamady H. Mbodj, *L'organisation de la justice pénale en Afrique occidentale française : le cas du Sénégal de 1887 à l'aube des indépendances (1887-1960)*, Thèse de Doctorat en Droit, Université de Côte d'Azur, 2017, p. 422.

[140] Autrement appelée *« loi Gaston Deferre »*, celle-ci fut votée le 23 juin 1956 et eut le mérite d'avoir instauré *« le suffrage universel direct, le collège unique, crée dans chaque territoire une Assemblée à pouvoirs délibérants et un Conseil de gouvernement »*. Voir Mahomed B. N'guessan, « Première Constitution de la République autonome de Côte d'Ivoire », *Revue Ivoirienne d'Histoire*, n° 16, 2010, p. 38.

françaises, celle de 1946 et celle de 1958 à travers respectivement la mise en place de l'Union française et de la communauté franco-africaine

S'agissant de l'*Union française*, celle-ci fut décrite comme une structure d'une *« nature ambiguë dans la mesure où elle n'était ni une confédération ni une fédération »*[141]. Sa création procéda d'un contexte de relâchement progressif du l'hégémonie coloniale et de la prise de conscience d'une élite engagée dans la voie de la libération des peuples africains. Il faut noter qu'au lendemain de la tenue de la Conférence franco-africaine de Brazzaville, l'idée d'une Union française comprenant l'ensemble des pays et territoires de l'ancien Empire fut suscitée par des personnalités politiques influentes. Elle donna lieu à un premier projet de constitution, voté par l'Assemblée constituante le 11 avril 1946, mais rejeté par le référendum du 5 mai de la même année, quand bien même deux lois importantes[142] avaient été adoptées. Il faudra attendre que la deuxième Assemblée constituante française, élue en juin 1946, examinât un nouveau projet de constitution, pour qu'elle fût adoptée le 27 octobre 1946. Dans son préambule, la nouvelle Constitution annonçait déjà la couleur en dégageant l'objectif de l'Union française : *« La France entend conduire les peuples dont elle a pris la charge à la liberté de s'administrer eux-mêmes et de gérer démocratiquement leurs propres affaires [...], de coordonner leurs ressources et leurs efforts pour développer leurs civilisations respectives »*[143]. Ainsi, tirant profit des possibilités offertes aux colonies par la Constitution de 1946, la Haute-Volta passa du statut de colonie à celui de Territoire d'Outre-mer[144].

Il s'avère incontestable que l'implication des Africains fut soutenue dans l'élaboration et l'adoption de la Constitution française de 1946 car, comme a pu le constater M. Ahanhanzo-Glélé, *« les franchises démocratiques consacrées par la Constitution de la IV$^{ème}$ République française leur*

---

141 A. Loada, L. M. Ibriga, *Précis de de droit constitutionnel et institutions politiques*, 2007, *op. cit*, p. 303.

142 L'adoption de la loi du 11 avril 1946, dite *« Houphouët Boigny »* abolit le travail forcé, tandis que la loi du 7 mai 1946, dite *« Lamine Guèye »*, confortée ultérieurement par l'article 80 de la Constitution de 1946, abolit la distinction entre sujets et citoyens et conféra à tous les français, sans distinction, la qualité de citoyen. Elle supprima ainsi l'indigénat. Voir R. Tourte, *Histoire de la recherche agricole en Afrique tropicale francophone, Volume VI, De l'empire colonial à l'Afrique indépendante, 1945-1960, La recherche prépare le développement*, Paris, L'Harmattan, 2019, p. 12.

143 *Ibidem*, p. 12.

144 A. Loada, L. M. Ibriga, *Précis de de droit constitutionnel et institutions politiques, op. cit*, p. 303.

*permirent de prendre une part active à la vie politique de la République française de 1946 à 1960 »*[145].

S'agissant de la *Communauté franco-africaine*, celle-ci offrit aux territoires d'Outre-mer et aux colonies une sorte de *« passerelle »* vers l'indépendance. Si les constitutions françaises (celle de 1791 à celle de 1946) avaient plus ou moins mésestimé les colonies, celle la V$^{ème}$ République, parut plus sensible à la prise en charge des relations entre la métropole et les territoires colonisés. Sur son fondement, les territoires concernés purent brandir leur statut de *« membre »* de la Communauté franco-africaine après avoir marqué son adhésion à travers le référendum, en votant « OUI ». Par cette décision, le Sénégal, avec onze autres colonies africaines, tirait bénéfice des dispositions pertinentes de la Constitution française, en particulier l'article 77[146] qui aménageait un accompagnement vers l'Indépendance. Comme le prévoyait l'article 86, *in fine* : *« un État membre de la Communauté peut devenir indépendant. Il cesse de ce fait d'appartenir à la Communauté »*. De telles dispositions, comme on peut s'en rendre compte, laissaient entrevoir l'amélioration de la qualité statutaire des Etats de la communauté. L'article 78, *in fine* aura largement contribué à rendre fluide l'accession à la souveraineté internationale, en ce que : *« Des accords particuliers peuvent créer d'autres compétences communes ou régler tout transfert de compétence de la Communauté à l'un de ses membres »*.

L'opportunité de se doter d'une Constitution spécifique en dépit de l'appartenance à la Communauté constituait une aubaine annonciatrice de la proclamation de l'indépendance qui s'annonçait imminente. En effet, avec l'adoption de la Loi n° 59-003 du 24 janvier 1959 portant Constitution de la République du Sénégal[147], le pays avançait inéluctablement vers l'affirmation de son indépendance.

---

[145] C'est en application de ces *« Franchises »* de 1945 que furent élus députés à l'assemblée constituante du 21 octobre 1945 F. Houphouët-Boigny, L. S. Senghor, S.M. Apithy, L. Gueye, B. Boganda, etc. V. M- Ahanhanzo-Glélé, « La Constitution ou loi fondamentale », *op.cit.,* p. 24 ; Voir aussi, R. de Lacharrière, « L'évolution de la Communauté franco-africaine », *Annuaire Français de Droit International*, vol. 6, 1960, pp. 9-40.

[146] Article 77 : *« Dans la Communauté instituée par la présente Constitution, les États jouissent de l'autonomie ; ils s'administrent eux-mêmes et gèrent démocratiquement et librement leurs propres affaires. Il n'existe qu'une citoyenneté de la Communauté. Tous les citoyens sont égaux en droit, quelles que soient leur origine, leur race et leur religion. Ils ont les mêmes devoirs »*.

[147] Cette Constitution qui s'étalait sur 48 articles était structurée autour d'un Préambule et du dispositif. Celui-ci était articulé autour de plusieurs titres : Titre I : De la souveraineté (article

Ce qui semble tout de même remarquable à travers ce texte c'est qu'en même temps que le constituant proclamait symboliquement la souveraineté de la République du Sénégal, la Constitution proclamait le Sénégal *« Etat membre de la Fédération du Mali »* (article 1er, alinéa 2).

### 2- Une (dis)continuité du droit d'emprunt

Réceptacle d'un véritable syncrétisme normatif, l'Afrique peut s'enorgueillir d'abriter différents systèmes juridiques irrigués par des sources et influences éclectiques. Cette réalité a eu des prolongements spécifiques dans les différentes expériences d'édification des règles constitutionnelles. Depuis le *« soleil des indépendances »*[148], les territoires restent foncièrement partagés entre l'ombre d'un passé dominé par l'acculturation du droit colonial et le souci de souverain de se doter d'un projet social novateur. Cette ambivalence se construit dans la continuité et/ou la discontinuité du constitutionnalisme d'emprunt (métropolitain).

Sous le prisme d'une *continuité*, il suffira d'en mesurer l'étendue tant sur le plan normatif que jurisprudentiel.

D'un côté, plus de six décennies après, l'ordre constitutionnel français, posé sous le régime de la colonisation, entretient son lustre attractif auprès de nombre de constituants africains. Le mimétisme juridique a connu une phase *active* au lendemain des indépendances africaines. Certes cela fut fait avec des expériences de rapprochement ou au contraire de distanciation avec l'ordre constitutionnel français. Néanmoins, il semble que les Constitutions des Etats africains de succession française[149], renferment encore de solides références puisées dans le texte de 1958, au point de tomber sous le sobriquet d' *« espace d'isomorphisme constitutionnel »*[150] en raison, comme le remarque L. Sindjoun d'une *« relative homogénéité d'inspiration et de rédaction constitutionnelles »*[151]. Cette inclination à

1er) ; Titre II : Des Libertés publiques- La personne humaine (articles 2 à 16) ; Titre III : Des institutions (articles 17 à 45) ; Titre IV : De la révision constitutionnelle (article 46) ; Titre V : Pouvoirs spéciaux et dispositions transitoires (articles 47 et 48).

[148] A. Kourouma, *Les soleils des indépendances*, Paris, Le Seuil, 1968, 216 p.

[149] Voir B. Ba, « L'évolution constitutionnelle des pays africains de succession française », *Annales africaines*, Vol. 2, n° 13, 2020, pp. 1-59.

[150] A. Cabanis et J-L. Martin, « Un espace d'isomorphisme constitutionnel. L'Afrique francophone », *La Constitution et les valeurs, Mélanges Dmitri-Georges Lavroff*, Paris, Dalloz, 2005, pp. 343-358.

[151] « Les nouvelles constitutions africaines et la politique internationale : contribution à une économie internationale des biens politico-constitutionnels », *Etudes internationales*, 26 (2), 1995, p. 332.

domestiquer littéralement les dispositions de la Constitution de la V$^{ème}$ République était d'une ampleur telle que l'on a pu parler de mimétisme.

D'un autre côté, nombre de textes français adoptés sous le régime de la colonisation ont vu leurs dispositions et institutions « survivre » dans les litiges portés devant les tribunaux. Au Gabon par exemple, il aura fallu attendre seize années après l'accession à la souveraineté internationale, pour que la Chambre d'homologation et d'annulation daignât se passer de l'office des tribunaux coutumiers, par l'arrêt du 19 janvier 1976, *M. Mveh c/ M. Ndong*. Rappelant dans cette affaire les dispositions de l'ordonnance 22/74 du 4 mars 1974 et les modalités de la loi 15/72 du 29 juillet 1972 portant adoption de la première partie du Code civil, la haute juridiction, tout en annulant un jugement rendu par le tribunal de second degré de Libreville le 19 décembre 1974, précisa que : *« [...] Les tribunaux coutumiers sont devenus incompétents pour connaître des instances nées postérieurement à la date du 1er juillet 1974 relative aux matières traitées dans le livre premier du Code civil, et par voie de conséquence sont nulles les décisions autres que les jugements déclaratifs d'incompétence qu'ils peuvent être amenés à rendre à l'occasion de telles instances qui doivent être portées désormais devant les seuls tribunaux de droit écrit moderne »*[152].

Les répercussions jurisprudentielles ne s'épuisent pas seulement dans cette branche du savoir juridique. En droit international public par exemple, certains choix opérés durant la période coloniale par les puissances occidentales, présentent encore des ramifications exceptionnellement vivaces qui mettent aux prises certains Etats africains indépendants. Dans l'Affaire de l'*île de Kasikili/Sedudu, (Botswana / Namibie)*, la Cour internationale de Justice a considéré que *« le différend qui oppose les parties trouve son origine dans la course engagée entre les puissances coloniales européennes au XIX$^{ème}$ siècle pour le partage de l'Afrique. Au printemps de 1890, l'Allemagne et la Grande-Bretagne entamèrent des négociations en vue de parvenir à un accord en ce qui concerne leur commerce et leurs zones d'influence en Afrique, dans le Sud-ouest du continent »*[153].

---

[152] J. John-Nambo, « Quelques héritages de la Justice coloniale en Afrique noire », *Droit et Société*, n° 51/52-2002, pp. 338-339.

[153] Affaire d'*Aire de l'île de Kasikili/Sedudu, (Botswana / Namibie)*, arrêt du 13 décembre 1999, *Rec. CIJ.*, vol. II., p. 1054, §. 13.

Ces phénomènes ont conduit M. Kamto à admettre que *« le constitutionnalisme de l'Etat africain nouveau est ( ...) un produit de l'histoire coloniale »*[154].

Quant à la *discontinuité*, elle s'épuise dans une démarche de rupture de l'ordre juridique africain vis-à-vis de celui français. Ce *« droit à la différence » ou ce « relativisme juridique »* réconcilie les constituants africains avec eux-mêmes, qui gagnent leur liberté dans l'élaboration de la norme constitutionnelle. Si les premières Constitutions des nouveaux Etats africains étaient tributaires des modèles métropolitains, le constitutionnalisme ultérieur édulcorera cette conviction et assumera le *« divorce »* vis-à-vis de la norme étrangère.

Au lendemain des indépendances, la symbolique de la distanciation avec la métropole devait être portée par des actes qui mettaient en exergue une rupture manifeste. Ainsi, dans la perspective d'élaboration de son droit souverain, au lendemain de l'accession à la souveraineté internationale, l'Assemblée nationale législative de Madagascar, dans sa résolution du 2 juin 1959 avait : *« [...] (demandé) au gouvernement de tenir compte, dans la mesure du possible, des règles coutumières à chaque province, en attendant l'extension et l'application à l'ensemble du pays d'une législation unifiée adaptée aux usages des différentes populations de Madagascar et acceptée par elle afin d'aboutir à l'établissement d'une législation moderne, conforme à la volonté d'évolution et de progrès du peuple Malgache Madagascar »*[155].

Etait pareillement conforme à cet esprit, l'initiative des promoteurs de l'*« authenticité »* africaine, comptant parmi eux certaines élites dirigeantes engagées dans une optique de valorisation des spécificités africaines. Il en fut ainsi du Président Mobutu qui s'inscrivit résolument dans la réhabilitation de l'africanité aux premières années de l'accession à l'indépendance. Sa conception de l'authenticité avait *« pour ambition d'effacer les traces du colonialisme dans tous les domaines de la vie sociale, économique et politique. Les institutions constitutionnelles qui portent si nettement la marque du mimétisme occidental sont donc visées en tout*

---

[154] *Pouvoir et droit en Afrique noire. Essai sur les fondements du constitutionnalisme dans les Etats d'Afrique noire francophone*, Paris, LGDJ, 1987, p. 241.

[155] A. Ramangasoavina, *Rapport de synthèse sur l'état des personnes*, Tananarive 1962, p. 1. Référence citée par F. Esoavelomandroso, « L'influence des " coutumes ", considérées en tant qu'habitudes, dans le droit positif malgache », *R. J.O.I.* n° 27, 2020, p. 165.

*premier lieu »*[156]. Cette présentation de l' « authenticité », aux yeux de certains auteurs[157], intervint un peu plus tard.

Il apparaît en définitive, que *« le bon droit d'une société est le droit qui lui est authentique ; qui est authentiquement secrété par elle, compte tenu de sa dynamique et de ses structures sociales (...). Il est aussi clair que chaque Etat ajoute à sa construction constitutionnelle les principes et les valeurs qui peuvent lui être particuliers »*[158].

Dakar, le 06 février 2024

---

[156] G. Conac, « L'évolution constitutionnelle des Etats francophones d'Afrique noire et de la République démocratique malgache », *in* G. Conac (dir.), *Les institutions constitutionnelles des Etats d'Afrique francophone et de la République malgache*, Paris, Economica, 1979, p. 19.

[157] Le Doyen I. Fall faisait remarquer en 1973 : *« Depuis quelques années, l'Afrique indépendante est entrée dans une troisième phase. Après la phase du mimétisme juridique qui a suivi la proclamation des indépendances, puis la phase de tentative d'acclimatation des règles juridiques étrangères sous bénéfice d'inventaire, les jeunes États africains sont maintenant entrés dans la phase de l'authenticité que l'on pourrait résumer dans la volonté d'un retour aux sources »*, in, « Le droit constitutionnel au secours de l'authenticité et de la négritude. Le serment du Président de la République, acculturation ou retour aux sources ? », *op. cit*, p. 205. Plus tard, le concept d' *« endogéneisation »* promu par le Doyen F-J. Aïvo est présenté comme décrivant une *« fracture constitutionnelle »* qui se démarque radicalement du *« mimétisme »*. Voir, « La fracture constitutionnelle. Critique pure du procès du mimétisme », *in La Constitution béninoise du 11 décembre 1990 : un modèle pour l'Afrique ? Mélanges en l'honneur de Maurice Ahanhanzo-Glele*, Paris, L'Harmattan, 2014, pp. 33-46.

[158] A. Soma, « Du contractualisme constitutionnel dans les démocraties africaines », *Démocratie en questions ? Mélanges en l'honneur du Professeur Théodore Holo, op. cit*, pp. 335-336.

# La Constitution de la 2ème République du Niger du 24 septembre 1989 : un système politique original contrarie ?

***Mamadou DAGRA***

*Maître de Conférences de Droit Public*
*Ancien Doyen de la Faculté des Sciences Economiques et Juridiques de l'Université Abdou Moumouni de Niame*

La Constitution de la 2ème République du Niger[1], a régi le pays du 10 décembre 1989, date de l'élection à la présidence de la République du Général Ali Saïbou, au 30 juillet 1991, date du renversement du régime par la *Conférence Nationale Souveraine*[2].

Elle avait été adoptée par référendum le 24 septembre 1989, avant d'être promulguée le 6 octobre 1989[3].

Longue de 118 articles, elle était l'aboutissement d'un long processus dont les étapes marquantes avaient été les suivantes :

- élaboration de l'avant-projet par une Commission Nationale de Réflexion de janvier à mars 1988 ;
- confection du projet en août-septembre 1988 par un Comité Constitutionnel[4] ;
- examen et adoption du projet en novembre-décembre 1988 par le Conseil National de Développement (C.N.D.) érigé en Assemblée Constituante ;
- examen et adoption du projet par le Gouvernement en février 1989 ;
- popularisation du projet de Constitution à partir de mars 1989 ;

---

[1] Journal Officiel de la République du Niger (JORN) numéro spécial 3, 25 octobre 1989, pp. 39-46.
Pour une analyse de cette Constitution, V. Maidoka (Aboubacar), « La Constitution nigérienne du 24 septembre 1989 », *Revue Juridique et Politique Indépendance et Coopération (RJPIC)*, septembre 1991, pp. 113-132.

[2] Acte Fondamental n° I/CN du 30 juillet 1991 portant statut de la *Conférence Nationale*, JORN numéro spécial 1, 1er août 1991.

[3] Le projet de Constitution avait recueilli 99,26 % de oui (soit 3.275.737 voix) contre 0,72 % (soit 23.713 voix). Voir :
-JORN, numéro spécial 3, 25 octobre 1989 ;
-le quotidien gouvernemental nigérien *Le Sahel* des 26 Septembre et 9 Octobre 1989.

[4] Nous avions eu l'honneur, en tant que jeune enseignant-chercheur à l'époque, d'être membre de la Commission Nationale de Réflexion et du Comité Constitutionnel.

• campagne référendaire du 6 au 22 septembre 1989.

D'un bout à l'autre de ce cheminement, la constante aura été la référence à la *Charte Nationale*. Adoptée également par référendum, en Juin 1987[5], la Charte, en tant que « source première des lois et règlements... », était le « fondement de la Constitution »[6]. C'est à ce titre que, celle-ci en avait institutionnalisé l'option fondamentale, à savoir la *Société de Développement*, à laquelle il convient de consacrer quelques développements.

En optant pour la *Société de Développement*, les Nigériens avaient entendu, selon les termes de la *Charte Nationale*, « façonner une société nouvelle avec des apports essentiellement nigériens ». Qualifiée ainsi de « voie nigérienne de développement » et de « modèle endogène de développement » par le préambule constitutionnel, la *Société de Développement* apparaissait donc comme l'apport original du peuple nigérien à la fois comme projet de société et système politique.

C'est pourquoi, son institutionnalisation par la Charte avait eu pour prolongement sa consécration dans le Titre Premier de la Constitution de 1989[7]. L'existence dans le texte constitutionnel d'un titre spécifique à cet effet était novateur, au plan formel, tant au regard de l'ancienne Constitution nigérienne du 8 Novembre I960 que des autres Constitutions africaines qui, en règle générale, font suivre le préambule du titre relatif à l'Etat et à la souveraineté. Cette particularité formelle attestait de la volonté des gouvernants militaires nigériens d'alors de donner des assises juridiques durables à leur projet politique, qui se voulait novateur aussi et surtout sur le fond, au triple plan des objectifs, des principes et de la méthode :

-si la *Société de Développement* tendait, en substance, à réaliser le développement national dans les meilleures conditions possibles, ses

---

[5] V. : -JORN numéro spécial, 26 mai 1987 ;
-Ordonnance n° 87-29 du 14 septembre 1987 portant publication de la *Charte Nationale*, JORN, 1er octobre 1987 ;
-*Charte Nationale*, Imprimerie Nationale du Niger, Niamey, édition 1987, 75 p.

[6] *Charte Nationale*, p. 75.

[7] Intitulé « De la Société de Développement », ce Titre comportait 5 articles (les 5 premiers du texte constitutionnel).
Sur la *Société de Développement*, voir notamment : *RAPPORT GENERAL*, Commission Nationale de mise en place de la *Société de Développement*, Imprimerie Nationale du Niger, Niamey, Juin 1981.

objectifs étaient les suivants : unité nationale, construction nationale, justice sociale, démocratie participative (art. 2 de la Constitution) ;

-quant à ses principes fondamentaux, ils se résumaient dans le triptyque *Consultation-Concertation- Participation* (art. 3 de la Constitution) qui visait à favoriser, mieux, à systématiser la participation des populations à la gestion des affaires et au déve1oppement national ;

-s'agissant enfin de la méthode, elle n'était que le corollaire des principes : consultation permanente, dialogue égalitaire, recherche du consensus.

Objectifs, principes et méthode se conjuguaient ainsi pour engendrer le « modèle nigérien de démocratie », la *démocratie participative*, présentée alors comme l'essence-même de la *Société de Développement*, dont l'histoire n'a pas permis de vérifier une très grande originalité par rapport aux systèmes politiques africains[8].

Pour l'essentiel, la *Société de Développement* était matérialisée, du point de vue institutionnel par l'existence, à tous les échelons de l'organisation administrative du pays, d'institutions dites de développement appelées *Conseils de Développement*[9], dont étaient membres, au premier chef, les structures de participation par excellence : les *Samariyas* ou associations traditionnelles de jeunesse et les différentes coopératives de producteurs. Au sommet de la hiérarchie, le *Conseil National de Développement* (C.N.D.) était, à l'échelon du pouvoir central, l'institutionnalisation-même de la *Société de Développement* : après avoir fait office de Parlement « sui generis » depuis son installation en Août 1983, Assemblée Constituante ensuite, le C.N.D. devait être, sous la 2ème République, un Conseil

---

[8] Sur la *démocratie participative*, V. *Charte Nationale*, pp.15-16. Sur les systèmes politiques africains, V. Gonidec (Pierre-François), *Les systèmes politiques africains : les nouvelles démocraties*, LGDJ, 3ème édition, Paris, 1997.

[9] Il s'agissait, conformément au schéma d'administration du territoire de l'époque, de la base au sommet : du *Conseil Villageois de Développement* (C.V.D.) au niveau du village ou de la tribu ; du *Conseil Local de Développement* (C.L.D.) à l'échelon du canton ou du groupement ; du *Conseil Sous- Régional de Développement* (C.S.R.D.) au niveau de l'arrondissement ou de la commune ; du *Conseil Régional de Développement* (C.R.D.) au niveau du département.

Sur le rôle capital des institutions de la *Société de Développement*, cf l'article 4 de la Constitution aux termes duquel « la participation... des populations au développement du pays doit se concevoir dans le cadre des structures et institutions de la *Société de déve1oppement »*.

50 % des sièges des *Conseils de Développement* étaient toujours réservés aux représentants des "Samariyas" et des coopératives.

Economique et Social[10], mais dont l'appellation-même et les autres attributions (contrôle du fonctionnement des *Conseils de Développement* et formation des élus à la base, art. 94 de la Constitution) devaient en faire une institution assurément originale. Il témoignait de la détermination des autorités nigériennes de se frayer cette « voie propre de développement »,[11] qui grâce à la « participation responsable de tous les Nigériens », devait permettre de réaliser un « développement accéléré, cohérent et harmonieux » et d'assurer la « construction d'une nation équilibrée, unie et solidaire ».[12]

Au total, le souci d'originalité des gouvernants nigériens d'alors et leur volonté d'enracinement étaient indéniables quant au choix de ce modèle d'organisation socio-politique.

De même, la vision foncièrement développementaliste de leur projet de société était patente. Mais, le C.N.D. et les autres *Conseils de Développement* n'avaient nullement renouvelé les théories classiques du droit constitutionnel, du droit administratif et de la science administrative, s'agissant du rôle et des compétences des assemblées consultatives et des assemblées locales.

Pour en revenir â la Constitution du 24 Septembre 1989, il convient de relever qu'au-delà de l'institutionnalisation de la *Société de Développement* comme projet politique, cette Loi fondamentale nigérienne s'était encore conformée à la *Charte Nationale*, en souscrivant à son **option pour un Etat de droit (I)**.

Sur un tout autre plan, la Constitution de la 2ème République du Niger avait, pour ainsi dire, respecté à la lettre, le choix des dirigeants du pays en matière d'organisation du pouvoir, par la **consécration d'un exécutif fort (II)**.

## I. L'option pour un Etat de droit

Aux termes de l'article 11, alinéa 1er de la Constitution nigérienne de 1989, « la République Niger est un Etat de droit ».

Cette disposition, tout à fait nouvelle, ne figurait pas dans le texte de la Constitution du 8 Novembre 1960[13]. Du reste, l'observance des exigences de l'Etat de droit paraît si évidente et logique pour tout régime

---

[10] Sur ses compétences classiques de Conseil Economique et Social, voir l'art. 92 de la Constitution.

[11] Voir *Charte Nationale*, p.13.

[12] *Charte Nationale*, passim ; Constitution, art. 1er.

[13] Par contre, elle figurera dans toutes les Constitutions nigériennes ultérieures de la 3ème République (1992-1996) à l'actuelle 7ème République (depuis 2011).

constitutionnel que les constitutions des Etats contemporains n'éprouvent pas toujours le besoin d'en faire mention.

Mais, la singularité de la Constitution du 24 Septembre 1989, à cet égard, n'était pas fortuite : elle était une exigence, mieux une option fondamentale de la *Charte Nationale* qui, dans son Titre II « De l'Etat », proclamait que « le Niger est un Etat de droit ».[14]

Sous ce rapport, la Charte en tirait toutes les conséquences qui n'étaient ni plus ni moins que les implications du principe de légalité : primauté et respect du droit, soumission de l'Etat et des citoyens à la règle de droit, sanction de toute violation du droit par le juge, égalité de tous devant la loi[15].

La Constitution en faisait autant. Bien plus, certaines de ses dispositions se justifiaient par l'importance capitale accordée à la notion d'Etat de droit, et nombre d'entre elles visaient à mettre à la disposition du citoyen l'ensemble des moyens juridiques que lui offre ce principe, devenu, après 15 ans de régime d'exception, une notion-clé du droit public nigérien qui, par ailleurs, bénéficiait de beaucoup de faveur auprès de l'opinion publique nationale[16].

De façon plus précise, toutes ces dispositions contribuaient à asseoir une sacralisation manifeste de la République **(A)**. En outre, elles témoignaient d'un attachement quasi-viscéral aux libertés fondamentales du citoyen **(B)**.

### *A. La sacralisation de la République*

On pouvait, à priori, se demander s'il y avait véritablement innovation en ce domaine, pour un Etat où la proclamation de la République remontait au 18 Décembre 1958 et dont la première Constitution avait institutionnalisé le gouvernement républicain.

En réalité, tout en consolidant ces acquis, la 3ème Constitution du Niger[17] avait davantage clarifié et enraciné la notion de République :

---

[14] *Charte Nationale*, p.23.

[15] *Id.*

[16] Ainsi, au cours de l'année 1988, le Syndicat National des Enseignants du Niger (S.N.E.N.) qui, en règle générale, prenait ostensiblement ses distances avec le pouvoir, avait organisé diverses manifestations, à travers le pays, pour appuyer la volonté du Chef de l'Etat d'instaurer au Niger un Etat de droit.

[17] La Constitution présidentielle du 8 novembre 1960 (1ère Constitution du Niger indépendant) avait été précédée par la Constitution parlementaire du 12 mars 1959, sous le régime d'autonomie interne, dans le cadre de la Communauté entre la France et ses colonies.

-d'abord, son appellation même, courante et officielle, de « Constitution de la 2ème République » apparaissait comme le symbole de l'instauration d'une République autre, instruite à la fois des insuffisances de la première République (1960-1974) et de la rigueur du régime d'exception (1974-1987) ;

-ensuite et surtout, la Constitution du 24 Septembre 1989 fortifiait l'idéal républicain sous deux aspects majeurs : d'un côté, elle précisait le sens du principe du « gouvernement du peuple » **(1)** ; de l'autre, elle rendait le modèle républicain de gouvernement encore plus irréversible qu'auparavant **(2)**.

### 1. Le principe du « gouvernement du peuple »

Aux termes des dispositions de la Constitution de 1989, la République retrouvait son sens étymologique de « chose publique », traduction du terme latin *res publica.*

En effet, l'article 7 disposait, en son alinéas 2, que le principe de la République du Niger est *le gouvernement du peuple, par le peuple et pour le peuple*, alors que la Constitution du 8 Novembre I960 se limitait à énoncer le principe du *gouvernement du peuple et pour le peuple* (art. 2, al.2).

Cette différence de formulation n'était pas seulement formelle : elle était capitale, parce qu'elle participait de cette option de la 2ème République du Niger d'institutionnaliser le gouvernement de la cité comme la « chose publique », c'est-à-dire l'affaire de tous. En s'attachant ainsi à la notion de *res publica* dans son acception première, la Constitution du 24 Septembre 1989 se fondait sur les principes de démocratie et de souveraineté populaire que consacrait la Charte Nationale :

-en vertu du premier principe, le Niger était *une République démocratique au sein de laquelle l'autorité ne peut être exercée que selon l'expression de la volonté populaire...* [18];

-en vertu du second principe, *le peuple... seul dépositaire du pouvoir... délègue le pouvoir aux gouvernants,* partant, *...seul prévaut le principe de la souveraineté populaire*[19].

---

[18] *Charte Nationale*, p.23.

[19] *Ibid.*, p. 25.

Sur ce point, V. également l'interview de M. Sahidou Alou, Secrétaire à l'Information du parti-Etat M.N.S.D., véritable idéologue du régime, qui déclarait : "*On a... demandé qu'on*

La consécration de ces deux principes avait naturellement des conséquences au plan de l'exercice du pouvoir et c'était de ce point de vue que la Constitution de 1989 innovait encore : en effet, en son article 8, al.3, elle disposait que *dans l'exercice du pouvoir, le pouvoir personnel, le régionalisme, l'esprit de clan, le népotisme, l'esprit féodal, le favoritisme et la corruption sont bannis,* reprenant d'ailleurs intégralement la *Charte Nationale* à cet égard.[20]

Il n'y avait pas de garantie juridique plus solide, pour la pérennité de l'idéal républicain, que la mention expresse de cette disposition constitutionnelle originale, prescrivant aux gouvernants d'exercer le pouvoir dans l'intérêt de tous.

L'institutionnalisation du caractère irréversible du mode républicain de gouvernement concourait au même objectif.

### 2. **Le gouvernement républicain : un acquis irréversible**

Beaucoup plus que la Constitution du 8 Novembre 1960, la Constitution du 24 Septembre 1989 érigeait la forme républicaine de l'Etat nigérien en un modèle intouchable et sacré.

Certes, la première loi fondamentale du pays, s'inspirant en cela de la Constitution de la 5ème République Française[21], interdisait en son article 73, toute révision du texte constitutionnel touchant à la forme républicaine de l'Etat.

Néanmoins, la Constitution de la 2ème République du Niger s'avérait être encore plus protectrice de la République :

-en premier lieu, elle prohibait, en des termes plus formels, toute révision tendant à changer la forme de l'Etat (art.108, al.2) ;

---

*insiste sur le fait que la souveraineté appartient désormais au peuple. C'est le peuple qui l'exerce...*", *Le Sahel*, 20 Septembre 1989, p.3.

[20] *Charte Nationale*, p. 25. Ces dispositions ont été reprises par toutes les Constitutions ultérieures. Elles ont même été renforcées. V., par exemple, l'actuelle Constitution du 25 novembre 2010, art. 4, al. 2 : *Dans l'exercice du pouvoir d'Etat, le pouvoir personnel, le régionalisme, l'ethnocentrisme, la discrimination, le népotisme, le sexisme, l'esprit de clan, l'esprit féodal, l'esclavage sous toutes ses formes, l'enrichissement illicite, le favoritisme, la corruption, la concussion et le trafic d'influence sont punis par la loi.*

[21] Art. 89, al. 5 : « La forme républicaine du Gouvernement ne peut faire l'objet d'une révision ».

-ensuite, elle faisait de la violation de la forme républicaine de l'Etat une infraction gravissime, puisque considérée comme un « crime de haute trahison »[22] ;

-enfin et surtout, elle faisait obligation au Président de la République, gardien de la *Charte Nationale* et de la Constitution de « respecter et défendre la forme républicaine de l'Etat »[23].

L'épisode peu glorieux de l'éphémère « Empire Centrafricain » (décembre 1977-septembre 1979) et la tendance alors à l'installation de dynasties dans des Etats aussi différents que la Roumanie, l'Inde ou la Corée du Nord[24] ne semblaient pas avoir été étrangers à ce profond attachement à la République comme forme moderne d'Etat et système de gouvernement.

On notait, dans la Constitution de 1989, le même degré d'attachement aux droits humains et aux libertés fondamentales.

### *B- L'attachement aux libertés*

Alors qu'on ne trouvait, dans la Constitution du 8 Novembre 1960, aucune disposition spécifique relative aux droits et libertés[25], la Constitution du 24 Septembre 1989 y consacrait un titre entier : son Titre III intitulé *Des droits et libertés du citoyen.*

L'importance ainsi accordée à la question des libertés est, sans conteste, l'un des aspects les plus frappants de la Constitution de la 2ème République du Niger. Celle-ci garantissait, en effet, en son article 13, toutes les libertés

---

[22] Cf art.6, al.2. Des dispositions similaires ont été introduites dans les constitutions africaines post-Conférences Nationales. V. la première d'entre elles, celle du Bénin dont le préambule dispose, entre autres : *NOUS PEUPLE BENINOIS, -Réaffirmons notre opposition à tout régime politique fondé sur l'arbitraire, la dictature, l'injustice, la corruption, la concussion, le régionalisme, le népotisme, la confiscation du pouvoir et le pouvoir personnel…* .

[23] C'était, entre autres, ce que le Président de la République jurait « solennellement » de faire en prêtant serment (art.28).

[24] En Roumanie, le couple Ceausescu (Nicolae et Elena) a régné de 1965 à 1989, en Inde la dynastie Nehru-Gandhi de 1947 à 1991 (Nehru, père de Indira Gandhi ; Indira Gandhi ; son fils Rajiv Gandhi) ; en Corée du Nord, la dynastie Kim depuis 1948, de père en fils (Kim Il Sung ; Kim Jong Il ; Kim Jong Un depuis 2011).

[25] Tout au plus, pouvait-on mentionner l'article 7 consacrant le multipartisme et l'article 62 qui interdit toute détention arbitraire, garantit le principe de la présomption d'innocence et charge l'autorité judiciaire, « gardienne de la liberté individuelle », d'assurer le respect dudit principe.

que consacrait la *Charte Nationale* qui, par ailleurs, soulignait la « nécessité impérieuse de sauvegarder les droits et libertés »[26].

En définitive, les fondements juridiques des institutions nigériennes d'alors qu'étaient la *Charte Nationale* et la Constitution du 24 Septembre 1989 restaient marqués par ce primat des droits et libertés du citoyen. Par l'adoption référendaire de ces deux textes, les Nigériens avaient, à l'évidence, assouvi un besoin d'expression et une soif de liberté que justifiait le contexte de l'évolution du pays **(1)**, même s'il restait encore à cerner le contenu concret des droits et libertés qui leur étaient désormais reconnus. **(2)**.

### 1. Le contexte des libertés publiques garanties par la Constitution de 1989

Le profond attachement aux libertés fondamentales qu'éprouvaient alors les Nigériens trouvait son origine dans les nombreuses restrictions qui y avaient été apportées sous le régime d'exception, notamment à l'époque du défunt Président Kountché, qui avait imposé à ses compatriotes une « extrême rigueur »[27]. Son successeur, le Général Ali Saïbou reconnaissait du reste qu' « il nous fallait détendre l'atmosphère en levant certaines mesures de privation de libertés et autres obstacles à la libre expression et à la libre circulation des citoyens ».[28]

C'est au regard de ce contexte de libertés étouffées, puis retrouvées, que l'on pouvait comprendre que la *Charte Nationale* consacrât la philosophie humaniste de la *Société de Développement*[29] et qu'elle posât comme principe absolu le respect de la personne humaine[30].

Il était donc normal que la Constitution de 1989 proclamât également l'attachement du peuple nigérien aux droits humains. C'était là plus qu'une simple reprise des dispositions classiques de tout préambule constitutionnel : la référence (au-delà de la *Déclaration Universelle des Droits de l'Homme* de 1948), à la *Charte Africaine des Droits de l'Homme et des Peuples* de 1981 et à la *Déclaration*

---

[26] *Charte Nationale*, pp.24-25.

[27] Amadou Ousmane in « Chronique d'un état de grâce », *Sahel-Dimanche*, hebdomadaire gouvernemental nigérien, 3 janvier 1988, p.3.

[28] *Le Sahel*, 30 Octobre 1989, p.3.

[29] Selon celle-ci, l'homme était au début et à la fin du processus de développement et toutes les actions de l'Etat devaient viser, en priorité, son épanouissement, cf *Charte Nationale*, p.30.

[30] *Charte Nationale*, p.24, Section 2 : « Les libertés publiques », in fine : « *En tout état de cause, le respect de la personne humaine doit être garanti* ».

*des Droits de l'Homme et du Citoyen* de 1789 (2 siècles plus tard !)[31] semblait, en effet, traduire la volonté de faire du respect des droits humains une réalité tangible.

Si la détente interne, mieux la *décrispation* que vivaient les Nigériens[32] était, à posteriori, la clé de compréhension de la place de premier plan accordée aux libertés dans la Constitution de 1989, elle expliquait aussi que cette même Constitution ait prévu un certain nombre de dispositions pour la préservation et la défense de ces libertés.

Ainsi, à la différence de l'article 58 de la Constitution du 8 Novembre I960 qui énonçait simplement que *la justice est rendue au nom du peuple*, l'article 81 de la Constitution de la 2ème République soulignait que la justice est rendue *dans le respect strict de la règle de droit et des droits et libertés de chaque citoyen*.[33]

Ensuite et surtout, en prêtant serment, le Président de la République jurait solennellement de *protéger les droits et libertés des citoyens* (art. 28).

Sur un autre plan, la conception-même qu'avait le futur Président de la République[34] du régime constitutionnel en tant que tel, illustrait encore l'importance des libertés dans la Constitution du 24 Septembre 1989 : en effet, selon le Général Ali Saïbou « père » de la *décrispation*, l'instauration d'un régime constitutionnel visait, *avant tout à donner plus de droits et de libertés à nos concitoyens*[35] qui, à ses yeux, *sauront exiger l'app1ication stricte... de tous les articles de la Constitution*[36].

---

[31] La Constitution nigérienne du 24 Septembre 1989 était alors l'une des rares Constitutions africaines, avec celles de la Côte d'ivoire de 1960 et du Sénégal de 1963, faisant référence à la Déclaration française des Droits de l'Homme et du Citoyen du 26 août 1789.

[32] Sur la *décrispation*T, rV. :
-Amadou Ousmaine, * « Chronique d'un état de grâce », *Sahel-Dimanche*, 3 janvier 1988, p.3 ;
* « Les grandes manœuvres d'avant-congrès », *Sahel-Dimanche*, 21 avril 1989, p.4 ;
-l'interview accordée par la Président Ali Saïbou au quotidien gouvernemental algérien *El Moudjahid*, publiée par *Le Sahel* du 30 octobre 1989, sous le titre : « *Un régime constitutionnel pour plus de droits et de libertés* ».

[33] Sur le même point, V. l'interview précitée de M. Sahidou Alou, *Le Sahel*, 20 Septembre 1989, p.3.

[34] Le Général Ali Saïbou ne devait être élu que le 10 décembre 1989 comme premier (et dernier) Président de la 2ème République du Niger (son mandat de 7 ans sera, en effet, écourté de 4 ans par la *Conférence Nationale*, V. infra). Dans le même sens, il y a lieu de souligner que un discours de campagne électorale prononcé à Agadez, le 9 novembre 1989, le président-candidat avait déclaré : *Sous ma direction, aucune liberté ne sera compromise, aucun droit ne sera occulté*, « Sahel-Dimanche », 10 novembre 1989, p.3.

[35] Cf son interview précitée, *Le Sahel* du 30 octobre 1989.

[36] Cf *Le Sahel*, 30 octobre 1989.

Enfin, la Constitution nigérienne de 1989 pouvait être considérée comme une « Constitution des libertés » pour une autre raison : c'était l'engagement déjà pris par son futur garant de veiller *scrupuleusement au respect de toutes les libertés* qu'elle garantissait, *à commencer par les libertés individuelles qui sont fondamentales.*[37]

L'étude du contenu concret de ces libertés est opportune à cet égard.

2. **Le contenu des libertés consacrées par la Constitution de 1989**

Reprenant intégralement la *Charte Nationale* sur ce point, la Constitution énumérait, en son article 13, dix-neuf (19) droits et libertés. On y retrouvait naturellement les libertés individuelles et collectives classiques, tout comme les droits économiques et sociaux.

Mais, contrairement aux dispositions similaires de la plupart des Constitutions contemporaines[38], il s'agissait ici d'une simple énumération, sans précision d'aucune sorte sur la portée de ces différents droits et libertés. Tout au plus, l'alinéa 2 du même article apportait-t-il les restrictions d'usage, en indiquant qu'ils « s'exercent dans le respect des lois et règlements ».

Outre cette particularité, la Constitution nigérienne du 24 septembre 1989 recelait d'autres éléments d'originalité plus significatifs : la mention de droits et libertés sinon inédits, ou à tout le moins peu courants à l'époque, sur le continent africain. Il en était ainsi du droit à la sécurité et du droit de manifestation. L'un et l'autre portaient les stigmates du couple "régime d'exception-décrispation", évoqué plus haut, et qui symbolisait le passage de la gouvernance autoritaire du Général Seyni Kountché à celle débonnaire du Général Ali Saïbou.

Le *droit à la sécurité* était, certes, assimilable aux droits humains de la 3ème génération comme le droit au développement ou le droit à l'environnement. Cependant, dans le contexte nigérien de l'époque, il était le reflet de la hantise sécuritaire que nourrissait alors le régime militaire, même si la sécurité visée se voulait globale (physique, alimentaire, sanitaire...).

Quant au *droit de manifestation*, assurément le plus insolite dans cette gamme de droits et libertés, il était l'illustration de ce besoin d'expression dont la concrétisation n'avait pas toujours été possible sous le régime

---

[37] Interview précitée du Président Ali Saïbou, *Le Sahel,* 30 octobre 1989.
[38] Voir, à titre d'exemple, les Constitutions du Gabon de 1991 (art.1er), du Sénégal de 2016 (art. 20 à 50), de l'Algérie de 2008 (art.29 à 59).

d'exception. Ses contours n'étaient pas encore précisés, mais, il pouvait être considéré comme une institutionnalisation du droit à la différence, c'est-à-dire de la faculté donnée au citoyen d'exprimer son désaccord en manifestant (pacifiquement naturellement)... dans la rue notamment. Cependant, pour originale et séduisante que fût cette possibilité, sa portée paraissait limitée au regard du sort que la Constitution réservait à la liberté d'association.

En effet, en dépit de la reconnaissance de cette liberté, la Constitution du 24 Septembre 1989 n'autorisait pas – contrairement à la Constitution du 8 Novembre 1960[39] - la formation des partis politiques et, partant, le multipartisme. Les associations apolitiques étaient les seules visées à l'article 12, dans la mesure où la Constitution de la 2ème République instituait un mouvement politique unique.

Et cette unicité du cadre politique légal, ce monolithisme concourait puissamment à la mise en place de l'exécutif fort voulu alors par les gouvernants nigériens.

## II- La consécration d'un exécutif fort

Du fait de cette option, les gouvernants nigériens se situaient dans la mouvance de la plupart de leurs homologues du continent qui, au sortir d'un "premier cycle consitutionnel" marqué par l'adoption de régimes parlementaires au lendemain des indépendances, s'étaient appliqués à mettre en place des systèmes politiques privilégiant l'exécutif[40].

Les causes comme les conséquences de ce choix restaient partout identiques. Et le cas du Niger en apportait largement la preuve. La consécration d'un exécutif fort par la Constitution du 24 Septembre 1989 était sous-tendue par deux préoccupations majeures :

-l'observance du principe de la séparation des pouvoirs, d'une part ;

-l'instauration d'un régime de type présidentiel, d'autre part.

S'agissant du principe de la **séparation des pouvoirs**, le rôle capital que lui assignaient les autorités nigériennes et les vertus qu'elles lui attachaient en

---

[39] L'article 7 de cette Constitution disposait en effet que *Les partis et groupements politiques... se forment et exercent leur activité librement....*

[40] Sur les différents « cycles constitutionnels » des Etats africains, V. Conac (Gérard), *L'évolution constitutionnelle des Etats d'Afrique francophone et de la République Démocratique Malgache* in « Les institutions constitutionnelles des Etats d'Afrique francophone et de la République Malgache, Economica, Paris, 1979, pp.1-68.

faisaient, conformément du reste à la théorie classique en la matière, à la fois un principe de gouvernement et une garantie des libertés du citoyen[41]. La *Charte Nationale* l'érigeait, en effet, en un principe fondamental et incontournable qui « doit être strictement observé »[42], l'autorité de l'Etat se manifestant à travers « des organes distincts exerçant les pouvoirs exécutif, législatif et judiciaire, selon le principe de la séparation des pouvoirs ».[43]

La Constitution de 1989 ne s'était cependant pas conformée à cette stricte séparation des pouvoirs qui, en toute logique, postulait un « pur régime de type présidentiel », fondé théoriquement sur l'indépendance et l'équilibre des pouvoirs. Le **régime de type présidentiel**, voulu et recherché pour la 2ème République du Niger apparaissait, à cet égard, assez original, parce que la Constitution du 24 Septembre 1989 consacrait un exécutif fort. Si les raisons de l'instauration d'un tel régime étaient évidentes et se résumaient au souci de la stabilité, ses caractéristiques méritaient, en revanche, un examen plus approfondi : c'étaient la primauté du Parti **(A)** et la prééminence du Président de la République **(B)**.

### *A- La primauté du Parti*

La Constitution de la 2ème République institutionnalisait donc un parti unique, mieux un « Parti-Etat ». En effet, aux termes de son article 16, *le système politique nigérien est fondé sur le principe d'un Mouvement politique... le Mouvement National pour la Société de Développement (M.N.S.D.)*[44] : le régime militaire nigérien rejetait donc le multipartisme, au nom de la stabilité et de l'unité nationale.[45]

Mais, si l'unicité du cadre de mobilisation et d'action politique était, en principe, un atout pour la réalisation des objectifs d'intégration nationale et

---

[41] Ainsi, dans son discours de lancement de la campagne électorale, le Président-candidat Ali Saïbou, après avoir pris l'engagement de veiller *à ce que... les Nigériens jouissent de leurs libertés et... droits fondamentaux* soulignait que *la stricte séparation des pouvoirs sera une garantie pour les citoyens*, « Le Sahel », 8 novembre 1989, p.5.

[42] *Charte Nationale,* p. 25.

[43] *Ibid.*, p. 24.

[44] Au terme de *parti* qui, à leurs yeux, était synonyme de divisions et de déchirements, les autorités nigériennes préféraient celui de *mouvement*, qui impliquait le rassemblement et l'union des fils de la Nation. Mais, dans les faits, le M.N.S.D. Parti-Etat était évidemment un parti politique comme les autres.

[45] Sur l'ensemble de la question, voir :
-le Message à la Nation du Président Ali Saïbou à l'occasion du 15 Avril 1988, *Le Sahel*, 15 Avril 1 988 ;
-son Message à la Nation du 3 Août 1988, *Le Sahel*, 4 Août 1988 ;
-son interview précitée dans *Le Sahel* du 30 Octobre 1989.

de développement économique, elle ne concordait nullement avec les exigences juridiques de la théorie de la séparation des pouvoirs. En effet, en consacrant le rôle dirigeant du Mouvement National pour la Société de Développement **(1)** et l'unicité de direction entre l'Etat et le Mouvement **(2)**, la Constitution du 24 Septembre 1989 tempérait considérablement ces exigences.

### 1- Le rôle dirigeant du Parti

La primauté du M.N.S.D., alors établie à l'égard de toutes les institutions du pays, avait pour fondement le rôle moteur que lui conférait la Constitution.

Ce rôle était manifeste d'abord, au plan formel, avec une préséance frappante du Parti :

-ainsi, dans le texte constitutionnel, le M.N.S.D. et son organe de direction, le Conseil Supérieur d'Orientation Nationale (C.S.O.N.) apparaissaient au premier rang, avant les institutions de l'Etat (Président de 1a République, Gouvernement, Assemblée Nationale, Conseil National de Développement, Cour Suprême)[46] ;

-de même, c'était le C.S.O.N., instance dirigeante du Mouvement, qui se trouvait être l'instance suprême de l'Etat (article 21 de la Constitution) ;

-enfin, c'était aux statuts du M.N.S.D. que la Constitution, loi fondamentale, en son article 24, laissait le soin de déterminer les modalités d'organisation et de fonctionnement de 1'instance suprême de l'Etat qu'était le C.S.O.N.

Mais, le rôle dirigeant du M.N.S.D. était manifeste aussi et surtout en raison de sa fonction de conception et d'orientation générale : en effet, aux termes de l'article18 de la Constitution, c'était le Parti qui *détermine la politique générale du pays en s'inspirant de la Charte Nationale*, alors que, selon l'article 21 de la Constitution de la 1ère République, c'était le Président de la République qui *détermine... la politique de la nation*.

La mutation du système politique ainsi intervenue entre les deux régimes constitutionnels qui s'étaient alors succédé au Niger donnait la mesure de l'emprise du Mouvement National pour la Société de Développement (M.N.S.D.), sur l'ensemble des institutions. Parce que le Gouvernement n'était qu'un simple organe d'exécution (application des directives du

---

[46] Sur le plan protocolaire, le Secrétaire Politique, N°2 du Parti, avait préséance sur le Premier Ministre.

C.S.O.N. et conduite de la politique définie par le Parti, article 43, alinéa 1er)[47], on pouvait affirmer que le système institutionnel nigérien était bien celui d'un Parti- Etat dans lequel le M.N.S.D. prenait nettement le pas sur l'Etat et était la force motrice des institutions, le noyau dirigeant du système[48].

L'unicité de direction entre l'Etat et le Mouvement était de nature à renforcer cette primauté du Parti.

**2- L'unicité de direction entre l'Etat et le Parti**

L'article 19, alinéa 1er, de la Constitution de 1989 disposait que *la direction du pays repose sur le principe de l'unicité de direction de l'Etat et du Mouvement.*

La consécration de ce principe ne concordait nullement, à l'évidence, avec une application rigoureuse du principe de stricte séparation des pouvoirs voulue par la *Charte Nationale* et défendue par les autorités d'alors. Car l'unicité de direction impliquait une étroite imbrication entre les instances du parti et celles de l'Etat.

Et en vertu de la primauté du Parti, une telle imbrication était l'aboutissement logique des rapports entre les organes de l'Etat eux-mêmes. Bien qu'organiquement séparés, l'exécutif et le législatif n'offraient pas a priori, dans ce cadre institutionnel, les garanties d'indépendance et d'équilibre des pouvoirs, corollaire de toute séparation rigide des pouvoirs.

La matérialisation concrète de cette unicité de direction, avec l'institution du Conseil Supérieur d'Orientation Nationale (C.S.O.N.), confirmait assurément ce schéma. En effet, le C.S.O.N., structure sans doute la plus originale des institutions nigériennes de l'époque, regroupait en son sein à la fois des membres de l'exécutif et du législatif. Composé de soixante-six (66) membres civils et militaires[49], cet organe, véritablement « sui generis », faisait figure de Comité Central du M.N.S.D.

Organe de direction du Mouvement, il présentait cependant la particularité d'être en même temps l'instance suprême de l'Etat, comme indiqué plus

---

[47] V., à titre comparatif, le rôle du gouvernement sous le régime de l'actuelle 7ème République du Niger, aux termes de l'article 76, alinéa 1er, de la Constitution du 25 novembre 2010, selon lequel il *détermine et conduit la politique de la nation.*

[48] A l'image du parti communiste de l'ex-U.R.S.S. : selon l'article 6 de la Constitution de 1977, *le parti communiste de l'Union Soviétique dirige et oriente la société soviétique ; elle est le noyau de son système politique.*

[49] Pour la composition du C.S.O.N., V. *Le Sahel* du 18 mai 1989, p.3.

haut et c'était en ce sens qu'il y avait unicité de direction entre l'Etat et le Parti.

Présidé par le Président de la République, Président du Parti, le C.S.O.N. comprenait notamment le Président de l'Assemblée Nationale, le Secrétaire Politique du M.N.S.D., le Premier Ministre et un certain nombre de membres du gouvernement. La justice n'y était évidemment pas représentée.

Cette « mise à l'écart » de l'autorité judiciaire était justifiée par le souci de maintenir les juges en dehors de la politique, pour garantir et préserver leur indépendance. Elle illustrait, en tout cas, la conception qu'avaient les autorités nigériennes de la séparation des pouvoirs qui, à leur sens, ne bénéficiait qu'au pouvoir judiciaire et nullement à l'exécutif et au législatif, qui ne pouvaient être séparés, mais plutôt confondus !

En réalité, la nette prééminence du Président de la République, au regard de ces deux pouvoirs, rendait encore plus théorique toute séparation des pouvoirs sous la 2ème République du Niger.

### B- La prééminence du Président de la République

C'était l'élément le plus caractéristique du *régime à exécutif fort* qu'instituait la Constitution du 24 Septembre 1989. Elle matérialisait, en effet, la préoccupation constamment exprimée par les dirigeants nigériens de voir le Président de la République jouer un rôle-clé au sein des institutions, en exerçant la réalité du pouvoir (tout comme le Président de la 5ème République Française, *clé de voûte des institutions*, en situation de *fait majoritaire*).[50] Ainsi, tout se passait comme si le régime de type présidentiel était un régime dans lequel le Président concentrait tous les pouvoirs : la conception du régime de type présidentiel au Niger était, en effet, celle d'un régime à *exécutif fort, investi de l'autorité et des prérogatives nécessaires à l'exercice d'un pouvoir générateur de stabilité, de paix sociale et de prospérité*[51]. Il s'agissait, en réalité, d'un régime à « caractère présidentialiste »[52],

---

[50] 50 Ainsi, dans son interview précitée, M. Sahidou Alou, Secrétaire à l'Information du M.N.S.D., après avoir évoqué la place conférée dans la Constitution au Président de la République, *détenteur exclusif du pouvoir exécutif*, affirmait avec force : *Nous avons donc un exécutif fort...*, « Le Sahel », 20 Septembre 1 9 8 9, p. 3.

[51] Extraits du Message à la Nation du Président Ali Saibou, à l'occasion du 15 Avril 1988, *Le Sahel*, 15 Avril 1988.

[52] Sur le « présidentialisme africain », V. :

-Asso (Bernard), *Le Chef d'Etat africain* : *l'expérience des Etats africains de succession française,* Editions Albatros, Paris, 1976, 382 p ;

-*Le régime présidentiel : cache-sexe du présidentialisme ?*, www.la-constitution-en-afrique.org/article.17777017.htlm, 2 octobre 2007 ;

selon la terminologie alors usitée pour les Etats africains francophones, avant la période d' « ouverture démocratique » des années 1990.

Au total, l'assimilation faite entre régime de type présidentiel et *régime à exécutif fort* expliquait que, dans la répartition des compétences, il y eût un déséquilibre patent en faveur du Président de la République : de ce fait, ce dernier bénéficiait non seulement d'une hégémonie, somme toute naturelle, au sein de l'exécutif **(1)**, mais encore d'une prééminence manifeste à l'égard du Parlement **(2)**.

### 1- L'hégémonie présidentielle au sein de l'exécutif

Tout comme la Constitution du 8 Novembre 1960, la Constitution du 24 septembre 1989 faisait du Président de la République le chef de l'exécutif.

*Détenteur exclusif du pouvoir exécutif*, aux termes de l'article 30, alinéa 1er de la Constitution, il était donc chef du gouvernement et Président du Conseil des Ministres (article 41, alinéa 1er). A ce titre, il nommait les membres du Gouvernement et mettait fin à leurs fonctions (article 30, alinéa 2).

Au-delà de ces points de similitude avec la Constitution de la 1ère République, la Constitution de la 2ème République innovait avec une particularité qui consolidait l'hégémonie présidentielle : le statut du poste de Premier Ministre. Ce poste, institué en 1983,[53] revêtait alors un caractère facultatif, aux termes de l'article 43 de la Constitution de 1989 qui, en son alinéa 3, disposait que le Président de la République *peut nommer un Premier Ministre.*

Ce statut optionnel du poste de « premier des ministres » découlait du souci d'éviter tout bicéphalisme de l'exécutif, susceptible d'engendrer des conflits au sommet de l'Etat, même si les risques de conflits n'étaient pas réels. Le Premier Ministre ne jouait, en effet, qu'un rôle administratif et technique, puisqu'il était chargé de l'animation et de la coordination de l'action gouvernementale[54].

---

-Manangou (Vivien Romain), *Le néo-présidentialisme africain : entre paternalisme et superposition*, « Revue Française de droit constitutionnel » n° 103, octobre 2015, pp.26-53.

[53] Ce fut pour ainsi dire la consécration de la « civilisation » du régime militaire, amorcée quelques années auparavant. V. Ordonnance n°83 -04 du 24 Janvier 1983, JORN, 1er février 1983, p.60.

[54] V. à cet égard :

-le Décret N' 83-17 du 1er février 1983 relatif aux attributions et à l'organisation des services du Premier Ministre, JORN, 15 février 1983, p.107.

Parce qu' « institution contingente », pouvant *exister ou ne pas exister, suivant les nécessités et le jugement qu'en fait le Chef de l'Etat*[55], le Premier Ministre apparaissait, de ce point de vue, comme un moyen de renforcement de l'autorité présidentielle au sein de l'exécutif.

En réalité, en sa qualité-même de chef incontesté de l'exécutif, le Président de la République était, comme dans le régime politique américain, « seul l'exécutif et tout l'exécutif », dans la mesure où le Premier Ministre et les Ministres n'étaient que ses simples délégataires (article 43, alinéas 2 et 3).

C'est pourquoi, le critère d'identification du *régime à exécutif fort* alors instauré au Niger ne résidait nullement dans le sort du Premier Ministre ou dans les rapports au sein de l'exécutif. Plus que tout autre élément, c'étaient les prérogatives dont le chef de l'exécutif disposait vis-à-vis du législatif qui conféraient à ce régime cette nature : l'examen des dispositions de la Constitution de 1989 révélait, en effet, une indéniable prééminence du Président de la République sur l'Assemblée Nationale.

**2- La prééminence présidentielle sur le Parlement**

Elle résultait de la conjonction de deux facteurs :

-l'un politique, tenait à la position du Président de la République, en tant que responsable suprême du Parti et de ses instances dirigeantes ;

-l'autre juridique, avait trait aux moyens constitutionnels d'action dont le chef de l'exécutif disposait à l'égard de la représentation nationale.

En sa qualité de Président du M.N.S.D. et du C.S.O.N., **le Président de la République se trouvait être dans une situation incontestablement privilégiée par rapport à l'Assemblée Nationale**. Celle-ci dont tous les membres (93) étaient issus du Parti-Etat, investis par lui et élus sur une liste arrêtée par son instance suprême (le C.S.O.N.), était pour ainsi dire dans une position d'allégeance, dans ses rapports avec le Président de la République. Aussi apportait-elle un appui assuré et un soutien inconditionnel à la politique conduite par le « gouvernement présidentiel ».

Bien plus, en raison de la primauté du Parti, du principe d'unicité de direction entre l'Etat et le Parti et du mode de recrutement des parlementaires, toutes choses excluant un quelconque conflit entre

---

-Dagra (Mamadou), *La nomination d'un Premier Ministre et l'évolution du droit constitutionnel nigérien*, in « Revue de l'ENA du Niger », N° 1, Décembre 1983, pp.1-18.

[55] Extraits de l'interview précitée de M. Sahidou Alou, Secrétaire à l'Information du M.NS.D., *Le Sahel*, 20 septembre 1989, p. 3.

l'exécutif et le législatif, il s'était établie une « complicité active » entre les deux pouvoirs, et le Parlement nigérien s'était mué en une simple instance de ratification des décisions de l'exécutif. Tel était, de toute façon, le destin des parlements dans les Etats à système de parti unique, « démocraties populaires » sous obédience soviétique ou Etats du Tiers-Monde sur lesquels le monopartisme exerçait alors une véritable fascination.

L'absence de contradiction entre l'exécutif et le législatif contribuait ainsi à renforcer l'autorité du premier, en dépouillant le second de ses prérogatives qui tendaient à devenir théoriques et formelles. En définitive, le système de Parti-Etat qui proscrivait toute "dissidence" ou "rébellion" de la représentation nationale privait, de ce fait, cette dernière de l'indépendance d'action que lui conférait le principe de la séparation des pouvoirs, dans l'exercice de ses prérogatives naturelles.

Dans le cas du Niger, la situation était encore moins favorable au Parlement, en raison de la **faculté reconnue au Président de la République de dissoudre l'Assemblée Nationale** (art. 32 de la Constitution)[56]. Certes, l'exercice de cette prérogative requérait l'avis du Conseil Supérieur d'Orientation Nationale (C.S.O.N.) et il ne pouvait être procédé à plus d'une dissolution l'an. De même, la logique du Parti-Etat en tant que telle, à savoir l'appartenance du chef de l'exécutif et des parlementaires au même parti (unique), rendait impensable l'évolution des rapports exécutif-législatif vers une situation conflictuelle, conduisant le Président de la République à dissoudre l'Assemblée. De ce point de vue, le droit de dissolution conféré au Président présentait, en apparence, toutes les caractéristiques d'une prérogative théorique, destinée à tomber en désuétude.

En réalité, sa mention dans la Constitution de la 2ème République n'était pas le fruit du hasard : elle était motivée par le souci de consolider au mieux les nouvelles institutions du pays, après quinze ans de régime d'exception. L'épouvantail que constituait la dissolution avait été jugé suffisamment dissuasif pour insuffler aux députés la discipline et le sens des responsabilités qu'exigeait le retour à la vie parlementaire, après quinze années d'interruption.

Cette argumentation, recevable, parce que justifiée par une légitime prudence dans le processus de retour du Niger à un régime constitutionnel, n'occultait pas cependant les conséquences découlant de l'existence d'une

[56] La Constitution de la République Centrafricaine de 1986 reconnaissait la même prérogative au Président de la République (art.12).

prérogative présidentielle de dissolution du Parlement, dans la Constitution du 24 Septembre 1989. Ces conséquences tenaient à la nature juridique du régime politique nigérien d'alors et pouvaient être énoncées sous la forme de deux propositions complémentaires :

-au regard du pouvoir de dissolution reconnu au Président de la République, on pouvait difficilement qualifier ce régime de présidentiel : certes, l'exercice de cette prérogative était tout à fait théorique[57] ; il n'en demeurait pas moins que ce pouvoir de dissolution rompait l'équilibre attaché au régime de type présidentiel, en vertu de la séparation des pouvoirs, et que matérialise traditionnellement l'absence de moyens d'action réciproques entre l'exécutif et le législatif.

-c'était l'octroi au Président de la République de la prérogative de dissoudre le Parlement qui, en dernière analyse, faisait du régime politique nigérien un *régime à exécutif fort* ; cette « force » résidait justement dans la faculté reconnue au chef de l'exécutif de renvoyer la représentation nationale devant les électeurs, sans aucun moyen d' « équilibre de la terreur », sans aucun mécanisme dissuasif, comme la possibilité de renverser le gouvernement par voie de motion de censure ou de question de confiance, dans le cadre du régime de type parlementaire ; bref, le pouvoir présidentiel de dissolution du Parlement accentuait le déséquilibre des pouvoirs en faveur l'exécutif et au détriment de l'Assemblée Nationale.

Ce mécanisme, somme toute formel, devait permettre aux institutions nigériennes, alors nouvellement, installées de fonctionner sans heurts, de consolider leurs assises et surtout d'être durables.

A cette condition, elles auraient, pensait-on, donné l'image d'un système politique africain original, dont les spécificités pour l'époque étaient principalement :

-la participation de l'Armée à l'exercice du pouvoir politique[58] ;

---

[57] Elle n'avait d'ailleurs pas été exercée pendant la courte durée de vie de la 2ème République (décembre 1989-juillet 1991).

[58] Dans la Constitution du 24 octobre 1989, un titre spécifique était consacré à l'Armée. C'était le Titre X intitulé *Des Forces Armées Nationales*, dont l'article 79 était ainsi libellé : *Intégrées à tous les secteurs de la vie publique, les Forces Armées Nationales exercent au même titre que les autres composantes de la Nation des responsabilités politiques et administratives.*

Le politologue feu Abdoulaye Niandou-Souley soulignait, à juste raison, que la Constitution de la 2ème République était la « consécration formelle du rôle politique de l'Armée ». Cf «

-l'instauration, avant l' « ouverture démocratique » sur le continent, d'un septennat présidentiel, renouvelable une (1) seule fois.

Mais, on l'a dit, le régime de la 2ème République avait duré moins de deux (2) ans. Dès le début de 1990, année de l' « ouverture démocratique » sur le continent, la revendication démocratique engendrée par la « tuerie du 9 février »[59] précipite l'évolution, mieux la mutation du régime monolithique « présidentialiste » du Général Ali Saïbou, selon les étapes suivantes :

-15 novembre 1990 : proclamation par le Président de la République de l'instauration du multipartisme au Niger[60] ;

-24 avril 1991 : révision de la *Charte Nationale* et de la Constitution du 24 septembre 1989 et transformation du régime en un régime semi-présidentiel[61] ;

-29 juillet-3 novembre 1991 : tenue de la *Conférence Nationale Souveraine*, véritable « coup d'Etat civil » qui, dès le 8 août 1991, renverse le régime[62].

---

L'Armée et le pouvoir », in *Politique africaine,* n°38, *Le Niger : Chroniques d'un Etat*, 1990.

[59] Le 9 février 1990, une manifestation des étudiants de l'Université de Niamey, réprimée par les forces de l'ordre, cause trois (3) morts et plusieurs blessés. Depuis lors, cette date et celle du 16 février (jour de l'inhumation des défunts) sont commémorées, chaque année, par l'arrêt des cours dans tous les établissements d'enseignement, de l'école primaire à l'Université.

[60] *Le Sahel*, 16 novembre 1990.

[61] Loi constitutionnelle n°91-01 du 24 avril 1991 portant révision de la *Charte Nationale* du 14 septembre 1987, JORN, 15 août 1991 ; Loi constitutionnelle n°91-02 du 24 avril 1991 portant révision de la Constitution du 24 septembre 1989, JORN, numéro spécial 1, 30 avril 1991. Toutes les dispositions relatives au Parti-Etat M.N.S.D., à la *Société de Développement* et à la participation de l'Armée à l'exercice du pouvoir politique sont supprimées du texte constitutionnel. Un régime de démocratie pluraliste est institué : en application des dispositions constitutionnelles institutionnalisant le multipartisme, une loi relative aux partis politiques sera adoptée, la Loi n° 91- 05 du 20 mai 1991, JORN, 15 juin 1991. Sur cette révision, consulter notamment Tankoano (Amadou), « La révision de la Constitution du 24 septembre 1989 et l'évolution du régime politique nigérien », *RJPIC*, janvier-mars 1992, pp.54-78.

[62] Acte Fondamental n° I/CN du 30 juillet 1991portant statut de la *Conférence Nationale*, JORN numéro spécial 1, 1er août 1991. Acte n° III/CN proclamant les attributs de la souveraineté de la *Conférence Nationale* (JORN numéro spécial 3, 15 août 1991) : abrogation de la Charte Nationale et de la Constitution du 24 septembre 1989, dissolution de l'Assemblée Nationale et du Conseil National de Développement, maintien du Président de la République dans des fonctions protocolaires, placement de toutes les institutions et services de l'Etat sous le contrôle de la *Conférence Nationale*, maintien du Gouvernement pour expédier les affaires les affaires courantes (il sera dissous le 10 septembre 1991 par

Le Président Ali Saïbou –dont le mandat devait être écourté pratiquement de quatre (4) ans- avait donc été maintenu à son poste, dans des fonctions honorifiques et protocolaires (notamment la réception des lettres de créance des Ambassadeurs étrangers).

La réalité du pouvoir devait être exercé par le Premier Ministre, chef du Gouvernement, à la tête d'un régime de transition, resté en place jusqu'à l'installation de la 3ème République[63], le 16 avril 1993[64].

Au total, le régime instauré par la Constitution nigérienne du 24 septembre 1989 aura été l'illustration du 3ème cycle constitutionnel des Etats africains francophones : la « militarisation » du pouvoir, suivie de sa « civilisation » sur fond de parti unique, après le cycle des régimes de type parlementaire, puis celui des régimes de type présidentiel.

Ses spécificités avaient été, il faut encore le souligner :

-d'abord et surtout, la constitutionnalisation du rôle politique de l'Armée[65] ;

-ensuite et aussi, la limitation à deux (2) du nombre de mandats présidentiels, jouant ainsi un précieux rôle précurseur pour cette « disposition-phare » des Constitutions post-Conférences Nationales, aujourd'hui presque partout remise en cause[66].

---

l'Acte n° XI/CN, JORN numéro spécial 4, 15 septembre 1991). Nous étions nous-même membre de ce Gouvernement (Ministre de l'Education Nationale de décembre 1989 à mars 1990, puis Ministre de la Fonction Publique et du Travail jusqu'à cette date).

[63] Acte Fondamental n° XXI/CN du 29 octobre 1991 portant organisation des pouvoirs publics pendant la période de transition, JORN numéro spécial 5, 1er novembre 1991.
Pour l'analyse de cette « Constitution provisoire », V. :
-Maidoka (Aboubacar), « La nouvelle organisation des pouvoirs publics nigériens : l'Acte Fondamental n°21 », *Revue Juridique et Politique Indépendance et Coopération* (*RJPIC)*, janvier-mars 1992, pp.46-53 ;
-Laouel Kader (Mahamadou), « Les lacunes juridiques de l'Acte Fondamental n°21 portant organisation des pouvoirs publics au Niger », *RJPIC*, janvier-mars 1993, pp.109-119.

[64] Le Président Mahamane Ousmane, surnommé *Nafarko* (signifiant « premier » en langue nationale *hausa,* parce que 1er Président démocratiquement élu au Niger, depuis l'indépendance) avait prêté serment à cette date.

[65] V. Niandou-Souley (Abdoulaye), *op. cit.*

[66] Exemples parmi d'autres : Guinée-Conakry en 2001, Tunisie et Togo en 2002, Ouganda et Tchad en 2005, Algérie en 2008, Niger en 2009, Congo-Brazzaville en 2015, Burundi en 2018, etc…

La Constitution de la 2ème République a aussi institué le serment présidentiel au Niger.[67]

Même si elle reste l'illustration de l'échec du système de « l'Armée au pouvoir », elle demeure néanmoins pour le droit public nigérien la « Constitution des droits et libertés », c'est-à-dire la première Loi fondamentale du pays garantissant au citoyen ses droits humains fondamentaux, surtout au sortir d'un premier régime militaire qualifié alors de « dur », « implacable » et « liberticide ».

[67] Le Président de la République ne prêtait pas serment sous la 1ère République (1960-1974). La Constitution de 1989 a donc véritablement innové en ce domaine. Les Constitutions ultérieures ont toutes consacré cette innovation, en en faisant même un serment confessionnel (le Président prête serment *sur le Livre Saint de sa confession*), à partir de la 5ème République (1999-2009). Cf Dagra Mamadou (2017), « Il faut réviser la Constitution du 25 novembre 2010 ! », in Narey (Oumarou), *Le régime semi-présidentiel au Niger*, Actes du séminaire de l'Association Nigérienne de Droit Constitutionnel (ANDC), Niamey, 26-28 octobre 2016, L'Harmattan, Dakar, pp. 259-279.

**ANNEXE : CONSTITUTION DU 24 SEPTEMBRE 1989**
*(J.O.R.N., NUMÉRO SPÉCIAL 3, 25 OCTOBRE 1989)*

SOMMAIRE



PREAMBULE

Au lendemain des événements historiques du 15 Avril 1974 qui mirent fin à la première République, les Forces Armées Nationales invitèrent l'ensemble du peuple nigérien à rechercher une voie nigérienne de développement.

Dans un même élan et une convergence d'efforts, le peuple nigérien s'engagea dans la réalisation d'un modèle endogène de développement : la Société de Développement.

La Charte Nationale adoptée par référendum le 14 juin 1987 : elle est la consécration de cette option. Elle est le fondement de la Constitution.

La construction d'un pays, l'édification d'une société qui aspire à un développement accéléré et harmonieux requièrent l'instauration d'un cadre de mobilisation populaire.

L'institution d'un mouvement politique, le Mouvement National pour la Société de Développement (MNSD), répond à cet impératif.

Le peuple nigérien proclame son attachement aux principes de la démocratie et des droits de l'homme, tels que définis par la Déclaration des Droits de l'Homme et du Citoyen de 1789, la Déclaration Universelle des Droits de l'Homme de 1948, la Charte africaine des Droits de l'Homme et des peuples de 1981 et tels qu'ils sont garantis par la présente Constitution.

Il proclame son attachement à l'unité africaine et son engage ront à ne ménager aucun effort en vue de sa réalisation.

11 affirme sa volonté de coopérer dans l'amitié avec tous les peuples épris de paix, de justice et de liberté.

Titre premier :

De la Société de Développement

Article premier. — L'option fondamentale du peuple nigérien st la Société de Développement.

La Société de Développement vise la construction d'une nation équilibrée, unie et solidaire, tendue vers le même idéal et mue par la même volonté de progrès. Elle tend à la participation responsable de tous les Nigériens à la recherche de solutions aux problèmes de développement économique, social et cultuel.

Art. 2. — La Société de Développement a pour objectifs primordiaux :

— l'unité nationale ;

— l'édification nationale ;

— la justice sociale ;

— la démocratie participative.

Art. 3. — Les principes de base de la Société de Développement sont la consultation, la concertation et la participation.

Art. 4. — La participation effective et responsable des populations au développement du pays doit se concevoir dans le cadre des structures et institutions de la Société de Développe ment : Samariya, Coopératives, Associations socio-professionnelles, Conseils de Développement, Mouvement National pour la Société de Développement.

Art. 5. — L'épanouissement de l'homme nigérien et la consolidation de l'indépendance nationale que vise la Société de Développement s'appuient sur les grandes orientations définies par la Charte Nationale.

Titre II :

De l'Etat et de la souveraineté

Art. 6. — L'Etat du Niger est une République indépendante et souveraine.

Toute atteinte à la forme républicaine de l'Etat est considérée comme un crime de haute trahison et punie par la loi.

L'emblème national est le drapeau tricolore composé de trois (3) bandes horizontales, dont les couleurs sont, de haut en bas, orange, blanc et vert. La bande médiane comporte en son milieu un disque de couleur orange.

L'hymne national est «La Nigérienne».

Les armoiries et le sceau de l'Etat sont déterminés par la loi. La capitale de la République est Niamey.

La devise de la République est : Fraternité-Travail-Progrès.

Les langues nationales sont : l'arabe, le fulfulde, le gurmance, le hausa, le kanuri, le songha ï- zarma, le tamajaq et le tubu.

La langue officielle est le français.

Art. 7. — La République du Niger est une et indivisible, laïque, démocratique et sociale. Son principe est le gouvernement du peuple, par le peuple et pour le peuple.

Art. 8. — La souveraineté appartient au peuple.

Aucun groupe, ni aucun individu ne peut s'en attribuer l'exercice.

Dans l'exercice du pouvoir, le pouvoir personnel, le régionalisme, l'esprit de clan, le népotisme, l'esprit féodal, le favoritisme et la corruption sont bannis.

Art. 9.— Le peuple exerce sa souveraineté par ses représentants et par la voie du référendum. Les conditions du recours au référendum sont déterminées par la loi.

La Cour Suprême veille à la régularité des opérations de référendum et en proclame les résultats.

Art. 10. — Le suffrage est universel, égal et secret.

Sont électeurs, dans les conditions déterminées par la loi, tous les Nigériens majeurs, des deux sexes, jouissant de leurs droits civils et politiques.

Art. 11. — La République du Niger est un Etat de droit.

Elle assure à tous l'égalité devant la loi sans distinction d'origine, de race, de sexe ou de religion.

Elle respecte toutes les croyances.

Toute propagande particulariste de caractère régionaliste, racial ou ethnique, toute manifestation de discrimination raciale ou ethnique sont punies par la loi.

Toute manifestation d'intolérance idéologique, religieuse ou philosophique est punie par la loi. Art. 12. — Dans le cadre de la liberté d'association reconnue par la Charte Nationale et garantie par la présente Constitution, les associations se forment et exercent leurs activités librement sous la condition de respecter les principes de la souveraineté nationale, de la démocratie et les lois de la République.

Titre III

Des droits et libertés du citoyen

Art. 13. — La présente Constitution garantit au citoyen tous les droits et libertés reconnus par la Charte Nationale et notamment :

— la liberté d'opinion et de pensée ;

— la liberté d'expression ;

— la liberté de conscience ;

— la liberté de culte ;

— la liberté de circulation ;

— la liberté de résidence ;

— la liberté des correspondances et de communication ;

— la liberté de réunion ;

— la liberté d'association ;

— la liberté d'entreprise ;

— la liberté de presse, de publication et de publicité ;

— le droit au travail ;

— le droit à la justice ;

— le droit à l'éducation ;

— le droit à la santé ;

— le droit à la sécurité ;

— le droit à la propriété ;

— le droit à l'information ;

— le droit de manifestation.

Tous ces droits et libertés s'exercent dans le respect des lois et règlement s en vigueur.

Titre IV

Des Devoirs du citoyen

Art. 14. — Tout citoyen est tenu de respecter les lois et règlements de la République. Art. 15. — Tout citoyen a le devoir sacré de veiller à la défense de la Patrie.

Titre V

Du Mouvement National pour la Société de Développement

Art. 16. — Le système politique nigérien est fondé sur le principe d'un mouvement politique, assurant en son sein la libre expression des opinions et des sensibilités idéologiques : le Mouvement National pour la Société de Développement (MNSD).

Art. 17. — Le Mouvement National pour la Société de Développement est ouvert à tous les citoyens animés du même idéal patriotique et œuvrant pour la réalisation des objectifs de la Société de Développement.

Art. 18. — Le Mouvement National pour la Société de Développement détermine la politique générale du pays en s'inspirant de la Charte Nationale comme cadre de référence idéologique et source fondamentale de cette politique.

Art. 19. — La direction du pays repose sur le principe de l'unicité de direction de l'Etat et du Mouvement.

Les tâches assignées aux institutions de l'Etat et aux organes du Mouvement sont complémentaires.

Les institutions de l'Etat et les organes du Mouvement agis sent cependant dans des cadres séparés et avec des moyens différents en vue de la concrétisation des idéaux de la Société de Développement.

Art. 20. — Les modalités d'organisation et de fonctionnement du Mouvement National pour la Société de Développement sont déterminées par ses statuts.

Titre VI

Du Conseil Supérieur d'Orientation Nationale

Art. 21. — Le Conseil Supérieur d'Orientation Nationale (CSON), instance suprême de l'Etat, est l'organe de direction, de conception et d'animation de l'Etat et du Mouvement National pour la Société de Développement.

Art. 22. — Le Conseil Supérieur d'Orientation Nationale est composé de civils et de militaires. Art. 23. — Le Président du M NSD est le Président du Conseil Supérieur d'Orientation Nationale.

Art. 24. — La composition et le fonctionnement du Conseil Supérieur d'Orientation Nationale sont déterminés par les statuts du Mouvement National pour la Société de Développement.

Titre VII

Du Président de la République et du Gouvernement

Art. 25. — Le Président de la République est Chef de l'Etat. Il incarne l'unité nationale. Il veille au respect de la Charte Nationale et de la Constitution. Il assure la continuité de l'Etat. Il est le garant de l'indépendance nationale, de l'intégrité du territoire, du respect des traités et accords internationaux.

Art. 26. — Le Président de la République est élu pour sept (7) ans au suffrage universel direct, et secret. Il est rééligible une fois.

Le Congrès du Mouvement National pour la Société de Développement désigne le candidat à la présidence de la République sur proposition du Conseil Supérieur d'Orientation Nationale.

Est éligible à la présidence de la République tout Nigérien de nationalité d'origine âgé de quarante (40) ans au moins et jouissant de ses droits civiques.

Art. 27. — L'élection du Président de la République est acquise à la majorité des suffrages exprimés.

La convocation des électeurs est faite par décret pris en Conseil des Ministres.

Le mandat du nouveau Président de la République prend effet pour compter de la date d'expiration du mandat de son prédécesseur.

La loi fixe les conditions d'éligibilité, de présentation des candidatures, de déroulement du scrutin, de dépouillement et de proclamation des résultats.

La Cour suprême contrôle la régularité de ces opérations.

Art. 28. — Avant son entrée en fonction, le Président de la République prête serment, devant l'Assemblée Nationale, en ces termes :

«Je jure solennellement, devant le peuple, de respecter et faire respecter la Charte Nationale, la Constitution et les lois de la République ; de respecter et défendre la forme républicaine de l'Etat ; de préserver l'intégrité du territoire et l'unité de la Nation ; de protéger les droits et libertés des citoyens, de travailler sans relâche au bonheur du peuple ; d'œuvrer de toutes mes forces à la réalisation des idéaux de paix, de justice et de liberté dans le monde. L'Assemblée Nationale en est témoin.»

Art. 29. — En cas de vacance de la Présidence de la République par décès, démission ou empêchement absolu, les fonctions de Président de la République sont provisoirement exercées par le Président de l'Assemblée Nationale.

L'empêchement absolu est constaté par la Cour suprême saisie par le Conseil Supérieur d'Orientation Nationale.

Il est procédé à de nouvelles élections présidentielles quarante-cinq (45) jours au moins et quatre- vingt-dix (90) jours au plus après l'ouverture de la vacance.

Le Président par intérim ne peut en aucun cas être candidat à la Présidence de la République. Il exerce les attributions dévolues au Président de la République, à l'exception de celles prévues aux alinéas 2 et 3 de l'article 30, à l'alinéa 1 de l'article 35, à l'alinéa 2 de l'article 36 et aux articles 31, 32, 33 et 106.

Art. 30. — Le Président de la République est détenteur exclusif du pouvoir exécutif. 11 nomme les membres du Gouvernement et met fin à leurs fonctions.

Il peut nommer un Premier Ministre.

Art. 31. — Le Président de la République a l'initiative des lois, concurremment avec les membres de l'Assemblée nationale.

Il assure la promulgation des lois dans les quinze (15) jours qui suivent la transmission qui lui en est faite par le Président de ('Assemblée Nationale.

Ce délai est réduit à cinq (5) jours en cas d'urgence déclarée par l'Assemblée Nationale.

Le Président de la République peut, avant l'expiration de ces délais, demander à l'Assemblée Nationale une seconde délibération de la loi ou de certains de ses articles. Cette seconde délibération ne peut être refusée.

Il peut également, dans les mêmes délais, demander et obtenir de plein droit que cette seconde délibération n'ait lieu que lors de la session ordinaire suivant la session au cours de laquelle le texte a été adopté en première lecture.

Si après une deuxième lecture, l'Assemblée Nationale vote le texte à la majorité des2/3 de ses membres, la loi est promulguée.

Art. 32. — Le Président de la République peut, après avis du Conseil Supérieur d'Orientation Nationale, prononcer la dissolution de l'Assemblée Nationale.

Une nouvelle Assemblée est élue quarante-cinq (45) jours au moins et quatre-vingt-dix (90) jours au plus après cette dissolution.

II ne peut être procédé à une nouvelle dissolution dans l'année qui suit les élections.

Art. 33. — Le Président de la République, sur proposition du Conseil Supérieur d'Orientation Nationale et après avis du Bureau de l'Assemblée Nationale, peut soumettre au référendum, tout texte qui lui paraît devoir exiger la consultation directe du peuple.

Lorsque le projet est adopté par référendum, le Président de la République le promulgue dans les délais prévus à l'article 31.

Art. 34. — Le Président de la République assure l'exécution des lois et garantit l'exécution des décisions de justice. Il prend les règlements applicables à l'ensemble du territoire de la République.

Art. 35. — Le Président de la République accrédite les ambassadeurs et les envoyés extraordinaires auprès des puissances étrangères.

Les ambassadeurs et les envoyés extraordinaires des puissances étrangères sont accrédités auprès de lui.

Art. 36. — Le Président de la République est le chef de l'Administration. 11 nomme aux emplois civils et militaires de l'Etat.

Art. 37. — Le Président de la République est le chef des Armées.

Art. 38. — Lorsque les institutions de la République, l'indépendance de la Nation, l'intégrité du territoire national, le fonctionnement régulier des pouvoirs publics constitutionnels ou l'exécution des engagements internationaux sont menacés d'une manière grave et immédiate, le Président de la République prend les mesures exceptionnelles exigées par ces circonstances après avis conforme du Conseil Supérieur d'Orientation Nationale.

Il en informe la Nation par un message. L'Assemblée Nationale se réunit de plein droit.

Pendant cette période de crise, l'Assemblée Nationale ne peut être dissoute.

Art. 39. — Le Président de la République proclame l'état d'urgence dans les conditions déterminées par la loi.

Art. 40. — Le Président de la République a le droit de grâce.

Art 41. — Le Président de la République préside le Conseil des ministres. Le Conseil des ministres délibère obligatoirement sur :

— les décisions concernant la politique générale de l'Etat ; les projets de lois ;

— les ordonnances prévues à l'article 67 et les décrets réglementaires ;

— les nominations aux emplois supérieurs de l'Etat dont la liste est établie par la loi.

Art. 42. — Les projets de lois, d'ordonnances et de décrets réglementaires peuvent être soumis à la Cour suprême pour avis avant d'être examinés en Conseil des ministres.

Art. 43. — Le Gouvernement applique les directives du Conseil Supérieur d'Orientation Nationale et conduit la politique de la Nation conformément aux principes fondamentaux de la Charte Nationale.

Le Premier ministre exerce ses attributions dans le cadre des pouvoirs qui lui sont délégués parle Président de la République.

Le Président de la République peut déléguer certains de ses pouvoirs aux Ministres.

Art. 44. — Les fonctions de Président de la République et de membre du Gouvernement sont incompatibles avec l'exercice de tout mandat parlementaire, de tout emploi public et de toute activité professionnelle.

## Titre VIII :

## De l'Assemblée Nationale

Art. 45. — Le Parlement est constitué par une assemblée unique dite Assemblée Nationale, dont les membres portent le titre de députés.

Art. 46. — L'Assemblée Nationale s'inspire des principes fondamentaux de la Charte Nationale dans son action législative.

Art. 47. — L'Assemblée Nationale vote la loi et consent l'impôt.

Art. 48. — Les députés sont élus au suffrage universel direct et secret sur une liste nationale complète arrêtée par le Conseil Supérieur d'Orientation Nationale.

La durée de la législature est de cinq (5) ans; les élections générales en vue du renouvellement de l'Assemblée ont lieu dix (10) jours au moins et vingt (20) jours au plus avant la fin de la législature en cours.

La loi fixe le nombre des membres de l'Assemblée Nationale, les conditions d'éligibilité, le régime des inéligibilités et incompatibilités, les modalités du scrutin, les conditions dans lesquel - les il y a lieu d'organiser de nouvelles élections en cas de vacance de sièges de députés.

Art. 49. — La Cour Suprême statue sur l'éligibilité des candidats. Elle statue également sur la validité de l'élection des députés.

Art. 50. — Chaque année, l'Assemblée Nationale se réunit de plein droit en deux sessions ordinaires.

La première session s'ouvre le 1$^{er}$ mars et n'excède pas quatre-vingt-dix (90) jours.

La seconde session, dite session budgétaire, s'ouvre le dix (10) octobre et prend fin le dix (10) décembre.

Si le premier mars ou le dix octobre est un jour férié, l'ouverture de la session a lieu le premier jour ouvrable qui suit.

Art. 51. — L'Assemblée Nationale est convoquée en session extraordinaire par son Président sur un ordre du jour déterminé, à la demande du Président de la République ou à celle de la majorité absolue des députés.

Les sessions extraordinaires sont closes sitôt l'ordre du jour épuisé.

Art. 52. — L'Assemblée Nationale élit en son sein son Président pour la durée de la législature.

Art. 53. — Les séances de l'Assemblée Nationale sont publiques. Il est publié un compte rendu intégral des débats.

A la demande du Président de la République ou du tiers des députés, l'Assemblée peut siéger à huis clos.

Art. 54. — Chaque député est le représentant de la Nation entière. Tout mandat impératif est nul.

Le droit de vote des députés est personnel. Toutefois, la délégation de vote est permise lorsqu'un député est absent pour cause de maladie, pour exécution d'un mandat ou d'une mission à lui confiée par le Gouvernement ou l'Assemblée, ou pour remplir ses obligations militaires. Nul ne peut recevoir pour un scrutin, plus d'une délégation de vote.

Art. 55. — Aucun député ne peut être poursuivi, recherché, arrêté, détenu ou jugé à l'occasion des opinions ou des votes émis par lui dans l'exercice de ses fonctions.

Art. 56. — Aucun député ne peut, pendant la durée des sessions, être poursuivi ou arrêté en matière criminelle ou correctionnelle qu'avec l'autorisation de l'Assemblée Nationale, sauf le cas de flagrant délit. Aucun député ne peut, hors session, être arrêté qu'avec l'autorisation du bureau de l'Assemblée Nationale, sauf le cas de flagrant délit, de poursuite s autorisées ou de condamnations définitives.

La détention ou la poursuite d'un député est suspendue si l'Assemblée Nationale le requiert. Art. 57. — Les députés reçoivent une indemnité, dont le montant est fixé par la loi.

Art. 58. — L'Assemblée Nationale établit son règlement intérieur.

## Titre IX

### Des rapports entre l'Assemblée Nationale et le Gouvernement

Art. 59. — Le Président de la République communique avec l'Assemblée Nationale soit directement, soit par des messages qu'il fait lire par le Président de l'Assemblée Nationale.

Ces messages ne donnent lieu à aucun débat.

Art. 60. — Les membres du Gouvernement ont accès aux Commissions de l'Assemblée Nationale. Ils sont entendus à la demande des Commissions.

Ils peuvent se faire assister par leurs collaborateurs.

### Section 1 : **Domaines respectifs de la loi et du règlement**

Art. 61. — La loi fixe les règles concernant :

— la citoyenneté, les droits civiques et les garanties fondamentales accordées aux citoyens pour l'exercice des libertés publiques ;

— la nationalité, l'état et la capacité des personnes, les régimes matrimoniaux, les successions et les libéralités ;

— la procédure selon laquelle les coutumes seront constatées et mises e n harmonie avec les principes fondamentaux de la Constitution ;

— la détermination des crimes et délits ainsi que des peines qui leur sont applicables, la procédure pénale, l'amnistie ;

— l'organisation des tribunaux judiciaires et administratifs et la procédu re suivie devant ces juridictions, le statut des magistrats, des officiers ministériels et des auxiliaires de la Justice ;

— l'assiette, le taux et les modalités de recouvrement des impositions de toute nature ;

— le régime d'émission de la monnaie ;

— le régime électoral de l'Assemblée Nationale et des assemblées locales;

— la création de catégories d'établissements publics :

— le statut général de la Fonction publique :

— l'organisation générale de l'Administration :

— l'état de siège et l'état d'urgence.

Art. 62. — La loi détermine les principes fondamentaux :

— de l'organisation de la Défense nationale :

– de l'enseignement ;

– de la santé :

– du régime de la propriété, des droits réels et des obligations civiles et commerciales ;

– du droit du travail, du droit syndical et des institutions sociales ;

– de l'aliénation et de la gestion du domaine de l'Etat ;

– de la mutualité et de l'épargne ;

– de l'organisation de la production ;

– du régime des transports et des télécommunications.

Art. 63. — Les lois de Finances déterminent les ressources et les charges de l'Etat. Les lois de programme fixent les objectifs de l'action économique et sociale de l'Etat.

Art. 64. — La déclaration de guerre est autorisée par l'Assemblée Nationale.

Art. 65. — L'état de siège est décrété en Conseil des ministres. L'Assemblée Nationale se réunit alors de plein droit, si elle n'est en session.

La prorogation de l'état de siège au- delà de quinze (15) jours ne peut être autorisée que par l'Assemblée Nationale.

Art. 66. — Les matières, autres que celles qui sont du domaine de la loi, ont un caractère réglementaire.

Les textes de forme législative intervenus en ces matières antérieurement à l'entrée en vigueur de la présente Constitution, peuvent être modifiés par décret pris après avis de la Cour Suprême. Art. 67. — Le Président de la République peut, pour l'exécution de son programme, demander à l'Assemblée Nationale, par une loi, l'autorisation de prendre par ordonnances, pendant un délai limité, des mesures qui sont normalement du domaine de la loi.

Les ordonnances sont prises en Conseil des ministres après avis éventuel de la Cour Suprême. Elles entrent en vigueur dès leur publication mais deviennent caduques si le projet de loi de ratification n'est pas déposé devant l'Assemblée Nationale avant la date fixée par la loi d'habilitation.-

A l'expiration du délai mentionné au premier alinéa du présent article, les ordonnances ne peuvent plus être modifiées que par la loi, dans leurs dispositions qui sont du domaine législatif.

Art. 68. — Les propositions et amendements qui ne sont pas du domaine de la loi sont irrecevables. L'irrecevabilité est prononcée par le Président de l'Assemblée Nationale.

En cas de contestation, la Cour Suprême, saisie par le Président de la République ou le Président de l'Assemblée Nationale, statue dans un délai de huit (8) jours.

Section 2 : **De l'élaboration des lois**

Art. 69. — Les propositions et amendements déposés par les députés ne sont pas recevables lorsque leur adoption aurait pour conséquence soit une diminution des ress ources publiques, soit la création ou l'aggravation d'une charge publique, à moins qu'ils ne soient accompagnés d'une proposition d'augmentation de recettes ou d'économies équivalentes.

Art. 70. — La discussion des projets de loi porte sur le texte présenté par la Commission compétente de l'Assemblée Nationale.

A la demande du Gouvernement, la Commission doit porter à la connaissance de l'Assemblée Nationale les points sur lesquels il y a désaccord avec le Gouvernement.

Art. 71. — Les députés ont le droit d'amendement.

Art. 72. — L'Assemblée Nationale vote le projet de loi de Finances dans les conditions déterminées par la loi.

Art. 73. — L'Assemblée Nationale est saisie du projet de loi de Finances dès l'ouverture de la session budgétaire; le projet de loi de Finances doit prévoir les recettes nécessaires à la couverture intégrale des dépenses.

L'Assemblée Nationale vote le budget en équilibre.

Si l'Assemblée Nationale ne s'est pas prononcée dans les soixante (60) jours du dépôt du projet, les dispositions de ce projet peuvent être mises en vigueur par ordonnances.

Le Gouvernement saisit, pour ratification, l'Assemblée Nationale convoquée en session extraordinaire, dans un délai de quinze (15) jours.

Si l'Assemblée Nationale n'a pas voté le budget à la fin de cette session extraordinaire, le budget est établi définitivement par ordonnance.

Si le projet de loi de Finances n'a pu être déposé en temps utile pour être promulgué avant le début de l'exercice, le Président de la République demande d'urgence à l'Assemblée Nationale l'autorisation de reprendre le budget de l'année précédente par douzièmes provisoires.

Art. 74. — L'Assemblée Nationale règle les comptes de la Nation selon les modalités prévues par la loi des finances.

Titre X

## Des Forces Armées Nationales

Art. 75. — Les Forces Armées Nationales ont pour mission traditionnelle d'assurer la défense, l'intégrité et la sécurité du territoire national contre toute agression extérieure.

Art. 76. — Les Forces Armées Nationales sont appelées à préserver la sécurité intérieure dans les circonstances exceptionnelles prévues par la loi.

Art. 77. — Tout en assurant en tout lieu et en toute circonstance, la défense et l'intégrité du territoire national contre toutes les formes d'agression, les Forces Armées Nationales veillent constamment à la sauvegarde des intérêts matériels et moraux des populations et participent à leur éducation civique et militaire.

Art. 78. — Les Forces Armées Nationales prennent une part active aux tâches de développement, notamment la production agricole, la lutte contre la désertification, la construction d'infrastructures économiques et sociales.

Art. 79. — Intégrées à tous les secteurs de la vie publique, les Forces Armées Nationales exercent au même titre que les autres composantes de la Nation des responsabilités politiques et administratives.

Titre XI

De la Cour Suprême

Art. 80. — La Cour Suprême comprend quatre (4) Chambres : la Chambre constitutionnelle, la Chambre judiciaire, la Chambre administrative et la Chambre des comptes.

La loi détermine la composition, l'organisation, les attributions et le fonctionnement de la Cour suprême.

Titre XII

De l'Autorité Judiciaire

Art. 81. — La justice est rendue sur le territoire national au nom du peuple, et dans le respect strict de la règle de droit et des droits et libertés de chaque citoyen.

Art. 82. — Nul ne peut être poursuivi qu'en vertu d'une loi dûment promulguée antérieurement à l'acte incriminé.

Art. 83. — Les lois et règlements n'ont d'effet rétroactif qu'en ce qui concerne les droits et avantages qu'ils peuvent conférer au citoyen.

Art. 84. — Nul ne peut être arbitrairement détenu.

Tout prévenu est présumé innocent jusqu'à ce que sa culpabilité ait été établie à la suite d'une procédure lui offrant les garanties indispensables à sa défense. L'autorité judiciaire gardienne de la liberté individuelle, assure le respect de ce principe dans les conditions prévues par la loi.

Art. 85. — Les juges ne sont soumis dans l'exercice de leurs fonctions qu'à l'autorité de la loi. Le Président de la République est garant de l'indépendance des juges.

Il est assisté par le Conseil Supérieur de la Magistrature.

Art. 86. — La loi fixe la composition, l'organisation et le fonctionnement du Conseil Supérieur de la Magistrature.

Art. 87. — Les magistrats du siège sont nommés par le Président de la République sur proposition du ministre de la Justice, garde des Sceaux, après avis du Conseil Supérieur de la Magistrature.

## Titre XIII

De la Haute Cour de Justice

Art. 88. — La Haute Cour de justice est composée de députés que l'Assemblée Nationale élit en son sein après chaque renouvellement général. Elle élit son Président parmi ses membres.

La loi fixe le nombre de ses membres, les règles de son fonctionnement ainsi que la procédure suivie devant elle.

Art. 89. — Le Président de la République n'est responsable des actes accomplis dans l'exercice de ses fonctions et traduit devant la Haute Cour qu'en cas de haute trahison.

La Haute Cour est compétente pour juger les membres du Conseil Supérieur d'Orie ntation Nationale et les membres du Gouvernement en raison des faits qualifiés crimes ou délits accomplis dans l'exercice de leurs fonctions, à l'exception des crimes et délits contre la sûreté de l'Etat, ainsi que des crimes et délits connexes.

Art. 90. — La mise en accusation du Président de la République, des membres du Conseil Supérieur d'Orientation Nationale et des membres du Gouvernement est votée par scrutin public à la majorité des deux tiers (2/3) des députés composant l'Assemblée Nationale.

Art. 91. — La Haute Cour est liée par la définition des crimes et des délits et par la détermination des peines résultant des lois pénales en vigueur à l'époque des faits compris dans les pour suites.

## Titre XIV

## Du Conseil National de Développement

Art. 92. — Le Conseil National de Développement, instance de délibération en matière économique, sociale et culturelle, donne son avis sur les projets de lois, d'ordonnances ou de décrets ainsi que sur les propositions de loi qui lui sont soumis.

Les projets de lois de programme à caractère économique, social et culturel lui sont soumis obligatoirement pour avis.

Le Président de la République et le Président de l'Assemblée Nationale peuvent consulter le Conseil sur tout problème de caractère économique, social et culturel.

Art. 93. — Le Conseil National de Développement tient une session ordinaire tous les trois (3) mois.

Il peut être réuni en session spéciale à la demande du Gouvernement ou de l'Assemblée Nationale.

Les procès-verbaux de ses séances sont transmis dans un délai de quinze (15) jours au Gouvernement ou à l'Assemblée Nationale.

Art. 94. — Le Conseil National de Développement veille au bon fonctionnement des conseils de développement. I1 assure la formation des élus à la base.

Art. 95. — La composition du Conseil National de Développement, la durée de son mandat, le mode de désignation de ses membres et les règles de son fonctionnement sont fixés par la loi.

Art. 96. — Les conseils sont constitués par des membres démocratiquement élus.

Art. 97. — Les conseillers nationaux de développement jouissent des immunités prévues aux articles 55 et 56 de la présente Constitution.

Art. — Les conseillers nationaux de développement reçoivent une indemnité dont le montant est fixé par la loi.

## Titre XV

## Des Collectivités Territoriales

Art. 99. — Les Collectivités Territoriales sont créées par la loi.

La loi détermine les principes fondamentaux de la libre admi nistration des Collectivités Territoriales, leurs compétences et leurs ressources.

## Titre XVI

## Des Traités et Accords Internationaux

Art. 100. — Le Président de la République négocie et ratifie les Traités et les Accords Internationaux.

Art. 101. — Les traités de paix, les traités ou accords relatifs aux organisations internationales, ceux qui modifient les lois internes de l'Etat et ceux qui portent engagement financier de l'Etat ne peuvent être ratifiés qu'à la suite d'une loi.

Art. 102. — Si la Cour Suprême, saisie par le Président de la République ou par le Président de l'Assemblée Nationale, a déclaré qu'un engagement international comporte une clause contraire à la Constitution, l'autorisation de la ratifier ne peut intervenir qu'après la révision de la Constitution.

Art. 103. — Les traités ou accords régulièrement ratifiés ont dès leur publication, une autorité supérieure à celle des lois, sous réserve, pour chaque accord ou traité, de son application par l'autre partie.

## Titre XVII

## De la Coopération et de l'Association avec les Etats

Art. 104. — La République du Niger peut conclure des accords de coopération et d'association avec d'autres Etats sur la base de droits et avantages réciproques.

Elle accepte de créer avec ces Etats des organismes intergouvernementaux de gestion commune, de coordination et de libre coopération.

Art. 105. — Ces organismes peuvent avoir notamment pour objet :

– l'harmonisation de la politique économique, financière et monétaire ;

– l'établissement d'unions visant à l'intégration économique par la promotion de la production et des échanges ;

– la création de fonds de solidarité ;

– l'harmonisation de plans de développement ;

– l'harmonisation de la politique étrangère ;

– la coordination de l'organisation judiciaire ;

– la coopération en matière de défense ;

– la coopération et la coordination sanitaires ;

– la coopération en matière culturelle, scientifique et technique ;

– la coordination des transports, des communications et des télécommunications ;

– la coopération en matière de lutte contre les calamités.

Titre XVIII

De la Révision

Art. 106. — L'initiative de la révision de la Constitution appartient au Président de la République et aux membres de l'Assemblée Nationale.

Art. 107. — Pour être pris en considération, le projet ou la proposition de révision doit être voté à la majorité des trois quarts (3/4) des membres composant l'Assemblée Nationale.

La révision n'est acquise qu'après avoir été approuvée par référendum, sauf si le projet ou la proposition en cause a été approuvé à la majorité des quatre -cinquièmes (4/5) des membres composant l'Assemblée Nationale.

Art. 108. — Aucune procédure de révision ne peut être engagée ou poursuivie lorsqu'il est porté atteinte à l'intégrité du territoire.

La forme républicaine de l'Etat ne peut faire l'objet d'aucune révision.

Titre XIX

Dispositions Diverses

Art. 109. — Les dispositions nécessaires à l'application de la présente Constitution feront l'objet de lois votées par l'Assemblée Nationale.

Art. 110. — La législation actuellement en vigueur reste applicable sauf intervention de textes nouveaux, en ce qu'elle n'a rien de contraire à la présente Constitution.

Titre XX

Dispositions transitoires

Art. 111. — Les autorités établies continueront d'exercer leurs fonctions et les institutions actuelles seront maintenues jusqu'à la mise en place des autorités et institutions nouvelles.

Art. 112. — La présente Constitution sera adoptée par référendum. La proclamation des résultats du référendum interviendra dans les soixante-douze (72) heures suivant l'ouverture du scrutin.

Art. 113. — Le Chef de l'Etat, assurant la continuité de l'Etat en vertu des dispositions de l'article 111 promulgue la Constitution dans un délai n'excédant pas quinze (15) jours à compter de son adoption.

La Constitution entre en vigueur à la date de sa promulgation.

Art. I 14. — L'élection du Président de la République, aura lieu dans les quatre-vingt-dix (90) jours suivant l'entrée en vigueur de la Constitution.

Une Ordonnance portant loi électorale fixera les modalités de dépôt des candidatures et d'organisation de l'élection présidentielle.

Art. 115. — L'élection des députés à l'Assemblée Nationale aura lieu le même jour que l'élection présidentielle.

Une ordonnance portant loi électorale fixera les modalités de dépôt des candidatures et d'organisation des élections législatives.

L'Assemblée Nationale sera installée au plus tard quinze (15) jours après la proclamation des résultats des élections.

Art. 116. — La régularité des opérations de vote sera constatée par la plus haute instance judiciaire du pays.

Art. 117. — Le mandat des conseillers de développement, en fonction au moment de l'entrée en vigueur de la Constitution, expirera à son terme.

Art. 118. — Le Conseil Supérieur d'Orientation Nationale sera mis en place à l'issue du Congrès constitutif du Mouvement National pour la Société de Développement.

Bibliographie :

*1. Ouvrages et thèses*

-Aivo Frédéric Joël (2007), *Le Président de la République en Afrique noire francophone : genèse, mutations, avenir de la fonction*, L'Harmattan, Paris, 644 p.

-Aivo Frédéric Joël (Dir.), (2014) *La Constitution béninoise du 11 décembre 1990 : un modèle pour l'Afrique – Mélanges en l'honneur de Maurice Ahanhanzo Glélé*, L'Harmattan, Paris, 800 p.

-Asso Bernard (1976), *Le Chef d'Etat africain : l'expérience des Etats africains de succession française,* Editions Albatros, Paris, 382 p.

-Bayart Jean-François, Gand J.-D., Fall Alioune Badara & alii (2009), *La démocratie en Afrique*, Le Seuil, Paris.

-Gonidec Pierre-François (1997), *Les systèmes politiques africains : les nouvelles démocraties*, LGDJ, 3ème édition, Paris.

*2. Articles et études*

-Ahadzi N. Koffi (2015), *Les nouvelles tendances du droit constitutionnel africain : le cas des Etats d'Afrique noire francophone*, « Revue du Centre d'Etude et de Recherche en Droit et Institutions Politiques » (CERDIP), Libreville.

-Aivo Frédéric Joël (2005), *Les constitutionnalistes et le pouvoir politique en Afrique*, « Revue Française de Droit Constitutionnel (RFDC) n°104, décembre, pp. 771-800.

-Dagra Mamadou (1983), « La nomination d'un Premier Ministre et l'évolution du droit constitutionnel nigérien », *Revue de l'ENA du Niger*, n°1, novembre.

-Dagra Mamadou (2017), « Il faut réviser la Constitution du 25 novembre 2010 ! », in Narey (Oumarou), *Le régime semi-présidentiel au Niger*, Actes du séminaire de l'Association Nigérienne de Droit Constitutionnel (ANDC), Niamey, 26-28 octobre 2016, L'Harmattan, Dakar, pp. 259-279.

-Laouel kader Mahamadou (1993), « Les lacunes juridiques de l'Acte Fondamental n°21 portant organisation des pouvoirs publics au Niger », *Revue Juridique et Politique Indépendance et Coopération (RJPIC)*, janvier- mars, pp.109-119.

-Loada Augustin (2003), *La limitation du nombre des mandats présidentiels en Afrique francophone,* AFRILEX, « Revue d'étude et de recherche sur le droit et l'administration dans les pays d'Afrique », Université Montesquieu, Bordeaux IV, n°3, juin, pp.139-174.

-Kanté Babacar (1996), *Le constitutionnalisme à l'épreuve de la transition démocratique en Afrique*, in Zouethout (C. M.) éd., « Constitutionalism in Africa : A Quest for Autochtonous Principles », Rotterdam, Sanders Institute, Gouda Quinter-Deventer, pp. 17-32.

-Maidoka Aboubacar (1991), « La Constitution nigérienne du 24 septembre 1989 », *RJPIC*, septembre, pp. 113-132.

-Maidoka Aboubacar (1992), « La nouvelle organisation des pouvoirs publics nigériens : l'Acte Fondamental n°21 », *RJPIC*, janvier-mars, pp.46-53.

-Manangou Vivien Romain (2015), *Le néo-présidentialisme africain : entre paternalisme et superposition,*

« Revue Française de droit constitutionnel » n° 103, octobre, pp.26-53.

-Niandou-Souley Abdoulaye (1990), « L'Armée et le pouvoir », in *Politique africaine,* n°38, *Le Niger : Chroniques d'un Etat.*

-Sindjoun Luc (1995), *Les nouvelles Constitutions africaines et la politique internationale : contribution à une économie internationale des biens politico-institutionnels,* « Etudes Internationales », Institut Québecois des Hautes Etudes Internationales,Vol. 6, n °2, pp.329-345.

-Tankoano Amadou (1992), « La révision de la Constitution du 24 septembre 1989 et l'évolution du régime politique nigérien », *RJPIC*, janvier-mars, pp.54-78.

*3. Webographie*

-Bollé Stéphane (2005), *Des Constitutions « made in » Afrique*, www.droitconstitutionnel.org/congresmtp/textes7/Bollé.pdf.

-*Le régime présidentiel : cache-sexe du présidentialisme ?* (2007), www.la-constitution-en- afrique.org/article.17777017.htlm.

*4. Documents*

-Journal Officiel de la République du Niger (JORN)

-Constitution du Niger du12 mars 1959, JORN numéro spécial, 15 mars 1959

-Constitution du Niger du 8 novembre 1960, JORN numéro spécial, 8 novembre 1960

-Constitution du Niger du 24 septembre 1989, JORN numéro spécial 3, 25 octobre 1989

-Constitution du Niger du 26 décembre 1992, JORN numéro spécial, 23 janvier 1993

-Constitution du Niger du12 mai 1996, JORN numéro spécial 8, 22 mai 1996

-Constitution du Niger du 9 août 1999, JORN numéro spécial 10, 9 août 1999

-Constitution du Niger du18 août 2009, JORN numéro spécial 16, 20 août 2009

-Constitution du Niger du 25 novembre 2010, JORN numéro spécial 19, 29 novembre 2010.

*5. Journaux*

-*Le Sahel*, quotidien gouvernemental nigérien

-*Sahel-Dimanche*, hebdomadaire gouvernemental nigérien.

# « Moi Président … » Sur la Présidence impériale aujourd'hui en Afrique

***Stéphane BOLLE***

*Maître de conférences HDR en droit public à l'Université Paul-Valéry Montpellier 3*

*Directeur de la revue Droit et Politique en Afrique (*)*

*Chercheur au LAM (**)*

La Constitution, ce sont « des règles qui, à la fois, donnent un fondement démocratique au pouvoir, mais aussi des limites démocratiques à l'exercice de ce même pouvoir pour que l'arbitraire ne soit pas la règle », rappelait Alioune Badara Fall en 2011[1]. Un tel rappel aux fondamentaux du constitutionnalisme s'imposait : il intervenait au moment où courait la rumeur d'un séminaire international d'universitaires et d'avocats commandité pour cautionner la candidature du Président Abdoulaye Wade à un troisième mandat à la tête du Sénégal[2].

Homme de droit et homme droit, le dédicataire de ces mélanges a pris sa plume en 2023 pour soutenir, cette fois, que le Président Macky Sall « Ayant déjà exercé un premier mandat de 7 ans, il ne lui reste alors qu'un second qui s'achève en 2024 »[3]. La thèse était aux antipodes de celle martelée par le ministre de la justice, universitaire de formation[4], et actée, quelques jours plus tard, par le Chef de l'Etat, nonobstant ses engagements

(*) https://droit-et-politique-en-afrique.info/

(**) Les Afriques dans le monde, https://www.lam.sciencespobordeaux.fr/

[1] A. B. FALL, « Que Wade applique sa propre trouvaille », *Sud Quotidien*, 6 septembre 2011.

[2] « Sénégal : blanc seing pour Wade à la présidentielle », *Jeune Afrique*, 30 novembre 2011.

[3] A. B. FALL, « Trouble autour de l'article 27 de la constitution sénégalaise sur le mandat présidentiel ou le mal démocratique sénégalais », *Sud Quotidien*, 14 mars 2023.

[4] Voir notamment « Validation du 3ème mandat du Président du Sénégal : dans un pays normal, le ministre de la Justice aurait été limogé immédiatement », *Le Courrier du Soir*, 6 janvier 2023 et « Ismaïla Madior Fall sur la candidature de Macky Sall en 2024 : « Elle ne dépend de qui que ce soit… le président peut attendre jusqu'en octobre pour se prononcer » », *Dakaractu*, 2 janvier 2023.

antérieurs[5] : sa candidature à un deuxième quinquennat serait valable puisque le Conseil constitutionnel a considéré que son premier septennat était « hors de portée de la réforme » constitutionnelle de 2016 réduisant la durée du mandat présidentiel pour l'avenir[6].

Ces deux épisodes sénégalais d'une série constitutionnelle sans fin, qui intoxique la vie publique partout en Afrique francophone subsaharienne, sont symptomatiques à bien des égards. Ils témoignent de la prégnance d'une logique « pouvoiriste » dans cette région du monde, « à l'heure où au réenchantement par la Constitution dans les années 1990 a – définitivement ? – succédé le désenchantement à cause de la Constitution dans les années 2010 »[7]. Nombre de lois fondamentales, contenant « des remblais, des digues et des barrages, pour s'assurer qu'aucun des pouvoirs [et, surtout, le pouvoir présidentiel] ne sorte de son lit pour submerger les autres »[8], ont été réécrites par leurs interprètes authentiques, révisées par le Constituant dérivé ou remplacées par un Constituant originaire. Avec ces changements dans la Constitution ou de Constitution, l'Etat de droit et de démocratie pluraliste émergent s'est dégradé ; et un nouveau variant de Présidence impériale[9] s'est propagé.

Ramener la pandémie à la résurgence pure et simple des régimes d'antan serait une erreur de diagnostic. La Présidence impériale d'aujourd'hui renvoie bien au règne constitutionnel, potentiellement viager, d'un ultra-Président. Mais il s'agit d'un système de gouvernance foncièrement ambivalent, à double-face : une face libérale et une face illibérale. D'un côté, ont été formellement conservés des acquis du renouveau démocratique des années 1990, des valeurs et principes de tout Etat constitutionnel « normal » figurant dans la Charte africaine de la démocratie, des élections et de la gouvernance du 30 janvier 2007. « L'accès au pouvoir et son exercice, conformément à la Constitution de

---

[5] « Macky Sall : « l'Afrique n'est plus la chasse gardée de l'Europe » », *L'Express*, 20 mars 2023.

[6] Conseil constitutionnel du Sénégal, Décision n°1-C-2016 du 12 février 2016.

[7] S. BOLLE, « La Constitution en Afrique : pour le meilleur et pour le pire », in *Mélanges Dominique Rousseau*, Paris, LGDJ, 2020, p. 846.

[8] T. HOLO, « La présidence impériale du Potomac au Sahel », *Revue Béninoise de Sciences Juridique et Administratives*, n°9, décembre 1987, p. 5.

[9] L'expression est empruntée à A. M. SCHLESINGER, *La Présidence impériale*, Paris, PUF, 1976, qui y décrivait la crise de la Présidence des Etats-Unis d'Amérique mettant au premier plan, depuis l'affaire du Watergate, la problématique du pouvoir et de l'abus de pouvoir. Théodore Holo, *op. cit.*, p. 1 et s., l'a utilisée pour livrer une comparaison édifiante entre le système étatsunien et les systèmes subsahariens.

l'Etat »[10] sont toujours de règle ; et « Les élections démocratiques [étant] la base de l'autorité de tout gouvernement représentatif »[11], la Présidence impériale d'aujourd'hui se conquiert dans les urnes, « à l'issue d'une lutte concurrentielle portant sur les votes du peuple »[12]. D'un autre côté, les règles constitutionnelles et infra-constitutionnelles sont manipulées, tripatouillées, en faveur du Président de la République en exercice, pour hypertrophier son autorité, élargir son irresponsabilité et surtout faciliter sa « pérennisation »[13]. C'est le renouveau des « usages pervers du droit »[14], c'est l'instrumentalisation rétrograde de la Constitution[15], qui fait le lit de la Présidence impériale. Les freins et contrepoids, parlementaires et judiciaires, sont en grande partie neutralisés, avec la complicité active ou passive des membres des institutions constitutionnelles mais aussi d'universitaires[16] disposés à « faire souffrir le droit pour servir le pouvoir »[17]. Et tout arrêt d'une cour de justice continentale ou sous-régionale sanctionnant, sur le fondement d'un traité dûment ratifié, de grands écarts avec le « mieux-disant » constitutionnel est stigmatisé et inexécuté, car il ruinerait la souveraineté nationale, plus précisément le principe de l'autonomie constitutionnelle de l'Etat[18].

---

[10] Charte africaine de la démocratie, des élections et de la gouvernance du 30 janvier 2007, art. 3 2..

[11] Déclaration OUA sur les principes régissant les élections démocratiques en Afrique du 8 juillet 2002 - à laquelle se réfère la Charte africaine de la démocratie, des élections et de la gouvernance -, II. 1..

[12] J. SCHUMPETER, *Capitalisme, socialisme et démocratie*, Paris, Payot, 1972 p. 355.

[13] A. CABANIS et M. L. MARTIN, « La pérennisation du chef de l'Etat : l'enjeu actuel pour les constitutions d'Afrique francophone », in *Mélanges Slobodan Milacic,* Bruxelles, Bruylant, 2008, p. 349 et s..

[14] Voir P. F. NKOT, *Les usages politiques du droit en Afrique : le cas du Cameroun*, Bruxelles, Bruylant, 2005.

[15] Voir E. H. O. DIOP, *L'instrumentalisation de la Constitution dans les régimes politiques africains*, Dakar, CREDILA-OVIPA n°1, 2017.

[16] Voir A. KPODAR et D. KOKOROKO, « L'universitaire, le pouvoir politique et la démocratie », in *Mélanges Francis V. Wodié*, Presses de l'Université Toulouse I Capitole, p. 329 et s..

[17] P. MARCILHACY, *Le Figaro*, 12 février 1960, décrivait de la sorte le rôle du Conseil constitutionnel français à ses débuts.

[18] Par exemple, le Gouvernement du Bénin s'est insurgé contre la Cour africaine des droits de l'homme et des peuples qui, par arrêt du 27 novembre 2020, dans *l'affaire XYZ c. République du Bénin (Requête n°010/2020)*, « Ordonne à l'État défendeur de prendre toutes les mesures afin d'abroger la loi n°2019-40 du 1er novembre 2019 portant modification de la loi n°90-032 du 11 décembre 1990 portant constitution de la république du Bénin et toutes les lois subséquentes, notamment la loi 2019-43 du 15 novembre 2019 portant code électoral,

Biface, voire bipolaire, la Présidence impériale d'aujourd'hui répondrait à des impératifs proprement africains, à l'ardente nécessité de tropicaliser la démocratie pour en contenir les excès et assurer la stabilité. C'est ainsi que Patrice Talon, Président de la République du Bénin, élu en 2016 et réélu en 2021, a tenu un discours développementaliste pour justifier ses contre-réformes politiques et institutionnelles : « il fallait bien mettre un terme à une forme de perversion de la démocratie, totalement antinomique avec le développement économique et communautaire. La démocratie doit être au service du développement et non pas un frein. Ce qui tue nos pays, c'est la mauvaise gouvernance politique. Il fallait la purger »[19] ; « Le recul démocratique est le sacrifice à faire pour conduire le pays au développement. Moi, je n'ai pas l'ambition d'avoir une expression démocratique identique à la France »[20]. La prétention de la Présidence impériale à constituer une meilleure déclinaison du gouvernement du peuple, par le peuple et *pour* le peuple est constante. A titre d'exemple, le Président Faustin Archange Touadéra, élu en 2016, réélu en 2020 et en quête d'un troisième mandat, a décidé la tenue du référendum constitutionnel du 30 juillet 2023 pour « doter la République Centrafricaine d'une nouvelle Constitution qui reflète les aspirations profondes du peuple à la paix, à la sécurité, à la stabilité, à la souveraineté effective, à la croissance et à l'émergence du pays »[21].

La concentration du pouvoir dans la personne du gouvernant en chef – chef de l'Etat ou chef du Gouvernement – est bien un trait caractéristique de la plupart des régimes politiques contemporains, y compris des « vieilles » démocraties[22]. Mais « Les pays occidentaux et africains ne vivent pas les mêmes réalités politiques, économiques et sociales. Si l'on peut aisément concevoir que des institutions identiques puissent être adoptées de part et d'autre à quelques nuances près, les pratiques peuvent, en revanche, être différentes, dès lors que les conditions d'exercice du pouvoir n'obéissent pas

---

et de se conformer au principe du consensus national édicté par l'article 10(2) de la CADEG pour toutes autres révisions constitutionnelles ».

[19] « Bénin – Patrice Talon : « J'ai pris le risque d'être impopulaire » », *Jeune Afrique*, 29 septembre 2020.

[20] « Devant le Medef, le président béninois fait applaudir le "recul démocratique" de son pays », *Courrier international*, 01 septembre 2022.

[21] Message à la Nation, 30 mai 2023, http://news.abangui.com/h/85188.html

[22] M. DUVERGER, *La monarchie républicaine ou comment les démocraties se donnent des rois*, Paris, Robert Laffont, 1974.

aux mêmes pesanteurs sociopolitiques »[23]. Malgré les transitions démocratiques et les alternances dans les urnes, le Président de la République en Afrique francophone subsaharienne fait toujours figure de grand maître de la République et de ses institutions ; les autres pouvoirs constitués agissent sous son ombre portée et apparaissent souvent comme de simples relais de ses volontés. Dans sa version paroxystique, la Présidence impériale procède de la restauration graduelle et implicite des bases de la Constitution de l'empire Centrafricain du 4 décembre 1976, le titre monarchique et le parti unique exceptés : « La Souveraineté appartient à la Nation incarnée par l'Empereur lequel l'exerce directement par voie de plébiscite ou indirectement par l'intermédiaire des institutions constitutionnelles » ; « La Justice est rendue [...] au nom de l'Empereur »[24].

En Présidence impériale, le Chef de l'Etat pourrait pérorer une anaphore de trois itérations :

- « Moi Président, je suis l'exécutif » (I) ;
- « Moi Président, j'ai le parlement » (II) ;
- « Moi Président, je tiens la justice » (III).

## I. « Moi Président, je suis l'exécutif »

La Constitution formelle et/ou informelle de la Présidence impériale sonne le glas de la dé-présidentialisation toute relative du pouvoir exécutif entreprise dans la décennie 1990, avec la restauration du multipartisme intégral et la revalorisation de la primature. A nouveau, « l'Exécutif, c'est un homme, le président »[25] qui à son gré en déconcentre l'organisation, sur le modèle des années 1970, choisit ses collaborateurs et exerce de vastes attributions constitutionnelles.

Que le régime soit officiellement présidentiel ou semi-présidentiel, le Président de la République est le chef de l'exécutif (A) et le gouvernant en chef de la République (B).

[23] A. B. FALL, « La démocratie sénégalaise à l'épreuve de l'alternance », *Afrilex*, N°5, juin 2006, p. 35.

[24] Constitution de l'empire Centrafricain du 4 décembre 1976, art. 2 et 44.

[25] L. DUBOUIS, « Le régime présidentiel dans les nouvelles constitutions des Etats d'expression française », *Penant*, n°691, avril-mai 1962, p. 223.

### A) Chef de l'exécutif

Seul élu de la nation toute entière, le Chef de l'Etat a la mainmise sur le pouvoir exécutif : il le configure et le reconfigure à sa main, discrétionnairement par décrets ou, au besoin, moyennant des révisions constitutionnelles qu'il fait approuver sans coup férir. Tous les autres membres de l'exécutif sont de droit et de fait ses subordonnés.

A la différence de la Constitution française du 4 octobre 1958, la Constitution-type en Afrique francophone subsaharienne[26] fait expressément du Président de la République le « patron » de l'exécutif : au Cameroun, à Madagascar, en République démocratique du Congo, au Rwanda, au Sénégal, ou encore au Mali depuis 2023[27], il décide de la politique de la Nation que le Gouvernement met en œuvre ; au Togo, depuis la révision de 2002, c'est « Sous l'autorité du Président de la République » que le « Gouvernement détermine et conduit la politique de la nation »[28] ; en Mauritanie, « Le Président de la République exerce le pouvoir exécutif » et « Le Gouvernement « veille à la mise en œuvre de la politique générale de l'État conformément aux orientations et aux options fixées par le Président de la République »[29] ; au Burundi, le Président de la République est le « chef du pouvoir exécutif »[30] ; au Gabon, « Il est le détenteur *suprême* du pouvoir exécutif » qu'il ne partage plus avec le Premier ministre depuis la révision de 2018[31] ; au Bénin, il « est le détenteur du pouvoir exécutif », « chef du Gouvernement »[32] ; et, en Côte d'Ivoire, « Le Président de la République est le détenteur *exclusif* du pouvoir exécutif » alors que « L'Exécutif est composé du Président de la République, du Vice-Président de la République et du Gouvernement »[33].

La condition du Premier ministre est des plus précaires. En premier lieu, le chef nominal du Gouvernement est presque partout révocable à volonté par le Président de la République qui met fin à ses fonctions[34] sans avoir à

[26] Avant les coups d'Etats qui ont entraîné, dans certains Etats, l'abrogation de la Constitution.

[27] Constitution du Mali du 22 juillet 2023, art. 44.

[28] Constitution du Togo du 14 octobre 1992, art. 77 al.1 révisé.

[29] Constitution de la Mauritanie du 20 juillet 1991, art. 25 et 43 al. 1.

[30] Constitution du Burundi du 7 juin 2018, art. 93.

[31] Constitution du Gabon du 26 mars 1991, art. 8 al. 3.

[32] Constitution du Bénin du 11 décembre 1990, art. 54 al.1.

[33] Constitution de la Côte d'Ivoire du 8 novembre 2016, art. 63 et 53.

[34] Par exemple, la Constitution de la République du Congo du 6 novembre 2015 dispose, en son article 83 alinéa 1, que « Le Président de la République nomme le Premier Ministre et met fin à ses fonctions » sans autre précision. La même disposition figure dans la

attendre, comme en France, la présentation formelle de la démission du Gouvernement. A Madagascar, le décret présidentiel de révocation du Premier ministre ne peut sanctionner qu'une « faute grave » ou une « défaillance manifeste », mais, après une analyse minutieuse du régime semi-présidentiel de la Constitution de 2010, la Haute Cour constitutionnelle a conclu que son « appréciation relève de la *volonté souveraine* du Président de la République, en tant que Chef de l'Exécutif »[35]. Les changements fréquents de Premier ministre, facilités par le texte constitutionnel, peuvent exprimer autant la toute-puissance présidentielle que l'incapacité présidentielle à asseoir une gouvernance stable et acceptable. Au Mali, quatre premiers ministres se sont succédés durant les sept ans de pouvoir d'Ibrahim Boubacar Keïta (2013-2020) jusqu'à sa déposition par les forces armées le 18 août 2020. Au Gabon, le Président Ali Bongo Ondimba a nommé, durant son deuxième septennat (2016-2023) quatre premiers ministres, avant d'être renversé par un coup d'Etat militaire le 30 août 2023.

En second lieu, la présence d'un Premier ministre dans l'architecture institutionnelle n'est pas garantie. La fragilité de l'institution primo-ministérielle est patente. C'est ainsi qu'au Sénégal le Président Macky Sall a fait voter et a promulgué successivement la loi constitutionnelle n° 2019-10 du 14 mai 2019 supprimant le poste de Premier ministre, puis la loi constitutionnelle n° 2021-41 du 20 décembre 2021 rétablissant ce poste ; et il n'a nommé un Premier ministre que le 17 septembre 2022.

Pour assurer son règne sans partage sur l'exécutif, le Président de la République peut être assisté d'un autre second que le Premier ministre : le Vice-Président de la République qu'il nomme, avec ou sans l'aval du Parlement, comme au Gabon depuis 1997, en Côte d'Ivoire depuis 2016, au Burundi depuis 2018 et en Centrafrique avec la Constitution du 30 août 2023[36], ou qui est élu en duo avec lui, comme au Bénin après la révision de 2019[37]. Le poste, bien que constitutionnalisé, peut être laissé plusieurs

Constitution du Togo révisée du 14 octobre 1992 à l'article 66 alinéa 1 et dans la Constitution du Mali du 22 juillet 2023 à l'article 57 alinéa 1.

[35] Haute Cour constitutionnelle de Madagascar, Décision n° 12-HCC/D3 du 11 février 2015.

[36] Constitution du Gabon révisée du 26 mars 1991, art. 14a al.2, Constitution de la Côte d'Ivoire révisée du 8 novembre 2016, art. 55 al.2, Constitution du Burundi du 7 juin 2018, art. 123, et en Centrafrique avec la Constitution du 30 août 2023, art. 65 al.7.

[37] Article 43 nouveau de la Constitution du Bénin, issu de la Loi n°2019-40 du 7 novembre 2019 portant révision de la loi n°90-32 du 11 décembre 1990 portant Constitution de la République du Bénin

années sans titulaire : au Gabon il n'y a pas eu de Vice-Président de la République d'octobre 2009 à août 2017 et de mai 2019 à janvier 2023 ; en Côte d'Ivoire, il n'y en pas eu de juillet 2020 à avril 2022. Le Vice-Président a toujours un rôle subalterne, en partie fixé par la Constitution mais surtout librement déterminé par le Président de la République qui peut lui déléguer certains de ses pouvoirs. En cas de vacance de la Présidence, il ne devient de plein droit, sur le modèle étatsunien, Président de la République pour la durée du mandat restant à courir qu'en Côte d'Ivoire et au Bénin ; il n'est qu'un Chef de l'Etat intérimaire au Burundi et en République Centrafricaine ; il a toujours été exclu de l'intérim de la Présidence au Gabon, au profit du Président du Sénat puis, avec la révision de 2021, d'un collège composé du Président du Sénat, du Président de l'Assemblée Nationale et du Ministre de la défense.

En Présidence impériale, les équipes gouvernementales, souvent pléthoriques, sont assez fréquemment remaniées par le Chef de l'Etat, sur proposition formelle du Premier ministre, pour arbitrer la « lutte des places », pour remercier des ministres incompétents ou indociles et, par-dessus tout, pour maximiser les chances du camp présidentiel de remporter les prochaines élections. Il s'ensuit une dévalorisation institutionnelle de la fonction ministérielle, qui contraste avec le prestige social acquis par son occupant, obligé à temps du Président. Au Sénégal, sous Abdoulaye Wade, « Des observateurs affirment qu'en cinq ans, il a nommé plus de ministres que les présidents Senghor et Diouf réunis […] Avec l'instabilité gouvernementale, avec des ministres nommés le temps d'une rose, renvoyés puis repris deux à trois mois après, le pays est sur le qui-vive »[38]. Les rumeurs récurrentes de remaniement du Gouvernement à court ou à moyen terme précarisent la condition de ses membres contraints de plaire au Président pour espérer de ne pas être remerciés par lui. Le récent changement de Gouvernement en Côte d'Ivoire a donné lieu à une mise en scène typique de la Présidence impériale : c'est en plein conseil des ministres, le 28 septembre 2023, que le Président Alassane Ouattara a annoncé au micro, publiquement, le remaniement pour la mi-octobre ; le Premier ministre Patrick Achi, en fonction depuis le 26 mars 2021, ainsi que les membres du Gouvernement ont été démis par décret le 6 octobre 2023 ; Robert Beugré Mambé, nommé Premier ministre par décret n° 2023-813 du 16 octobre 2023, a été chargé de proposer au Chef de l'Etat un nouveau Gouvernement dans les meilleurs délais ; dès le lendemain, les

[38] M. NIANG, *Qui est cet homme qui dirige le Sénégal ?*, Paris, L'Harmattan, 2006, pp. 100-101.

autres membres du Gouvernement, dont le Ministre d'Etat, Ministre de la défense, Téné Birahima Ouattara, le frère du Président, ont été nommés par décret n° 2023-814 du 17 octobre 2023.

### B) Gouvernant en chef

En Présidence impériale, le Chef de l'Etat est à la tête du « pouvoir exécutif [qui] en Afrique noire francophone aujourd'hui représente le pouvoir tout court »[39]. Il a la haute direction de l'Etat ; il prend, à cet effet, des mesures individuelles et générales.

Investi d'un large pouvoir de nomination, le Président de la République dispense à ses fidèles et à ses proches[40] des faveurs sous forme de postes[41] pour en faire ses obligés et contrôler l'appareil civil et militaire de l'Etat souvent surdimensionné ; « La chèvre mange là où elle est attachée », dit-on au Cameroun. Les décrets individuels (de nomination, de promotion, de mutation, de permutation, ou encore de révocation) occupent une place de choix dans les communiqués des conseils des ministres, qui font l'objet d'une large diffusion dans les médias publics traditionnels et numériques, et donc dans les pages du journal officiel parfois en ligne. Ils concernent d'abord les différentes strates de la superstructure administrative de l'Etat, en particulier la Présidence de la République, qui apparaît parfois comme un gouvernement bis, les cabinets et les directions de la primature et des ministères, les commandements des forces de défense et de sécurité et le commandement territorial. Pour le Président impérial, « il doit être évidemment entendu que l'autorité indivisible de l'Etat est confiée tout entière au Président par le peuple qui l'a élu, qu'il n'en existe aucune autre, ni ministérielle, ni civile, ni militaire, ni judiciaire, qui ne soit conférée et maintenue par lui »[42].

Détenteur exclusif ou principal d'un pouvoir réglementaire très étendu, le Président de la République prend des décrets qui peuvent, entre autres,

---

[39] J. OWONA, « Le pouvoir exécutif », in *Encyclopédie juridique de l'Afrique*, Dakar-Lomé-Abidjan, Nouvelles Éditions africaines, 1982, t. I, p. 123.

[40] Le népotisme a cours : des membres de la famille du Président de la République occupent des postes publics ou parapublics. A titre d'exemple, au Gabon, Noureddin Valentin Bongo a été coordinateur général des affaires présidentielles auprès de son père le Président Ali Bongo Ondimba, de décembre 2019 à septembre 2021.

[41] S. BOLLE, « Faveur et Constitution, aujourd'hui en Afrique », in *La faveur et le droit*, G. Guglielmi (dir.), Paris, PUF, 2009, pp. 179-196.

[42] C'est la formule qu'avait retenue Charles de Gaulle dans sa conférence de presse du 31 janvier 1964.

impacter les joutes électorales. A titre d'exemple, le Président de la République de Madagascar fixe par décret en conseil des ministres « le nombre des membres de l'Assemblée nationale, la répartition des sièges sur l'ensemble du territoire national ainsi que le découpage des circonscriptions électorales »[43]. Le Président de la République - ou le Gouvernement sous son autorité - peut également être habilité par une loi à légiférer par ordonnances et à se substituer temporairement au Parlement[44]. Cette habilitation peut être très générale, alors qu'en France le domaine de la législation déléguée doit être circonscrit par la loi d'habilitation. Par exemple, au Gabon, des lois d'habilitation ont été systématiquement votées pour autoriser le Président de la République – au lieu du Gouvernement… - à prendre des ordonnances « pendant l'intersession parlementaire » et ce « en cas d'urgence, pour l'exécution de son programme », sans autre précision[45] ; cette voie a été empruntée pour l'édiction de textes majeurs réglant des questions institutionnelles[46]. L'habilitation peut même être implicite selon le Président-législateur. C'est ainsi qu'en Côte d'Ivoire le Président Alassane Ouattara a édicté l'ordonnance n°2020-236 du 8 avril 2020 portant révision du code électoral, en visant la Constitution - et non l'article 106 de celle-ci sur les ordonnances ; la loi n° 59-231 du 7 novembre 1959 sur l'état d'urgence - dans le contexte de la pandémie de covid-19 ayant justifié l'institution de l'état d'urgence par décret n°2020-351 du 23 mars 2020 ; et la loi n° 2019-1080 du 18 décembre 2019 portant Budget de l'État pour l'année 2020 - comportant en son article 26 l'autorisation de prendre des ordonnances « pendant la gestion 2020, pour l'exécution de son programme en matière économique et financière ». Le Président de la République ne pouvait tirer d'aucun des textes visés une habilitation expresse mais, d'après la communication officielle, il lui fallait bien pallier l'impossibilité exceptionnelle de tenir des réunions parlementaires, compte tenu des mesures sanitaires en vigueur : il était impérieux, bien avant le

---

[43] Constitution de Madagascar du 11 décembre 2010, art. 70.

[44] Voir A. NDIAYE, « La loi d'habilitation dans les systèmes constitutionnels d'Afrique francophone », https://afrilex.u-bordeaux.fr/2021/05/17/la-loi-dhabilitation-dans-les-systemes-constitutionnels-dafrique-francophone/

[45] Constitution du Gabon du 26 mars 1991 révisée, art. 52 al.1.

[46] Notamment l'ordonnance n°001/PR/2021 du 26 janvier 2021 portant loi organique sur le Sénat, l'ordonnance n° 010/PR/2021 du 06 septembre 2021 modifiant et complétant la loi organique n°9/91 du 26 septembre 1991 sur la Cour Constitutionnelle, l'ordonnance n°014/PR/2021 du 13 septembre 2021 portant loi organique fixant les modalités d'exercice par le collège de l'intérim du Président de la République et l'ordonnance n° 015/PR/2021 du 13 septembre 2021 portant loi organique relative au Président de la République, prises pour la mise en œuvre de la loi n°046/2020 du 11 janvier 2021 portant révision de la Constitution.

scrutin présidentiel d'octobre 2020, de réviser le code électoral, pour y introduire les innovations convenues au cours du dialogue politique et pour l'harmoniser avec la toute neuve loi constitutionnelle n°2020-348 du 19 mars 2020[47]. Le Parlement étant empêché de se réunir par l'effet de mesures de police administrative, le Président de la République, premier des pouvoirs constitués, récemment habilité à légiférer pour exécuter une partie de son programme, aurait eu l'autorisation tacite d'édicter une ordonnance de réforme électorale hors normes.

En Présidence impériale, « il ne peut y avoir deux caïmans mâles dans le même marigot » de l'exécutif ; et le Parlement est émasculé.

### II. « Moi Président, j'ai le parlement »

Avec le renouveau démocratique de la décennie 1990, le Parlement « redevient le domicile légal du couple légitime majorité/opposition »[48]. Mais, en Présidence impériale, « malgré sa composition pluraliste et son caractère [souvent] bicaméral, [il] demeure dans une position subalterne. Cela peut être vérifié politiquement comme juridiquement »[49]. L'osmose Président/Parlement, au détriment du second, est consubstantielle au système. Le pouvoir législatif, formellement séparé du pouvoir exécutif, ne saurait constituer « un véritable aiguillon du gouvernement, un laboratoire d'idées, un garant du bon sens »[50].

Le Parlement veut ce que veut le Président de la République qui de fait en est le leader (A) et est le « père » de toutes les lois de la République (B).

#### A) Leader du Parlement

En Présidence impériale, le parlement est une aile du pouvoir présidentiel ; la plupart des parlementaires sont des partisans et alliés du Chef de l'Etat

---

[47] Le code électoral révisé a, entre autres innovations, introduit le parrainage de chaque candidat à l'élection présidentielle par « un pour cent (1%) de l'électorat local, dans au moins cinquante pour cent (50%) des districts autonomes et régions » (art. 51) ; relevé le cautionnement exigé de 20 à 50 millions de francs CFA (art. 55) ; ou encore abaissé à 5% (au lieu de 10%) des suffrages exprimés le score requis pour le remboursement du cautionnement (art. 24 al. 4).

[48] T. HOLO, « Leçon inaugurale. Le Parlement : le cœur de la démocratie », in *Le Parlement en Afrique. Actes du colloque international organisé au Bénin du 23 au 26 septembre 2019*, Paris, L'Harmattan, 2021, pp. 28-29.

[49] T. ONDO, *Plaidoyer pour un nouveau régime politique au Gabon*, PUBLIBOOK, 2012, p. 63.

[50] Message du 2 mars 2012 du Président Ali Bongo Ondimba à l'Assemblée nationale de la 12ème législature.

qui garantissent son leadership politique et institutionnel sur l'Assemblée nationale et, quand il existe, sur le Sénat.

Le fait majoritaire, emprunté à la V° République française, est porté à son paroxysme. Une très large majorité à l'Assemblée nationale se charge d'apporter un soutien inconditionnel au gouvernement présidentiel et de traduire en lois les choix présidentiels. Le poids de cette majorité, acquise à l'issue de scrutins toujours controversés, souvent boycottés par des franges de l'opposition, peut être écrasant : au Togo, 59 des 91 députés élus en 2018 sont membres de l'Union pour la République (UNIR), le parti du Président Faure Gnassingbé ; au Gabon, 98 des 143 députés élus en 2018 étaient, avant le coup d'Etat du 30 août 2023, du Parti démocratique gabonais (PDG) du Président Ali Bongo Ondimba ; au Cameroun, 152 des 180 députés élus en 2020 appartiennent au Rassemblement démocratique du peuple camerounais (RDPC), le parti du Président Paul Biya ; ou encore, au Bénin, 81 des 109 députés élus en 2023 sont membres de l'Union progressiste pour le renouveau (UPR) et du Bloc républicain (BR), les deux partis de la mouvance du Président Patrice Talon. Au besoin, les coalitions de gouvernement se font et se défont à l'Assemblée nationale, sous la dictée du Président de la République. C'est ainsi qu'en République démocratique du Congo le Président Félix Tshisekedi a mis un terme, en décembre 2020, à l'entente politique nouée avec son prédécesseur Joseph Kabila, entre son Cap pour le changement (CACH, 47 sièges sur 500) et le Front commun pour le Congo (FCC, 341 sièges sur 500) : moyennant le débauchage de députés FCC, une nouvelle majorité de gouvernement s'est constituée ; l'Union sacrée de la Nation, forte de 391 députés sur 500, a d'abord destitué la Présidente et le bureau de l'Assemblée nationale, le 10 décembre 2020, et a ensuite renversé le Gouvernement, le 27 janvier 2021 ; la parenthèse de la cogestion à la congolaise, ouverte en mai 2019, a été ainsi refermée.

La captation présidentielle du Parlement est encore plus manifeste lorsque la Constitution institue, aux côtés de l'Assemblée nationale, un Sénat d'inspiration bonapartiste, nommé par le Président de la République à hauteur de 30% au Cameroun et d'1/3 en Côte d'Ivoire, à Madagascar et au Togo[51]. Atypique, une telle chambre haute, mise sur un pied d'égalité avec la chambre basse, « n'est qu'une maison de retraite sans véritable enjeu politique. Les ministres débarqués du gouvernement, les ambassadeurs en fin de parcours ou les hommes d'affaires qui veulent l'intégrer ont en tête

[51] Constitutions du Cameroun du 18 janvier 1996, art. 20(2), de la Côte d'Ivoire du 8 novembre 2016, art. 87 al. 2, de Madagascar du 11 décembre 2010, art. 81, et du Togo révisée du 14 octobre 1992, art. 52 al. 7.

les avantages qui vont avec la fonction »[52]. Il n'en demeure pas moins que le placement au Sénat d'obligés du Chef de l'Etat accroît encore son emprise sur la fabrique de toutes les lois de la République.

### B) Père des lois

Avec un tel parlement de palais, la paternité de toute législation revient au Chef de l'Etat. Et la vie politique peut être modelée, voire pervertie, à coup de lois ordinaires, organiques et/ou constitutionnelles favorisant la naissance ou la perpétuation de la Présidence impériale.

Le Bénin, autrefois modèle de démocratisation en Afrique de l'ouest, a ainsi changé de système depuis la loi n°2018-23 du 17 septembre 2018 portant charte des partis politiques en République du Bénin – qui a élevé le seuil de légalisation d'un parti de 120 à 1155 membres - et la loi n°2018-31 du 9 octobre 2018 portant code électoral en République du Bénin – qui a notamment fait passer la caution de 8,3 à 249 millions de francs CFA pour les législatives et de 15 à 250 millions de francs CFA pour la présidentielle et instauré un seuil de 10% des suffrages exprimés au plan national pour la participation d'un parti à la répartition proportionnelle des sièges de députés à l'échelle de chacune des 24 circonscriptions ; la mise en œuvre drastique de ces lois de rupture a accouché d'une Assemblée nationale bipartite, totalement acquise au Président Patrice Talon durant la législature 2019-2023. Au Gabon, la Présidence impériale a prospéré sur la base de lois sur-mesure sans cesse remaniées, y compris l'année-même des élections. En 2023, après la concertation politique entre la majorité et une partie de l'opposition, la Constitution du 26 mars 1991 a été révisée par la loi n°001/2023 du 13 avril 2023 pour, entre autres, rétablir le scrutin présidentiel à un tour, réputé favorable au Président sortant, alors même que le scrutin présidentiel à deux tours introduit, *suite au dialogue national d'Angondjé,* par la loi *n°001/2018 du 12 janvier 2018 n'avait jamais été appliqué. Cette neuvième révision constitutionnelle a entraîné l'adoption et la promulgation tardives de quatre lois électorales modificatives*[53]. Puis, en

---

[52] Suivant la formule d'un cadre du RDR, le parti du Président Alassane Ouattara, rapportée dans « Côte d'Ivoire : à quoi va servir le Sénat ? », *Jeune Afrique*, 13 mars 2018.

[53] A savoir la loi n° 023/2023 du 03 juillet 2023 modifiant et complétant certaines dispositions de la loi n°19/96 du 15 avril 1996 relative à l'élection des membres des conseils départementaux et des conseils municipaux ; la loi n° 020/2023 du 04 juillet 2023 portant dispositions spéciales relatives à l'élection du Président de la République ; la loi n° 021/2023 du 04 juillet 2023 portant modification de certaines dispositions de la loi organique n°11/96 du 15 avril 1996 relative à l'élection des députés à l'Assemblée Nationale ; et la loi n° 022/2023 du 04 juillet 2023 portant modification de certaines dispositions de la loi n°17/96

plein processus électoral, à quelques semaines des élections présidentielle, législatives et locales couplées du 26 août 2023, le Président Ali Bongo Ondimba, candidat à un troisième mandat, a promulgué la loi n°033/2023 du 15 juillet 2023 modifiant et complétant certaines dispositions de la loi n°07/96 du 12 mars 1996 modifiée portant dispositions communes à toutes les élections politiques : au grand dam de l'opposition sous-représentée au Parlement, cette loi a supprimé l'enveloppe « poubelle » – destinée à recevoir les bulletins écartés par l'électeur et à prévenir les « achats de conscience » - sans introduire le bulletin de vote unique[54] ; et, au mépris de l'égalité des candidats devant le suffrage, elle a limité le nombre de leurs représentants par bureau de vote à deux de la majorité, deux de l'opposition et un des indépendants. Le coup d'Etat du 30 août 2023 a finalement entraîné l'annulation d'élections générales régies par des lois vicieuses et aux « résultats tronqués »[55] - la réélection du Président avec 64,27% des suffrages - que le Centre gabonais des élections avait proclamés nuitamment.

La captation du pouvoir parlementaire de révision est un atout maître du Président pour façonner la Constitution selon sa vision, ses intérêts et ses caprices. En Présidence impériale, « Dans le contexte africain, adopter une révision de la Constitution est souvent une simple formalité » ; « Presque toutes les révisions ont abouti régulièrement sans l'aval du peuple souverain, avec le seul consentement de la représentation nationale, recueilli selon deux grandes formules : vote de confirmation par l'assemblée unique ou vote d'approbation par les assemblées réunies en

du 15 avril 1996 portant dispositions spéciales relatives à l'élection des députés à l'Assemblée Nationale.

[54] Le bulletin de vote unique n'a pas davantage été introduit par le Décret N° 0199/PR/MI du 4 août 2023 fixant les modalités de bulletins de vote pour l'élection du Président de la République, l'élection des députés à l'Assemblée Nationale, l'élection des membres des Conseils Départementaux et des Conseils Municipaux, quand bien même il disposait en son article 2 alinéa 1 : « Il est institué un bulletin de vote unique pour les scrutins uninominaux de l'élection du Président de la République et de l'élection des députés à l'Assemblée Nationale ». En effet, l'électeur disposait d'un bulletin pour chaque ticket Président/député ; et il y avait autant de bulletins que de tickets, sachant qu'un bulletin pouvait comportait le nom d'un seul candidat à la présidentielle ou aux législatives.

[55] Le Préambule de la Charte de la transition du 2 septembre 2023 évoque « les crises politiques et sociales cycliques, les détournements de fonds publics qui ont affligé la République gabonaise avant et après le changement de la Constitution, de la loi électorale et des résultats tronquées de l'élection présidentielle de 2023 pour favoriser un troisième mandat du Président Ali Bongo Ondimba ».

congrès. Sauf au Cameroun[56], la Constitution exige la réunion d'une majorité qualifiée assez élevée des trois cinquièmes, des deux tiers, des trois quarts ou même des quatre cinquièmes du nombre légal des parlementaires ou du nombre de suffrages exprimés par les parlementaires. Seulement, ce seuil constitutionnel est très – trop ? – facilement franchi en pratique [...] la plupart des parlementaires font partie de l'ultramajorité soutenant le président de la République, issue d'élections invariablement contestées, parfois boycottées »[57]. Dès lors, tout ou presque tout est permis au Président qui est le véritable législateur constitutionnel. Une abondante littérature rend compte des multiples révisions-manipulations présidentielles de la Constitution qui, en Afrique francophone subsaharienne, la ravalent au rang d'instrument de pouvoir personnel. Les plus marquantes réintroduisent des recettes constitutionnelles de la « République monarchique »[58] d'avant le multipartisme ou en inventent de nouvelles. Sous la Troisième République ivoirienne, le retour définitif à la technique du « dauphin constitutionnel » - en vogue dans les années 1970 - a été ainsi acté par la loi constitutionnelle n°2020-348 du 19 mars 2020 : en cas de vacance de la Présidence, le Vice-Président de la République devient Président de la République et achève le mandat du Président de la République élu qui l'a choisi en accord avec le Parlement[59]. Avec l'abandon du ticket à l'américaine investi au suffrage universel direct, qu'avait initialement prévu en différé la Constitution du 8 novembre 2016[60], le Vice-Président non élu – et, à défaut, le Premier ministre nommé - succède au Président élu ; « le procédé s'apparente largement à la transmission héréditaire du Pouvoir en régime monarchique »[61]. Le Président impérial, déjà protégé en cours de mandat

[56] Selon l'article 63(3) de la Constitution du Cameroun du 18 janvier 1996, le Parlement réuni en congrès adopte une loi de révision « à la majorité absolue des membres le composant ».

[57] S. BOLLE, « Les révisions dangereuses. Sur l'insécurité constitutionnelle en Afrique », in *Constitution et Risque(s)*, P. M. MABAKA (dir.), Paris, L'Harmattan, 2010, p. 255 et 256.

[58] M. KAMTO, *Pouvoir et droit en Afrique en Afrique noire. Essai sur les fondements du constitutionnalisme dans les Etats d'Afrique noire francophone*, Paris, LGDJ, 1987, pp. 448-468.

[59] Constitution de la Côte d'Ivoire révisée du 8 novembre 2016, art. 55 al. 1 et 62.

[60] L'article 179 transitoire du texte originel confiait au « Président de la République en exercice à la date de la promulgation de la présente Constitution » le pouvoir de nommer le Vice-Président de la République alors que l'article 55 alinéa 2 prévoyait que le Président de la République « choisit un vice-Président de la République, qui est élu en même temps que lui ».

[61] M. KAMTO, *op. cit.*, p. 460.

par un régime exorbitant de responsabilité pénale[62], peut aussi se faire octroyer une immunité à vie[63] par un Parlement complaisant, comme au Gabon, avec la loi n°14/2000 du 11 octobre 2000[64], au Cameroun, avec la loi n°2008/001 du 14 avril 2008[65], et au Togo, avec la loi n°2019-003 du 15 mai 2019[66] ; un tel privilège pourrait favoriser le départ volontaire « en retraite » du chef de l'Etat mais il garantit essentiellement son impunité, suivant l'adage monarchique « le roi ne peut mal faire ».

Surtout, la mainmise du Président sur le Parlement lui permet de dicter toute révision constitutionnelle vectrice du « continuisme ». Le compromis initial sur la réglementation constitutionnelle de la durée du mandat présidentiel et du nombre de mandats présidentiels mais aussi sur les modalités de l'élection présidentielle peut être anéanti sans recours au référendum. C'est ainsi qu'au Sénégal le Président Abdoulaye Wade a fait restaurer le septennat par la loi constitutionnelle n°2008-66 du 21 octobre 2008 modifiant la première phrase de l'alinéa premier de l'article 27 de la Constitution, considérant que la pratique « a montré que cinq ans est une durée très courte pour l'exercice serein de la magistrature suprême. Une durée aussi courte laisse à peine le temps au Chef de l'Etat nouvellement élu de trouver ses marques et de commencer à mettre en œuvre son programme avant de se retrouver déjà dans la précampagne électorale pour

[62] F. J. AÏVO, « La responsabilité pénale des gouvernants dans les régimes politiques africains d'influence française », *Afrilex*, janvier 2010, https://afrilex.u-bordeaux.fr/2010/01/23/la-responsabilite-penale-des-gouvernants-dans-les-regimes-politiques-africains-dinfluence-francaise/

[63] Voir notamment J.-M. OLAKA, « Le statut judiciaire de l'ancien président de la République en Afrique noire francophone entre frein ou consolidation de l'État de droit », *Revue internationale des francophonies*, 10/2022, https://publications-prairial.fr/rif/index.php?id=1379

[64] Selon l'article 78 alinéa 5 de la Constitution gabonaise du 26 mars 1991 révisée, « Le Président de la République qui a cessé d'exercer ses fonctions ne peut être mis en cause, poursuivi, recherché, arrêté, détenu ou jugé pour les faits définis par la loi organique prévue à l'article 81 de la Constitution ».

[65] La Constitution du Cameroun révisée du 18 janvier 1996 dispose, en son article 53(3), que « Les actes accomplis par le Président de la République en application des articles 5, 8,9 et 10 ci-dessus, sont couverts par l'immunité et ne sauraient engager sa responsabilité à l'issue de son mandat ».

[66] Selon l'article 75 de la Constitution du Togo révisée du 14 octobre 1992, « Les anciens Présidents de la République sont, de plein droit, membres à vie du Sénat. Ils ne peuvent être ni poursuivis, ni arrêtés, ni détenus, ni jugés pour les actes posés pendant leurs mandats présidentiels ».

le scrutin présidentiel suivant »[67]. Cette révision par voie parlementaire affectait un article essentiel de la Constitution du 22 janvier 2001 que le Président avait lui-même fait adopter par référendum ; elle procédait d'une interprétation capillotractée de l'alinéa 2 de l'article 27 - prescrivant que « Cette disposition ne peut être révisée que par une loi référendaire » - selon laquelle la voie référendaire ne serait obligatoire que pour une révision de la seconde phrase de l'alinéa 1 de l'article 27 « visant à renouveler plus d'une fois le mandat présidentiel »[68]. La tentation de créer une « République monarchique » s'est matérialisée quelques années plus tard avec le projet de loi constitutionnelle du 16 juin 2011 instituant le ticket de l'élection simultanée, au suffrage universel du président et du vice-président de la République, qu'Abdoulaye Wade dût retirer, sous la pression populaire. En revanche, au Gabon, les révisions par voie parlementaire de la Constitution du 26 mars 1991 ont consolidé une véritable dynastie : le Président Omar Bongo Ondimba, avec la loi n°13/2003 du 19 août 2003, a fait rétablir le septennat et la rééligibilité illimitée et instaurer une élection présidentielle à un tour ; son fils, le Président Ali Bongo Ondimba, élu en 2009 et réélu en 2016 à la faveur de ce système, a concédé le retour à une élection présidentielle à deux tours, acté par loi *n°001/2018 du 12 janvier 2018, puis est revenu sur cette concession,* avec la loi n°001/2023 du 13 avril 2023, pour briguer un troisième septennat. Dans un ouvrage publié en 2012 sous le haut patronage de la Cour constitutionnelle du Gabon, un universitaire français apportait sa caution hors sol à une telle Constitution politique : « le Président qui donne les grandes orientations de la vie politique nationale doit bénéficier d'un temps plus long pour leur mise en œuvre [...] on peut considérer qu'il est attentatoire à la démocratie d'interdire à celui qui a exercé la fonction de se présenter à nouveau devant les électeurs, [ce qui] peut conduire à se priver de quelqu'un qui a réussi dans l'exercice de la fonction. Et peut-être surtout, être indéfiniment rééligible ne signifie pas être indéfiniment réélu, les électeurs pouvant très bien sanctionner celui qu'ils considèrent comme ayant échoué [...] Si on peut critiquer le caractère abrupt de ce mode de scrutin [à un seul tour], il faut néanmoins lui reconnaître le mérite de la simplicité et de l'efficacité [...] Quand on sait les vives tensions et les contestations qui accompagnent les élections dans nombre d'Etats africains, ce mode de scrutin peut

[67] Selon l'exposé des motifs du projet de loi constitutionnelle modifiant la première phrase de l'alinéa premier de l'article 27 de la Constitution, https://www.dri.gouv.sn/loi-constitutionnelle-n%C2%B0-200866-du-21-octobre-2008
[68] *Ibid.*

également contribuer à limiter les périodes de crise, d'incertitudes et de troubles institutionnels »[69].

Le Président impérial, maître de l'exécutif et d'une ultra-majorité au Parlement, a ainsi les coudées franches pour perpétrer ce que les africains ont pris l'habitude de dénommer un coup d'Etat constitutionnel[70] et un coup d'Etat électoral. Au besoin, il peut, avec le même dessein, mettre en mouvement la justice ou compter sur elle.

## III. « Moi Président, je tiens la justice »

La Présidence impériale se développe aujourd'hui dans le cadre d'un Etat de droit constitutionnellement affirmé et factuellement altéré par le truchement des juges. Sollicitée comme jamais, la justice africaine, qu'elle soit ordinaire ou constitutionnelle, souffre toujours des tares d'un passé censé être révolu ; aux yeux du plus grand nombre, elle reste le bras armé voire la justice privée du Président. Alioune Badara Fall enseigne que « La politisation de la justice est une forte réalité en Afrique et se manifeste de manière variable, selon les États. C'est, en effet, un phénomène tantôt visible, voire flagrant, tantôt sournois [...] elle apparaît soit à travers la crainte éprouvée par certains magistrats, de se voir infliger des sanctions de toutes natures, soit à travers l'intime et indéfectible conviction d'autres magistrats, selon laquelle les décisions de justice ne devraient pas entraver des décisions administratives ou gouvernementales qui iraient dans un sens prétendument favorable au développement politique et économique. [...] Cette inféodation de la justice au pouvoir politique apparaît parfois assez nettement à la lecture de certains jugements »[71].

Dès lors, le pouvoir judiciaire n'en est pas vraiment un : « troisième pilier » de la Présidence impériale, après l'exécutif et le législatif, il s'abîme souvent, en raison de liens de sujétion systémiques au Président (A), à lui rendre service plutôt qu'à dire le droit (B).

[69] *Constitution de la République gabonaise. Textes, commentaires, doctrine, jurisprudence*, p. 115 et 116. Jean-Joseph Tramoni est l'auteur de l'extrait des commentaires.

[70] M. FAU-NOUGARET, « Manipulations constitutionnelles et coup d'Etat constitutionnel en Afrique francophone », *Afrilex*, janvier 2016, https://afrilex.u-bordeaux.fr/2016/01/23/manipulations-constitutionnelles-et-coup-detat-constitutionnel-en-afrique-francophone/

[71] A. B. FALL, « Le juge, le justiciable et les pouvoirs publics : pour une appréciation concrète de la place du juge dans les systèmes politiques en Afrique », in *Les défis des droits fondamentaux*, J.-Y. Morin et G. Otis (dir.), Bruxelles, Bruylant, 2000, p. 333 et 334.

### A) Tuteur des magistratures

« Le juge des Etats africains sortis de la nuit des dictatures bien que réhabilité par des mutations démocratiques des années 1990 reste toujours un personnage soumis, dominé plus par la politique que le droit »[72]. En Présidence impériale, cet implacable constat dressé à propos de la magistrature ordinaire vaut aussi pour la magistrature constitutionnelle.

La première demeure encalminée dans le moule hérité de la France d'avant les réformes de 1993 et de 2008. Comme l'a relevé le dédicataire de ces lignes, « Au niveau de leur statut tel qu'il ressort des textes, les magistrats africains [...] n'échappent pas à l'emprise, directe ou indirecte des autorités politiques. Partout le magistrat est sous le contrôle d'un Conseil National de la Magistrature présidé par le chef de l'Etat [...] En arguant des « nécessités du service », l'exécutif déplace des magistrats, non pas sur la base d'une appréciation objective des besoins du service, mais simplement parce qu'il s'agit de neutraliser des juges qui ne cèdent pas à l'influence du pouvoir politique [...] l'objectivité du Conseil supérieur de la Magistrature est très symbolique, dans la mesure où il apparaît véritablement chevillé à l'Exécutif, et plus précisément au chef de l'État »[73]. La Cour africaine des droits de l'homme et des peuples, dans l'arrêt du 4 décembre 2020 *Sébastien Germain Marie Aïkoue Ajavon contre République du Bénin*, a pourtant jugé « que « la présence du président de la République comme président du CSM et celle du ministre de la Justice constituent une preuve manifeste que le pouvoir judiciaire n'est pas indépendant »[74]. Cette dépendance est criarde s'agissant des magistrats du parquet placés « sous l'autorité du ministre de la justice »[75], lui-même nommé et révoqué par le Président de la République : le ministre peut « enjoindre » le Procureur général près la Cour d'appel « d'engager ou de faire engager les poursuites,

[72] A. J. ADELOUI, « Le juge, le droit et la politique au Benin », *KAS African Law Study Library*, vol. 4, 2017, p. 440.

[73] A. B. FALL, *op. cit.*, p. 329, 331 et 332. Voir aussi M. E.G. NONNOU, « Le conseil supérieur de la magistrature et l'indépendance du pouvoir judiciaire dans les États francophones d'Afrique », *Les Cahiers de la Justice*, 2018/4, p. 715 à 733.

[74] Elle reprend ainsi la position de la Commission africaine des droits de l'homme et des peuples sur la Communication 266/03 *Kevin Mgwanga Gunme et autres c. Cameroun*, § 212, 45ème session ordinaire, 13-27 mai 2009.

[75] Au Sénégal, loi organique n° 2017-10 du 17 janvier 2017 portant Statut des magistrats, art. 7 al. 1.

ou de saisir la juridiction compétente de telles réquisitions écrites que le Ministre juge opportunes »[76].

Au Burundi, la tutelle présidentielle sur tous les magistrats ordinaires s'exprime désormais sans ambages : depuis la loi organique n°1/02 du 23 janvier 2021, « Le Conseil Supérieur de la Magistrature [...] présidé par le président de la République, Magistrat Suprême » a le pouvoir de « statuer » sur « les mal jugés manifestes coulés en forme de chose jugée »[77] et constitue dès lors « une sorte de Cour Suprême *bis*, prééminente sur la Cour Suprême officielle qui, dorénavant, n'a plus le dernier mot en matière de contrôle de l'application du droit par les Cours et Tribunaux »[78].

En Présidence impériale, la magistrature constitutionnelle ne jouit pas de droit et/ou de fait de toute l'indépendance requise pour la bonne garde de la Constitution et l'impartiale régulation des institutions. Ses membres, comme il est de règle partout dans le monde, sont choisis par des autorités politiques ; mais, en Afrique, ce mode de désignation est démesurément favorable à la présidentialisation du Conseil constitutionnel ou de la Cour constitutionnelle. Le Président de la République nomme directement au moins un tiers des juges constitutionnels ; au Bénin, il pourvoit trois des sept postes à la Cour constitutionnelle ; au Sénégal, il a même été l'unique autorité de nomination des cinq membres du Conseil constitutionnel jusqu'à la loi constitutionnelle n°2016-10 du 5 avril 2016 prévoyant que le Président de l'Assemblée nationale lui *propose* une liste de quatre personnalités pour la nomination de deux des sept membres du Conseil. Le Président de la République choisit aussi indirectement la grande majorité voire la totalité des autres juges constitutionnels, formellement nommés ou élus par le président, le bureau ou la plénière d'une assemblée, lorsque ces autorités sont de fait ses agents politiques. L'inféodation larvée du Conseil ou de la Cour est démultipliée si le Chef de l'Etat a de fait le pouvoir de conditionner la reconduction d'un membre à sa « bienveillance » à l'égard du Pouvoir. C'est ainsi qu'un second quinquennat aurait été refusé à Robert Dossou, Président de la Cour constitutionnelle du Bénin (2008-2013), à cause de la décision DCC 11-067 du 20 octobre 2011 élargissant le domaine

---

[76] Code de procédure pénale du Sénégal, art. 28.

[77] Suivant, respectivement, les l'article 2 alinéa 3 et l'article 3 6° de la loi organique n°1/02 du 23 janvier 2021 portant modification de la loi organique n°1/13 du 12 juin 2019 portant organisation et fonctionnement du Conseil Supérieur de la Magistrature.

[78] A.-P. NIYONKURU, « Le Conseil Supérieur de la Magistrature du Burundi selon la loi n° 1/02 du 23 janvier 2021 : avancée ou recul en matière d'indépendance de la justice ? », *Droit en Afrique*, 24 (2021), p. 119.

des normes constitutionnelles intangibles et non référendables à la règle d'or de la limitation à deux du nombre de mandats présidentiels. La Cour africaine des droits de l'homme et des peuples a jugé, par arrêt du 27 novembre 2020 dans l'affaire *XYZ c. République du Bénin*, que l'indépendance individuelle du juge constitutionnel béninois n'était pas garantie, dès lors « [qu']aucune disposition de la constitution ou de la loi organique ne précise les critères de renouvellement ou de refus de renouvellement du mandat des juges de la Cour constitutionnelle. Le Président et le Bureau de l'Assemblée nationale conservent un pouvoir discrétionnaire dans ce domaine ». Nonobstant cet arrêt, conforme aux standards mondiaux de la justice constitutionnelle, les juges du Bénin, du Cameroun, de la République du Congo, du Gabon, du Tchad et du Togo ont toujours un mandat renouvelable à l'entière discrétion d'autorités politiques.

En Présidence impériale, le chef de la juridiction constitutionnelle est un personnage-clé du verrouillage des institutions. Au Gabon, Marie-Madeleine Mborantsuo, à la tête de la Cour constitutionnelle durant trente-deux ans (1991-2023), a ainsi présidé une institution à laquelle l'opposition a attribué le sobriquet de « tour de Pise » pour sa propension à toujours pencher du côté du Pouvoir aux mains d'Omar Bongo Ondimba puis de son fils Ali Bongo Ondimba. Toute manifestation d'indépendance, tout manque d'allégeance politique, peut valoir à l'intéressé la cessation anticipée de son mandat. En Côte d'Ivoire, le Président Alassane Ouattara, en 2011, quelques semaines après son investiture marquant la fin d'une crise postélectorale meurtrière, a changé sans texte le Président du Conseil constitutionnel[79] ayant initialement proclamé sa défaite puis s'étant déjugé à son profit[80] ; en 2015, il a accepté la démission de Francis Wodié, le Président du Conseil constitutionnel qu'il avait nommé et qui refusait de signer une décision du Conseil, préparée à son insu et juridiquement douteuse[81]. En Centrafrique, le Président Faustin Archange Touadéra a pris les décrets N°22.424 et N°22.425 du 24 octobre 2022, constatant

[79] Francis Wodié a été nommé Président du Conseil constitutionnel par décret n°2011-181 du 25 juillet 2011 ; ce décret a écourté le mandat de six ans de Paul Yao-Ndré qui avait été nommé par décret n°2009-262 du 8 août 2009.

[80] La décision N° CI-2011-EP-036/04-05/CC/SG du 04 mai 2011 du 4 mai 2011, faisant « faisant siennes les décisions du Conseil de Paix et de Sécurité de l'Union Africaine, sur le règlement de la crise en Côte d'Ivoire », a ainsi renversé la décision n° CI-2010-EP-34/03-12/CC/SG du 03 décembre 2010.

[81] Le récit de cette affaire hors norme a été fait par F. WODIE, *Côte d'Ivoire. Le Conseil constitutionnel : 2010-2015. Regard(s) croisé(s)*, Abidjan, CERAP, 2018, pp. 101-126.

« l'empêchement définitif » d'un juge et de Danièle Darlan, la Présidente de la Cour constitutionnelle, mis à la retraite respectivement de la magistrature et du corps des professeurs d'université ; ces décrets de purge punissaient la Cour pour son indépendance et notamment pour sa décision N°009/CC/22 du 23 septembre 2022 qui avait rappelé l'interdiction de toute révision de la Constitution et de tout changement de Constitution légalisant la possibilité d'un troisième mandat présidentiel consécutif[82]. En Présidence impériale, le premier des juges constitutionnels occupe un poste politique parmi d'autres : c'est ainsi que Joseph Djogbénou, après avoir été avocat personnel de Patrice Talon et ministre de la justice (2016-2018) sous le premier quinquennat de celui-ci, a démissionné de la Cour constitutionnelle – il en avait été nommé membre par le bureau de l'Assemblée nationale le 14 mai 2018 - et de sa présidence, le 12 juillet 2022, pour devenir président de l'Union progressiste, le premier parti de la majorité présidentielle.

Dans une telle configuration, les magistrats ordinaires et constitutionnels ne sauraient remplir leur devoir d'ingratitude à l'égard du Pouvoir qui les a faits ; en Présidence impériale, ils ne peuvent déplaire au Pouvoir qui peut les défaire.

### B) Privilégié par les juges

Les juges rendent service au Président au lieu de rendre justice. Telle est la présomption qui pèse sur le juge répressif lorsqu'il condamne des opposants pour les priver de leur droit fondamental à compétir, voire de celui de s'opposer, et sur le juge constitutionnel lorsqu'il pervertit l'ordre constitutionnel pour cautionner le « continuisme ».

En Présidence impériale, « Nous assistons de plus en plus à ce qu'on appelle une criminalisation de l'opposition. [...] vous avez des questions politiques que vous transférez au palais de justice. [...] nous avons de plus en plus un rétrécissement, comme peau de chagrin, de l'espace civique. [...] on arrête et on met en prison des hommes politiques, des gens de la société civile, des journalistes. [...] on est dans une véritable régression démocratique par rapport aux acquis de la transition des années 2000 »[83]. Ces dernières

[82] Pour de plus amples détails, voir S. BOLLE, « « Le Président m'a tuée ». Sur la dissolution de la justice constitutionnelle centrafricaine (2022-2023) », in *Mélanges Martin Bléou*, à paraître.
[83] « Plus loin avec...Alioune Tine : « Nous assistons à une criminalisation de l'opposition au Sénégal » », 11 mars 2023, https://www.seneweb.com/news/Politique/plus-loin-avec-hellip-alioune-tine-laquo_n_403986.html

années, des candidats déclarés à l'élection présidentielle sont passés sous les fourches caudines de la justice pénale et ont été empêchés, totalement ou partiellement, de challenger le Président candidat à sa réélection ou son dauphin.

Au Niger, Hama Amadou, ancien Premier ministre (1995-1996 ; 2000-2007), président déchu de l'Assemblée nationale (2011-2015), a été ainsi ostracisé pour une affaire de trafic d'enfants qui a éclaté après sa rupture d'alliance avec le Président Mahamadou Issoufou : en détention préventive pour complicité de supposition d'enfants et de faux et usage de faux en écriture publique depuis son retour d'exil le 14 novembre 2015, il a été déclaré éligible à l'élection présidentielle de 2016 mais ses demandes de mise en liberté provisoire devant le juge ordinaire ou constitutionnel pour battre campagne contre le Président sortant ont été rejetées[84] ; condamné à un an d'emprisonnement pour recel d'enfants, complicité de faux en écriture publique, complicité de déclarations mensongères ayant provoqué l'insertion dans des actes publics ou authentiques d'énonciations contraires à la vérité, usage de faux, suivant arrêt n° 31/17 du 13 mars 2017 de la Cour d'appel de Niamey, Hama Amadou a été déclaré inéligible à l'élection présidentielle de 2020-2021[85] et n'a pu affronter Mohamed Bazoum, le candidat du parti au pouvoir.

Au Bénin, ce sont trois opposants notoires au Président Patrice Talon qui ont été lourdement condamnés par la Cour de répression des infractions économiques et du terrorisme (CRIET), une juridiction d'exception créée par la loi n° 2018-13 du 2 juillet 2018. Sébastien Ajavon, homme d'affaires qui, arrivé en troisième position à la présidentielle de 2016, avait contribué à l'élection de l'actuel Président, a été notamment condamné par arrêt n°007/3C.COR du 18 octobre 2018 de la CRIET à 20 ans d'emprisonnement et à 5 millions de francs CFA d'amende pour trafic international de drogue à haut risque ; l'Etat a refusé d'exécuter les arrêts de la Cour africaine des droits de l'homme et des peuples[86] constatant de multiples violations des droits de Sébastien Ajavon[87] et a retiré, le 25 mars 2020, sa déclaration de compétence facultative de la Cour pour connaître

[84] Voir notamment Cour constitutionnelle du Niger, arrêts n°001/CC/ME du 9 janvier 2016, n°001/CC/MC du 9 février 2016 et n°002/CC/MC du 22 mars 2016.

[85] Cour constitutionnelle du Niger, arrêt n°005/CC/ME du 13 novembre 2020.

[86] Voir notamment Cour suprême du Bénin, arrêt N° 39/CJ-P du 27 novembre 2020.

[87] Cour africaine des droits de l'homme et du peuple, arrêts du 29 mars 2019 sur la requête n°065/2019, du 28 novembre 2019 sur la requête n°013/2017, du 4 décembre 2020 sur la requête n°062/2019 et du 2 décembre 2021 sur la requête n°027/2020.

de requêtes individuelles. Ce sont ensuite deux candidats disqualifiés[88] à l'élection présidentielle du 11 avril 2021 qui ont été privés de leur liberté et de leurs droits démocratiques, après leur interpellation et à la suite de procès expéditifs de quelques heures d'horloge devant une CRIET sous pression de l'exécutif[89]. Reckya Madougou, ancienne ministre (2008-2016) et ex-conseillère spéciale du Président togolais Faure Gnassingbé (2016-2020), a été arrêtée le 3 mars 2021, puis condamnée, le 11 décembre 2021, par la CRIET à 20 ans de réclusion criminelle pour financement du terrorisme ; elle reste incarcérée, nonobstant l'avis n°51/2022 (29 août-2 septembre 2022) du groupe de travail sur la détention arbitraire du Conseil des droits de l'homme des Nations Unies constatant le caractère arbitraire de la privation de sa liberté et demandant sa libération ; son élargissement a été écarté par le Président Patrice Talon, lors de la rencontre du 27 novembre 2023 avec son prédécesseur Boni Yayi. Frédéric Joël Aïvo, constitutionnaliste, ex-doyen de la Faculté de droit et de science politique de l'Université d'Abomey-Calavi (2016-2019), a été arrêté le 15 avril 2021 et condamné le 6 décembre 2021 par la CRIET à 10 ans de réclusion criminelle pour complot contre l'autorité de l'Etat et blanchiment de capitaux ; 115 universitaires ont appelé, le 13 décembre 2023, à la libération de leur éminent collègue[90]. Le maintien en détention dans des conditions indignes de deux figures de l'opposition témoigne de la dérive autoritaire du régime présidentiel béninois.

Au Sénégal, c'est le cas d'Ousmane Sonko, ancien député (2017-2022) et maire, arrivé troisième à l'élection présidentielle de 2019, qui a défrayé la chronique politique et judiciaire depuis 2021 et a causé des affrontements meurtriers. Plusieurs fois arrêté, actuellement détenu pour sept chefs d'accusation dont appel à l'insurrection, l'opposant au Président Macky Sall a fait l'objet de plusieurs condamnations : à 2 mois d'emprisonnement avec sursis, le 30 mars 2023, par la première chambre correctionnelle du

---

[88] Pour ne pas avoir satisfait à l'exigence de l'article 132 tiret 8 de la loi n°2019-43 du 15 novembre 2019 portant code électoral : chaque duo de candidatures à la Présidence et à la Vice-Présidence de la République devait être parrainé par 10% de l'ensemble des députés et des maires, soit 16 élus.

[89] Voir le témoignage édifiant du juge des libertés démissionnaire de la CRIET, dans « [Interview] Essowé Batamoussi : « Le dossier de Madougou n'est qu'une pure imagination du pouvoir en place », 18 janvier 2022 https://lejournaldelafrique.com/interview-essowe-batamoussi-le-dossier-de-madougou-nest-quune-pure-imagination-du-pouvoir-en-place/

[90] « Tribune pour la libération du professeur Joël Aïvo », https://droit-et-politique-en-afrique.info/tribune-pour-la-liberation-du-professeur-joel-aivo

tribunal de grande instance hors classe de Dakar, puis à 6 mois d'emprisonnement avec sursis, le 8 mai 2023, par la chambre correctionnelle de la Cour d'appel de Dakar, pour diffamation à l'égard d'un ministre ; à 2 ans d'emprisonnement, le 1er juin 2023, par la chambre criminelle du tribunal de grande instance hors classe de Dakar, pour corruption de la jeunesse à l'égard de l'employée d'un salon de massage. Suite à ces condamnations, la mesure de radiation de la liste électorale d'Ousmane Sonko a connu plusieurs rebondissements judiciaires : le président du tribunal d'instance de Ziguinchor, par ordonnance n°01 du 12 octobre 2023, l'a annulée pour signification irrégulière par huissier ; la chambre administrative de la Cour suprême, par arrêt n°72 du 17 novembre 2023, a cassé et annulé l'ordonnance, au motif que le « premier juge n'a pas tiré les conséquences légales de ses propres constatations » ; le président du tribunal de grande instance hors classe de Dakar, par ordonnance n°01 du 14 décembre 2023, vient de déclarer « nulle » la radiation incriminée au motif qu'elle « est fondée sur une décision de justice qui ne figure plus dans l'ordonnancement juridique »[91]. Mais les avocats de l'Etat du Sénégal ont formé un pourvoi en cassation contre cette dernière ordonnance qu'ils considèrent - tout comme la Direction générale des élections - provisoire et non exécutoire. La candidature d'Ousmane Sonko à la présidentielle du 25 février 2024 est désormais suspendue d'abord à l'arrêt en cassation de la Cour suprême, ensuite à la décision du Conseil constitutionnel sur un des 93 (sic) dossiers réceptionnés. Son rejet confirmerait le pouvoir du Président Macky Sall de faire éliminer judiciairement un candidat sérieux à sa succession.

L'instrumentalisation de la justice pénale est redoublée par celle de la justice constitutionnelle pour pervertir le constitutionnalisme et perpétuer la même Présidence impériale. « L'ordre constitutionnel peut être malmené […] par le juge constitutionnel lorsqu'il se transforme […] en serviteur docile du pouvoir en place »[92]. Son office se ramène alors à une relecture pernicieuse des prescrits constitutionnels pour les vider de leur substance et entériner un coup d'Etat constitutionnel – un oxymore couramment utilisé en Afrique - du Président en quête d'un pouvoir à durée indéterminée. C'est ainsi que la Cour constitutionnelle de la République démocratique du Congo, par arrêt RConst 262 du 11 mai 2016, a « Dit que, pour consacrer le principe de la continuité de l'Etat affirmé par l'article 69 de la Constitution, l'article 70

[91] A cause de l'anéantissement de plein droit du jugement de contumace auquel le contumax privé de liberté n'a pas acquiescé.

[92] O. NAREY, « L'ordre constitutionnel », in *Mélanges Francis V. Wodié*, *op. cit.*, p. 412.

alinéa 2 de la Constitution permet au Président de la République actuellement en exercice de rester en fonction jusqu'à l'installation effective du nouveau Président élu »[93] ; puis, par arrêt R.Const. 0338 du 17 octobre 2016, la même Cour a avalisé la possibilité d'un « glissement », sans limite dans le temps, des échéances électorales. Les deux arrêts ont eu pour effet de différer, au-delà du raisonnable, l'expression directe du souverain primaire : les élections présidentielle, législatives et provinciales n'ont eu lieu que le 30 décembre 2018, soit, pour la première, plus de deux ans après l'échéance normale du second mandat constitutionnel du Président Joseph Kabila, par ailleurs au pouvoir depuis le 16 janvier 2001.

Toujours au service du « continuisme », le juge constitutionnel de la Présidence impériale affranchit le Chef de l'Etat du respect de la limitation à deux du nombre de mandats présidentiels, alors que cette « règle est, quelle que soit la nature des régimes politiques, [...] substantielle au regard de l'organisation des pouvoirs et de la démocratie. Son respect est le respect du peuple »[94]. Tour à tour, le Conseil constitutionnel du Burkina Faso en 2005, le Conseil constitutionnel du Sénégal en 2012, la Cour constitutionnelle du Burundi en 2015 et le Conseil constitutionnel de Côte d'Ivoire en 2020[95] ont épousé la thèse calamiteuse d'une remise à zéro du compteur des mandats présidentiels par l'effet d'un nouveau texte constitutionnel, nonobstant la reconduction de la règle « deux mandats, pas plus ». Cette thèse, qui reçoit toujours le soutien intéressé d'universitaires africains, voire français[96], revient à considérer qu'en « ne mentionnant pas « *expressis verbis* », s'agissant du décompte des mandats présidentiels, que ceux exécutés sous l'empire de la précédente Constitution doivent être pris en compte [...], il ne peut être sérieusement fait grief au Président de la

[93] Voir, entre autres, G. M. MABANGA, *Le principe de la continuité de l'Etat : issue de secours à la prohibition du troisième mandat? Etude critique de l'arrêt de la Cour constitutionnelle congolaise du 11 mai 2016*, Paris, L'Harmattan, 2016.

[94] J.-P. CAMBY, « La stabilité constitutionnelle comme contrainte : le cas de la limitation du renouvellement des mandats des chefs d'Etat », 10 juillet 2019, https://www.actu-juridique.fr/constitutionnel/la-stabilite-constitutionnelle-comme-contrainte-le-cas-de-la-limitation-du-renouvellement-des-mandats-des-chefs-detat/

[95] Conseil constitutionnel du Burkina Faso, Décision N°2005-007/CC/EPF du 14 octobre 2005, Conseil constitutionnel du Sénégal, Décision du 29 janvier 2012 sur les affaires N° 3 à 10/E/12 et 12 à 14/E/12, Cour constitutionnelle du Burundi, Arrêt RCB 303 du 4 mai 2015, et Conseil constitutionnel de Côte d'Ivoire, Décision N° CI -2020-EP-009/14-09/CC/SG du 14 septembre 2020.

[96] A l'instar de Guillaume Drago, d'après « Troisième mandat : un juriste français dit « oui » à Macky Sall », *Jeune Afrique*, 26 mai 2023.

République sortant, se fondant sur ce nouveau départ de la vie politique et institutionnelle, de prétendre briguer un nouveau mandat »[97].

Ce genre de tour de passe-passe herméneutique doit être rapporté à la capacité exorbitante reconnue au Président impérial par son juge suprême de jouer avec la Constitution pour se jouer du constitutionnalisme – qui « s'identifie avec la limitation du pouvoir par la Constitution et, en définitive, avec la soumission de l'Etat au droit »[98]. Le détournement de la procédure du référendum législatif pour faire plébisciter une nouvelle Constitution en donne une illustration topique. Cette manipulation a été validée par le Conseil constitutionnel du Sénégal en 2000, par la Cour constitutionnelle du Congo en 2015, par le Conseil constitutionnel de Côte d'Ivoire en 2016, par la Cour constitutionnelle de Guinée en 2019 et enfin par sa consœur de Centrafrique en 2023[99]. C'est à cause d'un tel changement de Constitution qu'Abdoulaye Wade en 2012, Denis Sassou-Nguesso en 2016, Alpha Condé et Alassane Ouattara en 2020 ont pu briguer un troisième mandat – avec succès, sauf pour le premier - et que Faustin Archange Touadéra devrait faire de même en 2025. Avec l'onction du juge constitutionnel, le Chef de l'Etat s'adjuge de la sorte la possibilité de s'éterniser au pouvoir, y compris en reniant sa promesse de ne pas faire plus de deux quinquennats consécutifs.

En effet, la parole donnée par le Président impérial ne le lie pas. C'est ainsi qu'en Côte d'Ivoire, le Président Alassane Ouattara a annoncé au Parlement réuni en Congrès, le 5 mars 2020, sa décision « *de ne pas être candidat à la présidentielle du 31 octobre 2020 et de transférer le pouvoir à une jeune génération* », avant de reconsidérer sa position, le 6 août 2020, suite au décès brutal du Premier ministre Amadou Gon Coulibaly, son dauphin désigné : « Face à ce cas de force majeure et par devoir citoyen, j'ai décidé de répondre favorablement à l'appel de mes concitoyens me demandant d'être candidat à l'élection présidentielle du 31 octobre 2020. Je suis donc candidat ». C'est ainsi qu'au Sénégal le Président Macky Sall, élu en 2012 sur la promesse de restauration de la règle d'or du double quinquennat et de

---

97 Suivant la formule du Conseil constitutionnel de Côte d'Ivoire, Décision N° CI -2020-EP-009/14-09/CC/SG du 14 septembre 2020.

98 P. LAUVAUX, *Les grandes démocraties contemporaines*, Paris, PUF, 2004, pp. 139-140.

99 Conseil constitutionnel du Sénégal, Décision n°3/2000 du 9 novembre 2000, Cour constitutionnelle du Congo, Avis n°002 du 17 septembre 2015, Conseil constitutionnel de Côte d'Ivoire, Décision N°CI-2016-170/16-08/CC/SG du 16 août 2016, Cour constitutionnelle de Guinée, Avis n°002/2019/CC du 19 décembre 2019, et Cour constitutionnelle de Centrafrique, Décision N°002/CC/23 du 20 janvier 2023.

la réduction à cinq ans - au lieu de sept ans - de son premier mandat, s'est ravisé : d'une part, il a choisi de se conformer à l'avis du Conseil constitutionnel, contenu dans sa décision (sic) n°1-C-2016 du 12 février 2016, considérant que « l'esprit de la Constitution », pour « la sécurité juridique et la stabilité des institutions », interdit au Constituant référendaire dérivé de remettre en cause le septennat en cours ; d'autre part, il a déclaré, le 20 mars 2023, que la Constitution révisée l'autorise à être candidat à sa succession, après un septennat (2012-2019) et un quinquennat (2019-2024), ce que le Conseil constitutionnel aurait certainement confirmé si Macky Sall n'y avait pas finalement renoncé, le 3 juillet 2023.

En Présidence impériale, la proposition audacieuse du dédicataire de ces lignes de tenir une déclaration du Chef de l'Etat en matière constitutionnelle pour un « engagement juridique » et un « « pacte » devant le peuple », conformément « (enfin !) à l'une des valeurs les plus ancrées » dans les « cultures et traditions » africaines, ne saurait évidemment prospérer. La domestication du juge constitutionnel, ensemble avec celle du Constituant, s'oppose sans conteste ce que « dans un régime hyper présidentialisé » le Président soit contraint de « respecter sa parole lorsque celle-ci porte sur des principes fondamentaux de gouvernement, tels que le principe de l'indépendance de la justice, le respect des domaines respectifs de la loi et du règlement, ou encore celui des droits et libertés fondamentaux »[100].

*

« Moi Président, je suis l'Etat ; j'ai *presque* les pleins pouvoirs », pourrait conclure le titulaire de l'une des actuelles Présidences impériales d'Afrique. Mais la toute-puissance de tel ou tel Président fait ménage avec la mal-gouvernance d'un Etat relativement faible ; et elle contient les germes de sa propre destruction à plus ou moins long terme.

Chaque Présidence impériale, conservée via des coups d'Etat constitutionnels et/ou électoraux, n'a qu'un temps. Elle peut tomber à la suite soit de la défaite électorale du Président, comme au Sénégal en 2012, soit d'une insurrection populaire, comme au Burkina Faso en 2014[101], soit d'un putsch militaire, comme au Gabon en 2023. Ce sont les excès de

**[100] A. B. FALL, « Trouble autour de l'article 27 de la constitution sénégalaise sur le mandat présidentiel ou le mal démocratique sénégalais », *Sud Quotidien*, 14 mars 2023.**

[101] A. SOMA, « Réflexion sur le changement insurrectionnel au Burkina Faso », *Revue du CAMES en sciences juridiques et politiques*, Vol. 1, N°1 (2015).

pouvoir personnel, les abus de pouvoir caractérisés, la gestion calamiteuse de la chose publique au profit des affidés, la répression meurtrière des marches d'opposants, commis au vu et au su de tous, y compris de la communauté internationale, qui finissent par provoquer la chute d'un système vicié et vicieux. Tout renversement, qui constitue juridiquement un changement anticonstitutionnel de gouvernement, est désormais perçu par les populations comme un « coup d'Etat salutaire » ou un « coup de liberté »[102].

Reste à savoir si un tel coup, qui défie les paradigmes classiques, peut accoucher d'une transition politique à même de remplir sa promesse d'une éradication, de droit et de fait, de la Présidence impériale. En toute hypothèse, l'éclosion d'un constitutionnalisme positif aux couleurs de l'Afrique nécessitera le concours d'une nouvelle génération de juristes de la trempe de notre aîné Alioune Badara Fall.

---

[102] « [Exclusif] Brice Clotaire Oligui Nguema : « Ce n'est pas un coup d'État, mais un acte de libération » », *Jeune Afrique*, 20 septembre 2023.

# Le régime politique des États d'Afrique noire francophone en période de transition constitutionnelle. Cas du Burkina Faso, du Gabon, du Mali, de la République de Guinée et du Tchad

***Alassa MONGBAT***

*Maître-Assistant du CAMES*

*Enseignant-Chercheur*

*Université de Dschang – Cameroun*

## INTRODUCTION

Le Professeur Alioune Badara FALL, dédicataire de ces lignes avait, il y a un peu plus d'une décennie, démontré l'échec du constitutionnalisme français en Afrique en défendant au passage la thèse de l'autonomie du droit constitutionnel africain[1]. Au moment où il prend sa retraite universitaire, l'on a voulu lui rendre un bien sincère hommage à travers la thématique du régime politique des États africains en période de transition constitutionnelle qui serait le résultat de l'échec du constitutionnalisme[2]. Le choix de ce thème n'est pas anodin. En effet, le dédicataire a vécu les transitions constitutionnelles dans les États d'Afrique qu'elles soient paisibles ou non[3]. Alors que cette tendance ne fait que se généraliser, il n'est pas inintéressant de se pencher sur le régime politique de la Transition.

---

[1] A. B. FALL, « Échec du constitutionalisme français en Afrique et autonomie du droit constitutionnel africain », *in La Costituzione francese, Atti del convegno biennale dell'AAssociazione di Diritto publico comparato eu europeo, Bari, Università degli Studi*, 22-23 *maggio* 2008, pp. 406-436.

[2] Le constitutionalisme est défini par le Professeur Xavier PHILLIPE comme « *une doctrine visant à recourir au processus constituant pour régler ou mettre fin à une situation de crise afin d'établir un régime politique démocratique fondé sur le respect de la volonté du peuple et un régime juridique fondé sur l'État de droit* ». *In* « Le rôle du constitutionnalisme dans la construction des nouveaux États », *in Constitution et finances publiques. Études en l'honneur de Loïc PHILIP*, Paris, Economica, 2005, p. 191.

[3] X. PHILIPPE, « Tours et contours des transitions constitutionnelles… Essai de typologie des transitions », *in* X. PHILIPPE et N. DANELCUC-COLOROVSCHI (dir.), *Transitions constitutionnelles et Constitutions transitionnelles*, Paris, Institut Universitaire Varenne, coll. « Transition & Justice », vol. 2, 2014, pp. 15-23 ; I. THUMEREL, *Les périodes de transition constitutionnelle : contribution à l'étude du pouvoir constituant et des actes pré-constituants*, Thèse de doctorat en droit public, Université Lille II, 2008, 2 tomes, 796 p.

Comme il est admis, le régime politique est sans doute l'une des thématiques les plus anciennes et les plus récurrentes du débat sur la réforme des institutions[4]. La détermination de la nature du régime politique des États africains en période de transition constitutionnelle devrait, de la sorte, interpeller la doctrine publiciste, notamment constitutionaliste. Après les conférences nationales à la suite des indépendances[5], l'on croyait que les constitutions adoptées devraient constituer des instruments juridiques pérennes[6] pouvant assurer la stabilité des institutions[7]. Que *nenni* ! Comme le fait constater Gérard AÏVO, « [en] *Afrique, dans la plupart des États, les constitutions vieillissent mal* »[8]. Postérieurement à l'Afrique du Nord[9], les zones d'ombre du constitutionalisme[10] sont également perceptibles en Afrique subsaharienne. C'est le cas de l'accession au pouvoir par l'emploi des mécanismes incompatibles avec l'éthique constitutionnelle[11] qui signerait « *un retour à la case départ* »[12], celle de l'autoritarisme[13]. L'exemple le plus visible est le coup d'État résultant de la prise de pouvoir

---

[4] Ph. LAUVAUX, « La VIème République et le régime présidentiel », *in* H. ROUSSILLON (dir.), *Demain, la Sixième République ?* Toulouse, Presses de l'Université des sciences sociales de Toulouse, 2007, p. 159.

[5] J. BUCHMAN, *L'Afrique noire indépendante*, Paris, LGDJ, coll. « Comment ils sont gouvernés », 1962, 434 p.

[6] M. KAMTO, « Les conférences nationales africaines ou la création révolutionnaire des constitutions », *in* D. DARBON et J. DU BOIS DE GAUDUSSON (dir.), *La création du droit en Afrique*, Paris, Karthala, « Hommes et Sociétés », 1997, pp. 177-196.

[7] B. GUEYE et S. NDIAYE, « L'instabilité institutionnelle en Afrique », *Droit sénégalais*, n° 10, 2011-2012, pp. 127-188.

[8] G. AÏVO, « Les organisations internationales et l'ordre constitutionnel en Afrique », *Afrique contemporaine*, n° 278, 2024, p. 47.

[9] M. TOUZEIL-DIVINA, « Printemps et Révolutions arabes : un renouveau pour la séparation des pouvoirs ? », *Pouvoirs*, 2012, n°143, pp. 29-45.

[10] J. F. WANDJI, « Les zones d'ombre du constitutionalisme en Afrique », *Revue Juridiques et Politiques des États Francophones*, vol. 61, n° 3, 2007, pp. 263-307 ; A. KPODAR, « Bilan sur un demi-siècle de constitutionnalisme en Afrique noire francophone », *in* F. J. AÏVO (dir.), *La constitution béninoise du 11 décembre 1990 un modèle pour l'Afrique ? Mélanges en l'honneur de Maurice Ahanhanzo-Glélé*, Paris, L'Harmattan, 2014, pp. 89-126.

[11] J.-L. ATANGANA AMOUGOU, « L'éthique du constitutionnalisme en Afrique », *in* F. J. AÏVO, J. du BOIS de GAUDUSSON, C. DESOUCHES, J. MAÏLA (dir.), *L'amphithéâtre et le prétoire. Au service des droits de l'homme et de la démocratie. Mélanges en l'honneur du Président Robert DOSSOU*, Paris, L'Harmattan, 2020, p. 209.

[12] J. du BOIS De GAUDUSSON, « Trente ans d'institutions constitutionnelles et politiques. Points de repère et interrogations », *Afrique contemporaine*, numéro spécial, 4ème trimestre 1992, p. 56.

[13] I. SALAMI, « Le chef d'État de transition en Afrique », *Revue Béninoise de Sciences Politiques*, vol. 01, n°01, mai 2017, p. 9.

par les militaires[14] dont certains sont justifiés[15] par le non-respect de la clause limitative du mandat présidentiel[16], le phénomène de dauphinat constitutionnel[17] et les révisions constitutionnelles illicites[18]. En ce sens, les coups d'État deviennent des modes a-constitutionnels de changement[19] au sommet de l'État qui pourraient paraître aux yeux de certains, légitimes[20]. Mais, cette période s'apparente à une véritable jungle juridique puisque la Constitution en vigueur est suspendue et les institutions mises en place par elle dissoutes. Monsieur Karim DOSSO note à cet effet que « [l]*e coup d'État emporte en effet, à la fois le chef de l'État, les institutions, la Constitution. La légalité normale étant en vacances, la sécurité juridique cède la place à l'insécurité juridique* »[21]. De ce fait, la question de la nature

---

[14] C. G. ANGUE, « L'ordre constitutionnel face à la menace d'intrusion de l'armée dans la sphère politique dans les États d'Afrique noire francophone », *RFDC*, n° 141, 2025, pp. 63-90 ; S. SOUKA, *L'Afrique malade de ses militaires*, Paris, L'Harmattan, 2020, 223 p.

[15] Comme on l'a souligné avec pertinence, « *le coup d'État est un procédé de succession au pouvoir contestable, mais quelques fois nécessaire si le régime incriminé est dirigé par un potentat indéboulonnable et que les procédures d'alternance démocratiques sont biaisées. Ces présidents de la République inamovibles se sont identifiés au pays au point de croire qu'ils détiennent le pouvoir ad vitam aeternam. Ils ne la quitteront que contraints et forcés. Ils ne cèdent que devant la pression et ne comprennent que la logique du rapport de force* ». S. SOUKA, *L'Afrique malade de ses militaires, op.cit.*, p. 124.

[16] A. LOADA, « La limitation du nombre de mandats présidentiels en Afrique francophone », *Afrilex*, n° 03, 2003, pp. 139-174 ; J. TUBIANA, « Le Tchad sous et après Déby : transition, succession ou régime d'exception ? », *Politique africaine*, vol. 4, n° 164, 2021, pp. 121-140 ; M. L. NDIFFO KEMETIO, « Droit constitutionnel et crises politiques en Afrique », *Juridis Périodique*, n° 130, avril-mai-juin 2022, pp. 145-146.

[17] J. NJOYA, « Succession constitutionnelle en Afrique, idée républicaine et retour au dauphinat : parenté et politique en imbrication », *RASJ*, n° 1, vol. 7, 2010, pp. 201-218, M. KAMTO, « Le dauphin constitutionnel dans les régimes politiques africains : le cas du Cameroun et du Sénégal », *Penant : Revue de droit des pays d'Afrique*, vol. 93, n° 781-782, 1983, p. 256-282.

[18] G. BOMBELA MOSOUA, « Les changements anticonstitutionnels de gouvernement à l'aune des révisions constitutionnelles en Afrique », *Annales de la Faculté des Sciences Juridiques et Politiques – Université de Dschang*, t. 22, 2024, pp. 63-88.

[19] V. en ce sens J.-C. TCHEUWA, « L'Union Africaine et les changements anticonstitutionnels de gouvernement », *RRJ, Droit Prospectif*, n°2, 2009, pp. 995-1022.

[20] Une certaine doctrine soutient la thèse des coups d'États légitimes en affirmant que « [l]*e coup d'État devient en effet légitime lorsque son but est de créer les conditions d'un dialogue afin de rétablir l'ordre constitutionnel, la démocratie, l'État de droit et de restituer les droits et les libertés aux citoyens. On considère les artisans d'un tel coup comme des sauveurs face aux dirigeants qui ont violé les principes démocratiques* ». B. GUEYE, « Les coups d'État en Afrique entre légalité et légitimité », *Droit sénégalais*, n° 9, 2010, p. 271.

[21] K. DOSSO, « Les pratiques constitutionnelles dans les pays d'Afrique noire francophone : cohérences et incohérences », *RFDC*, vol. 2, n° 90, 2012, p. 76.

du régime politique de ces États se pose avec acuité. En effet, « *si on prend comme équivalents « régimes politiques » et « régimes constitutionnels », c'est-à-dire si on estime qu'un régime politique est celui-là même qui est décrit par la Constitution* »[22], alors dans ces États, il serait difficile d'effectuer cette opération puisque la Constitution qui est la norme fondamentale est suspendue. De la sorte, il faudrait se référer à l'exercice du pouvoir par les militaires. Toutefois, la prise de pouvoir par les putschistes fait naitre un « *droit constitutionnel en dehors du droit constitutionnel* »[23] qu'on pourrait qualifier de droit constitutionnel de nécessité[24] caractérisé par le développement d'une « *paralégalité constitutionnelle* »[25]. C'est ainsi que les militaires vont mettre sur pieds des chartes de transition qui abrogent ou deviennent des normes suprêmes. Ce sont ces instruments qui fondent ce que la doctrine appelle « *le droit constitutionnel transitionnel* »[26]. L'on comprend dès lors que les coups d'État qui, *a priori*, constituent un moment déconstituant en Afrique[27], peuvent devenir un autre « *moment constituant* »[28] faisant naître une nouvelle Constitution, non pas de sortie de crise, mais une « *constitution de*

---

[22] P. F. GONIDEC, « Esquisse d'une typologie des régimes politiques africains », *Pouvoirs*, n° 25, p. 63.

[23] M. B. EKELLE NGONDI, « Le droit constitutionnel en dehors du droit constitutionnel : réflexion sur le constitutionnalisme en Afrique noire », *RADP*, vol. VII, n°14, 2018, pp. 229-250.

[24] A. ONDOUA, « La nécessité en droit constitutionnel. Étude à partir de quelques expériences africaines », *in* M. ONDOA et P. E. ABANE ENGOLO (dir.), *L'exception en droit. Mélanges en l'honneur de Joseph OWONA*, Paris, L'Harmattan, 2021, pp. 57-81.

[25] Ibid., p. 67.

[26] É. M. NGANGO YOUMB, « Le droit constitutionnel transitionnel », *RFDC*, n° 139, 2024, pp. 635-660.

[27] *Ibid.*, p. 645.

[28] L'expression est de madame le Professeur Céline THIRIOT. L'auteur distingue « *trois moments constituants* » qu'a connus l'Afrique indépendante : « *le premier est lors de l'indépendance, avec l'adoption de constitutions pluralistes et démocratiques* […]. *Ces premières constitutions sont largement le fruit d'un mimétisme fort, reproduisant le modèle constitutionnel de l'ancienne puissance coloniale, ou, dans les situations de rupture, celui des pays socialistes* […]. *Le second moment, plus diffus dans le temps, est la mise en place de l'autoritarisme, de fait ou de droit, avec la constitutionnalisation du parti unique et du monisme politique, qui va se généraliser sur le continent africain, entre la fin des années 1960 et le début des années 1990, à quelques exceptions près. Le troisième moment, lui, est massif, dans les années 1990, avec la vague de libéralisation politique qui touche alors l'ensemble du continent, et le retour de régimes politiques pluralistes* ». C. THIRIOT, « Transitions politiques et changements constitutionnels en Afrique », *in* A. GAILLET, N. PERLO, J. SCHMITZ (dir.), *Le phénomène constituant : Un dialogue interdisciplinaire*, Toulouse, Presses de l'Université Toulouse Capitole, 2017, p. 33.

*nécessité* »[29] que Monsieur Moussa ZAKI qualifie de « *petites constitutions* »[30], sans doute parce que le contenu de ces textes ne s'éloigne pas fondamentalement du genre constitutionnel classique[31]. En effet, l'objectif de cette constitution de nécessité est d'assurer la continuité de l'État[32].

Cela étant, pour mieux comprendre l'orientation que l'on veut donner à cette contribution, il convient de s'entendre au préalable sur le sens des mots notamment ceux de régime politique et de transition constitutionnelle. La définition des régimes politiques est d'abord l'œuvre de Maurice DUVERGER dans son ouvrage classique *Les régimes politiques*[33]. Selon lui, le régime politique est « *la forme que prend dans un groupe social donné, la distinction des gouvernants et des gouvernés* »[34]. On a reproché à cette définition le fait qu'elle ne permette pas de distinguer le régime politique du système politique. En effet, la doctrine moderne comprend le régime politique en l'opposant au concept plus large de système politique[35].

---

[29] Les guillemets sont des nôtres.

[30] M. ZAKI, « Petites constitutions et droit transitoire en Afrique », *RDP*, n° 6, 2012, pp. 1667-1697. Dans le même sens, E. CARTIER, « Les petites Constitutions : contribution à l'analyse du droit constitutionnel transitoire », *RFDC*, vol. 3, n° 71, 2007, pp. 513-534.

[31] A. JUSSIAUME, « Existe-t-il un genre littéraire constitutionnel ? », *Revue d'Histoire des Facultés de Droit*, n° 31, 2011, pp. 181-201. L'auteur relève que : « [u]*n certain nombre de genres se définissent par leur contenu comme par exemple la fable ou le roman de science-fiction. C'est le cas du genre constitutionnel puisque les textes qui sont appelés constitutions, s'intéressent, comme leur nom le suggère d'ailleurs, à l'organisation de l'État. Les constitutions contiennent ainsi des dispositions relatives au fonctionnement des institutions et à l'organisation des pouvoirs publics.* [...] *Le mouvement constitutionnaliste, à l'origine de l'apparition des constitutions, a cherché à limiter le pouvoir politique en inscrivant dans les textes dits constitutionnels les règles de l'organisation de l'État. Ont ainsi été intégrées les règles relatives à la désignation des hommes et des institutions exerçant le pouvoir ainsi que celles liées aux compétences et aux rapports mutuels de ces institutions. C'est cette inscription dans le texte qui a été conçue comme un moyen de limiter efficacement le pouvoir et de lutter contre l'arbitraire* » (pp. 184-185).

[32]

[33] Paris, PUF, coll. Que sais-je ? 1948, n° 16, 125 p.

[34] *Ibid.*, p. 7.

[35] Certains auteurs ont pu écrire à cet effet que : « [l]*a notion de régime politique sert à rendre compte de la manière dont sont organisés les pouvoirs publics, c'est-à-dire leur mode de désignation, leurs compétences respectives et les règles juridiques et politiques qui gouvernent leurs rapports. Cette notion doit être distinguée du concept, plus large, de système politique qui inclut non seulement l'organisation constitutionnelle des gouvernants mais aussi d'autres acteurs et d'autres processus tels que, par exemple, le régime des partis, les libertés publiques et les médias, les mécanismes de socialisation politique des citoyens* ». G. HERMET, B. BADIE, P. BIRNBAUM, Ph. BRAUD, *Dictionnaire de la science*

Pour elle et dans une approche normativiste, le régime politique est un régime constitutionnel, c'est-à-dire qui est déterminé en se référant aux dispositions constitutionnelles[36]. Suivant cette logique, le régime politique est « *l'organisation institutionnelle prévue par le texte* [constitutionnel] » et le système politique, « *la pratique institutionnelle* »[37]. Mais s'il est vrai que pour déterminer le régime politique d'un État, l'on devrait se référer essentiellement à la Constitution, il faut également comprendre que « *la notion de régime politique ne saurait se ramener à celle de Constitution* »[38]. En effet, si Jean-Louis QUERMONNE a pu écrire qu'un régime politique est « *l'ensemble des éléments d'ordre idéologique, institutionnel et sociologique qui concourent à former le gouvernement d'un pays donné pendant une période déterminée* »[39], il relève également « [qu'] *un même régime peut dérouler son activité sous l'empire de plusieurs constitutions successives. À l'inverse,* […] *qu'une même constitution peut contenir virtuellement plusieurs régimes, dont l'un pour le temps de crise* »[40]. Mais quoi qu'il en soit, la définition des régimes politiques ne saurait se limiter de nos jours à son aspect normativiste notamment en période de transition, laquelle commence par une mise entre parenthèses des textes juridiques. De ce fait, il faut accoler à l'aspect normatif, l'aspect factuel. C'est en ce sens que le Professeur Michel De VILLIERS le définit comme « *tous les éléments de droit et de fait qui permettent de rendre compte du mode d'organisation et de fonctionnement du pouvoir politique dans une société déterminée* »[41].

Cela dit, dans la théorie générale du droit constitutionnel, pour déterminer la nature d'un régime politique, le principe de la séparation des pouvoirs est généralement convoqué. Indissociable du nom de MONTESQUIEU[42], la

---

*politique et des institutions politiques*, 7ème éd., Paris, Armand Colin, 2010, (version numérique), p. 407.

36 M.-A. COHENDET, « La classification des régimes, un outil pertinent dans une conception instrumentale du droit constitutionnel », *in L'architecture du droit. Mélanges en l'honneur de Michel Troper*, Paris, Economica, 2006, p. 302.

37 M.-A. COHENDET, « La cohabitation et la VIème République », *in* H. ROUSSILLON (dir.), *Demain, la Sixième République ? op.cit.*, p. 141.

38 J.-L. QUERMONNE, « Régime politique », *in* O. DUHAMEL, Y. MENY, (dir.), *Dictionnaire constitutionnel*, Paris, PUF, 1992, p. 887.

39 J.-L. QUERMONNE, *Les régimes politiques occidentaux*, 2e éd., Paris, Le Seuil, 1988, p. 9.

40 J.-L. QUERMONNE, « Régime politique », *op.cit.*, p. 887.

41 M. DE VILLIERS, *Dictionnaire du droit constitutionnel*, 4e éd., Paris, Armand Colin, 2003, p. 205.

42 Ch. EISENMANN, « L'Esprit des lois et la séparation des pouvoirs », *Mélanges R. CARRÉ de MALBERG*, Paris, Sirey, 1933, pp. 164-192.

séparation des pouvoirs est présentée comme l'un des principes fondamentaux du constitutionnalisme moderne tant en France[43] qu'en Afrique[44]. Elle est considérée aussi comme consubstantielle à la démocratie[45], car elle favorise le partage des pouvoirs au sein des États. Il s'agit de confier les trois fonctions étatiques (exécutive, législative et judiciaire) à des autorités ou groupes d'autorités distincts. Ce principe a été transposé en Afrique dans les constitutions post indépendances[46] dont la doctrine se sert pour déterminer la nature des régimes en place[47]. D'un avis unanime dans la doctrine constitutionnelle moderne, lorsque la séparation existe entre les différents pouvoirs, le régime est présumé démocratique[48] ou de « *pouvoir ouvert* »[49], et dans le cas contraire, il est dit non démocratique[50] ou de « *pouvoir clos* »[51].

Parce que la période de transition est aussi encadrée, son régime politique doit aussi être recherché dans des textes et dans la pratique institutionnelle. Ainsi, le régime politique en période de transition doit s'entendre de

---

[43] M. TROPER, *La séparation des pouvoirs dans l'histoire constitutionnelle française*, L.G.D.J., Paris, 1980, 251 p ; du même auteur, « Séparation des pouvoirs », *in* C. VOLPIHAC-AUGER (dir.), *Dictionnaire Montesquieu*, Lyon, ENS de Lyon, 2013, dictionnaire-motesquieu-lyon.fr ; J.-Ph. FELDMAN, « La séparation des pouvoirs et le constitutionnalisme : Mythes et réalité d'une doctrine et de ses critiques », *RFDC*, vol. 3, n° 83, pp. 483-496.

[44] C. MONEMBOU, *La séparation des pouvoirs dans le constitutionnalisme camerounais : Contribution à l'étude de l'évolution constitutionnelle*, Thèse de Doctorat/*Ph. D.* en Droit Public, Université de Yaoundé 2, 2010-2011, 503 p.

[45] J.- Cl. COLLIARD, « Séparations des pouvoirs », *in* O. DUHAMEL, Y. MENY (dir.), *Dictionnaire constitutionnel, op.cit.*, p. 972.

[46] V. en ce sens Y. MENY (dir.), *Les politiques du mimétisme institutionnel – La greffe et le rejet*, Paris, L'Harmattan, 1993, 285 p ; J. Du BOIS de GAUDUSSON, « Les nouvelles Constitutions africaines et le mimétisme », *in* D. DARBON et J. du BOIS de GAUDUSSON (dir.), *La création du droit en Afrique*, Paris, Karthala, 1997, pp. 309-316. Pour une approche critique : F. DERGENT, « Les échecs du mimétisme constitutionnel en Afrique noire francophone », *RDP*, n° 5, 2017, p. 1347.

[47] I. M. FALL, « La construction des régimes politiques en Afrique : insuccès et succès », *in* F. J. AÏVO (dir.), *La constitution béninoise du 11 décembre 1990 un modèle pour l'Afrique ? Mélanges en l'honneur de Maurice Ahanhanzo-Glélé, op.cit.*, pp. 127-179.

[48] Régime parlementaire et régime présidentiel.

[49] F. HAMON, M. TROPER, *Droit constitutionnel*, 35e éd., Paris, LGDJ, 2014, p. 182.

[50] Régime totalitaire et régime autoritaire.

[51] On lira utilement en ce sens, F. HAMON, M. TROPER, *Droit constitutionnel, op.cit.*, p. 182.

l'organisation institutionnelle prévue par les constitutions provisoires ou les chartes de transition et la pratique institutionnelle implémentée.

La transition constitutionnelle est avant tout une période qui est née à la suite d'une crise politique caractérisée par une mise à l'écart de la Constitution en vigueur. Or, comme avait pris soin de le souligner René CARRÉ de MALBERG « [a]*u-delà de la Constitution, il ne subsiste que du fait* »[52]. Cependant, la transition constitutionnelle désigne la période de passage d'une Constitution à une autre. Mais, entre ce passage, existe un droit constitutionnel transitoire[53], intérimaire[54], trans-constitutionnel[55] ou tout simplement transitionnel[56]. Ce droit constitutionnel transitoire renvoie à « *l'ensemble des textes matériellement – et parfois formellement – constitutionnels définissant la procédure constituante et régissant la vie institutionnelle de l'État* »[57]. C'est surtout à travers l'adoption des chartes de transitions que ce droit prend corps.

L'on comprend dès lors que la transition constitutionnelle vise le changement de Constitution[58]. C'est peut-être en ce sens que Monsieur BESSE la définit comme « *un processus tendant à remplacer la Constitution dictatoriale ou totalitaire par une Constitution démocratique via une ou plusieurs révisions et/ou l'adoption d'un nouveau texte constitutionnel* »[59]. Dans le cadre de la transition constitutionnelle des États sous étude, les constitutions remises en cause ont été plus ou moins des constitutions démocratiques, qui sont désormais remplacées par des constitutions provisoires lesquelles sont généralement l'œuvre des

---

[52] R. CARRÉ de MALBERG, *Contribution à la théorie générale de l'État*, Paris, Dalloz, 2003, p. 500.

[53] M. ZAKI, « Petites constitutions et droit transitoire en Afrique », *RDP*, n° 6, 2012, p. 1667 ; P. ZIBI, « Le droit transitoire constitutionnel en République centrafricaine », *RFDC*, vol.1, n°121, 2020, pp. 43-67.

[54] C. PARJOUET CALVET, « Le droit de la transition constitutionnelle : influences et impacts sur les contrepouvoirs : L'exemple de la Tunisie », Congrès de l'Association Française de Droit Constitutionnel, Juin 2017, Lille, France. https://hal-univ-pau.archives-ouvertes.fr/hal-03847069, 15 p, consulté le 30/04/2025.

[55] BEAUD O., *La puissance de l'État*, 1994, PUF, p. 264 et s.

[56] É. M. NGANGO YOUMB, « Le droit constitutionnel transitionnel », *op.cit.*, pp. 635-660.

[57] O. BEAUD, *La puissance de l'État*, *op.cit.*, p. 264.

[58] R. DECHAUX, « La légitimation des transitions constitutionnelles », *in* X. PHILIPPEX et N. DANELCUC-COLOROVSCHI (dir.), *Transitions constitutionnelles et Constitutions transitionnelles*, *op.cit.*, p. 165.

[59] M. BESSE, *Les transitions constitutionnelles démocratisantes. Analyse comparative à partir de l'expérience du Bénin*, Thèse de Doctorat en Droit public, Université Clermont Auvergne, 2017, p. 20.

militaires. Le droit constitutionnel transitoire est en effet le résultat des changements anticonstitutionnels à la tête des États.

Au regard de ce qui précède, le champ de la réflexion devient intéressant et porte sur le droit constitutionnel transitoire de crise qui est un droit qui se développe aujourd'hui en Afrique subsaharienne à la faveur des changements anticonstitutionnels à la tête des États. Il couvre la période de transition, qui commence à partir de la prise du pouvoir par les militaires avant l'avènement de la nouvelle transition démocratique, laquelle vise le changement de régime politique[60]. Bien plus, l'étude porte sur les transitions constitutionnelles de crise qui ne s'écartent pas forcément des « *transitions constitutionnelles démocratisantes* »[61] dont l'objectif essentiel est la recherche de la démocratie[62]. Ainsi, la présente réflexion est une contribution à l'étude d'un sujet classique du droit constitutionnel – les régimes politiques – à la lumière du droit constitutionnel transitoire. Le Burkina Faso, le Gabon, la Guinée Conakry, le Mali et le Tchad sont les États d'Afrique noire francophone qui ont été choisis pour étudier le régime politique en droit constitutionnel transitoire. Ce choix peut être justifié. En effet, ces États sont au stade actuel en période de transition constitutionnelle à la suite des coups d'État militaires conduisant à l'adoption des chartes de transition pour gérer la crise. L'étude s'étend sur la période 2020-2023[63]. Elle ne porte donc que sur les transitions constitutionnelles récentes[64].

Suivant ces précisions, la question qui est au centre de la présente réflexion est formulée comme suit : qu'est ce qui caractérise le régime politique des États africains francophones en période de transition constitutionnelle ? On peut avancer en réponse à cette question que ce qui fait la particularité du régime politique de ces États c'est son métissage. Pour rendre compte de cette hybridation, la réflexion se fonde sur le positivisme normativiste si

---

[60] R. DECHAUX, « La légitimation des transitions constitutionnelles », *op.cit.*, p. 165.

[61] M. BESSE, *Les transitions constitutionnelles démocratisantes. Analyse comparative à partir de l'expérience du Bénin*, *op.cit.*, 2017, 815 p.

[62] B. KANTE, « Le constitutionnalisme à l'épreuve de la transition démocratique en Afrique », *in* C. M. ZOETHOUT, M. E. PIETERMAAT-KROS et P. W. C AKKERMANS, *Constitutionalism in Africa*, Faculteit des Rechtsgeleerdheid, Erasmus Universiteit Rotterdam, 1996, p. 19.

[63] Plus précisément, l'étude couvre la période du 18 août 2020 avec le coup d'État au Mali jusqu'au 02 septembre 2023, date d'adoption de la Charte de transition du Gabon à la suite du coup de force du 30 août 2023.

[64] Sur les transitions constitutionnelles antérieures, lire avec intérêt : G. F. HOLO, *Les régimes de transition en Afrique subsaharienne francophone*, Paris, L'Harmattan, 2022, vol. 1, 340 p ; vol. 2, 384 p.

l'on considère *a priori* qu'un régime politique est d'abord une opération normative. Mais, parce que « *l'interprétation d'une constitution, donc sa pratique – le système politique – résulte des interactions entre, d'une part, le texte constitutionnel – le régime politique –, et, d'autre part, un ensemble d'éléments extraconstitutionnels* »[65], l'analyse devra aussi tenir compte de la pratique institutionnelle résultant des interactions de toute nature en période de transition. Ainsi, à l'observation de la pratique et de l'interprétation des différentes chartes de transitions, il apparaît que le régime politique des États choisis est caractérisé au commencement par la remise en cause considérable de la démocratie (**I**) avant de ressusciter certains de ses principes par la suite (**II**).

## I. Le régime démocratique considérablement altéré

Il est admis que le régime démocratique est un régime politique dans lequel le peuple est à l'origine du pouvoir. Dans une démocratie, le pouvoir est exercé par les gouvernants à la suite des élections libres et transparentes[66] régies par des textes constitutionnels voire infra constitutionnels[67]. Ainsi, la dévolution du pouvoir au sein d'un État est une œuvre du constituant. Ce principe n'est pas toujours respecté en Afrique où l'on observe des changements de gouvernements en dehors des procédures constitutionnelles en vigueur[68]. Au Burkina Faso, au Gabon, au Mali, en République de Guinée et au Tchad, les pouvoirs politiques sont aujourd'hui exercés par des dirigeants militaires qui y sont arrivés grâce à leurs uniformes et leurs armes. Ces coups d'État[69] n'emportent pas seulement le changement des dirigeants, mais aussi celui de régime politique puisqu'ils engendrent la suspension de la Constitution démocratique en vigueur[70]. À cet égard, l'État de droit qui fonde le constitutionnalisme africain est tout simplement écarté au profit du prétorianisme[71].

---

65 M.-A. COHENDET, « La cohabitation et la VIème République », *op.cit.*, p. 142.

66 A.-M. LE POURHIET, « Définir la démocratie », *RFDC*, vol. 3, n° 87, 2011, p. 455.

67 P. MUKONDE MUSULAY, *Démocratie électorale en Afrique subsaharienne : Entre droit, pouvoir et argent*, Genève, Globethics.net, 2016, 202 p.

68 A. T. LY, « Les changements anticonstitutionnels de gouvernement en Afrique », *Droit sénégalais*, n° 9, 2010, pp. 293-339.

69 P. LEROY, « Coups d'État », *in* O. DUHAMEL, Y. MENY (dir.), *Dictionnaire constitutionnel*, *op.cit.*, pp. 240-245.

70 J. P. B. BIDIAS à BASSA, « La suspension des Constitutions dans les États africains en crise », *RADSP*, vol. 3, n° 6, 2015, pp. 87-115.

71 M. L. MARTIN, « Constitutionalisme et pouvoir militaire en Afrique francophone aujourd'hui », *Droit sénégalais*, n° 9, 2010, pp. 341-364 ; E. DUPUY, « Coups d'État en

À la vérité, la prise de pouvoir par les militaires emporte une double conséquence au sein des États : d'une part, la remise en cause de l'ordre juridique constitutionnel existant (A) et, d'autre part, la confusion de pouvoirs (B).

### A. La remise en cause de l'ordre juridique constitutionnel

Le droit constitutionnel est, à côté du droit international, le droit de l'existence de l'État[72]. C'est un droit qui étudie la Constitution classiquement appréhendée comme la norme suprême de l'État, laquelle fonde d'autres droits[73]. C'est dire qu'il existe un ordre juridique[74] constitutionnel qui s'impose[75]. Par définition, « *l'ordre constitutionnel, c'est l'ensemble de ce qui doit être respecté en vertu de la Constitution* »[76]. Il apparait ainsi que l'ordre constitutionnel comprend donc l'ensemble des règles posées par le constituant[77] et qui s'imposent comme normes suprêmes tant aux gouvernants qu'aux gouvernés[78]. Cependant, à l'observation, cet ordre juridique ne s'imposerait pas, notamment aux militaires des États africains[79], confortant ainsi la thèse défendue par Gérard CONAC selon laquelle « *la légalité constitutionnelle en Afrique a un*

---

Afrique : l'alternance au bout des baïonnettes ? », *Revue politique et parlementaire*, 19 septembre 2023, disponible sur www.revuepolitique.fr, consulté le 30/04/2025.

[72] D. TRUCHET, *Le droit public*, Paris, PUF, Que sais-je ? 2003, p. 92.

[73] L. FAVOREU, « Le droit constitutionnel, droit de la Constitution et constitution du droit », *RFDC*, 1990, n° 1, pp. 71-89.

[74] Par ordre juridique, l'on comprend « *l'ensemble, structuré en système, de tous les éléments entrant dans la constitution d'un droit régissant l'existence et le fonctionnement d'une communauté humaine* ». Ch. LEBEN, « Ordre juridique », *in* D. ALLAND, S. RIALS (dir.), *Dictionnaire de la culture juridique*, Paris, PUF, 2003, p. 1113.

[75] J.-M. BLANQUER, « Bloc de constitutionnalité ou ordre constitutionnel ? », *in Libertés. Mélanges Jacques Robert*, Paris, Montchrestien, 1998, pp. 227-238.

[76] *Ibid.*, p. 235.

[77] J.-M. BLANQUER, « L'ordre constitutionnel d'un régime mixte. Le sens donné à la Constitution par le Conseil constitutionnel », *RDP*, n°5-6, 1998, pp. 1527-1540.

[78] O. NAREY, « L'ordre constitutionnel », *in* V. VODIE, F. M. DJEDJRO, M. BLEOU et F. KOMOIN (dir.), *Mélanges dédiés au Doyen Francis V. WODIÉ*, Toulouse, Presses de l'Université Toulouse I, 2016, pp. 399-421.

[79] Le Professeur André CABANIS rapporte que : « *Une formule prêtée aux hommes de troupe en Haïti exprime de façon brutale une opinion partagée par beaucoup : « Constitution c'est papier, fusil c'est fer ». Il paraît effectivement naïf de croire qu'il serait efficace d'opposer des dispositions juridiques, des barrières de papier, à la décision prise par une partie de l'armée d'utiliser ses armes pour s'approprier le pouvoir politique* ». *In* « Droit constitutionnel, pouvoir militaire et politique en Afrique », *in* O. NAREY (dir.), *Droit, pouvoir et politique. Actes du Séminaire scientifique, Niamey, 20 au 22 octobre 2021*, Dakar, L'Harmattan-Sénégal, 2022, p. 52.

*caractère trop formaliste et l'histoire de plusieurs pays a montré que leur stabilité constitutionnelle n'est qu'apparente* [...] *En Afrique, c'est le relativisme constitutionnel qui domine* »[80]. Cela est perceptible au sein des États identifiés du fait de la suspension de la Constitution (1) et de son remplacement par des chartes de transition (2).

### 1. La suspension de la Constitution en vigueur

Pierre-François GONIDEC s'interrogeait il y a plus de trois décennies sur les constitutions africaines en ces termes : « [à] *quoi servent les constitutions africaines ?* »[81]. Pas à une dévolution démocratique du pouvoir, pourrions-nous répondre au regard des résistances perceptibles en matière démocratique. Adama KPODAR relève en effet que « [l]*a fétichisation de la constitution dans les États d'Afrique noire d'expression française, cache mal son incapacité à servir véritablement d'assise juridique au pouvoir politique* »[82]. L'auteur note « *une crise de l'ordre constitutionnel à travers des signes inquiétants d'inadéquation entre la norme et la pratique* »[83]. La suspension de la Constitution est la preuve de cette inadéquation et constitue « *l'élément déclencheur de la crise de la normativité constitutionnelle* »[84].

Selon Christian BIGAUT, la suspension de la Constitution résulte de « [l]*a survenance d'un événement en rupture avec les règles constitutionnelles* »[85]. C'est le cas par exemple des coups d'État[86] et des mouvements insurrectionnels[87]. Un avis soutient aussi que « *la suspension de la Constitution est la mise en veilleuse de la Constitution matérielle ou*

---

[80] G. CONAC, « Les Constitutions des États d'Afrique et leur effectivité », *in* G. CONAC (dir.), *Dynamiques et finalités des droits africains*, Paris, Economica, 1980, pp. 386-387.
[81] P.-F. GONIDEC, « À quoi servent les Constitutions africaines ? Réflexion sur le constitutionnalisme africain », *RJPIC*, octobre-décembre 1988, pp. 849-866.
[82] A. KPODAR, « Bilan sur un demi-siècle de constitutionnalisme en Afrique noire francophone », *op.cit.*, p. 96.
[83] *Idem.*
[84] S. F. SOBZE, « Émergence de la justice para-constitutionnelle en Afrique subsaharienne », *Revue Constitution et Consolidation de l'Etat de droit, de la Démocratie et des Libertés fondamentales en Afrique*, n° 7, 2022, p. 26. V. également, F. J. AÏVO, « La crise de la normativité de la Constitution en Afrique », *RDP*, 2012, n°1, pp. 141-180.
[85] C. BIGAUT, « Les suspensions de la Constitution. Les régimes dérogatoires aux dispositions constitutionnelles : les suspensions provisoires de la Constitution », *La Revue administrative*, janvier-février, 2002, p. 47.
[86] E. M. NGANGO YOUMBI, B. CISSÉ, « Chronique de trente-deux ans de coups d'Etat en Afrique (1990-2022) », *RFDC*, vol. 1, n° 133, pp. 25-52.
[87] A. SOMA, « Réflexion sur le changement insurrectionnel au Burkina Faso », *Revue CAMES – Sciences juridiques et politiques*, vol. 1, n° 1, 2015, pp. 1-14.

*de certaines de ses dispositions* »[88]. Au Burkina Faso, au Gabon, au Mali, en République de Guinée tout comme au Tchad, le changement anticonstitutionnel à la tête du pouvoir étatique s'est soldé par la suspension de la Constitution en vigueur par décision des putschistes. Il s'agit d'une décision importante des militaires qui met fin au régime en place. Or, l'on sait avec Didier TRUCHET « [qu'] *en adoptant une constitution, le souverain* [...] *accomplit un acte fondateur : il institue l'État, par une manifestation de volonté qui s'impose à l'intérieur et à l'extérieur du pays* »[89]. Il s'en suit qu'à l'instant où cette décision est prise, l'État est en principe destitué puisque la Constitution qui est son acte fondamental n'existe plus. Cela est d'autant vrai au regard de la condamnation des coups d'État par les organisations internationales[90] dont on connaît l'implication face aux changements anticonstitutionnels de gouvernements[91]. L'État perd ainsi la légitimité[92].

Il faut souligner que l'ordre constitutionnel au Gabon a été partiellement préservé. Les militaires au Gabon n'ont pas décidé officiellement de la suspension de la Constitution. En effet, dans leur communiqué du 30 Mars 2023, les militaires regroupés au sein du Comité pour la Transition et la Restauration des Institutions au Gabon, ont décidé de la dissolution de toutes les institutions de la République sans évoquer la suspension de la Constitution. Toute chose qui atteste que la Constitution de 1991 reste en vigueur[93].

---

[88] C. TUEKAM TATCHUM, « La normativité des actes de suspension de la constitution dans les États d'Afrique francophone : les cas de la Tunisie, du Burkina Faso, de la Côte d'ivoire, et de la République centrafricaine », *RDP*, n° 2, 2018, p. 575.

[89] D. TRUCHET, *Le droit public*, *op.cit.*, p. 92.

[90] Sur l'apport des organisations internationales à la restauration de l'ordre constitutionnel, lire avec intérêt, G. AÏVO, « Les organisations internationales et l'ordre constitutionnel en Afrique », *op.cit.*, pp. 27-54.

[91] C. G. ANGUE, « Le multilatéralisme régional africain face à la résurgence des changements anticonstitutionnels de gouvernements : quelle efficacité dans la sauvegarde de la démocratie libérale en Afrique », *Annales de la Faculté des Sciences Juridiques et Politiques – Université de Dschang*, t. 22, 2024, pp. 43-62 ; A. K. SAIDOU, « Saisir l'ordre constitutionnel par les instruments : la politique de démocratie de la CEDEAO », *Afrique contemporaine*, n° 278, 2024, pp. 267-292.

[92] B. GUEYE, « Les coups d'État en Afrique entre légalité et légitimité », *Droit sénégalais*, *op.cit.*, pp. 259-277.

[93] S. BOLLE, « Déconstruction et reconstruction de l'ordre constitutionnel au Gabon (2023-2024) », *Afrique contemporaine*, n° 278, 2024, pp. 117-135.

En vrai, la suspension de la Constitution remet en cause sa place de norme fondamentale suprême dans la hiérarchie des normes juridiques[94]. Du coup, le droit constitutionnel devient un droit mou, un droit non contraignant[95]. À cet égard, la Constitution ne saurait de ce fait être appréhendée comme un instrument pouvant favoriser l'alternance démocratique au pouvoir au sein de ces États[96]. La suspension de la Constitution fonde ainsi un nouvel ordre juridique confus[97] puisque la norme de référence devient la Charte de transition et la survivance de certaines dispositions constitutionnelles qui ne lui sont pas contraires.

#### 2. La formalisation d'une Charte de transition atypique

On peut noter sous la plume des messieurs Séni Mahamadou OUEDRAOGO et Djibrihina OUEDRAOGO que « [s'] *il y a un instrument juridique qui traduit au mieux les soubresauts du droit constitutionnel en Afrique en cette dernière décennie, c'est bien la charte de transition* »[98]. Parce que la Constitution démocratique est suspendue, les militaires au sein de leur regroupement adoptent la Charte de transition qui devient la norme fondamentale de l'État et fonde l'ordre constitutionnel de transition[99]. S'il est vrai que « [l'] *adoption des chartes constitutionnelles de transition ou encore des « Constitutions de transition » permet à l'État de renaître de ses cendres en sortant du chaos et de retrouver un fonctionnement régulier* »[100], force est de constater que ces documents

[94] Sur la question, v. O. NAREY, « La suprématie de la Constitution en période de crise », *in* F. J. AÏVO, J. du BOIS de GAUDUSSON, C. DESOUCHES, J. MAÏLA (dir.), *L'amphithéâtre et le prétoire. Au service des droits de l'homme et de la démocratie. Mélanges en l'honneur du Président Robert DOSSOU*, *op.cit*., pp. 845-865.

[95] F. J. AÏVO, « Crise de la normativité des Constitutions en Afrique », *RDP*, n° 1, 2012, pp. 141-170.

[96] O. J.-M. SOMPOUGDOU, *L'alternance dans les constitutions des États de l'Afrique noire francophone : le cas du Bénin, du Burkina Faso et du Sénégal*, Thèse de Doctorat en droit public, Université de Bordeaux, 2019, 421 p.

[97] A. LE DIVELLEC, « Un ordre constitutionnel confus. Indicibilité et incertitudes de la Constitution française », *in* D. CHAGNOLAUD, E. BALLADUR (dir.), *Les 50 ans de la Constitution : 1958-2008*, Paris, Litec, 2008, pp. 147-158.

[98] S. M. OUEDRAOGO, D. OUEDRAOGO, « Propos inquiets sur la dissémination des régimes de transition constitutionnelle en Afrique », *Afrilex*, octobre 2021, p. 12.

[99] J. M. BIKORO, « L'ordre constitutionnel de transition en Afrique : étude des cas à partir des États d'Afrique noire francophone », *Afrique contemporaine*, vol. 2, n° 278, 2024, pp. 99-116.

[100] S. F. SOBZE, « Constitution et vie politique en Afrique subsaharienne », *in* F. J. AÏVO, J. du BOIS de GAUDUSSON, C. DESOUCHES, J. MAÏLA (dir.), *L'amphithéâtre et le*

constituent les principaux actes de suspension de constitution dans les États d'Afrique francophone[101] et concourent à la légalisation des coups d'État militaires[102].

Comme il est admis en doctrine, les chartes de transitions sont une catégorie de « *petites constitutions* »[103] qui « *organisent à titre provisoire les rapports entre les pouvoirs publics, sur la base d'un texte non nécessairement de forme constitutionnelle, et contribuent ainsi à la définition d'un ordre juridique de transition, relais plus ou moins formalisé* »[104]. Il s'agit des textes adoptés uniquement pour gérer la Transition. L'on comprend pourquoi la durée desdits textes n'est pas généralement longue[105].

Certes, la Charte de transition constitue un texte dont son adoption n'épouse pas les principes de la démocratie. Elle privilégie dans certains cas, l'unilatéralité au détriment de la concertation. C'est peut-être la raison pour laquelle une partie de la doctrine la range au rang des « *textes para constitutionnels unilatéraux* »[106]. En effet, en démocratie, les textes constitutionnels sont l'émanation du pouvoir constituant[107]. C'est un « *organe bénéficiant de la compétence constitutionnelle, c'est-à-dire doté*

---

*prétoire. Au service des droits de l'homme et de la démocratie. Mélanges en l'honneur du Président Robert DOSSOU*, *op.cit.*, p. 1032.

[101] C. TUEKAM TATCHUM, « La normativité des actes de suspension de la constitution dans les États d'Afrique francophone : les cas de la Tunisie, du Burkina Faso, de la Côte d'Ivoire, et de la République centrafricaine », article précité.

[102] S. M. OUEDRAOGO, D. OUEDRAOGO, « Propos inquiets sur la dissémination des régimes de transition constitutionnelle en Afrique », *op.cit.*, p. 12.

[103] E. CARTIER, « Les petites constitutions : contribution à l'analyse du droit constitutionnel transitoire », *op.cit.*, 517.

[104] *Idem.*

[105] K. K. KOMLAN, *Les petites constitutions en Afrique : essai de réflexion à partir des exemples de la Côte d'Ivoire, de la RDC, de la Tunisie et du TOGO*, Mémoire de Master 2 en droit public, Université de Lomé, 2015, p. 2.

[106] E. M. NGANGO YOUMBI, « Coups de force et droit constitutionnel en Afrique : brèves réflexions théoriques. Étude en l'honneur du Professeur Michel Durupty (1937-2020) », *RDP*, n° 2, 2023, p. 552 et s. Sur une autre approche de la para constitutionnalité, lire P. TAILLON, « Les sources para constitutionnelles : un supplément et parfois un succédané à la Constitution formelle », *Annuaire international de justice constitutionnelle*, t. XXXVI, 2020, pp. 15-27.

[107] Sur cet organe, lire : J. KANKEU TAGHEDJO, *Le pouvoir constituant dans l'élaboration des nouvelles constitutions des pays d'Afrique noire francophone. Contribution à l'étude des systèmes politiques et constitutionnels africains*, Presses universitaires du Septentrion, 2001, 437 p ; A. D. NTOLO NZEKO, « Le pouvoir constituant originaire et le pouvoir constituant dérivé dans les États d'Afrique noire francophone », *RDIDC*, vol. 96, n° 2, 2019, pp. 293-327.

*du pouvoir d'adopter une constitution ou une modification de la constitution en vigueur* […] *De même que le législateur détient le pouvoir législatif, c'est-à-dire celui de faire la loi, le constituant détient le pouvoir constituant, c'est-à-dire celui de faire la constitution* »[108]. Si l'on s'en tient à cette définition, la Charte de transition ne serait pas un texte constitutionnel. C'est un texte adopté dans un contexte de vide constitutionnel.

La Charte de transition devient de ce fait un texte atypique parce que son auteur est spécial[109]. Au Burkina Faso, qu'il s'agisse de la Charte adoptée sous le Colonel Paul Henri SANDAOGO DAMIBA[110] ou sous le Capitaine Ibrahim TRAORÉ[111], la Charte de transition est l'œuvre des « *Forces vives de la Nation* ». Au Mali, la Charte de la transition du 12 septembre 2020[112] a été adoptée par les « *Forces Vives de la Nation représentées au sein du Comité national pour le Salut du Peuple (CNSP), du Mouvement du 5 Juin-Rassemblement des Forces patriotiques du Mali (M5-RFP), des Partis et Regroupements politiques, des Organisations de la Société civile et des Maliens établis à l'extérieur, des Mouvements signataires de l'Accord pour la Paix et la Réconciliation au Mali, issu du processus d'Alger et des Mouvements de l'inclusivité* ». En République de Guinée, la Charte est l'émanation des « *membres des forces de défense et de sécurité de la République de Guinée, regroupés au sein du Comité National du Rassemblement pour le Développement en concertation avec les forces vives de la Nation guinéenne* ». Le Gabon n'est pas en reste[113]. On note dans ces pays que les chartes de transitions adoptées tiennent compte des autres regroupements notamment la société civile. La raison tient au fait que ces États connaissent une transition par le bas ou insurrectionnelle

---

108 O. DUHAMEL, « Pouvoir constituant », *in* O. DUHAMEL, Y. MENY (dir.), *Dictionnaire constitutionnel*, *op.cit.*, p. 777.

109 Les chartes de transition sont généralement l'œuvre de ce que Éric NGANGO YOUMBI appelle « *l'organe transitionnel initial ou l'hyper-organe* » composé essentiellement des militaires. É. NGANGO YOUMBI, « Les institutions de transition », *Afrique contemporaine*, n° 278, 2024, pp. 49 et ss.

110 Charte de la Transition du 1er mars 2022 composé de 39 articles.

111 Charte de la transition du 14 Octobre 2022 comprenant 27 articles.

112 Charte promulguée par le Décret n°2020-0072/PT-RM du 1er octobre 2020 portant promulgation de la Charte de la Transition modifiée par la Loi n°2022-001 du 25 février 2022 portant révision de la Charte de la transition.

113 Au Gabon, la Charte de la transition est approuvée et adoptée par les « *membres des forces de défense et de sécurité de la République Gabonaise, regroupés au sein du Comité pour la Transition et la Restauration des Institutions, en abrégé CTRI, avec les forces vives de la Nation Gabonaise* ».

impulsée par les masses[114] et confirmée par les militaires avec les coups d'État.

Au Tchad par contre, la Charte de transition adoptée avant le Dialogue national inclusif et souverain a été l'œuvre des membres du Conseil militaire de transition (CMT). Ce conseil était composé exclusivement des généraux d'armée au nombre de quinze avec pour Président le Général de corps d'armée MAHAMAT IDRISS DEBY ITNO. La Charte de transition post Dialogue national inclusif et souverain a été approuvée et adoptée par les « *Représentants du Peuple Tchadien réunis au Dialogue National Inclusif et Souverain* [DNIS] ».

Les chartes de transitions sont d'autant plus atypiques au regard de leur caractère fondamental dans certains États. En République de Guinée, l'article 84 de la Charte pose à cet effet que « [l]*a présente Charte de la Transition qui prend effet à partir de sa date de signature, sera enregistrée, publiée au Journal Officiel et exécutée comme loi fondamentale de la République de Guinée durant la période de la Transition* ». Au Tchad, selon le prescrit de l'article 119 de la Charte post DNIS, elle sera « *promulguée par Ordonnance du Président de la Transition, Président de la République, Chef de l'État, publiée au Journal Officiel de la République et exécutée comme loi fondamentale de la République* »[115]. Dans ces États, les chartes de transition sont en réalité les constitutions de transition, normes suprêmes de la Transition au point qu'on les qualifie aussi de « *charte constitutionnelle de transition* »[116]. Cela est d'autant vrai que toutes les dispositions constitutionnelles contraires à la Charte ne sont pas applicables

---

[114] Comme le souligne madame le Professeur Céline THIRIOT, « *les transitions par le bas sont impulsées par "les masses" et sont donc de fait plus inclusives. La typologie distingue entre les transitions par révolution, qui sont initiées à la suite de mouvements populaires qui renversent l'ordre établi et défont les précédents dirigeants militairement, et les transitions par réforme où les institutions anciennes sont simplement réformées sous la pression des masses qui imposent un compromis sans avoir recours à la violence* ». C. THIRIOT, « Transitions politiques et changements constitutionnels en Afrique », *op.cit.*, p. 31.

[115] Art. 104 de l'ancienne Charte.

[116] S. M. OUEDRAOGO, D. OUEDRAOGO, « Propos inquiets sur la dissémination des régimes de transition constitutionnelle en Afrique », *op.cit.*, p. 19.

comme c'est aussi le cas au Burkina Faso[117], au Gabon[118] et au Mali[119]. Toute chose qui atteste de la primauté[120] de la Charte de transition sur la Constitution[121].

Tout bien considéré, les chartes de transition sont des textes antidémocratiques de par leur procédure d'adoption. Il s'agit des textes parfois adoptés sans consultation du peuple. Ils font donc primer la minorité sur la majorité. La conséquence en est l'encrage d'un pouvoir absolu pendant la Transition.

### B. La radicalisation du pouvoir

Cela va de soi que le pouvoir en période de transition est essentiellement radical dans son fonctionnement. En effet, la Constitution qui est censée fixer le compromis dans la dévolution du pouvoir, est écartée au profit des armes. L'on comprend qu'au début de la transition règne une certaine dictature de la junte militaire. La radicalisation s'explique par l'exercice d'un pouvoir sans partage (2), lequel est fondé sur l'illégitimité des dirigeants de transition qui ont pris le pouvoir par la force (1).

#### 1. La légitimité problématique du pouvoir de Transition

En droit constitutionnel, il est établi que l'essence de l'autorité politique a pour fondement la légitimité, c'est-à-dire « *l'accord avec une exigence considérée comme supérieur* »[122]. C'est dire que le consensus devrait être le fondement de tout pouvoir démocratique[123]. C'est en ce sens que les

---

117 Il ressort de l'article 24 de la Charte de la Transition du 14 octobre 2022 qu'en cas de contrariété entre la Charte et la Constitution du 02 juin 1991, les dispositions de la Charte s'appliquent.

118 Selon l'article 61 de la Charte de la transition, « *En cas de contrariété entre la Charte de la Transition et la Constitution du 26 mars 1991, les dispositions de la présente Charte s'appliquent. La Cour Constitutionnelle de la Transition statue en cas de litige* ».

119 L'article 25 de la Charte pose qu'en cas de contrariété entre la Charte de la Transition et la Constitution du 25 Février 1992, les dispositions de la Charte s'appliquent.

120 Sur la supra constitutionalité, lire avec intérêt, É. NGANGO YOUMBI « La supra constitutionnalité. –Vue d'Afrique », *in* M. KAMTO, S. DOUMBE-BILLE, B. M. METOU (dir.), *Regards sur le droit public en Afrique. Mélanges en l'honneur du Doyen Joseph-Marie BIPOUN WOUM*, Paris, L'Harmattan, 2016, pp. 135-151.

121 E. M. NGANGO YOUMBI, « Coups de force et droit constitutionnel en Afrique : brèves réflexions théoriques. Étude en l'honneur du Professeur Michel Durupty (1937-2020) », *op.cit.*, p. 5.

122 D. COLAS, « Légitimité », *in* O. DUHAMEL, Y. MENY (dir.), *Dictionnaire constitutionnel*, *op.cit.*, p. 565.

123 B. GUEYE et M. P. TINE, « La légitimité et la légitimation de la transition constitutionnelle par les élections en Afrique », *in* X. PHILIPPE et N. DANELCUC-

constitutions des États d'Afrique noire francophone post indépendance ont consacré l'élection comme le principal mode de dévolution du pouvoir[124]. C'est tout dire que le régime démocratique, « *fait du suffrage universel son moteur principal* »[125]. Seul le peuple est souverain et tout pouvoir en dehors du peuple serait contraire à la démocratie[126].

À l'observation, le pouvoir de transition est le résultat des coups d'État militaires. Même dans les États où c'est la masse qui a été au cœur des revendications, ce sont les militaires qui, au final, ont pris le pouvoir en sapant de ce fait les règles constitutionnelles établies. Il ne serait donc pas excessif d'affirmer que le pouvoir de transition vient des armes et non du peuple souverain[127]. Cette situation de fait contribue au déplacement du centre de gravité de la souveraineté : les armes sont souveraines et le peuple ne l'est pas ou plus.

En vérité, le début de la transition s'apparente à un véritable régime autoritaire. La première décision des militaires consiste à mettre fin aux fonctions du président de la République élu par le peuple souverain. En réalité, mettre fin à un pouvoir politique constitutionnel relèverait de la dictature. Cette façon de faire limite l'action du peuple dont l'une des missions essentielles est de désigner librement ses représentants[128]. En d'autres termes, la prise de pouvoir par les armes constitue un frein à la

---

COLOROVSCHI (dir.), *Transitions constitutionnelles et Constitutions transitionnelles*, *op.cit.*, pp. 197-210.

124 Lire en ce sens : L. G. BITJOCA, « L'élection comme mode de (re)fondation du pouvoir d'État en Afrique », *Droit sénégalais*, n° 9, 2010, pp. 145-184 ; G. J. FOUDA, « Les modes constitutionnels de désignation du Chef de l'État en Afrique francophone », *in* F.-P. BLANC et J. DU BOIS DE GAUDUSSON (dir.), *Le Chef de l'État en Afrique*, Perpignan, PUP, 2001, pp. 353-389. Lire également : B.-R. GUIMDO DONGMO, « Les constitutions des États d'Afrique noire francophone à l'épreuve de la démocratie », *RADP*, vol. IX, n° 18bis, numéro spécial, 1er semestre 2020, pp. 7-38.

125 F. MOREAU, *Précis élémentaire de droit constitutionnel*, Librairie de la Société du Recueil Sirey, 1921, p. 158.

126 R. MBALLA OWONA, « Réflexions sur la dérive d'un sacro-saint principe : la souveraineté du peuple à l'épreuve des élections au Cameroun », *Juridis Périodique – Revue de droit de de science politique*, n° 88, octobre-novembre-décembre, 2011, pp. 91-109.

127 M.-F. VERDIER, « La démocratie sans et contre le peuple », *in Démocratie et liberté : tension, dialogue, confrontation. Mélanges en l'honneur de Slobodan Milacic,* Bruxelles, Bruylant, 2008, pp. Bruxelles, Bruylant, 2008, p. 1073.

128 J. F. MEDARD, « Autoritarismes et démocraties en Afrique noire », *Politique africaine*, n° 43, octobre 1991, pp. 92-104.

démocratie pluraliste[129]. Les partis politiques ne peuvent plus exercer leur droit après le coup de force. Ce droit est d'autant anéanti, car le peuple dans certains cas légitime les coups d'État[130].

Comme il est établi, la Constitution est aussi un texte libéral qui consacre les droits et les libertés tant dans son préambule que dans son corpus selon les États[131]. On peut mentionner au rang de ces droits, la liberté d'aller et de venir, la liberté de manifestation publique, la liberté d'association, le pluralisme politique. Il n'est pas inutile de souligner qu'avec les coups d'État militaires, l'exercice de ces droits reste très limité. Les frontières terrestres et aériennes sont généralement fermées par décisions des putschistes et la liberté d'aller et de venir est remise en cause. Bien plus, les associations, les partis politiques ne peuvent plus à l'instant exercer leurs droits garantis par la Constitution. Toute chose qui atteste que les droits de l'homme régressent avec les coups d'État qui atteste du caractère illibéral du régime de transition[132]. À tout prendre, l'État perd sa crédibilité sur le plan international[133]. Toutefois, il reste à dire que si sur le plan interne, les droits des citoyens ne sont pas garantis avec les coups d'État, ces droits restent garantis par les instruments juridiques internationaux et régionaux africains qui s'imposent aux États en tant qu'obligations conventionnelles.

On pourrait affirmer que le pouvoir de transition est un pouvoir anticonstitutionnel qui n'a pour fondement que la volonté des militaires qui l'exercent. Si l'on peut considérer qu'après les débuts sombres, ce pouvoir tire son fondement dans la Charte de transition, ce texte est généralement l'œuvre des militaires. Le rôle de la masse dans les pays comme le Burkina Faso et le Mali s'est limité à accepter le document dont elle n'est pas l'auteur. Cela est d'autant vrai que même les autres pouvoirs politiques notamment le pouvoir législatif est tout simplement écarté.

---

[129] M. CHEMILLIER-GENDREAU, « La démocratie pluraliste en Afrique », *in* G. CONAC (dir.), *L'Afrique en transition vers le pluralisme politique*, Paris, Economica, 1993, pp. 109-112.

[130] Cas du Burkina Faso, du Gabon et du Mali.

[131] B.-R. GUIMDO DONGMO, « La constitutionnalisation des droits et libertés dans les États d'Afrique noire francophone », *RADSP*, vol. IX, n° 19 janvier - juin 2021, pp. 7-40.

[132] V. BARBÉ, « La régression des droits fondamentaux, critère de la démocratie illibérale », *in* V. BARBÉ, B. L. COMBRADE, C. E. SÉNAC (dir.), *La démocratie illibérale en droit constitutionnel*, Bruxelles, Bruylant, 2023, p. 91.

[133] M. MICHALON, « À la recherche de la légitimité de l'État », *in* D. DARBON et J. DU BOIS DE GAUDUSSON (dir.), *La création du droit en Afrique*, Paris, Karthala, « Hommes et Sociétés », 1997, pp. 131-156.

### 2. La négation de la séparation des pouvoirs

Les révolutionnaires de 1789 proclamaient dans la Déclaration des droits de l'homme et du citoyen en son article 16 que « [t]*oute société dans laquelle la garantie des droits n'est pas assurée, ni la séparation des pouvoirs déterminée, n'a point de Constitution* ». Il apparait de cette disposition que la Constitution occupe une place importante dans tout État démocratique. C'est en elle qu'on retrouve les moyens de garantie des droits de l'homme et la séparation des pouvoirs[134]. Cet article a inspiré bon nombre de constitutions africaines[135]. C'est ainsi que les droits de l'homme ont été constitutionnalisés et la séparation des pouvoirs formalisée comme un principe constitutionnel.

Ces règles constitutionnelles sont écartées lorsque la transition constitutionnelle est dans ses débuts. En rappel, le début de la transition constitutionnelle se caractérise également par l'exercice d'un pouvoir politique sans partage. En effet, les premières décisions des militaires consistent à dissoudre les institutions mises en place par la Constitution, elle est aussi suspendue. La première décision non moins importante est de mettre fin à un pouvoir politique constitutionnel : celui du président de la République. Il s'agit là d'une décision très radicale qui signe le retour à un régime autoritaire. Le président de la République élu cède ainsi sa place à un président de Transition désigné parmi les plus hauts gradés de l'armée. Autrement dit, la République cède sa place à la Transition, une sorte d'État fantôme.

Par la suite, la dissolution du gouvernement et du Parlement est également prononcée. En droit constitutionnel, le gouvernement représente une partie du pouvoir exécutif et le parlement le détenteur du pouvoir législatif. Pour ce qui est de la dissolution du gouvernement, celle-ci laisse penser que le pouvoir exécutif est désormais exercé par les militaires. En effet, en début de transition, le dualisme de l'exécutif[136] disparaît au profit d'un monisme de fait.

---

[134] M. BOUAZIZ, *Significations et interprétations de l'article 16 de la Déclaration des droits de l'homme et du citoyen de 1789 : Contribution à l'histoire de la notion de constitution*, Thèse de doctorat en droit public, Université Paris 1-Panthéon Sorbonne, 2019, 950 p.

[135] J. F. WANDJI K., « La Déclaration française des droits de l'homme et du citoyen du 26 août 1789 et l'État en Afrique », *RFDC*, vol. 3, n° 99, 2014, pp. e1-e28.

[136] I. DIOP, *Le dualisme de l'exécutif dans les États d'Afrique noire francophone : Étude de la problématique du partage du pouvoir exécutif*, Thèse de doctorat en Droit public, Université Clermont-Ferrand 1, 1998, C. F. MOMO et E-A. T. GATSI, « L'exécutif dualiste

Relativement à la dissolution du Parlement, celle-ci opère la disparition du pouvoir législatif. De ce fait, les lois ne sont plus votées et le pouvoir exercé par les militaires sans contrôle. Les communiqués, les décrets et les ordonnances remplacent la loi, expression de la volonté générale. La junte militaire devient à l'instant, l'instance législative au sein de l'État de transition. C'est ainsi qu'avant la mise en place d'une assemblée législative de la transition, le président de Transition légifère exclusivement par voie d'ordonnance[137]. Il s'agit là en réalité d'une application ingénieuse, quoi que paradoxale, du régime des pouvoirs exceptionnels du président en raison de la menace à la continuité des institutions de la République qui sont dissoutes.

Comme on le voit, l'unique pouvoir qui n'est pas écarté est le pouvoir judiciaire. Mais, ce pouvoir peut-il contrôler la gestion du pouvoir par les militaires ? La réponse à cette interrogation ne peut qu'être négative. Il ne s'agit que d'un pouvoir de fait puisque la Constitution qui l'institue n'existe plus. Par conséquent, sa fonction de dire le droit avec force de vérité légale n'existerait que de nom, de même que l'est le pouvoir du président putschiste de dissoudre les institutions et de suspendre la constitution. Mais, le fait pour les militaires de conserver le pouvoir judiciaire n'est pas insignifiant. Comme il a été récemment démontré, la permanence du pouvoir judiciaire permet de leur accorder une certaine légitimité[138] puisque que c'est le juge qui est appelé à recevoir le serment des putschistes[139]. Autrement dit, le rôle du pouvoir judiciaire dans ce cas est de valider le coup d'État et de fonder la légalité[140] du pouvoir de la junte.

Tout compte fait, à l'instant où la décision de suspendre la Constitution est prononcée par les militaires, l'État démocratique disparaît. Le régime politique devient un régime militaire autoritaire qui n'est plus fondé sur le droit constitutionnel pur. Il s'agit d'un pouvoir absolu dans son exercice qui

---

dans les régimes politiques des États d'Afrique noire francophone », *Les Annales de Droit*, n° 14, 2020, pp. 123-166.

[137] C'est le cas du Burkina Faso. L'article 22 de la Charte de transition dispose à cet effet que, « *en attendant la mise en place de l'Assemblée législative de transition, le Président de la transition légifère par ordonnance* ».

[138] M. DUVERGER, *Dictatures et légitimité*, Paris, Puf, 1982, 514 p.

[139] L. L. AMYE ELOUMA et B. DRAMANE AKAMEYONG, « Coup d'État et permanence du pouvoir judiciaire dans les États d'Afrique francophone », *RDP*, n° 2, mars 2023, p. 507.

[140] P. MAMBO, « Les rapports entre la constitution et les accords politiques dans les États africains : Réflexion sur la légalité constitutionnelle en période de crise », *McGill Law Journal / Revue de droit de McGill*, vol. 57, n° 4, 2012, pp. 921-952.

ne bénéficie d'aucun contrôle[141]. Le début de transition marque ainsi l'avènement d'un État totalitaire qui refuse « *toute discussion sur le droit* »[142] dont la junte est seule détentrice légitime. Cependant, la transition constitutionnelle étant un processus, le pouvoir militaire, à la quête d'une certaine légitimité, ressuscite certains principes chers au constitutionnalisme. C'est à travers l'adoption de la Charte de transition que certains principes constitutionnels démocratiques sont rétablis pour une transition paisible[143].

## II. Le régime démocratique imparfaitement reconstitué

Si en tout début de transition constitutionnelle, tout semble sombre, au cours de celle-ci, certains principes constitutionnels de la démocratie refont surface à la faveur de l'adoption des chartes de transition[144]. Bien qu'étant des documents dont le caractère consensuel n'est pas établi[145], il n'en demeure pas moins vrai que ces actes sont au cœur des changements qui s'opèrent en droit constitutionnel africain contemporain. En feuilletant les pages des constitutions de transitions des États, l'on s'aperçoit très vite que les putschistes s'inspirent des constitutions suspendues en instituant des institutions de sortie de crise[146]. Cette manière de dire le droit constitutionnel[147] de la Transition permet d'accorder un certain crédit aux militaires.

« *Parce qu'il s'agit des normes juridiques destinées à orchestrer le déroulement d'une transition constitutionnelle et démocratique* »[148], les chartes de transition organisent le fonctionnement des pouvoirs de

---

[141] D.-G. LAVROFF, « Régimes militaires et développement politique en Afrique noire », *RFSP*, 1972, n° 5, pp. 973-991.

[142] D. ROUSSEAU, *Radicaliser la démocratie*, Paris, Le Seuil, 2015, www.seuil.com, p. 53.

[143] Comme le soulignent Séni M. OUEDRAOGO et Djibrihina OUEDRAOGO, « *En tant qu'elles définissent un ordre juridique transitoire, les chartes de transition servent également de balise à la définition d'un nouvel ordre constitutionnel ordinaire* ». *In* « Propos inquiets sur la dissémination des régimes de transition constitutionnelle en Afrique », *op.cit.*, p. 19.

[144] C. PARJOUET, « La Constitution de transition, un instrument de construction de la démocratie », *RFDC*, vol. 3, n° 127, 2021, pp. 123-145.

[145] E. M. NGANGO YOUMBI, « Coups de force et droit constitutionnel en Afrique : brèves réflexions théoriques. Étude en l'honneur du Professeur Michel Durupty (1937-2020) », *op.cit.*, p. 552.

[146] O. DEVAUX et A. CABANIS, « Les institutions de sortie de conflits », *Droit sénégalais*, n° 10, 2011-2012, pp. 71-103.

[147] A. CABANIS et B. GUEYE, « Dire le droit constitutionnel en Afrique francophone », *Droit sénégalais*, n° 11, 2013, pp. 104-122.

[148] C. PARJOUET, « La Constitution de transition, un instrument de construction de la démocratie », *op.cit.*, p. 123.

transition : exécutif, législatif et judiciaire. C'est sous cet angle que les principes de fonctionnement des pouvoirs dans le constitutionnalisme ordinaire sont transposés dans le régime de transition. Il s'agit notamment de l'aménagement du fonctionnement des différents pouvoirs de Transition, lesquels sont exercés par des « *organes transitionnels dérivés* »[149]. À l'analyse, il apparaît de cet aménagement une présidentialisation importante (A) et une certaine déprésidentialisation (B) du régime de transition.

### A. La présidentialisation importante du régime de Transition

Une lecture attentive des dispositions des chartes de transition permet de se rendre compte que le régime politique emprunte au régime présidentiel mais en le déformant. En se fondant sur la théorie de la séparation des pouvoirs, les constitutionnalistes définissent le régime présidentiel comme « *un régime de séparation rigide des pouvoirs : la séparation y est considérée comme rigide, bien que les autorités ne soient pas spécialisées, mais parce qu'elles sont mutuellement indépendantes* »[150]. Comme en régime constitutionnel normal, les chartes de transition consacrent formellement les trois pouvoirs : exécutif, législatif et judiciaire. Mais à l'observation, les pouvoirs du président de Transition sont importants (1) et sapent la séparation réciproque des pouvoirs exécutifs et législatifs (2).

#### 1. Une prépondérance présidentielle perceptible

En régime présidentiel, le monocéphalisme de l'exécutif et la démocratisation de l'élection du président de la République sont des critères essentiels[151]. Dans les États africains en période de transition, ces caractéristiques ne sont pas perceptibles. En effet, l'exécutif[152] est dualiste et le président de Transition n'est pas l'élu de la nation. En réalité, il est désigné par un groupe précis composé généralement des militaires. Mais, comme il est « *un invariant constitutionnel* »[153] en Afrique que le président

---

[149] Selon Éric NGANGO YOUMBI, les organes transitionnels dérivés comprennent l'exécutif de transition, le parlement de transition et la juridiction constitutionnelle de transition. É. NGANGO YOUMBI, « Les institutions de transition », *op.cit.*, p. 257 et ss.

[150] F. HAMON et M. TROPER, *Droit constitutionnel*, *op.cit.*, p. 96.

[151] G. CONAC, « Régime présidentiel », *in* O. DUHAMEL et Y. MENY (dir.), *Dictionnaire constitutionnel, op.cit.*, p. 893.

[152] BEGNI BAGAGNA, « L'exécutif dans les régimes présidentiels des États d'Afrique noire francophone », *RADP*, vol VIII, n° 17, Supplément 2019, pp. 33-61.

[153] L'expression est du Professeur Ibrahim David SALAMI, *in* « Le chef d'État de transition en Afrique », *op.cit.*, p. 5.

doit demeurer fort et au centre de toutes les institutions[154], les différentes chartes de transition font de lui la clé de voûte du processus de transition au regard de ses pouvoirs importants[155].

Plusieurs indices permettent de s'en convaincre. L'on ne s'intéressera qu'à quelques-unes. En effet, les chartes de transition comme les constitutions en période normale font du président de la Transition le principal détenteur du pouvoir exécutif. À cet effet, il est le Chef de l'État[156]. Au Tchad et en République de Guinée où la Charte de transition constitue le texte fondamental de la République, le président de Transition, chef de l'État, détient, de ce fait, le pouvoir suprême au sein de l'État. Bien plus, il est le chef suprême des forces armées. Il est aussi le chef des administrations. Par ailleurs, il veille au respect de la Charte de transition et assure par son arbitrage le bon fonctionnement des pouvoirs publics ainsi que la continuité de l'État. Il dispose du pouvoir règlementaire et peut légiférer par voie d'ordonnance[157]. Les présidents de transition du Tchad et de la République de Guinée personnifient et représentent l'État. De ce fait, ils sont garants de l'unité nationale, de l'indépendance nationale et de la magistrature, de l'intégrité territoriale et du respect des traités et accords internationaux[158].

Au Burkina Faso, au Gabon et au Mali, le président de la Transition est plus puissant. Il tient son pouvoir tant de la Charte de la transition que de la Constitution. La Charte de la transition du Burkina Faso pose en son article 4 que le président de la Transition, Président du Faso, Chef de l'État veille au respect de la Constitution et de la Charte de la transition. En cela, ses pouvoirs et prérogatives sont définis par la Charte de transition et le titre III de la Constitution du 02 juin 1991, à l'exception de ceux incompatibles avec la conduite de la transition. La Charte de la transition du Gabon pour sa part énonce en son article 36 que les pouvoirs et prérogatives du président

[154] M. BADJI, « Le Chef de l'État dans les régimes politiques africains : miroir des modes traditionnels d'exercice du pouvoir politique », *Droit sénégalais*, n° 9, 2010, pp. 33-65 ; F.-J. AÏVO, *Le président de la République en Afrique noire francophone*, Paris, L'Harmattan, 2007, 643 p.

[155] D. SALAMI, « Le chef d'État de transition en Afrique », *op.cit.*, p. 33.

[156] A. CABANIS et M. L. MARTIN, « Le Chef de l'État dans les Constitutions d'Afrique francophone », *in* F.-P. BLANC et J. DU BOIS DE GAUDUSSON (dir.), *Le Chef de l'État en Afrique*, Perpignan, PUP, 2001, n° 9, pp. 313-351.

[157] Charte de transition de la République du Tchad d'avant le DNIS, art. 37 ; art. 41 pour ce qui est de la Charte issue du Dialogue et Charte de la transition de la République de Guinée, art. 38.

[158] Charte de transition de la République du Tchad, art. 38 (ancienne Charte) ; art. 42 (nouvelle Charte) et Charte de la transition de la République de Guinée, art. 39.

de la Transition sont définis dans la présente Charte et la Constitution du 26 mars 1991. L'article 5 de la Charte de transition du Mali n'énonce pas autre chose lorsqu'il dispose que les pouvoirs et prérogatives du président de la Transition sont définis par la Charte et la Constitution du 25 février 1992. Dans tous les cas, le président de la Transition qui est le Chef de l'État, veille au respect de la Constitution et de la Charte, fixe les grandes orientations de la politique de l'État ; incarne et assure l'unité nationale. En outre, il est garant de l'indépendance nationale, de l'intégrité du territoire, de la permanence et de la continuité de l'État, du respect des accords et des traités. Au regard des dispositions constitutionnelles applicables, ces chefs d'État disposent des pouvoirs exceptionnels et spéciaux : décréter l'état d'urgence et l'état de siège.

Il faut ajouter que le président de la Transition au Gabon est plus fort que ses homologues, car en plus de ses fonctions de Chef de l'État, il est le Ministre de la défense et de la sécurité[159]. Il exerce donc une double fonction : présidentielle et gouvernementale.

Au regard de ses prérogatives, le président de la Transition est un acteur de premier plan de la transition. Il a de ce fait le portrait d'un véritable chef de l'État[160]. En effet, comme l'a résumé fort bien le Professeur Gérard CONAC, « [l]*e chef d'État est plutôt dans la situation d'un architecte ou d'un maître d'œuvre. Il est au centre de tout. C'est lui qui bâtit la nation, dirige l'État et le personnalise à l'extérieur comme à l'intérieur. Dans une large mesure, il se confond avec le système politique lui-même. Il n'en est pas seulement le symbole. Il le modèle et le contrôle. L'on attend de lui qu'il guide, qu'il enseigne, qu'il protège* »[161].

Afin de pérenniser la fonction du Président[162], certaines chartes de transition prévoient la possibilité de proroger la durée de la transition[163] qui est généralement très courte : deux voire trois ans. De même, il est consacré la possibilité de réviser la Charte de transition. Cette révision permet dans la pratique de proroger le mandat du président de la Transition comme il a

---

[159] Art. 35 de la Charte.

[160] G. CONAC, « Portrait du Chef d'État », *Pouvoirs*, n° 25, 1983, pp. 121-130.

[161] *Ibid.*, p. 121.

[162] A. CABANIS et M. L. MARTIN, « La pérennisation du Chef de l'État : l'enjeu actuel pour les Constitutions d'Afrique francophone », *in Démocratie et liberté : tension, dialogue, confrontation. Mélanges en l'honneur de Slobodan Milacic*, Bruxelles, Bruylant, 2008, pp. 349-380.

[163] Charte de transition de la République du Tchad adoptée antérieure DNIS, art. 97. La Charte issue du Dialogue n'a plus prévu cette possibilité de prorogation.

été donné de constater au Tchad, au Mali et en République de Guinée. Mais, dans tous les cas, le mandat du président de transition prend fin avec l'investiture du Président issu de l'élection présidentielle[164]. Il faut souligner que le mandat dont il est question ici n'est pas celui du droit constitutionnel ordinaire si tel est que le mandat repose sur la représentation et la légitimation du pouvoir[165]. Comme on peut le constater, le pouvoir exercé par le président de Transition n'émane pas du peuple souverain. Mais, il reste que en limitant le mandat du président de Transition à l'investiture du nouveau président issu des élections présidentielles, l'objectif est de légitimer un pouvoir de fait.

Au-delà, l'omnipotence du président de Transition est ainsi perceptible tant au niveau interne qu'international. Au plan international, le Président est un acteur important du droit international et du droit diplomatique. À cet effet, il négocie et ratifie les traités et accords internationaux, dont il est le garant. À l'interne, les pouvoirs du président supplantent les autres pouvoirs et institutions[166]. En ce sens, le président de la Transition nomme les membres du gouvernement de la transition et les membres de l'organe législatif de la transition. Relativement aux membres du gouvernement, ils relèvent directement du Président puisqu'il détient le pouvoir de les révoquer[167]. Pour ce qui est des membres de l'organe législatif, ce pouvoir lui permet d'avoir une certaine main mise sur cet organe malgré que les chartes consacrent l'indépendance réciproque du Président et du parlement de la transition.

### 2. Une indépendance relative de l'exécutif et du législatif

L'indépendance réciproque du Président et du pouvoir législatif constitue un autre élément fondamental du régime présidentiel. Elle matérialise la séparation rigide des pouvoirs dont l'objectif est de limiter le pouvoir en l'affaiblissant par la division. Pierre PACTET et Ferdinand MÉLIN-SOUCRAMANIEN font comprendre à cet effet que théoriquement, « *le propre du régime présidentiel, c'est que les organes exécutifs ; c'est-à-dire le Président et ses ministres, disposent pleinement du pouvoir exécutif et*

[164] Mali (art. 6 de la Charte) ; Burkina Faso (art. 4 de la Charte du 14 octobre 2022) ; Gabon (art. 37 de la Charte).

[165] G. RICHARD, « Le mandat », *Cahiers Jean Moulin*, n° 2, 2016, pp. 1-12.

[166] G. MOYEN, « L'exécutif dans le nouveau constitutionnalisme africain : les cas du Congo, du Benin et du Togo », *Annales de l'Université Marien NGOUABI – Sciences juridiques et politiques*, vol. 3, n° 10, 2009, p. 59.

[167] Charte de transition de la République de Guinée, art. 53 ; Charte de transition du Tchad, art. 51.

*que les organes législatifs, c'est-à-dire les assemblées, disposent pleinement du pouvoir législatif, les uns et les autres pour toute la durée de leurs mandats respectifs »*[168].

Les chartes de transition instituent le pouvoir exécutif exercé par le président de la République et le Gouvernement et le pouvoir législatif mis en œuvre par le conseil national de transition[169], l'assemblée législative de transition[170] ou le Parlement de la transition[171]. Ce sont ces organes qui forment le Parlement de transition selon les pays. Il s'agit des organes chargés d'exercer la fonction législative notamment celle de légiférer et de contrôler l'action gouvernementale[172]. Mais, l'indépendance ici s'apprécie dans les rapports entre le Président uniquement et le parlement de transition à travers l'absence des interférences de part et d'autre. Elle peut s'opérer sur un double plan : organique et fonctionnel.

L'indépendance ou la séparation organique signifie que les pouvoirs exécutifs et législatifs sont détenus par des organes distincts de telle sorte qu'un organe ne devrait pas procéder de l'autre. En d'autres termes, les détenteurs du pouvoir exécutif ne devraient pas découler du Parlement et vice versa. Dans les États choisis, le pouvoir exécutif est détenu par le Président et le Gouvernement de transition avec une prééminence du Président sur le Gouvernement, car ce dernier émane du Président. Le pouvoir législatif est exercé de son côté par le Parlement de transition. Mais l'on peut discuter de l'indépendance organique de ces organes législatifs dont les membres sont nommés par le Président bien que désignés par d'autres acteurs. Le parlementaire de transition peut-il s'opposer à un texte émanant de celui dont il détient son pouvoir ? La réponse ne serait que négative. Mais quoi qu'il en soit, à la lecture des différentes chartes de transition, il ressort que les mécanismes de pression d'un pouvoir sur l'autre ne sont pas aménagés. Par conséquent, le Président ne dispose pas du pouvoir de dissoudre le parlement de transition[173] et de son coté, ce dernier ne peut pas mettre en cause la responsabilité du président de Transition. Pour dire dans ce dernier cas qu'en régime présidentiel, le chef de l'État

---

168 P. PACTET et F. MÉLIN-SOUCRAMANIEN, *Droit constitutionnel*, 28e éd., Paris, Sirey, 2009, p. 146.

169 Mali, République de Guinée et Tchad.

170 Burkina Faso.

171 Gabon.

172 J. M. BIKORO, « Le parlement de transition en Afrique », *Les Annales de Droit*, n° 15, 2021, pp. 9-43.

173 Or, l'on sait qu'en période normale, la Constitution permet au Président de la République de prononcer la dissolution du Parlement.

n'est pas responsable devant le parlement. La Cour constitutionnelle du Bénin avait décidé dans ce sens que le régime présidentiel se caractérise aussi « *par le fait que, détenteur du pouvoir exécutif, le Président de la République est Chef du Gouvernement et n'est pas responsable devant l'Assemblée Nationale* »[174].

La séparation fonctionnelle quant à elle interdit toute interférence dans l'exercice des fonctions dévolues à l'autre[175]. De ce fait, le président de Transition ne peut pas participer à la fonction législative et le parlement de Transition, intervenir dans le fonctionnement de l'exécutif. Les missions du parlement de Transition consistent notamment à faire les lois[176] et à contrôler l'action du gouvernement de Transition. En cela, il ne saurait exercer les fonctions relevant du pouvoir exécutif. De son côté, le président de Transition est le chef principal de l'exécutif. Cependant, il ressort aussi des chartes de transition que les pouvoirs du parlement peuvent être délégués au Président. C'est ainsi qu'il est prévu qu'il peut légiférer par voie d'ordonnance[177]. Dans la théorie du droit constitutionnel, les ordonnances sont des actes pris par des autorités exécutives dans le domaine législatif qui ont force de loi après leur ratification[178]. On a justifié ces délégations du pouvoir du parlement au Président par deux considérations essentielles : d'une part, « *une nécessité de cohérence pour un programme de réformes alors que cette cohérence n'est pas toujours possible avec un Parlement qui, sous diverses influences, peut voter des amendements contradictoires* »[179] et, d'autre part, « *une exigence de rapidité pour mettre en œuvre sans tarder un programme complexe* »[180].

À tout prendre, certains principes du régime présidentiel sont transposés dans les régimes de transition. Il en est notamment de l'impossibilité pour

---

[174] Décision 96-020 du 26 avril 1996, *in* L. SINDJOUN, *Les grandes décisions de la justice constitutionnelle africaine*, Bruxelles, Bruylant, 2009, pp. 562 et s. cité par I. M. FALL, « La construction des régimes politiques en Afrique : insuccès et succès », *op.cit.*, p. 141.

[175] P. PACTET et F. MÉLIN-SOUCRAMANIEN, *Droit constitutionnel, op.cit.*, p. 146.

[176] P. AVRIL, « Qui fait la loi », *Pouvoirs*, vol. 3, n° 114, 2005, pp. 89-99.

[177] Au Burkina Faso, la Charte prévoit que le président de la Transition « *légifère par voie d'ordonnance* » (art. 4 de la Charte) ; au Tchad, le Président « *légifère par voie d'ordonnance dans les cas prévus par la loi* » (art. 37 de la Charte) ; en République de Guinée, le Président de la transition « *peut prendre des ordonnances* » (art. 38 de la Charte).

[178] A.-L. LE POURHIET, « Ordonnance », *in* O. DUHAMEL, Y. MENY (dir.), *Dictionnaire constitutionnel, op.cit.*, pp. 678-681.

[179] M. LESAGE, « Le rôle du chef de l'État en période de transition », *Revue d'études comparatives Est-Ouest*, vol. 23, n° 4, 1992, p. 46.

[180] *Idem.*

le président de Transition de dissoudre le parlement de Transition. Par conséquent, ils sont condamnés à vivre ensemble pendant la période de transition. Maurice DUVERGER soulignait à ce propos que le régime présidentiel est un régime « *où l'exécutif et le législatif sont prisonniers réciproques d'un mariage sans divorce dont les époux font chambre à part* »[181]. Toutefois, les éléments transposés rendent le régime de Transition plus présidentialiste que présidentiel.

La séparation est juridictionnellement garantie par le maintien du pouvoir judiciaire et de la justice constitutionnelle. Le pouvoir judiciaire est le seul pouvoir dont les institutions ne sont pas dissoutes par les putschistes. Au Tchad, ce pouvoir est exercé pendant la transition par la Cour suprême qui peut être saisie en contrôle de constitutionnalité ou de compatibilité de tout accord international avec la Charte[182]. La Charte de transition post Dialogue national inclusif et souverain a ressuscité les cours d'appel et les tribunaux pour exercer le pouvoir judiciaire aux côtés de la Cour suprême[183]. En République de Guinée, la régulation du fonctionnement des pouvoirs est assurée par la Cour suprême dont les missions de la Cour constitutionnelle lui sont transférées par la Charte[184]. Le Burkina Faso de son côté a maintenu le Conseil constitutionnel qui reçoit le serment du président de Transition. Au Gabon, la Cour constitutionnelle a d'abord été dissoute[185] et réhabilitée par la suite comme une des institutions de la Transition[186]. En réalité, la permanence du pouvoir judiciaire en période de crise[187] et de la justice constitutionnelle notamment montre que le pouvoir militaire est aussi saisi par le droit constitutionnel[188], notamment le droit constitutionnel de la transition.

---

181 M. DUVERGER, « Les vaches sacrées », *in Itinéraires. Études en l'honneur de Léo Hamon*, Paris, Economica, 1982, p. 640.
182 Art. 90 de la Charte antérieure au Dialogue et 106 de la Charte post Dialogue.
183 Art. 105 de la Charte post DNIS.
184 Art. 79 de la Charte.
185 Communiqué du CTRI du 30 mars 2023.
186 Art. 34, 53 et 54 de la Charte.
187 L. L. AMYE ELOUMA et B. DRAMANE AKAMEYONG, « Coup d'État et permanence du pouvoir judiciaire dans les États d'Afrique francophone », article précité.
188 D. BREILLAT, « Le pouvoir et la politique saisis par le droit », *in* O. NAREY (dir.), *Droit, pouvoir et politique*, *op.cit.*, pp. 121-139.

Au-delà des éléments du régime présidentiel, l'on note également une certaine déprésidentialisation[189] du régime à travers les chartes de transition.

### B. La faible déprésidentialisation du régime de Transition

La limitation des pouvoirs du président de Transition est perceptible à travers une certaine déprésidentialisation du régime par l'emprunt de certaines caractéristiques du régime parlementaire. Ce dernier est compris comme un régime politique à séparation souple des pouvoirs[190]. Dans ce régime, les autorités ne sont pas indépendantes, mais sont plus ou moins spécialisées[191]. « *Tout régime parlementaire peut être défini pour l'essentiel comme un régime dans lequel le gouvernement doit disposer à tout moment de la confiance de la majorité parlementaire* »[192]. Cela permet d'écarter l'engagement de la responsabilité du gouvernement devant le Parlement, lequel constitue une des caractéristiques fondamentales du régime parlementaire[193].

À l'analyse, le régime politique des États africains en période de transition constitutionnelle emprunte aussi au régime parlementaire. L'on a identifié dans ce sens deux éléments importants qui ont été transposés : d'une part, le bicéphalisme de l'exécutif qui parait instable (**1**) et, d'autre part, l'aménagement des rapports entre l'exécutif (gouvernement) et le législatif (**2**).

#### 1. Le bicéphalisme instable de l'exécutif de Transition

Dans sa structure, le régime parlementaire est aussi caractérisé par un exécutif dualiste ou bicéphale[194]. De nombreux États africains ont opté pour le bicéphalisme de l'exécutif[195]. Cette caractéristique hante également les

---

[189] Nous empruntons l'expression au Professeur Magloire ONDOA parlant du régime parlementaire camerounais. M. ONDOA, « La déprésidentialisation du régime politique camerounais », *RADP*, vol. I, n° 1, 2012, pp. 121-149.

[190] J.-Ph. FELDMAN, « La séparation des pouvoirs et le constitutionnalisme. Mythes et réalités d'une doctrine et de ses critiques », *RFDC*, vol. 3, n° 83, 2010, p. 489.

[191] F. HAMON et M. TROPER, *Droit constitutionnel*, *op.cit.*, p. 96.

[192] P. PACTET et F. MÉLIN-SOUCRAMANIEN, *Droit constitutionnel*, *op.cit.*, p. 139.

[193] J. GICQUEL, « Régime parlementaire », *in* O. DUHAMEL, Y. MENY (dir.), *Dictionnaire constitutionnel*, *op.cit.*, pp. 883-886.

[194] P.-R. LEMAS, « Le bicéphalisme de l'exécutif français et le fonctionnement de l'État », *Pouvoirs*, vol. 1, n° 184, 2023, pp. 65-79.

[195] Cf. I. DIOP, *Le dualisme de l'exécutif dans les États d'Afrique noire francophone : Étude de la problématique du partage du pouvoir exécutif*, Thèse précitée ; C. F. MOMO et E-A.

chartes de transition de certains États en crise. En effet, le pouvoir exécutif est exercé par le président et le gouvernement de Transition. Mais, les deux acteurs ne sont pas égaux dans l'exercice du pouvoir exécutif.

Le président de Transition reste le détenteur majeur du pouvoir exécutif comme il a été démontré plus haut. Étant le patron de l'exécutif, il nomme le premier Ministre de Transition et les ministres. Ainsi, il détient le pouvoir de révoquer directement le premier Ministre ainsi que les autres membres du Gouvernement comme c'est le cas en République de Guinée. Au Tchad, les autres membres du Gouvernement ne sont révoqués par le Président qu'après consultation du premier Ministre[196]. Au Burkina Faso et au Mali, le pouvoir de révocation n'est pas formellement consacré. La Constitution permet au Président de mettre fin aux fonctions du premier Ministre, soit sur la présentation par celui-ci de sa démission, soit de son propre chef dans l'intérêt supérieur de la Nation. Pour ce qui est des ministres, le Président ne met fin à leur fonction que sur proposition du premier Ministre[197].

Au sujet du gouvernement de Transition[198] qui constitue un autre organe de l'exécutif, il s'apparente dans certains États à un véritable gouvernement d'union nationale[199] parce qu'inclusif. Mais sur le terrain, ce gouvernement ne serait qu'un exécutant de la volonté du président de Transition. Ainsi, composé du premier Ministre et des ministres, le gouvernement de Transition conduit et exécute la politique de la nation définie par le Président. Le premier Ministre quant à lui est le chef du gouvernement chargé de diriger, de coordonner et d'animer l'action gouvernementale. Comme un premier Ministre en période ordinaire[200], il dispose de l'administration, assure l'exécution des lois et règlements et veille au bon fonctionnement des services publics. Il n'est donc pas l'homme fort de la

---

T. GATSI, « L'exécutif dualiste dans les régimes politiques des États d'Afrique noire francophone », article précité.

[196] Art. 69 de la nouvelle Charte de transition qui reprend les dispositions de la Charte adoptée avant le DNIS.

[197] Burkina Faso, art. 46 de la Constitution du 11 juin 1991 ; Mali, art. 38 de la Constitution du 25 février 1992.

[198] Lire utilement, L. SINDJOUN, « Le Gouvernement de transition : éléments pour une théorie politico-constitutionnelle de l'État en crise ou en reconstruction », *in Démocratie et liberté : tension, dialogue, confrontation. Mélanges Slobodan Milacic*, *op.cit.*, pp. 976-996.

[199] H.- M. DZOUMA-NGUELET, « Réflexions sur une forme particulière de gouvernement : les gouvernements d'union nationale », *Annales de l'Université Marien NGOUABI – Sciences juridiques et politiques*, vol. 3, n° 11, 2010, pp. 52-79.

[200] J. HAYWARD, « Un Premier ministre, pour quoi faire ? », *Pouvoirs*, n° 83, 1997, pp. 5-20.

transition parce qu'il est responsable devant le chef de l'État. Aussi, le pouvoir de diriger l'action gouvernementale[201], ne lui confère pas un pouvoir hiérarchique sur les ministres. Par conséquent, il ne peut se substituer à eux pour effectuer à leur place les actes qui relèvent de leur compétence, car comme le fait observer Philippe ARDANT, son autorité est politique et non juridique[202].

Il est clair que l'exécutif est bicéphale dans les États en période de transition constitutionnelle. Toutefois, il s'agit d'un dualisme déséquilibré au profit du président de la Transition. Le gouvernement ne joue qu'un rôle symbolique, car le Président conserve sa prééminence sur lui[203]. Mais, théoriquement, l'on subodore que le dualisme de l'exécutif permet d'affirmer l'existence d'un certain parlementarisme dans les transitions constitutionnelles consolidé par l'aménagement des rapports entre l'exécutif et le législatif.

### 2. L'aménagement des rapports entre l'exécutif et le législatif

Parce que le régime parlementaire est fondé sur la séparation des pouvoirs, il est normal que les différents pouvoirs (exécutif et législatif) entretiennent entre eux un certain nombre de rapports. À ce stade, il convient de distinguer les rapports de collaboration, de prééminence et d'influence réciproque.

En premier lieu sur les rapports de collaboration, Léon BLUM qualifiait le régime parlementaire de « *la vie de ménage* »[204] pour la simple raison que les pouvoirs collaborent et dépendent l'un de l'autre[205]. Dans les chartes de transition et certaines constitutions resuscitées, l'on note que le pouvoir exécutif collabore avec le parlement de Transition. Du reste, les rapports ne sont pas identiquement aménagés. Au Tchad, la Charte de transition a établi les rapports de collaboration entre les pouvoirs et y a consacré tout un titre. Dans d'autres États comme la République de Guinée, c'est de manière implicite que ces rapports sont agencés. Au Burkina Faso, au Gabon et au Mali, ce sont les constitutions qui organisent les rapports entre l'exécutif et le législatif.

---

201 P. AVRIL, « Diriger l'action gouvernementale », *Pouvoirs*, n° 83, 1997, pp. 31-40.

202 Ph. ARDANT, *Le Premier ministre en France*, Paris, Montchrestien, coll. « Clefs », 1991, p. 83.

203 A. SALL, « Processus démocratique et bicéphalisme du pouvoir exécutif en Afrique noire : essai d'un bilan », *RJPEF*, n° 3, 2006, pp. 412-462.

204 J. GICQUEL, « Régime politique », *op.cit.*, p. 883.

205 *Idem.*

Au Tchad et en République de Guinée, les rapports concernent l'initiative de la révision de la Charte qui appartient concurremment au président de la Transition et aux conseillers nationaux[206], les traités internationaux qui sont signés par le Président et ratifiés par le Parlement de transition, la saisine de la Cour suprême en matière de contrôle aux fins de vérifier la constitutionnalité des lois, ou la compatibilité de tout accord international avec la Charte de transition[207], les ordonnances ayant force de loi. Le Tchad ajoute la communication du président de Transition avec le Conseil national de transition par des messages[208] mais aussi et surtout l'initiative des lois qui « *appartient concurremment au Gouvernement de Transition et aux Conseillers nationaux* »[209]. Dans ce dernier cas, il est prévu que les projets de loi adoptés par le Conseil des ministres sont déposés sur le bureau du président du Conseil national de transition. À l'inverse, les propositions de loi du Conseil national de transition sont transmises avant délibération et vote au gouvernement de transition pour avis. Au Burkina Faso et au Mali, ces éléments traduisant les rapports entre l'exécutif et le législatif sont plus explicités dans les constitutions applicables[210] aux cotés des chartes de transition.

En second lieu sur les rapports de prééminence d'un pouvoir sur l'autre, d'un côté, il s'agit essentiellement de la prééminence du chef de l'État sur le parlement. Ce rapport se matérialise à travers le pouvoir de dissolution du second reconnu au premier. Il convient de souligner ici que les chartes de transition du Tchad et de la République de Guinée sont restées muettes sur la question. Le président de Transition peut-il dissoudre le Conseil national de transition ? En effet, il ressort des chartes de transition de ces deux États que le mandat du Conseil national de transition prend fin dès l'installation du Parlement élu[211]. Le parlement de Transition ne pourrait donc être dissout surtout au regard de la durée courte de la transition. Leur

---

[206] En vertu de l'art. 98 de l'ancienne Charte de transition du Tchad, cette initiative appartenait au président de la Transition et aux 2/3 des membres de Conseil national de Transition. Dans le même sens, art. 75 de la Charte de transition de la République de Guinée.

[207] Art. 90 de l'ancienne ; art. 106 de la nouvelle Charte de transition du Tchad et art. 79 de la Charte de transition de la République de Guinée.

[208] Art. 87 de la nouvelle Charte de transition (disposition reprise de l'art. 78 de l'ancienne Charte).

[209] Art. 88 de la nouvelle Charte de transition (art. 79 de l'ancienne Charte).

[210] Constitution du Burkina Faso du 2 juin 1991, Titre VII et Constitution du Mali du 25 février 1992, Titre VI.

[211] Art. 75 de l'ancienne et 84 de la nouvelle Charte de transition du Tchad ; art. 58 de la Charte de transition de la République de Guinée.

mandat pourrait-il pour autant être prorogé par le président de Transition ? La réponse ne peut être affirmative qu'en cas de révision de la durée de la transition.

Au Burkina Faso, au Gabon et au Mali, la Constitution prévoit la dissolution de l'assemblée nationale par le président de la République[212]. Par conséquent, l'assemblée législative de transition au Burkina Faso et le Conseil national de transition du Mali peuvent être dissouts avant le terme de transition. Dans ce cas, le président de Transition procédera à la nomination de nouveaux parlementaires. Par ailleurs, les constitutions de ces États prévoient comme autre mécanisme de prééminence, la convocation du Parlement en congrès. Cette prérogative ne peut être exercée en période de transition qu'au Gabon au regard de la structure bicamérale du Parlement[213]. Le Parlement peut être convoqué en congrès notamment en matière de révision constitutionnelle[214]. L'on subodore que pour la révision de la Charte, le président de la Transition peut convoquer en congrès les deux chambres du parlement de la Transition.

De l'autre côté, l'on note la prééminence du parlement sur le gouvernement de Transition. Elle s'observe par la responsabilité du gouvernement devant le parlement qui constitue un autre élément central du régime parlementaire. Seul le Tchad a prévu la responsabilité du gouvernement devant le parlement de transition[215]. Les chartes des autres États n'ont pas prévu ce mécanisme. Mais pour les cas du Burkina Faso et du Mali, on peut se référer aux dispositions constitutionnelles.

S'agissant, enfin, des rapports d'influence réciproques, il s'agit précisément des rapports d'influence du gouvernement sur le parlement et vice versa. Dans le premier cas, l'on identifie l'accès au Parlement et la participation au débat et la question de confiance. *A contrario*, les moyens d'action du parlement sur le gouvernement comprennent les motions de censure, le contrôle de l'action gouvernementale par les questions orales ou écrites.

Mais au-delà de ces rapports aménagés, l'on note dans la pratique la prépondérance du pouvoir exécutif à travers le président de Transition, sur

---

[212] Constitution du Burkina Faso du 2 juin 1991, Constitution du Gabon du 26 mars 1991, art. 19 de la art. 50 et Constitution du Mali du 25 février 1992, art. 42.

[213] L'article 45 de la Charte pose que « *Le Parlement de la Transition est l'organe législatif de la Transition. Il comprend deux Chambres : l'Assemblée Nationale de la Transition et le Sénat de la Transition* ».

[214] Pour plus d'éclairage sur le sujet, v. T. ONDO, *Le droit parlementaire gabonais*, Paris, L'Harmattan, 2008.

[215] Art. 77 de l'ancienne et 86 de la nouvelle Charte de transition.

le pouvoir législatif. De cette manière-là, le régime de transition oscille entre un certain semi-présidentialisme et un certain présidentialisme. Selon la doctrine, le régime semi présidentiel est un régime où « *le Chef de l'État est élu et doté d'importants pouvoirs tandis que le gouvernement est responsable devant les députés* »[216]. En vérité, le président de la Transition n'est pas élu, du moins par le peuple souverain. Mais il détient d'importants pouvoirs et son gouvernement est responsable devant lui[217] et devant le parlement de Transition[218]. Toute chose qui atteste que le régime semi-présidentiel n'est pas totalement hostile à la démocratie[219], car l'objectif est de « *conjuguer les exigences de la démocratie et leur attachement à la primauté présidentielle* »[220] en construisant un régime politique « *qui emprunte à certains égards aux régimes présidentiel et parlementaire* »[221]. Le régime tend aussi dans la pratique à un régime présidentialiste[222]. En effet, comme le fait remarquer Louis DUBOUIS, « [l]*e régime présidentiel africain dégénère en présidentialisme : tous les pouvoirs sont concentrés entre les mains du chef de l'Exécutif, le Président...* »[223]. Le Professeur Gérard CONAC note à propos qu'il s'agit d'un régime dans lequel la Constitution fait du président « *la clé de voûte* »[224] des institutions. En effet, ce régime se caractérise par la prééminence politique du chef de l'État[225].

---

[216] O. CAMY, « La classification des régimes politiques et la nature du droit », *La Revue administrative*, 46e année, n° 271, janvier-février, 1993, p. 24.

[217] Cas de la République de Guinée, art. 50 de la Charte.

[218] Cas du Tchad, art. 77 de l'ancienne et 86 de la nouvelle Charte.

[219] F. FAYE, « Un frein à la démocratisation ? Le semi-présidentialisme sur le continent africain », *Pouvoirs*, vol. 1, n° 184, 2023, p. 140.

[220] I. M. FALL, « La construction des régimes politiques en Afrique : insuccès et succès », *op.cit.*, p. 156.

[221] *Ibid.*, p. 157.

[222] Le régime présidentialiste est compris comme une forme de régime politique qui « *concentre les pouvoirs entre les mains du Chef de l'État en raison de son mode d'élection au suffrage universel et de la disposition d'une majorité parlementaire* ». J. GICQUEL, *Droit constitutionnel et institutions politiques*, Paris, Montchrestien, 1987, p. 149.

[223] L. DUBOUIS, « Le régime présidentiel dans les nouvelles Constitutions des États africains », *Penant*, n° 691, 1962, p. 222 ; cité par I. M. FALL, « La construction des régimes politiques en Afrique : insuccès et succès », *op.cit.*, p. 142.

[224] Le Professeur Gérard CONAC comprend le régime présidentialiste comme un régime dans lequel la Constitution fait du président de la République la clé de voûte des institutions. G. CONAC, « Pour une théorie du présidentialisme. Quelques réflexions sur les présidentialismes latino-américains », *in Le Pouvoir, Mélanges offerts à Georges Burdeau*, Paris, LGDJ, 1977, p. 115.

[225] R. NGANDO SANDJÈ, « Le renouveau du droit constitutionnel et la question des classifications en Afrique : quel sort pour le régime présidentialiste ? », *RFDC*, vol. 1, n° 93, 2013, p. e-9.

En effet, le président de la Transition détient d'importants pouvoirs dont le plus visible, voire le plus important est la nomination des membres du parlement qui, en période normale sont élus au suffrage universel[226].

Assurément, les putschistes dans les chartes de transition ont fait du président, un homme « *fort sans être un tyran* »[227]. Le régime serait donc avec l'adoption des chartes de la transition une « *démocratie présidentielle* »[228], c'est-à-dire « *un régime politique en gestation inventé par les africains et pour l'Afrique qui, à défaut d'avoir la dignité d'une catégorie officielle et malgré les critiques, n'en reste pas moins un modèle émergent engrangeant quelques succès* »[229].

## CONCLUSION

À titre de conclusion, on observera que le régime politique des États africains en période de transition constitutionnelle oscille entre dictature et une certaine démocratie. On pourrait le ranger dans la catégorie des régimes hybrides[230] ou de démocratie illibérale[231]. Dictature en ce sens que la transition commence par une négation du constitutionnalisme. Or, il est admis que « *le constitutionnalisme est associé à la mise en place de régime de démocratie constitutionnelle* »[232]. En suspendant la constitution démocratique, les armes et l'uniforme militaire deviennent l'instrument privilégié pour mettre fin à une situation de crise. Mais, soucieux de donner une certaine légitimité et une certaine légalité à la transition, les autorités de transition adoptent des chartes des transitions dans lesquelles sont

[226] Il s'agit à la vérité d'un « *présidentialisme exacerbé* ». J. GICQUEL, J.-E. GICQUEL, *Droit constitutionnel et institutions politiques*, Paris, LGDJ, 30e éd., 2016, p. 569.

[227] M. ASKIA, « L'avancée démocratique au Mali : l'émergence du pluralisme sociopolitique », *in* H. ROUSSILLON (dir.), *Les Nouvelles Constitutions africaines : la transition démocratique*, Toulouse, Presses de l'Institut d'études politiques, 1995, p. 118.

[228] I. M. FALL, « La construction des régimes politiques en Afrique : insuccès et succès », *op.cit.*, p. 157.

[229] *Idem.*

[230] Par définition, les régimes hybrides « *sont des régimes politiques reconnaissant formellement le pluralisme politique, organisant des élections, dont les constitutions organisent l'équilibre et la séparation des pouvoirs. Pourtant ces dispositifs sont inopérants. Ces régimes, formellement démocratiques, aux constitutions irréprochables de ce point de vue, conservent un fonctionnement fondamentalement autoritaire* ». C. THIRIOT, « Transitions politiques et changements constitutionnels en Afrique », *op.cit.*, p. 33.

[231] V. BARBÉ, B. L. COMBRADE, C. E. SÉNAC (dir.), *La démocratie illibérale en droit constitutionnel*, *op.cit.*, 496 p.

[232] R. RICCI, « Les enjeux du droit constitutionnel contemporain », cité par X. PHILIPPE, « Le rôle du constitutionalisme dans la construction des nouveaux États de droit », *op.cit.*, p. 191.

contenues quelques « *mécanismes démocratisants* »[233] qui conditionnent « *l'aboutissement de la transition constitutionnelle* »[234]. Mais, il s'agit d'un régime démocratique atypique, car le pouvoir exercé ne vient du peuple souverain[235].

La démocratie sera d'autant plus ressuscitée avec l'adoption par les États de nouvelles constitutions et l'organisation des élections libres et transparentes[236] sans la participation de certains acteurs de la transition, dans certains cas[237]. Ce qui n'est pas toujours le cas. Au Tchad par exemple, la révision de la Charte de transition a permis au président de Transition de participer aux élections. Au Gabon, la Charte de la transition n'a donné aucune précision sur la non-participation du président de la Transition aux élections. Ce qui a laissé la voie à toutes les interprétations. Mais quoi qu'il en soit, la transition vise le rétablissement de la démocratie constitutionnelle à travers l'adoption de nouvelles constitutions consensuelles[238], l'objectif étant de « *transformer un accord nécessairement fragile et provisoire en contrat durable où chacun pourra trouver sa place malgré les divisions qui subsistent* »[239].

---

[233] C. PARJOUET, « La Constitution de transition, un instrument de construction de la démocratie », *op. cit.*, p. 127.
[234] *Idem.*
[235] H. AKEREKORO, « Les figures de la démocratie illibérale en Afrique. Réflexions théoriques et critiques à partir de quelques exemples récents », *in* BARBÉ, B. L. COMBRADE, C. E. SÉNAC (dir.), *La démocratie illibérale en droit constitutionnel*, *op.cit.*, pp. 239-251.
[236] A. ITOULA KIFOUMBA, « Les coups d'État et le processus de rétablissement de l'ordre constitutionnel en Afrique », *Afrique contemporaine*, n° 278, 2024, pp. 187-208.
[237] Au Mali, au Burkina Faso et en République de Guinée, il est précisé dans les chartes que le Président de la transition n'est pas éligible aux élections présidentielles et parlementaires et que cette disposition ne saurait faire l'objet de révision.
[238] La voie référendaire est privilégiée par les autorités de transition pour adopter les nouvelles constitutions. En effet, le projet de Constitution est préparé et soumis à l'adoption par un vote populaire. Sur ce mécanisme, cf. A. D. NTOLO NZEKO, « Les enjeux de l'instauration du référendum obligatoire dans les systèmes constitutionnels africains », *RDP*, n° 3, 2020, pp. 743-767.
[239] X. PHILIPPE, « Le rôle du constitutionalisme dans la construction des nouveaux États de droit », *op.cit.*, p. 190.

# Lorsque la chute du Président interpelle la Constitution[1]

***Eloi DIARRA,***

*Professeur émérite de l'Université de Rouen,*

*Agrégé de droit public du CAMES et Professeur des universités, France*

Nous sommes heureux de dédier cette réflexion à Monsieur le Professeur Alioune Badara FALL, un ami, un amoureux du droit en général et du droit africain en particulier. Qu'il trouve ici l'expression de toute l'estime que nous lui portons ainsi que de notre complicité intellectuelle. A la réflexion principale sera jointe un addendum non moins important, dans la mesure où notre réflexion est autant un hommage qu'un testament.

Cette réflexion tourne autour de la chute du Président de la République du Mali en 2020 pour voir comment un tel évènement interroge le constitutionnalisme malien et le constitutionnalisme africain en général. La prise du pouvoir par les militaires est-elle inéluctable et l'Afrique doit-elle être le continent où, plus de soixante ans après les indépendances, la maladie infantile de la souveraineté retrouvée qu'est le coup d'Etat est appelée à se pérenniser ? Les constitutions maliennes ne peuvent-elles pas prévoir ces évènements violents et qui amènent au pouvoir des personnes qui ne sont nullement préparées à la gestion des affaires publiques et constituent toujours des retours en arrière, tant sur le plan politique que sur le plan économique, social et juridique. On peut voir dans quel Etat cela laisse souvent les droits sociaux, politiques et économiques des personnes.

Certes la constitution de 1992 comportait la disposition suivante : « Tout coup d'Etat ou putsch est un crime imprescriptible contre le peuple malien »[2]. Elle était sensée, par son caractère comminatoire, dissuader toute personne de toute tentative pour prendre le pouvoir par quelque voie inconstitutionnelle que ce soit, le crime étant puni de peines très sévères au Mali. Rien n'y fit, puisqu'en 2012, 2020 et 2021, le pays connaîtra successivement trois coups d'Etat militaires. Et comble de la dérision, non

[1] Le 20 août 2020, un « coup d'Etat » a renversé le Président de la République. Au moment où nous entreprenons cette rédaction, le Mali vit sous un régime d'exception, dit de « transition », c'est-à-dire le passage d'un régime non constitutionnel vers un régime dont les règles de fonctionnement sont régies par la constitution en vigueur.

[2] Voir article 121 de la constitution du 25 février 1992, in *JORM du 29 février 1992*, p. 126

seulement le meneur principal du coup d'Etat[3] de 2012 ne fut pas poursuivi par la justice pénale, mais il bénéficia d'une loi d'amnistie[4] votée par l'Assemblée et même d'une promotion[5]. Pour leur part, les auteurs des actes de 2020 et 2021 ont bénéficié aussi d'une amnistie votée par le Conseil national de la Transition[6].

Si donc cette disposition n'a pas empêché les coups d'Etat, comment les prévenir ? En d'autres termes, les dispositions constitutionnelles d'aujourd'hui sont-elles satisfaisantes, sont-elles suffisantes pour éviter à l'Etat malien cette récurrence des irruptions militaires dans la vie politique nationale ?

Si la peur du gendarme ne suffit pas pour empêcher les coups d'Etat, on doit aussi se poser cette autre question : au fait, pourquoi les coups d'Etat au Mali : est-ce le goût du pouvoir ? Ou est-ce parce que le pouvoir a déçu et qu'il ne correspond pas aux aspirations de la population ? Dans ces conditions, on est obligé de se poser une dernière interrogation : pourquoi ces pouvoirs ne correspondent-ils pas aux aspirations de la population, quelles sont leurs tares ?

L'observation montre qu'aucun des coups d'Etat du Mali n'a semblé avoir été motivé par le goût du pouvoir. Au contraire, les populations les ont plus souvent vécus comme des soulagements[7], Et la bonne réponse semble bien être celle-ci : les coups d'Etat ont eu lieu parce que les pouvoirs ont déçu le plus grand nombre. Si la constitution comportait les dispositions adéquates, n'aurait-on pas pu faire leur économie ? Car des dispositions existent qui prévoient le départ du président. Pourquoi ces voies ne sont-elles pas utilisées ? Par paresse ou incapacité juridique et/ou politique ? Ou tout simplement, parce qu'elles sont applicables ? Si elles sont inapplicables, par quoi peut-on les remplacer ? Ce sont ces questions qui ont motivé l'initiative de cette réflexion.

---

[3] A l'époque, ce coup d'Etat a été qualifié par la presse nationale de « coup d'Etat le plus bête du monde », puisqu'il intervenait à moins de trois mois des élections présidentielles et parlementaires.

[4] Loi d'amnistie n° 2012-20 du 18 mai 2012, in *JORM n° 20 du 18 mai 2012*, p. 763

[5] Le capitaine Amadou Haya Sanogo passa de ce grade à celui de général. La Communauté économique des Etats de l'Afrique de l'Ouest (CEDEAO) ne simplifia guère la situation, puisqu'elle l'accepta comme interlocuteur et en fit une sorte de 'parrain' du président par intérim.

[6] Organe chargé, durant la période de transition, d'assurer la fonction législative.

[7] Seul le coup d'Etat de 2012 n'a pas occasionné des manifestations de masse en sa faveur. Il a paru totalement inutile et a ridiculisé le Mali aux yeux du monde.

Ce qui est entrepris ici est une petite monographie juridique de la perte du pouvoir par un Président de la République à qui tout semblait pourtant sourire au moment de son accession à la magistrature suprême. Au lieu de nous lancer dans une étude généraliste du constitutionnalisme africain, en recourant aux expériences de plusieurs pays à la fois, nous nous limitons volontairement à l'expérience du seul Mali. On y trouvera l'enthousiasme et la confiance débordante des premiers jours[8] de l'élection du Président de la République, mais aussi les tares de la gouvernance au Mali qui conduisent inexorablement au déclin du pouvoir, au désenchantement de la population à son égard et à sa révolte.

La présente monographie va donc concerner le Président Ibrahim Boubacar KEITA, sa conquête et sa perte du pouvoir. On verra comment d'un pouvoir espéré, applaudi et prometteur, on va basculer dans une gouvernance calamiteuse menant à la chute. En effet, Après le « pouvoir mou » ou le régime de « consensus » voulu par son prédécesseur, Amadou Toumani Touré, Ibrahim Boubacar Kéita était attendu comme le messie. La population malienne, dans sa majorité, avait une très bonne opinion de lui[9] et fondait beaucoup d'espoir sur sa personne, dans plusieurs domaines. Enonçons ici seulement les deux principaux.

Le premier domaine était celui de la restauration de l'autorité de l'Etat. En effet, sous le régime précédent, tout le monde disait : « il n'y a plus d'autorité dans cet Etat », « tout le monde fait ce qu'il veut », dans l'administration publique, de la secrétaire aux directeurs, y compris les ministres eux-mêmes. C'était comme s'il n'y avait plus d'Etat. La puissance publique semblait avoir disparu dans ses différentes composantes, que ce soit dans l'administration générale ou dans la police, l'armée[10] et la justice.

Le deuxième domaine était celui de la sécurité. En effet, à partir de 2012, l'irrédentisme touareg et l'islam radical, politique et violent, on fait irruption sur le territoire national. Ils constituaient aux yeux de tous un

---

[8] Enthousiasme et totale confiance de la campagne électorale et surtout l'espoir halluciné des « cent premiers jours », où le peuple pense que tout va basculer et devenir meilleur, comme par un coup de baguette magique !

[9] N'avait-il pas été un bon Premier Ministre du Président Alpha Oumar KONARE (présidence de 1992 à 2002) entre 1994 et 2000 ?

[10] Concernant l'armée, on en était à recruter les soldats par le jeu de la corruption. Il suffisait de glisser des billets de banque aux militaires recruteurs et votre fils ou votre fille, incapable de suivre des études du secondaire se retrouvait dans l'armée.

danger mortel ; un sauveur du pays était attendu par l'ensemble de la population pour résoudre ce problème.

Ces espérances expliquent donc largement les succès électoraux d'Ibrahim Boubacar KEITA. Hélas, ce capital de sympathie sera vite dilapidé dans un mal-gouvernance abyssale (Première partie).

C'est cette situation qui paraît des plus improbables[11] qui suscite le deuxième temps de notre curiosité intellectuelle et nous pousse à nous interroger : la constitution n'aurait-elle pas pu permettre de démettre le Président et ainsi d'éviter au Mali cette nouvelle épreuve d'une rupture brutale dans son évolution politique ? Il semble que les mécanismes existants ne permettaient pas de répondre à la situation et dans ce cas, qu'aurait-il fallu ? (Deuxième partie).

## PREMIÈRE PARTIE : D'UN POUVOIR HAUTEMENT ATTENDU À SA DÉCHÉANCE

Pour des raisons très diverses et très diversifiées, l'avènement d'un homme à poigne, de quelqu'un, homme ou femme, qui redonnerait une colonne vertébrale à l'Etat était attendu. Cela est dû au fait que le mouvement de démocratisation initié en 1991 semblait, au bout de près de vingt, avoir débouché sur un état mou, sans volonté, sans pouvoir. En effet, les citoyens avaient l'impression d'avoir à faire à un Etat sans gouvernail, où dans les ministères, dans les administrations centrales et dans les administrations déconcentrées, tout le monde faisait ce qu'il voulait, qu'il n'y avait pas de discipline, chacun faisant sa loi, devant une population totalement désabusée. On semblait avoir perdu l'idée même d'un axe de développement planifié. Cet état semblait également sans personnalité sur la scène internationale, sinon celle de bon 'élève de la démocratie' retrouvée[12]. On avait l'impression qu'il ne suivait plus que les consignes données par les organisations internationales, à commencer par le Fonds Monétaire International (FMI) et son compère la Banque internationale pour la reconstruction et le développement (BIRD) ou Banque mondiale ou d'autres institutions du système des Nations-Unies, telle l'UNESCO pour la politique éducative, le Programme alimentaire Mondial (PAM) ou la FAO (Food and Agriculture Organization), pour la politique agricole. Il semblait soumis aux organisations non-gouvernementales qui lui intimaient les ordres les plus divers : lutter contre l'excision des jeunes filles, contre

[11] Au sens où le Président avait toutes les bonnes cartes en main et aurait dû réussir.

[12] Retrouvée, parce que le pays a connu un régime dictatorial entre 1968 et 1991, avec un parti unique et un militaire à sa tête.

l'analphabétisme qui semblait frapper plus que les garçons, promouvoir l'entreprenariat féminin, promouvoir le développement durable, etc. De plus, la faiblesse de l'Etat, en ce début de l'année 2012 s'est manifestée par la défaite cinglante et humiliante infligée à l'armée par le mouvement sécessionniste touareg. C'est la raison invoquée pour le coup d'Etat du 12 mars 2012 et qui n'a suscité aucun enthousiasme populaire. Sous l'égide de la Communauté économique de l'Afrique de l'Ouest (CEDEAO), une transition bancale avait été mise en place.

Ajouter que le Président Amadou Toumani TOURE a avoué publiquement son incapacité à lutter contre la corruption et la prédation des deniers publics qui sévissent dans l'administration. Ces vols organisés dans les petites et hautes sphères publiques avaient fini par provoquer du dégoût chez un grand nombre de Maliens.

En 2013, l'attente de tous les Maliens est qu'il soit mis fin à celle-ci et qu'enfin le pays retrouve la force de l'Etat, que son gouvernail soit tenu et qu'un nouvel élan soit donné au développement économique et social que tout le monde souhaite endogène ; on trouve donc ici les raisons premières des succès électoraux (A). Hélas, il faudra vite déchanter, et le pays va rapidement entrer dans un mouvement de contestation, à cause principalement de la mal-gouvernance (B)

### *A – Les succès électoraux*

C'est le 11 août 2013 que Ibrahim Boubacar KEITA[13] a été élu triomphalement comme troisième président de la 3e république, avec 77,61 %[14]. Ce premier succès électoral de 2013 était-il tout à fait logique et exprimait bien la volonté populaire. Au fond, il n'y a rien à en redire au regard du droit. La victoire acquise ne soulève pas de problème juridique particulier. On a pu dire que le scrutin n'était pas entièrement démocratique dans la mesure où il n'avait pas pu se dérouler sur tout le territoire national. Sauf que les commentaires de cette époque se sont appuyés sur une disposition constitutionnelle non recevable en matière d'élections présidentielles. Selon cet article de la constitution, « Aucune procédure de

---

[13] Né le 29 janvier 1945 à Koutiala, il meurt le 16 janvier 2022 à Bamako, à l'âge de 76 ans.

[14] On avait rarement vu une telle participation à des élections présidentielles au Mali, puisque le taux de participation était de 51,5 % au premier tour et de 45,8 % au second. Voir l'arrêt n° 2013-06/CC-EP du 20 août 2014 portant proclamation des résultats définitifs du deuxième tour de l'élection du Président de la République (scrutin du 11 août 2013), in *JORM Spécial n° 8 d'août 2013*, p. 1-3.

révision ne peut être engagée ou poursuivie lorsqu'il est porté atteinte à l'intégrité du territoire »[15] (1).

Candidat à un deuxième mandat, il est réélu, avec un nouveau score très honorable de 67,2 % des voix en 2018 (2). Ce second succès électoral de 2018 ne fut pas aussi éclatant que celui de 2013. On pourrait presque dire que ce fut une élection « faute de mieux » et que le lobby musulman a joué à plein, animé par le président du Haut Conseil Islamique du Mali de l'époque, l'imam Mahmoud DICKO (2).

1 – L'élection de 2013

A la veille de son élection de 2013, la France du Président François HOLLANDE venait de sauver le Mali d'un grand péril, à savoir le basculement du pays sous un régime islamiste de type salafiste. En effet, en janvier 2012, le Mouvement national de libération de l'Azawad (MNLA), mouvement touareg indépendantiste s'était allié avec des groupes islamistes établis dans le nord du Mali, à savoir Ansar Dine de Iyad Ag Ghali, le Mouvement pour l'unicité et le djihad et en Afrique de l'Ouest (MUJAO) et AL-QAIDA dans le Maghreb islamique, pour lancer une vaste opération de conquête sur le nord du Mali. En quelques semaines, leur emprise devient totale sur les grands centres urbains que sont Gao, Kidal, Ménaka et Tombouctou. Ils y instaurent un régime autocratique et une pratique rigoriste de l'islam, effaçant les institutions et administrations, telles que l'armée, la justice, les préfectures, et soumettant à leurs bottes les institutions financières et autres services sociaux. Un an plus tard, après avoir éliminé leur alliée du MNLA de tout exercice du pouvoir, et enhardis par leur puissance de feu face aux forces de défense et de sécurité, les trois mouvements intégristes décident de foncer sur le sud du pays et d'aller jusqu'à la capitale prendre le pouvoir. C'est dans ces circonstances que le Président de la république par intérim[16] fait appel à la France de François

[15] Article 118 de la constitution du 25 février 1992. On peut lire, sur ce lien entre impossibilité de révision constitutionnelle et intégrité du territoire, la réflexion de Dr Bréhima FOMBA, in *Bamada.net*, revue électronique, édition du 7 février 2019 : « Nouvelle tentative e révision constitutionnelle, l'intégrité du territoire, l'obstacle est là ! », in http://bamada.net/nouvelle-tentative-de-revision-constitutionnelle-lintegrite-du-territoire-lobstacle-est-la-nous-rappelle-ici-dr-brehima-fomba, consulté le 6 août 2014.

[16] Il s'agit du Président Dioncounda TRAORE, du 12 avril 2012 au 4 septembre 2013. Il faut rappeler que le Président démocratiquement élu en mars 2002, puis réélu en 2007

Hollande qui va stopper net l'avancée des forces islamistes à Kona. L'évènement est célébré[17] dans tout le Mali[18].

Pressé par la Communauté internationale, le Président par intérim organise des élections présidentielles et législatives en juillet 2013. Les résultats finaux donnent la victoire à Ibrahim Boubacar KEITA[19], par ailleurs président d'un parti, le Rassemblement pour le Mali (RPM). Pour quelles raisons l'a-t-il si facilement emporté sur ses adversaires ?

La première et principale raison est que l'homme se présentait comme une personne à poigne et que, face aux rebelles touaregs et à leurs supplétifs[20] islamistes, il « sera l'homme de la situation » comme le pensait la majorité des Maliens. Ne disait-il pas que « jamais, au grand jamais, je ne négocierai avec quelqu'un qui tient un fusil à la main ? » Ce qui laissait entendre pour la population qu'il sera capable de ramener ces irrédentistes à la raison et de chasser les tenants d'un islam d'un autre temps et différent de l'islam vécu dans le pays depuis des siècles. Vers lui se portait un « fol espoir » de la majorité des Maliens.

La seconde raison tient à la disqualification des partisans politiques de ses prédécesseurs, qui manifestement, « n'auraient pas fait le travail »[21] ; ils n'auraient donc pas fait ce qu'il fallait pour que cette catastrophe ne survienne pas au Mali[22], par exemple le non-équipement de l'armée

[17] François Hollande, en visite au Mali, peu de temps après le desserrement de l'étau islamiste, dira : « C'est le plus beau jour de ma vie politique ».

[18] Des familles où des enfants venaient de naître n'ont pas hésité à baptiser leur enfant du nom de « François Hollande ».

[19] Voir Arrêt de la Cour constitutionnelle n°2013-05/CC-EP du 7 aout 2013 portant proclamation des résultats définitifs du premier tour de l'élection du Président de la République (scrutin du 28 juillet 2013), in *JORM spécial n° 07*, août 2013, p. 2 à 12 et Arrêt n°2013-06/CC-EP du 20 août 2013 portant proclamation des résultats définitifs du deuxième tour de l'élection du Président de la République (scrutin du 11 août 2013), in *JORM spécial n° 8,* août 2013, p. 2 à 4.

[20] Une telle appellation est totalement hors de propos aujourd'hui. A l'époque, en effet, ces mouvements islamistes se présentaient comme des structures importées, ne comportant majoritairement des étrangers algériens, mauritaniens, marocains, nigérians, ou même plus lointains, somalis, syriens, afghans. Les Maliens y étaient une infime minorité. Tel n'est pas le cas aujourd'hui, en 2024. Les mouvements djihadistes se sont malianisés, ayant recruté en masse dans la jeunesse au chômage et désoeuvrée du pays. Ce qui complique la lutte contre ces mouvements de l'islam politique violent

[21] En référence à l'expression américaine *'do the job'* ou son négatif *'don't do the job'*

[22] Il est ainsi reproché au Président Amadou Toumani Touré (dit ATT) de n'avoir pas désarmé les Touaregs refluant de la Libye en 2911 et donc de les avoir laisser conserver leur arsenal de guerre qu'ils ont ensuite retourné contre l'armée malienne.

nationale de manière à lui permettre de remplir sa fonction régalienne de défense du territoire ou encore de n'avoir pas désarmé les Touaregs qui étaient au service du maître de Tripoli et qui sont rentrés au pays au moment de sa chute.

2 – La réélection de 2018

L'élection de 2018 devait opposer Ibrahima Boubacar KEITA à ses rivaux traditionnels qu'étaient Soumaïla CISSE, M. MM Moussa MARA, Mountaga TALL, Modibo SIDIBE, Choguel Kokalla MAIGA, Oumar MARIKO et 18 autres candidats ayant une envergure politique plus ou moins importante, du fait de leur implantation sur le territoire national. Au premier tour, tous les concurrents furent éliminés et laissa face à face, pour le second tour, Ibrahim Boubacar KEITA avec plus de 1,331 million des voix (soit 41,70 % des suffrages exprimés) et Soumaïla CISSE, avec un peu plus de 0,567 million des voix (soit 17,78 % des suffrages exprimés)[23]. L'écart de plus de 763 000 voix était irrattrapable. Et c'est sans surprise que le premier l'emporta.

Pourtant, les raisons de cette victoire au scrutin de 2018 sont plus floues. En effet, plusieurs éléments objectifs auraient dû conduire plutôt à l'échec. Il s'agit d'un certain nombre de scandales financiers qui ont émaillé le premier mandat, à savoir l'achat d'un avion pour les déplacements du Président de la République dans des conditions très obscures ; il s'agit de détournements de deniers publics lors d'achats de fournitures à l'armée[24]. Même l'accord d'Alger[25], du point de vue politique, était désapprouvé par la majorité des Maliens. Devant tous ces revers, comment expliquer le succès d'Ibrahim Boubacar KEITA pour un second mandat ?

La victoire aux élections présidentielles, les 29 juillet et 12 août 2018, pourrait néanmoins s'expliquer par le grand lobbying effectué par un

---

[23] Voir Cour constitutionnelle, arrêt n°2018-03/CC-EP du 08 AOUT 2018 portant proclamation des résultats définitifs du premier tour de l'élection du Président de la République (scrutin du 29 juillet 2018), in *JORM spécial n° 10*, 9 août 2018, p. 2 à 20.

[24] Tous éléments sur lesquels nous reviendrons largement.

[25] L'Accord d'Alger, dénommé *Accord pour la paix et la réconciliation issu du processus d'Alger,* est un accord visant à mettre fin à la guerre du Mali. Il a été négocié sous l'égide de la communauté internationale, avec l'Algérie comme chef de file. Ces négociations se sont déroulées entre 2013 et 2015 à Alger. L'Accord a été signé en deux étapes, le 15 mai et 20 juin 2015, à Bamako, entre l'Etat du Mali et la Coordination des mouvements de l'Azawad (CMA), regroupement des Touaregs entrés en rébellion contre leur pays. Cet accord qui n'a pas le caractère d'acte international n'a pas été présenté par le Gouvernement à l'Assemblée nationale ; il n'a jamais donné lieu à une explication officielle de la part des pouvoirs publics.

certain Mahmoud DICKO[26]. Imam de son état, président du Haut Conseil islamique du Mali (HCIM)[27], cet homme se pique également de politique ; il n'a pas créé de parti politique, mais s'est constitué une belle constellation d'associations par lesquelles il exerce un magistère sur la société malienne et même les différents politiques. Il les mit au service du candidat Ibrahim Boubacar KEITA et descendit personnellement dans l'arène électorale pour sa cause.

Cette deuxième victoire pourrait également trouver une explication dans le fatalisme d'une majorité de Maliens, pour lesquels « c'est Dieu qui donne le pouvoir, et tu le garderas tant que Dieu le voudra ». On peut être surpris par de telles réflexions, mais elles demeurent vivaces dans la mentalité, sinon africaine, en tout cas malienne. Quoi qu'il en soit, ces succès électoraux et un certain fatalisme ambiant ne laissaient absolument pas prévoir la contestation qui allait s'en suivre. Si celle-ci survient, c'est parce que le faiseur de roi qu'est l'imam DICKO a retourné sa cuti et s'est mis contre l'homme qu'il a contribué à faire élire. Mais l'homme du pouvoir Ibrahim Boubacar KEITA y a également et largement prêté le flanc.

## B – De la mal-gouvernance à la contestation

Les causes de la contestation du pouvoir d'IBK sont multiples. Que l'on en juge ! Elles vont de la kleptomanie généralisée à la mauvaise gestion de la crise de la rébellion touareg

1 – La rapine organisée par le régime sur les deniers publics.

Les détournements de deniers publics vont atteindre, sous le régime d'Ibrahim Boubacar KEITA des sommets jamais égalés, et ceci, la plupart du temps sous la forme de surfacturations, d'attributions frauduleuses de marchés publics.

A l'origine de la contestation du pouvoir d'IBK, on trouve de nombreux scandales, dont nous ne retiendrons que quelques-uns. Et il faut le dire, ses mandats présidentiels sont émaillés et constellés de scandales financiers et

---

[26] Né vers 1954 à Tombouctou, M. Mahmoud DICKO est iman de son état. Il détient et prêche dans sa mosquée du quartier de Badalabougou à Bamako. De janvier 2008 à avril 2019, il préside l'influent Haut Conseil islamique du Mali qui sera sa courroie de transmission pour demander aux autres imans du pays de demander à leurs fidèles de voter pour le président sortant. Mais en 2020, il devient l'adversaire politique le plus redoutable de celui qu'il avait fait élire jusqu'à obtenir sa chute en août 2020. Même s'il s'agit officiellement d'un coup d'Etat, il reste que, pendant des mois, c'est l'iman DICKO qui aura animé la fronde contre le pouvoir présidentiel.

[27] Titre qu'il a perdu depuis lors (La fonction a été occupée de janvier 2008 à avril 2019).

ce, dès le premier mandat. L'histoire des élections législatives allait déclencher la contestation qui conduira à la chute du régime.

Les scandales qui ont marqué le premier mandat du Président Ibrahim Boubacar Kéita sont nombreux et de diverses natures. Ils ont nourri de la défiance à l'égard du régime, sans pour autant provoquer de protestation dans les rues de la capitale.

Dès son ascension au pouvoir, le nouveau président a voulu s'offrir un moyen de transport rapide digne de son rang, un avion pour pouvoir se déplacer aisément[28], se rendre à des sommets internationaux, rendre des visites de courtoisie à ses collègues présidents[29] ou pour participer à des évènements affectant des « pays amis »[30] ou pour prendre part aux funérailles de personnalités diverses et variées, camarades de l'Internationale socialiste[31] ou tout simplement d'autres présidents défunts.

Les conditions d'acquisition de cet aéroplane furent des plus discutables. Le montage financier fit intervenir des intermédiaires[32], le statut juridique de l'appareil était des plus opaques.

En effet, aucun appel d'offres ne fut lancé ; au contraire, on fit appel à un certain Marc Gaffajoli, chargé d'affaires du français Michel Tomi, une bonne connaissance de M. Ibrahim Boubacar Kéita et gérant de sa société aérienne Afrijet. Pendant la campagne pour l'élection présidentielle de 2013, il lui louait déjà un avion pour ses déplacements. On soupçonne, qu'une bonne commission de plus de 2,1 millions de dollars (1,7 million d'euros) lui fut versée pour ses bons offices, ce que n'aurait pas autorisé un

[28] Noter que son prédécesseur avait déjà acquis un avion pour la Présidence de la République. Le nouvel appareil, un Boing 737 sera acheté dès le début de l'année 2014.

[29] Nous ne sommes pas dans la possibilité d'établir aujourd'hui l'inventaire exhaustif des voyages 'officiels' ainsi entrepris par le Président Ibrahim Boubacar KEITA, mais c'est celui qui s'est le plus déplacé pour des voyages à l'extérieur du pays, en un quinquennat qu'aucun autre président malien.

[30] Le Président IBK est présent dans le cortège de protestation contre l'attaque du journal satirique français, Charlie Hebdo, aux côtés du président français, François Hollande.

[31] Comme sa participation aux obsèques du sénégalais Ousmane Tanor Dieng, longtemps secrétaire général du Parti socialiste sénégalais, en juillet 2019.

[32] Le prix, aux dires des experts des finances et selon les enquêtes et de la Section des comptes de la Cour suprême (équivalent de la Cour des comptes française), et du Bureau du Vérificateur général du Mali, varie de 17 milliards de francs CFA à 20 milliards (chiffre avancé par le Premier Ministre Moussa Mara, au moment de sa déclaration de politique générale devant l'Assemblée nationale), tandis que le Journal Jeune Afrique parlera de 18,9 milliards dans son édition du 19 novembre 2014. Au FMI, on dira qu'il a coûté 30 millions d'euros, chiffre que celui-ci retiendra.

appel d'offres ! Au final, l'opération s'avéra très lourde pour le budget malien qui dût acquitter près de 30 millions d'euros pour cette acquisition. La presse indépendante malienne s'en fit les choux gras[33].

Le statut juridique n'était pas des plus évidents, non plus ! Acquis sur les finances du budget national, l'appareil est naturellement la propriété de l'Etat malien. Que nenni ! En effet, voici ce qu'écrit le journal Jeune Afrique, à ce sujet : « Le Boeing 737 acquis par la présidence malienne est-il réellement la propriété de l'État ? Apparemment non, puisqu'il appartiendrait à une société privée, Mali BBJ, dont le siège se trouve dans l'île caribéenne d'Anguilla. C'est en tout cas ce que laissent supposer les documents officiels. Renseignements pris, l'appareil est bien la propriété de la République du Mali, laquelle figure comme telle à la fois sur le contrat de vente, sur le registre international d'inscription aéronautique de Cape Town et sur l'acte de "déregistration" des États-Unis autorisant son exportation au Mali »[34]. De son côté, le Bureau du Vérificateur Général, dans son Rapport annuel de 2014 notera : « Pour des raisons diverses non justifiées, le Ministre de la Défense et des Anciens Combattants a donné mandat, le 5 mars 2014, à un avocat afin de constituer une société dénommée 'Mali BBJ Ltd' dans le but de procéder, d'une part, à l'immatriculation de l'aéronef sur le registre de l'aviation civile d'Aruba au nom de cette société et, d'autre part, d'établir un contrat de bail pour son exploitation. Aux termes de la convention de Chicago, l'aéronef est propriété de 'Mali BBJ Ltd' car l'immatriculation vaut titre de propriété ».[35]

Le contrat d'achat de l'aéronef présidentiel en cachait un autre, celui de l'acquisition de matériels divers d'équipement pour l'armée malienne en lutte contre les irrédentistes touaregs et les tenants d'un islam radical violent. Il s'agissait, selon les termes du Bureau du Vérificateur général de « la fourniture aux Forces Armées Maliennes de matériels d'Habillement, de Couchage, de Campement et d'Alimentation (HCCA) ainsi que de véhicules et de pièces de rechange »[36]. Là aussi, tout a été fait en dépit des règles de la comptabilité publique : ni appel d'offres[37], ni respect des règles

[33] On peut utilement consulter la presse de l'époque, dont *le Malien* (créé en 1991), *Nouvel Horizon* (créé en 1992) ou encore *L'Indépendant* (créé en 1994).

[34] Voir *Jeune Afrique*, publication du 4 décembre 2014, https://www.jeuneafrique.com/38517/politique/mali-qui-appartient-air-ibk-one, consulté le 18 juillet 2024.

[35] Voir Vérificateur général, *Rapport annuel 2014*, p. 86.

[3636] Voir Vérificateur général, *Rapport annuel 2014, op. cit.* p. 81.

[37] En effet, le Ministère de la Défense et des Anciens combattants (MDAC) s'est abrité derrière l'article 8 du code des marchés publics et de délégation de services publics (CMP-DSP) qui exclut certaines acquisitions du champ de l'appel d'offres. Le Bureau du

de paiement d'une dépense publique. Vu la nature des matériels en cause, rien ne justifiait le non-respect de ces règles minimales de bonne gouvernance financière. Les montants concernés étaient également très élevés, soit « 69,18 milliards de FCFA pour la fourniture d'équipements et matériels destinés aux forces armées »[38].

Et le Vérificateur général de conclure sur ces deux affaires « au détournement et à la complicité de détournement de fonds publics par l'engagement irrégulier des finances publiques ; à l'utilisation frauduleuse et au détournement de deniers publics d'un montant de 9,35 milliards de FCFA ; au délit de favoritisme ; au faux et usage de faux ; au trafic d'influence »[39].

Ces révélations de détournements de deniers publics eurent l'effet d'une bombe dévastatrice dans l'opinion publique et suscitèrent plus que sa réprobation, une véritable révolte et sont vécus par les Maliens comme une insulte morale. D'autant plus que ces scandales venaient s'ajouter à bien d'autres, concernant chaque fois des détournements de deniers publics. Ainsi, plusieurs types de marchés publics ont donné lieu à des surfacturations et à des sources d'enrichissement illicite, telles les « opérations de passation, d'exécution et de règlement du marché relatif à la production de cartes de santé dans le cadre de l'Assurance Maladie Obligatoire par la Direction des Finances et du Matériel du Ministère chargé de la Solidarité ; les opérations de passation, d'exécution et de règlement du marché relatif à la fourniture de cartes de Numéro d'Identification Nationale (NINA) par la Direction des Finances et du Matériel du Ministère chargé de l'Administration Territoriale ; les opérations de passation, d'exécution et de règlement du marché relatif à la fourniture et à la distribution d'engrais Di-Ammonium de Phosphate au profit de producteurs affectés par le déficit pluviométrique dans la Région de Mopti par la Direction des Finances et du Matériel du Ministère chargé de l'Agriculture »[40]. Et tutti quanti !

Et la suite du pouvoir de Ibrahim Boubacar Kéita sera constamment émaillé de telles turpitudes, sans que cela ne semble l'émouvoir outre mesure. Dans

---

vérificateur général est d'un avis contraire. En effet, seules sont concernées les acquisitions revêtues du 'Secret Défense', c'est-à-dire toutes les acquisitions à caractère sensible.

[38] Toujours selon le *Rapport annuel 2014* du Vérificateur général, op. cit. p. 82.

[39] *Rapport annuel 2014* du Vérificateur général, op. cit. p. 91.

[40] Toutes ces opérations sont décrites par le menu dans le Rapport annuel 2014 du Vérificateur général, Voir site : http://www.bvg-mali.org/images/Rapports/annuels/Rapport annuel 2014, p. 56 et ss.

l'opinion publique, se répandent les rumeurs les plus folles : « tel ministre est devenu multimillionnaire, tel autre milliardaire ». Les échotiers font état de 'généraux milliardaires', d'anniversaires d'officiers célébrés à coup de millions de francs CFA. Le fils du président lui-même se livre à des extravagances sur des yachts en Espagne, montrant un style de vie qui nargue les Maliens, lesquels ont du mal à joindre les deux bouts.

A cela s'ajoutent également des faits plus crapuleux, puisqu'il s'agit d'atteinte à la vie des personnes et de disparitions forcées. Ainsi, dès 2016, le journaliste d'enquête Birama Touré[41] disparaît ; on en a aucune nouvelle à ce jour.

2 – L'échec dans la lutte contre la rébellion touarègue

Dans la lutte contre la rébellion touarègue et contre les djihadistes, le régime de Ibrahim Boubacar Kéita ne remporte pas davantage de succès. Bien au contraire. Tout d'abord, la signature en 2015 de l'Accord d'Alger[42] se fit dans des conditions chaotiques, puisqu'il fallut s'y prendre à deux fois. Cela, parce que les radicaux parmi les rebelles exigeaient toujours plus de l'état malien, en termes financiers, de développement local et d'autonomie politique et administrative frisant l'indépendance. Cet accord fut vécu par les Maliens comme un abandon de souveraineté du pays sur sa partie nord, mais dont les rebelles revendiquaient une consécration dans une révision de la constitution. Pour eux, cette attitude du régime est une trahison. Ensuite, dans la lutte contre les djihadistes, le régime d'IBK et ses alliés français[43] ne remportent guère de succès décisifs. En effet, si en 2013, l'armée française avait réussi à stopper les djihadistes à Konna, ce ne fut qu'un coup de pied dans la fourmilière. En effet, les djihadistes se réorganisèrent, à partir de 2015 et par des escarmouches diverses, par des harcèlements sur les populations et les forces de défense et de sécurité, ils finirent par métastaser sur l'ensemble du territoire. Mieux, alors que leurs combattants étaient essentiellement des étrangers au départ, ils recrutèrent de plus en plus de jeunes Maliens désœuvrés et leurs effectifs grossirent. Pire que cela, au Centre du pays, dans la région de Mopti et du Macina, ils réussirent à

[41] Il travaillait au journal *Le Sphynx*. Des sources généralement bien informées pensent qu'il a été enlevé et assassiné sur ordre de Karim Kéita, dans le cadre de ses recherches sur les affaires de l'avion présidentiel et de l'achat de matériels militaires.

[42] Voir plus haut, la note 14.

[43] En janvier 2013, le Président par intérim, M. Dioncounda Traoré avait dû faire appel au Président François Hollande pour venir au secours du Mali qui risquait de tomber entre les mains des djihadistes d'Al-Qaïda et de Ansar Dine d'Iyad Ag Ghali. Ce fut l'Opération Serval, plus tard transformée en Barkhane.

dresser les populations les unes contre les autres, Peuls contre Dogons, Peuls contre Bambara. De guerre religieuse, la guerre devint ethnique. Au total, l'insécurité devint totale au Mali.

Rappelons que, comme pour 2013, les élections de 2020 se déroulent alors que les violences des rebelles touaregs et des djihadistes continuent de frapper le pays de plein fouet. Ainsi, les djihadistes mènent des opérations d'intimidation autour de Tombouctou pour dissuader les habitants d'aller voter. Quelques jours auparavant, soit le 25 mars 2020, toujours dans cette région de Tombouctou, l'un des leaders principaux de la scène politique malienne, Soumaïla Cissé et onze personnes de son équipe de campagne sont attaqués, et Soumaïla Cissé enlevé. Si tous ses accompagnateurs retrouveront rapidement la liberté, Soumaïla Cissé, pour sa part, sera libéré bien plus tard[44].

Et ce n'est pas tout. Lors du premier tour des élections, le 29 mars, plusieurs présidents de bureau de vote sont enlevés et des urnes sont volées ou ont été détruites, toujours par les djihadistes. Ainsi, un millier environ de bureaux de vote n'ont pas pu fonctionner[45]. Ces évènements ont concerné les régions de Tombouctou, de Gao et de Kidal. Lors du deuxième tour, le 19 avril, le scrutin n'eut pas lieu dans plus villages et villes de moyenne importance, dans la région de Mopti et de Tombouctou. On peut ainsi citer Ouro-Mody (région de Mopti), les communes de Sosobé et Togorougoumbé (Centre du pays), Gossi (ville du nord), Talataye et Ouatagouna (Cercle d'Ansongo), Gabero (région de Tombouctou). Dans tous les cas, il s'agissait d'hommes armés, de djihadistes qui menaçaient électeurs si jamais ils se rendaient aux urnes.

Avec cet échec, Le régime de Ibrahim Boubacar Kéita perdit tout son capital de sympathie de 2013.

3 – Le comportement hiératique du pouvoir lors des élections législatives de 2020

Ce qui fit déborder le vase et conduisit le peuple de Bamako dans la rue à l'appel de l'iman Dicko et du Mouvement du 5 juin-Rassemblement des forces patriotiques (M5-RFP), c'est la suite des élections législatives de 2020. Celles sont se déroulent dans un contexte passablement

---

[44] Il sera libéré le 09 octobre 2020, soit six mois après son enlèvement, en même temps que deux autres otages italiens et Mme Sophie Pétronin, une Française, humanitaire, vivant au Mali depuis des nombreuses années. La contrepartie fut la libération de plus de 200 djihadistes. Sans doute qu'une rançon fut versée, mais rien d'officiel n'en a filtré.

[45] Noter qu'il y avait plus de 22 000 bureaux de vote à travers tout le pays.

rocambolesque. Elles avaient d'abord été prévues les 28 octobre et 18 novembre 2018. Puis, elles ont été reportées d'un mois du fait de la grève des magistrats ; ce qui a provoqué des délais supplémentaires pour le dépôt des candidatures. Nouveau coup de théâtre : le 15 octobre, la Cour constitutionnelle décide que le scrutin aura lieu en avril 2019 et propose que le mandat des députés soit prorogé de six mois. L'argument avancé est celui d'une meilleure organisation de l'élection et de permettre qu'elle puisse se dérouler dans un climat apaisé après le scrutin présidentiel. On invoque aussi des réformes institutionnelles à réaliser et qui correspondraient à la mise en œuvre de l'Accord d'Alger de 2015 ; il s'agirait de la création de nouvelles circonscriptions électorales devant permettre une plus grande représentativité des ressortissants du septentrion malien ou pour dire les choses plus simplement, des rebelles Touaregs. Et ce n'est pas tout.

En effet, le Gouvernement soumet un projet de loi constitutionnelle à l'Assemblée nationale ayant pour but de proroger le mandat des députés jusqu'au 02 mai 2020 ; ce projet est adopté le 07 juin 2019. Cette prorogation est adoptée à la majorité qualifiée des deux tiers des membres de l'Assemblée. Elle est présentée pour avis à la Cour constitutionnelle qui l'approuve. Ce délai entre juin 2019 et mai 2020 était prévu pour permettre au Gouvernement de faire adopter par l'Assemblée et ensuite par référendum son projet de révision constitutionnelle. Mais après un dialogue avec l'ensemble de la classe politique et avec les anciens rebelles, le projet de révision constitutionnelle sera abandonné[46]. Le gouvernement annonce finalement, le 22 janvier 2020, un nouvel agenda pour les élections législatives : ces élections se tiendront le 29 mars et le 19 avril 2020 pour d'éventuels seconds tours ; les candidats présenteront leurs candidatures jusqu'au 13 février, avant la campagne électorale qui démarrera à partir du 8 mars 2020. Elles se tiendront bien à ces dates-là, hélas, dans un climat pas du tout apaisé.

En fait, ces reports successifs sont mal vécus par l'opinion publique qui y voit des manœuvres dilatoires.

La constitution[47], la loi électorale[48] et la loi organique relative à la Cour constitutionnelle donnent à la Cour constitutionnelle le pouvoir de

---

[46] Même si cela n'est pas dit officiellement. Il est simplement question de « voir comment l'améliorer ». C'était la deuxième tentative d'IBK pour réviser la constitution du 25 février 1991 ; la première avait eu lieu en 2017.

[47] Article 86 de la constitution du 25 février 1992.

[48] Voir la Loi n°2016-048 du 17 octobre 2016 modifiée par la Loi n°2018-014 du 23 avril 2018 portant loi électorale – Version consolidée à la date du 28 février 2020.

proclamer les résultats définitifs des élections législatives et en particulier celui de trancher le contentieux relatif auxdites élections[49]. Or celle-ci, en statuant, va invalider l'élection de près d'une trentaine d'élus de l'opposition, va corriger le résultat[50] de l'élection en attribuant les postes de députés au camp présidentiel et son parti, à savoir le Rassemblement pour le Mali (RPM). C'est alors qu'une véritable bronca va se déclencher, non seulement contre la Cour constitutionnelle, mais aussi et surtout contre le régime, son pouvoir et le Président Ibrahim Boubacar Kéita.

4 – L'organisation de la contestation

Dès le mois de mai, les partis de l'opposition appellent à des manifestations pour protester contre « le vol de sièges de leurs députés ». Mais celles qui vont avoir le plus d'impact sont les manifestations répondant à l'appel de l'iman Mahmoud Dicko, lancées le 5 juin, puis le 19 juin et réitérées ensuite tous les vendredis devant le Monument de l'Indépendance. Dès lors le nombre des participants ne cessera de croître. Le collectif des mouvements et associations de soutien à l'action de l'iman Dicko (CMAS), des associations de la société civile et un certain nombre de partis politiques issus de l'opposition forment alors le Mouvement du 5 juin – Rassemblement des forces patriotiques (M5-RFP). Il sera le fer de lance de la contestation.

Lors des manifestations, la démission du Président Ibrahim Kéita est réclamée, avec de plus en plus de force et d'insistance. Les heurts entre forces de l'ordre et manifestants deviennent de plus en plus violents et les 10, 11 et 12 juillet 2020, plusieurs d'entre eux périssent sous les balles des forces de l'ordre. Ces tueries provoquent une réprobation générale, tant sur le plan national qu'international ainsi que partout dans la diaspora malienne.

Le Président ne sait quelle attitude tenir. Devant la réaction populaire, cinq des neuf membres de la Cour constitutionnelle démissionnent ; le Président décide de la dissoudre intégralement[51]. Le Président fait arrêter des membres des partis ligués contre lui au sein du M5-RFP, puis il les relâche.

---

[49] Voir, à ce titre, les articles 31, 32 et 33 de la loi organique n°97-010 du 11 février 1997 modifiée par la loi n°011 du 05 mars 2002 relative à la Cour constitutionnelle, *JORM n° 8 du 20 mars 2002*, p. 283.

[50] Voir son Arrêt n° 2020-04/CC-EL du 30 avril 2020 portant proclamation des résultats définitifs du deuxième tour de l'élection des députés à l'Assemblée nationale (Scrutin du 19 avril 2020), in *JORM spécial* n° 10 du 1er mai 2020.

[51] Il nommera de nouveaux membres le 07 août 2020.

On voit bien que le pouvoir tangue : la Communauté économique des Etats de l'Afrique de l'Ouest (CEDEAO) appelle à la formation d'un gouvernement d'union nationale, idée qui avait déjà été admise par le Président IBK lui-même, ainsi que par son Premier Ministre, dès le mois de juillet ; elle n'aura pas de suite.

La colère monte encore d'un cran. Un vendredi, les manifestants prennent le chemin du logement du Président pour aller le chercher et le destituer, mais les organisateurs des manifestations les dissuadent ; ils veulent que le Président démissionne de lui-même. C'est dans ces circonstances que les militaires vont s'assurer de la personne du Président le 18 août et l'emmène au camp militaire de Kati ; ils arrêtent pareillement son Premier Ministre et quelques autres personnalités.

Ces faits ont donc provoqué la perte du pouvoir par le Président Ibrahim Boubacar Kéita. On peut leur trouver une interprétation sociologique et politique. Mais qu'est-ce que le droit aurait pu faire ? Quel rôle la constitution aurait-elle pu jouer ? Aurait-elle pu permettre d'éviter au pays cette nouvelle épreuve de l'irruption des militaires dans la vie politique nationale ? C'est donc la constitution elle-même que nous allons interroger maintenant.

## DEUXIEME PARTIE : LES SOLUTIONS OFFERTES PAR LA CONSTITUTION ET CHAMP LEGAL

Ce sont les actes de la gouvernance d'Ibrahim Boubacar KEITA qui ont conduit à sa déchéance, à sa démission. Y avait-il d'autres voies pour y mettre fin que le recours à la rue et au final à l'accaparement du pouvoir par les militaires ? En d'autres termes, il nous faut analyser les conditions constitutionnelles dans lesquelles le Président de la République peut perdre l'exercice du pouvoir.

La constitution de 1992 prévoit deux situations dans lesquelles le Président de la République peut perdre son pouvoir (A). Hélas, en 2020, ses mécanismes n'ont pas été mis en œuvre. S'ils n'ont pas été utilisés ou pu être utilisés, on doit se demander pourquoi et quelles dispositions seraient-elles le plus approprié d'introduire (B) ?

### A - Les voies de déchéance du Président de la République offertes par la constitution

La constitution a inscrit dans son dispositif deux voies pour déchoir le Président de la République : : la première est celle de l'incapacité constatée à un moment donné ou son inaptitude physique ou mentale à exercer le pouvoir ; la deuxième est celle de la destitution prononcée par la Haute Cour de Justice lors d'un jugement

1 – L'hypothèse de l'empêchement.

Aurait-on pu déclarer le Président Ibrahim Boubacar KEITA empêché ? Voilà une drôle de question, diront certains. Et pourtant ! L'empêchement est procédure qui peut permettre de mettre un terme au pouvoir du Président de la République et elle est inscrite dans la constitution. N'oublions que nous essayons de voir quels moyens auraient pu être utilisés contre un Président de la République dont l'exercice du pouvoir est contraire, dans les faits, aux intérêts de la nation. L'article 36 de la constitution de 1992 dispose donc que : « *En cas de vacance de la Présidence de la République pour quelque cause que ce soit ou d'empêchement absolu ou définitif constaté par la Cour Constitutionnelle saisie par le Président de l'Assemblée Nationale et le Premier Ministre, les fonctions du Président de la République sont exercées par le Président de l'Assemblée Nationale* ».

L'empêchement est la situation dans laquelle où le titulaire d'une compétence se trouve dans l'impossibilité ou l'incapacité de l'exercer. En ce qui concerne les chefs d'Etat ou les Présidents de la République, c'est une situation très peu fréquente. On en a vu l'application, en Tunisie, le 7 novembre 1987, lors de la destitution du Président Bourguiba pour cause de déficiences graves de santé constatées par un groupe de médecins.

Ainsi, l'empêchement ne résulte d'une volonté de l'intéressé. Au Mali, il est indiqué que l'empêchement peut être constaté pour « quelque cause que ce soit ». La cause la plus imparable est celle de la mort : le décès du président est en soi un empêchement absolu et définitif. Mais on peut imaginer plusieurs hypothèses, telles que celles de la sénilité, celle de la déficience physique ou une maladie mentale sévère. Ce peut être aussi la disparition sans laisser d'adresse ou alors l'emprisonnement dans un pays ennemi, sans perspective de retour immédiat.

La procédure de l'empêchement implique que le Président de l'Assemblée nationale et le Premier Ministre saisissent la Cour constitutionnelle. C'est elle qui doit constater l'empêchement ou l'incapacité du Président de la République de continuer à exercer ses fonctions. Dans le cas du décès ou de la disparition sans destination connue ou de l'emprisonnement à l'étranger, le constat est tout simplement la prise en considération du fait. En revanche, on doit imaginer que la Cour constitutionnelle fondera sa décision sur l'avis de personnes spécialisées s'il s'agit de constater la déficience physique, la sénilité, la défaillance mentale : dans tous ces cas, des médecins qualifiés seront appelés en renfort.

La question est donc de savoir si Ibrahim Boubacar KEITA pouvait être concerné par cette procédure de l'empêchement. Certes, de son vivant, il n'a jamais été pris à défaut, publiquement, quant à ses capacités intellectuelles – celles-ci étaient d'ailleurs souvent louées par la presse internationale. Il n'a pas fait montre de sénilité, ni de perte de ses moyens psychiques et mentaux. Des bruits ont parfois couru son sa santé et des visites chez le médecin ; les mêmes ont parfois évoquer des retards ou des annulations du conseil des ministres parce que le Président était fatigué, ayant eu une nuit difficile[52]. Mais rien de tout cela ne s'est révélé vraiment sérieux, au point de compromettre la gestion de l'Etat par Ibrahim Boubacar KEITA. Cette procédure n'aurait pas pu être utilisée pour destituer constitutionnellement IBK du pouvoir. Il n'en va pas de même du recours devant la Haute Cour de Justice.

L'autre manière, prévue par la constitution, de faire perdre le pouvoir au Président de la République, normalement élu, est son jugement par la Haute Cour de Justice et qui aboutit à sa destitution.

2 – L'hypothèse de la destitution.

La destitution du Président de la République par la Haute Cour de Justice, dans l'état de la constitution de 1992 est prévue en son article 95, en ces termes : « *La Haute Cour de Justice est compétente pour juger le Président de la République et les Ministres mis en accusation devant elle par l'Assemblée Nationale pour haute trahison ou en raison des faits qualifiés de crimes ou délits commis dans l'exercice de leurs fonctions ainsi que leurs complices en cas de complot contre la sûreté de l'Etat. La mise en accusation est votée par scrutin public à la majorité des 2/3 des députés composant l'Assemblée Nationale. La Haute Cour de Justice est liée par la définition des crimes et délits et par la détermination des peines résultants des lois pénales en vigueur à l'époque des faits compris dans la poursuite* »[53].

Ainsi donc, la Haute Cour de Justice est compétente pour juger le Président de la République. En l'occurrence, n'aurait-il pas été plus conforme à la

[52] « On » a parfois évoqué à ce sujet « une emprise et une dépendance à l'alcool ».
[53] Voir *JORM du 29 février 1992*, p. 117. Site https://sgg-mali.ml/JO/1992/mali-jo-1992-04.pdf consulté le 12 août 2024.

constitution que ce soit cette juridiction qui poursuive Ibrahim Boubacar Kéita, au lieu de s'abstenir de jouer son rôle et de laisser le Mali s'installer dans une situation périlleuse ? En effet, si les actes largement décrits ci-dessus ne peuvent pas être compris comme de la haute trahison, au sens où l'on définit celle-ci comme le fait de pactiser avec l'ennemi, en situation de guerre, ils peuvent en tout cas être « qualifiés de crimes et délits commis dans l'exercice des fonctions de Président de la République. Et encore ! Dans le serment prêté par Ibrahim Boubacar KEITA ne s'est-il pas engagé à *« garantir l'unité nationale, l'indépendance de la patrie et l'intégrité du territoire national »*[54] ? Or, qu'a-t-il fait ? Il a confié la défense du territoire national et la protection des populations à des forces extérieures[55] au lieu de le faire faire par l'armée nationale et les forces de défense et de sécurité. De plus, il fait signer l'inique Accord d'Alger[56] dont l'application aurait conduit à la désintégration du territoire, ou pour le moins à sa division ! Une telle démission, une telle attitude ne peut-elle pas être considérée comme de la haute trahison ?

Le Président de la République s'est également engagé, par serment, à « *respecter et (à) faire respecter la Constitution et la Loi, (à) remplir (ses) fonctions dans l'intérêt supérieur du peuple* » ?[57] Or, en violant la loi sur la protection des deniers publics, en se rendant complice d'actes qu'elle punit, le Président de la République ne commet-il pas une forfaiture, puisqu'il manque à la parole donnée.

Il est évident que ces actes, posés pendant la mandature de Ibrahim Boubacar Kéita, sont graves et pénalement répréhensibles. Il s'agit d'actes de prévarication[58] commis par des préposés du Président et qui relèvent de son autorité. Et l'article 9 de la constitution à beau disposer que « la peine est personnelle » et par conséquent que c'est l'auteur direct des faits qui doit être sanctionné, celui qui a autorité pour faire respecter la loi, s'il ne le fait pas, alors, il devient complice des actes répréhensibles ; c'est comme si le

---

[54] Voir Article 37 de la Constitution du 25 février 1992, in *JORM du 29 février, op. cit.* p. 119

[55] Il s'agit de la force française dénommée Barkhane et de la MINUSMA

[56] Dénommé pudiquement « Accord du processus d'Alger pour la paix et la réconciliation au Mali », accord conclu sous l'égide de la communauté internationale et signé solennellement à Bamako en deux temps, en mai et en juin 2015.

[57] Article 37 de la Constitution du 25 février 1992, in *op. cit.* p. 119

[58] Etant entendu que le vocabulaire juridique entend par prévarication le manquement grave d'un fonctionnaire ou d'un homme d'Etat aux devoirs de sa charge (abus d'autorité, concussion, détournement de deniers publics, prise illégale d'intérêt). La forfaiture pourrait en être un synonyme.

Président de la République lui-même avait commis ces rapines. Ils engagent sa responsabilité politique.

Continuons notre liste. Combien de fois Ibrahim Boubacar KEITA a-t-il failli à son serment ? Combien de fois l'a-t-il violé ? Une courte évocation : le Président de la République doit préserver en toute fidélité le régime républicain ; dans les faits, il se comporte comme un monarque, certains l'ont même surnommé le « roi-fainéant »[59], puisqu'il se contente de jouir des avantages de la charge, sans en remplir les obligations, dont le service de « l'intérêt supérieur du peuple ». Ensuite, selon l'article 35 de la constitution, « *Il (le Président de la République) ne peut prendre part ni par lui-même ni par autrui aux marchés publics et privés pour les administrations ou institutions relevant de l'Etat ou soumises à leur contrôle* ». Or, il était de notoriété publique que des membres de sa famille, dont son fils, M. Karim KEITA, député de son état, était partie prenante à de nombreux marchés. Sans nul doute, Ibrahim Boubacar KEITA ne faisait pas jouer le rôle de prête nom à son fils ou à ces membres de la famille – mais rien n'interdit de le supposer ! Pour le moins, la décence morale et la prudence politique aurait imposé que le Président Ibrahim Boubacar KEITA s'oppose fermement à toute tentative de ses proches de participer à des marchés publics. Enfin, sur un plan plus prosaïque, il est demandé par la constitution, à l'article 37, *in fine*, que le président de la République fasse une déclaration de ses biens, déclaration qui doit faire l'objet d'une mise à jour annuelle. En 2013, il y eut bien une déclaration, mais de mise à jour annuelle, il n'y en eut point. Ainsi, le Président IBK aura violé lui-même constamment la constitution.

Ayant appris tous les actes ici décrits, Ibrahim Boubacar KEITA ne les a pas condamnés ; il n'a pas davantage sanctionné ceux qui les ont commis. Au regard du droit pur, il en devient le complice. Et en aucune façon, de tels actes ne peuvent être considérés comme des actes de gouvernement[60] ou des actes politiques. Autant les actes de gouvernement sont des actes

---

[59] Voir Jean-Louis LE TOUZET, in *Revue XXI (Revue21.fr),* juillet 2018. Site https://revue21.fr/article/ibrahim-aboubacar-keita-le-roi-faineant/, consulté le 13 août 2024.

[60] Dans leur définition, les actes de gouvernement sont des actes administratifs ou politiques insusceptibles d'être discutés par la voie contentieuse, soit par la voie d'action (par exemple recours direct pour excès de pouvoir) soit par la voie de l'exception d'illégalité ou par le recours en responsabilité. Il s'agit d'une catégorie juridique dont le champ d'application est très réduit : ce sont des actes qui touchent aux relations internationales de l'Etat, et en interne, aux relations entre pouvoirs publics constitutionnels, ou bien encore les pouvoirs du Président de la république dans l'exercice de ses pouvoirs constitutionnels : nomination du Premier Ministre, décision de soumettre un texte au référendum, etc.

politiques, dont l'opportunité ne peut appartenir aux juridictions et donc ne peuvent être contestés devant elles, autant les actes qui ont été décrits plus haut concernant les actes d'achats de l'avion présidentiel et des équipements militaires, les enrichissements illicites, les gabegies commises à l'égard des deniers publics sont des actes pénaux, et en tant que tels relèvent des juridictions pénales et parfois, accessoirement aux juridictions administratives.

Outre ces faits, d'autres comportements sont également reprochables. Ainsi, selon le serment, le Président de la République jure de « faire respecter la loi ». La loi interdit la corruption et surtout les détournements de deniers publics. Pendant toute sa mandature, le Président IBK aura reçu régulièrement, tous les ans, les rapports du Vérificateur général ; plusieurs faits d'atteintes à l'argent public lui auront été notifiés. Il aurait dû ordonner la saisine des tribunaux et demander des poursuites. Que fit-il ? Rien. Cette passivité est coupable, c'est de la forfaiture, c'est une infidélité grave à l'égard du peuple malien qu'on a juré de servir.

Ainsi donc, tous ces manquements aux charges de ses fonctions sont des actes caractérisés de trahison du peuple malien. Ils sont surtout des actes pour lesquels la complicité peut être valablement invoquée et qui engagent donc la responsabilité pénale du Président de la République. Si l'Assemblée nationale avait voulu jouer véritablement son rôle, elle aurait dû mettre Ibrahim Boubacar KEITA en accusation et le soumettre au jugement de la Haute Cour de Justice. En tout cas, en s'abstenant de toute action contre le Président, c'est comme si l'Assemblée nationale n'accordait aucune valeur à la constitution et aux lois que le pays s'est données. Elle aussi est coupable. Coupable du refus d'exercer les charges de sa fonction.

Mais l'on sait que la Haute Cour ne pouvait pas se saisir de ces affaires. Pour la simple raison qu'il faut qu'elle soit saisie par l'Assemblée nationale. Or, l'Assemblée nationale et le Président de la République étaient de la même famille politique. Comment l'Assemblée nationale pouvait-elle mettre en accusation devant la Haute Cour de Justice le Président de la République dont la majorité tenait d'ailleurs son élection ? Aussi, il faut bien convenir que la mise en accusation par l'Assemblée nationale est une vaste fumisterie.

C'est pourquoi, pour éviter les coups d'Etat, et pour faciliter une mise à l'écart du Président devenu indigne par son laisser-aller, il faudrait des règles constitutionnelles claires et applicables pour sa mise en accusation ; il faudrait que ce soit une affaire du peuple qui l'a élu et qui, devant sa mauvaise gouvernance, peut décider de la soumettre à l'appréciation du juge. Dans cette perspective, lors de l'élaboration de la nouvelle constitution du Mali et qui a été promulguée le 22 juillet 2023, l'un des experts, participant à la rédaction de l'avant-projet de constitution, avait proposé que la mise en accusation soit le fait d'une partie du peuple, représentant au moins cinq cent mille (500 000) signatures. Si ce nombre de signatures était atteint, la personne qui ayant lancé le recueil de ces signatures, pouvait valablement saisir l'instance chargée de juger de la destitution (ou du maintien) du Président de la République.

On a jugé cette démarche trop facile et susceptible de créer de l'instabilité politique. En fait, de quelle instabilité politique s'agit-il ? Tout simplement de la stabilité ou non du « Roi-Président » sur son trône. En effet, les présidents africains en général et les présidents successifs maliens n'y dérogent pas, apparaissent comme des rois et se comportent comme tels. Tout semble leur être autorisé. Qu'ils aient l'impression que leur pouvoir peut être remis en cause, rien que par une base du peuple peut avoir un effet comminatoire évident. Ce qui est d'ailleurs le rôle de la règle de droit. Ainsi, une norme constitutionnelle allant dans ce sens ne pourrait être que profitable à l'exercice sain du pouvoir, sans abus de droit, avec moins de corruption et de détournements de deniers publics.

Noter, par ailleurs, que la mise en accusation ne signifie pas pour autant une condamnation automatique. Elle peut tout à fait être rejetée, soit pour insuffisance de preuves – et nous aurons l'occasion d'y revenir – soit pour opportunité même !

En tout cas, on a reproché au système de la Haute Cour de Justice mis en place en 1992 de n'avoir pas fonctionné. Mais celui mis en place dans le cadre de la constitution du 22 juillet 2023 ne parait pas davantage plus satisfaisant. En effet que dit le texte de la nouvelle constitution ? Ceci : « La responsabilité du Président de la République peut être engagée pour des faits qualifiés de haute trahison. Il peut être destitué par le Parlement pour haute trahison. Il y a haute trahison lorsque le Président de la République viole son serment. La motion de destitution est initiée par les membres de l'une ou l'autre chambre du Parlement. Elle n'est recevable que si elle est signée par, au moins, les deux tiers (2/3) des membres »[61]. Sans compter que la procédure est si longue et complexe qu'elle ne pourra jamais aboutir à un renvoi du Président.

[61] Voir *JORM spécial*, n° 13, p. 1 à 17, site https://sgg-mali.ml/JO/2023/mali-jo-2023-13-sp-3.pdf consulté le 12 août 2024 et plus spécialement les pages 7 et 8.

Que l'on en juge : la procédure est initiée par l'une ou l'autre des chambres dans une motion signée par les deux tiers de la Chambre. Une commission interne à la chambre examine les griefs portés contre le Président et décide s'il y a lieu ou non de poursuivre l'instruction (*a priori* à la majorité absolue, puisqu'il n'y a que deux alternatives ; mais on ne sait pas comment et qui prend part au vote à ce stade). Si la poursuite est décidée, l'affaire revient devant la chambre qui décide alors de la mise en accusation à la majorité simple ; l'autre chambre est saisie de cette mise en accusation avec les griefs qui la soutiennent ; cette seconde chambre se prononce dans les mêmes conditions que la chambre qui a décidé de la mise en accusation. Si elle agrée la mise en accusation, le Parlement composé des deux chambres se réunit en congrès et doit adopter la mise en accusation et sa conséquence directe, à savoir la destitution, à la majorité qualifiée des trois quarts ![62]

Il est évident que cette procédure sera tout autant inefficace que celle de la Haute Cour de Justice[63]. Pour deux raisons qui doivent être évoquées. Tout d'abord, l'aboutissement de la procédure de destitution du Président de la République signifie que l'écrasante majorité des députés et les sénateurs qui sont de son bord politique l'ont abandonné. Sans doute une majorité moins qualifiée eût suffi, soit une majorité absolue, soit une majorité des deux tiers. Cet abandon ou ce lâchage politique est très peu probable. La deuxième raison tient à la procédure elle-même dans sa mise en œuvre. On aurait pu se contenter de la mise en accusation par une seule chambre, et que la décision de destitution soit adoptée en congrès du Parlement – ce qui équivaut à une acceptation de fait de la mise en accusation par l'autre chambre. On aurait ainsi pu faire l'économie de la consultation de la deuxième chambre.

Au total, la procédure de la mise en accusation pouvant aboutir à une destitution du Président Ibrahim Boubacar KEITA aurait dû être initiée ; elle ne l'a pas été.

Le droit comparé montre qu'en ce qui concerne les crimes et délits commis pendant l'exercice des fonctions, on préfère parfois, au lieu de la mise en

---

[62] Tout ceci est décrit par le menu à l'article 73 de la constitution du 22 juillet 2023, voir *JORM*, op. cit. Une loi organique est sensée préciser l'application de cette disposition. Pour l'heure, elle n'est pas encore adoptée, même si un projet a été élaboré et devrait être soumis sous peu au Conseil national de la Transition (CNT), organe qui tient lieu d'Assemblée nationale, dans l'attente d'un retour à une vie constitutionnelle normale.

[63] L'un des premiers commentateurs et en même temps acteur dans la rédaction de la nouvelle constitution est du même avis et pour la même raison. Voir Cheick Oumar KONARE, *La nouvelle constitution du Mali, commentée et annotée*, édition 2023, p. 132.

jeu direct du mandat présidentiel, comme aux Etats-Unis, d'autres formules. Ainsi, de la solution française. Elle consiste à dire que le Président de la République est bien pénalement responsable des actes qualifiés de crimes et délits commis pendant l'exercice de ses fonctions, mais il n'en répond devant les juridictions qu'à l'expiration de son mandat[64]. Cette position se comprend par le souci de ne pas gêner le président dans l'exercice de ses fonctions par des auditions devant les juridictions. Sans oublier qu'un président mis en examen est automatiquement fragilisé sur la scène internationale.

Sous l'égide de la constitution de 1992, rien de tel n'existait. La nouvelle constitution du 22 juillet 2023 a décidé d'adopter la solution française, mais pour les actes qualifiés de crimes et délits commis en dehors de l'exercice des fonctions. En revanche, pour ceux qui sont en lien avec l'exercice des fonctions, c'est la procédure de destitution décrite ci-dessus qui est applicable.

Au final, si l'Assemblée nationale avait joué son rôle, celui du « devoir d'ingratitude »[65] face au Président de la République par le truchement duquel ils avaient pu être élus députés, on aurait évité au Mali une nouvelle épreuve d'accaparement de l'essentiel du pouvoir par les militaires.

A la suite de tout ce qui vient d'être dit, la question qui vient immédiatement à l'esprit est la suivante : que faire pour améliorer le constitutionnalisme malien (et pourquoi pas le constitutionnalisme africain) ?

### ***B – Quelques orientations ou propositions de solution***

Notre interrogation ici est donc de savoir comment améliorer le constitutionnalisme malien (et peut-être le constitutionnalisme africain en général).

Notre monographie sur la chute du Président Ibrahim Boubacar KEITA permet de retenir deux éléments principaux : le premier élément porte sur le président de la République lui-même (1) et le second sur l'environnement dans lequel son pouvoir s'exerce. Il semble bien que les contre-poids ou

---

[64] Article 67 de la Constitution française, dans sa version du 08 mars 2023.

[65] Expression empruntée à l'un des leaders du mouvement démocratique de 1991 au Mali, le médecin, Président de l'Assemblée nationale de 1992 à 2002, Ali Nouhoum DIALLO. Elle signifie que l'accession à un poste de responsabilité grâce au soutien ou à la nomination par une haute autorité quelle qu'elle soit ne fait pas de vous un féal. Au contraire, afin d'être à la hauteur de la mission confiée, il faut surtout ne pas « répondre aux ordres » que cette haute autorité pourrait vous donner.

moyens de contrôle constitutionnels étaient insuffisants : comment y remédier ? (2)

1 – Observations ou propositions relatives à la personne même du Chef de l'Etat.

Un premier degré de la réflexion porte sur la personne même du chef de l'Etat. De quelles qualités personnelles doit-il être pourvu ?

Il semble qu'en tant que personne, Ibrahim Boubacar KEITA ne mesurait pas l'ampleur de sa mission ou alors qu'il l'exerçait avec une certaine désinvolture – ce qui est plus grave. Ne pas mesurer l'ampleur de sa mission revient à dire qu'il n'avait pas appréhendé en profondeur ce qu'est un Etat de droit, ce qu'est la loi. La caractéristique de la loi ou de l'état de droit, c'est qu'ils doivent être obéis ; la loi est obligatoire ; elle doit être respectée, surtout la loi constitutionnelle. Or, manifestement, cela ne faisait pas partie du logiciel de Ibrahim Boubacar KEITA.

Qu'est-ce à dire ? Tout simplement que, lors des élections présidentielles, les populations doivent être conscientes des qualités personnelles dont les candidats se prévalent et choisir en conséquence celui qui semble le mieux imprégné du sens du service de l'intérêt général. Certaines qualités de probité intellectuelle et morale sont indispensables. Des dispositions relatives à ces éléments doivent-elles figurer dans la constitution. On pourrait le trouver pusillanime ou que ces qualités sont impossibles à vérifier. Pourtant, lorsque la constitution de 1992 tout celle de 2023 disposent que le Président de la République doit faire une déclaration annuelle de ses biens, n'est-ce pas une manière de rechercher cette probité morale et le respect dû au bien public ? En tout état de cause, une disposition pourrait être incluse dans le serment portant sur ce point. D'ailleurs, la constitution de 2023 tente d'aller plus loin, en généralisant son propos : « *Aucune autorité publique ne peut, sous peine de sanctions, user des pouvoirs qu'elle tient de la Constitution ou de la loi pour commettre un détournement de ressources ou de biens publics à son profit ou à celui des détenteurs du pouvoir, des membres de leurs familles, d'organismes, ou de toutes autres personnes par favoritisme, corruption, concussion, trafic d'influence ou par tous autres moyens* »[66]. Le propos est large, mais il concerne au premier chef le Président de la République.

---

[66] Article 35 de la constitution du 22 juillet 2023, in *JORM spécial n° 13 du 22 juillet 2023*, p. 4

Mais sans doute un autre type de réflexion doit être mené et qui porte sur la conception du chef au Mali dans les groupes ethniques prédominants et dont sont issus, depuis 1960, la quasi-totalité des Présidents de la République, à savoir la société bambara et malinké. En fait, à part les Bwa et les Dogons caractérisés comme des « ethnies anétatiques »[67], toutes les autres connaissent le chef, personnage central de l'organisation sociale. Ainsi, les conceptions des bambara, malinké, minianka, peule, sénoufo et soninké, ont, toutes, une perception du chef qui est celle d'un roi. Or, les compétences conférées au Président de la République n'en font-elles pas la « clé de voûte » de l'édifice institutionnel ? On se trouve ainsi dans un conflit majeur, entre la tradition africaine du chef et la nécessité d'un comportement démocratique, c'est-à-dire où le chef est soumis à un contrôle du peuple, contrôle exercé par ses représentants élus.

L'un des défis à relever est donc la nécessité de concilier la vision dominante du chef au Mali et les exigences de la société moderne. On le sait, même si la chefferie ou la royauté était parfois héréditaire ou pouvait donner lieu à l'élection, une fois dans les fonctions, le chef traditionnel ou le roi se devait d'être le protecteur et surtout le pourvoyeur de biens divers et variés pour son peuple. Le Président africain d'aujourd'hui croit que le budget de l'Etat est à sa disposition et qu'il peut s'en servir pour récompenser qui il veut. Souvent, en Afrique noire francophone, il dispose de « fonds de souveraineté » très importants et dont il peut se servir à sa guise. Ces fonds lui permettent d'offrir des cadeaux à ses partisans, à des associations ou personnes influentes dont on veut acquérir le soutien. Cette pratique est-elle compatible avec la société africaine d'aujourd'hui ? Loin s'en faut et cette manière de conférer des moyens financiers énormes au monarque-président doit être revue et il faut ramener le chef à sa fonction majeure, celle de serviteur et de prospecteur d'avenir pour le peuple. Aussi, il paraît nécessaire que, face à la tentation de nombreux chefs d'Etat africains de considérer le pouvoir comme un moyen de s'enrichir, en puisant directement dans les caisses de l'Etat, la constitution détermine un certain nombre de valeurs morales, de probité, d'intégrité, de souci du bien et de l'intérêt public, pour pouvoir briguer la magistrature suprême. Sans

[67]La définition retenue des sociétés anétatiques est la suivante : « sociétés qui se caractérisent par une absence de pouvoir centralisé mais aussi par l'existence de mécanismes qui suffisent à assurer la permanence du groupe ». On parle également à leur sujet de sociétés « ac2phales » (Voir Travaux et documents de l'ORSTOM, n° 142, Nature et formes de pouvoir dans les sociétés dites acéphales- exemples camerounais, compte-rendu journée scientifique de Yaoundé, 1er mars 1978, ORSTOM – Paris, 1982, Préface de J. LOMBARD, p. 7-12.

doute y a-t-il des choses qui « vont sans dire », mais qui « vont mieux en le disant » ?! C'est le cas de cette exigence morale à inscrire dans le « marbre de la constitution ».

De même, le chef traditionnel était doté de pouvoirs étendus sur toutes les autres structures de la société, les classes d'âge, les conseillers divers et variés, les chefs de terre ou des affaires religieuses. On a même pu écrire que « le présidentialisme est le mode de gestion le plus proche de la mentalité africaine »[68] Mais les contre-pouvoirs lui étaient imposés, en particulier celles des regroupements des chefs de famille et les chefs de terre ou des affaires religieuses qui pouvaient le contester. Si une tendance trop autocratique le menaçait, des moyens occultes existaient pour le faire disparaître, sans oublier le fameux et traditionnel coup d'état militaire[69] (que nos soldats d'aujourd'hui n'ont pas inventé). De ce fait, son pouvoir n'était pas illimité et souffrait des contestations ; il n'était pas et tout puissant. Cet élément est-il suffisamment pris en compte dans la rédaction des constitutions maliennes et africaines modernes ? Cela ne semble pas être le cas. Ne continuent-elles pas, à l'image de la constitution gaullienne de 1958 à lui conférer trop de pouvoirs, sans réels contre-pouvoirs comme ceux qui existaient dans la société traditionnelle africaine. Pour circonscrire le pouvoir présidentiel d'aujourd'hui, au Mali, il paraît nécessaire qu'il y ait une vraie dissociation entre le Président de la République qui doit être réellement au-dessus des partis et le Parlement. Le Président ne devrait pas gouverner, c'est-à-dire s'occuper des choses du quotidien ; il devrait être un véritable régulateur entre les institutions, celui à qui l'on s'adresse et qui, avec sagesse, prodigue conseils et possibles solutions aux problèmes qui lui sont soumis.

Un autre signe du pouvoir royal d'antan, pouvoir régalien par excellence, était celui de rendre personnellement la justice. Les empires du moyen-âge malien en témoignent. L'emprise du Président malien issu des différentes constitutions sur la justice est patente, du fait de son pouvoir de nomination. Pour limiter son pouvoir n'est-il pas indispensable que le pouvoir de nomination de magistrats à la Cour constitutionnelle, des magistrats des autres juridictions, de la présidence du conseil supérieur de la magistrature,

---

[68] Voir Mwayila TSHIYEMBE, Constitutionnalisme et démocratie en Afrique centrale et dans les pays des grands Lacs, problèmes et perspectives, in *https://jaga.afrique gouvernance.net/_docs/constitutionnalisme_et_d_mocratie_en_afrique_centrale.pdf,* p. 414, point 9.

[69] Cela s'est souvent produit dans la longue histoire des empires du Ghana, du Mali ou du Songhoï.

que tout cela lui soit retiré ? En effet, ces prérogatives contreviennent à un vrai esprit de séparation des pouvoirs. Mêmes les dernières révisions constitutionnelles françaises ont opéré des reculs sur ces champs, au regard du texte initial de 1958. Cela suppose évidemment d'être imaginatif pour trouver d'autres modes de nomination et d'autres pratiques, pour garantir une vraie indépendance de la Cour constitutionnelle, des magistrats de la Cour suprême et des autres juridictions. On pourrait recourir à l'élection, par un conseil des partis politiques, pour la Cour constitutionnelle par exemple, par un conseil composé de magistrats des juridictions pour le Conseil supérieur de la magistrature, un autre conseil de magistrats pour la Cour suprême et pour les juridictions inférieures. Une telle solution risque le reproche du corporatisme, mais certainement pas de l'inféodation au pouvoir politique, phénomène périlleux pour la démocratie.

Autre point que le Mali devrait aborder dans son évolution politique est celui du coup d'Etat. Que ce soit en 1991 ou en 2020, l'intervention des militaires a permis de mettre fin à des régimes, le premier très autoritaire, le second débonnaire et dévoyé. Dans les deux cas, ils résultent de manifestations populaires en vue d'un changement immédiat de régime et plus précisément de gestion de l'Etat. Dans les deux cas, les pouvoirs s'étaient éloignés des préoccupations des populations. La situation de 1968 est plus ambiguë. On avait à faire à un régime autoritaire, qui semblait néanmoins populaire, mais aux échecs économiques retentissants, même s'il avait doté le pays de nombreuses sociétés d'Etat, mais totalement inefficaces[70]. Quoi qu'il en soit, le coup d'Etat militaire a été une réalité sur les soixante ans d'existence du Mali. Face à lui, deux attitudes : soit continuer à le considérer comme une violation de la constitution dans l'acquisition du pouvoir suprême, soit tenter de l'encadrer dès qu'il se produit. Comment ? Par exemple en convoquant une représentation particulière du peuple, prévue par le texte constitutionnel (composée par exemple de tous les conseillers municipaux et les conseillers régionaux, de représentants du conseil national de la jeunesse, de représentants de la confédération des femmes, du bureau du patronat malien, des bureaux des trois syndicats de travailleurs les plus représentatifs) dans le mois de la production de l'évènement. Elle statuerait sur l'éventualité de laisser le pouvoir aux militaires et pour quelle durée ou de son retrait immédiat et au recours à des élections nouvelles ou au rétablissement du pouvoir destitué. On reprochera à un tel système sa lourdeur et éventuellement son idéalisme,

[70] Les thuriféraires de cette période sont évidemment d'un avis différent. Nous, nous nous appuyons sur la situation réelle vécue dans les villages et régions.

mais a-t-on mieux ? En tout cas, il aurait le mérite de faire jouer à plein régime la démocratie, puisqu'une partie très représentative de l'Etat serait appelé à départager les militaires putschistes et le président déchu.

Autre alternative : on pourrait se contenter de la situation actuelle qui consiste à dire que le coup d'Etat est un crime imprescriptible contre le peuple malien, mais admettre que le Parlement ou son substitut puisse voter une loi d'amnistie. Ce système comporte un handicap majeur, à savoir que la loi d'amnistie est psychologiquement obtenue sous la contrainte, soit par peur de l'impact social du coup d'Etat, soit par complaisance à l'égard des nouveaux tenants du pouvoir. En tout cas, le caractère démocratique d'une telle amnistie est bien discutable.

Au-delà du chef de l'Etat, le constitutionnalisme malien (et le constitutionnalisme africain en général) devrait réfléchir dans des directions tendant à inclure en son sein des valeurs et traditions qui peuvent être utiles en tant qu'instruments de régulation.

2 – La place de pratiques et valeurs traditionnelles

S'il y a un aphorisme que l'auteur de ces lignes aime bien citer, c'est celui-ci : « *Les lois doivent être tellement propres au peuple pour lequel elles sont faites, que c'est un très grand hasard si celles d'une nation peuvent convenir à une autre* ». On l'aura reconnu, c'est une phrase de Montesquieu[71]. Ce n'est pas pour dire qu'il n'y a pas de règles universelles, c'est-à-dire communes à toutes les nations, mais il s'agit de principes majeurs. En tout cas, par cette citation, nous voulons signifier qu'il importe de se poser la question de savoir si les constitutions africaines d'aujourd'hui, c'est-à-dire celles qu'on appelle les constitutions de la troisième génération[72], sont réellement propres aux Etats africains. Qu'elles empruntent la séparation des pouvoirs, et pour être plus exact, des fonctions, rien de plus normal. En effet, dans quelle société la loi, et l'organe qui

---

[71] Montesquieu (de son vrai nom Charles Louis de Secondat, baron de La Brède et de Montesquieu, 18.01.1689-10.02.1755), *L'esprit des lois,* publié en 1748, édition Gallimard, col. Folio Essais, 2003, Livre I, chap. 3, p. 95.

[72] Voir Koffi AHADZI-NONOU, Les nouvelles tendances du constitutionnalisme africain : le cas des États d'Afrique noire francophone, in *Afrique juridique et politique*, n°2, 2002, pp.35-86. Il distingue les constitutions des indépendances (195861965), les constitutions prétoriennes ou à parti unique (1965-1990) et les constitutions du renouveau démocratique (à partir de 1990). Et sans doute, sommes-nous entrés dans l'ère des constitutions de la 4$^{e}$ génération, celle des « souverainetés retrouvées » sous l'égide de militaires, après les coups d'Etat survenus au Mali en 2020, au Burkina-Faso et en Guinée en 2021, au Niger en 2023 (juillet) et au Gabon, également en 2023 (août).

l'édicte, n'existe pas ? Dans toutes les sociétés ! Dans quelle société l'idée de gestion de la communauté est-elle absente ? Dans aucune ! Dans quelle société ne rencontre-t-on pas le principe, et l'organe qui le régule, de trancher les différends entre les individus ? On le trouve dans toutes les sociétés, ceci depuis que l'homme a commencé à constituer des groupes suffisamment étoffés pour supporter ensemble les contingences de l'existence. Il s'agit-là d'un patrimoine juridique commun de l'humanité. Il n'était donc pas nécessaire que les constitutions africaines ré-inventent la roue de la séparation des pouvoirs. La systématisation qui en a été faite par le même Montesquieu, inspiré en cela par les travaux de l'anglais John LOCKE (29.08.1632-28.10.1704)[73], lui-même inspiré par Thomas HOBBES (05.O4.1588 – 04.12.1679)[74], et on pourrait même ainsi remonter jusqu'au Grec Thucydide (460-395 av. J.C.)[75]. Il était donc naturel que le constitutionnalisme africain s'insère dans ce moule dans sa version moderne, dans la répartition des pouvoirs au sein des constitutions des Etats.

Est-ce pour autant que les constitutions africaines satisfont aux besoins des sociétés africaines. Loin s'en faut, semble-t-il. Disons-le tout net : l'Afrique n'a pas attendu 1958 pour connaître ses premières constitutions. L'Afrique précoloniale, celle des grands empires qui se sont succédé sur le territoire du Mali actuel, des royaumes Baoulé de Côte d'Ivoire, du Bamoun au Cameroun, des royaumes de l'Angola précolonial, du Zimbabwe, du pays Zulu en Afrique du Sud, cette Afrique précoloniale était organisée selon des normes constitutionnelles, même s'il s'agissait de normes constitutionnelles coutumières, souvent non écrites[76].

Les constitutions des années 1960 ont inscrit l'Afrique dans le cycle de la modernité par l'emprunt des normes d'expression contemporaine et de répartition des pouvoirs, les constitutions prétoriennes ont tenté d'établir un mode de gouvernement qu'on pensait plus conforme aux traditions

---

[73] Voir John LOCKE, *Traité du gouvernement civil*, publié en deux tomes en 1689 et 1690, édit. Flammarion, 1984.

[74] Voir son ouvrage le plus connu, Léviathan, publié en 1651, traduction F. Tricaud, éd. Flammarion, 2017

[75] Voir *Œuvres* de Thucydide, traduction de Jacqueline de Romilly, en collaboration avec Louis Bodin et Raymond Weil, 5 vol., Paris, Les Belles Lettres, 1953-1972. Traduction rééditée (sans le texte grec) en 1990 aux Éditions Robert Laffont, collection « Bouquins ».

[76] On peut ici utilement consulter la monumentale *Histoire générale de l'Afrique*, éditée sous l'égide de l'UNESCO et rédigée par de grands spécialistes africains, entre 1980 et 1998, sous le patronage de Amadou Mahtar M'BOW (20.03.1921-24.09.2024) et de Joseph KI-ZERBO (21.06.1922-04.12.2006), en particulier ses tomes 2 à 6.

africaines du chef unique et du consensus ; pour leur part, celles des années 1990 ont donné la priorité aux aspects formels de contrôle des pouvoirs, aux déclarations des droits et libertés et à l'institutionnalisation des cours constitutionnelles. La difficulté d'application de toutes ces constitutions, leurs violations constantes par ceux qui sont sensés en être les garants, défenseurs et protecteurs, tout cela a conduit aux échecs de ces lois fondamentales, échecs que les professeurs d'université n'ont pas manqué de dénoncer[77]. Celles qui s'élaborent aujourd'hui veulent affirmer la souveraineté de l'Etat, renforcer les contrôles, la responsabilité et la redevabilité des gouvernants[78], tout en essayant de s'ouvrir aux préoccupations du jour. Ces dernières auront-elles plus de succès dans leur mise en œuvre que les précédentes ? Rien n'est moins sûr. Et pour cause ! Parce que tant qu'un certain nombre de problèmes propres aux sociétés africaines n'auront pas été pris en compte par les rédacteurs de ces constitutions, l'instabilité constitutionnelle continuera de sévir. En effet, les constitutions ont souvent été rédigées sans réelle étude d'impact[79], c'est-à-dire pour savoir comment la constitution va être reçue, non seulement par les intellectuels, les partis politiques mais surtout par les populations rurales et les lieux de pouvoirs traditionnels et/ou religieux.

Dans un autre registre, l'Afrique connaît des ethnies, des tributs, des clans. Pendant des décennies, elles ont été ignorées du pouvoir par les constitutions. Heureusement, dans beaucoup de cas, sans incidence sur la paix nationale, en particulier en Afrique noire francophone. Il n'en a pas toujours été ailleurs. On peut penser à bon droit aux massacres entre Hutu et Tutsi au Burundi et au Rwanda. Au Niger et au Mali, on a connu les rébellions touarègues et dans le deuxième pays cité, la sédition n'a toujours pas trouvé de solution. Il est évident que de tels problèmes doivent être traités, sans doute par l'égalité de tous les citoyens, mais aussi par des normes administratives précises, inscrites dans la constitution.

Evoquons aussi cet autre exemple de question posée aux constitutions africaines : la place des autorités dites traditionnelles et des autorités

[77] Voir à ce titre, Fabrice HOURQUEBIE, le sens d'une constitution vu d'Afrique, in *les Cahiers du Droit constitutionnel,* n° 1, septembre 2018 ou Karim dOSSO, Les pratiques constitutionnelles dans les pays d'Afrique noire francophone, cohérences et incohérences, in *Revue française de droit constitutionnel* 2012/2, n° 90, p. 57 à 85.

[78] Notons cependant que ces situations concernent davantage l'Afrique noire francophone que le reste de ses Etats, à savoir les Etats anglophones, arabophones et lusophones.

[79] Voir Nadjoumbé Gmagnido GBEOU-KPAYILE, l'idée de constitution en Afrique noire, in *Afrilex,* 2021/03, p. 13, site https://afrilex.u-bordeaux.fr/wp-content/uploads/2021/03/Article_GBEOU-KPAYILE.pdf

religieuses. Les deux ne se confondent pas. Elles ont été marginalisées pendant des décennies[80]. Par le temps, elles se sont rendues indispensables pour résoudre de nombreux conflits sociaux. Aujourd'hui, il est question de les réintégrer dans le système de gestion des différends locaux. Mais comment ? Par une autre vision de la constitution en matière judiciaire ? En reconnaissant dans celle-ci des modes non juridictionnels de règlement qui seraient exercés par ces autorités ? Bref, il y a là de nouveaux horizons auxquels le génie constitutionnel des Africains doit trouver une solution.

A côté de ces autorités traditionnelles et religieuses, existent, dans la société malienne et africaine d'aujourd'hui, des regroupements nationaux des femmes et des jeunes. On a limité, jusqu'à ce jour, leur rôle aux seules activités de promotion ou de la jeunesse ou des femmes. De tels groupements ne peuvent-ils participer au contrôle des pouvoirs locaux et pourquoi pas nationaux, dans certaines instances où ils seraient représentés. Nous avons évoqué plus haut le Conseil national de validation ou d'invalidation de tout coup d'Etat.

Et nous ne parlons pas de toutes les valeurs positives africaines de solidarité, de parenté à plaisanterie, de respect de l'aîné, de l'accueil de l'étranger, etc. En fait, on peut se demander si tout cela doit trouver une expression constitutionnelle. Ne s'agit-il pas de valeurs qu'il importe aux hommes et aux partis politiques de cultiver dans la société. Et donc, n'est-il pas nécessaire que la constitution précise davantage le rôle des partis politiques[81], en leur imposant des droits, mais également des obligations d'éveil, de formation des citoyens et de défense et conservation d'un certain nombre de valeurs sociétales. Surtout si les partis politiques bénéficient de financements publics !

Parmi les interrogations, cette autre : comment les Maliens et les Africains en général conçoivent-ils le jeu politique aujourd'hui ? Comment peut-on accéder au pouvoir : par tous les moyens ou selon les règles légales ? Ces règles légales ne sont-elles pas souvent mises de côté, au profit de bien d'autres tels que le recours à des pratiques occultes ou l'achat des voix, au

---

[80] Il faut dire que pendant la période coloniale, elles ont souvent été de précieuses collaboratrices de l'occupant ; et au moment des luttes pour les indépendances, elles n'ont pas souvent été au premier rang. Aussi, les pères des indépendances ont-ils nourri de la suspicion à leur égard, si ce n'est plus. Elles ont donc été écartées des cercles du pouvoir.

[81] Lorsque la constitution malienne du 22 juillet 2023 dispose, en son article 39 : « *Les partis politiques concourent à l'expression du suffrage. Ils se forment et exercent librement leurs activités dans les conditions déterminées par la loi* », cela n'est-il pas trop laconique.

moment des élections, au vu et au su de tout de monde, et sans que le juge constitutionnel n'en tire les conséquences ?

Pour eux, le pouvoir est-il un moyen de servir son pays ou bien est-ce un moyen de se servir ? N'est-ce pas un moyen d'enrichissement personnel rapide ? Le chef et les siens, toutes les personnes qui ont contribué à son accession au pouvoir, à quelques degrés que ce soit, y compris les agents de l'administration, ont tous le droit d'en tirer des avantages.

La réponse à ces questions devrait conduire à imposer des obligations plus précises aux partis politiques dans la formation de leurs cadres et de leurs militants. Et celles-ci pourraient être inscrites dans la constitution, sinon une liste exhaustive, du moins des lignes directrices.

Pour conclure, il faut reconnaître des trous « dans la raquette » des constitutions maliennes. Nous avons essayé d'esquisser des pistes de réflexion pour les combler. Il appartient aux acteurs politiques d'aller toujours plus loin en faisant preuve d'abnégation et de véritable service de l'Etat.

Pr émérite Eloi DIARRA

Chevalier des Palmes académiques françaises,

Officier des Palmes académique de l'OIPA/CAMES

***-0-0-0-0-0-0-0-0-0-0-0-0-0-0-0-0-0-0-0-0-0-0-0-0-0-0-0-0-0-0-0-0-0-0-0-0-0-0-0-0-0-0-0-0-0-0-0-0-0-***

***0-0-0-0-0-0-0-0-0***

## ***A D D E N D U M***

### ***Plusieurs titres***

- Lorsque la CEDEAO contrevient à ses propres règles !
- Le dérèglement constitutionnel au Mali par la faute de la CEDEAO
- Le coup d'Etat au Mali sous les oripeaux du droit

Tous ces titres auraient pu être donnés aux développements qui vont suivre. Qui veut en savoir davantage, qu'il nous suive !

Ainsi donc, avec les évènements du 18 mai 2021, le Mali connaissait son 4e coup d'Etat. Le premier, celui de 1968[82], ne soulevait pas de problème juridique particulier. Sa nature juridique ne prêtait nullement à des interprétations saugrenues. Le coup d'Etat état patent, manifeste !

Le coup d'Eta de 1991 aura été un « coup d'Etat pour la démocratie », puisqu'il a parachevé les manifestations populaires et a arrêté les massacres des jeunes scolaires et universitaires[83] et la répression sauvage des syndicalistes et opposants de tous ordres. Et dès le départ, le pouvoir militaire s'est associé des civils et s'est défini comme un pouvoir de transition. Effectivement, dix-huit mois plus tard, le pouvoir était rendu aux civils.

C'est avec le coup d'Etat de 2012 que les choses ont commencé à se compliquer, tant juridiquement que politiquement (A). Elles vont s'amplifier avec les coups d'Etat de 2020 et 2021 qui vont plonger le pays dans une véritable confusion juridique (B).

A – le coup d'Etat de 2012 ou lorsque la CEDEAO contrevient à ses propres règles.

Rappel rapide des faits (1) et l'intervention de la CEDEAO (2)

1 – Les faits

En fait, le coup d'Etat du 22 mars a commencé le 21 mars par une mutinerie des militaires du camp de Kati, à une douzaine de kilomètres du Palais de Koulouba et une quinzaine de la ville de Bamako. Ce mouvement d'humeur a été suscité par la colère de femmes de soldats tués au front et vivant dans ce camp. Ils reprochent aux collègues de leurs époux tombés sur les champs de bataille de ne pas exiger davantage de moyens pour lutter contre les rebelles touaregs[84] et leurs supplétifs d'Ansar Dine et d'AL-Qaïda (AQMI). Le Président Amadou Toumani Touré envoie deux généraux pour calmer et les épouses et les soldats dans la matinée du 21 mars et évoquer avec eux l'évolution de la situation dans le nord du pays. Les émissaires sont le

[82] Ce 19 novembre 1968, un quarteron de 14 militaires « s'assurait de la personne du Président Modibo KEITA », le destituait et annonça à des Maliens incrédules (car ils pensaient un tel évènement impossible) qu'ils venaient de prendre le pouvoir. Des foules en liesse descendirent manifester leur joie dans les grandes avenues de Bamako.

[83] Il y eut effectivement plus de trois cents victimes ; ils reposent dans des fosses communes dans le cimetière de quartier de Niaréla à Bamako pour la plupart.

[84] Ceux-ci sont regroupés dans un Mouvement national de libération de l'Azawad (MNLA). L'Azawad désigne une zone géographique de nomadisme des populations touarègues comprise entre

Ministre de la Défense, M. Sadio Gassama, le colonel-major Ould Meydou et le général Gabriel Poudiougou. Ils se font prendre à partie, reçoivent des jets de pierre et autres et sont obligés de faire « un repli tactique »[85]. Des soldats forcent les portes des dépôts d'armes et de munitions, s'emparent de quatre automitrailleuses BRDM-2 et de deux transports de troupes BTR-60. Leur intention est de forcer le passage pour rencontrer le Président dans son Palais de Koulouba. Mais sa garde, composée de parachutistes dénommés les « Bérets rouges », par opposition à d'autres corps d'armes portant des bérets verts ou bleus leur opposent une résistance. C'est à ce moment-là que naît vraiment l'idée de coup d'Etat. Les combats, commencés aux environs de 15h vont se poursuivre jusqu'à 21h où les portent du palais présidentiel sont forcés. Mais entre-temps, le Président Amadou Toumani Touré avait pu être exfiltré. Les mutins descendent alors à la Radio-Télévision du Mali (ORTM) dont ils investissent les locaux. Ce n'est pourtant qu'à 5h du matin que leur porte-parole, le lieutenant Amadou KONARE, annoncera la prise du pouvoir par un Comité national pour le redressement de la démocratie et de la restauration de l'Etat (CNRDRE), la suspension de la constitution et la dissolution des institutions de la République. Leur action serait justifiée par « l'incapacité du gouvernement à donner aux forces armées les moyens nécessaires à la défense de l'intégrité du territoire national ». Deux garnisons de militaires, l'une à Gao et l'autre à Kayes vont rallier les mutins et adhérer au putsch.

Ainsi donc, le 22 mars 2012, à leur réveil, les Maliens se retrouvent de nouveau sous la coupe d'un coup d'Etat militaire. Leurs réactions iront dans deux directions. Manifestement, ceux qui soutiennent le coup de force sont une minorité. Parmi eux, on trouve M. Oumar MARIKO et son parti le SADI (Solidarité africaine pour la démocratie et l'indépendance) qui constitue, avec une série d'associations politiques, le MP22 (mouvement populaire du 22 mars) auquel quelles notoriétés se sont jointes, telle Mme Aminata Dramane TRAORE ou Housseini Amion GUINDO, chef du minuscule parti, la CODEM (Convergence pour le développement du Mali). Mais s'il s'agit d'une minorité politique, elle a pourtant le soutien de la rue, car une grande partie de la population supportait mal la mauvaise gestion ou l'absence de gestion des affaires publiques. Sans oublier que les conditions de vie de nombreux jeunes ou des familles s'étaient dégradées. En revanche, la majorité des partis politiques s'est élevée, comme un seul homme, contre la prise du pouvoir par les militaires. Ainsi, le 24 mars, une

[85] Expression employée par le service de la communication de l'armée, suite aux débandades successives de l'armée malienne devant les rebelles et les djihadistes.

quarantaine de partis politiques, soutenus en cela par la plus forte formation syndicale, l'Union nationale des travailleurs du Mali et par le Conseil national de la Jeunesse du Mali et bien d'autres de la société civile, constituent le Front uni pour la république et la démocratie (FURD). Ils demandent le départ des militaires du pouvoir et le rétablissement de l'ordre constitutionnel.

La réprobation internationale est également quasi-unanime. Des Nations-Unies et du Conseil de Sécurité, de l'Union Africaine, en passant la CEDEAO, le Parlement panafricain, toutes ces institutions condamnent le coup d'Etat dès la déclaration des militaires et réclament ou la restauration de l'ordre constitutionnel ou l'instauration d'un pouvoir civil. En cela, elles sont suivies par de nombreux Etats africains, dont par exemple, l'Algérie, le Bénin, le Cameroun, le Ghana, la Mauritanie, le Niger, le Nigéria ou le Sénégal, sans oublier les nombreux Etats européens ou occidentaux.

En effet, le coup d'Etat était d'autant plus ridicule qu'on était à un mois et demi des élections présidentielles normales et que l'opération était des plus improvisées, sans objectif réel que la manifestation d'une mauvaise humeur. Evidemment, ce n'est pas ainsi que l'on bâtit une politique ou que l'on nourrit un projet constructif pour un pays.

La conséquence de toutes ces condamnations, c'est que le 1er avril, soit huit jours après le coup de force, le chef de la junte, le capitane Amadou Haya Sanogo, annonce solennellement qu'il rétablit la constitution du 25 février 1992 ainsi que ses institutions et souhaite une transition qui serait organisée après des consultations avec les forces vives du pays. C'est suite à cette déclaration qu'intervient l'Accord-cadre entre la Junte et la CEDEAO que nous allons examiner.

2 – Lorsque la CEDEAO contrevient à ses propres principes.

Pour que l'on nous comprenne bien, il faut évoquer les raisons de l'intervention de la CEDEAO dans les affaires intérieures du Mali. C'est qu'aux lendemains de la chute du Mur de Berlin, pour l'ensemble de la classe politique occidentale, il fallait pousser l'avantage en essayant d'instaurer partout des régimes démocratiques à l'image de son monde. Le champ principal devait être l'Afrique où les régimes militaires ou les partis uniques détenaient le pouvoir, en l'exerçant de façon plus ou moins dictatoriale. De nouvelles constitutions, bâties souvent sur le modèle occidental, virent le jour. Pour consolider cette nouvelle donnée, la

Communauté économique des Etats de l'Afrique de l'Ouest (CEDEAO)[86] a adopté dès 1991 l'Acte Additionnel portant « Déclaration de principes politiques de la CEDEAO »[87] mettant en avant les droits de l'homme et des peuples, le pluralisme politique et la démocratie. Le contenu de ce texte est élargi et précisé par un Acte additionnel intervenu en 2001 portant sur la démocratie et la bonne gouvernance[88] qui énonce les règles et principes que les Etats devront respecter en matière de démocratie et de bonne gouvernance. Onze ans plus tard, il est complété par un autre Acte additionnel qui énonce les sanctions encourues par les Etats en cas de violation de leurs obligations vis-à-vis de la CEDEAO[89], y compris en cas de changements inconstitutionnels de régime

Ces deux textes sont importants en ce qui concerne notre propos, d'autant plus qu'ils ont été ratifiés par le Mali. En effet, pour ce qui concerne le premier texte, son article 1er comporte les dispositions suivantes :

*« ...*

*b) Toute accession au pouvoir doit se faire à travers des élections libres, honnêtes et transparentes.*

*c)* ***Tout changement anticonstitutionnel est interdit, de même que tout mode non démocratique d'accession ou de maintien au pouvoir****.*

...

*e) L'armée est apolitique et soumise à l'autorité politique régulièrement établie ».*

---

[86] Créée le 28 mai 1975 à Lagos, au Nigeria. Son traité a été substantiellement modifié en 1993. Il est régulièrement complété par des Actes Additionnels adoptés par la Conférence des Chefs d'Etat et de Gouvernement,

[87] Son point 6 comporte la disposition suivante : *« Croyons en la liberté de l'individu et en son droit inaliénable à participer, grâce au processus libre et démocratique, à l'édification de la société dans laquelle il vit. Nous nous efforcerons par conséquent d'encourager et de promouvoir, dans chacun des Etats, le pluralisme politique et des institutions représentatives et garantes de la sécurité et de la liberté individuelles dans le respect de la loi, notre patrimoine commun ».*

[88] Il s'agit du Protocole additionnel/SP1/12/01 du 21 décembre 2001, *JOCEDEAO*, 21 pages ; Voir site : https://www.ecowas.int/publication/divers-documents/?lang=fr,

[89] Acte additionnel A/SA./13/02/12 portant régime des sanctions à l'encontre des Etats membres qui n'honorent pas leurs obligations vis-à-vis de la CEDEAO, adopté lors de la Conférence des Chefs d'Etat et de Gouvernement, à Abuja (Nigeria), lors de sa 40e session, des 16-17 février 2012, document de 18 pages.

L'Acte additionnel A/SA./13/02/12 de février 2012 édicte des sanctions judiciaires et des sanctions politiques à l'égard des Etats qui violent leurs obligations, en particulier de comportements antidémocratiques. Au titre des sanctions politiques, l'article 5 dispose clairement «... (xiv) ***La condamnation et la non-reconnaissance des gouvernements issus de changements anticonstitutionnels*** ».

Le dispositif est donc bien clair. Et pourtant, dans ses discussions avec la junte qui a pris le pouvoir le 22 mars 2012 au Mali, la CEDEAO va finir par accepter de conclure un Accord-cadre[90] pour résoudre la crise. Il est signé, au nom de la CEDEAO, par son Médiateur par délégation[91], le Ministre des Affaires étrangères et de la Coopération régionale du Burkina-Faso et par le chef de la junte, le Capitaine Amadou Haya SANAGO au nom du CNRDRE). Cet accord comporte plusieurs anomalies politiques et juridiques.

La première, c'est d'accepter de signer avec les auteurs du coup d'Etat un accord. C'est reconnaître, *de facto*, le coup d'Etat ainsi que le Comité mis en place, c'est-à-dire les nouveaux organes de gouvernement. Or, au mois de février 2012, c'est exactement le contrepied qui avait été décidé : pas de reconnaissance du gouvernement issu d'un coup d'Etat ! Ce qui veut dire aussi, pas de négociation. Et en conséquence, son seul mot d'ordre aurait dû être : « Dégagez de là ! ». La conclusion de l'Accord-cadre dit tout le contraire.

Deuxième anomalie, c'est de faire droit à une réclamation des militaires : ils abandonnent le pouvoir à condition que le Président de la République démissionne. Ils sont obéis, puisque l'article 1er de l'Accord-Cadre stipule clairement et sans la moindre ambigüité que « Le Président de la République démissionne officiellement de ses fonctions » ! Qu'est-ce cela, sinon la consécration et la reconnaissance par la CEDEAO du coup de force qui s'est produit deux semaines plus tôt et qui a été largement désavoué par les partis politiques et la communauté internationale.

Allant plus loin dans son reniement – et c'est la troisième anomalie, voire une grave faute de droit – la médiation accepte à l'article 7, alinéa *a* de l'Accord le vote d' « une loi d'amnistie générale au profit des membres du CNRDRE et de leurs associés ». Quand l'on sait que l'article 121 de la

---

[90] Accord-Cadre de mise en œuvre de l'engagement solennel du 1er avril 2012, in *JORM du 7 avril 2012*, 3 pages.

[91] Le Médiateur titulaire de l'organisation étant le Président de la Communauté à cette époque, à savoir le Président Blaise COMPAORE du Burkina-Faso

constitution du 25 février 1992 dispose clairement que « Tout coup d'Etat ou putsch est un crime imprescriptible contre le peuple malien », n'est-ce pas piétiner ce peuple que d'inscrire une telle disposition dans un Accord sensé mettre fin aux tentations de coup d'Etat ?

Quatrième anomalie, l'Accord prévoit un rôle et une place pour les membres du CNRDRE pendant le processus de transition (article 6-e) et même qu'il est chargé de mettre en œuvre l'accord, sous l'égide du Médiateur de la CEDEAO.

Il est évident que, devant la situation complexe du Mali au lendemain du 22 mars 2012, la CEDEAO n'a absolument pas respecté les normes qu'elles s'étaient données en matière de refus catégorique de tout changement de pouvoir inconstitutionnel dans un Etat membre. Au contraire, elle a créé un précédent dangereux et qui sera en fait réédité en 2020 et 2021, comme on va le constater. Cependant, ce reniement n'est pas étonnant dans la mesure où le Médiateur en titre n'est personne d'autre qu'un militaire qui a pris le pouvoir en 1984 par la force, en compagnie d'autres militaires, dont le mythique Thomas SANKARA.

En fait, le coup d'Etat ne peut être combattu de l'extérieur. Toute intervention extérieure à l'Etat est une ingérence qu'au moins une partie de la population supportera difficilement. Et c'est bien ainsi que l'intervention de la CEDEAO a été perçue par les soutiens des militaires et ils ont tout mis en œuvre pour la faire échouer. Le compromis final, compromission sans doute, a évité d'ajouter « de la guerre à la guerre », c'est-à-dire une guerre dans la capitale alors qu'une autre guerre sévissait déjà dans le nord du pays.

Quoi qu'il en soit, la stratégie calamiteuse de la CEDEAO en 2012 va être source d'inspiration pour les auteurs des coups d'Etat de 2020 et 2021.

B – Les coups d'Etat de 2020 et de 2021.

Les auteurs des coups d'Etat de 2020 et 2021 ont une bonne mémoire. En effet, le préambule de l'Accord-cadre du 6 avril 2012 s'est rappelé opportunément, en le détournant de son sens réel, de l'article 36 de la constitution de 1992 : « En cas de vacance de la Présidence de la République pour quelque cause que ce soit… ». Comment obtenir cette vacance ? En exigeant au Président de la République de démissionner. Ce fut le scénario de l'Accord-cadre.

C'est le même procédé qui est repris par deux fois en août 2020 et mai 2021. Et pour obtenir cette vacance de la présidence, il suffit d'obliger le Chef de l'Etat à signer une lettre de démission. Ainsi fut-il fait le 18 août 2020, une fois que les militaires se sont assurés de la personne du Président Ibrahim Boubacar Kéita et qu'ils l'ont conduit au camp de Kati. Ils lui font signer deux décrets, l'un portant dissolution de l'Assemblée nationale et l'autre démission du gouvernement[92]. Dans une salle aménagée à cet effet, ils lui font tenir un discours solennel à l'ORTM1[93] dans lequel il « déclare se démettre de toutes ses fonctions, ... avec toutes les conséquences de droit »[94] qui en résultent. La Présidence de la République se trouve ainsi vacante. Et les putschistes de clamer qu'ils n'ont pas fait de coup d'Etat, puisque le Président de la République a démissionné de son plein gré ! Voir !

Mais il faut dire qu'en août 2020, la situation était beaucoup plus complexe. En effet, le texte complet de l'article 36, alinéa 2 de la constitution de 1992 est ainsi libellé : « En cas de vacance de la Présidence de la République pour quelque cause que ce soit ou d'empêchement absolu ou définitif constaté par la Cour constitutionnelle saisie par le Président de l'Assemblée nationale et le Premier Ministre, ***les fonctions du Président de la République sont exercées par le Président de l'Assemblée nationale*** »[95].

Avec les deux décrets de dissolution de l'Assemblée nationale et de fin des fonctions du gouvernement, on ne peut appliquer les autres dispositions de l'article 36. Le pouvoir ne pouvait donc qu'échoir entre les mains des militaires. Mais la CEDEAO n'est pas d'avis que les militaires dirigent la transition dans le pays ; pour ce faire, elle exige des civils. La junte ira sortir de sa retraite, un ancien militaire, le Colonel-major Bah N'DAW. Adoubé par l'organisation sous-régionale, il prête serment devant la Cour suprême, en même temps que son vice-président, poste créé par la Charte de la Transition[96] et dont le titulaire n'est autre que le chef de la junte, le Colonel

[92] Il s'agit du décret n°2020-0345/P-RM du 18 aout 2020 portant dissolution de l'Assemblée nationale et du décret n°2020-0346/P-RM du 18 aout 2020 mettant fin aux fonctions du Premier Ministre et des membres du
Gouvernement, in *JORM spécial n° 14* du 21 août 2020, p. 2

[93] Office de radio-télévision du Mali 1

[94] Déclaration que l'on peut retrouver sur le site de la télévision française, *TV5Monde*, voir site : http://tv5.tv/actu-mali du 19 août 2020 ou sur Youtube de la même date. En revanche, la vacance n'est constatée par aucun arrêt de la Cour constitutionnelle

[95] Voir *JORM du 29 février 1992*, p. 119, voir site : https://sgg-mali.ml/fr/journal-officiel/le-journal-officiel.html

[96] Voir Article 7 du décret n°2020-0072/PT-RM du 1er octobre 2020 portant promulgation de la Charte de la transition, texte adopté par les « Forces Vives de la Nation représentées au

Assimi Goïta. Mais cela n'a pas suffi. Devant les insuffisances de la CEDEAO et sous la pression d'une partie de ses soutiens, les militaires vont franchir le Rubicon pour s'adjuger l'intégralité du pouvoir. C'est l'objet du 2e coup d'Etat, celui du 18 mai 2021.

Pour cette deuxième étape, le processus étant bien rodé, la junte exigea et obtint la démission du Président de la Transition, M. Bah N'DAW ; la Cour constitutionnelle est consultée qui constate la vacance de la Présidence. Mais puisqu'il n'y a pas d'assemblée nationale, encore moins de président de cette chambre, la Cour décide que la Présidence de la Transition (bien noter qu'elle prend soin de ne pas parler de Présidence de la République) doit échoir à son Vice-Président, à savoir le Colonel Assimi Goïta. La boucle est ainsi bouclée ! Le pouvoir est bien acquis aux militaires, mais sous les oripeaux du droit.

En effet, ils ont utilisé toutes les ficelles du droit pour s'accaparer du pouvoir, faisant croire qu'ils restaient dans l'ordre constitutionnel, alors qu'il n'en était rien. En effet, depuis leur entreprise, ils n'ont jamais dit que la constitution était ou suspendue ou abrogée. Celle-ci est toujours en vigueur et invoquée au début de tous les actes judiciaires, les actes de la cour constitutionnelle ou des décrets du Président de la Transition, à côté de la Charte de la transition. Le Mali est même aujourd'hui[97] dans la situation où il est régi par trois constitutions : la charte de la transition, la constitution de 1992 pour certaines de ses parties et la constitution promulguée le 22 juillet 2023 et non encore en intégralement en vigueur, en particulier pour ce qui concerne la mise en place des deux chambres !

Avec une démarche assez sophistiquée, la junte qui a pris le pouvoir, en deux temps, en 2020 et 2021. Quelles réflexions nous inspire cet accaparement du pouvoir par un service de l'Etat ? Nous n'en émettons qu'une : elle porte sur la valeur que les Maliens en particulier et les Africains en général accorde au droit. En fait, ils parlent tous très souvent « d'état de droit », mais en oubliant qu'il s'agit avant tout d'un « état d'esprit », où chacun s'oblige à respecter la règle commune. Le comportement qui vient d'être décrit montre que les Africains ont

---

sein du Comité national pour le Salut du Peuple (CNSP), du Mouvement du 5 Juin-Rassemblement des Forces patriotiques du Mali (M5-RFP), des Partis et Regroupements politiques, des Organisations de la Société civile et des Maliens établis à l'extérieur, des Mouvements signataires de l'Accord pour la Paix et la Réconciliation au Mali, issu du processus d'Alger et des Mouvements de l'inclusivité » et annexé audit texte, in *JORM spécial n° 17* du 1er octobre 2020, doc. de 5 pages, p. 3.

[97] 14 septembre 2024

désormais un esprit créateur très puissant en matière de détournement des règles de droit, en particulier des règles constitutionnelles. On avait vu, en d'autres temps, comment le Président du Burkina-Faso, M. COMPAORE avait manipulé la constitution, en la modifiant constamment et en prétendant qu'il n'avait jamais fait deux mandats, selon la nouvelle constitution. Or, ce faisant, il détournait la règle constitutionnelle qui veut qu'un Président n'exerce pas plus de deux mandats, ce, dans le souci de favoriser l'alternance. Avec ce jeu, au lieu de rester au pouvoir seulement 10 ans, il y est demeuré plus de 25 ans ! Lorsque la constitution malienne de 1992 dispose qu'en cas de « vacance de la Présidence de la République pour quelque cause que ce soit », elle n'a jamais voulu consacrer, par cette expression, le coup d'Etat, qu'il soit populaire ou militaire. Pourtant, c'est en invoquant cette incise juridique que les militaires se sont arrogé le pouvoir politique suprême au Mali en 2020 et 2021.

Qu'est-ce qu'il en résulte ? Que les Maliens et les Africains ne croient pas au droit ; ce n'est qu'un ensemble de techniques que l'on peut tordre et mettre à son service pour l'acquisition et la conservation du pouvoir.

Cette attitude a des conséquence pratique pour la vie quotidienne des citoyens, dans la jouissance de leurs droits civils et politiques. Une conséquence pratique, c'est l'invention de délits ou crimes qui ne figurent nulle part dans le dispositif pénal, tel que le délit de « cybercriminalité » ou « d'atteinte au crédit de l'Etat » et qui permettent de mettre des personnes en prison, « en mandat de dépôt », sans aucun respect de la procédure, ni la présence de l'avocat dès l'enquête préliminaire, encore moins le respect de l'article 6, alinéa 2 de la constitution du 22 juillet 2023 dont le texte est pourtant très explicite : « Nul ne peut être détenu pendant une durée supérieure à quarante-huit (48) heures que par décision motivée d'un magistrat de l'ordre judiciaire »[98]. Et dans la vie quotidienne, les Maliens – et les Africains en général – s'habituent à ne vivre que dans des rapports de force, à fleurets plus ou moins mouchetés ; ou alors, ils s'évertuent à contourner les règles applicables en recourant « aux relations » ! De tels comportements sont très éloignés de l'état de droit.

Ainsi, les pouvoirs militaires du Mali, mais aussi du Burkina-Faso se sont drapés dans les plis du droit et veulent se faire passer pour constitutionnels. Que nenni ! Comment la démission des Présidents est-elle obtenue ? Sous la pression. « Ai-je le choix ? » ajoute Ibrahim Boubacar Kéita dans son allocution de démission à la télévision. Certes, tout comme son

[98] Voir *JORM spécial* n° 13 du 22 juillet 2023, p. 3.

prédécesseur, il dit ne pas vouloir faire verser le sang d'un Malien pour conserver le pouvoir. Mais de là à penser que la démission est véritablement volontaire. Pour qu'il y ait consentement, il ne faut pas que la volonté soit viciée ; or, ici, le consentement est obtenu par la violence, par la contrainte. Alors, qu'on le veuille ou non, sous le vernis du droit, « le roi est nu ».

Cependant, on nous objectera que la démission résulte d'une révolte populaire constatée sur le terrain pendant des semaines et des mois. Il n'empêche !

Se pose, en revanche, une autre question relative à la légalité ou à la légitimité[99] d'un pouvoir. Certes, le pouvoir militaire malien n'est pas légal, mais il serait légitime, vu l'adhésion populaire qu'il suscite. Nous le concédons volontiers. Cette légitimité ainsi acquise ne doit pas empêcher le retour, aussi vite que possible, à un ordre « constitutionnel normal ».

---

[99] La question s'est posée au moment où le Général De Gaulle a refusé d'obéir à Pétain et de reconnaître son régime. C'est à ce moment que l'on a distingué le « pouvoir légal » du « pouvoir légitime », celui de De Gaulle étant légitime, car représentant les vrais intérêts du peuple français, au contraire de celui de Pétain, quoique légal.

# Les futurs possibles de la Haute Cour de Justice au Benin

***Hilaire AKEREKORO***

*Maître de conférences.*
*Agrégé de droit public (CAMES).*
*Directeur du Centre du Droit de l'Etat*
*et des Droits des Personnes en Afrique (CeDEP).*
*Université d'Abomey-Calavi (Bénin).*

## INTRODUCTION

La théorie institutionnelle de l'Etat, élaborée par le Doyen Maurice HAURIOU[1], Maître de l'Ecole de Toulouse, trouve une application concrète dans la création et la mise en place d'institutions capables d'exprimer l'autorité de l'Etat. Au nombre de ces institutions, certaines sont constitutionnelles. D'autres sont politiques ou administratives. D'autres encore sont juridictionnelles. Et pourtant, il y a des institutions de l'Etat qui présentent un caractère mixte, c'est-à-dire, qui sont à la fois constitutionnelles, politiques et juridictionnelles. Il en est ainsi de la Haute Cour de Justice (HCJ) qui, au Bénin, fait partie du pouvoir judiciaire[2]. Ce caractère mixte se lit à travers la diversité des membres qui y siègent ou qui sont appelés à y siéger comme le souligne d'ailleurs la Constitution béninoise du 11 décembre 1990 révisée par la Loi n° 2019-40 du 07 novembre 2019 : « *La Haute Cour de Justice est composée des membres de la Cour Constitutionnelle, à l'exception de son Président, de six députés élus par l'Assemblée Nationale et du Président de la Cour Suprême. La Haute Cour élit en son sein son Président. Une loi organique fixe les règles de son fonctionnement, ainsi que la procédure suivie devant elle* »[3].

Composée de l'adjectif « *Haute* » au féminin, du substantif « *Cour* » et du terme « *Justice* », lequel détermine l'objet de la HCJ, celui de rendre la justice et rien de plus, cette institution est d'abord une Cour, mais une Cour qui n'est pas basse. En tant que telle, la HCJ est une haute juridiction. Sa création répond à une logique différente de celle qui a présidé à l'institution

---

[1] L. DUGUIT, *Les doctrines juridiques objectivistes*, Paris, Marcel GIARD, 1927, p. 8.

[2] Titre VI (Du pouvoir judiciaire) de la Constitution béninoise du 11 décembre 1990 révisée par la Loi n° 2019-40 du 07 novembre 2019. Dans ce Titre VI, la Constitution béninoise a créé trois hautes juridictions suprêmes : I- De la Cour Suprême (Art. 131 nouveau à 134) ; I-1 De la Cour des Comptes (Art. 134-1 à 134-6) et II- De la Haute Cour de Justice (Art. 135 à 138).

[3] Art. 135 de la Constitution béninoise du 11 décembre 1990 révisée précitée.

de la plupart des juridictions étatiques, notamment celles relevant des études de droit public.

En effet, les juridictions administratives sont créées dans le cadre du contrôle juridictionnel de l'Administration. Celles constitutionnelles répondent à la mise en œuvre du principe de constitutionnalité, lequel vise à garantir la suprématie de la Constitution, la loi fondamentale, la norme suprême de l'Etat.

En revanche, la HCJ n'a pas vocation à contrôler juridictionnellement l'Administration, encore moins à contrôler la constitutionnalité des lois ou à réguler le fonctionnement des institutions, voire à garantir les droits humains fondamentaux. Elle n'est pas juge électoral, pas plus qu'elle ne vérifie pas les comptes de l'Etat.

A la vérité, même si elle a ceci de commun avec la création des autres juridictions, à savoir le principe de méfiance de la population vis-à-vis du politique et des gestionnaires publics, la logique qui sous-tend sa création est l'engagement de la responsabilité pénale des gouvernants. Elle est une « *juridiction politique* »[4], une haute juridiction d'exception dont les compétences, notamment matérielle et personnelle divergent de celles des juridictions de droit commun qui connaissent des infractions classiques prévues dans le Code pénal en vigueur[5] et commises par les individus ou certains fonctionnaires. Dès lors, son objet d'étude relève non seulement du droit constitutionnel, mais aussi du droit pénal constitutionnel. Saisir la HCJ, c'est assimiler et bien comprendre la partie du droit constitutionnel qui s'intéresse aux questions pénales, qu'il s'agisse de la détermination des infractions entrant dans le droit pénal constitutionnel ou de leur répression. Ce trait marquant de la HCJ transparaît dans ses attributions constitutionnelles. Ainsi, aux termes de l'article 136 de la Constitution béninoise précitée : « *La Haute Cour de Justice est compétente pour juger le Président de la République et les membres du Gouvernement à raison de faits qualifiés de haute trahison, d'infractions commises dans l'exercice ou à l'occasion de l'exercice de leurs fonctions, ainsi que pour juger leurs complices en cas de complot contre la sûreté de l'Etat. Les juridictions de*

---

4 4 Jean VINCENT & *alii*, *La justice et ses institutions*, Paris, Dalloz, 4ème édition, 1996, p. 246.

5 5 Loi n° 2018-16 du 28 décembre 2018 portant Code pénal en République du Bénin modifiée par la Loi n° 2021-11 du 20 décembre 2021 portant dispositions spéciales de répression des infractions commises à raison du sexe des personnes et de protection de la femme en République du Bénin.

*droit commun restent compétentes pour les infractions perpétrées en dehors de l'exercice de leurs fonctions et dont ils sont pénalement responsables* »[6]. De même, « *La Haute Cour de Justice est liée par la définition des infractions et par la détermination des sanctions résultant des lois pénales en vigueur à l'époque des faits* »[7].

Ces énonciations constitutionnelles sur la HCJ ne sont pas spécifiques au Bénin. Elles existent aussi en droit comparé aussi bien en Afrique francophone que hors d'Afrique, en l'occurrence en France.

En Afrique francophone, la règle générale est celle de la compétence de la HCJ pour juger les plus hautes autorités politiques de l'Etat que sont le Président de la République et les membres du Gouvernement. Cette tendance est observable dans le nouveau constitutionnalisme africain dans des Etats comme le Cameroun[8], le Congo (Brazzaville)[9], la Côte d'Ivoire[10], le Niger[11], le Togo[12], etc. Le seul Etat qui fait exception à la règle est la République Démocratique du Congo (RDC) dont la Constitution dispose que l'institution qui juge le Président de la République n'est pas la HCJ, mais plutôt la Cour Constitutionnelle puisque la Constitution de la RDC du 18 février 2006 révisée par la Loi n° 11/002 du 20 janvier 2011 prévoit en ses articles 163 et 164 : « *La Cour Constitutionnelle est la juridiction pénale*

---

[6] Art. 136 de la Constitution béninoise du 11 décembre 1990 révisée précitée.

[7] Art. 137 al. 1er de la Constitution béninoise du 11 décembre 1990 révisée précitée.

[8] [8] Art. 53 (1) de la Constitution de la République du Cameroun du 02 juin 1972 révisée : « Art. 53.- (1) *La Haute Cour de Justice est compétente pour juger les actes accomplis dans l'exercice de leurs fonctions par :*

*- Le Président de la République en cas de haute trahison ; - Le Premier Ministre, les autres membres du Gouvernement et assimilés, les hauts responsables de l'administration ayant reçu délégation de pouvoirs en application des articles 10 et 12 ci - dessus, en cas de complot contre la sûreté de l'Etat* ».

[9] Art. 142 de la Constitution de la République du Congo (Brazzaville) du 25 octobre 2015.

[10] Art. 156 à 159 de la Constitution de la République de Côte d'Ivoire du 08 novembre 2016 révisée.

[11] Art. 142 al. 1er de la Constitution de la République du Niger du 25 novembre 2010 modifiée.

[12] Art. 127 nouveau et 128 nouveau de la Constitution de la République togolaise du 14 octobre 1992 révisée : « *Art. 127 nouveau : La Haute Cour de Justice est la seule juridiction compétente pour connaître des infractions commises par le Président de la République et les anciens Présidents de la République. La responsabilité politique du Président de la République n'est engagée qu'en cas de haute trahison. Art. 128 nouveau : La Haute cour de justice connaît des crimes et délits commis par les membres du Gouvernement et les membres de la Cour suprême* ».

*du Chef de l'Etat et du Premier ministre dans les cas et conditions prévus par la Constitution. La Cour Constitutionnelle est le juge pénal du Président de la République et du Premier ministre pour des infractions politiques de haute trahison, d'outrage au Parlement, d'atteinte à l'honneur ou à la probité ainsi que pour les délits d'initié et pour les autres infractions de droit commun commises dans l'exercice ou à l'occasion de l'exercice de leurs fonctions. Elle est également compétente pour juger leurs co-auteurs et complices* »[13]. En est-il de même en droit constitutionnel comparé, notamment en France ?

En France, l'état actuel du droit pénal constitutionnel de répression des actes des plus hautes autorités politiques de l'Etat est en rupture avec le construit constitutionnel en Afrique francophone subsaharienne. En effet, une distinction notable doit être faite s'agissant de la juridiction pénale chargée de la punition constitutionnelle des membres du Gouvernement en France.

Il ne s'agit pas de la HCJ, mais de la Cour de Justice de la République (CJR) habilitée à connaître des actes infractionnels imputables aux membres du Gouvernement et engageant leur responsabilité pénale, dans la mesure où la Constitution française dispose : « *Les membres du Gouvernement sont pénalement responsables des actes accomplis dans l'exercice de leurs fonctions et qualifiés crimes ou délits au moment où ils ont été commis. Ils sont jugés par la Cour de justice de la République. La Cour de justice de la République est liée par la définition des crimes et délits ainsi que par la détermination des peines telles qu'elles résultent de la loi* »[14].

Si en droit comparé français, l'activité juridictionnelle de la CJR est établie et ne souffre d'aucune inquiétude, en Afrique, le fonctionnement des HCJ souffre d'une ineffectivité juridictionnelle ; ce qui autorise à réfléchir à ses futurs possibles.

Le futur désigne ce qui va arriver, mais qui n'est pas encore arrivé. C'est le domaine du pas encore et des prédictions, voire des prophéties en sciences théologiques et religieuses. Sous ce rapport, étudier les futurs possibles, c'est nécessairement prophétiser, annoncer une situation, un événement, un fait à venir. Contraire de l'impossible, le possible a trait à ce qui est réalisable, implémentable, capable de venir au monde juridique.

---

[13] Art. 163 et 164 combinés de la Constitution de la République Démocratique du Congo (RDC) du 18 février 2006 révisée par la Loi n° 11/002 du 20 janvier 2011.

[14] Art. 68-1 de la Constitution française du 04 octobre 1958 révisée.

En sciences juridiques, le futur a rapport au temps, le temps déterminé, le temps à venir. Ici, c'est le temps saisi par le droit. Du point de vue typologique, le futur peut être proche ou lointain, déterminé ou non, saisissable par la raison juridique ou non. Si les hommes qui vivent et gèrent les institutions du temps présent maîtrisent plus ou moins leurs agendas, peuvent faire des projections dans le futur et prévoir des activités pour demain, ils ne maîtrisent pas toujours ce futur qui dépend, à bien des égards, des circonstances, du cours des événements naturels et même de la volonté de l'Être Suprême.

Dès lors et sur le terrain du droit public théorique comme appliqué, il est loisible de mener des réflexions prospectives, de faire du droit prospectif. La prospection nécessite de tenir compte du réalisme juridique, de l'environnement constitutionnel et socio-politique dans lequel la HCJ est appelée à évoluer en Afrique francophone en général, au Bénin en particulier.

Pour en rendre compte, les instruments juridiques qui sont mobilisés sont constitués des sources primaires d'analyse juridique que sont les textes juridiques et la jurisprudence, en l'occurrence la jurisprudence constitutionnelle, avec en appui les apports de la doctrine publiciste, c'est-à-dire, des spécialistes du droit public. Quant aux critères et aux méthodes de l'analyse juridique prospective, ils allient la démarche analytique, la méthode comparative et la prospection en tant que cette dernière méthode permet de réfléchir sur le droit institutionnel et matériel de demain.

Pour y parvenir, il faut s'interroger : au regard de quels paramètres est-il possible d'avoir une HCJ opérationnelle ? L'effectivité ou l'opérationnalité de la HCJ dépend de plusieurs paramètres, les uns tout aussi importants que les autres. Dès lors que l'institution n'est pas supprimée, il ne s'agit pas de prophétiser sur son inexistence. Son existence autorise à songer à des futurs possibles en termes de persistance des blocages et des goulots d'étranglement qui entravent son effectivité, puis d'utilisation de méthodes et de techniques de procès pénal constitutionnel pour améliorer positivement son état et la faire sortir de sa léthargie actuelle. Pour que ces résultats soient atteints, il faut une nécessaire implication de divers acteurs. C'est pourquoi, l'analyse aborde successivement une HCJ crispée (**I**), mais décrispée (**II**) lorsqu'il est fait une projection dans le futur.

## I - UNE HAUTE COUR DE JUSTICE CRISPEE

Il est à déplorer que depuis l'installation de la HCJ en février 2001, elle n'a encore rendu d'arrêts. Il va sans dire que des obstacles entravent son fonctionnement normal et régulier et partant sa contribution au renforcement de la démocratie au Bénin. Compte tenu de l'enjeu que constitue pour la démocratie béninoise la lutte contre l'impunité des gouvernants et leur nécessaire exemplarité[15], par la mise en œuvre de leur responsabilité politique et pénale, la HCJ aurait pu faire ses preuves en tant que juridiction de sanction. Mais, il n'en est rien du fait des insuffisances et des entraves à son fonctionnement normal et régulier. Dans le futur, deux types de difficultés persisteront et retiennent notre attention : d'un côté, les limites fonctionnelles et structurelles (A), de l'autre, les obstacles politiques (B).

### A- Les limites fonctionnelles et structurelles

Les limites fonctionnelles et structurelles de la HCJ se traduisent tant par sa dépendance à l'égard de l'Etat ou de certaines de ses institutions et perceptible aussi bien au niveau du personnel qu'au niveau de ses moyens financiers nécessaires à l'exercice effectif de sa mission que par le non-respect du principe de la séparation des autorités de poursuite et de jugement.

Sur le premier point, celui de la dépendance de la HCJ à l'égard de l'Etat ou de certaines de ses institutions, la HCJ dépend entièrement de la Cour Constitutionnelle en ce qui concerne le personnel nécessaire à son fonctionnement, puisque ce personnel « *est mis à la disposition du Président de cette juridiction par le Président de la Cour Constitutionnelle* »[16].

Or, les deux institutions n'ont pas les mêmes prérogatives et aussi longtemps que le Président de la Cour Constitutionnelle ne mettra pas à la disposition de son homologue de la HCJ le personnel dont il est question, la HCJ aura bien du mal à fonctionner.

Cette juridiction dépend aussi de l'Etat en ce qui concerne les crédits nécessaires à son fonctionnement, puisque son budget fait partie intégrante

[15] Sur la question en droit comparé, cf. entre autres : Ch. GABAR (dir.), *Comment les responsables publics doivent-ils répondre de leurs actes ?*, Poitiers, Faculté de droit et des sciences sociales de Poitiers, 2021. - J.-F. KERLEO, M. CARON (dir.), *La déontologie gouvernementale*, Paris, Institut Francophone pour la Justice et la Démocratie, 2022. - *Jus Politicum, Revue de droit politique*, n° 28- *L'exemplarité des gouvernants*, 2022.

[16] Art. 13 de la Loi n° 93-013 du 10 août 1999 portant loi organique sur la Haute Cour de Justice au Bénin et Art. 15 du Règlement Intérieur de la HCJ au Bénin.

du budget général de l'Etat[17]. Une telle dépendance la place dans une situation financière difficile dans la mesure où en cas de blocage du vote du budget national par l'Assemblée Nationale, elle ne pourra utilement et normalement fonctionner[18].

Sur le second point, il faut mentionner l'absence de séparation des autorités chargées de la poursuite et du jugement et l'impossibilité pour le Procureur Général près la HCJ de s'auto-saisir. L'un des principes directeurs de la procédure pénale est la stricte séparation des fonctions judiciaires. En effet, dans un procès pénal, la fonction de poursuite est « *confiée au ministère public qui a la charge de mettre en mouvement et d'exercer l'action publique* ». En revanche, les fonctions de jugement sont « *confiées aux juridictions du fond qui vont se prononcer sur la culpabilité des personnes poursuivies et le cas échéant sur la peine à infliger* ».

L'étude de la HCJ fait entrevoir que ce principe n'a pas été respecté, puisqu'au Bénin, il est prévu que les six députés membres de la HCJ vont, en tant que parlementaires, participer au vote de la poursuite du Président de la République et des membres du Gouvernement par l'Assemblée Nationale, puis siéger à la HCJ pour les juger. Cette lacune relative à la procédure de la HCJ est renforcée par l'impossibilité pour le Procureur Général près la HCJ de s'auto-saisir.

Les textes régissant la HCJ n'ont pas prévu la possibilité pour le Procureur Général près la HCJ de s'auto-saisir et de mettre en mouvement l'action publique. Ainsi, aussi longtemps que les parlementaires n'auront pas voté la poursuite et la mise en accusation du Président de la République et des membres du Gouvernement, ceux-ci ne pourront pas comparaître devant la HCJ qui, par voie de conséquence, demeurera dans une léthargie fonctionnelle. Or, si la possibilité d'auto-saisine était reconnue au Procureur Général près la HCJ, ce dernier pourrait contourner un tel blocage et permettre à l'institution de jouer sa partition dans le cadre du renforcement de la démocratie au Bénin.

Toutefois, des obstacles politiques affectent également le fonctionnement de la HCJ.

---

[17] Art. 14 al. 1 de la Loi n° 93-013 du 10 août 1999 portant loi organique sur la Haute Cour de Justice au Bénin et Art. 27 al. 1 du Règlement Intérieur de la HCJ au Bénin.

[18] Il convient de préciser que cette limite est propre à toutes les Institutions de l'Etat dont le budget est tributaire du budget général de l'Etat et en cas de blocage du vote dudit budget par l'Assemblée Nationale, leur fonctionnement est assuré par douzièmes provisoires.

### B - Les obstacles politiques

Le caractère politique des infractions relevant de la compétence matérielle de la HCJ et le manque de volonté politique sont développés.

D'une part, et en ce qui concerne le caractère politique des infractions relevant de la compétence matérielle de la HCJ, il faut relever qu'en dehors de la corruption qui est une infraction punie par le Code pénal, les autres infractions relevant de la compétence matérielle de la HCJ ont essentiellement un caractère politique. Ainsi, qu'il s'agisse de la haute trahison (qui est le contraire de la haute fidélité) ou de l'outrage à l'Assemblée Nationale, les actes qui relèvent de ces infractions sont des actes qui touchent à la vie politique de l'Etat[19] ou qui « *portent directement et immédiatement atteinte aux institutions politiques, à l'ordre politique* »[20], contrairement aux infractions de droit commun relevant du droit pénal qu'il soit général ou spécial. C'est le cas, par exemple, du serment du Président de la République, des questions relatives à la cession du territoire national et des questions posées par l'Assemblée Nationale sur l'activité gouvernementale. Ce caractère politique des infractions susvisées constitue, en partie, un frein à la poursuite et à la mise en accusation du Président de la République et des membres du Gouvernement et partant au fonctionnement de la HCJ appelée à juger les plus hautes autorités politiques et administratives de l'Etat. Il est touché là à la qualité des personnes à poursuivre. En effet, la HCJ étant compétente à l'égard des autorités de l'Etat investies des plus hautes fonctions politiques et administratives, il n'est pas facile de déclencher la procédure pénale à leur encontre.

Aussi, le juge de la HCJ joue-t-il sa mission dans un environnement fortement politisé, marqué par des relations interpersonnelles bien établies dont l'incidence sur le fonctionnement de la juridiction n'est plus à démontrer. Malgré la qualité officielle des pénalement responsables, force devrait rester au droit en général, à la loi en particulier afin que les dossiers dont l'Assemblée Nationale est saisie ou sera saisie fassent l'objet d'un examen crédible. Auparavant, il urge de lever la barrière du manque de volonté politique.

---

[19] Il convient cependant de souligner que les questions liées aux droits de l'homme et celles relatives au maintien d'un environnement sain, satisfaisant, durable et favorable au développement sont des questions beaucoup plus juridiques.

[20] F. TULKENS et M. Van de KERCHOVE, *Introduction au droit pénal. Aspects juridiques et criminologiques*, Kluwer, Story-Scientia, 4ème édition, 1998, p. 250.

D'autre part et pour ce qui est du manque de volonté politique, les gouvernants ont manifesté une volonté politique certaine en créant la HCJ. Cependant, il s'agit d'une volonté politique limitée se traduisant tant par de possibles immixtions dans son fonctionnement que par une réticence avérée des parlementaires à se prononcer sur les dossiers dont ils ont connaissance.

Pour ce qui est de la possibilité des immixtions, la HCJ n'est pas à l'abri des immixtions des pouvoirs publics dans le cadre de l'accomplissement de sa mission. Ainsi, la plupart des personnes dont elle se compose étant issues, soit des organes politiques (Parlement notamment), soit d'autres institutions de l'Etat, les pouvoirs publics conservent avec elles des rapports étroits qui sont des moyens leur permettant d'influencer les attitudes qu'elles pourraient adopter à leur égard.

En ce qui concerne la réticence avérée des parlementaires à se prononcer sur les dossiers dont ils ont connaissance, la HCJ ne pouvant être directement saisie, ni par les citoyens, ni par les Organisations Non Gouvernementales (ONG), leurs plaintes et leurs dénonciations sont adressées au Président de l'Assemblée Nationale. Celle-ci est déjà saisie de certains dossiers qui, s'ils étaient étudiés avec la volonté politique requise, pourraient permettre d'engager la responsabilité pénale de certains membres du Gouvernement. Néanmoins, il n'en est rien puisque ces dossiers ne sont souvent pas inscrits à l'ordre du jour des travaux de l'Assemblée Nationale. Au nombre des raisons qui expliquent cette réticence, il faut évoquer la crainte des parlementaires pour leur vie, la volonté de maintenir les relations politiques qui lient certains parlementaires à certains membres du Gouvernement.

De ce qui précède, il appert qu'il existe des difficultés qui vont perdurer dans le futur et peser lourdement sur l'effectivité de la HCJ. Que faire ? D'où, l'idée d'une HCJ décrispée.

## II - UNE HAUTE COUR DE JUSTICE DECRISPEE

Pourque la HCJ soit une institution et une juridiction efficace à même d'apporter sa contribution au renforcement de la démocratie, certaines mesures semblent utiles à adopter. Ces mesures nécessitent « *aussi bien la volonté politique et l'engagement des gouvernants et des gouvernés que le soutien de la communauté internationale* »[21] et se résument en des défis

[21] [21] Th. HOLO, « Le Bénin : une nouvelle démocratie à l'épreuve du temps (état de la démocratie au Bénin) », *in Actes de la IVème Conférence Internationale des démocraties nouvelles ou rétablies*, Cotonou, 2000, p. 147.

majeurs dont, les uns, concernent l'opérationnalisation fonctionnelle (A) de l'institution, alors que les autres ont trait à l'apport du droit pénal constitutionnel comparé (B).

### A- L'opérationnalisation fonctionnelle

En vérité, l'opérationnalisation fonctionnelle de la HCJ dépend en grande partie du politique (pouvoir et opposition politique), comme de la société civile.

La classe politique, c'est-à-dire, le pouvoir et l'opposition devra orienter ses efforts tant vers la facilitation du fonctionnement de la HCJ que vers le renforcement de ses capacités d'intervention. Pour faciliter le fonctionnement de la HCJ, la classe politique a l'obligation, non seulement, d'assurer son indépendance, mais aussi, d'éviter des immixtions dans son fonctionnement.

Assurer l'indépendance de la HCJ passe par le recrutement d'un personnel professionnalisé et l'existence de moyens financiers et matériels suffisants. En effet, le personnel d'appui nécessaire au bon fonctionnement de la HCJ devra être recruté par appel à candidatures, puisqu'il faut que ce personnel réponde, de manière adéquate, aux spécificités des tâches à accomplir dans cette juridiction ; d'où la nécessité d'un personnel professionnalisé ayant, par exemple, une bonne connaissance du phénomène de corruption, du droit pénal ou une expérience des procès pénaux. En outre, la HCJ devra bénéficier de crédits et de moyens matériels suffisants[22] susceptibles de lui permettre de fonctionner efficacement. Son autonomie financière devra être garantie et appuyée par des subventions, des dons et des legs tant des organismes nationaux que des partenaires au développement. Ainsi, elle pourra supporter la publication de ses travaux, notamment des « *Bulletins d'information* » dont elle pourrait être elle-même à l'origine et qui seraient accessibles aux citoyens. En outre, les immixtions dans ses activités devront être évitées. Ce devoir incombe principalement aux pouvoirs publics et, accessoirement, aux citoyens.

Les pouvoirs publics doivent prendre conscience de l'enjeu que constitue, pour la démocratie béninoise, la création de la HCJ. Pour ce faire, leurs actions devront consister à assurer pleinement son indépendance en

---

[22] Au titre des moyens matériels, une place importante devra être accordée aux moyens de déplacement (motos, véhicules, etc.), aux fournitures de bureau (fiches, papiers, stylos, classeurs, chemises dossiers, etc.) et aux matériels et consommables informatiques notamment les ordinateurs.

s'abstenant des immixtions dans ses activités. Tel est le gage de leur bonne volonté politique pour que cette juridiction dispose de la liberté d'action nécessaire à l'accomplissement et à la réussite de sa mission.

Ce devoir s'impose également aux citoyens qui ont l'obligation de s'abstenir de toute intervention directe ou indirecte dans les activités de la HCJ. Un tel devoir ne restreigne en rien les droits et les libertés qui leur sont reconnus par les textes en vigueur, mais constitue une marque de patriotisme et de civisme. Et tout en jouissant de leurs droits et libertés, plus ils respecteront ce devoir, plus l'indépendance et la capacité d'intervention de la HCJ auront des chances d'être renforcées.

Quant au renforcement des capacités d'intervention de la HCJ, ce renforcement implique une nécessaire prise en compte du discours sur les droits de la personne humaine et une réorganisation du rôle de l'Assemblée Nationale dans la procédure relative à la HCJ.

La prise en compte du discours sur les droits de la personne humaine en ce qui concerne la HCJ exige que le Code de procédure pénale actuellement en vigueur au Bénin[23] soit désormais pris en compte par les juges de la HCJ. Ainsi, ceux-ci devront accorder une importance particulière à des points tels que la protection des droits de la défense, le respect de l'intégrité physique et morale des pénalement responsables, le droit à un procès équitable, impartial et dans un délai raisonnable. Dans la procédure devant la HCJ, les droits des accusés sont, en partie, garantis. Ainsi, ils bénéficient de l'assistance de conseils et ont le droit d'être informés des charges portées contre eux conformément au Code de procédure pénale en vigueur au Bénin.

Cet aspect est particulièrement important à souligner, car en matière de droits de la personne humaine, la HCJ doit dûment tenir compte de l'abondante jurisprudence de la Cour Constitutionnelle du Bénin. Par exemple, en 2009, la Haute juridiction constitutionnelle béninoise a pu juger : « *(...), dès lors qu'il s'agit des droits de l'homme, la Cour Constitutionnelle a une compétence liée qui va au-delà des lois et règlements pour couvrir tout acte, tout fait, tout comportement de quelque*

[23] [23] Loi n° 2012-15 du l8 mars 2013 portant Code de procédure pénale en République du Bénin, telle que modifiée et complétée par la Loi n° 2017-20 du 20 avril 2018 portant Code du numérique en République du Bénin, la Loi n° 2018-l4 du 02 juillet 20l8, la Loi n° 2020-23 du 29 septembre 2020 et la Loi n° 2021-11 du 20 décembre 2021 portant dispositions spéciales de répression des infractions commises à raison du sexe des personnes et de protection de la femme en République du Bénin.

*nature et de qui que ce soit que cela provienne : citoyen, administration, gouvernement, organe juridictionnel y compris la Cour Suprême et la Haute Cour de Justice.(...). Il appert ainsi des articles 114, 117 et 121 de la Constitution que la Cour Constitutionnelle, en matière des droits de l'homme, dispose de pouvoirs très étendus d'une part et qu'aucun citoyen, aucun organe de l'Etat, aucune juridiction, aucun acteur ou collaborateur du service public de la justice ne peut s'y dérober d'autre part... .(...) qu'en matière des droits de l'homme, les décisions de la Cour Constitutionnelle priment celles de toutes les autres juridictions* »[24].

En outre, les juges de la HCJ peuvent, pour ceux qui le désirent, approfondir leurs connaissances en droits humains et en démocratie en s'inscrivant, par exemple, aux programmes de Master ou en préparant le Diplôme de docteur en droit dans les universités publiques nationales comme étrangères.

En ce qui concerne la réorganisation du rôle de l'Assemblée Nationale dans la procédure relative à la HCJ, elle passe par le respect du principe de la séparation des fonctions judiciaires et par la reconnaissance de la saisine « *ex officio* » du Procureur Général près la HCJ.

L'Assemblée Nationale étant composée de députés[25], le respect du principe de la séparation des fonctions judiciaires nécessite que les six (06) députés membres de la HCJ ne participent pas au vote de la poursuite et de la mise en accusation du Président de la République et des membres du Gouvernement, mais se contentent de leur fonction de jugement à la HCJ. Par conséquent, tout en maintenant à l'Assemblée Nationale la prérogative du vote de la poursuite et de la mise en accusation du Président de la République et des membres du Gouvernement, seuls le reste des députés

---

[24] Cour Constitutionnelle du Bénin Décision DCC 09-087 du 13 août 2009, Affaire *Messieurs Alphonse MENONKPINZON ATOYO, Léon ATOYO et Daniel MENONKPINZON ATOYO, assistés de Maître Robert DOSSOU,* Affaire dite *Consorts ATOYO.*

[25] Précédemment au nombre de 64, le nombre de députés à l'Assemblée Nationale du Bénin est actuellement de 83. S'il faut se référer à ce chiffre, seuls 77 députés vont voter la poursuite et la mise en accusation du Président de la République et des membres du Gouvernement, les 06 autres députés devant siéger à la HCJ pour les juger. Cependant, conformément à l'article 81 nouveau alinéa premier de la Constitution béninoise du 11 décembre 1990 révisée par la Loi n° 2019-40 du 07 novembre 2019 et à l'article 144 alinéa premier de la Loi n° 2019-43 du 15 novembre 2019 portant Code électoral en République du Bénin, interprétée et complétée par la Loi n° 2020-13 du 04 juin 2020, « *Le nombre de députés à l'Assemblée Nationale est de cent neuf (109) dont vingt-quatre sièges exclusivement réservés aux femmes* ».

vont participer à ce vote. Par ailleurs, il importe de reconnaître l'auto-saisine du Procureur Général près la HCJ.

Visant essentiellement à contourner le blocage que pourrait constituer l'absence du vote de la poursuite et de la mise en accusation du Président de la République et des membres du Gouvernement par l'Assemblée Nationale, notamment pour des mobiles politiques, la reconnaissance de l'auto-saisine du Procureur Général près la HCJ devrait permettre à cette juridiction d'apporter une contribution remarquable au renforcement de la démocratie au Bénin. Reconnaître une telle possibilité au plus haut représentant du Parquet, c'est aussi souligner le rôle des individus et des ONG, en l'occurrence de défense des droits de l'homme et des principes de la démocratie (surtout le dépassement des antagonismes, la recherche du compromis, la vertu de la tolérance, l'acceptation du verdict des urnes, etc.), qui pourraient lui fournir des renseignements et des informations crédibles. A ces défis relevant du pouvoir et de l'opposition, il convient d'ajouter ceux relevant de la société civile.

La contribution de la société civile passe essentiellement par un rôle d'éducation des gouvernants en vue de l'enracinement d'une *gouvernance démocratique* au Bénin. Ainsi, la société civile devra attirer l'attention des gouvernants sur la nécessité de respecter les textes existants et les principes relatifs à la démocratie, à l'Etat de droit, aux droits humains et à la bonne gouvernance et de faire une bonne application desdits textes. Ceci pourra avoir pour effet « *non seulement d'améliorer la gouvernance, mais aussi de lutter contre la corruption* »[26]. Par ailleurs, les actions de la société civile pourront être orientées vers la lutte contre l'impunité afin que celle-ci ne constitue pas la règle au Bénin. En outre, elle devra mettre un accent particulier sur la nécessité pour les gouvernants de respecter le bien public et de développer la conscience civique. A ces solutions, qui s'inscrivent dans le futur, s'ajoute l'apport du droit pénal constitutionnel comparé.

### B- L'apport du droit pénal constitutionnel comparé

La HCJ du Bénin peut tirer profit du construit constitutionnel en droit comparé pour sa réelle contribution à l'Etat de droit. Les droits qui sont convoqués à l'analyse sont ceux du Cameroun et de la Côte d'Ivoire.

Au Cameroun et s'agissant des personnes à poursuivre, les dispositions pénales constitutionnelles ne se limitent pas au Président de la République

[26] [26] Th. HOLO, « Le Bénin : une nouvelle démocratie à l'épreuve du temps (état de la démocratie au Bénin), *ibid.*, p. 145.

et aux membres du Gouvernement. Elles s'étendent aux assimilés des membres du Gouvernement et aux hauts responsables de l'administration ayant reçu délégation de pouvoirs en application des articles 10 et 12 de la Constitution camerounaise, en cas de complot contre la sûreté de l'Etat[27].

Dès lors qu'au Bénin, les décisions de la Cour Constitutionnelle ne sont susceptibles d'aucun recours et s'imposent aux pouvoirs publics et à toutes les autorités civiles, militaires et juridictionnelles[28], il appartient à la HCJ d'en tirer toutes les conséquences. Quelques décisions peuvent être citées pour étayer la démonstration, concernant notamment l'appréhension jurisprudentielle de la notion de « *membres du Gouvernement* » par la Cour Constitutionnelle du Bénin.

La Haute juridiction constitutionnelle béninoise est passée d'une interprétation restrictive[29] à une interprétation extensive et large de l'article 52 nouveau de la Constitution béninoise précitée. C'est ce qui ressort du considérant suivant : « *(...) que l'expression « membres du Gouvernement » employée à l'article 52 ne doit donc pas s'entendre uniquement des ministres de la République mais aussi de toute personne qui participe étroitement à l'exercice de la fonction exécutive de l'Etat ; que lorsqu'en vertu des prérogatives qu'il tient de l'article 54 alinéa 3 de la Constitution, le Président de la République nomme, parmi ses collaborateurs, ceux qui, sans avoir la qualité de membres du gouvernement, en ont le rang, ils sont soumis aux sujétions qui y sont attachées par l'article 52 (...)* »[30]. Ce raisonnement est aussi employé et suivi, par jurisprudence constante, dans la Décision DCC 22-151 du 28 avril 2022, Affaire *société ETISALAT Bénin assistée de maître Cyrille DJIKUI, avocat c/ monsieur Daniel TAWEMA*[31] de la Cour Constitutionnelle du Bénin.

[27] Art. 53 (1) de la Constitution de la République du Cameroun du 02 juin 1972 révisée précitée.

[28] Art. 124 al. 2 et 3 de la Constitution béninoise du 11 décembre 1990 révisée précitée.

[29] Cour Constitutionnelle du Bénin, Décision DCC 19-107 du 28 mars 2019, Affaire *monsieur Charles TOKO, maire de la commune de Parakou c/ monsieur Thomas Boni YAYI, ancien président de la République*.

[30] Cour Constitutionnelle du Bénin, Décision DCC 20-457 du 14 mai 2020, Affaire *monsieur Victorien KOUGBLENOU, en sa qualité de directeur général de l'Agence Nationale du Domaine et du Foncier*.

[31] Cour Constitutionnelle du Bénin, Décision DCC 22-151 du 28 avril 2022, Affaire *société ETISALAT Bénin assistée de maître Cyrille DJIKUI, avocat c/ monsieur Daniel TAWEMA*.

Sur le plan pénal, cette interprétation *lato sensu* de l'article 52 s'agissant de la notion de « *membres du Gouvernement* », entraîne, une excroissance des compétences de la HCJ par cela même que la jurisprudence constitutionnelle est une source interprétative du droit constitutionnel et fait partie du bloc de constitutionnalité[32]. Sous ce rapport, toutes les personnes nommées par le Président de la République et qui ont le rang de membres du Gouvernement doivent pouvoir répondre de leurs actes à raison de faits qualifiés de haute trahison, d'infractions commises dans l'exercice ou à l'occasion de l'exercice de leurs fonctions, et quand elles sont complices en cas de complot contre la sûreté de l'Etat.

En Côte d'Ivoire, la compétence de la HCJ à l'égard du Président de la République l'est aussi vis-à-vis du Vice-Président de la République. Aux termes de la Constitution de la République de Côte d'Ivoire du 08 novembre 2016 révisée : « *La Haute Cour de Justice est une juridiction d'exception. Elle juge le Président de la République, le vice-Président de la République et les membres du Gouvernement. Le Président de la République n'est responsable des actes accomplis dans l'exercice de ses fonctions et traduit devant la Haute Cour de Justice qu'en cas de haute trahison. La Haute Cour de Justice est compétente pour juger le vice-Président de la République et les membres du Gouvernement, en raison des faits qualifiés crimes ou délits commis dans l'exercice de leurs fonctions. La Haute Cour de Justice est liée par la définition des crimes et délits ainsi que par la détermination des peines telles qu'elles résultent des lois pénales en vigueur au moment où les faits ont été commis* »[33].

Avec la révision constitutionnelle intervenue au Bénin en 2019, le Vice-Président de la République provient d'une investiture populaire au même titre que le Président de la République. Pourquoi sa responsabilité pénale ne serait-elle pas engagée à l'instar de celle du Président de la République devant la HCJ ? Tout se passe comme si la responsabilité du Vice-Président de la République était une responsabilité limitée au seul domaine de la responsabilité politique, car aux termes de la Constitution béninoise ci-dessus citée, le Vice-Président de la République est politiquement responsable devant l'Assemblée Nationale par voie de destitution « *à la*

---

[32] H. AKEREKORO, « La Cour Constitutionnelle et le bloc de constitutionnalité au Bénin », publié en septembre 2016 sur *Afrilex, Revue d'étude et de recherche sur le droit et l'administration dans les pays d'Afrique* (*Revue du CERDRADI*, Université Montesquieu-Bordeaux IV), 43 p., sur http://www.afrilex.u-bordeaux4.fr, consulté le 20 septembre 2022.

[33] Art. 156 à 159 de la Constitution de la République de Côte d'Ivoire du 08 novembre 2016 révisée précitée.

*majorité qualifiée des deux tiers (2/3) des membres composant l'Assemblée Nationale* »[34].

L'un des futurs possibles et proches de la HCJ au Bénin sera donc d'engager la responsabilité pénale du Vice-Président de la République même « *s'il n'est pas membre du Gouvernement* »[35].

Dans un cas comme dans un autre, la HCJ doit appliquer autrement l'article 138 de la Constitution béninoise suscitée qui énonce : « *Le Président de la République et les membres du Gouvernement sont suspendus de leurs fonctions en cas de mise en accusation pour haute trahison, outrage à l'Assemblée Nationale et toute atteinte à l'honneur et à la probité. En cas de condamnation, ils sont déchus de leurs charges* »[36]. Autrement dit, il doit en être de même du Vice-Président de la République et des personnalités ayant rang de membre du Gouvernement et justiciables de la HCJ.

L'enjeu de ces nouveaux éléments d'analyse constitutionnelle est *in fine* d'amener la HCJ à apporter une contribution notable au développement du droit au Bénin. En effet, il est une vérité établie que la jurisprudence est une source du droit[37]. Or, s'il est admis que la HCJ est une haute juridiction, sa jurisprudence ne peut pas ne pas être une source du droit positif. Pour qu'il en soit ainsi, la HCJ doit travailler et être capable de rendre des *arrêts*

---

[34] Art. 54 nouveau *in fine* de la Constitution béninoise du 11 décembre 1990 révisée précitée.

[35] Art. 54-1 al. 1er de la Constitution béninoise du 11 décembre 1990 révisée précitée.

[36] Art. 138 de la Constitution béninoise du 11 décembre 1990 révisée précitée.

[37] *Recueil d'études sur les sources du droit en l'honneur de François GENY. I- Aspects historiques et philosophiques*, Paris, Librairie Edouard Duchemin, 1977, p. 89. - *Recueil d'études sur les sources du droit en l'honneur de François GENY. II- Les sources générales des systèmes juridiques actuels*, Paris, Librairie du Recueil Sirey, (s. d.), p. 303.

motivés[38], sans recours[39], prenant effet à compter de leur prononcé et publiés au Journal Officiel de la République du Bénin (JORB)[40].

En vérité, l'incidence de la jurisprudence de la Cour Constitutionnelle du Bénin sur l'office futur de la HCJ aura pour conséquence de densifier le droit applicable par la HCJ en ce sens que ce droit ne se limitera pas aux dispositions constitutionnelles et à celles de la Loi n° 93-013 du 10 août 1999 portant loi organique sur la HCJ laquelle fait déjà bloc avec la Constitution du 11 décembre 1990 révisée précitée, mais ce droit applicable doit s'étendre à la jurisprudence constitutionnelle qui fait aussi bloc de constitutionnalité et qui s'impose à la HCJ, notamment en matière de droits de la personne humaine et de libertés publiques.

## CONCLUSION

La HCJ est à la fois une institution de la République et une juridiction politique dont les principales règles de fonctionnement sont essentiellement organisées par la Constitution et la loi.

Il s'agit d'une institution qui aurait pu, à l'instar de la Cour Constitutionnelle, fonctionner efficacement en rendant des arrêts dûment motivés contribuant, à sa manière, au renforcement de la démocratie libérale au Bénin. Depuis son installation, elle ne répond pas encore aux attentes du peuple béninois au nom de qui la justice est rendue. De nombreuses limites, dont le manque de volonté politique, affectent donc son fonctionnement normal et régulier.

Dans le futur, ces limites vont perdurer aussi longtemps que les contraintes fonctionnelles et structurelles ainsi que les obstacles politiques ne seront pas corrigés et levés. Néanmoins, l'espoir est permis. L'opérationnalité, l'effectivité et l'efficacité de la HCJ restent possibles dans le futur. Pour ce

---

[38] Art. 23 al. 1 du Règlement Intérieur de la HCJ au Bénin. En cas de condamnation du Président de la République et des membres du Gouvernement, les sanctions par eux encourues sont de trois ordres : ils peuvent être déchus de leurs charges et décorations, la HCJ peut prononcer contre eux la dégradation militaire et civique ou la confiscation totale ou partielle de leurs biens. Art. 138 de la Constitution béninoise du 11 décembre 1990 révisée précitée et Art. 17-4 de la Loi n° 93-013 du 10 août 1999 portant loi organique sur la Haute Cour de Justice au Bénin.

[39] Art. 24 al. 3 du Règlement Intérieur de la HCJ au Bénin. Cependant, en cas d'erreur matérielle, toute partie intéressée peut, au moyen d'une requête écrite et dans un délai d'un mois à compter de la publication de l'arrêt, saisir la HCJ pour rectification de l'erreur comme la HCJ peut se prononcer d'office sur l'erreur en procédant à tous les aménagements jugés nécessaires. Art. 25 al. 1 et 2 et Art. 26 du Règlement Intérieur de la HCJ au Bénin.

[40] Art. 24 al. 1 et 2 du Règlement Intérieur de la HCJ au Bénin.

faire, d'importants défis d'ordre juridique, social et juridictionnel doivent être relevés. A cette fin, l'apport du droit pénal constitutionnel comparé reste déterminant pour corriger les failles de celui en vigueur au Bénin.

Au surplus, le tout ne suffira pas de corriger l'environnement juridique, socio-politique et juridictionnel de travail du juge de la HCJ. En lui-même, le juge doit développer la conscience du service national, du sens de l'Etat et de bien faire son travail au service du bien commun.

La justice étant rendue au nom du peuple souverain, la HCJ devra travailler à rendre des décisions de justice (des arrêts) de qualité au nom du peuple béninois souverain. Les juges de la HCJ sont appelés à mettre en pratique des aspects et des éléments de droit pénal. Peuvent-ils réussir leur mission si eux-mêmes ne se forment pas assez et ne maîtrisent pas suffisamment les rouages et les méticulosités des affaires pour lesquelles ils sont appelés à siéger et à rendre la justice en toute indépendance et en toute impartialité ? Ici plus qu'ailleurs, l'apport de la linguistique juridique peut être d'un secours certain, le juge devant faire la distinction entre la protase et l'apodose[41] d'une disposition pénale de répression des infractions et des actes commis par les plus hautes autorités politiques, voire administratives de l'Etat. En linguistique juridique, la protase est la partie d'une disposition pénale qui énonce une infraction, tandis que l'apodose s'attache à en préciser la peine ou la sanction encourue et qui doit frapper la ou les personnes qui tombent sous le coup de la loi pénale. Dans la mesure où aux termes des dispositions pénales constitutionnelles, la HCJ est liée par la définition des infractions et par la détermination des sanctions, les juges qui y siègent doivent faire des efforts pour approfondir eux-mêmes leur formation et leurs connaissances en matière pénale. Le minimum à maîtriser réside dans les dispositions du Code pénal et du Code de procédure pénale en vigueur. La consultation de codes privés annotés par les auteurs de la doctrine juridique autorisée peut être d'un grand secours pour comprendre le sens de certaines infractions et les limites des dispositions constitutionnelles.

---

[41] D. TETEREOU, « Le discours juridique : spécificités lexicales, grammaticales et semantico-pragmatiques », *in* H. AKEREKORO & M. ADJERAN (dir.), *Le discours du droit, le droit du discours : pistes de recherches entre droit et linguistique*, Berlin, St. Johannes Verlag, 2022, p. 36.

# BIBLIOGRAPHIE


**Ouvrages**

1- DUGUIT Léon, *Les doctrines juridiques objectivistes*, Paris, Marcel GIARD, 1927.

2- GABAR Christian (dir.), *Comment les responsables publics doivent-ils répondre de leurs actes ?*, Poitiers, Faculté de droit et des sciences sociales de Poitiers, 2021.

3- KERLEO Jean-François, CARON Matthieu (dir.), *La déontologie gouvernementale*, Paris, Institut Francophone pour la Justice et la Démocratie, 2022.

4- *Recueil d'études sur les sources du droit en l'honneur de François GENY. I- Aspects historiques et philosophiques*, Paris, Librairie Edouard Duchemin, 1977.

5- *Recueil d'études sur les sources du droit en l'honneur de François GENY. II- Les sources générales des systèmes juridiques actuels*, Paris, Librairie du Recueil Sirey, (s. d.). 6- TULKENS Françoise et KERCHOVE Michel Van de, *Introduction au droit pénal. Aspects juridiques et criminologiques*, Kluwer, Story-Scientia, 4ème édition, 1998.

**Articles et revues**

6- AKEREKORO Hilaire, « La Cour Constitutionnelle et le bloc de constitutionnalité au Bénin », publié en septembre 2016 sur *Afrilex, Revue d'étude et de recherche sur le droit et l'administration dans les pays d'Afrique* (*Revue du CERDRADI*, Université Montesquieu-Bordeaux IV), 43 p., sur http://www.afrilex.u-bordeaux4.fr.

7- HOLO Théodore, « Le Bénin : une nouvelle démocratie à l'épreuve du temps (état de la démocratie au Bénin) », *in Actes de la IVème Conférence Internationale des démocraties nouvelles ou rétablies*, Cotonou, 2000, pp. 145-148.

8- *Jus Politicum, Revue de droit politique*, n° 28- *L'exemplarité des gouvernants*, 2022.

**9-** TETEREOU Djibrila, « Le discours juridique : spécificités lexicales, grammaticales et semantico-pragmatiques », *in* Hilaire AKEREKORO & Moufoutaou ADJERAN (dir.), *Le discours du droit, le droit du discours : pistes de recherches entre droit et linguistique*, Berlin, St. Johannes Verlag, 2022, pp. 27-40.

**II Textes juridiques**

10- Constitution béninoise du 11 décembre 1990 révisée par la Loi n° 2019-40 du 07 novembre 2019.

11- Constitution de la République de Côte d'Ivoire du 08 novembre 2016 révisée.

12- Constitution de la République Démocratique du Congo (RDC) du 18 février

2006 révisée par la Loi n° 11/002 du 20 janvier 2011.

13- Constitution de la République du Cameroun du 02 juin 1972 révisée.

14- Constitution de la République du Congo (Brazzaville) du 25 octobre 2015.

15- Constitution de la République du Niger du 25 novembre 2010 modifiée.

16- Constitution de la République togolaise du 14 octobre 1992 révisée.

17- Constitution française du 04 octobre 1958 révisée.

18- Loi n° 93-013 du 10 août 1999 portant loi organique sur la Haute Cour de Justice au Bénin.

19- Loi n° 2019-43 du 15 novembre 2019 portant Code électoral en République du Bénin, interprétée et complétée par la Loi n° 2020-13 du 04 juin 2020.

20- Loi n° 2018-16 du 28 décembre 2018 portant Code pénal en République du Bénin modifiée par la Loi n° 2021-11 du 20 décembre 2021 portant dispositions spéciales de répression des infractions commises à raison du sexe des personnes et de protection de la femme en République du Bénin.

21- Loi n° 2012-15 du 18 mars 2013 portant Code de procédure pénale en République du Bénin, telle que modifiée et complétée par la Loi n° 2017-20 du 20 avril 2018 portant Code du numérique en République du Bénin, la Loi n° 2018-14 du 02 juillet 2018, la Loi n° 2020-23 du 29 septembre 2020 et la Loi n° 2021-11 du 20 décembre 2021 portant dispositions spéciales de répression des infractions commises à raison du sexe des personnes et de protection de la femme en République du Bénin.

**III Jurisprudence de la Cour Constitutionnelle du Bénin**

22- Cour Constitutionnelle du Bénin, Décision DCC 22-151 du 28 avril 2022, Affaire *société ETISALAT Bénin assistée de maître Cyrille DJIKUI, avocat c/ monsieur Daniel TAWEMA*.

23- Cour Constitutionnelle du Bénin, Décision DCC 20-457 du 14 mai 2020, Affaire *monsieur Victorien KOUGBLENOU, en sa qualité de directeur général de l'Agence Nationale du Domaine et du Foncier*.

24- Cour Constitutionnelle du Bénin, Décision DCC 19-107 du 28 mars 2019, Affaire *monsieur Charles TOKO, maire de la commune de Parakou c/ monsieur Thomas Boni YAYI, ancien président de la République*.

25- Cour Constitutionnelle du Bénin Décision DCC 09-087 du 13 août 2009, Affaire *Messieurs Alphonse MENONKPINZON ATOYO, Léon ATOYO et Daniel MENONKPINZON ATOYO, assistés de Maître Robert DOSSOU,* Affaire dite *Consorts ATOYO*.

# Propos hétérodoxes sur le constitutionnalisme africain francophone

***Matthieu FAU-NOUGARET,***

*Maître de Conférences HDR en Droit Public*
*Université de Bordeaux*

Participer à des mélanges a toujours une saveur spéciale pour le contributeur, au regard des liens qui le lient au dédicataire. Les liens qui me lient au Professeur Alioune Badara Fall sont multiples : d'abord celui de l'enseignant qui m'a initié au droit constitutionnel à l'Institut d'Etudes Juridiques et Economiques de Périgueux, puis au Droit international public à l'Université de Bordeaux ; puis celui du collègue dont j'ai eu la chance d'être l'adjoint lorsqu'il a pris les rênes du Centre d'Etudes et de Recherches sur les Droits Africains et le Développement Institutionnel des pays en développement (CERDRADI) ; et enfin l'ami avec lequel j'ai noué des liens personnels profonds depuis maintenant près de 30 ans.

Au moment de rendre hommage au Pr. Fall, j'ai tenté de trouver une thématique qui synthétise tant les enseignements reçus que les nombreuses discussions qui ont jalonné notre relation (et continueront à le faire). Parmi tous ces sujets, l'intersection du droit constitutionnel et du droit international que constitue le constitutionnalisme africain francophone est sûrement l'un de ceux qui a le plus rythmé nos échanges.

Lors de notre premier grand colloque international à Bordeaux en septembre 2009, à l'issue de ma communication un collègue nigérien m'a posé la question de savoir s'il y avait de « bons coups d'Etat ». Évidemment, le blocage institutionnel nigérien dû à la volonté du Président Tandja de se présenter une troisième fois, contre l'avis du 25 mai 2009 de la Cour Constitutionnelle (c'est assez exceptionnel et courageux de la part d'un juge constitutionnel en Afrique francophone pour le relever), motivait sa question. Et j'ai répondu « oui ! », ce qui n'était pas (et n'est toujours pas) forcément une position orthodoxe chez les juristes. Évidemment cette réponse a suscité de nombreuses critiques et discussions.

Étymologiquement, le constitutionnalisme est la doctrine ou la théorie plaçant la constitution (c'est-à-dire le vivre ensemble) au-dessus des normes régissant une société, en particulier la loi.

Le constitutionnalisme, dans sa conception contemporaine, emporte en son sein l'idée de valeurs libérales, au sens politique du terme, qui nécessitent une approche téléologique pour s'assurer de la juste application des normes constitutionnelles. Pour rependre les développements de Philippe Raynaud, « on parlera de « constitutionnalisme » pour désigner les régimes politiques qui, grâce à l'établissement d'un contrôle de constitutionnalité exercé par une instance politico-judiciaire « indépendante », rendent possible la limitation du pouvoir législatif lui-même en veillant à la conformité des lois à la constitution et à ses principes généraux, et non pas simplement à la légalité des actions du pouvoir exécutif et de l'administration »[1].

Entendu ainsi, le constitutionnalisme *stricto sensu* correspond à une certaine pratique juridique forgée aux Etats-Unis puis en Europe ayant placé la Constitution au sommet de la pyramide kelsénienne de la hiérarchie des normes.

Force est de constater, que les dysfonctionnements constitutionnels depuis la « vague de démocratisation » sont nombreux sur le continent africain, plus particulièrement dans sa partie francophone : coups d'Etat, modification problématique de Constitution, jurisprudence sur les troisièmes mandats sujette à caution, accords politiques dérogeant à la Constitution, etc...

Les fraudes à la Constitution se multiplient ![2] Dès lors comme l'écrivait fort justement le Pr. De Gaudusson en 2007 dans une formule rabelaisienne habile, *« Constitution sans culture constitutionnelle n'est que ruine du constitutionnalisme »*[3].

Mais n'existe-t-il qu'un constitutionnalisme ou n'est-ce pas celui appliqué en Afrique francophone qui porte en lui les raisons de son dysfonctionnement ? D'autres cultures constitutionnelles ne doivent-elle pas être recherchées ?

Il nous semble qu'il est urgent de considérer le continent africain, plus particulièrement dans sa partie francophone autrement (I) afin de redéfinir ce que pourrait être ce constitutionnalisme africain francophone (II).

---

[1] Philippe Raynaud, « *Le juge et le philosophe - Essais sur le nouvel âge du droit* », 2e ed., 2020, Armand Colin

[2] Seni Mahamadou Ouedraogo, « *La lutte contre la fraude à la Constitution en Afrique francophone* », thèse de doctorat, Université de Bordeaux, 2011, 449 p.

[3] Jean du Bois de Gaudusson, *Constitution sans culture constitutionnelle n'est que ruine du constitutionnalisme. Poursuite d'un dialogue sur quinze années de « transition » en Afrique et en Europe*, Mélanges en l'honneur de Slobodan Milacic, Démocratie et liberté : tension, dialogue, confrontation, éditions Bruylant, 2007

**I) Considérer l'Afrique francophone autrement….**

Il s'agit d'un des thèmes récurrents de nos discussions avec le Pr. Fall et avec notre ami le Pr. Stéphane Bolle. En effet, nos expériences respectives ont montré à quel point les préjugés sur les droits africains, plus particulièrement en droit public, avaient la peau dure.

Il convient à ce moment-là de notre propos de rendre hommage au Pr. Fall pour avoir perçu l'intérêt que pourrait représenter le numérique pour l'émergence et la visibilité d'une doctrine juridique propre au continent.

En effet, jusqu'à la naissance d'Afrilex en 2000 (déjà), très peu de collègues africains avaient accès à des revues juridiques pour publier des articles, condition nécessaire dans la perspective de carrière du système CAMES. La transformation d'Afrilex de revue papier en revue électronique à l'issue du 6ème numéro a été pour beaucoup de nos collègues une évolution fondamentale. Cette première a montré la voie à d'autres.

Ceci étant, lorsque l'on s'intéresse réellement au droit constitutionnel et à la jurisprudence constitutionnelle des Etats d'Afrique francophone, on s'aperçoit très rapidement de l'excellente qualité de techniciens de nos collègues. On peut seulement regretter que la technique juridique ne soit pas toujours utilisée à bon escient. L'approche normativiste prime sur l'approche téléologique de l'Etat de droit surtout concernant les jurisprudences sur les troisièmes mandats.

Il s'agit dès lors d'envisager nos partenaires africains en abandonnant la complaisance ou la condescendance avec laquelle ils ont été parfois traités. Il s'agit, par exemple, de mettre des mots justes sur certaines opérations électorales ou modifications constitutionnelles en lieu et place de l'utilisation de qualificatifs péjoratifs comme « compromis à l'africaine »[4] ou « pas comme on l'entend »[5].

Il s'agit de mettre un terme à l'immaturité présupposé des Etats africains de la part de l'ancienne métropole, et à une approche schizophrénique qui incite certains Etats à tenir des élections « libres, équitables et inclusives »

---

4 « L'élection s'est achevée finalement par une espèce de compromis à l'africaine », Jean-Yves Le Drian, Ministre de l'Europe et des Affaires Etrangères, interview France inter, 4 février 2019, à propos de l'élection très contestable de Félix Tshisekedi à la tête de la République Démocratique du Congo, puisque des fraudes importantes ont eu lieu. Même l'Union Africaine a demandé le 17 janvier la suspension de la publication des résultats provisoires devant l'ampleur de la fraude…

5 « Elu pas comme on l'entend », Manuel Valls, Premier Ministre, interview « On n'est pas couché »,16 janvier 2009, à propos de la première élection en 2009 du Président Ali Bongo.

dès qu'il y a un changement anticonstitutionnel de pouvoir, plutôt que de les accompagner dans un processus sincère de transition. Comme si le vernis démocratique devait prévaloir sur l'effectivité[6].

Les institutions ne font pas à elles seules la démocratie, elles peuvent y contribuer mais elles peuvent également servir à la confisquer. Ce constat est surtout vrai dans de « jeunes démocraties »[7] où elles sont la plupart du temps artificielles, implantées sous conditionnalités par les bailleurs de fonds[8]. Encore une fois, l'Occident s'est servi de sa puissance économique et de sa victoire idéologique à la chute du Mur de Berlin pour exporter un modèle juridico-politique forcément supérieur aux autres puisqu'il s'agissait du sien.

Factuellement, la mise en place de ces institutions (Cours constitutionnelles, Autorités Administratives Indépendantes, etc.) a essentiellement servi à renforcer le clientélisme dans la classe politique car de ce dernier dépend la survie du système. Il va donc irriguer toutes les institutions où rares sont les nominations dues à des compétences techniques spécifiques.

L'archétype de ces institutions sont bien évidemment les cours constitutionnelles auxquelles l'Etat de droit et le constitutionnalisme *stricto sensu* octroient un pouvoir qu'elles ne jouent pas, leur inféodation au pouvoir exécutif étant plus fort que leur devoir d'ingratitude, pour reprendre les mots de R. Badinter[9].

---

[6] Quel observateur peut croire un seul instant que, lorsque dans le cas de la Guinée de Lassana Conté ou le Burkina Faso du Blaise Comparé pour ne prendre que ces deux exemples, des régimes ont pendant plus de 20 ans installé un système de prédation, celui-ci puisse disparaitre en 12 ou 18 mois ? Alpha Condé en Guinée ou Roch Marc Christian Kaboré, n'ont-ils tout simplement pas fait perdurer un système qui leur préexistait en utilisant des mécanismes semblables et parfois les mêmes acteurs ?

[7] Mais on le voit même dans les « vieilles » démocraties, où elles sont un rempart parfois insuffisant, par défaut de légitimité démocratique, à un exécutif à tendance autoritaire mais qui est lui régulièrement élu.

[8] Daouda Ouedraogo, « *Démocratisation des Etats et garantie internationale des droits démocratiques : essai sur une contribution des organisations internationales* », Thèse de doctorat, Université de Bordeaux, 2019, 561 p (que j'ai eu le plaisir de co-encadré avec le dédicataire) ; Matthieu Fau-Nougaret, « *La conditionnalité démocratique. Etude de l'action des organisations internationales* », Thèse de doctorat, Université Montesquieu – Bordeaux IV, 2004, 603 p.

[9] L'exemple préalablement cité de la Cour constitutionnelle nigérienne est malheureusement une exception que seul le Bénin a aussi connue….

Cet état de fait d'une application dysfonctionnelle du constitutionnalisme en Afrique francophone sert de nombreux intérêts et conforte une image d'Epinal artificielle. Ces dysfonctionnements confortent l'idée d'une supériorité d'un système « originel » sur ses avatars et légitiment la demande d'expertise et de renforcement de compétences. Il y a une sorte de hiérarchisation des rapports qui, qu'elle soit voulue ou non, est intériorisée[10].

Notre postulat est donc que le désordre constitutionnel que nous pouvons constater dans une large partie de l'Afrique francophone réside dans l'existence de deux types de fossoyeurs parfaitement conscient du rôle de chacun : ceux qui par leur action tentent d'imposer un système juridique à des sociétés dont le système de valeurs ne correspond pas aux valeurs portées par ce système et ceux qui acceptent ce système pour mieux le contourner et le vider de sa valeur essentielle à savoir, la limitation du pouvoir exécutif au profit du contrat social.

La seule question qui nous semble fondamentale de poser est la suivante : que recherche-t-on ? Implanter des systèmes juridiques qui ressemblent à ceux de l'Occident ou des systèmes juridiques qui correspondent aux sociétés qu'ils sont censés régir ?

Même si pour les Occidentaux, à court terme, la première solution a l'avantage de la facilité car il s'agit juste de transplanter un système déjà maitrisé et qui l'est par les élites formées en Occident des Etats concernés, la greffe a beaucoup de mal à prendre. La liaison faite entre paix-développement-démocratie-droits de l'homme dans l'Agenda pour la paix reste avant tout théorique en Afrique francophone.

Il faut donc cesser de vouloir transposer dans d'autres Etats des institutions ou pratiques qui sont le fruit d'une évolution sur le temps long non linéaire (et parfois réversible) de nos sociétés occidentales[11].

C'est d'autant plus urgent que dans leur résurgence les régimes militaires en Afrique francophone utilisent cette inadéquation pour expliquer l'échec

---

[10] Ainsi, lorsque l'on s'intéresse aux travaux parlementaires français préalables à l'adoption de la Question Prioritaire de Constitutionnalité, il n'est pas surprenant de s'apercevoir que tous les exemples envisagés au titre du droit comparé sont européens ou américains. Il n'est jamais venu à l'idée du législateur français de s'intéresser au mécanisme de contrôle a posteriori mis en place par le Bénin 18 années avant la France par l'article 122 de la Constitution du 11 décembre 1990.

[11] Voir notamment Jacques Vanderlinden, *A propos de la création du droit en Afrique – Regards d'un absent*, in La création du droit en Afrique, Paris, Karthala, 1997, p. 12-40

des régimes précédents et justifier la prise de pouvoir. Pour eux, la confiscation par une élite des mécanismes juridiques respectueux de la hiérarchie des normes porte atteinte aux intérêts du peuple. S'ils n'ont pas forcément tort dans leur constat, la réponse apportée n'est pas satisfaisante intellectuellement.

C'est pourquoi en raisonnant par syllogisme, en référence au titre de l'article de Jean De Gaudusson précité, nous faisons nôtre, l'analyse de Robert Nardone en replaçant la formule de Rabelais dans son contexte.

En procédant ainsi, le sens diffère de celui qui lui est communément donné car « *la science au XVIème siècle est la « Connaissance de certaines choses qui servent à la conduite de la vie » et la conscience, la « compréhension » ou savoir qu'on sait* »[12].

Recontextualisé ainsi, le constitutionnalisme dépend de la compréhension que l'on doit avoir de sa société afin d'élaborer la Constitution qui correspond à cette dernière.

**II …. Pour un constitutionnalisme africain francophone différent.**

Si l'on reprend la formule de Montesquieu selon lequel les lois doivent être si particulières aux sociétés qu'elles sont censées régir qu'il serait étonnant que celles d'une Nation s'appliquent à une autre[13], la production du droit constitutionnel devrait avant tout être endogène ou, pour reprendre un anglicisme explicite : bottom – up.

Il ne s'agit pas de généraliser un relativisme culturel, que le dédicataire de ces mélanges renierait, mais d'appeler à un constat lucide de l'inadéquation, au moins partielle, des constitutions africaines francophones aux sociétés qu'elles sont censées régir.

Il ne s'agit pas de remettre en cause l'ensemble des expériences nationales constitutionnelles des Etats d'Afrique francophone ou de considérer que tout est dysfonctionnel ou que tout est la faute de « l'Autre » (souvent la France) comme si l'altérité définissait l'identité.

Il ne s'agit donc pas d'être manichéen mais scientifique.

---

[12] Robert Nardone, « « Science sans conscience n'est que ruine de l'âme », que nous dit cette maxime aujourd'hui ? », The Conversation, 9 février 2022, http://theconversation.com/science-sans-conscience-nest-que-ruine-de-lame-que-nous-dit-cette-maxime-aujourdhui-175184

[13] Montesquieu, « De l'esprit des lois », livre VI.

Ce qui doit avant tout être recherché, pour reprendre un langage rabelaisien, c'est la substantifique moëlle du contrat social de chaque Etat sans préjugés. Même si des similarités peuvent exister, croire que les sociétés africaines auraient un contrat social identique, c'est très mal connaitre les Afriques. Il s'agit de faire un inventaire en ayant un regard lucide sur le « contrat social » propre à chacune des sociétés envisagées.

Nous utilisons volontairement le pluriel car indépendamment d'une couleur de peau, de langues et valeurs proches, d'ethnies parfois présentes dans deux ou plusieurs Etats artificiellement créés, les cheminements nationaux ont forgé des référents souvent différents même entre Etats voisins.

Il est nécessaire d'avoir une approche sociologique/anthropologique du droit, d'avoir une analyse des comportements régissant les rapports entre citoyens au sein d'un Etat, des formes d'exercice et de dévolution du pouvoir existants. Nous l'avons déjà écrit par ailleurs, mais dans le cas du Burkina Faso, il est anachronique de voir que la constitution burkinabè ne fait aucune référence aux autorités coutumières quand on sait la place importante que tient, par exemple, le Mogho Naba.

L'objectif de notre propos n'est pas un retour à la Charte de Kouroukan Fouga, qui malgré toutes ses vertus est datée et ne correspond qu'à une trajectoire particulière. Non, notre souhait est de permettre aux constituants africains de se réapproprier leur puissance créatrice de normes qui correspondent à leurs sociétés particulières en utilisant des normes tant endogènes qu'exogènes mais « endogénéisées » dans une logique décoloniale[14].

En effet, pendant très longtemps l'universalisme a été conçu comme devant mener à une uniformisation des valeurs de l'Humanité vers des valeurs souvent énoncées alors que plus de la moitié de cette Humanité étaient encore sous domination coloniale. Il n'y a donc rien d'étonnant que cet universalisme ait avant tout été une projection de valeurs occidentales.

[14] La transposition des schémas de la constitution de la Vème République française et de valeurs constitutionnelles françaises est certainement l'un des derniers bastions devant faire l'objet d'un « décolonialisme » juridique. Ainsi, que les constitutions des pays d'Afrique francophone fassent référence à la Déclaration française des Droits de l'Homme et du Citoyen est un anachronisme devant être dénoncé. Mais que ces mêmes constitutions fassent référence aux principes (partiellement ou totalement) que contient cette Déclaration est une marche vers cet universalisme. Il conviendrait, non pas d'exprimer un rejet en bloc dans une logique peu réfléchie actuellement en cours dans le Sahel,

Cette forme d'universalisme par duplication s'est bien évidemment projetée à l'international dans le sillage de la « mission civilisatrice » coloniale, puis à partir des années 1990 à travers la politique de conditionnalité.

Pourtant comme nous le rappelle, le philosophe Souleymane Bachir Diagne, la diversité du monde ne signifie pas le chaos, au contraire. Ce vers quoi doit tendre « universaliser » c'est notre humanité commune[15]. Du respect de la diversité dépendra l'émergence de cette humanité commune qui pourra se bâtir, un peu à l'image de l'émergence des Principes Généraux du Droit International, sur les principes partagés indépendamment de leurs spécificités nationales par les êtres humains que nous sommes.

Ce travail de redéfinition des systèmes juridiques par le bas n'est pas une utopie mais une nécessité car il aurait la vertu de mettre un terme à ce que Joseph Tonda nomme si justement l'Afrodystopie[16]. Aucun système n'est supérieur à un autre dès lors qu'il permet le respect de la vie de ses membres ; promeut la justice sociale, l'égalité et la liberté ; préserve la paix et limite l'autoritarisme. Il ne s'agit donc plus de vivre dans le système d'autrui mais dans son propre système !

Nous savons que le dédicataire de ces mélanges partage ce point de vue et a déjà identifié certains principes qui pourraient servir de base à ce renouveau constitutionnel (Kaddu au Sénégal, « Mane des Ancêtres » au Bénin)[17], la justice transitionnelle, etc..

Mais la question est de savoir si les autorités constitutionnelles des Etats francophones en sont convaincues ? Nous en doutons à court terme. Il y a une sorte de fuite en avant vers une technicité toujours plus développée qui amènera à la sclérose du système.

En reprenant l'analyse de Daron Acemoglu et James A. Robinson[18], il nous semble que le problème actuel de la majorité des pays d'Afrique francophone est qu'ils disposent « d'institutions extractives » c'est-à-dire d'institutions permettant à une élite (le deuxième type de fossoyeurs

---

[15] Souleymane Bachir Diagne, *Universaliser. L'Humanité par les moyens d'humanité,* 2024, Albin Michel, 180 p.

[16] Joseph Tonda, « *Afrodystopie. La vie dans le rêve d'autrui* », 2021, Karthala, 288 p.

[17] Alioune Badara Fall, « Trouble autour de l'article 27 de la Constitution sénégalaise sur le mandat présidentiel ou le mal démocratique sénégalais », Sud Quotidien, le 14 mars 2023.

[18] Daron Acemoglu et James A. Robinson, *La faillite des Nations. Les origines de la puissance, de la prospérité et de la pauvreté*, 2015, Nouveaux Horizons, 637 p.

évoqués précédemment) de détenir un pouvoir politique et économique quasi-illimité qui sert ses intérêts au détriment de la majorité, le peuple.

Mais tous ces systèmes au cours de l'Histoire ont eu une fin (plus ou moins rapide). Il convient donc d'envisager l'étape d'après celle de la mise en place « d'institutions inclusives » qui permettent enfin la prospérité et la paix.

Nous utiliserons pour conclure les mots si justes de Jacques Vanderlinden dans un de ses articles parus dans Afrilex, « (...) *si vraiment nous croyons que nous serons les bâtisseurs d'un nouvel ordre social sur la base du chaos dans lequel nous avons l'impression de vivre aujourd'hui, que l'imagination prenne enfin le pouvoir* » ![19]

[19] Jacques Vanderlinden, *Enseigner sans reproduire – innover sans détruire : propos hétérodoxes au départ de quelques constats élémentaires*, Afrilex, n°3, 2003, pp. 97 – 129.

## Structures éditoriales du groupe L'Harmattan

**L'Harmattan Italie**
Via degli Artisti, 15
10124 Torino
harmattan.italia@gmail.com

**L'Harmattan Hongrie**
Kossuth l. u. 14-16.
1053 Budapest
harmattan@harmattan.hu

---

**L'Harmattan Sénégal**
10 VDN SICAP AMITIE 3
BP 45034 Dakar-Fann
direction@senharmattan.com

**L'Harmattan Cameroun**
Tsinga/Derrière polyclinique FECAFOOT
BP 11486 Yaoundé
Jacques.koukam@harmattan.fr

**L'Harmattan Burkina Faso**
Villa 281, secteur 23 623, rue 14.32
Ouagadougou
zagbie@outlook.fr

**L'Harmattan Guinée**
Almamya, rue KA 028 OKB Agency
BP 3470 Conakry
harmattanguinee@yahoo.fr

**L'Harmattan RDC**
185, avenue Nyangwe
Commune de Lingwala – Kinshasa
matangilamusadila@yahoo.fr

**L'Harmattan Congo**
219, avenue Nelson Mandela
BP 2874 Brazzaville
deunovmikhael@gmail.com

**L'Harmattan Mali**
Immeuble Mgr Jean Marie Cissé
Aci Hamadallaye
BP 145 Bamako
syllaka@yahoo.fr

**L'Harmattan Togo**
Djidjole – Maison Amela
face EPP BATOME
02 BP 20680 Lomé
didieramela11@gmail.com

**L'Harmattan Côte d'Ivoire**
Résidence Karl – Cité des Arts
Abidjan-Cocody
03 BP 1588 Abidjan
harmattan.ivoire@gmail.com

**L'Harmattan Bénin**
Rue 604, (Immeuble à l'entrée
de la rue UCAO- Cite de Saint-Jean)
Cotonou
stepcorpus@gmail.com

---

## Nos librairies en France

**Librairie internationale**
16, rue des Écoles
75005 Paris
librairie.internationale@harmattan.fr
01 40 46 79 11
www.librairieharmattan.com

**Librairie des savoirs**
21, rue des Écoles
75005 Paris
librairie.sh@harmattan.fr
01 46 34 13 71
www.librairieharmattansh.com

www.ingramcontent.com/pod-product-compliance
Lightning Source LLC
LaVergne TN
LVHW011214061026
849535LV00001BA/26
* 9 7 8 2 3 3 6 5 6 2 8 6 5 *